西北師範大學古籍整理研究所
隴右文獻叢書

主編 趙逵夫
編纂 趙逵夫 崔階

隴南金石校録

【第一册】

SSAP
社會科學文獻出版社

圖書在版編目(CIP)數據

隴南金石校録 ：全四册 / 趙逵夫主編. -- 北京 ：社會科學文獻出版社，2018. 1
ISBN 978 - 7 - 5201 - 1648 - 0

Ⅰ. ①隴… Ⅱ. ①趙… Ⅲ. ①金石 - 研究 - 隴南 Ⅳ. ①K877. 24

中國版本圖書館 CIP 數據核字（2017）第 261038 號

隴南金石校録（全四册）

主　　編 / 趙逵夫

出 版 人 / 謝壽光
項目統籌 / 宋月華　李建廷
責任編輯 / 胡百濤　王曉燕　張倩郢

出　　版 / 社會科學文獻出版社 · 人文分社（010）59367215
地址：北京市北三環中路甲 29 號院華龍大厦　郵編：100029
網址：www. ssap. com. cn
發　　行 / 市場營銷中心（010）59367081　59367018
印　　裝 / 三河市東方印刷有限公司

規　　格 / 開　本：787mm × 1092mm　1/16
印　張：128. 75　字　數：1602 千字
版　　次 / 2018 年 1 月第 1 版　2018 年 1 月第 1 次印刷
書　　號 / ISBN 978 - 7 - 5201 - 1648 - 0
定　　價 / 1680. 00 圓（全四册）

本書如有印裝質量問題，請與讀者服務中心（010 - 59367028）聯繫

【總目】

第一册

第二册

【本册目録】

宕昌縣

凡例

一 收録範圍

（一）以現在的隴南市行政區域爲地理範圍。由北向南，包括禮縣、西和縣、兩當縣、成縣、徽縣、武都區、宕昌縣、康縣和文縣九個縣區。

（二）時間從商代至民國時期，以一九四九年九月爲下限。

（三）文獻形式包括金、石兩大部分。金器銘文包括鑄刻在各種金屬器物上的銘文。石刻包括在碑碣、石壁、石柱和石器上刻寫的各類文字。個別有文獻價值的磚刻文字也收入。

（四）內容與隴南有關，或作者是隴南籍人士，而實物并非形成于今隴南行政區域內者，不録。

（五）凡出土于隴南的金器銘文、石刻文字，不管其實物現在何處，均予收録。

（六）祇收文字文獻。圖像而有文字者祇收入文字。圖案、造像不收。

二 原文底本

（一）能見到原物或拓片者，據原物或拓片之文字録入；或先就原物作拓片，據拓片録入。

（二）未見原物與拓片而有文獻載録者，一般據最早的或較完善的載録本録入，而據其他載録本加以校勘，異文列于校記中。有些明顯的錯誤無版本、抄本可據，則以意校之，于校記中説明校改的原因，或不改原文而在校記中提出我們的看法，供讀者、研究者參考。

（三）凡見諸文獻的金文碑銘，原文殘缺者亦收入，以便發現新的材料後補充完善。至少可以提供部分的學術信息。正文全部遺失者存目，以利瞭解有關情況，提供繼續查找的綫索。

三　編排體例

（一）本書由拓片或原物拓片照片、金器銘文、碑碣摩崖三部分組成。拓片照片在前，次爲金器銘文，次爲碑刻。

（二）考慮到隴南地區從上古開始形成的由北向南的民族遷徙走向和文化傳播走向，三部分中九個縣區的排列按由北到南的順序，即以禮縣、西和縣、兩當縣、成縣、徽縣、武都區、宕昌縣、康縣、文縣爲序。

（三）「金器銘文」與「碑碣摩崖」兩部分各縣區文獻均以時代先後爲序編排。爲便于閱讀所收文獻，根據商、西周、春秋、戰國、秦、漢、三國、晉、南北朝、隋、唐、五代十國、北宋與遼、南宋與金、元、明、清、中華民國的順序編排。各縣視文獻之多寡分爲若干段，少者適當加以合併。

（四）所收金石文獻無確切時間者，據作者生活時代和碑文内容置于適當位置；無法從以上兩方面看出其大體時間但知道屬于某帝王在位年間者，排在該帝王年號之末；衹知道屬于某朝代者，排在該朝代之末。

金器銘文内容完全相同者作一條處理，僅在説明中列出其收藏單位及著録情況；未標明收藏件數者均爲一件。

（五）極個别碑刻是後人按舊刻或原文拓片對舊有碑文的重刻。爲顯示其史料的時間性，仍按原刻時間排序編排，而于校記中説明情況。

（六）隴南有些地方在歷史上曾先後屬不同的縣，如西和縣與禮縣間、西和縣與成縣間、成縣與徽縣間等，甚至有的是由某縣分出部分行政區而成，如康縣由武都縣分出，宕昌由岷縣分出等。這就産生了在一些方志中一文多録的問題。本書處理的原則是：第一，看碑碣摩崖在今天的哪一縣，即歸哪一縣；第二，原碑出于何處不清楚者看文字内容所涉及的是今天的哪一縣，即歸哪一縣。

（七）有的碑陰所刻文字在立碑之後成，爲便于瞭解該碑各方面情況，一般分開按具體時間另列。時間相近，内容聯繫密切者不另列，而歸于同一題之下。

四　標題

（一）金器文獻標題前人已定有篇題者，按原有篇題；無者，一般以實物名稱爲題；如屬同地、同時、同一名稱的實物較多，則在其名稱後加（一）、（二）等以區分。如同地出土相同器物之銘文亦完全相同，則歸併爲一，衹在「説明」中對各器出土情況及收藏地加以説明。

（二）留題之類石刻，取自有關文獻者，一般據原底本的標題。無者，或據内容擬定或標爲「某地題刻（題記、題詩、題名、摩崖）」；正文大字衹三五字者，即以之爲題。

（三）墓志銘之類碑刻，一般用首題，無首題者用額題；既有首題又有額題者，一般用首題。大多墓志銘中于死者衹有姓氏，有時爲避免混淆、便于查找，于篇題中加進名字。首題文字過長者，視具體情况，或用額題，或據原題另擬題。原額題、首題均作爲正文録入。

（四）有正文而無額題與首題者，視具體内容擬題。

（五）殘碑視具體情况，或取殘文之前若干字爲題，或視具體内容加標題。

（六）存目碑銘標題較多者，一般據載録時間早的標題；載録較早的標題欠確切、不便檢查者，選較確切的一種。

五　作者

金器銘文有明確撰寫者，列出作者姓名。

摩崖留題、多人記游題名詩，有的列有多人之名，視情况或以第一人爲作者，或標爲「某某等」。作者不明者，標出刻寫者名。

碑碣如無明確撰寫者，視具體情况或列出立碑人，或標爲「佚名」。告示、殘碑等，除撰寫者、主事者明確的外，一般標爲「佚名」。

六　録文原則

（一）碑刻正文原則上指刻在摩崖石碑上的所有文字，個别無關人名太多且文字不清者，第二人之後從略，并于校記中説明。

（二）缺文多無法辨識的字，如能據位置確定其數量的，一字用一「□」代替；不能確定其數量的，根據其在文中的位置，分別用（上缺）、（中缺）、（下缺）的形式標出。

（三）據實物録入文字時，一般據原文照録。有的見收于《隴右金石録》，張鴻汀先生對個別行文錯誤者有所校改，本書以之爲據録之。

（四）罕見俗字、異體字，一般用通行的正體代替，以便閲讀。專有名詞等特殊詞語予以保留原有寫法。

七　校記

（一）因有的金石文獻著録于一些縣志和相關書籍中，釋文、斷句方面錯誤多，校不勝校。故凡底本不誤、他本誤者，一般不出校。

（二）底本誤，他本是者，徑改原文，于校記中説明校改依據。

（三）底本與他本難以判斷對錯，或各有短長者，不改原文，祇在校記中説明異文。

（四）所據非原物、拓片、照片或其他可靠底本者，其明顯的錯誤徑加改正，難以確定者寫校記説明校改意見。

（五）有的缺文據上下文或歷史文化常識可補出者，加［］補出，以便閲讀與研究。

（六）爲行文簡省，校記中所提到的文獻，其作者在前面已出現過，則不再標出；文獻名稱完全相同的，校記中分別列出作者名。

八　説明

（一）録文之後有「説明」，對正文、實物基本情況和作者做簡要介紹，如正文來源、實物出土地點、産生時間、存佚情況、特徵、尺寸、收録情況、作者簡歷等。

（二）凡他人提供的拓片、照片、抄件，也説明提供者的單位與姓名。

九　拓片與照片

所收拓片或原物的照片，按文獻價值大、時間早、内容完整、字體美觀四個原則綜合考慮選收一部分，而其中某一條突出者亦可選入。

前言——隴南歷史文化研究的第一手資料

一　隴南的地理環境與其在歷史上的地位

歷史上的隴南一帶是十分重要的地區，在中華民族發展史上占有重要的地位。第一，它是中華文明的曙光最先亮起的地方，是人文初祖伏羲的誕生地。關于伏羲的生處，文獻中最早見于漢代的榮氏《遁甲開山圖》，其中説：「伏羲生成起，徙治陳倉。」[一]又説：「仇夷山，四面孤立，太昊之治，伏羲生處。」[二]「成起」即「成紀」，「紀」「起」皆因「己」得聲，故二字漢代以前音相近，因得假借。「仇夷山」即仇池山，「夷」「池」古音相近。[三]可見「成紀」是概言其地域範圍，言生處屬古成紀之地；「仇池」則是説具體地方。南宋羅泌的《路史》中言「伏羲生于仇池，長于成起」，也應是這個意思。仇池山「山形四方，壁立千仞」「地方百頃，四面斗絶」的記載在《後漢書》《水經注》等書中都有具體描述。地形四面陡峭險峻，既不怕洪水的襲擊，也不怕其他部族的攻奪，山上土地平曠肥沃，水泉甘美，很便于生存，是

[一] 見《路史·後紀一》羅蘋注引。袁珂《中國神話通論》（巴蜀書社，一九九三年，第七一頁）考定《遁甲開山圖》爲漢代之書。

[二] 《太平御覽》卷七八引。

[三] 「夷」「弟」古韵同在脂部，而「弟」「地」同音。「池」與「地」皆因「也」得聲，上古音同。則「夷」「池」古音相近。「荑」由「夷」得聲而音「綈」，亦可證。

遠古時人生活的最佳環境。歷史上的成紀是一個大範圍的概念，其治所也多次轉移。仇池山以東的西高山上有村名「成起寨」，附近之人多姓「成」（當地音「申」，字作「成」）。這也爲伏羲生處這個久遠而複雜問題的解決提供了一點可供思考的綫索。伏羲氏最早是從今隴南向北至今天水，也不是很遠。中華文明之晨曦，最早就是在隴南天水一帶露出了亮光。[一]

第二，隴南是秦人早期發祥之地。從二十世紀九十年代初在禮縣大堡子山秦先公先王陵墓中發現的大量禮器，證明秦人發祥于禮縣、西和縣北部，甘谷縣朱圉山以南、秦州區西南的一大片地方。同中原與東部各國重視以「仁、義、禮、智」爲中心的儒學思想及以老子「無爲」爲中心的道家思想不同，秦人尚武，重法制，其法治觀念與統一全國後實行的郡縣制均影響中國政治思想二千多年。《荀子·强國篇》記荀子在秦所見，其各級官員忠于職守，「百吏肅然，莫不恭儉、敦敬、忠信而不楛」（「楛」音「苦」，惡劣），「出於其門，入於公門；出於公門，歸於其家，無有私事也；不比周，不朋黨」，民風淳厚不浮華，「畏有司而順」。[二]可以説，這應是中國古代政治史上的光輝之點，也是今天進行社會文化建設的重要思想資源。看來秦國在西周滅亡五百多年之後能統一全國，不是偶然的。

第三，南北朝以前很長時間是我國古代歷史上兩個人口最多的少數民族——氐族、羌族的集中活動時期。

[一] 參拙文《論甘肅早期文化同華夏文明的關係》，《甘肅社會科學》二〇一三年第四期，又《先秦文學與文化》第四輯，上海古籍出版社，二〇一五年。

[二] 參拙文《論秦史研究與秦人西遷問題——兼評祝中熹先生〈嬴秦西垂文化〉》，《天水師範學院學報》二〇一三年第一期，又雍際春、田佳、南玄子主編《嬴秦西垂文化——甘肅秦文化研究會首届學術研討會論文集》，甘肅人民出版社，二〇一三年；《因地蓄鋭，秦人發祥于隴右》，《甘肅日報》二〇一四年三月十八日。又見香港《商報》二〇一四年八月二十日《文化東方》周刊之《國學英華》。

氐、羌見于甲骨文和《詩經》。氐人魏晉南北朝之時在隴南先後建仇池國、武都國、陰平國；羌人在隴南建宕昌國。民族學家馬長壽先生在其《氐與羌》一書中説：「氐族的原始分布地在甘肅的東南部漢武都郡一帶。《北史·氐傳》：『氐者，西夷之别種，號曰白馬。……秦、漢以來，世居岐、隴以南，漢川以西，自立豪帥。』」「氐族的原始分布地和秦漢時氐族分布中心大體是一致的。自冉駹（嘉戎）以東北，是西漢水、白龍江、涪水上游等地，這些地區自古就是氐族分布的所在。」[一]西和縣西高山先後出土「魏歸義氐侯」「晉歸義氐王」金印各一、「晉歸義羌侯」金印一。武都出土漢代「羌王之印」，宕昌縣出土「漢率義羌佰長」「魏率善羌君」「魏率善羌仟長」「晉率義羌仟長」「晉率義羌佰長」等五枚銅印。西和縣還出土過一把春秋時代的銅劍，上有「羊侯永用」四字銘文。「羊侯」即羌侯。再往前推，在仇池山以西蒿林鄉欄橋村西漢水北岸，在二十世紀七十年代先後出土大量寺窪文化的代表型器[二]，可以肯定爲氐羌先民的遺存。寺窪文化相當于商代中期至春秋初期。由此可以證明馬長壽先生論斷的正確。漢魏以前氐羌活動範圍較大，應涉及今整個隴南境内。

氐人從他們的祖山——仇池山向南遷徙，留下了大量的文化遺存。[二]氐、羌同漢民族共同開發了隴南大地，他們同周邊民族的交流也豐富了中華文化，推動了中華文化的發展。

據歷史學家劉起釪先生的研究，氐即上古之少典氏，羌即上古之有蟜氏。「少典和氐，有蟜與羌，在語音

[一] 馬長壽《氐與羌》，上海人民出版社，一九八四年，第九—一〇頁，第三二頁。

[二] 參甘肅省文物考古隊、北京大學考古學系、西和縣文化館《甘肅西和欄橋寺窪文化墓葬》，《考古》一九八七年第八期；李懷順、黄兆宏《甘肅考古概論》，甘肅人民出版社，一九九八年，第一二八、一二九頁。寺窪文化因一九二三年安特生于臨洮縣寺窪山遺址首先發現而得名，主要分布于隴東、隴南一帶，夏鼐先生根據寺窪遺址的各方面特點，認爲其族屬應屬氐羌氏族。

上看，它們在上古時是同音異寫。」「首先少典之『典』顯然是氐的音轉。」「蟜與姜，皆古羌字的音轉。」「總之氐羌族自從遠古以來就是一直居住在廣大西北的部族。不論『氐』『羌』二字始于何時，這二族自原始時期就住在這塊大地上是肯定的。」[二]《國語·晉語四》：「昔少典取於有蟜氏，生黄帝、炎帝。黄帝以姬水成，炎帝以姜水成。」那麽，隴南天水一帶也同炎帝、黄帝族早期發展有關。

劉起釪先生還認爲：「姬、姜再由氐羌出，『周』由『氐』音轉而成」。[三]據此説，周人之早期歷史也同隴南有關。目前關于先周遺址，衹在陝西省西部靠近甘肅的岐山、扶風、武功發現有相當于古公亶父之後的遺址，李學勤先生帶領的團隊研究的結果，認爲「后稷所居之地似不在武功境内，大概應在不窋所居涇水上游支流馬蓮河流域甘肅慶陽地區的附近」[四]。隴南距隴東的馬蓮河流域不是很遠。劉起釪先生的研究爲我們揭示了探索更早的周人活動足迹的新路徑。雖然有關這方面見于金石記載的還没有，但總會留下一些蛛絲馬迹，可供探索。

第四，隴南在古蜀道即後來的茶馬古道上。至今不少峽谷、石崖上留有修棧道的方孔，留有多處修路摩

[一] 仇池山還有些歷史文化待進一步揭示。參趙子賢《形天葬首仇池山説》，《甘肅民族研究》一九八八年第一期；拙文《形天神話鈎沉與研究》，《民間文學論壇》一九八八年第五、六期；《形天神話源于仇池山考釋——兼論奇股國、氐族地望及武都地名的由來》，《河北師範大學學報》二〇〇二年第四期；《仇池、仇維、仇池山》，《天水師範學院學報》二〇〇二年第四期。

[二] 劉起釪《姬姜與氐羌的淵源關係》，見《古史續辨》，中國社會科學出版社，一九九一年，第一八一、一八二頁。

[三] 劉起釪《姬姜與氐羌的淵源關係》，見《古史續辨》，中國社會科學出版社，一九九一年，第一八五頁。

[四] 李學勤主編《中國古代文明與國家形成研究》，雲南人民出版社，一九九七年，第四八六—四八七頁。

崖。絲綢之路東起于西安，而絲綢不産于西安，唐宋以前主要産于山東、江浙及四川。陝西的褒斜道和甘肅的陰平道是從先秦至隋唐時代向中心王朝及中原地區供給絲綢的重要通道，是絲綢之路東起點的重要末稍神經與血管。

第五，蜀道既是早期氐羌南北交通的通道，也是西北與西南交通的關隘。唐代以前這裏也是西南、西北政治、文化交流聯絡的重要通道。每至南北分裂，這裏往往成爲戰略據點。諸葛亮六出祁山、鄧艾取蜀和南宋初年很關鍵的幾次抗金戰役都發生在這一帶。這一帶在古代是「關隴鎖鑰」「秦蜀門户」之地。

第六，宋元以後隴南一帶是茶馬交易的主要市場，是川隴茶馬古道的北端。藏、羌少數民族與中原王朝以馬易茶，而中原王朝在這裏取得戰馬及官府用馬。所以由這一帶相關的碑文可以把握當時政治的脉搏。

由以上六個方面可以看出，隴南在中國歷史發展中占有的重要地位。[一]

五代以後，全國的政治與文化中心東移、南遷，隴南變得偏僻閉塞。由此，造成了兩種情况：

一方面，中原和東南人士包括學者文人來得很少，所以雖然以這裏爲舞臺曾演出一幕幕驚心動魄的戲劇，但著之于竹帛者少，見載于史書者更少。

另一方面，也由于其偏僻閉塞、社會發展緩慢，雖然歷史過去了數百、數千年，而當時的地理形勢大體尚可以看出，還留下不少的歷史遺迹，民族風俗變化遲緩，可以在地形、歷史遺迹和民族風俗方面給今天的研

[一] 有關隴南歷史文化，可參看文丕謨《隴南五千年》，中國文史出版社，二〇一二年；羅衛東主編《隴南史話》，甘肅文化出版社，二〇〇七年；焦紅原《隴南文化》，甘肅人民出版社，二〇一〇年。

究提供可資參照的印記。

所以，對隴南歷史文化的研究，有助于解開一些此前未能解開的謎底，弄清一些未能弄清的問題。近三十多年中歷史學在重視傳世文獻的挖掘疏理和理論上的創新、推進之外，特别重視書籍文獻之外新材料的挖掘整理，而且在研究目標上也更加深入細緻；各地也都注意挖掘地方歷史文獻，一則弘揚本地區的優秀文化遺産，二則爲歷史上一些疑難問題的解决提供新的材料。所以，學者們對于金石文獻都特别重視。而隴南，由于很多史實不見于歷史文獻的記載，那麽金石文獻就顯得更爲重要。

可惜的是隴南金石見于載録者也甚少。階州（今武都）學者邢澍是清代甘肅最有成就的學者之一，而且其成就主要在金石方面（張之洞《書目答問》中衹在「史部」之「金石」類著有孫星衍、邢澍合著之《寰宇訪碑録》）。然而其《寰宇訪碑録》二十卷收録周秦至元代碑刻約七千七百餘種，屬于隴南的衹有七通：成縣的西狹三種，階州四種，僅此而已。民國時甘肅傑出學者張維于二十世紀二十年代末曾任甘肅省政府顧問兼甘肅省圖書館館長、甘肅通志局協纂，有條件從全省各縣收集金石拓片。而且他也深知甘肅金石文獻見于載録者甚少。他在《隴右金石録序》中説：

秦中爲金石淵藪，隴右河西，密邇關輔，吉金貞石，隨地而有。顧以僻在邊隅，未有專録。古今金石書所載，率多簡略。《集古録》衹載一碑，《通志·金石略》四碑，《輿地碑記目》十五碑，《天下金石志》二十五碑，明嘉靖《陝西通志》二十碑，《金石萃編》四碑，《金石索》《關中金石記》《寰宇尋碑録》《西陲石刻録》《寰宇尋碑録補》少者五六，多亦不過十餘。惟《金石萃編補》合金石都四十五事，《緣都盧日記》五十餘事，而所録皆限于元代以前。

下面説到宣統《甘肅通志》始兼録明代，總共至一百零六件；至續修《甘肅通志》，由桂林人廖進之主編「金石」卷，「乃撮録至二百七十有奇，以視舊籍，蓋已皇皇巨編」。然後説：

而當時限於程期，拘於目例，勢不能徐待搜輯考證；繁詞更難盡載。吾昔與於志務，每恨其猶有闕略。其後四方朋儕，時復有以金石片目相致者，因又搜羅故志，輯録遺文。而舟車所至，聞有殘碑斷碣，雖至險遠亦未嘗不陟山歷水，披積塵、剔苔蘚以尋檢其文字。精誠所至，時有新獲。久之視所得，乃數倍於舊。

其所成《隴右金石録》《隴右金石續録》收金石文獻共一千零三件，是明清各書所收隴右金石文獻之數倍以至數十倍。然而其中所收今隴南之金石文獻，也衹一百五十六篇，占不到百分之十六。

二十世紀五六十年代破除迷信及「破四舊」中，有許多石碑被砸毁損壞，而其文字此前并無録存。如宕昌縣志編纂委員會編《宕昌縣志》之「墓葬」一章「清代墓葬」條下説：「何家堡鄉大堡子村後山墓群，俗稱『老爺墳』，從清初到民國，每代土司、夫人均葬于此，凡葬此者皆有墓碑。『文革』前有石碑四十通，形成小碑林，經『文革』破壞，現殘存四通。」「大舍鄉上馬村有三處趙土司墓地……從清初至民國，各代土司均葬于此，有墓碑三十多通，『文革』時遭破壞，現存四通。」楊海帆編《宕昌史話》除録有以上兩條文字外，還説道：「城關鎮坡頭山村墓爲明代馬土司先祖及幾代土司官墓，墓群成片連接，原有許多墓碑樹于墓地，猶如碑林。但這些碑均毁于『文革』，現在已蕩然無存了。」《宕昌縣志》第五編《文物古迹》一節也説：「宕昌縣境内有石刻一百多處，現存五塊。」所以現在本書所收宕昌墓碑、墓志銘衹有三十幾通。我們從一九三六年編《新纂康縣縣志》中輯出十五口有銘銅鐘、鐵鐘條目，但原銘文一篇也未找到。可見隴南金石文獻已失去很多，現在我們多方搜集，編輯《隴南金石校録》，實爲搶救幸存之隴南金石文獻。

如果所存隴南金石很多的話，按我原來的想法，會剔除掉部分意義不大的篇目，使它更精一些。但因爲所存已經不多，目前衹有全部收入，即使缺文很多，甚至殘存數字，也一并收入。而且，我們從有關文獻上找到一些金石文獻的目録，原文未能找到，爲了給後面從事這些方面研究的學者提供學術信息，并繼續查找，我們也作爲「存目」列入。也有個別有銘金器藏于私人處或被文物販子帶出市外、省外者，衹能慢慢查找（我們已從私人藏品中搜集到幾篇碑、銘文字）。但不管怎麽樣，我們現在要做搶救性收集整理。因爲一些没有人管的石刻仍在不斷風化以至遭到破壞，我們必須儘快廣泛搜集、加以載録，儘量不使遺漏、缺失。

我們這部《隴南金石校録》就是花十多年之力搜集整理、校勘隴南金石文獻而成，希望爲隴南古代政治、歷史、教育、民族、宗教、民俗文化、文學、藝術的研究，爲總結、弘揚隴南的優秀文化遺産，提供第一手資料，奠定堅實的基礎；爲隴南各縣區的城鎮規劃、鄉鎮建設、文化資源開發以至社會主義文化建設提供可爲參考的資料。

二　隴南金器銘文與古代歷史文化

我國上古時代最早的幾件銅器都發現于甘肅。隴南所出土有銘銅器不少，而且具有重要的價值。它們顯示了秦人早期的歷史和氏羌在先秦時的活動軌迹，顯示了處于隴蜀交通要道上的城邑、關隘在政治、經濟、文化、教育方面的作用。

隴南金器銘文中時間最早的是出土于禮縣的《亞父辛鼎銘》。這是甘肅出土的唯一一件有銘文的商鼎。「亞」字框中有「保父辛□」四字，第四字如有尾四足動物之形。北宋宣和年間所編《博古圖》卷一介紹

「商亞父鼎」曰：「銘四字，亞形内著虎象。凡如此者皆爲亞室，而亞室者，廟室也。廟之有室，如左氏所謂宗祏，而杜預以謂宗廟中藏主石室者是也。」可見是非同一般的禮器，因而給研究商王朝政治的影響範圍和探尋居于隴南的氐羌部族同商王朝的關係以很大提示作用。西和縣長道鎮附近出土一春秋時銅劍，上面銘文爲「羊侯永用」。這對于研究羌人的活動、氐羌的關係及氐羌與秦人的關係，都有一定意義。

禮縣大堡子山所出土大量秦禮器如「秦公鼎」「秦公簋」「秦公壺」「秦子戈」等，上面的銘文，不用説對我們認識秦人早期歷史狀況具有很大意義。天水學者馮國瑞在《天水出土秦器彙考》一書序言中説：

民國八年（一九一九年），天水西南出土銅器頗多，旋即散佚。今傳世秦公簋初流傳至蘭州商肆，置厨中盛殘漿。有賈客以數百金購之，其名乃大著。後爲合肥張氏所得，携至北平，十二年，王静安先生即爲之跋矣，于是舉世皆知。[一]

據王國維所説，此亦應出土于禮縣東北部（禮縣北部在很長時間名曰「天水」。此由《王仁裕墓志銘》可以看出）。這應是秦人早期活動地帶文物的第一次被關注。這篇發現于近百年前的《秦公簋器銘》云：

秦公曰：丕顯朕皇祖受天命，鼏宅禹賚（迹），十又二公，在帝之社，嚴龏（恭）夤天命，保業厥秦，虩事蠻夏。余雖小子，穆穆帥秉明德，剌剌趄（桓）趄（桓），萬民是敕。

《秦公簋蓋銘》云：

咸畜胤士，盞盞（藹藹）文武，鋇（鎮）静不（丕）廷，虔敬朕祀，作𠭹（嘉）宗彝，以昭皇且（祖），

[一] 馮國瑞編《天水出土秦器彙考》，隴南叢書編印社，一九四四年石印本。

其嚴⿲彳谷犬遄各（格）。以受屯（純）魯多釐，眉壽無疆，畯（畯）疐才（在）天，高引又（有）慶，竈（肇）囿四方。宜。

這個銅簋的年代應在春秋中期偏晚。由這兩篇銘文可以對秦早期歷史、秦與中原的關係、秦人政治觀念等得出一些新的認識。即如文中秦公稱「朕」這一點，就可以知道秦國君以「朕」自稱的歷史是很早的，非起于秦始皇，秦始皇衹是以秦人之習俗推而廣之，變爲當時天下人的觀念而已。這個銅簋應是秦人東遷之後祭祖所獻之器。

想不到七十年之後這一帶出土了大批文物，其中包括十五件有銘鼎、簋、壺、鐘、戈等銅器，大部分屬于春秋早期，其銘文對于今天確定秦人早期活動地點、禮制文化等都很有意義。

在禮縣還出土有有銘文的「天水家馬鼎」及「軍司馬印」印、「磨陽侯相」印、「軍假司馬」印、「强弩假侯」印等銅印。家馬鼎兩件銘文相同，銘文中説明了其「容三升，并重十斤」。這對于準確瞭解當時度量衡的情况有意義。同時爲我們瞭解春秋中期以後隴南、天水一帶同秦政治、文化上的聯繫提供了重要的資料。《漢書·百官志》中説：「太僕，秦官，有兩丞，屬官有大厩、未央、家馬三令。」「武帝太初元年更名家馬爲挏馬。」可見是漢承秦制。而且可以看出，「天水」之名産生于秦代以前，是秦人所命名，同隴南有關係。

隴南自古爲氐羌所聚居之地。民族學家馬長壽先生認爲氐人發祥于仇池山一帶。甲骨文中載有「羌」「北羌」。《詩經·商頌·殷武》中説：「昔有成湯，自彼氐羌，莫敢不來享，莫敢不來王，曰商是常。」亞父辛鼎出現于禮縣反映了氐羌與中原王朝怎樣的關係，很值得研究。

武都曾出土漢「荆王之璽」「羌王之印」，皆金質；宕昌曾出土「漢率義羌佰長」「魏率善羌君」「魏率善羌仟長」「晉率義羌仟長」「晉率義羌佰長」等印，皆羊鈕銅質。荆王即楚王。荆王璽在隴南出土，對于研究漢代之時氐羌的活動範圍、外交活動等很有意義。

西和縣仇池山東面的西高山，因其地清代以前長期歸武都郡（治所東漢時在下辨，即今成縣抛沙鎮）、成州（西魏廢帝二年改南秦州置，治所在仇池郡洛谷城，即今西和縣洛峪鄉。唐武德元年又改漢陽郡置成州，治所在上禄縣，治今西和縣西南的西漢水東岸。後徙治同谷，即今成縣）管，在成縣之西，故名「西高山」。西高山于一九六〇年至一九六三年先後出土「魏歸義氐王」「晉歸義氐侯」「晉歸義羌侯」三枚金印。看來西高山在魏晉南北朝之時也是氐羌居住、活動的據點。此山同樣是四周陡峭，而山上平田沃土，地方比仇池山更大，雨水多，水泉也隨處皆有。可能因地貌特徵與仇池山相近，上古文人史官將其與仇池山相混，誤認爲一座山，將有些發生在西高山的事，記在仇池山名下，以是，古代文獻中提及氐人活動之中心地帶祇言「仇池山」。「西高山」之名産生應不會太早，很可能文獻中所言「百頃山」本指西高山。另外，在西和縣還出土「漢歸義羌長」「魏率善氐邑長」兩枚銅印，出土地點尚不清楚。可以看出西高山曾是氐人活動中心。羌侯之印何以在此發現，是在戰争中收獲，還是别的原因，有待進一步研究。

宕昌縣所出土「漢率義羌佰長」「魏率善羌君」「魏率善羌仟長」「晉率善羌仟長」「晉率義羌佰長」等五枚銅印，與西和縣西高山出土春秋時代「羊（羌）侯永用」劍銘，「漢歸義羌長」「魏率善氐邑長」「晉歸義羌侯」等三枚金印，出土于武都的「羌王之印」以及從戰國至三國時代的其他一些將軍印璽、兵器銘文，可以看出從漢至晉羌人活動大體分布及其統帥中心之所在；再聯繫晉至南北朝所建宕昌國，使我們突破零星文獻記載的局限，對羌人的活動與發展狀况以及一系列軍事活動，漢族與當地少數民族的關係會有一個新的整體的認識。

另外，民國三十四年（一九四五）由范振緒主修的《靖遠縣新志》（稿本）中載：「『晉歸義叟王』印，古金印。此印民國二十八年由南綿民宋運魁在沙河中拾獲，駝鈕金質，陽文篆字，字考證：『晉歸義叟王』。晉代叟王者，其他不詳，然真爲晉代物無疑。」「叟」蓋篆文「羌」字之誤識。新編《靖遠縣志》（甘肅文化出版社一九九五年出版）中即作「晉歸義羌王」。其説明文字中除「大小薄厚如麻將牌」一句外，悉同于范振緒主修民國《靖遠縣新志》。此印現藏陜西省博物館。有些人對此印的來源做種種推測，有的説是從皇宫中帶出，有的同當地名門趙仁譜祖上（蒙古人後裔）聯繫起來，認爲是趙家（成吉思汗的三弟哈赤温的後代）家傳。筆者以爲，無論怎樣，這本是出于隴南之物，出土地不出宕昌、武都、西和三縣。至于是怎樣流落至靖遠的，可能性很多，出土于禮縣的著名的秦公簋發現于蘭州，又被甘肅督軍張廣建携至北平，就是例子。武都曾出土「羌王之印」，西和縣曾出土「晉歸義羌侯」印，則晉代之時羌人的政治中心在隴南無疑。

這裏有一個很有意思的現象，就是這些頒賜給羌人、氐人大小首領的印其印文除第一字爲頒賜印璽的王朝名之外，都有「率義」「率善」「歸義」的字眼。其含義明顯，不用多説。有意思的是「義」「善」二字都是「羊」字頭。看來漢王朝對這些首領的封號如何定，是經過認真研究的，其中不但體現了政治和社會意識的導向，也體現了對于氐羌文化的尊崇與倡導。因爲這個名稱的含義太豐富，所以此後的魏、晉王朝皆襲用不變。這是以往學者没有注意到的。

在隴南還發現了一些時代較早的有銘銅鏡，在有的銅鏡背面發現了不太見于傳世文獻的漢代詩歌。一般銅鏡背面很常見的「上方作鏡莫大好，上有仙人不知老」之類常見套語類韵文不計，武都區安化鎮出土的一個銅鏡背面有兩首很有新意的六言詩。其外圈一首是：

絜清白而事君，志行歡之弇明。假玄錫之流澤，恐疏遠而日忘。愼美人之窈窕，外承［歡］之可説。

慕安順之宜女，願永思而毋絶。

「明」字在漢代音同「氓」。「説」此處讀爲喜悦的「悦」。中缺一字，據詩意當作「歡」。《楚辭・九章・哀郢》云「外承歡之汋約兮」，此處「外承□之可説」，用其句意。此銅鏡中正用此意，故補「歡」字。内圈一首是：

内清質以昭明，光輝象夫日月，心忽揚而願忠，然雍塞而不泄。

日本「中國古鏡研究」班《前漢鏡銘集釋》中收有兩首，祇有個別字句與此二首不同，而定在前漢，則此銅鏡亦應爲前漢之物。［一］

武都安化鎮還出土過一個銅鏡，背面銘文五句，也類于詩：

湅（煉）冶銅華清而［光］，以之爲鏡（因）宜文章，延年益壽而去不羊。與天毋亟，如□日月之光長未央。

「湅」應爲「煉」之俗體。在日本「中國古鏡研究」班《中國鏡銘集釋》中，也有一首與之相近，缺文「光」即是據其而補。另外，彼之第二句爲「以之爲鏡宜文章」，無「因」字；第三句作「延年益壽辟不

［一］〔日〕「中國古鏡研究」班《前漢鏡銘集釋》（《東方學報》第八四期）所收與第一首相近者爲：「絜清白而事君，窓沄歡之弇明。彶玄錫之流澤，恐疏遠而日忘。懷糜美之窮皚，外承歡之可説。慕窔佻之靈景，願永思而毋絶。」與第二首相近者爲：「内清質以昭明，光輝象夫日月。心忽穆而願忠，然雍塞而不徹。」

羊」，無「而」字，後兩句作「與天無亟如日光，千秋萬歲樂未央」，均爲七言，語句更整齊。這些鏡銘雖有雷同，但這類有明顯抒情色彩的銘文在前漢銅鏡畢竟少見，時間也早，應是很珍貴之物。

安化發現的另一漢代銅鏡上也有一首以七言爲主的雜言詩銘文，衹是當中加了幾個語助詞之類。後來之銅器銘文，以寺院宫觀的鐘上銘文爲多，主要反映了隴南各地宗教尤其是佛教發展的狀況，及一些地方名勝的形成。有的對研究該地歷史文化也有一定的參考價值。禮縣元代的「焚香寶鼎」「玉樓寶鼎」銘文和清代《鹽官鐵鐘銘》上也各有一首七言詩銘文。其具體内容我們將在「隴南金石中的詩作」部分論述。

西和縣明隆慶三年（一五六九）的「青陽寺鐘」在民國三十六年（一九四七）的《重修西和縣志》中見載：「青陽寺，今圮。寺鐘猶存。」寺鐘而今亦不存，但同「法鏡寺」碑一樣，使我們看到當年杜甫由秦州向同谷途中一個完全被歷史所淹没的事實，揭示出這當中不見于任何文獻記載的故事。筆者以爲，當年杜甫携一家大小赴同谷，在生活十分艱難的情况下，是因贊公之關係，沿途盡可能住在寺院之中的，因此，才可能從容寫詩。他的《法鏡寺》《青羊峽》《石龕》等詩所寫均是有佛寺之地。因爲贊公原是京師大雲寺住持，後雖同杜甫一樣因與房琯近而被貶秦州，但畢竟在佛教界有一定影響，應是贊公帶信給沿途寺院住持加以囑託，使杜甫一路得到較好的照顧。也因此，杜甫才有心情每到一地作詩一首。《青陽寺鐘銘》證明青羊峽在明代以前有一個青羊寺，所以才有了杜甫的《青陽峽》一詩。「羊」「陽」音同，古今重建中寫法有變，可以理解。而且也證明了這所寺并不是依附杜甫《青羊峽》詩而建的。而是很早就有，毁後重建。另外，筆者提出杜甫當年由秦州向同谷行程中盡可能到沿途寺院休息食宿，也還有别的證據。如杜甫有《鹽井》一詩，列《寒峽》《法鏡寺》之前，而據朱繡梓《重修西和縣志》載，鹽關有兩座寺院修建時間很早。一座賢德寺，「在縣北九十里鹽關鎮北，明成化年重修」。則始建在明代以前。一座鐘樓寺，「在縣北鹽關城內，創建朝代無考，宋乾道八年重建」。將重建年代説得很確切，顯然是當時留有重建時鐘或碑石，衹是今已不見。則此寺院之初建，自然在北宋以前。杜甫有時間、有精力、有心情寫《鹽井》一詩，因其夜宿于此處寺院之中。由此至法鏡寺，六十里路，正一天之行程。塞峽（杜詩中作「寒峽」）是否有佛寺，今不可考，在一般百姓家小憩并吃飯之可能也有。

西和縣存清乾隆二十六年（一七六一）的《城隍廟鐘銘》和《城隍廟鐵碑記》，前者爲曾任義學山長的邑廪生周恒所撰，後者爲邑廪生魚志賢所撰。後一文先述西和歷史云：

> 西和，古秦時之西垂，漢爲西縣，宋爲西和州。迨寶慶之年，元兵攻滅州治。明改曰縣，移治今城，正神皆有祠宇，及明末兵燹之後，悉歸灰燼。隍廟建于山城，至康熙乙酉，復遷舊治。

兩文内容與結構大體相似，而前一文述宋以後爲詳：

> 宋易以州，元仍之，明復改爲縣，遷城于今地。值明方季，屢遭寇變，縣治乃建于山城。至仁皇四十有四年，復移治舊址，隍廟在焉。

則記述更爲具體明瞭。「仁皇四十有四年」指康熙四十四年。這爲瞭解西和縣治的變化提供了可靠的依據。

徽縣清乾隆庚子科（一八七〇）舉人張綬《鐵山鑄鐘記》，碑文的前半記述了徽縣一處重要景致，雖述道教廟宇興廢，但無論從認識隴南地域特徵方面，還是從認識隴南交通方面都值得一讀：

> 鐵山在城南四十里，雙峰卓起，時出雲雨，其色似鐵，因以得名。劉子羽謂「蜀口棧道之隘」即此焉。自下而上約十里，路僅容足，步步險絶。懸崖清泉湧出，深可十丈餘。環腹有洞九，石門一。其下爲

太平庵、虞關、青泥嶺、嘉陵江，林壑奇峭，我徽一大觀也。

下面述峰間舊有玉皇閣、祖師殿，創自宋淳化時，康熙二十六年（一六八七）有瀛虚道人「從崂山來，築茅山巔，與其徒……募化十方，累石伐木，大擴舊址」。又叙及數十年後之重修及鑄鐵鐘、鐵醮、鐵爐等事。對景觀歷史的叙述清清楚楚，而文字亦簡潔生動，如古之山水記、游記之類，很有韵味。

各寺院祠廟銅鐘、鐵鼎爐之類器物多在一九五八年大煉鋼鐵中被銷毁，大都未留下拓片或抄件。雖然如此，其所存者還是爲探索隴南的歷史文化提供了重要的文獻依據，可以從中挖掘出一些很有意義的學術信息，仍然是值得我們珍視的。

三　由石刻起源于秦地説到隴南石刻的文獻價值

我國目前發現的石刻文字，最早有一九三五年在安陽殷墟出土的一片石刻，上面鎸刻有兩行文字，共十二字，屬記事類，時間當在商末。再則三件商代石磬上分别刻有「永」「永余」「夭余」等字。這説明商代文字記事除銅器上鑄、刻，竹木上刻寫，縑帛上書寫之外，也用石頭以書寫或鎸刻。但由于石頭難以加工成較薄的刻字材料，中原地帶可用于刻字的石頭也比較少；而竹簡可以編而成册，儲存携帶方便，因而不斷擴大應用範圍；銅質禮器、食器因其特殊的用途可永久保留，因之常在銅器上鑄刻具有紀念或證明意義的文字，故刻字多的石器便極爲少見。

真正的石刻文獻應起于秦地秦人。著名的石鼓文，在十個鼓形圓石上刻滿了文字，每一個石鼓上刻一首四言詩，共有四百多字。内容都是歌頌秦國國君狩獵盛况的。這些刻滿字的石鼓原在陝西鳳翔三時原，筆者一九九八年十一月曾至石鼓出土處考察，原是一個坡形地帶。關于石鼓文産生的時代，大部分學者認爲是在春秋戰國之時。

時代較早的再一石刻文獻是《詛楚文》，内容爲秦人詛咒楚國的，反映了秦楚對抗中秦人采取的宗教手段。北宋初年董逌《廣川書跋》中説：「秦《詛楚文》世有三石，初得《大沈湫文》于涇，又得《巫咸文》于渭，最後得《亞駝文》于洛。」今存這三碑之拓片，上面主要文字全同，應是秦人告神靈詛咒楚國之文。涇、渭俱在今甘肅，屬春秋戰國時秦國地域範圍。洛水在今河南省範圍。但得于洛水流域的《亞駝文》中的「駝」字，左面「馬」字末筆爲「灬」，近于隸書的四點，有失古文之體。而且宋刻《絳帖》與《汝帖》收有《巫咸文》與《大沈湫文》，而無《亞駝文》。看來《亞駝文》是後人所僞造。那麽，可靠的《詛楚文》兩碑都是在甘肅，爲秦人所刻。關于《詛楚文》的産生時代，從歐陽修以來多主成于楚懷王時，郭沫若《詛楚文考釋》認爲是秦惠文王后元十三年（楚懷王十七年、前三一二年）作品。

至于秦始皇之時的《封泰山碑》《嶧山頌德碑》《琅邪臺刻石》《之罘刻石》《碣石石刻》《之罘東觀大篆》《稽山頌德碑》及秦二世的《二世詔文》等碑刻，將這個風氣推向秦地之外，不用多説。

立碑碣之風始于秦地，還有一個證據，便是先秦文獻《穆天子傳》卷五所載穆天子在弇山刻石紀事的情節：

天子遂驅升于弇山，乃紀其迹于弇山之石，而樹之槐。

「紀其迹于弇山之石」即在弇山立碑碣。郭璞注：「弇山，弇兹山，日入所也。」「弇兹」在後來的文獻中多作「崦嵫」。《山海經·西山經》：「鳥鼠同穴之山，西南三百六十里曰崦嵫之山。」「崦嵫山」爲神話中的日入之山，古今所有的辭書和有關注疏都注其地「在甘肅天水西南」。這正在秦人早期發祥地一帶。該山應在早期秦人居住地之西，秦人每天見日落于該山，因而産生了日落于崦嵫山的神話。秦統一全國前後，該神話便成了全國性的神話傳説。周穆王紀其行程于弇山之石，是有關石刻文獻的最早記載。周人發祥于隴東，至平王東遷，秦文公才「收周餘民而有之，地至岐」（《史記・秦本紀》）。《穆天子传》中這個記載至少是秦人刻石紀事的曲折反映。因爲周秦兩族畢竟比較靠近，有所接觸。

現存的隴南石刻中，也有時代很早的摩崖。成縣黄渚鎮太山村大崖洞的洞口有一幅岩畫。岩畫右上二米處，有二字横列，篆字體式，似爲「言愚」。主體人物的兩側下部又有幾個字，不甚清晰，看來應是西漢以前的摩崖。（又右上有「楊忠元」三字，明顯爲後人所刻畫，不論。）岩畫同刻字不一定是同一時期的遺留物，但從其中一些字和部件的結構、筆形態來説，文字應是先秦時所刻，或者説西漢以前所刻。另外，成縣西狹中段、《西狹頌》以西約一公里南側崖壁上漢章帝元和二年（八五）的《西狹漢將題刻》，也是全國最早的石刻之一。

由以上這些來看，文字刻石應起于秦人。

春秋戰國之時秦人盛行刻石，有自然環境方面的原因：

第一，秦人早期所居隴南天水一帶及後來的雍（今陝西鳳翔）、平陽（今寶雞市以東平陽鎮）皆多山多石。直至二十世紀四五十年代，隴南、天水農村中有的人尚以石片蓋房，有的將石片架于火爐之上烙餅。大的石頭則更多，很多地方有石山，創製碑碣、摩崖都較方便。如清光緒《重纂禮縣新志》卷二《物産》有「青金石」，這是刻碑碣最好的石料，耐風化，可以用來製造硯臺。民國二十五年印《新纂康縣縣志》卷一四《物產》載：「碑板石，其質堅韌，專用以做碑碣者，能刻文雕畫。」

第二，春秋戰國以前雖然煉銅工藝已較發達，但銅多用于禮器和兵器，可以刻較多文字的很大的銅器畢竟少，用石頭則成本較低，置于山上、水邊也可避免被人偷盜以鑄鍛他器。

刻石紀事之俗達到全國風行有一個過程。故西漢時的石刻文字，極爲罕見，而且所見者上面刻字也極少，上面衹幾個字，最多也不過數十上百字。至東漢石刻才多起來。歐陽修《集古録·宋文帝神道碑跋》中說：「至後漢以後，始有碑文。欲求前漢時碑碣，卒不可得。」宋代以後也發現過幾個西漢時碑碣，但是極少。然而由此也可以看出石刻的使用物件已開始從朝廷向諸侯王大臣以至一般人過渡。

東漢時社會上承儒家重孝道的思想，學人又重師承，子女爲逝去的父母立碑，門生故吏爲老師、府主立碑，便逐漸形成風氣。

到魏晉之時，朝廷又禁止私人立碑。《宋書·禮志二》載：「漢以後，天下送死者奢靡，多作石室、石獸、碑銘等物。東漢建安十年，魏武帝以天下凋弊，下令不得厚葬，又禁立碑。」故在東漢末已有埋于墓中、類似後世墓志的石刻文字，至曹魏之時即有以「墓志爲題名者」。

晉承魏大統，晉武帝咸寧四年（二七八）下詔稱：「此石獸、碑表，既私褒美，興長虛僞，傷財害人，莫大于此，一禁斷之。」晉帝義熙年中，因有大臣長吏私立碑之事，裴松之又議禁斷，直至南朝梁代（見《宋書·禮志二》）。

這裏要說的是：東晉偏安于江南之時，隴南一帶屬前秦；南北朝之時隴南先後屬于北魏、西魏、北周。故儘管東晉與南朝亦有碑禁，却與北朝不相干。所以，隴南在歷史上是碑碣石刻文獻最豐富的地域之一。

由于五代以後全國政治中心的東移南遷，隴南一帶漸成偏僻之地，加之山大溝深，交通不便，人口稀少，文化不太發達，雖然在軍事上有很多大事發生，但是政治文化方面有不少事未被所謂正史留存，見之史家學者的書面記載極少，所以其石刻文字可以補史書記載的缺失，有其特殊的文獻價值。

隴南各區縣石刻文獻從内容上説包括地方建置、軍事活動、政治、經濟、交通、教育、自治公約、宗教、名勝古迹、名人碑銘等。有很多是反映了活生生的一般老百姓的歷史，而同所謂「正史」衹以帝王將相爲中心者不同。由各類石碑、摩崖等可以看出幾千年歷史中廣大人民群衆爲了社會的穩定、生活的方便、文化的發展，所做的種種努力。這也就是近些年西方史學界所興起的「微觀史」研究的具體材料。它比很多史書更接地氣。在地方史、地方文化研究方面，它可以爲我們提供很多極寶貴的材料。其中有些碑文也反映了一些重大的事件。

以下從十二個方面對隴南石刻的内容、意義加以論述。這十二部分内容之間也多相互關聯，很多碑文可以從多方面進行考察研究，所以這十二部分衹是各有側重而已。

四　蜀道變遷與隴南交通

隴南山大溝深，當蜀隴道北端，李白《蜀道難》中説：「蜀道之難，難于上青天，側身西望長咨嗟！」而如果讀一讀《杜詩鏡銓》中從《發秦州》至《水會渡》的二十多首詩，便會對從秦州入川之地路途的艱難有更真切的體會。

古代隴南實處于絲綢之路與蜀隴道的交叉點。絲綢之路的東起點在今西安，因爲漢唐兩代的都城在今西安，中國與中亞、西亞以至南亞、歐洲在政治、文化、經濟等各方面的交流是以西安爲中心進行的。但東西交流中的絲綢也有相當一部分來自蜀地。蜀綉是中國四大名綉之一，蜀錦是中國四大名錦之一。西漢楊雄《蜀都賦》就言及蜀中織錦之盛。自宋代茶馬交易開始之後，這一帶又成了茶馬交易最重要的市場和交通要道。[二]隴南有幾個縣地處茶馬古道上，這條路較之陝西境内的駱谷道更爲艱險，雖歷朝歷代官方民間時做修補，但改變不是很大。而一些路段爲咽喉之地，一旦損壞，甘肅這條入蜀之道便梗塞不通。隴南通蜀的這一條路五代以前與駱谷道一樣是入川的重要通道，包括北部幾個支綫：第一條由天水經禮縣、西和、成縣、康縣（望子關）、武都入文縣，由陰平道入川；第二條由臨洮經岷縣、宕昌、武都入文縣，經陰平道入川；第三條由今迭部、舟曲、武都入文縣，由陰平道入川。反過來，這也是蜀中經陰平道通向隴南、天水及羌藏地區之路。

隴南還有幾條通關中之路，一是由徽縣經兩當由靈官峽達鳳縣，一是由徽縣清泥嶺、虞關沿嘉陵江至略陽。并天水、寶雞一路，爲三條主要通道。至三秦之道雖較入川之路爲易，也十分艱難。而這些在隴南石刻文獻中都有具體的反映。

第一類是有關政府官員組織修路、棧道、驛站和老百姓募捐修橋修路的碑刻、摩崖。有的石刻當懸崖峭壁之地，顯得十分壯觀，也留下了一代一代人的記憶。如徽縣北宋嘉祐二年（一〇五七）的《新修白水路記》，摩崖碑高二八三厘米，寬一八三厘米，經九百四十年，仍清晰地給人們提示着這段路的歷史與這條路上發生過的很多故事。

[二] 參拙文《茶馬古道話隴南》，《檔案》二〇一六年第十二期；香港《商報》二〇一六年三月二十日《文化東方》周刊。

今存成縣漢靈帝建寧四年（一七一）的《武都太守李翕西狹頌》、建寧五年的《武都太守李翕天井道記》爲今存隴南最早有關交通的石刻。這兩碑都是贊揚地方官吏的政績的，同時也反映了古代隴南的交通建設狀况。

從西和縣長道鎮向南連接陰平古道，直至四川劍閣，全爲峽谷地帶，這就是自古以艱險聞名的蜀道。西和縣城南五十里之拄腰崖，道旁有石，上刻「碧峰插天」四字，其地正在石峽鎮之坦途關，也就是陸游《老學庵筆記》卷三所説的「潭毒關」。陸游説：「吴玠守蜀，如和尚原、殺金平、仙人原、潭毒關之類，皆創爲控扼之地，古人所未嘗知，可謂名將矣。」由此向南至文縣玉壘關、摩天嶺，棧道懸閣不斷，靠懸崖而凌空，馬馱人背行于雲上，下視急流百丈之下，令人驚心動魄。所以，整個隴南石刻文字中，有關鑿路架橋、維修棧道的不少。坦途關鑿于唐開元年間（七一三—七四一）的《新路頌并序》中説，用十年工夫所鑿石磴棧道：

曲磴臨空，連白雲而斜亘；危梁跨道，倚青［天］而高懸。勞馹騎，弊征軒。悽傷路隅，歎息河邊。

這段碑文所反映道路之艱難，與李白《蜀道難》中所寫没有什麽不同。人們在石崖上按形勢鑿出彎彎曲曲的磴道，或架起棧道，至今還可以在很多地方看到壁立懸崖上連成一綫的方孔，那就是當年修棧道留下來的。

關中一帶平靖之後，駱谷道成爲秦蜀交通的主要通道，官方交通基本上不再走陰平道，衹有民間商販等往來。岩陡溪深，山峰奇險。北宋仁宗嘉祐二年（一〇五七）因河池的青泥嶺一段崎嶇與泥濘，改道白水路。宋以後隴南的這一類碑文，主要在茶馬古道上，而茶馬古道的北口又有很多支綫岔道，故在隴南西和、禮縣、成縣、徽縣、武都、兩當、宕昌、康縣、文縣都有一些開鑿道路的摩崖、碑刻。如徽縣北宋嘉祐二年的《新修白水路記》開頭即説：

至和二年冬，利州路轉運使、主客郎中李虞卿，以蜀道青泥嶺舊路高峻，請開白水路，自鳳州河池驛至興州長舉驛，五十一里有半，以便公私之行。具上未報，即預畫材費，以待其可。明年春，選興州巡轄馬遞鋪殿直喬達，領橋閣并郵兵五百餘人，因山伐木，積于路處，遂籍其人，用訖是役。

其後又有相關州縣官吏相互協調，參與其事。至秋七月朝廷始可其奏，「然八月已走新路矣」。可見主事官員看是有利于老百姓，又有利于國家之事，便先做起來，而不是等上級點頭之後再幹。這些一千二百年前官吏努力幹實事的作風令人敬佩！碑文中所記這一工程的結果是：

十二月，諸功告畢，作閣道二千三百九間，郵亭、營屋、綱院三百八十三間，減舊路三十三里，廢青泥一驛，除郵兵驛馬一百五十六人騎，歲省驛廩鋪糧五千石、畜草一萬圍，放執事役夫三十餘人。

可見這個工程對便利交通、精簡機構、節省人力物力方面的作用。隴蜀道每一處的重修或改道都要有官府或有影響的人積極活動，克服各方面困難，也要有相關地區行政機構和民間的配合。而每次重修或改道都會大大地減輕其艱難程度，不僅利于民間商販等的往來，從國家的方面說也省下來很多錢財糧草的支費。

茶馬貿易的不斷擴大，官府和民間都就隴蜀道最險峻之處局部增修或改道，故南宋以後以這條路各支綫仍可看到一些關于修路的碑碣或摩崖。即如柳宗元所撰碑文中所説的白水路，後代也不斷重修。

徽縣修路碑中較早的還有明成化三年（一四六七）的《虞關修路摩崖碑》，萬曆二十九年（一六〇一）的《新刊修路碑記》，萬曆四十三年的《虞關石峽路摩崖》等。清代則更多。由徽縣修路碑即可看到隴南石山開路、空中架棧道及不斷保修的狀況。再如順治十八年（一六六一）的《禮縣閆井里草垻修路碑記》、成縣乾隆五年（一七四〇）的《修理黑峪河道路記》等，都爲我們記載了先輩在隴南交通建設上所用的心力。

第二類是反映了老百姓自己募捐修路的石刻文獻。如康縣明弘治十四年（一五〇一）的《修椒元溝道路記》言「道路確磽，用□火熱石路，往來通行」。因而有陝西涇陽縣客人上百人「同發心助力捨財」支持修路。這些涇陽縣客人肯定是在康縣經商者。可見交通對經濟發展之重要。這些客商也是有經濟頭腦的商人，既辦了公益事業，也有利于自己事業的發展。再如西和縣萬曆十三年（一五八五）的《重修郡路摩崖》載：「河中心大方石堵水，郡路通行不得。自給資財，請石匠打洞修路，萬古通行。」成縣嘉慶十二年（一八〇七）的《重修飛龍峽棧道碑記》說：

同谷飛龍峽，爲由縣以達略陽、漢、沔要衢。雲棧掛壁，危徑如綫，方之蠶叢魚鳧，何多讓焉。嗣後，掛壁者漸落，如綫者漸隱，即僅求雲棧危徑，亦漸不可得。未嘗不歎開創之難，而繼事之尤非易也。

因而乾隆五十七年（一七九二）邑令捐俸「爲諸紳士率，葺而新之」。此後又壞，又用募化之法，因而另有石碑刻各捐錢人之姓名與錢數。康縣道光十五年（一八三五）的《修梁家堨道路記》中說：

略邑皆山也，故路崎嶇。而我溝山路之最險者，莫過梁家，上有峻嶺數千萬層，下臨深溝幾十丈，行人來往，時懷戰兢。爰同衆謫議，欲修寬大，恐缺工資，惟是募化四方，樂施者亦甚夥。

并說明不能亂砍路下之樹木。後面也列有捐款人姓名及錢數。還有些碑題上即說明是募捐架橋修路的碑文，我們將放在「民衆自治的鄉規鄉約」部分來論述。

第三類是有關疏通水路工程的石刻。江上船運，有河道的疏通問題。徽縣的《興州江運記》，唐著名文學家柳宗元所撰，其中說青泥嶺一段道路的艱險：

自長舉北至于青泥山，又西抵于成州，過栗亭川，踰寶井堡，崖谷峻隘，十里百折，負重而上，若蹈利刃。盛秋水潦，窮冬雨雪，深泥積水，相輔爲害。顛踣騰藉，血流棧道；糗糧芻藁，填谷委山。牛馬群畜，相枕物故。餫夫畢力，守卒延頸，嗷嗷之聲，其可哀也，若是者綿三百里而餘。

御史大夫嚴礪，元和年間（八〇六—八二〇）爲山南西道節度使，守興州（治今陝西略陽），自長舉北至于清泥嶺，又西抵于粟亭，導江而下二百里，以水路避旱路，興州一帶兵民大利。故柳宗元撰文，民間立石以記其事。

再如徽縣順治七年（一六五〇）徽州知州楊三辰所撰《江河紀略》，一千七百多字，對清初清軍入川之際以徽州爲中心組織運糧及相關各水路交通之險易述之甚詳，有重要的文獻價值。因白龍江貫穿其境，江兩岸的交通是一個突出的問題。

第四是江上架浮橋、鐵索橋、木橋等工程的碑文。這些碑文同樣反映了當時主政官員的施政觀念與作風。禮縣明代萬曆二十九年（一六〇一）的《重建橋寺碑記》中説「此橋徑過一十二間」，看來是廊橋式建築。其中寫到郭玉衡宰于禮縣，剛到任，見民間所貼修橋募捐通告，即曰：「修理橋梁，爲政急務；敬神愛民，居官第一。」因而主動出面主持完成此工程。

從康熙六年（一六六七）的《重建武階南浮橋碑記》可以知道，武都城南白龍江上的橋是幾經變化的。康熙初年以前是浮橋，即由幾艘船作爲浮在河面的「橋墩」，上面搭上板子供人通行，一般是春架冬拆。也用過摩船，後來改爲鐵索橋。[一] 這是隴南水上交通變遷的典型事例，其中也體現了一些賢官能吏和廣大人民群衆

[一] 武都城南鐵索橋是武都城居民同「河南里」相交通的唯一一座橋。一九六三年重建，此前靠摩船（有鐵索繃于兩岸間，船頭有繩挽于其上，船夫用手摩動）。還有的地方是用溜索爲交通工具。一九八一年建成鋼筋水泥大橋，一九八三年六月拆去鐵索橋。

的智慧與心血。

文縣清乾隆二十七年（一七六二）的《邑侯孫公重修臨江橋碑記》中説：

> 文之北，距縣百里許，有臨江驛。臨江者，臨白龍江也。水自武都來，東南注，至玉壘關與文之白水合。而此驛適當冠蓋往來之所，波流衝激，非橋莫濟。

下面説到這座橋的歷史及重建過程中的一些情節，也充滿感情。光緒十年（一八八四）葉恩沛撰《重修臨江橋碑記》言：「自經震陷，一切傾圮，遂使馳驅者艱于濟渡，負販者阻于跋涉。」臨江橋「長逾十數丈」——

> 舊址坍塌，寸木烏有，玆欲重建，非得七八丈之大木不足勝任。訪之鄰近，未有當其選者。不得已，而搜巖采幹，循錦屏山之南，逾黄鹿壩之谷，凡數百里。由番地轉運巨材，順白龍江而下。自九年秋月經始，迄明年閏五告竣。計用經費千八百餘串，除籌款不敷外，與同寅一律捐廉，墊付蕆事。

錦屏山、黄鹿壩在武都城以西，與武都、舟曲間原始森林相接，至二十世紀七十年代末尚爲渭子溝林場，多年中每天有汽車往外拉木料，粗者直徑在二尺以上。當時修臨江橋的木料就是在此林中所伐。由之不僅可以瞭解清代修此橋情形，也可以設想此前修橋工程之艱難。

再如成縣乾隆四十一年（一七七六）的《重修橋梁并菩薩宫記》言「横川古鎮，東連陝省，西接階岷，北通甘肅，南襟巴蜀」，爲成邑一交通要道，而有通天水之橋梁「殘缺不固」，因而重修之。無論是藉菩薩之光而修路，還是修路時附帶修整菩薩宫，都是極聰明的做法。

有關交通的石刻文獻中大體是按主事官員功勞之大小，留下一筆，雖然都是正面稱頌，但行文自有分寸，表現的情感也各有强弱之分。這對當前基礎大建設、經濟大發展、文化大提升中各級在任領導幹部的責任感、事業心來説都是很好的教材：不做形象工程，幹實事，幹有利于人民生活、社會發展的實事；幹事不看困難大小，衹看是否有利于人民，有利于社會經濟、文化的持續發展。這方面的意義，似乎以前進行金石研究的注意不够，其實當中有很多值得挖掘的東西。

有關交通的石碑、摩崖，隴南各縣的各個朝代都有。如宕昌縣明宣德年間（一四二六—一四三五）的《重修西固鄧鄧橋摩崖》、明嘉靖二十四年（一五四五）的《通北口摩崖》、明崇禎九年（一六三六）的《鄧鄧橋摩崖》，文縣乾隆二十七年（一七六二）的《邑侯孫公重修臨江橋記》、康熙二年（一六六三）和道光年間（一八二一—一八五〇）的《重修陰平橋記》等，都反映出隴南一帶道路的艱難及有志的地方官員、地方人士、廣大人民群衆的不斷維修與改造。

隴南有關交通的碑刻、摩崖不僅反映着隴南内部交通的狀況，也反映着祖國西北同西南的聯絡與經濟文化交流。可以説，數千年來隴南人民爲祖國西北的交通發展做出了巨大的貢獻，很多在這方面起了決定作用及發起、組織作用的官吏和鄉賢，也因相關石刻而名留青史，爲後人所銘記。雖然處在這樣艱險的環境之中，但勤勞質樸、心胸開闊的隴南人民，不衹是感到生活的艱難困苦，似乎也因此而鍛煉了他們的意志，開闊了他們的胸懷。西和縣坦途關的唐代摩崖是「碧峰插天」四個人字；文縣南通往四川九寨溝的兩方明代摩崖上分别是「秦蜀交界」「隴蜀咽喉」四字；宕昌縣清康熙年間的兩副摩崖石刻，尖佛嘴是「龍吟虎嘯」，候兒壩是「天沆永溥」，都字體雄壯，極有氣勢，現出一種高亢的精神與尊重自然、感念大自然的思想信念。讀這些石刻文字，不僅是對歷史的回味，也可從中感受到一種不平凡的東西，這就是我們偉大的民族精神。

五　碑刻文獻中的隴南軍事記憶

隴南東與漢唐古都之地三秦相連，南與巴蜀相通，西面、西北、西南與羌、藏、回等少數民族部族相接，總體來説屬文化交叉地帶，也是歷來地方割據勢力争奪的交通據點和戰略要地，所以有關軍事、戰役、軍事人物的碑刻文獻較多，尤其是北宋末年、南宋初年那一段時間一些人物、事件的紀念碑文。

成縣東漢章帝元和二年（八五）的《西狹漢將題刻》摩崖，作「漢將武都太守□陰萬□」，今仍存。當時武都郡治下辨（光武帝建武十八年，即公元四二年由今西和洛峪移下辨，即今成縣抛沙鎮。洛峪爲武都道）。這説明東漢初年武都太守由武職擔任，當因其地近于氐羌，又爲入川道路之故。漢光武帝建武元年（二五）公孫述在成都自立爲天子，據益州，包括隴南南部文縣等地。建武六年（三〇）光武帝劉秀派將軍李通與公孫述戰于西城（今西和縣長道鎮），公孫述據武都（今西和縣洛峪一帶）、河池（今徽縣）、下辨以阻漢軍南下，其後據天水自稱「西州上將軍」。後歸屬公孫述的隗囂藉助西城的峽口地形拒入川之軍。建武十年隗囂之子隗純率部降漢，十一年漢將來歙伐蜀，與公孫述守將戰于河池、下辨，陷之。公孫述遣人暗刺來歙，來歙受傷，托重任于部將蓋延，然後自刎以激勵部下。建武十二年孔奮爲武都郡丞，其妻與子皆被隗氏餘寇所執，孔奮與武都氐豪齊鐘留并力攻寇，妻與子被害，而寇被擒。光武帝下詔褒孔奮，任孔奮爲武都太守。可見這塊石刻的「漢將武都太守」背後隱藏着很多故事。

隴南設驛站，反映了封建王朝對經營西北、西南一帶的重視。如徽縣清順治八年（一六五一）的《徽州調停驛站碑記》。

西和縣唐乾元三年（七六〇）的《漢源縣令廳壁記》中説：「皇帝觀兵朔方之歲，始以上禄改名漢源，將復禹舊迹，以從人欲。」此朔方指唐朔方節度使，治所在靈州城，當時因安史之亂唐玄宗南逃入川，肅宗繼位于靈武，正在靈州城以北，兩地相鄰，事在至德元年（七五六）。故上禄縣之改名漢源縣，在杜甫由秦州前往同谷之第二年。碑文中言其地「南牙蜀門，東豁雍峙，西走連磧，北逾大漠」，可謂壯矣。時縣令爲一姓韋的京兆人。

徽縣南宋紹興十二年（一一四二）的《宋忠烈吳公祠記》開頭説：

仙人關，古用武之地，北控吐番，東連岐、雍，西通蜀、沔。忠烈吳公玠五世世守于此，以備金虜。西土之人免左衽之苦、得安且樂者，咸公所賜也。厚惠深恩，盍若爲祠以報，不亦可乎？于是建祠三楹。

碑中以東漢張奂破匈奴的事迹與吳玠（一〇九三—一一三九）相比，言吳玠事迹云：

金人犯陜，時忠烈公以一旅之衆攻百倍之師，所向克敵，公之勇冠三軍。富平之役，議格不行，六路盡陷，忠烈公收散卒，保風（鳳）翔之西和尚原。敵乘勝急攻，謂「可談笑間破也」。是時，軍皆烏合，上下内外不相信。公爲統領，與諸將誓以無忘國家，言出于誠，人人感泣。公知人皆可用，遂與弟璘定計而後戰，敵大敗，不能返，全軍幾陷，獲楊哥孛堇。

「忠烈公」即指愛國名將吳玠。後面又寫其屯軍青野原，金與契丹各路合攻時吳玠與其弟吳璘却敵之事迹，及吳玠殉職後吳璘遵其遺志出兵秦隴，親冒矢石收復秦州，和拼力殲敵的事迹。碑文中説吳璘力排衆議揮軍渡渭，背水而陣，夜潛畢登，先布陣以疑敵，又發弓弩以破其驍鋭，然後短兵乘之，鏖戰終日，殲敵殆盡。文中叙二吳之戰績生動而充滿感情。西和縣南宋紹興十九年（一一四九）米居一作《靖共堂碑記》，除開頭和結尾之兩小段外，其主體部分文字與《宋忠烈吳公祠記》全同。《靖共堂碑記》

開頭言當時西和僑治白石鎮，「爲忠烈公用武之地，故廟食于此」。因「今都統治利州西路安撫使吴公之像繪于廊廡之下」，州人因其敗舊而别建一室，則靖共堂是州人爲紀念吴玠所立之祠，并有吴璘畫像。吴玠、吴璘與金人多次大戰，力保巴蜀之地與今隴南西和、禮縣、成縣、徽縣、武都、康縣以南之地，其功甚巨。西和爲北大門。「金人數千騎掠白石鎮」；徽縣仙人關亦爲重要關口，吴玠、吴璘長期守戰于此。米居一爲同谷人，他是否以爲自己文才不足以頌二公之功德，而徑取《宋忠烈吴公祠記》之文略换首尾以明背景而用之，今已不能知。徽縣吴山還有立于同一年的《宋故開府吴公墓志銘》，也介紹了吴玠的生平和幾次重要戰争的決策，深刻反映了吴玠以國家爲重、力抗頑敵的英雄氣概。當時徽縣、西和均建有吴玠祠，後西和又建吴璘生祠。

成縣有著名的《世功保蜀忠德之碑》，俗稱「吴挺碑」。吴挺爲吴璘之次子，以戰功拜四川宣撫使。碑石高出地面約一丈八尺，寬五尺六寸，厚一尺二寸，有六七千斤之重。「世功保蜀忠德之碑」八字爲宋寧宗趙擴所書。碑陽下部文字爲吴挺之子吴曦所書「感恩題記」，共八百五十四字，今前半文字殘缺。碑陰爲當時的中大夫、守中書舍人兼國子祭酒、直學士院兼實録同修撰高文虎所書，全文七千六百八十字，對吴挺的事迹、功績做了具體的記述，對一些關鍵的事件、大的戰役都有回顧。

禮縣南宋寧宗嘉定十三年（一二二〇）的《鼎勳堂記》記吴挺之子吴曦降金以後形勢的變化和抗金狀況。整個隴南碑文所記這方面的内容確是風雲變化、震撼人心，歌哭愛恨，非數紙可以了結。

可以看出，南宋時代隴南行政長官有相當一部分精力乃在抗金守土方面。「靖共堂」之類紀念堂的建立，反映出整個官民系統的觀念與對主管官吏的企望點。

關于紀念吴玠、吴璘兄弟的碑文，此後還有一些，如徽縣清嘉慶十二年（一八〇七）的《重修吴王廟記》、十三年的《賦吴玠墓碑詩》，表現了隴南人民對這些爲國、爲民獻其一生的英烈的敬仰與懷念。

西和縣的《宋陳公忠節記》（明弘治五年，一四九二）記載了西和州在元人攻至之時因力量懸殊，知州陳寅全家、推官賈子坤及其從官殉難事。碑文中説：

寳慶丁亥，元人大入，郡邑望烟塵而破膽偃服。兵薄西和城，公意受宋符、食宋禄、爲宋臣、守宋業，豈可忍心亡宋、棄土地而幸免耶？乃率軍民晝夜苦戰竭智，因力不能支，城遂陷。公謂妻杜氏曰：「若速自爲計，避兵鋒！」杜氏厲聲曰：「安有生同君禄而死不共王事者？」即飲藥自殺。二子及婦俱死。公斂而焚之，自亦仗劍而死。子姓賓客同死者二十八人。

萬曆二十年（一五九二）《忠節祠碑記》中亦叙陳、賈二公事迹，并言及修祠及兩次補修情形：

以故正德初年，知縣事者創建一祠。然規制猶狹，而祀典未成也。至嘉靖癸未，署縣事者病其隘而無祀也，詳曰當道，題奉欽依，頒以公價，大興土木，從而恢擴壯麗之，又儼然設像，而祀典并錫矣。

但這次尚未塑賈子坤和其他與難人員之像。邑令成公于萬曆二十年第二次知西和縣事，見祠宇較其前次任職時傾圮更甚，遂與當地耆老及弟子員商議補修，三月而成，「配賈公之像于同堂，益與難之徒于同室」。康熙五十九年（一七二〇）《宋西和州知州陳襄節公暨推官賈公神道碑》又補充記述陳、賈二公殉職之事，説當時「蒙古兵十萬入州境。公散資財、結忠義，委身苦戰，力竭而援不至」。其妻飲藥而亡之後，「三子及婦俱殉母旁。公斂而焚之，乃朝服登戰樓，望闕再拜，曰：『臣力守孤城，爲蜀藩籬計，城之不存，死有餘責。』遂伏劍死之」。「同時有推官賈公諱子坤，字伯厚者，潼州懷安軍人，嘉定十三年進士也，與州守誓死守城，城將陷，公乃與其家十二人死之。」朝廷對二人俱有封贈，立廟祀之。墓在西和崆峒山之南原。西和城隍廟中有陳公的塑像。上面所説二碑亦在廟中。先父子賢公（諱殿舉）二十世紀四十年代在縣民衆教育館（時設在城隍廟中）供職時曾動員李兆庚（字小白）編爲《英烈傳》，此後多年上演（先後改名爲《民族魂》《碧血西城》。近年本縣作家王社會又寫成長篇小説《古城英烈》，已出版）。

各個朝代每個縣都有些記述爲國事、爲地方安全而獻身者事迹的碑文，不一一叙説。有一些我們將放在「隴南歷史上的名宦英傑譜」部分介紹，如禮縣南宋時《鼎勳堂記》等。這裏主要從隴南石刻文獻看由于隴南所處地理位置與戰略地位，在相當一個階段中武備重于文教，人民對那些爲守衛邊防盡心盡力的人表示出無限的敬仰與懷念。

我們這裏特別提一下徽縣周主山的六通國民軍烈士墓碑。第一通爲：

陝西警備第三旅第二團一營一連，徽縣戰役九月十四日陣亡于周主山

列兵陳志禮烈士之墓

陝西扶風縣東北鄉大蘇村人，年二十歲。

中華民國二十一年十月十日立石

以下五通碑的主人：第二通爲列兵王子玉，第三通爲副班長王善述，第四通爲馬建堂，第五通爲仇得勝，第六通爲□□華，分别係蒲城、邠縣、乾縣人，均「九月十六日陣亡于東嶽山」，在軍中的編制所屬全與陳志禮同。他們都是陝軍團長曹潤華的部下。他們由寶雞到徽縣駐防，由于内部矛盾，在民國二十一年（一九三二）

九月同陝西警備師長馬青苑的戰鬥中犧牲百餘人。所餘部隊第二年在中共陝西省委特派員劉林圃發動下，由習仲勛、劉林圃、吕劍人、李特生、許天潔等組織領導，利用軍隊换防的機會，行至兩當發動了兩當兵變。兩當兵變發動起來的一個重要原因是該連士兵在軍隊内部鬥争中白白送死的太多。當然，這些陣亡士兵被立碑紀念，與馬青苑于民國二十一年背叛楊虎城投蔣有關。我們由這些墓碑可以看出，兩當兵變的種子在先一年已經種下了。

六　從碑刻看古代隴南的政治、建制與城建

隴南石刻文獻中有不少從朝廷到州縣各級官府所發布的詔示、公文、通告之類，反映了歷代政令、行政、建制、地方、吏治及政區劃分與變遷狀況等，爲解决隴南各縣歷史上的一些疑難提供了最可靠的文獻依據，使我們對歷史上的隴南有一個更真切的認識。

首先，是官方發布的公文告示之類，要求老百姓知曉，以達治民之目的的石刻。徽縣南宋紹興十三年（一一四三）的《敕付程俊札子碑》，是因成州知事王彦保奏程俊孝行，朝廷以高宗皇帝旨意批復的。文中言程俊：

自幼歲，父母陷于夏國，號泣自致，殆不能活。其後，常捐財數萬，以贖父母。其父母未歸，日夕北嚮號泣祈禱，飲食幾廢。夏人雖夷狄，亦爲感動，遂歸其母邵氏。既歸，程俊日夕侍奉，承順顔色，實爲至孝。

由這也可以看出在南北分裂情況下一些家庭破裂、骨肉分離的狀況。當時程俊已任隴右都護右部同統制，謀略

過人。呈文要求將程俊正式録用，并賜旌表門閭。敕文藉此提出：

諸路州縣長吏，精加博訪，察舉所部内有孝行殊異、實事顯著、卓然爲衆公服者，孝行以名聞，士人固可擢用，民庶亦表其門閭，厚加賜予，以旌表之。

當時朝廷對孝行的宣導應同分裂戰亂情況下對軍隊、百姓的安撫情況有關。

成縣南宋時《遵奉聖旨住庵文據》碑，是嚴禁隨意修建庵舍留滯游僧現象的。其中説：「比年以來，有非給降度牒，僧道所爲白衣道者，私相庵舍。」因而提出：

乞嚴立約束三省，同奉聖旨，令逐路監司各行下所部州縣，日下多出文榜，曉示道民。私置庵舍，有違條法，自指揮到日，限半月，許令經本州自陳，出給公據，付住庵人收執。如出限不行自陳，……許人告，首支給賞錢壹仟貫，……却于犯人名下追納，其庵舍産業盡行籍没入官。

文縣康熙三十七年（一六九八）的《常住碑記》、三十八年的《聖壽寺常住引》均屬此類。

康縣清嘉慶二十五年（一八二〇）的《官清民安碑》，是就所管八旗屯民「照額徵屯糧拖欠七年未完」事立碑，做出規定，要求執行。反映了清廷對分散各州縣滿族人管理的問題，也有一定文獻價值。

第二類是有關吏治，即約束下層官員、屬吏不使過于擾民、害民的碑文。

徽縣清康熙四年（一六六五）的《徽州刊奉總督部院白永革十大害碑記》，是爲消除貪官惡吏用種種方法搜刮、騷擾老百姓，根據總督部院的要求公布條例，使老百姓有所依據而加以抵制，提出「嚴明回報」「嚴查除」，或要求「出示嚴禁」，「坊出，即行揭報」等。這十大害第一條開頭幾字缺，似指在「萬壽、元旦」等節日强收禮金之事。以下九項分别爲：「義官之害」「書手之害」「募夫之害」「牌頭之害」「機兵之害」「鹽引之害」「紅票之害」「出陳之害」「永米之害」。如言「牌頭之害」：「大小官邑，凡係日用，自宜公平賣買。今聞城内仍設牌頭，官司［所］需諸物，俱出民間，騷擾之害甚［大］」，「巧立名目，暗取行貸，爲害匪淺」。這同白居易《賣炭翁》中所寫的唐代「宫市」情形相似。這種宫廷采購直如搶劫，由碑文可知，清代郡縣的「牌頭」也是明搶豪奪。再如「紅票之害」：「各色錢糧，自有糧長催督，如限完納。今聞兩縣［派出］衙役，手執紅票，下鄉騷擾。多［使衙］役是多［放］虎狼［傷害良民］」。然而陝西右布政使司與徽縣、兩當縣官府均否認有此情形：據司稱，「本司以差役執票，斷無需索之理」，故不用「差役執票下鄉」催要之法；徽州所轄徽縣、兩當縣亦稱并未差衙役執紅票收錢糧。碑文中揭出這兩種情節，因此總督部院才發布告稱，老百姓如遇此事，可「扭票以憑重究」。祇此一條可從中獲得很多信息，而此均不見于史書。看來在清代也有向上一層官府投訴、揭發，上級派人調查、查辦，下級官官相護、層層遮掩，上面祇好做出硬性規定并公之于衆，讓老百姓按此辦理并加以監督的事。所列十條都很具體，全是關係老百姓切身利益的。文縣光緒六年（一八八〇）的《譚公遺愛碑記》，是爲感謝道憲譚公除去「采買兵糧」中的「積弊」之恩而立的。其中説「嗣後采買兵糧永遠裁免，不准再向民間」以極低的價錢無限制强收强買，并言「地方官陽奉陰違，借名勒索，許爾等赴道控告」。

由上面兩碑文看，清政府真是「親民」。至于實際狀况如何，又是一個問題。老百姓能奪來差役手中的紅票到州上去告嗎？這會付出多大的代價？何况既花費用，又耽誤時間，最後還可能是自己吃大虧。但無論如何，這兩條文獻有很重要的價值，很值得一條一條研究，由之可以認識清初隴南社會的實際情況。徽縣光緒三十三年（一九〇七）的《抽油資諭示碑》、清《地税殘碑》也屬此類。

康縣光緒十三年（一八八七）《嚴禁派錢告示碑記》，是禮縣知縣雷某與「禮地孫家壩與三莊民等勒石」，其内容是説府城里民孫生員禀稱，其所居地平落「係階、禮、成三交界之地」，而屬禮縣管轄，但「每逢學差過境」，階州鄉約向此幾莊住户「硬要派錢」，因而公議後上報，由知縣出告示以禁止派錢，老百姓拒絶便有所依據。

徽縣順治八年（一六五一）的《徽州調停驛站碑記》記述了驛站人員的辛苦和設備之簡陋。其中説：

> 一差往回，動輒七八日。其在上差使客，憫念地殘驛苦，無不惻隱爲心、恤馬愛卒者。有苛猴冠虎翼之徒，一見驛卒便使威風，怒駡不已，鎖扣隨之；鞭笞已重，刀背繼之。迨受苦不過，迯匿躲避，仍復怒吼到堂，辱官毆吏，無所不至。及馬騾捧到，不曰鞍屉不整，則曰羸瘦不堪，刁蹬需索，必飽所欲始去。

由此可以看到驛站作爲官府下設機構運行的狀況。這恐是第一篇寫驛吏辛苦的文字，十分生動。這是徽州知事楊三辰整頓重定章程以後所撰；其下簽名列于碑者，有驛站官十人，儒學學正一人，生員十二人，十八里民鄉耆四十七人。立碑以爲長遠之行。不管怎樣，由此也可以看出古代一些清正廉潔的官吏希圖通過發動民間力量、官民結合解决整治運行中問題的模式，是值得注意的。這算是在官府機構内部約束一些貪暴官員的文書，也立碑以便下層官員可以據以抵制之。

第三類是記載郡縣建置、兩縣分合之類的碑文。這可以幫助我們消除地方史研究中的一些疑難與誤解，有的也反映了當時軍事形勢的變化。禮縣南宋慶元二年（一一九六）的《大潭長道兩縣二八分科後碑》，即因當時西和州一帶戰争頻繁，人民負擔太重，有些徵調，自然條件太差的縣難以承擔，故州上重加調整之後立此碑。碑文中説：

> 西和和政郡，古岷州，紹興十三年移治白石，取今名。縣三：長道、大潭、祐川。長道爲最，户口繁夥，州治在焉；其次大潭，介于川谷之間；祐川西隸宕昌，尤爲蕞爾。邑舊州，州□百賦，□□□長道八分，大潭二分，祐川在所，不足録焉。自朝廷立市西戎之馬于宕昌，馬政芻秣之重，首事于潭邑。五驛一監，在其境内有臨江、良恭、牛脊。本縣驛麻池□□□□□［長］道止本州一驛，其胥吏于郡者，又皆長道之民，□淫蠹幣，輒□舊坊。遂將馬政芻秣□以二八分。

可以看出州里根據地理狀况、人民的收入等，對各縣田賦、馬政協商調整，盡可能做到公平。當時西和州下轄三縣，長道縣條件最好，承擔包括馬政草料（芻秣）在内種種賦税總數之八成，大潭縣（在今禮縣）承擔總數之二成，祐川（治今宕昌縣之理川鎮）一點也不承擔。這樣大的分配結果，不是長官一句話便形成的，而是地方人士磋商後形成的，故末尾署「秦亭李耆孫謹記」。這不僅使我們瞭解到當時幾個縣的經濟狀况，其中所體現的民主協商解决問題的意向，也值得關注。

有的碑文對瞭解古代郡縣的具體建置有一定幫助。如禮縣元至正時《同知哈石公遺愛記》背面的《西康郡》，對于「禮店文州蒙古漢軍西番軍民元帥府」「禮店文州蒙古漢軍奥魯軍民千户所」「禮店文州元帥府蒙古奥魯所」「禮店等處達魯花赤長官所」「禮店文州蒙古漢軍一十三翼」的行政組成，各職務任職人員都一一開列。這是研究隴南元代行政機構情况的重要資料。

其中有些碑文對于弄清更早階段中行政劃分、治所轉移等歷史地理方面的一些問題，提供了重要依據。如宋代禮縣的《南山妙勝廨院碑》中説：

> 秦州南山妙勝院，敕額古迹。唐朝貞觀二十三年賜額「昭玄院」「天水湖」。至本朝太祖皇帝登位，于建隆元年將「昭玄院」賜敕皇改「妙勝院」，「天水湖」改「天水池」。

今天水市秦城區（二十世紀六十年代以前的天水市、天水縣）之西南有一天水郡，更西南接近禮縣處有一地名天水鎮（二十世紀六十年代以前叫「小天水」）。看來，最早的天水是在今禮縣之東北部，那裏有個天水湖，它的歷史十分悠久。過去人們搞不清天水地名的來源，一些介紹天水歷史風物的書編出種種奇説，都是没有根據的。前面「隴南金器銘文與古代歷史文化」部分已説過，「天水」之得名在秦代以前。天水郡則是西漢元狩三年（前一一四）始置。《漢書・地理志》「天水郡」條顔師古注：「《秦州地記》云：『郡前湖水，冬夏無增減，因以名焉。』」《水經注・渭水注》言：「天水郡治，五城相接，北城中有湖水，有白龍出是湖，風雨隨之。故漢武帝元鼎三年改爲天水郡。」我們不能在現代「天水專區」「武都專區」「天水市」「隴南市」這種行政劃分的框框内思考這個問題。當時禮縣東北部有一大片地方很長時間歸天水。後來「天水」這個地名也很早便逐漸向東向北移。《水經注》中所説「有白龍出是湖，風雨隨之」之類，也是後人附會。其實，因爲其地在西漢水上游，秦人很早由山東遷此之後，一直在這一帶生活，爲了紀念其始祖女脩，將天上在初秋天高氣清的夜晚看起來十分清晰的星帶，根據他們所居之地的水名，也名之爲「漢」，而將天漢邊上最亮的一顆星（零等星）名之爲「織女星」。因爲《史記・秦本紀》開頭就説：「帝顓頊之苗裔孫，曰女脩。女脩織，玄鳥隕卵，女脩吞之，生子大業。」大業便是秦人的第一位男姓祖先。以織而聞名的女脩實際上是秦人的始祖。銀河在漢代以前叫「漢」「云漢」「天漢」；「天漢」也就是「天水」。[一] 禮縣東北部的「天水湖」，也是因在漢水上游而得名。這才是「天水」地名的來源。宋初雍熙三年（九八六）的《周故少師王公仁裕神道碑》和刻于北宋崇寧三年（一一〇四）的《王仁裕墓志銘》都説王仁裕「其先太原人，後爲天水人也」，但這兩個石刻都是在今禮縣城以南的石橋鄉斬龍村王仁裕墓前；禮縣立于北宋紹聖四年（一〇九七）的《宋故祁君墓志銘》也説「祖考世爲秦州天水人」。可見禮縣北部宋代以前稱「天水」。民國以前天水、清水、秦安、張川直至陝西中部至西安一條綫上各縣的乞巧風俗都很盛，與早期秦人的遷徙路綫一致，也説明了這一點。

有關地名、建置的碑文還有一些，不一一論列。

第四類是有關縣城遷徙及築城、修建官衙之類的碑文。

武都南宋慶元四年（一一九八）的《祥淵廟惠澤昭應侯加封之碑》，上部是皇帝的敕封詔令，提到「武都當二水之衝」；中部爲左丞相鏜以下數人署名的公文；下部爲階州最高官員所撰碑文，言：

> 白江（白龍江）自徼外氐羌中來，匯于城下。北河發源（中缺）自砂水，或暴漲，西南與白江合流，湍悍洶湧，郡郛適當其衝。紹熙五年夏，大水，長堤横（中缺）守宋公憂之，默禱于神，夜半甚雨，北河有聲如雷。黎明，登高望之，則狂瀾遽迴而東。

顯然，當時的階州城即今日之武都城。文中的「西南與白江合流」是言在城西南與白龍江合流，非「向東南與白龍江合流」。此處行文有毛病。階州城是幾時設于現址的呢？元代的《祥淵廟碑》説得清楚：

[一] 參拙文《漢水、天漢、天水——論織女傳説的形成》，《天水師範學院學報》二〇〇六年第六期。

武階爲州，倚山并江，舊治北山之上，而艱于水，歲有鬱回之災。五代時移就山□（中缺）矣，而水患滋焉。蓋白江横其前，赤沙翼其左，于是作長堤以爲城之護。

這就説得十分明白。由這些就可以知道武都城搬遷、修堤的過程及歷史上水患火災（所謂「鬱回之災」）的情形。

南宋嘉定十七年（一二二四）的《西和州築城記》爲太守尚震午所撰，開頭説西和地理位置：「闢表西州，襟帶秦隴，實全蜀之保障，而西和最爲要衝。」然後説寧宗皇帝詔令工部侍郎南海崔公開制閫于益昌（今四川綿谷），嘗曰：「城以域民，綿二十里，形勢散漫，工役苟簡，民無固心。」「于是按圖度勢，縮脆就堅」，「倚山爲墉，臨谷爲塹，地環十里」。「爲堡三，戰臺二，城門十八，樓櫓四十二，井泉七十八」。由此可以看出北宋末至南宋西和州城的規模及變化。再如文縣明弘治年的《重修千户所記》、成縣嘉靖二十三年（一五四四）的《府城里公館記》、崇禎十五年（一六四二）的《新建上城縣治碑記》、康熙三十五年（一六九六）的《新建官衙碑》，徽縣明嘉靖二十四年（一五四五）的《重修城郭記》《重修州堂碑記》等，都是重要的歷史文獻。

武都清康熙五十年（一七一一）刻《創建護城石堤記》爲當時武都太守何道昇所撰，言其莅任之日，「顧城南白龍江，水勢澎湃，直瀉千里，逼鄰城隍。昔之人築土堤以禦狂瀾，然時築時圮，損塌靡常。當夏秋之季，洪流泛濫，堤崩水決，浸漫入城」。與前面元代碑所反映一樣，也與二十世紀八十年代以前情形相似。碑文中説：「有利不興，有害不除，司牧之過也。」因而待當地經濟大體得到恢復之後，何道昇謀之紳士耆庶，又自己捐資募匠，動工鑿石燒灰。工匠計工授食，「又鋤、掀、土袋、杠木、繩索諸物，悉給價購買，不擾于民。未越月，得堤二十丈，高若懸崖，堅實可久」。看來武都城直至二十世紀九十年代尚存之舊南河堤，是三百年前所築。至二十世紀八十年代武都有過幾次大的水災，皆白裕河所致，而南堤未聞有崩潰，實三百年前何公之功勞。這對于所有從政者都有教育意義。

兩當縣道光十六年（一八三六）的《募修城中街衢及疏通水道引》是當時的縣令莫棨新所撰，説明與捕廳計議之後首倡改善縣城街衢的面貌，反映了城市建設中出現的一些具體問題。看來城建中如何做好水的疏通問題，也并非今日人們才懂得，古人早就意識到了。

實際上所有的石刻文獻都反映着隴南政治、吏治，社會生活方面的一些問題，均可以參看。

七　石刻中所反映古代隴南的商貿經濟與生産

古代隴南爲漢、藏、氐、羌、回等多民族交接之處，尤其宋代以後爲茶馬古道的中心區域，其經濟狀況同全國政治、軍事等都有較大關係。關于隴南一帶生産、商貿等經濟發展的狀況，金石文獻中也有反映。有些碑文是專門反映這方面的，但以零星的反映爲多。如《西峽頌》言李翕任武都太守時「年穀屢登，倉庾惟億，百姓有畜，粟麥五錢」。標出了當時糧價，對認識當時貨幣的價值就很有意義。再如東漢熹平三年（一七四）《武都太守耿君碑》載「歲在癸丑，厥運淫雨，傷害稼穡」。説明了當時農業的狀況。以下就内容反映經商狀況較集中的碑文加以論述。

第一類是總括論述隴南經濟之特徵與範圍的碑文。

成縣南宋時的《廣化寺記》中説：

> 西康人勤，生而嗇施。蓋其地磽腴皆可耕，絲身穀腹之外，蜜、紙、枲、漆、竹箭、材章，旁贍内郡。農桑既盡其力，而發貯鬻材、趨時射利、人棄我取、人取我予者，子孫皆修業而息之。

這是對古成州一帶包括西和、徽縣在内經商者多，很多人家世代以興販買賣爲業狀况的一個概括説明。文中提到幾種農副産品。蜜是家家食用之物，但城市無養蜂者，農村也衹有少數家庭養蜂，取蜜後售于商人，一般人家衹在商鋪中購買。養蜂産蜜實際上也成爲部分農民的副業。紙之用途不用説，古代西和、康縣沿西漢水流域一些村莊農民在農閒時即采构樹皮造紙，成縣的紙坊鎮（先後曾歸禮縣、西和管）便成爲銷售批發紙的中心地帶。枲即麻，可以捻綫織布。古代穿麻布之衣者極普遍。章炳麟《訄書·明農》中説：「麻枲之堅，蠶桑之日成，婦工成之。」漆爲木工常用原料，竹爲建造方面的用料及編器具和做日常器具所用；箭在古代爲軍隊和層層官府與民間射獵者所常用。「材」指木料之類。「章」指大木材。《史記·貨殖列傳》中説：「山居千章之材。」《漢書·地理志》中也説：「天水、隴西（趙按：指隴山以西），山多林木。」在林中砍竹子、木料背到城鎮出賣，也是山中農民的副業之一。以上這一切的生産與交换也都形成市場交易活動。

成縣明代的《府城里公館記》記爲柱下御史巡按隴南幾縣而建御史行臺的事。這篇碑文不但有利于我們瞭解明代隴南幾個縣之間政事運行、監督機制及幾個縣之間的關係，更重要的是證明了紙的銷售中心的形成。其中説，當其擬建行臺公館之時，有關官吏到禮邑（禮縣）考察後，言「禮之紙坊可」。于是在紙坊建御史行臺。這説明當時紙坊歸禮縣管，已是一個較繁盛的集鎮。紙坊西部與西和縣大橋、石峽、西高山等地相鄰，這些地方古代多构樹，是以造紙出名的地方。紙坊又處于西和、成縣、武都及徽縣幾個縣城之間，距康縣也不

遠，正是彙集各處所造之紙向周圍銷售之地。[一]

另外在近代以前，徽縣、成縣、兩當的工藝製造業也比較發達，成縣東漢時《武都太守耿君碑》中言耿勳「開故道銅官，鑄作錢器，興利無極」。至近代徽縣所鑄鐵鍋、兩當縣的各種瓷器都遠銷周圍幾個縣，徽縣、成縣的造酒業也有較早的歷史。或本縣人向外經銷，包括運輸到鄰近縣城批發或零售，或外地商人來大批收購，總之商業活動均比較活躍。上面提到的幾種石刻文獻印證了這些歷史事實。

第二類是有關茶馬交易的碑文。

宋代以後，四川、雲南的茶葉多由隴蜀道販至隴南天水一帶。北宋與遼、夏騎兵作戰，要增强騎兵。朝廷以茶與蕃民（羌藏民族）做易馬的生意。當時所用軍馬皆來自蕃地，而主要來自宕昌峰帖峽（今舟曲峰迭鄉）、文州（今文縣，古多氐人）一帶。當然，這幾處地方的馬也是吸收了周圍大片地方的馬匹。自然茶的銷路也會延伸得很遠。蕃民以肉類爲主食而乏蔬菜，喜用茶爲飲料，因而在近蕃之地天水、隴南一帶形成茶馬市場。這樣，使隴南的商業活動熱起來。武都正德十六年（一五二一）的《修甘泉公館碑記》爲守備周尚文所立，但碑文已佚。今存徽縣明嘉靖十九年（一五四〇）的《新修巡茶察院行臺記》（禮部侍郎吕柟撰），爲我們提供了元明時期以隴南、天水爲中心的茶馬貿易中的一些細節，可藉以瞭解當時茶馬貿易各個環節的問題及當時的解決辦法，也從而看到國家施行茶馬貿易政策對民間商業活動各方面的影響。碑文中藉奉命巡察陝西的沈越之口説：「奮士在馬，畜馬在茶，行茶在公署。」説明在徽州火鑽鎮恢復、重建巡察院的必要性。下面説

[一] 參拙文《由隴南麻紙看中國造紙的歷史》，《檔案》二〇一五年第一期。

到南京錦衣衛出身的沈越先行廣寧、開城、七苑所發現的問題，可謂觸目驚心：

查見在大小兒、課駒馬萬有四千有零，其倒死、拐逃、被盜者皆備查，其數比之原額率虧損十三焉。

虧損率爲十之三，即百分之三十，則這個虧損是驚人的。這當中自然有官吏的素質問題、官商勾結問題，也有制度方面的問題。于是決定：

爾乃令漢中府歲辦地畝，課茶五十四萬，依期起運。禁茶園、店户盜賣欺隱；而中茶商人領引之後，不得輾轉興販，别務生理，久不完銷，以稽國課。雖山西諸處，各該原籍，亦必監候家屬。

看來官商勾結、中飽私囊，及國家的儲備、采購、企業中家屬參與假公爲私的情形，甚爲嚴重。以下還列有五項，都很具體，如「收粗惡者于庫内以易馬，而以甘美之茶給商人」等等，可以看出各個環節上都有漏洞。則茶馬互易不僅是官方組織的茶馬互易經營活動，也使不同階層的人參與其中，而且牽扯範圍很大。其中提到「洮、河、西寧三道督察三茶馬」，可看出當時朝廷在西北茶馬互易中的建制。這是一篇有關明代茶馬互易的重要文獻。

康縣明代的《察院明文》碑，爲巡察陝西監察機構所頒布，其中説，「一應商人等」，「茶馬販通番捷路」，均依「舊規堵塞」，「敢有仍前圖便」即予懲處。雖碑文漶漫缺字不少，但仍可看出隴南茶馬交易形成之後民間同官方在利益争奪上的一些細節，對研究隴南經濟和交通都很有意義。

第三類是關于禮縣鹽井生産的。

明嘉靖二十六年（一五四七）的《鹽井碑記》，是少見的一篇以經濟爲主要内容的碑文。碑在禮縣東北角鹽官鎮，當地有鹽井，井水可以熬鹽，二十世紀四五十年代以前禮縣、西和、天水、甘谷等人都喜歡食用水鹽。其碑文中説：

寶藏之興，固有金玉、錫鐵、銅礦，而濟世猶見鹽之爲物，生民不可一日而乏者。

這是完全從日用商業的角度來論鹽的價值。下面接着説：

西和治東，古迹漢諸葛祠祁山堡東鹽官鎮，古有鹽井。我大明編户一百五十家，日支水五百斗，月收鹽三百六十五斤有餘。不惟有益于一方之生民，［抑且］濟遐方之用運。不意嘉靖十二年十月初九日戊辰，其井響聲如雷，至次日，西南隅塌一角，水涸五日。義官何論并竈户呈其事，知縣魏尚質同諸父老設香案虔禱，其水復出。……訪父老，究其井之源頭，雖有石碑，因年久碑文脱落大半，命洗滌垢玷，謹尋摸其一二，謂井之源流肇自後周，有異僧志恭，噀水于地，後爲鹹池。至唐貞觀間，尉遲敬德田獵于此，流矢中兔，其兔帶矢之地，遂掘而成井。唐杜甫有詩，具述其所由來故。

文中説的「後周」如指東周時代（春秋戰國之時）則是，如指南朝之北周則誤。所説僧人「噀水于地，後爲鹹池」之説、尉遲敬德射兔之地掘井説，都衹能説是民間傳説，此碑産生于宋代以前（見載于明代以前之古碑，從其剥落情况看，至遲立于宋代）。其實，鹽官其地，今所見文獻中東漢時即稱作「鹵城」，《三國志·魏書·夏侯淵傳》：「趙衢、尹奉等謀討超，姜叙起兵鹵城以應之。」「鹵」即是鹽，鹵城即今鹽官。因魏蜀在此一帶交戰之故，言及之。則此地因鹽井而出名至遲在漢代，非至北周時才有。碑文中説：「其鹽，西南通徽、成、階、文、禮縣、漢中，東通秦隴，凡舟車所至，人力所通，靡遠弗濟。又爲國助，邊儲有所賴，通商貨利無不益。」説明其銷售之廣與對當地經濟、邊防經費的支持（因當時鹽官屬西和，故言及西南通禮縣而未言及西和）。

又民國十三年（一九二四）《建修鹽神廟碑記》言：「有清中葉，髮捻亂後，鹽井乃歸官有。設局徵課，而關民之煮鹽爲生者，始如農之耕疇納税焉。」「井雖改爲國有，向以邑令兼理。及八年，始置專官長斯局者，年一更易，率皆未能久任。」碑文後署：「西和鹽關産鹽徵收局局長古閩侯官姚啓飛敬撰。」地名鹽官的「官」改寫爲「關」，似乎是不再設官專管，其實不久仍設了「産鹽徵收局」，有專任局長。恐怕從西漢時代實行鹽專賣，至民國兩千多年中，這裏就一直設有專管機構。稱作「鹽官」，正反映了它的悠久歷史。

第四類是有關市場建設與管理方面的碑文。

禮縣刻于元至正五年（一三四五）的《同知哈石公遺愛記》，記一位少數民族長官哈石昭信在同知任上想辦法帶動城鎮商業交易的事迹。碑文中言其「下車之始，訥言敏行，默識心通，聲色無嚴」，遇事「三思而後啓發，無不中理」。碑文中叙了一事：他看到相鄰府縣建鼓樓「以爲壯觀」，有意爲之。同僚以財政窘嗇而不言，哈石公表示「罄予薄俸，不敷者化」。遂命梓人備料動工。修建街市標志，「不犯于民，逾月之間，梓事告成。是日，市井行商坐賈，不召而來者衆矣」。表現出通過街市建設帶動當地商品交流、經濟發展的思想。這在古代官吏中，也算是有經濟頭腦的人物，其所爲同范仲淹在杭州時當災荒之際而動員寺院大興土木的做法相似，范仲淹是設法使寺院拿出錢來救助窮人，此則是帶動商品交易、推動經濟發展。

武都縣光緒二年（一八七六）的《頌太尊公祖大人惠商德政碑》開頭先回顧商業的起源與歷史：

> 蓋聞日中爲市，肇于神農；懋遷有無，始于周夏。是以《洪範》八政，貨與食居先；《周禮》司徒，商與農并重。誠以市廛之設，所以通貨賄而利民用也。自桑宏羊立平準之法，與愚民争利。于是劉歆輔莽，張五均，設諸斡；安石相宋，置市易，立均輸，而商之困久矣。

然後說到此前階州官府對商人攤派款額的混亂情況，及新任顧太守到任之後決定明確應攤派款項，不再隨意攤派之事。共列出五項，以保證商人最起碼的利益。

第五類是有關商業活動的尊神祠廟的碑文。首先是藥王廟。敬藥王屬民間宗教和道教。藥王一般認爲是唐代神醫孫思邈，帶有紀念性。也有的說是扁鵲，但以爲由孫思邈來者爲多。藥王是神醫，自然也是掌神藥、培育神藥者。武都乾隆三十八年（一七七三）的《重修藥王洞記》曰「重修」，則應很早就有。武都這座藥王廟至二十世紀六十年代前期尚在。唯碑經砸毀，缺字多不能整讀。兩當縣道光八年（一八二八）的《重修藥王廟碑記》云：

兩邑之有藥王廟，由來舊矣。中藥王，左配牛王，右馬王。各建奇功于昔年，乃貽妙像于後世。隨時致祭，略展微忱。即《禮》所云「有益于民則祀之」者也。奈世遠年湮，蟲鼠盡其瓦礫，風雨傷其墻垣。顧茲殿宇，頗患傾頹，于是大啓願思，欲加修葺。

下面說：「因延四街會首，共議重修正殿、獻殿，以答神庥。」可見主要是街上做生意的人。又說，「闔邑中官員紳衿并鄉城内外客商」，均得布施。所謂「客商」，即外地來此經商者。藥材收購外銷是隴南各縣最重要的經濟收入，也是一些大商人立足之處。

隴南各縣都有藥王廟，自然是爲求有病快好，另一方面也同隴南各縣爲盛産中藥之地有關。隴南山大林多，盛産各種藥材，農民在農閒之時都上山、進林去采野生藥材以增加經濟收入。尤其武都、禮縣、西和、宕昌、康縣、文縣，至今很多藥材遠銷外地。所以這類碑文實際也反映了隴南經濟的一個重要特徵。兩當這座藥王廟有意思的是藥王兩面「左配牛王，右馬王」，真實地反映出隴南一帶普遍的經濟觀念。在隴南占人口絕大多數的農民看來，無論怎樣，離不開耕地。所以雖然是藥王廟，在左邊塑了牛王像。另外，無論農副産品還是什麽商品，要交易就有一個運輸的問題。在古代，長途運輸主要是人背、馬馱。所以在右邊塑了馬王的像。由此可以看出近代以前隴南經濟的總體狀况。

其次是關聖帝君廟。此即三國時關羽。在隴南以至整個北方以至全國大部分地區都稱他爲財神，廣東一帶及臺灣、港澳都一樣。明代開始商品經濟大發展，關帝廟遍布天下。這有下面三個原因。（一）《三國演義》中的故事無人不知，關羽與劉備結拜弟兄之情誼極深，最高統治者藉他體現尊崇忠臣之心，以籠絡大臣。宋徽宗第一個封贈關羽，但北宋王朝還是很快瓦解。而後面的君主還是不斷依様畫葫蘆，對他不斷進行封贈。（二）關羽爲山西解縣人，地處今山西西南。明清之際晉商主要爲晉南人，他們尊崇關羽要他保護自己發財，各處修廟設祀使關羽慢慢變爲商界共祀的財神。這同宋以後帝王尊崇關羽的目的相近，帝王能封贈，大商人可以拿錢來修廟奉祀。（三）一般人能認可關羽爲財神，因關公講信用。土山兵敗之後，關羽爲保護他的二位皇嫂，約三事降曹。曹操想把他同劉備的這兩夫人拉扯到一起，但關羽秉燭達旦，鎮定自守。後打聽到劉備下落，即封金掛印去找劉備，爲此而出五關、斬六將。其講誠信這一點，爲精明的商人所敬重。因爲經商一定要講誠信。故後來普遍認定關羽爲財神。

隴南各縣財神很多。西和縣明天啓元年（一六二一）的《關聖帝君碑記叙》中説：「漢時三分天下，桃園同盟，友如芝籣（按：當作蘭），信以金言，午夜秉燭，赤心忠義，凛凛節操，乃古今之一人耳，［豈］淺鮮云乎哉。近時，敕封『三界伏魔大帝』『神威遠鎮天尊』。乃乾坤之正氣、萬古之英雄。」下面又説到「保國鎮家，佑乎蒼生」等。其他縣稱頌之語略同。禮縣有天啓三年的《新建關帝廟碑》、清乾隆五十九年（一七九四）的《補修禮縣大北門外關帝廟蓮池游廊記》、光緒四年（一八七八）的《重修聖泉寺關帝殿并龍王廟池之碑記》、光緒七年的《關帝廟碑記》。其乾隆五十九年碑中説，廟修成之後，「漢、鳳、秦、成等客商，遂翕然雲集，更無論我邑士商之拜禱于斯矣」。康縣存關帝廟碑更多，今存五通都是清代的：道光十一年（一八三一）的《補修關帝廟聖像碑記》、咸豐三年（一八五三）的《重修關帝廟碑記》、咸豐八年的《關帝廟重修碑記》、光緒七年（一八八一）的《關聖帝君廟序》。還有一碑時代不清，但當在此四碑之前，因其中説「于乾隆四十四年，創修關聖帝君廟貌一堂，迄今歲月遞更，未免風漂雨裂」，因議重修之事。

文縣有康熙十一年（一六七二）拔貢何帝錫撰《關帝廟常燈碑記》，時間早于康縣，而其中還説「邑城南舊有關帝廟」，則修建更早。武都光緒三十年（一九〇四）《重建關帝廟碑記》中説：「州城西門之外，舊有關帝廟。考之廟内殘碑，前明成祖時，郡人錦衣衛苟斌，購基創建。其後，隆慶、萬曆年間，又疊次重建。國朝定鼎以來，康熙、雍正二代，亦時嘗補葺。」看來時間也很早，且多次重建與補修。

兩當等其他縣不再論列。由關帝廟被不斷重建、補修的事實中，也可以看到明清時代隴南人的商業意識和當時商貿發展的大體狀況。這也同隴南在隴蜀道和茶馬古道上，大部分的縣有較濃厚的經商的風氣有關。

八　興學尊師的社會風氣

隴南一帶在宋代以後漸成偏僻之地，并且與氐、羌、吐蕃少數民族有較大面積的接觸，祇是仍以農耕爲主要經濟支撑，輔之以工藝商販，并且一直保留着興學、尊師、重教的風氣。很多人家大門的門框之上有「耕讀傳家」「詩禮傳家」的門匾。在隴南石刻文獻中，有關教育的碑文同有關交通的碑文一樣，所占比例較高。

這類碑文大體有五類：一是有關興學、助學的公文、規定之類，刻之于石立于公衆場合以求長久堅持；二是有關修建學校的碑文；三是教澤碑，即紀念德高望重的教書先生的；四是朝廷要求各文廟、學堂學校立的用于道德教育的「御注」或朝廷推廣的典籍，如成縣、徽縣明代的《程子二箴》之類；五是關于學宫、廟學、文昌宫之類重修及用度開支等。後兩類碑文都同教育有關，但同現代知識教育距離稍遠，這裏不着重論述。下面對各縣前三類石刻文獻加以論述。

目前可以見到的最早的隴南興學碑記是成縣北宋仁宗慶曆五年（一〇四五）的《成州學記》。碑中言仁宗二十三年（即慶曆五年）有詔書要州縣「立學館，署講員，以進鄉彦」。長樂人馮宗聖官于成州，「乃審地勝，式規程，協辰僝工，救築并興」。碑文中記載了完成後的規模：

> 羅書笈于東序，盍賓簪于右庠。後筵重廡，列爲齋堂、驛迒。東西爲經師碩生、善友博諭、切約藏修之所。南端子亭有壁池、芹藻、錦鯉、祥鱣、芳葩、峭石，亦游息佳處矣。

下面説道，「泛掃羅護，幹隸肅給」，看護及打掃均有專人。可見其管理工作的完善。

北宋元祐八年（一〇九三）的《成州重建學記》，言原彭城太守劉公移治成州，拜謁文廟，觀覽學宫，見其「丹青晦渝，堂室摧敝」，「慨然思重建之」。當時「有司以無餘緡對，匠氏以無餘材告」。劉公趁憲使至州，聞其一路先拜文廟，次宴于學宫，「莫不給羡緡以治黌舍，割閑田以爲歲贍」，便也請憲使看州學，終于「得錢十七萬」，于是「悉增舊址」：

> 建齋舍于左右序，凡十三間，高明寬敞，大抵可容百餘人。公曰：「吾以是處吾州之豪傑，亦庶幾矣！」面殿建小學兩齋，齋之左右列廪舍，貯蓄積，以俟歲用。殿前之東有御碑亭，高其基四尺餘。……

殿立于中，重屋複甍，展庇丈餘，于是可以爲春秋釋菜行禮之地。殿後重建講堂，堂左右建兩庫；堂後置學官位，以爲學者常見、宴語、商角之舍；位之西隅，庖厨在焉。

這對于瞭解距今約九百年前後的宋代隴南以至整個甘肅的學院的規模、設置等都有一定的認識價值。北宋滅亡之後，南宋偏安東南一隅，全國北方大部分地方被金人及西夏、蒙古、遼所占，在甘肅衹有今屬隴南和天水的幾個縣屬南宋利州西路管轄。南宋高宗紹興二十八年（一一五八），有黄中《同谷郡學新繪成都禮殿圖碑》；孝宗乾道三年（一一六七），職郎知成州學教授王勳又主持重修學宫，有《成州學碑》記其事。清代則有康熙四十七年（一七〇八）的《創修學宫碑記》記當時教育設置的狀況。以上這些系列反映學校建設的石刻文獻具有重要的文獻價值。

反映明代以後教育情况的碑文更多。如徽縣，現在保存下來的明代相關碑文就有六通：弘治二年（一四八九）的《徽州重修廟學之記》、嘉靖四年（一五二五）的《重修廟學記》、嘉靖六年的《徽州重修廟學記》、嘉靖十六年的《增修徽山書院記》、萬曆三十五年（一六〇七）的《重修徽州文廟學宫碑記》、萬曆四十四年的《重修廟學記》。另外，還有兩碑也是屬于學宫文化建設方面的：《程子二箴》、康海作《啓聖公祠碑》。以上八篇碑文，都值得一讀。如當時的提學副使龔守愚所作《增修徽山書院記》，記述了徽山書院增修的過程：

徽之艮維，有山曰鐘樓，岡巒深秀，望之蔚如也。其下有地一區，延袤爽塏，即之豁如也。嘉靖丙申，侍御新野劉公來董茶馬之政，以學舍湫隘，召諸生指示之，曰：「此可以居子矣。」乃發茶課若干緡，屬之知州莫汝高，度地掄材，建堂分號，榜曰「徽山書院」。

第二年又有巡按到徽縣，「凝睇院堧，猶病弗宏，爰議增拓」，增修了外門、儀門等，并聘請山長，使與學正「共秉教鐸」。則徽縣明代的教育發展情况可見一斑。

徽縣清代關于教育的碑文有康熙三十五年（一六九六）的《徽山試院記》、乾隆二十六年（一七六一）的《徽縣重修文廟記》、嘉慶十三年（一八〇八）的《重建崇聖祠明倫堂記》、嘉慶十四年的《鳳山書院記》、道光二十六年（一八四六）的《創修鳳山書院記》等。其末一篇之末尾説：「斯役之舉，所以廣造士作人之化，屬望于徽人士者，固不徒記誦詞藻、趨時爲文而已。」其中已表現出文化教育不完全爲了科舉的新的教育觀念。

徽縣明清時有關教育的發展狀况，在全省範圍來説也是有典型性的。而這同樣是由于石刻文獻才使我們得以瞭解的。

文縣明弘治十八年（一五〇五）的《重修文縣儒學記》、正德十一年（一五一六）的《重修儒學記》、清順治十五年（一六五八）的《重修學宫記》、光緒二年（一八七六）的《創立捐修龍津義學館穀碑文》等，都反映出地方對教育的重視和一些文人官吏的眼光。尤其《重修儒學記》中載，弘治五年（一四九二）秦州千户高節守禦文縣。他謀于縣，創建儒學，并二度增修。「有妒其績者曰：『武臣而修文學，咎爲越職。』高君曰：『嗚乎！孔子之學，文武之道乎！國家一視同仁之化，根源學校，武豈禁書？文豈禁兵？觀國初郡州邑廢，而儒學存之何？蓋學也者，朝廷之學，所以教育朝廷之材；而文武皆朝廷之官，誠不知爲越職也。』」作爲一位武職官員而重視教育，且不顧忌妒者之閑言，甚爲難得。一個地方教育的發展，正是靠這一類有眼光、有擔當、幹實事的人而實現的。

武都有嘉靖十六年（一五三七）明「前七子」之一的康海所撰《重修廟學記》，清康熙三十九年（一七〇〇）立《東海陳公重修學宮碑記》、康熙四十六年立《創建義學記》，同樣表現了一些有眼光、有遠見、關心民衆生活與生存能力的學者、官宦與地方開明紳士對教育的重視。階州州長何道昇《創建義學記》中寫道：

> 余于丁亥夏，擢知武都。莅事之日，顧人物雍濟，誦讀之聲，達于里巷。夫武都僻在邊鄙，人多自食其力，男子躬耕，婦女紡績，冀免饑寒之不暇，何復尚有餘功講求文義、討論詩書、晦明不倦？因喟然歎曰：「君子之德風也，小人之德草也。信矣！夫上有好者，下必有甚焉者矣。第武都城廓褊小，廨宇窄隘，學宫殿廡之餘，別無隙地。諸儒之欲質疑辨難者，咸託足于琳宫梵宇。絃歌之聲與鐘磬相雜，豈其宜哉？」

給武都的社會風氣以很好的評價。并在學宫之東察院舊地創建義學——

> 建修業堂三楹。迤西，齋舍三間。少北，講堂五間。儀門之西，築板屋三間，以備庖爨。四面環以土牆，覆以陶瓦；牆之内，間以桃柳。講堂之前，因水鑿池；池之中，就土爲山；山之外，植以修竹，雜以山花，可以娛素心，發文藻。逾年而成。

可以看出，這個義學同北宋時馮宗聖任成州知州時所修成州學宫一樣，設計修建得相當完善。尤其講堂前那個池子周圍的景象，令人神往。

清王朝建立以後，用儒家思想籠絡文人，大力推行科舉制度，而一些具有深刻思想的州縣官長和有文化教養又熱愛家鄉的鄉賢爲使更多的人能讀書識字，接受文化教育，做了種種的努力，使當地教育不斷發展。這些都在碑文中得到了充分的反映。有關石刻文獻爲我們瞭解甘肅教育的發展提供了堅實可靠的材料。

文縣清順治十五年（一六五八）的《重修學宫記》，言文邑于「明成化間，始創立黌頖，歷二百餘年矣」。重修時「闢荆棘，建後宅三楹，西東厨舍各如式。復建廳事三楹，以爲諸弟子執經問難之所」。武都雍正八年（一七三〇）的《創建學棚碑記》，作者爲階州直隸州知州葛時政。其下車伊始，即考慮修建學棚之事。一方面以建學棚之事上呈，一方面「率諸同事倡議捐資，一州兩邑之生童，無不踴躍樂輸，以爲經營之費」。事成後，生員都説：「疇昔數百里跋涉之苦，而今無矣。」作者認爲這是「職内事」，然而老百姓願爲此立碑記其事。

禮縣清乾隆六年（一七四一）的《重修至聖廟碑記》，爲知縣朱無裕所撰，其中説：

> 邊邑之明經潘超者，以《學宫記略》見遺，囑予爲記。隨并考其故志，因知禮邑城治創自成化，建學于古舊城，復遷于縣南之西關。至我朝順治丁酉，説者謂學校重位，置闤廂非宜也。改遷于所城舊址，規制尚未美備。

論述了縣城與學宫地址的變遷，又記述學校三次傾壞摧圮後三任知縣重新修建的情况，不僅對研究學校歷史及當地重視教育的情况是重要資料，對于認識禮縣縣城之建設及以後發展中如何利用歷史遺址以張揚地方文化，也很有益處。其乾隆十一年（一七四六）的《創建義學碑記》、乾隆十二年的《禮縣義學記》記載了廣東人方嘉發任禮縣知縣創建義學的事迹；道光六年（一八二六）的《建禮興書院記》是禮縣知縣朱樒記述的自己擴建、重修學校的情况，也一樣值得重視。

兩當縣有關教育的石刻文獻有順治八年（一六五一）的《重修廟學記》、康熙四十四年（一七〇五）的《重修學宫記》、嘉慶十六年（一八一一）的《新建廣香書院碑記》。末一篇是邑令周邦倚所作。其中説：

查邑乘，城北向有書院，爲育才之所，年久傾圮，基址半爲民間侵占。因按圖丈量，清釐其地，捐廉創建，興工于二月十六日，落成于六月二十七日。講堂三楹，左右兩堂、齋房各三間，門廳一所，左右房二，共計十四間。外設廚房，周圍繚以墻垣，横直各十八丈。外竪牌樓門以爲總鍵。正廳坐乾巽兼丙丁向，背倚華林峰，面朝大夫山，四山環繞，青鬟翠黛，薈萃其中，雲烟變幻，朝夕景色無窮，亦足以助文人勝致也。

以下又説到膏火費等，言「以二郎壩場頭升斗歸之經理，每月所出，以爲課期獎賞飯食之需」。則邑令亦可謂盡心盡力。

此外還有三塊道光年間石碑。道光十三年（一八三三）邑令劉詩所立官方資助優秀貧困學生繼續升造的碑文《賓興費記》。其開頭説：

兩邑士風樸茂有餘，文采不足，大抵因科名無聞，末（莫）由激勸。科名之少，又因庠多貧士，末（莫）由奮興。

邑人「咸願設立賓興費，以子錢作應舉路資」。劉詩與同僚議其事，首先捐俸，自庚寅（一八三〇）至癸巳（一八三三），共得錢二百千緡，「發典生息」，「以期永久」。可見隴南歷史上一些賢吏在極困難的自然環境下爲提高士人中考率，帶動全體居民的文化素養，帶動居民的讀書進學方面所做的努力。

道光十九年（一八三九）前後的《續增賓興費碑記》是記載新任縣令增加給生員的補助經費。給窮困生員經費「每人量給錢三千文」。道光十九年又立《續捐贈廣香書院山長伙食碑記》指出：

山長應延異地高明，隨時訓迪。緣山城苦瘠，出息無多，故于本邑擇其品學素著爲民望者，由齋長及庠生共薦，以爲掌教。

隴南在甘肅是文化欠發達地區，兩當在隴南相對而言又是文化欠發達地區。而兩當的先賢在一百八十來年前已采取從外地引進人才、大範圍中招聘山長（校長），和開放式推薦選用教師的做法來發展當地教育。《碑記》中又定了三條規定：

第一條規定山長每年「脩脯四十千文」，之外又有「節儀六千文」。這等于工資之外，另有津貼。同時從當年九月十五起，「每月添送山長食錢三千文」，這等于每年又有三十六千文的獎金或曰補貼。節儀和食錢加起來超過脩脯（薪水）。這便是高薪引進人才、高薪留人才的辦法。

第二條是：「官課每月設定獎賞錢一千五百文。生員超等四百文，特等每名三百文，童生上卷每名一百五十文。」可見當時已設有獎學金，并分爲三等。而且規定「禮房送給山長轉發，不得短少數目。倘有不敷，官爲補捐」。實行校長負責制。

第三條是有關保證經費的規定，不再説。

那時的一些做法已同今天的差不多，這是我們萬萬没有想到的。我讀這些碑文，對在這些事情上費心出力的先賢産生了無比欽敬的心情。這應該是隴南教育方面的優秀遺産，應該繼承和發揚。

西和縣道光二十年（一八四〇）的《創建水南書院碑記》，光緒十八年（一八九二）的《新建漾源書院碑記》，言舊有水南書院「年湮代遠，圮毁不堪」，兩院之修建都是縣令帶頭捐款，「邑人士争勷義舉，各視家道之殷實，定出資之高下」。同時，另立《漾源書院出入款項碑記》，記「入款」一項，説明所餘錢交當鋪爲資本生息。所列「出款」十五項，包括給山長、監院、齋長之「束脩」「薪水」的具體數目及不同級别學生的「獎錢」，生員的「鄉試費」「會試公車費」。還有一項爲「城鄉設立義學五處」，定出每歲給塾師的「束脩」錢數。支出的最後一項是：「每年正月，准城鄉紳士公同在書院，將滿年出入錢文賬項會算一次，支酒飯錢四串文。」第二部分末尾云：

查以上各款，除鄉、會試另提款項發給不計外，每年共出錢九百六十二串，以一年當商生息錢一千串開支，尚應存錢三十八串，責成經管紳士存儲，無論何項，不得挪用。

并說：

造具出入賬目，除開支外，餘錢若干，計存何處，詳細開摺，呈官查閱存案，以免日後生弊。

關于用度規劃的細緻、全面，賬目管理的嚴格，今日讀之，也不能不令人佩服！這樣辦公益事業，不可能有貪污盜竊之事，不會使一些人因私利之事而墮落下去以至于毀了一生。我們從中看到的完全是地方賢達爲發展教育盡心盡力的精神風貌。

這個《出入款項碑記》的第三部分是支錢方面有關問題，共八條，其第一條說：「書院山長每年擇聘品端學邃名師主講，不限本地鄰縣。」雖然經費開支上規定很嚴，但聘請校長、老師却同兩當縣做法一樣，不考慮束脩的高低，不限于本地外地，以德高學富爲上。兩當、西和這幾塊碑文反映了一種較開放的、急于提高教學品質的辦學思想，也體現了教育管理上和學生教育上的激勵政策。

康縣同治十三年（一八七四）的《關山書院羅星翁別駕德政碑》是爲縣令羅公而立。碑文言「其所以急先務而敦化本者，猶諄諄于學校一事。邑屬創修義學十餘所」。「捐金百餘，鳩工庀材，閱數月而告竣」。「又籌款四百貫以入息，爲文生春秋兩課試支」。又定出十條具體規定，包括「鄉會試盤費」「書院莊基」「修書院支用」等，對九處義學的開支資金來源，也做了明確規定。反映出一些有眼光、爲地方真正辦實事的人爲發展地方教育煞費苦心的情況。其光緒六年（一八八〇）的《皇清待賜玉堂學房碑記》更對當地教育不够發達做了深入思考。碑文中説：

吾鄉占武都之東頭，算關屬之大地。烟村密密，桃李盈盈；［青］山則接連聳聳，秀水則左右逢源。宜人文蔚起，秀士如林，何乃文學少進，文人少成？爰推其由，無名師、少學房故也。無名師，則誦讀欠講，文義不通，如何得進？少學房，則勵磨無方，文友難會，如何能成？更兼爲父兄者，不擇名師；既有名師，仍然慢待。爲弟子者，惡習詩書，雖有善者，已入歧途，可慨也！

尤其末尾提到有條件的家庭請了名師，也仍然慢待，其子弟對讀書也産生厭惡情緒，而誤入歧途。分析相當深刻，在今日仍有認識價值和教育意義。

禮縣光緒三十四年（一九〇八）的《蒙頌賜德教碑》中還反映出有的私塾教師在幾次科舉失利之後廣讀典籍，對以科舉考試爲目的教學方針産生批判思想的現象。碑文中言蒙頌賜（字芹塘）曾任華亭縣教諭，署理海城縣訓導。曾「專意于文學」，又因應聘于西固、階州、成縣幕中幾年，漸通刑名家言。此前「末學新進，至不識經史爲何物」。蒙公退而設帳授徒之後，「一切以清真雅正矯之，文風爲之一變」。

碑刻中也有一些是對在當地教育發展起到推動作用人物的贊揚。如西和縣南宋嘉定七年（一二一四）的《宋故教授郡博王公師顔墓志銘》，言王師顔「通經博學，誠慤端方」，「讀書三過輒背誦。長，從鄉先生薛興宗游，工駢儷」。當時太守王伯禽「知公文行俱優，處以庠正屬」。後都統李公又任之爲裨贊。因作戰中取勝，因功而「以文學借補，攝職學官」。當時因連年戰争，「學宫遭兵燼化爲瓦礫」，王師顔既上請于州，又勸率鄉士，全力重建，終到「樓殿峥嶸，廊廡綿亘，突兀一區」。其後「開館授徒，常屨滿户外，作成士類尤多」。

可以看出，即使在戰亂之年，處兵爭之地，一些人也很重視教育。文縣康熙三十九年（一七〇〇）的《江公創建社學碑記》、康縣清代《崔又若墓志》均屬此類。

石刻文獻中反映教育狀況，尤其反映師風、教風及社會上對教育的認識及尊師重道觀念的，是教澤碑、德教碑。如清代西和進士任尚慧的《王兑山先生教澤碑記》及西和的《趙振教澤碑》《趙潤石教澤碑》《曹老夫子大人德教碑》《王老夫子德教碑》《徐子升先生德教碑》等，多是學生聯合所立，記在教育事業上做出貢獻的老師的事迹。對一些有成績、爲弟子門人所感念的老師立教澤碑、德教碑，是學業上薪火相傳的表現。明清以來教澤碑、德教碑所載爲發展隴南教育做出了貢獻的名師的生平及他們的學識、教風、教育思想，有不少是今天應該繼承和發揚的，也是我們研究隴南教育史的寶貴資料。由于篇幅的原因，這裏就不一一論列了。

九　隴南歷史上的名宦英傑譜

歷史上各朝各代朝廷的政治和吏治狀況决定着廣大人民的生存條件，而一些具體官吏的行爲在一定程度上起着緩解或加劇其中一些因素的作用。官吏是朝廷任命的，老百姓無選擇權，也無法制約，衹有在一些石刻文字中記下那些有良好政績，在交通、經濟、教育、安全等方面做了貢獻的官員，和爲國家和一個地區的安全獻出生命的人，寫下他們的事迹，刻之于石，存于後世。這不僅反映出對一些官員的永久紀念，也多少起着對以後官員的提示和引導作用。這類石刻的功能也就在這裏。

關于政治、吏治的碑刻多是以主其事者所做某一突出的功業爲中心叙説的。事實上，在長期的封建社會中，没有地方官員的首肯和出面組織，是幹不成事情的；而那些盡心盡力爲老百姓辦了很多好事的官員，老百姓總會念念不忘。從石刻的表現上，有以下四類：

一是就其某方面的重大貢獻刻石以頌其功。

成縣東漢建寧四年（一七一）的《武都太守李翕西狹頌》，建寧五年的《武都太守李翕天井道記》是頌李翕修西狹道、天井道之功績，屬于贊頌和記事的結合。碑文中説：

> 郡西狹中道，危難阻峻，緣崖俾閣（趙按：指順山崖而建成閣道），兩山壁立，隆崇造雲，下有不測之溪，阨笮促迫，財容車騎，進不能濟，息不得駐。數有顛覆霣隧之害，過者創楚，惴惴其慄。

李翕親「踐其險，若涉淵冰」，説道：「今不圖之，爲患無已。」于是安排人員重修，「減高就卑，平夷正曲，柙致土石」。最後達到「堅固廣大，可以夜涉」的程度。一千多年後，甘肅明代著名學者、詩人胡纘宗又撰《武都太守李伯都傳》來紀念李翕這位在隴南交通史上做出了貢獻的人物。熹平三年（一七四）的《武都太守耿君碑》以人爲主，綜合紀其在武都郡任上的政績。耿勳從政牧民的原則是：「猛不殘義，寬不宥姦，喜不縱慝，威不戮仁。賞恭罰否。」很有可以深思借鑒之處。其中講其到任的第二年春夏之季，淫雨連綿，傷害莊稼，造成當年災荒。他從所屬境内居民之吃飯生存考慮，「開倉振贍」。文中寫其：

> 身冒炎赫火星之熱，至屬縣巡行窮匱。陟降山谷，經營拔（跋）涉，草止露宿，扶活食餐，千有餘人。出奉錢市□□，作衣賜給貧乏。發荒田耕種，賦與寡獨王佳、小男楊孝等三百餘户。減省貪吏二百八十人，勸勉趍時，百姓樂業。

他親自到災區進行考察、賑濟困難之家；又盡力裁員，以節省公費。耿勳在發展經濟、和睦當時少數民族方面也做出了傑出的貢獻。「外羌且［末］等怖威悔惡，重譯乞降。」由以上事實看，耿勳不但賢良勤勉，忠于職守，而且是一位有思想、有政治遠見又脚踏實地的中層官員。

西和縣唐代的《新路頌并序》中説：

> 我太守兮化融融，坐甘棠兮易舊風。列郡蒼生［兮］欣然集募，越水登山兮辟新路。時不弊于艱危兮，人不勞于轉輸。冰壺挺操［兮］，霜鏡擬心。

末尾説：「千秋萬歲兮，奉揚德音！」也是對在工程、公益事業中做出了貢獻的行政官員的贊揚。武都區南宋淳熙三年（一一七六）的《田公刺虎記》記階州知州田世雄親領兵卒刺死爲害百姓的四條猛虎之事，雖有缺文，但有叙有議，讀之也頗爲感人。

二是爲離職或卒于任上的好官員立的碑，綜合記其政績，做一評價。

西和縣南宋紹興二十六年（一一五六）的《德政堂記》是一篇帶有理論概括與思想啓發性的碑文。其開頭云：

> 竊聞欲政速行，莫先以身率之；欲民達服，莫切以碑記之。德者，本也，苟能躬行其德以化民，則民被其澤而褆其福，［莫不愛戴］立社祠以報其德，刻琬琰以頌其功，如周之召伯，晉之羊祜者焉。

做官就要愛民勤政、嚴己惠人、盡心民事、在地方有所建樹。上面這段文字實際上是老百姓爲清官循吏立碑目的性的説明：（一）體現一種感恩的思想；（二）給以後的到任者以示範。

西和縣南宋紹興二十九年（一一五八）的《宋故楊公進墓銘》是對一位武職官員在保一地平安方面的頌揚與紀念。楊進，字德修，宋高宗建炎年間因討叛羌而立奇功。于紹興初年又由金人南侵西犯而竭節，「迎鋒破敵，百戰于京畿」。「公閱練有術，紀綱有法，革除姦弊，悦懌軍心，不擾不役，不諂不佞，端然正直，盡循公道，雖有謗議，皆出人之私心，確然不顧，理自歸正。」無奈當時形勢爲金强宋弱，且宋高宗口上説「收復兩京」「迎二帝南歸」，心裏頭根本就不希望二帝南歸，因而支持不力，且暗有干擾，結果「秦陝復陷」。「公徊徨四顧，勢孤難立，遂爾亡家，一身報國。」文中説到楊進「屢被檄于宕昌，收買進馬千百之數，無一不當」，説明楊進不僅有德有能，且具有戰略眼光。又乾道年間（一一六五—一一七三）的《仁愛堂碑記》記「隴干李公仁愛士卒」事，老百姓特請同谷名士米居仁撰文。

成縣南宋乾道八年（一一七二）的《仙人崖甘露頌》是頌王中正之碑。王中正字子直，河池枹罕（今臨夏）人。任成州太守，當宋金南北間激戰之時。王中正可謂功勳卓著。其事迹又見武都乾道四年《重修赤沙祥淵廟記》。

禮縣南宋嘉定十三年（一二二〇）的《鼎動堂記》，表彰和紀念西和州隨軍轉運使安藩、正都統制强威、副都統制程信，在蜀隴之間戰事不斷的情況下抵禦敵人、安定百姓的功績，當地士庶在皇覺寺築一堂名曰「鼎動堂」，立碑以記其事。碑中對三人之事以次叙之，叙述極生動。如其中説安藩：

> 軺車載臨，邊境休肅，斂不及民，廪粟饒饒。兵□農嬉，蜀犬夜吠。

説强威之事：

> 戊寅之冬，虜復犯邊，武休不守，兵滿梁漢，黠將精騎，直寇三泉。都統張公，設伏出奇，據□遏遁，酋長俘獻，徒旅屍磔，喋血百里，草爲之丹。而［虜］禍方戢，叛卒［又］起，賊□卿長，焚劫郡邑，全蜀動摇，虜焰繼熾，……公提兵復出，賊衆就擒，蜀遂安妥。

關于程信也有一段生動的叙説，不再録。此前西和州知州在慶元元年（一一九五）《大潭皇覺寺留題》碑刻中對前任賢官楊公已加以頌揚，後在寺裏修築了紀念安、强、程三位的鼎勳堂，并立了碑。這種將紀念賢官名將的碑碣立于寺院内，并修了紀念堂的做法，使人們對清官名宦的贊揚懷念同宗教活動結合起來，在當時情況下是使宗教同現實結合了起來，因而顯得更有意義。

以上兩類中，後代又重修祠廟而立碑的也有一些。如徽縣清嘉慶十二年（一八〇七）的《重修吴王廟記》就記述了祭祀吴玠、吴璘兄弟的廟始建、重建中的經過及對于二人功績的回顧。

三是有的官吏在職期間的作爲讓老百姓深深感戴，因而爲之建生祠并立碑以表感戴之心。文縣南宋紹興二十八年（一一五八）的《太守魯公安仁觀察祠堂記》，記太守魯安仁的事迹。作者何文炳，閬州人，爲貢生。魯安仁在文州任三年將滿之時，地方上請于臺省，希望其繼續留任，而朝廷的調换之書已達。碑文中説：

文臺居千萬山中，甘僻一隅，犬牙西夷，其地□□，其民樸野。魯公至，不鄙夷之，凡一政一事，必講究根柢，予其同欲而□其同病。□年亢旱，生物將就槁，公乃約食勸分，并慰群望，……嗣歲之春，民[皆乏]食，公聲于外臺，大發廩以賑之，所活以千計，就食氓沾溉旁郡。

老百姓在挽留無法的情况下，爲他建生祠，立碑而記其功德。

徽縣南宋嘉定二年（一二〇九）的《宋安公大資宣相生祠碑》，記金人數次侵犯之後，吴曦又叛而焚蕩其邑，「人情洶洶，不堪其慘」。安丙到任，「排闥誅剪，迅于震霆。上以置宗社磐石之固，下以息士庶擾攘之苦」。然而久經戰亂，「郡邑爲糜爛魚腹，而庠序之樂、田畝之利，不可得也」。安丙做種種努力使郡人得以安居樂業。故衆議以建生祠。徽縣尚有《仙人關重建宣相安公丙生祠記》，雖碑文已佚，而人民對他的感念之心由此可以看出。徽縣清嘉慶十二年（一八〇七）的《五賢祠記》是紀念南宋初年爲保蜀而鞠躬盡瘁以至獻身的另外五人，即宣撫劉子羽、胡世將，節制郭浩、楊政和曹友聞的，讀碑文，會人感慨萬千。

成縣明萬曆二十九年（一六〇〇）的《邑侯王公生祠碑》，是爲邑令王三錫而立。碑文中言其：

下車以來，興學校，勸農桑，獎善勵俗；衣寒士，食餞民，敬老恤孤；捐俸建磨、鑿炭、開荒、導水；財用有節，催科有條；治事必勤，讞獄必慎；百廢咸興，一塵不染。……二次紀録，四次褒薦，非過也。今年春，考績上上，擢守乾州，職刺史。報至，百姓愕然相顧，且喜且悲，如窮人無歸之狀。

寫其在職時諸事甚爲感人。

四是爲政績突出的縣令編「德政録」，刻石以記。如兩當縣明代的《安居羅侯德政録序》即是一例。《序》中對那些因循守舊、怕出事、不作爲、無擔當的官員加以抨擊，説道：「不腆下邑，向來烹鮮者視爲彈丸黑子，可卧而理，舉一切城池錢穀與民間極疲、極弊之處，附爲固然。謂張之恐駭，仍之似無害。」而至于羅侯，不僅説他對上面所説作風加以堅決整頓，對于上級在馬政方面的不公、不合實際的做法，亦言之則「髮上指」，表現出極大的憤慨。可見真是一位負責任、有擔當、切實爲老百姓辦事的官員。當地人將其政績録爲一册而存之，并立碑而永志不忘。

康縣同治十一年（一八七二）的《葆翁觀察洪老公祖大人教育保民功德碑》言：「洪觀察特委李都閫，督工重修平洛公館」，「即以公館爲義學。延師上館，束脩從州署所領」，「令家家子弟讀書明理。又發令貧家子弟，甲乙换讀」。當地老百姓有歌頌其德。又當社會動亂之際，洪公「以修文偃武、除暴安良爲急務」，「日夜偵探」，「管待勇丁，秋毫無犯」。將接待上級官員、平時不用的公館作爲義學，由官府出錢延請教師，而且讓家貧不能持續讀書者輪換來讀書，真是煞費苦心。對這樣的官員老百姓怎能不感恩戴德？

康縣清同治八年（一八六九）的《朱登連墓碑》在開頭有四句話對這類碑、銘的意義和老百姓立碑的心情有概括的説明：「蓋聞大山已顯，模範傳于千秋；哲人云遥，儀型式于萬代。」

特别要提出的是：有些在地方上做了很多好事的官員，在其逝世多年之後，老百姓還捐款爲其建立祠堂。西和縣乾隆十九年（一七五四）的《捐建董公祠堂序》是爲紀念康熙四十三年（一七〇四）到任的知縣董貞而立的碑。董公到任時，縣址在上城（城西山上），多有不便，他「同衆謀遷之舊墟，捐資庀工，經始于下車之年」。「葺補城垣，安集民居。」「公餘之暇，訓課士子，澤以詩書。在邑治之義學，顔曰『樂英堂』；在鹽鎮之義學，顔曰『聽弦堂』。……即今處鹽鎮之學，係捐俸錢買許氏地數丈，上構數楹，今圮。……迨其歿也，家無長物。」所以七十餘年之後老百姓又捐錢修祠。乾隆三十九年（一七七四）又有《董公祠堂記》，回顧其德政，列爲前侯之典型，決定「集資經理，臚列規條，爰推學先生爲冠冕，歲修祀事云」。文後并附列「祭田」及收入數量，以保永久。

在長期的封建社會中，雖然有些聖明的君主在吏治上也有奬懲的條禁要求，但由于整個封建社會中法制不健全，很多官吏貪財好利，社會上有勢有錢的人無法無天，有事時送人情以平息之已成慣例，法禁往往衹是一個樣子，盡職者未必升遷，貪腐者未必受罰。有不少官吏是明目張膽地討要勒索，而不論其他。所以，對公事能不能盡職盡責，對個人的私欲能否加以克制約束，主要在官員自己的素養。老百姓刻碑以頌賢能廉潔者，是一種報答，對那些賢能廉潔者至少是一種民心、公心的感戴，對官吏維持廉政作風也是一種勉勵。所以，這些石刻文獻不僅反映了當時歷史、政治方面的一些問題，在古代廉政史上，也是起到了一定作用的。

十　鄉賢與地方英才的紀傳

從進入文明社會説起，隴南歷史上時代最早的傑出人物，是秦早期的部族首領。秦莊公同西戎作戰，奪回了被西戎所占的犬丘之地，被周宣王封爲西垂大夫。《史記·秦本紀》明言「莊公居其故西犬丘」。莊公卒，襄公繼位。「西戎犬戎與申侯伐周，殺幽王酈山下，而秦襄公將兵救周，戰甚力，有功。」宗周東遷之際，「襄公以兵送周平王。平王封襄公爲諸侯，賜之岐以西之地……襄公于是始國，與諸侯通使聘享之禮，乃用騮駒、黄牛、羝羊各三祠上帝西畤。」襄公十二年卒，子文公繼位，「居西垂宫」。文公始遷都于汧邑（今寶雞以西）。則秦莊公、莊公之長子世父（主動放棄太子之位去擊西戎）、秦襄公應爲隴南歷史上最早的傑出人物。這些有大量銅器銘文相印證。

鄉賢中最早的傑出人物，當是見于《史記·仲尼弟子列傳》之秦祖。同爲孔子弟子，見于《史記·孔子弟子列傳》的壤駟赤也應爲隴南、天水一帶人。

劉宋時裴駰的《史記集解》引東漢鄭玄之説，以爲秦祖、壤駟赤皆秦人。姓秦而名「祖」，可能是春秋末年祁山一帶人。祁山之「祁」，左「示」右「邑」，「示」表示祭祀之義，「邑」表示爲人聚居之地。《史記·封禪書》中説：「秦襄公既侯，居西垂，自以爲主少昊之神，祀白帝。」西垂即今天水西南、禮縣東北部、西和縣北部之地。《史記集解》引晉灼曰：「《漢注》在隴西西縣人先祠山下。」「隴西」指隴山以西。那麽秦人之「人先祠」正在古祁山一帶。東漢衛宏撰《漢舊儀》中説：「祭人先于隴西西縣人先山，山上有土人，山下有時。」其所説「人先」，即祖。因當地有關于該山祭人祖之傳説和遺迹，民間才會有以「秦祖」取名之事。故孔子弟子秦祖應爲古西縣人。

關于壤駟赤，《史記·仲尼弟子列傳》説：「壤駟赤，字子徒。」張維主編《甘肅人物志》卷三云：「清儒武威張澍引《左傳》，魯有邱工駟赤，以爲『駟赤』連文，以『壤駟』爲姓者失之。」則孔子此弟子姓壤名駟赤，字子徒。秦以養馬出名，直至戰國之末秦建國後，隴南、天水一帶仍負爲朝廷養馬之責。古人之字和名在字義上是有連帶關係的。《詩經·小雅·車攻》是寫周宣王朝會諸侯于東都田獵的。頭兩句即説：「我車既攻，我馬既同。」（攻：修理加固。同：編排齊整）下面又説：「之子于苗，選徒囂囂。」（之子：指周王。苗：夏天打獵。）「徒」，這裏指經管馬匹、配合狩獵活動的士卒。《車攻》中還有「徒御不驚」之句，御即御馬駕車，也説明「徒」同「馬」的關係（《詩經》的《崧高》《泮水》兩詩中也有「徒御」的詞組）。名「駟赤」而字「子徒」，應出于這種關係。《漢書·地理志》中説隴山以西「山多林木」，民「修習戰備，高上氣力，以射獵爲先」，并説到《詩經·秦風》中《車轔》《四驖》《小戎》之篇「皆言車馬田獵之事」。可見其風氣在秦地。則秦人多見各色駟馬，以之取名亦自然之事。然而以上均無别的文獻記載，提出一些綫索，供進一步研究。

下一位便是趙壹。《後漢書·文苑傳》中有傳，言爲「漢陽西縣人」，漢末著名辭賦作家。[一]西和縣文聯寧世忠、王小静、何元元主編的《話説仇池》一書「漢代辭賦家趙壹」一節云：

從西和縣城南行二十餘里，距公路不遠一座村莊名叫趙家河。平川開展，河水北流，是一塊田良池美的好地方。這裏據傳就是東漢辭賦家趙壹的故鄉。農業學大寨的時候，村民們挖出了一塊墓碑，碑上清清

[一] 參拙文《趙壹生平著作考》，《文學遺産》二〇〇三年第一期；《漢代辭賦家趙壹》，《古典文學知識》一九九七年第五期。

楚楚寫着「趙壹之墓」。村裏的頭頭們以爲壞了祖墳，人不知鬼不覺把碑悄悄深埋地下，并告誡今後絶不能泄露。後來，消息稍有走漏，關心地方史的幾個人便去打聽，村民們異口同聲加以否認，後遂無問津者。墓碑的重見天日衹好再待他年，事實却再一次證明了民國《西和縣志》的論斷：這裏確是趙壹長眠的地方。

因爲我并未見到碑文，亦不作爲證據，衹著此以爲存照。

東漢之時隴南的另三位名人便是武都郡下辨人仇靖（字漢德）、仇紼（字子長）、仇審（字孔信）。前兩位長于書法，後一位是「善技藝」。而在石刻碑文上留下印記的，衹有仇靖，這便是《西狹頌》（《惠安西表》）《武都太守李翕天井道碑》《武都太守李翕析里橋郙閣頌》三塊碑刻上的書法。碑本是頌李翕的，却爲後人留了他的漢隸書法，成爲中國書法史和石刻藝術史上的一絶。隴南有很多書法精美的石刻，風格各異，時有遲早，但應該説，都在一定程度上繼承了仇靖、仇紼的書法傳統。

魏晉南北朝之時，風雲人物當數仇池國、武都國、陰平國的氐楊人物楊茂搜、楊玄、楊難當等和宕昌國的梁勤等。有關的金石文獻，除在「隴南金器銘文與古代歷史文化」部分提到的四方金質印和四方銅質印之外，石刻文獻存世很少。最有名者爲《楊大眼造像記》。衹是它在洛陽，不在本文論述的範圍。

此後最著名的人物，首推王仁裕（八八〇—九五六）。今存碑兩方。第一方，宋雍熙三年（九八六）的《周故少師王公神道碑》，通高三〇五厘米（碑首八〇厘米，碑身二二五厘米），寬一一四厘米。碑文爲著名學者李昉（九二五—九九六，字明遠，深州饒陽，即今河北饒陽縣人）所撰。他撰寫碑文的這一年，正是他和另外二十來位學者受詔編纂完成一百五十卷《文苑英華》的一年。在此書之前他還牽頭編纂完成了二百零二卷的《太平御覽》。這兩部書都是至今學人常常翻閲的類書。由他爲王仁裕寫碑文，也就可以看出王仁裕在當時的地位。據碑文介紹，王仁裕曾祖王約，爲洋州録事參軍；其祖王義甫爲成州軍事判官，贈尚書屯田員外郎；其父王實，爲階州軍事判官。至王仁裕，二十五歲以後才「心識開悟。因慷慨自勵，請受經于季父。詩書一覽，有如宿習；凡諸義理，洞究玄微；下筆成章，不加點竄」。他可以説是富二代年輕時省悟而致力于學，并取得很大成就之典範，對那些家庭條件優越而不潛心向學的青少年有很大的教育意義。碑文也介紹了世事紛亂中王仁裕能持正行事、秉義守身的事迹，言其掌貢闈期間中進士者二十三人，其中頗有後來至朝堂高位者。碑文指出：「平生所著《秦亭編》《錦江集》《入洛記》《歸山集》《南行記》《東南行》《紫泥集》《華夷百題》《西江集》共六百八十五卷。又纂《周易説卦驗》三卷，《轉輪回紋金鑒銘》二十二樣，詩、賦、圖并行于世。」《王仁裕墓志銘》，也是李昉所撰。兩文篇幅都不小，爲我們研究王仁裕及當時歷史和隴南文化教育留下了可貴的資料。

又一百四十多年之後，有王公儀（一〇二三—一〇九三）。西和縣北宋元祐九年（一〇九四）的《宋故左中散大夫王公儀墓志銘》、紹聖三年（一〇九六）的《宋故左中散大夫王公儀神道碑》都篇幅很長。後者現存西和縣仇池碑林，高二三〇厘米，寬一一四厘米。王公儀爲宋岷州長道縣白石人，生于天聖元年（一〇二三）。「曾祖珪，祖維嵩，皆以令善稱鄉里，蓋君子之富也。父振，尤能傾資待士以教諸子，故諸子相繼而仕于朝，遂纍封官至司空，而列三公之貴。」這應是隴南歷代受封贈名位最高者。王公儀爲王振之第六子。

幼失怙恃，傑然自立。又中慶曆六年詞科。調官之初，掌京兆府興平縣之版籍，府吏以公尚少而易之（按：「易之」即輕看）。嘗試以隱訟，公即與奪無滯也。府郭之民生産之厚薄，貧富之次第，久不能

□□□□，公定之，遂得大均之法。

王公儀與司馬光（一〇一九—一〇八六）、王安石（一〇二一—一〇八六）大體同時，而較蘇軾（一〇三六—一一〇一）年稍長。他的做法很有點變法派王安石的風格。墓志銘下面講了他在京兆府平縣任職時斷案的一件事：

有婦人者，死而不明，幾欲掩瘞，而公視其髮，親以手捏而得巨釘。人服其神明。

這件事後來被宋代而稍遲的鄭克寫入《折獄龜鑒》一書，衹是人名變爲另一人，成了古代精明斷案的一個典型案例。

王公儀官至左中散大夫，其子嘉問官至奉議郎。今西和還存有包括王嘉問在内王公儀家族成員的碑五通。由這些可以瞭解到當時隴南一帶社會狀況之一角。[一]

西和還有一《宋故西京左藏庫副使飛騎尉致仕張公從墓志銘》。其中記其未仕時一事：「逼于困窮，因以事纍而遠逃，能捨其少妻而肩負其老母，竄于嶺表。暨歸，得居仕籍，而復求舊室與之偕老。」這樣品格的人也確是十分難得。關于其爲官，也寫了一件事：「有熟户爲鬼章脅從者，諸將皆欲誅之，獨公言其非辜，所活者三百餘人。」就這一件事，就值得給他立一個碑，作爲以後做官者的榜樣。

成縣南宋淳熙二年（一一七五）的《宋拱衛大夫康州刺史田公墓志銘》，記田成事迹。田成（字希聖）十多歲參軍，不居寨守而求赴前陣，戰後還營，滿身是傷，而戰績優異。宣和末年參與征方臘。金人南犯之時

[一] 有關王公儀情况可參看拙文《王公儀生平、家世與交游考》，刊《天水師院學報》二〇一一年第六期。

隨姚古至河東，隆德府陷後，聯結民間豪士韓京，「乃以牛車載草，中匿兵，四門齊入，會通衢，縱火取兵，斬虜首之守者，……城遂復」。可謂智勇雙全，善謀劃且有膽識。至徽宗、欽宗被虜于北，中原無主，兵民皆極艱難，田成悲憤戚泣——

以兩旗立左右，率熙河兵及陷散數百人，謂曰：「我輩受國厚恩幾二百年，今運中否，能與我勤王者左，歸者右。」左者百餘人。公部出濟南，説群盜高才、王琪、韓温，合衆萬餘，趨應天，奉今太上皇帝登極。

這對于研究兩宋間歷史及《説岳全傳》《水滸後傳》之類小説情節産生的背景都很具參考價值。當時乘亂聚衆起兵的丁進有十餘萬人擾淮甸，田成受命招安之。碑文中説田成：

單騎赴賊營，進驚曰：「公膽何如，敢至此耶？」公喻以國家威靈，向背禍福，賊曰：「可否夜宿公帳中？」公解衣「就寢」，傍若無人，賊大折。翌日，望闕羅拜，以其衆赴行在，而公殿之「後」，凡劫虜者縱去。

這比元雜劇中所寫的「關云長單刀赴會」還讓人震驚而欽佩。碑文中還説到其從南宋名將韓世忠討賊，戰于建州浦城，先後擒兩賊首，身被二十餘創，及敢于直言勸諫上官等事。可以看出，田成確是一代名將，爲國家危亡之際有勇有謀、耿直敢言、忠心報國的人才。讀此碑文令人唏噓再三。

又成縣南宋紹熙元年（一一九〇）的《何之源墓碑記》記載了宋代隴南的一位學人的事迹。何之源，字性成，生于北宋靖康元年（一一二六），卒于南宋淳熙十六年（一一八九）。「何氏專精毛鄭詩作，斷文二十卷。歌詩勁出，好爲古風。建造書室，親自教訓鄉里子孫。」「鄉里之困窮不給者，公常割己之餘，以惠及鄉里。」就其重視鄉里教育及幫扶貧困兩方面言之，也甚爲難得。

宕昌縣明弘治二年（一四八九）的《故封嘉議大夫都察院右副都御史張公善墓志銘》，記天理事丞張錦父親之事。爲明代著名文學家李東陽篆額，嘉議大夫、禮部右侍郎兼翰林院學士、知制誥同知經筵事國史總裁、洛陽劉健撰文。張善因其子張錦而接連受封贈。碑主要講其個人涵養之深，爲人之正直。其中説：「時屯地廣闊，人競置産，公獨延師訓其子。或譏其迂，公語之曰：『非。但欲其成器，使少知禮義，即不爲非，辱及其先，此不愈于遺之以厚産乎？』」在今天來説更有意義的是他兒子張錦中進士之後，得假歸省，公又言曰：

人之才質高下，固繫乎命；而居官廉貪，則由乎己。爾宜努力，毋負所學！

爲官者之父母皆能如此，怎能有貪官劣吏！可惜至今很多做官者不能明白這個道理，大半生工作很努力，或者正在發展的良好階段，竟因經不起誘惑而至于顛仆不起！

武都萬曆元年（一五七三）的《明故將仕郎北崗馬翁墓志銘》，文縣萬曆二十一年的《鄉賢梅溪張公九經墓志節略》、萬曆四十八年《明待封選授千户清源謝公墓志銘》、崇禎三年（一六三〇）的《南直隸常州府通判禄我張公墓志銘》、崇禎十六年的《明敕封文林郎蕭籍墓志銘》，及明代的《孝子石溪李公墓志節略》、禮縣明代的《諭祭故禮部尚書門克新》《門尚書祠堂記》《祭雍國公墓題》《趙氏壽考墓碑》《趙孟乾墓志銘》等皆是。

文縣《南直隸常州府通判禄我張公墓志銘》是寫本縣張四知（字禄我）的，言其勤于學而數奇，後「以歲荐入國學，名隆胄監中」。出任四川成都府通判，後又至常州，「時有執常例夜進匜金者」，拒之。并因此而「剔衙蠹，禁舞文，捐俸資，賑窮乏，昆陵之人咸慈父依之」。「人有憐公而私請者」，亦不聽。真是一位清官。

文縣明代的《敕階儒林郎新泉李公墓表節略》《鄉賢節齋王公行狀節略》及蕭籍自撰《明敕封文林郎蕭籍墓志銘》也都表現鄉邦中傑出人才的事迹。蕭籍關于其父的《明蕭公時雍暨配孺人謝氏合葬墓志銘》，關于其兄的《槐峰蕭公圖暨配孺人劉氏合葬墓志銘》，及民國時韓定山先生所寫《蕭獻伍先生墓表》，即可看出文縣在明代以來人才輩出與文教、學術風氣之盛及一些家族中家風的承傳。很值得研究。

隴南清代以後賢達更多。如文縣乾隆三十六年（一七七一）的《大理寺左少卿崇祀鄉賢對溪何公墓道碑》，是寫何宗韓事迹的。何氏官至大理事左少卿。任禮部主事時參與《清會典》的編訂。在任期間以正直敢言稱，「性樸願（趙按：『願』即『鄉願』，質樸之義），少結納，又任事已鋭，不求合上官」。真是難能可貴！然而直者畢竟爲人所忌恨。一次雍正皇帝説：「鳳盧號難治，保宗韓在官六年，實行整頓，而人反議其短長，何也？」又一次説：「陝甘竟無僚，即何宗韓可用。」遂擢少廷尉。其致仕之後著《族譜》若干卷、《敦仁堂集》若干卷。當爲明清之時仕官代表之一，下與邢澍比肩。

以上所論率皆有關作官爲宦或以文名稱的碑文。下面舉不以學稱，而因勇武爲鄉親永遠懷念而立碑者，以證老百姓對那些雖無多高地位但爲老百姓做出犧牲或貢獻的，照樣會記着他們。

西和縣同治十三年（一八七四）《劉隨善殉節碑》中説：「自遭兵燹以來，兹邑時被搶擾。惟公組練槍法，每逢寇至，倡衆攻捶，輒傷其賊，數年幸平無事。」不料同治十一年二月賊勢衆，劉公年逾六旬而老當益壯，奮勇抗敵，「視死如歸，身蹈鋒刃而莫避」。最後不幸犧牲。「有同志感戴，建立銘碑。」

最後，要特別介紹禮縣民國三十二年（一九四三）的《禮縣忠烈祠記》。時當抗日戰爭的最後階段。碑文從一九三七年説起：

蝦夷構衅，半壁沉淪，我舉國同胞，罔不懍于攘夷之大義爲雪耻之要圖。吾禮雖僻處後方，未罹塗炭，然後氣之所蔚，彌久彌新，用能慷慨從戎，捐軀報國，貢獻于抗戰者綦偉。嘗稽簿籍，禮邑共有人口十七萬，歷年應徵入伍者，達一萬五千餘人，幾及十分之一。離桑梓，别父母，冒寒暑，犯鋒刃，蹈萬死于不顧，以爭國家民族之生存，因而裹革沙場者，數百十人于兹矣！今者光明日溥，勝利日臨，我先烈既已捐軀以奠宏基于前，我志士必能接踵以達成功于後。瞻望來日，當更有無限可歌可泣之事實，以光輝簡編，照耀宇宙。覩其前仆後繼之情形，彌足彰正氣之流露。

真是大義凛然，錚錚有聲，今日讀來，仍令人扼腕挺胸，熱血沸騰。這寫出了當時隴南所有人的思想感情。隴南各縣在抗日戰爭中積極參軍及爲抗戰而做出的犧牲，大體與禮縣一樣。如西和縣抗戰中地域面積和人口都較禮縣少得多（二十世紀五十年代以前老百姓説「禮縣一席之地，西和一瓦之地」），抗戰中自一九三七年至一九四五年共徵兵五千六百多名，犧牲于山東、山西、河北、河南、内蒙古、陝西、江蘇、安徽、浙江者都有，有十七人入祀忠烈祠。祇可惜碑文不存。所以禮縣這篇碑文是唯一一篇存至今日的紀念隴南爲抗擊日本侵略者犧牲的先烈的碑文，筆者以爲應選入隴南中小學鄉土教材。

另外，隴南各縣都應有「抗日戰爭勝利紀念碑」、「抗戰陣亡將士紀念碑」或「抗戰陣亡將士英名碑」、「抗日英雄紀念碑」。今唯存康縣「七七抗戰陣亡將士紀念」一碑，本在雲臺鎮鷹嘴崖上七級石塔之塔頂。立于民國三十年（一九四一）十二月。今移存文化館。成縣的「抗戰陣亡將士紀念碑」「抗戰陣亡將士英名碑」立于一九四三年九月，原在縣城東門外。西和縣的「抗日陣亡將士紀念碑」一九四一年九月立，原在東門外河堤上。均在六十來年前被毁。

大體説來，這類碑文所記人物可分三類：一是或從政或從戎，之後政績卓著，建立功勳，傑出且能善始而善終者；二是報效鄉邦，爲老百姓做善事，無論是建橋修路、興學重教，還是救災救荒、防禦山洪水患，抵抗山賊流寇，能挺身而出，引導民衆同心爲之，對地方安定及發展經濟、教育與移風易俗起到良好作用者；三是孝行感人、珍重兄弟情義，或能和睦鄉親見義勇爲，或在其他方面于鄉邦中樹立典型，有利于厚風俗、講禮義者。這些在今天也同樣有着一定的教育意義。

十一　民衆自治的鄉規鄉約

過去的一切「正史」，都是關于帝王將相的歷史，無非是這個朝代滅了，另一個朝代建立；一位帝王死去，另一位帝王繼位；帝王下的什麼詔書，臣子上的什麼疏表；哪個官升了，哪個官貶了；封些什麼公侯，任命什麼官職之類。州縣以下社會的秩序、經濟的發展等究竟怎樣，人民生活是怎樣維持的，城市、鄉鎮、農村到底是怎樣的一種生存狀態，從「正史」中是看不出來的，最多是災荒之中，言某地「人相食」之類寥寥幾句。而石刻文獻在這方面爲我們留下了可貴的第一手資料。

古代的基層政府，主要是爲朝廷辦事，也爲上級長官辦事，對老百姓生活中各方面的問題，不可能考慮得周到，往往是有了很大的災荒之類，上面會有賑濟、撫恤之事，但也往往虎頭蛇尾，雷聲大，雨點小。皇帝爲賑災發的聖旨恩恤如春雨普降，到老百姓頭上總是見不到幾滴。有很多事，還要老百姓自己來做。但自己做總得有人牽頭，這就衹有靠當地德高望重又有組織能力的人出面。如無有仁德的鄉賢爲大家拿主意，則會有惡霸地痞和流氓主宰鄉民，藉以盤剥。鄉村賢達也依靠自己可以同官府溝通的條件，使一些事情得到官府的認可或資助，往往是以官府名義起動，而大家募捐合力完成。這樣雖做官的坐享其成，但杜絶了一些胥吏刁民的敲詐或抵賴。隴南碑刻中的一些公告、協約等，除官府公布者外，民間因公共之事刻石立碑，多屬此類。從這些石刻文獻可以對隴南幾千年社會的另一側面有一個具體的瞭解。

目前隴南所存這方面石刻文獻資料，以清代與民國之時的爲多。這也從一個方面反映了社會意識的發展變化及文化的普及狀況（識字者少則立了也没有人能看），與人們政治觀念的轉變有關。

這方面的碑文，第一類是有關保護地方經濟、文化資源及生態環境的。

這類碑文不多，但在地方上被看得很重要。武都縣道光十年（一八三〇）的《名山老殿護栽樹木碑記》中說：

> 城北之五鳳山，固州之一大勝景也。第山形陡峻，栽樹者恒培植爲艱，故雖有名刹足以壯觀，而樹木鮮有，幾幾與童山相等。

「童山」即禿山。因上面所説的原因，一些人士「各處尋取松柏樹苗，并與冬青、楊柳等樹，或花卉如牡丹，節年植栽」，「越今二十有七年，樹木日漸茂盛」。其咸豐十年（一八六〇）的《鳳凰山水源碑記》表現了同樣的思想觀念。其中説鳳凰山原「山水嘗美，林壑尤盛。原泉因之混混焉。原泉混混，吾輩得以養生焉」。其後有人「烈山林而焚之，則水之有本者若無本焉。利取于一旦，禍及于萬年」。道理講得相當深刻。光緒六年（一八八〇）又有《公議嚴禁山林碑記》，言安化鎮「舊有山林一所，居民資其材用已久矣。乃初壞于秦人之用木廠，繼壞于□之□火田。然木廠開而猶望萌蘖之生，火田墾則忍觀化爲灰燼」。因而明確劃出兩處應保護山林的疆界。三篇碑文表現了同樣的思想觀念。可見古人已注意亂砍樹木、焚燒山林的危害，采取種種措施植樹種草、保護山林。隴南其他縣都有類似的情形。我們今天必須繼承這種保持良好生態環境的精神。

第二類是爲完成官府支派種種差務款項及杜絶當中一些弊端經公衆商議後立的碑。

西和縣清嘉慶二年（一七九七）的《差務章程碑》，其末標明「闔邑士庶公立」，則顯然是經過民間各方面代表人物商定後所立。其開頭説：

爲嚴除拉馬支差之積弊，定立章程以甦民困事。照得西邑路通蜀漢，每遇差務，額馬不敷，勢不得不在民間雇覓。奈日久弊生，多有蠹役藉差舞弊，不論居民行旅，有馬即拉，或需少拉多，受錢賣放，騷擾欺凌，種種不法。

所定辦法是：「兹據闔邑紳士議定章程稟請，凡遇差務，各里屯自行承辦，永不假手胥役。」以下又列出具體承辦原則及根據差役大小和不同情況的辦法五條，清清楚楚。此後附各里屯一年中承擔之日期：

和政里二十三日，岐山里四十日，通遠里三十二日，西和里五十九日，古岷里三十日，鹽官里三十九日，木門里二十六日，保子里一十日，鞏昌衛一十三日，文山所二十七日，岷州衛一十六日，西固所二十二日，階州屯二十三日。

這對于瞭解當時基層如何對付惡吏凶差的巧取豪奪，及考究當時隴南的建置及各鄉鎮經濟、人口狀況都有一定意義。

嘉慶十四年（一八〇九）的《章程碑記》是對前一章程的重申與補充。碑文中説：

兹據該縣士庶徐振鵬等公［議］：「遇有差務，需［要］軍馬多寡，難以預定，設遇號馬不敷，勢難壓前倏。距城郭遠之民，遇有差使，得以安居無事；而附近城郭者，則［疲］于奔命。若不稍爲變通，士民等廢時失業，何所底止？」

以下爲防止差役利用章程規定不够具體細緻而鑽空子，又做了一些較具體的規定，對于縣内遠鄉承擔義務的事也做了補充説明。此重申之碑文中一些細節上的叙述，可以爲我們提供很多當時社會思想、經濟等方面的信息。

這類碑文的意義有兩個方面：一是使我們更具體深入地認識到封建社會政治的腐朽與混亂；二是看出廣大人民群衆在維護社會的公平與安定方面所做的努力。以往的歷史研究衹注意到人民的反抗，關注到人民在强烈不滿下的起義、暴動。其實廣大人民群衆從自己的一方在盡一切努力維護吏治的正常運行，通過立碑、建祠等行爲表彰好的，也通過與官府當局溝通後訂章程、樹碑碣以避免貪吏的過分行爲。直至實在無法生存之時，才會有受壓迫最沉重的農民等振臂一呼、揭竿而起。腐朽透頂的王朝被推翻了，建起了新的王朝，開始會好得多，但後來也往往又走到前朝的老路上去，而且每次動亂社會付出的代價太大太大。因此，關鍵是社會制度問題，是法制建設與整個社會文明程度的提高。所以我們一定要珍惜今天好的社會，每一個人都要爲社會的發展做出貢獻，包括阻止各種影響社會發展的不良行爲。

第三類是關于募捐修路修橋、修建義學、籌辦公衆事業的碑碣。

成縣嘉慶十二年（一八〇七）的《重修飛龍峽棧道募化布施人等并布施人等姓名碑》，全是施捨人名及錢數，最高一名十千，其次五千、三千，捐一千者人最多，所捐較少者爲三百、二百。再如徽縣道光四年（一八二四）的《嚴坪募化修路碑》，光緒二十年（一八九四）的《徽縣大河店修路捐資碑》。《嚴坪募化修路碑》中説：「爲途溪澗之險，跋涉艱難之嶇。上下橋梁朽壞，風雨冒瀆，來往客商，行步艱難」，因而「齊心募化」，「捐資相助」。其中特别提到「往來客商」，説明了地方人士對當地商業經濟發展的重視。這幾篇碑文是有代表性的。因修橋修路而募化之事最多。衹是很多碑衹在碑文中説到修橋修路時有衆人募化之事而碑題中無「募化」等詞語，故衹能放在「蜀道變遷與隴南交通」部分論述之。

兩當縣《募修城中街衢及疏通水道引》説：

蓋聞古者至冬乃役。農事既畢，土功其始。此言修城郭、濬溝渠之宜及其時也。况夫平治道途、開通溝瀆爲有司之專責乎？本縣承乏斯邑，下車以來，見城中街衢石塊剥落居多，商賈行旅，礙難行走，皆因東門水渠壅塞所致。每逢久雨，往往浸淫爲災。

最後決定「本縣首倡捐銀拾兩。凡廛居之民，既在兹土，咸食其息，分宜共勷厥功，量力捐資」。爲了使老百姓放心，特别説明：「至于興工構料及收資發價等事，并不假與書吏之手，儘着公仝保舉老誠練達一二人作爲董事，晨夕切實監工，幸毋草率」。雖然是官府首倡，用費還是用募捐的辦法，而且公推一二人負責經費開支及施工事宜。這位縣令是很精明的人。

第四類是有關公共産業的。在封建社會中公共産業不多，主要是寺院、家廟、公共墳地之類。但這些處理不當，不但會引起糾紛，還會引起家族之間、村與村之間及寺僧與周邊信士之間的矛盾。

武都縣清代的《清凉寺産業碑記》，是關于寺院産業的，説得具體詳細，連酒食錢的數目都有規定。寺院雖是善信敬佛之地，但如無産業，也難以補充修建維修的經費；有了産業而無記載及規定章程，也會給一些狡詐貪腐之徒以可乘之機。看來寺院管理中的弊端及具體管理辦法問題也是自古有之，不獨今日。這篇碑文中所説的做法，可供當今一些寺院參考。

文縣同治十三年（一八七四）的《重修養濟院記》，是記有關收養鰥寡孤獨機構的碑。其開頭説：「邑之養濟院，閲舊《志》，在縣東門外，明崇禎十一年被寇焚。本朝知縣劉公霦，重修于縣西門外，旋廢。知縣杜公若甫，改建于東郊金山寺後，又廢。約百餘年，至咸豐初，知縣陳公繼仁，重建于北郊龍王廟前。」可見文縣之有養濟院，至遲在明代。由于封建社會中缺乏長期維持公益事業的體制，幾建幾廢。然而也畢竟有人在廢後重建。咸豐年重建後歷二十餘年，養濟院又塌朽不蔽風雨，縣令長贇又重修之。這種近于今日養老院的機構當時大概在全國也不會很多。對于地方上一些好的傳統能够盡力地維持、弘揚，這對地方官吏來説是一種高標準的要求，但也是很有意義的事，反映着地方官員和當地鄉賢的思想境界。

第五类是禁止某些不良行爲的。

成縣嘉慶十七年（一八一二）的《張旗存碑》是戒「邪淫」之碑，勸人「未行者宜防失足，既行者急早回頭」，是張旗存爲地方風化而寫，其弟子張恕「書石刊印」。此非碑碣，而屬刻版，然而非刻于木而是刻于石，故收録之，以見一些地方人士在維護社會風化方面所做的努力。

兩當縣道光八年（一八二八）的《皇清嚴禁賭博碑》在今天仍有很大社會意義。其中説，有些地方「村墟寥落，每多游匪賭棍，往來其間。而窩賭者喜占便宜，又從而招摇勾引」。賭博行爲「［壞］人心，敗風俗」，因而「公同具禁，請于邑侯，賞准出示」。這是民衆自己提出而獲縣衙批准而立的嚴禁碑文。碑文中除對本地聚財、誘騙賭者嚴加查拿外，還説道：「將本境窩户以及外來賭棍按律究辦，决不稍寬。再有外來游方僧道并丐乞等衆，不許三五成群，訛占惡討。」這對一般人管束家庭成員遠離賭徒及如何應付以修建寺院廟宇强行募化都有很大啓發作用，對于今天的城鄉基層組織的管理，也具有借鑒意義。

道光二十七年（一八四七）《羊頭會規》主要是爲禁止當地不良之輩與外來人員勾結禍害鄉里而立的。提出三條具體事項：一是不許留客聚賭；二是禁止與以販賣黨參爲名盜竊者狼狽爲奸、和同獲利；三是不許地主所招傭工夥聚爲所欲爲、横行不法之事。違禁者將被「鳴衆罰處」，違反後兩項者處罰更重。這通碑文不但體現了鄉規鄉約的自治精神，而且也反映出影響社會穩定的流民問題。

文縣光緒九年（一八八三）的《得勝鄉公議禁約》，共三條。其一，「盜賊宜禁也。近有一等無耻之輩，不願仰事寻畜，一味做賊爲生，且屢誅屢犯。一經拿獲，定要報衆。」下面説：「如遇初犯，把他送官。」其中所説對久犯的處分在今天看來不合法規，可以不論。其二，「合鄉宜息訟也」。其三，「國課宜有定額也」。第三條又説：

自古即今，我地方鹽課，忽上忽下，無一定數。嗣後，每年准于五十文鹽課。無論何人經理，不許增加；即民衆也不得横交，甚有免糧之事，倘後來當約頭之人與公門中人弊害民下，遵上憲章程，衆等把他揭告。否則拆他房屋，决不容情。以上各規勒之石碑，傳與後代，倘有違者，定罰不貸。

這當中確實體現了一種民主精神，而且直接針對地方上一些與官府有關係的保長、甲長之類，具有革新的思想。這是甘肅歷史上應該大書特書的事。

還有一塊在今天仍有現實意義的碑是西和縣立于民國八年（一九一九）的《禁烟記事碑》，寫縣令劉朝英親赴仇池山與據險種大烟販大烟以害民者鬥争之事，行文生動。碑文中提出其治理方針：「除烟禁秽，懲治首惡，餘皆寛宥。并擬于此興學校，設警察，以牖愚昧。」今日烟徒不及一百年前多，在内地種烟者已無，然而毒品之含毒量較前大爲增加，戒烟難度增大，制毒者更爲隱蔽，而且往往與黑社會相勾結，給公安人員造成極大的查辦難度，危險也照樣存在。在這方面應繼承前代賢達的精神，教育子女，嚴禁毒品是重要的。

這一部分的内容同當時老百姓的生存條件、生活方式與生活準則最爲貼近，而在今日對在基層工作的同志來説也有可以思考借鑒的地方。還有些問題在有關名宦鄉賢的部分也有涉及，可以參看。

十二　佛教、伊斯蘭教碑碣文獻

隴南各縣區關于佛教的碑文不少，有的碑文在佛教史，甚至在對當時的政治、教育、社會安定的研究方面有一定的資料價值。

隴南其北面與絲綢之路中段相連，向南是絲綢之路通向川滇兩湖的支綫隴蜀道，西面與西北緊連吐蕃、回族聚居的河州、洮州，東與三秦的興州、鳳州相連，所以佛教、伊斯蘭教碑碣在全國宗教碑碣中有更多值得關注的信息。

成縣唐元和八年（八一三）的《鳳凰山寺題記》言：元和八年六月新任成州刺史到任，「其本州殘破已經數載，穀麥不收。又汎水惟沫」。次年豐收，到寺還願，見「有一蛇出，長十八尺，錦綺文成」，以爲靈異，因立碑以記之。此前的梁大同九年（五四三）有《鳳凰摩崖》，今正文衹存「漢永平十二年又修經閣」十字，不能肯定是否已是佛教寺院，所以《鳳凰山寺題記》是今存隴南最早的佛教碑文。

武都北宋嘉祐七年（一〇六二）的《敕賜廣嚴之院》、元豐元年（一〇七八）的《階州福津廣嚴院記》、淳熙十五年（一一八八）的《新修廣嚴院記》是關于同一寺院的碑。其第一碑記敕「廣嚴院」之名，第二碑記述何以有賜名之事，于研究宋代佛教歷史有一定意義。碑文中説：

今上皇帝祇膺景運，恢隆永圖，仰宗祖之威靈，以聖賢之扶佑，殊俗款塞，萬國歡□。嘉祐八年十二月一日，敕降天下郡縣名藍勝刹，未有敕額，更賜名額。後于治平四年十二月，復詔天下郡國，佛寺僧舍可三十椢未有名者，特賜之名。

後周顯德二年（九五五）詔令限制佛教：「敕天下寺院，非敕額者悉廢之。禁私度僧尼，凡欲出家者必俟祖父母、父母、伯叔之命。惟兩京、大名府、青州聽設戒壇。禁僧俗捨身、斷手足、煉指、掛燈、帶鉗之類幻惑流俗者。」當時雖然對寺院的擴張、僧人的剃度有所限制，但不是唐代發生過的滅佛政策，而是對佛教發展中的種種亂象加以消除，限制了一些人藉宗教活動爲非作歹，也不使很多人以出家方式完全脱離社會生産，避免造成整個社會負擔的加重。所以，北周政權的這些做法對佛教的正常發展積極作用大于消極作用。宋承周運，看來北宋王朝是繼承了後周的做法，且更多地表現出對佛教的支持。這恐怕也是以往佛教史研究者所忽略的一個問題。

上面所提到的《新修廣嚴院記》，藉州刺史的佐吏别駕之所見，對寺院環境之美與建築之宏大加以述説，又轉述主持僧普興之語，對寺院的歷史加以回顧。碑文在對普興的贊佩之外，對歷來一些僧人藉以聚財享樂，表示不滿。中云：「齊梁以來，其徒因一時好尚，藉以侈□居室，窮極華靡，擬于尊上猶爲不足。而若其師之苦空寂滅，則鮮有移而爲之者。」這也是佛教史上常見的現象，而研究佛教史之論著鮮有言之者。

宕昌縣北宋元豐七年（一〇八四）的《岷州新修廣仁禪院記》記北宋王朝從吐蕃收回岷洮之地（包括隴南大部分）後，長道高僧海淵應聘到理川建廣仁禪院，使漢、蕃和睦相處。碑文中説：

初，岷州之復也，詔以秦州長道、大潭二縣隸之。長道有僧曰「海淵」，居于漢源之骨谷，其道信于一方，遠近歸慕者衆。州乃迎海淵以主其事。其道勤身以率下，愛人而及物。……又有藥病咒水之術，老幼爭趨，……郡之豪酋曰趙醇忠、包順、包誠，皆施財造像。荆榛薙而宫殿巍然，門扉闢而金人煥然。

以下關于周圍四百六十區範鐘、藏經向善的描寫也頗生動。然後説：

岷州，故和政郡，通吐谷渾青海塞，南值白馬氏之地，大山重複以環繞，洮水蕩潏于其中。山川之勝，可以言天下之壯偉。前日之頽垣廢壘，今雉堞樓櫓以衛之；前日之板屋聚落，今棟宇衢巷以列之，又得佛宫塔廟以壯其城邑。凡言阜人物、變風俗者，信無以過此也。

宕昌縣與藏區相鄰，羌藏漢雜居。下面説西羌（此處指吐蕃）信佛狀況及相關習俗，言：「爲之開示堤防，而導其本心，則其精誠直質，且不知有自也。」文中列出種種團結各族民衆的措施，包括「鳥驚獸駭，則文書期會以係之；間田沃壤，則置工募士以耕之；晝勞夜勤，則金帛爵命以寵之」。引導其努力向善、向勤、向儉。這當中，作爲寺院住持的高僧海淵起了上下溝通的重要的聯絡作用。海淵可以説是後代高僧與寺院住持的榜樣。這篇碑文也是佛教史上及隴南文化史上的重要文獻。[一]

西和縣北宋紹聖初年的一組《廣福塔石刻》，共有七通。塔六級，每級有塔記，而第六級有兩通。第一級塔記言：「尚書省牒岷州長道縣壽聖院勝相塔，禮部狀准，都省付下。」據該住持僧道永所陳狀，寺中高僧玉像大士坐化後火化，「于篋中生紫色蝴蝶無數」，舍利「于塔内常放光芒」。第一級、第二級、第三級塔記都是

[一] 有關海淵事蹟參拙文《宋代西和高僧海淵》，《天水師範學院學報》二〇〇六年第一期。

紹聖元年（一〇九四）的，第四級、第五級、第六級都是紹聖二年的，又有《廣福塔第六級寶塔記》是紹聖三年的。其後又有檀越祝詞及緣化修塔人名，其中有「都勸緣修塔、賜紫紗、門神惠大師海淵」之名。在第四級、第五級碑文中也提到海淵。其第一篇中説到立塔之寺院在「長道縣骨谷鎮壽聖院」，則正是海淵到廣仁禪院以前所在的寺院。《廣福塔石刻》碑文七篇，内容較多，此不詳述。

禮縣北宋大觀元年（一一〇七）的《南山妙勝廨院碑》，開頭言：「唐朝貞觀二十三年賜額『昭玄院』『天水湖』。至本朝太祖皇帝登位，于建隆元年將『昭玄院』賜敕皇改『妙勝院』，『天水湖』改『天水池』。其水冬夏無增減。至乾興元年真宗皇帝登位，本院鑄鐘一顆。」則看來此寺院至遲在唐代初年已有，而且唐太宗、宋太祖并曾賜額。大觀元年又有聖旨：「敕皇天水池佛殿，可賜『惠應殿』爲名，蠲免諸般税役。間歲，賜紫衣或師號一道。」至宣和三年（一一二一），「奉聖旨，將惠應殿係祖宗昌英郡望之地改『法祥殿』，專令『護持天水靈泉無窮』一面給付」。看來此寺院這樣高的榮譽，同寺院建在秦人發祥地天水有關。「天水」的得名，是因這裏有一天水湖（北宋末年改名「天水池」）。因「池」多用于神聖之地，如「瑶池」「泮池」等）。宋徽宗的聖旨中指出天水是趙氏的郡望。其實趙匡胤本爲河北涿郡趙氏，衹是因爲先秦之時趙、秦兩氏同姓（秦先公中有名造父者，被周穆王封于趙城，後代遂以「趙」爲氏。漢代以後姓與氏不分。秦滅趙之後，派趙宗族中之降者趙公輔出主西秦，居天水），故以天水爲趙姓郡望。上一篇已説過，宋初的《周故少師王公仁裕神道碑》和《王仁裕墓志銘》都在禮縣石橋，但文中都説王仁裕爲「天水人」。可見早期天水包括禮縣東北部，大體相當于秦漢西縣之地。後來治地向東、向東北先後移至今秦城區西南天水鎮、天水郡，最後至今秦城區（舊稱天水縣、天水市）。又元代《建西江廟記》中説：「有水名西漢，亦原嶓冢而出，至天水郡曰西江。」也説明這一點。而這一帶之所以名「天水」，因其處西漢水上游。秦人早期以所居之地的水名「漢」，又以「漢」名天上星河，稱爲「天漢」，反過來又稱地上之漢水爲「天水」。所以，這篇碑文可以幫助我們解決一些靠傳世文獻弄不清的問題。

成縣的唐代大雲寺遺址留有不少詩碑。今存最早爲刻于北宋嘉祐五年（一〇六〇）的《大雲寺題詩》，和《留題鳳凰寺》，這些碑文都不長。衹是由于這些的發現，唐安史之亂以後由京城被貶的贊公究竟是居于秦州還是同谷，杜甫與贊公的會面、亂後相聚究竟是在秦州的大雲寺還是在同谷的大雲寺，引起學者們的討論。其中很多留題詩作，我們將在最後一部分「隴南金石中的詩作」中再談。

成縣北宋宣和五年（一一二三）的《成州净因院新殿記》、宣和六年的《成州新修大梵寺記》均爲晁説之所撰，作者不但對佛教歷史瞭若指掌，且學問廣博，眼界開闊，碑文有論有叙，很有文采，即以散文讀之，也膾炙人口。南宋乾道九年（一一七三）的《廣化寺記》云：「廣化寺在封泉，距治城二十里。于元豐四年，高氏務成削地捐財以建，門闥雄深，殿廡耽耽，齋庖庫庾，鐘鼓魚螺，無不畢具。」宋神宗元豐四年爲一〇八一年。則寺建于北宋。以篇幅的原因，此處不能細論。

南宋哲宗紹定二年（一二二九）的《敕賜净巖院砌法堂基階記》，釋寂空撰。從碑文看，寂空應爲住持。碑文開頭説自己「承先師之基業，受檀越之供養，雖懷慚愧于心，尚寡殷勤以報德」。佛教講四大皆空，不存俗世之情，而寂空感恩德，與傳統儒家思想一致。下面説：「玆者［適］值年饑歲饉，時歉風［雨］，［僧］固不自揆觸事無能，抽捐自己看轉處所得，身分蠅頭薄利，命工鑿石修葺。」當饑饉之年而修寺院，看似有傷人力，其實這正是助民度荒之辦法：寺院藉此出資、出糧，使獻技藝、出勞力者可以活命，也因此而可以養活家口。當年范仲淹知杭州，當災荒之年即動員各大寺院大興土木，旁觀者不解，至有上書朝廷者，范公説其緣由，明哲之士無不贊其精明有法，寂空之做法正同于此。

禮縣元至正九年（一三四九）的《湫山觀音聖境之碑》、西和縣明天啓三年（一六二三）的《鳳凰仙山補修聖母地師金像碑記》、兩當縣道光十四年（一八三四）的《重修香泉寺碑記》將古寺院從名勝景點的角度來介紹。後者開頭説：

邑《志》八景，列「花園春色」而無「香泉印月」。及《新志》譜入「窑渠柳浪」，而又以「花園春色」爲古八景之一。然則是地爲風景所萃之區，而益知寺之建立，由來尚矣。

下面説到原爲古廟，雍正年間重修等事。兩當清末還有一塊《香泉寺記》碑，體現了同樣的思想。其他地方很多寺院，也同時是當地的風景名勝之地。至寺院者未必都是信衆，與今日到公園及名勝景點一游者無異。此碑文中表現之觀念，對于我們今日保護、維修寺院中考慮其宗教以外的社會功能，也是有意義的。

佛教石刻中還有一類是經幢，如禮縣北宋雍熙三年（九八六）的《尊勝陀羅尼經幢》、大中祥符元年（一〇〇八）的《大悲心陀羅尼經》經幢。此于佛經經文的校勘有一定價值，與宋本古籍具有同樣的價值。

佛教碑碣中也有些屬寺院管理方面的。如前面「從碑刻看古代隴南的政治、建制與城建」部分提到的成縣南宋時《遵奉聖旨住庵文據》，文縣康熙三十七年（一六九八）的《常住碑記》、三十八年的《聖壽寺常住引》等即是。歷來國家對寺院、僧人都是有管理制度的。

隴南關于伊斯蘭教，也存有幾篇有一定價值的碑文。

徽縣刻于明萬曆十四年（一五八六）的《重修禮拜寺記》言，明成化年間（一四六五—一四八七）陝人何楚英等因經商落于徽，「遂卜吉于東郊三元宫之左，僉施金資，置而創立焉」。「至嘉靖中圮，寺宇復圮」，鄉耆馬文禮等又因廢拓新。文中説到「敦仁尚義」等，反映出當時回民學者對儒家思想的接受及將其與伊斯蘭教思想相融合，表現出一種思想家的理論光輝。徽縣還存有清道光四年（一八二四）的《清真寺修建市房碑記》也記載了東關清真寺除延聘阿訇傳經立教之外，「往來同教、鰥寡孤獨人等，或時有費。以寺内無資，而司教諸位多方祈求，始濟一用」。道光四年春當地德高之人楊君「目擊心惻，思一資以濟諸用，因謀諸司教者等，僉曰：『善！善！』于是謁行募化。均慨然樂輸」。于是于寺内兩外共建房五楹，體現了一種救濟老弱貧窮的精神。

武都明崇禎四年（一六三一）的《重建禮拜寺碑記》，由賜進士及第、禮部左侍郎、河南新野馬之騎撰文，郡學生楚石司宏補輯。碑文先從作者讀《太極圖説》説起，言回教「聖人馬罕默的（穆罕默德）」在唐中宗時「仙骨顯應，降真經六千六百六十六段」，言「字九萬九千九百一數，乃爲無極正脉」。其中措辭已見與道教「無極」概念相合處。言其宗旨，説：

以回光普照爲從，誦明德新民而止至善，法《詩》《易》《書》《禮》而該《春秋》。濟饑拔苦，天下共爲一家；入孝出悌，四海聯爲［一］心。

明顯體現出《禮記·大學》中「大學之道在明明德，在親民，在止于至善」的思想，與儒家孝悌觀念相合，并對儒家經典表示尊崇和接受，表現出將《古蘭經》教義同儒家經典結合的思想，這些都是十分可貴的。由這些碑文可以看出我國回族先輩繼承中華優秀傳統文化、重視民族團結、重視教育的思想觀念和努力勞動、勤奮創業并互助友愛的優秀品質。這是我們應該繼承和弘揚的。

武都清真寺今存《永垂不朽碑》，刻于光緒九年（一八八三）。碑文開頭説武都城中舊有清真寺二，立此碑之寺爲前寺，并言「創建于洪化時，崇禎年重修」。按「洪化」爲吴三桂之子年號（一六七九—一六八〇），祇一年時間，且勢力不及于甘隴，此應指洪武、成化之間，時間不能確定。碑文中記載了清末政治事件及光緒五年五月十二日地震武都南山飛入城中，從寺旁經過之事（南山在白龍江之南，武都城在白龍江之北），和六月初白龍江水決堤「去城者半，居民廬舍，蕩然無存」的境況，具有重要的歷史文獻價值。碑文中并告誡教民：「竊願同人慎重，赴寺之［時］，遵五功而力行之，庶不負人生斯世之由，親師教養之苦，以仰副聖朝之一視同仁，則此寺亦不至于虚存而徒壯觀瞻也矣。」因寺中設有學堂，碑文末列有「學田大糧，永垂不朽」一段文，詳載爲學校運行所購地畝、具體地方及面積、地價等。碑文反映出當地回民同胞對教育的高度重視。

這裏要特别提出來一説的是武都縣清真寺大殿前立有《夫子家訓碑》。所刻家訓是清初朱用純（字致一，號柏廬）的《治家格言》，世稱「朱子家訓」或「朱子治家格言」。其中頗多總結生活經驗之語，教育子女勤勞、節儉，安分守己。所講諸多生活道理，啓人深思。如：「一粥一飯，當思來處不易；半絲半縷，恒念物力維艱。宜未雨而綢繆，毋臨渴而掘井」「器具質而潔，瓦缶勝金玉」「子孫雖愚，經書不可不讀。居身務期質樸，教子要有義方。勿貪意外之財，勿飲過量之酒。與肩挑貿易，勿占便宜；見貧苦親鄰，須多温恤。刻薄成家，理無久享；倫常乖舛，立見消亡」等等，均爲世人所傳誦，亦與《古蘭經》的精神相一致。清真寺立了這一塊碑爲教育教民的格言，反映出中華各民族文化的交融與對共同優秀遺産的繼承弘揚，很有意義。

十三　道教與民間宗教碑碣

道教最高神應是「三清」，即玉清元始天尊、上清靈寶天尊、太清道德天尊。三清中居第一位之元始天尊，即人們常説的「盤古」「盤古真人」，又稱「元始天王」。據托名葛洪的《枕中書》（又名《元始上真衆仙記》）中記述，二儀未分、天地日月未具之時，有稟受天地之精而自生之盤古真人，浮游于宇宙混沌之間，自號「元始天王」。唐末五代時期杜光庭《歷代神仙通鑑》言先天之氣「化爲開闢世界之人即爲盤古，化爲主持天界之祖，即爲元始」。則元始天尊爲道教中最高、最尊之神。

兩當縣有元中統五年（一二六四）的《重修三清閣記》，碑文中先説道教源流與「八仙」之一的張果老修行及重建三清閣的過程。言張果老爲大唐時人，「或寓恒州之條山，或在趙州之石橋，或隱徽州之鸑鷟，山腰有洞，號曰登真，……居此歲月甚多」。其中也講了一些傳説。又説道「武后聞之，遣使促召，僞死不赴。後玄宗以禮來聘，肩輿入宫」。最後説後來登真洞之修行者。北宋宣和年間，黄冠孫洞達在此修行，「每以詩篇自適，不求聞達，施藥濟人。兩蒙宣召，賜號觀妙大師」。金朝明昌六年（一一九五），女直（即女真）人凝陽董先生，自言遇正陽（即鍾離權，爲五代十國的南漢或北漢時人，故後人或稱之爲漢鍾離）、純陽（吕洞賓）二真人和劉海蟾（劉海蟾賜號「凝陽」）。在對幾位登真洞修行高真的事迹做介紹之後，方説到辛卯（宋紹定五年，一二三一）蒙古軍南征，入鳳翔，破鳳州，敗金兵，直入宋境之際，「此洞屢經兵火，堂殿廊廡焚蕩一空，盡爲瓦礫，田野荒凉三十餘年，人烟絶迹，豺虎縱横」。甲辰年（南宋淳祐四年，一二四四），秦亭陳侯父子欽承王命，創立徽州，規劃街坊，重修宫觀。至辛酉年（南宋景定二年，一二六一）有党、侯二先生（道教對有一定學識或接受法位之道士的稱謂）訪陳侯，言其師盧公真人臨飛升囑其到徽州境鸑鷟山「復開此山」，并囑陳公父子「必能爲汝等辦此」。因盧公真人生前也曾向陳侯言及重建此山三清閣之事，故陳侯爽然答應。「未幾，□□重建三清寶閣，彩繪諸真，像儀一時復新。」則兩當的登真洞非僅爲張果老修真之處，而且是今存隴南道教三清宫之較早的祀宫。

禮縣元至正十一年（一三五一）的《禮店東山長生觀碑記》，署名爲「三洞講經虚玄妙道知閑真人牟守中撰」，文中説：

> 郡之震方，有川曰「天嘉」。四顧則秀入畫圖，六儀則合乎地理。豈讓梁原之美，優增洪澳之猗。大朝甲辰年間，偶有高士姚大成，本貫西蜀，雲游至此。其人業于儒道，兼治術醫，博覽諸經，尤精二宅。見景留心。罄其所積，買到周卜花地土一區，化其工費，鋭意繕修。……于是建正殿，塑三清，立行廊，修請位，匾其觀曰「長生」，題其殿曰「三清」。

則此觀主神爲三清，盡心修成此觀者傾其所有，又得功德之人的大力支持，在東山建成後，倏然而辭世。這同張果老的事迹頗爲相近，也可以説是在此「登真」。

西和縣光緒六年（一八八〇）的《重修朝陽觀碑記》中説：「昔我西邑城東，舊有此觀也，正尊真武祖師殿。殿後有三清宫。」「由宋及今，多歷年所。神威赫濯，廟貌輝煌，洵足壯一邑之大觀，而爲萬世之勝境。」

關于三清的神殿見于很多道觀，但以「三清」爲主的碑刻較少。

道教較早的神靈還有「三官」（天官、地官、水官）。武都有萬曆四十四年（一六一六）的《階州創建三官殿功成碑記》、道光三年（一八二三）的《三官殿補修碑記》。後一碑言「階郡之建三官殿，爲春祈秋報而設也」，「創自大明萬曆初年，據有碑記」云云。文縣清代也有《玉虚山三元宫新築水藏記》碑文（「三官」也稱「三元」）。

三清下來爲玉皇大帝和后土（也稱「后土娘娘」或「后土皇地祇」）。玉皇大帝之碑，如宕昌縣西南兩河以北石隣子南面寨子村明萬曆四十年的《重修玉皇廟碑記》，其中言其「蓋不知其創自何代」，則應年代久遠。西和縣有雍正十三年（一七三五）的《恭祝上帝華誕碑記》。民國八年（一九一九）《創建凌霄閣碑記》，朱綉梓先生所撰。文中説：「清光緒三十有三年丁未春正月，邑人舉辦上九會，即在此山之廟院内擎棚結彩，暫作慶祝之所，而建閣之念初萌。」閣在城東朝陽山頂之朝陽觀，其處爲全縣的名勝之一。碑文中説：

登其閣，則滿城炊烟悉在眼底。好風時來，捲市聲隱隱自炊烟中出，更于雨餘雪後開眼遠眺，見全境山川一覽無餘。

下面設想「位帝天于此閣，而上九慶祝，歷久弗替」。則西和朝陽山（俗稱「觀山」）的天帝和「三清」之像爲西和最尊之神。

徽縣清代鐵碑《鐵山鑄鐘記》中説，鐵山雙峰卓起，峰間舊有玉皇閣、祖師殿，創自宋淳化時。淳化爲宋太宗年號，當公元九七六年至九八三年。可謂早矣。

關于后土的碑文有西和縣南宋紹定二年（一二二九）的《移建后土祠碑記》，其中説：

督統何公領印之三日，遍謁諸神祠。及至下城，土牆三方，土階數尺，土臺一所，乃后土祠也。蓋西和舊治自開禧丙寅以來，屢遭兵火，官寺民居，非焚即毁，殆無復存，祠宇故有未建立者。督統何公乃于中臺新立是祠。

此所謂「中臺」，即城西之上城下面的地方，俗稱「二臺子」，原后土祠所在地。看來皇天后土也保不了老百姓的安寧，且連自己的廟宇也保不住，時時毁壞，變爲頹牆爛瓦。寺院廟宇中碑碣在今天的意義，很大程度上是幫助我們認識過去的歷史。

三清和玉皇大帝、后土娘娘下來是真武大帝（玄武大帝[一]、北極大帝）和「五岳大帝」。隴南玄武大帝的廟比較多。二十八宿中的玄武七星，其中的牛星、女星，是由牽牛星、織女星轉化而來（二十八宿中最早有牽牛星、織女星，後因其距離赤道較遠，故另確定二星以代替之，即牛星、女星），與牽牛、織女的傳説有關聯。禮縣南宋乾道八年（一一七二）的《鹽官鎮重修真武殿記》記鹽關鎮真武殿之靈驗事，并言及太守王光祖于乾道元年（一一六五）到任，捍禦金人，「而井邑已皆焚盪，惟于灰燼中瞻見真君容像，巍然而坐」。可見北宋以前廟宇全毁，于是有重修之事。碑文中述及數年前之事：「敵人叛盟，意欲長驅而下蜀，至此而爲官軍所敗。」反映了抗金戰役的艱巨。又嘉靖《陝西通志》云：「宋《真武觀碑》，在西和縣北八十里，慶元中建。字剥落。」慶元爲南宋寧宗年號，當公元一一九五年至一二〇〇年。真武觀遺址原屬西和，今歸禮縣，碑文不存。西和縣的鳳凰山、雲華山上也有真武殿，并有織女星君之像，都是秦文化的遺留，同當地的乞巧風俗有關。

隴南其他各縣也都有玄武殿（真武殿、北極宫），有的縣不止一座。武都有大約南宋淳熙六年（一一七九）的《先陽山玄帝廟碑》，又有明代《肇建玄帝觀碑》、清代兩通「五峰山」碑記。其中《五峰山運水碑記》中説：「蓋以五峰，階都之名境也。山形嶙峋，玄帝宫踞其嶺。」成縣至元十二年（一二七五）的《重修北極宫記》言「大宋乾道壬辰，甘露降于仙崖，龜蛇見于聖境」。則此北極宫亦初修成于宋代以前。其中説到一謝姓出家者：

> 以濟生渡死爲念，行符設藥，治病救人，無不效者。見大兵經過處，橫屍滿路，在在暴骨，動怵惕惻隱之

[一] 玄武，宋真宗時爲避其祖趙玄朗之諱而改稱「真武」。

心。自隴西、臨洮諸州，遍巡道隰原野，自負畚插，掩骼埋骸，十有餘年，不知幾千人矣。

讀之對宋元之間隴南長期戰亂的歷史會有更真切的感受。謝道人死後，其徒衆廣爲募化，「補廢支傾，修建玉皇殿、北極宫祠」等，「棟宇翬飛，樓閣壯麗，迥出烟霞之表，顯昭仙靈之古迹，真西康之勝境也」。又説：「邇來有游山薦香者，于崖壁間時聞鐘磬之聲，此地與仇池不遠，無乃亦通于小有洞天者乎？」

文縣有明嘉靖年的《創建玄帝觀碑》、萬曆四十年（一六一二）的《玄帝金像新鑄記》、崇禎四年（一六三一）的《重建玉虚山玄帝廟記》，清康熙二十七年（一六八八）的《玉虚山長燈碑記》、雍正七年（一七二九）的《重修北山碑記》、嘉慶元年（一七九六）的《玄帝廟重修碑記》。《玉虚山長燈碑記》中説：「玉虚山峰巒叠翠，峻出雲霄，上建玄帝宫殿。」兩當縣有明天啓元年（一六二一）立的《創修玄帝廟記》。其他兩方也説上有玄武宫殿。玄武信仰雖同明成祖朝的鼓吹有關，但隴南玄武觀在宋以前即有，而且如此之多，應有地域文化方面的原因。

隴南的泰山廟（東岳廟）也比較多，各縣都有，有的縣不止一座。所以有關泰山廟（東岳廟）的碑文也比較多。禮縣元至元五年（一三三九）的《大元崖石鎮東岳廟之記》，由江南諸道行御史臺都事周夔撰文，從《尚書・虞書》説起，對東岳大帝受封情况做一考察，唐爲「東岳天齊王」，宋加「天齊仁聖帝」，元加「大生天齊仁聖帝」。以下對崖石鎮的歷史加以述説，言爲「古岷之巨鎮」。其地在禮縣之北。又徽縣明嘉靖十七年（一五三八）有《大明萬世重修東岳神祠碑記》。西和縣有嘉慶十四年（一八〇九）前後的《重修東岳廟碑記》，爲縣令張秩所撰，其中説：「北關有斯廟，不知昉于何年。相傳大殿舊在今之二門地，乾隆丁丑歲，前令更諸爽塏爲今殿。癸丑，踵增兩廊，皆草草無筆記。」乾隆丁丑爲乾隆四十二年（一七七七）。特别應注意的是其中説：

若夫神號「東岳」，《博物志》謂「爲天帝孫」，主召人魂魄，古所稱神符是也。至云「東岳注生籍，南岳注死籍」，此固世俗所傳，漫無可考者。

《博物志》之説應是傳説有自。因爲秦人自史前由今山東遷至今甘谷朱圉山，居山之陽（山南），後下山至禮縣北部。關于這個問題，長期在禮縣工作過的甘肅省博物館研究員祝中熹先生發表過一系列論文，有《早期秦史》與《秦史求知録》兩書系統論述過相關問題。[一]《史記·秦本紀》中言「帝顓頊之苗裔孫，曰女脩。女脩織，玄鳥隕卵，女脩吞之，生子大業」。筆者以爲「東岳大帝」乃由大業而來。他是秦人的第一位男性祖先。隴南東岳廟多應與此有關。早期道教神靈有些反映了古人對世界、宇宙與人生的理解（如元始天尊），有些則同遠古、上古歷史與傳説有關（如老子爲道德天尊實反映了歷史的真實，因道教尊崇《老子》一書之思想）。大業爲秦人之始祖，本生于山東一帶，故奉爲東岳大帝，它反映了遠古的傳説。後來在群體記憶中慢慢淡忘，而造出一些説法。這是遠古傳説在道教形成中産生作用的一個典型事例，對探索道教神靈的形成具有啓發提示作用。

道教碑中還包括古代很有影響的高道的碑文。如西和縣嘉慶十二年（一八〇六）的《建修吕祖廟碑記》、嘉慶十四年的《吕祖入祀典碑》，即爲祀吕洞賓而修廟立碑。吕洞賓姓吕名嵒（岩）。原爲唐宗室，姓李，因武則天殺唐室子孫，遂改姓吕。因常居岩穴之下，故字洞賓。唐宗室李氏祖籍天水，故吕洞賓與張果老都可以

[一] 祝中熹《早期秦史》，敦煌文藝出版社，二〇〇四年；《秦史求知録》（上、下），上海古籍出版社，二〇一二年。

説是隴右高道，故其遷延于隴右之地爲多，隴右亦多有其祠廟。

道教碑碣中也有在研究道教史方面很有價值的碑文。如兩當縣南宋高宗紹興元年（一一三一）的《宋故崔公墓志銘》，記環州方渠人崔熙爲邑吏時，惜宋哲宗元祐六年（一〇九一）前後秦鳳路刑獄游師雄在鸑鷟山所建張果老祠無額，率衆乞于徽宗皇帝（自封爲都天教主），朝廷即以聖旨封其洞曰「登真」，封其祠名「集休觀」。數歲以後，又上書朝廷乞封張果先生之神靈，得封爲冲妙真人。此北宋末年事。南宋初年，當地老百姓爲崔熙立碑。此有關張果與登真洞之重要史料。再如西和縣岷郡山乾隆十九年（一七五四）的《薩真人墓表》，對確定北宋末年著名道士和道教學者薩守堅的籍貫提供了重要證據。禮縣康熙六十一年（一七二二）的《復建殿捲牌坊碑記》中説：

昔大明萬曆壬子歲，有隨魁發心，上建薩祖、關聖、靈官殿，……奈年遠日久，連遭地震兵燹，風雨頽損。于大明庚子歲，有□月□，不忍荒圮，率領衆善，約立燈會，各輸微資，復建樓閣三間、牌坊一座，以備全勝。

萬曆壬子即萬曆四十年（一六一二）。西和縣還有《岷郡山薩祖殿司存鳳凰堡地租儲支廟費以公濟公碑志》和《龍興寺碑》。後一碑文中言大唐德宗元年（七八〇）創建大雄殿，後「薩祖來住寺，修身一紀多。募化十方境，添修焕然新」。龍興寺建在唐代，薩真人（薩祖）是北宋末年人，是薩真人暫住于佛寺，還是至北宋末該寺已改爲道觀，不得而知。西和縣岷郡山有薩祖廟。西和縣、禮縣一帶之有薩祖殿建于明代以前；西和縣之《薩真人墓表》，應是有所承襲的。[一]

[一] 參拙文《薩真人墓與薩守堅》，《中國道教》二〇〇六年第四期。

成縣元大德五年（一三〇一）的《感應金蓮洞記》，言「金蓮之名，提點秦蜀九路道教天樂李真人所命也。鼎新此洞、莊嚴聖像、恢弘道境者，重陽萬壽宫洞觀普濟圓明高真人之門人劉道通、羅道隱也」。所説的李真人，爲重陽宫掌教。此碑之碑陰也有文字，述建廟之事及其規模甚詳，刻于大德六年。

隴南道教碑中，還有些關于民間宗教神靈及其祠廟者，所祀神不在道教神靈系列之中，但在當地有很大影響。這類碑也多是記述修建、補修廟宇及神靈靈驗等情節，也往往有倡議、組織修建者事迹。有的也記述主神成神的過程及靈異事例，多帶有民間傳説的成分。這是研究古代民間宗教、民間傳説的資料。這類碑文内容較繁雜，下面舉一二時間早、有一定思想認識意義的加以述説。

成縣宣和六年（一一二四）晁説之作《成州龍池利澤廟碑》碑文，其中推求龍池利澤廟之始曰：「揆觀其遠，方嬴秦時，池名曰『湫』，禮幣行焉，悉投文以詛楚。于時大湫之靈，實與秦共爲無道也。今斯名『池』而不名『湫』，則醜彼功首之國，而不爲之靈也。」不用秦之暴政，則神亦靈。「其廟額錫于崇寧二年，新廟之役，則政和五年。」崇寧二年爲一一〇三年，政和五年爲一一一五年，皆宋徽宗時。文中未言敕賜廟額之名。晁説之于同年撰《發興閣記》説：「有萬丈潭，敕利澤廟。」此以湫潭爲神。宋徽宗給亂七八糟民間祠廟敕賜廟額不少，是很多神靈的「再生父母」，但也落得個亡國的下場。後來之很多皇帝不醒悟，仍不斷地製造神靈而不在爲民、親民、整頓吏治、控制賦税、減少徭役方面多用心，終落得遺臭萬年，可悲可恨。

文縣紹定三年（一二三〇）的《重修慈霈廟記》是一個帶有地方色彩的雨神廟的重修碑記。神爲女性，「以孝行感格」，同各處龍王的情形不同，背後的故事很值得深究。武都南宋乾道四年（一一六八）的《重修赤沙祥淵廟記》、淳熙十年（一一八三）的《祥淵廟敕碑》、慶元四年（一一九八）的《祥淵廟惠澤昭應侯加封之碑》、元代的《祥淵廟碑》等同屬此類。

禮縣刻于元代的《建西江廟記》碑文中説：

> 當隴蜀之衝，有水名「西漢」，亦原嶓冢而出，至天水郡曰「西江」，大神居之。其峻極之勢，南鶩西折，英靈磅礴，蓄厚不洩，環山爲壑，大江回瀠，潛入于丙穴。有魚神四，游泳其中，時出于江之潯，莫敢忤視。里不稱魚，曰「河神」。

以下聯繫王仁裕夢神剖其腸胃倒西江水以澆之的傳説，及趙世延做夢事，言朝廷加封此河神爲「靈濟惠應文澤王」。魚能成爲神，而神不由神界之元始天尊或玉皇大帝任命封贈，而是由人間在位君主加封，都有點離譜。但在民間，在封建專制的社會意識中，却顯得很正常。

這當中還有一類是歷史上隴南某氏族所祀，後來成了甘肅一帶所共祀之神，比如二郎神，也稱「楊二郎」，三隻眼。他是氐族的祖先神。[一]以白馬氐活動過的地帶爲多。在晉南北朝時期先後建了仇池國、武都國、武興國、陰平國的氐人便姓楊，屬白馬氐。世言「馬王爺，三隻眼」，因馬王爺本也是氐族之神。二郎廟在隴南各縣中都有，還有些相關的地名，如西和、禮縣、成縣、文縣、岷縣（今歸定西市）都有二郎壩、二郎山之類的地方。西和除二郎壩的「二爺（楊二郎）廟」，還有城西馮家莊的「四爺（楊四爺）廟」。康縣六臺山也有楊四將軍，「有像輝煌，殿宇巍峨」。這都是唐代以前氐人的神祇融入漢族民俗神之中。武都今存乾隆二十四年（一七五九）的《重建二郎廟碑記》，言「方宿馬公勒有成碑。而二郎之廟宇荒廢已久，遺址猶在□」。

[一] 參拙文《三目神與氐族淵源》，《文史知識》一九九七年第六期。

這類碑文對研究歷史上氏族的歷史文化、宗教及遷徙、定居歷史有一定的意義。

隴南民間宗教中，也有些十分幼稚可笑的內容。因爲當地老百姓中文化水平高的人很少，那些住持、道人、作法的師公實際上對宗教知識也所知甚少，常隨口胡説以騙人。故有的地方祭的神靈中，有些莫名其妙的東西。如禮縣一九二一年《重修雷王廟碑記》，碑的上部兩邊爲神位，中間爲宗譜。其「捐棚左班神」下列「黄馬小馬爺、紅馬晃將軍、紅馬姬將軍、白馬唐喇嘛、紅馬張將軍」五位，其「聖氏宗譜」列：「聖四子靈聖威感雄烈宣齊王、聖三子惠明寧順文昌通義王、聖次子嗣德善助翼濟惠靈王、聖長子顯聖昭利嘉應首澤王、聖妹仁威信武齊顯佑元君、聖弟金子山文臺廟顯齊王、聖弟天水縣天靈廟輔澤王、聖母安福啓佑濟惠慶夫人、聖母開聯叔顯慈惠寶光太后、聖父開皇應昊鎮國廣順天王、雷公昭聖顯惠廣德威靈王、聖弟西漢普濟廟溥澤王、聖弟岳平靈潭廟廣濟王、餘子資善显福惠樂孚應王、餘子靈威宣烈輔國通衛王、餘子濟義廣助協靈崇祐王、聖侄大興殿普德大天帝、昭聖威武英烈顯齊王、常順宣靈廣佑敷澤王、仁文聖武靈濟溥澤王、聖兄乾德廟太皇萬福之殿」共二十一位。其「捐棚右班神」下列：「紅馬魯將軍、紅馬王督司、紅馬薛將軍、紅馬何將軍、黑馬小張爺」五位。總共三十一位，不但在一般道教書中找不見，民間所傳勸善書《玉歷至寶鈔》中的「秦廣王」等十殿閻王名稱中也没有。佛教徒傳的另十位閻魔王「秦廣大王太素好廣真君不動明王」等十王名稱中也没有。關于這主神雷王，碑文中説「雷王，秦州成紀人也，自晉元帝太興元年五月十一日誕生」，「元興三年三月八日，功成上升」，從公元三一八年至四〇四年，九十五歲，已屬可疑；又言「唐明王時，宫中有疾，召至長安」云云，更屬荒唐。下面又説到宋咸淳四年（一二六八）助江陵「討叛蠻」，敕封「齊天顯聖崇靈廣福乾元宣烈蓋國大帝」更是胡編亂造，同于神怪小説。方興發

《禮縣志略》中又説此雷王「姓雷名牛，煉丹山上，神效莫測」。像這類無根編造的神靈，衹能説是一種「民間俗教」，算不上宗教。

以上費這些筆墨抄出一大串神的名稱，就是爲了説明民間碑文中一些神靈信仰，連宗教也算不上，我們衹能作爲在長期封建社會中由于廣大人民群衆缺乏受教育的權利而形成的一種文化現象。我認爲對碑文中的很多關于民間宗教的内容，都應該這樣看待。

明代隴南先賢、徽縣郭從道先生（字省亭）在其《徽郡志·志例》中説：「境内淫祠不書，崇正教、嚴風化也。」今本書于金石文獻皆收之，似有悖于省亭先生之教。我是考慮到今天大部分人的文化水平都已提高，有分辨能力，有些東西反倒可以成爲反面教材。從這個角度説，它們同樣是我們認識近代以前隴南歷史文化的重要資料。

一般人的意識中，道教廟宇比較寬泛。這同道教本身的特徵有關。道教没有佛教、基督教那樣的組織制度，信徒無入教的嚴格程式，信徒與非信徒之間缺乏嚴格的界綫，流派又多，往往與民間宗教混同爲一，在關于主神、教義的傳承上容易走樣，故人們認定的道教神靈也没有嚴格的界綫。這樣，一些禮儀性廟宇如文王廟、文廟（孔廟）、亞聖祠（孟子廟）和紀念性祠堂如武侯祠、岳飛祠也被看作與道教宫觀一樣的廟宇。一九二八年國民政府頒布神祠廢存標準，决定廢除的神祠廟宇中，所祀如岳飛、土地神、竈神、五岳、龍王、城隍、文昌、送子娘娘等多非道教神靈。但這個决定并未能徹底施行。現在看來當時在方法上有些簡單化，打擊面太寬，與人們的觀念差距太大，反而難以推行。當時應分類處理，對于紀念性祠堂，可采取「轉型」的方式，作爲紀念地與名勝而保留。明嘉靖四十二年（一五六三）郭從道主纂的《徽郡志》是隴南今存地方志中最早的一部。其第三卷爲「祀典志」。首爲文廟，其後附言「啓聖祠在文廟左」，「名宦祠在泮池右」，各記其修建時間及所祠。如名宦祠下言：「祠宋開府吴公玠，宣撫吴公璘，國朝知州劉公濟、侯公禮。知州孟公鵬年重建。」則可知是爲紀念歷史上建立了功勛的歷史人物的。其末爲：「李公祠爲分巡僉事李公璋建。參政張潛記。」其次是「壇壝」，記了社稷壇、風雲雷雨山川壇、郡厲壇之位置等。再次爲「廟宇」，記城隍廟、宣靈王廟等道教廟宇。第四是「寺觀記」，記佛教寺院十六所。這裏將宗教廟宇與祀典紀念性祠堂大體已經分開，祇是尚欠嚴格。如將「杜少陵祠、烈女祠」列于神廟之後，將「東岳行祠」「三官廟」列于「寺觀」之中（以上十六所寺院中未計入）。清乾隆三十九年（一七七四）修《重修西和縣志》于卷一則「祀典（民間私祀祈報附）」和「古迹寺廟」分列，分得很清。「祀典」小引中説「澤佑生民，報功崇德，如日星河岳之昭垂天壤。固凡郡邑，廟祀不替，無或稍闕也。唯夫一邑之内，以勞著迹，以死勤事，幸者載之史册，附列學宫，廟食不朽。而其次亦或未及上聞，僅民間流傳，立爲私祀。」其下列：文廟、崇聖祠、名宦祠、鄉賢祠、忠孝祠、關帝廟、吕裕公祠、南壇、北壇、風雲雷雨山川壇、先農祠、社稷壇、八蜡廟、文昌祠、奎星閣、旌忠祠、節烈祠、董公祠、厲壇。此外，龍王廟、土地祠也作爲民俗祠廟附列其中。其中也列了龍王廟，似是看法不定。遺憾的是將武侯祠也列入其中。「寺觀」部分列東岳廟、朝陽觀、薩真人廟等十一座，興國寺、法鏡寺、青陽寺、龍門寺等佛寺四座。這種分别，除個别地方有誤之外，將紀念祠堂、宗教、民間宗教分得清清楚楚。在當時情况下能做到這一點的地方志不多。這在二百四十多年後之今日，對于道教寺院的整頓與建設，對于張揚盡心敬業、爲國家和人民做貢獻勇于獻身的精神，對于地方文化建設都具有很大的啓發意義。民俗改革祇應去除那些民俗「淫祀」，其他應結合在高道引導下的道教改革和完善教義、教規，在逐步提升中確定道教神靈系統。

隴南有很多關帝廟（財神廟）、城隍廟（有關地方安全）、文昌宫（有關教育與科舉）、龍王廟（水神廟，同農業收成關係最大）等同老百姓的生活生産、經濟收入、城鎮安全、科舉關係密切的神廟，相關碑碣有的會在其他相關部分提到。一些屬于禮儀性、紀念性廟宇祠堂中的石刻文字，有的已在前面的「隴南歷史上的名宦英傑譜」「鄉賢與地方英才的紀傳」中談到，還有些將放到「石刻中的歷史遺迹與名勝」中談。佛教、伊斯蘭教寺院，道教宫觀、禮儀性廟宇，民間宗教廟宇和紀念性祠堂中的碑文，有不少是詩碑，這些將在最後一部分「隴南金石中的詩作」中做具體介紹。

道教宫觀的修建同佛寺的修建一樣，有些是官府出面，縣令主辦，如文縣康熙三十七年（一六九八）《邑侯鄒公建閣碑記》所反映的，這裏就不一一論述了。

總之，隴南的道教和民間宗教碑文中，有不少值得重視的材料，不僅在道教史方面有一定意義，有的在地方軍事史、建築史、藝術史以至神話、民俗史等研究方面都具有一定價值。

十四　石刻中的歷史遺迹與名勝

很多風景名勝之地都有寺廟宫觀，因而也會有鐘銘、碑刻、摩崖等文獻，其中往往對周圍景觀及古迹有所介紹。如前面在「隴南金器銘文與古代歷史文化」部分談到的徽縣清代《鐵山鑄鐘記》對鐵山景致的描寫。成縣南宋開禧元年（一二〇五）的《五仙洞記》開頭即説：「同谷以景名者八，五仙洞其一也。」又説因高僧之「從成都置四大部經歸鎮山門」而成一宗教之地。徽縣嘉靖十七年（一五三八）的《大明萬世重修東岳神祠碑記》開頭説：

徽州古河池也，城南十里許，山巒環峙，聳漢輝空。中有一峰，突然而起。登至絶頂，四顧豁然，郡之溪山形勝舉在其目。而其龍蟠虎踞，擁翠推藍，極一方之選，真福地也。

景致如此，即使不信任何宗教的人，也想去一游。西和縣光緒六年（一八八〇）的《重修朝陽觀碑記》中言此觀「由宋及今，多歷年所，神威赫濯，廟貌輝煌，洵足壯一邑之大觀，而爲萬世之勝境」。至于一些紀念性祠廟如伏羲廟、文王廟、武侯祠、杜公祠等，本來就都建在風景名勝之地，更不用説。這裏主要説説石碑中所反映的寺廟之外的名勝古迹。

宋祝穆《方輿勝覽》卷七〇引《後漢書》云：「許靖過仇池，樹下有碑，一覽無遺。」杜甫《秦州雜詩二十首》第二十首亦云：「藏書聞禹穴，讀記憶仇池。」許靖，字文休，汝南平輿人，《三國志·蜀書》卷三八有傳，生于漢桓帝元嘉元年（一五一），卒于蜀漢章武二年（二二二）。官至尚書郎，典選舉。漢靈帝崩，董卓秉政，時漢陽周毖爲吏部尚書，與許靖共謀議，「沙汰穢濁，顯拔幽滯」，進用了不少德高學富之士爲公、卿、郡守。董卓因此殺周毖，許靖遂奔劉璋，先後爲巴郡、廣漢太守。建安十九年（二一四）劉備克蜀後，以爲左將軍長史，後爲太傅。時人評其「英才偉士，智略足于計事。自流宕以來，與群士相隨，每有患急，常先人後己，與九族中外同其饑寒」，「倜儻瑰瑋，有當世之具」，以許靖如此之人「一覽無遺」，則碑文自亦不凡。雖已佚，亦是隴南碑文爲傑出之士所關注之一例。

今存仇池山碑文，最早爲南宋紹興四年（一一三四）的《仇池碑記》。碑文中言：

當戰國時，漢白馬氏所居。晉係胡羌，唐籍成州，逮我宋朝隸同谷。背蜀面秦，以其峭絶險固，襟武都，帶西康，相結茅儲粟，以爲形勝鎮戎之地。觀其上土下石，屹然特起，界于蒼、洛二谷之間，有首有尾，其形如龜，丹岩四面，壁立萬仞。天然樓櫓，二十四隘；路若羊腸，三十六盤。周圍九千四十步，高七里有奇。東西二門，泉九十九，地百頃。農夫野老，耕耘其間。雲舒霧慘，常震山腰，朝暉夕陰，氣象萬千。當其上，群谷環翠，流泉交灌，集而成池，廣蔭數畝，此世傳仇池之盛。且神魚聞于上古，麒麟瑞于近世，有長江窮谷以爲襟帶，有群峰翠麓以爲黼藻。雖無瓊臺珠閣、流水桃花，其雄峻之狀，壯麗之觀，即四明、天台、青城、崆峒亦未過此。

下面説杜甫之詩咏此、蘇軾之夢游此。又由楊將軍廟而叙及仇池國歷史，内容豐富。仇池是隴南在傳世文獻中最受關注的一座名山，由這篇碑文即可看出其大概。

武都南北朝北周建德三年（五七四）的《萬象洞題記》，時間也較早，但衹二十二字，記其「行境至此」而已。其後唐代至清代的題詩、題記刻石共十五通，都很短，有的不足十字。想來是石灰岩山洞，洞裹很黑，執火把之類寫字、刻石都不能停留時間太久。其中有明代張三丰所題兩句：「脉連地府三冬暖，竅引天光六月寒。」衹從感受方面説，很合實際。

成縣除「佛教、伊斯蘭教碑碣文獻」部分、「道教與民間宗教碑碣」部分提到的以鳳凰山、大雲寺爲題的碑刻之外，以獅子洞爲題的碑刻也較多。獅子洞也在鳳凰山上，是大雲寺中的一個景點。獅子洞留題石刻今存最早者爲唐代咸通年間（八六〇—八七三）的《獅子洞題記》，衹「鹿玉山獅子洞、石室、玉井」十字。其後宋代十一通，清代一通，也都很短，原因與萬象洞石刻一樣。

出于紀念歷史人物而修建的廟祠，除前面有關部分提到的之外，重要的有文縣的文王廟，禮縣的諸葛亮祠，成縣、徽縣的杜公祠。

紀念性祠廟中石刻，從被祀者時代之遲早説，首先是文縣的文王廟碑刻。明正德元年（一五〇六）或稍遲的《重修文王廟記》，爲正德元年至文縣任縣令的黄淵所撰文，其中説文王被拘，「就其所繫，而先天後天之《易》所由作焉。天牢遺址，規概尚存，第以時久而幾滅」。于是因觀察使者常公之言「就故址而開拓之。因建修其祠于上，堂與廊廡，焕矣更新，且儼然圖其像。而廡以東，太公位之；廡以西，周公位之」。看來始建至遲在成化年以前。其後萬曆三十六年（一六〇八）又有《重修文王廟碑》，清代又有順治十五年（一六五八）的《重修文王廟記》。後一碑説：

夫文王廟者，從古羑里而立者也。縣曰「文」者，又因文王得名者也。城之西北文臺山，名曰「羑里」，又曰「天牢」，其下即文王廟在焉。創建之初，不知起自何代。世傳以爲虐紂以文爲極西之地，而設羑里，而文之，囚否，實未考也。

下面説道「在昔殿宇峻巍，喬木森列」，因戰火流寇而「堂屋煨燼」，故議重修。這當中又提出一個學術性問題：羑里究竟在何處？學者們看法有分歧，但這裏至少反映了文縣自明初就有的一種傳説。

其次是有關祁山和紀念諸葛亮的碑文。從學術的方面説，西和縣北宋元豐八年（一〇八五）的《靈源廟太祖山祈雨大應碑》最堪關注。此碑文分兩部分，前一部分爲秦鳳路經略安撫使羅拯所寫，後一部分爲權領秦州天水縣知事所寫。前一部分開頭説：「在西和州治之東九鎮之一祁山，而建太祖山靈源廟行祠。」則此祁山非今有武侯祠之祁山堡，因爲此碑今存西和縣興隆鄉象駝山龍王廟中。《甘肅通志》中説：「屏風峽在西和縣北四十里，宋郭師作《祁山神廟碑》，以此峽爲正祁山。」那麽，這祁山是指塞峽（屏風峽，杜甫詩題今作寒峽）旁之山。塞峽兩岸有祁家大山和小祁山兩條山系。今東山麓有祁家村，住一百餘户祁姓人，南山腰有禮縣的祁灣里，北山麓叫祁家峽口。《水經注・漾水注》言：「建安水（趙按：即今西和河）又東北，有雉尾谷水，又東北，有大谷水，又北，有小祁山水。并出東溪，揚波西注。」其所謂「雉尾谷」，即雞山（塔子山）側山谷。谷中水流入建安水，而祁山水更在其北。由此，則古祁山的方位可知。在這個祁山上建「太祖山靈源廟行祠」，可見祁山也叫「太祖山」。這也正點出了祁山之所以叫「祁山」的原因。因爲「祁」的本義是祭祀，它應是秦人祭祖之山。所以，它反映了秦人早期階段禮儀制度方面一個被淹没的史實。

當然，後人以祁山堡的武侯祠爲紀念諸葛亮之地，山不高而周圍地勢開闊，所以是最好的選擇。今存祁山堡武侯祠之碑文有六篇，皆明清時代所留存，計有明代的《謁祁山武侯祠》同題兩碑，清代同題一碑，明代《登祁山謁武侯祠漫賦三首》，清代《重修武侯祠碑記》《祁山武侯祠詩題》。其中五通是詩碑，刻有詩七首，它們表現了人們對這位爲蜀漢「鞠躬盡瘁，死而後已」的英賢的無比崇敬。這些我們將在「隴南金石中的詩作」部分介紹。

杜公祠有幾通碑刻。宋宣和四年（一一二三）的《濯鳳軒記》，對杜詩中之「鳳凰臺」地望有所辨説。文中也説道「杜工部昔日所居之地，新祠而奉之者也」。作者晁説之，宋代傑出的詩人、作家，清康熙皇帝論其《元符三年應詔封事》説：「原時政之得失，靡不該舉而博辯，雄詞奔會絡繹，才士之文，直臣之義也。」晁説之宣和年間知成州，留下了《濯鳳軒記》《杜工部祠堂記》《發興閣記》《成州龍池利澤廟記》《清風軒記》《成州净因院新殿記》《成州新修大梵寺記》及《獅子洞題記》，亦可謂之「成州八記」，與柳宗元《永州八記》相媲美。其《杜工部祠堂記》的主要部分實是文學評論，而且從大處着眼，宏通論之，其精到超過很多文論。其中提到唐代作家三十人，而從詩歌發展的因革演變言之，上繫詩騷，下關當世，非高才富學不能至此。首尾均表現了作者對杜甫的崇敬與當地民衆對杜甫的懷念與欽仰，整篇碑文飽含深情。其《發興閣記》言及杜甫至同谷及因此而設祠之事。文中叙述與議論中寫周圍環境之美，如畫家之筆，大小、粗細、濃淡，應手而成，使人如身臨其境。文中説：

廟之東，有地可建小閣，以盡山川之勝；其南，則棧道窈窕，抵鳳凰臺；望西崖以極白沙渡，實杜子美入蜀之道也。……北而水碓，高下相聞，如笙鏞，如鼓鐘，不間晝夜，則邦人安職樂生之具也。遠而崗嶺星耕，隴畝栖糧，則刺史縣令之尤所樂焉者也。四時異態，虎巡鹿守，猿猱騰倚，以植僧居清净之業，蓋有不可勝言者。

讀之與讀柳宗元、歐陽修、蘇東坡之記叙散文無異。

西和縣與杜甫《法鏡寺》詩寫到的法鏡寺相關的碑有三通：康熙二十七年（一六八八）的《復修發境寺碑記》，言「彩徹雲霄，列岡巒之體勢」，「後民俗丕變，竟成荆棘矣。我朝定鼎以來，復經修葺」。另外二碑一爲康熙四十六年（一七〇七）的《法禁寺碑記》，一爲雍正三年（一七二五）的《重建五臺山發境寺碑文》。由其寺名之字不完全相承可知，寺院曾幾次圮毁，幾次重修，因古寺舊址之傳説而新修書額。杜詩舊注種種，均不知法鏡寺在何處，其實就在杜甫《寒峽》一詩所寫塞峽以南十來里路的石堡鎮，其東側石峰今存佛窟三十，造像十三尊，下臨漾水河（西和河）。其西本與主山峰相連，二十世紀五十年代修公路時從中切斷，西側山今名五臺山，上有佛殿，看來當時山上與山下臨河石窟是連爲一體的。

由《法鏡寺》三碑聯繫「隴南金器銘文與古代歷史文化」部分所提到的《青陽寺鐘》，可推斷杜甫從秦州出發，一家大小，一路吃住，困難很多，應是贊公利用自己同沿途各寺院住持的關係，帶書信加以介紹，使之多在寺院落脚。由法鏡寺到青羊峽八十來里路，正當一天的路程。由這個推斷還可以破解杜甫隴右詩研究中的其他疑難。如《石龕》一詩究竟作于何處。宋黄希注、宋黄鶴《黄氏補千家集注杜工部詩史》：「鶴曰：石龕在成州近境。」唐成州初治今西和縣，則石龕在八峰崖附近，與黄鶴之注相符。又八峰崖下，即石窟寺向陽處有一平緩坡地，今仍稱「寺灣」，爲古代大吉祥寺遺址，有些柱頂石、殘碑、瓦礫、琉璃爛片。有一碑因年久，露出地面部分小字已完全無法看清（有三分之一埋在地下），衹能讀出碑額「禹書戬穀」四字。杜甫當年寫《石龕》，應曾住于此寺中，在寺中歇息吃齋。因山上、山下當年應連爲一片。不然，他不可能丢下家屬去石龕觀覽。這一帶除此再無石窟，則杜甫《石龕》就是因西和八峰崖石窟而作。

徽縣也有清代所立有關杜甫之碑四通：康熙五十八年（一七一九）的《重建杜少陵先生祠堂記》《少陵先生年譜》，乾隆六年（一七四一）任徽縣知縣的牛運震所撰的《杜公祠記》和嘉慶十四年（一八〇九）的《重修杜少陵祠堂記》。祠在栗亭川。牛運震所寫《杜公祠記》中説：「今之栗亭川者，實爲有唐同谷之故界。子美歷秦竄蜀，擾攘艱難，風塵之際，蓋嘗偃處息憩于兹。」文中寫周圍景致令人神往，評杜甫與其詩，也誠懇真切，爲有感而發。文中説祠堂修成之後「置守祠二户，并購田十畝，以供春秋享祀之事」。可謂用心良苦。嘉慶十四年的《重修杜少陵祠堂記》，作者張伯魁。碑文中説：「乾隆初，署邑令牛運震大加修葺，迄今又七十年。祠宇傾頽，享祀俱廢，無人過而問之。余拜祠下，觸目興懷。適梁子負棟家于栗亭，爰與謀而新之。」其中説道「贍祠田十畝，前令牛公置也，詳于碑石。久爲民占，今復歸于祠。」杜甫後期在窮愁潦倒之時抱一腔憂國憂民之熱血，寫下所見種種，雖無益于當時形勢之改變，但畢竟在提醒後代做官爲吏甚至居天下獨尊之位的人能于任何事情都想想後果，能更多地想到廣大人民的生死，對中國文化總是做出了巨大貢獻的。

想不到在他去世一千餘年之後，還有人霸占别人贈給他的那點田産。這也反映了當時社會的另一個方面。但絶大部分的人對這位體驗了老百姓之苦的詩人是抱着無比崇敬之心的，爲了使他的很多詩章被後人永記而幾次修祠紀念他。于是也就形成了當地的名勝之地。

兩當縣成于南宋紹熙五年（一一九四）的《靈應泉記》所叙事同上一部分提到的禮縣《建西江廟記》一樣，衹是彼作「廟記」，此作「泉記」。文中説：

邑境東南隅，遵谷六七里，地名礬水，有泉曰「靈應」。岡阜東來，西向突立一峰，峭壁巉巖，面列神龕。……下有洞穴，水所自出，晝夜不舍，清冽可爱，神實司之，有禱必應，俗傳爲「旱澇泉」。

這泉也就成了神。衹是周圍景色可愛，實亦成一地方景致。據碑文所言，元豐年間已修建祠宇，「歲久厄于兵火，今獨留題詩刻在焉」。然而此石刻、文字已不傳于世。以此及東漢《仇池碑》之例子來看，隴南失去的宋元以前石刻文獻也不少。

徽縣明代的《希仁亭記》是一篇精美的散文，情景交融，讀之如讀歐陽修之《豐樂亭記》《醉翁亭記》。衹可惜後半部分有幾處缺文。

禮縣康熙四十九年（一七一〇）知縣羅廷瑋撰《重修聖泉寺記》，特别記了作者的一段話：

吾歷海内之名泉衆矣，或以廉稱，或以清著。彼錫山之惠，非不甘矣；靈隱之泠，非不勝矣，止于適口體耳目，與民物無與焉，予所不重，未能有吐雲吁雨以利民濟物若斯泉之盛者。此可見命名之非誣，而聖澤之及人終未有艾也。若夫秋色平分，月光皎潔，不過壯游觀之樂，志風景之佳，亦惡足爲聖泉重？

其實，從民俗心理上説，也正因其地風景之佳，才成聖泉，非僅祈雨之所謂靈驗。

禮縣康熙五十五年（一七一六）的《建造牛尾關古迹栩梯崖路一座碑引》明言爲「古迹」，可見地方人士對古迹建築之重視。其光緒四年（一八七八）的《重修天嘉福地碑記》言：「蘭倉之北，出郭不數武，有天嘉福地，起建未詳所自。而前元至正，前明天順、隆慶暨我朝乾隆年間，歷有重建碑記。」今祇存此一碑。因有古迹而成名勝者在隴南各縣都有。而名勝之地有一二古迹，便更增加了它的文化内涵，就好像一座石像，變成了有靈的人，可以講出很多故事來。

兩當縣刻于乾隆三十一年（一七六六）的《皆山堂記》也是一篇很好的散文。作者秦武域，時任兩當縣令，道光縣志中存詩近二十首。《皆山堂記》中言官寺之旁有一廢園，「亭已去而泉不來，竹直梅横柳垂，自拔于蔓茨間。四顧隴蜀諸山，帶繞屏張，超睥睨送青而入」。作者相其舊址，築堂于上，用歐陽修《醉翁亭記》中「環滁皆山也」一句中二字，名之曰「皆山堂」，以求「與民更新」，「營游觀」，「共優游于太平之宇」。文中「永之『新堂』，滁之『豐樂』，扶風之『喜雨』」也是與柳宗元、歐陽修、蘇軾之行、之文并提，顯出一種政寛人和、官與民同樂的氣象。乾隆五十八年（一七九三）的《重修香泉寺記》與此相類。

説到隴南碑刻中文學名家所撰文，有唐柳宗元的《興州江運記》，在徽縣；有傳爲明初宋濂的《水簾洞題記》；有明代「七才子」（前七子）之一的康海于嘉靖六年（一五二七）所作《徽州重修廟學記》，均在武都；有明前期詩壇茶陵派領袖李東陽的《門尚書祠堂記》，在禮縣；有明代甘肅著名學者胡纘宗的《府城里公館記》《武都太守李伯都傳》，均在成縣。「伯都」爲東漢武都太守李翕之字，乃因成縣有《武都太守李翕西狹頌》《武都太守李翕天井道記》等而寫，表現了對西狹這個歷史遺迹與文化景點的重視。

成縣明萬曆十七年（一五八九）的《蓮池亭碑記》，當時知縣張樂舜所撰文。其中説：「夫蓮亭者，唐成州刺史裴守真所創建也。」因「歲久景移，池涸亭敝，裴公之蓮殆爲禾黍之區矣」。張至任，「乃與一二父老，引西郊之水，甃南山之石，采木爲棟，砌瓦爲亭」。其中又談了幾點感想，頗有益于爲政者之注意當地名勝的保護。這不僅有益于文化傳統的繼承弘揚，也是城鎮建設的一個重要方面。清代縣令黄泳立《重修蓮池亭記》碑，述裴公之事迹與對蓮池的建設，及自己補修之事，反映了同樣的思想。

文縣明萬曆五年（一五七七）縣令王三錫的《游天池記》也是一篇游記類散文。文中寫作者由山峭壁鳥道登上絶頂之後的景象：

見川原平衍，天宇空闊，松柏翠靄，樓閣厰麗，若不知山之高且峻也。行數百步，一泓混混，乃天池焉。有曲，曲有九灣，附曲一千有八，望無際涯。静影澄碧，錦鱗游泳，盖天鍾之秀，不限于遐裔如此。從池登樓眺遠，淵然而深者，若浮緑綺；悠然而逝者，若施素練。屬目異狀，心凝神釋，與萬物吻合。

寫天池之美與作者及同游者的心情，讀之令人心曠神怡。

西和縣雲華山、鳳凰山都同乞巧風俗及織女傳説有關，上有織女祠。鳳凰山在塔子山以北，雲華山在塔子山以南。塔子山即《史記·秦始皇本紀》「始皇巡隴西、北地，出雞頭山，過回中」之雞頭山。《水經注·漾水注》：「漢水又西南，逕祁山軍南，雞水出南雞谷，北逕水南縣西。」北魏水南縣即今長道鎮。南雞谷即雲華山塔子山以南山谷。雞水之名，因其出于雞頭山。唐《括地志》云：「雞頭山在成州上禄縣東北二十里。」唐上禄即在今西和縣城，則雞頭山應指西和縣雲華山。[一]雲華山、雞山（塔子山）、鳳凰山、祁山，都同

[一] 參袁智慧《關于西垂秦史研究中幾個問題的思考》，《天水師範學院學報》二〇一二年第六期。

秦人早期活動有關，故成爲秦人紀念地，自古有些歷史遺迹。今存明天啓元年（一六二一）的《雲華山修路碑》、天啓三年的《鳳凰仙山補修聖母地師金像碑記》，後者寫鳳凰山之環境：「左帶塔嶺，右環漢水，後應龍崗，前朝鼉嘴。層巒聳翠，上出重霄；飛閣流丹，下繞清溪。」因地震而神像毁壞，因而有重修之事。清代有《鳳凰山碑記》《上帝聖誕廟會碑》《鳳凰山香會碑記》《恭祝上帝華誕碑記》《同結良緣碑》《鳳凰山信士姓名碑》《鳳凰山戲臺石聯》《鳳凰山朝陽觀碑記》等，至今山上的廟宇爲西和、禮縣四十八莊所共管，每年七月初有姑娘上山乞巧。

一個地方的古迹名勝既是當地歷史的遺留與見證，也是當地自然環境的標志性景點，它影響到同周圍州縣，以至更大範圍中經濟、文化的交流，不僅給本地人，也往往給很大範圍中一代代人留下美好的記憶。隴南有關歷史遺迹與名勝的石刻對于研究隴南歷史文化，對于弘揚隴南的優良文化傳統，甚至對今後的城鎮建設規劃都有很大意義。

十五　隴南金石中的詩作

（一）小引

隴南金石中的有些碑文確是精美的散文作品，或以議論説理獨出新見而引人深思，或描寫山光水色、樓閣殿堂、花色樹影美景如畫。其作者有柳宗元、李昉、晁説之、宋濂、李東陽、康海、宋琬、牛運震、馬其昶等文學大家，和甘肅歷史上著名作家、學者胡纘宗、邢澍、王權、郭維城、任承允、程天錫等，其中有不少上乘之作。因爲一般的碑文畢竟不能看作純文學作品，這裏不能用很大的篇幅討論其文學上的成就，所以，散文方面的成就由讀者自己去品味。這裏專就隴南石刻中的詩歌談一點看法。

這裏有三點要説明：第一，詩歌有廣義、狹義之分。廣義的詩歌包括有韵的箴、頌、銘、贊。石刻文獻中占比例最大的是墓志銘、神道碑、德政碑、教澤碑之類。這些碑文的後面往往綴以頌、銘、贊。其在形式上是詩（多爲四言或騷體，個别爲五言或七言句），但從文章結構上來説是碑文的一部分；從内容上説着重在贊頌死者的德行，不是抒作者之情，不在于言志、抒情，多缺乏情韵。故這裏先説明，此三類韵文不在本文論述範圍之中。當然，其獨立成篇、有詩意者例外；明言爲詩者也例外。第一，文字殘缺嚴重者不録。個别有詩意者稍有缺文，棄之可惜，則根據上下句意及平仄格律，能補者試補之，以便于閲讀。第三，思想内容不可取者不録。

隴南金器銘文中詩歌作品今見最早者爲武都安化鎮發現的一塊西漢銅鏡背面的銘文。外圈爲一首六言詩，内圈爲一首五言詩。銅鏡銘文多套語，且此鏡未必産生于隴南，故此處不再談。

禮縣元順帝至元五年（一三三九）《香焚寶鼎銘》，其鼎身下部正面爲一首四言銘，且有缺文，不録。其下部背面有四句：

三界無家誰是親？十方惟有一空林。但隨雲水伴明月，到處名山是主人。

雖然表現了佛家萬物皆空的思想，但因抒發真情，詩中所透露則與之相反：雲、水、明月一則爲實有之物而伴己之行踪，同時也體現了自己不忘故往，「到處名山是主人」。可見其到各處弘法甚見敬重，自己也十分自負。此已是并非一切皆空。全詩通脱瀟灑，尤其後二句出語不凡，很有李白詩的風格。康熙十三年（一六七四）的《鹽官鐵鐘銘》除去末尾所綴一句經文外，爲四句七言詩。録之如左：

願此鐘聲超三界，鐵圍幽暗悉皆聞。［明］澄清浄証园（圓）通，一切衆生成正覺。

與上一首一樣，在表現佛教教義當中，表現着同一般人一樣的思想感情。此詩雖四句，但不用近體詩的格律，與唐宋僧詩一脉相承，録之聊備一格。爲便于閲讀，根據全篇文意、平仄格律及韵部，試補兩處缺文。隴南金器銘文中的詩歌作品，大體完整且可信者就上面兩首，皆爲佛教信徒之作，但也表現了真情，尤其前一首，有詩家情懷，非同一般僧詩，甚堪吟誦。

隴南石刻上的詩歌作品很多，且與各區縣的歷史遺迹及風景名勝和歷史文化有關，對隴南的文化建設很有意義。

（二）成縣

按我們所定不在頌、銘、贊輯録範圍中的「例外」來説，成縣仇靖的《西狹頌》應在「例外」的範圍之内。一則其題本作「西狹頌」，二則其開頭文字不長，頗似後來詩作之序，末曰「乃刊斯石，曰」云云，其下即此詩，是以此頌詩爲主，不像一般碑文在很長的述説之後綴一小段銘或頌。其三，漢代詩體以四言爲主，不似魏晋以後以五言、七言爲主，故其詩體亦與當時之詩相一致。因此以《西狹頌》爲隴南石刻文獻中最早的一首詩。原詩爲：

赫赫明后，柔嘉惟則。克長克君，牧守三國。三國清平，咏歌懿德。瑞降豐稔，民以貨稙。威恩并隆，遠人賓服。鐉山浚瀆，路以安直。繼禹之迹，亦世賴福。

該詩韵脚字「則」「國」「德」「稙」「服」「直」「福」，均屬漢代韵部職部之字，爲同韵。其内容則表現了對太守李翕的感念及對其德政的頌揚。

成縣北宋嘉祐五年（一〇六〇）的《留題鳳凰寺》，爲大理評事柴元瑾所題。詩云：

岧嶤高閣逈崖臨，下瞰仇池遠望心。不見明岐嘉瑞鳳，亂山空鎖白雲深。

鳳凰寺即今成縣東南約四公里的大雲寺（今稱睡佛寺）。因唐代元和八年（八一三）的《鳳凰山寺題記》即在鳳凰山大雲寺。清代黄泳《成縣新志》載：「在縣城東南七里。秦始皇登雞山，宫娥有善玉簫者，吹簫引鳳至。漢世又有鳳凰棲其上。」這是神話傳説。作者在鳳凰寺高處遠望有感而作。大理評事爲推案刑獄之官。大概在處理案件中使他對當時的社會失去了信心，認爲没有向公平盛世轉變的希望，所以藉題發揮，感慨很深。

北宋元祐六年（一〇九一）有《鳳凰山寺題記》，又有《獅子洞題記》的游師雄有《仙人崖》詩，見于元代至元十二年（一二七五）的《重修北極宫碑》。碑文言：「同谷對景南山，……仰參雲霄，俯瞰龍峽，壁立萬仞，遠眺如道士之容，此其所以得名也。轉運游公留題云。」下録七律一首：

玉作冠簪石作骸，道衣褐氅就崖裁。精神似轉靈丹就，氣象如朝玉帝回。兩眼遠觀獅子洞，一身遥望鳳凰臺。自從跨鶴歸仙去，直到如今不下來。

游師雄（一〇三七—一〇九七），武功人，字景叔，治平元年進士，元祐五年任提點秦鳳路刑獄，元祐八年領陝西轉運使。留題詩與上兩記應成于同年同月。《重修北極宫碑》稱「轉運游公留題云」，是就其職之高者稱之，未必深考詩作于何時而加「轉運」之稱。則此留題也應在元祐六年正月。

鳳凰山上唐代有大雲寺。大雲寺是武則天天授元年（六九〇）「敕西京諸州各置大雲寺」而修。淳熙十五年（一一八八）前後郡假守（代理郡守）皐牧的《大雲寺詩碑》，有詩二首。小序中言「游山二詩韵」，則題應作「游鳳凰山」。第二首爲五言古詩，缺字多，不録。今録第一首七律如左：

星軺［之］樂樂融融，十里旗穿曉日紅。訪古直尋丹穴外，造幽更指碧潭中。接身幸作卑飛燕，附翼慚非六翮鴻。榮甚載名詩榜上，歸時猶喜□涵空。

「涵」上缺一字，讀者可以放開去想，但筆者以爲要把握住詩人的思想不使走樣。詩人這裏是説有幸在很多留題的大雲寺石碑上留下詩，更高興的是自己在這裏任代理郡守是清廉的，離任時口袋裏没有多餘的錢財。所以，我認爲這首詩中所表現的人格和思想境界是很高的。

鳳凰山下有飛龍峽。峽中原有宋代喻陟七絶《玉繩泉摩崖題詩》：

萬丈潭邊萬丈山，山根一竇落飛泉。玉繩自我題巖石，留作人間美事傳。

很是自負。北宋末年，在飛龍峽修了一座杜公祠，可能同卑牧、喻陟二人之詩很有關係。飛龍峽自然環境優美，建杜公祠之後，成爲這一帶重要的文化名勝。紹熙四年（一一九三）有郡守成都宇文子震七律《龍峽草堂》一首：

燕寢香殘日欲西，來尋陳迹路逶迤。江濤動蕩一何壯，石壁崔嵬也自奇。鷄犬便殊塵世事，蛟龍長護老翁詩。草堂欻見垂扁榜，却憶身游濯錦時。

因係蜀人，故有末句之語，也與杜甫「濯錦江邊未滿園」「錦官城外柏森森」等詩句聯繫起來，説明他家就在杜公離開同谷後生活過的地方。

成縣石刻中所存宋代以前詩完整者衹有以上幾首，這首《龍峽草堂》是關于杜公祠的第一首詩，甚堪關注。

龍峽草堂在明代以後石刻中多被稱作「子美祠」或「杜少陵祠」或「杜子祠」。明正德八年（一五一三）有陝西提刑按察司副使高密李昆（字承裕）（當時天水隴南各縣都歸陝西省）的《訪杜少陵祠》五古一首：

侵晨入龍峽，杳靄足雲霧。巖際餘鑿痕，云是古棧路。遥通劒閣門，斜連白水渡。杜陵有祠宇，疇昔此漂寓。蕭條翳榛莽，摇落傷指顧。兩楹蓋數瓦，垣毁門不具。四壁繪浮屠，詑外更堪怒。拂蘚讀殘碑，字漫不可句。東渠臺中彦，感此激情愫。創始伊何人？興仆吾可做。抗手進縣令，兹亦豈末務？我當力規畫，爾宜亟舉措。會使道路人，從知古賢慕。予聞重歎息，因之資覺悟。東西走二京，纍纍幾陵墓。況復浮塵踪，誰能側目注？彼美少陵翁，磊落君子度。盛氣排海岳，雅調續韶頀。棄官救房琯，知名通婦孺。嚴武不能殺，陷賊靡所污。平生忠義心，萬里屯邅步。鬱鬱抱悃愊，稍稍見詞賦。光焰萬丈長，寧以華藻故？諸葛顔韓范，比擬固非誤。乃知賢俊迹，百世所公護。我爲歌長辭，聊以效蔬附。徘徊未能去，倏忽烟水暮。

因飛龍峽的自然景觀之美而在這裏建祠以紀念杜甫留寓同谷的一段經歷，本是很有意義的事，使這裏的自然景觀又有了文化的蘊涵。但民間又把它向神廟的方面轉化，甚至在墻上畫了佛教繪畫，而有關殘碑則「字漫不可句」，且蕭條摇落，瓦殘室漏，垣毁門失。李昆因而叫來縣令，説：修整祠難道也是「末務」嗎？詩中回想杜甫當年的經歷，表現出很深的情感。可見那些精明的、有思想的官吏也是很重視地方文化資源的保護的。

嘉靖九年（一五三〇）巡按隴南的胡明善有《春日謁杜少陵祠》五律一首。詩云：

少陵栖息地，陈迹寄雲隈。風雨吟龍峽，江山領鳳臺。春明秦樹遠，關黑楚魂來。攬轡瞻祠屋，千秋一歎哀！

寫少陵祠周圍環境與景色，且寄同情與欽敬之意。詩作于正月，樹尚不見緑，故有「春明秦樹遠」之句，而下句不知寓何意，是否自指（胡明善自署「兩河」，因其爲明南直霍邱人，其地古亦稱「兩河」），不得而知。末句很有感慨。

嘉靖十六年（一五三七），陝西按察司分巡隴右道僉事白鎰七律《過杜子祠》：

對縣南山秀出岐，少陵遺迹啓生祠。豪吟悯世憂時志，晚景懷鄉去亂思。大雅删餘高獨步，盛唐變後妙難窺。詩家門户知多少，神聖無儔總是師。

嘉靖十九年（一五四〇）成縣知縣、江西吉安府萬安縣人劉璜《謁杜公草堂》二首，其一爲七律：

南山壁立與天通，隱隱草堂雲霧中。憫世昌才詩萬卷，遯時避亂酒千鍾。盛唐三變知奇絶，大雅一删妙化工。雖恨拾遺終寂寞，詩家門户獨高風。

其二爲五絶：

古屋傍山麓，苔封斷石書。欲瞻豐采下，月影萬林疏。

又嘉靖三十二年（一五五三）按察司洮岷兵備副使、山東濟寧人楊賢有《謁杜工部祠》一首：

飛龍峽外鳳臺空，子美祠堂在眼中。俊逸每于詩裏識，拜瞻今始意相通。尋芳敢學游春興，得句忘歸戀我翁。不是魯狂欲弄斧，願言乞巧度愚蒙。

詩作于「春三月朔日」。值得注意的是詩中還提到了「乞巧」。儘管衹是個人抒情中説到，但也説明作者對這一帶每年七月初有乞巧風俗的瞭解。

嘉靖三十六年（一五五七）太平府繁昌縣葛之奇《謁少陵祠》云：

鳳凰臺下飛龍峽，峽口遥望杜老祠。詩句漫留蒼蘚碣，草堂高護碧蘿枝。徐探步月看雲處，想見思家憶弟時。千古風流重山水，令人特地起遐思。

玉泉劉尚禮次韵和之云：

雲山窈窕涵清界，烟水潺湲繞杜祠。寢殿紛飛新藿葉，吟臺惟有老松枝。獨憐雅調成陳迹，却恨殘碑屬幾時。吊古尋幽歸旆脫，亮懷應入夢中思。

兩詩都是七律，且後一首是步韵和前一首之作，但是情景交融，很有韵味。萬曆四十六年（一六一八）縣令趙相予也有七律《春日謁杜少陵祠》一首：

廟柏青青又見春，高名千古屬詞臣。濤聲漱石吟懷壯，嵐色籠霞道骨真。幽憤斷碑縈客思，清風苔砌展精禋。情深不覺嗟同契，爲薙荒祠啓後人。

詩見于儒學訓導管應律撰《重修杜少陵祠記》，文中説趙相予寫詩之情形：「我趙侯奉命尹是邑，春日修常祀，登堂拜像，賞鑑殊絶，乃捐俸命工經營之。不日落成，祠焕然一新。事竣，應律等請題紀勝，侯義不容，默倚馬揮一律，灑灑傳神，盛唐之風韵，不是過也。」可見是很有才氣的。由末一句可知作者在修整杜公祠方面也做了一些工作。

以上幾首詩中都提到「蒼蘚碣」「殘碑」「斷碑」等，可見宋末以來碑碣不少，而都殘斷淹埋不可讀。詩中都對杜甫深懷崇敬之情。

成縣石刻中清代關于子美祠的詩也不少。乾隆年間有知事劉塒《大雅今何在詩并跋》石碑，詩云：

大雅今何在？青山舊草堂。數椽間架小，三徑薜蘿荒。夾岸千尋逼，奔流一水狂。仙人開曉洞，鳴鳳翥高岡。潭静龜魚現，巖深虎豹藏。卜鄰如夙約，結伴近禪房。萍梗依關塞，葵心向廟廊。才名憐太白，開濟憶南陽。豈獨文章焰，還推忠愛長。當時歌橡栗，此日薦羔羊。板屋經風雨，茅檐壓雪霜。年年勤補葺，來往奠椒漿。

詩後有自跋云：「工部草堂，在成邑東南飛龍峽口，鳳凰臺西。堂開東向，夾岸石壁千尋。對面有醉仙形懸壁間，衣冠鬚眉略可指似。二水合流出峽，水行石間，岌嶪動盪，勢若飛龍。下爲深潭無底，可釣長魚。昔公由秦入蜀，愛其地，結茅以居，與贊公往來。後人因以祀公，春秋例用特羊云。」劉坿爲體仁閣大學士、書法家，劉墉之堂兄。其跋末署「東武劉坿識，劉墫書」。則當時其弟劉墫亦在成縣。其詩有叙有論，既有對杜甫的評價，也表現了自己對當年杜甫在同谷貧困生活的同情與對杜甫人格的崇敬。

道光五年（一八二五）階州知州黄文炳謁子美祠題詩云：

三春花柳亂啼鶯，古木叢祠傍曲城。一代風騷歸大雅，千秋臣節仰名卿。苔碑蘚磧寒烟護，遠浦遥岑暮靄横。唐室衹今無寸土，草堂終古屬先生。

末兩句可與李白《江上吟》中「屈平辭賦懸日月，楚王臺榭空山丘」相比肩。

清末也有兩通留題石刻，且都是組詩。陝西候補知縣楚南李炳麟《草堂》七律四首。其跋云：「家君治成邑三年矣，麟亦需次西安，久疏定省。光緒乙酉冬，奉差赴漢中，繞道省親。適葉公補修同谷草堂徵詩。落成，麟依韵和酬，囑同補壁，聊成一時鴻印云耳。」其詩云：

結屋懸崖深復深，騷壇犨岸此登臨。芳尊載酒獨懷古，老樹拏雲直到今。大雅迴瀾詩萬卷，飛泉掛壁峽千尋。追思天寶流離日，遥望家書抵萬金。

許身稷契本無妨，地老天荒賸草堂。兵燹飄零懷弟妹，鬼神歌泣有文章。眼中寒畯萬間庇，石上因緣一瓣香。俯仰同時誰伯仲，謫仙旂鼓尚相當。

千秋詩史總無慙，未飲廉泉早勵貪。風雨亂崖自悲壯，乾坤萬象盡包涵。居憐同谷歌傳七，律冠唐人昧得三。馮弔黄蒿古城外，祗餘明月映寒潭。

荒祠雲樹自縱横，谷暗風號虎豹驚。入廟馨香千古祀，思君史一心誠。東柯流寓天涯感，南國親多舊雨情。何日得瞻嚴僕射，不教知己負平生。

又有名「□蘅」的《謁杜工部祠四首》，碑藏私人處。今得拓片，第四首僅存八字，不録。祇録前三首：

春日遲遲春雨晴，尋芳峽口不知名。波濤可助吟詩壯，草木猶含羈客情。大笑仰天稱後死，論詩撲地拜先生。優游直欲忘歸去，四面灘聲逼我行。

忽然天外别開天，峭壁懸崖到面前。風弄樹聲疑虎嘯，石横水底似龍眠。山真世上無雙品，公是人間第一仙。我欲卜鄰建茅屋，知君嫌俗不嫌顛。

山頭古洞色倉（蒼）黄，危石巉巘大道旁。三峽雲烟迷野樹，［四時畫］景入詩囊。不聞鷄犬吠門外，止請蛟龍護草堂。若遇［明公今尚在］，可憐同是憶君王。

第三首有八字缺文，爲便于閱讀，姑予臆補。第四首所存八字爲「流，有客亭前物色幽」。從平仄看，應是開頭兩句的末八字。無跋語下款之類。序和詩中無明確年代説明。其序云：「歲次壬戌，蘅隨任倉泉，維時年届皇紀之終，尚距其一焉。縣治之東，聞有子美草堂，爲一邑勝景。即欲往游，久而未果。咫尺天涯，常怏怏也。丙寅春，因游覽郊原，縱步而往，遂得登堂而訪陳迹焉。棟宇雲蒸，碑碣棋布，低徊留之不能去云。夫志士懷古，不可無詩，况蘅性耽韵語，且又數載以來欲一至而不能，而一旦得睹遺迹，欣感相尋，有不能自已者。爰作七律以志其事。夫因欣于所遇，感慨亦即係之矣，古人可作其許把臂否耶？」序言「維時年届皇紀之終，尚距其一焉」，則應在民國成立之後；其他朝代即使滅亡，也不能言「皇紀之終」；文中又言「歲次壬戌」，則應指一九二二年。因一九一一年十月辛亥革命後，清代紀年終止，然清宫内尚用「宣統」年號。至一九二四年溥儀被逐出宫，一九二三年底清紀年徹底結束，則「尚距其二」是一九二二年，這年按傳統紀年法正是壬戌年。看來作者是一個思想守舊的遺老，他認爲他與杜甫都是「憶君王」的忠臣，稱自己未能毅然殉國是「後死」，想離職歸去，或建茅屋隱居。這首詩所表現的思想按我前面所説輯録範圍是不應該録在這裏的，但原碑刻上没有明確寫出年代，很可能會被有的人看作清以前詩而録存并大加稱贊，以訛傳訛、造成不良影響，故特録出并指出其要害之處，不再傳播。當然，它對我們認識民國初年的行政隊伍狀况，也有一定的認識作用。這是從歷史文獻的角度説的。從詩的藝術水平説，這個老朽的手筆確是不凡。

杜公祠最遲的一通詩碑，是一九四〇年到任的縣長、湖南祁陽人陶自强的《清明謁杜工部祠》七律二首：

> 青青古柏覆荒祠，異代相悲動客思。亂髮白頭公去久，衰時赤手我來遲。平生知己推嚴武，結得幽鄰有贊師。橡栗苦愁千載下，祇今怕讀七歌詩。
>
> 憂國懷君遺句在，先生心事滿江湖。當年窮谷身何苦，一代詞宗德不孤。已著文章驚妙造，偶逢山水足清娱。草堂終古游人到，廣厦千間問有無。

第一首由荒祠想及當年詩人在同谷的艱難境况，結句「祇今怕讀七歌詩」，既説出詩人讀杜詩時之感受，也點出以上推想的另一依據。第二首由杜甫之思想論及他的文學成就，歸結到「草堂終古游人到」。從末句「廣厦千間問有無」，聯繫上一首的「衰時赤手我來遲」看，作者的思想是比較進步的。

以上咏杜公祠之作，可以説是各有千秋。不想杜公拓落流寓，引起此後一千多年中一些詩人在此獻藝。雖是班門弄斧，畢竟在杜公祠堂吟詩，才低者恐也不敢獻醜。

南宋的宇文子震除有《賦龍峽草堂》七律之外，還有七律《題王氏園》一首，今試補缺文五字録之如左：

郊埛［漫步］出塵埃，［世外］幽扉爲我開。異［石］横陳渾住立，飛流瀑注自天來。桃園圖裏如曾見，靈鷲峰前莫謾猜。增損須憑詩眼巧，好于穩處看樓臺。

寫園林景致，頗有情趣。這應是宋代成州私家園林的一個寫照。

明嘉靖十九年（一五四〇）成縣知事、江西吉安府萬安縣人劉璜，除前面已説過的《謁杜公草堂》二首外，還有三題六首。其《登馬公絳帳臺》云：

古臺春暖長莓苔，此地曾經絳帳開。慷慨登臨人去久，躊躇回首月華來。那云治郡無佳績，却喜傳經得美才。千載斯文誰領會，松聲泉語且徘徊。

又：

遺迹飛雲靄，斯文千古名。不堪回首處，明月滿秋林。

這是寫東漢時著名學者馬融曾于順帝陽嘉二年任武都太守，郡治時在下辨（今成縣西抛沙鎮）。馬融才高博洽，爲世通儒，去官后教養諸生，「施絳紗帳，前授生徒，后列女樂，弟子以次相傳」。他在下辨一帶一定是留下了一些好的傳統。這兩首詩表現出對馬融的懷念。

其《玩裴公蓮湖》云：

浮翠亭前湖水幽，狂歌呼酒醉雙眸。穿雲野鶴翔横渚，隔岸漁家繫小舟。夕照當湖花愈艷，晚風吹棹雨初收。挽回世態真無計，領略湖光欲上流。

又：

舉酒邀湖月，采蓮弄碧波。賦成金筆寫，詞就雪兒歌。

據黄泳《重修蓮池記》，「裴公蓮池」爲「成州八景」之一。裴公名守真，稷山人，唐高宗時知成州，政通人和，「治西偏，鑿塘引水成湖。湖心建亭，環亭植蓮，夾岸樹楊柳。爲橋，前『雲錦』，後『霞奇』。」裴守真爲成州人幹了一件好事，他的名聲也因此被當地人永久不忘。本詩在描繪裴公湖及周圍美景當中，也對當時世態的不够淳厚表示出憂慮。

又：

《觀吴公保蜀城》云：

節鉞曾經保蜀功，故城荒壘草濛濛。英雄萬古勳尤烈，興廢今朝事已終。落葉亂流秋雨後，斷碑常卧夕陽中。阿孫不識經常節，恨使孤忠掃地空。

又：

雲日落高木，潺湲水自流。慷慨孤忠地，陰空萬古秋。

劉璜在成縣數年，幹了很多事，也與成縣産生了較深的感情，由以上之詩作即可以看出。

在成縣金蓮洞外一碑陽面上部，刻有一詩，小序云：「大明永樂五年元月九日，敕封真人三仹張盧龍到此留詩一首」。詩爲：

盧龍復遇金蓮洞，别是重來一洞天。功成名遂還居此，了達天機入太玄。

永樂五年爲一四〇七年，去元之亡六十一年。張三丰爲元明之間人。明成祖永樂年間大修武當山，并爲其專建遇真宮，然而遍訪其人不遇，是否在世已難説。張三丰此前曾至武當山，并曾游歷至陝甘一帶，然其爲懿州（今遼寧彰武）人，言爲隴南某地人恐未妥。其化名有「思廉」「玄素」「玄化」「昆陽」，是否有「盧龍」之號尚不知。然而張三丰應曾到過此地，故才會有相關傳説與附會。張三丰曾在兩當登真洞修煉，也應可信。

清乾隆二十四年（一七五九）陶萬達的《甸山題詩》刻在紅川東南甸山的一塊巨石上。其詩云：

横川有靈山，古石點苔斑。五載僅一訪，留句播人間。

詩中「横川」，即今以造酒出名的「紅川」。當地「横」讀如「紅」。此詩實爲作者《甸山八景》之第七首，原題《石碣凌空》。其他七首是否有刻石，今不可知，其題依次爲《蒼龍疊翠》《天池映月》《天賜神印》《錦屏對峙》《萬松濤聲》《松舞干霄》《古老仙洞》。其第一、三、四、五首爲七絶。陶萬達又有《甸山賦》，實爲五言古詩十五韵，其題義當爲「賦甸山也」。其前四句即「環城皆山也，東南下横川。横川聚靈秀，蒼龍嶺得先」。這些都爲紅川增色不少。應爲紅川酒廠的文化財富。

此外，寫過《清明謁杜工部祠》的陶自强在民國年間還寫有一首《甸山題詩》。詩云：

訪勝探幽興未窮，翻疑身到廣寒宮。太華秋老峰若似，衡岳雲高路可通。玉練千尋飛石間，濤聲萬壑響松風。重來陶令慚前哲，漫亦題詩志雪鴻。

這兩首詩遺詞造句都至爐火純青，而這一首更是顯得胸襟開闊，寄情丁景。尾聯上句「重來陶令慚前哲」一句，因甸山有清代縣令陶萬達題詩，故云。全詩充滿豪氣而又尊崇前令，非目空一切之人，則其涵養自見。陶自强是老一輩革命家陶鑄之兄。由這兩首詩即可以看出其胸襟。

嘉慶十二年（一八〇七）署名「逍遥子」的《飛龍峽摩崖》五絶一首：

峽道甚崎哉，□平便結來。我今聊補葺，留與後人培。

這是整治了飛龍峽中的道路，表現出對杜公祠周圍環境的維護。對杜甫的尊敬在不言之中。

民國七年（一九一八）新到任縣令劉朝陛《香水洞題詩》一首，爲七言古詩：

戊午二月日癸酉，崎嶇馬蹶龍峽口。皤皤三老雪盈顛，拊葛捫蘿石縫走。洞門咫尺不可攀，其道更比登天陡。吁喘汗流到洞中，津津遍體洗宿垢。洞宏數畝容千人，怪石嶙峋無不有。石鼓高盤大十圍，一扣一鳴喜再扣。上復間生古籀文，摩挲難識類蝌蚪。佛老面壁幾千年，世人每憾拜其後。因何不顯古鬚眉，隱示愚氓難援手。神龍今已飛上天，靈迹尚流石上久。石溜噴珠掛洞前，涓滴不溢炊茶臼。若能終老此洞天，直視浮雲如蒼狗。夕陽冉冉至山腰，徘徊欲去猶回首。探幽今日誰伴行，邑紳汪君慕之姚受卿。

詩末署名之後有「同行：前知陝西澄城縣事邑人汪時慤，委任成縣奉祀員、貢生姚苾唐」，此即詩末句所點出的同行之人。詩也有情趣，雖明暢而有深意。如以爲「夕陽冉冉至山腰，徘徊欲去猶回首」是寫已被推翻而仍在紫禁城中保留着皇帝派頭的清廷帝后，遺老的心態，也甚爲貼切。

以上都是訪古迹名勝之作。成縣這方面詩碑確實不少。明代寫過《謁杜公祠》的楊賢有《成縣》五言律一首，可以説是對成縣名勝的一個總結：

遠望山城小，人傳勝迹多。苔封吴將塚，藤覆杜公窩。仙閣曾邀月，仇池不起波。詩成欲酹酒，灑落舞婆娑。

在詩歌文獻上，成縣無論是關于大雲寺、飛龍狹、杜公祠的，還是關于吴公保蜀城、裴公湖的，都是寫了名勝景點之美，又顯示出其歷史文化價值。

（三）兩當縣

兩當縣唐代張果的《題登真洞》也是隴南較早的詩刻。這首詩不見于乾隆《兩當縣志》和道光《兩當縣新志》，而見于《全唐詩》卷八六〇。康熙皇帝命張廷玉、何焯等所編《駢字類編》卷一五〇「采色門」載該詩之第二聯，也以作者爲張果。張果即張果老，八仙之一。《全唐詩》收張果詩祇此一首。詩前作者小傳云：「張果，兩當人。先隱中條山，後于鷲鷟山登真洞往來。天后召之不起，明皇以禮致之，肩輿入宮，擢銀青光禄大夫，賜號通玄先生，未幾還山。」這恐怕是兩當歷史上最光顯的人物。後人以其年高道深、不敢直呼其名而于名後加「老」。其詩如左：

修成金骨煉歸真，洞鎖遺踪不計春。野草謾隨青嶺秀，閒花長對白雲新。風摇翠篠敲寒玉，水激丹砂走素鱗。自是神仙多變異，肯教踪迹掩紅塵。

由「修成金骨」四字來看，詩寫于修道成功之後，由第二句看，他確在此洞中很多年。頷聯兩句寫洞外風光，藉以説歲月之流逝；頸聯兩句寫洞中景致，上句爲耳所聞，下句爲目所見。真人年復一年，即在此景致之中。「肯教踪迹掩紅塵」者，是言掩之于紅塵，即言雖爲神仙，自己不張揚，别人也看不出來，因爲自己已完全超脱塵凡，返其本真。道教所説歸真是指回到人性本來的狀態，此即神仙。南朝梁謝鎮之《重與顔道士書》中説：「滅俗歸真，必反其俗。」又唐代劉長卿《故女道士婉儀太原郭氏挽歌詞》：「作範宫闈睦，歸真道藝超。」佛教所謂「歸真」指死，不可相混。尾聯正言其已歸真。詩寫得含蓄而意蘊深厚，可見其對傳統文化有很高深的修養。則其長年在洞中修真，也包括讀各種經典名著，非止燒香念道經。

二〇〇五年出版的新編《兩當縣志》收入了這首詩，但并没有説明它本是刻石的。我斷它爲題壁後又刻之的依據如下。其一，「登真洞」之名乃北宋大中祥符元年（一〇〇九）爲朝廷所命名，張果之時其洞無名。詩題作「題登真洞」，是後人因其題于洞中且已有人刻于石而取以爲題的。其二，先有題詩，後人方刻之于石。故北宋仁宗、神宗、哲宗時人劉季孫題詩尚作「張真人洞」，魯公（當爲魯百能）《題登真洞詩》刻石之後，幾首詩都作「題登真洞」或「登真洞」，則此詩已刻石，後人照其詩題而題。至于這首詩本是題于壁上還是石上，因洞壁有脱落，洞中石碑也多有破壞，已難以確定。這樣，登真洞不僅在道教史上具有重要意義，也具有重要的文化意義。

還有一首見載于乾隆《兩當縣志》、道光《兩當縣新志》，作者劉景文，但并未標明時代，也未標明作者的身份，更未説明是見于石刻。經考察，劉景文名季孫，字景文（一〇三三—一〇九二），祥符（今河南開封）人，宋仁宗嘉祐年間（一〇五六—一〇六三）從左班殿值監饒州酒務、提州學事。至隴南一帶當在其後，故作于神宗時（一〇六八—一〇八五）的可能性爲大。很幸運的是最近發現了這首詩的刻石，并題目存二十一字。題目存「張真人洞」四字，按其位置、布局看，其上還有一字。今姑補爲《題張真人洞》。詩云：

鸑鷟山開古洞深，蒼崖老木共陰森。游人看取溪中水，衹此無塵是道心。

另外，其後還有同樣字體一詩，僅存八字（參見拓片），不録。看來原詩有兩首。

再有北宋政和二年（一一一二）提舉秦鳳路魯公的七律《題登真洞詩》。詩云：

三千行滿未驂鸞，閑卧空山不記年。雲鎖洞門清叩玉，石流甘液泠飛泉。青驢去踏紅塵裏，白鶴來歸玉柱前。試看高真棲隱處，此中疑是蔚藍天。

道光《兩當縣新志》卷三「山川」：「登真洞，東十五里。鸑鷟山下，唐張果老修真處，洞高一丈，深百尺，有水自頂注于石池。俗名石鼓洞。」

又宋代縣令王俞五律《登真洞》云：

偶因公事使，仙島亦追游。鸑鷟名猶在，丹砂事已休。雷聲驚石皷，瓊乳洴靈湫。便覺塵凡逈，超然物外儔。

原姓名下注「縣令」二字。唐稱主一縣政事者爲「縣令」，宋初承之，宋太祖乾德元年（九六三）改「縣令」曰「知縣」。因乾隆《兩當縣志》、道光《兩當縣新志》俱列于提舉魯公之作的後面，則此詩應作于北宋初年。

又明代邑令馬在田的《登真洞》七律二首：

洞口烟霞五色文，洞深一竇杳難分。桃花亂落澗中水，芝草自生石畔雲。去去白驢何日返，寥寥石鼓幾回聞。誰人傳得長生術，我欲相從一問君。

先生祇説朝元去，一入天台路不還。故竈空餘灰洞在，真丹不與世間傳。春風笑傲鶯花界，雲水逍遥蕩漾天。仙去仙來人不識，江湖朝市總超然。

這幾首詩可以説是各有詩情，各有意境，各有領悟，使登真洞生色不少。一游登真洞，不僅其景致令人難忘，這四首詩也會讓人反復品味，感覺餘味無窮。

南宋時釋寂空撰《敕賜净巖院砌法堂基階記》，其末有自作頌銘一首，其實是一首七言絶句，録之如左：

時世從教景物殊，一心終不背真如。假使海山渾變異，妙理常存合太虛。

既含佛理，含蓄有味，也很有氣勢。「教」字今讀去聲，古讀平聲，故完全合乎近體詩的格律。寂空是魚池寺住持，很有學問。

又今存元山净持寺摩崖石刻，風化厲害，應爲明代以前刻石，作者也是一位僧人。詩有五首而多殘缺。今就較完整二首補缺録之如左。其一：

> 獨坐泊山静，［野］寓［難］見鳳。獅子來咬犯，了了人間夢。

其三：

> 右看［青］龍界，蒼蒼名山有。野［柳］舞婆娑，松竹老梅［古］。

表現僧人恬静心情，頗有情趣。

清順治十八年（一六六一）的《黄疙瘩摩崖石刻（五）》爲兩首僧詩，其一云：

> 林葉满山黄，生死游无常。南北誰住處，东西任他忙。

也表現了等生死、随缘顺處、心自爲佛的從容與坦蕩。以上這幾首僧詩都是見景生情，借景而論禪機，很可品味。

清代康熙三十五年（一六九六）武都生員史生貴的《重修董真庵》，附在其所撰《重修董真庵碑記》之後。詩如左：

> 層巒疊嶂四巔連，虎豹蛇龍洞口旋。雨散虹消春留記，鳥飛花放秋波鮮。崖邊古柏生虬秀，坡底牧童吹笛玩。坐卧庵中真樂矣，誠哉仙境異地天。

下款言作于「中秋之月上浣」。情景交融而語言明暢，寫董真庵周圍環境如畫。

道光十八年（一八三八）陳廷楨《陳氏始祖塋碑志》，前後關于其家族有所叙説。其中有詩一首：

憶昔南來到此邊，培滋灌溉已多年。千秋宗派姑有後，一樹老椿作極先。徽邑莊基親置買，兩當田産自占便。誰知縹緲乘雲去，長傍乙向辛向眠。

末句意思不明，似乎有誤。作者本爲廣西澄州人，祖上遷于兩當之地，置家産不少，家道殷實。當然，這是論祖上之功業，也有感恩不忘根本之意。唯較爲直白，缺乏深意。兩當縣石刻文獻中的詩作精彩的是見于幾處名勝景點的留題之作。

（四）武都區

武都的萬象洞也吸引了古代很多詩人騷客，留下了一些詩篇。唐代興元元年（七八四）仝硯的《萬象洞題詩》云：

偕友同來到洞天，奇奇幻幻金階間。十二元魁造仙府，仙人去此幾何年？

可見在當時就有「十二元魁造仙府」的傳説。詩人看後也産生了一些感想。

萬象洞又有北宋慶曆五年（一〇四五）高寶臣的《萬象洞留題》，詩云：

待騎蟠蟄洞中春，怒激風雷晝四昏。天命爲霖騰躍去，隱然鱗甲此坪存。

同樣聯繫當時傳説，很富于想象。尚有署勸農公事孫衝「政和元年」七律一首，缺第二句及第四句末三字，今不録。

南宋淳熙七年（一一八〇）萬鍾一首。小序：「郡太守萬鍾，以淳熙庚子仲春之晦日，率同寮來游萬象洞天，作此長短句。」詩云：

驊騮緩策晴江上，沙觜曉痕水漲。春山數疊羅青障，下有瓊臺玉帳。洞門敲遍旌旗響，何處森羅萬象。憑誰借我青藜杖，唤起蟠龍千丈。

這首詞調寄《西江月》，題可作「萬象洞天」。太守閬中毌丘恪（厚卿）紹熙元年（一一九〇）有七律一首：

一筇拄破白雲端，來扣靈［扉］訪列仙。羽葆珠幢眩凡目，玉芝石髓垂饞涎。直疑高澈虚無頂，豈但潛通小有天。興盡却歸到城郭，問今幾世復何年？

可謂空靈衝淡，頗堪回味。缺文據上「扣」字試補「扉」。

慶元二年（一一九六）靈江西在黄泥壩石岩上題道：

洞深寰寰棟龍蛇，怪石高幢水滴花。此景已非民俗□，莫于何處龍仙家。

題咏萬象洞勝景，押六麻韵，最後一句未詳所以，當有訛誤。

明代正統七年（一四四二）宣陽李華翼題五言絶句一首：

仙境在人間，紅飛塵不到。交泰何年蒙？年誰鑿鴻竅？

此詩題于卧龍壩右石岩上。前兩句雖似白話，倒也古樸有味；後兩句發出疑問，贊嘆大自然的鬼斧神工。後兩句唯造句不佳，讀來頗費思量。

欽玄寺偏都指揮龐壽正德八年（一五一三）的《萬象洞題詩》：

身爲家國壯，心同造化流。我來登眺後，歲月任悠悠。

確是武官的口吻。

又正德十四年階州知州西蜀熊載（字汝熙）《游萬象洞》：

每夢桃源未了懷，偶同劉阮到天臺。洞含物象迷今古，天縱神機别品裁。觀化眼誰塵外潤，投閑身我静中來。束茅欲掃山前壁，又恐山靈笑不才。

遣詞造句雅正得體，意藴深廣，末二句以幽默之語結之，頗爲有趣。想掃去洞外壁上的土來題詩，但又恐怕留下來惹山中神靈笑自己無才而題歪詩。其實從他這首詩就可看出其身手不凡。

同年還有巡按陝西監察御史巴西羅玉（字汝成）的同題四言詩一首，又是另一種風格：

正德己卯，月令仲春。間乘驄馬，聊事幽尋。天開圖畫，萬象咸新。山光水色，日暖風輕。天喬競秀，禽鳥和鳴。鶴汀魚渚，牧唱樵吟。一舍之地，大江之濱。危巖絶巘，有竇潛形。攀緣而上，洞口雲深。鄉夫導前，庶官後行。枚燎炳炳，侍從［營營］。仰觀俯瞷，珍玩無垠。涓漿磥砢，怪石嶙峋。清標上下，萬象縱横。中峰更秀，三池注清。巧藏于樸，不雕而文。瞻前顧後，或幽或明。升高下坂，時險時平。山間今古，静裏乾坤。以遨以游，載忻載奔。出門長嘯，人在蓬瀛。興高情曠，氣態凌雲。肩輿歸路，樹渺斜曛。乃召工師，勒此堅珉。

鋪排寫實，隨景抒情，有古詩之意。缺文兩字權補「營營」，因上句「枚燎炳炳」是説在洞中打的火把明亮。這句末二字用重疊詞，下句也應是後二字重疊。打火把者自然是侍從，他們要在前面看路。《楚辭·九章·抽思》：「魂識路之營營。」「營營」即往來探路的樣子。從韵部來説，與上面的「行」同爲下平聲庚韵字，韵亦相諧（此詩爲庚、青、文、真通押）。

再看嘉靖四十四年（一五六五）階州人卯希思、卯希雍兄弟二人的《萬象洞題詩》：

空靈深邃出塵寰，萬象森羅一洞天。玉乳妝成千載景，石津滴就萬古幡。天容有竅添幽洞，玉井貫門接代涎。行盡仙家無貪處，歸來不覺興無邊。

兩兄弟當時都是庠生，同游而賦此。同前面熊載之作相比，結句較平。

明萬曆三十五年（一六〇七）守階文西固地方參將陳官定的絶句《萬象洞題詩》：

山宇清幽一洞天，歷經歲月已許年。嶺［頭］堆石人間鏤，此處原來不等閒！

大白話四句，讀來倒有其可愛處。

清康熙九年（一六七〇）有階州牧連登科五絶一首：

清靈開玉府，我輩地中仙。步［險］乘龍去，悠悠望月還。

其後有跋云：「庚戌成令遷階州牧連登科題，□生李捨真書。」看來是剛由成邑升遷至階州牧，十分得意，有步履乘龍之感覺。康熙三十八年前後知州陳勛有《春日游萬象洞》古詩一首：

五載坐荒城，千峰列屏障。春風思出游，茫然迷所向。客云萬象洞，景物多奇壯。「何不再登臨，可以滌塵桑。」晨起出南門，長虹跨碧浪。列堡如星星，樓閣［何］敞閬。沿江沙溜平，柳眼欲舒放。走馬三十里，月圓堡在望。山腰陡且窄，樞衣扶短杖。俯視一泉流，憑虛身飄揚。秉燭入洞行，舉步升復降。萬象隨人意，摩肖出天匠。或如獅伏形，或如卧龍象。細若三千管，巨若萬夫將。冰珠散銀礫，寒玉排翠嶂。兀然撐一柱，上下忽分兩。交泰自何年？令人絶俯仰。四壁認舊題，墨痕如新創。寒暖易冬夏，斯言洵不忘。轉折過風洞，其中更難量。坐客話疇昔，避兵千人藏。不知昏與旦，惟聽雞聲唱。三月聚薪米，婦子各相餉。時平絶人迹，洪水來天上。污穢盡滌除，山靈仍無恙。窮源苦短炬，携筇心怏怏。躋攀失舊路，忽見天窗亮。石象倍分明，蟾光微摇漾。列坐再洗盞，臨流泛春釀。磋子風塵骨，仙津愧徒訪。

何幸竟日間，主賓互跌岩。歸來記勝游，歷歷不能忘。

這是很出色的一首紀游詩，全詩三十二韵，三百二十字，頗富詩意地寫出了游萬象洞的所見所思。

道光四年（一八二四）任階州知州的黃文炳有《游萬象洞》七律一首：

一帶晴江萬仞峰，山光亶蕩水溶溶。眼前幻想隨心見，洞口閑雲鎮日封。玉柱儼教撑五月，仙翁畢竟讓三丰。茫茫宦海曾經慣，險橋何妨進一重！

黃文炳爲桐城人，其才情果然不凡。詩作情景交融，尾聯表現出歷經宦海沉浮後的豪邁。他在離任前又作七律一首云：

天家爵禄敢虚糜，報醉三年竊愧遲。那有甘棠垂四野？會逢瑞麥秀雙歧。民肥自覺歡心洽，官瘦何妨傲骨支。轉瞬瓜期將來代，雪泥鴻爪繫離思。

其詩序對這首詩寫作緣由交代得很清楚：「余任武都三年矣。丙戌夏，二麥豐登，雙歧呈瑞，雍雍乎太平景象。先賢冉子云：『比及三年，可使足民。』未之逮也，竊有志焉。瓜期將及，爰成一律，將與白叟黄童握別，臨歧以志依依不釋之意云。」表達出離任時的欣慰與不捨之情。

又咸豐五年（一八五五）武都麓門山人李林的《萬象洞留題》：

咸豐五年春，同友人重游此，因感前卅年題十四字，足成一律云。

何年鬼斧辟渾沌，萬象包羅信有門。山水之間奇山水，乾坤以内小乾坤。昔傳五老仙踪杳，今幸三丰詩句存。多少俗塵着力滌，憑誰指點舊桃源。

其此前所題是「山水之間奇山水，乾坤以内小乾坤」，確實是新奇精彩而又貼切之句。另三聯雖爲三十年後所補，然而如一氣呵成，且句句與萬象洞相合。不愧是前後三十年琢磨而成，洵爲名篇。

光緒九年（一八八三）階州知州葉恩沛（字幼芝）有《靈應宫》七律四首，也是題萬象洞之作。詩如左：

　　萬象包羅一洞天，鴻濛開闢是何年？桃源有記憑誰見，蓬島多仙自古傳。偕友登臨情不盡，呼兒指點景無邊。從今始悟人間事，到處勾留豈偶然。

　　鞅掌仍偷半日安，天然古洞共盤桓。四圍蒼翠滴苔滑，一片幽奇峭壁觀。涉險頓消塵世念，指迷休作畫圖看。無端欲起窮源想，祇恐神仙際遇難。

　　脱却征衫學治來，廿年宦轍眼頻開。山川始信鍾靈異，身世何嘗等草萊。不見赤蒼迷洞口，漫疑仙子下天臺。殘碑斷碣今猶在，幾度摩挱首屢回。

　　敢言爲政號風流，勝迹游踪次第收。多士情深猶滌盞，將軍令肅豈防穐。郊原相送催行騎，驛路分馳動别愁。更喜叢祠新廟貌，年豐報賽答神庥。

作者爲飽學之士，四首詩一氣貫之，而藉景抒情，情景交融，寓意深沉，又委曲而含蓄，真司空圖《詩品》「委曲」所謂「似往已回，如幽匪藏」，可堪吟誦品味。第四首首句的「敢言」是「豈敢言」的意思。原有序，述隨行伴游下屬及朋友聚飲靈應宫事，今不録。

明末到民國之時題萬象洞之詩很少，筆者一九七一年前後曾進萬象洞一次，與學生打火把至盤龍壩。洞外墻上尚可看到彩色壁畫的痕迹，石崖上并見搭過木椽的圓眼。顯然之前洞外也有廟宇，此後拆除。外部没有景觀，祇去鑽洞（萬象洞很深，又高低不平，要打火把才成），去的人便少了。二〇一二年重游之時裏面安上了電燈，路上鋪了板子，五光十色，左顧右盼，景致變化萬千，已大不同于四十年前。

武都名勝水簾洞及紅女祠也引發了詩人們的無限情思。明崇禎十年（一六三七）知階州的王詢《題紅女祠》七律一首云：

想是玉皇女校官，飛來下界教人看。嵌空石室盤成殼，卷籜秋風舞似湍。枯性已忘今有世，紅身練就豈知寒？五千文字應都掃，法在吾心祇内觀。

詩人才情不凡。「紅女祠」又名「織女祠」，詩中保留了一些織女的傳説，又題咏紅女得道，尾聯頗具禪意。康熙年間階州知州連登科有《題水簾洞》詩云：

飛泉百尺掛丹梯，步入仙源路不迷。織女祠邊題跨鳳，漁人洞口覓聞雞。卷將朱箔紅樓隱，浣盡香奩白雲低。惆悵玉貞芳迹在，祇今何處武陵溪。

此詩雖名曰「題水簾洞」，實爲咏紅女祠，讀來也頗有韵味。

（五）康縣

康縣石刻中題詩，有幾首很值得一讀。今存北宋嘉祐五年（一〇六〇）的《留題獨石山院》云：

吏役驅驅石火間，偶逢佳景便偷閑。無人會我登臨興，千萬山中獨石山。

末署「轉運使尚書郎陳述古」。又元祐六年（一〇九一）署憲使黄公的《留題獨石寺》七絶一首：

依山臨水好樓臺，日照林扉晝不開。祇少惠休裁麗句，窗中飛出碧雲來。

兩詩都是七絶，祇有二十八字，真情抒發，四句一氣出之，渾然一體，語言亦清麗自然，俱爲上乘之作。

清代黄允中（字傳薪，清歳貢生）《崔又若墓志》中有七絶《挽崔又若》，詩云：

夕陽冉冉幾荒坵，柏古松蒼風正道。閭里而今傳盛事，關山不礪自千秋。

也頗有韵味。

宣統元年（一九〇九）何超林《朱鳳翔王氏合葬墓》中有《挽朱鳳翔》一首，原缺七字，今試補録如左：

雙星散彩墜霞光，同游帝鄉伴玉皇。形與花木而并茂，［神］隨［雲］天以無［疆］。牛山巍巍佳城固，岸水滔滔恩澤長。頌君兒孫多濟濟，［高行］世代［永］流［芳］。

看碑文死者俱得誥封，則其子應居官有政績。詩出于頌揚。從詞句結構看，是七律的形式，而從平仄格律看則非。詩意較平。

民國三十一年（一九二四）吕芾林在水洞寺橋側題詩曰：

玲瓏塔影入山深，壓倒靈源何處尋？古洞森森疑虎嘯，流泓隱隱有龍吟。丹成七月仙人藥，曲奏管弦鍾子琴。唯愛一灣澄碧水，且邀明月洗塵心。

詩中描寫寺橋周圍勝景，令人神往。頷聯將時任縣長「古洞流泓」的寺橋題記嵌入，尾聯也頗有韵味。

（六）西和縣

西和縣《廣福塔石刻》六通碑文中，刻于北宋紹聖二年（一〇九五）的第二級《塔記》是兩首詩，題《送趙使君直弟之官岷州》。詩云：

戍感共孤苦，西岷難與行。荒村衝曉霧，野館聽寒更。霜雪饒窮塞，風沙足古城。黯然空灑涕，臨別若爲情。

又：

執手相看何忍去，紛紛泪落空無數。百歲浮生能幾時，還是三年阻歧路。

詩後有梁臺俞賁所寫跋，言「趙使君直來榷本鎮酒税，□□練有詩餞行」。詩確是充滿感情，其中也反映當時長道一帶凄凉與作者對自己出路的擔憂。實是北宋後期的社會在詩人心中的投影。

西和縣乾隆三十二年（一七六四）的《毓龍泉》詩刻石，是三人同題詩。前有縣令王鳴珂序，寫毓龍概況及作詩由來。第一首爲署「西畦老人王之栻中山」之作：

龍自何來胡住此？忽于平地湧流泉。雲垂天末澗如海，霧繞山根曲似川。泉氣連空昏暮雨，雷聲起澗隱湍淵。方壺弱水地靈傑，山是三山龍是仙。

雖寫一泉之景，而筆底開闊之景之思，可見身手不凡。其下爲邑令王鳴珂之作：

巡省何勞課問頻，龍潭深護萬家春。作霖用沛田疇足，禱祝同呼位次尊。祇有風雲呈變態，難憑父老證前因。嘉名一自題泉石，水光山色兩并新。

「巡省」「課問」「父老」等父母官的口吻比較明顯。但也皆自然而切題。從這順序看來，王之栻應是王鳴珂之父，不然不敢列于其前，且以「老人」自稱。第三爲署「赤巖道人謝璸」之《記事二絶》：

雲霧山頭雲霧起，霎時散作靈雨止。村邨擊鼓報龍神，處處兒童皆歡喜。

聽罷兒童擊壤歌，魚龍鼓翅興婆娑。大書特書石上字，付與山靈總不磨。

寫祭神祈雨的場面、熱鬧氣氛，頗爲生動。又《再賦唱歌》：

西和城南路迤邐，雲霧蒼蒼山色紫。山下出泉泉有龍，變化不知所終始。有時龍在天之上，靈雨崇朝千萬里。有時龍在淵之下，縮同尺澤之鯢耳。泉兮龍之宫，龍兮泉所止，年年農事報有秋，使君駐馬頻來此。爲歎泉靈與龍靈，何堪民瘼任爾爾，從來典籍多闕文，丹書三字補經史。

謝瓊是清代西和的一位傑出詩人，故縣令邀其同游，詩也很得體。詩中説「使君駐馬頻來此」是説縣令王鳴珂因爲老百姓祈雨事而常來此。「從來典籍多闕文，丹書三字補經史」即王鳴珂序中所説「第因土人之請，名其泉曰毓龍」，即題「毓龍泉」三字。

嘉慶十四年（一八〇九）西和新到知縣張秩的《王元佐碑記》中言，嘉慶四年「川匪張漢朝寇入西和」，選拔貢生王元佐「遂率鄉勇，于白草山截堵盤道坡前，力戰劫賊。限以大掄不繼，賊又蜂擁而來，被執，不屈遇害」。後奉旨立「昭忠祠」。伏羌縣知縣、黔南田均晉獻詩十八韵：

志士志常堅，勇士力不屈。是惟秉正氣，苟免非所屑。緊維古和州，有士錚錚鐵。當其總角時，迥與常人别。敦倫崇孝友，立品希賢哲。意不在温飽，豈肯厭糠籺。一朝膺里選，掇藻向天闕。雖云遏翼歸，志行要芳潔。歲逢己未春，寇至在一瞥。君急集鄉兵，白草力堵截。義憤震乾坤，賊餒奔山岜。如何鉛丸盡，頓教槍礮歇。際此賊復來，壓卵勢莫遏。君衆于焉潰，君弓遂以折。不辱孤獨身，莫門常山舌。被槍凡十餘，白壤膏紅泥。心期保鄉閭，死獨罹慘烈。天地無終窮，如君不磨滅。

「常山舌」是用唐代顔杲卿反抗安禄山而慷慨就義的典故。事見《新唐書·顔杲卿傳》：「杲卿至洛陽，禄山怒曰：『吾擢爾太守，何所負而反？』杲卿瞋目罵曰：『汝營州牧羊羯奴耳，竊荷恩寵，天子負汝何事，而乃反乎？我世唐臣，守忠義，恨不斬汝以謝上，乃從爾反耶？』禄山不勝忿，縛之天津橋柱，節解，以肉啖之，詈不絶。賊鈎斷其舌，曰：『復能罵否？』杲卿含胡而絶。」「莫門常山舌」意爲不會閉上嘴不罵賊匪，表現了王元佐寧死不屈的精神。詩題應作「吊王元佐烈士」。上一任知縣周宅仁詩三十韵：

邑有一志士，屋立城之西。秉耒耕隴畝，詩書課兒題。非公不肯至，見賢輒思齊。剛建而中正，卓卓凌雲梯。四年春正月，賊寇猖如猊。徽成已罹害，團集在山溪。時維廿二日，群寇忽噬臍。紛紛數千黨，橫行竟喊嘶。急切倡鄉勇，奮不顧子妻。雄心鬭虓虎，怒氣壯虹霓。帥領千餘人，誓心掃鯨鯢。疾去白草山，剛與賊相躋。轟擊震崖谷，妖氛頗沮睽。惜寡不敵衆，陣敗人散澌。身被十餘鎗，猶自忿訶詆。從此喪其元，賊鋒孰敢披。殺掠遍四境，殘暴如虎兕。無村不荼毒，無人不慘凄。援兵雖來到，長城已壞兮。可憐忠義字，致命血塗泥。我心痛且恨，東風爲凄凄。含泪上其事，勿令英魂啼。上言爲社稷，下言爲蒸黎。聖皇重節烈，必自加旌題。應與巡遠并，名留萬古稽。綸音曾荐拔，廷試較高低。衹未遇伯樂，歸來暫幽栖。今朝薄雲日，方知是駃騠。吾今寫哀章，約略見端倪。用愧貪生輩，覆甕似醯鷄。

詩題同上一首。兩詩都給王元佐臨危受命、英勇抗匪、爲保護全縣人的生命財産而獻身的精神以高度評價。

毓龍泉有縣令張秩等三人清嘉慶十五年（一八一〇）之詩七首及聯句一首，總題曰《盤龍洞摩崖詩并序》。序言當年夏「旱太甚」，而于洞旁（洞中有毓龍泉）龍王廟中祈雨，越日，則大雨頃晝夜。于是與同游「抵洞前。洞門三進，湫在最深處，涓涓不竭，有石龍盤于空際，蜿蜒如生，因更名爲『盤龍洞』」。其實「盤龍洞」「毓龍泉」一言洞，一言泉，兩不相妨。署「東原張秩」七律二首：

吾愛風流謝康樂，招賓來訪惠山泉。乾坤開闢餘靈穴，人代蒼茫一逝川。霧裏燃燈龍閃閃，林前叩石鼓淵淵（洞前懸石扣之金鼓聲）。和州不見荷花爛，孤負華陽百日仙。
桑林禱旱不辭頻，呼沛如膏處處春。花藉地靈容更麗，烏知人樂語相親。浮生未醒巖前夢，俗體誰参水裏因。斜日一鞭歸去好，牧童牛背曲詩新。
又有七絶一首，押仄聲韵。本在末尾，今移于此：
白雲深處行邐邐，古松瓊瑶綫範紫。滎乳滴霍無古今，泉流晝夜絶終始。
秦振基七絶二首，其第一首押仄聲韵，應是承張秩之例。二詩云：
雲静山空塵不起，鳴鉦忽報神來止。村巫謗語假神傳，能使村人若狂喜。
醉擊金樽信口歌，風前竹自舞婆娑。怪他聱叟無題字，空向丹梯把石磨。
徐振聲七古一首云：
不見丹崖兩三楹，孰憐去地幾千里？向隨村稚鼓迎龍，廟門方起雷過耳。如金擊電如吼風，迄今魂夢少寧至。傅巖作降三日霖，未能免俗復來此。此間貞山山有靈，巫言每日聊爾爾。仇池咫尺魚通神，好結茅屋板闐史。
五人聯句云：
提壺高叫人迤邐，日上烟巒氣潆潆。（雒登第）
嶔崎盡處别有天，撑空壁立何代始？（徐振翱）
泉流脉脉上有臺，挹之真堪潤塵里。（周克敬）
渥田已折兆龜背，村邑欲割垂龍耳。（張秩）

積薪未爇俄傾盆，其旂茷茷俟戾止。（秦振基）
匍匐入門子𩿨沙，石陰石陽誰新此？（雒登第）
自然茶竈連雲樽，雄談醉後忘汝爾。（徐振翺）
君不見築間猶有没字碑，雄與濡墨顛長史。（周克敬）

聯句要根據語意情境和韻類隨口而成，所謂出口成章，又是父母官和縣上名士比詩才與反應的敏捷，所以對縣内的詩歌創作必然產生推動作用。

張秩在西和留下的石刻文字較多，由其聯句來看也喜同當地文人來往。除上面所列，他還有咸豐元年（一八五一）同另外四人的《東岳廟聯句》。其序云：「時重修告成，知縣張秩、典史郝壇同紳士徐振聲等宴飲于此，因聯句而勒諸石端。」詩云：

廟作伊何代，筵開此一壺。（張秩）
竹枝排露款，茶餅截雲腴。（郝壇）
刻桷光重焕，燔柴典特殊。（張維翰）
碑荒争識字，吕瘠尚分符。（馬泰）
指日趨歸塞（郝公舊游關外，今奉文調綏來典史。），臨風翰憶吴。（徐振聲）
祇應長抱璞，猥向暗投珠。（郝壇）
鄉信迴峰雁，行踪繞殿梟。（張秩）
毒滛悲弄笛，沉濫耻吹竽。（張維翰）

每集諸文士，旁招舊酒徒。（馬泰）
納凉陳野果，乘興薙庭蕪。（徐振聲）
皎潔泉兼讓，寬閑谷若愚。（郝壇）
瞻天敞帷幕，藉地布氍毹。（張秩）
晷迅能醮燭，懽交漸解襦。（張維翰）
善諧饒曼倩，雄辯是淳于。（徐振聲）
却苦拈題僻，誰憐琢句臞。（馬泰）
幽情甘擲版，遠志欲彎弧。（張維翰）
吏隱今三載，仙游昔五湖。（徐振聲）
憩棠嘉樹在，值柳薄陰敷。（馬泰）
安得鞭騏驥，相逢買湛盧。（張秩）
山靈休見誚，帝座可通呼。（郝壇）
往復承撮命，殷勤奉步趨。（徐振聲）
披衣制荷芰，附石長葛蒲。（張維翰）
喜對梁家案，期尋卓氏壚。（馬泰）
粉飄看蝶戲，沫濕念魚濡。（郝壇）
塵界翻棋局，浮生任轆轤。（張秩）

莫嫌貧季子，肯學富陶朱。（馬泰）
卧病驚腰減，書空費手摹。（徐振聲）
華名懸北斗，韶景失東隅。（郝壇）
最怕啼猿狖，難堪聽鷓鴣。（張秩）
七賢狂重咏，九老醉時圖。（張維翰）
轉瞬暐收扇，愁言杖取梧。（振聲母病，時新愈。）
釋經師夏勝，羈宦愧秋胡。（郝壇）
渺矣秦敲缶（余離陝邊五載。），依然宋守株。（張秩）
恨深牽絡緯，巧盡乞蜘蛛。（馬泰）
爾自仍爲爾，吾猶未忘吾。（張維翰）
傳成標獨行，論定著潛夫。（張秩）
雅會終當涣，良辰且共濡。（郝壇）
仰觀新奕奕，競竭樂喁喁。（馬泰）
嶺表多紅豆，霄澄散白榆。（張維翰）
明朝玉關去，還認爪泥無。（徐振聲）

縣令第一次聯句請了四人，第二次聯句典史郝壇之外另外請了三人，兩次參加聯句者并縣令在内共九人。看來縣令張秩是有意要讓縣内的名士在他面前亮一亮各自的才華，頗有考核之意，而實際上就會喚起文人們對詩詞創作的熱情。

清宣統二年（一九一〇）《曬經寺修建碑記》，作者佚名，文中言曬經寺數十年失修，「香臺不聞仙梵語，壞牆時有子規啼」，因而與會者同心協力加以增修補建。工竣之後，作七言絶句、四言詩各一首：

晨鐘暮鼓寺前鳴，四八來朝編衆生。感應自從雲外賞，香臺豈是世中情。

梵鐘時響，啓迪愚氓。祈風禱雨，澤潤田桑。焚香男女，降福無疆。保佑厥土，于以四方。

「編衆生」「啓迪愚氓」及「感應自從雲外賞，香臺豈是世中情」云云，似作者雖然參與建寺中的一些活動，但對拜佛還願之類有看法，似乎是出于對地方古迹名勝的保護而有此舉。四言詩近于銘文，則應景而頌之。

（七）宕昌縣

宕昌縣石刻中存詩不多，衹一首，但時代較早，其下款表明在南宋紹興二年（一一三二），詩題《魯班閣摩崖》，作者佚名。詩云：

潛而勿用已沉殘，起倒階州顧七年。從日初與雲雨士，方縱或躍舍崖間。

似爲仕途不得意者感慨身世之作。其首句化用《易·乾卦》「潛龍勿用」句。第二句的「起倒」原作「起料」，意思不通。筆者以爲「料」乃「倒」字因殘損誤識。宋陳師道《宿柴城》詩云：「卧埋塵葉走風烟，齒豁頭童不計年。起倒不供聊應俗，高低莫可祇隨緣。」「起倒」爲起落、浮沉之意。雲雨士，指與親友分離、永别之人。王粲《贈蔡子篤詩》：「風流雲散，一别如雨。」鮑照《登雲陽九里棣》：「既成雲雨人，悲緒終不一。」唐李群玉《廣州重别方處士之封川》：「七年一雲雨，常恨輝容隔。」本詩「雲雨士」，略同于「雲雨人」，指孤身無所依者。從末句看，對前途悲觀，有自盡之意。可能其中還有誤識之字，待考。

（八）禮縣

禮縣石刻中的詩最早是見于北宋慶元元年（一一九五）的《大潭皇覺寺留題》。署名「通判西和州知州事」，其下姓名三字不清。詩後跋語缺字較多，今不録。其詩如左：

鴆毒深懷戒宴安，驅馳王事敢辭艱。玉麈不動弍百里，星點驊騮衝曉寒。

似乎是對其刁難陷害者，常對其出難題，使其不得歇息。其實，自己管的境内完全安寧無事。但也不得不應命在天亮前上路。詩爲有感而發，其具體背景不得而知。末句也頗有詩意。其後有見于元惠宗至元五年（一三三九）《大元崖石鎮東岳廟之記》的該廟住持嚴惠昭的一首七律：

無形無象亦無名，長育三才極有情。由恐後人迷清凈，深思來者失光明。老君留下真常道，王母宣傳幾萬京。勸諭諸公勤諷誦，十天擁護自長生。

詩在碑陰，其前有一小段文字：「本廟主持嚴惠昭，幼年慕道，朝夕誦念《太上清静寶經》，感動天□，□賜神光終身衛護，以刊壁銘。覺後謹識。」《太上清静寶經》即《太上老君説常清静妙經》，也稱《清静妙經》，有唐末五代之際著名道教學者杜光庭等人之注本多種。謂人心本清静，然常爲外欲所牽擾。若能「遣其欲而心自静，澄其心而神自清，自然六欲不生，三毒消滅」。以爲「内觀于心，心無其心；外觀于形，形無其形；遠觀于物，物無其物；三者既悟，唯見于空」，則一切了無，常清常静，自然得道。此詩合于七律平仄格式，則作者于傳統文化有較深的修養。詩中所表現思想雖同《老子》有一定的關係，由之而生發出，但主要來自《清静妙經》。禮縣今存元至正四年（一三四四）的《嚴惠昭墓記》，知其卒于至正四年。

禮縣留題詩以祁山武侯祠爲多。嘉靖九年（一五三〇）胡明善的《謁祁山武侯祠》是最早的一首。詩云：

卧龍扶漢室，躍馬扼秦原。星落干戈死，山空雲鳥存。昏鴉啼古樹，秋水咽荒村。愁讀《出師表》，凄凄傷我神。

藉景抒情，又聯繫諸葛亮《出師表》言之，情感深沉。用「十三元」韻，故今天看來不諧韻。

又明萬曆七年（一五七九）商丘人徐作霖（字霖蒼）有《謁祁山武侯祠》：

祁山讀罷武侯詩，尚想先生六出時。全蜀已安劉社稷，中原本是漢城池。阿瞞北魏無遺冢，諸葛南陽有故祠。正氣于今歸白帝，何須成敗怨姜維。

以史論的口氣論諸葛亮的功勞，認爲最後勝了的還是諸葛亮，不是曹操，帶有番論説的意思，很不錯。其第一句中「讀罷武侯詩」，是指讀罷咏武侯之詩。此句在理解上有歧義，諸葛亮并未留下詩作。

同年有鞏昌知府鄭國仕（字允升，大名府魏縣人）之《登祁山謁武侯祠漫賦三首》。詩云：

斜日沉沉古廟幽，武侯禋祀幾千秋。數家瓦舍連殘壘，一派清流遶舊洲。官道徒存流馬迹，佳城猶似卧龍游。老天何事不延漢，五丈原頭星夜流。

秋杪驅車經故祠，仰瞻遺像備凄其。一心惟冀興炎祚，六出那停吞魏師。野岫啼鵑悲壯志，客途游子歎螭碑。行間忽憶三分事，灑泪英雄值運移。

扇羽巾綸風度殊，胸中兵甲邁孫吴。三分定伯明天道，二表出師爲主孤。星殞當年雖負憾，忠留千載有餘模。祁山凛凛存生氣，報德何如祀蜀都。

在回顧歷史中抒發感慨，對武侯崇敬之情洋溢于字裏行間。

清初詩壇名家宋琬《謁祁山武侯祠》云：

丞相當年六出師，空山伏臘有遺祠。三分帝業瞻烏日，二表臣心躍馬時。風起還疑飛白羽，霞明猶似見朱旗。一從卧龍今千載，魏闕吴宫幾黍離。

也是聯繫諸葛亮前、後《出師表》回顧其業績，末尾有似前徐作霖之作，不是悲凄，而是從曹魏也很快滅亡方面言孔明畢竟被後人欽仰，獨出機杼。

清乾隆初年巡道劉方靄七律二首：

勝地登臨景色幽，武侯事業震千秋。依山立壁埋芳草，指土爲糧繞緑州。歷數將終逢主暗，興業未捷已仙游。祗今寂寞遺孤廟，帶恨河聲一水流。

漢賊安危志肯岐，氣吞北魏幾興師。祁山誓死忠臣表，名士先聲大將旗。五丈原頭龍虎集，八門陣外馬牛奇。中華定鼎空籌策，魚水蕭條盡瘁時。

第一首詩中「逢主暗」是指劉禪，「依山立壁」指當時據險設關，「指土爲糧」指令軍士隴上收麥。末句「帶恨河聲一水流」總攬以上七句言之，結構謹嚴，詩意深沉。第二首對諸葛晚期的軍事業績以回顧，表示出深深的欽敬之情。

又有光緒二十四年（一八九八）王兆鼎（字化南，湘鄉人）詩二首石碑。其第一首爲咏祁山武侯祠者，題《祁山晚眺》。詩曰：

行行且住思無邊，况值祁山日暮天。駐馬獨來尋往迹，揮戈儔共話當年。三分未定祠空祀，萬竈無踪草自烟。從古傷心惟國耻，鞠躬誰更似侯賢。

光緒二十年中國甲午之戰失敗，次年李鴻章同日本簽訂了《辛丑條約》。此詩作于第五年，作者言「從古傷心惟國耻，鞠躬誰更似侯賢」，表現出對清政府上層的腐敗無能的失望與氣憤。作者應是有愛國思想和變法維新觀念的人。

武侯祠的最後一塊詩碑是民國十五年（一九二六）禮縣縣長許以粟《敬謁神祠留題》：

山頭故壘鬱崔巍，六出當年逞霸才。廟貌千秋遺碣石，高風景仰幾徘徊。

作者在日本加入同盟會，追隨孫中山參加辛亥革命，爲「城南詩社」的核心人物。詩中雖未用藉古諷今的手法，但所表現情感應與上一首相近。

諸葛亮爲了維護蜀漢的統治及消滅篡漢而立的曹魏政權，鞠躬盡瘁，死而後已。後人修祠而紀念，留下了一些表達敬仰之情與懷念的詩篇，不僅歷代封建社會有社會責任感的文人對他表現出無比崇敬的心情，即使近代民主革命的人物也對他極爲敬仰。諸葛亮是中國前期封建社會中繼承了中國傳統文化中優秀成分的典型人物。他把儒家的「仁、義、禮、智、信」及法家、兵家的思想融合、提煉，使之相互協調、綜合運用，做出了可貴的探索，且一生躬行之，幾近于聖人之列，殊爲難得。故歷代咏贊之作無數。

禮縣還有幾首詩是咏贊其他古迹名勝的。明御史張某《題石吉連墓》：

身披虎符備邊險，演武修文浩氣嚴。弓馬騎射時操練，屯田墾闢無事年。西番畏服不侵擾，農夫先疇歌堯天。上信始加爲丞相，敕封秦公世襲官。

第一句中「備」字原作「備」，愚昧無知之意，在此有背文意，當是「備」字誤識，今改作「備」。作者雖爲御史，詩實一般，且多不合格律處。

成于萬曆二十八年（一六〇〇）的郭玉衡游金瓜山七律二首，碑存城關鎮劉溝村水泉邊。郭玉衡，山西文水人，萬曆年間任禮縣知縣。其一爲《勝日偕邑搢紳游金瓜山》：

曾于畫裏羡登瀛，勝日山游畫裏行。小隊不妨溪壑轉，錦袍偏稱霧雲生。馬馳金勒斗梯上，人到烟岑風袂輕。回首隋唐追往事，弘文草滿牧羊坪。

其二題《金瓜靈石》：

金瓜聞説有靈奇，扳葛盤登不憚危。維石巖巖瞻具爾，峩冠岳岳儼官儀。天機一手猶能轉，地軸千年更不移。把酒支頤頻仰止，個中動静許誰知。

郭玉衡又有七絶《龍槐》，詩云：

杯酒斜陽歎古槐，垂垂龍腹藴風雷。可憐寂寞空山裏，霖雨何年遍九垓。

碑存禮縣永興鄉龍槐村龍槐樹旁。刻于萬曆三十年（一六〇二）。

又崇禎十一年（一六三八）西和縣令彭應程又有《和龍槐詩》，碑也在禮縣永興鄉龍槐村。其地與西和長道鎮相連，蓋當時地屬西和，故彭至其地見郭玉衡詩碑而有和。詩云：

蒼虬幻出老龍槐，掣電奔風驅五雷。幽谷養成鱗角梔，千秋霖雨普埏垓。

作了《祁山晚眺》一詩的光緒二十八年（一九〇二）縣令王兆鼎詩碑的《蘭倉曉發》：

檢點琴書剩此身，蘭倉曉發正逢春。柳因露重先含别，鳥趁風翔欲送人。幾處桑田驚舊夢，等閒心事付征塵。徘徊我愧無遺愛，但祝皇天雨澤匀。

此爲作者寫清晨離任時的心情，第二聯兩句及第三聯上句寫依依不捨之情，十分感人。自己離開了，再不能爲這裏老百姓幹什麽事，衹希望以後風調雨順、人民安樂，也飽含感情。

（九）徽縣

徽縣詩碑也不少。南宋嘉定二年（一二〇九）白知微有《慶安丙生祠建成》歌一首：

山如壁兮江秀深，秋錦爛兮仙人踪。祈公福壽兮愈熾榮，大成四海兮慰蒼生。

有情有景，帶有楚辭風味。

明弘治二年（一四八九）的《山境》詩碑，作者爲發心僧人定慎。詩云：

重廬高殿左右盤，北有道觀普陀岩。錦綉乾坤戲山河，一對金剛存壇前。

古佛岩前聖祥睡，東南西北數里多。日往月來川娑過，五湖四海進相合。

迎龍季山古真空，不是佛境同聚會。空有巒岩獨聖原，魯得留名邽龍角。

原碑在徽縣東北八十里的江川口原真空寺舊址。這是一組僧詩。僧人常念經，多衹記聲音，識字和講求文意上比較欠缺，故其中多有錯别字，如「穿梭」作「川娑」、「五湖」作「五胡」，後者今已訂正，以便閱讀。抄件中可斷定的誤識之字也加以改正。另外，這三首詩都是不講平仄的，這也是僧詩的特點，論之者不要稱其爲「絶句」。

明代曾任山東登州府推官的徽縣當地人任倫有《題鐘山》一首，詩云：

城中横翠一山雄，疑有吴家馬鬣封。前面數層黌舍壯，當頭孤立古碑豐。何年鐘鼓樓臺廢，今日陵原草樹空。靈脉幸爲人物萃，文風當代漸興隆。

今存有任倫于嘉靖十五年（一五三六）所撰《重修宣靈王廟碑》和嘉靖十七年所撰《大明萬世重修東岳神祠碑記》，應爲致仕後不久所作，此詩也應成于此前後。所寫眼前景物雖然有荒廢處，但詩人心胸開闊，顯得氣勢雄壯，而且末兩句以樂觀的心情看待當地文化的發展，從中也很自然地流露出作爲鄉賢要承擔的責任。

其後有陝西布政司分守隴右道按察司副使、内江人張應登作于萬曆二十一年（一五九三）春的《過白水峽讀磨崖碑一首》：

開路磨碑紀至和，于今險易較如何？水來隴坂尋常見，峰比巫山十二多。一綫天光依峽落，懸崖鳥道側身過。蜀門秦塞元辛苦，何故行人日似梭？

寫徽縣一帶山川險峻之中含有贊嘆的語氣，末二句用詢問的口氣，更引人思考，含蓄有味。「過」用爲「經過」「相過」義，在平水韵中讀爲下平聲，屬歌韵（今俱去聲）。「元」，古亦通「原」。

又明天啓六年（一六二六）大梁人劉某《徽州望鳳凰山祠廟作》七律二首。末署「屬下徽州知州施恩典立石」，則作者應爲知州的朋友。原碑有十三字已無法辨認，今據上下句意及平仄格律試補之。詩云：

西北巃嵸聳［道］觀，中有何真閃碧蘭。聞閲遺遍［留仙］迹，因知顯佑著危壇。千秋［莊］嚴［輝］楚［漢］，［萬丈靈］光繞鳳鸞。遥望青葱撑斗極，岫雲深鎖洞天寒。

橋梓相仍不記年，［憑］空飛搆小逢天。瑶漿聊薦風前酌，神斧遍從夢裏傳。不［與］人間留姓氏，惟容松壑鎖雲烟。祇登我馬終［離去］，敢伏靈威達上玄。

詩作于臘月，故有「岫雲深鎖洞天寒」之句。鳳凰山在衙署以西，遠望可見。此應衙中遠望一時興起所作。

清嘉慶十三年（一八〇八）知縣張伯魁《賦吴玠墓碑詩》，前有序：「大清嘉慶十三年秋，知縣張伯魁（浙江海鹽人）因修縣志訪考遺迹，得碑于鐘樓山。讀其文，宋吴忠烈墓志碑也。臨崖將墜，伯魁虔心點禱，及令石工前移四十步，築圍牆，立墓門以識之。敬賦五言一首記于碑陰。」詩云：

獨立高原上，巋然見一碑。陰風號鬼卒，暮雨隱旌旗。遲我西來日，憐公北伐時。纍朝頌爵賞，枉自數功奇。六百年前墓，艱難百戰身。弟兄溥舊澤，南北倚孤臣。哀角秋聲亂，奇兵地勢屯。宣揚慚德薄，五字欲通神。

表現出對南宋初年抗金英雄吴玠、吴璘的無比崇敬之情。徽縣尚有道光十五年（一八三五）的《龍頭水歌碑》，缺字較多，今不録。

光緒七年（一八八一），有邑令宜春人陳鴻章的《登鐵山詩》，碑在青泥嶺主峰鐵山上，保存大體完好。詩前有序。文曰：

清光緒辛巳秋，余奉檄權徽。篆見南山多青杠、槲木，可獲山蠶利，民弗知取，詣鄉勸之。事畢，率袁明善、羅文錦兩諸生登鐵山，口占五詩泐壁。

鐵嶺嵯峨高插天，振衣直上五雲邊。飄然空際胸懷闊，細撫青松問夙緣。

峭壁蒼松一徑清，登山猶覺足鞋輕。横披蓁莽舒游覽，真到峰頭始却行。

四望天涯接混茫，河山百戰感滄桑。將才西北知誰偉？蜀國當年有武鄉。

獨立峰尖天地清，放懷今古世間情。諸生莫訝徘徊久，四海猶聞未息兵。

積雪千山日未斜，遥聞雞犬有人家。親民却怪河陽尹，不種桑麻衹種花。

詩人胸襟開闊，在描寫眼前山峰雄偉氣勢中表現出一種正直、有人生信仰的飽學能吏的抒情主人公形象。作者對諸葛亮格外欽敬。詩中也表現出憂國之情。「諸生莫訝徘徊久，四海猶聞未息兵。」清代末年，各國列强覬覦中國，陰謀不斷，騷擾四起。作者爲一縣令而登高四望，想及更遠處之事，憂及目所不見之地，表現了當時大部分有思想、有責任感的士人與官員的情懷。

（一〇）文縣

文縣詩碑，最早有宋代的《石笋銘》四首。銘與詩有别，但這幾首不是附在碑志之後的頌揚之詞，且頗有韵味，實爲四言詩，故録之以供品鑒。第一首題下署「宋嘉祐改元太守梁公門下士南甲題」。北宋嘉祐改元即一〇五六年。詩云：

太極之初，有物渾融。乾坤開闢，萬象來鍾。巍哉崔嵬，有石其鋒。先天而壁，造化爲工。散落人間，盤礴蒼穹。烟濛霧瀹，時焉未逢。日月重明，遇我梁公。移置左隅，朝夕友從。忠肝義胆，堅剛與同。前乎千古，莫比其隆。後乎萬世，孰追其踪。天長地久，永克其終。

對梁太守恭維有失分寸，但遣詞造句也有些功夫。有兩首原題下署「崇寧五年通判郡事何彦齊記」。崇寧五年即一一〇六年。詩云：

堅正挺持，久脱砂磧。左右惟命，所守不易。藏鋒斂芒，作鎮西極。

又：

倚天之劍，露穎之錐。湮没既久，拂拭者誰？紫髯將軍，左提右撕。翦滅妖氛，惟石是資。

這兩首都很有氣魄。前一首説「藏鋒斂芒」，第二首却明顯流露出希望有人推舉以便大展其才之意。則上一首實是言自己等得很久。《石笋銘》的第四首是南宋慶元四年（一一九八）之作，作者張敬伯。銘云：

方其操瘠，其質厲芒。赤倚天碧，鳴匣外嗟。鬱抑有此，君相拂拭。

意思與上面「倚天之劍」一首相近，千里馬嘶，祇待伯樂。銘雖不主寫景抒情，但議論深刻而含有哲理性，讀之也有興味。當然，其中也自然抒發了作者的思想感情。

明萬曆三十六年（一六〇八）文縣舉人王燿撰《城隍廟記》，開頭説：「文在天一陬，萬山環集。其俗半雜氏羌，奉神惟謹，而城隍尤其顯爍者也。廟于弘治四年修，于嘉靖七年抵今未有碑。萬曆戊申，邑侯延慶張公諱有德，重葺之，始徵珉記于予。」説明作記由來。其末云「予既爲記，乃撰詞二章，俾奠者歌之，曰」云云。録其詞如左：

披五銖兮理大場，時雨暘兮嘉穀康。繫土鼓兮陳焦黄，漣漪明水泛霞觴。神之來兮蘋藻香，玉節繽紛拜舞蹌。（右迎神）

風瀟瀟兮雲悠悠，駕赤螭兮返帝州。杳杳鸞旌烟樹愁，神之去兮恩惠留。福我文兮萬載千秋。（右送神）

頗有《楚辭·九歌》風味，而行文又有變化，如行雲流水，不見雕鑿痕迹。其中聯繫了文縣的祭神習俗與願望，獨具一格。

原在文縣玉虚山真武殿的明代《重建玉虚山玄帝廟記》中，作者蕭籍引了他的一首詩在其中，録之如左：

五雲宫闕自輝煌，刼土空餘棟宇荒。原是布金香火地，可教蝕玉莽蓁場？開山應有龍遷址，儲糈仍來虎瞰倉。告落青詞焚拜罷，擬看白日現圓光。

雖是因修建宗教廟宇而作，但也聯繫當時現實，有較尖鋭的抨擊貪殘語句，意在言外。蕭籍出身書香之家，所存詩文較多，是文縣歷史上的名家。

文縣清乾隆六年（一七四一）舉人尤玉瑩《游盤溪洞》詩云：

幾欲飛鳧訪十洲，偶尋雲壑到仙邱。幽蘭披澗霏香霧，怪鳥呼林驚暮秋。閑對寺僧談往迹，大書石壁記新游。晚風漫引松花酌，醉卧禪床塵夢悠。

詩人觸景生情，逸興湍飛，寥寥幾筆，既點染出盤溪洞仙境般的美景，又烘托出文士之逸情雅興，讀罷回味悠長。

臨末，介紹一首順治十年（一六五三）的民歌。這是民間歌唱爲康縣辦了很多好事的洪觀察的。歌詞是：

保我性命，與我衣食，教我子弟。來何暮！來何暮！昔無衣，今有褲！

十分質樸而含真誠感激之情。

最後録文縣韓定山先生《康桂山先生墓志銘》七言古詩一首：

金耳金耳冶中磬，語含玉理殊巨朔。由來美璧貴在璞，自珍詎願爲人琢。吁嗟康君何卓犖，材力瑰奇莫能較。不肯與世相矜踔，斂才就範守幽樸。偶然雲霄見鱗角，爲惠鄉國乃玉渥。一朝形魄忽邈邈，遠道聞之肝腸摧。高風從兹難把捉，爲向蒼山截大嶨。刊公行實埋大璞，應知入土不能駁。上騰奇采光岳岳，今世不少集枋鷽。恣行胸臆肆刑齷，請以君行激垢濁。

全詩用入聲「三覺」韻，故今日讀之多不諧韻。韓瑞麟，字定山，是民國年間隴南有成就的學者，有《長春樓詩草》《長春樓文草》《陰平國考》等行世。本篇雖曰「銘」而實爲詩。詩中對康桂山先生的品格大爲贊賞，而末言「請以君行激垢濁」，表現出對當時社會現狀，尤其對官僚階層的不滿。韓定山先生在《陳琮達墓志銘》《陳子才墓志銘》《蕭獻伍先生墓志銘》後也有充滿感情的銘文，可以説都是好詩，有的也很長，唯均爲四言，限于體例不録。

以上從隴南金石文獻中録出各類詩歌作品一百三十餘首，其中不少未見地方志載録，供關注古代隴南詩歌者欣賞與研究。個別詩句有缺文者據上下句意、平仄格式及韵律等試補，以便閲讀，未必得當，不敢冒充原文。如引録全詩，所補文字亦請加方括號并加説明爲宜。

隴南地域偏僻，文人間來往聚會不多，與外地詩人名家接觸甚少，文人早期致力于時文制藝，中年以後以讀經書爲主，高才者亦兼及史乘，鮮有結社雅集、相互唱和、切磋詩藝之事，編集刻書亦罕見，與東南人口稠密、文士雲集、讀書人常雅集吟詩的情形大爲不同，故有詩集傳世者不多。乾隆《西和縣志》卷四「藝文」中有邑令陳熙塙作《〈芝香草〉序》，卷三「選舉」有「劉殿佐，歲貢生，工詩，著有《芝香草》二卷」之載，然而筆者三十多年來遍訪其書，迄今未見。西和清代進士任尚惠也没有一首詩留下來。武都郭維城（字環山，晚年自號更生子），爲近代在甘肅有一定聲望的學者，新編《武都縣志》中言有《更生詩文集》，然而十多年前筆者向武都縣志主編曾禮詢及此書，他説未見。近年筆者通過一些人打聽，到現在也未找到。筆者也曾查找隴南其他一些人的詩文集，同樣收獲不大。《隴南金石校録》的完成，除對研究隴南歷史文化提供新的、可靠的第一手資料之外，可以説在隴南古代文學方面，也算發掘出了一箱珠璣，是令人感到很高興的事。

以上從十五個方面對隴南金石文獻加以概括述説，衹是想展示隴南金石所包含的豐富内容，希望研究隴南歷史文化的學者能够關注到這些方面，對它們做更深入細緻的探討。其中有些問題很值得做專門的研究。但本文限于篇幅，不能展開來論述，衹能説是淺嘗輒止。還有些問題已有人有所論述，這裏也便不再做進一步的討論。總體來説，以上十五部分衹是談出一些初步的感受與看法，可以説是編纂整理中産生的一些心得，提出爲研究隴南歷史文化者參考。或有未當，希提出批評指正。

此書完成與出版過程中，隴南市委書記孫雪濤同志、市長陳青同志給以大力支持，還有很多同志或付出了勞動或給以支持。具體情況在後記中有所説明，筆者衹在這裏真誠地説一聲「感謝」！

趙逵夫

二〇一一年十一月十六日初稿

二〇一二年二月十二日二稿

二〇一六年十二月十一日重寫第十五部分，并全文定稿、加注

拓片照片

禮縣

一　秦公鼎（一）

二　秦公鼎（二）

三　秦公鼎（三）

四　秦公鼎（四）

五　秦公鼎（五）

六　秦公壺（一）

七　秦公壺（二）

（按：秦公壺兩組照片均采自陳昭容《秦公器與秦子器——兼論甘肅禮縣大堡子山秦墓的墓主》一文插圖，見《中國古代青銅器國際研討會論文集》，上海博物館、香港中文大學文物館，二〇一〇年，第二三七頁。）

八 秦子鐘

（按：銘文照片見《文物》二〇〇八年第一一期，第一八頁圖八。）

九　秦公簋（一）

一〇　秦公簋（二）

一一　秦公簋（三）

一二　秦子簋蓋銘

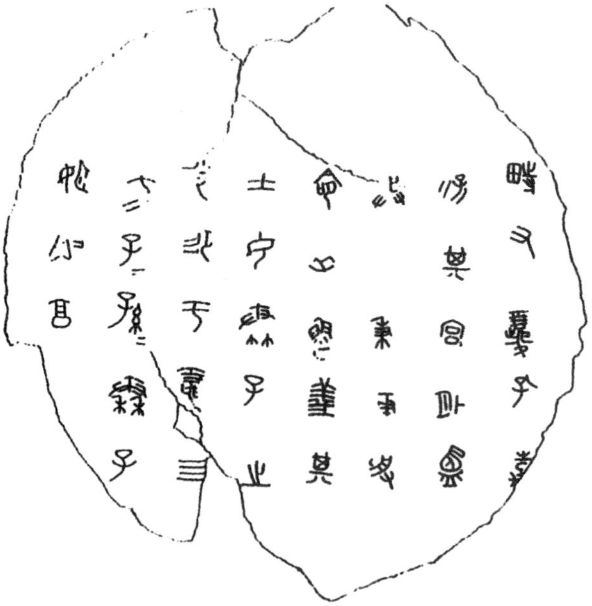

（按：蓋銘及銘文摹寫見《珍秦齋藏金》第三〇、三一頁。）

一三　戰國五年右庫工師戈

一四　天水家馬鼎

一五　「軍司馬印」印、「磨陽侯印」印、「軍假司馬」印、「强弩假侯」印

一六　蘆萇墓志銘

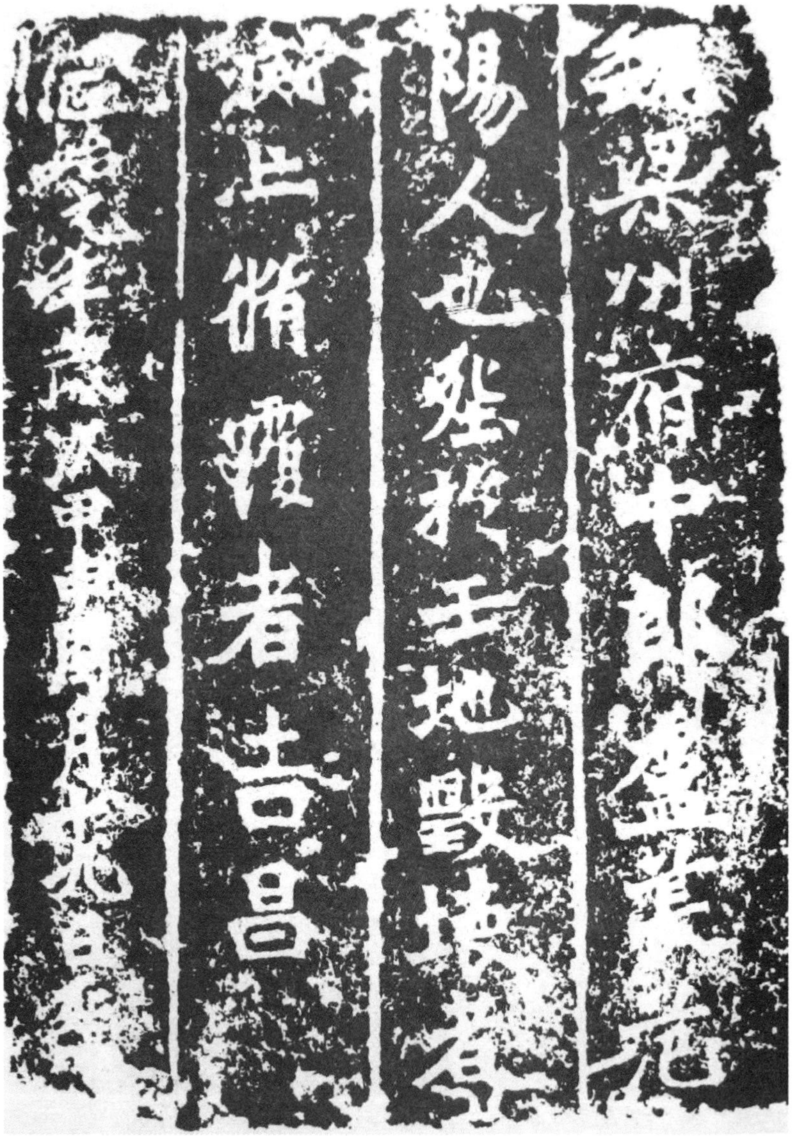

一七　容城侯家鋗

一八 曹氏鋗

一九 「蜀郡」鐵鏟

二〇　薛廣智墓志銘

二一　周故少師王公神道碑

（碑陽篆額）

（碑陰額）

明嘉靖二十八年己酉仲春朔日
元以公務同徽郡守東齊壽光
李公鏡西和令山西蒲坂史公資
德過太保王公故里見公石表爲
苔剥落共拭讀之始知公之名
之學而悦公之將淪於晦也次日
謀立小亭以覆之俾勿敝以永
公之譽亦近厚之道也使後之
者肯相繼葺之其庶乎前之
遺烈可垂諸不朽云
文林郎伏羌令西蜀梓潼馬朝元識
儒學訓導西蜀成都朱輪
典史東昌堂邑李鈿

（碑陽）

（碑陰）

二二　宋故祁君墓志銘

二三　王仁裕墓志銘

二四　鹽官鎮重修真武殿記

（全圖）

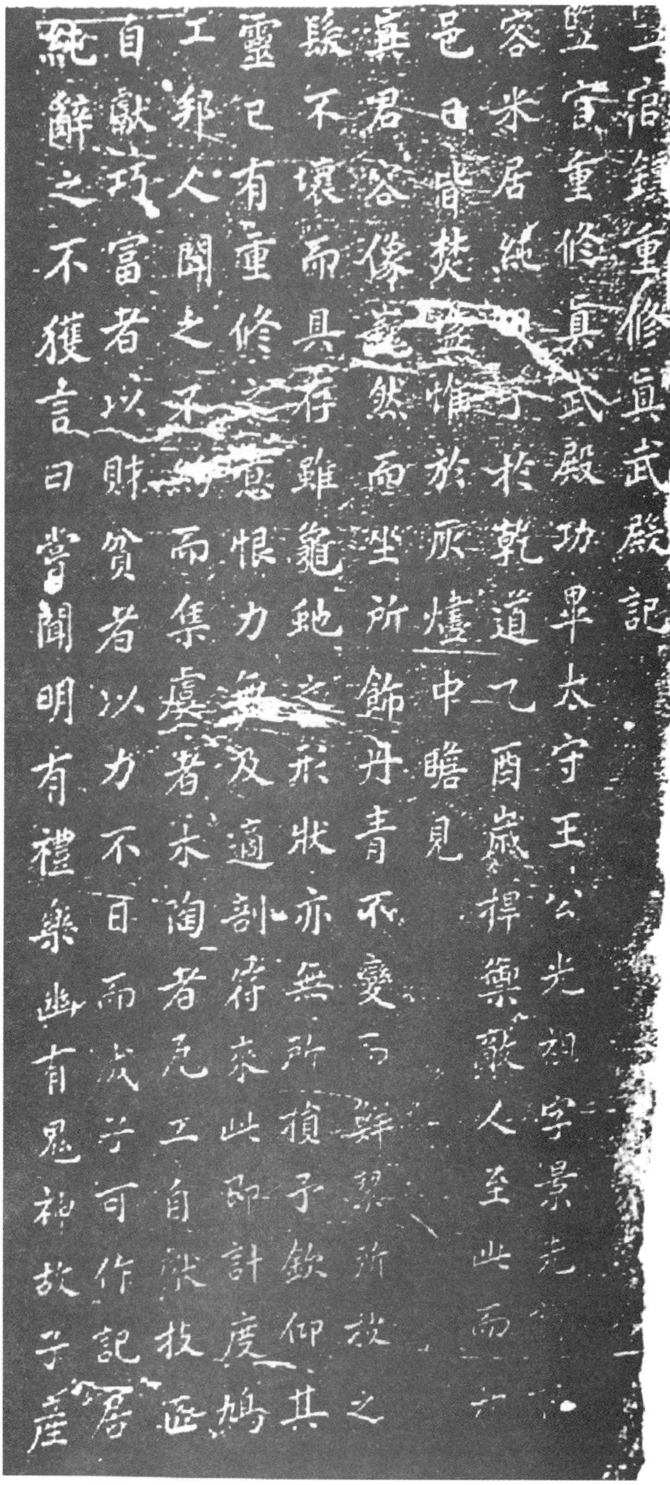
□官鎮重修眞武殿記
監官重修眞武殿功畢太守王公光祖字景先
容米居純于於乾道乙酉歲捍禦敵人至此而
邑日皆焚盪惟於所爐中瞻見
眞君容像巍然而坐所飾丹青不變□異所故之
縣不壞而具存雖龜鈍之形狀亦無所損予欽仰其
靈已有重修之意恨力無及適剖符來此即計度鳩
工郡人聞之子□而集處者未詢者凡工自然技匠
自獻巧富者以財貧者以力不日而成予可作記啟
純辭之不獲言曰嘗聞明有禮樂幽有鬼神故予產

（局部一）

（局部二）

論臺駘之事仲尼詳汪芒之守以祥而稱者五車[illegible]
牧野之雪以異而言者二龍流夏庭之漦神之格思
理存言像之際而況
其君乃金闕應化之身容像之所在宜其顯靈之若
是中前敵人叛盟意欲長驅而下蜀至此而爲官軍
所敗寧知非陰護之所致耶敢不敬書
乾道八年十一月望日
同谷秦居[illegible]記

二五　南山妙勝廨院碑

二六　嘉定刻石

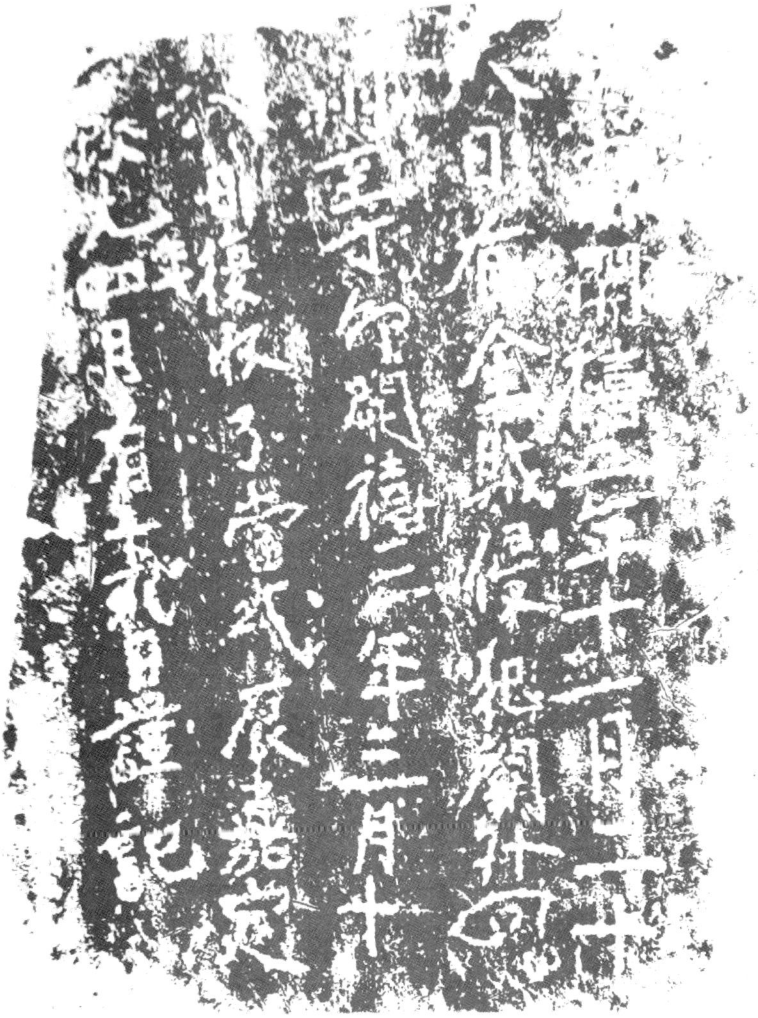

二七　敕賜雍古氏家廟碑

（碑陽篆額）

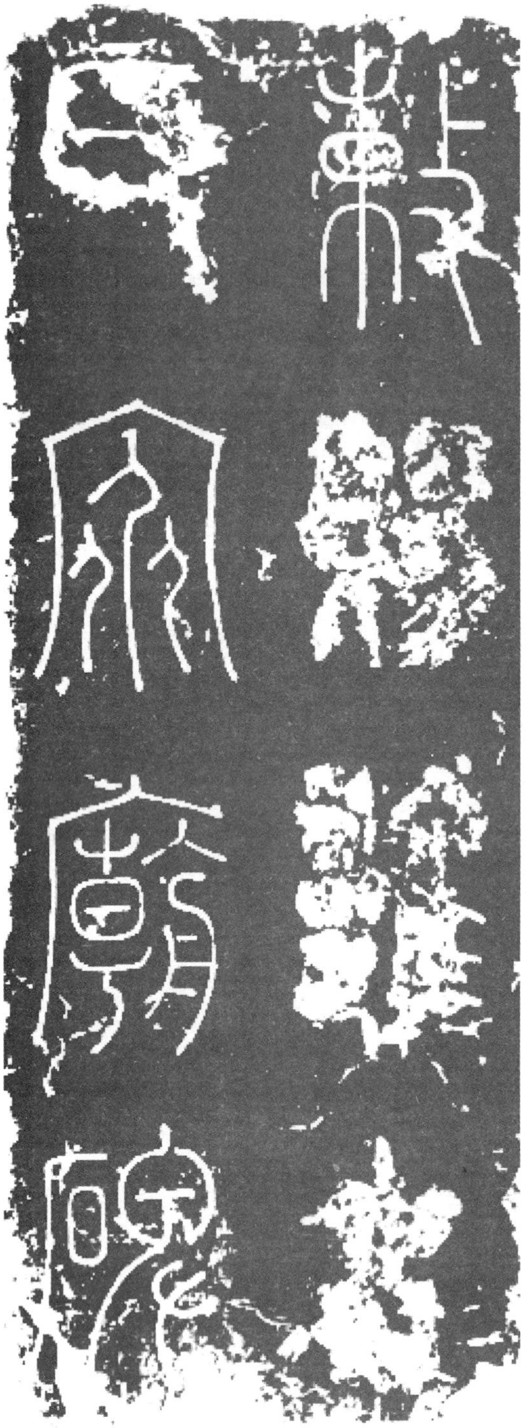

（碑陰額）

（碑陽）

（局部）

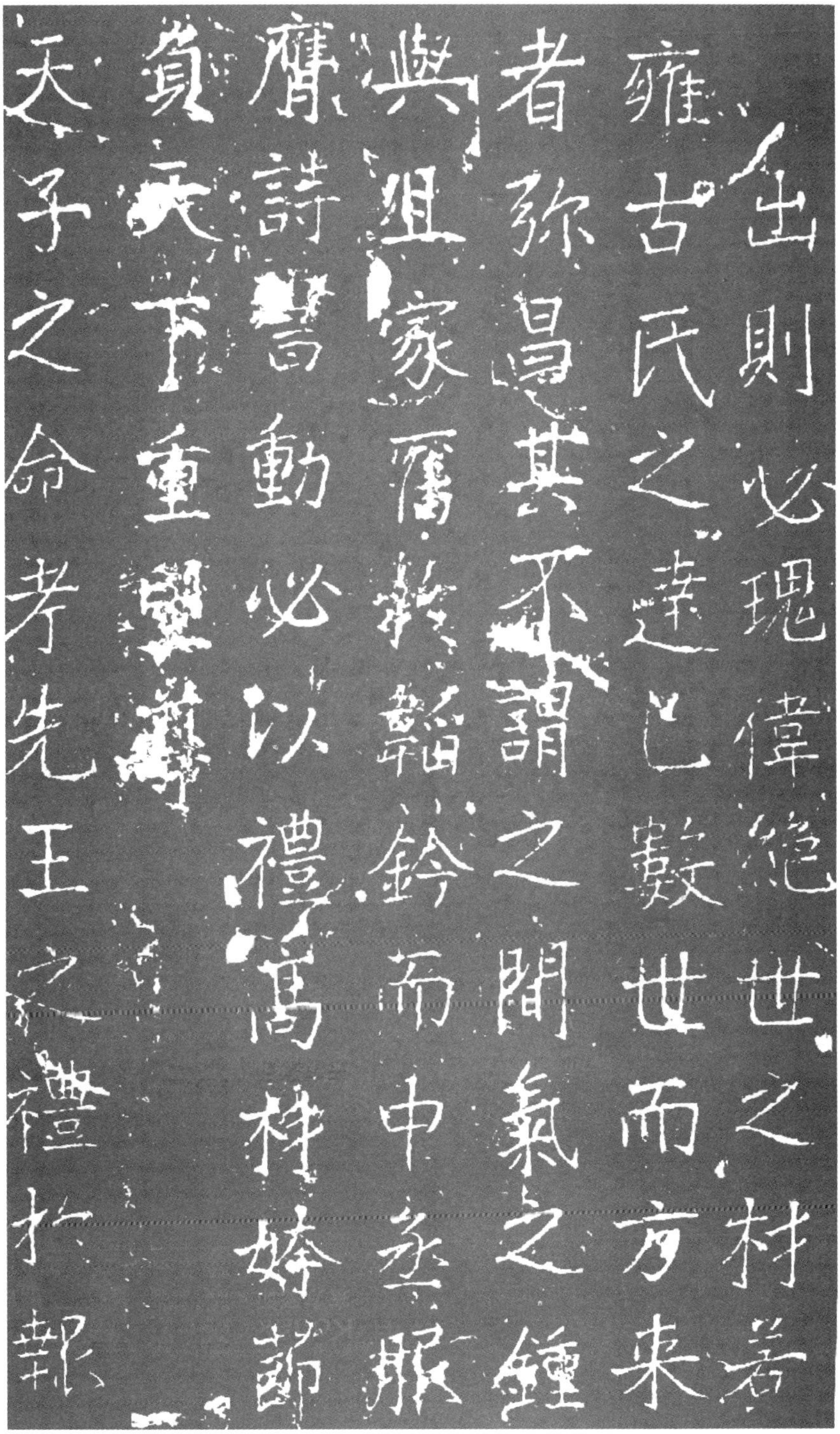
出則必瑰偉絶世之材若
雍古氏之達已數世而方來
者彌昌其不謂之間氣之鍾
與俎家膺教韶鈴而中烝服
齊詩書動必以禮爲梓姱節
負天下重望尊
天子之命考先王之禮扵郡

二八　玉樓寶鼎

（正面）

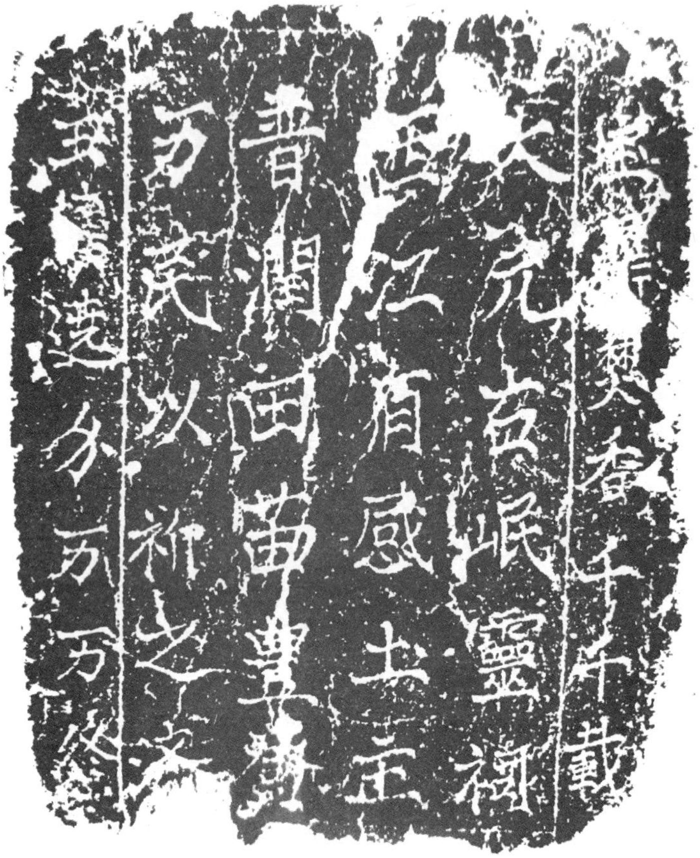

（鼎身下部正面）

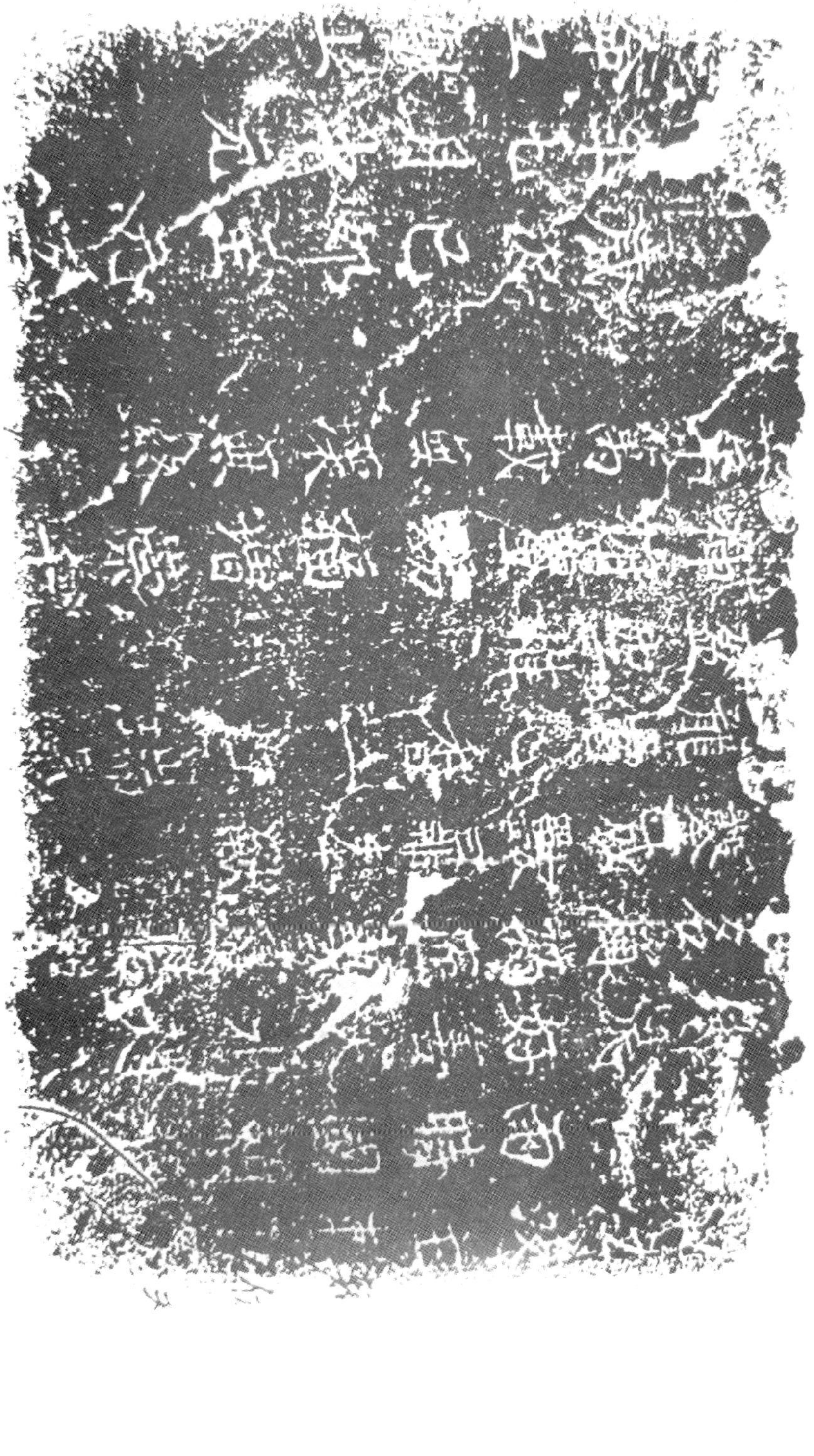

二九　同知哈石公遺愛記碑額

三〇　明故張公諱應字君召室人馬氏合葬墓志銘

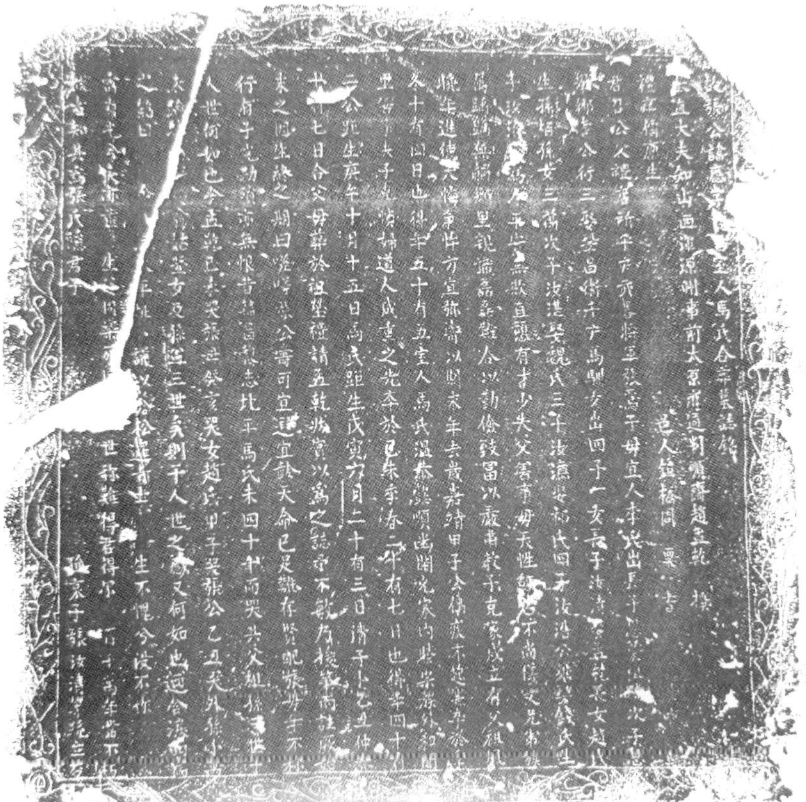

三一　登祁山謁武侯祠漫賦三首

三二　游金瓜山詩二首

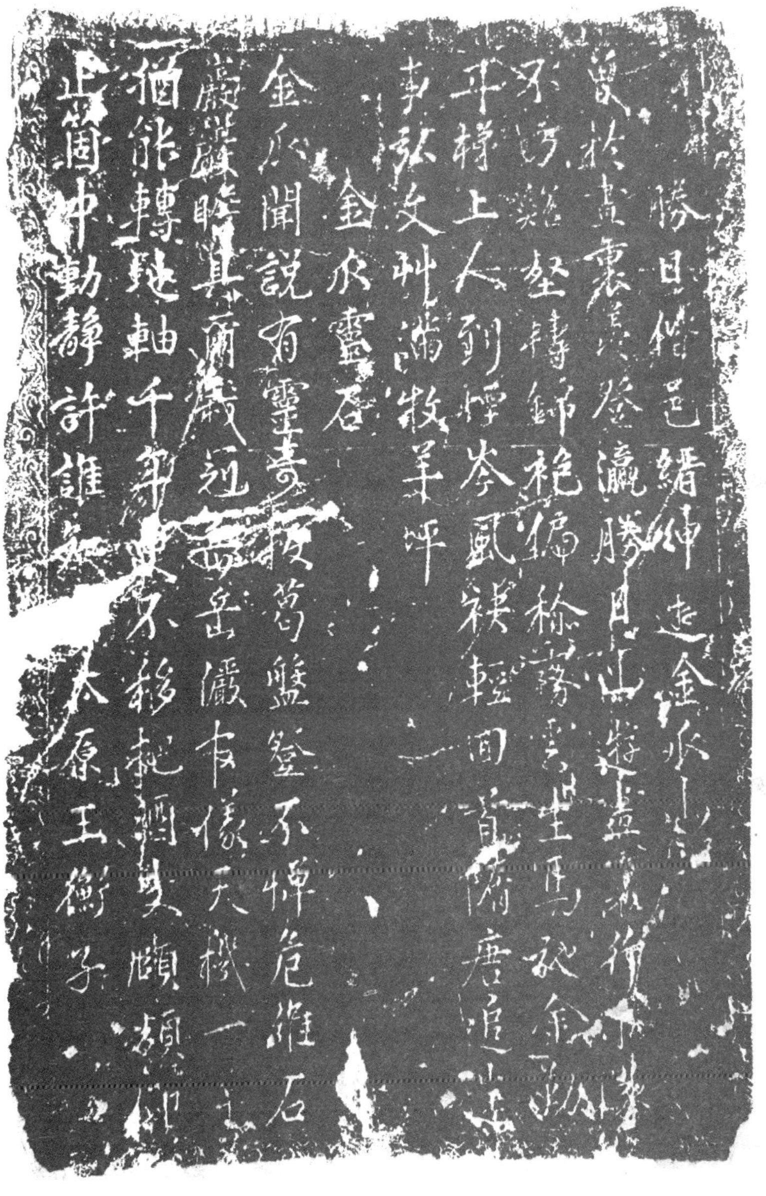

三三　龍槐詩碑

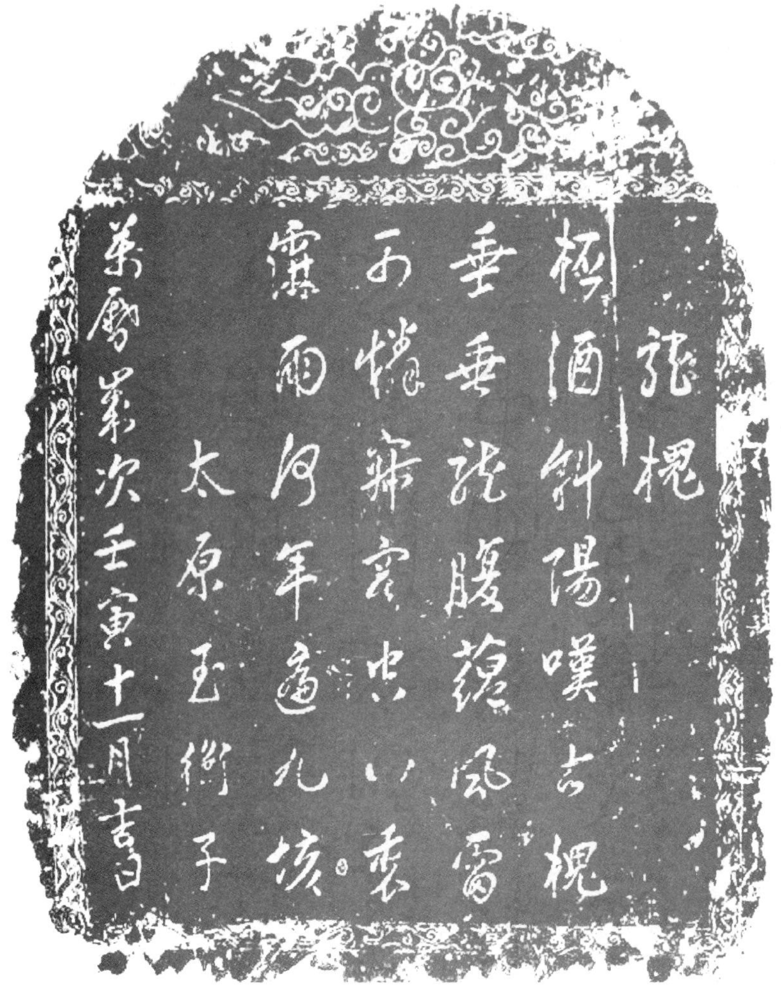

三四　重修柏林寺工完記

三五　和龍槐詩碑

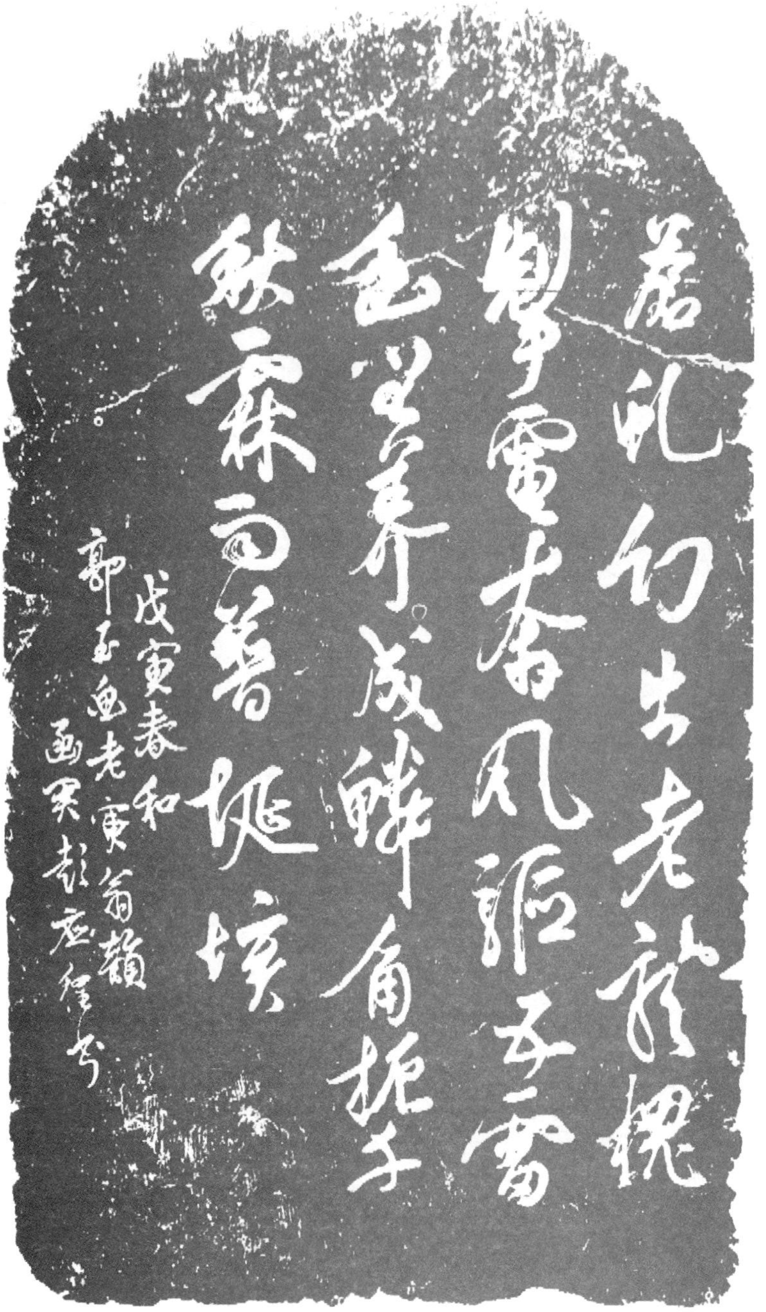

三六　圓通妙境聖碑

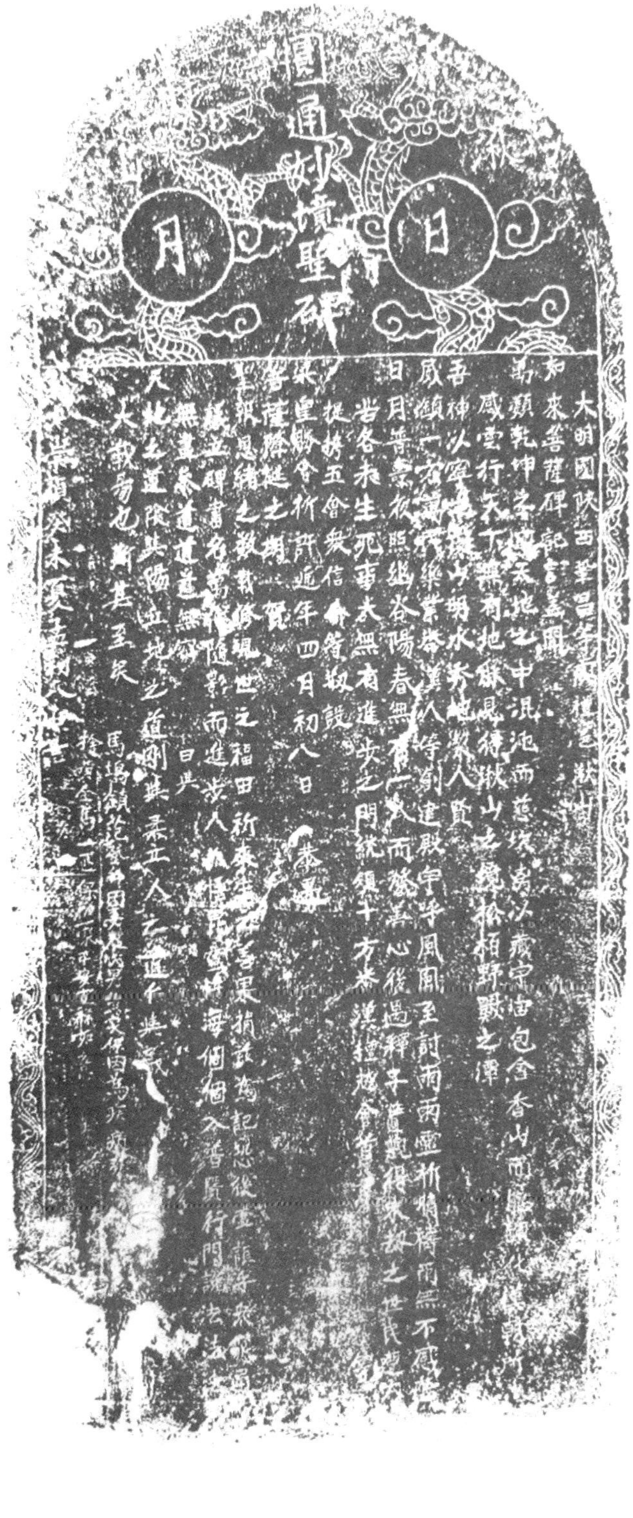

三七　重建廣福碑記

三八　重修武侯祠碑記

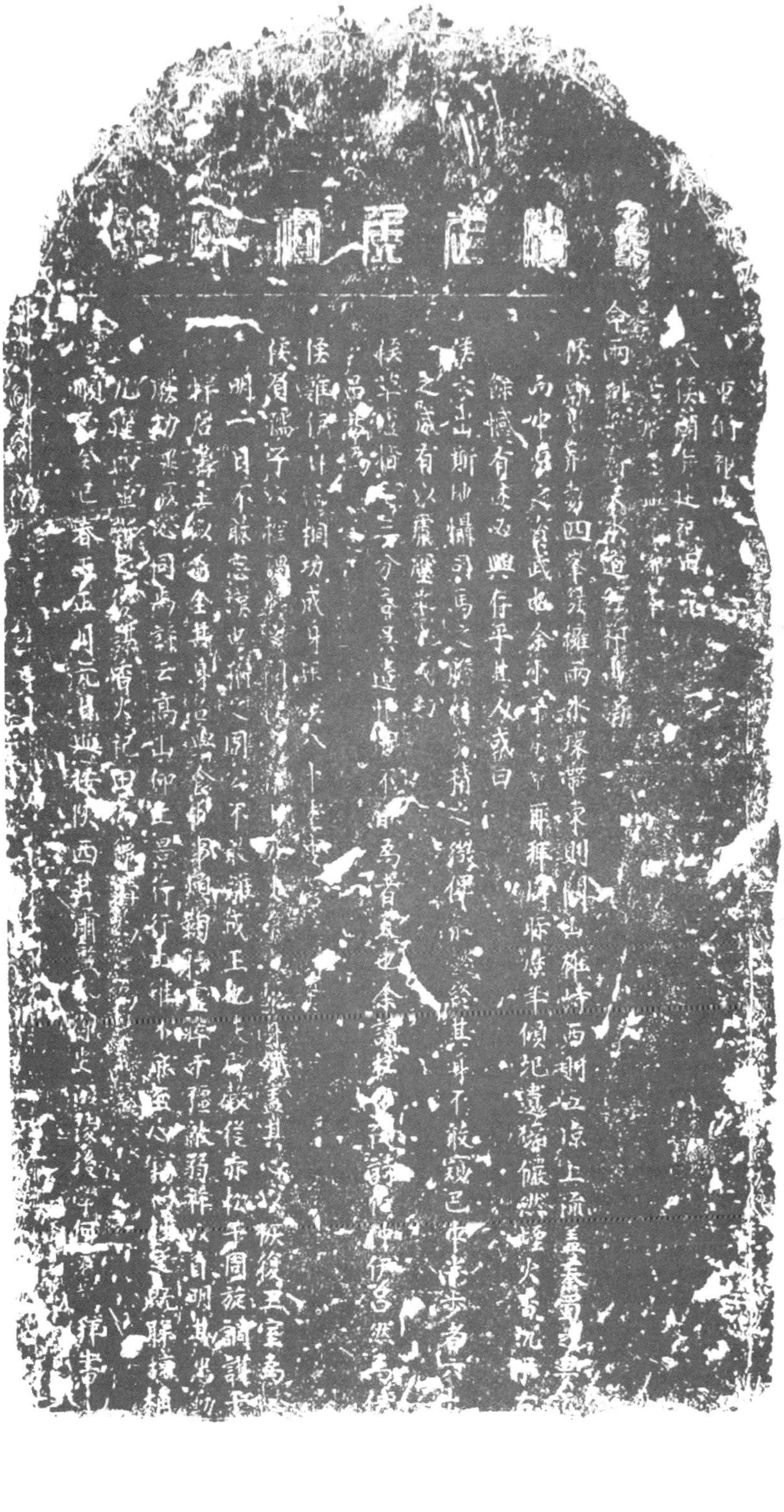

三九　建造牛尾關古迹棚梯崖路一座碑引

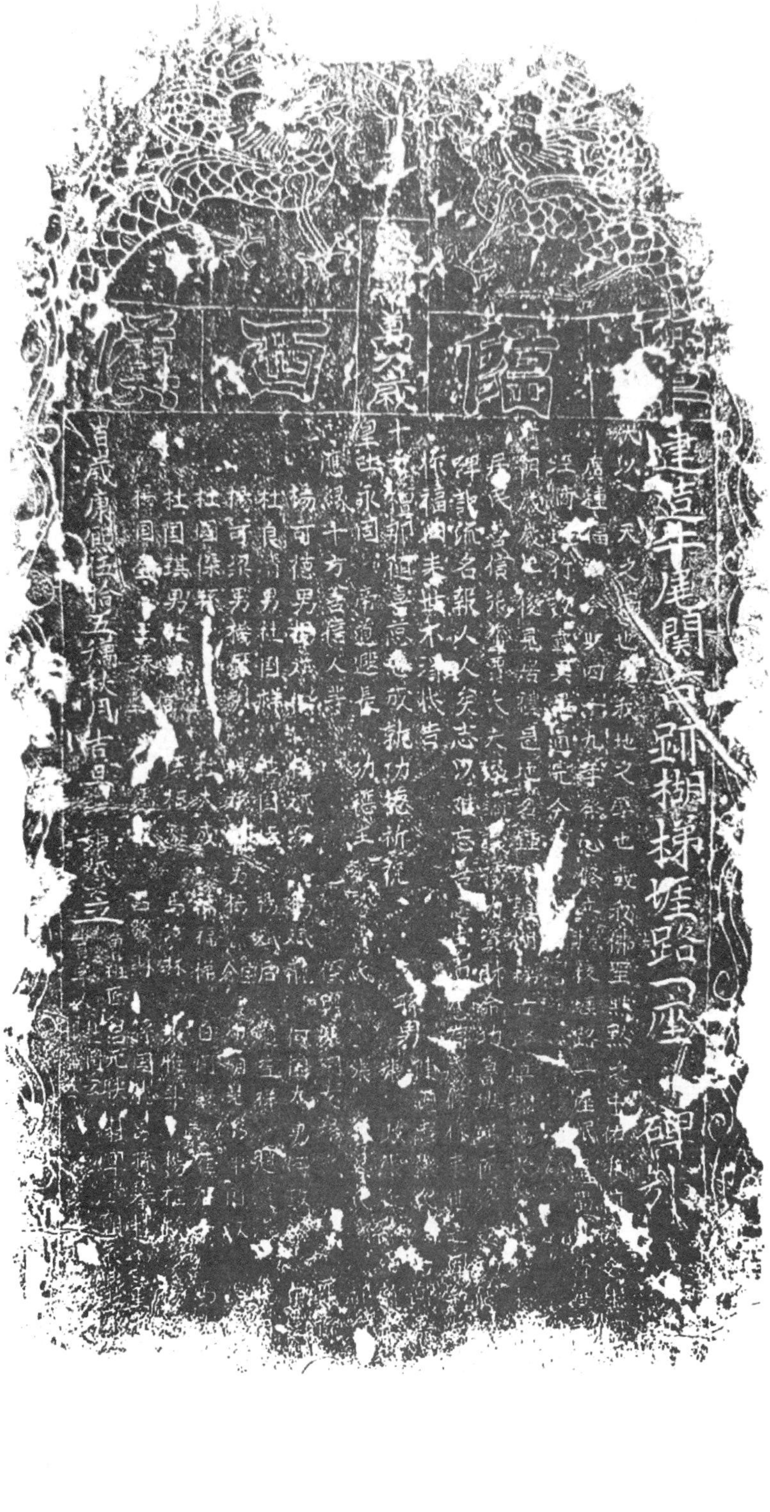

四〇　復建殿捲牌坊碑記

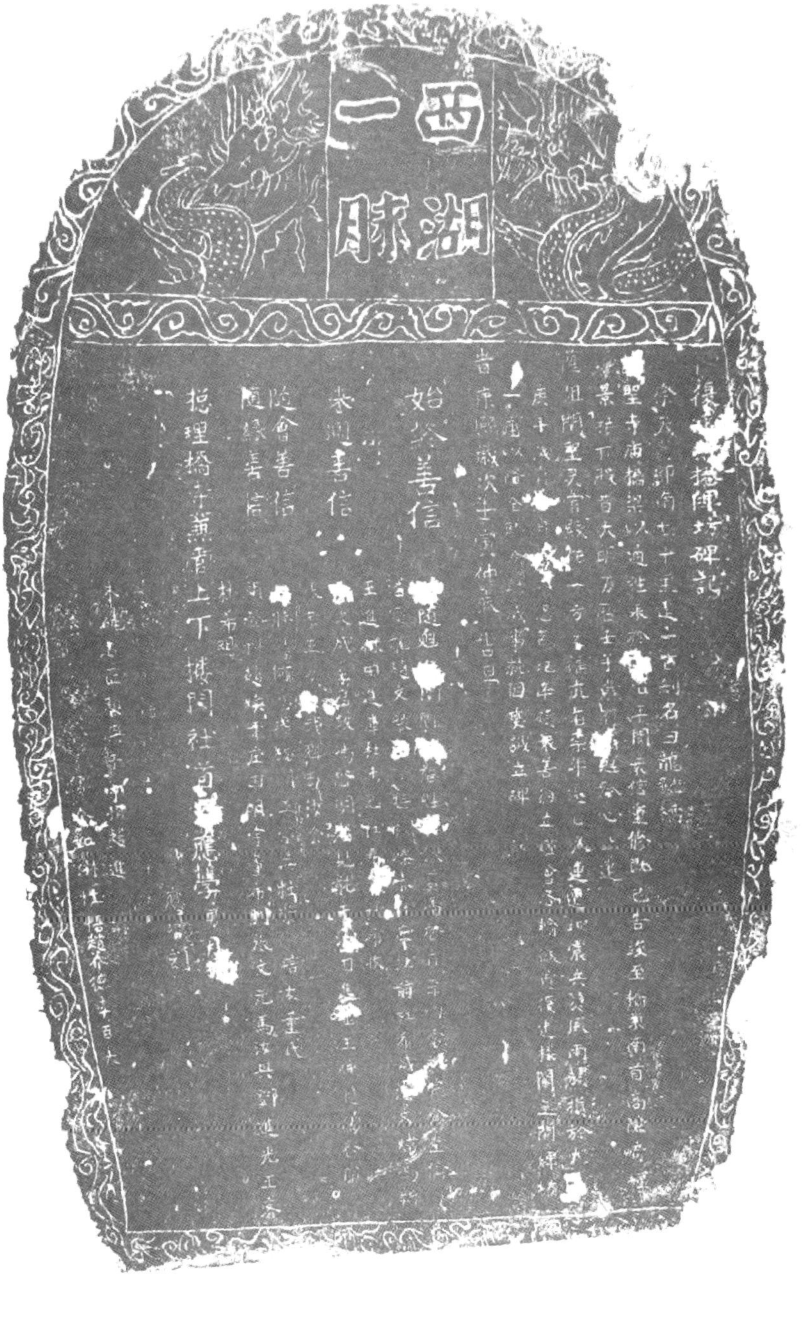

四一　高橋碑記

四二　補修禮縣大北門外關帝廟蓮池游廊記

四三　建修文昌宮碑記

四四　重修天嘉福地碑記

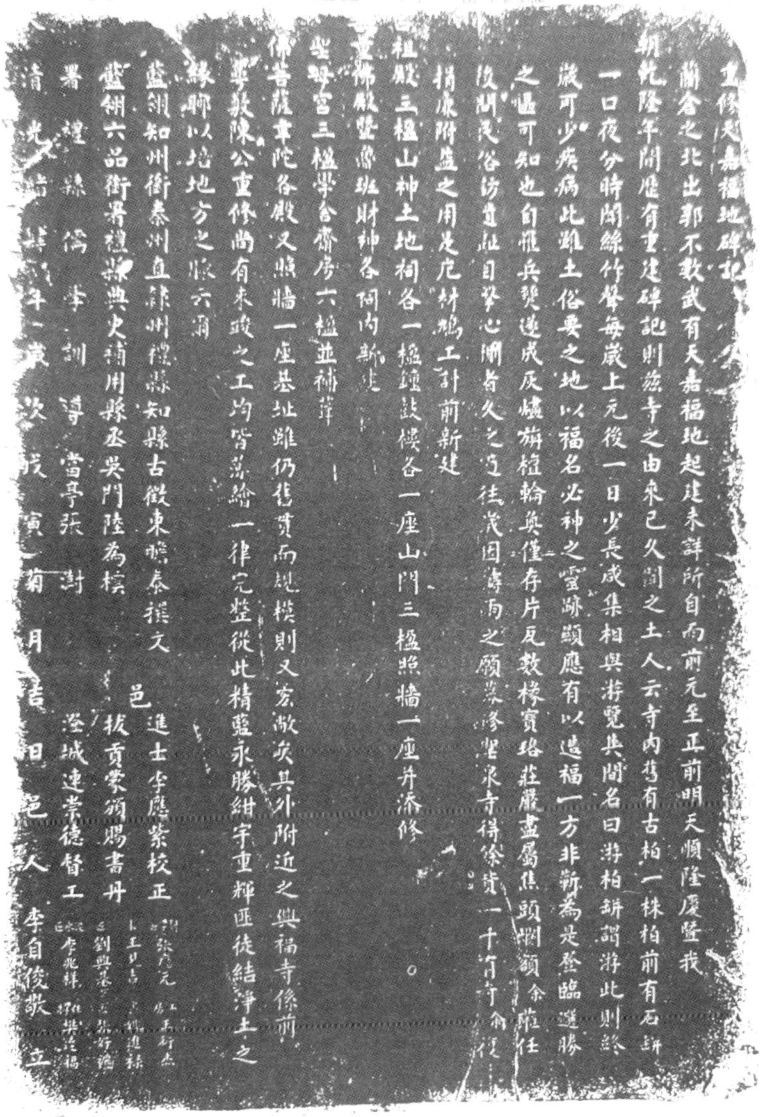
重修天嘉福地碑記
蘭倉之北出郭不數武有天嘉福地起建未詳所自而前元至正前明天順隆慶暨我
朝乾隆年間歷有重建碑記則茲寺之由來已久聞之土人云寺內舊有古柏一株柏前有石井
一口夜分時聞絲竹聲每歲上元後一日少長咸集相與游覽其間名曰游柏井謂游此則終
歲可少疾病此雖土俗要之地以福名必神之靈跡顯應有以遺福一方非漸為是登臨選勝
之區可知也自罹兵燹遂成灰燼旃檀輪奐僅存片瓦數椽寶珞莊嚴盡屬焦頭爛額余蒞任
後聞茂谷訪查址目擊心惻者久之迄往歲因禱雨之願募修聖泉寺得餘貲一千有奇俞從
捐廉附益之用是庀材鳩工計前新建
祖殿三楹山神土地祠各一楹鐘鼓樓各一座山門三楹照牆一座并添修
靈佛殿暨魯班財神各祠內新建
聖母宮三楹學舍齋房六楹並補葺
佛菩薩韋陀各殿又照牆一座基址雖仍舊貫而規模則又宏敞矣其外附近之興福寺係前
學教陳公重修尚有未竣之工均皆彩繪一律完整從此精藍永勝紺宇重輝匪徒結淨土之
緣聊以培地方之脈云爾
藍翎知州銜泰州直隸州禮縣知縣古徽東皖泰撰文　邑進士李應紫校正
藍翎六品銜署禮縣典史補用縣丞吳門陸為楨　拔貢蒙頒賜書丹
署禮縣儒學訓導當亭張澍　涇城連崇德督工
清光緒四年歲次戊寅菊月吉日邑人李自俊敬立

四五　四泒官據

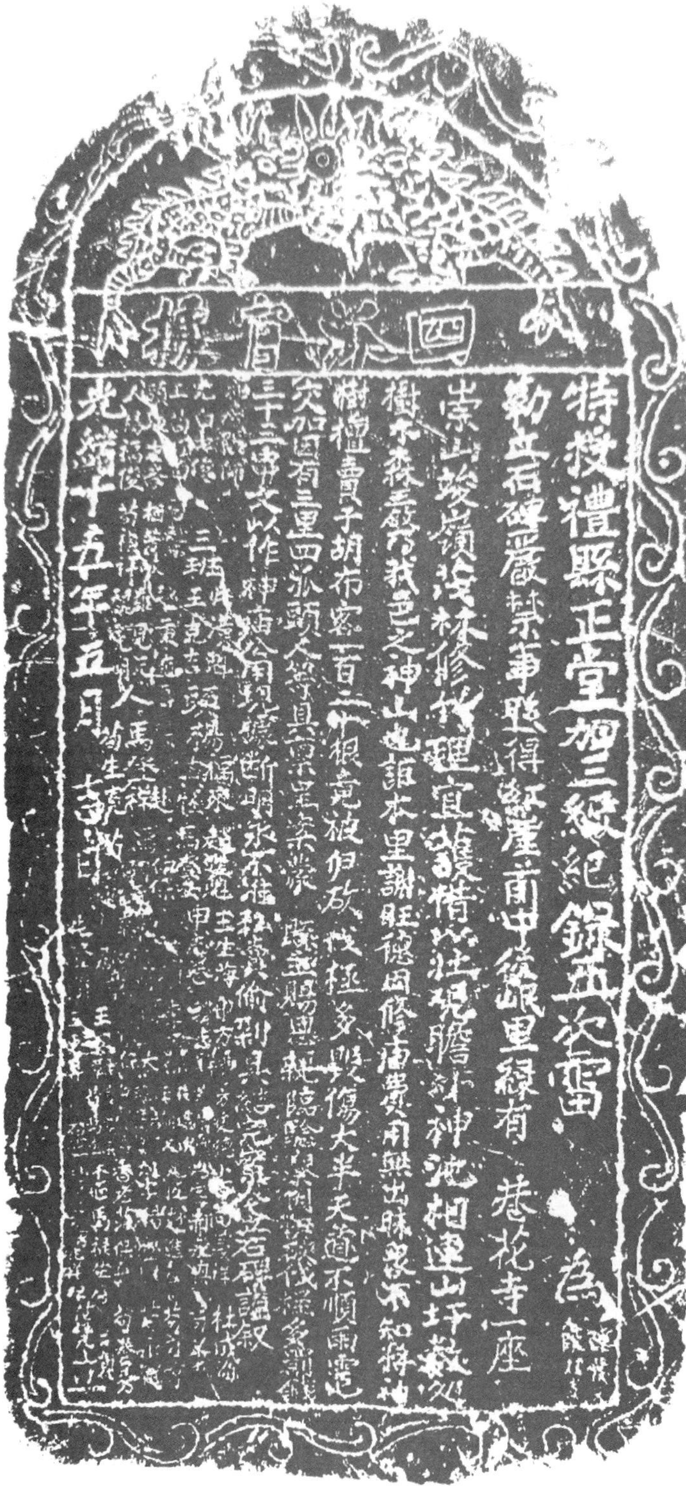

四六　修建方口古寺戲樓竣工碑記

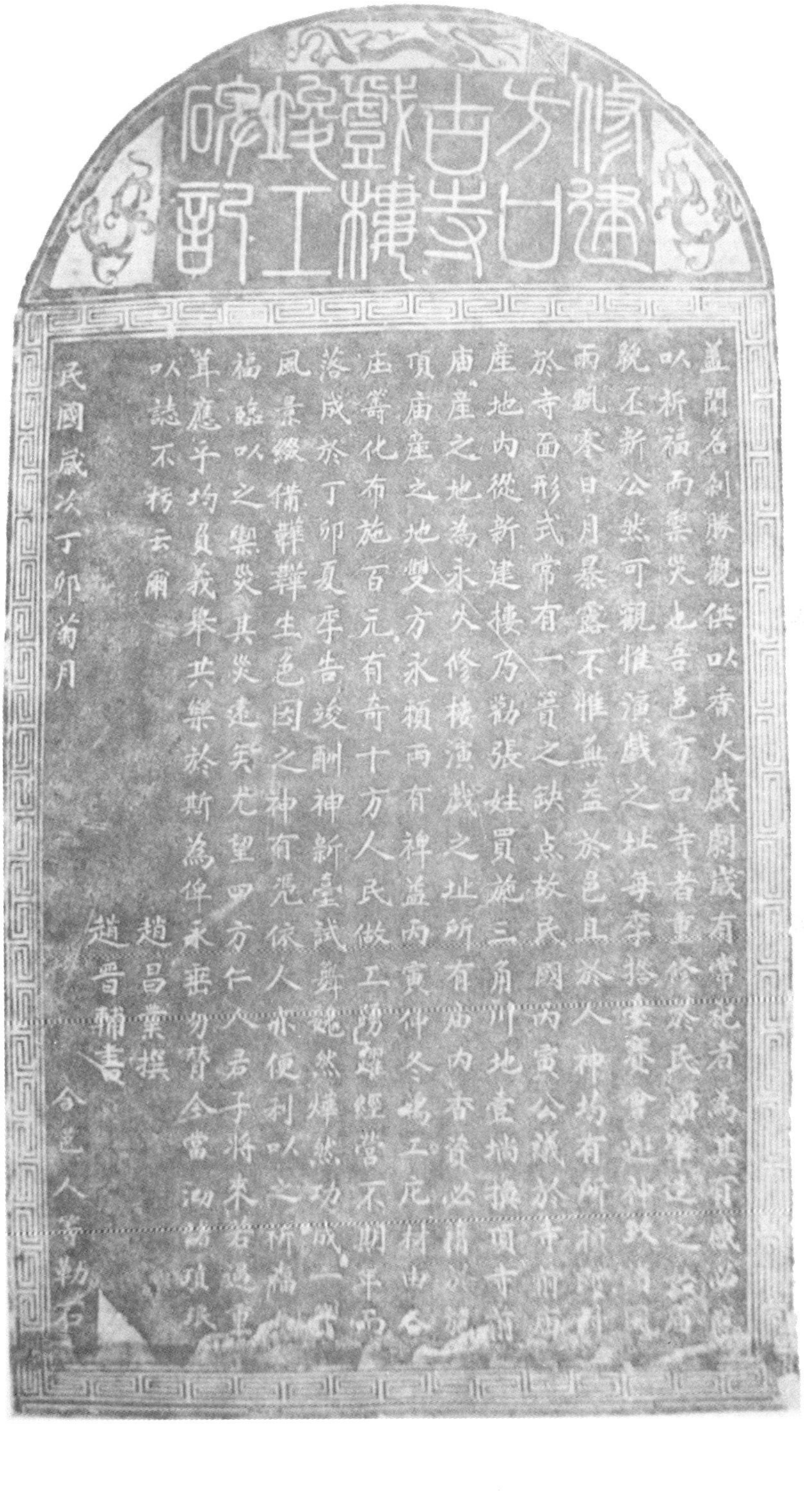

四七　創修禮縣寄骨塔序

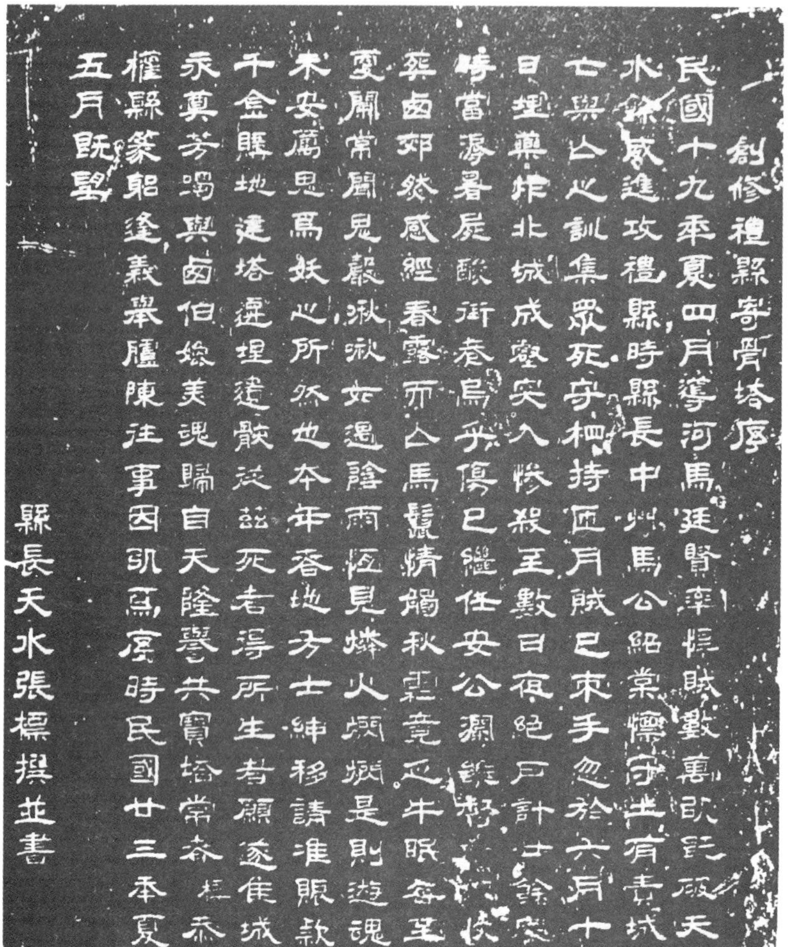

創修禮縣寄骨塔序
民國十九年夏四月導河馬廷賢率悍賊數萬既破天
水餘威進攻禮縣時縣長中州馬公紹棠懍守土有責城
亡與亡之訓集衆死守相持匝月賊已束手忽於六月十
日埋藥炸北城成壑突入慘殺王數日夜絕戶計十餘家
時當溽暑屍骸街巷烏飛傳已繼任安公瀾錢都□收
葬南郊然感經春露而亡馬鬣情觸秋霜竟忍牛眠容至
變關常闖鬼聲啾啾如遇陰雨恆見燐火烟爛是則遊魂
未安厲鬼爲妖必所然也本年吾地方士紳移請准賑款
千金購地建塔遷埋遺骸從茲死者得所生者願遂俾城
永奠芳躅與南伯媲美魂歸自天陰譽共實塔常存　桂柰
權縣篆躬逢義舉臚陳往事因記爲序時民國廿三年夏
五月既望
縣長天水張標撰並書

四八　甘泉學校記

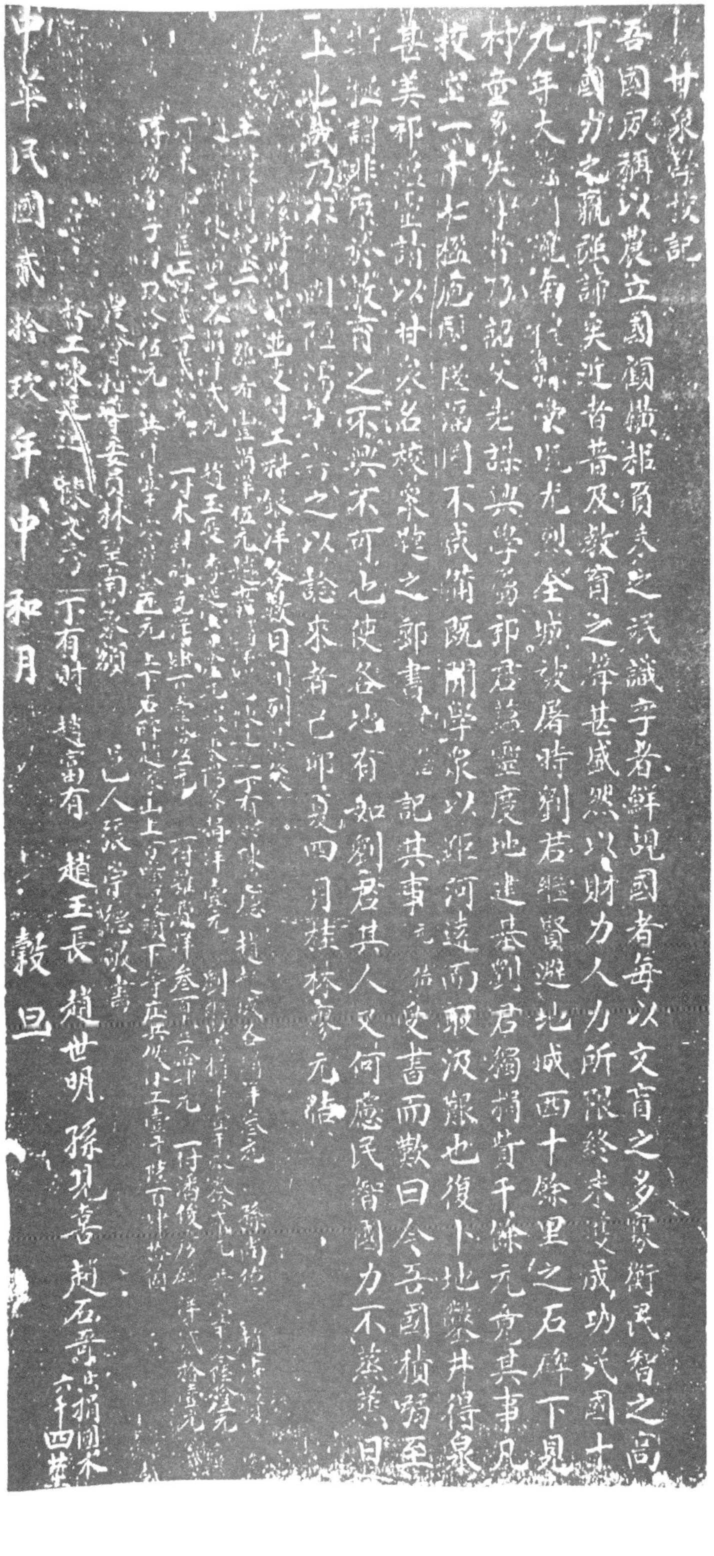

甘泉學校記

吾國夙稱以農立國顧鄉鄙負耒之民識字者鮮覘國者每以文盲之多寡衡民智之高下國力之[illegible]近者普及教育之聲甚盛然以財力人力所限終未變成功民國十九年大[illegible]全境被屠時劉君[illegible]賢避地城西十餘里之石碑下見村童多失學乃詔父老謀興學[illegible]劉君獨捐貲千餘元竟其事凡校室一所十七楹庖[illegible]不咸備既開學泉以距河遠而取汲艱也復卜地鑿井得泉甚美邦人[illegible]請以甘泉名校衆韙之[illegible]書[illegible]記其事[illegible]受書而歎曰今吾國積弱至于極謂非原於教育之不興不可也使各地有如劉君其人又何慮民智國力不蒸蒸日上也哉乃[illegible]之以諗來者已耶夏四月桂林[illegible]元[illegible]

[illegible]

邑人張學[illegible]敬書

督工[illegible]　丁有財　趙富有　趙王長　趙世明　孫見喜　趙石喜[illegible]

中華民國貳拾玖年中和月　穀旦

西和縣

一　戰國時期秦國「珠重一兩十三」青銅鑄幣

（按：秦漢後錢幣一律不收。圖片采自楊凱坤主編《隴南收藏》。）

二　漢歸義羌長、魏率善氐邑長（印紐、印文）二銅印

（按：兩方印文均采自陳炳應、盧冬《古代民族》，印紐照片采自趙開山《牧歌流韵——中國古代游牧民族文化遺珍》諸戎卷。）

三　魏歸義氐侯、晉歸義氐王、晉歸義羌侯三金印

四　新路頌并序

五　宋故贈金城郡君李氏墓志銘

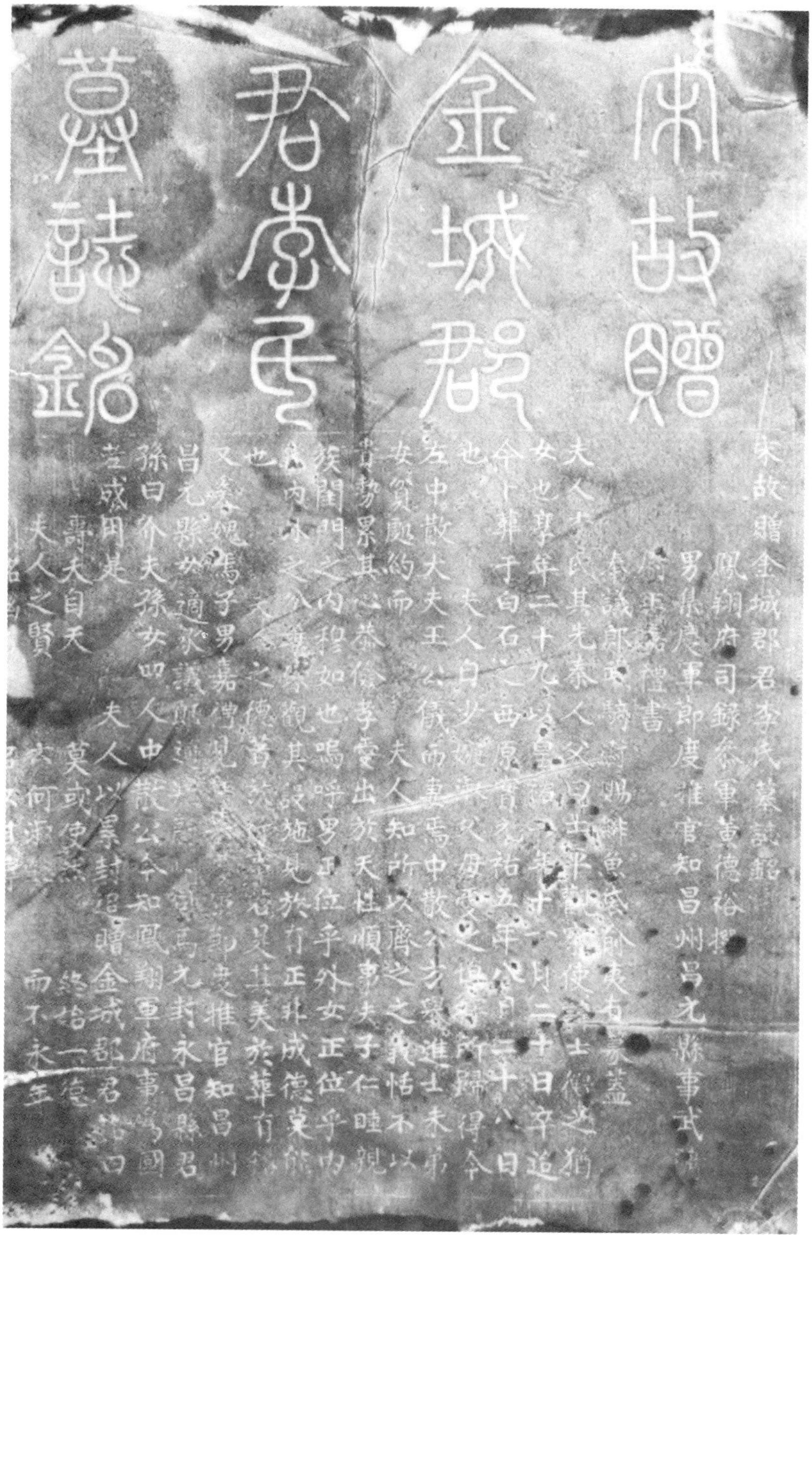

六　宋故贈和義郡君劉氏墓志銘

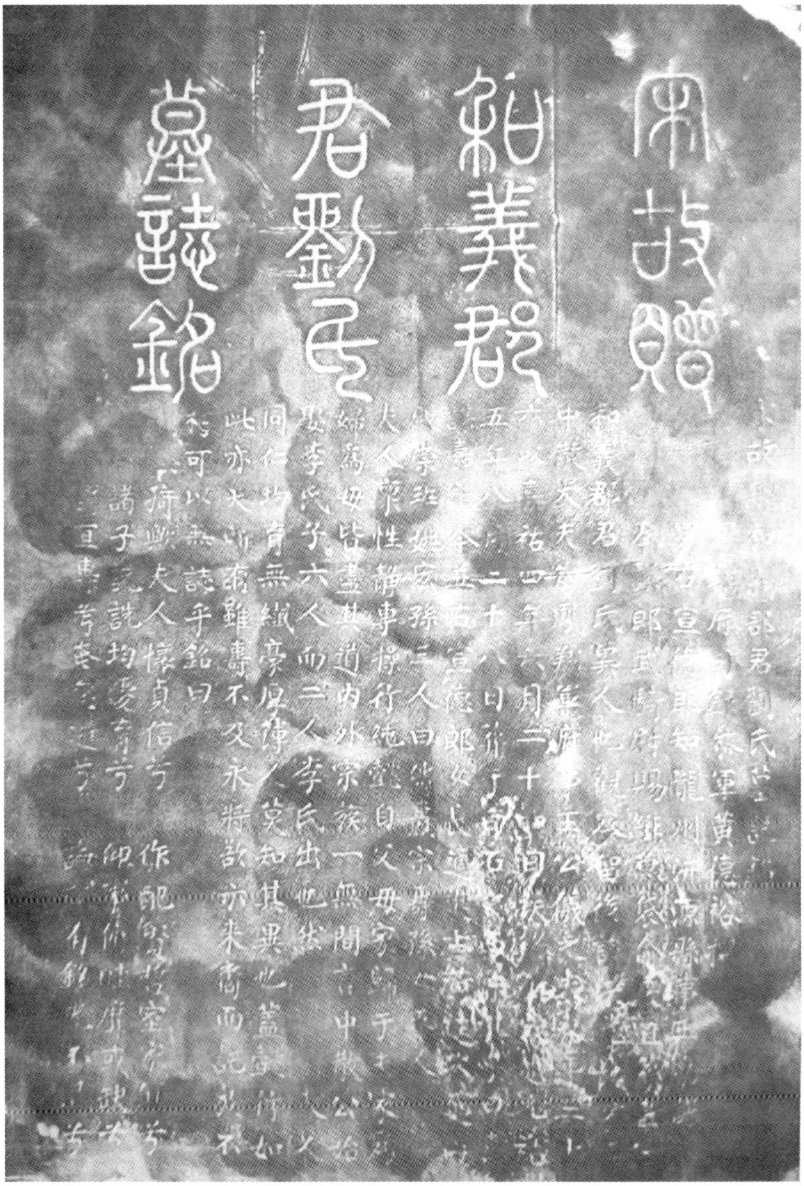

七　宋故左中散大夫王公儀神道碑

（局部一）

（局部二）

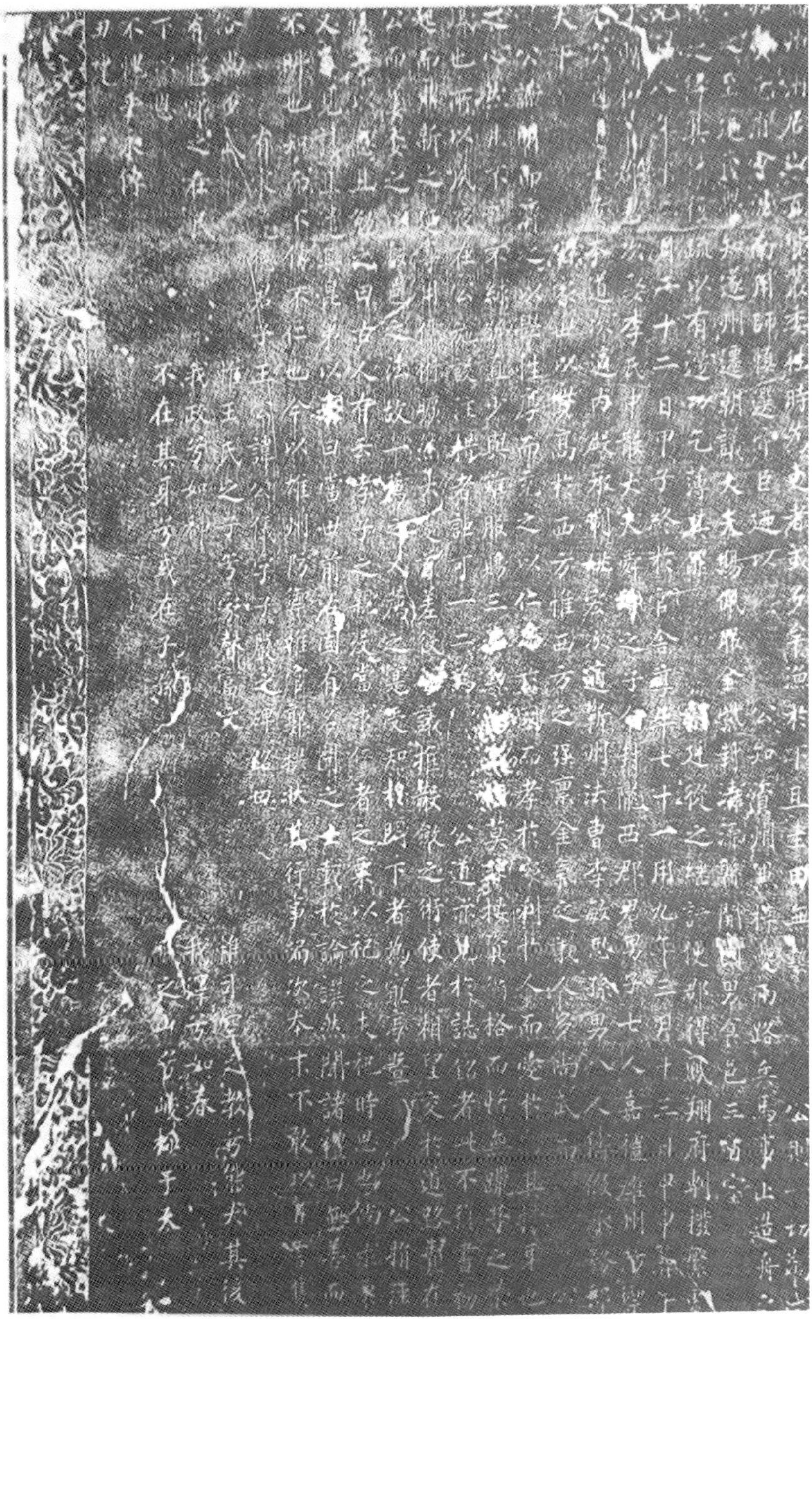

（局部三）

八　宋故西京左藏庫副使飛騎尉致仕張公墓志銘

九　宋故康國太夫人李氏墓志蓋

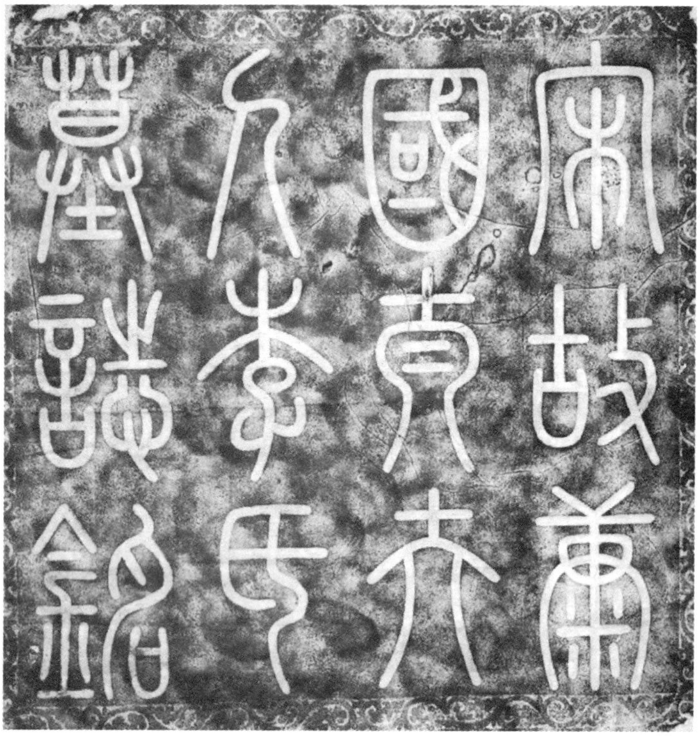

一〇　王知彰妻宋故李氏墓志銘

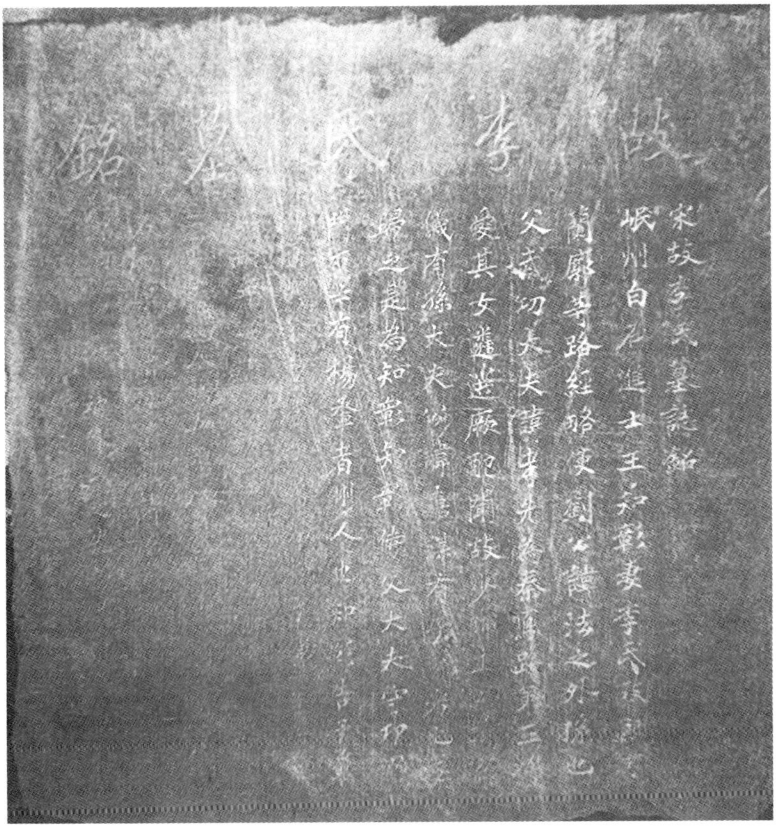

一一　宋故教授郡博王公墓志銘

一二　太祖山靈源廟行祠記

一三　佛孔寺碑記

一四　鳳凰仙山補修聖母地師金像碑記

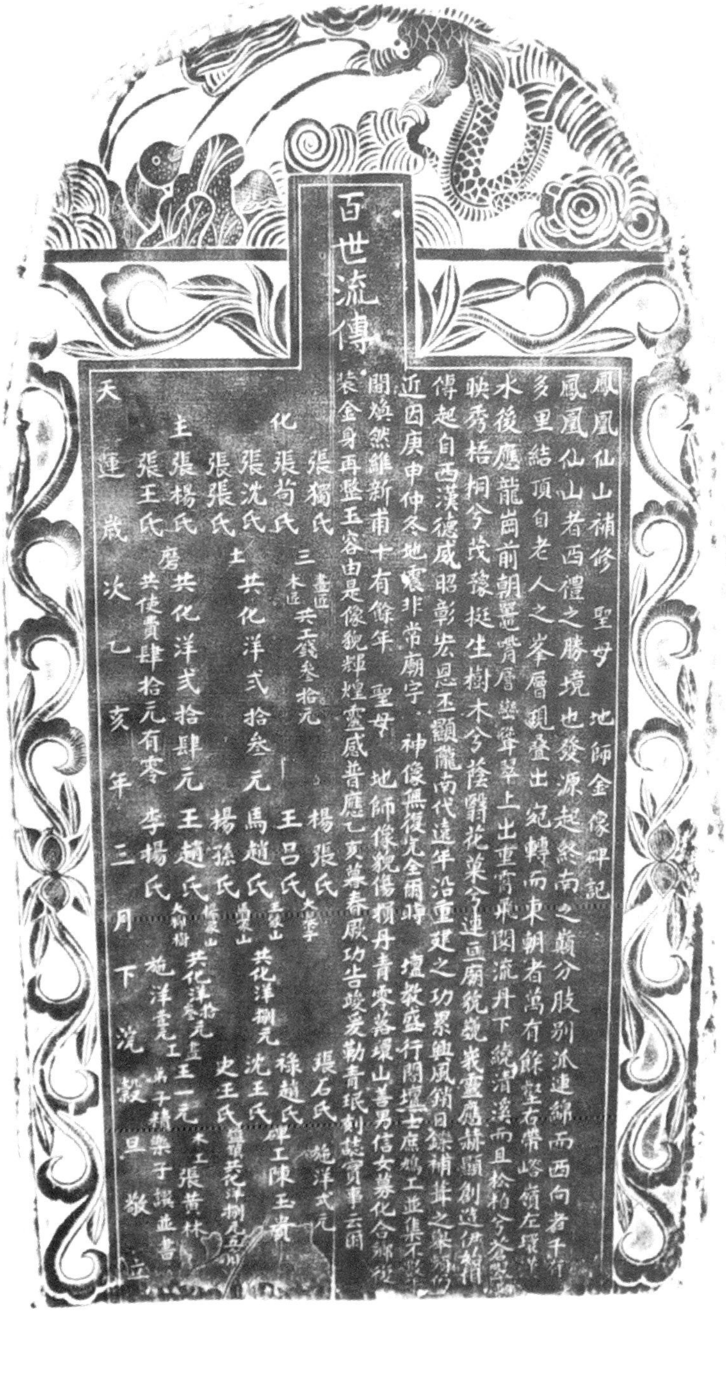

一五　鳳凰山碑記

維　南瞻部洲

大清國陝西鞏昌府秦州禮縣一

民人等在於鳳凰山□□

上帝祀遊歟衆造碑開刻于右

□楊廷桐余元白郭□□清張佐乾姚□□

馬天斗永遇極張仕璽張君荣張續□□

貴員張宣王尓章楊向棟楊廷桂梁□福

楊廷樞楊廷標造碑刊字匠朱棪朱□□

維西九年三月吉□月立住持僧人張□

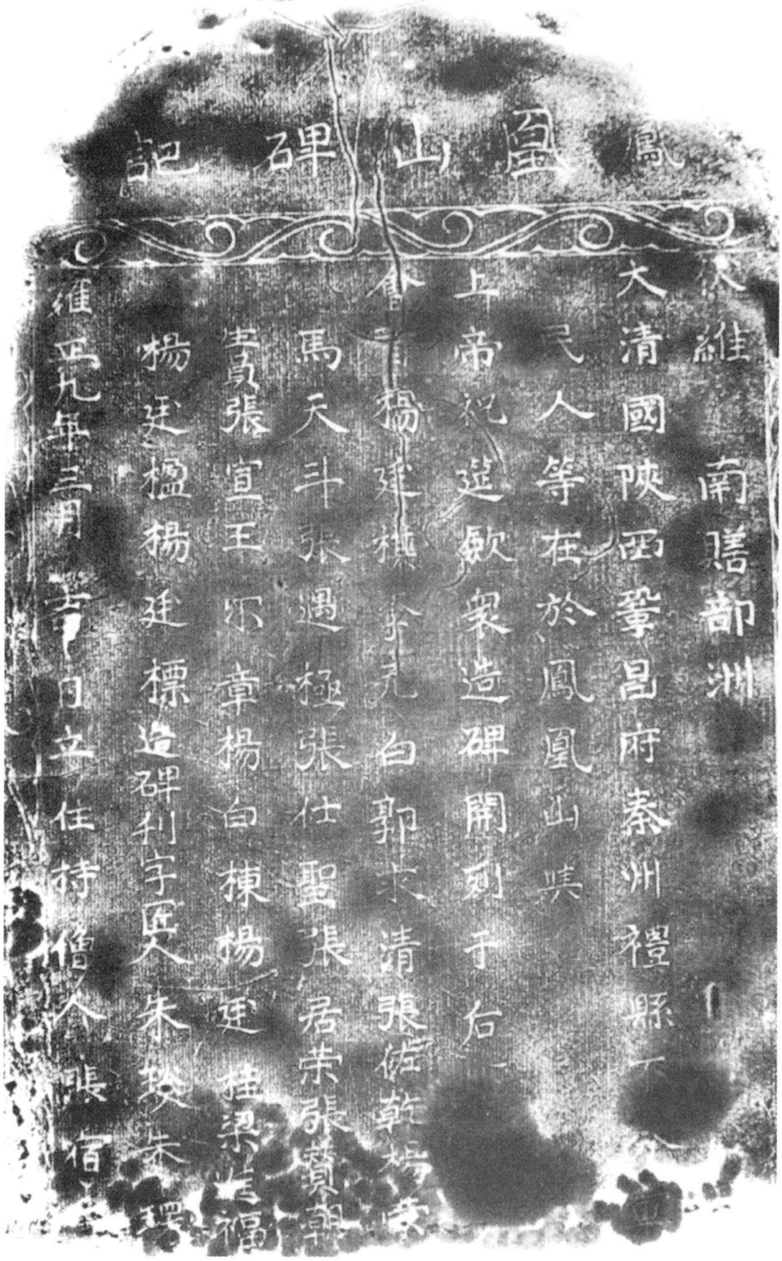

鳳凰仙山約立路燈會規衆姓會首楊王萬□

謝力强雷氏楊忠□氏　誰同楊美南□八

□天章□天命覩天觀□金昇□金元□

□金盞□天申張北夫□世得□

雷起雲□天必張開泰□世增王福元楊

揚守春許上揚祥鳳張世金王順元□□

揚林鳳張開琮□天金許魁

張開□

楊王陽□天命□中施手□虫馬氏男

誦經弟子張鳴鳳張開紹許上

大清乾隆七年四月初八

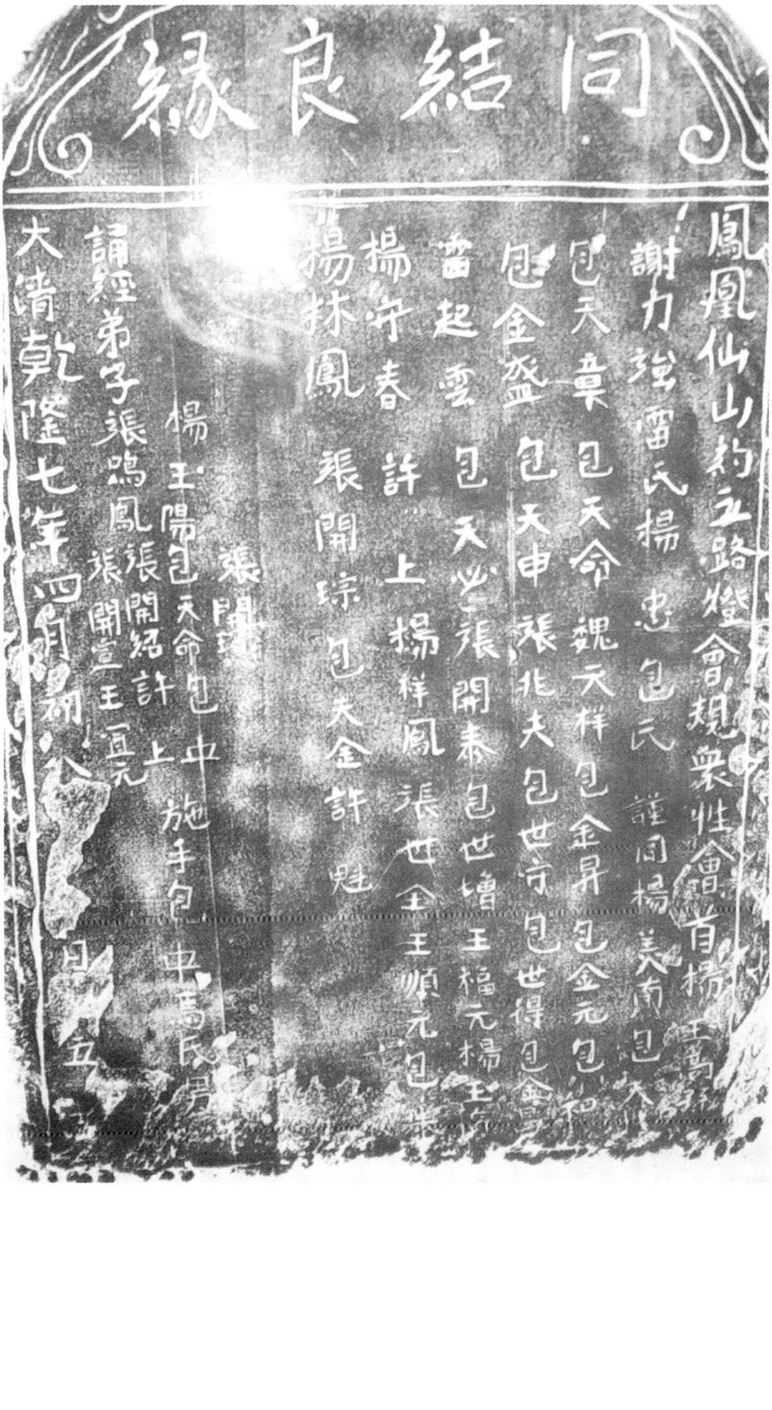

一七　創建奎星閣碑記

一八　皇清例贈修職郎候銓儒學訓導東翁周老先生墓志銘

一九　鳳凰仙山會器碑銘

二〇　皇清例授修職郎恩師儷中翁王老夫子德教碑

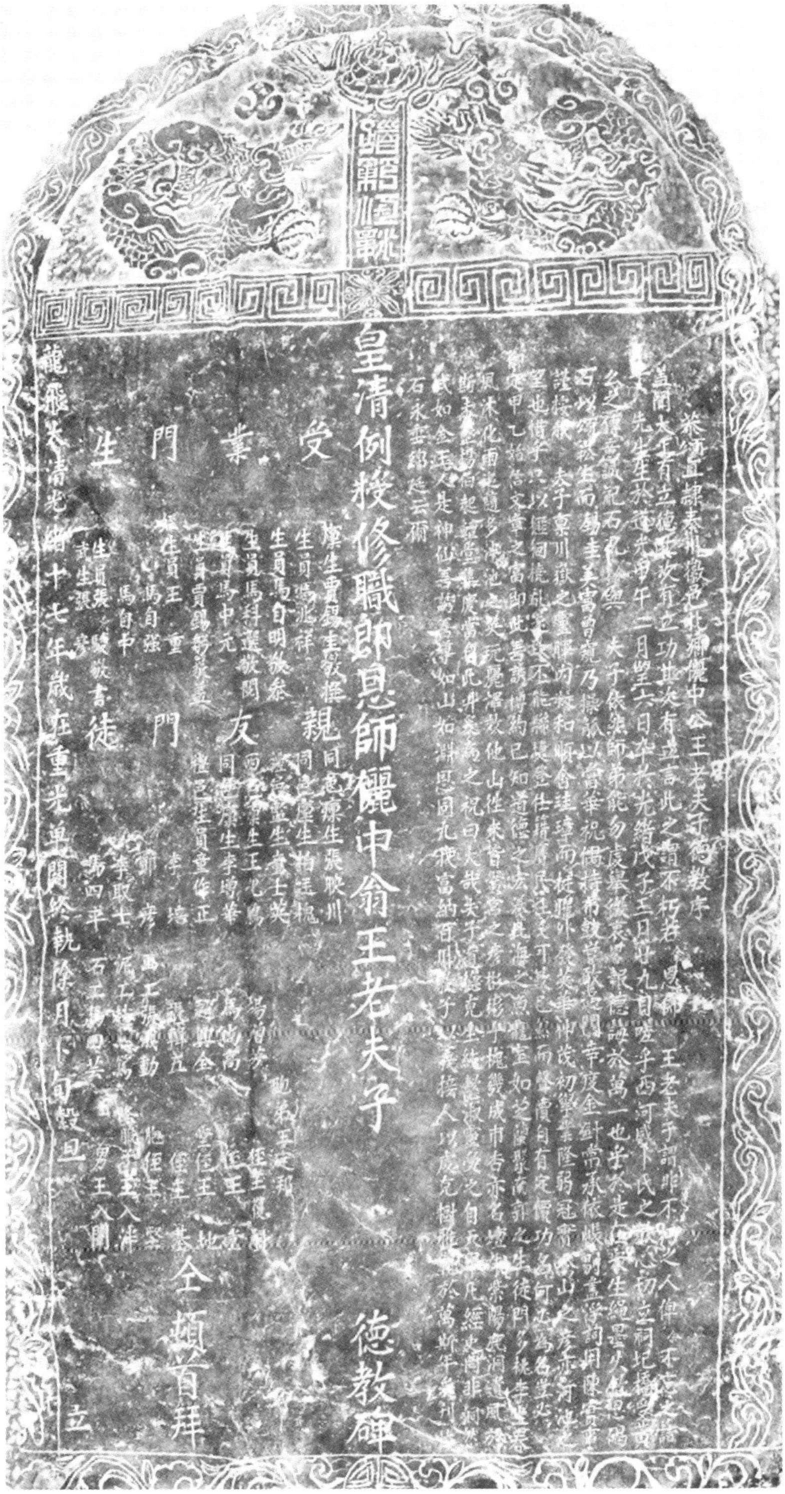

二一　啓飛將來碑

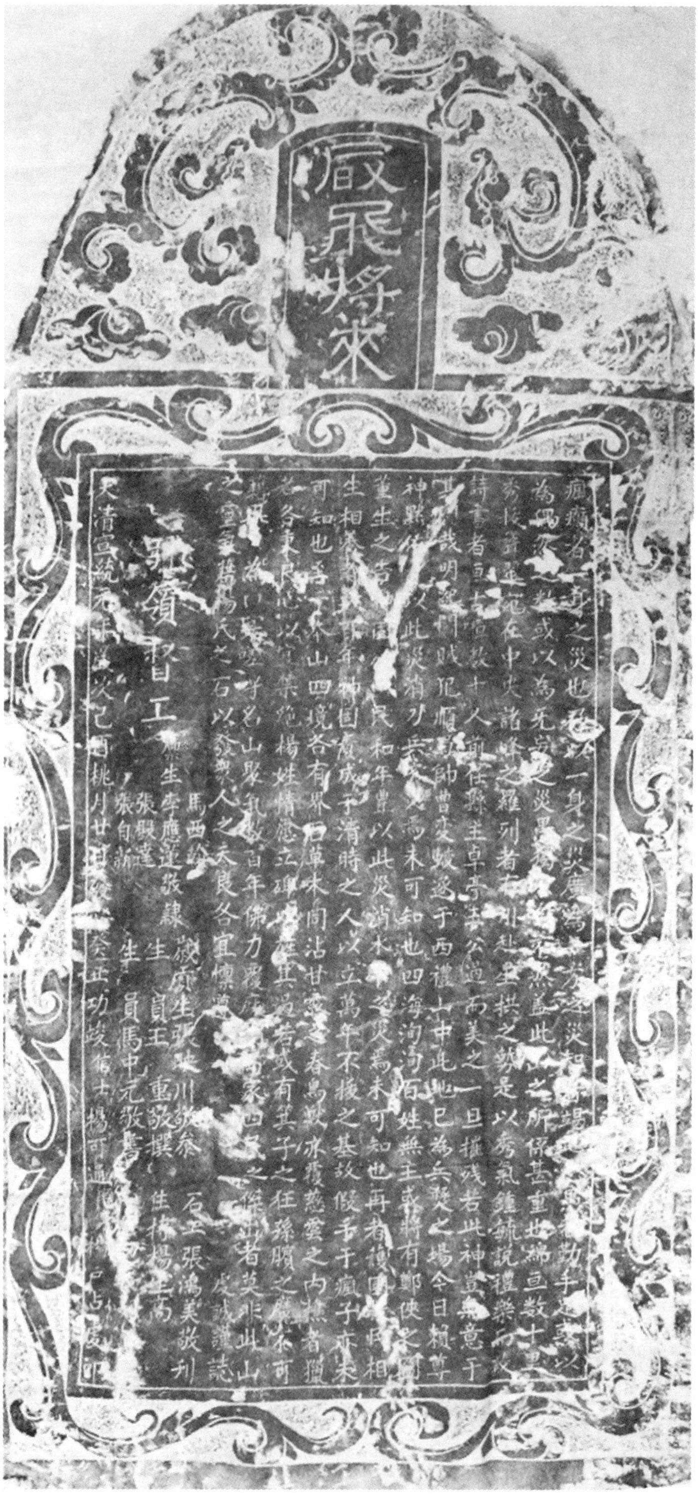

二三　石雕對聯

（其一）

二三　鳳凰仙山碑記

萬代流芳
鳳凰仙山碑記　重修
聖母宮兼補修内外墻壁募化碑
西禮之東有鳳凰山焉聖境也而其中殿宇輝煌神像莊嚴靈應不爽環山
黎庶咨荷懈悚亘古以來舊制新規崢嶸豈出勤石刻木能細悉存近代而
後主建修與補葺頻仍無如山高峯峻風銷日灼雨漬雪凌不十數年間椽
木之蠹朽堪虞牆坦之傾頹難支丙丁之歲陰雨連旬而聖母之宮立見
傾圮磚瓦零落傾漏殆遍漸至神像塵蒙冉冉泥污附近居民不忍坐視
於是一人發心而倡始庶士舉念而協力重光聖母殿三楹重粉壹内
外牆壁隣常姓之善力成什方之善舉庶幾三聖之金身得以安而以循而
凡民之感戴亦有幹而有年聯偕善願告竣爰以付之片石至於宏功浩業
以俟夫仁人君子焉不才等有厚望也夫有深幸也夫
首事李馬德昌　羅道
泥水匠王發祥　李蒲子
中華民國柒年歲次戊午年九月下浣立

二四　重修九龍山諸聖廟宇碑記

二五　龍興寺碑

二六　鐵索橋碑

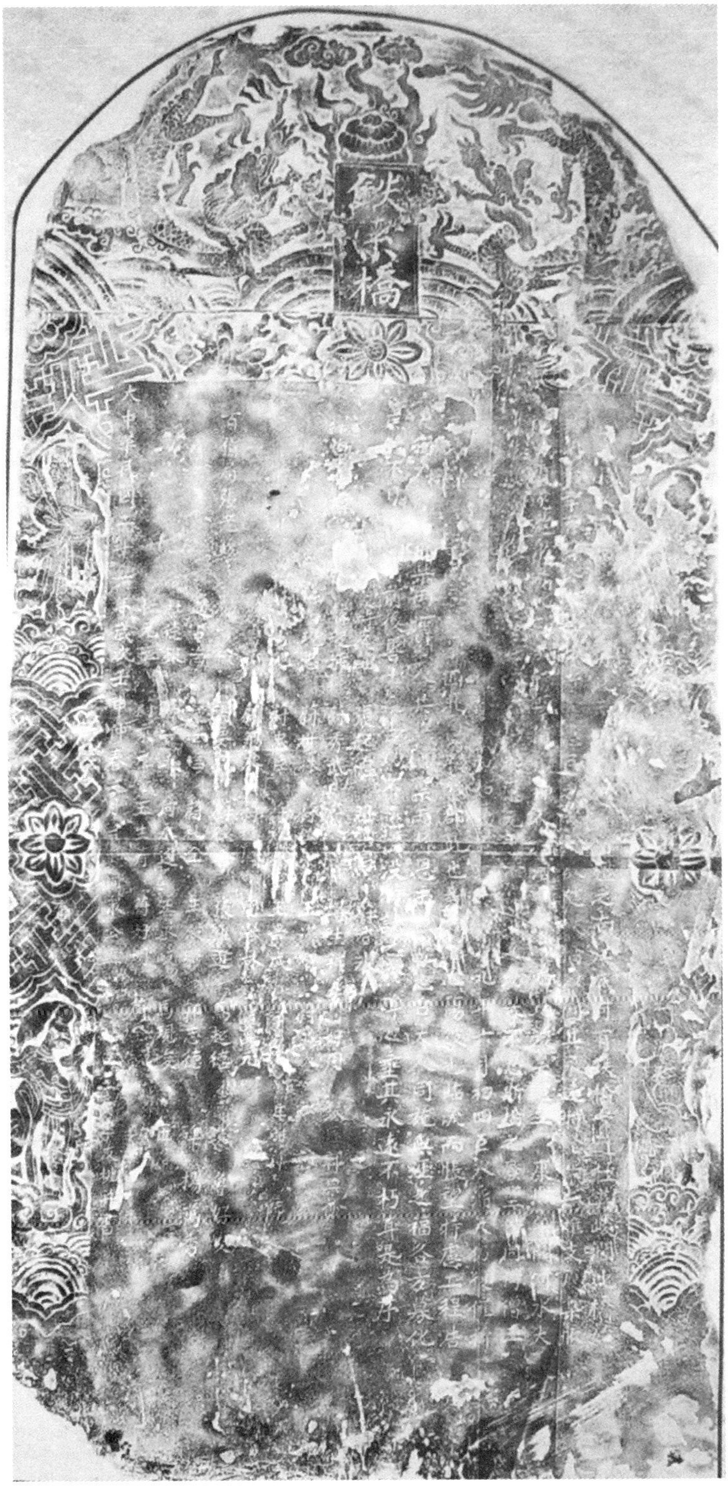

二七　繼成象龜寺序碑

二八　重建象龜寺序碑

兩當縣

一　觀音堂摩崖

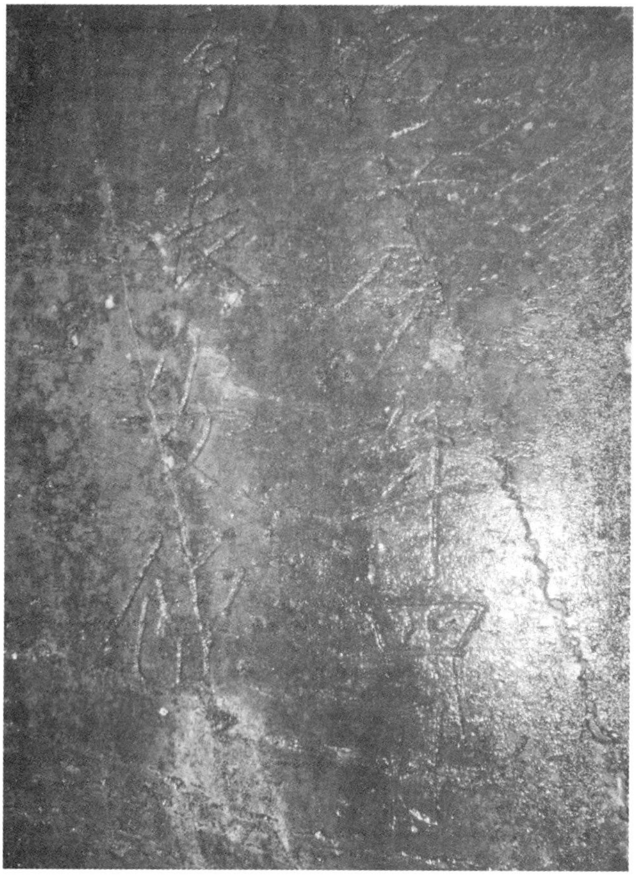

二　［題］張真人洞

三　魯公題登真洞詩

四　游鸞鷟山登真洞二首

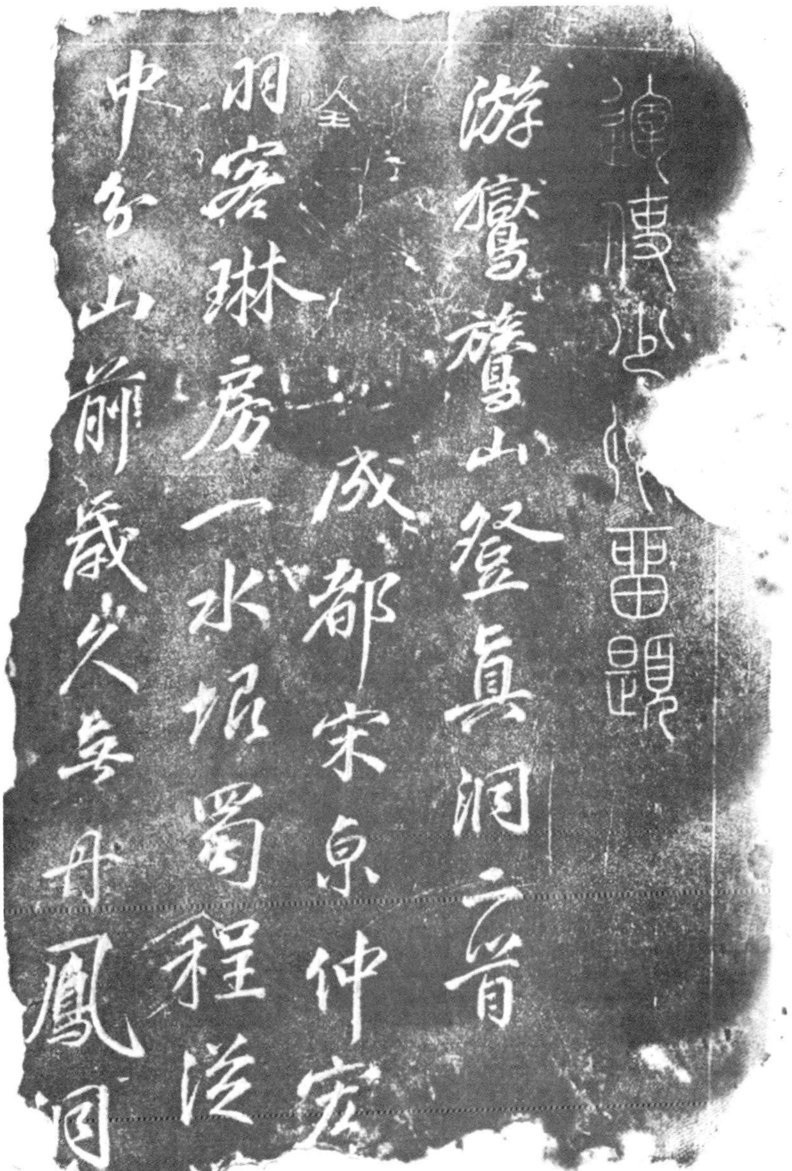

五　宋故崔公墓志銘

六　丁焨碑

七　敕賜净巖院砌法堂基階記

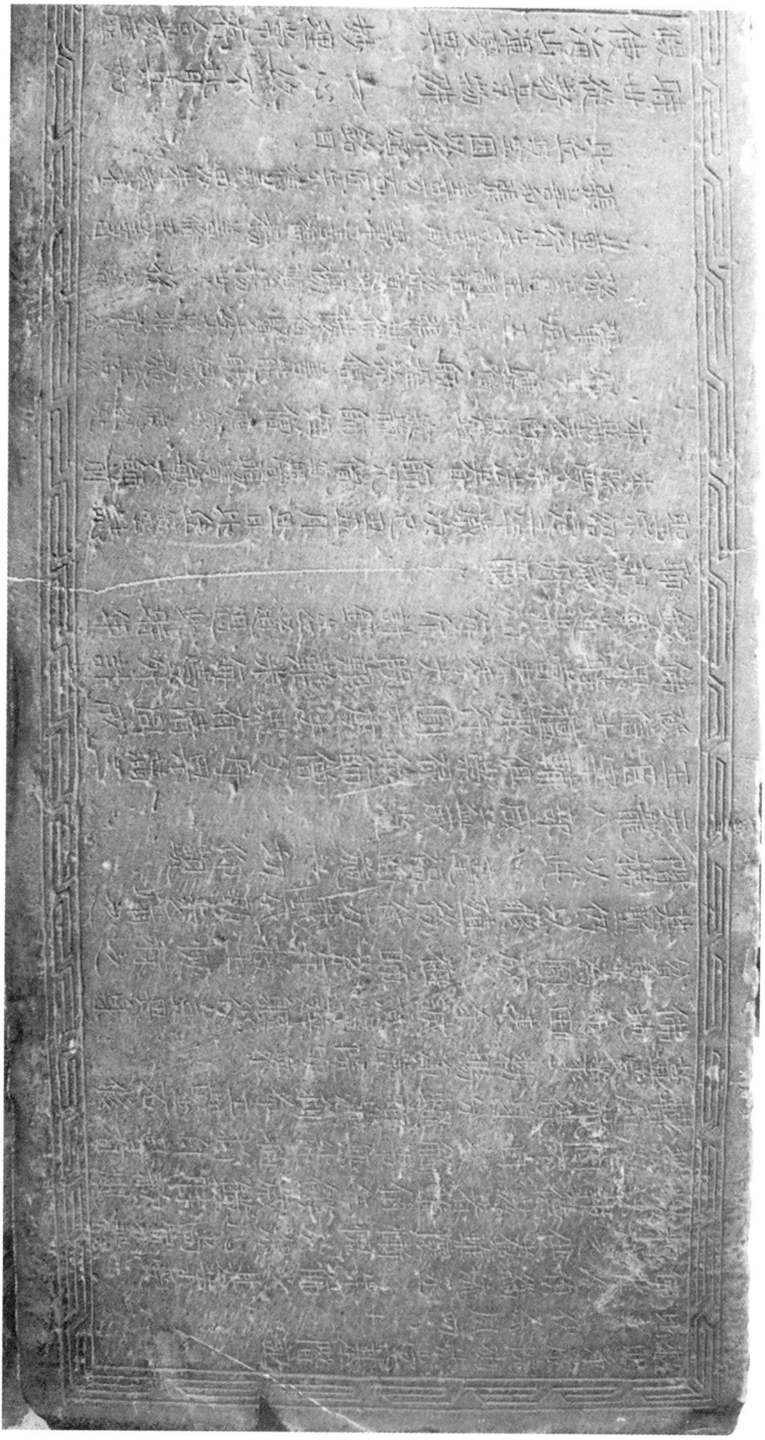

八　重修三清閣記

九　題立禪林寶塔記叙

（全景）

（局部）

一〇　［游］果老洞有感

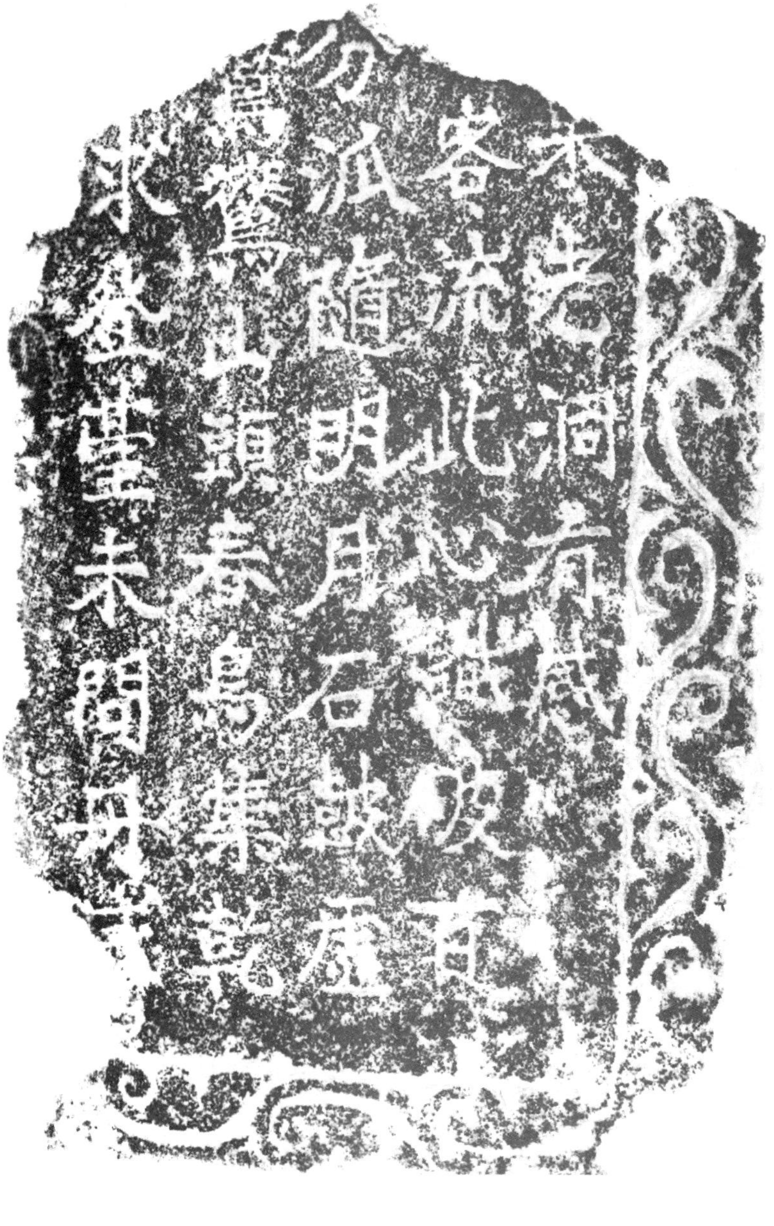

一一　五絶殘句

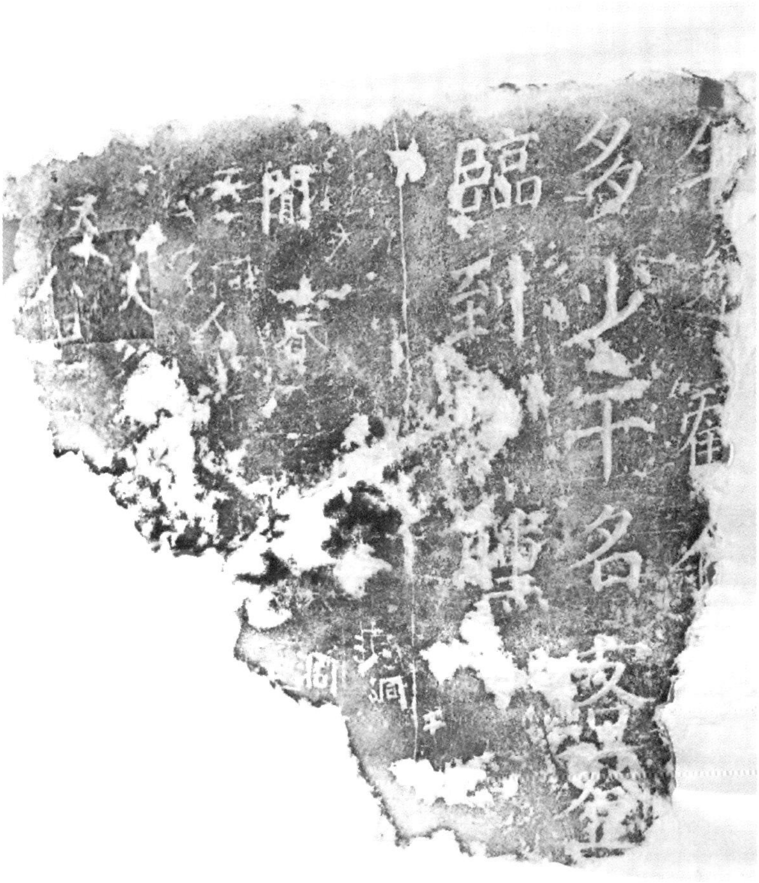

一二　建廟殘碑記

一三　元山净持寺摩崖石刻

一四　黄疙瘩摩崖石刻

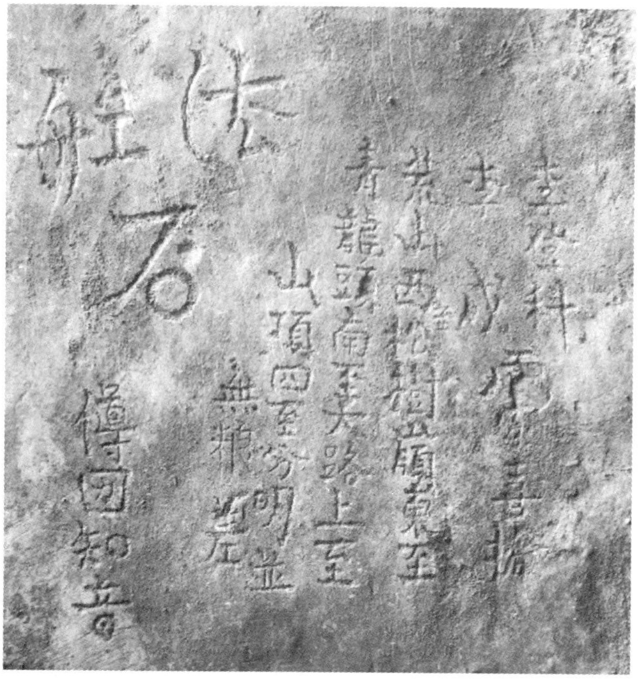

一五　重修董真庵碑記

一六　新開永利渠記

（全圖）

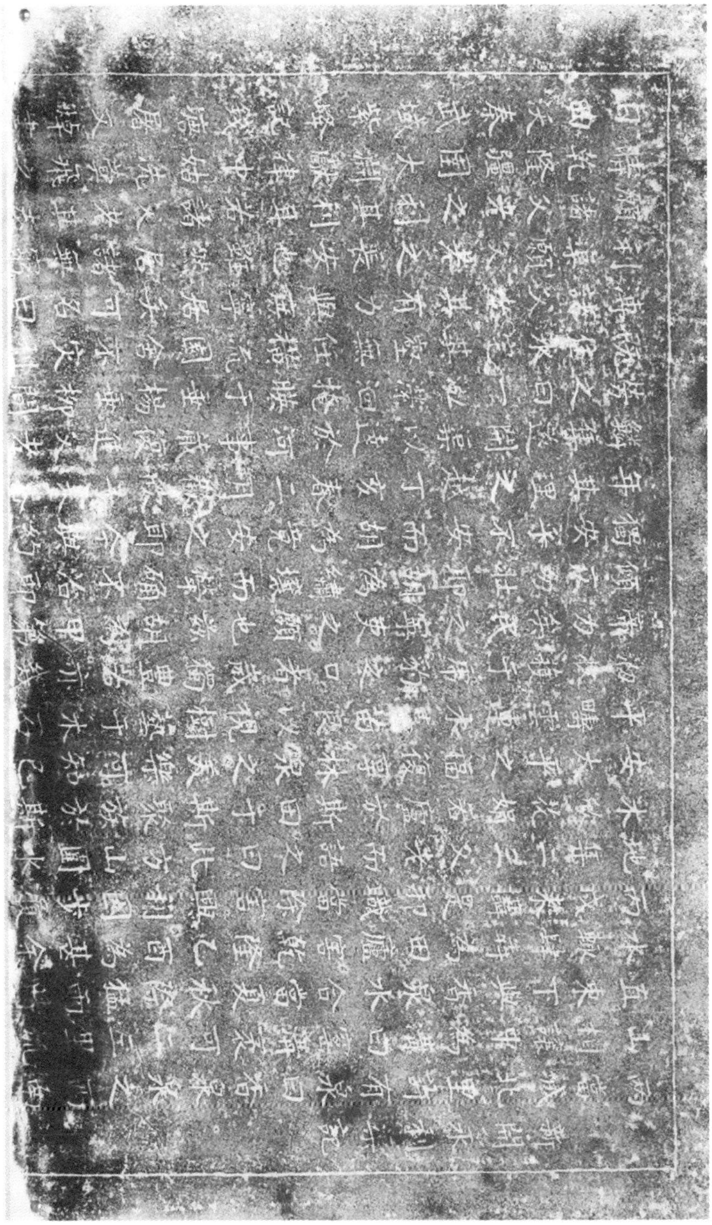

（局部一）

安太平之福復亭林泉之美樂可知巳
水欲泛娟石廬於斯田下斯聚族於斯院
地東二三父老而語之曰此小山圍小壺
而咸来蕩是卯職當除言與利囚步頂
水郵時筋為田廳窘乾注乙酉為古
宜東下與香泉水會當夏秋除復兩時
山相羅中為善田寧滞衷可二王里乱水
兩富成北里許月来日香泉泉之西
新開水利岸記

木欲延娟活廬於斯田于斯聚族於斯悦

安太平之福復享林泉之美樂可知也則

平鄰雲連禾香苗良以視樹藝于不容之

榿坡陂可席豈益者歲猶思基亦發忿

帝而失氏之字更之願也故胡為甲和而

顧不以此即胡為補壞而舉确不治即名

阿安非不安而胡為覚安之即今與約明

非與里之越丁亥春三月歲次谷師

勝基遂開渠以達於河韋蔗保進之而

勞远回一弘濚迴掩膜于盡楊垂柳開覚

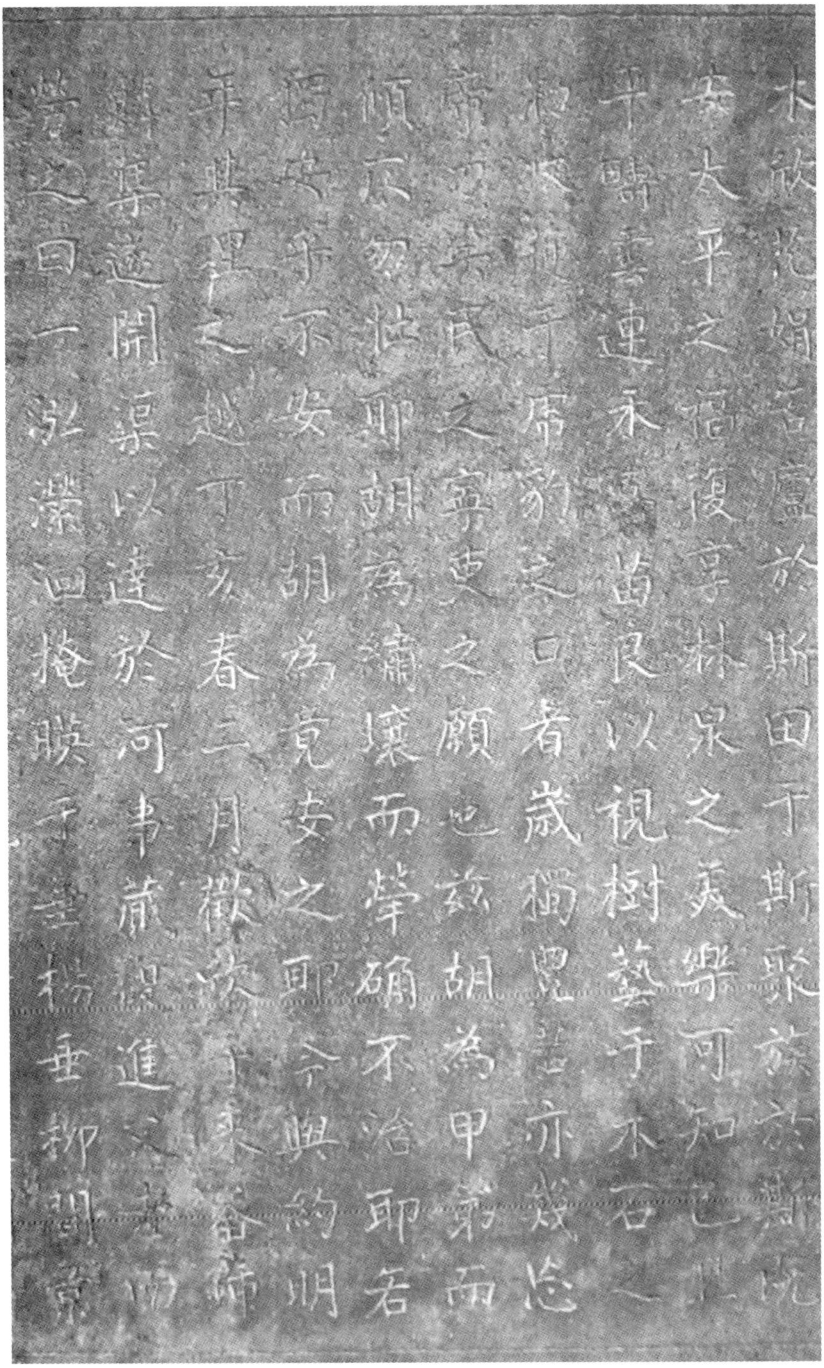

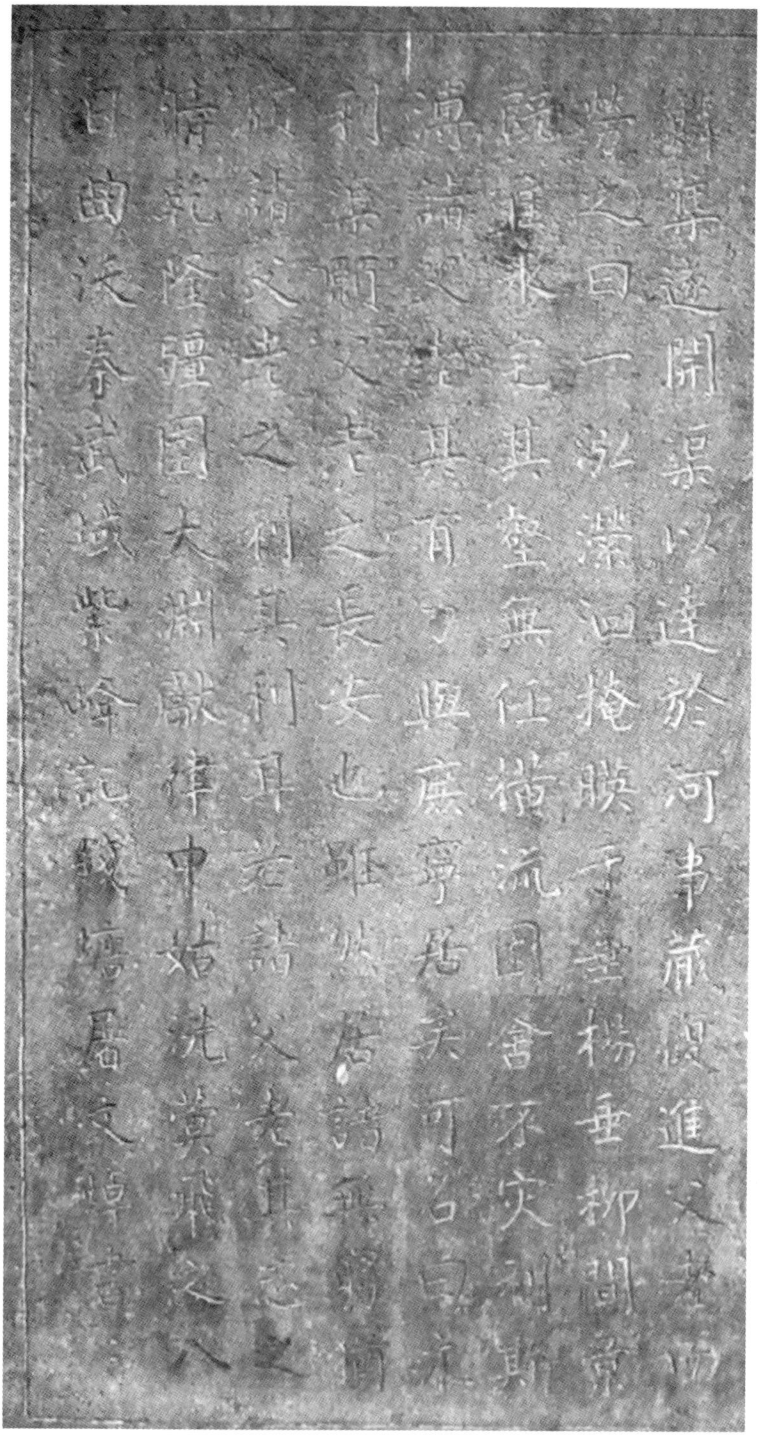

（局部三）

一七　千佛洞碑文
（全圖及右下部重拓）

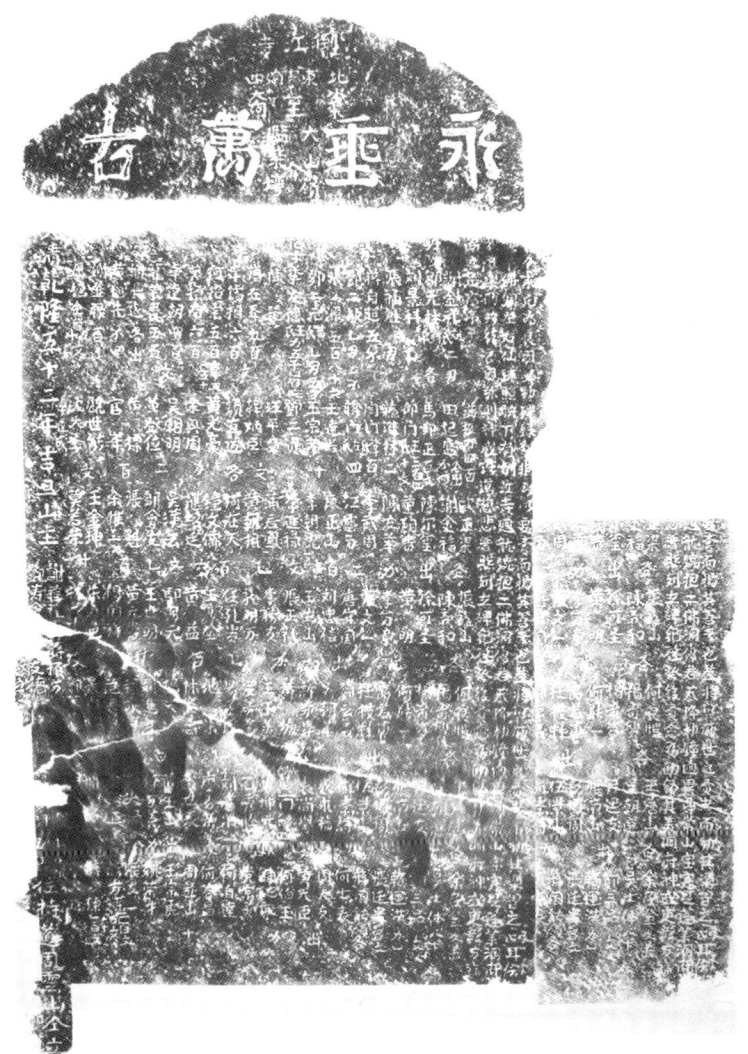

（局部）

一八　青龍寺碑文

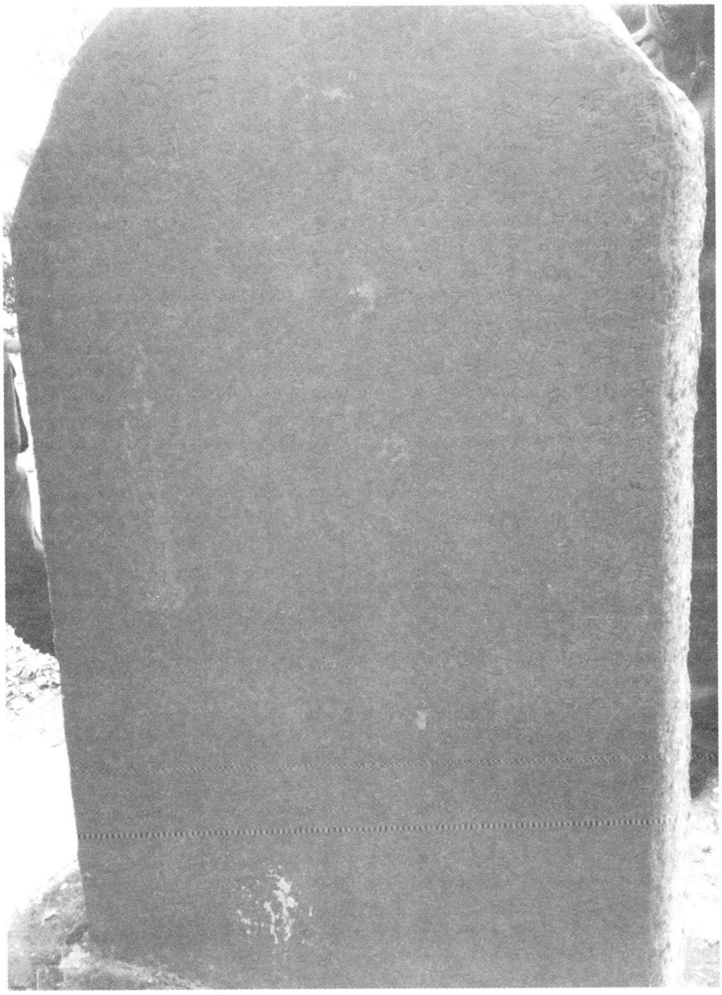

一九　娘娘廟碑

二〇　兩邑蕭翁墓志

兩邑蕭翁墓志（碑額、局部）

兩邑蕭翁墓志（全貌）

二一　王氏門樓石刻楹聯

二三 岳仕崇墓志

（全圖）

（局部一）

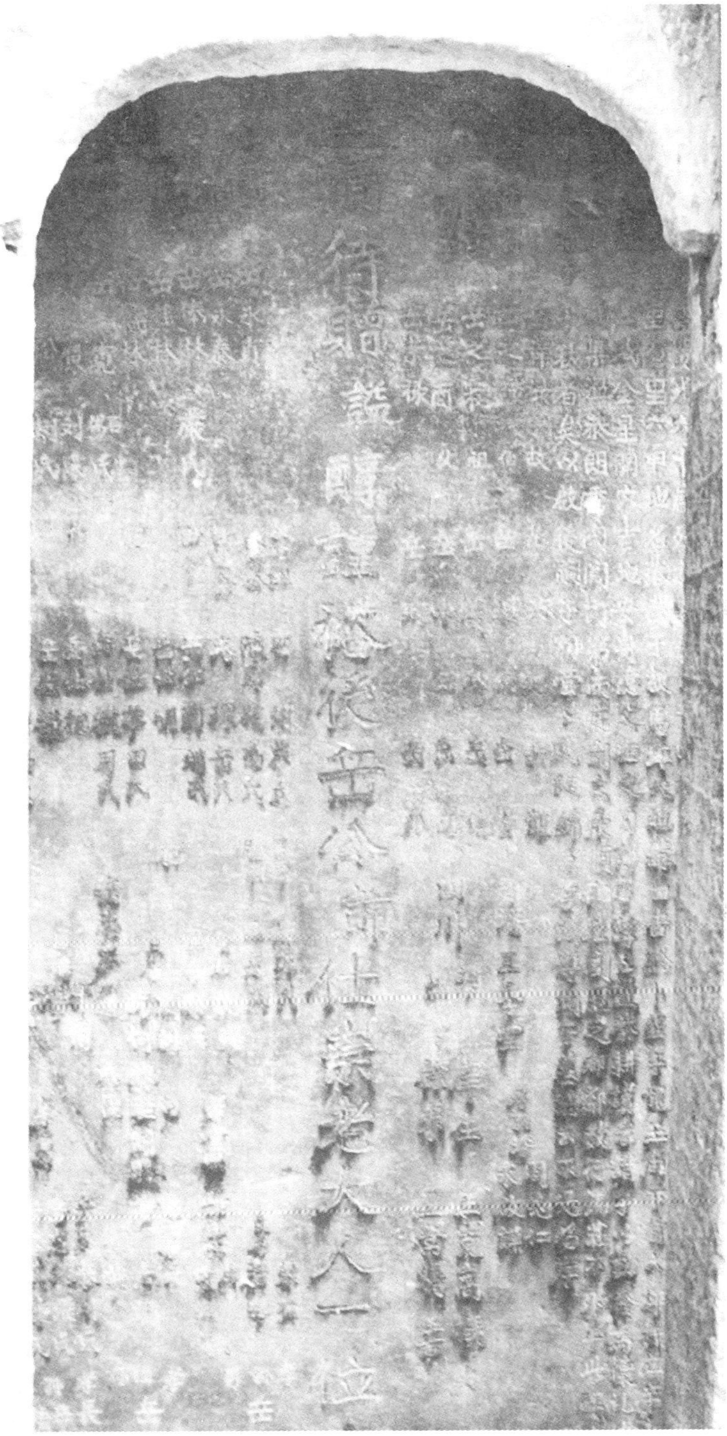

（局部二）

二三　泰山碑記

二四　皇清嚴禁賭博碑

二五　募修道路碑記

二六　重修藥師佛殿碑記

重修藥師佛殿碑記（碑額、局部）

二七　重修香泉寺碑記

（全圖）

（局部一）

（局部二）

二八　陳氏始祖塋碑志

陳氏始祖塋碑碑帽

二九　重修南天門大埡道路碑文

三〇　磚刻一組（含嘉慶磚刻）

成縣

一　武都太守李翕西狹頌

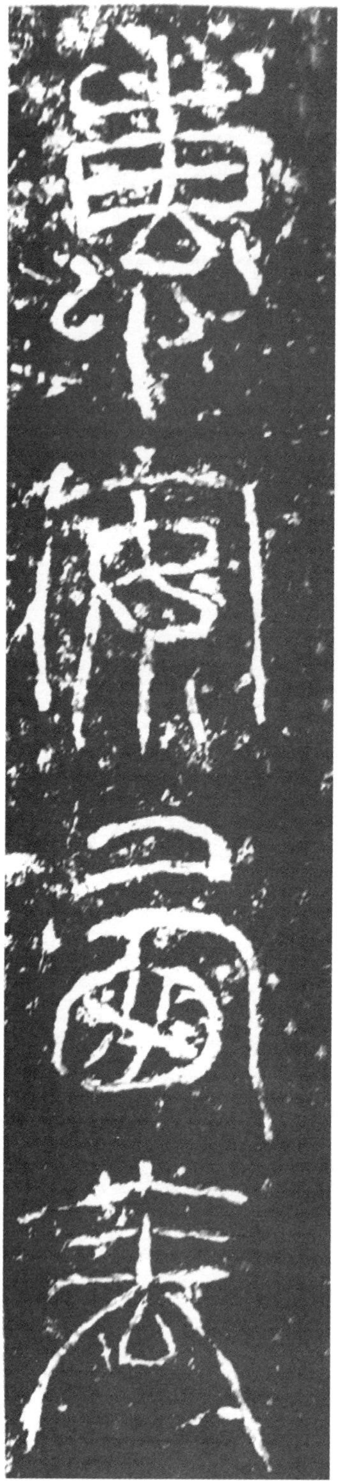

（額題）

（黄龍題榜）

（西狹頌正文）

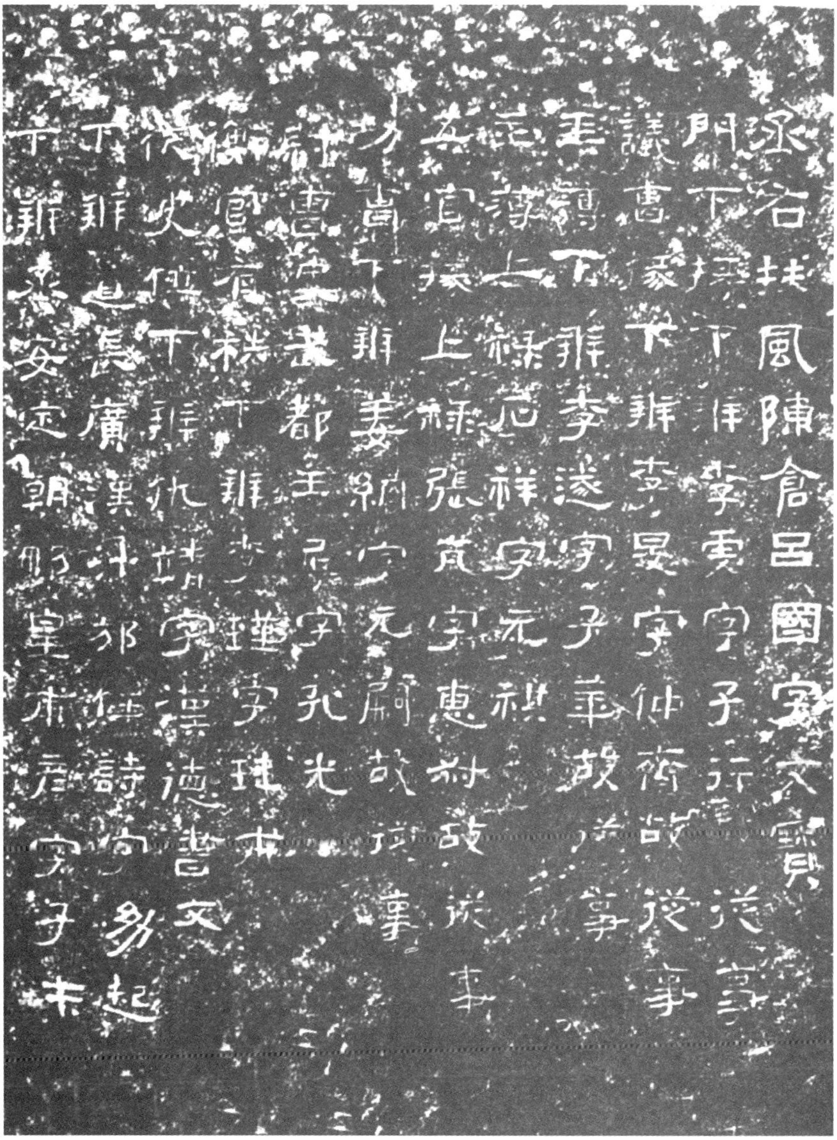

（五瑞圖下四行題名）

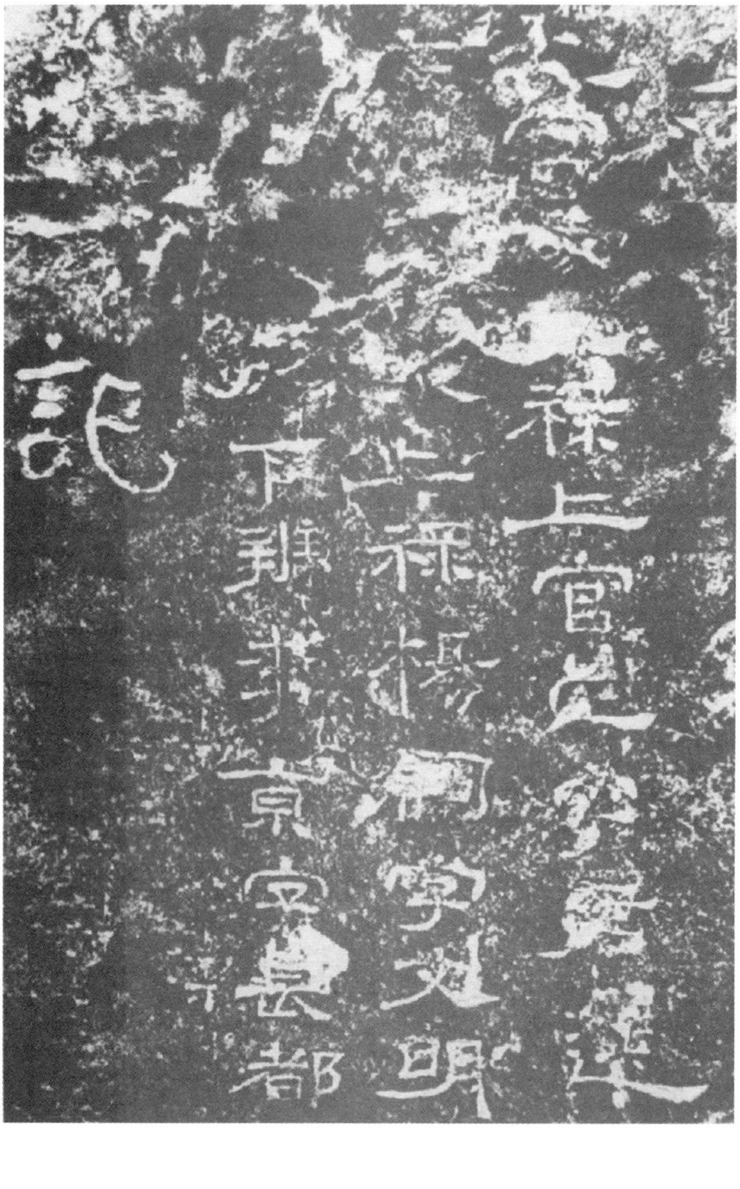

二一　「下辨令印」印

（五瑞圖後兩行題記）

三　西狹題記〔呂蕡、呂大忠〕

四　獅子洞題記〔游師雄〕

五　西狹題記〔智詮〕

六　獅子洞題記〔晁説之〕

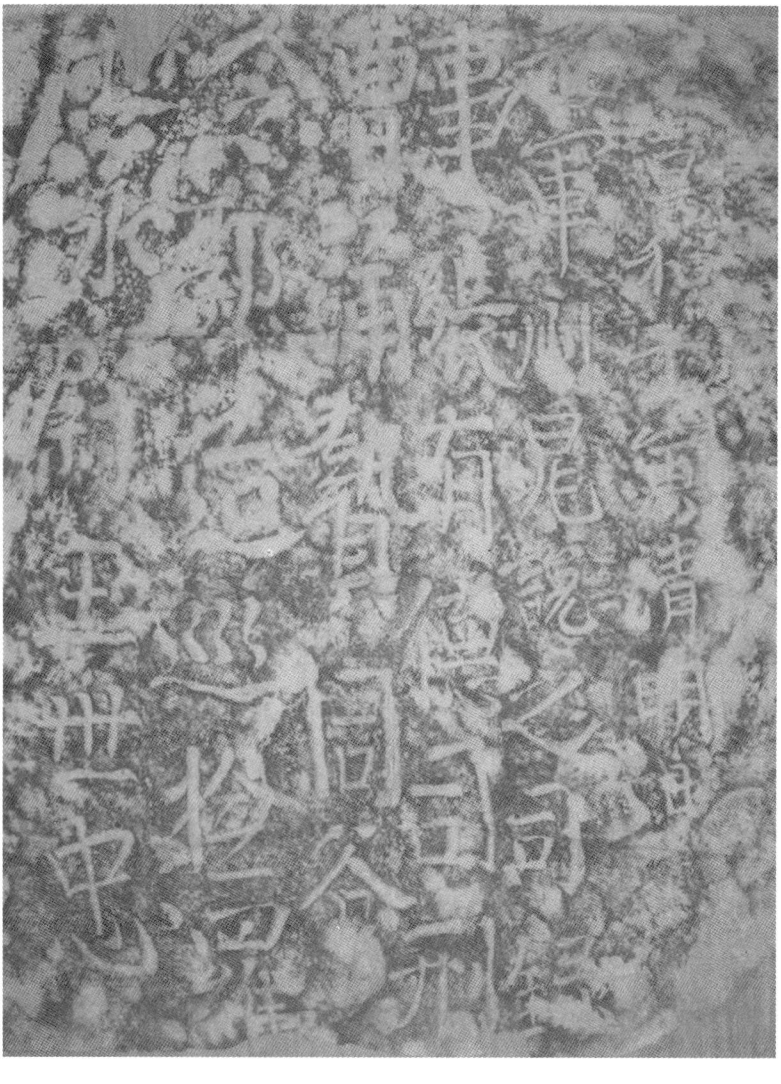

七　獅子洞題記〔臺宗孟〕

八　西狹題記〔王師雄〕

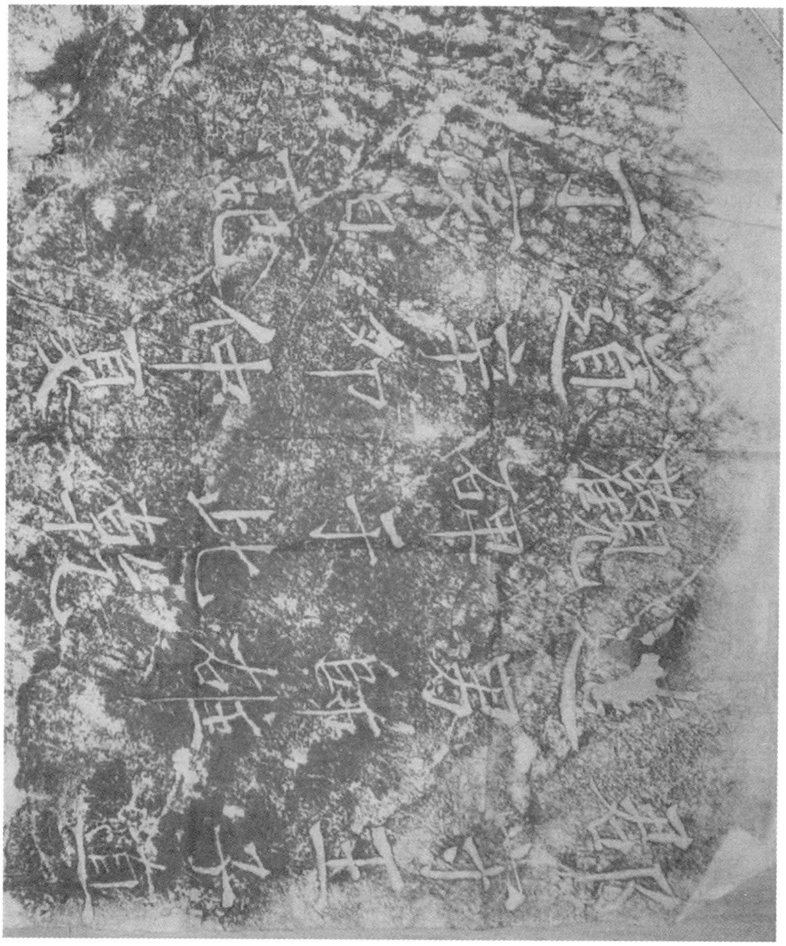

九　西狹題記〔馬義夫〕

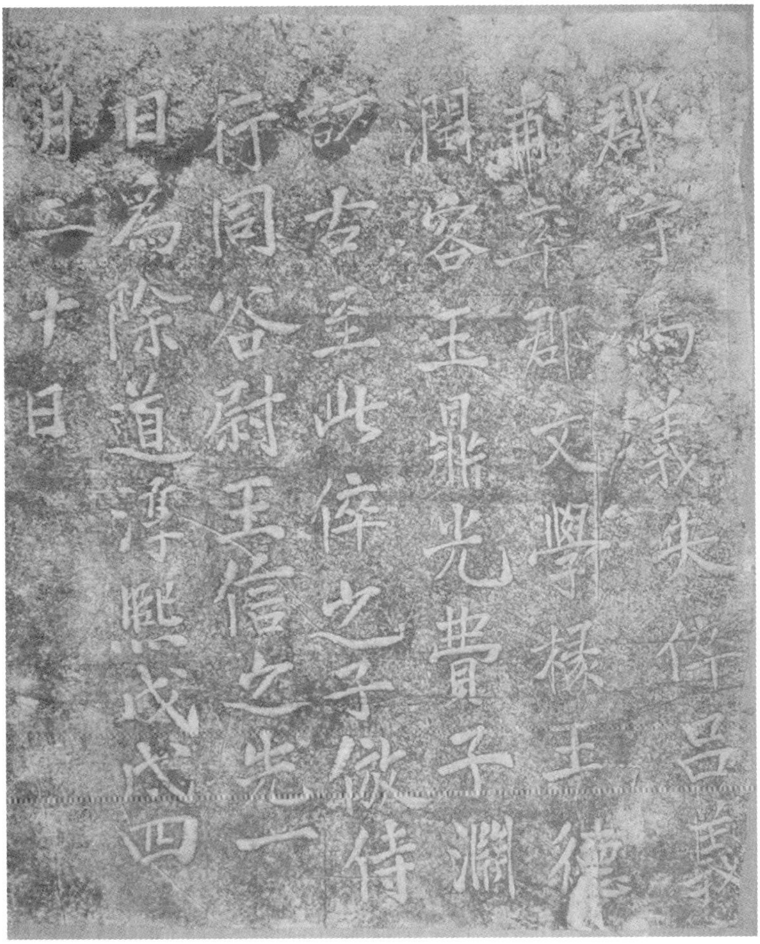

一〇　西狹題記〔卑牧〕

一一 獅子洞題記〔卑牧〕

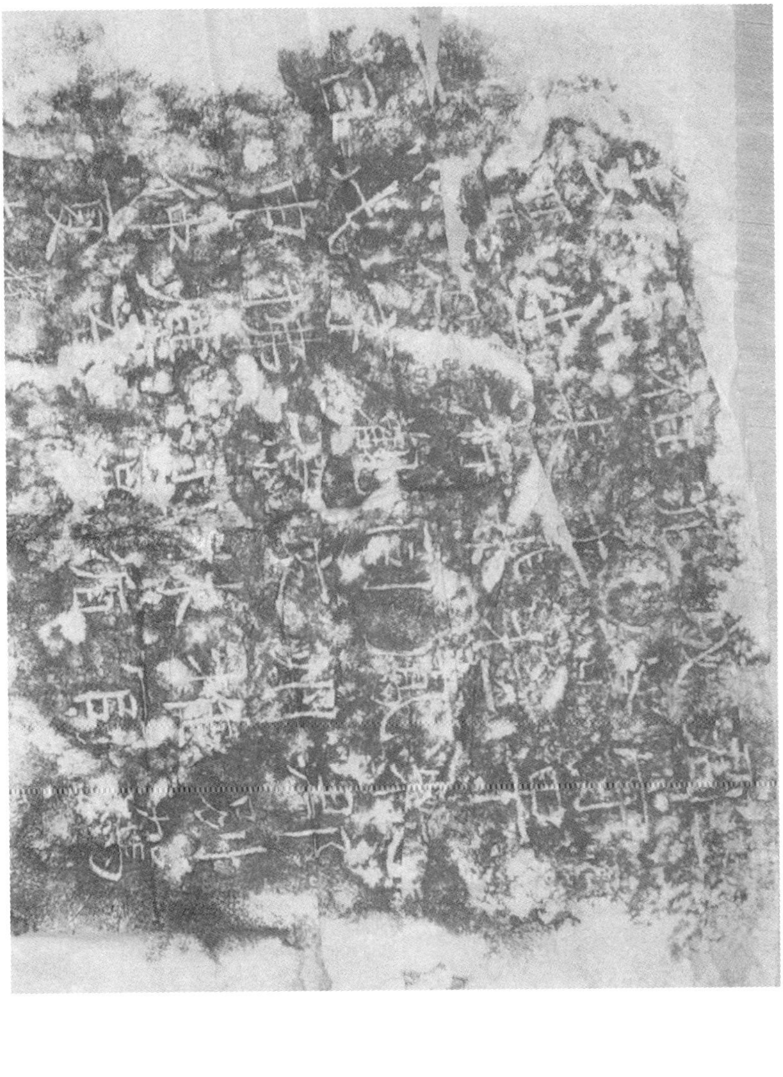

一二　西狹題記〔王正嗣〕

一三　賦龍峽草堂

一四　孚澤廟牒

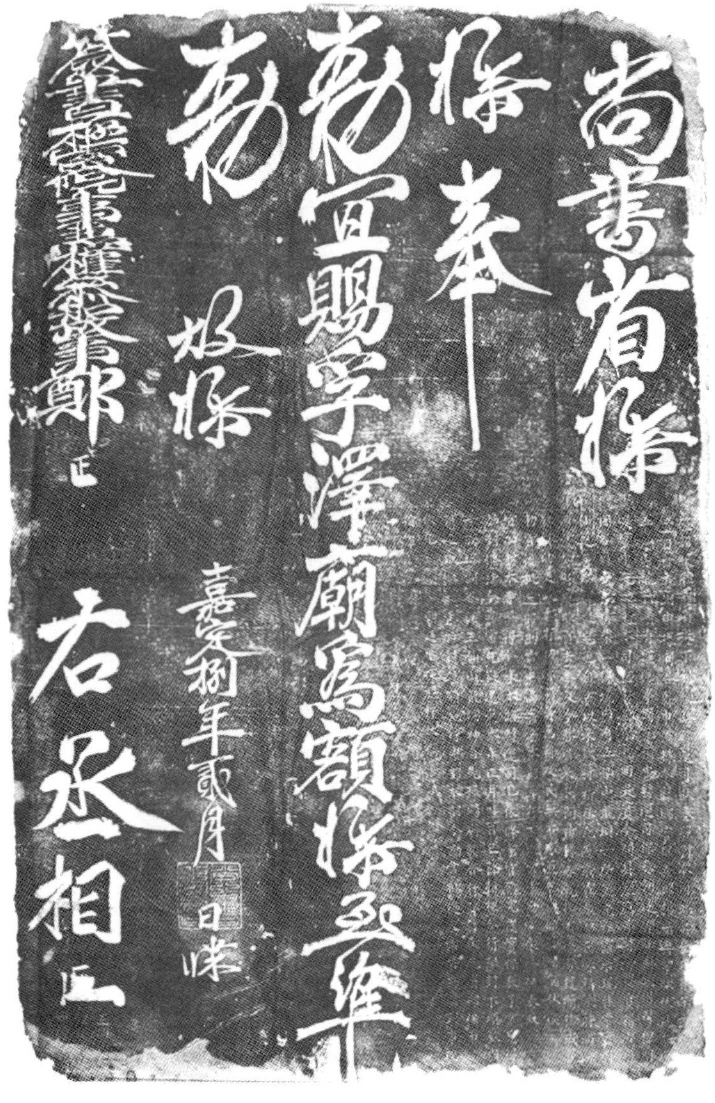

一五　五仙洞記

（全圖）

（局部）

一六　感應金蓮洞記

（碑陽篆額）

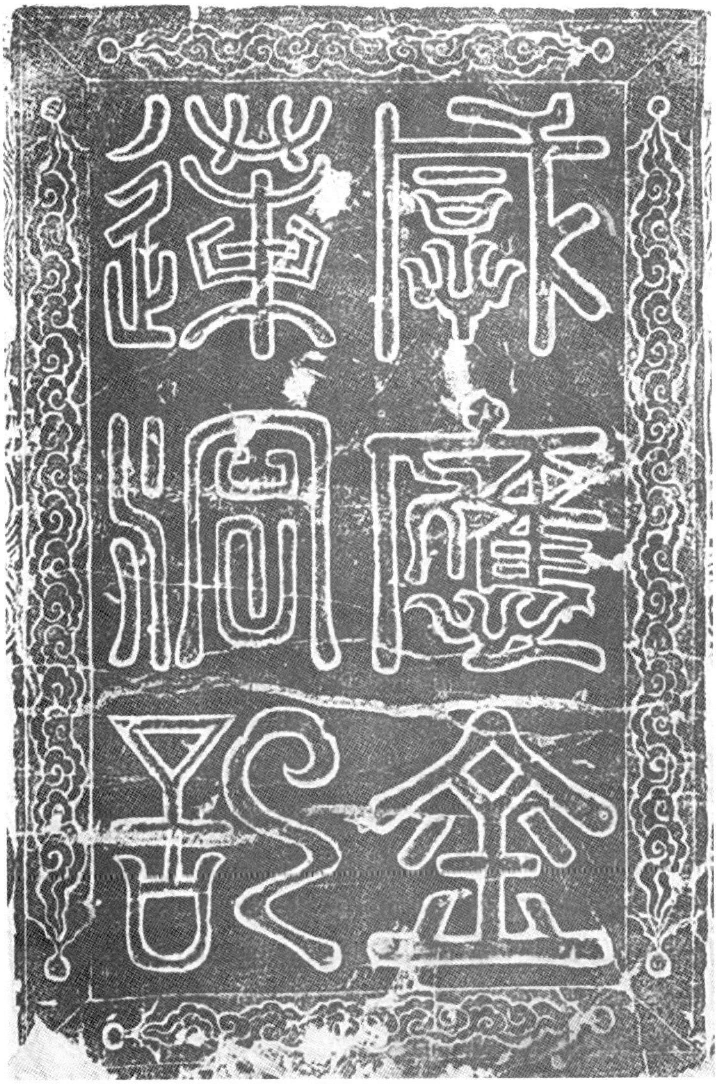

（碑陽）

（碑陰）

一七　重修金蓮洞三元聖像記

一八　訪杜少陵祠

一九　春日謁杜少陵祠

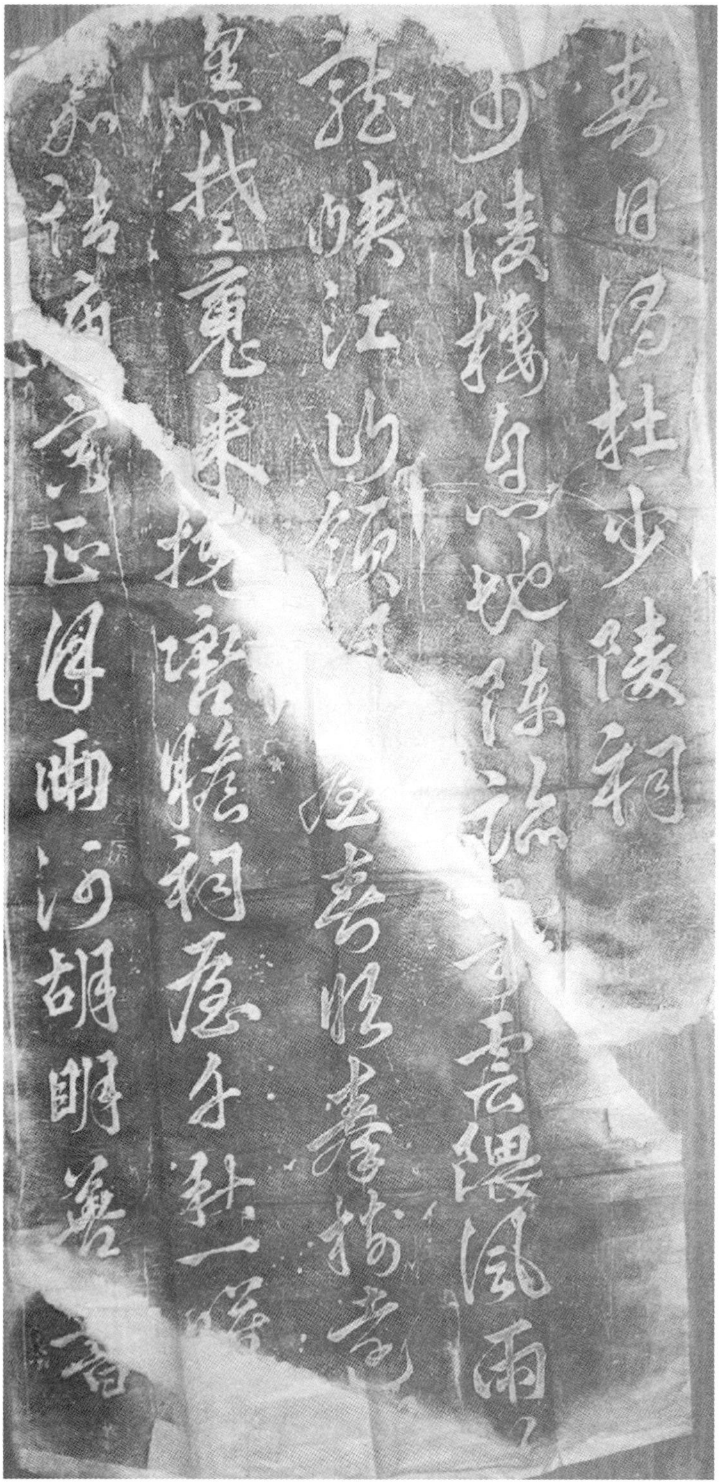

二〇　過杜子祠

過杜子祠
對縣南山秀出岐
少陵遺跡啓生祠
豪吟憫世憂時志
曉景懷鄉去亂思
大雅刪餘高獨步
盛唐變後妙難窺
詩家門户知多少
神聖無傳總是師
嘉靖丁酉仲冬六日
賜進士奉政大夫陝西按察司分巡隴右道僉
事前南京刑部郎中太原白鐩書

二一　劉璜詩八首并跋

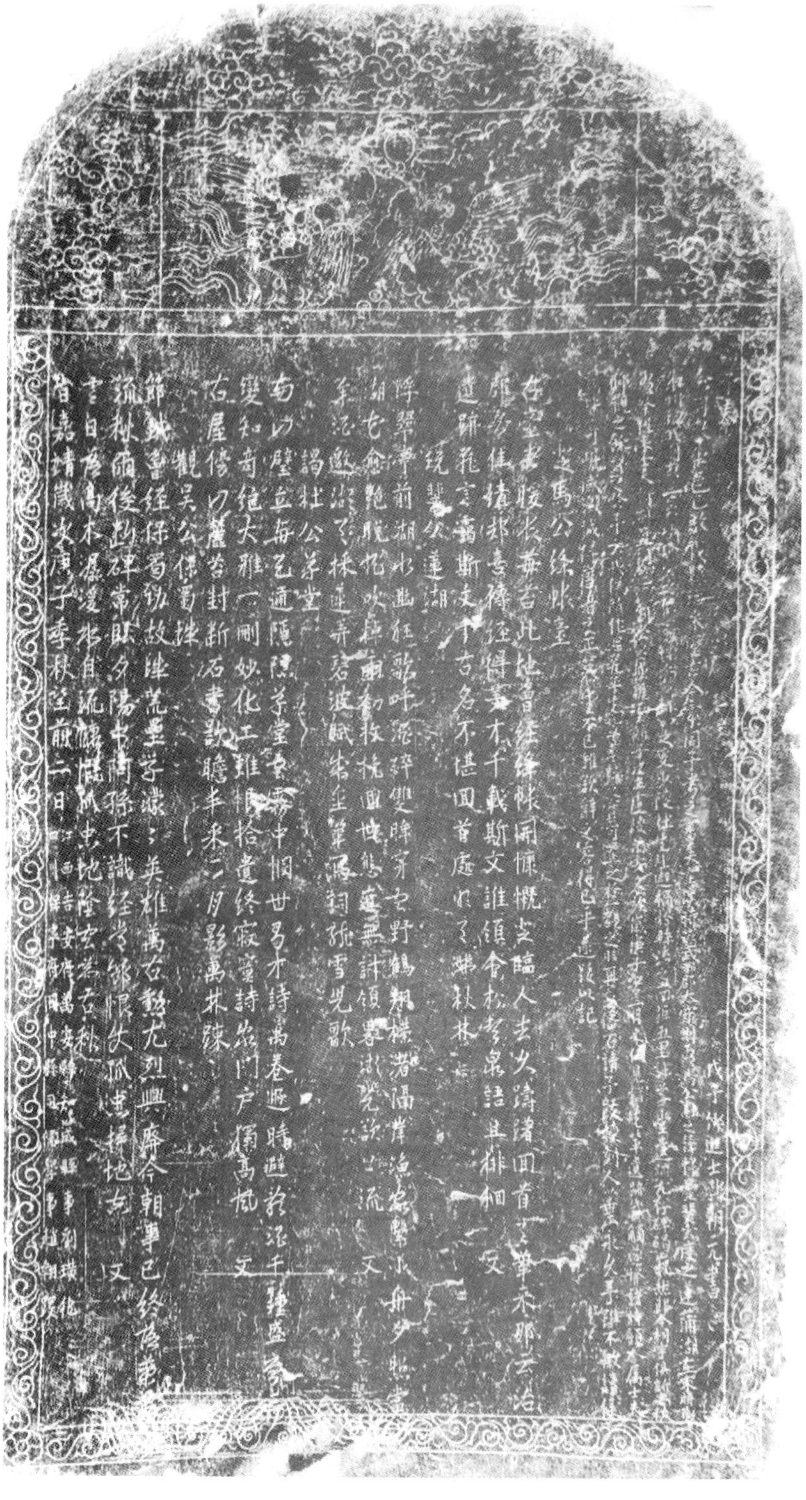

二二一　成縣五言律一首

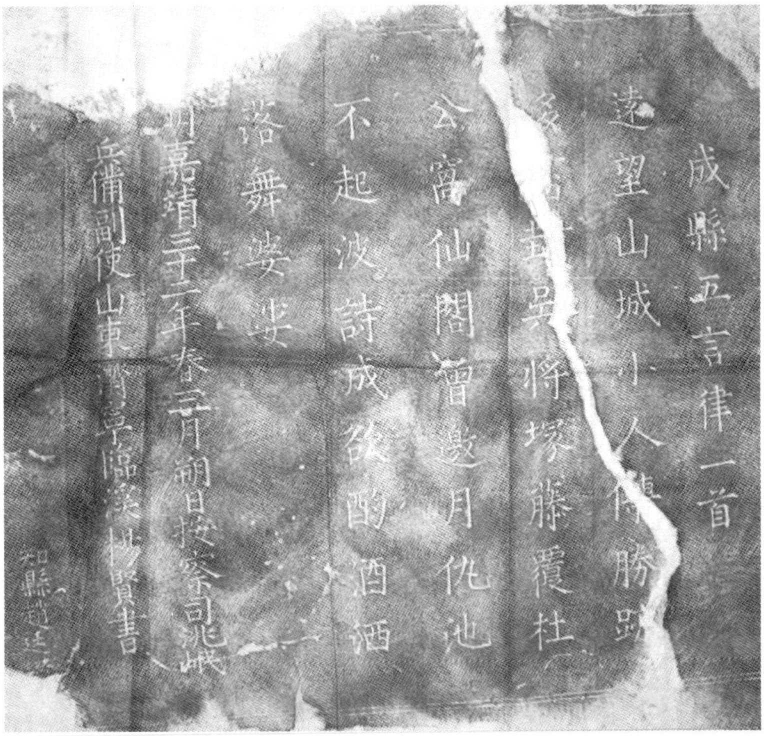

二三　謁杜工部祠七言律一首

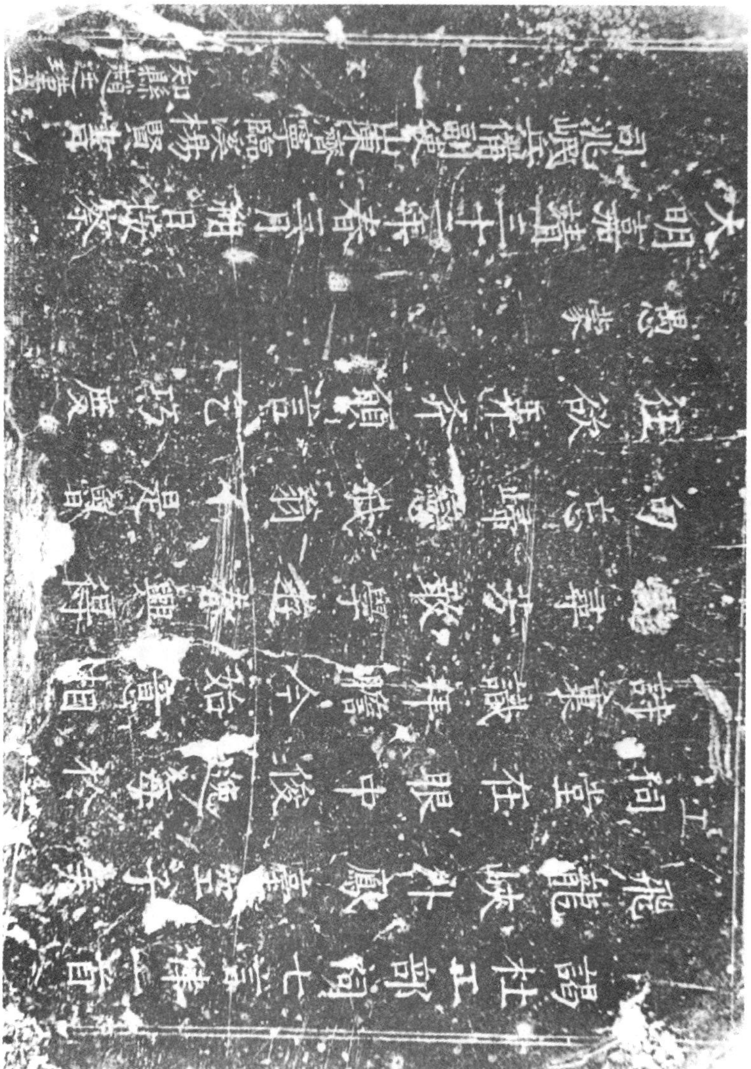

二四　謁少陵祠

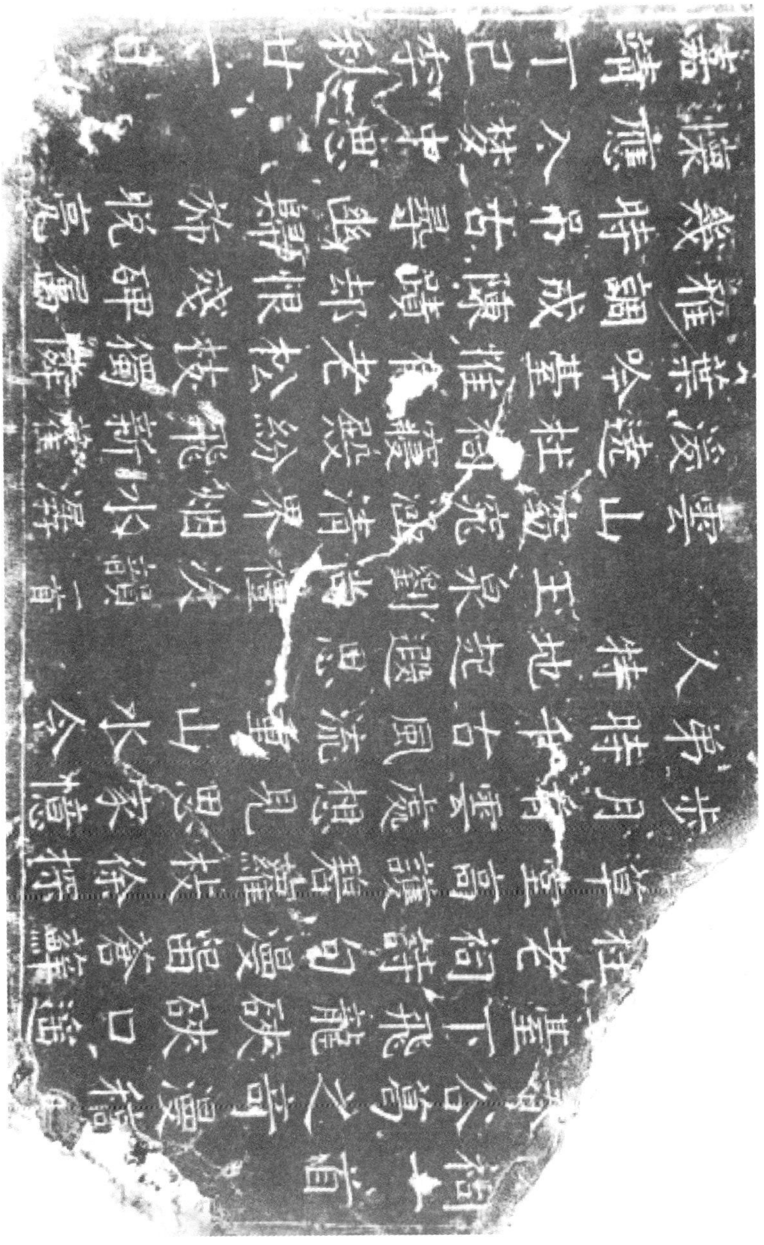

二五　重修廣化寺記

（碑陽）

（碑陰）

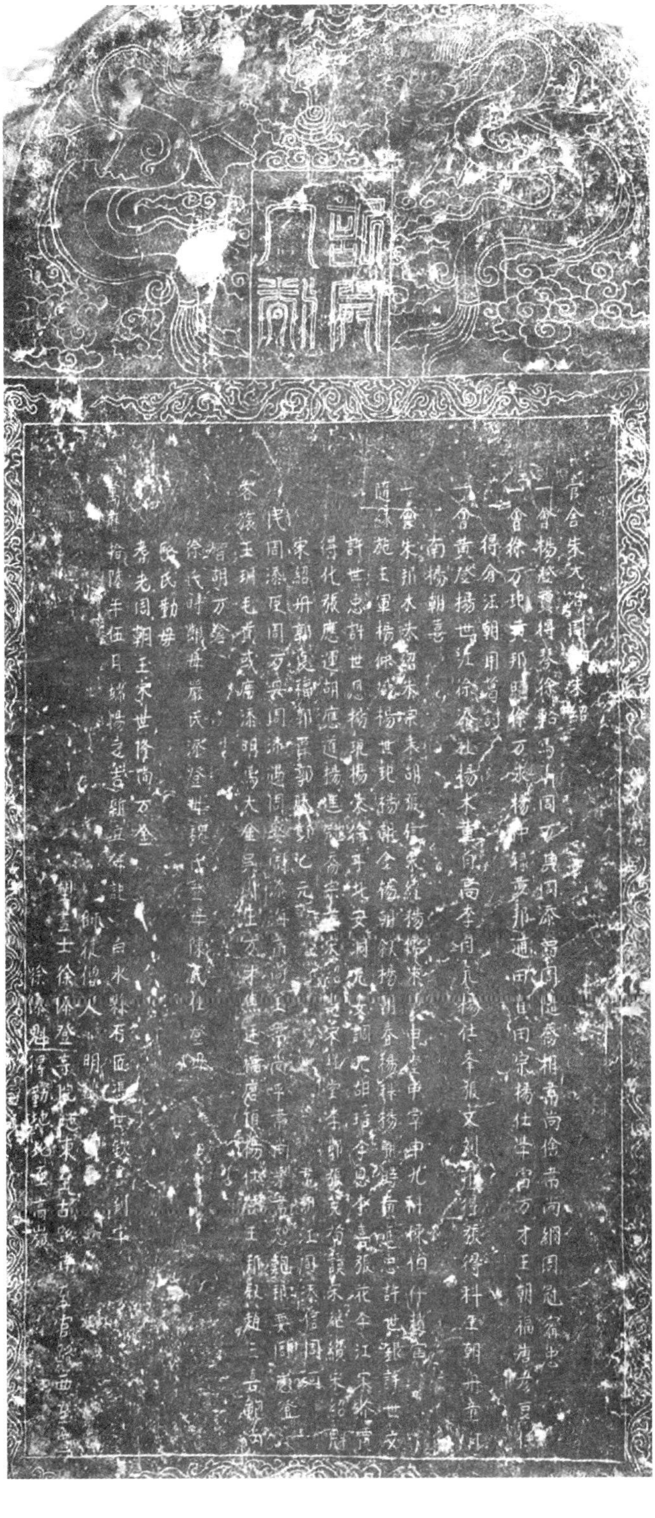

二六　重修佛洞寺碑記

二七　重修杜少陵祠記

春日謁
杜少陵祠
廟栢青又又見
春高名千古屬
詞臣濤聲漱石
嗟懷壯嵐色籠
霞道骨真幽憤
斷碑嶷客思清
風幽砌長精種
情深不覺嗟同
契為羅麓祠終
後人
重修杜少陵祠記
攸又手大觀也前代名公詠歌以紀其勝者雅
多奇蹟嗣是棟宇傾圮風景依然謁祠者每嘅
然裴孤嘯焉我趙侯奉命尹是邑春日脩嘗祀
登堂拜像賞鑑殊殷乃捐俸命工經營之不日
落成祠煥然一新事竣應律等請題紀勝侯義
不容默倚馬揮一律灑又得神盛唐之風韻不
是過也起少陵於九原其首肯矣敬勒石以
不朽若夫政通人和百廢俱舉邑人士耳而目
之別有紀焉侯三晉科也諱相字冠卿
玉鉉太原之狼孟人
萬曆戊午秋春日
儒學教諭河曲管應律撰文
訓導洋甲安孚校正
典史新水姜之奇書丹
闔學生員喬三善等同立

二八　重修金蓮洞記

（碑陽）

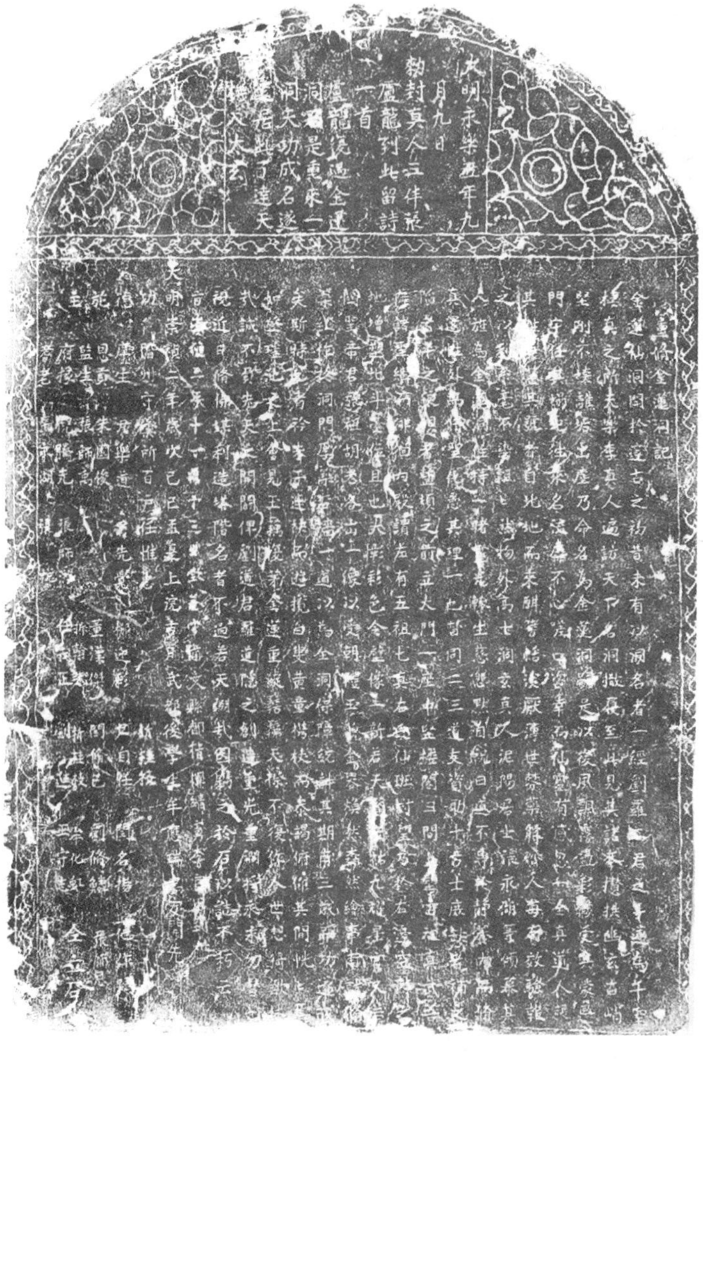

（碑陰）

二九　廣化寺建修慈聖宫碑記

三〇　西狹題記〔李甲璧〕

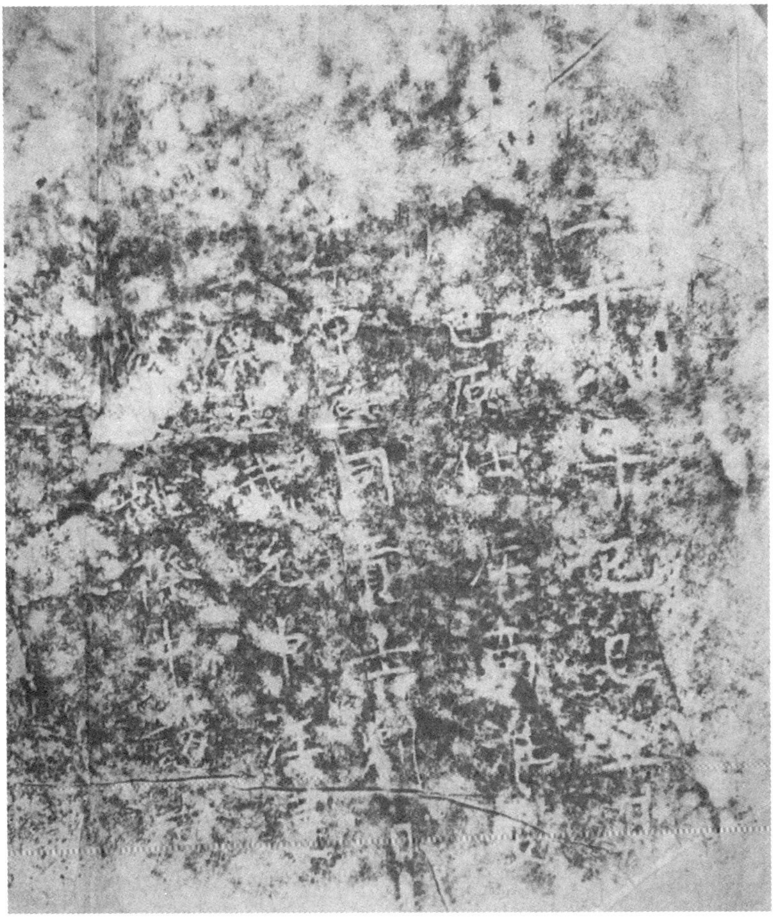

三一　明封明威將軍始祖張公神道碑

三二　西狹題記〔黃泳〕

三三　西狹題記〔雷贊化〕

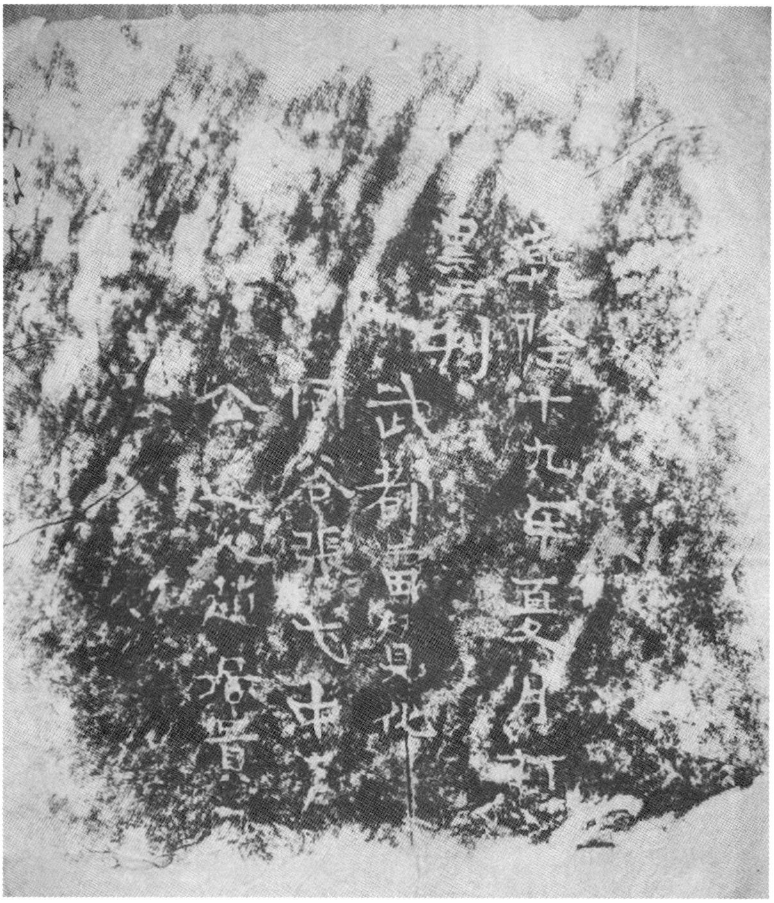

三四　大雅今何在詩并跋

三五　重修飛龍峽棧道碑記

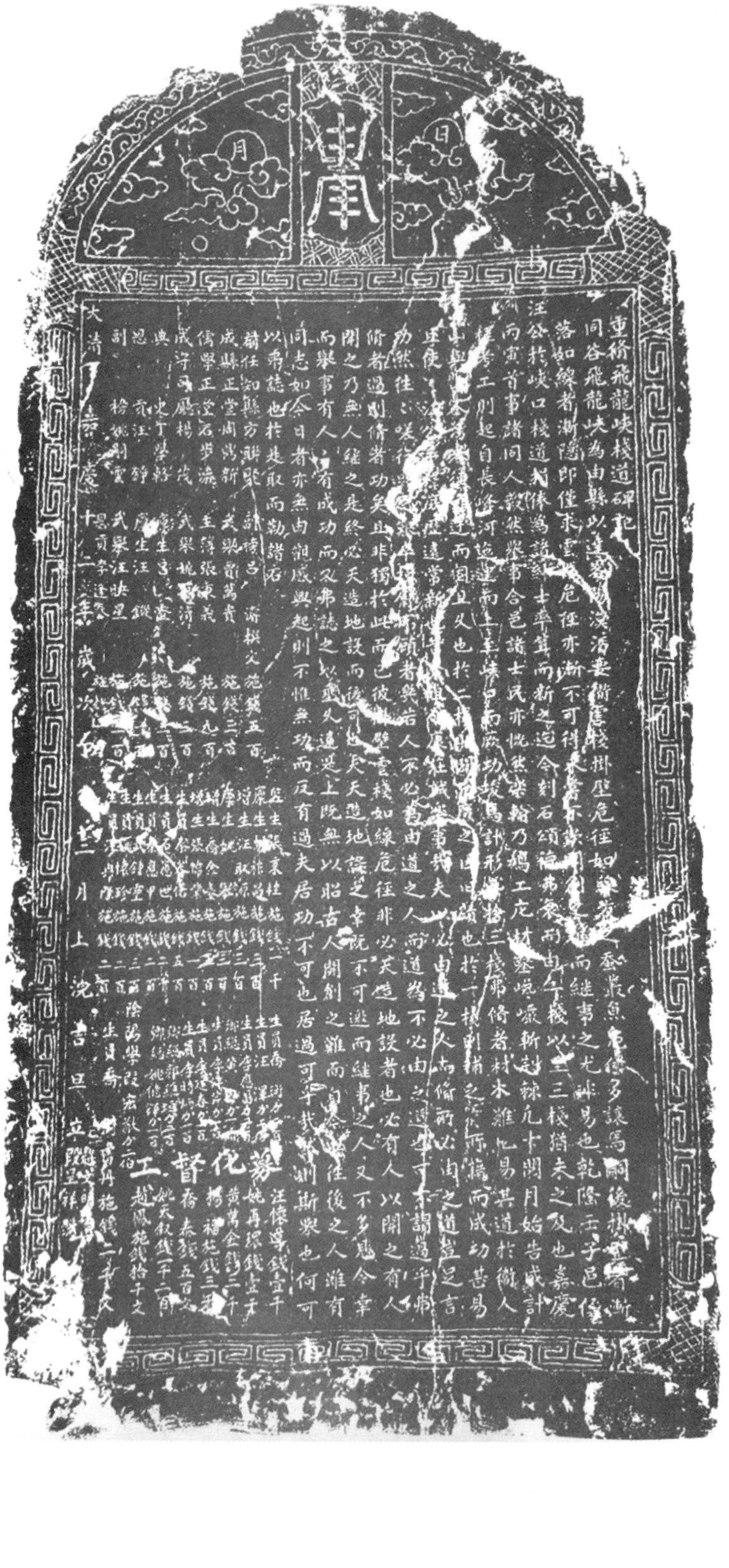

三六　三春花柳亂啼鶯碑

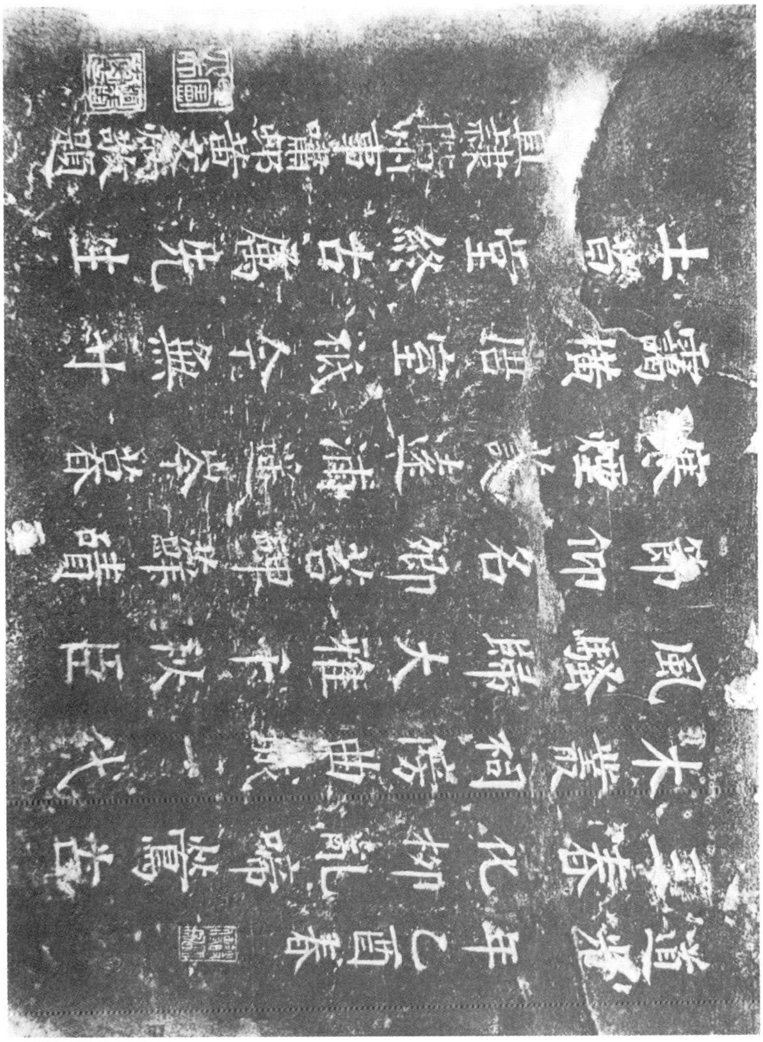

三七　重修金蓮洞碑記

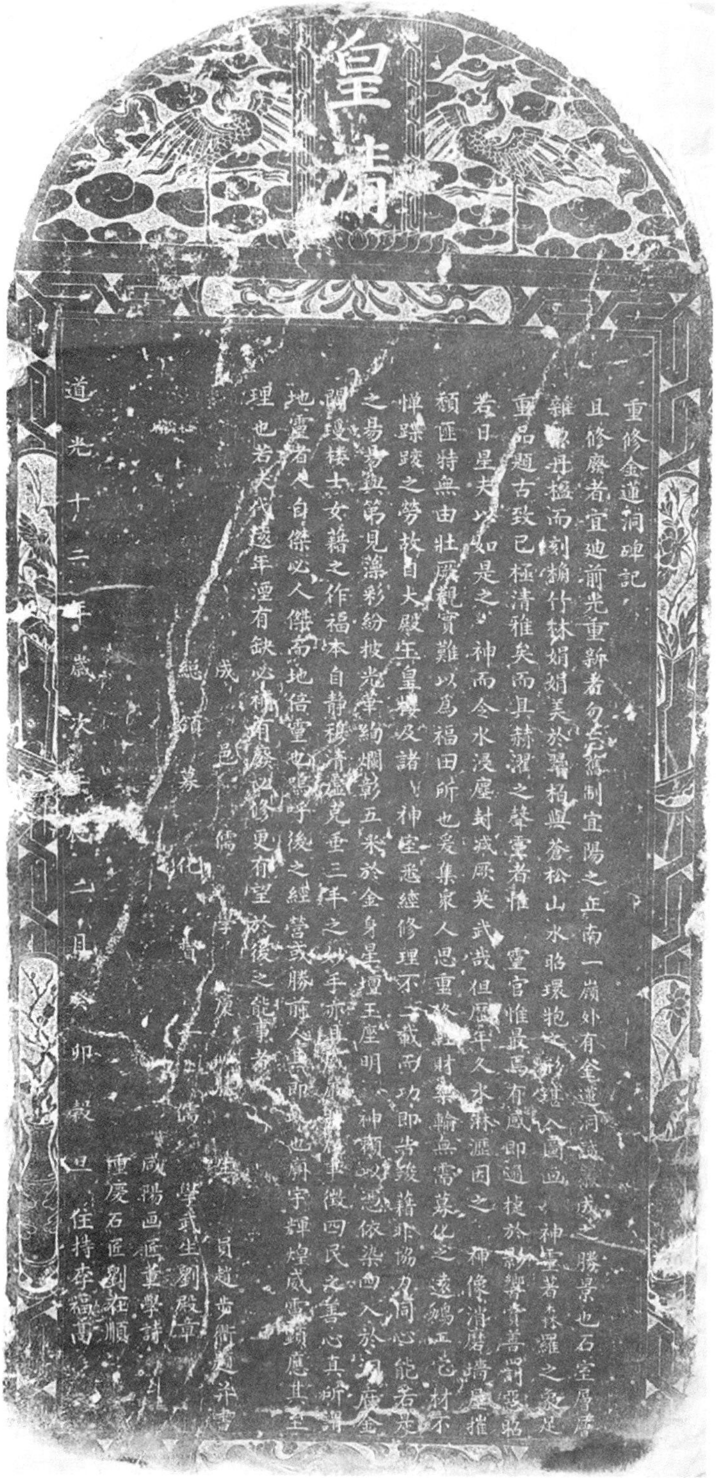

三八　草堂七言詩四首并跋

三九　官店築路碑

四〇　西狹題記〔陶自强〕

四一　清明謁杜工部祠

徽縣

一　新修白水路記

（全圖）

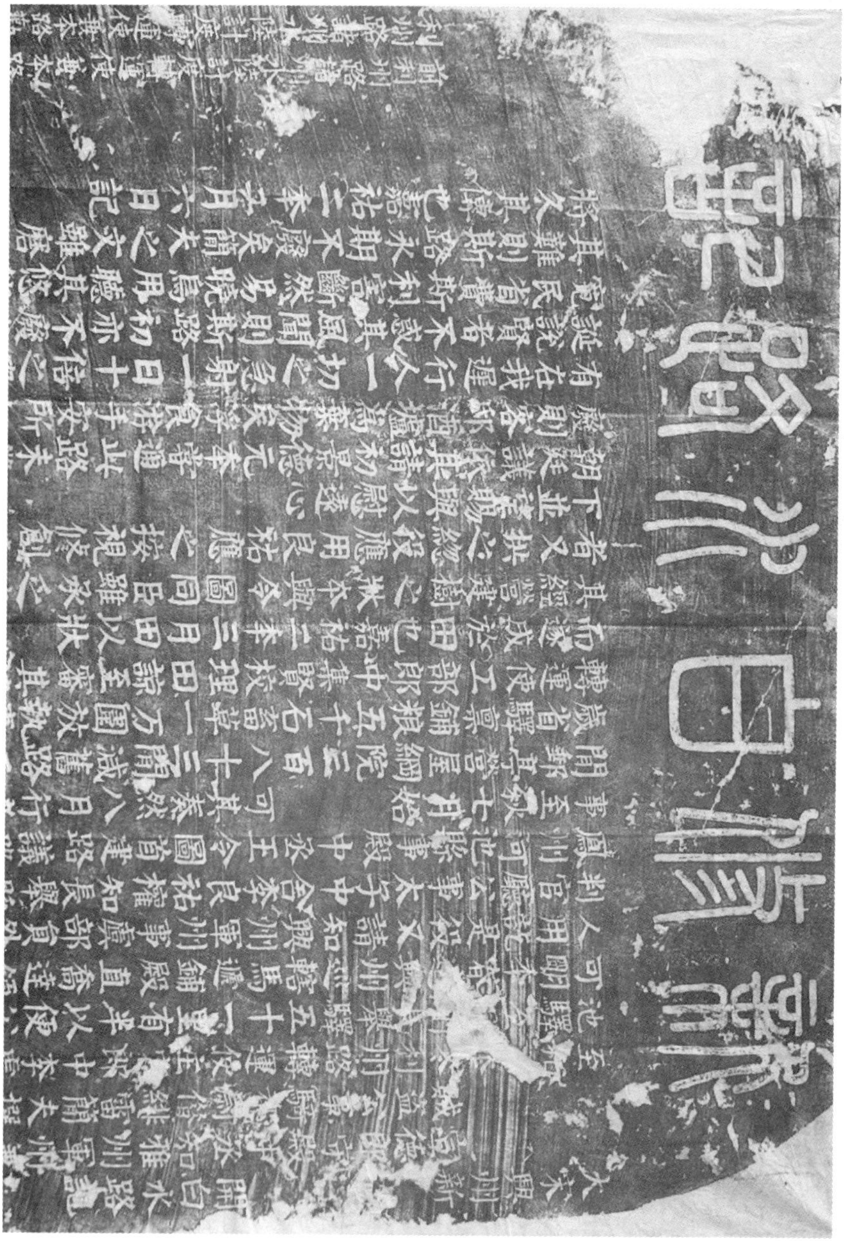

（局部一）

（局部二）

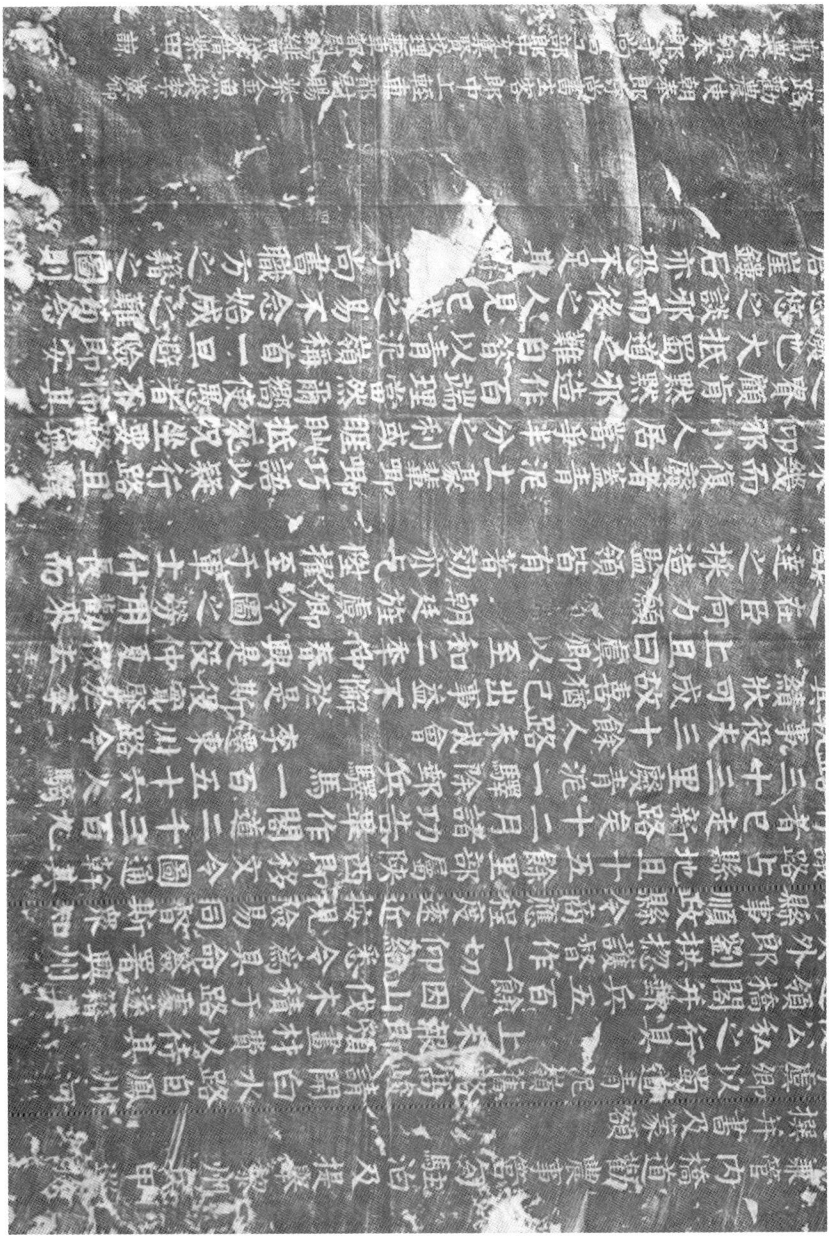

二　敕賜褒功崇孝禪院額

三　宋故感義郡太夫人程氏墓志銘并序

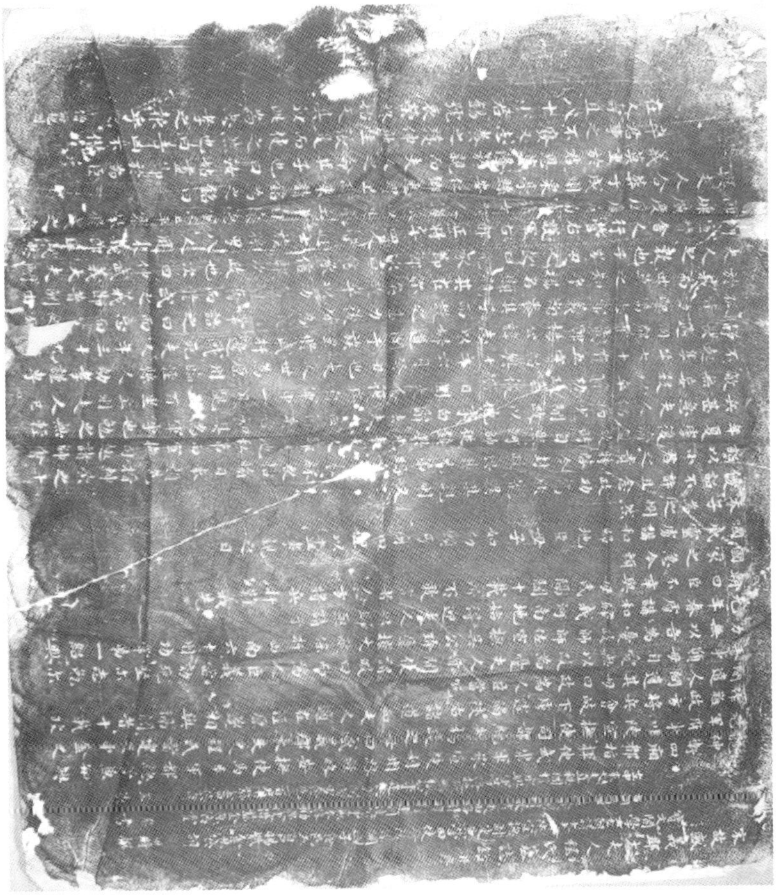

四　宋故開府吴公墓志銘

五 徽州重修廟學之記

六　過白水硤讀磨崖碑一首

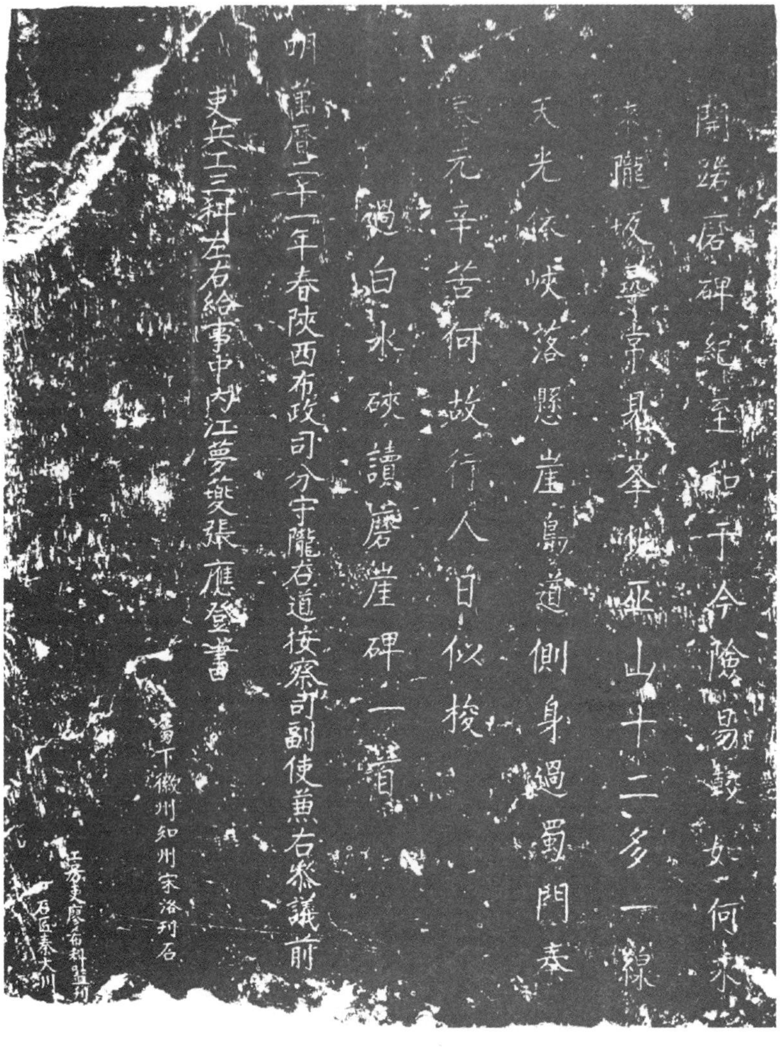

七　新刊修路碑記

八　虞關石峽路摩崖

九　鳳凰山宣靈王廟詩碑

一〇　徽州調停驛站碑記

一二　徽縣紳士良民被難碑

一三　遠通吴楚碑

一四　修路碑記

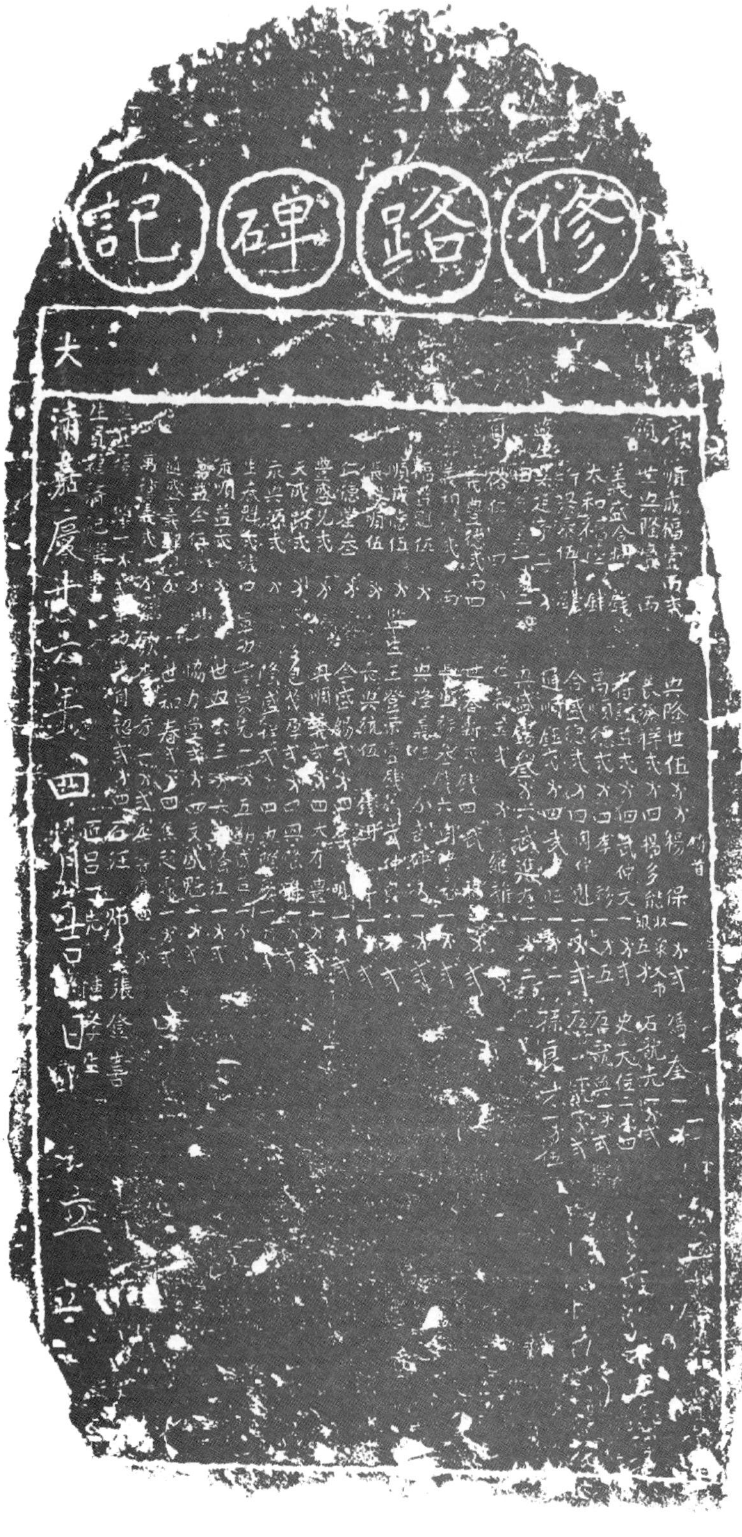

一五　重修樂樓告竣碑記

一六　重修觀音閣碑記

[illegible]修觀音閣碑記
迎[illegible]觀之有[illegible]音閣也不知其創自何時而凡有祈禱罔不應
焉余曰此微邑之壯[illegible]閣之[illegible][illegible]也嘉慶丙子歲邑紳士有
重修　聖母宮之舉余[illegible]不列領首之末乃於督工之暇步
於其側見其牆垣毀壞[illegible]階傾覆[illegible]有香火之緣實無拜跪之
地觀茲頹廢[illegible]快快因[illegible]發心願欲於　聖母宮落成之後
力自補葺無何事不隨心方思庀工余竟染疾[illegible][illegible]是延
及三載卒不得以遂其願因以其事囑余余實不才當時未及
就理厥後余失怙之後每念[illegible]文竊不禁潸然茲於癸未之春畧
捐微貲越日興工[illegible]前之[illegible]然就圯者煥然一新[illegible]
神靈之莫[illegible]有嚴而　先君之願[illegible]遂焉爰[illegible]工成之後勒之
於石以記其事[illegible]　[illegible]工牛自重[illegible]
道光三年歲次癸未[illegible]七月吉日[illegible]修信士牛育嘉[illegible]敬刻

一七　重修廟宇碑記

一八　重修太山廟落成碑志

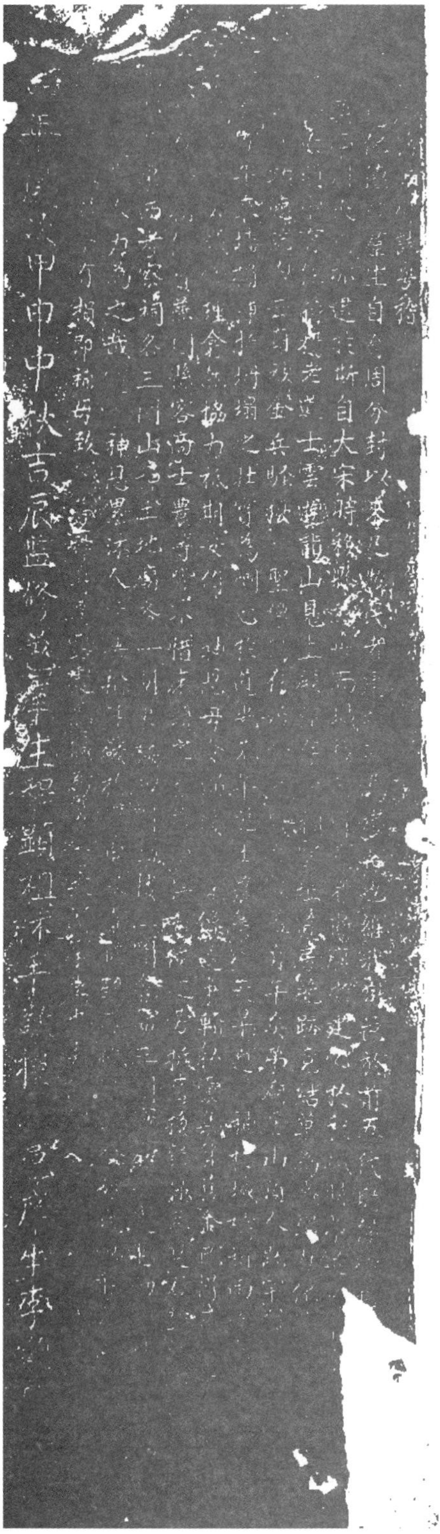

一九　迎旭觀補修碑

二〇　嚴坪重修世德橋碑

二一　泰山廟碑（局部）

二二一　嚴坪石關硤築路碑

二三　徽縣大河店修路碑

（碑一）

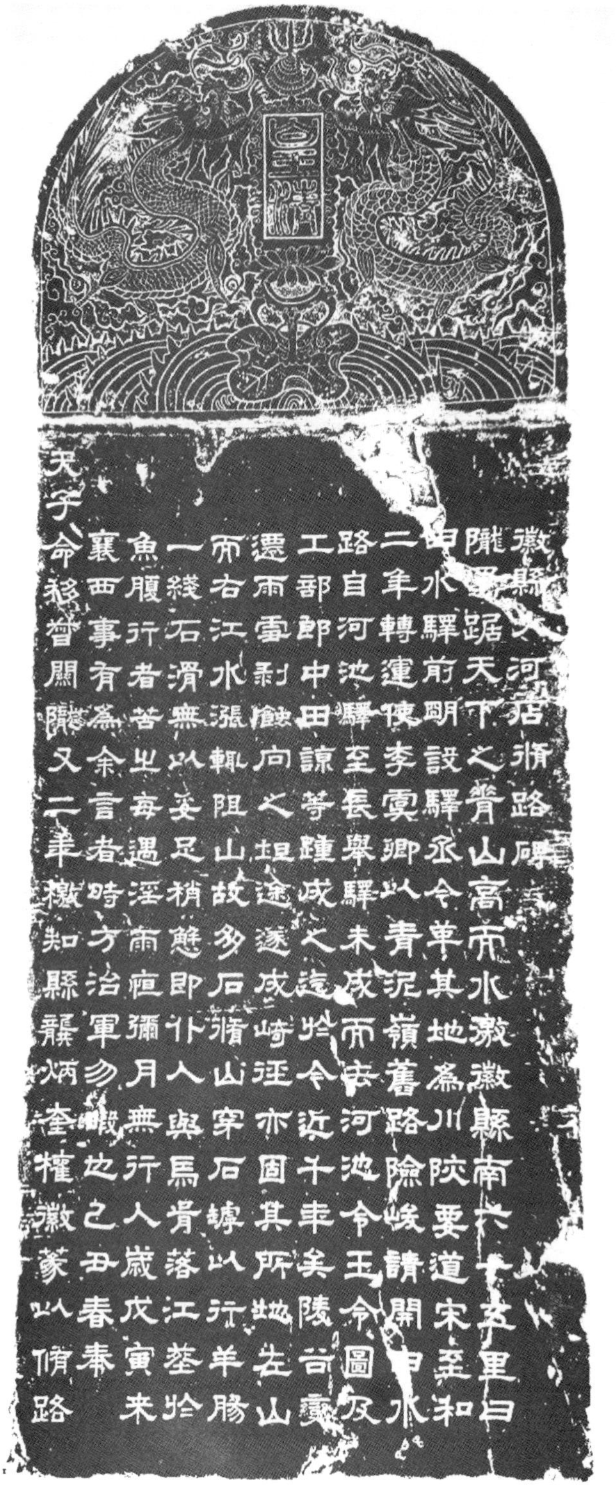
徽縣之河若循路碑
隴蜀踞天下之背山高而水激徽縣南六十五里曰
白水驛前明設驛丞令革其地爲川陝要道宋至和
二年水轉運使李虞卿以青泥嶺舊路險峻請開白水
路自河池驛至長舉驛未成而去河池令王令圖及
工部郎中田諒等踵成之於今近千年矣陵谷變
還雨雪剝蝕向之坦途遂成崎徑亦固其所也左山
而右江水漲輒阻山故多石循山穿石鑿以行羊腸
一綫石滑無以妥足稍懸即仆人與馬骨落江葬於
魚腹行者苦之每遇淫雨恒彌月無行人歲戊寅來
襄西事有爲余言者時方治軍多暇也己丑春奉
天子命總督關隴又二年徽知縣龔炳奎權徽篆以脩路

（碑一拓片）

厲之飭總女易順陳衛郡魚臨里

於是齊石者或內石寶以石碙磺脣骨引以長綫火發石裂人

以為之宰乃見二是沒也者始展此山者補出斷者直出逾土而

李之大五十五里內嚴其委秦始卯此牧張斑片凳斷土

涂道河互泉山大石橋梁卌四張爰其尤勘驗巳土月逾程

涫道蟻堤春令如砠井未傳所碑驟霧為寞昔險者以危以韓岩計如

余且歌於周道舞於衢而昔其淮者縣昔出涉高至數丈尺人許喜

相屬諸道慶率同殼昔危所令安行其物負其子應

不不然火寅斯土者隨時備補入形床廣則安者火

右工舉銀操番

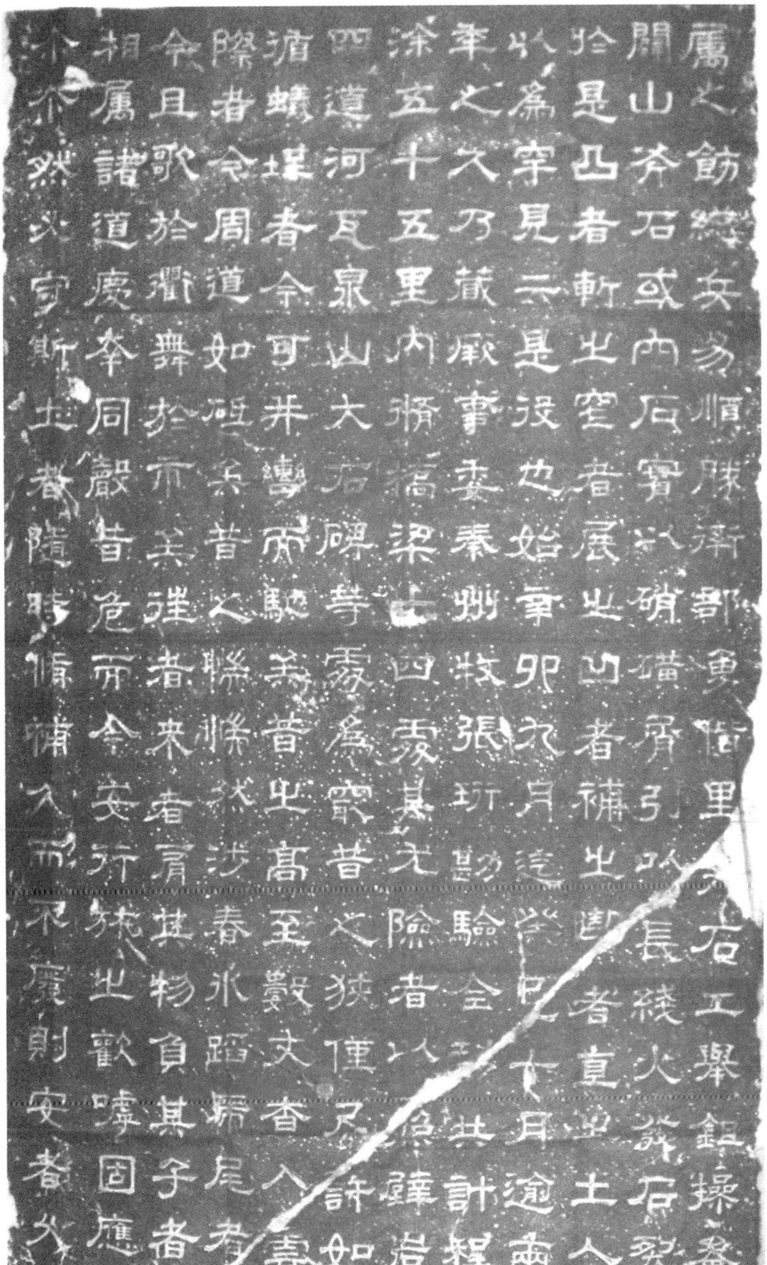

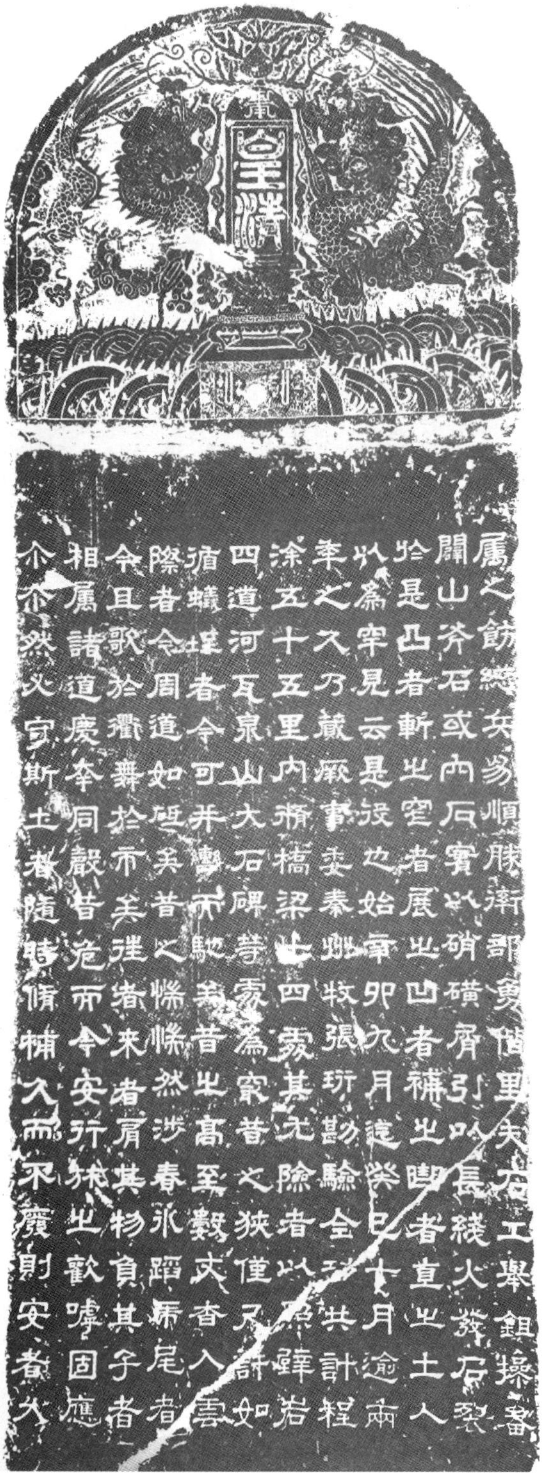

（碑二拓片）

（碑三）

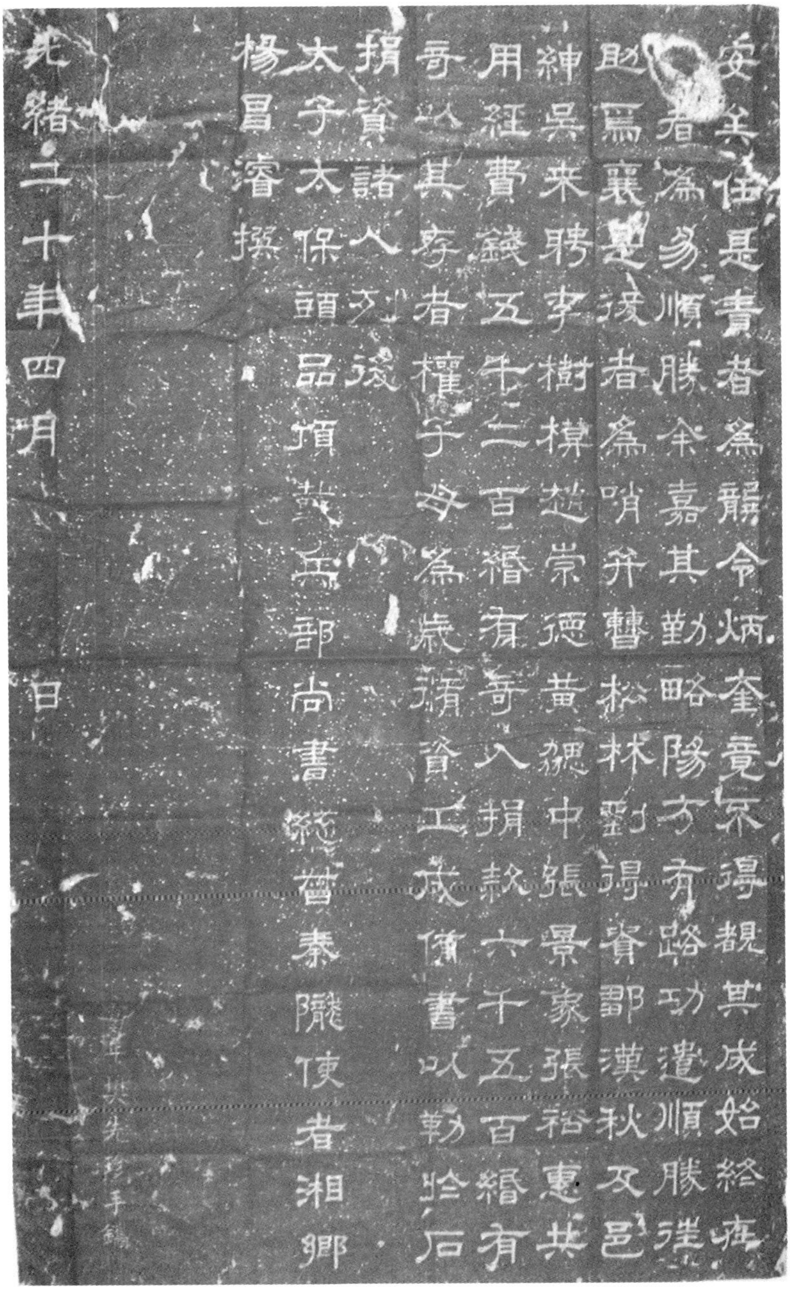
安美伍是責者爲龐令炳奎竟不得覩其成始終在
者爲多順勝余嘉其勤略陽方有路功遣順勝往
趾焉襄是役者爲哨弁曹松林劉得貴鄧漢秋及邑
紳吳來聘李樹模趙崇德黃總中張景象張裕惠共
用經費錢五千三百緡有奇入捐款六千五百緡有
奇以其存者權子母爲歲脩資工成僃書以勒於石
捐資諸人列後
太子太保頭品頂戴兵部尚書總督秦隴使者湘鄉
楊昌濬撰
光緒二十年四月　日

（碑三拓片）

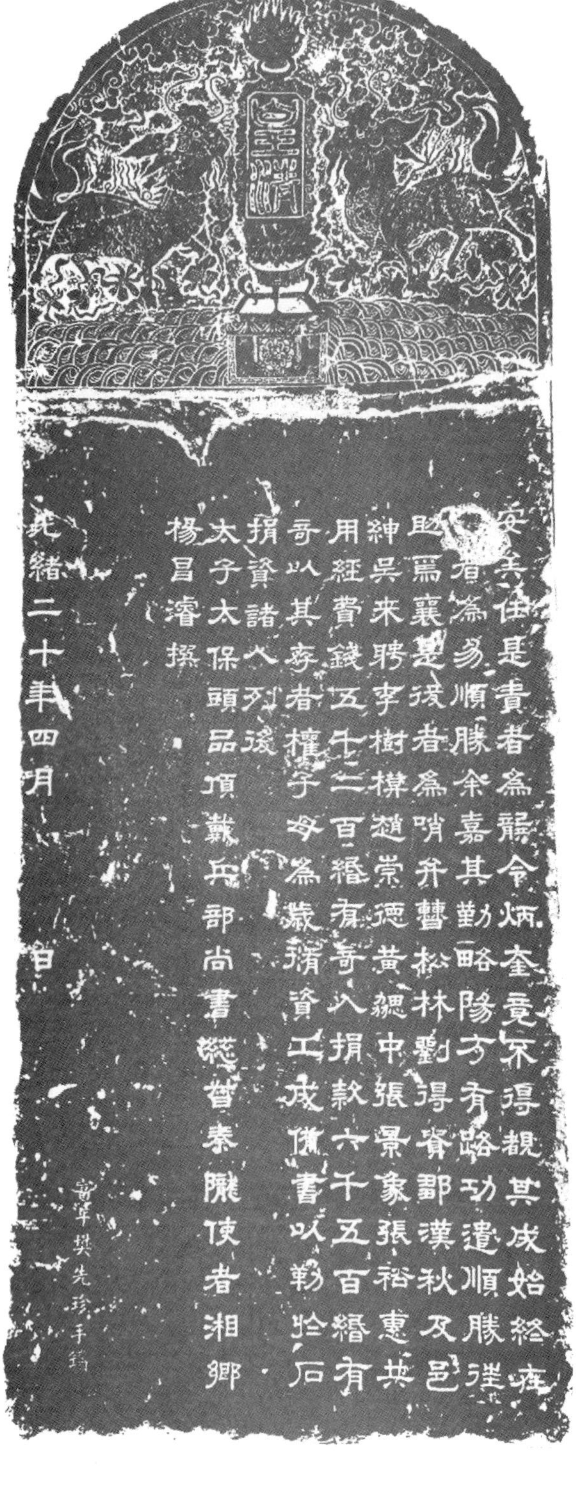
皇清
安吳任是責者爲龍令炳奎竟不得觀其成始終在
者爲多順滕余嘉其勤略陽方有路功遣順滕往
助焉襄是役者爲哨弁曹松林劉得貴鄧漢秋及邑
紳吳来聘李樹棠趙崇德黃總中張景象張裕惠共
用經費錢五千二百緡有奇入捐款六千五百緡有
奇以其存者權子母爲歲修資工成備書以勒於石
捐資諸人列後
太子太保頭品頂戴兵部尚書總督秦隴使者湘鄉
楊昌濬撰
光緒二十年四月　日
甯羌樊先珍手鐫

二四　徽縣大河店修路捐資碑

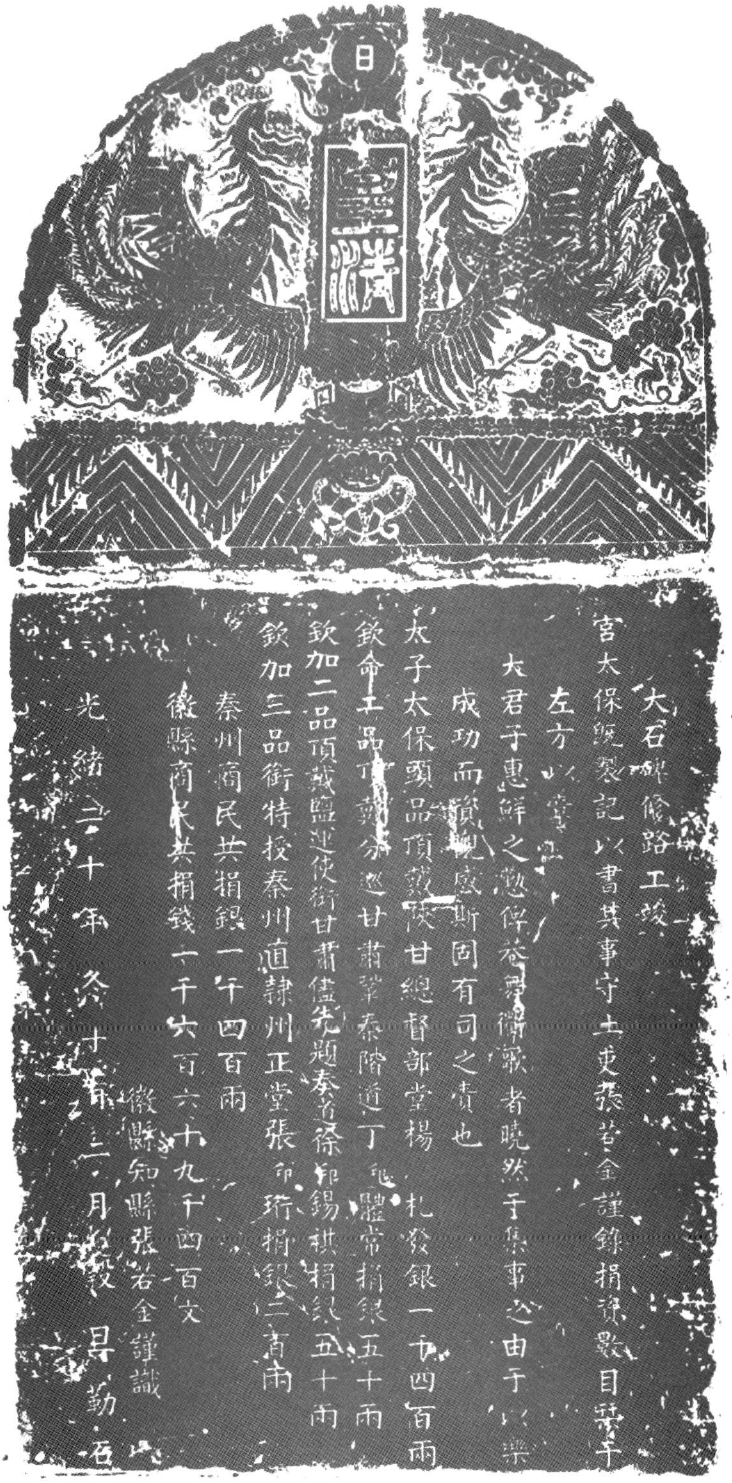

大石碑修路工竣
宮太保既製記以書其事守土吏張若金謹錄捐資數目彙于
左方以彰[illegible]
大君子惠鮮之懋俾蒼[illegible]戴者曉然于集事之由于以樂
成功而[illegible]感斯固有司之責也
太子太保頭品頂戴陝甘總督部堂楊　札發銀一千四百兩
欽命二品頂戴分巡甘肅鞏秦階道丁　體常捐銀五十兩
欽加二品頂戴鹽運使銜甘肅儘先題奏道孫　錫祺捐銀五十兩
欽加三品銜特授秦州直隸州正堂張　琯捐銀二百兩
秦州商民共捐銀一千四百兩
徽縣商民共捐錢一千六百六十九千四百文
徽縣知縣張若金謹識
光緒二十年癸[illegible]十二月穀旦　勒石

二五　裁革告示碑

二六　壽與天同碑

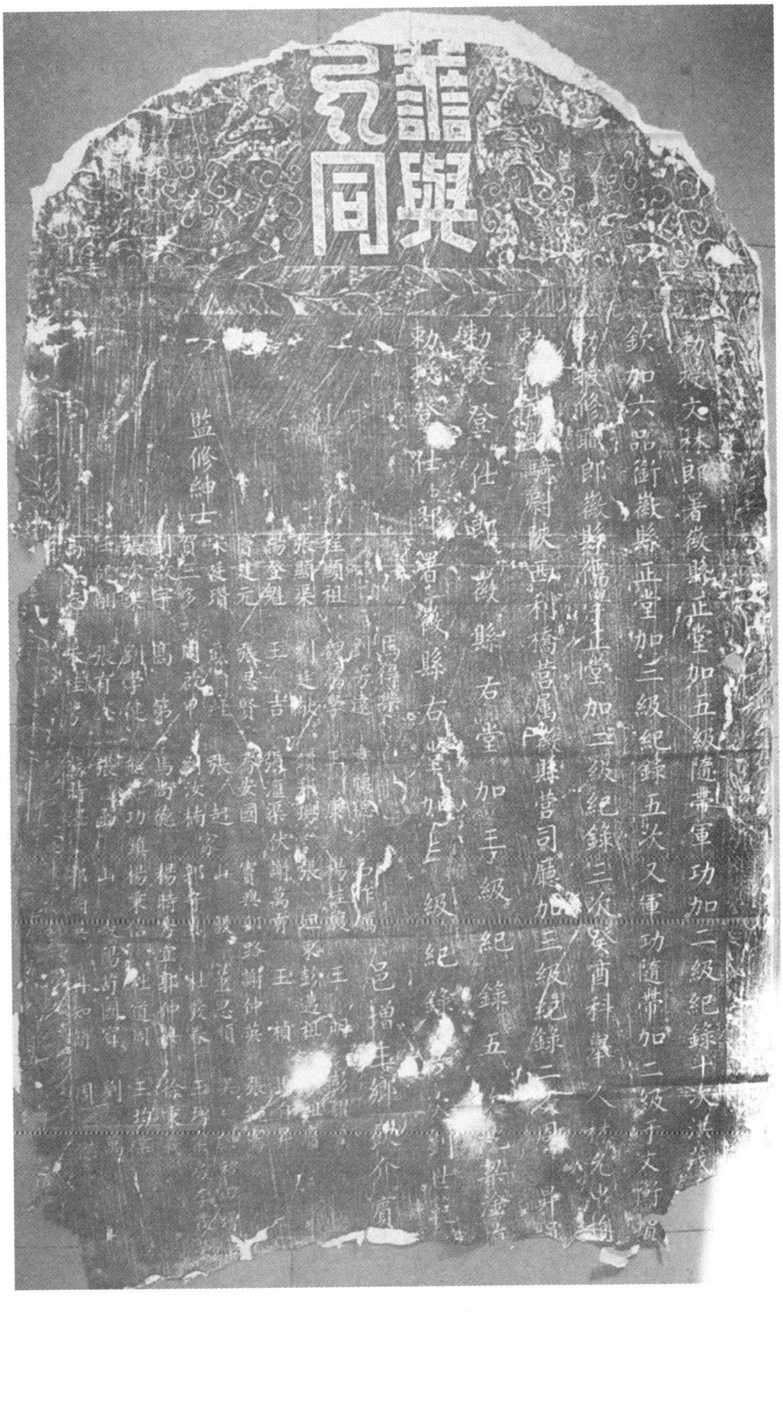

二七　徽縣民樂園記

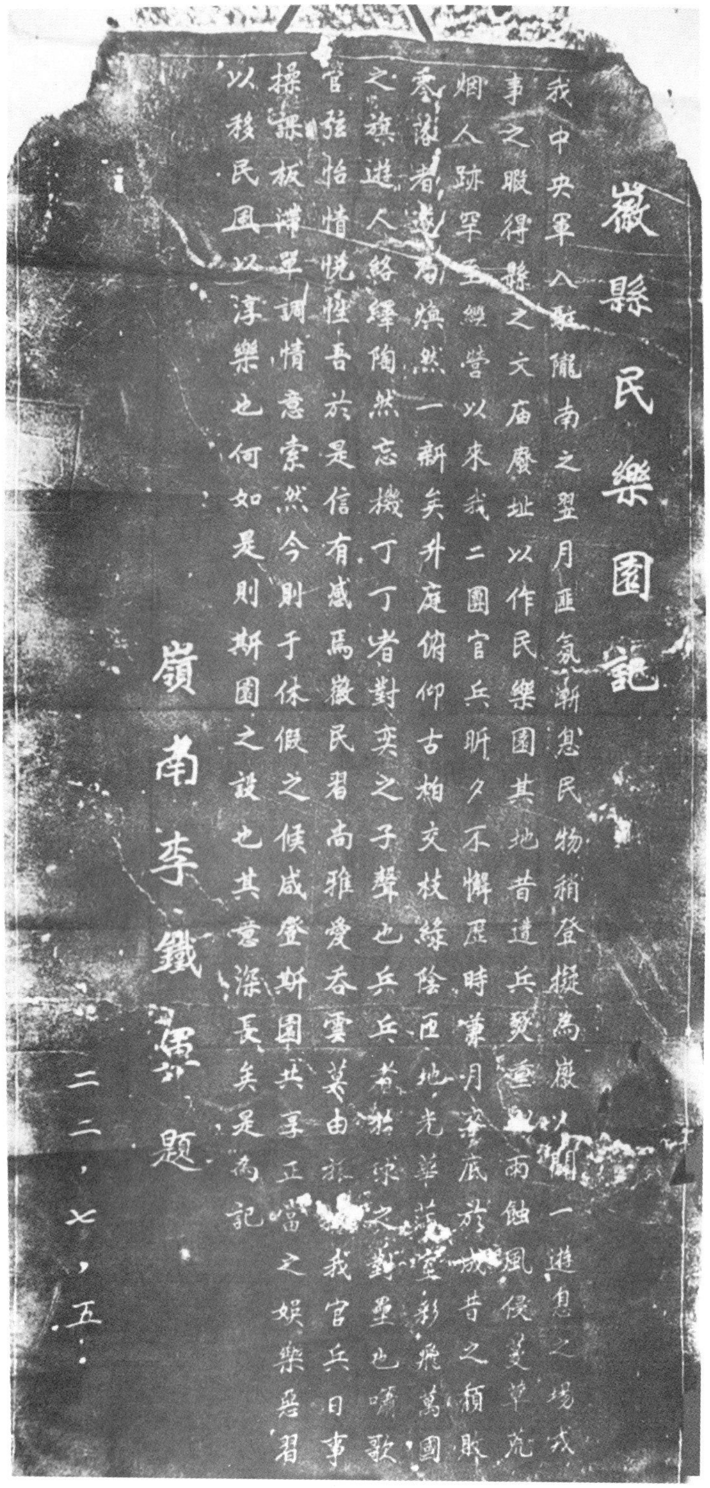
徽縣民樂園記
我中央軍入駐隴南之翌月匪氛漸息民物稍登擬為徽人闢一遊息之場式
事之暇得縣之文廟廢址以作民樂園其地昔遭兵燹[illegible]雨蝕風侵蔓草荒
烟人跡罕至經營以來我二團官兵昕夕不懈歷時兼月[illegible]底於成昔之頹敗
零落者遂為煥然一新矣升庭俯仰古柏交枝綠陰匝地光華[illegible][illegible]彩飛萬國
之旗遊人絡繹陶然忘機丁丁者對奕之子聲也乒乒者[illegible]球之對壘也嘯歌
管弦怡情悅性吾於是信有感焉徽民習尚雅愛吞雲[illegible]由[illegible]我官兵日事
操課板滯單調情意索然今則于休假之候咸登斯園共享正當之娛樂吾習
以移民風以淳樂也何如是則斯園之設也其意深長矣是為記
嶺南李鐵[illegible]題
二二，七，五．

武都區

一　漢銅鏡（一）

二　漢銅鏡（二）

三　南北朝四獸銅鏡

四　隋代十二生肖銅鏡

五　唐「五子登科」銅鏡

六　萬象洞題記

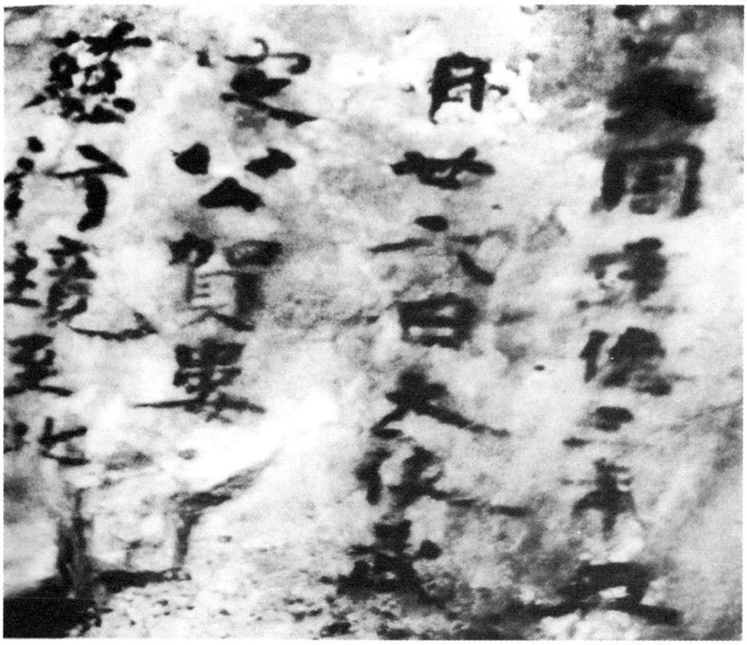

七　敕賜廣嚴之院

（碑陽）

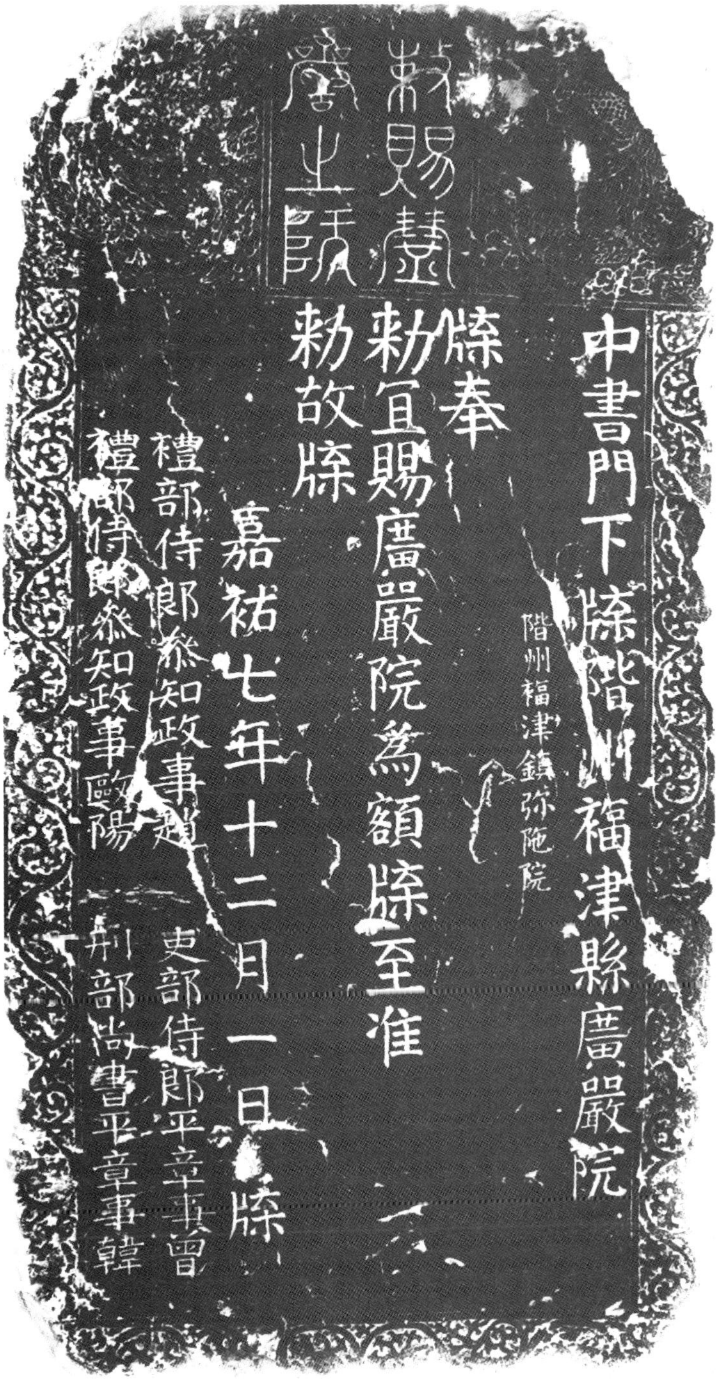
敕賜廣嚴之院
中書門下牒階州福津縣廣嚴院
階州福津鎮弥陁院
牒奉
敕宜賜廣嚴院爲額牒至准
敕故牒
嘉祐七年十二月一日牒
禮部侍郎參知政事趙
禮部侍郎參知政事歐陽
吏部侍郎平章事曾
刑部尚書平章事韓

（碑陰）階州福津廣嚴院記

八　萬象洞題記〔高英〕

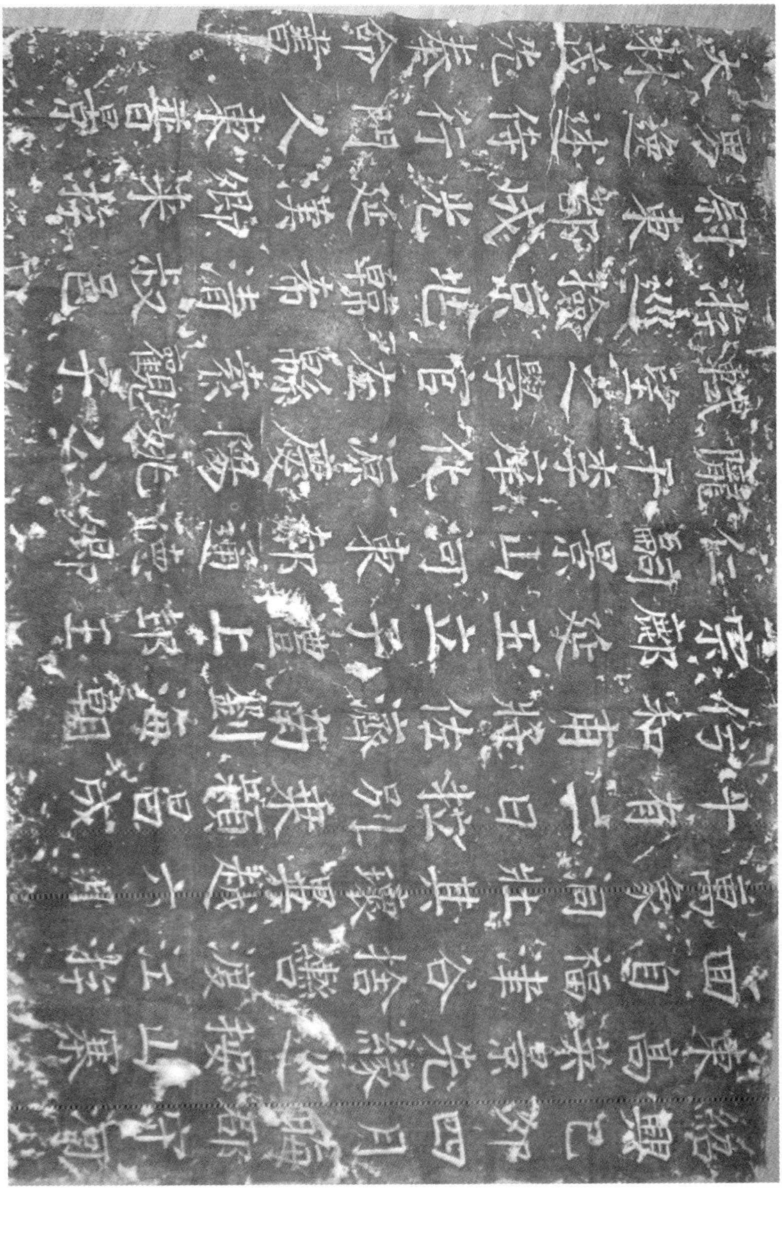

九　宋故親衛大夫御前前軍同統制軍馬知階州高公墓志銘

（全圖）

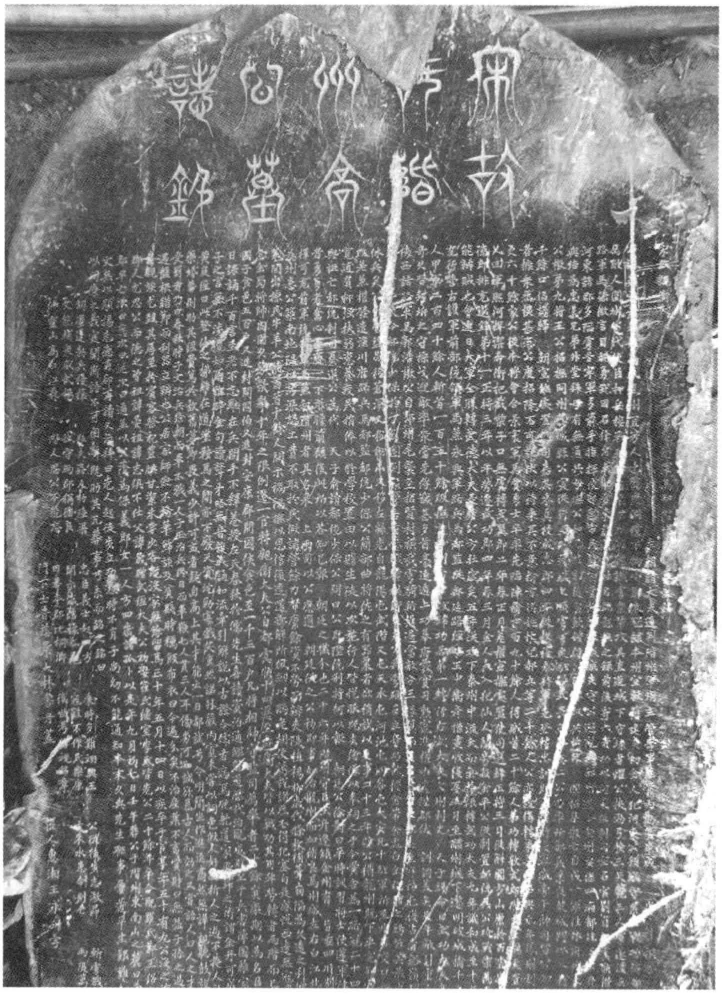

（局部）

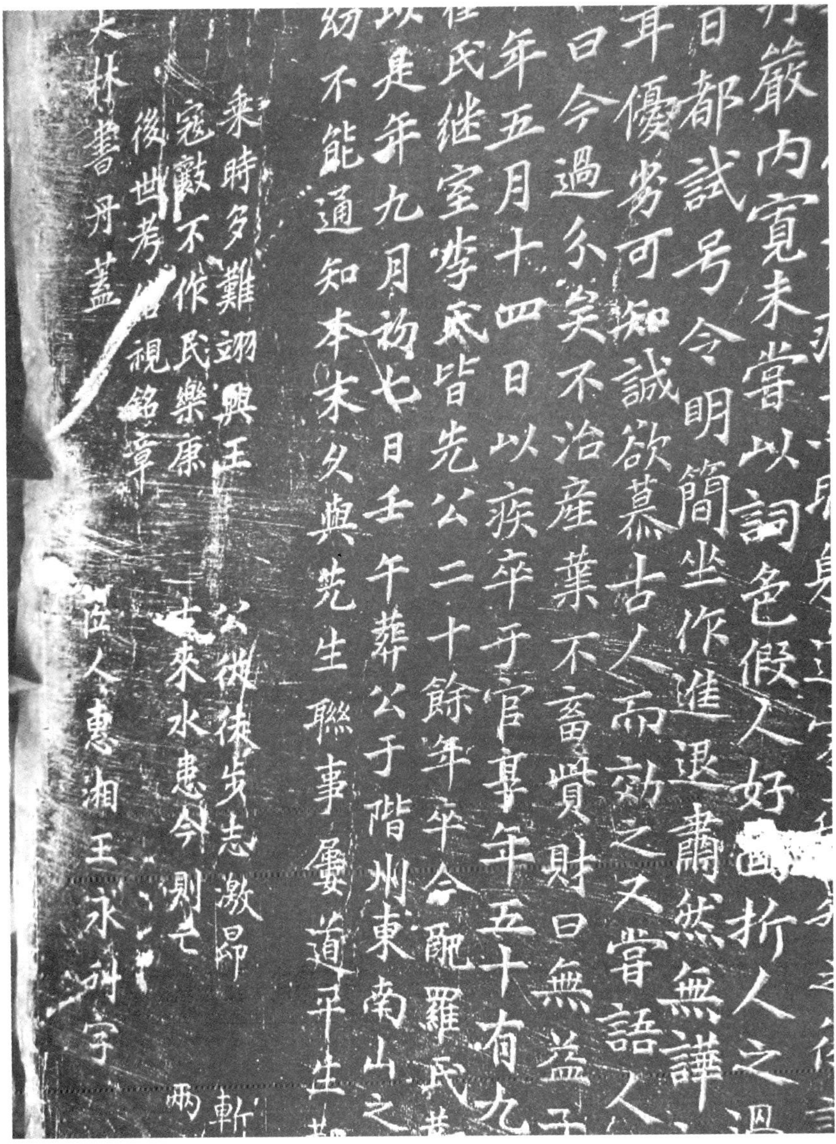
嚴內寬未嘗以詞色假人好面折人之過
日都試号令明簡坐作進退肅然無譁
年優劣可知誠欲慕古人而効之又嘗語人
曰今過分矣不治產業不畜貲財曰無益子
年五月十四日以疾卒于官享年五十有九
氏繼室李氏皆先公二十餘年卒今配羅氏並
頭是年九月初七日壬午葬公于階州東南山之
幼不能通知本末久與先生聯事屢道平生
秉時多難翊興王　公徹徐步志激昂
寇竄不作民樂康　土來水患今則亡
後世考視銘章
林書丹蓋　位人惠湘王永刊字

一〇　吴興印

一一　榮公和尚墓記

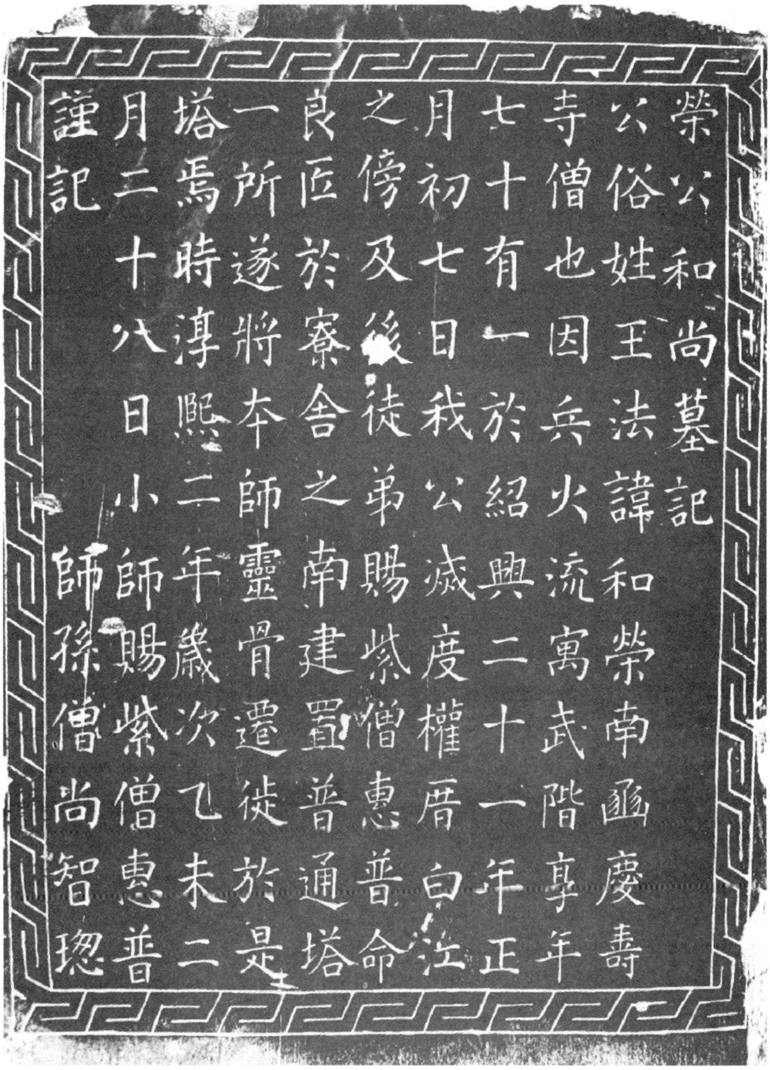
榮公和尚墓記
公俗姓王法諱和榮南劍慶壽
寺僧也因兵火流寓武階亭年
七十有一於紹興二十一年正
月初七日我公滅度權厝白江
之傍及後徒弟賜紫僧惠普命
良匠於寮舍之南建置普通塔
一所遂將本師靈骨還徒於是
塔焉時淳熙二年歲次乙未二
月二十八日小師賜紫僧惠普
謹記　師孫僧尚智璁

一二　石門社白鶴寮普通塔記

（全圖）

（局部）

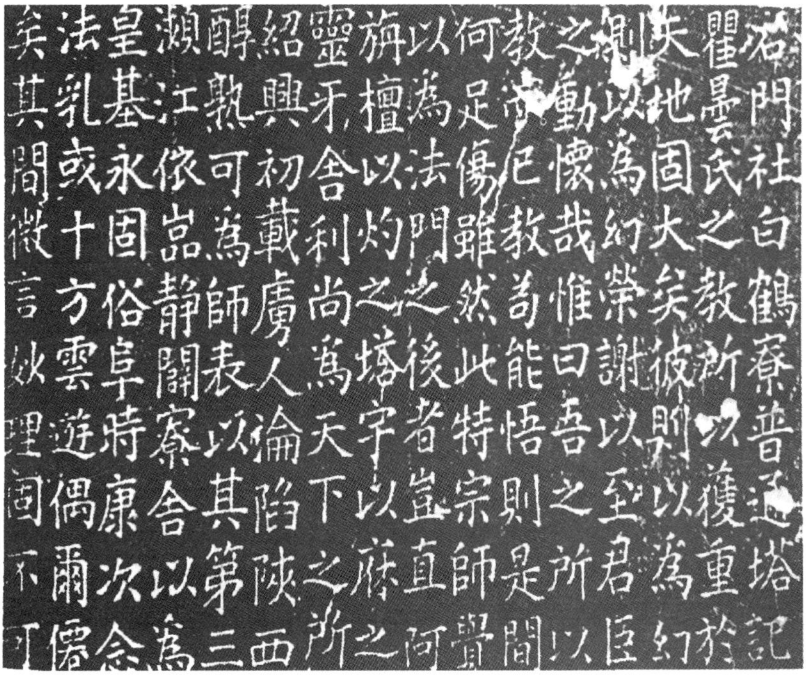
石門社白鶴寮普通塔記
瞿曇氏之教所以獲重於
天地固大矣彼則以為幻
則以為幻榮謝以至君臣
之勤懷哉惟曰吾之所以
教苟已教苟能悟則是闍
何足傳雖然此特宗師覺
以為法門之後者豈直阿
旃檀以灼之塔字以蔴之
靈牙舍利尚為天下之所
紹興初載慶人論陷陝西
醇熟可為師表以其第三
瀕江依嵒靜闢寮舍以為
皇基永固俗阜時康次念
法乳或十方雲遊偶爾僊
矣其聞微言妙理固不可

一三　田公刺虎記

（碑陽）

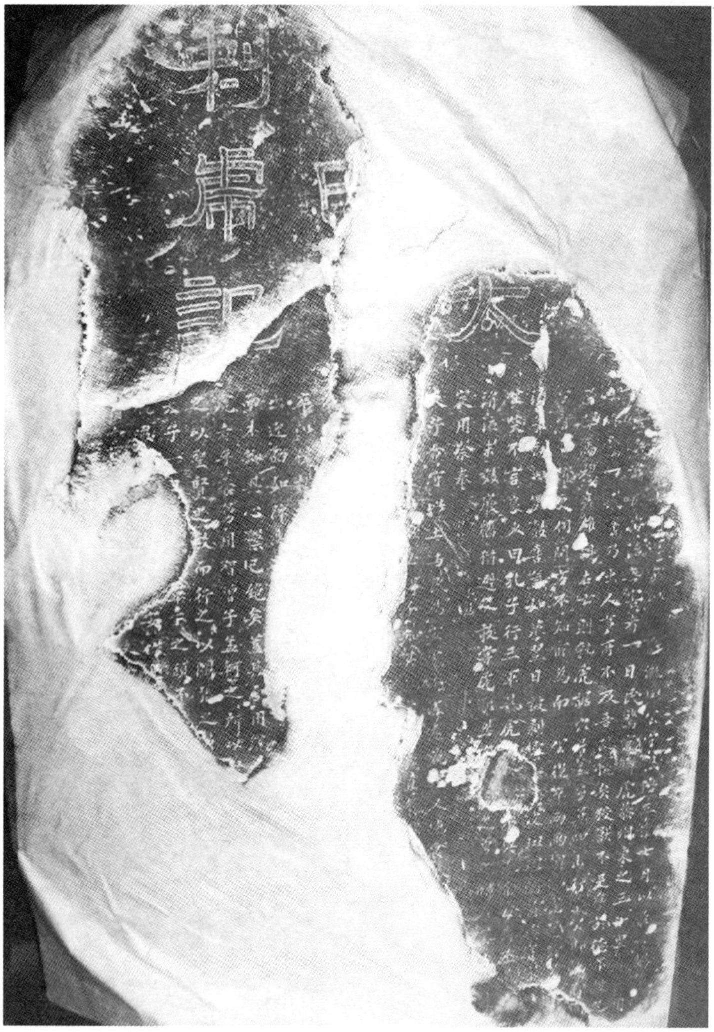

（碑陰）

雖樊孫武子談兵治氣治心之
施舍之無臘非漸漬也洗諸
公幽躬妙處非淺近所能測獨
勳驗爲淳熙貳年十弍月念
元府録事參軍提舉常平司主管帳司

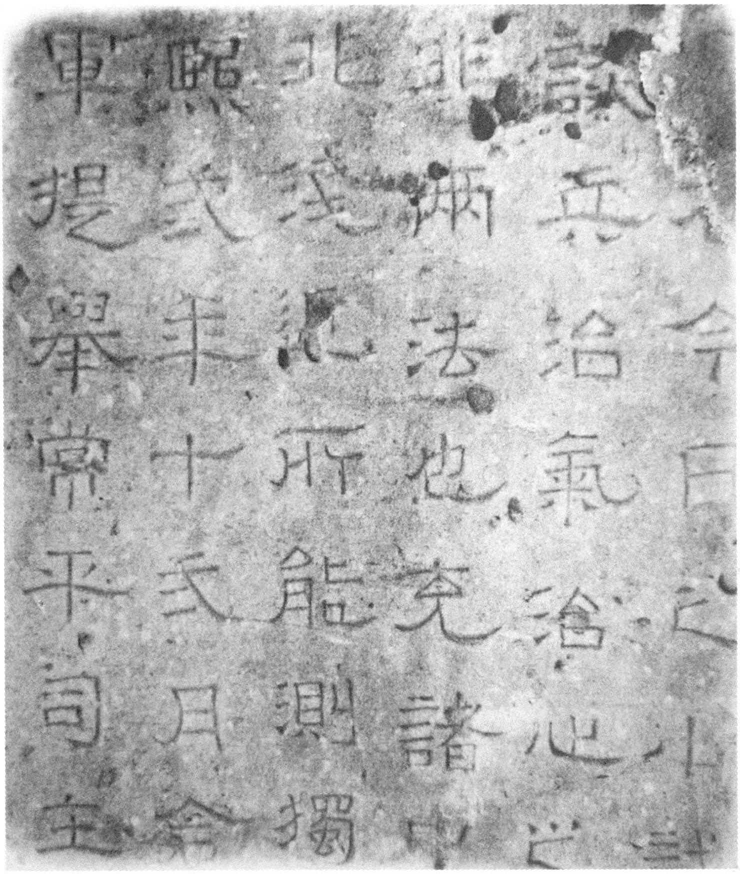

（碑陰局部）

一四　萬象洞題詩〔萬鍾〕

一五 祥淵廟敕碑

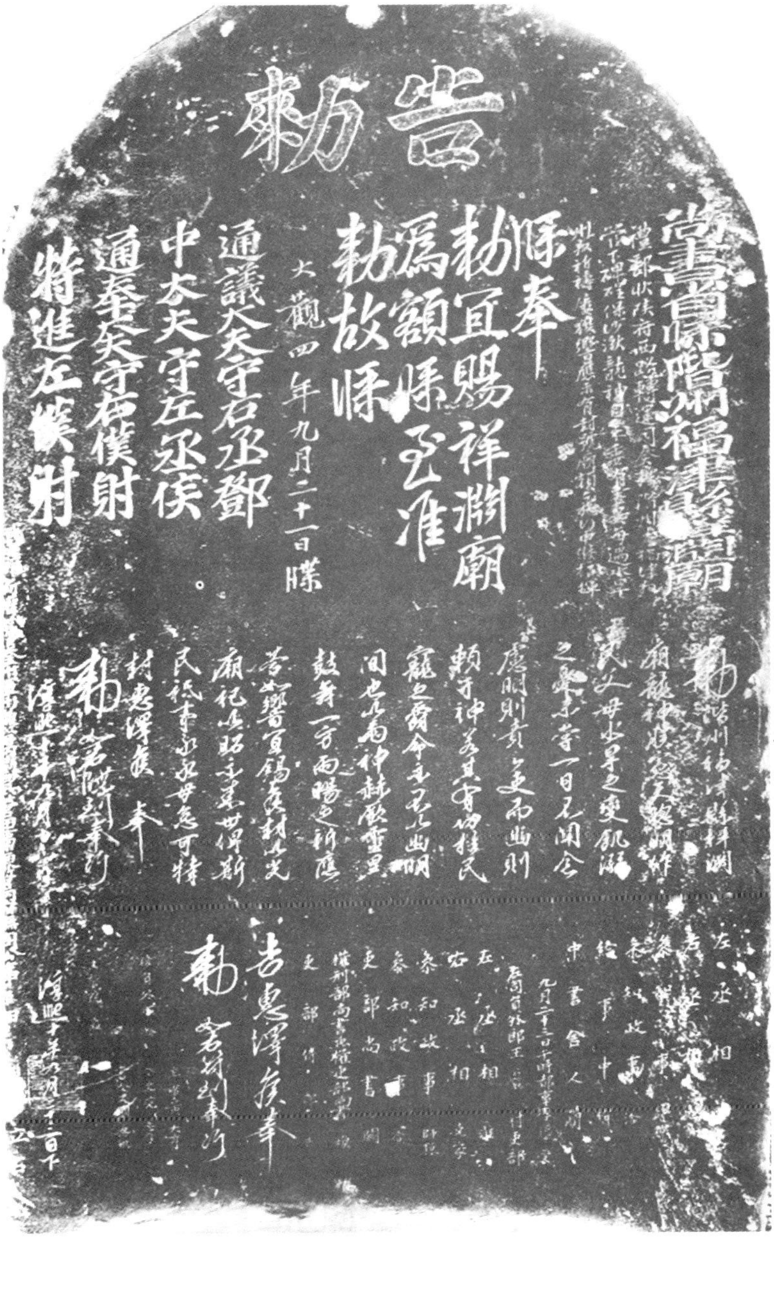

一六　新修廣嚴院記

（全圖）

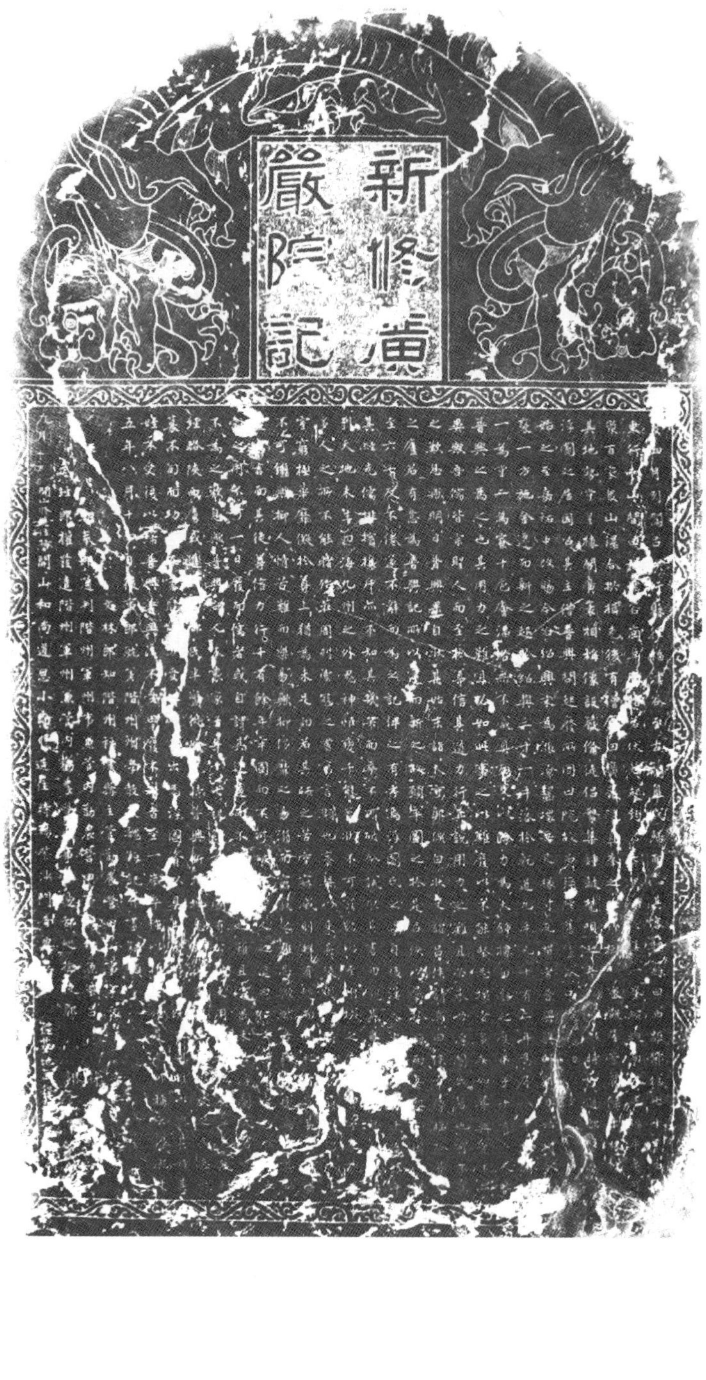

（局部一）

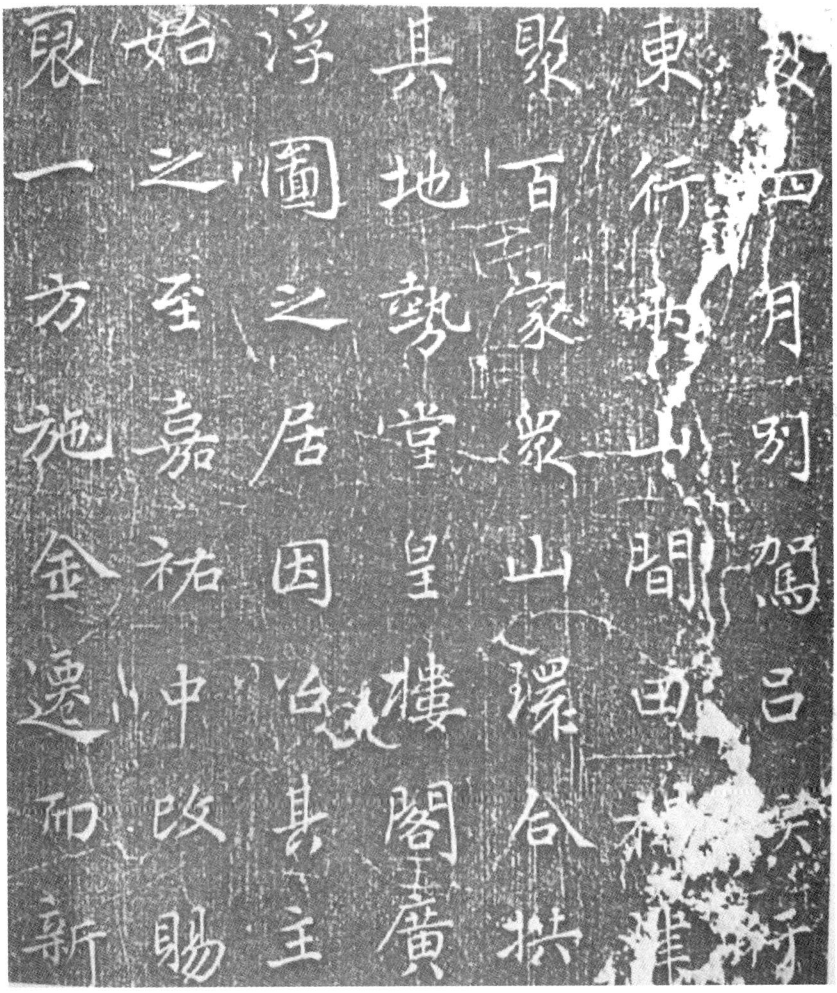

（局部二）

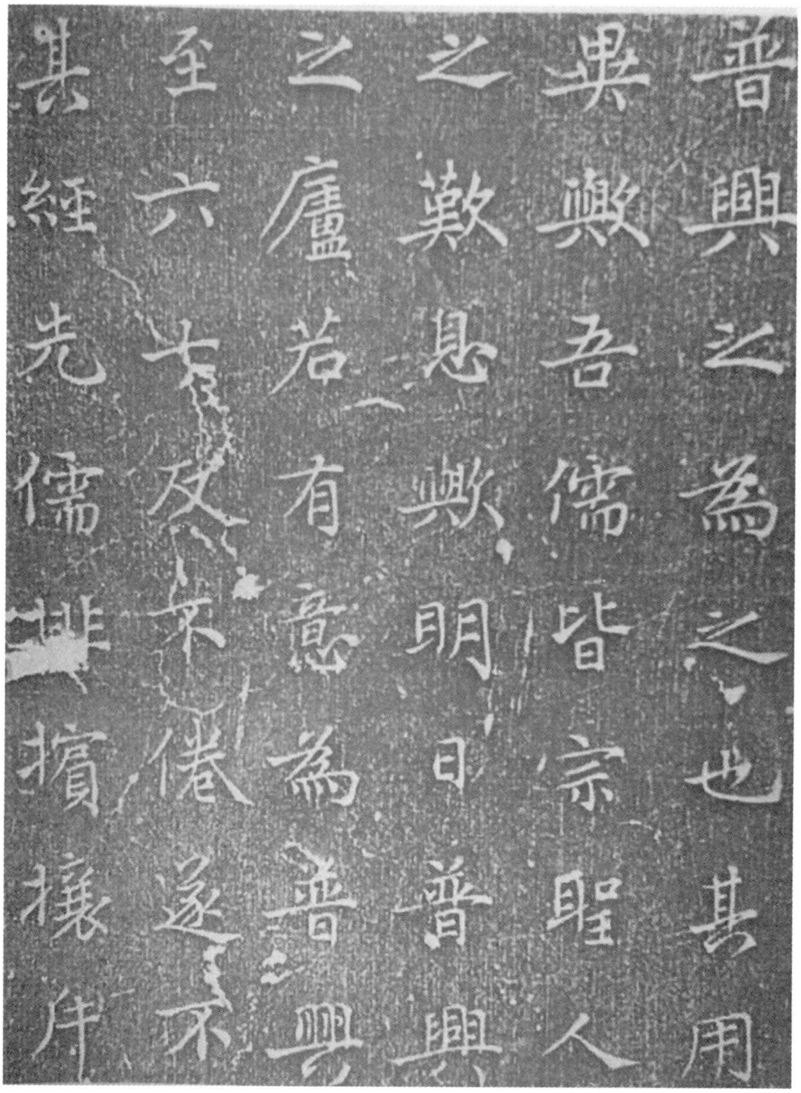

一七　萬象洞題詩并跋〔毋丘恪〕

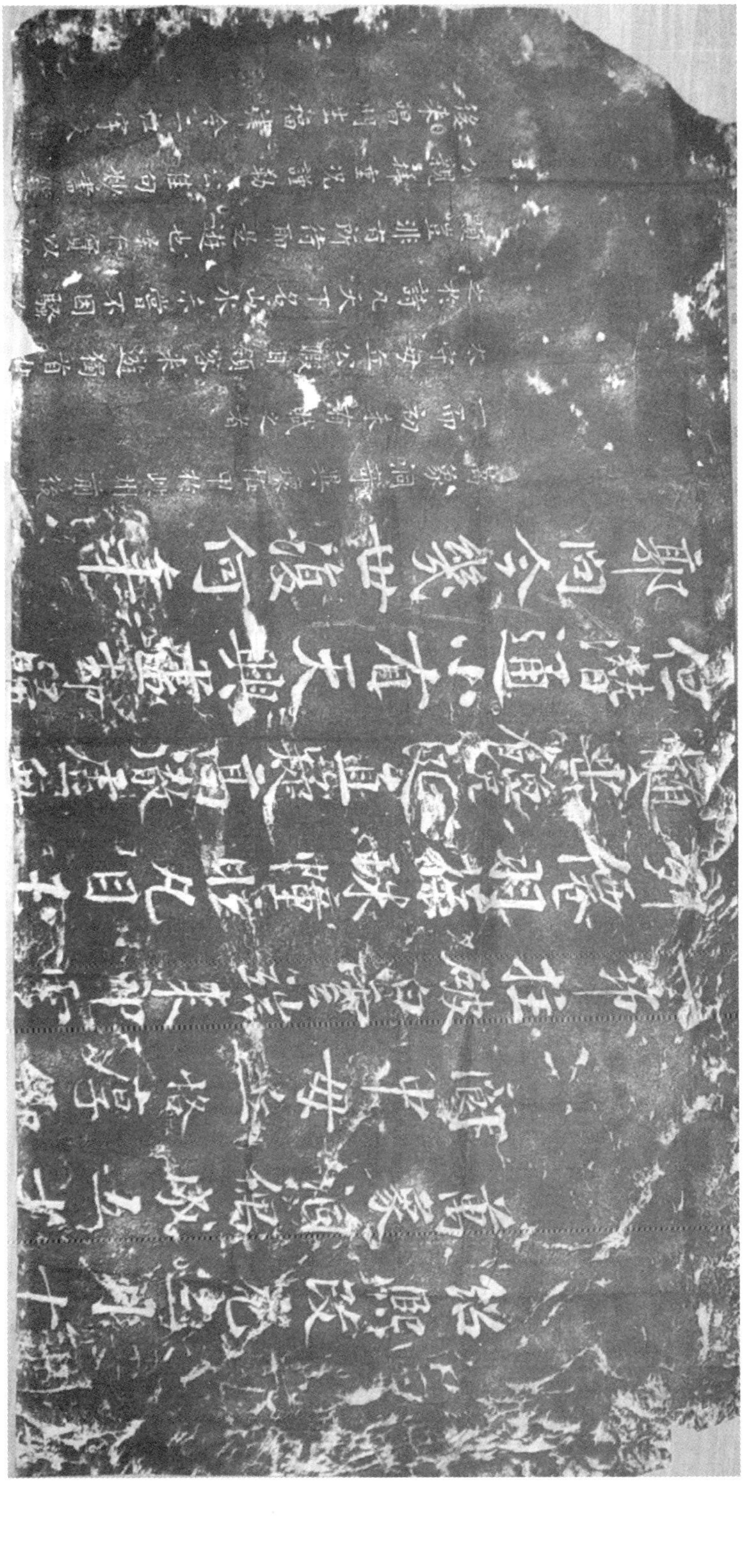

一八　萬壽山修觀音祠記

（全圖）

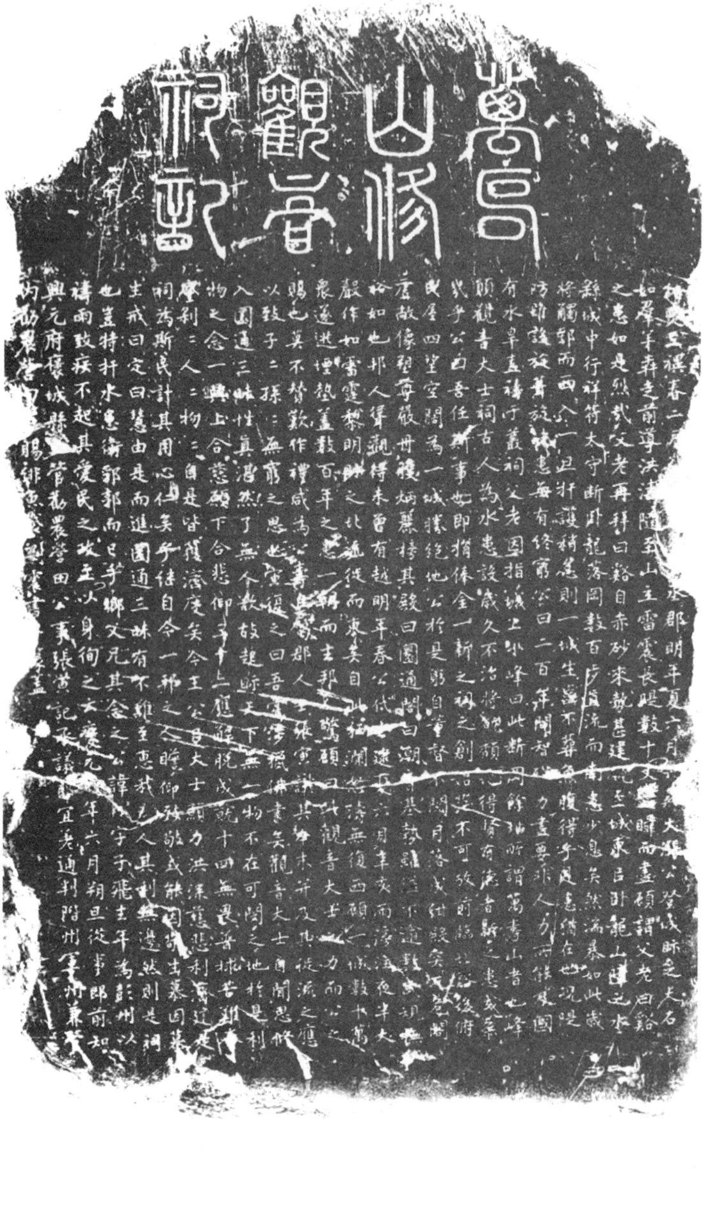

公於是邦自達書十
駿曰圜通閣曰潮
明年春石代
而東矣自山枑速夏
朝而去郡驚顧瀾㳂
馬之曰吾張寅頤諷
復故郡人之涉
散故趨际天解脱無一
御矢今王公旦大士戊
度矢今王公旦大御
三昧有不難至惠我御

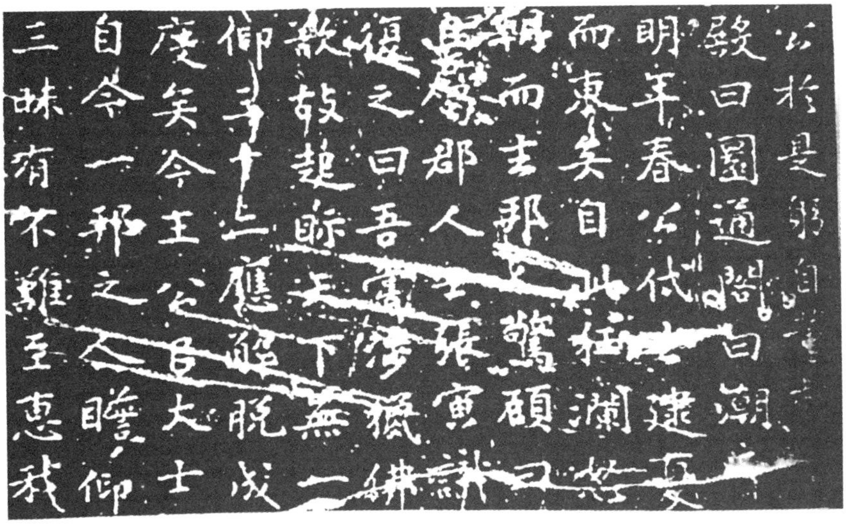

一九　宋故致政承事張公之墓

（碑陽）

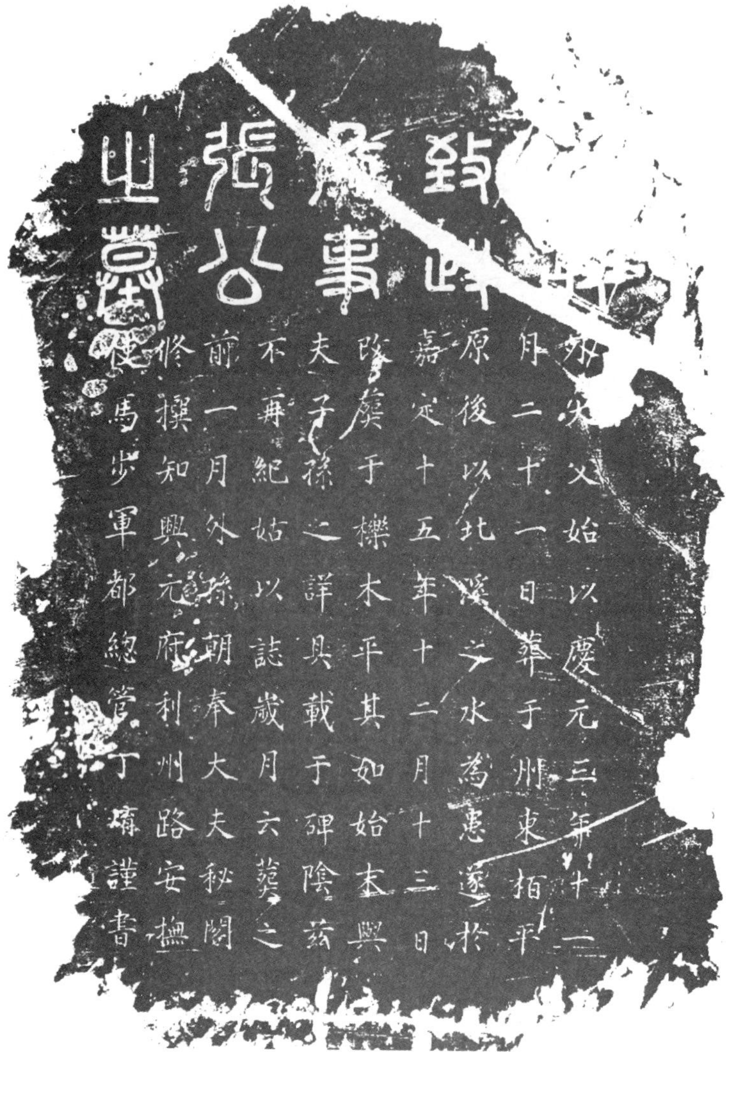
致政承事張公之墓
父始以慶元三年十二
月二十一日葬于州東柘平
原後以北溪之水為患遂於
嘉定十五年十二月十三日
改厝于櫟木平其如始末與
夫子孫之詳具載于碑陰茲
不再紀姑以誌歲月云葬之
前一月外孫朝奉大夫秘閣
修撰知興元府利州路安撫
使馬步軍都總管丁□謹書

（碑陰）

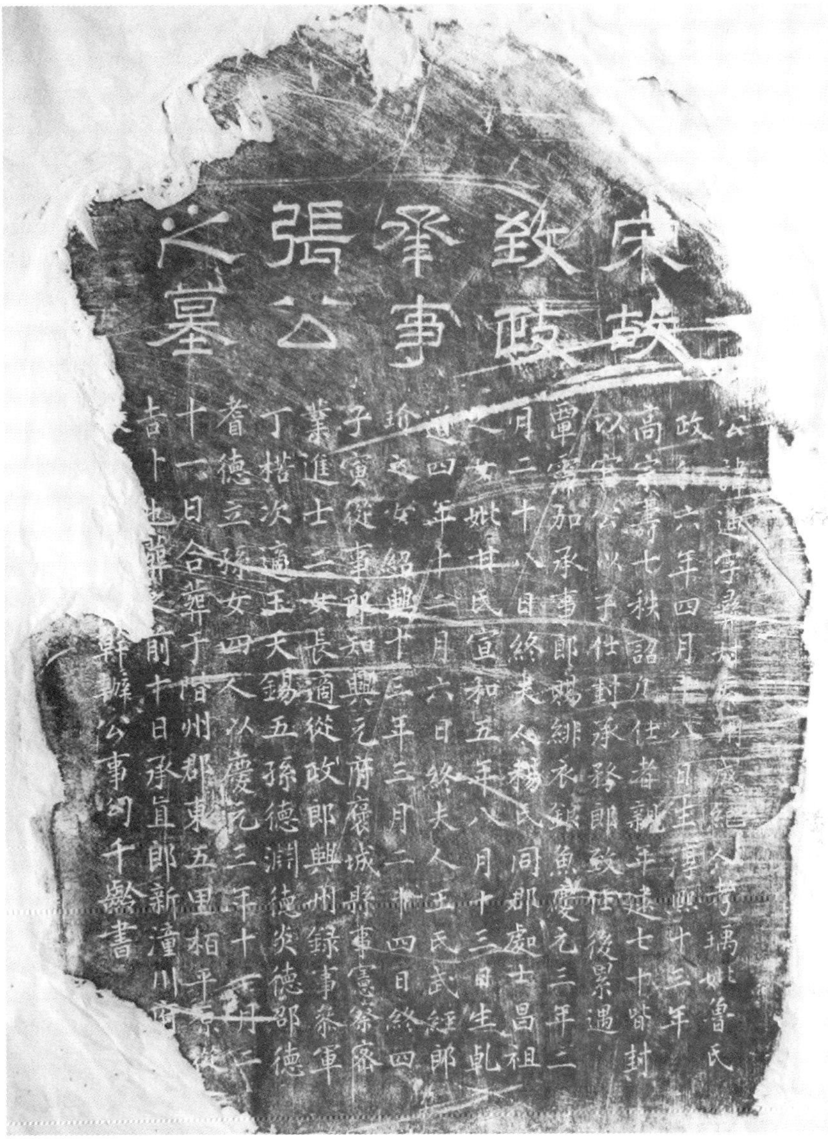

二〇　祥淵廟碑（局部）

二一　明故大善知識端竹省告脫化記

二二　重修福慶寺碑陰記

二三　游萬象洞〔熊載〕

二四　游萬象洞〔羅玉〕

二五　武德將軍梁公墓志銘

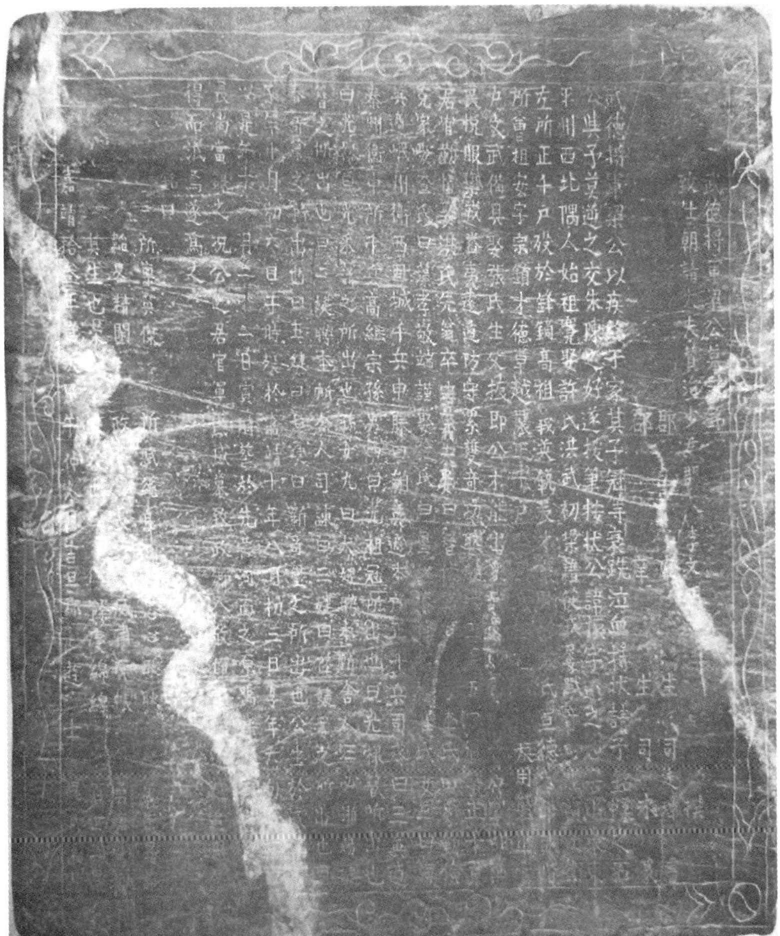

武德將軍梁公墓志蓋

二六　明故馬母趙氏墓志銘

馬母[illegible]銘
馬母趙氏郡巨族趙聰之長女幼奉母訓長[illegible]文學祖公諱顯字
德純聞其賢淑人皆以爲宜配君子遂得配於竹[illegible]公北崗先生先
生諱守陽字体乾天性篤厚秉質文雅能[illegible]得師[illegible]一時名士暴科未
第竟業成均行將榮選于天官夫人內助之益信不誣也夫人今不起
矣予姻友哀子竹亭以父命于今隆慶元年十月十六日[illegible]時將葬於
城西祖塋請誌於予據狀夫人幼適馬宅事公以商農起家宜姑母張
氏年老王氏早故夫人經理家事夙夜孝敬不違生事[illegible]無間真女
中之君子誠君子之良配也生子一曰應龍即竹亭字[illegible]郡學弟
子貞資稟純懿與止不苟綽有父風先娶杜貢士漸之女早殪繼
娶蒲義相[illegible]之女廸郡生員應登梅隴[illegible]妹也[illegible]友內[illegible]外理人
亦爲有及姑之風非夫人之賢遺不能也甚者又勸北崗公[illegible]娶尹氏
相處如姊妹人並賢之尹生男六曰[illegible]龍字時化號鳳亭尹氏先夫人
卒今子亦爲郡學弟子貞穎銳性成孝義不凡人羨二雛爲[illegible]生
郡双山先生李[illegible]即郡學生員東光敬齋之妹也亦[illegible]淑惠
賢孝淵源有所自矣生孫男[illegible]長名勤王雖幼已通書義知[illegible]識
聘清軒郊子璉之女郊郡敦[illegible]南平郊公[illegible]次名勁王亦[illegible]沖
共異尚[illegible]竹亭出生孫女二長大姐次赦姐俱淑姿尚幼未字
人鳳亭出皆夫人之麟角鳳毛也得並題于石若夫後之徽封[illegible]
有龍碑在焉據生弘治丙辰十一月初二日申時卒嘉靖癸亥年一
初四日巳時享壽六十八歲敢僭爲銘銘曰
有夫鼎[illegible]兮將官封　有子跨[illegible]兮足[illegible]家
有孫瓜瓞兮更繩繩　夫人已矣兮[illegible]吁嗟
旹隆慶元年丁卯之吉
賜進士前巡按山西監察御史古南安抑軒劉應熊撰
郡學生心田韓三顧[illegible]
梅隴蒲應登[illegible]王[illegible]刊

明故馬母趙氏墓志蓋

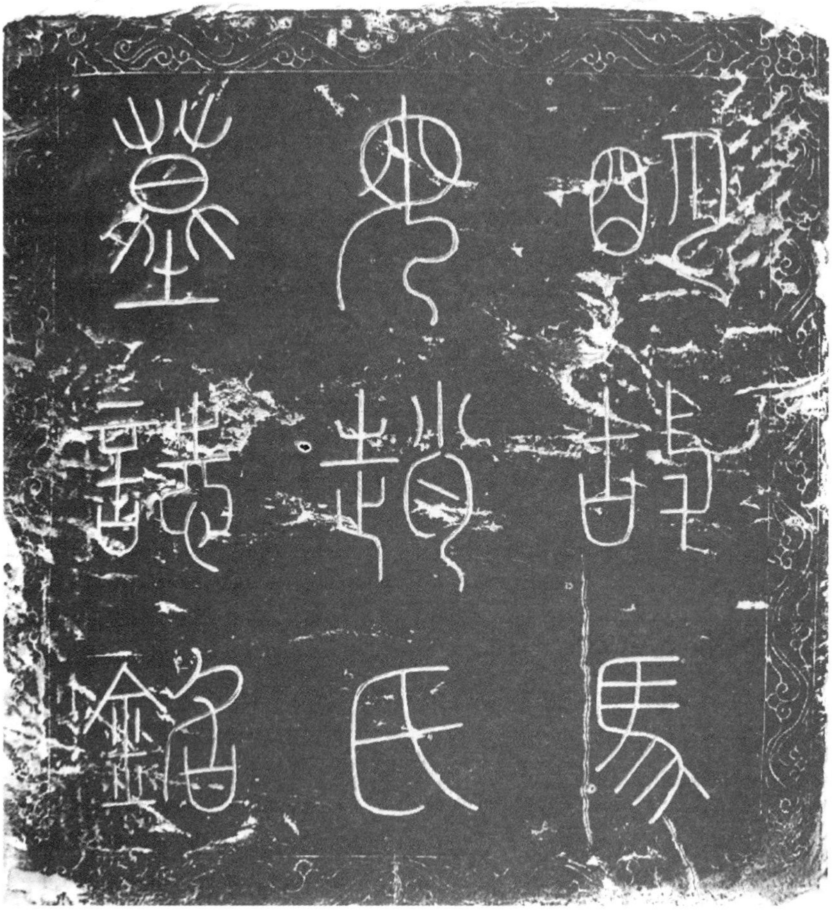

二七　明故將仕郎北崗馬翁墓志銘

明故將仕郎北崗馬翁墓志蓋

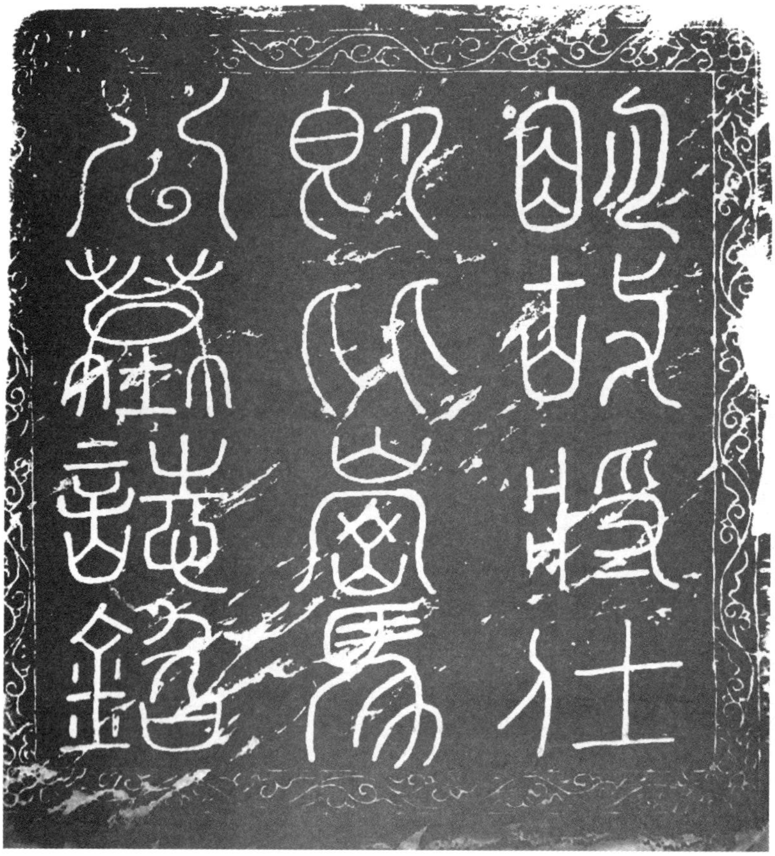

二八　明故太醫院引禮王公暨夫人張氏墓志銘

明故太醫院引禮王公暨夫人張氏墓志蓋

二九　重建禮拜寺碑記

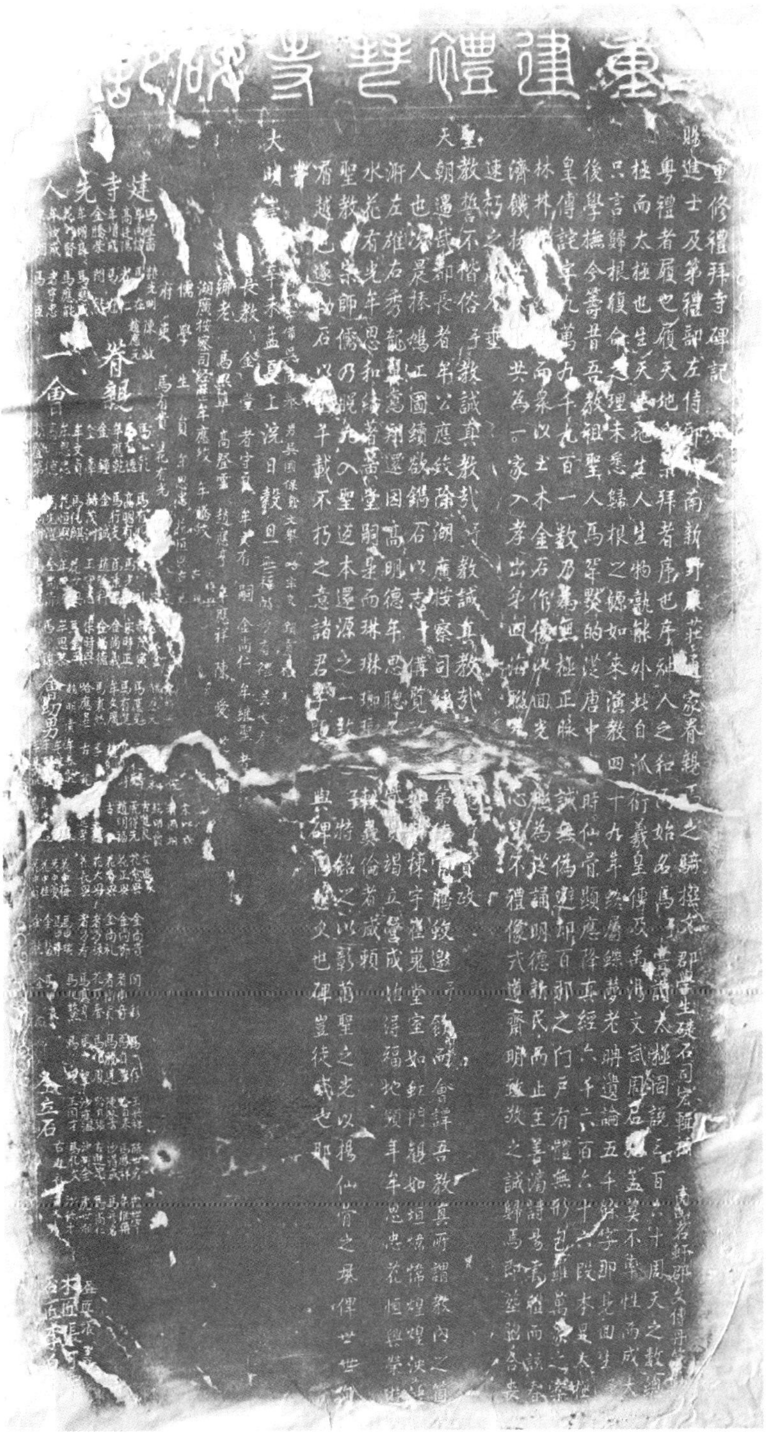

重建禮拜寺碑全貌

三〇　萬象洞題記

三一　李母趙氏太夫人墓志銘

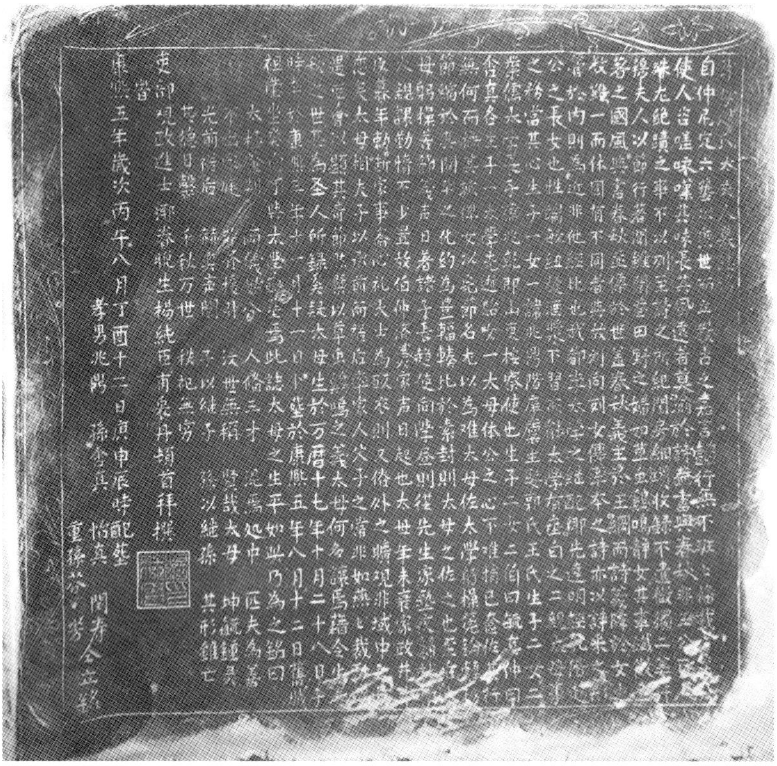

李母趙氏太夫人墓志蓋

三二　重修學宮碑記

（殘碑）

（局部）

三三 重修城隍廟碑記

三四　觀音殿一會碑序

（整體）

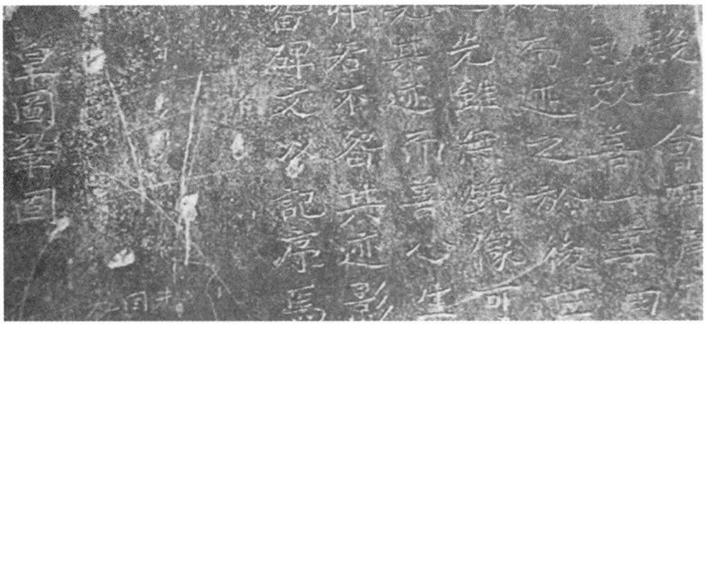

（局部）

三五　石橋惠遠碑

三六　三建惠覺寺碑記

（整體）

（局部）

三七　皇清待封孺人王氏墓志銘

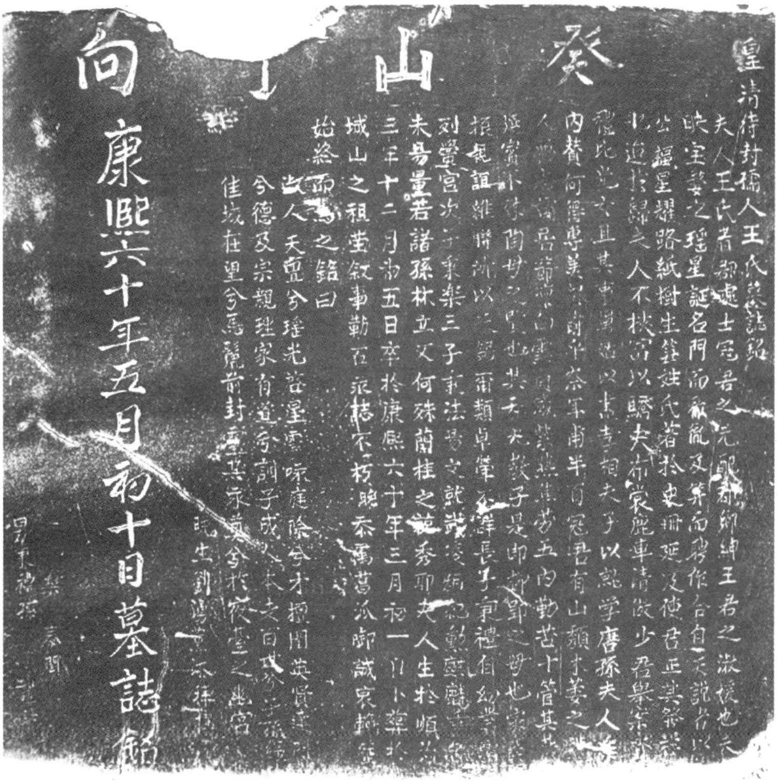

三八　水簾洞題刻（一）

三九　水簾洞題刻（二）

四〇 重修藥王洞記

四一　重修五臺山觀音殿碑記

（整體）

（局部）

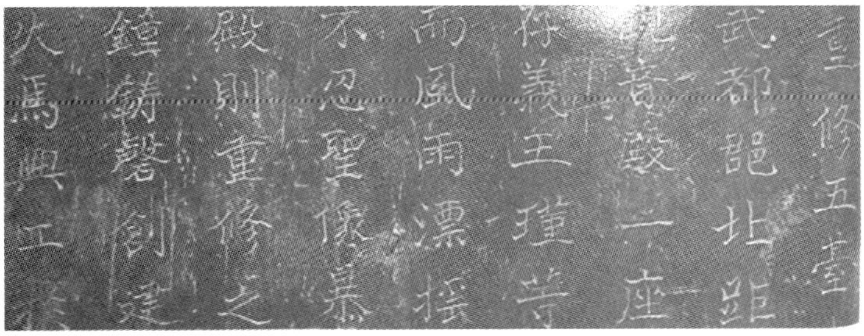

四二　重建五臺山碑記

重建五臺山碑記

嘗聞山不在高有仙則名況我五臺遠境之山乎觀芒者屢救八難保範

羣黎所以先人重亡建修有碑為記至今風雨剝落聖像損傷好善網拜

奇莫不萬目惻然矣適有武生陵毓傑等約束象姓裝塞化資財散庄子弟

躍躍單先不同而樓閣殿宇備葺造竣無量深官殿鐘礡重建成功新立

山門一座厨房二遷又帖金隆苦粉塑聖像既時五臺無不煥然瓦儿神

靈妥侯念心竣矣至于蹚氣增華先有望於後者以是為序耳

郡庠生周小年凛接

督工武生陵毓傑

郡庠生楊中遠撰書　松古趙永樂敬利

功總主楊廷元陵支荣

杜巧　王貴　　　　頭陵超秀　杜生花陵景祥　杜峰富

王德　杜萬禄　張林　王中勤　李山福　李中孝

王玹陵支青　杜強　王悦　　匠李必尊　水晶維紀

王中元陵支甲　王一旺　鉄匠吳朝元

杜法祥人陵常德　杜秀順　畫匠楊迪德

化陵支祥　陳之羊　玉敏亭　王必潤　陰陽陵迪德

六清道光八年歲次戊子六月初四典工九月初二功竣四會金立

四三　透防峪棧道碑

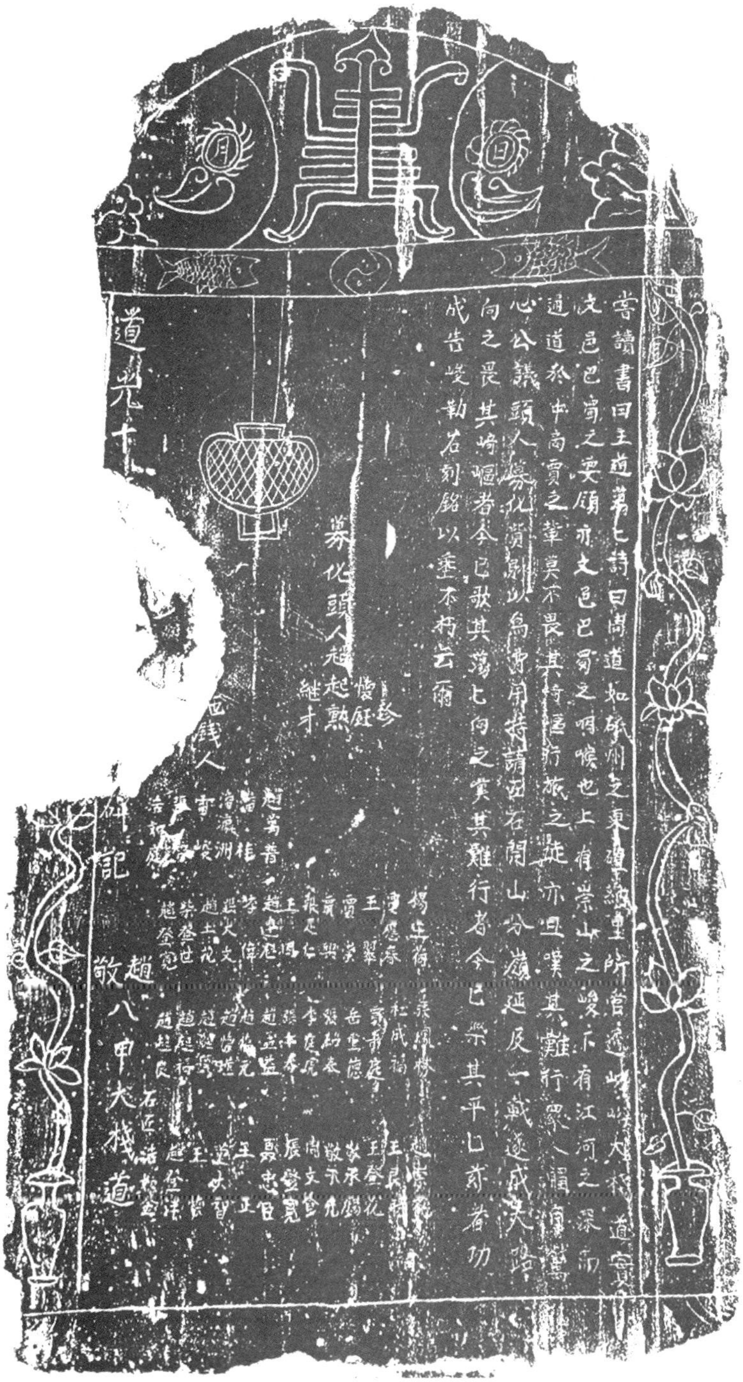

四四　重建階州城碑記

（全圖）

（局部）

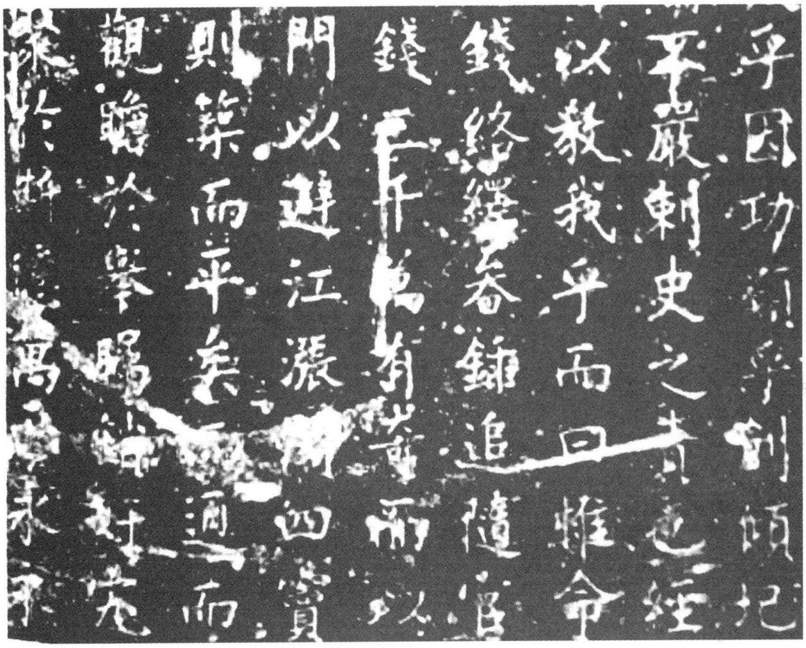

四五　顧太尊公祖大人惠商德政碑

（全圖）

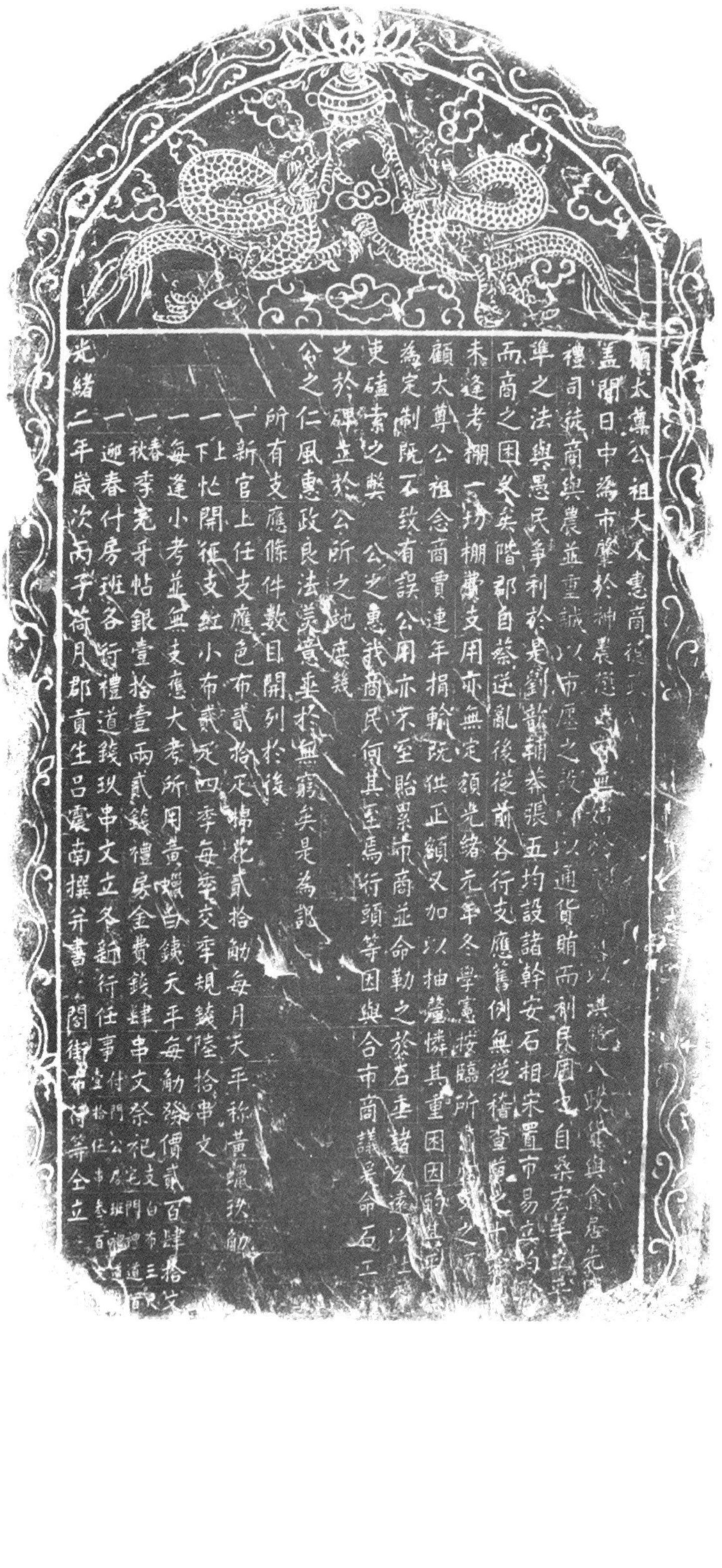

（局部）

四六　尚書碑記

四七　大坪山廟重建碑記

四八　靈應宮詩碑

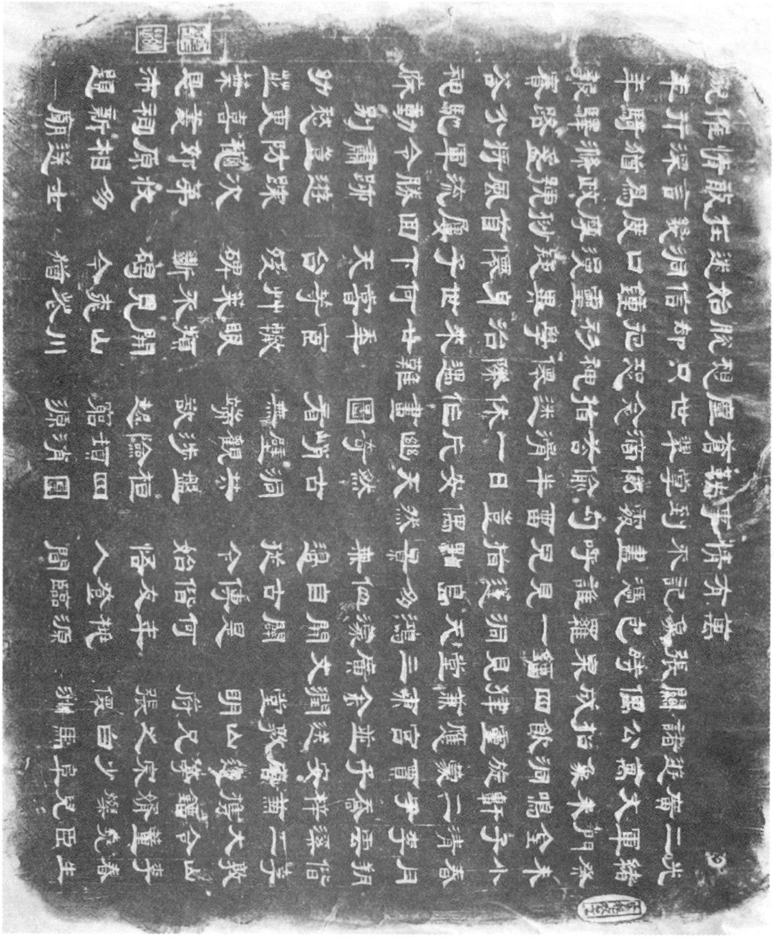

四九　萬象洞摩崖

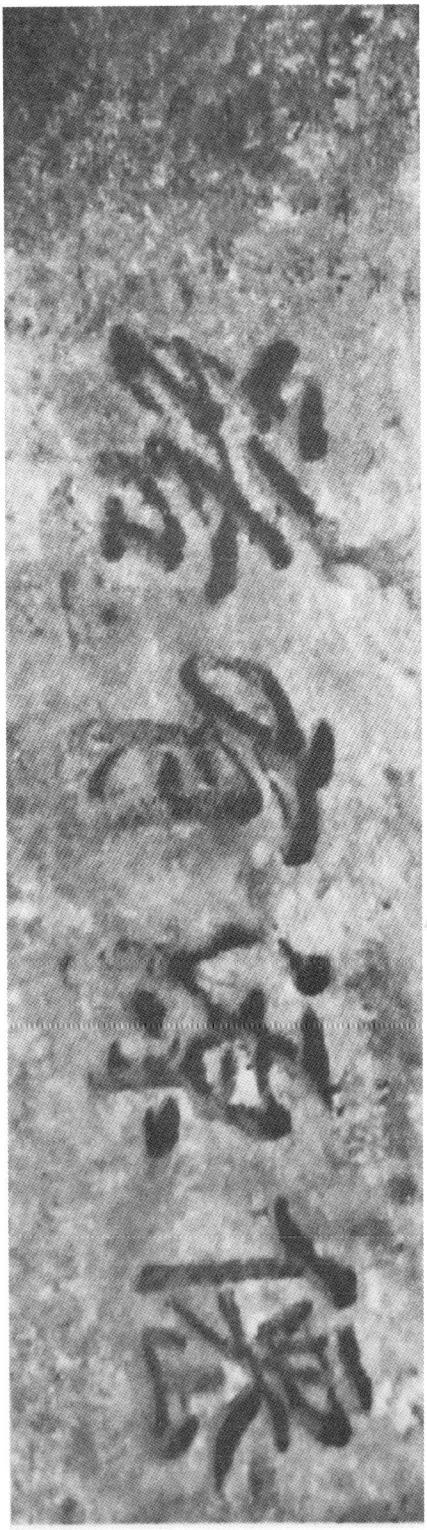

五〇　永垂不朽碑

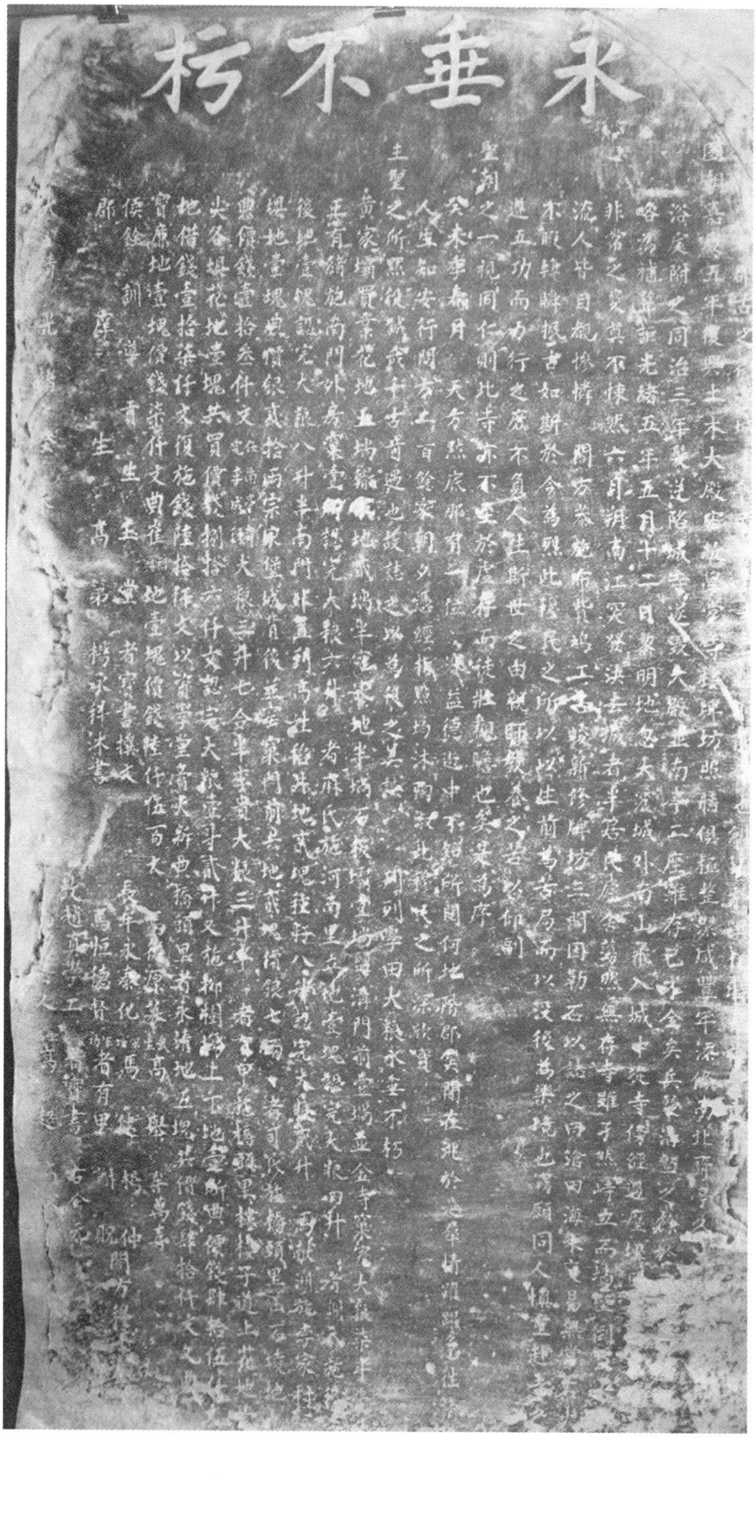

五一　重建聖母碑記

（全圖）

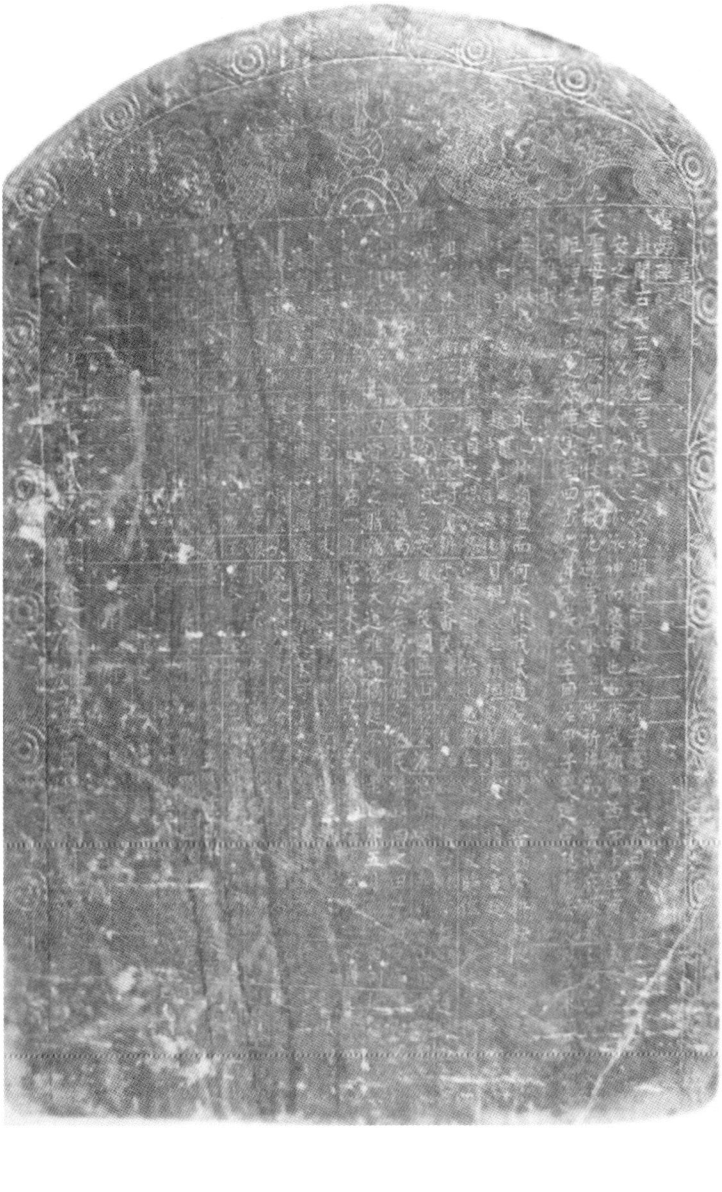

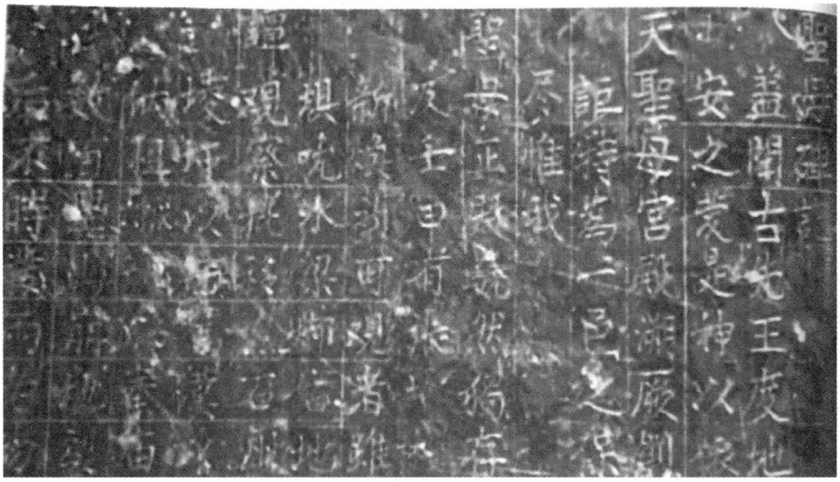

（局部）

五二　不夜壇刊神仙昌言碑記

五三　長燈序碑

（全圖）

（局部）

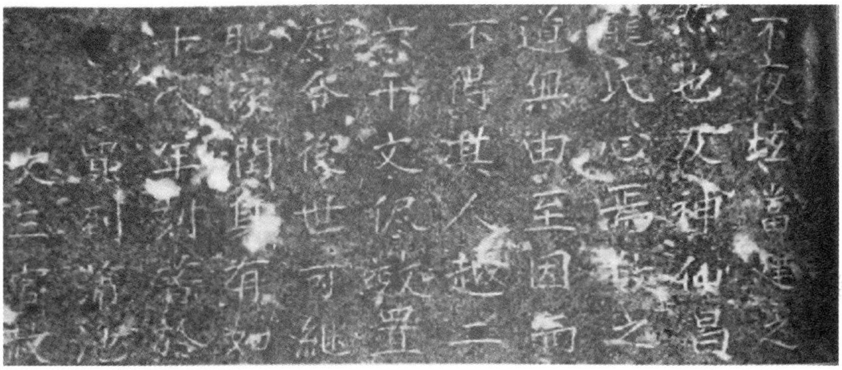

五四　重修北堤碑記

（局部一）

（局部二）

五五　古洪化縣碑

五六　袁氏先代事畧碑記

（碑陽）

（碑陰）

（碑左側）

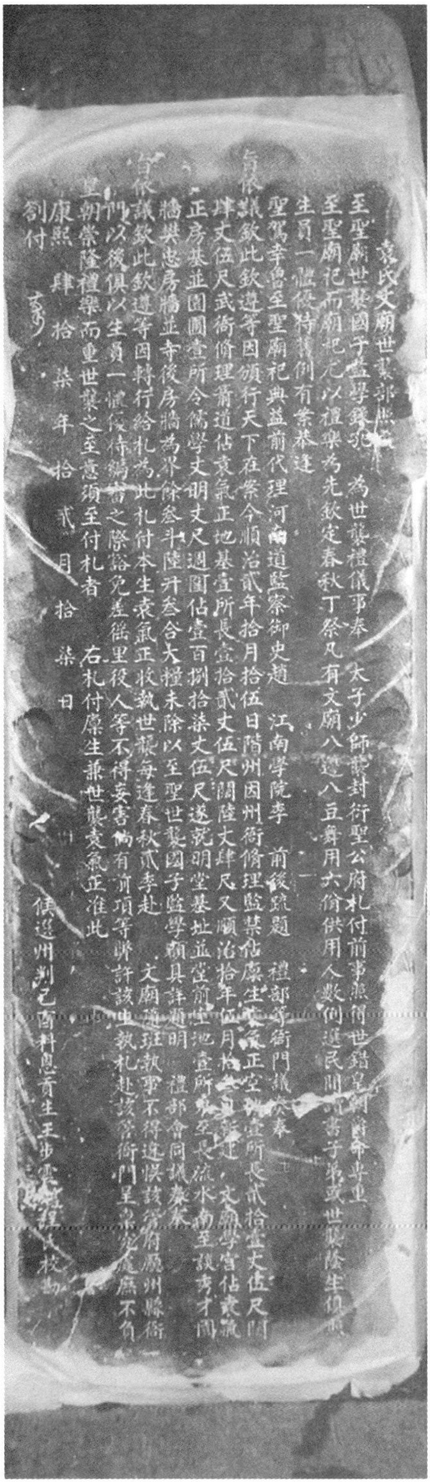

（碑右側）

有明訓行恃顧此炎頭皮值歲大殺人相食江建武先與家族富人約盡出所積穀先施戶族貧民次鄰友戚里不給資捨里之富
人又下給乃賙臨穀數十頭次第運餉燒以故里之貧民得無惹麥氏由此名益彰屢生氣正瑲之曾孫也性和順好義急公共
父布哲鄉里賞與人不逞海氣正瓘之遂有賣風與里人簡仲文于貧民好學術正瑲毋遁於正子不可曰吾非遁於道也
者君瑲不言吾何可常也行恃彧君常敢休咎日得數十或千錢即可辭顧可謀文于歉謹再物以焉念氣正時固關卜晷其厚其賺文于名
之曰是必吾公之裁也卜人笑曰然矣子曰吾不能以日用之故人之遂畢其妻于去氣正祜之不得終終身未嘗有德色里人因是
多曰廉熙開郡守欲割氣正之廳蘭蘭氣正以屛生世襲累男鳴呵則世科孫祿曰
孫畜條開郡守欲割氣正之嘉慶開惠煦兵發不薻道光末學正之胖以吏斯稱玉元聚之然
讀無人故至今關如今可以潔先生志道光十一世孫正九世孫灌富十世孫玉元稱小原篤固界與
讀旁道純景毒壺鹿建隆之學開模自好嘗自言當訓家譜致祖宗德澤命日世業其泉其所以展孝思者已可見矣歉又
泰目陳知縣分年輕四年偉人代出世澤錦雲初金玉兌念歲九組迹之善裕從光前泗諧片石億揭斯卒
振遠知縣辛丑補行庚子恩正科擧人陸州高等小學堂敎習劉士撰敕賜花銅往侯補府特授隴州立隸州正堂陸泰
戴花銅特授中衛縣調署隴州直隸州正堂張心鏡同鑒定署理隴州直隸州事兼營務挺調卯誦直隸州正瑩韻垸校正
前宣統二年正月穀旦
　蘭翎守備銜儘先授補千總蘭署隴州營把總雷國棟謹書
　　　　宣統三年八月己酉泐立
　　　　　　　與武錫年

五七　夫子家訓碑（局部）

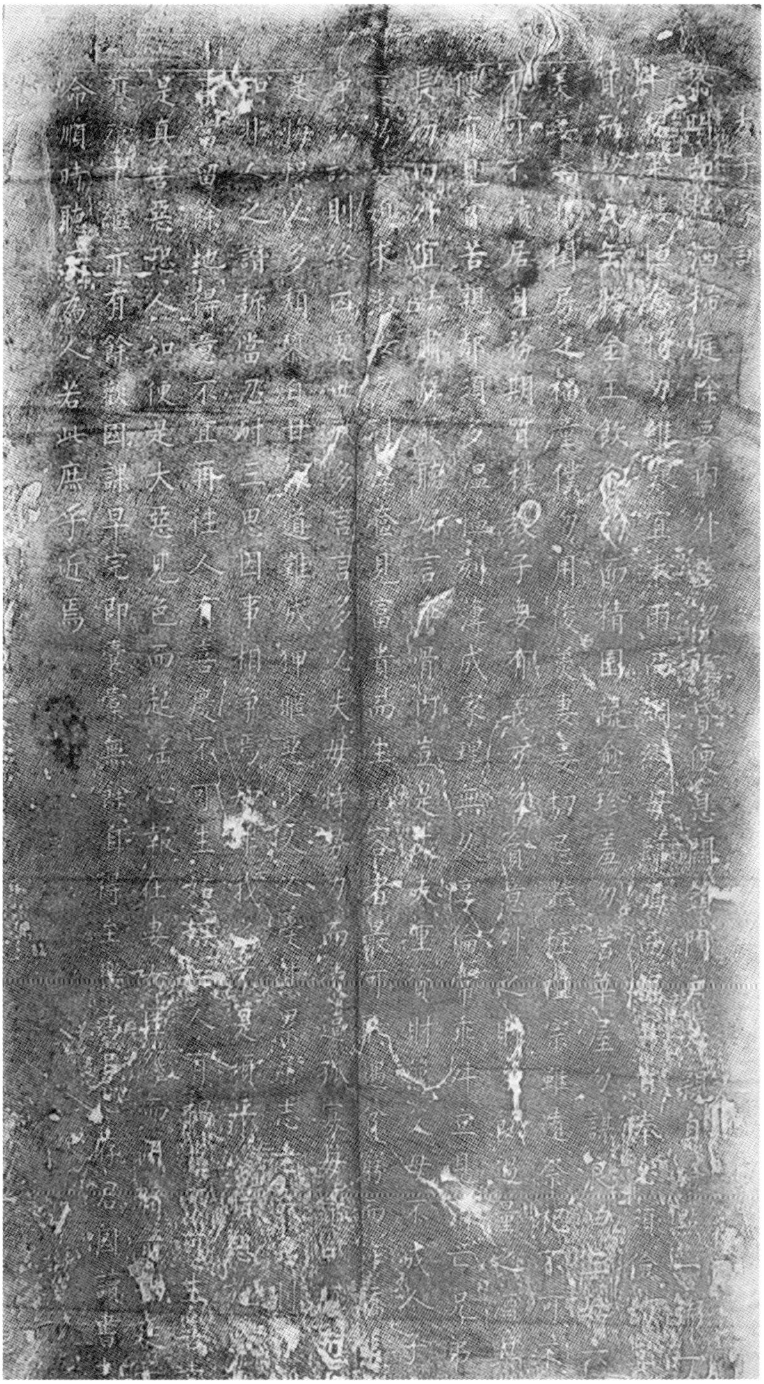

五八　將軍石

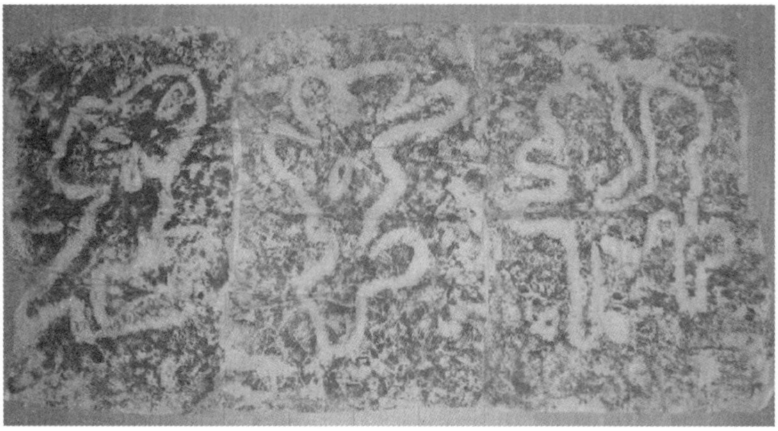

五九　西亭南樓碑記（局部）

六〇　靈應宮碑

六一　董家垻補修道路碑

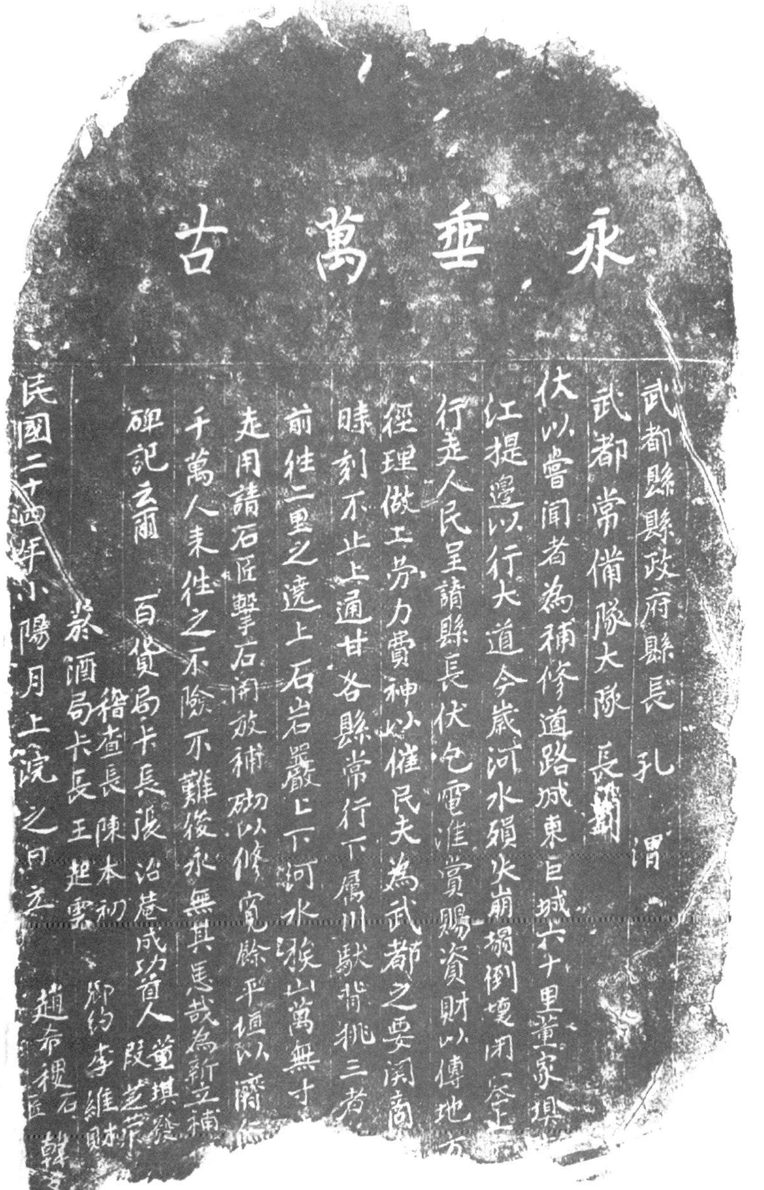
永垂萬古
武都縣縣政府縣長 孔 渭
武都常備隊大隊 長劉

六二　永興碑

六三　别有洞天

宕昌縣

一　屬邦買戈

二　「漢率善羌君」印

三　「魏率善羌仟長」印

四 「魏率善羌佰長」印

五　梓潼文昌君廟記

（梓潼文昌君廟記拓片）

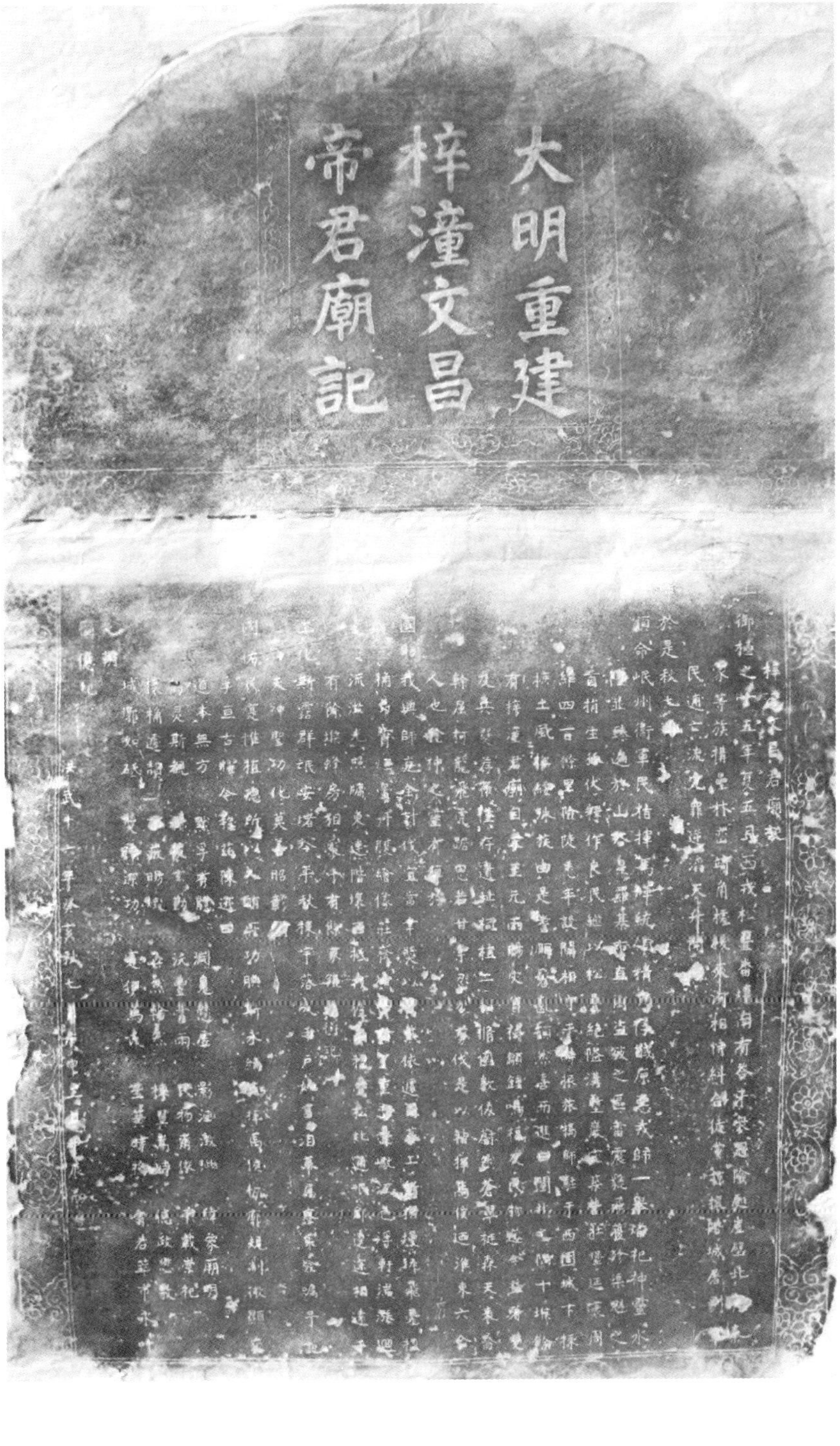

大明重建梓潼文昌帝君廟記

（局部）

六　故封嘉議大夫都察院右副都御史張公墓志銘、墓志蓋

七　候兒壩摩崖

八 聖母子孫娘娘長佑碑

九　馬行一墓碑

一〇　老爺墳碑帽

一一　重修殺賊橋碑記

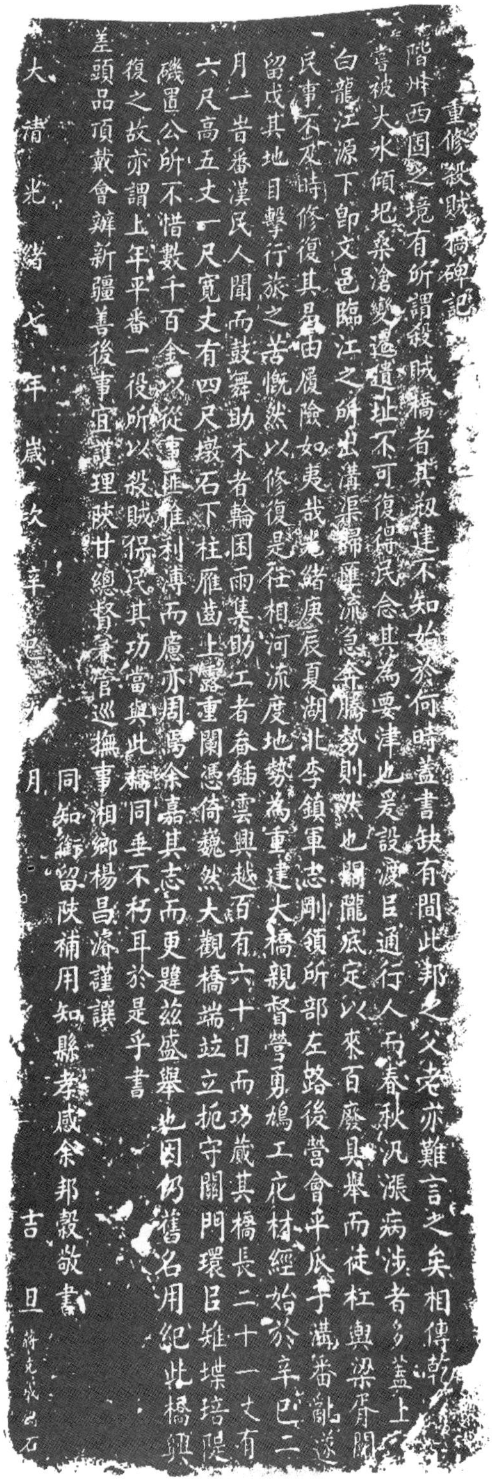
重修殺賊橋碑記
階州西固之境有所謂殺賊橋者其刱建不知始於何時蓋書缺有間此邦之父老亦難言之矣相傳乾
嘗被大水傾圮桑滄變遷遺址不可復得民念其爲要津也爰設渡以通行人而春秋汎漲病涉者多蓋上
白龍江源下卽文邑臨江之所出溝渠歸匯流急奔騰勢則然也關隴底定以來百廢具舉而徒杠輿梁胥關
民事不及時修復其曷由履險如夷哉光緒庚辰夏湖北李鎭軍志剛領所部左路後營會平底于滿番亂遂
留戍其地目擊行旅之苦慨然以修復是任相河流度地勢爲重建大橋親督營勇鳩工庀材經始於辛巳二
月一旹番漢民人聞而鼓舞助木者輪囷雨集助工者畚锸雲興越百有六十日而功蕆其橋長二十一丈有
六尺高五丈一尺寬丈有四尺墩石下柱雁齒上露重闌憑倚巍然大觀橋端竝立扼守關門環以雉堞培隄
磯置公所不惜數千百金以從事此惟利溥而慮亦周焉余嘉其志而更題茲盛舉也因仍舊名用紀此橋興
復之故亦謂上年平番一役所以殺賊保民其功當與此橋同垂不朽耳於是乎書
差頭品頂戴會辦新疆善後事宜護理陝甘總督兼管巡撫事湘鄉楊昌濬謹譔
同知銜留陝補用知縣孝感余邦穀敬書
大清光緒七年歲次辛巳　月　吉旦

一二 牛頭寺碑

康縣

一　漢磚刻文

二 留題獨石山院

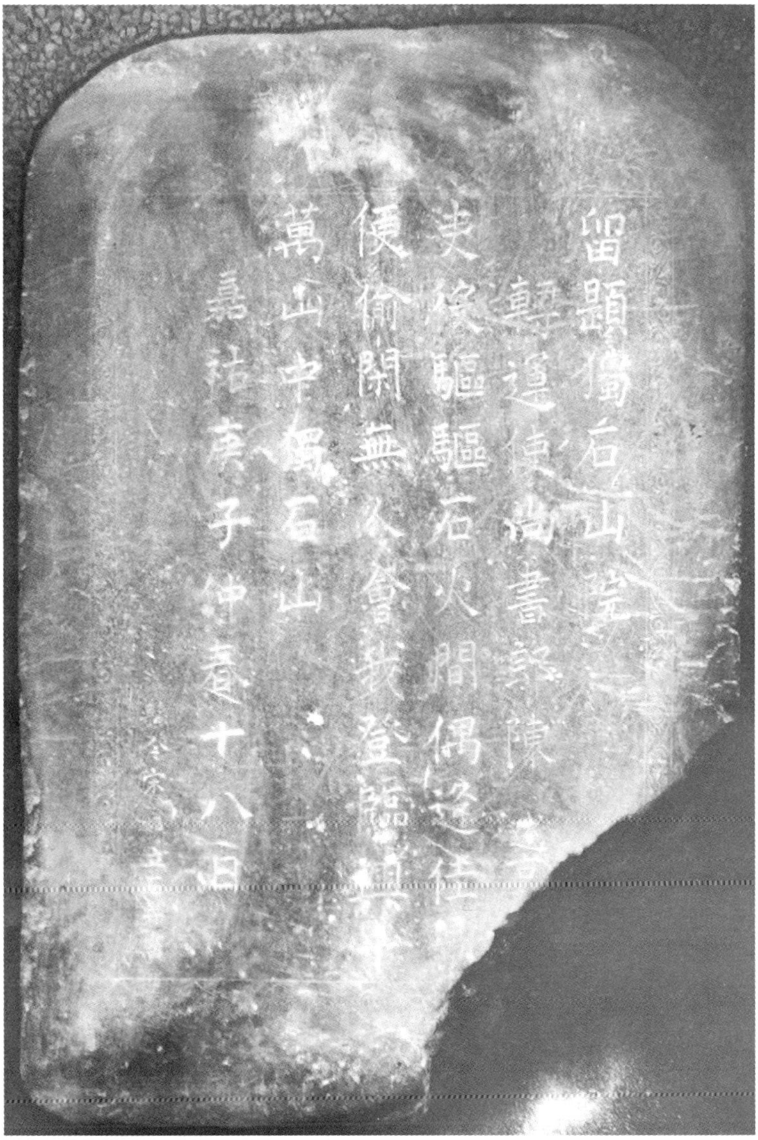

三　憲使黄公題獨石寺

四　察院明文

五　官清民安碑

（全貌）

（拓片）

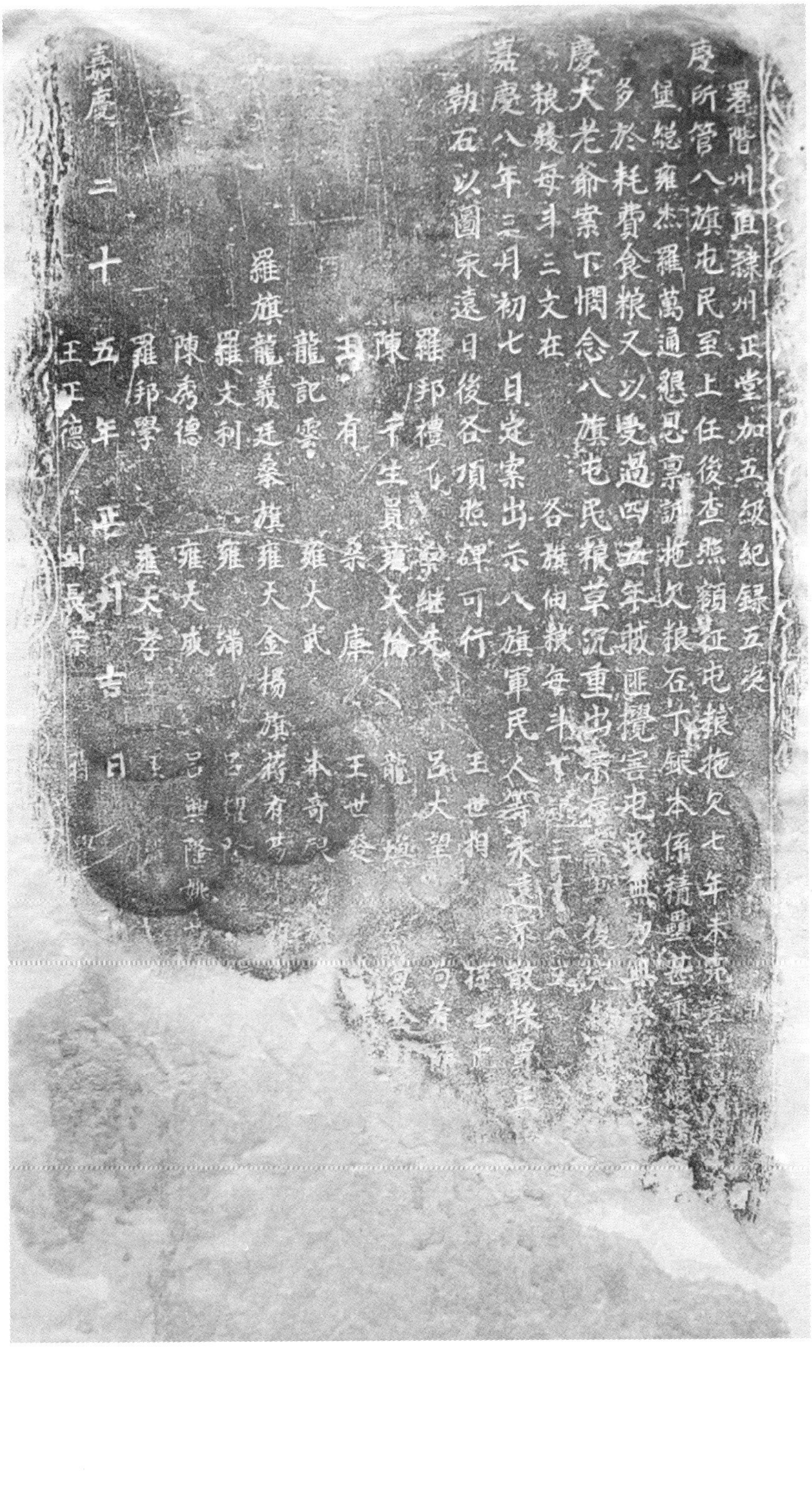
署階州直隸州正堂加五級紀錄五次
慶所管八旗屯民至上任後查照額征屯粮拖欠七年未完
多於耗費食粮又以受過四五年被匪擾害屯民無力
嘉慶八年三月初七日定案出示八旗軍民人等永遠
勒石以圖永遠日後各項照碑可行
嘉慶二十五年正月吉日

六　修梁家堎道路記

七 五聖宮碑記

八　朱登連墓碑

九　建修白馬關城垣碑記

一〇　嚴禁派錢告示碑記

一一　皇清待贈朱公之墓碑

一二　朱鳳翔夫婦墓碑

一三　李氏墓碑

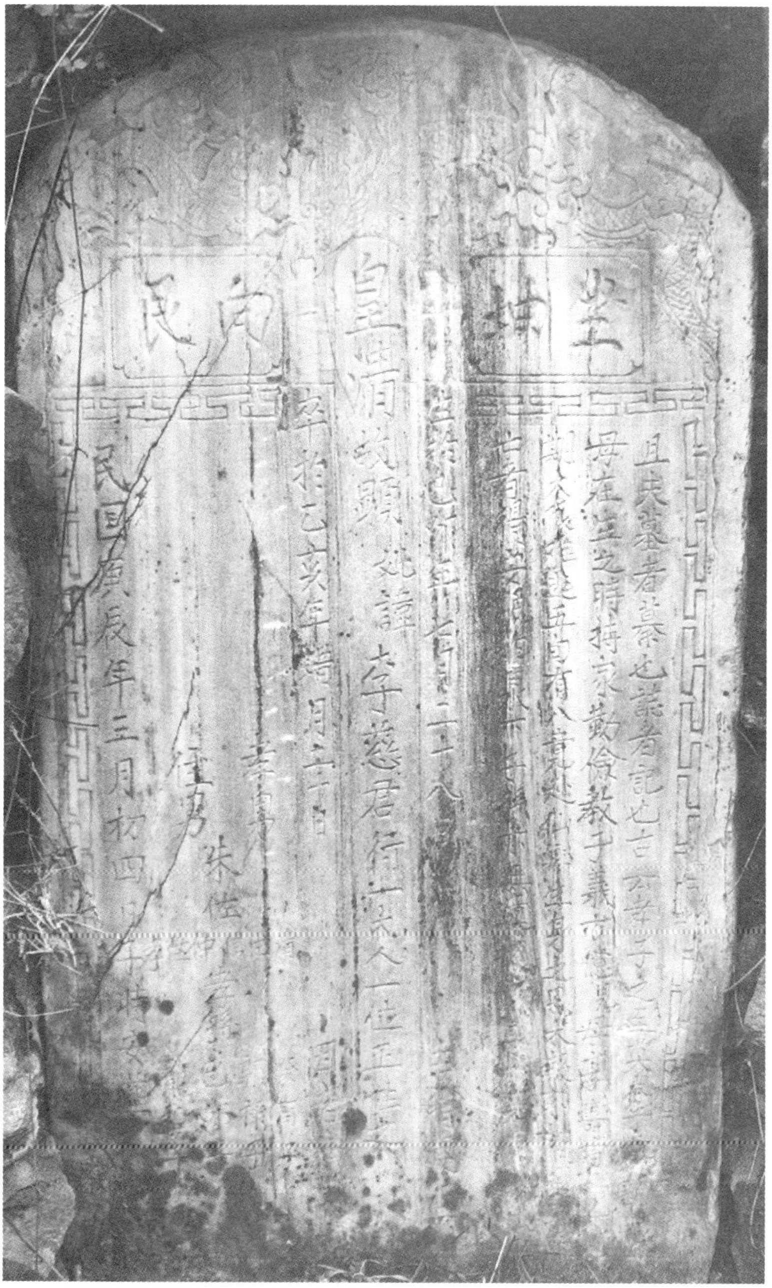

一四　七七抗戰陣亡將士紀念

文縣

一 銅銑

二　陀彌院碑記

三　玄帝金像新鑄記（局部）

四　明待封選授千户清源謝公墓志銘

五　槐峰蕭公暨配孺人劉氏合葬墓志銘

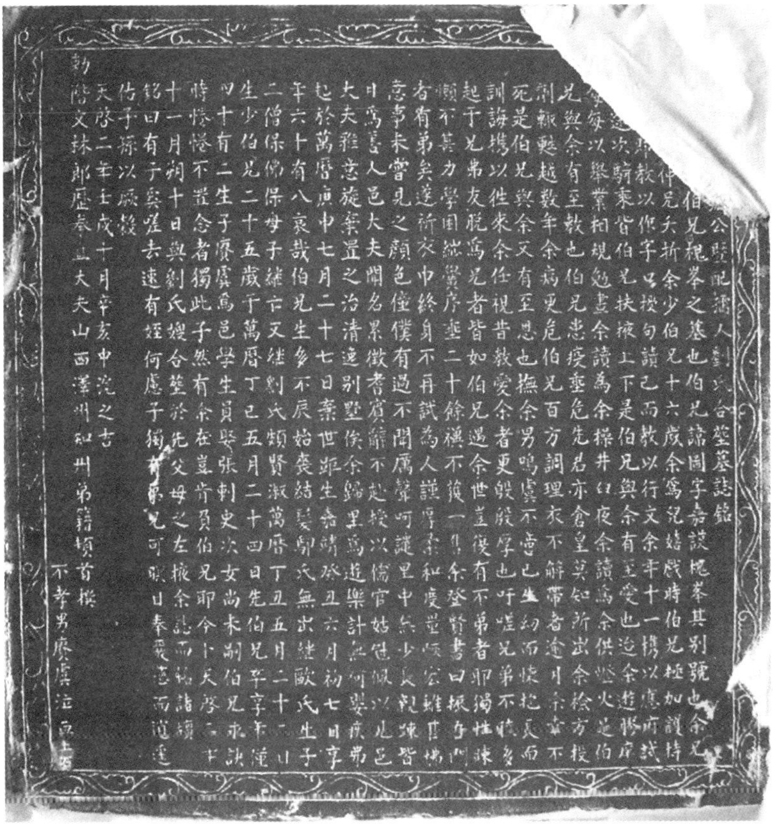

槐峰蕭公暨配孺人劉氏合葬墓志蓋

六　明蕭籍暨配孺人謝氏合葬墓志銘

明蕭籍暨配孺人謝氏合葬墓志蓋

七　明敕贈孺人張氏墓志銘

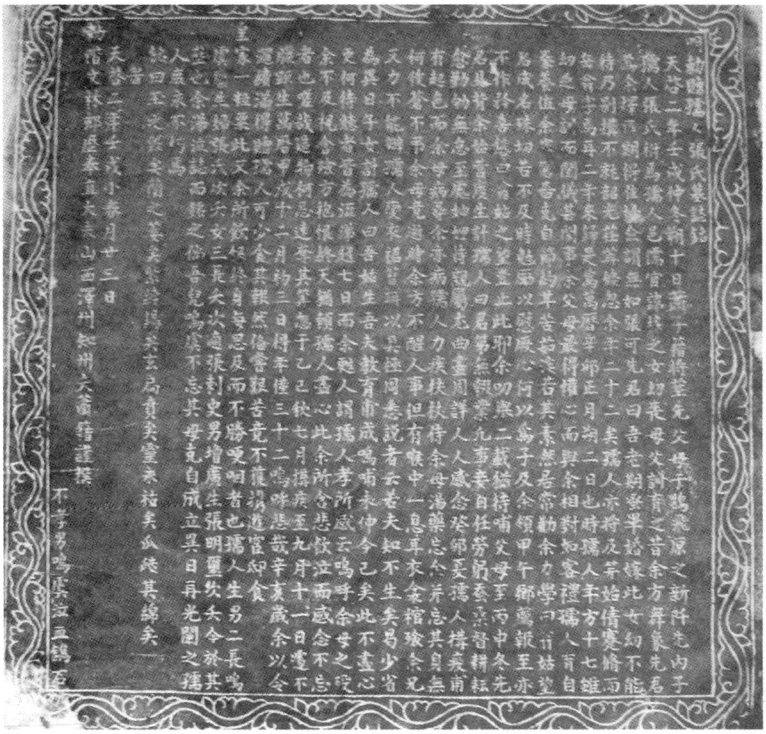

明敕贈孺人張氏墓志蓋

八　南直隸常州府通判禄我張公墓志銘

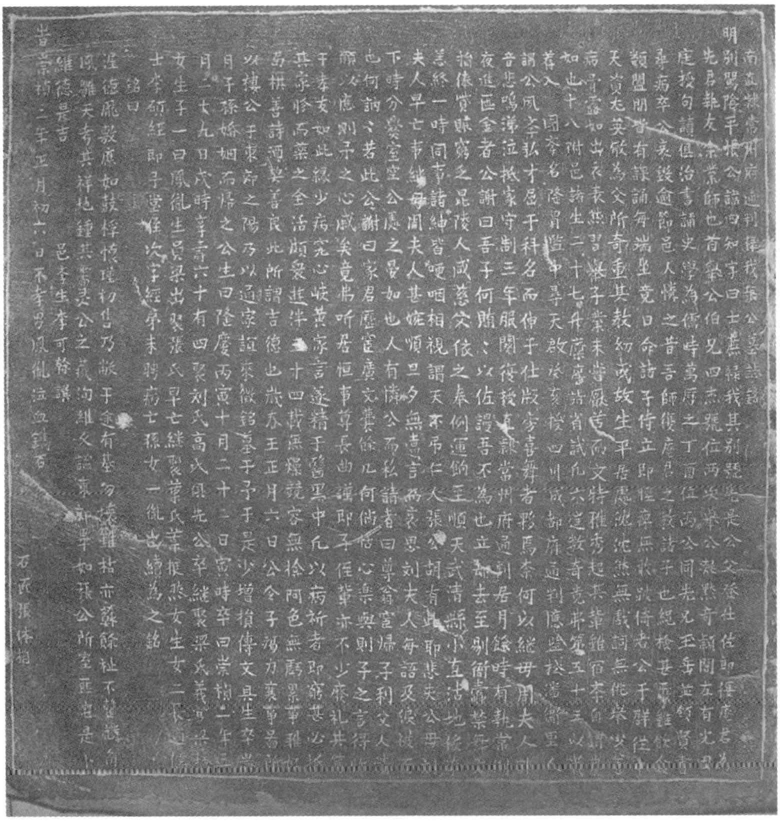

九　重建玉虚山玄帝廟記

一〇 明敕封文林郎蕭籍墓志銘

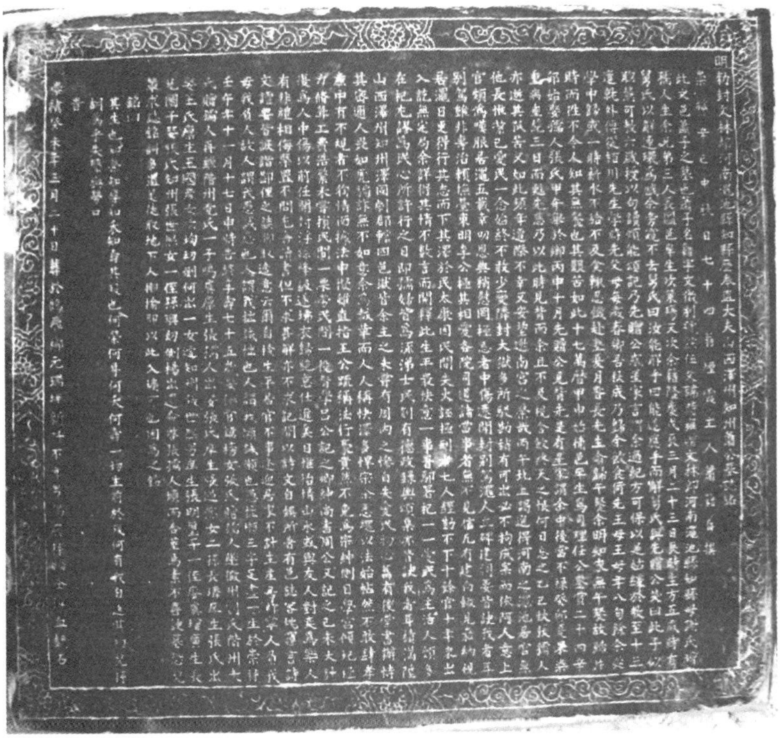

明敕封文林郎蕭籍墓志蓋

一一　重修文廟碑記
（全圖）

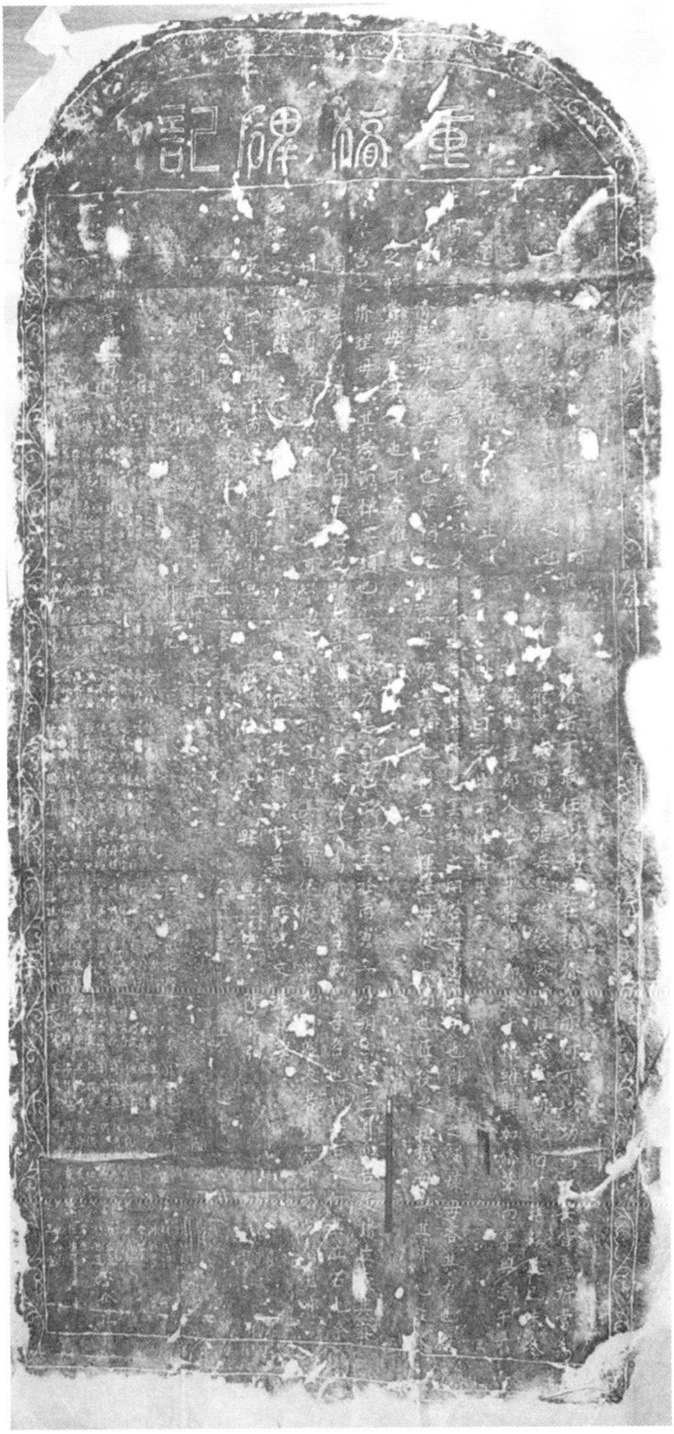

（局部）

一二　玉虚山長燈碑記

一三　重修北山碑記

（殘碑）

（殘拓）

一四　邊地坪摩崖

一五　玄帝廟重修碑記

一六　碧峪鎮南帮藥船板主新會塑像小引

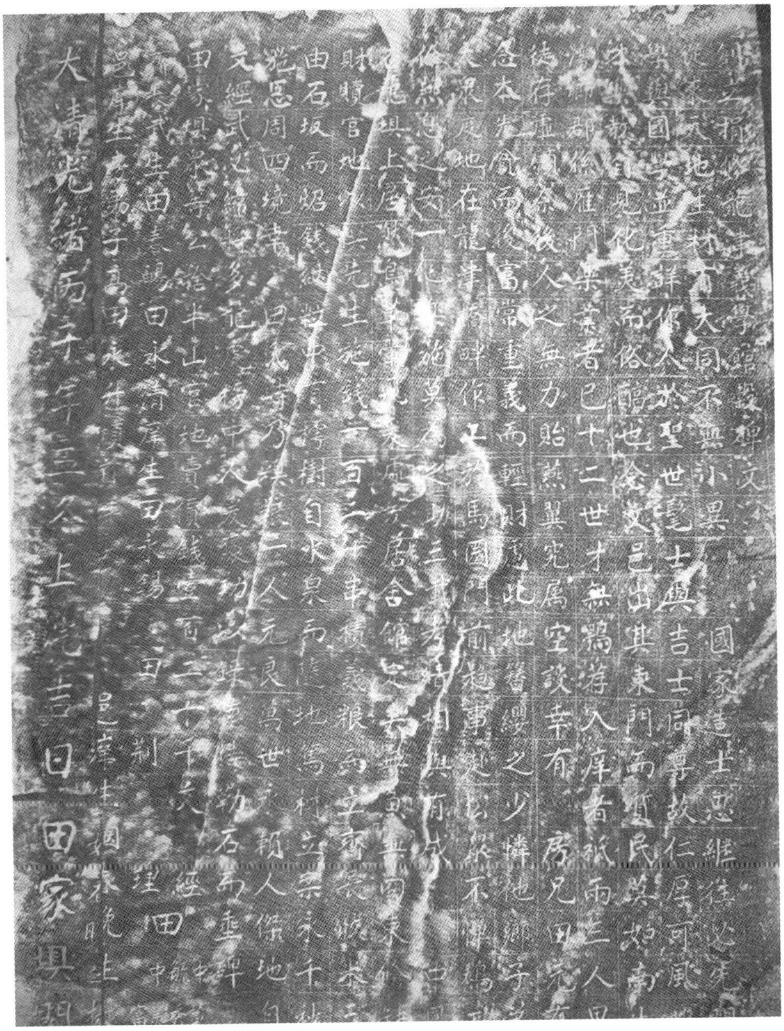

一七　創立捐修龍津義學館穀碑文（局部）

一八　尚德龍津橋碑記

一九　永垂萬古碑

二〇 哈西修虹橋碑記

二一　義僕楊福殉難碑

二二　文縣中寨拐筏岩路碑序

出土地點不明或民間收藏有銘文的金器

一　錯金銘文青銅戈

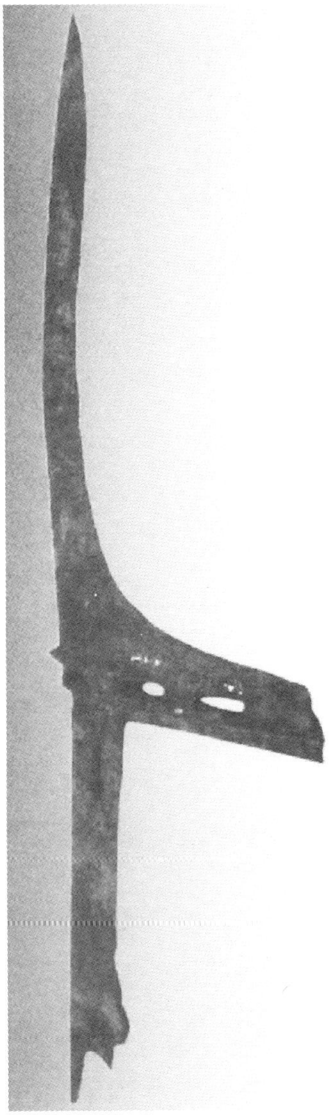

（按：圖片均采自楊凱坤主編《隴南收藏》。十一件金器均爲私人所藏，故未見實物。《隴南收藏》中圖録重在展現器物全貌，因此銘文難以一一辨認。存録以便進一步研究。）

二　漢青銅勺

三　漢青銅盤

四　漢代青銅銘文鏡

五　漢代雙圈銘文銅鏡

六　漢代四乳龍紋銅鏡

七 「晉歸義羌王」金印

八　隋代瑞獸銘文銅鏡

九　遼代「千秋萬歲」鏡

一〇　元代「至元四年」雙龍紋銅鏡

一一 「宣德年制」十二生肖之兔首

一二　「乾隆年制」十二生肖之牛首

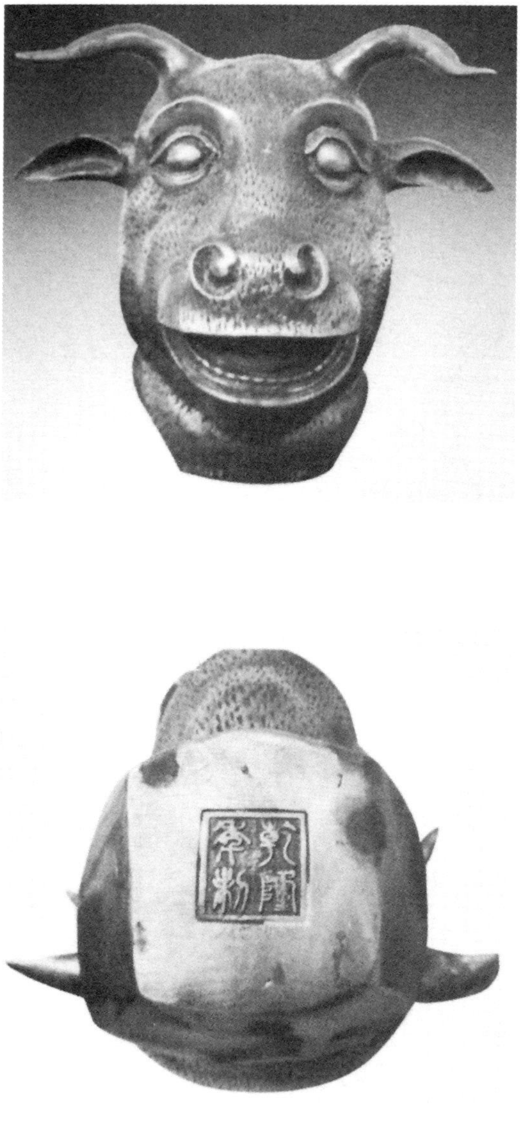

西北師範大學古籍整理研究所
隴右文獻叢書

主編　趙逵夫
編纂　趙逵夫　崔階

隴南金石校録

【第四冊】

SSAP
社會科學文獻出版社

【本册目録】

文　縣……

武都區

南北朝

一 萬象洞題記（一）

賀婁慈

□大周建德三年五月廿六日，大使武定公賀婁慈行境至此。

〔説明〕

題記在萬象洞。北周武帝宇文邕建德三年（五七四）賀婁慈題。題記高一一〇厘米，寬九〇厘米。萬象洞，原名五仙洞。吴鵬翱《武階備志·山水》有詳載。

唐

二　萬象洞題詩

仝　硯

偕友同來到洞天，奇奇幻幻金階[一]間。十二元魁造仙府，仙人去此幾何年。

興元甲子仝硯題

［説明］

題詩在萬象洞。唐德宗興元元年（七八四）仝硯題。

［校記］

［一］階，或抄作「際」。「際」屬去聲薺部，而按格律此處當爲平聲。「金際」不詞，顯誤。金階，此處喻神仙所居之處。《神異經·西北荒經》：「東北大荒中有金闕，高百丈，中有金階兩闕，名天門。」曹操《氣出唱》：「乃到王母臺，金階爲玉堂，芝草生殿旁。」本詩所寫意境與此相類，可爲證。

三　萬象洞留題

高寶臣

慶曆五年孟冬初四日，因游洞，過卧龍坪，留題四十字，以示來者：

待騎蟠蟄洞中春，怒激風雷盡四昏。天命爲霖騰躍去，隱然鱗甲此坪存。

［説明］

留題在萬象洞。宋仁宗慶曆五年（一〇四五）福津知縣高寶臣游萬象洞，過卧龍坪後于岩壁上留題。序中言「留題四十字」，據文意看，實不足，疑缺下款。

四　敕賜廣嚴之院

佚名

（篆額）：敕賜廣嚴之院

中書門下牒階州福津縣廣嚴院

階州福津鎮彌陀院

牒奉

敕宜賜「廣嚴院」爲額。牒至，准
敕故牒。
嘉祐七年十二月一日牒。
禮部侍郎參知政事趙，吏部侍郎平章事曾
禮部侍郎參知政事歐陽，刑部尚書平章事韓

［説明］

碑存武都區三河鄉之廣嚴院。碑高一三四厘米，寬七〇厘米。兩面刻字。此牒在碑陽。

宋仁宗嘉祐七年（一〇六二）牒。

著録：吴鵬翱《武階備志》，葉昌熾《語石》，張維《隴右金石録》。

五　階州福津廣嚴院記

羅希道

階州福津廣嚴院記

羅希道、男文顯書兼刊字

若夫佛書之爲教也，時歸冰愽，功德□大，况有以何有，順空而不空。前聖之真詮，大乘小乘之□□，流諸沙界，被乎海藏，非至人孰能振其淵藴哉？寺院之所建也，崇嚴佛事，居處僧寶及善之清境植因之。浄土，漢明唐宗逅搆；白馬，開元之盛搆。誘化辟生，趨向無得，非宿德不可勝其清凉也。今上皇帝祇膺景運，恢隆永圖，仰宗祖之威靈，以聖賢之扶佑，殊俗款塞，萬國歡□。嘉祐八年十二月一日，敕降天下郡縣名藍勝剎，未有敕額，更賜名額。後于治平四年十二月，復詔天下郡國，佛寺僧舍可三十楹未有名者，特賜之名。山奇而水秀，人繫而俗阜。其惟江山迤邐，不三四舍，有鎮曰福津，駢懷闤闠，難永日要據關右，當衝感化鎮，「廣嚴」爲額，見僧顒秀修葺住持。噫，有宋開國垂百餘年，寺之于院，不許創及徙。廣嚴之興，萬口一聲，得非千年會遇者哉！加以院主顒秀，性識悟□□□圓通內典，江洋外學，能守道以處己，能舉善而諭人。左右居民，遠近檀越，無不欣仰咸悦。隨院舊基，乾德元年閏十二月二十一日起，置修造院主僧智光。自天聖元年重修造院主僧契澄，同修造僧延操。大佛殿三楹，文珠殿三楹，觀音殿三楹，齋廳三楹，僧堂兩楹，三門樓三楹。東至程行銖地爲界，南至大河爲界，西至乾溝爲界，北至院平爲界。

□□非住持者多能，安能致隆盛若是哉？記日補故者，獲二梵之功德，此不忝爾，後之□者，敢不存誠、戒行、緒焚修、上答天恩、永□帝祚者也？大宋元豐元年戊午歲八月十二日，修造院主僧顒秀，小師海普，小師海用。童行海□，海亮，德信。

本州管內都僧正賜紫僧昭隱，寄住僧意恭。

本州長馬王□，本州長使楊閔，開坼勾端，助緣弟子黎端，助緣弟子程璋、王承用，文友蔣□順。助緣弟子董宬。□□安□浦，孟德和，程文美，何佚，楊文吉，楊晟，勾綾，淡承景

保正程端，劉守吉，弟子邊彦吉，男□□文昌，文勝

將仕郎、福津縣尉李

將仕郎、守福津縣主簿雷

給事郎、守福津縣令張

［**説明**］

此記在《敕賜廣嚴之院》之碑陰。

宋神宗元豐元年（一〇七八）羅希道書。

著録：吴鵬翱《武階備志》，葉昌熾《語石》，張維《隴右金石録》。

六　萬象洞天摩崖

游師雄

提點秦鳳等路刑獄公事游師雄，同知階州鄭价登萬象洞天。元祐六年正月十七日。

判官（中缺）三副將□□。

［**説明**］

摩崖在武都區漢王鎮楊崖村東頭山坡一巨大岩石上，前臨白龍江，後西南半山腰上即萬象洞所在。由緊密相連的大字正文和小字説明兩部分組成，其大字字徑爲三五乘三五厘米，共占面積約爲六平方米；小字字徑二〇乘二〇厘米，共占面積約一·五平方米。

宋哲宗元祐六年（一〇九一）題。

七　萬象洞題記（二）

游師雄

游師雄、鄭價同至。元祐六年正月十九日崔琭奉命書。

〔**説明**〕

題記在萬象洞三星崗。題記高三六厘米，寬二〇厘米。

宋哲宗元祐六年（一〇九一）游師雄題。

八　宋詩殘碑

孫　衡

白雲門對赤沙岡，□□□□□□。已向西州倦塵土，誰知此地□□□。層臺花雨隨朝唄，净室天龍護夜香。最好薰修結蓮社，補陀巖伴祝后王。

政和元年九月

（上缺）管句學事勸農公事孫衡

（上缺）判官張（下缺）

〔**説明**〕

殘碑存武都區安化鎮高寺。武都蒲廷榮提供拓片。

宋徽宗政和元年（一一一一）立。作者當爲孫衡。題目爲編者所加。

南宋

九　萬象洞題記（三）

席壽儒

大宋建炎四年五月，福津令席壽儒伯山愚來游，以火不繼乃還。

［説明］

題記在武都萬象洞内。據政協隴南市武都區委員會《武都歷史文化大觀》收録。宋高宗建炎四年（一一三〇）題。

一〇　萬象洞題記（四）

高　英

紹興己卯四月晦，郡守河東高英景先，緣巡按山寨回，自福津谷捨轡渡江，游萬象洞，壯其瓌異。越六月十有二日，拉別乘潁昌成佾和甫、將佐濟南劉海朝宗、鄜延王立子禮、上邽王仁嗣景山、河東郝通德卿、隴干李庠化源、慶陽姚公軾望之、學官左綿袁覿子游、巡撿京兆[一]韓希清叔、邑尉東都成光延漢卿來游。男逸述侍行，門人東普景大林茂先奉命書。

［說明］

題記在武都萬象洞内。題記高九六厘米，寬一四四厘米。

宋高宗紹興二十九年（一一五九）題。

著録：吴鵬翱《武階備志》。

［校記］

［一］京兆，《武階備志》原脱。

一一　宋故親衛大夫御前前軍同統制軍馬知階州高公英墓志銘

成□

（篆額）：宋故□階州高公墓志銘

宋故親衛大夫御前前軍同統制軍馬知階州高公墓志銘

左朝請大夫通判階州軍州主管學事兼管内勸農事成□撰

公諱英，字景先，姓高氏，嵐州宜方人也。質重倜儻，不拘小節。未冠，隸本州宣毅籍。建炎初，金人犯河東，公預城守，累立戰功，補都虞侯。明年，從統領軍（中缺）屬，敵人圍城，公代使臣押兵接戰，用絳帛束甲，以自標識。虜衆輩攻，具直造城下，守堞者懼。公挾勁弓發三矢，斃三人，虜遂潰去。嵐石路安撫使知晉寧（中缺）路軍馬徐徽言目睹勇鋭，因召絳帛束甲者來前，□□姓名，既慰撫之，録前後寄六資功，以河東經制司空名官札。自都虞侯借補成忠郎差權河東第九（中缺）河東諸郡多陷虜。晉寧軍弓箭指揮使郭齡，市民韓知常□□□□城。城失守，公避亂抵鄜州，遇今金州安撫四厢都統三公彦，時爲河東第九將，差公兼管（中缺）與結爲忠義兄弟，升堂拜母，有無通共。母撫公如己生，紉縫食飲，嫂待公同□叔。共誓報國，招集散亡，自成一軍，往依府州，太守折承宣。時，同州爲河東陝西衛要□，公檄第九將王公招撫同州蒲城縣。公寔從行，至則蒲城已傾虜。虜衆駐縣，民畏無□意。二公乃率所部兵，乘夜焚城門以入，斬獲虜人與同惡者甚衆。救護陷蕃老幼千餘口。倡謀歸朝，宣撫處置使司嘉其來真，授成忠郎。四年，從收復永興軍先登，轉忠訓郎。永興新復，盜賊旁午，帥司留公知高陵縣事，招集逋散數千家。有盜張權者，擁衆暴横甚恣。公度招降不可，設伏以待，乘其不意，擒首領姚忙兒、郝立等二千餘人。公亦被傷，轉秉□□。

紹興元年，鳳州劇賊王太假金人聲勢，殺戮守倅以下官吏六十餘家。公從本將會合，景衮軍馬，賈勇士卒，率先陷陣，擒四百九十餘人，得賊首二十餘人，第功轉敦武郎，陞□宣撫處置使司，選鋒部將。二月，從防守秦州，值金人回軍熙河，捍禦奔衝，把截黎子口無虞，轉武翼郎。二年春正月，差權宣撫處置使司選鋒正將。三月，從解圍方山原，于百查嶺殺敗金人，汪龍嶺殺敗涇原叛賊，轉武德郎，排充選鋒第十一正將。三年，以年勞遷武功郎。四年春三月，金人大入犯仙人關旁殺金平，公從制置都統吴公玠戰禦，屬當前行置陣□□。吴公指左右曰：「是固能辦賊也。」會連日大軍全勝，轉武德大夫。是時，公方壯歲矣！五年，從攻下秦州，中流矢而氣益振，轉武功大夫。九年，議和成。至十年，虜復背盟，侵陵陝右。宣撫使司差公充行營右護軍前部統領軍馬兼永興軍路兵馬都監。從鄜延路經略王中衛彦措畫收復。夏五月，至醴州城下，黎明破城，擒千户張鶴等三人，百人長九人，牌子頭八人，甲軍二百四十餘人，斬首一百五十餘級，撫定□□□□改肆，功居第一，轉行右武大夫、文州刺史。天子錫命曰「武功大夫高英性資敏鋭，材力驍雄，素稱韜略之奇，久習封圻之守。操戈迎敵，率衆當先；俘馘甚多，酋豪遠遁。上功幕府，覈實司勳；寵進横班，遥陞郡伏。」訓詞美矣。是年，敵引重兵據青溪嶺，欲攻取涇原。夏六月，節制陝西諸路軍馬郭浩，檄公自邠州尾襲至招賢村，横截虜騎，斬獲過當。敵分三隊，翼而進□□□□追全麻務屯，復占青溪嶺。閏〔一〕六月，涇州城下徑戰獲捷，轉右武大夫。十一年，從今都統少保于丁劉圈剡家灣，居前鏖戰，轉拱衛大夫。公與虜确〔二〕，多立奇功，數授金帶、金盂、白金、袍繒之錫，旌其最也。越明年，金人尋盟，正南北疆界，自是休兵矣。公□□益昌，移蒼溪，又移劍山，又移左綿。先自龍陽屯武階，又屯大水，屯河池，屯同谷，屯大安，凡十駐軍。所至州縣交口稱譽，兵不犯，民不擾，咸畏愛之。

十三年，改差兼權發遣潼川府路兵馬都監都統少保。公簡部曲將佐之有器業者，欲稍試以吏事。二十三年，辟公攝龍州。既下車，究知苛弊，盡循律令，勸農桑，省刑罰，時租税，寬逋負，抑强扶弱，惠養疲民，捐俸以修學校，置田以贍生徒，以次施行，人皆悦服。既去，繪像以奉祠之，于今黌舍爲一路冠。二十四年，御前左部同統制本管軍馬李興祖亡，都統制司奏選公爲代，天子俞。請都統少保公問曰：「既陞統制，將何以報朝廷？」公徐對曰：「平時訓習將士，使遵軍律，視其衣糧，無擾其私，一旦臨敵，使性者勇，勇者奮，心力齊一，不敢瞻前顧後，此所以答知己、報朝廷之職分也。」二十六年，階州守臣王彦遷鎮金州，有旨委四川制置使蕭振、領御前都統制吴璘推擇可充前軍統制軍馬兼知階州者，具名來上。兩司以公應選，朝廷從之。公初即事，如治龍州，而加循良焉。州城左右，白江、北谷二水交貫，每全霖潦，二水鬥暴，歲爲州患。公築南北堤以防漲怒，工費不取于民，假諸營餘力、帑廩餘資，不勞而辦。夾堤植楊柳，歲伐條枚，補葺崩陷，爲久遠之利。增修雉堞城樓，以壯邊藩之勢。疊宕小羌，間出掠民牛羊。公捕酋首十餘人，開示禍福，撫以恩信。復遣還部，解所佩劍以賜老胡，使誘説諸氏，不得犯塞，自是感悦，西邊無寇擾之患，而民安業也。二十八年，朝廷念全蜀將帥固圉久勞，概舉十年之限，例遷一官，轉親衛大夫。公自都虞侯十四遷，至親衛大夫，皆以戰功。其用年勞轉者，兩階而已。自十三年郊祀加恩，初封武功縣開國子，食邑五百户，又進封開國伯，又進封安康郡開國侯，食邑至一千三百户。凡將相帥守監司，薦舉者二十餘員，率期以爲名臣，才可知也。

公性聰敏，少與群兒學，日課誦千百言，至老不忘。雖在兵間，手不釋卷。授《左氏春秋》于儒先生。喜讀《資治通鑑》，能道歷代治亂成敗。至于兵書、陣圖、雜家、小説、陰陽、律曆、卜筮之書暨浮屠、老子之言，無不涉獵。如《爾雅》、碎金，句讀聱牙，略無音韵，成誦如流，牽引解説，以古證今，儒者病焉。晚耽道家飛升之術，謂：「金丹可成，凡骨可仙，以尸解爲未了。」宴居默誦《黄庭經》，曰「此登仙之梯」，雖在道途鞍馬之間亦不廢。天資沈勁，寡戲笑，重然諾，外嚴内寬，未嘗以詞色假人。好面折人之過，不掩人所長。撫士卒有恩義，病則躬視醫藥，婚葬則助其經費。篤于故舊，尊節畏義。少許可，或者疑自高上其才能云。一日都試，號令明簡，坐作進退，肅然無譁，視聽鼓旗而分合變化，率應師律，既罷，無一受罰者。乃曰：「春秋時，子文治兵，終朝而畢，不戮一人。子玉治兵，終日而畢，鞭七人，貫三人耳。優劣可知。誠欲慕古人而效之。」又嘗語人曰：「人之才智，要當能通不通，能利不利，然後遇盤根錯節，而利器立辨也。」公居家師儉，不務華飾，談及貧賤時糲飯布衣，曰：「今過分矣！」不治産業，不畜貲財，曰：「無益子孫之過！」好賙人之急，疏屬外姻仰給者衆，其于親族尤致其厚。至于賓客祭祀，豊腆甘潔，未嘗少吝。既没，家無餘留焉！三十年五月十四日，以疾卒于官，享年五十有九。公没之次月，白江暴漲，適與堤平，而城無恐，郡人尤思公而德之。

曾祖諱晏，祖諱志，俱不仕。父諱晟，贈武經大夫。公初娶崔氏，繼室李氏，皆先公二十餘年卒。今配羅氏，鄴王紹威之後，封恭人。男四人：長曰邈，成忠郎，早亡；次口逸，次曰述，次曰遹，并以公蔭爲保義郎。女一人，方四歲。諸孤卜，以是年九月初七日壬午，葬公于階州東南之山麓曰藥木平。泣來求志其墓，予辭不文，無以顯揚先德。再却，再請，又泣拜曰：「先人起徒步，立功勳時，不肖了尚幼，不能通知本末。久與先生聯事，屢道平生艱難起家之狀，捨先生誰知其詳！」僅以同僚之義，寔聞斯語，不可固辭。既助其凡葬事，乃繫而銘之。銘曰：

胡塵蓬勃兵擾攘，叛夫奸人助陸梁。忠臣義士起四方，乘時多難翊興王。公從徒步志激昂，斬虜戮叛勇莫當。文能輔梟威武揚，試守兩郡稱循良。開示誠信懷氐羌，寇攘不作民樂康。古來水患今則亡，兩堤萬柳公甘棠。仙靈山高白江長，階人思公不能忘。因葬本郡比桐鄉，後世考信視銘章。

門下士普慈、景大林書丹蓋，匠人惠湘王永刊字

［説明］

碑存武都區博物館院内。碑高一三四厘米，寬七七厘米。

宋高宗紹興三十年（一一六〇）成□撰。

［校記］

［一］閏，原作「潤」，以意改。

［二］确，通「角」，角逐、競爭之意。

一二　重修赤沙祥淵廟記

黄　傑

（碑額）：重修赤沙祥淵廟記

重修赤沙祥淵廟記

門下士左迪功郎、階州福津縣主簿、主管學事、權州學教授珠江黄傑記，涇原王永刊

武都之東五十里隸福津縣，往安化鎮之道中，地名曰赤沙，舊有湫甚靈，隱于附近之深山大谷中，其後湫亦潛徙。往時有位者購居民以一歲之租賦，俾極之于所往，竟不得其真。然遺迹尚存，猶能隨禱而應。其神則□食于途之濵，屋初數椽，不知幾何年矣。此方之人，每遇暵潦，輒禱祠下，以祈雨暘之若，靡不昭答。本朝大觀庚寅，太守馬公視其屋宇卑陋，不足以侈神之靈，命工鳩材，別建祠宇，繪塑神像。洎成，萬口一詞，皆謂宜有廟號，以崇其祀。縣以邦人之請聞于州，州以聞于監司，監司以請于朝。是年九月二十有一日，奉天子命，賜以「祥淵」額其廟。自是，人益信。向歲久不治，日壞月隳，殆不克完。忽夏秋潦暴，洶湧奔突，幾驟迤而勝者數矣。于時，岸有深谷之變，田有憙崩之患，或者以謂神實爲之也。紹興庚午，節使姚公初守是邦，因過祠下，歎其幾廢，給資以輯之，以至于今，祀事有加焉。乾道丁亥十有二月，統制□原王公來領州事，得□倅貳張渼，與之商□，密期享坐嘯畫諾之逸，而千里按堵，政平訟理，□祀典之。有益于民者，未嘗不盡禮致敬，而神亦應答如響。階于西北爲下州，比旁郡蓋地瘠而民貧，然能曰雨而雨，曰暘而暘，人情熙熙，安生樂業。入其疆者，不知爲近邊之所。雖一方神物之賜，然非□政所感，未易爾也。祥淵去城郭稍遠，

異時郡有祀事，率以委官。明年春三月，太守具酒殽，躬往致祭，因徘徊瞻禮，顧謂廟皃草創，未足以副朝庭之寵而答神之貺，歸以語其屬，俾度遺材、役冗工，因其基而廣之，即其舊而新之，乃以孫仲下班董其役。經始于戊子之孟夏，不踰月而新廟落成。塑像嚴飾，有殿以崇香火之奉，有厨以爲享禮之所。環廊廡以至于廟門之内，無慮十數楹。工訖，擇附近之寺僧有名行者，主其焚獻，得志英，庶幾可以久而不廢。一日命屬吏黄俟，曰：「子曷爲我記之，使觀者知神之靈應，而識廟之廢興也。」俟竊謂神雖漠然無際，然精誠所至，彼實臨之。是則神之禍福，率因人以爲靈也。守倅一郡之主神，血食于其境内，視治否以爲重輕。使爲郡者營私背公，不以君民爲念，神將冥然不顧可也。今二公憂國愛民，不置諸口，其用心爲如何？神享其祀，能無靈乎？公諱中正，字子直，河州枹罕人也，忠節暴于功業，孝行見于旌表，約于身，儉于家，其居官以廉，其養民以恩，其御吏以法，與屬吏均有無，與士卒同甘苦。張侯諱俊民，字朝英，漢中人，登紹興四年進士第，文行政績，表表在人耳目，素爲當途推重。二公左提右挈，同底于治郡。政之餘，又求有功德于民者之神以廟以享。是其所存，未嘗一日不在民，□後日，神得所依，永爲階民之庇，而無水旱疾疫之疹。民得以奉公遠私，優游卒歲，而無歎息愁恨之聲。必曰：「自今日始，然未知他日又廢而能振起之者誰也！」俟故樂書其事，而請鑱于石，其庶乎不泯！

乾道四年歲在戊子五月旦日。右從事郎、知階州福津縣事主管學事、勸農公事陳掄書丹

左承議郎、權通判階州軍州主管學事兼管内勸農事、提轄綱馬驛程、賜緋魚袋張俊民

右武大夫、階成西和鳳州兵馬都監御、前中軍同統制游奕軍同統制、權知階州彈壓、本州屯駐軍馬王中正

［説明］

碑存武都區安化中學院内。碑高九一厘米，寬六三厘米。

宋孝宗乾道四年（一一六八）黄倓記。

一三　榮公和尚墓記

僧惠普

榮公和尚墓記

公俗姓王，法諱和榮，南豳慶壽寺僧也。因兵火，流寓武階。享年七十有一，于紹興二十一年正月初七日，我公滅度，權厝白江之傍。及後，徒弟賜紫僧惠普，命良匠于寮舍之南建置普通塔一所，遂將本師靈骨遷徙于是塔焉。時淳熙二年歲次乙未二月二十八日。小師賜紫僧惠普謹記。師孫僧尚智璁。

［説明］

碑存武都區博物館。碑高五〇厘米，寬三五厘米。

宋孝宗淳熙二年（一一七五）僧惠普立。

一四　石門社白鶴寮普通塔記

馬繼祖

（篆額）：普通塔記

石門社白鶴寮普通塔記

瞿曇氏之教，所以獲重于中國者，以其色空寂滅，初無預于中國之好惡也。且天地固大矣，彼則以爲幻覆載；日月固明矣，彼則以爲幻臨照；萬物固具□，彼則以爲幻榮謝。以至君臣父子夫婦，無適而非幻，其視死生去來之變，豈足爲之動懷哉？惟曰吾之所以起居飲食、盡珍重以養吾一軀者，欲藉此以進吾之教而已。教苟能悟，則是間境界又有大于此身者，縱使火病水腐，棄置道側，庸何足傷？雖然，此特宗師覺老所以處其身者如是之薄也。若夫傳其燈，續其乳，以爲法門之後者，豈直阿從委靡、聽其自尒耶？必將想像其形容，整齊其衣衾，旃檀以灼之，塔宇以庥之，然後足以盡其心而無愧。如釋迦滅度垂數千年，而靈牙舍利尚爲天下之所寶，蓋其徒不忘所宗承故也。南豳慶壽寺僧和榮，自紹興初載，虜人淪陷陝西，師義不屈于腥膻，飛錫來此。有里豪尚清，見其道念醇熟，可爲師表，以其第三男捨爲門人。既落髮披緇，名曰「惠普」。師已滅度，遂于瀕江依岩静闢寮舍，以爲焚修之地，祝贊皇基永固，俗阜時康。次念先師未能藏骨，乃命建磚塔一所，置于堂奥。及後來，法乳或十方雲游，偶爾仙化，咸冀茶毗而普通干中焉。吾嘗熟觀佛徒之高傳矣，其間微言妙理，固不可擬議。至于臨去一着，莫不了然。故有燼滅而骨如常者，烟霽而舌如玉者。或大星殞于方丈，或舍利富于鄰里，靈踪異迹，類此者衆，吾不能遍舉。今普公之塔，既不忘乃師，而又欲與游徒共之。而今而後，吾見此鄉之人，筆不暇紀，口不容傳矣。公當記之，無以鄙言爲諛。時淳熙二禩二月既望，鄉貢進士馬繼祖記。

小師僧尚智璁，涇原王永刊

賜紫僧惠普立石

承信郎前就差監角弓鎮酒税兼烟火公事王鉞篆蓋書丹

［説明］

碑存武都區博物館門邊。碑高八五厘米，寬五二厘米。

宋孝宗淳熙二年（一一七五）馬繼祖記。馬繼祖，淳熙间鄉貢進士。

一五　田公刺虎記

杜　定

碑陽

（碑額）：［武階］太［守］田［公］刺虎記

淳熙二年七月，詔以臨洮田公守武階，三年七月以最聞降□□□嘉公治無害者。一日，民驚言群虎暴州東之三十里，晝夜圍，不□□□。公曰：「民害乃出，人事所不及，吾政愧矣！狡獸不足孚于德，亦殺之而已。」［遂命］軍馬楊彦雄覘在亡[一]。則乳虎踞穴居，三子，并四山行。公即馳馬從卒十數人，□□□躍□伺間，方不知所爲，而公從卒兩兩輿四虎還矣。男女老幼歡譟，□□助以笳鼓，喜氣如蒸。翌日，披剥［大小虎］皮斑斑滿前，與賓客置酒觀之。田公笑不言[二]，良久曰：「孔子行三軍，暴虎［馮河而］不與也[三]。余母老，不武身，誓報國，涓流未效，巖牆猶避之，敢嘗[四]虎耶？然亦□□之，勇之恃在氣，力之恃在智，氣［智］[五]并用。余[六]奉天子命守此土，与民爲安。虎不深遠就□人地，食狐豕以□，而孕乳毓［子］[七]。［余］[八]視之如身仇，欲必得。不知其爲虎也。我直氣勝之，以勇奮無懼，方無懼□□生之。且以力與虎鬥，虎雖孟賁不能也[九]。今兼四，能之乎？凡凶暴者，皆當以□□而以其力斃。吾視其穴窈然，則柵石錮其門，且擊且刺，尸三子以怒之，［山］谷震動，望者風靡。吾徐徐强弩一發，中其額，愈甚怒，前闞門躍而上其穴。□卒以槍挑之，如□脆弱骨，至四五，皆寸斷而［止］已。「其心不顧身矣，遂□□出迎，面如陣馬之塵，吾静立持素定，以長戈□其□□喉血下，十爪指薄□□而不知其心繫己絶矣。蓋其死，用虎之力十七；而用吾力十三也」。客曰：「文武才［刺］虎者乎[一〇]？養勇用智，曾子、孟軻之所以教人，而所出計則吴起、孫武子所以先勝之。以聖賢之教，而行之以闞張之勇。天子一日震怒，北單于之頭不爲虎皮肉乎？請書之以揚武志。」而公不許。□朋暾□死亡之憂，以安作息悲喜。聚語□公意者，逾旬不願遵□教百里□□□事父老之智者，則又謂自公來，凡所以愛我安我者不一，而惠我者□□□虎□亦不一，願因公以識之。故□□其言，而刻石置惠覺寺。公名世雄，［刺］虎以十一月二十有二日，其地□□山，距寺二里云。

十二月六日，從政郎□□普慈杜定記并書

文林郎□□□□事參軍普慈唐恩舜題額

碑陰

舜恩奔走麾下，竊見吾恩公撫摩邊民之餘，□勵兵卒騎射，食頃不置。每念[一一]報國，氣勃勃欲吞中原。今記[一二]刺虎事極壯偉。舜恩激昂撫掌曰：「公蓋因虎試兵法爾！」或曰：「此卞莊子刺虎之法歟？」曰：「非也！秦鬬揮魏戈舉獲兩虎□□□使虎不交鬬，獨無斃之之術乎？今四虎踞穴□□□狄□中□□□□公視刺虎如刺夷狄□□□□□□□法，爲輕而離之，怒而□□，□以長戈扼其□□□法爲，以治待亂，以靜待動者，今日之小試，他日大舉之張本也。雖然，孫武子談兵、治氣、治心之説，與曾子之守約、孟施舍之無懼，非兩法也。充諸中者厚，則發于外者果。公涵養妙處，非淺之所能測。獨推見兵法。鑱碑陰以俟效驗焉。」淳熙弎年十弎月念八日，門生文林郎興元府録事參軍提舉常平司主管帳司普慈唐舜恩書。

［説明］

殘碑存武都區馬街鄉寺背村卧虎寺。殘碑高一四九厘米，寬一〇一厘米。原碑面文字缺損嚴重，内容參照張維《隴右金石録》録入。

宋孝宗淳熙三年（一一七六）立。碑陽楷書，杜定記并書；碑陰隸書，唐舜恩書。

著録：葉昌熾《緣督廬日記》。

［校記］

［一］遂命二字以意補，以便于瞭解文意。

［二］田，原作「有」。「輿賓客置酒觀之。有公笑不言」，義不相承，「有」當是「田」之誤。今據文意改之。

［三］原文「孔子行三軍，暴虎□□□不與也」，此用《論語·述而》文：「子路曰：子行三軍，則誰與？子曰：暴虎馮河，死而無悔者，吾不與也。」三缺文或當作「馮河而」，今據補。

［四］嘗，疑當作「當」。「巖墻猶避之」用《孟子·盡心上》「知命者不立乎巖墻之下」文，這句話是説：巖墻吾猶避之，豈敢以身當虎？

［五］智，字原漫漶，當作「智」。此承上文「勇之恃在氣，力之恃在智」而來，故云「氣智并用」，今據補。

［六］余，《隴右金石録》作「祭」，蓋因「余」字上寖泐似仍有筆劃而誤。

［七］據上文，缺文當爲「子」，今補。

［八］據文意，缺文當爲「余」，今補。

［九］「且以力與虎一，虎雖孟賁不能也」，義不通，「一」當爲「鬥」字之殘，今正。

［一〇］此句原作「客文武才□虎者乎」，連下句意不通。「客」下應脱「曰」字。上田世雄叙刺虎完畢，客繼而引申之。客言既畢，乃「請書之以揚武志」。若無「曰」字，則「請書之」主語爲田世雄矣。「文武才［刺］虎者乎」，「才」讀爲「在」（古「在」書作「才」，未知本爲借字亦或是誤字），「在」下原有缺文，當爲「刺」字，「文武在刺虎者乎」以刺虎之小事喻文治武功之大事，化用《論語·子罕》「文不在兹乎」文。

［一一］念，《隴右金石録》作「志」。

［一二］記，《隴右金石録》作「志」。

一六　威顯神君畫像碑

佚名

存目

［説明］

《武階備志》載：「威顯神君畫像碑。碑高四尺，濶二尺五寸。中爲畫像，刻工精妙。前正書『皇宋淳熙五年戊戌十月癸亥十三日癸卯』，後書『朝奉大夫知階州軍州事兼管内勸農營田事沿邊都巡檢使借紫眉山史祁上石』。碑在階州城北卧龍崗。」

一七　萬象洞題長短句

萬鍾

郡太守萬鍾，以淳熙庚子仲春之晦日，率同寮來游萬象洞天，作此長短句：

驊騮緩策晴江上，沙觜曉痕水漲。春山數疊羅青障，下有瓊臺玉帳。洞門敲遍旌旗響，何處森羅萬象。憑誰借我青藜杖，唤起蟠龍千丈。

［説明］

題詞調寄西江月，在武都萬象洞内，高七五厘米，寬六八厘米。

宋孝宗淳熙七年（一一八〇）萬鍾作。萬鍾，淳熙十一年任階州知州。

著録：吴鵬翱《武階備志》。

一八　祥淵廟敕碑

田世雄

（碑額）：告敕

碑上部

尚書省牒階州福津縣祥淵廟

禮部狀陝府西路轉運司奏[一]據階州申福津縣管下碑碣保沙湫[二]龍神，自來委有靈異[三]，每遇水旱，州縣祈禱，屢獲響應，未有封號廟額。乞施[四]以申候指揮。

牒奉

敕宜賜「祥淵廟」

爲額，牒至准
敕故牒。
大觀四年九月二十一日牒
通議大夫守右丞鄧
中大夫守左丞侯
通奉大夫守右僕射
特進左僕射

碑中部

敕階州福津縣祥淵廟龍神，朕慮乏聰明，作民父母，水旱之變，饑溺之憂，未嘗一日不關念慮。明則責之[五]吏，而幽則賴于神，若其有功于民，寵之爵命，亦不以幽明間也。以爾神赫厥靈異，鼓舞一方，雨暘之祈，應答[六]如響，宜錫侯封，以光廟祀，以昭示來世。俾斯民祇事，永永毋怠。可特封「惠澤侯」。奉
敕如右，牒到奉行。
淳熙十年九月十九日

碑下部

左丞相淮[七]，

右丞相克家[八]，
參知政事[九]師點，
參知政事洽，
給事中價，
中書舍人藺，
九月二十三日午時，都事李德中[一〇]，受
左司員外郎王公衮[一一]付吏部。
左丞相淮，
右丞相克家，
參知政事師點，
參知政事洽[一二]，
吏部尚書闕[一三]，
權刑[一四]部尚書兼權吏部尚書焕[一五]，
吏部侍郎是[一六]，
告惠澤侯。奉
敕如右，牒到奉行。
主[一七]事黄大亨[一八]，

權[一九]員外郎騤[二〇]，令史范忠厚，書令史劉興祖，

主管院監[二一]，

淳熙十年九月十三日下。

武經郎、新權發遣金州軍州兼管内勸農營田事兼管内安撫司公事臣田世雄立石

［説明］

碑存武都區安化中學院内。碑高一四二厘米，寬八四厘米。有龜趺，高五〇厘米，寬八五厘米，長一二六厘米。

宋孝宗淳熙十年（一一八三）田世雄立。田世雄，字元弼。淳熙間，知階州，值柳林有虎，噬人。世雄督役擒殺之，人免其害。建卧龍寺，立碑頌德。

著録：張維《隴右金石録》，葉昌熾《緣督廬日記》。

［校記］

［一］奏，《隴右金石録》原缺。

［二］沙湫，《隴右金石録》作「沙湫龍神」，「龍神」衍。

［三］「委有靈應」，《隴右金石録》作「自來著有靈應」，據碑改。

［四］乞施，《隴右金石録》作「□□」，據碑增。

［五］之，《隴右金石録》作「良」。

［六］答，《隴右金石録》作「良」。

［七］淮，《隴右金石録》原脱。

［八］克家，《隴右金石録》原脱。

［九］參知政事，《隴右金石録》作「參政」。
［一〇］中，《隴右金石録》原脱。
［一一］王公衮，《隴右金石録》原脱。
［一二］洽，《隴右金石録》原脱。
［一三］闕，《隴右金石録》原脱。
［一四］刑，《隴右金石録》作「禮」。
［一五］焕，《隴右金石録》原脱。
［一六］是，《隴右金石録》原脱。
［一七］主，《隴右金石録》原脱。
［一八］大亨，《隴右金石録》原缺爲「□□」，據碑增。
［一九］權，《隴右金石録》原脱。
［二〇］騤，《隴右金石録》作「揆」。
［二一］「令史范忠厚，書令史劉興祖主管院監」，《隴右金石録》原缺爲「□□□□□□□□□□□□」，據碑補。

一九　萬象洞題記（五）

杜清等

秦亭杜清叔尚，弟添浚湘，階州因拉，河池楊特正裁，潛州伸如，西州曾元發粲幽，訪奇至此。

淳熙十三年正月二日

［說明］

據《武都歷史文化大觀》收録。題記在萬象洞黄泥壩左手石岩上。

宋孝宗淳熙十三年（一一八六）題。

二〇 萬象洞題記（六）

張普參

淳熙乙巳宰冬三日，石門復回。被檄捕張小至，古雍張普參續。

［說明］

題記在萬象洞内。石門後魏置縣，西魏更名安育，北周時改爲將利。宋時置石門鎮，屬階州福津縣轄。紹興四年（一一三四）金兀术率兵十萬入侵階州。淳熙十二年（一一八五）十一月初三利州路三都統吴挺、郭均、彭果出師襲擊金兵，收回石門。

宋孝宗淳熙十二年（一一八五）題。

二一 新修廣嚴院記

魏鯨

（隸額）：新修廣嚴院記

夏四月，別駕吕侯行縣，徑[一]福津谷，至古蘭皋戍，歸而語其客魏鯨曰：「西距郡城七[二]十里，并□東行兩山間，曰福津谷。崗阜聯絡，若伏若起。约六七里許，突爲一[三]峰，蜿蜒而□□曠平夷，可聚百家。衆山環合，拱揖先後，有僧庵曰廣嚴院，直峰之趾[四]。竹樹蒙密，殿屋崇麗，傑出椽□，宜其地勢，堂皇樓閣，廣袤相稱，像設嚴備，徒侶繁集，鍾鼓梵唄之音，□□□時，如通都□□□浮圖之居。因召其主僧普興[五]，問起廢所因，曰：『院故名彌陀舊廬，谷口□□□□□□始之。至嘉祐中，改賜今名。紹興末，爲漲潦齧壞，無尺椽寸瓦留者。普興與師道恩，始相今址，哀一方施金，遷而新之。起于紹興三十一年，落[六]于乾道九年，凡十有二年。爲屋[七]八十六，爲[八]□一[九]，爲堂二，爲寮十，庖廥湢[一〇]浴，無不咸具。而又以餘力爲大鍾[一一]，樓而縣之。度弟子十有二人，皆普興之[一二]爲之也。』其用力之難，且必如此。事之以難廢、以不能堅忍壞者多矣。如普興者，不亦異歟？吾儒皆宗[一三]聖人，而至于尊信其道，力行其説，用力之難，且必[一四]未必浮圖氏若也，可不爲之歎息[一五]歟？」明日，普興果自狀其始末，詣太守郭侯白狀，又詣吕侯請焉，曰：「侯幸辱臨于普興之廬，若有意爲普興記所[一六]以遷而新之故，願卒圖之。」于是[一七]吕侯以屬于鯨，而普興亦因□請，至六七反，不倦。遂不辭而爲之記，俾之[一八]有考焉。浮圖氏之學，自後漢入中□□□，千有餘年，其經先儒排擯攘斥，亦不知其幾矣，而卒不可破。今試取其書而觀其學，□□□忽□□推引天地未生，四海九洲之外，鬼神恠變，千態萬狀，不可窮詰，以至州城之□□，宫室之詭異，多人之所不能睹。殆莊周、列禦寇之書，寓言類也。齊梁以來，其徒因一時好尚，藉以侈□居室，窮極華靡，儗于尊上猶爲未足，而若其師之苦空寂滅，則鮮有趍而爲之者，豈其□□果不可繼歟？抑人情苦難而樂易歟？抑侈靡之易溺而窮寂之難忍歟？然吾誠□感焉。□其師□□言，而其徒尊信力行，千有餘年，牢固而不可破□□人之道，曰：「仁義禮樂者，如絲□五穀之用，不可一日廢。而儒者或自謂其迂遠，而不□□□之難且□，果未必浮圖氏若也，□不爲之歎息歟？」普興，郡人，本農家子，年十七，祝□□□圖有公□吏用□□□辛巳，我師經略陝西，虜或進□□郡，民半驚徙谷□時，普興新相地，悉募徙民□□□飲之，民喜就募，不旬而功□。在家時□□受□□□出爲浮圖，資以具。土甓材用既畢，則推以與其侄，其侄不受，復以歸普興，普興復不受，田廢不耕者至一歲，卒强以推□侄，是尤可稱云[一九]。淳熙十五年八月十四日，從事郎就差階州州學教授魏鯨記并書隸額。

文林郎、知階州福津縣主管、勸農營田公事宇文景仁

朝奉郎、通判階州軍州事兼管内勸農營田公事、賜緋魚袋呂符

武經郎、權發遣階州軍州兼管内勸農營田事、□邊都巡檢使郭詠

開山修造住持開山和尚道恩、小師修造住持賜紫沙門普興立石院，基地主程□□刊

[說明]

碑存武都區三河鄉廣嚴院。碑高一八〇厘米，寬一〇三厘米。

宋孝宗淳熙十五年（一一八八）魏鯨記。魏鯨，淳熙十五任階州州學教授。他本皆以「福津縣廣嚴院記」爲題。

著録：吴鵬翱《武階備志》，葉恩沛《階州直隸州續志》，張維《隴右金石録》，宣統《甘肅通志》，《甘肅新通志稿・卷九二・藝文志》，武都縣地方志編纂委員會《武都縣志》。

[校記]

[一]徑，《隴右金石録》《階州直隸州續志》皆作「過」。

[二]七，《隴右金石録》《階州直隸州續志》皆作「六」。

［三］一，《階州直隸州續志》脱，據碑改。
［四］趾，《隴右金石録》《階州直隸州續志》皆作「址」。
［五］普興，《隴右金石録》《階州直隸州續志》皆脱。
［六］落，《隴右金石録》《階州直隸州續志》皆作「落成」。
［七］屋，《隴右金石録》《階州直隸州續志》皆脱。
［八］爲，《隴右金石録》《階州直隸州續志》皆脱。
［九］一，《隴右金石録》《階州直隸州續志》皆作「二」。
［一〇］湢，《階州直隸州續志》《隴右金石録》皆脱。
［一一］鍾，《隴右金石録》《階州直隸州續志》皆作「鐘鼓」。
［一二］之，《隴右金石録》《階州直隸州續志》皆脱。
［一三］宗，《隴右金石録》《階州直隸州續志》皆作「事」。
［一四］必，《隴右金石録》《階州直隸州續志》皆脱。
［一五］息，《隴右金石録》作「惜」。《階州直隸州續志》作「悲」。
［一六］所，《隴右金石録》《階州直隸州續志》皆作「亦」。
［一七］是，《隴右金石録》《階州直隸州續志》皆脱。
［一八］之，《隴右金石録》《階州直隸州續志》皆脱。
［一九］「浮圖氏之學……是尤可稱云」此四四八字各本皆脱。

一二二　萬象洞題記（七）

郭　詠

武都東行一舍，亂江陟㢀巖回，萬象洞乳溜縈結，龍蛇蟠伏，幡幢聳植，千態萬狀，不可名言，真天下之奇觀也。去郡僻左，民俗淳樸，不知爲貴，仕于此者亦罕至焉。崆峒郭詠應叔出守二年，時和歲豐，郡以無事。暇日約濟陽劉大年壽之、開封吕符伯虎，聯轡載酒，終日縱觀。酌清泉，拊奇石，杖藜窮源，不知所止。日影既西，退而飲于望仙。同寮集者，賓主合十五人，河朔梁惟幾徵仲、秦亭何師嚴公明柳楫，濟川宋琛子美、萬百綺子愈、陝人焦世從子龍、奉天楊思永仲修、天興楊祖詵光祖、二江宇文景仁公壽、懷遠梁彦輔誨叔、華陽范僙、孫德恭、上邽仇仲信之。淳熙著雍涒灘季冬二日書。

［**説明**］

題記在武都萬象洞内。題記高一三〇厘米，寬一三一厘米。

此文用太歲紀年法，上爲歲陽之名，著雍相當于天干的「戊」；下爲太歲年名，涒灘相當于地支中的「申」。宋淳熙戊申即一一八八年，則碑爲宋孝宗淳熙十五年書。

一二三　摩崖殘文

佚　名

崆峒（中缺）宜之子（中缺）渥（中缺）費昌辰（中缺）誠偕來。淳熙（下缺）

〔説明〕

據武都陸開華所提供殘碑拓片録入。題目爲編者所加。據陸講，殘片拓于武都某地，具體地名已不記得。宋孝宗淳熙年間題。

二四　萬象洞題詩并跋

毋丘恪

紹熙改元三月十日，游萬象洞，偶成五十六言，閬中毋丘恪厚卿

一笻拄破白雲端，來扣靈〔扉〕訪列仙。羽葆珠幢眩凡目，玉芝石髓垂鑱涎。直疑高澈虚無頂，豈但潛通小有天。興盡却歸到城郭，問今幾世復何年？

萬象洞奇異環怪，甲于此州。前後游者非一，而初未有賦之者。太守毋丘公，暇日領客來游，獨首抉其秘，見之于詩。凡天下名山水，未嘗不因騷人詞客而顯，豈非有所待耶？是游也，景仁實以僚友從公，親拜重況，謹勒公佳句妙畫，鑱之洞中，爲後來唱。門生福津令二江宇文景仁題。

〔説明〕

題詩并跋在萬象洞内一巨大岩石上，寬一三〇厘米，高八五厘米。

宋光宗紹熙改元（一一九〇），福津知縣宇文景仁陪同階州知州毋丘恪游萬象洞後所題。毋丘恪，字厚卿，四川南部人，紹興進士。

二五　將利縣志民坊記

姚寅恭

姚寅恭以計糴寓邑中，目其事，耳其言，喜公于一日之力役，猶不輕用民力。既憫其民，又獲其應，以成其志也。因請以「志民」識之。東坡蘇公堂成而得雪，以「雪」名；亭成而得雨，以「喜雨」名。坊以「志民」名，以「喜雨」書也。木石、磚瓦、丁竹之數，工匠、役夫之力，糧食、緡鏹之費，不擾[一]于民，又其細也，故不書。

紹熙癸丑三月，修職郎、就差興州司户參軍兼發遣四川總領所將利縣措置糴買姚寅恭謹[二]記

[說明]

以吴鵬翱《武階備志》爲底本録入。

宋光宗紹熙四年（一一九三）姚寅恭記。

著録：葉恩沛《階州直隸州續志》，《甘肅新通志稿·卷九二·藝文志》，張維《隴右金石録》，王士敏《新纂康縣縣志》，葉恩沛《階州直隸州續志》（曾禮、樊執敬校點本），成縣地方志編纂委員會《成縣志》。

[校記]

[一]擾，葉恩沛《階州直隸州續志》誤作「櫌」。

[二]謹，葉恩沛《階州直隸州續志》、《隴右金石録》皆無。

二六　萬象洞題記（八）

靈江西

洞深寰寰棟龍蛇，怪石高幢水滴花。此景已非民俗□，莫于何處龍仙家。

慶元二年三月初十靈江西作

［**説明**］

據《武都歷史文化大觀》收録。題記在萬象洞黄泥壩右手石岩上。

宋寧宗慶元二年（一一九六）題。

二七　祥淵廟惠澤昭應侯加封之碑

佚名

（碑額）：祥淵廟惠澤昭應侯加封之碑

碑上部

敕階州祥淵廟惠澤侯神。江流轉徙，蓋非人力所能爲也。武都當二水之衝，歲歲民被漲溢之害，乃一夕潛徙它道，若有神焉陰相之者，父老請歸功于神。且謂一勺之水，澤及千里，肆因爵秩之舊，被以褒嘉之恩，朕之所以報禮于神者亦厚矣。其敬聽朕命，俾我民世世奉事[一]無斁，可特封「惠澤昭應侯」。

奉
敕如右，牒到奉行。
慶元四年四月十二日

碑中部

右丞相鏜
參知政事深甫
參知政事澹
兼給事中及之
中書舍人□□
四月十六日午時□事伍□□受
左司員外郎□□付吏部
吏部侍郎□
告惠澤昭應侯，奉
敕如右，符到奉行。
刑部郎中兼權主事李傑
令史冷允修

書令史杜彬[二]

主管院

慶元四年四月十六日下

碑下部

福津惠澤昭應侯加封碑

承直郎判興元府觀察推官，權階州録（下缺）

至治之世，盛德充塞，格于上下，山川之靈，亦莫不寧。故有天下者，祭百神（中缺）職，物無疵癘，蓋自三代以還至于今，玆禮不廢。然雩禜之祭，凡在郡國[三]之境（中缺）于天子錫之班爵，名在太常，廟在典禮，然後得以與祭秩。苟惟不然，雖能警動（中缺）謂之淫祀可也。昔成周定宅洛邑，咸秩無文之祀，東漢盛時增修，群祀以祈豐年，所（中缺）歲事崇群望，無所不用其至。况丘陵川谷，能出雲爲雨，有功于民者乎？階郡境有龍祠（中缺）迹顯應，其所由來尚矣。大觀間，賜廟額曰「祥淵」。淳熙八年，太守田公又上神之惠利數事，奏乞[四]封爵。十年，詔封「惠澤侯」。先是，郡守史公欲廣地以新社稷壇壝，乃遷行祠于州面山之上，湫隘[五]庳陋（中缺）蔫祼弗繼，吏往往[六]怠忽，神弗歆。顧時方築堤捍水，堤成輒壞，居民訛言相驚，僚吏以告（中缺）是復還舊址，載嚴像設，既而役夫迄事，民聽無譁，神人妥安[七]。階域于溪山之間，民鮮儲（中缺）無大川以通漕運。夏秋之交，率多霖潦。白江自徼外氐羌中來，匯于城下。北河發源（中缺）自砂水，或暴漲，西南與白江合流，湍悍洶湧，郡郛適當其衝。紹熙五年夏，大水，長堤横（中缺）守宋公憂之，默禱于神，夜半甚雨，北河有聲如雷。黎明，登高望之，則狂瀾遽迴而東（中缺）鑿然。自是，水行地中，此又有非人力所能至者。宋公于是用父老秀民等言，以聞諸朝，且請加錫爵號，以昭靈貺。慶元三[八]年，太守吴公來守是邦，禮神治民，皆得其叙。未幾（中缺）平訟理，治績告成，乃訪命祀之在其地者崇飭之，而祥淵之廟爲先。至四年（中缺）詔加封「惠澤昭應侯」。命下之日，老稚奔迎，旗旄飛舞，鼓吹歡亮，氣色精明，歲比大稔，果實嘉茂，迄（中缺）疫之害。郡人咸請刻諸石以示方來。公命慶延考始末以紀其事，辭之不獲，銘之。舊有龍湫在赤砂谷口，歲有禱焉，輒至其所。一夕，疾風雷[九]霆徙于茂林（中缺）常人或見一佗。日即其處而求之，亦莫之見也。君子以是知神之異。銘曰：

維古武都，隱然邊州。内寧庶民，外撫夷[一〇]陬。地險而磽，高□□□。
貔虎雲屯，餽餉是憂。神居其間，澤無不周。禦災捍患，千□□□。
穡人成功，樂于鋤耰。開闔抑揚，緊神之休。揮斤往來，□□□□。
仁聖在御，歲祀時修。無間遠邇，罔不懷柔。增秩疏封，□□□□。
衮衣綉裳，端委垂旒。百靈宗之，于數爲優。蕙肴蘭□，蘋蘩□□。
桂酒椒漿，簋餐腶修。物固菲薄，誠通明幽。雲旗下□，風馭□□。
雨暘若時，仰兹蔭庥。民之報事[一一]，無替春秋。

武節大夫權發遣階州軍州兼管内勸農營田事涵邊都巡檢（下缺）

［**説明**］

碑佚。據武都劉可通所提供拓片録入。其中銘文部分適當參考了《隴右金石録》所録之文。

宋寧宗慶元四年（一一九八）立。

著録：葉昌熾《緣督廬日記》，張維《隴右金石録》（題「祥淵廟加封碑」）。

［校記］

［一］事，《隴右金石録》作「祀」。

［二］彬，《隴右金石録》作「杞」。

［三］在郡國，《隴右金石録》作「有郡邑」。

［四］乞，《隴右金石録》作「祈」。

［五］湫隘，《隴右金石録》未識讀。

［六］往，《隴右金石録》作「住」。

［七］安，《隴右金石録》作「定」。

［八］三，《隴右金石録》作「二」。

［九］雷，《隴右金石録》脱。

［一〇］夷，《隴右金石録》作「邊」。

［一一］事，《隴右金石録》作「祀」。

二八　萬壽山修觀音祠記

張　寅

（篆額）：萬壽山修觀音祠記

紹熙三禩春二月□□□□丞郡。明年夏六月，北溪大漲。公登城視之，大石如群羊犇走前導，洪濤隨至，山立雷震，長堤數十丈一瞬而盡。顧謂父老曰：「溪之患，如是烈哉！」父老再拜曰：「溪自赤砂來，勢甚建瓴，至城東，以卧龍山障之，水繇城中行。祥符太守断卧龍落岡數百步，直流而南，患少息矣。然湍暴如此，歲將觸郛而西入，一旦扞護稍怠，則一城生齒，不葬魚腹，得乎？是患猶在也。况堤防雖設，旋葺旋決，患無有終窮！」公曰：「二百年間，智殫力盡，要非人力所能及。國有水旱，盍禱于叢祠？」父老因指城上小峰曰：「此断岡餘址，所謂萬壽山者也。峰巔觀音大士祠，古人爲水患設。歲久不治，將就頽圮。得賢有德者新之，患或庶幾乎？」公曰：「吾任斯事也。」即捐俸金一新之。祠之創始，茫不可考。前臨北溪，後俯民屋，四望空闊，爲一城勝絶[一]地。公于是躬自董督，不閲月落成。紺殿突兀，危閣虚敞，像塑尊嚴，丹雘炳麗。榜其殿曰「圓通」，閣曰「潮音」，基勢雖隘，不逾數武，規橅裕如也。邦人聳觀，得未曾有。越明年春，公代去。逮夏六月辛亥，雨滂注，夜半，大聲作如雷霆。黎明視之，北流徙而東矣。自此，狂瀾怒濤，無復西顧，一城數十萬衆，遂逃湮墊。蓋數百年之患，一朝而去。邦人驚顧曰：「此觀音大士之力，而公之賜也！」莫不贊歎作禮，咸爲公壽。且屬郡人士張寅識其本末，并及其徙流之應，以致子子孫孫無窮之思也。寅復之曰：「吾嘗涉獵佛書矣。觀音大士，自聞思修，入圓通三昧，性真湛然，了無人欲。故起視天下，無一物不在憫之地。于是利物之念一興，上合慈願，下合悲仰。三十二應，解脱成就；十四無畏，普救苦難。塵塵刹刹，人人物物，自是皆獲濟度矣！今王公以大士願力洪深，慈悲利濟，建是祠，爲斯民計，其用心仁矣乎！繼自今，一邦之人，瞻仰致敬，或能因敬生慕，因慕生戒，曰定曰慧，由是而進圓通三昧，有不難至，惠我鄉人，其利無邊。然則是祠也，豈特扞水患、衛郛郭而已乎？鄉父兄其念之！」公諱翔，字子飛，去年爲彭州，以禱雨致疾不起，其愛民之政，至以身徇之云。慶元五年六月朔旦，從事郎前知興元府褒城縣主管勸農營田公事張寅記。承議郎宣差通判階州軍州兼管内勸農營田□賜緋魚袋劉震書并篆蓋［二］。

［説明］

碑存武都區博物館門邊。碑高一一五厘米，寬七三厘米。

宋寧宗慶元五年（一一九九）張寅撰。

著録：祖肇慶《階州志》（題「西臺寺碑記」），葛時政《直隸階州志》（題「西臺寺碑記」），吴鵬翱《武階備志》，葉恩沛《階州直隸州續志》，邢澍《寰宇訪碑録》，張維《隴右金石録》（題「萬壽山觀音祠記」），《金石文跋尾》，葉昌熾《緣督廬日記》，葉恩沛《階州直隸州續志》（曾禮、樊執敬校點本），武都縣地方志編纂委員會《武都縣志》。

［校記］

［一］絶，《階州志》原缺。

［二］「承議郎宣羌通判階州軍州兼管内勸農營田□賜緋魚袋劉震書并篆蓋」句各本皆無，據碑補。

二九　宋故致政承事張公之墓

丁　⿰火青

碑陽

（篆額）：宋故致政承事張公之墓

外大父始以慶元三年十一月二十一日葬于州東柏平原，後以北溪之水爲患，遂于嘉定十五年十二月十三日改葬于櫟木平。其如始末與夫子孫之詳，具載于碑陰，玆不再紀，姑以志歲月云。葬之前一月，外孫朝奉大夫、秘閣修撰、知興元府利州路安撫使、馬步軍都總管丁焴謹書。

碑陰

（隸額）：宋故致政承事張公之墓

公諱迪，字彝叔，秦州成紀人。考瑀，妣魯氏。政和六年四月十八日生。淳熙十三年，高宗《壽七秩詔》「凡仕者親年逮七十，皆封以官」。公以子仕，封承務郎；致仕後，累遇覃霈，加承事郎，賜緋衣銀魚。慶元三年二月二十八日終。夫人楊氏，同郡處士昌祖之女，妣甘氏，宣和五年八月十三日生，乾道四年十二月六日終。夫人王氏，武經郎玠之女，紹興十三年三月二十四日終。四子：寅，從事郎、知興元府褒城縣事；憲、察、密業進士。二女：長適從政郎、興州録事參軍丁楛；次適王天錫。五孫：德淵、德炎、德邵、德耆、德立。孫女四人。以慶元三年十一月二十一日合葬于階州郡東五里柏平原，從吉卜也。葬之前十日，承直郎新潼川府（中缺）幹辦公事勾千齡書。

［説明］

碑存武都區私人收藏家郭文輝家。碑高八一厘米，寬五八厘米。兩面刻字。碑陽之文，宋寧宗嘉定十五年（一二二二）丁焴書；碑陰之文，慶元三年（一一九七）勾千齡書。碑陰之文寫作時間雖早，然據碑陽之文内容判斷，其似當爲嘉定十五年改葬時重新刻上的，故此碑寫作時間以碑陽之文所記時間爲准。丁焴，亦作丁煜，字晦叔，宋階州福津人，南宋寧宗年間的抗金名將。能詩，書法蒼勁俊美。官至太常寺卿，遷郎中。嘉定中，至太府少卿。不久，出爲利州西路安撫使，代安丙兼知興元府。時金兵壓境，丁焴審時度勢，嚴兵以待，然朝廷因西夏之牽扯，使其出戰，結果利州失守。然此後對金作戰，大敗金軍，曾殲敵三千，俘其將，金之大將聞其名而遁。《明一統志·群賢小集》載有其所作《張彦發詩序》。本書兩當縣部分載有其所書碑殘文（并見拓片照片部分）。

三〇　孝宗御書碑

佚　名

存目

【説明】

張維《隴右金石録》載：「孝宗御書碑。在武都五顯廟，今佚。」

《階州志》載：「州城西北有五顯廟，有玉皇閣，閣後有宋孝宗御書碑。」

三一　先陽山玄帝廟碑

佚　名

存目

【説明】

張維《隴右金石録》載：「先陽山玄帝廟碑，淳熙六年。在武都柳林鎮。今存。」

《緣都廬日記》載：「柳林太乙宫碑，無記年，僅題『歲在己亥』字，額横題八字『創修先陽山玄帝廟碑』，題名有『侯門教讀』，石色斑駁甚古，當爲宋刻。」淳熙六年爲己亥年。碑在武都柳林鎮。

三二　階州城隍廟殘石

佚名

存目

［説明］

張維《隴右金石録》載：「階州城隍廟殘石。在武都縣城，今存。」

《緣都廬日記》載：「從階州城隍廟得殘石像一通，上截已闕，下截擐甲佩劍，不知爲何像。左題『借紫眉山史祁上石』，『借』字上泐；右題『次戊戌十月癸亥十』共存八字，上下皆缺文。又一石題『慶元五年六月初一日，看管人剋擇官李師正』。上石原爲一石兩石，不可考矣。」

張維《隴右金石録》「按：此當爲兩石。蓋慶元五年爲己未，後淳熙五年之戊戌二十一年，前嘉熙二年之戊戌三十九年，若爲其他戊戌，則相去更遠，且上石既有史祁、李師正二人，則必爲二石也。」

元

三三　萬象洞題記（九）

李思齊

大元朝總統兵官、太尉、丞相李思齊，使命達魯花赤真侶，并成州守御，官知院茌路、同知郭恕，同谷潘和之、王世忠，看觀仙洞到此。

至正二十八年六月初一

［説明］

題記在萬象洞内。元惠宗至正二十八年（一三六八）李思齊題。

三四　祥淵廟碑

佚名

（篆額）：祥淵廟碑

武階爲州，倚山并江，舊治北山之上，而艱于水，歲有鬱回之災。五代時移就山□（中缺）矣，而水患滋焉。蓋白江横其前，赤沙翼其左，于是作長堤以爲城之護，其來久矣。□□□[一]堤自西而東七百有七丈。赤沙之堤[二]；復自北而南二百四十有五丈。歲役兩縣之（中缺）勇軍士築而固之，爲工七萬四千六

□□□□□上者，稍加意焉，益謹其備（中缺）而不爲患。比年以來，在位之士，好名而私□□□□□□事不完决壞堤閼，民受敝矣。且天下之事，不患于不可爲，而常患□□□[三]而不爲。作之于前者，久而繼之，後者率多因循而弗治。□□以來，□□□□□繼之者能如作之因循之病，則斯民也，烏有不蒙其利者哉？况二□□□□□爲尤甚。窮其源湯湯浩浩之勢，□□神龍□□□廟，食□□□□一方，不特水廟，故有號曰「祥淵」。淳熙十年□□封神「惠澤侯」，以寵□之，邦屬夏潦之滛□□□□惠，乃具禱于神，其應如響。于（中缺）獨不爲患，歲則又熟，匪□之能，亦神相之也。按之禮經，則神亘千萬世固宜。赤沙舊有湫，極多變異，一夕徙□□□而□□所窮其而神者矣。稱念無以□□□之□來□纂其事。

猗歟龍公，其德而威。神化［之］功，□□□□。爲帝芘民，惠澤旁施。□□□封，□□□姿。嗟我階民，畊懷處思。夏潦昌□，□□□□。□□于堤，民用興力。神執其□，剴闔陰陽。毆□□□，□□□□。□□爲急，歲復有秋。又答我祈，揭虔妥靈。爰琢我詞，以永厥垂。

朝請郎直秘閣，權知階州軍州兼管内勸（下缺）

武階赤沙宣授盤順

都總帥府同知總帥守備

［**説明**］

據武都劉可通所提供拓片録入。適當參考了《隴右金石録》所録銘文部分。碑高一一六厘米，寬六八厘米。

據「武階……守備」句，知爲元刻，所記爲宋代加封事。作者及具體時間不詳。

著録：邢澍、孫星衍《寰宇訪碑録》，葉昌熾《緣督廬日記》，張維《隴右金石録》，武都縣地方志編纂委員會《武都縣志》。

［校記］

［一］□□□，似當作「白江之」。「白江之堤」與下「赤江之堤」相對。

［二］堤，《緣督廬日記》《隴右金石録》《武都縣志》皆作「限」。

［三］□□□，據上似當作「于可爲」。

明

三五　萬象洞題記（十）

張三丰

脉連地府三冬暖，竅引天光六月寒。

［説明］

題記在萬象洞内仙人床左邊的岩石上。明張三丰題。

三六　水簾洞題記

宋　濂

癸丑春，麗日暄天，花香拂面，于隴上二三子一行聊間。清水漫漫，言此及水簾流出也。指點處，崖懸佛寺，翹然欲空，山花爲笑，柳眼迎人。于是乎，穿柳林，度花叢，過橋溝，進黑洞，至紅女殿，中有紅女正大仙容，撫書思静，混三霄、彌勒，猶登空乘風，流水清韵，疑非塵世也。于是乎，拾階而下，緣溪尋流，水清苔滑。忽雨聲大作，寒氣襲人，轉巨石，見水簾逼人而下，時隨風而舞龍，或珠玉而没石中。林木振振，好鳥時鳴，山僧游客，樂其融融。明宋濂擲筆隴上。

［說明］

題記在武都城西北五里之水簾洞内。

洪武六年（一三七三）宋濂題。此文是否確爲宋濂題，尚有争議。姑且録之。宋濂（一三一〇—一三八一），字景濂，號潛溪，浦江人。朱元璋稱帝，宋濂就任江南儒學提舉，與劉基、章溢、葉琛同受朱元璋禮聘，被尊爲「五經」師，爲太子講經。洪武二年奉命主修《元史》，累官至翰林院學士承旨、知制誥。洪武十年以年老辭官還鄉。因長孫宋慎牽連胡惟庸黨案而被流放茂州，途中病死于夔州。後謚文憲。他與高啓、劉基并稱爲「明初詩文三大家」，代表作有《送東陽馬生序》等。

水簾洞，葉恩沛《階州直隸州續志》載：「在真武山麓。懸崖瀑布，時如千尺白緣（練），垂空而下。時如萬斛貝珠，傾囊而出。時如環珮琴筑，嘽緩雜鳴。下則壁崖環折，儼若斷玦。内有怪石錯出，間以桃柳，恍如武陵仙境（《陳志》）。」

三七　威顯神君靈應籤記

陳珍述

存目

［說明］

吴鵬翱《武階備志》載：「威顯神君靈應籤記。在階州城北，正書。學正陳珍述撰，百户張衡立。永樂壬寅。」

明成祖永樂壬寅（一四二二年）立。

三八　萬象洞題記（十一）

李華翼

仙境在人間，紅飛塵不到。交泰何年蒙？年誰鑿鴻竅？

正統七年七月宣陽李華翼南甫題。

［**説明**］

據《武都歷史文化大觀》收録。題記在萬象洞卧龍壩右石崖上。

明英宗正統七年（一四四二）題

三九　威顯神君靈應籤記

趙　純

存目

［**説明**］

吴鵬翱《武階備志》載：「威顯神君靈應籤記。在階州城北，正書。學正趙純撰，百户蘇璉立。天順五年。」

明英宗天順五年（一四六一）立。

四〇　重建福慶寺碑記

王　秀

碑陽

維大明成化拾三年歲次丁酉冬十一月十三日丙子朔，發心修造功德施主盧文智等。臨濟法派五十三伐[一]

祖師趙□方，禪師明月，堂意賨山。陳續果，陳續廣，劉□□，吴氏，王□，劉□，王宗□，李□□，张全，楊雄，王友慶，陳氏。

碑陰

（碑額）：日　□□碑記　月

重建福慶寺碑陰之記

階學生□□□書本郡王秀撰文

《書》不云乎哉：「作善降祥，作不善降殃。」《易》不云乎哉：「積善積不善之家，自爾必有□分。」誠哉是言也！郡有姓盧名文智者，□□□□人也。幼而讀書，長而好禮。宅于干間垻。其地有一□□曰龍鳳山福慶寺，因洪武初年□□□遠，殿宇傾圮，聖□□□□三門墻垣莫不皆然。一日，文智視之，甚爲不安，同王□□□□其男婦□有□□□佛佑僧福者焉。語其（中缺）次而下之，有其僧□□□之孫□□□□心喜，捨資財□容□其然哉？告誡殿□□□立，聖像焕然而以□□，以是觀之，則可謂作善人也，蓋□□□□之□然而豈不應□者哉！將來他日驗之。善作于□□則集于一門，若□□□□然相□□□相接而禮祥□□□□後□不（中缺）足食不饑□□□□俯育無□□□□乃是子孫贊引之□莫知焉，是彼作不善之家，必受□□□□□蓋曰重建福慶寺之□致也。乃名之，曰无他也（下缺）。

（上缺）之人也（中缺）成就，刻銘立（下缺）。

［**説明**］

碑存武都區漢王鎮漢王寺（即宋之福慶寺）。碑高八六厘米，寬五一厘米。兩面刻字。

成化十三年（一四七七）立。

［校記］

［一］伐，當爲「代」。

四一　明故大善知識端竹大士省告脱化記

佚名

（碑額）：永垂千古

明故大善知識端竹大士省告脱化記

知識乃陜西西安府咸寧縣白良村人士，民蘇敬次男。天順七年正月内由本縣石佛寺出家，受禮瞿曇至□□大恩師剌麻金敦領占爲師。成化元年四月内，授剃爲僧。番教十五年，雲游階州陳家垻龍興寺住持。俗徒閆玉、劉全、董恩恭、王志祥、李恕、李寬、閆成、張文顯、李明興□□等受戒供齋。時十六年正月十五日入禅，三月十五日出禅，本月二十五日早辭別衆施主。二十六日，同門徒□□。日正［良時］，登仙洞崖，無病而脱化。而僧俗來吊望者千有餘人，三日不絶。惟此，衆士念仙風之體，勒碑刻銘，萬古不朽云。

成化十六年二月初九日，階庠生□□敬叩

（碑下題）：朝陽卧龍仙

［説明］

碑存武都區角弓鄉陳家壩村朝陽洞。碑高五三厘米，寛三九厘米。

成化十六年（一四八〇）刻。

四二　重修福慶寺碑記

王　秀

碑陽

（碑額）：題名功德

助緣人：

陳斌，男陳刖、陳玘，捨檁一条，椽五根。

王文政。婿楊雄，大姐王氏；婿苟忠，王氏，男苟萬通。婿胡祥，二姐王氏。婿周志龍，三姐王氏。

劉茂，吴氏。盧文智，王氏，男盧暃。張全，張忠名，張志。

莊賓頭盧尊者劉連，王氏，何氏；男：劉鏜，劉錫，劉鋮，捨鍋二口，石缸八個，良[一]食三石，嶺[二]二条。

任繼業，劉氏，莊麼候羅尊者。祁禮，苗安。劉恩正，張氏。

乙巳年陝西遭饑饉。王世臣。

當代住僧：祖超，如意，道明，續元，智慈，續果，續廣。

俗僧成實、明堂。慶鳴寧州永吉里，李宗義，弟李景芳，謹勒。

齋人：蔡秀，□□，許良，劉慶，苟志□，苟□。

木匠：王茂。鐵匠：李榮。石匠：張連。

碑陰

（碑額）：重修福慶寺碑陰記

重修福慶寺碑陰之記

重修本郡功德施主王秀書丹

大明國陝西鞏昌府階州佛堂里干間垻居住，發心修殿，捨財打石佛。功德施主：王文政同男王順、王秀、王智、王斌、王茂、王岩、王朝、王翰、王龍、王虎等。

昔日前代宗祖、祖父王不然，卒然之間，一語一默，觀之龍鳳山所秀之地，而意所存。近望，南對仙景所出之方，舉接物之所愛，乃爲之貴。則得五行之秀者，爲□之精妙也。詳其義之所存，故不篤也。就捨福地内外方圓一所，及修福慶寺院，立名矣。雖過載以久，寺院倒塌無影，留名于後世人之嘗不忘，似乎善也盛。是以修行，則以四方之遠知焉。惟心顧神會，亦爲知矣，我則卒無倡狂之心焉。則亦克念天顯以盡其善哉？果能報乎？一心乾乾，要必及蓋仍舊寺院非捨之乎？習祖□之德行，如不重復修理，比事南山靈臺仙堂，乃視古迹盛景之處，如是依舊在之焉。所望空，所敬不盡，猶蔽蹤爾，貴乎祖傳之焉。不移于世試矣。抑論之維天命之難，嗚穆不夷，殊不知佛老之貴，黎民阻饑，生養不遂則五行不聚者。至于草木鳥獸，而未得其所也。今夫乃能一心發善，在己終終，要必重複及蓋古迹寺院，而未著于時也，似乎何爲之善哉？而意之所賜者，就遇妙匠也，果能爲乎？祖貫慶陽府寧州，姓李字。賢侄李宗義用工彫刻，上曰：「原修施主，一心自捨資財齋糧，日每用心。恭敬不缺于外者，即爲修善之家與。一心造像修殿，善應無怨，陳力就列，啓打石佛一堂，修理寶寺一所，完備之日，内供一堂之聖像，仍夫告立，因得無擇，果蒙保國鎮家、福臨禍除之恩。告之，則必善皈善位，精微深妙而未易知也。」

功德主王文政，同緣人胡氏、趙氏

男：王順，楊氏；王秀，王氏；王智，袁氏；王斌，辛氏；王茂，黎氏；王岩，胡氏；王朝，王氏；王翰，王龍，王虎

孫：王宗會，祁氏；王宗福，王宗禄，王宗亮，王宗和，王宗□，王宗□，王宗仁

同修弟王文明，李氏；侄：王忠，王仁。崇[三]孫：王修

成化貳拾三年丁未春三月初一日立

〔説明〕

碑存武都區漢王鎮漢王寺（即宋之福慶寺）。碑高九四厘米，寬五五厘米。兩面刻字。成化二十三年（一四八七）立。

〔校記〕

［一］良，當爲「糧」。

［二］嶺，當爲「橉」。

［三］崇，當爲「重」。

四三　慎獨處士胡先生墓志銘

李文明

（篆蓋）：慎獨處士胡先生墓志銘

慎獨處士胡先生墓志銘

□□科鄉貢進士門人李文明撰文

□□科鄉貢進士門人辛良書丹

□子科鄉貢進士門人周麟篆蓋

先生諱文通，字中衍，世居江西瑞州府高安縣第一都人。洪武初，祖貫從秦州衛階州右千户所軍，生父盛，字大有。生三子，曰文通，即先生也，曰文奎，曰文明，俱好禮。推先生游郡庠習壁經，氣質温粹，文行超越，累科不捷，遂隱居樂道，自號慎獨處士。學者、從之講習者其門如市，□□數人，率多先生訓迪之力。至于睦宗族，和戚里，權養孤遺，賑恤窮苦，則又鄉人素所稱服，而稱美之者肆，我朝廷賜冠帶以榮其身。娶孫氏，宜于家，再娶梁氏，俱先夫卒。生男三：長曰亶，少游郡庠，養親不仕，娶徐氏，先翁卒，孫氏所出也；次曰璠，娶潘氏，次曰璵，娶謝氏，俱克家，梁氏所出也。女四：曰勤秀，適郡人楊玫，曰勤芳，適郡人張翥，曰勤榮，適郡人王思勤，皆孫氏所出也；曰勤文，適郡人黨志學，梁氏所出也。孫男十一：曰瀾，補郡庠生，積學有待，曰波、浹、浴，亶所生也；曰濃、汝、沐、泳，璠所生也；曰汶、沛、津，璵所生也。孫女九：曰孝孫，亶所生也；曰敬孫、愛孫、恭孫、順孫，璠所生也；曰謙孫、欽孫、孚孫，璵所生也。先生生于永樂庚寅年正月二十三日丑時，終于弘治十年丁巳三月初三日巳時，歷年八十有八，將于是年十二月初六日，葬于城東埋堤谷堆先塋之東。先期，子亶孫瀾持行狀泣血請銘于予。先生，予之受業師。亶昔與予同硯席，而瀾又受業于予，敢以愚辭？矧先生之德如是，壽如是，而光榮如是，又惡得而辭焉？遂爲之銘曰：

偉哉先生，良貴既充。不慕人爵，楷範群英。克勤克儉，宜弟宜兄。純粹之德，耆耄之齡。其生也順，其没也寧。其後宜顯，不棄于銘。

大明弘治十年歲次丁巳十二月吉日，孤哀子胡亶等泣血上石

甯州李宗義勒

［説明］

碑存武都區文化局胡文斌家。碑高四三厘米，寬四二厘米。

弘治十年（一四九七）李文明撰。

四四　萬象洞題詩（一）

龐　壽

身爲家國壯，心同造化流。我來登眺後，歲月任悠悠。

大明正德八年癸酉二月二日，欽玄寺偏都指揮龐壽題

［説明］

題詩在萬象洞内。正德八年（一五一三）龐壽題。

四五　游萬象洞

熊　載

游萬象洞

每夢桃源未了懷，偶同劉阮到天臺。洞含物象迷今古，天縱神機别品裁。觀化眼誰塵外濶，投閑身我静中來。束茅欲掃山前壁，又恐山靈笑不才。

正德己卯夏，階州知州西蜀熊載汝熙

［説明］

碑存萬象洞内。碑高一〇八厘米，寬五八厘米。

正德十四年（一五一九）熊載題。熊載，字汝熙，四川富順人。正德十四年，知階州，綽然有爲，諸務厘舉，捐體易地，增修城隍。

四六　游萬象洞

羅　玉

游萬象洞

正德己卯，月令仲春。間乘驄馬，聊事幽尋。天開圖畫，萬象咸新。山光水色，日暖風輕。天喬競秀，禽鳥和鳴。鶴汀魚渚，牧唱樵吟。一舍之地，大江之濱。危巖絶巘，有竇潛形。攀緣而上，洞口雲深。鄉夫導前，庶官後行。枚燎炳炳，侍從［營營］。仰觀俯矙，珍玩無垠。涓漿磥砢，怪石嶙峋。清標上下，萬象縱横。中峰更秀，三池注清。巧藏于樸，不雕而文。瞻前顧後，或幽或明。升高下坂，時險時平。山間今古，静裏乾坤。以遨以游，載忻載奔。出門長嘯，人在蓬瀛。興高情曠，氣態凌雲。肩輿歸路，樹渺斜曛。乃召工師，勒此堅珉。

巡按陝西監察御史巴西羅玉汝成識

［説明］

碑存萬象洞。碑高一〇四厘米，寬六〇厘米。武都陸開華提供拓片。

正德十四年（一五一九）巡按陝西監察御史巴西羅玉汝成識。

著録：武都縣地方志編纂委員會《武都縣志》。

四七　重修階州城隍廟記

崔　觀

存目

［説明］

吴鵬翱《武階備志》載：「重修階州城隍廟記。正書。郡人崔觀撰。正德十四年立。」

四八　修甘泉公館碑記

周尚文

存目

［説明］

吴鵬翱《武階備志》載：「修甘泉公館碑記。正書。正德辛巳守備周尚文立。」正德辛巳爲正德十六年（一五二一）。周尚文（一四六三—一五四八），字彥章，西安後衛人。年十六，襲指揮同知。嘉靖元年，改寧夏參將。九年，擢署都督僉事，充寧夏總兵官。二十一年，用薦爲東官廳聽征總兵官兼僉後府事。二十七年八月，大破俺答于曹家床，録功兼太子太傅，賜賚有加。爲人清約愛士，得士死力。善用間，知敵中曲折，故戰輒有功。是年卒，年七十五。穆宗立，贈太傅，謚武襄。

四九　石門河摩崖記

李積善

存目

［**説明**］

吴鵬翱《武階備志》載：「石門河李積善摩崖記。正書。字多闕。嘉靖八年立。」

五〇　武德將軍梁公墓志銘

李文明

（篆蓋）：明故武德將軍梁公墓志銘石

武德將軍梁公墓志銘

致仕郎朝請大夫贊治少尹郡人李文明撰

郡庠生司廷璋書，君庠生司昶篆

武德將軍梁公，以疾終于家。其子冠等哀跣泣血，持狀請予銘墓中之石。公與予莫逆之交，朱陳之好，遂援筆。按狀，公諱振，字達之。世居山東東平州西北隅人[一]。始祖寬，娶許氏；洪武初，垛籍從戎，屢戰奇功，升薊州衛左所正千户；殁于鋒鏑。高祖義，英鋭長才，襲職；娶李氏；宣德六年，調階所。曾祖安，字宗鎮，才德卓越，襲正千户；娶武氏，生祖材，字大用，襲正千户，文武備具；娶張氏，生父振，即公，才能出衆，武略過人，襲正千户。掌印，軍民悦服；禦戎，番夷遠遁；防守，纍獲奇功。娶胡氏，生男五：曰冠，襲正千户，居官勤慎，娶洪氏，先翁卒，守義未娶；曰簪，仗義疏財，娶李氏；曰豸，勤儉克家，娶查氏；曰藻，孝敬端謹，娶汪氏；曰璽，謙恭自持，娶崔氏。女三：曰海英，適岷州衛西固城千兵申滕；曰朝英，適本所正千兵司永；曰三英，適秦州衛中所千兵高繼宗。孫男四：曰光祖，冠所出也；曰光禄，簪所出也；曰光裕、曰光采，藻之所出也。孫女九：曰大婕，聘本所舍人汪必浙，賜婕，簪之所出也；曰二婕，聘本所舍人司諫；曰三婕、曰陸婕，豸之所出也；曰春奇，藻之所出也；曰五婕，曰七婕，曰新奇，璽之所出也。

公生于成化戊子年十月初六日子時，殁于嘉靖十年八月初五日，享年六旬有六。將以是年十一月二十二寅時，葬于先瑩[二]河南之原。嗚呼！人有片善寸長，尚當録之；况公之居官軍戎感慕、致政鄉人敬仰、殁後遠近追思，惡得而泯焉？遂爲之銘曰：

所禀英傑，所賦純良。忠心耿耿，義氣昂昂。韜略精閑，政事優長。威肅虎帳，勇禀鷹揚。其生也榮，其殁也康。餘慶綿綿，百世其昌。

嘉靖拾三年歲次甲午仲冬月吉旦，郡游士魏鳳儀勒

［説明］

碑存武都區城關鎮大堡子村。碑高四七厘米，寬四九厘米。嘉靖十三年（一五三四）立。

［校記］

［一］人，字當衍。

［二］營，當作「塋」。

五一　重修廟學記

康　海

明興，學校遍天下，文明之盛，度越百王。太祖高皇帝光復中夏，首以育才養士爲務。自國以及天下，不但極其心思、設置教法而已，一器一物之微，皆必親與成聖意果愜，然後布之，擇師以教，擇六弟子以習，百七十年于兹。無遠無近，賢才倍出；愈取愈有，用之不竭，可謂極盛矣。顧承平日久，弟子雖知所以爲學，而師之教或少減于昔時。虚恢誇誕之意多，而體認躬行之力鮮，由是有司惟以筐篋刀筆爲志，而學校之政罔修，禮義相先□，地有鞠爲茂草者，觀風君子往往病焉。巡按御史古朔盧君間之、南宮劉君簾、太原段君汝礪暨分守參政山陰成君文，邊備副使撫寧翟君鵬繼踵，按部至階，睹其頹敝，慨焉興懷。因進州所諸吏遴選之，得今指揮僉事司永，乃命董工掄材，重加修繕。不逾年，廟學一新。告成之後，州守大名崔尚義，具始末命生員趙謙請記于予。嗟夫！今之有司役役千，他其暇及于此與否，不必論矣。觀風君子若盧君輩，豈非所謂克體上意，而表□者耳？前陝省三學不有，然都御史王公堯延及于此，與階等也。前後相承者，非名輩耶？都會之地且然，他可知矣。王公檄下，不三閲月，廟廡堂齋，焕然一新。盧君輩固王公之儔也。君可以親人矣。夫子老且荒，文思艱嗇有嘉□□輩之美□□于此，因付趙生歸而刻石，以俟後之君子。

嘉靖十六年丁酉秋八月朔三，賜進士及第、前翰林院修撰、儒林郎、經筵講官、武功康海撰

［説明］

據余新民《階州志》録入。

嘉靖十六年（一五三七）康海撰。

五二　柳林東岳祠碑

佚　名

存目

［説明］

吴鵬翱《武階備志》載：「柳林東岳祠碑。正書。嘉靖二十一年立。」

五三　龍鳳寺碑

佚　名

存目

［說明］

據《武都歷史文化大觀》存録。《武都歷史文化大觀》云：「龍鳳寺始建于明嘉靖二十三年，清康熙二十八年、嘉慶二十三年補修，同治六年修造堡寨。……寺内塑有大小佛像六十二尊，存有古石碑六通。」據此推測創建及歷代修建均曾立碑，故存録。

五四　重修階州城隍廟記

袁　金

存目

［說明］

吴鵬翱《武階備志》載：「重修階州城隍廟記。正書。郡人袁金書。嘉靖二十八年立。」

五五　肇建玄帝觀碑

佚　名

碑陽

（碑額）：　肇建玄帝觀碑

粤夫一之□也，天得之而清焉，地得之而寧焉，神得之而靈焉。是故一也者，□□始合幽明而一之者也。萬化流行，自□□□之而成焉。□□神有靈應，稽之老氏，俗儒而莫知從來。竊以萬古之下，忖于萬古之上，固非彼之所謂神也，亦□一之流□者也。世謂永樂真武亦神也，靈應之最者也，亦世人之化騰。本命甲子庚申三月三日誕生。九日中舉。古夫生前正直，死後必神索□□三元八節，三會五臘。修心養性，□□之元氣。□□□皇明曰號封真武，漸加玄帝。挂洪名于武當，揚靈感于天下。不然，蜀川雲臺，何以血肉之禀不同也？世朽篚而輪會，偕人世而貫古今焉。雖然，粗得于傳聞之略耳，豈敢駕□輪空，昏惑虚無之浼，亦爲塵世之涅（中缺）山觀水，權爲建□之□也。遂卜厥地，知厥兆，□崗□峰□山，可以齊斗牛，□青樹緑麓流□□漸以□。于是命爾工，□爾匠，步山伐木，而天殿即北見矣。闢□□□南道，趨事□□而四向盡歸。□□塑像，留□迹于千古；植柏建右，而□□于無窮。□等歲歲三月三日開會，□行原而（中缺）而迹其事，固如此矣。若究夫理，皆歸于一之貫者也。鄙哉！昏惑之説□耳矣噫！

時大明嘉靖歲次甲寅季八月（下缺）

階文守備指揮僉事濟寧司（下缺）

奉直大夫雁門水□鮑（下缺）

碑陰

（碑額）：日（中繪真武玄帝圖像）月

布政司承差：焦時盛，袁世□

□□義官：李克忠，袁鋭（下缺）

吏掾：張文同，龐廷章，李（下缺）

耆老：李廷玉，趙文通，李廷輝，尹憲，李萬金，趙虎山，李邦同，李邦□，張仲智；張得山，李□孝，張萬銀，張仲信，張萬庫，劉汝海，李克進，楊恩（下缺）

里老：付文□，張得林，劉尚賢，石佶，李永堅

商人：張景陽，李朝斌，丘安（下缺）

鄉人：李萬明，李逢陽，李喬，李□，李昂，李文，李應胡，李曇，李應時，李昊，李隆，李應剛，李敖，李濟，□□；李時赤，尹興皇，李現，李侃，李庫，李旒，李表，李□，李□

住持僧：瑕鐘，□慶，徒□□原，明悟山，明大地

善衆：李諍，李早，尹具瞻，李□，李登，李周，陳東周

善婦李氏，兒。畫匠李滕。石匠張大庫

［説明］

碑存武都區馬街鎮官堆村後宣陽山真武廟。碑高一二二厘米，寬六九厘米。

此碑已斷爲兩截。兩面刻字。宣陽山，清同治後稱龍鳳山，今復稱宣陽山。真武廟，最早稱玄帝觀，今俗稱祖師廟、老爺廟。

嘉靖三十三年（一五五四）立。

五六　重修延壽寺記

趙延伋

存目

［説明］

吴鵬翱《武階備志》載：「重修延壽寺記。碑在階州城北。知州趙延伋撰，學正尹欽德正書。嘉靖四十年。」

五七　萬象洞題詩（二）

卯希思

空靈深邃出塵寰，萬象森羅一洞天。玉乳妝成千載景，石津滴就萬古幡。天容有竅添幽洞，玉井貫門接代涎。行盡仙家無貪處，歸來不覺興無邊。

龍門郡庠生卯希思、卯希雍

［説明］

在萬象洞内。

嘉靖四十四年（一五六五）卯希思、卯希雍題。卯希思、卯希雍，階州人，歲貢生。

五八　卯孝子碑

卯應辰

存目

［説明］

張維《隴右金石録》載：「卯孝子碑。在武都城北，今存。」

《階州志》載：「卯孝子碑。在州城北，明嘉靖中，爲孝子卯應辰立。」

五九　明故馬母趙氏墓志銘

劉應熊

（篆蓋）：明故馬母趙氏墓志銘

馬母趙氏之墓志銘

馬母趙氏，郡巨族趙聰之長女，幼奉母訓，長精女□[一]。□[二]亭祖公諱顯，字德純，聞其賢淑，人皆以爲宜配君子。遂得配于竹亭□公，北崗先生。先生諱守陽，字體乾，天性篤厚，秉質文雅，能自得師，爲一時名士，屢科未第，竟業成均。行將榮選于天官，夫人内助之，益信不誣也。夫人今不起矣。予姻友哀子竹亭，以父命，于今隆慶元年十月十六日酉時，將葬于城西祖塋，請志于予。據狀，夫人幼適馬宅，舅公以商農起家，且姑母張氏年老，王氏早故，夫人經理家事，夙夜孝敬，不違生事，葬祭無間，真女中之君子，誠君子之良配也。生子一，曰應龍，即竹亭，字太□，薦郡學弟子員，資禀純懿，興止不苟，綽有父風；先娶杜貢士漸之女，□□早殞；繼娶蒲義相珊之女，乃郡生員應登梅隴之妹也，慇懃孝友，内順外理，人亦爲有乃姑之風，非夫人之賢造不能也。甚者，又勸北崗公再娶尹氏，相處如姊妹，人并賢之。尹生男一，曰攀龍，字時化，號鳳亭。尹氏先夫人卒。今子亦爲郡學弟子員，穎鋭性成，孝義不凡，人羡二難焉；娶太學生郡双山先生李公承恩之女，即郡學生員東光敬齋之妹也，亦甚淑惠賢孝，淵源有所自矣。生孫男二：長名勤王，雖幼，已通書義，知竟非常議，聘清軒卯子璉之女，即郡致政南平卯公輝之後也；次名效王，亦幼銜英異，尚未聘婚，竹亭出。生孫女二：長大姐，次赦姐，俱淑姿，尚幼，未字于人，鳳亭出。皆夫人之麟角鳳毛也，得并題于石。若夫後之徽封懿贈，□有龍碑在焉。據生弘治丙辰十一月初二日申時，卒嘉靖癸亥年二月初四日巳時，享壽六十八歲。敢僭爲銘，銘曰：

有夫昪弇兮將官封，有子跨皂兮已大家。有孫瓜迭兮更繩繩，夫人已矣兮何吁嗟！

時隆慶元年丁卯之吉

賜進士、前巡按山西監察御史、古南安抑軒劉應熊撰

郡學生、心田韓三顧篆

梅隴蒲應登書，鹿林王喜嘉賓刊

[說明]

碑存武都區博物館。碑高五五厘米，寬五四厘米。

隆慶元年（一五六七）劉應熊撰。

[校記]

[一] □，似當作「紅」。

[二] □，當作「竹」。

六〇　明故將仕郎北崗馬翁墓志銘

李之珍

（篆蓋）：明故將仕郎北崗馬翁墓志銘

明故將仕郎北崗馬翁墓志銘

賜進士及第、南京巡按御史、四川什邡縣鎬峰李之珍撰文

吏部聽選監生郡人心田韓三顧篆額

郡學生梅隴蒲應登書丹

生方得雋北上，吾姻竹亭暨乃弟鳳亭持狀，詣請予志銘，以圖永思，謹承命。按狀，翁諱守陽，姓馬氏，字體乾，號北崗。先考顯，以經商起家于階，配張母、王母。生于弘治癸亥十月初二日申時。翁天性純篤，以舉業擅于時。配夫人趙氏，事姑母最孝，理家道甚勤，相翁成名，雖屢科未第，公竟業太學，夫人實有力焉。夫人又勸翁娶尹氏，相與甚睦。夫人生男名應龍，即我竹亭，以弟子員進秩儒官；娶郡學生蒲應登，乃翁義相次女[一]，賢淑孝懿，有姑氏風。尹生男名攀龍，即鳳亭，今附學生員[二]，積學有待，亦名士也；娶郡學生李東光、東元，乃翁致政次女，亦稱賢孝。夫人作[三]于嘉靖癸亥二月四日，昆玉哀毀骨立，翁令節哀營葬，砌塘于隆慶元年十月十六日，命生志銘。已葬古城祖姑之塋，人稱孝焉。次年，翁榮選授河南彰德府，廉明勤謹，政聲著聞。太府薦之，各道獎之，撫按部署重之。或謂修城而幹敏足稱，刷卷而精詳可取。或謂守己而不聞科擾，年力[四]正可有爲。或謂官寒而頗知自守，代部而不索常例。甚者，却犯官之餽金，救織匠之賣妻，以及承委署印，如于磁州湯陰，所至有思，若查盤武安、臨涉等處，與夫巡還批詞問断，秋毫無私，上下稱願。竹亭鳳亭，相繼相輔，功不誣也。尋升四川什邡三尹，到任甫三月，法度嚴肅，地方多賴。成都太府顧翁薦署縣印，事歸迎刃，下民嚮從，即豪强不起，催科無擾，假詐知戒，盗息民安，百姓歌謠有邵杜之風，以爲真民之父母也。奈何食少事

煩，有諸葛公之勞瘁，竟作[五]于壬申六月初五日，百姓奔訃，如失怙恃。竹亭子在殯，鳳亭子繼至，告獲馳駟，無問上下、遠近、老穉，人争哀送。又得樂山翁率多士匍匐扶櫬而别，生榮死哀，實甚生還。既歸故土，合郡縉紳親友哀迎奠祭不絶，亦猶晝錦還鄉。卜于今萬曆元年癸酉十月二十日，合葬于祖塋，將啓夫人窆而安厝之，記壽亨七十一歲。生孫男名勤王，問學有進，聘卯致政孫璉之女。孫女七家、保次、保生尚幼，未字與人，竹亭生也。孫男名孝保，孫女名赦哥，聘與王子先之長男王興賀；名四哥，尚幼，鳳亭生也。是皆麟角鳳毛，龍章華封，離麗可必也。是宜并志諸石，附于銘。銘曰：

嗚呼此翁，有官可封。幸哉二亭，孝思實永。况有蘭孫，世濟其勳。藍田王種，柱石無窮。

〔説明〕

碑存武都區博物館。碑高五六厘米，寬五二厘米。

萬曆元年（一五七三）李之珍撰。

〔校記〕

〔一〕義相次女，《明故馬母趙氏墓志銘》作「蒲義相珊之女」。

〔二〕員，原無，據《明故馬母趙氏墓志銘》擬補。

〔三〕作，當作「卒」。

〔四〕力，此下脱一「而」字。

〔五〕作，當作「卒」。

六一　修甘泉平落太石山堡城碑記

佚名

存目

［説明］

吴鵬翱《武階備志》載：「修甘泉平落太石山堡城碑記。正書。名缺。在階州北，甘泉街西。萬曆十年。」

六二　修階州城隍廟記

李文明

存目

［説明］

吴鵬翱《武階備志》載：「修階州城隍廟記。正書。郡人李文明撰。萬曆十二年。」

六三　重修階州城隍廟記

趙孔夷

存目

〔説明〕

吴鵬翱《武階備志》載：「重修階州城隍廟記。正書。郡人趙孔夷撰。萬曆十五年立。」

六四　重修萬壽山西禪寺記

蹇來亨

存目

〔説明〕

吴鵬翱《武階備志》載：「重修萬壽山西禪寺記。蹇來亨撰，劉應奇正書，趙孔道篆額，萬曆十七年。」蹇來亨，甘肅階州人，嘉靖甲子科舉人。曾知峨眉縣，補綿縣、渠縣，所至清慎，蜀民感頌。

六五　像佛岩寺碑

佚　名

存目

〔説明〕

吴鵬翱《武階備志》載：「像佛岩寺碑。在階州。佛入岩。正書。萬曆十七年。參將陸賢，指揮汪應利，知州盧照。」

六六　明故太醫院引禮王公暨夫人張氏墓志銘

蹇來亨

（篆蓋）：明故王公張氏墓志銘

明故太醫院引禮王公暨夫人張氏墓志銘

鄉進士任四川渠縣知縣近南蹇來亨撰

郡學生映峯白具光書篆

公諱朝應，姓王氏，三泉其別號也。先世貫陝西西安府乾州籍。高祖諱綱者，布政司吏，因公務移居階州，遂家焉。娶談氏，生魯祖聰；聰娶閻氏，生伯祖福；祖娶杜氏，生子朝憲；繼娶李氏，生子朝德、朝應。其公朝宣，廼弟也。生女一，適郡吏目楊時春。朝憲娶李氏，生子熹言，授布政司承差。公童穉時學舉業，爲雙親年老，以禄養不如善養，遂棄學事親，承顔順志，夙夜匪懈。且交于兄弟，人無間言。及子職既盡，循以没世不□焉。疾，奉例贖粟，遥授太醫院引禮，冠裳鳴琭，光耀閭里。公可謂不負君親、無忝所生矣。

配夫人張氏，幽閑貞静，明章婦順，善事舅姑，義方訓子，誠爲内助之賢以德配者也。繼娶白氏，母儀慈善，閨範端肅，視子無異己出，賢聲遠著。公生子，長，嘉文，善繼善述，大振家聲；次，嘉彦，奮志學業，青雲可期；生女一，適童生惠進朝，皆張氏所出。嘉文娶陳氏，生子□定，合子姪□□，蒸蒸稱盛，皆公所貽也。詎生于嘉靖己亥年正月十七日子時，卒于萬曆癸巳年三月十四日申時，享壽五十五歲。夫人生于嘉靖辛丑年十月初十日亥時，卒于萬曆庚辰年十月初六日未時，享壽四十歲，卜萬曆二十二年正月二十日葬于祖塋之側。予稔知公夫婦賢義有不可泯没者，謹按狀而爲之銘。銘曰：

東岳巍巍，南江洋洋。王公王母，神安斯房。祐厥後世，蘭桂永昌。

［説明］

碑存武都區城關鎮清水溝某家。碑高四八厘米，寬三八厘米。

萬曆二十二年（一五九四）蹇來亨撰。

六七　安化慶壽寺碑

趙孔夫

存目

［説明］

吴鵬翱《武階備志》載：「安化慶壽寺碑。教諭趙孔夫撰，蹇來亨正書。萬曆二十五年立。」

六八　重修廣濟侯祠碑

蕭籍

存目

［説明］

吴鵬翱《武階備志》載：「重修廣濟侯祠碑。在階州東北百五十里。蕭籍撰。正書。萬曆三十四年立。」

六九　萬象洞題詩（三）

陳官定

山宇清幽一洞天，歷經歲月已許年。嶺［頭］[一]堆石人間鏤，此處原來不等閒！

萬曆三十五歲丁未五月二十九日，守階文西固地方參將陳官定、長子陳忠炳題

［説明］

題詩在萬象洞。

萬曆三十五年（一六〇七）陳官定、陳忠炳題。

［校記］

［一］頭，據上下文意補。

七〇　苟氏重建武安王廟碑記

蹇逢泰

苟氏重建武安王廟碑記

時成祖文皇帝定鼎燕臺，祖先人苟斌曾爲錦（中缺），歷京都數十年，屢獲關將軍陰祐。後兩歸武都，曰：「此亦漢家舊祉（中缺），關將軍忠魂未嘗不在焉，可無宇以妥神靈？」（中缺）廟于城外西關側，其擇基治備，皆出先將軍（中缺）舉人苟平所施，而其補葺則又經貢士苟（中缺），則苟淵所續完者也，相沿三百

餘年。（中缺）事，不意隆慶丁卯，河水泛漲，舉廟□□付東流，□幸有舊址在焉。斌之裔廪生□□□苟大魁，同族□民官苟選、苟希聖等□□□□□令德，議重□以禋其祀，尤懼□□□興作□繼，適郡守温公□□□土，睹厥盛舉，則曰：「關將軍□□協天，此古今所共視者！」遂命三守劉公□□□官者董其事，公欣然樂從，矢心竭力，躬任其勞，工費不煩公帑，各捐俸數千餘金，鳩工采木，□□致用，以建厥工。不月餘，百堵雲興，千楹峙起。告成正廟三間，左右兩廡各二間，大門一座，焕然改观，瞻謁如織，誠一勞永逸、萬世不拔之基也。都人士咸頌曰：「吾階何幸，既得温慈母顯恤于陽，復得關將軍默佑于陰。自是後，盡登春臺矣。公之□不將與神功永賴無疆乎？」因勒石記事，用垂不朽，以志其盛云。

時萬曆歲次庚戌仲夏吉日。廪膳生蹇逢泰撰文

奉訓大夫知階州事温禧

耆老：苟明化，苟明敬，苟諸□，苟時利，陵爲高

分守階文西固地方參將：任承爵

千百户：劉應武

同知：郭四瑞。承士：苟遜，邢必著

吏目：劉官。府掾：韓奎，蒲瑞

階州儒學學正：張撲

訓導：王科，劉之垣

一會功德主：苟希文，杜時義，苟希盛，苟光，苟希武，苟大魁，苟希孟，苟澤，苟選，趙善，苟遇泰，

苟乾，冠文龍，苟廷，杜秀枝，王□臣
　一會燃萬壽燈主：苟澤，苟希盛，苟希孟，杜良牧，曹自作，羅朝麟，李世成，李世動，桑應瑞，苟選，王珮，苟登，李汝魁，朱善，苟盤
　施財功德主：邢省，邢清，邢寬，張□，楊超材，張全□
貳拾年二月十一日。一會發心：何□□，苟景□，王良仁，賈君策，□□□，□□□，陳更新，李如榮，馮奇，李承恩，曹正□，張應陽，羅如智，李□才
　住持：□□。刊石匠：余勝鱗。□士：王進忠。塑匠：賈政。木匠：姚慶，瞿□□。瓦匠：何力

［説明］

碑存武都區西關小學院内。碑高五五厘米，寬一〇二厘米。

萬曆三十八年（一六一〇）蹇逢泰撰。蹇逢泰，甘肅階州人。善文詞，通天文、地理、星相、醫卜之術。授中衛訓經略。表聞其名，征辟不赴，終漢南教授。撰此文時爲廪膳生。

七一　重修萬壽山西禪寺記

邱自學

存目

［説明］

吴鵬翱《武階備志》載：「重修萬壽山西禪寺記。邱自學撰，邢必動正書并篆額，萬曆四十年。」

七二　階州創建三官殿功成碑記

寇逢泰

郡自東遷以來，北枕卧龍岡，岡上有關帝殿。殿之右，有龍山寺、玉皇閣、五顯祠，皆與州後先創立，世代甚遠，未嘗有三官殿舊址遺踪也。都人士雅尚積善，每歎爲缺典。蒙郡守、參戎虜、蔡、陸、李四公倡導，是時，鄉士、耆老、會人，各施財帛，分董其事。擇基于關帝殿後，龍山寺左，即乘乎卧龍岡焉。庀用鳩工，劈石作砌，蕩坡爲平。堪輿家取卯向酉，卜吉于戊子仲春。遂豎三官殿廣厦二座，大門三間，殿左禪室一，僧厨五。凡青霞閣、觀音閣、排坊、鐘樓，俱鱗次舉矣。然大功雖就，其缺略未備處尚多，相沿二十餘年，猶未告完。至壬子後，楚陂余公、固原王公，同來守階。甫三載，屢建奇功，事有裨于地方者，悉捐俸整舉。此殿未備處，遂告完焉。嘗徘徊四顧，殿基艮龍發脉，五峰卓立，峻絶不讓岱華；左屏右帳，秀筆連雲，嵯峨豈遜崧岳？四維數仞，參天如戟，而侔西蜀劍閣。且眼底江漢，九曲朝陽，尋城而下，可謂盡美盡善。猗歟龍岡！鍾天之靈，萃地之奇，毓水之秀，已得三府之精。而此三官殿所以興起，雖曰人力，而實由天授也。僉謀勒石，屬余爲記。但尋常記殿，多以神功陰佑爲侈談，余意不然。殿前西境，曰淡曰濃，惟殿收之。問質于人，是即陰祐于階。登臨者，能顧岩于淡中，玩味于濃外，游觀當與千古并列。俯仰一城，爲彈丸黑子，四圍山坡，恍然面壁。土确磽，勢陡裂，霖滴不能停，遇旱魃，則一毛弗産。屬里崖坎，較此尤甚。沿河閒有平原，又苦爲波臣盡洗。淡莫淡于此，有所獲，安足償所輸？此治階屢稱掣肘，實掣肘于催徵之苦。目擊者對此情狀，未必不以玩景心，轉爲憐艱念頭。殿惟令觀者憐憫此淡，則殿益于階也大矣。然濃，又非殊途于淡外，就此慘淡中，深爲調濟，遂釀成此淡，一顧盻間，如闢春谷、游閬苑，令人目賞心悦。仰焉，曇花霞錦，乍違乍合；清風明月，忽去忽來，何者非殿内造化？俯焉，桑麻遍野，桃李滿城，孟梅飄香于雲裏，陶柳争妍于峰外，何者非殿内生意？遠焉，小橋横渡，帆影飄遥，水悠悠浪息波平，時熙熙烽消烟静，何者非殿内泰徵？近焉，西禪虎伏，北溪龍吟，舍犬偃卧于花陰，澤鴻旋歸于濱泮，何者非殿内庶物？静焉，機聲并絃韵争鳴，途歌與巷頌盈耳，樵喁還于谷口，凱奏和于轅門，又何者非殿内萬籟？真仙境矣！山間中有此景況，實針毡上衽席耳。誰不爲肇造者慶幸？殿惟令觀者深慶此濃，則殿益于階也又大矣。噫！階之景，盡收于殿；殿之靈，復裨于階。余曰：「樂民之樂者，從此殿中得；憂民之憂者，亦從此殿中得。此記殿之意，不在殿而在殿之外。」謹記。

〔**説明**〕

據葉恩沛《階州直隸州續志》録入。

萬曆四十四年（一六一六）蹇逢泰撰。

著録：張維《隴右金石録》（題「三官殿碑」），存目，葉恩沛《階州直隸州續志》，武都縣地方志編纂委員會《武都縣志》。

七三　重修福慶寺碑記

佚　名

存目

［説明］

吴鵬翱《武階備志》載：「重修福慶寺碑記。正書。在今州東幹間垻。萬曆間立。」

七四　重修像岩寺碑記

佚名

存目

［説明］

據葉恩沛《階州直隸州續志》録入。

《階州直隸州續志》卷一三：「像岩寺，在州北一百二十里佛崖。宋建，明萬曆間重修。」下注「本寺碑」，故收録。

七五　重修階州城隍廟記

蹇逢泰

存目

［説明］

吴鵬翱《武階備志》載：「重修階州城隍廟記。正書。郡人蹇逢泰撰。天啓三年立。」

七六　重建禮拜寺碑記

馬之騎

（篆額）：重建禮拜寺碑記

重修禮拜寺碑記

賜進士及第、禮部左侍郎、河南新野康莊通家眷親馬之騎撰文。郡學生礎石司宏輯補。商山名軒邵文傳丹篆勒石

粵禮者，履也，履天地之宗；拜者，序也，序神人之和而始名焉。予嘗讀《太極圖説》，三百六十周天之數，總無極而太極也。生天生地，生人生物，孰能外此。自派衍羲皇，傳及禹湯文武、周召孔孟，莫不率性而成，大都祇言歸根復命之理，未悉歸根之源。如來演教四十九年，終屬蝶夢；老聃遺論五千餘字，那見回生。予雖後學，撫今籌昔，吾教祖聖人馬罕默的從唐中宗時仙骨顯應，降真經六千六百六十六段，本是太極□皇傳詑，字九萬九千九百一數，乃爲無極正脉。有誠無僞，避却百邪之門户；有體無形，包羅萬象之槖□。林林而生，總總而衆，以土木金石作像，以回光普照爲從，誦明德新民而止至善，法《詩》《易》《書》《禮》而該《春秋》。濟饑拔苦，天下共爲一家；入孝出悌，四海聯爲［一］心。生不禮像，式遵齋明致敬之誠，歸焉即葬吻合喪，欲速朽之，咸允垂聖教，誓不偕俗。予教誠真教哉！予教誠真教哉！□□□予贊政天朝，遇武都長者牟公應蛟，除湖廣按察司□□□第□官騰蛟，邀予飲而會譚吾教，真所謂教内之個中人也。次晨，捧鳩工圖續，欲鐫石以志。予備覽□□如見棟宇崔嵬，堂室如虹，門觀如垣，煒煒煌煌，泱泱汧汧，左雄右

秀，龍翼鸞翔。還，因高明德、牟思聰□□資費，竭立營成，始得福地。頻年，牟思忠、花恒興榮游泮水，花有光、牟思和續著黄堂。嗣是而琳琳瑯瑯□軼彝倫者，咸賴聖教而宗師儒，乃脱凡入聖、返本還源之一致也。予特銘之，以彰萬聖之光，以揚仙骨之風，俾世世無敢屑越也。遂勒石以垂千載不朽之意。諸君子題名與碑同悠久也。碑豈徒式也耶？

時大明崇禎辛未孟夏上浣日穀旦

長教：金堂，者守良，牟文有，嗣：金尚仁，牟繼聖，者萬福

鄉老：馬熙皐，高登雲，趙應亨，牟應祥，陳愛，花有顔

湖廣按察司經歷：牟應蛟，牟騰蛟

儒學生員：牟思忠，花恒興

府吏：馬有貴，花有光

建寺先人：馬呈圖，牟尚信，高廷陽，牟增成，全騰榮，牟增良，花賢，牟汝成，宋朝，赫光明，馬在，者仁，馬冠，閆能，馬應成，馬應能，者守忠，馬臣，陳敬，趙應元

眷親一會：馬乾，馬有德，牟應乾，金鐘，金庫，牟文貞，牟思忠，高明德，趙登第，馬有順，高明有，馬行支，金誠，赫茂洲，馬化麒，花恒興，馬光耀，金尚明，□宗禮，馬光□，馬秉忠，趙登科，王守志，花世興，牟思聰，金尚清，馬化龍，赫茂寅，宋時正，金尚義，金尚德，宋時興，馬金玉，牟思恭，馬錦，馬應魁，馬有進，牟文廣，馬秉然，哈應選

會幼男：馬化麟，高明時，趙明新，李□，古禮，牟養龍，牟啓龍，牟□□，牟見龍，古進良，虎得先，

趙明福，古□，□永盛，□進孝，□□□，馬□鋭，高□□，古進□，花愈興，花正興，花寶興，花大興，花長興，花中梅，花中夔，花中桂，花中蘭，金尚貴，金尚節，金尚禮，者萬禄，者萬壽，馬中瑞，馬中祥，金鰲，金龍；閻彩，者尚奇，者尚貞，花萬春，馬應亨，馬化鰲，馬中良，金鳳，馬存，馬自强，馬騰遠，馬化鳳，馬望，馬興，王興祥，哈自來，陳啓言，哈自張，沙應海，王國才，赫世名，馬鳳祥，沙得成，古進忠，沙河金，馬化文，古進禮，虎世宰，牟繼傳，馬彦名，馬尚仁，虎世相，沙德才，古春成

仝立石

木匠：張可宰

石匠：李自玉

［**説明**］

碑存武都城關清真寺院内。碑由碑帽、碑身兩部分組成。碑帽高二八厘米，寬七七厘米，爲透雕二龍盤珠造型，正中豎刻有楷書「大明」二字。碑身高一四五厘米，寬七九厘米。是武都清真寺現存紀年最早的碑刻。

崇禎四年（一六三一）馬之騎撰。馬之騎，字康莊，回族，河南新野人。約生于嘉靖四十三年，萬曆三十五年中進士。曾著《啓沃》《静哨堂全集》等書。歷萬曆、泰昌、天啓三朝，任禮部左侍郎。卒于崇禎年間。

著録：武都縣地方志編纂委員會《武都縣志》，武都區伊斯蘭教協會《武都伊斯蘭教史略》。

七七　重修階州城隍廟記

王良棟

存目

［説明］

吴鵬翱《武階備志》載：「重修階州城隍廟記。正書。郡人王良楝撰。崇禎九年立。」

七八　補修城隍廟功成碑記

佚名

考建城之日，乃創城隍神以主持之，蓋肇自唐也。職司保障，與城相終始焉。階自崇禎九年臘月之念六，夜未半，流寇陷城，三百年來翕聚之氣，片時灰冷。不惟城蕭然無色，即神亦黯然不光也。想階城之殘破也，或天心惡淫，害氣乘權，較各處殘破，倍爲神傷！其山川社稷、城郭人民，不亦混沌之局乎？尅城之明年閏［一］四月，參戎柳父母義旌一到，賊黨四散，餘伏山谷間，漸次剿除，階之神人，始有寧宇矣。如築城鑿池，固職所宜爲；至若諸神廟寺所創造而補葺者，不勝枚舉，皆乞靈溟漠，以陰護殘疆之意耳！惟城隍廟更爲關心，但功多事煩，似不能居全功焉。命鄉善士楊文秀、孫光祖等，約十王會瞻拜畢，見諸像頹矣，宛若我輩遭屠戮手，蓬頭裸體、斷臂折指之類也；又見廟垣圮矣，宛若我輩遭煨燼後，露處荒凉、草蘆土邱之類也。久之，爲風雨所洗者，斷斷如矣！思及此，實不忍恝，且不容緩。于是，鳩工掄才，不惜其費；鱗次董事，不殫其勞。閲三月，而正殿、廊廡、垣墉、門户，焕然一新。其十方等衆之施捨，雖多寡不一，皆神之功□也。告成後，予率同人而登進焉，不覺奪予目者肅予心，始歎人心之靈爲之也，抑鬼神之靈爲之也？予無以測其妙矣。遂以廟貌之新徵階之氣運一新矣。徵階之新運者何？廟成之日，適遼陽李父師下車之期。甫兩月，而剩水殘山忽忽有新氣，且雨暘時若，麥穗兩歧。士民歡忭，交相告曰：「此廟之靈也。此新廟者之有益于階也。」自此，兵荒、盗賊、物怪、人妖之事，不禳而自去；甘雨、和風、景星、慶雲之休，不迎而自至矣。屬予爲記。然記之功，豈獨表年記事哉？但記其常，不記其變；記其前，不記其後，均非所以盡記之功也。世運之治亂相生，人事之興衰相因，廟于是有乘除焉。後之君子，因予記而步武之，先予而記者有限，後予而記者記寧有窮哉！以予之記爲廟之譜也可。

［**説明**］

據葉恩沛《階州直隸州續志》録入。

崇禎十年（一六三七）立。

著録：張維《隴右金石録》（題「補修城隍廟碑」，存目），葉恩沛《階州直隸州續志》（曾禮、樊執敬校點本）。

［**校記**］

［一］閆，當作「閏」。

七九　萬象洞題記（十二）

王　詢

非人間

武都刺史

王詢

［**説明**］

題記在萬象洞洞口外懸崖上。「非人間」爲大字。

王詢，山東蒙陰貢生。崇禎十年（一〇三七）知階州，在任期間，多有佳績。後任福建巡撫，是明清時地方軍政官員，主要從事福建之軍政事務。

八〇　題紅女祠

王　詢

想是玉皇女校官，飛來下界教人看。篏空石室盤成殼，卷籜秋風舞似湍。枯性已忘今有世，紅身練就豈知寒？五千文字應都掃，法在吾心衹内觀。

［説明］

紅女祠在武都城北約三公里的五鳳山南麓武都名勝水簾洞内。羅衛東《古代隴南詩詞》于此詩説明云：「宋以後，階州民衆在城西北水簾洞建紅女祠，塑紅女像以祀之。又稱織女祠。」王詢，山東蒙陰人，貢生，明崇禎十年（一六三七）知階州。時當戰亂之後，民多菜色。王詢賑濟百姓，剿叛平亂，頗有政聲。在萬象洞題記今尚存，紅女祠刻石已不存。曾禮主編《武都縣志》卷一一「藝文」之「詩詞」類收唐李商隱《重過聖女祠》，以爲即寫紅女祠。該書「藝文」之「文選」部分言《水經注》中已載有此祠，然關于所祀紅女或曰「聖女」之來源解説無據，且與文獻中所反映相抵觸。此詩中言是「玉皇女校官」，是清代當地傳説中紅女之身份，「飛來下界教人看」明言傳説中是來自天上。李商隱《重過聖女祠》「上清淪謫得歸遲」，言由天宫受貶謫；「玉郎會此通仙籍」言其夫本爲凡人，後亦上天。這些也與清末小説《牛郎織女》中情節大體一致。又唐張祜五律《題聖女祠》（見《張祜詩集校注》卷一及《隴南古代詩詞》）中「鵲巢疑天漢」之句也與七夕烏鵲架橋之傳説相合。看來越早的詩中，保留有關織女的傳説因素越多。聖女祠在隴南之兩當縣亦有。西和縣鳳凰山之祠則名「織女祠」「天孫殿」。無論怎樣，總同織女有關。則王詢此詩對于解釋紅女來源甚有意義。因紅女祠距縣城甚近，因「文革」中破壞等，紅女祠石碑今無一存。

八一　重修南江橋記

佚　名

存目

［説明］

吴鵬翱《武階備志》載：「重修南江橋記。正書。文載《陳志》。」

清

八二　重修清涼寺記

佚名

重修清涼寺記

刑□給事□郭充山

總帥□諱□久，奎川人也。順治六年春，提兵撲殲林□師次（中缺）地有古刹名清涼寺，郡勝概也。顧時久而傾頽因之矣，總帥目（中缺）其舊制，經二月，刻期完繕，更囑余爲序其事者。階郡雄壯（中缺）藩，實蜀川之接壤也，而□□虎踞西蜀□□，馭遠山，吞長江（中缺）致階之民如在鼎沸，即清浄梵宫，亦同落荆棘中。仁者于此（中缺）之震潰，得無忡乎？適總帥提兵階上，陳勁旅千□，殄逆賊（中缺）魑魅而川清矣，川清而秦中清，秦中清而天下清。標下（中缺）清涼世界也，然此皆公之力□，顧不居也。□然□推此西（中缺）其哀我人斯，如在焦灼，助我□□天，何以洗浄□□乎？奈殿宇崩（中缺）失如來護階之法，亦非革故鼎新之盛舉也。遂捐俸繕葺。標下衆（中缺）不兩月而告成，侖斯奂斯，大殿興矣，盤困乎□廊□既爽，更延（中缺）備。仰祝皇圖鞏固，帝道遐昌，今而後，階境寧静，永無妖孽，階之民心，咸將□□□而（中缺）一方生靈，躋之仁□之域，是不可不記。

時順治六年歲在己丑孟夏吉

協鎮階洮等處地方□總帥都督董岷

文林郎兩當縣署階州知州事郎熙化

標下衆官：程大□，陳推新，郭振邦，王興，趙文魁，汪忠，胡教。把總：陳一魁，□鼎，張學詩，潘雲龍，梁承節，吴興科，張士聖，程英，胡進福，高忠

督工官：李大化，袁氣正，王□龍

［**説明**］

碑存武都區安化鎮高寺。泐損嚴重。碑高一二二厘米，寬七四厘米。

順治六年（一六四九）立。武都劉可通提供拓片。

高寺，原名清涼寺，始創于明代。

八三　朝陽洞題詩

馬朝陽

恒修圓寂卧佛洞，惟靈陰騭庇萬民。

［**説明**］

題記在朝陽洞。

康熙三年（一六六四）馬朝陽題。馬朝陽時任洮岷道道臺，巡行至此而題。自馬朝陽題詩之後，衆士遂改此山爲「朝陽山」，此洞名「朝陽洞」。

八四　李母趙氏太夫人墓志銘

楊純臣

（篆蓋）：李老太母趙氏老夫人墓志銘

李母趙氏太夫人墓志銘

自仲尼定「六藝」以垂世而立教，古之嘉言懿行，無不班班備載者。至□□使人咨嗟咏歎，其味長、其風遠者，莫踰于詩。蓋《書》與《春秋》，非王公聖人殊尤絶迹之事不以列，至《詩》之所紀閨房細瑣，收録不遺。微獨二姜、許穆夫人，以節行著聞，雖閭巷四野之婦，如草虫鷄鳴、静女其事，纖微□著之《國風》，與《書》《春秋》并傳于世。蓋《春秋》義主于王綱，而《詩》義鄰于女史，教雖一而體固有不同者與？故劉向《列女傳》率本之《詩》，亦以《詩》采之彤管，于内則爲近，非他經比也。武都李太學之繼配，鄉先達明經孔階趙公之長女也，性端敏，紐縫酒漿，不習而能。太學有垂白之二親，太母事之，務當其心。生子一女一。諱兆鼎，階庠廪生，娶郭氏、王氏，生子二女二，業儒太學。長子諱兆乾，即山東按察使也，生子二女二，伯曰毓真，仲曰含真，各生子一。太學先逝，貽女一。太母體公之心不難，捐己奩佐其行，無何而撫其孤，俾女以完節名尤以爲難。太母佐太學，躬操筦鑰，轉移節縮于其間，卒之化約爲豐，輻輳比于素封，則太母之佐之也至□。太母躬操苦節，義声日著。諸子長，趨使向學，晝則從先生家塾，夜歸就□火親課，勤惰不少置，故伯仲濟美、家声日起也。太母年未衰，家政井井，及暮年，敕断家事，齋心禮大士爲皈衣[二]，則又俗外之曠观，非域中之□戀矣。太母相夫子，以承前而祰後，率家人父子之常，非如燕燕裁□□

遇厄會以顯其奇節，然概以草虫鶏鳴之義，太母何多讓焉。藉令生春秋之世，其爲聖人所録奚疑？太母生于萬曆十七年十月二十八日子時，卒于康熙三年十一月十一日，卜葬于康熙五年八月十二日舊城祖塋，坐癸向丁，與太學配葬焉。此志太母生平如此。乃爲之銘曰：

太極肇判，兩儀始分。人備三才，混焉処中。匹夫爲善，不出家庭。非有㮯引，没世無稱。賢哉太母，坤毓鍾靈。光前裕後，赫奕聲聞。子以繼子，孫以繼孫。其形雖亡，其德日馨。千秋萬世，秩祀無窮。

吏部観政進士鄉眷晚生楊純臣甫哀丹頓首拜撰

時康熙五年歲次丙午八月丁酉十二日庚申辰時配葬

孝男兆鼎，孫舍真、怡真、閨壽，重孫芬芳。仝立銘

【説明】

碑存武都區博物館。碑高五八厘米，寬四八厘米。

康熙五年（一六六六）楊純臣撰。楊純臣，階州人，進士，時任吏部觀政。

【校記】

［一］衣，當爲「依」。

八五　重建武階南浮橋碑記

侯于唐

武都屬西南陲，密邇土番，僅恃白龍江一帶水限[一]焉。《禹貢》所謂「嶓冢導漾」是也。然障外侮[二]而

保内寧，則有天塹之功；若采薪蒭而通行旅，未免多溺之患。至秋潦淫溢，巨浸滔天，又岌岌乎有沉竃之憂矣！此白龍江之大利大害也。捍江之害[三]，非橋堤不爲功。古之橋堤，邈乎不可問矣。明嘉靖間，抱罕三州龐公來攝郡篆，始造舟爲梁。萬曆間，州牧西陵余公始築土城堰，後雖梁圮堰泐，而普渡安瀾之澤，至今猶嘖嘖在人口頰間。繼此有折橋，有平橋。折橋狀若垂虹，涉者有履薄臨深[四]之惧；平橋冬建夏撤，一歲間，利涉者半，長濡者半，均不若舟橋之爲利安且久矣。至于堤，余公而後，未嘗過而問焉。壬寅歲，温陵林公鎮武都，御兵以嚴，率屬以正，恤民以仁，接士大夫以禮，而且飭器械、修墩堡、繕城垣、甃道途、賑饑民、修學宮，諸利俱興，諸廢俱舉。公之造階者已至，而公之爲階者猶未已也。時惓惓以橋未建、堤未築爲慮。堤則與郡守戴公分董其成，橋則公專任其勞。資費不千計不可，木不億計不可，鍉不萬計不可，工不數月計不可。于是捐重資，購良材，請工師，募夫役，材必中度，工必中程。造木舟九，廣丈者二，高尺者八。鍉索二，長十雉，圍一胡，重千鋝[五]。鍉柱四，高一尋，圍一晉，重三十鈞，横亘里餘，濶中二軌。肇工于丙午季冬，落成于丁未仲夏。將見行者咸樂普渡，無患多溺矣；居者皆慶安瀾，無憂沉竃矣。古者，天根見而水涸，則成梁；辰角見而雨畢，則除道，此有司事也。今則不能。裁扣餘俸，退食維艱，何物捐輸？此力之不及能者也；催科旁午，目[六]不暇及，奚暑省試？此時之不遑能者也。以有力之不及者，而公獨任不辭費；以有司時之不遑者，而公獨勞不告疲。公豈徒一師武臣哉？糾桓之帥也，慈惠之母矣，克壯之猷也，甘棠之愛矣！因爲之頌，曰：

桓桓公侯，鎮我邊州。敦詩説禮，縠礪甲鍪。羌氏讋威，麼麼服訧。士卒休歌，黎民樂謳。軫念黎民，狎溺胥淪。滔滔流水，瀠洄且奫。一葉扁舟，渺難[七]及涽。既成輿梁，如砥維均。維均浮橋，長虹矢矯。利我行旅，便我蒭蕘。時往時來，載歌載謡。商歙農歈，頌公勣勞。頌聲洋洋，奕世無疆。惠鄙鄭輿，愛比燕棠。南山蒼蒼，江水茫茫。我公之澤，山高水長。

［説明］

以葛時政《直隸階州志》爲底本録入。

康熙六年（一六六七）記。原題下有「池陽侯于唐」五字。侯于唐，字蓮岳，池陽人，順治壬辰進士。

著録：葉恩沛《階州直隸州續志》（曾禮、樊執敬校點本），武都縣地方志編纂委員會《武都縣志》，《甘肅省志・卷三八・公路交通志》。

［校記］

［一］限，《階州直隸州續志》（曾禮、樊執敬校點本）作「隁」。

［二］侮，葉恩沛《階州直隸州續志》、《階州直隸州續志》（曾禮、樊執敬校點本）皆作「患」。

［三］害，葉恩沛《階州直隸州續志》、《階州直隸州續志》（曾禮、樊執敬校點本）皆作「利」。

［四］深，《階州直隸州續志》（曾禮、樊執敬校點本）作「淵」。

［五］鋝，葉恩沛《階州直隸州續志》、《階州直隸州續志》（曾禮、樊執敬校點本）皆作「鏘」。

［六］目，葉恩沛《階州直隸州續志》、《階州直隸州續志》（曾禮、樊執敬校點本）皆作「日」。

［七］難，當作「灘」。

八六　重修學宮碑記

蹇隨濟

重修學宮碑記

武都古白馬氏地，秦置郡，隸蜀。時民尚耕戰不務學，上亦未嘗加意于學以廣厲之。漢蜀太守文翁，起學宫造士，每行縣，敕經明行修者與俱，聲教大治。武都有學自此始。然風彝俗僿，士亦未聞有顯者。數百年，丁晦叔以剛直著于宋。至明，則浸浸乎文物之邦矣。嘉靖甲子後，人文蕭瑟，科第寥落，間有離奥渫而通籍者，率不竟其閎巨，士靡所歸咎，僉曰：「學宫非所，曩之五徙者，弗一善也。」癸巳歲，邗江于父師精形家言，效卜瀍食洛之規，定基于斯。前天馬而負翠微，左鳳儀而右景屏，水從辛亥來者，襟帶方去，真神奥區也。規制草創，又喬遷去矣。繼瓜期而代者，往往勞心追呼，簿書鞅掌，或謁廟而不登堂，登堂而不横講席，排列殿呵，疾趨以出；况[一]肯徘徊、歎息于廊廡闕廟之間，若者議新，若者議補乎？即有問欲修舉，而監司[二]不督責，簿書[三]不期會，一切以迂濶視之；兼以老師腐儒，動之以堪輿不可知之事，艱之以更張紛擾不可竟之功，始而懼，即而疑，不得不姑且議罷，吾學其何賴耶？皖城戴父師有經術，待士寬嚴折衷，皆有恩禮。凡謁廟必登堂，登堂必横講席，或發明經旨，或指授文法，或商略世務，或諮詢民隱。因訪人才之所由[四]興衰，學工之所由舉廢。士詳厥故以對。父師曰：「學地則得矣，其如風氣未聚何？」乃與學師楊公、郡尉靳公，謀所以維新學宫者，計時若干日，計役若干人，計資若干兩。可父師捐俸貳百餘金，楊公捐俸拾伍金，靳公捐俸十金，紳衿義民，共輪助若干金，乃于戊申之蒲月，鳩工庀材，撰日舉事。所維艱者，聖廟孤峙無轉廊，非制。轉廊非大木，無以勝任。然非有大力者，又何克致斯大木也？父師令諸士數焉。協鎮林公聞斯議，襄運大木壹百捌枝，捐俸伍拾金，□轉廊十八楹，刻期用成。其次第補修者，聖閣一座，□□四配閣二座，十哲閣二座，兩廡閣十座，東西川廊十八楹，二門三楹，角門二楹，名宦祠三楹，鄉賢祠三楹，泮池一所，屏牆一座，栅欄十六架，栅門二楹。工肇于戊申春月之吉，告竣于庚戌夏月之吉。則見壇坫塏爽，堂廡恢閎，牆垣巍峻，池沼澄泓。崇卑就列，從橫因形，榱題飾而輪奐美，聖靈妥而人文萃。昔文翁興學于蜀，蜀用殿旁石室以像翁。王沂公守青，興學于齊；守鄆，興學于魯，齊魯之學者，迄兹祀之不衰。今有功于階之學者，皆其有文翁、沂公之心者也，諸士亦安敢忘之？敬灑掃一席地，俎豆其□，請伐石記之，以徵信于永久。□□法得（中缺）令晉膺階州牧，協鎮林□忠，字榮蓼，泉州人。學博楊公（中缺）元之，山陰人，皆有功。□□法得并書。

時（中缺）門生蹇隨濟薰沐拜撰。司□□書丹。李世俊，李天植校刊（中缺）黨汪俊，李□楠，黎元樸，袁喬琛，羅廷棟，李天權，趙思周，寇君寵，崔志魁，劉元慶（中缺）□紘芝。工書：楊洪氣，汪德渤，王永世。鄉約：劉顯聲，張鳳儀，王連。禮書：王秉乾，褚□□。

［**說明**］

殘碑存武都區博物館門邊。殘碑寬八七厘米。其文漫滅，文參以葛時政《直隸階州志》補録。

康熙九年（一六七〇）蹇隨濟撰。蹇隨濟，階州人，康熙間歲貢生。

階州舊學宮，葉恩沛《階州直隸州續志·學校》載：「昔在西門外，乙辛向。登甲榜者三人，登鄉榜者十三人。後因蠹朽，改癸丁向。嘉靖間，改建東關，艮坤向。隆慶間，建置土城之北。萬曆間，改建丁鐘樓灘，在城西三里。天啓間，知州江有麟改建于城北，艮山坤向。崇禎間，知州耿應烈改建于今學宮之後，乾山巽向，後毁于兵。順治十一年，知州于道行以學宮殘缺，卜吉于今地，乾山巽向，加巳酉四分。聖殿、欞星門、啓聖宮、明倫堂、兩廡各三楹。康熙初知州戴其員，見聖殿孤峙三楹，非制，必圍以轉廊始稱。副將林忠，捐資運大木，修轉廊十八楹。戴公及學正楊實儒，吏目靳應魁，紳衿義民，各捐資，次第補修名宦祠三楹、鄉賢祠三楹、兩廡各十楹、碑亭三楹、更衣亭三楹。甃泮池，築屏牆，柵欄，東西角門，上下兩廡，俱建神座……」此碑就記載其員本次建修的具體情況。

著録：葉恩沛《階州直隸州續志》，葉恩沛《階州直隸州續志》（曾禮、樊執敬校點本）。

［校記］

［一］況，葉恩沛《階州直隸州續志》作「孰」。

［二］監司，葉恩沛《階州直隸州續志》作「董師」。

［三］簿書，葉恩沛《階州直隸州續志》作「府吏」。

［四］所由，葉恩沛《階州直隸州續志》無。

八七　萬象洞留題

連登科

清靈開玉府，我輩地中仙。步［險］[一]乘龍去，悠悠望月還。

庚戌成令遷階州牧連登科題，［廩］生李捨真書

［説明］

據文丕謨《石海覓踪——隴南訪碑記》及《武都歷史文化大觀》對校收録。

康熙九年（庚戌，一六七〇）連登科撰。連登科，三韓縣（遼置，爲高州治。治所在今内蒙古赤峰市東北）人，清康熙年間任成縣知縣，後升遷爲階州知州，故得在萬象洞、水簾洞題字題詩。

［校記］

［一］險，據文義補，亦有可能是「履」字。

八八　題水簾洞

連登科

飛泉百尺掛丹梯，步入仙源路不迷。織女祠邊題跨鳳，漁人洞口覓聞雞。卷將朱箔紅樓隱，浣盡香奩白雲低。惆悵玉貞芳迹在，衹今何處武陵溪。

［説明］

連登科有《萬象洞留題》已見前。水簾洞中有紅女祠，此名曰「題水簾洞」，實爲咏紅女祠。紅女祠又名織女祠。地方最高長官之詩，地方人士皆刻石以記之。此石碑今已不存。

八九　威顯昭應神君親降碑文

佚名

予本南宜州人，年十五，游長安爲士。玄宗政怠，而揚國忠用事，予甚諷之，王公大夫多不許。後爲國忠所忌，乃棄行李而走，潛于深山，采薪爲事。值禄山兵變，從豪俠救難，俠又不睦，遂夜殺之。早起，適從太子同行，賊至與戰，因補予軍中參事。兵罷，衆見予年少，不服者多。出爲雲居令，李泌平南賊，辟爲執事。遇兵大變，泌與予同諸人共千餘騎，賊衆十餘萬，困不可解。泌誓以一死戰，至兩日，零凋殆盡，惟有泌數人與予而已。予棄命復擊，轉戰二百里，賊稍却。予同泌坐高陵上，語予曰：「賊怠矣，餘生尚可脱！」予再赴陣叱吒轉屬，遂得同脱出圍。夜至三更，予聲呼如巨，手捫其面，如碁局之迹，自言不復取功名。救至，泌曰：「誓爲粉身平南賊！」果如所欲。因薦予于帝，朝士不喜，復守雲居。泌秉政方用予。予夭于官。雲居人常相語曰：「我公生而明，死必爲神！」迨予殁，遂立小字于山巔以祀予。泌遣使訊予，見予于空中相語，半明，因奏帝封予爲神。遭歷代之擾，其宇毁而不存，後人不復聞予。雖間有敬予者，亦不知予爲何神。後因義忠禪師自吴入蜀，予因托之，而至于此。上帝以予有功于民，而能捍大災，禦大難，血食梁洋，將及百禩。雖蒙有司聞之于朝，布之于民，俾得「威顯」之額，而封號未錫，實爾守令之皐會，教授史彭永、知縣史初等，乃能涓潔，欲求予于助宋。予弗敢隱，揮汗作此。予姓張，名喆，字伯達。初尚爲吏，肅宗三年，始受帝命爲雲居宰，其飭已詳言之矣。因自作贊曰：

一二三四五，五五二十五，從一至五，五復歸于一，乃端午日降生也。

［説明］

據祖肇慶《階州志》録入。

康熙間立。因祖肇慶《階州志》成書于康熙二十七年（一六八八），則碑文所作時間不會遲于該年。

九〇　階州新建威顯廟家慶樓碑

佚　名

環階皆山也，城東，崗從西來，突然而高若伏，至北峪河上，蹲踞俯首如飯河狀，是爲卧龍山。淳熙四年五月丙寅，初爲此州，視事逾月，既整而暇。一日，登臨其上，見諸山來朝，勢若星拱，奇形異態，綺縜綉錯，下瞰城郭，攬不盈掌。因作而言曰：「自有宇宙，已有此山，天若閟之，至于今日，豈無所待耶？惟昭應公元勳盛德，發靈于雲居，肇祀于梁洋，今巴蜀間咸侈大祠事，而吾州獨館神大軍倉內，既潰且陋，何以揭處妥靈？」于是即龍首鼎新公祠，邦人大和會，莫不以爲宜。既克成，東北隅又得地五十步，高廣坦夷，乃合餘材于家慶樓上，作公像，姬媵子女列侍于前，閎麗新深，憑臨益高，爲一方偉觀。明年六月戊辰畢事，命僧德恩主之，度其徒道逍輝三人，俾俸香火。廟成之年，雨暘以時，歲則大熟，疫癘不作，邊鄙肅寧，衆歡喜，得未嘗有，歸德于公焉。按降筆碑。公姓張名（下缺）。

［**説明**］

據祖肇慶《階州志》録入。

康熙間立。因祖肇慶《階州志》成書于康熙二十七年，則碑文所作時間不會遲干該年。

九一　宣陽山田土碑記

佚名

嘗考《易》曰「艮爲山」，□巋然而峙，蔚然而秀，興雲布雨，施（中缺）崒嵂千重（中缺）職方之所載，封內之巨觀，因名爲名山焉。我州之北，□城四十里許，有宣陽山，靈山也。在上無量（中缺）今人所捨之田土，其□畝界至□數□名，俱有約可凴。會首□□久失凴，□□暴侵奪，無以供香火，無以膳僧道，因碣刻字，永記不没。□朝五十季（中缺）地爲界（下缺）

康熙二十八年春三月二十七日（下缺）

［説明］

碑存武都區馬街鎮官堆村後宣陽山真武廟。碑高五五厘米，寬四四厘米。

宣陽山，清同治後稱龍鳳山，今復稱宣陽山。真武廟，最早稱玄帝觀，今俗稱祖師廟、老爺廟。

康熙二十八年（一六八九）立。

九二　李兆鼎墓志銘

宋朝楠

日對天顔

余捷南宮後，宦留京邸。故園知交疏越，悵望久。適有武階馳訃丐余表墓，訊之，乃前輩任山東臬司健翁李老先生大人介弟諱兆鼎、字相九老先生也。先生舉族世儒宦，唯先生與余有舊。憶從兄歷任三蜀，尋喬兩淮、兩浙，奇猷茂績，政治烺炳，雖健翁老先生弘才偉略，實老先生襄贊玉成之也。先生椿庭登仙早，而萱堂在風節中，志養靡間，兼性學夙成，少游泮水，長食天家，州人奇之，爲異日紆青拖紫不殊健翁老先生也。命娶郡庠生郭岫極之姑母，生女一、子一，未幾，而夫人先逝；再續韓氏，亦賢淑。先生一經授受，子彝真青年游泮，娶郡庠生吴道升之次女，生孫男三、女一。長曰鄉生，聘郡紳任嘉興别駕姜維新之孫女；次曰岳生，聘鄉歲進士唐良相之孫女；其三與孫女在繦褓中，未有聘訂。女妻于郡庠生袁公鼎，坦腹乘龍，生子繁衍。先生可謂完人矣！何其無志功名，游情山水，消餘歲月，酒罏茶烟，無非詩書咏歌風味。憲乞授狀，余可爲先生珥筆志也。詎意享壽七十有四，卒于康熙辛未菊月十二，卜葬于臈月朔四日舊城山祖塋焉。嗚呼！先生生平不可殫述，大抵處心積慮，立身涉世，以品行德望出人意表者也，視營營逐逐者，不相徑庭也哉！爰爲之銘曰：

賦質俊逸，出類超群。天性孝友，德行升聞。敦詩説禮，子孫訓行。江水悠悠，膏雨芃芃。草木含悲，鶴唳猿鳴。窆兹幽宫，毓秀山靈。而今而後，綿瓞無窮。

賜進士第翰林院庶吉士南安鄉眷弟宋朝楠子蕃甫拜撰

時龍飛康熙三十年歲次辛未十二月朔四日穀旦

男彝真，孫鄉生、岳生、祥生仝鐫石

［説明］

碑存武都區城關鎮人民路廠院巷王旭東家。碑高三七厘米，寬四四厘米。

康熙三十年（一六九一）宋朝楠書。

九三　重修鎮江橋碑記

佚名

重修鎮江橋碑記

鎮江橋，古制也，久圮經年，踵事無人，病涉者久焉。值康熙三十（中缺）余祖二公爲民作□□□重修鎮江□□左以利攸往，殊不知越（中缺）修□□□猶未也。不期杜公諱毓馨□□□郡人也，□□小（中缺）委把總徐祥督率□路□力□□伐木而入，公先入焉。伐木（中缺）相□夾□□古築堤經營修□折木□餘□木百□□梁（中缺）亦行若天路□□□雨後，僉曰□□□除我病涉□□□□□特（中缺）虹□潤□□右雖曰□末亦有□□人然之，一望□目或有（中缺）石小□可以崇公，公□□上將當有□竹帛□簡之□或（中缺）當寧，采風者必録之以編，勒何可缺？是以餘之人相付與戴□德服（中缺）焉。階郡生王奉（下缺）

康熙三十七年歲次戊寅正月上浣。一路軍民同感勒石

奉□□夫知階州事（中缺）協鎮陝西階營副將余正賢、中軍路希奉、右司把總唐福。校書：郭維德（中缺）鄉紳：司加民。拔貢：張勳侯、文炳、龍恒角。監生：楊翹楚（下缺）

［説明］

殘碑存武都區石門鄉小山坪村。殘碑高九三厘米，寬五八厘米。

康熙三十七年（一六九八）記。

著録：《甘肅省志・卷三八・公路交通志》。

九四　春日游萬象洞

陳勛

五載坐荒城，千峰列屏障。春風思出游，茫然迷所向。客云萬象洞，景物多奇壯。「何不再登臨，可以滌塵氛[一]。」晨起出南門，長虹跨碧浪。列堡如星星，樓閣［何］敞閬。沿江沙溜平，柳眼欲舒放。走馬三十里，月圓堡在望。山腰陡且窄，樞衣扶短杖。俯視一泉流，憑虛身飄揚。秉燭入[二]洞行，舉步升復降。萬象隨人意，摩肖出天匠。或如獅伏形，或如卧龍象。細若三千管，巨若萬夫將。冰珠散銀礫，寒玉排翠嶂。兀然

撐一柱，上下忽分兩。交泰自何年？令人絶俯仰。四壁認舊題。墨痕如新創。寒暖易冬夏，斯言洵不忘。轉折過風洞，其中更難量。坐客話疇昔，避兵千人藏。不知昏與旦，惟聽雞聲唱。三月聚薪米，婦子各相餉。時平絶人迹，洪水來天上。污穢盡滌除，山靈仍無恙。窮源苦短炬，携笻心怏怏。躋攀失舊路，忽見天窗亮。石象倍分明，蟾光微摇漾。列坐再洗盞，臨流泛春釀。磋子風塵骨，仙津愧徒訪。何幸竟日間，主賓互跌岩。歸來記勝游，歷歷不能忘。

［說明］

據《武都歷史文化大觀》收録。

陳勛，浙江海寧人。康熙三十四年任階州知州，詩中云「五載坐荒城」，可知此詩大約作于陳氏任階州知州五年時，即康熙三十八（一六九九）前後。

［校記］

［一］桑，原作「塊」，不叶韻。

［二］入，原誤作「人」。

九五　重修城隍廟碑記

陳　勛

（篆額）：重修城隍廟碑

重修城隍廟碑記

階之城隍廟有二，説者以磚[一]城屬所，土城屬州，非也。蓋自舊城既遷，磚城建于明洪武五年，土城建于隆慶間，則有城有隍，而廟亦并建矣。後因官舍倉庫移置外城，于是祭祀祈報及民間香火之奉，咸奔走土城中，是知神亦依人而憑也。吴逆之變，城市居民焚掠幾盡，城隍廟巍然獨存，奈殿廡傾圮，風雨不蔽。前牧祖廣庵有志修葺，以遷去未舉。乙亥冬，予齋宿廟庭，朔風淒冷，燈光[二]月影中，恍然與神明接，即以修舉爲念。而軍需方迫，歲苦不登，未遑計及。歲己卯，簿書稍暇，學宫、城垣之役，次第告竣。謀諸鄉大夫士庶，量力捐助，屬傅尉董其工，期月落成。夫春秋俎豆，具載典祀[三]，矧城隍與社稷并崇，陰陽雖殊，感通則一。人苟一念違理，即不可對人，豈可質諸鬼神乎？年來祈禱立應。城多虎患，予請于神，旬日間，三虎就縛。雨暘時若，民多樂業，不可謂非神之惠也，而予之心亦庶幾可以[四]質諸神矣！

康熙三十九年歲在庚辰孟春吉旦

賜進士第、朝議大夫、階州知州加二級、海寧陳勳撰。郡貢士司稼書丹。庠生雷雯鐫。

原任階州知州、今升浙江台州府同知□□祖肇慶督修。吏目：祝阿、傅潤倉。候選州同：海寧陳塾、陳垣。

原任階州儒學學正今升鳳翔府教授白琪。

階州儒學學正張灴，訓導王三錫。

鄉紳：李枝楨，李含真，司加民。生員：李醇真，辛自亮，蘇緒軾，唐之岳，寇秉憲，張文華，李文遠，王颺言、李抒真，孫弘績，吴君腹，辛世琦，李春茂，李世俊，梁殿柱，趙琦，董玘，劉琰。

一會：生員劉景隆，生員蹇定秦，生員楊⿱竹鉤，楊歸儒，浩繼禮，馮興祚，李枝華，趙國鳳，李智，劉應都，趙安予，劉漢傑，司朝務，陳昌言，吏員李元臣，吏員李漢鼎，閆國泰，陳萬言，付君璽，孫守才，年蛟鳳，趙□，紀王章，曾貞，王興憲，何□，羅三才，杜蘅，馬得駿，瀘守如，李昌壽，紀王謙，張毓瑞，鞏國紀，尚其德，文光輝，王重歲，張忠，王弘基，紀大功。

一會：陳偉烈，紀大業，□英傑，余大成，張拱辰，午光陛，羅雨亢，□□□，□□□，□□□。

一會：魏名卿，高希聖，李天德，符添禄，張毓祥，趙養清，蘇續軾，路遵皇，郭都，楊紹震。

一會：杜得隆，苟良臣，生員吴仁傑，監生楊玉英，李玉，楊世貴，殷重質，文汝錦，王國仕，王宗文。

一會：吏員章祖紹，文尊賢，王玠，黎咸仰，羅勳華，張經世，蒲傒琳，白遷璽，劉加旺，文尊良，張輔世，杜毓棠，劉加興，王輔忠，杜國福，張文偉，王金福，楊生華，漆望才，都鎬。

一會：杜世宰，慶萬倉，王璉，吏員劉世鎰，陳璉，王世卿，陳瑚，陵大任，慶□有，龍玉成，邢震，工房賈祖誼，陳琮，仲霞，袁起鳳，苟學曾，陳得□，□福德，黄在中。

各行匠□：姚世春，徐有□，□國□，□萬□，□□□，謝大□，王閆□，□□□。

住持：□心，羅仲鳴，□起成。

［**説明**］

碑存武都區博物館門邊。碑高一五六厘米，寬六七厘米。

康熙三十九年（一七〇〇）陳勳撰。陳勳，字允升，號梅溪，浙江海寧人，康熙十五年進士。康熙三十四年知州事。

城隍廟，葉恩沛《階州直隸州續志》載：「在州治西，明隆慶間，與城同建。民之祈賽時享皆與焉。歲久傾圮。康熙三十七年，知州陳勳重修。吏目傅潤倉監修。」

著録：葛時政《直隸階州志》，葉恩沛《階州直隸州續志》，葉恩沛《階州直隸州續志》（曾禮、樊執敬校點本）。

［校記］

［一］碍，《階州直隸州續志》誤作「碑」。

［二］光，《階州直隸州續志》誤作「火」。

［三］典祀，葛時政《直隸階州志》倒。

［四］庶幾可以，葉恩沛《階州直隸州續志》作「庶可」。

九六　東海陳公重修學宫碑記

司加民

聖天子崇師重道，屢幸闕里，釋奠、釋菜有等，敕天下有司繕修學宫。有司不次優擢，臚列事實，則以講論修學爲甲乙。近又遴選佾禮，以光春秋。誠以學宫爲文章之府、俊髦之藪，士習國運所係緊［一］重。郡之有學舊矣，自嘉靖甲子後，登賢書、題雁塔者，寥寥乏人，或矯以人傑，或諉以地靈，至今五徙，終弗一當，抑獨何與？今之學基，廣陵于公卜食，其地坐乾向巽，左鳳凰，右太白，赤水繞其背，白龍經其掖。文星閣闕而弗講，棘闈厄人，或坐此弊。形家指授基勢，先後合符，尚屬未遑。廣陵去後，規制草創。康熙丁未，皖江戴公捐資重修，輪奂稱美。自吴逆之變，兵燹七載，蕩杌殆盡，鞠爲茂草。宗廟之美，百官之富，望而可見。當事者或迫于催科，或安于因循，朔望瞻謁，四拜言歸。嗟乎！水［二］源之地，豈可使頹廢若此也！浙西陳公，以海内知名，來守是邦。莅政之二年，百廢俱興，慨然以修葺爲己任，不怯捐俸，不憚省試，計材程工。

經始于己卯季秋，落成于庚辰仲冬。若啓聖祠、明倫堂之前門[三]，建[四]坊門三楹、昭穆兩廡，次而戟門、名宦、鄉賢、頖池、碑亭、更衣、欞星、面牆，次第修治。汙者增之，高者下之，宜甓者墄之，宜石者甃之。或丹艧，或黝堊，或粉飾。籩豆簠簋，禮恪三獻；琴瑟鐘磬，樂諧八音。既窈既窕，亦塏亦爽。司鐸張公灯，司訓王公三錫，分董其事。州尉傅公潤倉，亦與贊襄。士大夫差其輪，公則獨考其成。平臺周垣，煥然一新，誠天[五]子之宫牆哉！公教育情殷，中心誠服。乃鳩工。甫月，中丞御史[六]公即有整飾學宫之檄，公先得同然，行將以此卓異我公，士習國運，維持惟均。他如建義學以儲英才，繕城隍以燮陰陽，飭通濟以虔祈禱，葺萬壽寺以肅拜颺，築堤以固墉池，造梁以惠往來，另勒瑱珉，質此以榜將來云。

【説明】

以葛時政《直隸階州志》爲底本録入。

康熙三十九年（一七〇〇）記。原題下有「郡人司加民」五字。司加民，階州人，康熙十一年選拔。

著録：葉恩沛《階州直隸州續志》。

【校記】

[一] 係緊，《階州直隸州續志》作「系」。

[二] 水，《階州直隸州續志》誤作「大」。

[三] 前門，《階州直隸州續志》作「前」。

[四] 建，《階州直隸州續志》作「鼎建」。

[五] 天，《階州直隸州續志》作「夫」。

［六］史，《階州直隸州續志》作「文」。

九七　創建義學記

何道昇

竊維庠序學校，古聖帝賢王所急講求而罔敢或後，蓋以明人倫、維風化爲致治之本也。欽惟皇上重道崇儒，聿隆文治，恐士習有未盡端，人心有未盡正，特頒御[一]製《訓飭[二]士子文》，俾知自勵，毋或跅踶覂駕之患；復廣直省解額，旁搜博采，不使滄海有遺珠之歎。天下之士，靡不聞風向化，争自濯磨，仰副聖天子作育人才之[三]至意，猗歟休哉！何風之隆耶？余于丁亥夏，擢知武都。莅事之日，顧人物雍濟，誦讀之聲，達于里巷。夫武都僻在邊鄙，人多自食其力，男子躬耕，婦女紡績，冀免饑寒之不暇，何復尚有餘功講求文義、討論詩書，晦明不倦？因喟然歎曰：「君子之[四]德風也，小人之德草也。信矣！夫上有好者，下必有甚焉者矣。第武都城廓[五]褊小，廨宇窄隘，學宫殿廡之餘，别無隙地。諸儒之欲質疑辨難者，咸託足[六]于琳宫梵宇。絃歌之聲與鐘磬相雜，豈其宜哉？」余因就學宫之東，有察院舊地，其地塽塏面陽，居城之中，捐資購材，計工授食，不藉匡勷，不勞民力，建修業堂三楹。迤西，齋舍三間。少北，講堂五間。儀門之西，築板屋三間，以備庖爨。四面環以土牆，覆以陶瓦；牆之内，間以桃柳。講堂之前，因水鑿池；池之中，就土爲山；山之外，植以修竹，雜以山花，可以娛素心，發文藻。逾年而成。州之人士咸謂武都承吴逆兵燹之後，制度草創，維兹義學闕焉未講，詎無遺憾哉？今日者，巍焉，焕焉，肅焉，穆焉。登階而升者，執經之儔也；負笈而來者，肄業之侶也。南金竹箭，雖難比美于江南；而杞梓楩[七]楠，又何嘗自限于山澤？從此，咏《菁莪》而賦《樸棫》，不幾大有造于將來乎？可無一言以紀其概？是爲記。

［說明］

以葛時政《直隸階州志》爲底本録入。

康熙四十六年（一七〇七）記。原題下有「閩中何道昇州守」七字。何道昇，福建歲貢，康熙四十五年知階州，創建義學及護城石堤。

義學，葉恩沛《階州直隸州續志·學校》載：「在州治萬壽山東隅。康熙三十五年，知州陳勳建。四十八年，知州何道昇改建于學宫之左。雍正十年，州守葛時政再設義學于土城之西門外。同治十年，州守洪惟善改設于今考院之左。又于四鄉新設義學十六處。光緒九年，州守葉公，因各處義學塌廢，僅存四處，復設義學共十六處：在石門、平樂、冶家壩、佛入崖、甘泉、安化、官堆、殺賊橋、平頭壩、透防峪、草川、栗亭、棗川、角弓峪、麻池溝、對渠灣等處。」

著録：葉恩沛《階州直隸州續志》，葉恩沛《階州直隸州續志》（曾禮、樊執敬校點本），武都縣地方志編纂委員會《武都縣志》。

［校記］

［一］御，葉恩沛《階州直隸州續志》無。

［二］飭，葉恩沛《階州直隸州續志》無。

［三］之，葉恩沛《階州直隸州續志》無。

［四］之，葉恩沛《階州直隸州續志》無。

［五］廓，葉恩沛《階州直隸州續志》作「郭」。

［六］足，葉恩沛《階州直隸州續志》作「居」。

〔七〕梗，葉恩沛《階州直隸州續志》作「梗」。

九八　五峰山一會塑像碑記

劉興沛

凡事有作之于前，必述之于後。今有本州名山，昔人創建之初，豈不巍巍可觀？但歷年久遠，寶殿金像不能長新而傾圮矣。有發心善士，補修廟宇以增光，聖容未改而仍舊焉。今杜存義等，每歲朝山，觀其寶殿復興，睹其聖像仍舊，維心億者義之，恨力乏者多日。乃約束一會，共積微資，塑繪金像。若不留其迹影，則衆姓之善念，亦竟湮没無傳矣。故留碑文以記序焉。

時康熙歲次己丑姑洗之吉，童生劉興沛撰

柳林里一會信士：楊翠英，王進仁，王懷德，楊德才，張芳升，劉元昌，羅秀，武海福，石廷，杜梅娃，杜有義，楊文良，謝榮，楊希才，楊福才，楊文相，楊德才，楊奇才，羅昌，趙順英，楊文强，楊玉才，朱天榮，楊應才，唐世爵仝叩

劉興沛父塑。隨録：劉大祥

信女：杜門樊氏，王門姜氏，楊門張氏，仝叩

〔**説明**〕

據武都郭維周所提供抄件録入。

康熙四十八年（一七〇九）劉興沛撰。

九九　創建護城石堤記

何道昇

丁亥夏，余以秩滿，擢守武都[一]。甫莅之日，顧城南白龍江，水勢澎湃，直瀉千里，逼鄰城隍。昔之人築土堤以禦狂瀾，然時築時圮，損塌靡常。當夏秋之際，洪流泛濫，堤崩水決，浸漫入城。南城居民，每存蛙竈之患。夫有利不興，有害不除，司牧之過也。水患歲警，深切民隱，余心憂之，愧未遑焉。再越歲，風順，年歲登，正供之外，雜派盡蠲，民力稍舒，昔之鶉衣鵠面者，漸臻殷阜。于是相度形勢，籌畫工費，謀之紳士耆庶，僉以工大費繁，恐難驟竣乃事。余維會勺水可以成河，聚拳石可以爲山，豈以一堤之微，終懷道傍之歎哉？第觀人力之至與不至耳！嘗考史載，吴越王錢鏐張萬弩射潮，築石塘數十里以衛杭城，杭之人[二]迄今利之。况白龍江之水，未若浙江之廣；石堤之費，未若錢塘之巨，有何畏難而苟安若此耶[三]？余遂捐資募[四]匠，鑿石燒灰，計工授食。又鋤、掀、土袋、杠木、繩索諸物，悉給價購買，不擾于民。未越月，得堤二十丈，高若懸崖，堅實可久。人士環睹[五]，無不踴躍，輸捐恐後。總銀錢布粟，彙計約壹百餘金。舊城等十二里邊寨各堡，捐夫八十九名。有鎮守階文西營游府徐諱芳，中軍千總孫世虎，左右司把總楊茂春、楊明暉，儒學學正劉儀璡，訓導張雲桂，吏目傅潤倉，皆捐俸勸工；僧正司寂然，道正司張星烜，皆竭蹶奔走。創始于庚寅十月下浣，落成于辛卯十二月之望。自卧龍岡至東教場，蜿蜒[六]三百餘丈。今秋，霪霖水漲，幾至漫堤，竟無崩潰，視前之一洗無遺者，已差覺較勝矣。然猶不能無慮焉，沿江而南，爲全城樵薪之藪。往來藉船以渡，水急船溜，每多衝突。而上江復有木筏，順流直抵堤岸，其衝突之勢，更十倍于船，不無水滴石穿之懼。所賴後之同志，補修罔懈，則此堤之永護金湯，安斯民于衽席，實未有艾也，是不能無厚望于將來云。

［**説明**］

以葛時政《直隸階州志》爲底本録入。

康熙五十年（一七一一）記。原題下有「閩中何道昇州守」七字。

著録：葉恩沛《階州直隸州續志》（曾禮、樊執敬校點本），武都縣地方志編纂委員會《武都縣志》。

［**校記**］

［一］守武都，《階州直隸州續志》倒爲「武都守」。

［二］杭之人，葉恩沛《階州直隸州續志》作「杭人」

［三］耶，《階州直隸州續志》作「也」。

［四］募，《階州直隸州續志》（曾禮、樊執敬校點本）作「命」。

［五］睹，葉恩沛《階州直隸州續志》作「覩」。

［六］蜒，《階州直隸州續志》（曾禮、樊執敬校點本）誤作「蜓」。

一〇〇　觀音殿一會碑序

劉興沛

嘗思效善一事，由來久矣。必先人作而傳之于始，而今人效而述之于後，世世子孫無相廢也。兹者觀音殿未作之先，雖無錦象可觀；既作之後，豈非聖境之處？信士存義，見其迹而善心生，約束衆姓，共積微資，重建臺閣，每歲朝拜。若不留其迹影，不惟名譽弗彰，誠恐後人廢先人爾。故留碑文以記序焉。

皇圖鞏固

帝道遐昌

發心耆老杜存義，童生劉興沛撰

會長：王瑾，楊應才。會長：趙世貴，王永緒

發心一會：杜傑祥，王統緒，付英，王永祥，任可選，朱天榮，王遇吉，王企虞，杜興祥，王企榮，趙世爵，杜招祥，劉仙基，王甫，任可林，杜久祥，任可選，王企虞

時康熙五十七年歲次戊戌二月十九日。一會仝叩

［**説明**］

據武都郭維周所提供抄件録入。

康熙五十七年（一七一八）劉興沛撰。

一〇一　甘泉建石橋記

佚名

（碑額）：石橋惠遠

甘泉建石橋記

武都之北有甘泉驛，去城百里許，亦州之一大都會也。通中爲□□□右，北達長□□□□安化驛之左，朝

陽之右，有断塹深溝，其路劈爲兩岸，行旅苦之。先是，構木爲橋，徒輿不絶，人□便焉。傾年橋將圮，岌岌乎等□□獲行者不□□□之□。爲今之計，欲仍其舊，不可以□□□遠者莫如石。因約衆議新，鳩工庀匠，易而爲石橋焉。□石條三片，功在方寸，而事竣落成□□朝夕。起工于九月十二日，告竣于十二月十九日，庶幾一成不敝而周道如砥矣。于是爲記。

陝西階州營左哨把總李（中缺）郡庠生張士元（下缺）

一會信士：（人名略）

康熙五十九年歲次庚子十二月穀旦立。石匠（下缺）

［説明］

碑存武都區甘泉鄉小學。碑高九八厘米，寬六五厘米。

康熙五十九年（一七二〇）立。

著録：《甘肅省志》，吴景山《絲綢之路交通碑銘》。

一〇二　五峰山運水碑記

趙　暻

住持僧覺太

蓋以五峰，階都之名境也。山形嶙峋，玄帝宫踞其嶺。每歲三月朔，朝禮者絡繹不絶。□□谷遠，水難待雨。江有、王會基等，約集衆生□□□□各竭力搬運水漿，供給衆善。但靡不有初，鮮克有終，言于石以表其事。非以邀功，惟願後之君子常常而繼，俾源源而來者，無煩望梅焉，幸甚！

一會信士：楊文政，□有才，趙英舉，楊□□

會長：劉元基，楊興才，王天魁，楊錫才，劉寅基，趙□，龐德才，羅昌，付天禄，楊懷才，趙國用，仝立

時康熙六十年三月吉日貢生趙暻撰

［説明］

據武都郭維周所提供抄件録入。

一〇三　三建惠覺寺碑記

康熙六十年（一七二一）趙暻撰。

趙暻

三建惠覺寺碑記

粤稽寺之創始，起于趙宋淳熙二年，太守田公因刺虎而修建，名曰「惠覺寺」。昔以太守之營造，不知若何狀麗。自元迨明，世道變遷，古制不復存矣。明嘉靖年間，里人睹遺址而重建之，雖不昔若，承先啓後功德茂焉。迄今百有餘歲，壁破垣頹，岌岌有傾圮之狀。生其際者，安忍坐視？晙等各捐微資，修理殿宇暨諸聖像，焕然一新。工竣勒石，豈以詡功假此市名？但無物能牢，况一剎乎？惟欲後之君子，其監于兹而繼續之，則地以人靈，可臻于永久矣。

時康熙六十年辛丑四月吉旦，候銓訓導貢生趙暻識

會首：

張豐象，生員趙師普，潘效葛，石生輝，王福緒，李葉榮，生員趙師孔，趙師德，李登，李枝福，趙朠，王朝相，趙用宰，李進德，劉興沛，趙國相，趙昨，趙用剛，董仁，杜存義，趙曙，潘萬福，王建中，趙師典，王福遠，李呈芳，趙國賓，趙師尹，龐宗義，趙晙，楊得才，朱法轍，李蓂，劉肇沛，張萬，趙師鼎，趙國哲，趙國宰，趙師益，王元相，李守德，趙國用，潘萬禄，生員趙師琦，尹樂定，杜興祥，付名儒，劉發沛，趙侯存，李鳳梧，李得穠，石璉，潘萬爵，杜招祥，李呈棟，付俊傑，路有强，鄭爵，趙芝，張起龍，劉起沛，趙國賢，吕成英。

皇圖鞏固，帝道遐昌。佛日增輝，法輪常轉。住持僧如禪。

寺内常住地土園圃，前後左右五塊。東以路爲界，南以岩爲界，西以趙家地爲界，北以路爲界。岩下地一塊，以河爲界，中間李枝福開渠一道。遞年承租，贖香壹斗。

［**説明**］

碑存武都區馬街鄉寺背村卧虎寺。碑高三五厘米，寬四五厘米。

康熙六十年（一七二一）趙暻識。

一〇四　皇清待封孺人王氏墓志銘

劉　湧

（碑額）：癸山丁向

皇清待封孺人王氏墓志銘

夫人王氏者，郡處士寇君之元配，郡鄉紳王君之淑媛也。夫人映寶婺之瑶星，誕名門而祚胤。及笄而聘，作合自天。説者以□公福星耀路，紙樹生笋，姓氏著于史册。延及使君，正其發祥□也。迨于歸，夫人不挾富以驕夫，布裳鹿車，清倣少君，舉案齊眉，禮比光女。且其事舅姑以盡孝，相夫子以就學，唐孫夫人樂□内贊，向得專美于前乎？奈年甫半百，寇君有山頹木萎之悲，夫人勵志孀居，節凛白雪，貞感紫燕，焦勞五内，勤苦十管。其□□延賓，不殊陶母之賢也；其和兄教子，是即柳郢之母也。家声□振，親誼維聯，所以天錫爾類，卓犖不群。長子秉禮，自幼業儒，□列黌宮；次子秉樂，三子秉法，易文就武，凌烟紀勳，麒麟垂名，□未易量。若諸孫林立，又何殊蘭桂之競秀耶？夫人生于順治十三年十二月初五日，卒于康熙六十年三月初一日，卜葬于舊城山之祖塋。叙事勒石，永志不朽。晚忝属葛派，銜誠哀輓，歷□始終。而爲之銘曰：

淑人天亶兮瑶光啓星，雪咏庭除兮才擅閨英。賢達閭巷兮德及宗親，理家有道兮訓子成人。本支百世兮子孫綿綿，佳城在望兮馬鬣前封。靈其永奠兮于夜臺之幽宮。

晚生劉湧薰沐拜撰

康熙六十年初十日墓志銘

男秉樂、秉禮、秉法，孫泰閏、高來謹志

［**説明**］

碑存武都區博物館。碑高三六厘米，寬四一厘米。

康熙六十年（一七二一）劉湧撰。

一〇五　水簾洞題刻

佚　名

康熙□十□年五月□□

瀑布

□□□□□

［説明］

摩崖刻石，位于武都城西北隅五鳳山麓店沟村水簾洞窟紅女祠的左下方。字徑約一米。

康熙年間題刻。

一〇六　建修朝陽觀音洞碑記

佚　名

（碑額）：月[一]

建修朝陽觀音洞碑記

嘗觀天地之尊，切以真空無相，离相而非至真之真；聖道無言，絶言而非殊妙之妙。欲明實相，必假莊嚴。今雍正貳年二月初八日，合會動工協力，原因觀音洞殿居于岩前，誠恐日後彼岩所崩，因此統約合會衆姓，各施微資，成就功德，重建洞殿。須至碑者：

會長：王明德，李踪，郭萬斗，十月保，王見，田三奇，善哇子，李奎，徐萬壽，郭建都，李迎楊，豆元兒，郭萬胡，劉朝良，孫先榮，孫善人

舉[二]士：王世種，郭正都，白光要，王世尊，郭家保，田牧，杜朝先，李連，王選，朱大成，陳大智，陳自文，郭露，郭寧都

題緣：馬龍，郭天官，慶玉，郭凉都

畫匠：陳典；男陳自禮

遇書童生：郭建都

雍正二年閏四月十七日謹立

［説明］

碑存武都區角弓鄉陳家壩村朝陽洞。碑高七二．五厘米，寬三四厘米。

雍正二年（一七二四）立。

［校記］

［一］碑額正中畫一光芒四射的圓日，「月」字嵌于其中。

［二］舉，當爲「居」。

一〇七　惠覺寺鼎金碑記

佚　名

惠覺寺鼎金碑記

窃稽□教，上古無傳，其（中缺）净飯王妃摩耶氏生太子（中缺），成無上道，號曰佛。世尊此（中缺）也，□漢明帝夢金身丈二（中缺）對曰：臣聞西方有神，其名（中缺）爲然，遂敕國中立寺觀，建（中缺）真，但教人爲善，係是好事（中缺）始大行，至今遍地修殿設像（中缺）而奉之以求冥福，默佑男女（中缺）已久，屢已補修，殿宇廊廡（中缺）安能動人望而起敬，尊（中缺）微資，易買貼金，雖不全善（中缺）不欲盡善也，恨力不足耳！（中缺）增華之，則瞿曇重光功德無（下缺）

大清雍正三年歲次乙巳四（下缺）

一會信士：杜存義，張萬（下缺）

一會信士：劉肇沛，蕭永祥（下缺）

佛日增輝，法輪常轉。

皇圖鞏固，帝道遐昌。

［**説明**］

殘碑存武都區馬街鄉寺背村卧虎寺。殘碑高二一〇厘米，寬四三厘米。

雍正三年（一七二五）記。

一〇八　佛堂寺功德碑記

牟　道

（碑額）功德碑記

寺昉漢代，由來久矣。群山環抱，松柏森蔚，千家燈火，一帶風光，而法像超然。旋頹旋建，事不一舉。前人之功德堪念，後賢之纘緒維新。兹之居，憶昔日之善緣，圖今朝之盛舉。斫山伐桂，磋石庀材。竭小民之脂膏，殫累年之殷勤，藉四方之廣惠，蒙衆善之慈悲，共襄盛事，以成善果。則正殿翬飛，而兩廊高敞，焕乎有章，偉乎成功矣。然衆善之愛慕在一時，而予情之繾綣猶在後緒也。倘我鄉士恒念前艱，時動葺補，則兹寺也，無煩浩大之工程，常見千秋之巍峨，豈不美哉！是爲記。

郡學生牟道盥手拜撰

承頭化主：

祁□成，龍氏；男養萬、養土，侄養義

祁自玉，楊氏；男顯貴、顯統、正候、能候、丕候，孫多福、來福、迎福、全福

父楊朝政。楊成亭，祁氏；男楊招，楊玉，楊丕，楊員；孫海會，慶會。楊成傑，畢氏；男，楊貴，楊舉

父畢慶。畢金虎，祁氏；男法萬、法臣，孫觀音保。畢金卷，楊氏；男法榮

生員劉清，胡氏；男士弘、士襲、士能，孫張代、李代。劉洪業母段氏。祁現福，畢氏；弟現□、現鳳、現禄、現惠，侄來福、□□、□□、□保。祁應中，李氏；男良仁、良義、良禮、良智、良信、良真

父母，祁大員，王氏。祁養惠，柳氏；弟養元、養亨、養貞，男□□、□□

修建無量殿，女會一會一十六人助銀一兩八錢二分。

衆姓會首

李洪雷，男鳳翔、鳳榮，孫□哇、□□、□□。畢金錫，男法□、法才，孫孝娃、永良、永年。祁應明，男招代

祁自政，李氏；男現棟、現龍、現金，孫免娃、康□、三□、四□、二廉。祁應中，楊氏，男來成。祁應□，李氏

楊成德，男楊□，孫鍾成。史朝明，男□□□。柳大德，男養忠。楊成文，男十娃。畢金□，弟□□、□□

畢金奇，男聞道、衆神保。楊文貴，楊氏；男楊□□。祁應□，祁大娃，祁應居。楊夫□，男光成。李大禮

祁門馮氏，男大序、大相。祁養□；男□娃。祁元孝；男□子、聖母保。李門田氏，男奉智、奉壽、□□□、□□□

祁顯德；男應政、隨政、跟政。祁大任；男□□。祁大□；男免娃、十會、閏□。祁大義；男養□。祁□□，□□□

楊成□、楊介、楊桐、三印、早醜、甲哇。趙門劉氏；男趙元、趙勤、趙勉（下模糊難識）

祁大明，男修寺保。楊字，男三仁。王成章、趙□、趙良周、趙良□、趙良□、趙良□（下模糊難識）

桂門黃氏，男成□、成榮。楊成相；男曹哇、良哇。徐門莫氏，男金鳳、金龍。□門楊氏。金□□，二元，□□□，□□□

畢金□，付氏，男金鳳。王國才，王氏。王自福，王氏。王□歲，楊氏；男（下模糊難識）

李迎芳，男□□、□□。李門王氏，男學德。李大（下模糊難識）

雍正三年四月穀旦立

石匠：李自政，男，應元。木匠：王道國。鐵匠：龍希周。塑匠：尚榮。泥水匠：王有邦。住持：寂禎

［説明］

碑嵌于武都區龍鳳鄉寺楞坎村佛堂寺正殿門右牆内。碑高一一五厘米，寬七五厘米。

雍正三年（一七二五）牟道撰。

一〇九　佛堂寺觀音碑記

佚　名

先修樓閣，會内自己竭力，三殿鳥革翬飛，猶有可觀止之菩薩寶殿樓閣。會内發大願力，鼎建觀音諸菩薩寺碑序。

八維護救，一航普渡，人間誰不蒙休而恬安也。

衆姓：祁景福，李鳳祥，畢金鳳，楊成賢，弟成榮，楊之清，楊□，李鳳堂，祁□□，祁顯祥，畢法榮，祁顯□，楊招，楊金，祁顯貴，畢金惠，祁顯龍，祁應朝，畢法臣，祁應仕，祁良義，祁良□

會首：祁養惠，楊清，祁大相，元大緒，劉士弘，祁顯統，祁應孝，王成意，楊正，楊□

畢發萬，畢法能，弟法才，祁養萬，弟養正，祁顯禄，祁應甲，祁應早，祁應堂，祁良□

修無量殿女會助銀六錢

修正殿助施財工一會頭人十等名，記殿碑（下模糊難識）

隨緣李洪雷。孫緒娃，積玉，祁自政，李鳳治，王勤歲，楊忠，楊還之，祁蒼，祁智，劉世□

畢慶，祁金賢，畢金箕，祁種□，史朝剛，蔡龍，楊國定，楊先哇，李學惠，李國□

楊成家，祁光興。楊寧，男三仁。祁修，寺保，祁大望，徐金龍，王成相，付文周，祁金鳳，祁仲禄

王成義，男大用。祁應斗，李學禮，祁顯楝，李學孟，祁謨，楊先明，李學德，劉萬榮

王世耀。楊國寅，男僧道。楊寧，崔福海；男郭馮保，王化榮，趙晉侯，劉晉必，趙平相

楊惠哇，楊枝義，王濟衆，楊應甲，陳萬才，王成奇，王都，楊中成，楊良□，楊得名

劉漢禮，楊權，王惠明，胡元，祁□，楊國朝，楊成義，康化乾，祁金皇，崔扶民

祁顯得，陳萬朝，祁積哇，祁養貴，楊福泰，楊應聲，楊啓元，楊應傑，所啓明，張思功

雍正三年四月穀旦立

塑匠：尚章。住持：寂禎。石匠：李自正。鐵匠：祁顯名

〔**説明**〕

碑嵌于武都區龍鳳鄉寺楞坎村佛堂寺正殿門左牆内。碑高一〇四厘米，寬六四厘米。

雍正三年（一七二五）立。作者佚名。

一一〇　佛堂寺殘碑（一）

佚　名

（上缺）請八莊頭人集（中缺）□□□欣信士廣［結善］緣（以下漫漶不清）

［説明］

殘碑存武都區龍鳳鄉寺楞坎村佛堂寺内。碑高四〇厘米，寬六〇厘米。

一一一　佛堂寺殘碑（二）

佚　名

存目

［説明］

殘碑存武都區龍鳳鄉寺楞坎村佛堂寺内。殘碑高一二〇厘米左右，寬五六厘米左右。

一一二　創建學棚碑記

葛時政

我[一]皇上尊師重道，興賢育才，凡所以加意斯文者，至深且遠也。政[二]以一介書生，受聖主知遇之恩，敢不仰體宸衷、以恤士爲首務？粤稽階屬，向統隸于鞏郡。自雍正已酉春改階爲直隸州，領文、成二縣，一切規模，悉與府同。而學棚爲鸞鳳飛翔之基，亟宜倡建。前守廹于軍務，未遑舉行。由文縣令，庚戌重九[三]，奉命[四]來守是邦。甫下車，藹藹多人，即以建棚呈請。據情上達，仰邀督學使者溧陽潘公俯如所請。愚[五]隨率諸同事倡議捐資，一州兩邑之生童，無不踴躍樂輸，以爲經營之費。公購楊貢生名藻者房宇一所，中有正樓五楹，兩厢各三楹，大廳五楹，廳前厰棚十餘間，小屋、偏厦無不相宜，位置頗稱宏壯。雖點綴之施，所在俱有，不過仍[六]其舊制，略爲增益，而盛事以成。數月以還，濟濟多士僉曰：「疇昔數百里跋涉之苦，而今無矣。」忻忻然争自琢磨，誦讀之聲，達于里巷。行見文旆遥臨，山川增彩[七]，草木生色。前矛[八]皆梁棟之材，獲售悉瑚璉之器，可爲千載休徵也已。然此舉，乃[九]職内事也，若謂足以仰副聖天子作人之化，則猶惴惴云爾。是爲記。

［説明］

以葛時政《直隸階州志》爲底本録入。

雍正八年（一七三〇）記。原題下有「瀛海葛時政州守」七字。葛時政，直隸阜城舉人，雍正八年，由文縣遷階州，事迹見葉恩沛《階州直隸州續志·名宦》。

著録：葉恩沛《階州直隸州續志》，武都縣地方志編纂委員會《武都縣志》。

［校記］

［一］我，《階州直隸州續志》無。

［二］政，《直隸階州志》因避諱省，據《階州直隸州續志》補。

［三］由文縣令，庚戌重九，《階州直隸州續志》倒爲「庚戌重九，政由文縣令」。

［四］奉命，《階州直隸州續志》無。
［五］愚，《階州直隸州續志》作「政」。
［六］仍，《階州直隸州續志》作「倣」。《階州直隸州續志》（曾禮、樊執敬校點本）作「仿」，俱誤。
［七］彩，《階州直隸州續志》作「藻」。
［八］矛，《階州直隸州續志》作「茅」。
［九］乃，《階州直隸州續志》作「乃政」。

一一三　瀛海葛公祖清釐屯田畝草碑記

王言

虞廷詢岳，繼以咨牧，是牧也者，所以代天子以撫柔斯民者也。第牧之于民，地近而情親，怨易而德難。若惟事之利于民者，力爲之興；事之病于民者，力爲之除。德教覃敷，自可家鳴單父之琴，人配汝陰之社。我公祖，其真代聖天子以撫柔斯民者乎！公祖幼學，裕經濟之才；壯行，大致澤之略。奪標蟾宮，擢優彤廷。天子見而樂甚，命之曰：「往，欽哉！柔遠能邇，無替朕命。」公祖初任陰平，方數月，而民物恬［一］熙，快睹河陽花滿，蓋不必置盂植薤，惟見酌水留錢。上憲嘉其賢能，題授武都太守。一郡兩邑，欣歌父母孔邇矣！公祖于庚戌冬甫受事，而事之利于民者，即力爲之興；事之病于民者，即力爲之除。捐建書院，單寒不苦于跋涉；賦惟正供，閭里不擾于追呼。荒田悉令自首，鞭朴不以稍及。四知自凜，而案無留牘；三畏常切，而庭有餘閒。若解費，若夫役，分毫不肯纍民；如加引，如廒口，陋弊尤行禁革。其大有造于生民者，寧可[二]以屈指計哉？公祖尤以階僻處天末，土瘠民貧，以律教不若以禮教，以罰刑何如以義刑。是以德惠所及，番民向化，輸租投誠者六百餘户，固聖天子德威遠播，亦我公祖從容導化之力也。前于月旦讀法之餘，召諸生而謂之曰：「屯田，例有地畝草束銀一項，每斗額徵六釐一毫零。向歷任徵收，每斗竟至一分一釐，自今其悉剔之。寧令官貧，勿致民困。」是我公祖之清釐獘端，蓋已無微不徹矣。安在飛蝗入海、猛虎渡河之瑞，不可復見于今日也耶？吾見階之著[三]庶，扶杖而前，曰：「昔無襦，今五袴矣！」階之兒童，竹馬而迎，曰：「老者安，少者懷矣！桑無附枝，麥秀兩歧。」而階之紳士，争相稱觴而進，曰：「我公祖情殷于寒畱三星，照徹于冰壺秋月。指日報最，天子尤必顧而樂之，曰：『是真能代予一人以撫柔斯民者也！』」將截鐙留鞭，願借寇君者，其情倍深于陰平之士庶矣！爰不揣固陋，而爲之記。

［説明］

以葛時政《直隸階州志》爲底本録入。

原題下有「郡人王言」四字。王言，階州人，雍正時歲貢生。

著録：葉恩沛《階州直隸州續志》（題「葛公祖清釐屯田畝草碑記」），葉恩沛《階州直隸州續志》（曾禮、樊執敬校點本）。

［校記］

[一] 恬，《階州直隸州續志》作「洽」。

[二] 可，《階州直隸州續志》無。

[三] 著，當爲「耆」。

一一四　三天門增修施糧碑記

王　衡

五鳳山有三天門，□巳初，會首李元臣等慨仰樞垣，欣輝勝域，置留張知家坪地共伍塊□□願甚摯也。迨歷年既久，所積頗裕。信士李□等齊念正殿逼狹，因□修通楹叁間，左右廊厨共伍間，披萊建□□材□之兢思傾囊。乃于辛酉歲業竣。山宇崇明，天光開發，斗柄星拱之勢成，功滋巨矣。神化感人，其動若□，即有安寧。全里同抒真信，將每年所取四斗玖合糧□立約永行施捨，以爲香火需焉。從此三元昭灼，三界普通善門□□并臻無量諸天德果，咸聚下虚云□。

龍飛乾隆八年歲次癸亥三月朔旦，郡學生王衡薰木撰并書丹

置地會首吏員李元臣，吏員李智，孫弘績，生員王颺言等

一甲：李明珍，馮明章，董堯，秦萬□

二甲：杜成榮，杜□，杜仁，杜□

四甲：楊金，李應能，劉天良，劉俊

五甲：金起重，郝萬良，鞏國起，何秀

七甲：石英，生員石日瓊，石如芳，王必建，李干，陳化升，張成德，張美真，吏員石金英，袁金堂，王三重，劉朝琮

八甲：王□新，王永真，張天倫，王民德

九甲：賈珍，賈大勳，賈勳，賈文

十甲：何□，周起庠，何俊，周建，吏員王加德，李灯，生員王世濟，殷士俊，董必榮，齊上達，王琦玉，生員李江，孫濬，生員夏彦，李士彦，馮□□，李燿。僧官寂存立

僧禮王企賢。監生李照熙，僧宗照延，邢成，楊□，王佐臣，司齊民

生員杜滋□書。李惠，原差李春。木匠王元相。泥水匠：馮朝宰，馮朝相。瓦石匠：桑□□，任大鳳

主持（下缺）

［**説明**］

碑存武都五鳳山三天門，已斷爲兩截。碑高六〇厘米，寬四四厘米。武都郭維周提供抄件。

乾隆八年（一七四三）王衡撰并書丹。王衡，字天橋，階州人，歲貢生。

一一五　水簾洞題刻

佚　名

乾隆拾□年十月

飛龍

住持僧□□□坪地二塊。石匠張春

［**説明**］

摩崖刻石，位于武都城西北隅五鳳山麓店沟村水簾洞窟紅女祠的「瀑布」題刻左下方約十五米處。字徑約一米。

乾隆十幾年（一七四六—一七五四），即一七五〇年前後題。

一一六　重建二郎廟碑記

董雲衢

（碑額）：永垂千古

重建二郎廟碑記

二郎者，朝陽洞之關鎖，其神之爲靈，昭昭也。朝陽自端竹大士西游而後，方宿馬公勒有成碑。而二郎之廟宇荒廢已久，遺址猶在□。文士董潭師重修洞府，極其名勝；而二郎居便道之通徑，而未見其□壯瞻觀也。令使大士不西游，則二郎之廟宇安知不□□而振新乎？然而果復有待需之後人神靈于昭感之有機□□。丙子之年，懸崖垂□，甘霖□池，人以爲旱魃之爲□□知二郎之昭昭顯靈乎？因而許建廟宇，厥後，雨暘時若，神之靈所庇佑也。即于次年丁丑之吉，鳩工庀材，不日成之。今值己卯之歲夏四月望，畫聖像，廟貌維新，神得所栖，人得所依，上以□大士來游之功，下以結萬姓求福之願。工成告竣，勒石碑以垂不朽云。

木匠：陵應倉。泥水匠：劉其漢，張燦，欒作棟，王□，□起榮，劉億□，趙哥，李元，張□益，劉春，董中冉，曹守榮，李岐

合寨管工管錢總頭：双英龍，李玉，董□，張治益，曹起孔，慶進册，巨有德，重仲謀

小頭：双名世，巨有義，茅花，孫奎，王文知，趙盈，閆秀，張奉益，茅天禮，李中科，梁大義，張奉元

畫士：宋王朝。瓦匠：劉言。石匠：張文元。常住：青福

時乾隆廿四季端月吉旦。琶庠增廣生員董雲衢刊書

［説明］

碑存武都區角弓鄉陳家壩村二郎殿。碑高八六厘米，寬五〇厘米。

乾隆二十四年（一七五九）記。

一一七　重修藥王洞記

佚　名

（篆額）：重修藥王洞記

重建藥王洞并創（下缺）

郡東藥聖行宫，座接蓮山，襟帶（中缺）靈、肅觀瞻耶？六會會（中缺）之砥柱，神靈共磐（中缺）嘆，旋慮常住地少，不（中缺）乾隆三十八年募缘（中缺）登眺之所。經始于（中缺）值春深或逢秋（中缺）日之畫棟雕粱（中缺）藥聖符水并垂不（下缺）

［説明］

殘碑存武都城北藥王廟。殘碑高六二厘米，寬五八厘米。

乾隆三十八年（一七七三）立。作者不詳。

一一八　補修通濟廟鼎建後殿菩薩碑記

姚佑文

（篆額）：補修通濟廟碑

補修通濟廟鼎建後殿菩薩碑記

嘗謂神道之設，原爲民也。而靈應不顯（中缺）有求即應者，孰如（中缺）菩薩（中缺）誠一百二十途程，舊有卧龍坪通濟菩薩廟，建自前明，祈□福。四年，殿順成者，十二里民咸□賴焉。第歷年久遠，前殿猶□而後殿未設，抑且風雨飄摇，正殿木材漸有浸損。有會首何□鵬□□等商議修理。各輸資財，各捐物料，于三十四年興工修建後殿，補修正殿，而門□照牆無不周全，庶乎□廟貌□□、焕然改觀焉。至五十一年九月，由會首何□衆姓等經理建碑，永垂不朽。俾後之人有□然補葺之者，其視今亦猶今之視昔焉。此是神之靈既藉人以顯，而神之福庇我衆生者，又豈有□哉？是爲記。

奉議大夫知直隸階州事王□□

左□把總□□□。郡庠生姚佑文撰書。唐連禄鐫

儒學訓導鄭□□

修理會道信士：（人名略）

建碑各莊信士：（人名略）

廟官：何自修

住持僧：照元

大清乾隆五十三年十月十五日吉旦立

［説明］

碑存武都區隆興鄉談家壩卧龍坪村通濟菩薩殿。碑高一五〇厘米，寬六八厘米。

乾隆五十三年（一七八八）立。

一一九　重修福慶寺碑記

佚　名

（碑額）：日　重修福慶寺碑記　月

領袖人：張玉，楊氏；男：行寬，安氏、李氏；孫：五姓，李氏，三姓

胞弟：張積，李氏；男：行篤，□方姓，施艮十兩。

余观福慶寺，自先人創建以來，漸次重修，規模已極恢廓，但後殿尚屬微隘，而且歷年□棟折榱崩，□像燥□，中殿亦然。會首王紫賢、王賓子，每逢享祀，目擊心傷。爰與□交□金，約余父張玉作領袖，管工賬。時偕四方善士，各輸微資，改後殿，□修大殿一座，沐浴舊像二尊，新塑像一尊。中殿塑觀音像二尊，兩壁黝堊繪畫。其餘殿之損傷者，悉一一補葺。今者工程告竣，特□厥事，勒諸貞珵，以示後之人睹斯記而欲當思創造□□成亦不易焉爾。

王紫賢，李氏。張□。王賓子，周氏，許氏。趙士英，□氏。王□烈，蘇氏。王□勳，趙氏。王渠勳，王

氏。王養民，張氏。王□□，（下缺）王□民，劉氏。王進，王氏；男：龍哇。王爾臣，杜氏。王爾宰，王氏。王爾迪，賈氏。王爾保，趙氏；男：家昌，丁成，天成。劉朝彥，古氏。趙登□，楊氏。李東舉，楊氏。王爾良，王氏。王爾澤，馬氏。畫工：李山柏

花匠：王英。竈作：真妹。石匠趙明巽刊

儒童：劉朝海，字子敬；高登科

大清乾隆（中缺）吉日立

［**説明**］

碑存武都區漢王鎮漢王寺（即宋之福慶寺）。碑高一二八厘米，寬五八厘米。乾隆年間立。

一二〇 重修五臺山觀音殿碑記

周卜年

重修五臺山觀音殿碑記

武都郡北距城三十里許，有山曰「五臺」，靈秀之所鍾也。上有觀音殿一座，由來已久，其鼎建不可知。自明以迄國初，潘食他蠻，杜存義、王瑾等相繼補葺，載在木板，歷歷可記。第年遠日久，雖屢經建修，而風雨飄摇，坍塌殆甚，此又仁人君子所蒿目惻然者也。會首杜安等，不忍聖像暴露，慨然以補葺爲念。爰約同志，或捐己資，或募衆金，于正殿側重修之，若白衣殿、無量殿，次第修理，踵事增華，前後如一。而且鑄鐘

鑄磬，創建鐘樓以通神明，平橋以利往來。牌坊、僧房，補風氣而安香火焉。興工于壬子仲春，告竣于戊午仲冬。由是層巒聳翠，飛閣流丹，鐘磬同音，神靈永妥矣。是爲記。

郡庠生周卜年沐手撰書

郡儒生唐連禄沐手敬刊

嘉慶四年歲次己未二月吉旦立

功德主：尚廷寅

督工信士：杜安，王恩□，王亨，王廷恩，王中林，陵□，陵貴德，周□年，杜□興，杜堂元

陰陽：梁天心，陵之□。木泥：晁維紀。畫匠：李生丕。鐵石匠：楊喜，杜堂成。□□：劉一元，□繼來

［**説明**］

碑存武都區五臺山觀音殿。碑高八五厘米，寬五七厘米。武都郭維周提供抄件。

嘉慶四年（一七九九）周卜年撰。

一二一　羅氏家佛殿記

邢　澍

（篆額）：豫培元堂章

祭田祠廟，盛于南方，而西北則否。無論齊民，即世爲士族，叩以高曾以上名字，□□然□知，蓋習俗使

然。其間有立祠宇奉佛兼祀其先人，名爲家佛殿者，雖非古，亦可取也。階州城北數武許，有羅氏家佛殿，中奉釋迦如來佛，旁有屋正祀晏公，晏公者，江湖間神也，羅氏祖籍江西，往來故鄉，獲其靈佑，故祠之。即以始遷祖配食焉。百數年猶香火不絶。有圮壞則修葺之，而未增建也。

嘉慶十七年，監生羅士倫佾禮、羅萬禄等，醵錢鳩工，度隙地建屋三楹，設始遷祖以下三世木主，正其位向，又擴門垣而大之。歲時聚族人其中，修祀事，序昭穆，議立章條，傳諸永久，可謂善繼者矣。嗟乎！風俗之敝也，糾他族之人，侈非鬼之祭，崇奉延納，惟恐不力。而于先人遺踪，棄如弁髦；先人之云，仍忽如陌路者，皆是也。若能家門如羅氏，上懷祖澤，下聯同姓，豈不藹然仁孝之風也哉。且由是而積厚流光，賢裔繼起，祭田祠廟之類，以漸興舉，即比美于吴粤間世族不難也。

羅氏，澍外祖家也。稔知其事，故因其請爲記，欣然爲之，俾刊諸石。

賜進士出身江西南安府知府同郡邢澍敬撰

郡學生羅佩錦薰沐書丹

嘉慶二十一年六月十五日闔族人等勒石

藍翎守備儘先拔補千總同郡雷國棟重書

光緒三十四年五月吉日耳孫羅景雲重鐫

［**說明**］

碑存武都區城關鎮中山街竹集巷九六號邢澍第八代孫邢果家中。碑高一二七厘米，寬六二厘米。

此爲該碑碑陽之文，嘉慶二十一年（一八一六）刻，重刻于光緒三十四年（一九〇八）。邢澍，字雨民，一字自軒，號佺山，階州（今甘肅省隴南市武都區）人。乾隆五十五年進士。任浙江永康、長興等縣知縣。官江西南安、饒州府知府。曾博考秦代圖籍，撰寫有秦代目録史料，竭二年之力，精心搜采，成《全秦藝文志》。曾與孫星衍同輯金石學名著《寰宇訪碑録》行世，收録碑石近八千種。又有《兩漢希姓録》《金石文字辨異》《關右經籍考》《南旋詩草》《舊雨詩譚》《守雅堂詩文集》等。碑陰之文爲郭維城撰。郭維城，階州人，光緒乙酉科選拔。此碑于光緒三十四年重刻之時碑陰亦又刻文，見後。

一一二　宣陽山姓氏碑

佚　名

（姓名缺）

嘉慶貳十三年春三月三日。四會（下缺）

［説明］

碑存武都區馬街鎮官堆村後宣陽山真武廟。碑高五六厘米，寬四四厘米。文字多泐損，主要介紹樂善好施者姓名。

嘉慶二十三年（一八一八）立。

一一三　萬壽臺修建碑記

羅佩錦

蓋自佛氏之流入中夏也，號聞于周，教典于漢，傳及五代，以迄唐宋，而天下莫不有梵宇之崇、香龕之奉焉。此吾郡城西萬壽臺之所由建也。觀夫盤基跨險，列嶂凌霄。紺坦沙界，分絶障于金堤；赤水遥源，控長江于玉峽。大力既扞乎四民，勝圖還列于八景。孤峰照晚，畫栱平輝；曲水秋澄，雕欄倒影。五城韜海，接崑閬于名都；八洞藏雲，冠蓬瀛于巨闕。允稱鼇鎮，實瞰龍岡。緣多歷年所，不無彫殘。兵劫邊境，高臺與雁塔俱平；水浸通衢，曲岸共虎溪并蕩！宋[一]慶元間，曾經重建，更兼創修。明萬曆中，再經補葺，并鑄法像。容慕爍金，姿欽滿月。蓮開青目，祥光照于八方；花豔丹唇，瑞彩周于三界。須彌峰頂，仍聞梵唄之音；如意山中，遂有經行之路。閱至今數百年間，慈雲甘露，空步虚聲；沐雨櫛風，群慘寶相。山川隱約，徒傳鹿苑之基；花木蕭條，非復鷄園之樹。禪林頹覆，法衆淪胥。士庶殷甲龍等，追勝迹于靈山，搜良緣于福地。爰齊衆志，大啓禪宫，峙璇刹于將傾，續金繩于未絶，捐資不足，兼以募化，鳩工庀材，鴻規崇址。其絶頂潮音閣，中間圓通殿，及前觀音樓，則仍舊而增飾。至若西禪寺，雖有遺迹，實等創修。時，于圓通殿東西建禪房各三楹，旁建齋厨一所，而中建過亭二座。亭前則左建龍神祠，右建伽藍土地祠，總建山門一座。興工于乙亥，告竣于戊寅。由是觀其外，重楹畫棟，坐出雲霄；層級回軒，俛臨雷寓。雕櫨鶴翥，洩珠納于星津；綉桷虯伸，吐璿瑲于月窟。觀其内，諸天獻果，蓮花生寶座之前；居士焚香，柏葉起金爐之上。撫香象而高瞻，鳴法螺而再唱。况乎虹垂南澗，即掛新幡；鳳下北岑，還栖舊刹。漁山净域，臨關街而高擎；鷲嶺靈墟，拔烟塵而首出。紫閣青蔬[二]，光含薄霧；緑房丹鎖，彩綴晴霞。特沙界之幽栖，亦以[三]武都之勝境也！我國家治化攸隆，凡吾民，悉伴奐而優游，登斯域也莞已，游焉矣乎？若夫因果之説，則固置而不論云。

［説明］

以葉恩沛《階州直隸州續志》爲底本録入。

嘉慶二十三年（一八一八）記。原題下有「郡人羅佩錦」五字。羅佩錦，階州人，歲貢生。

著録：葉恩沛《階州直隸州續志》（曾禮、樊執敬校點本），武都縣地方志編纂委員會《武都縣志》。

［校記］

［一］宋，《階州直隸州續志》誤作「宗」，今改。

［二］蔬，《階州直隸州續志》（曾禮、樊執敬校點本）作「疏」。

［三］以，似衍。

一二二四　龍鳳山布施碑

佚名

（碑額）：時嘉慶□□造

（上缺）鍋一口，廣鍋一口（中缺）金碗二付（中缺）龍椿一付，銅鏈一付（中缺）同會。石匠張大□

［説明］

碑存武都區馬街鎮官堆村後宣陽山真武廟。碑高六六厘米，寬三九厘米。

此碑斷爲兩截，其文大多泐損不辨。從可識文字來看，以記載布施捐獻者事迹爲主。題目爲編者所加。

一二五 三官殿補修碑記

羅佩錦

階郡之建三官殿，爲春祈秋報而設也。蓋自帝機寥廓，雲雷斵妙有之功；正氣洪荒，清濁構乾元之象。融焉而爲川瀆，結焉而爲山岳。三元之并峙，于今爲烈也。創自大明萬曆初年，據有碑記，右建青霞宫，左邊地址高，上建大士閣三間，下立住房一座，鐘樓一座，前立大門三間。全本朝定鼎之後，坍塌矣。康熙年間，會首何應才等，始建抱厦一座；仍大門之基，建坊三楹；青霞宫前面建樓三間，規模于焉改觀，宫殿于焉盤鬱。過兹以往，復歷多年，閲世生人，閲人成世。丹黯青落，金容不啻土偶；垣頽瓦廢，琳宫依然草場。游士瞻望而太息，會人心餘而力短。有鐔炌及田有餘等，謀及全會，募諸合郡。紳士踴躍，咸贊應襄之功；軍民歡欣，共捐宿積之鏹。由是峙乃畚挶，略有基址。棟梁之朽也，而易以良材；榱題之敝也，而更以密緻。處處補葺，革故而鼎新；在在潤色，踵事而增華。行見殿宇巍峩，金碧輝映；绿房丹鎖，彩綴晴霞；紫閣青蔬[一]，光含薄霧。春風瓊樹，香飄席上之蘭；秋水銀塘，影數軒中之芰。靈妃翳日，拾翠帷于香筵；仙客停雲，落霓裳于寶地。後之在會者，其將有感于斯乎？

時道光三年癸未十月吉

［**説明**］

以葉恩沛《階州直隸州續志》爲底本録入。

道光三年（一八二三）記。原題下有「郡人羅佩錦」五字。

著録：武都縣地方志編纂委員會《武都縣志》。

［校記］

［一］蔬，《階州直隸州續志》（曾禮、樊執敬校點本）作「疏」。

一二六　繼善碑記

佚　名

（碑額）：繼善碑記

干門之清凉寺，由來久已。創建不知始于何代，至于重建之年月，有書諸匾者，有勒諸石者，皆歷歷可考者也。惟念曾祖父，于乾隆三十年間，□地數垧，□僧兩世，庶欲供香火于勿墜、補殿宇于輝煌也。孰意住持師徒豢養□□性徒養□□之□□寺中之事，以致風雨飄摇，則鐘樓爲之傾頽，大殿亦將損壞矣。衆會首目擊心驚。歎先人之功德□□，恐衆等之繼善不當，内宗趙會長諱□至□□神如□□□人爲善，□□□□者也。故當住持僧喪亡之後，遂將□數會所出之（中缺）。至嘉慶二十年，建立戲樓三間，重建鐘樓一間。以及道光三年，又重建大殿，沐浴聖像，□神聖有依，衆心乃安。但恐善于昔者無以成于今，創于前者無以繼于後。故勒石以記，惟願後之視今，亦猶今之視昔焉耳。

信士：（人名缺）

［説明］

碑存武都區東江鎮趙家坪清凉寺。碑高七九厘米，寬四七厘米。

道光三年（一八二三）立。

一二七　游萬象洞（外一首并序）

黄文炳

一帶晴江萬仞峰，山光亶蕩水溶溶。眼前幻想隨心見，洞口閑雲鎮日封。玉柱儼教撑五月，仙翁畢竟讓三丰。茫茫宦海曾經慣，險橋何妨進一重！

余任武都三年矣。丙戌夏，二麥豐登，雙歧呈瑞，雍雍乎太平景象。先賢冉子云：「比及三年，可使足民。」未之逮也，竊有志焉。瓜期將及，爰成一律，將與白叟黄童握别，臨歧以志依依不釋之意云。

天家爵禄敢虚糜，報醉三年竅愧遲。那有甘棠垂四野？會逢瑞麥秀雙歧。民肥自覺歡心洽，官瘦何妨傲骨支。轉瞬瓜期將來代，雪泥鴻爪[一]繫離思。

［説明］

據《武都歷史文化大觀》收録。黄文炳，字嘯村，江南桐城人。道光四年任階州知州。

道光六年（一八二六）黄文炳作。

［校記］

［一］爪，原作「瓜」，當形近兼涉上而誤。

一一八　重建五臺山碑記

周卜年

重建五臺山碑記

嘗聞：「山不在高，有仙則名。」况我五臺勝境之山乎？觀世音屢救八難，保庇群黎，所以先人重重建修，有碑爲記。至今風雨剥落，聖像損傷，好善朝拜者，莫不蒿目惻然矣。適有武生陵毓傑等，約束衆姓，募化資財，數莊弟子勇躍争先，不日而樓閣殿宇補葺告竣，無量、靈官殿、鐘樓重建成功，新立山門一座，厨房二處。又帖金薩菩[一]，粉塑聖像。斯時，五臺無不焕然，庶几神靈妥矣，人心安矣。至于踵氣增華，尤有望于後者，以是爲序耳。

郡貢生周卜年序撰，郡庠生楊中選書，古松趙永馨敬刊

督工，武生陵毓傑。功德主：尚廷元，陵志榮，陵毓英，尚德，李福，王中孝

募化：王貴，杜巧，王德，王則，王中元，陵支祥，杜法

頭人：陵起秀，杜生花，陵景祥，杜峰富，王鹿青，杜㚅，劉法祥，杜萬録，張林，王忠勳，陵子青，王强，王悦，靳潤，陵支甲，王一魁，陵崇德，王敏學，杜秀順，陳子羊，王必潤，王中成

木匠：晁維紀，李必亨。鐵匠：吴朝元。畫匠：楊法。陰陽：陵迪德

大清道光八年歲次戊子六月初四興工，九月初二功竣。四會仝立

〔説明〕

碑存武都區五臺山觀音殿。碑高七五厘米，寬五〇厘米。

道光八年（一八二八）周卜年撰。

〔校記〕

〔一〕薩菩，碑倒。

一二九　名山老殿護栽樹木碑記

蘇增慧

自古靈山固緣寺觀而彰其盛，然樹木亦有助焉。城北之五鳳山，固州之一大勝景也。第山形陡峻，栽樹者恒培植爲艱，故雖有名刹足以壯觀，而樹木鮮有，幾幾與童山相等。因是，燈山會會首龍君福順，自嘉慶八年，同王炳各處尋取松柏樹苗，并與冬青、楊柳等樹，或花卉如牡丹，節年植栽，自山巔迤運至風伯殿，共計樹苗一百一十四株矣。越今二十有七年，樹木日漸茂盛。遥望之，碧色青葱，掩映山坡，所謂蔚然深秀者，不其然乎！到後叢林既成，游人覽勝之下，吾知會心不遠之致，定同濠上想也。至此而又不交口嘖嘖，共頌龍君之功于不忘也哉？爰爲之記，而并附護樹會規于後。

五鳳名山燈會會首龍福順，字禄三，庚寅相。五十一年，發心養樹，年年栽培。至嘉慶八年，同王炳，丁亥相，二人又發心養樹，自老殿栽起，直至靈官殿土地凸止，共樹木三十有餘。嘉慶十六年，被姜家山牧童燒壞樹枝，罰小麥八斗。十七年，龍福順又栽樹木。衆會商議：

老殿松苗不許人拔。齊栽與黄土埸、土地凸陰面松樹五苗，道光八年止，總計樹一百一十餘株。九年，交與老殿八會會首主持，每年經營，不許城鄉會長私取。如有不遵者，入會議罸。坪楞坎後殿栽松樹一枝，牡丹一枝。二天門栽松樹二枝。風伯殿栽松樹二枝，冬青一枝。道光八年，龍福順募化牸牛一隻。九年，同衆交與幾姓積德，牛并無價值。幾姓代耕名山田土，以供香烟、住持口糧之資。幾姓與住持或因牛無價，私行與人耕田，衆會議罸。日後有子生，衹許幾姓牧養耕田，不得出賣。以勒石，以望久遠云。

蘇增慧撰書，秦維新刻石

歲次庚寅清和月立石

［説明］

碑存五峰山頂真武殿。碑高四七厘米，寬九三厘米。武都郭維周提供抄件。

道光十年（一八三〇）立。武都郭維周提供抄件。

一三〇　義田殘碑

佚　名

計刊

□□掄元，從道光六十年，于（中缺）捨到城西一十里之外，白尖石鎮義田一塊（中缺）五百文，大糧三升（下缺）

今嗣者文□庚，于壬寅秋，捨到南□家堡（中缺）百四十六千六十七百文□王慶存布施三十（中缺）學堂膏火之費，一方□老□□議，特刊于石，以垂不朽云。

施主，墓前□年（中缺）經，日期并刻于後：

正月初四（中缺），二月初六（中缺），三月初四（中缺），四月初二、初九（下缺）

五月初五（中缺），六月初九（中缺），七月二十四（中缺），八月二十一（下缺）

十月初三（中缺），冬月初一（中缺），臘月（下缺）

道光一十二年九月二十日，勒石

［説明］

據武都陸開華所提供拓片録入。題目爲編者所加。

道光十二年（一八三二）立。

一三一　普濟寺碑

佚　名

存目

［説明］

據政協隴南市武都區委員會編《武都歷史文化大觀》記載收録。中云此碑道光十二年九月立，字迹漫漶不清。

一三二　高家村民事訴訟碑

劉仲遴

嘗聞法良者，必期于久；政善者，在所當□□□里，士民素稱淳樸。因前□□□派差不公，于道光拾弎年□□□王培倫等，民人趙明珍等禀明到官（中缺）陳大老爺□□□□山，士民自行□□□□□□□辦公務。衆等公議同舉□□王壬元□認□□□□□□□無得匿富报貧，後半里[一]一切差事，仍依舊章□□□□□□□相子嗣。又蒙直隸州正堂王大老爺□□，允遇地方一切差事，必須秉公承辦，不得浮派。滋事如□□有不公不法之處，另行議报，不爲定例，等因遵此。士□□父母期民之心，戴廓清積弊之意。勒之于石，永行遵守。虽□□□而軫恤民瘼之恩，永垂不朽云。

生員：高崇德，王培倫，王守先。

民人：司崇德，趙明珍，龍義寶，王景槐，梁公興，孫見賢，王汝言，王士彦，劉鳳鳴，垢理，陳漢喜，郭顯雲，陳漢花，龍遇春，劉永銓，龍福，劉啓漢，陳康，孫成烈，王者作，王永德，劉永樸，王奎，龍見，王榮，王成

己卯科□□□劉仲遴撰，生員王守先書

道光拾叁年仲冬之月吉日立，石工陳中和敬刊

［**説明**］

碑存武都區蒲池鄉高家村。碑高七六厘米，寬四七厘米。

道光十三年（一八三三）劉仲遴撰。題目爲編者所加。

［校記］

［一］半里，似當爲「辦理」。

一三三　透防峪棧道碑

佚名

（碑額）：日　月

嘗讀《書》曰：「王道蕩蕩。」《詩》曰：「周道如砥。」州之東磑納里所管透岈峪大棧道，實文邑、巴蜀之要領，亦文邑、巴蜀之咽喉也。上有崇山之峻，下有江河之深，而通道于中。商賈之輩，莫不畏其崎嶇；行旅之徒，亦且歎其難行，衆人觸目驚心。公議頭人募化資財，以爲費用。特請匠石開山分嶺，延及一載，遂成大路。向之畏其崎嶇者，今已歌其蕩蕩；向之歎其難行者，今已樂其平平。兹者功成告竣，勒石刻銘，以垂不朽云爾。

募化頭人：趙珍，趙懷鈺，趙起勳，趙繼才

施錢人：趙萬普，潘桂，潘瀛洲，雷峻，張智，浩如庭，楊生荷，賈應春，王翠，賈崇，賈興，張足仁，王因，趙連魁，李偉，張大文，趙玉花，柴登世，趙登寬，張鳳林，杜成福賈希庭，岳重德，張紹奉，李廷虎，張□春，趙孟益，趙懷元，趙懷瑾，赵繼□，趙起福，趙起良，趙崇花，王艮時，王登花，敬承錫，敬本先，周文倉，張登寬，聶忠臣，王正，董大智，王懷，趙登泮道光十五（中缺）碑記。石匠：浩如金，趙敬。八甲大棧道。

［説明］

碑存武都區透防鄉白龍江岸古棧道旁。碑高一二六厘米，寬六六厘米。

道光十五（一八三五）記。

著録：《甘肅省志》，吳景山《絲綢之路交通碑銘》。

一三四　重建階州城碑記

葛以簡

重建階州城碑記

皇帝御極之二十有六年丙午冬，簡以忠蔭出知階州直隸州事。下車之日，吏白：「巡城，禮也。」則見夫圮而夷者，城壁也；剥而落者，城堞也；窪而窟者，城漫也。而城闉，則污而窒矣；城闔，則倚而張矣；城櫓，則摧而折矣。嘻，甚矣哉！是尚得謂有城也哉？乃顧謂吏曰：「設險以守，非僅城郭之謂也，而城郭其尤要者也。刺史非守土者乎？政由兹始，其亟修之。」吏趨而進曰：「噫！公其休矣！今聖明在上，夜户不閉，曾鰓鰓焉捍禦是慮乎？且事從乎因，功賴乎創。傾圮既多，修理匪易，資亦安出也？噫！公其休矣！」簡曰：「惡！是何言歟？」爰進吾民而詔之，曰：「守備不嚴，刺史之責也；經費不敷，刺史之憂也。獨力難成，衆擎易舉，則又刺史所厚望、刺史所深願也，父老其何以教我乎？」而曰：「惟命是從。」而曰：「惟力是視。」簡喜此邦人士可與共始[一]也。始也愀然，繼也躍然矣。未幾，而金錢絡繹，畚鍤追隨。

官既倡捐于前，民即樂輸于後。庀材焉，鳩工焉，經始于丁未孟冬，告成于己[二]酉暮春。凡用錢三千萬有奇。而以下剩之餘資，作歲修之零費焉。蓋峻三尋，廣二仞，周七里，壹是規模，悉遵前制。惟堵一門，以避江漲；闢四竇，以洩霖潦。視舊[三]稍有增損。而圮而夷者，則增而崇矣；剥而落者，則理而整矣；窪而窟者，則築而平矣。而通而達者，即污而窒者也；正而合者，即倚而張者也；翼而聳者，即摧而折者也。佳哉蕩蕩！壯觀瞻于舉矚，銷奸宄于未萌。所謂安不忘危而綢繆于未雨者，其在斯乎？其在斯乎？今而後，階之民生于斯，聚于斯，億萬年永永無虞，以沐我聖天子涵養生息之恩者，其有既極耶？則階之民抑何幸也！雖然，簡于此則竊有慮焉。創始踵修，理有相需。創茲者開之于先，踵茲者繼之于後，則增而彌崇者，亦久而益固。非然者，江波齧其前，山漲噬其後，數十年而下，傾頹零落，後之視今，不猶今之視昔哉？然則簡即裒羡餘，權子母，以備歷年土木，以期永固[四]金湯。而事亦權輿，并須後繼，其所望于將來司牧諸君子者，豈淺鮮哉？豈淺鮮哉？是爲記。

道光二十九年歲次己酉夏四月穀旦

誥授奉政大夫、晉授昭武都尉、甘肅階州直隸州知州、世襲騎都尉又一雲騎尉加三級山陰葛以簡（下缺）

敕授□□□職佐郎侯選訓導州人李林（下缺）

［**説明**］

碑存武都區博物館門邊。碑高一六九厘米，寬九四厘米。

道光二十九年（一八四九）葛以簡撰。葛以簡，山陰人，道光二十八年知階州，事迹見葉恩沛《階州直隸州續志·名宦》。

葛以簡重建階州城的事，葉恩沛《階州直隸州續志·城池》載：「道光二十八年，州守葛以簡重修城，建三門城樓：西曰長治，東曰久安，南曰永清。」

著録：葉恩沛《階州直隸州續志》，葉恩沛《階州直隸州續志》（曾禮、樊執敬校點本），武都縣地方志編纂委員會《武都縣志》。

〔校記〕

〔一〕始，《階州直隸州續志》作「事」。

〔二〕己，《階州直隸州續志》誤作「乙」。

〔三〕舊，《階州直隸州續志》作「舊制」。

〔四〕固，原作「古」。

一三五　萬象洞留題

李　林

咸豐五年春，同友人重游此，因感前卅年題十四字，足成一律云。

何年鬼斧辟渾沌，萬象包羅信有門。山水之間奇山水，乾坤以内小乾坤。昔傳五老仙踪杳，今幸三丰詩句存。多少俗塵着力滌，憑誰指點舊桃源。

山有村人李林題

同游人：席建章，王訓，王丕顯，李葆恬，王起榮

［説明］

據文丕謨《石海覓踪——隴南訪碑記》所提供綫索收録。咸豐五年（一八五五）撰成。道光五年（一八二五）題「山水之間奇山水，乾坤以内小乾坤」，即小序中所言「十四字」。三十年後補其餘六句，始成完篇。

一三六　鳳凰山水源碑記

簡閲胗

（碑額）：永垂千年

鳳凰山水源碑記

州治西邊寨里陳家垻垢林坪，舉目皆山也。其西南鳳凰山，山水嘗美，林壑尤盛。原泉因之混混焉。原泉混混，吾輩得以養生焉。此地崇山峻嶺，茂林修竹，其間上下左右，并無山澤人耕種之寸土。自道光廿六年，舊墩族、舊房溝、腰道族夷人烈山林而焚之，則水之有本者若無本焉。利取于一旦，禍及于萬年。陳家垻垢林坪衆姓欲與之争訟，夷人自知情屈，特立永不開闢文字爲據。至咸豐九年，夷人又從而生心也。向之未辟者，今則辟之；向之未焚者，今則焚之。則有源之水，其涸也又若可立而待也。衆姓决意判其是非，夷人理屈詞窮，無以取辨。于□因指明疆界，上以土司地土爲界，下以峽口路道爲界，左以關河口之爲界，右以鐵漿埈圩爲界，各指分明，斧斤不入。誠恐言無可憑，勒之于石，永垂千古不朽。其在作爲此事者姓氏，皆載于碑，使後之人有所稽考云。

鄉老：曹大計，史文智，董好修
庠生：趙宗鼎，曹永泰，慶緒業
學生：史連白，蘇學海
簡閲胗撰書
農管：巨守良，王進福
鄉約：張滿，王鶴元，曹文秀
衆頭人：張棋，梁良，□永年，□如良，曹永江，裴世秀，李順，李全才，孫維新，梁□，梁倬美，閆重花
舊墩：□哈，□□□，劉禄，郭九
舊房：大馬□，大馬王，大□納，小□□
腰道：大取周，大□王，賈叁，年元
咸豐拾年清和月中浣之吉日，衆姓仝立

［**説明**］

碑存武都區角弓鄉陳家壩村玉皇廟。碑高一二二厘米，寬七八厘米。

咸豐十年（一八六〇）簡閲胗撰書。

一三七　龍鳳山造修堡寨碑記

佚名

官堆下：

李必秀，孫瑛，李仲言，王忠，李金才，王昌，李玉銀，王萬年，王富，李長緒，李含清，李堂，李多壽，李道同；

李清，金承公，李久長，李倉，李道坦，李三娃，王通，王隨年，王元，李楊女，張智，王久德，李來財，王根年；

李英榮，孫長富，孫振冀，李必科，孫繩志，譚義，譚成，孫運，孫丕謨，張仁，李進財，孫金來，李長；

西盛榮，孫長有，王吉，李宗壽，鄭奎，孫繩祖，譚宗果，李永享，李應宗，孫紹謨，張禮，李大義，李吴代，李萬禄；

興盛志，唐王順，李金玉，李金花，譚美，孫繩武，譚九林，李順才，張硯田，孫惠，李七娃，李義蹯，譚有，李興才，李奉明，孫廣謨，李玉下，李應科，李招才，李孝夫，李必寬，王進才，李汝良，李奉林，李萬義。

灣而里：

齊萬全，王□，趙文安，王明，王岳，張元，張選，齊占魁，王北十，楊有才，張榮，王成，尹金旺，齊其安，齊萬貴，王達，王清，王士信，齊萬福，張文仲，郭金祥，王悦，王三巧，朱才，楊奉珍，王三□，尹著娃，王官，趙春，張禄。

□皆後：

劉興，趙大興，□森，李順元，李東□，潘恩魁，李汝浩，李春，晁順，劉徵。

劉峰，李汝章，趙詩宗，趙連第，李生雲，潘利忠，王科，趙文宗，趙成元，趙四有，王和，□□□。

嘴而上：

李春冬，李春會，李連元，李士桂；李士俊，李士熊，李□□，李文元，李學禮

□□：張登成，路金才，路金紅，張正娃

承頭：王魁，李含俊，李玉，孫雲章，譚法，張書田

督木匠：李義才，王花恩，王玉；李□平，男振遠、□□

石匠：李春佳

住持僧：袁和尚，道清，□□□

同治元年四月吉日立記

［**説明**］

碑存武都區馬街鎮官堆村後宣陽山真武廟。碑高一一八厘米，寬五〇厘米。

同治元年（一八六二）立。

一三八　修建觀音殿碑

佚名

存目

［説明］

據政協隴南市武都區委員會編《武都歷史文化大觀》所載收録。

同治八年（一八六九）立。

一三九　武都郡城南北堤記

佚名

武都郡城南北堤記

階之州治，承赤沙河之委□□龍江之衝，向時城郭完堤□□□周不作，民生遂焉。軍興以來，城躪于寇，堤坍于水，園廛瀦而樓□□，民惴惴焉，懸其命于蛇豕，□□□□□前乏官斯土者，亦嘗起而圖之，無如滿地瘡痍，不勝贅□□□□□□觀蒼洪公來攝是邦，□□□其□□寇盗，招徠商賈。越明年，政通人和，流亡盡復。凡貢院□□□□□舍毀于□□以次□□□□□□堤防，古華城之法，悉去舊□浮基百礫弗□□□□□□□□□□□百七十丈，□□□□□□□以子，堤樹之以柳。南堤□北（中缺），烟火萬聚，□□□外，新築室家者，（中缺），北堤也。斷而復起，若長鯨及川，逆流而上者，南堤也。□□□□□□田土

□□□□□□□□□□然甘南鎮雄矣。公□初□其□，睹計費甚巨，微特衆有難色，（中缺）費則屬本城紳商募之。工既□□城署游戎姚君薦壘暨捕□□□□□□始事于辛□□，而以癸酉之冬月吉成，灰石土木匠費錢萬餘緡。是役也，可□□□□□□汝其爲我記□□□。竊思近日士大夫視官舍如□□汲汲焉第爲束裝，計民間利害□暇間，孰有任勞任怨，爲地□□□？唯公惻然念之。既糾兵以剷寇亂，而草野安；復致役心禦狂瀾，而□□固。其于民也勞之，欲以□□力費之欲，以衛其□，用心亦良苦矣。後□人因其成，俾勿壞，特見數□□後，民猶歌舞之也。無記□□可乎？二水之患，城與堤之相關□□□□□□□□□□□□葆卿惟善其名。

□□□□□□□□□楚南秦□□□□□□□□□吉日

［**說明**］

碑斷爲六塊，經拼貼後，存武都區博物館門邊。碑高一七六厘米，寬九六厘米。

同治九年（一八七〇）立。

洪公，指同治九年知階州的湖南人洪惟善。《階州直隸州續志・城池》載：「同治……九年，州守洪惟善重築南北堤。」從該志所載來看，洪惟善之前，階州築堤的最早時間是康熙三十八年，「州守陳勳重修。建三門樓：南曰鎮東，西曰西成，東曰東壁，兼築河堤焉。嘉慶元年，州守塔明阿建築北堤。」「咸豐元年，州守崇厚築南堤。」洪惟善之後，光緒五年五月十二日地震，六月初一，南江漲溢，「西南一帶，城堤無存。六年，前鞏秦階道龍錫慶修南堤……南堤長百二十丈，寬一丈三尺。堤外磊巨石以阻水，栽樹萬餘株，圍護城堤。光緒九年，江河暴發，南北堤潰」。至光緒十年，州守葉公（恩沛）「築北堤四百餘丈，闊一丈三尺。城堤一帶，栽樹數十萬株，及四鄉皆有之。十一年，南江衝决，增築石堤百八十餘丈奇，闊一丈三尺。又鑿南山土阜，導江入壑逼水，使不得壞堤。」

一四〇　顧太尊公祖大人惠商德政碑

吕震南

顧太尊公祖大人惠商德政碑

蓋聞日中爲市，肇于神農；懋遷有無，始于周夏。是以《洪範》八政，貨與食居先；《周禮》司徒，商與農并重。誠以市廛之設，所以通貨賄而利民用也。自桑宏羊立平準之法，與愚民争利。于是劉歆輔莽，張五均，設諸幹；安石相宋，置市易，立均輸，而商之困久矣。堦郡自蔡逆亂後，從前各行支應舊例，無從稽查，兼之十餘年未逢考棚，一切棚費支用亦無定額。光緒元年冬，學憲按臨，所有應支之項□。顧太尊公祖念商賈連年捐輸，既供正額，又加以抽釐，憐其重困，因酌其平□爲定制，既不致有誤公用，亦不至貽纍市商。并命勒之于石，垂諸久遠，以杜胥吏磕索之弊。公之惠我商民，何其至焉。行頭等因與合市商議，爰命石工，刊之于碑，立于公所之地。庶幾公之仁風惠政、良法美意垂于無窮矣。是爲記。

所有支應條件數目開列于後：

一、新官上任，支應色布貳拾疋、棉花貳拾斤，每月天平秤黄蠟玖斤。

一、上下忙開徵，支紅小布貳疋，四季，每季交季規錢陸拾串文。

一、每逢小考并無支應，大考所用黄蠟、白銕，天平每斤發價貳百肆拾文。

一、春秋季完牙帖銀壹拾壹兩貳錢，禮房金費錢四串文。祭祀支白布三尺，宅門禮道百。

一、迎春，付房班各行禮道錢玖串文；立冬，新行任事，付門公房班禮道錢壹拾伍串叁百文。

光緒二年歲次丙子荷月。郡貢生吕震南撰并書。闔街布行等仝立。

［說明］

碑存武都區博物館門前。碑高一二三厘米，寬六六厘米。

光緒二年（一八七六）吕震南撰并書。吕震南，字海鵬，階州人，歲貢生。

一四一　公議嚴禁山林碑記

佚　名

（碑額）：公議嚴禁山林碑記

□□□舊有山林一所，居民資其材用已久矣。乃初壞于秦人之用木廠，繼壞于□之□火田。然木廠開而猶望萌蕉之生，火田墾則忍觀化爲灰燼[一]。而□□□林矣。□□民因之□必然乞地主□□修買，各執私據而圖侵占，其最甚者，莫如初前任□□□青山□□内不以大梁以前之青山爲青山，誣以大梁以後之山林爲青山，張□鹿爲□意燒墾，恐牛山之木，久必歸于濯濯。且謂民墾日用，莫重于材木，事勢如此，□□貽害勝言哉？詎意天誘其衷，公論不没。于去年九月八日，公正□約人等同心訟于□□，幸賴三牌九甲，衆口一詞，或諛府徵□于歸入青山子林一十□□□□□□望者不准耕□，未燒墾者，不准再墾。且共願□□于立碑，注明□界，用志久遠，永利□□□。東以狗跋岩大梁，西以黑窩子大梁，北以白路處河心爲界。杜六甲，北以野牛溝□在□，西以卧龍坪，北以寺溝里，南以九山實、大梁岩、窑灣溝口爲界。□以子梁，北以石□□□□□老廠口大梁爲界。以北，以吴家老莊水渠及以蔣家地水溝，南以□家地子梁，白□□□爲界。以北以灘泥子河心，西以水蒿地橋以下，南以石背兒大梁爲界。

（人名略）

光緒六年歲次庚辰十二月吉日立

［説明］

碑存武都區安化中學院内。碑高一一六厘米，寬六八厘米。

清光緒六年（一八八〇）立。

［校記］

［一］燼，原作「盡」，係古今字。

一四二　建修傅王廟碑

劉兆漢

（碑額）：流傳萬古

建修傅王廟碑

聞之：「民爲貴，社稷次之。」非謂社稷可輕于民，實謂社稷爲民而立也。余階郡兩水後里高家邨，有傅王佛宥大帝九龍川廟宇一座，創自本朝開國以來，于今多歷年所矣，非于民禦災捍患，何先民則立壇壝以祀之也？況我傅王之神靈，更有可顯徵者矣。光緒五年五月十二日，將值天曉，忽逢地震，凡山家崒崩之處，莫不高岸爲谷、深谷爲陵矣。而傅王廟對面山崩地裂數十餘畝，其勢實能壓盡左右兩村，而不難此至，乃順流而下，村民未被覆壓之禍。蓋惟傅王忠義天長，故其福惠之，不可揜如此夫。至若降甘霖，驅邪魔，有求即應之昭彰，夫亦何可勝道哉。但廟宇崩壞，神靈無所憑依。故士民鳩工庀財，改造正殿一座，補修前殿一院，新塑張正貳將、喜神貳位、將軍兩尊，創作執事一堂。廟貌森嚴，神威烜赫，不惟壯萬民之觀瞻，實且得一方之保障也已。因勒于石，永垂不朽云。

寨子里督工人：劉景向，龍瑞，劉進通

四大頭人：司建邦，龍守和，陳進明，龍玉林，劉維謙

催辦衆頭人：生員劉校書，生員龍鳳舞，生員司建尚，生員龍慶雲，武生王登科

龍萬清，劉清秀，劉炳德，陳進財，劉禮學，司宗孔，司緒孔，符守一，龍有珠，李生財，龍琮，劉之錫，龍璜，王有福，梁財，劉毓秀。

廟主：劉謙，龍鼎甲，劉之珣

孫家莊大頭人：王履中，楊明儒，劉登鰲，王建，王協中

王家坪催立石壁大頭人：王尚德

衆姓頭人：王者忠，王永喜，司進有，王士珍

前山各村頭人：

陳家山：陳國連，陳汗銀，陳之云。土橋山：陳之元，陳之舉。麻灣里：龍世銀，劉滿。龍家垰：龍好賢。

上灣里：垢自新，王萬邦，王崇貴。下灣里：王作新，王國元。□□凹：垢文舉，皮甫清，王長三。

劉家坡：龍騰雨，楊雙喜。亂庵子：垢昆中，垢親賢

後山各村頭人：

野牛寺：曹達，生員劉挺秀，劉萬祥。亂石窑：劉起云。東裕里：白萬均，王祖義

蒲陀高坡：劉丙元，劉近元，司連。龐家磨：李向化，丁萬年，王開成。赤花里：武生王國棟、王國選，王永禄，王得中，王光耀

鞏家平：王正言，王玉安。偕老里：武生孫連科，孫老四。蟬兒里：劉之安，劉久安。龍家溝：龍玉萬，龍玉明，龍希賢

小河兒：龍萬壽，王禄明。洞門前：皮存來，王五代。花家嶺：王道平，王繼成。池垻里：趙登雲，王植槐，王之春

孫家磨：孫步于，孫步周，孫永千，孫丙文。百孟家莊：郭萬秀，石潤，王義銀，郭近德。草川岩：王丕列，王作曲，王殷有。梁坡干：梁公一，梁仲元

陳家坡干：陳汗樹，陳福太。後溝里：王宗一，王師。紅水溝：王萬清，王麻子。碌礤：劉光喜，劉樹聲。朱沙垻：包希賢

木工：尚永清。畫工：馮繼賢。瓦匠：陳緒韶。陰陽：劉登高。泥水：趙□榮

鐵匠：王明。石匠：唐萬禄敬刊

郡庠生子端氏劉兆漢撰書

共花錢伍佰貳拾貳串伍佰一十八文

時大清光緒七年歲次辛巳孟夏上澣吉期合會士民仝立

［説明］

碑存蒲池鄉高家村傅王廟。碑高七六厘米，寬四六厘米。

清光緒七年（一八八一）劉兆漢撰書。

一四三　尚書碑記

李春霞

（碑額）：尚書碑記

蓋聞始祖諱揆，官居閣老尚書禮部天官，在昔始之根基，本是山西大槐樹下人氏。後移居于秦州瓦窑坡爲業，故始祖之父亡故在早，安厝于秦州。迨至唐代，德宗皇帝建中肆年歲次癸亥四月旬中，宦官盧杞不合奏上，唐主委于吐番堪守突厥主，後改名曰武都郡。始祖因番民平息，故移祖母誥封九天聖母于武都郡舊城里，安家爲業。丙子十月，始祖母告終，安厝于墁家坪爲墓。丁酉二月，始祖告終，又安厝于同塔。現有沙帽墳墓以貽于後世。凡爲同宗之人，每年清明寒舍[一]祭掃祖墓，辦立大會，子子孫孫世相傳焉。兄弟先人，築修祠堂壹院，培栽古柏幾拾根。上有正殿巍巍，伊可畏也；前有大廳森森，仲可懷也。左右照[二]穆，世世續焉。彼夫大殿叁間，繪塑金身二尊，念昔先人功就甚焉。迄今世遠年湮，多因風雨損傷，合户商議［墳墓］沙［帽］頗殘缺失次，但小小補塞其罅潛而已。然而事大則力微，功多則財欠。辦理數載，功未成就，故仰同宗爺輩伯父弟兄募化資財，以助完功之福。功德圓滿，萬福攸同，此所謂「泰山不讓土壤，故能成其大；河海不擇細流，故能就其深」。同宗君子，睹此貽傳，始知先祖之來由，仰依同宗，務必通傳。同宗願施功德，積少成多，咸建願功，此之謂也。以是爲序。

本村生員李春霞敬書

大清康熙十年歲次辛亥十一月己卯重建

督工頭人：　生員李梁，李耀，李斌，李登槐，李焆，李作鼎，李通，李楹，李敬仝立

大清光緒七年歲次辛巳二月初九日重建

督工頭人：　生員李士彥，李士哲，李萬唐，王增明

主事人：　李生有，王宗財，李炳昌，李萬載，王佑福，王增義，王兆春

鐵匠：　董祥生，董祥希。泥水匠：　王沼。畫匠：　李德録，李宗昌。木匠：　李林仝，男李萬載，李萬棟。

陰陽：　談經清。□□耕人：　李萬壽仝立

〔**説明**〕

碑存武都區漢王鄉大坪山尚爺廟。碑高一一五厘米，寬六四厘米。

光緒七年（一八八一）李春霞書。

〔**校記**〕

〔一〕舍，當爲「食」，碑誤。

〔二〕照，當爲「昭」，碑誤。

一四四　大坪山廟重建碑記

李士彦

（碑額）：重建碑記

蓋聞神之爲靈，昭昭也，體物不遺，能使人齊明盛服以誠祭祀洋洋乎！如在其上，如在其左右矣。我大坪山有尊神二位，自唐朝因平吐番以後，爲業于舊城里大坪堡。其後丁酉年二月，告終安葬于墁家坪，此處立成祖廟，以爲後世祭祖之堂。但世遠年烟[一]，風雨蔽壞，神無所依宗。自康熙十年，有生員李登槐、李通、李梁等，睹廟宇損壞，惻隱不忍。故督工，重建以來，廟貌維新，神靈顯著。爾時廟前之翠柏蒼蒼堪羨，廟後之松山依依可人，地之靈秀，自見神之赫威也。不料在同治三年，長髮賊八月十五日反于階地，將樹木砍伐殆盡。光緒五年五月十二日，復地震奇災，廟宇倒塌無存，竟留正殿一座，而牆垣盡倒，風雨莫蔽，神像顯著，孰不觸目而驚心？維時雖有修學[二]之念，而連遭三年大旱，人人困苦無力，無可奈何。迨至光緒六年十月，因秋禾豐收，集衆商議，選學[三]頭人生員李士彦仝李萬堂、王宗才等，卜取七年二月初九日駕馬，三月十四日立柱，重建正殿一座，前連碑廳并東西兩廊，五月二十五日，復立抱厦。凡我衆姓，量力捐助，募化資財，不數年，而告厥成功。凡我一會，荷蒙聖神之佑。是爲序。

階州直隸州儒學生員李士彦仝侄男生員應庚、永昌敬撰，後學玄孫李殿元敬書

石匠：賈連玉，賈喜明

李士英，王占奎，李宗槐，李萬福，王宗才，王考德，李連增，李連升，李萬年，趙永順，李桂元，李生

有，李萬慶，李士哲，李士傑，李全昌，王增林，王增智，王宗賢，王在春，李世昌，李秋兒，李宗壽，李宗賢，李宗榮，李宗義，李萬德，王佐奎，宗世孝，李士成，李改良，李妍昌，李炳昌，李士選，李春奎，王增春，李五奎，李丁未，王增禮，王增義，王增業，王增良，李德，李萬倉，王進賢，宗孟德，宗興房，王佐福，王良秋；王元兒，王天才，王西長，王增玉，李際昌，李含昌，李應昌，李宗興，李萬來，王長有，李國正，李宗全，王佐興，王佐良，王佐明，王增亳，李雙喜，王增耀，李冬喜，李宗美，王兆春，李宗茂，李士明，李有昌，王增禄，王增慶，王節稱，李跟祥，李萬晶，趙永元；李五牛，李士有，王秀堂，王兆太，王己亥，王招才，王禎喜，王環子，王寒姓，李天堂，李姚哇，宗蛇午，王三姓，王八兒，李士元，王早得，王迎兆，王五羊，王兆堂，王增有，王吉祥，王李拜，李生禄，王安

大清光緒七年歲次辛巳桂月吉日衆會人等仝立

［説明］

碑存武都區漢王鄉大坪山尚爺廟。碑高一一五厘米，寬六四厘米

光緒七年（一八八一）李士彦撰。

［校記］

［一］烟，當爲「湮」，碑誤。

［二］學，似當爲「舉」。

［三］學，似當爲「舉」。

一四五　靈應宮詩碑

葉恩沛

光緒癸未小春月朔，偕李敦山、李春生二軍門，金子清、李雲溪二大令，董堯臣、廣文朱鳴軒二尹，喬梓兼携鐳婿燦兒游萬象洞，旋蒙賈子安、唐從亭、宗少皐諸公招飲靈應宮，并送敦山兄之白馬關，偶成四律，兼東余潤堂明府張仙洲、張時泉、鐳見堂三廣文。

萬象包羅一洞天，鴻濛開闢是何年？桃源有記憑誰見，蓬島多仙自古傳。偕友登臨情不盡，呼兒指點景無邊。從今始悟人間事，到處勾留豈偶然。

鞅掌仍偷半日安，天然古洞共盤桓。四圍蒼翠滴苔滑，一片幽奇峭壁觀。涉險頓消塵世念，指迷休作畫圖看。無端欲起窮源想，祇恐神仙際遇難。

脱却征衫學治來，廿年宦轍眼頻開。山川始信鍾靈異，身世何嘗等草萊。不見赤蒼迷洞口，漫疑仙子下天臺。殘碑斷碣今猶在，幾度摩挱首屢回。

敢言爲政號風流，勝迹游踪次第收。多士情深猶潞盞，將軍令肅豈防穮。郊原相送催行騎，驛路分馳動別愁。更喜叢祠新廟貌，年豐報賽答神庥。

幼芝葉恩沛題

［**説明**］

碑存武都區漢王鄉麻池村靈應宮。碑高六三厘米，寬八五厘米。

光緒九年（一八八三）葉恩沛題。

一四六　萬象洞摩崖

葉恩沛

仙源有路

癸未小陽月朔，州牧葉恩沛偕友□子來此一游

［**説明**］

題記在萬象洞洞口外懸崖上。「仙源有路」爲四大字，字徑約三〇厘米。

光緒九年（一八八三）葉恩沛題。

一四七　永垂不朽碑

者寶書

（碑額）：永垂不朽

武都郡，古之街亭。城中舊有清真寺二，此則前寺也，創建于洪化時，崇禎年重修。國朝嘉慶五年，復興土木，大殿宏敞，學堂、寺樓、牌坊、照墻俱極整潔。咸豐年，添修南北齋亭各□□□□□□浴處附之。同治三年，髮逆陷城，寺遂毁，大殿并南亭二座雖存，已不全矣。兵燹溝壑之餘，于□□□□□□□略爲補葺。詎光緒五年五月十二日黎明，地忽大震，城外南山飛入城中，從寺旁經過，壓埋□□□□□□非常之變，莫不

悚然。六月朔，南江突發，决去城者半，居民廬舍，蕩然無存。寺雖孑然峙立，而墻壁倒空，水［在］寺［中］流，人皆目睹慘憐。闔方恭施布資，鳩工告竣，新修牌坊三間。因勒石以志之，曰：滄海桑田，變易無常。石火［之光］，不暇轉瞬。振古如斯，于今爲烈。此穆民之所以以生前爲苦局，而以没後爲樂境也。竊願同人慎重，赴寺之［時］，遵五功而力行之，庶不負人生斯世之由，親師教養之苦，以仰副聖朝之一視同仁，則此寺亦不至于虚存而徒壯觀瞻也矣。是爲序。

癸未季春月，天方默底那有一位賽益德，游［于］中［土］，不知所閲何地。階郡突聞在洮，于是群情躍躍，急往請來□人生知安行，闔方二百餘家，朝夕憑經指點，均沐陶淑。此穆民之所深欣，實主聖之所默役。誠哉，千古奇遇也！故志之，以爲後之美談。

刊列學田大糧永垂不朽。

黄家壩買業花地五埫，轍家地貳埫半，寇家地半埫，石板壩壹埫，鹽溝門前壹埫，并金寺窠完大糧柒斗壹升□王有緒施南門外房窠壹所，認完大糧六升。者麻氏施河南里立地壹塊，認完大糧四升。者謝氏施後寺後地壹塊，認完大糧八升半。南門外置到高姓稻井地貳塊，種籽八升，認完大糧貳升。馬獻洲施李家村橋垻地一塊，典價銀貳拾兩。宗家堡城背後并窑窠門前共地貳塊，價銀七兩。者司氏施橋頭里山石埈地九□，典價錢壹拾叁仟文。任南亭背完李成得大糧三升七合半，李貴大糧三升半。者有甲施橋頭里樓樓子道上花地壹塊，尖各垻花地壹塊，共買價錢捌拾六仟文，認完大糧壹斗貳升；又施柳樹場上下地壹所，典價錢肆拾伍仟文。□地借錢壹拾柒仟文，復施錢陸拾仟文，以資學堂膏火。新典橋頭里者永清地五塊，共價錢肆拾仟文；又典賓廉地壹塊，價錢柒仟文；典崔福興地壹塊，價錢陸仟伍百文。

侯銓訓導、貢生玉堂者賨書撰文

郡庠生高第、楊承科沐書

長教：馬復源，牟永泰，馬恒德，趙真學，馬歸善

募化督工人：武生高舉，軍功馬健，軍功者有甲，貢生者賨書，生員高超，牟萬喜，楊仲，謝貺，古企元，高受明

闔方穆士仝立

大清光緒癸未□月

［說明］

碑存武都區城關清真寺大殿一樓前臺簷下。碑高一五二厘米，寬七二厘米。光緒九年（一八八三）者賨書撰。者賨書，字玉堂，回族，清末貢生。

著録：武都伊斯蘭教協會《武都伊斯蘭教史略》。

一四八　重建聖母碑記

龐見龍

重建聖母碑記

蓋聞古先王度地居民，主之以神明，俾阿護之。又孔子釋《觀》之《彖》曰：「聖人以神道設教，而民有□安之。」爰是神以依人而行，人亦依神而憑者也。如我武都屬西四十里，河之南草垻寨，有九天聖母宫

殿，溯厥創建，無從可徵。凡遇吉凶水旱，不時祈禱，而聖神庇庥，纍纍顯應者，乃大彰著。詎特爲一邑之保障，實爲四方之屏藩矣。不幸同治甲子，髪逆變亂，賊兵燹毁，瓦木垣墉，蕩杌□盡。惟我聖母正殿，巍然獨存，非神顯聖而何？厥後，我民適彼土而復故居，勤勞耕耘，家漸裕而户漸饒。延及壬申，有張藴、張士林、趙有元、趙中元、趙萬倉、李進禄，目睹敗址頽垣，惻然難安，遂捐資重建，次第告竣。斯時，蔚然增新、焕然可观者，雖頭目之竭力，胥聖神默佑也。越數年，光緒丁丑，時值大荒，土番將我棗川草垻吮水梁脚，占地一處，狡耐[一]强耕。于是番民囊周，漢民查新才、慶登高、張士林、張士朋、李作舟、李作興，兩造俱訟道憲。蒙譚观察批，移石州牧究訊。因之委員差役，圖畫山形，查清地界。然後断明崇山族房背後、黑鐵匠埈幹以西属漢，以東属番，番漢兩造，永無葛藤。惟我邑民，將断回之田，一概充廟，隨即招人計畝納租，議辦六千，以奉廟内香火之脂。孰意天道難知，禍起不測，至己卯五月十二寅刻，地忽大震，上下數百里，山崩地裂，民區寺廟，一旦蕩然。未至數旬，六月朔，暴雨猛發，西北山水，幾危我莊。自此以後，不時發雨，老幼悚然。矧荒旱未蘇，又土番作亂，其何以堪？幸賴軍門削平番賊，民漸歸邑□。識者以爲欲保吾莊，非西面掘濠、東面築堤不可。于是，衆等商議，先請水，由行之地主查新才□讓水道，公補地價。而查姓廓然大公，不受分文。又仝張士朋、劉長貴督工築掘，不日而成。堤頭又建水神祠一座。從此居邑鞏固，而廟宇狼狽，可不振作乎？隨即派總管頭目查新才、李進成、趙宗、李連督工催辦，量家捐資。建修正殿三楹，東西龍王殿各一座，抱厦三间，茶庫房各一间，厨酒房各兩間，左右山神、土地祠各一楹，山门三楹，左右簷濠五尺。工肇于壬午孟夏，落成于甲申仲冬。庶几堂殿爽塏，廊廡恢閎，墻垣巍峻，榱題丹雘，輪焉奂焉，肅焉穆焉。泐諸貞珉，永垂久遠不朽。後之覽斯碑者，知我村之人，安居樂業，而長享清平之福、磐石之安者，皆蒙庥于無窮也。豈不盛哉？余曰：「諾！」遂謹志之。

總管督工：查新才，李連，趙賢，劉長貴，趙謙，李進成，趙宗

總管錢糧：張士朋

催辦：王正興，李芳，李生春，李全太

石匠：王進海

大清光緒十年歲次閼逢涒灘辜月，庠生龐見龍書撰。衆姓仝立

［説明］

碑存武都區石門鄉草壩子村聖父母廟。碑高九八厘米，寬六九厘米。

光緒十年（一八八四）龐見龍書撰。

［校記］

［一］耐，當爲「賴」。

一四九　改修猶龍觀記

葉恩沛

階州城街南，舊有老君廟，業就傾圮，相傳爲炭山所祀。竊念斯處幷無炭山，胡爲乎有是廟哉？時余奉檄來牧是州，見城西二十里黄家壩山麓，有煤見焉。噫！莫非老君之靈，護惜數十年，爲民生蘊無窮之利者，待其人而後行耶？川岳之菁英，鬱而必發。余既忝膺民社，不得不引爲己任。于是不惜工資，倡行縋［二］鑿。

日率數百人，仿五丁開山故事，以興其利，而公諸一世。越三載，績用方告成。余身雖憊，究竟爲生平[二]第一快事。是時，舟載牲馱，肩挑背負，因民所利而利之，全活已不乏人。往哲精神，忽焉焕發，此頽廟所以改修，神像所由新塑也。曾記仲尼氏有「猶龍」句，因顏其額曰「猶龍觀」。後君子留心民事[三]，其亦鑒此苦衷云。是爲記。

[説明]

據葉恩沛《階州直隸州續志》録入。

光緒十二年（一八八六）葉恩沛撰。

[校記]

[一] 縋，當作「槌」，即「錘」字。

[二] 生平，《階州直隸州續志》（曾禮、樊執敬校點本）倒。

[三] 「後君子留心民事」，《階州直隸州續志》（曾禮、樊執敬校點本）作「龍之神變化莫測，龍之德流澤孔長。後之君子，留心民事者」。

一五〇　重建鐘樓記

葉恩沛

余宦游隴右，嘗過通都大邑，見夫科名鼎盛之地、人才蔚起之區，莫不講求風水，培補地脉。或浮圖高插于雲間，或鐘樓聳豎于孔道，或鼓樓横列于街心。意者，鉦鼓之闐淵，鏜鞳之洪響，光遠有耀，固與文教之昌明有兩相應者與？則形家青鳥之術，未可概置弗道也。光緒癸未春，余莅任階郡，值烽燹之餘，諸凡廢墜。如城垣河堤，以及鄉城廟宇、遠近道塗，但有利于民者，一切修補就理矣。而州治軍城東，舊名鼓樓街。樓既無矣，何以名街？訪之故老，僉曰：「舊有鐘鼓樓一座，所以補風水而接文風也。樓之燬已久，而街名如故，猶餼羊之空存耳。今甕城上之鐘，即樓中故物。」余謂：「地理之培，科名所係，最關要務，不得謂有其廢之莫敢舉也。」爰商同階營鐔鎮軍，庀材鳩工，仍其故基，重建一樓，移鐘于上，越二月而蕆事。竊思乙酉春，余建來鳳樓于北城之上，堪輿家謂于科第大有裨益。是科，果文武各中一人。信乎！人材之啓，端資地脉。今斯樓之高聳，正與來鳳樓遥遥并峙。異日者，科第之聯綿，人材之奮起，蒸蒸日上，正未有艾。是則多士之幸，而實余之所厚望也夫！

［**説明**］

據葉恩沛《階州直隸州續志》録入。

光緒十二年（一八八六）葉恩沛撰。

一五一　重修福津寺碑記

佚名

（碑額）：萬古千□

（額下篆書）：福津溝

石匠：安奉賜。武都福津溝李作智，李文奎，王壽禄，史文泰，談喜福，王進榮，趙言周施錢一千六百文，楊萬德，王鼎業，楊生滿。

蓋聞武都福津寺，始皇遺之，宗廟響之，子孫保之，衆民祈福之堂也。至光緒五年五月十二地震摇塌[一]，房屋毁壞，風雨難遮，其神像如在泥塗。人不忍佛之心，衆等睹心而相歎曰：「善哉！」議欲乎重修福津寺。領袖頭人陳法育、李建隆、王順同。七年金月二十七興工，募化四方，好善之廣出布施，塑畫神像。十二年，福津寺工成告竣[二]，誦經補謝。善哉！善哉！一碑爲序。

宣家河、□□灣頭人：陳仲文，陳仲升，陳仲余，陳發順，王智明，王登滿，李興黨，趙萬元，王順堂，李莫清，楊金王，馬文旺，仲繼路，錢一串文。

西字河、木馬河：楊永升七串文，王登朝施錢三串文，唐同三串文，陳奉高、陳仲奎二人六串。

趙家山：石進彦、黄啓文各三文。

三河：安□祥施錢三串文，徐□□錢三串文。徐孟□，徐善□（下缺）

歲次光緒丙戌十二年十二月朔一日

［説明］

碑存武都區三河鎮宣和村福津寺。碑高一二〇厘米，寬六〇厘米。

光緒十二年（一八八六）立。碑名爲編者所加。

［校記］

［一］塌，原作「榻」，以意改。

［二］竣，原作「俊」，以意改。

一五二　不夜壇刊神仙昌言碑記

劉寫如

（碑額）：日永垂不朽月

不夜壇刊神仙昌言碑記

武都西鄉絶□之區，故雖日月光華，難以應聲教之。訖獨我佛佑大帝傅，于光緒十一年冬，偕群仙而開化之。此地之民，靡然從神，□歸于正，蓋千百年于此矣。書救萬世之心，道濟天下之溺，是有以參天地之化、關氣運之理，則不夜壇所由名也。後世逢掖之士來是壇者，思仙真之德浩蕩難名，與宣聖垂教之功同一。忠考愛□之心，其有不由此而興耶！屬予作文以記。予于游騁之詞，故略而不陳推〔一〕，上推神功、下述助善者，勒諸貞瑨，以耀後世而垂無窮焉。劉清秀五千文，龍瑞、劉景向各兩千五百，劉企向三千文，劉蔚秀四千文，武生王登科、劉之洵各兩千四百，鐔蔚秀二千文，龍琨、司緒孔、劉維謙各兩千，武生王訪箕、王國治、趙懷治、庠生司建堂、王好德、劉汗業、龍璜、劉王氏各一千文，劉巽、劉炳德、寇化平、楊素真各一千文，庠生劉校書六百文，郭秉堅、劉生秀、王作舟、張志道、劉耀宗、劉效通各五百文，劉世海、庠生張繪、劉美秀、王春各四百文，司建邦一千五百，龍有德一千三百，劉之銓一千二百，王建申、周宗仁、司宗孔、劉殿邦各二百文，司鈞四百文，司登□二百文，劉之明、劉履吉、李生明、王明宗、劉秉鈞各二百文，王在中八百文，王有中弍百四十，庠生王作濟一千二百文，楊作棟五百文，楊作雨一百文。

光緒十三年季秋月勒石。寫如劉校書撰文。瓦工王士友刊字。

［説明］

碑存武都區兩水鄉高家村文昌廟。

光緒十三年（一八八七）劉寫如撰。

［校記］

［一］推，似因下句之「推」衍。

一五三　雲霧山道觀碑

蓋聞雲霧山玄帝殿之由來久矣，萬曆年間有衆姓窺山形之峻嶺，賢地勢之魁威，前有白龍江映帶，後有五龍簇擁，左有青龍高崗，右有卧朝山，巍巍然海岳并峙，真神靈之所在焉。爰集刹地外納里、五庫河、文縣臨江鄉長坪峪係是兩縣三鄉，創建修其殿。上有正殿無量祖師佛、周公、桃花女、四大元帥，左有文昌殿，右有觀音閣，東有三官殿，西有三霄聖母宫，前有王靈官殿以及土地殿、護法祠、鐘鼓二樓，斯地之聖像昭焉，殿宇輝焉！

［説明］

據《武都歷史文化大觀》收録。《武都歷史文化大觀》中云此碑立于清光緒十三年八月二十七日。現存武都五庫鄉廣山村李家灣梁雲霧山道觀。碑文疑不完整。

一五四　重修北禪寺碑記

王室平

（碑額）：永垂不朽

重修北禪寺碑記

樹色葱葱，水勢潺潺，寶興鳳嶺，珍藏龜山，號曰蓮花，寺近通圜。自大明萬曆六年二月創始修建，名曰「北崖寺」焉。左接其城郭，天寶物華；右繞其雲霞，地靈人傑。而山清水秀者，人人得而宜也；德洋恩敷者，户户賴有艾也。麟趾呈祥，多沾桂子之瑞；螽斯衍慶，喜逢蘭孫之兆。天上人間，願作赤子之父母；闕中關外，悉歸蒼生之顧復。俾使億萬群黎，普受乾元之德；三千世界，皆蒙母氏之恩。求福而得之福，求子而得之子。士民大意深心者，此爲願也。同治甲子秋，經其髮逆之患，神宫拆毁，廟貌坍塌，片瓦竟無存矣。祈禱神靈者，視之而惕然俱悚；恭祝聖壽者，見之而儼若甚驚。當斯時也，偶遇良人邀及首事，各發無上菩提大願，興工募化，重修廟宇，砌山换像，建立白衣大士、三仙聖母及土祇、山神、山門等殿。另修路坦數丈，以開後世津梁。惟愿同登壽域，酬答聖母之德，爲期處處共沾蔭隆之澤。廟貌丹青，神像金色。興工于丙戌，告竣于戊子。適有善士臨河陳永福、禄高升，郡人李潤滋、王訪箕、李國香等衆，虔心求吾懇作碑文。言念在滋，皆諸君天良發現，慘怛經營，不辭勞苦，了其終身之志願，倍增武都之勝境，萬古千秋，永遠不朽。今垂一文，爲叔季中流之砥柱，因援筆而爲之序。

郡庠生王室平薰沐敬書。督工：陳永福，李潤滋，禄高升，王訪箕，李國香

欽賜花翊總鎮階州營游府譚應春

欽加道銜階州直隸州正堂葉恩沛，葉趙氏、傅葉氏共施錢肆拾六千，大小木料一百三一根。

記名提督管帶鎮南軍右旂張得勝、把總王芝蘭本寺門前助香火地一塊種籽一斗。

欽加六品階州直隸州右堂戴尚志、王佩瑶北堤内助園圃八畦。

特授階州直隸州儒學正堂林含華、賀永春助清水坪地一塊，種籽一斗。

欽賜花翊宕昌世襲都閫府馬成烈、本鋪門面一間，磨坊一間。

計開捐資姓名開列于後：

狄河信士：　禄高升施錢十六千文，陳永福施錢五十千文，康登穩施錢三十五千文。鄧有德、金國元、路積善各施錢四千文。陳進鋭施錢四千文，李可貫施錢三千文，陳進連施錢一千文，孫滿福施錢弍千文。

階州信士：　李潤滋施錢十五千文，王訪箕施錢三十千文，李國香施錢□千文，拔貢張體先施錢四千文、唐崇典施錢四千文，羅焕文施錢五千文，韓樹珍施四千文，王室安施錢弍千文，石代星施錢弍千文，周汝南、李澍棠、荀現義各施錢弍千文，樊芳、王經邦、袁丕義各施錢弍千文。

木工：　王□喜。陰陽：　□□□。畫工：　□生□。瓦工：　梁□科。泥工：　鄭□□。住持：　道教□□。

大清光緒十四年桃月既望會信士人等仝感敬立

〔**説明**〕

碑存武都城北山之蓮花寺。碑高一五二厘米，寬七九厘米。

清光緒十四年（一八八八）王室平書。

一五五　南岑庵碑

趙一德

嘗聞山不必高，有仙則名；地不必大，有神則靈。然求其地勢雄壯，風景清奇，如治東南岑庵者，殊落落矣。夫庵而何以南岑庵名哉？蓋取其居南山之陽，寓峻嶺之上，象離正午之意也。觀其萬木千章，蒼茫秀麗，蔭濃環户，扶疏繞簷，天然是造物之闔闢，洞天福地也。遥岑遠水，地不廣而魁奇；翠柏蒼松，林不大而茂盛。仰視，則迢遰百尋；下臨，則峥嶸千仞。緑蔭交加，翠藹伽蘭之座；紅雲繚繞，烟鎖梵王之宫。弄晴之衆鳥唧唧，追風之燕雀雙雙。空山寂静，清曠無塵。信神降之靈壇，誠仙居之佳境。別有天地，勝絶第一也。但不知始自何人，創自何年，迄今遥遥千載，代遠年湮，人往風微，無迹可考矣。良因上古之人心渾穆，不知勒石刻銘以貽久遠，是以後世無稽也。然猶有古鐘存焉，上有字迹隱約可驗，披覽而後乃知：「大明嘉靖三十九年，趙蘭成功三載，甫就籍。」非鏘鐘，則趙蘭之功幾乎没世不聞矣。不幸于本朝光緒五年夏五月望二日，天災告凶，階文地震，棟梁頽壞，瓦礫粉碎，風雨飄摇，鳥鼠牙角。衆等睹此，不忍遭毁，闔莊商議，衆心唯一。于是卜期鳩工，仍照故址，石砌接空，重新蓋造。四圍寬廓，院宇深沉，畫棟雕梁，鳥革翬飛。沐金身之聖像，彩粉壁之仙靈。延及數載，告厥成功。衆議信士趙維翰、趙永福、趙晉分，隨緣募化，同結善緣。竊思王者有箴銘之典，草野有勒石之文，使不竪立碑記，恐震後造修之功，湮没不彰，與前轍同鑒。是以勒諸碑銘，永垂不朽，俾後之識者，一覽斯文而可知也，于是爲序。培功[二]：趙維翰。石功：周崇勤、周崇勳。

例授登仕郎補州右堂嚴亭趙應昂督工。階州庠生趙一德撰。

據川趙晉分書。

成功大頭人：　趙思文，趙思春，趙萬貫，趙永安，趙學庫

小頭人：　趙思敬，趙永讓，趙萬本，趙永貴，趙思利，趙榮昌，趙思奎，趙思樂

繪士：　趙永年，王青山。畫匠：　趙學庫。花名：　趙永傑（人名略）。主持：　趙萬世、錢一千。

光緒十四年歲次戊子孟夏月上浣之辰

衆姓勒石

［説明］

據武都郭維周所提供抄件録入。

光緒十四年（一八八八）趙一德撰。

［校記］

［一］功，與下「石功」之「功」皆當作「工」。

一五六　長燈序碑

劉寫如

（碑額）：　日　亘古常存　月

長燈序碑

執契人：劉景向，劉之瑚，劉企向，劉維謙等

傳帝不夜壇當建之初，即有長灯不舍晝夜，由帝婆心□世，勢不得不使然也。及神仙昌言書成，率由簡章者僅有數人，其餘皆置若罔聞焉。義臣龍氏心焉數之，曰：「此事若不早爲之所，欲其長久世世于此，可不□也。其道無由至，因而合家共議，將自立油房出舍于壇，爲長灯之資，奈斡旋首不得其人。越二載，一無所進。于是仝更將油房賣于司姓爲業，得錢五十六千文，侭數置爲田土，每年得租税之半，以凴供給。有所餘者，議得□□，庶令後世可繼續而行耳。但恐久而漫滅，種田者或瞞心昧己管理，或肥家沾潤身，有如此弊，必奪其紀算，更討其妻子家口以當之。

時光緒十八年刻著于石

買到大岩上地一条，籽二升，價一串二佰，屯糧六拾一。買到蒲池山水□灣□□□斡地二分，種子二斗二升，價錢五十四串文。三官赦屯糧六升，合（下缺）

生員劉寫如撰并書

出舍人：龍義臣（中缺）永得□□□户生員劉葆□書，仝立

［**説明**］

碑存武都區兩水鄉高家村文昌廟。碑高九〇厘米，寬五〇厘米。

光緒十八年（一八九二）劉寫如撰。

一五七　修清真寺歷源碑

佚　名

存目

［**説明**］

據政協隴南市武都區委員會編《武都歷史文化大觀》所載收録。《武都歷史文化大觀》云「（武都清真寺）光緒十八年建《修清真寺歷源》碑」，故存録。

一五八　王明道先生墓碑

朿文啓

（篆額）：春徽永著

大師長王明道先［生］

先生諱有緒，字贊臣，明［道］□□□。考《階州續志》，王鑒之裔，世篤忠貞（中缺）明道先生者即其□□□先生得天獨厚，禀氣最靈，孝友温恭仁篤（中缺）尋常，測其□矣。已幼，賦性穎異，因讀天方經，故未得卒業詩書，然于漢文經書，無所（中缺）晝齋夜禮，樂道甘貧。或有以常業責先生，先生輒不一語，殆所謂璿玉致美（中缺）也。若乃天人性命之理，尤兢兢以不得真傳爲憾。以故與友謝心乎先生自（中缺）庭，渠犁國，卑陸國，烏貪訾離國，無雷國，蒲類國，伊吾廬國，車師前王庭，焉耆國，龜兹國，□墨國。于

（中缺）水，訪友尋師，自道光至咸豐，閱十數年于此矣。及夫受真人之指點，學通天人，得明師之心傳，（中缺）大道，幸其在斯，而先生猶未敢私淑也。重游漢南，兩歷金城，于乎州郡之士，先生接之以（中缺）而愛人。所以纓□之徒，紳佩之儒，望形表而景附，聞嘉名而響和者，猶百川之歸巨海，群山之附（中缺）徒，講經弗懈，務使聖道歸于昌明，斯人躋諸正大。乃天壽乎格，享年八十有五，以光緒十九年正□□□□□□□□□，同教之人永懷哀悼，靡所置念，乃相與爲先生德謀不朽事，僉以爲先哲云亡，而德聲永綿者□□□□□□□□□而不樹碑表墓，俾芳烈傳之無窮，令德照于千古也哉！乃作銘曰：

龍江感運，風嶺發祥。哲人□□，□□□□。□□□夢，振彼聾盲。開來繼往，□□成良。明德通元，成已成物。獨得真傳，慎厥密勿。賢智親之，奉如圭□。（中缺）先生之學，幽浚如淵。先生之道，峻極于天。先生之品，良璧自全。先生之行，無黨無偏。嗚呼逝矣！怊惕□□。

誥授武翼都尉三品封典、鄉飲大賓劉開科，游擊職銜衛用守備馬際泰

欽賜藍翎甘肅寧夏鎮中衛營都司馬全，藍翎白河營中軍千總儘先守備劉珍，花翎儘先都司劉漢章，五品頂戴左營千總恩騎尉世職陳壽椿

陝西陝安鎮屬、漢中鎮屬把總（中缺）馬全恩、馬傑，從九馬棋

孝義營把總（中缺）世明。軍功：馬全美，馬耀珊

左營千總、辛酉科（中缺）泰來，王化德，介賓答洪鈞

城守營把總（中缺）清，軍功：馬紀成，答洪義

中營千總、丙子科（中缺）金保、賈□魁、馬騰風

賞戴藍翎左營（中缺）喜慶，軍功馬榮，海萬福
誥授武翼都尉、賜進士出身、前署孝義營都司哈元祥，武生馬負圖（中缺）馬合，馬風。軍功：馬文海
候選縣丞、興安恩貢生馬廷傑，候選通判興安拔貢生馬文兆，階州（中缺）書，階州學廪生馬步瀛仝
校閱
誥授五品封典、候選訓導、興安（中缺）歲貢生、教晚東文啓撰文。
丁酉科拔授階州直隸州學優廪生小門生花湛露書丹
大清光緒二十二年歲次丙申重陽月上浣，興安衆門人勒石，尹興文刊

［**説明**］

碑存武都區城關清真寺大殿一樓前臺簷下。碑高一五〇厘米，寬八四厘米。
光緒二十二（一八九六）東文啓撰。
著録：武都伊斯蘭教協會《武都伊斯蘭教史略》。

一五九　重修北堤碑記

朱宗祥

重修北堤碑記

州治之北有赤砂水焉，發源于宋川南坪，西流至草灘壩，會柳林□谷之水入高橋峽，漸折而東，兩山東縛二十餘里，始泛濫洋溢，循北山而下，爲北峪河。炎宋祥符間，太守李公鑿坻龍岡之麓，築土堤障，使南流入

白龍江。明洪武五年，建磚城。隆慶間，復建土城，包磚城于內，而以堤爲之保障。凡任此土者，以故莫不于此□［意］焉。第就□補苴，或東之大驟。一遇狂漲，小民登高而號者屢矣。

癸巳之冬，宗祥來守是邦，見李公舊堤低塌如綫，外有龍公堤及區，易諸公新堤較堅穩。而龍王廟以南、萬壽臺以北爲全河趨重扼要之處，單薄可危。李任前兩年所築攔水沙堤，又衝決爲患，經年修治，千餘緡盡付東流。宗祥乃持議，與老于此河者詳言水性、形勢及輿□□地之祻，爲之審利害，權擋力辨方位，度高下丈尺，別土性之宜，籌經久之費，創□□□□大水箭二道于二箭相距處，加高培厚，用純灰素土稱寸礙層築，下基入河底十尺有奇，以防搜刷之患。鳩始于乙未丙申八月既望，各三閱月而蕆事。首事諸君謀于衆，以不才此舉能捍災患，將鐫石以頌。宗祥敬謝曰：「此非牧民之事耶？矧以老病乞退未竟全功而去，胡頌爲？無已，其以原石志緣起可乎？」乃援筆爲記。記成，州之人□讀而歌曰：「南山蒼蒼，江水洋洋；我公之德，山高水長。」予因屬而和之，曰：「山蒼蒼兮水洋洋，斯堤永固兮尚增高而繼長，願守斯言兮毋相忘！」

欽賜花翎在任候補知府正任階州直隸州知州浙江秀水朱宗祥敬撰，郡廩生龍霖書丹。

保甲局兼管堤工紳士：廩生吕佩璜，生員姚謙，生員田兆豊

監修：紳士：王執中，生員王室平，生員符瑞，軍功王焕章

商民：郝登瀛，陳進鋭，羅緒賢，李滋潤

大清光緒二十二年，歲次柔兆涒灘季（下缺）

［**說明**］

碑存武都區博物館院內。碑高一五五厘米，寬一〇一厘米。

清光緒二十二年（一八九六）朱宗祥撰。朱宗祥，浙江秀水人，光緒十九年任階州知州。

一六〇　五符老公祖大人新修北堤立案歲修德政碑

郭維城

民之困于北河者久矣。光緒二十年，前州守朱公始于藥材行店，籌集款項，以爲歲修經費。次年，增築北堤，民賴以安。迄仲冬，朱公以疾去。今秋七月，關中符公來守此土，見殘黎之未蘇也，諸事之待舉也，慨然思所以補救而振興之。訪諸都人士，知北堤基址已壞，適當水勢之衝，堤將圮焉，乃增修新堤二十二丈有奇，高與朱公堤等。計費錢五百四十八串。是款也，乃前此堤捐乾没之數，而公之不避嫌怨、挺力清出者也。工既竣，士民等樂其款之實銷，而尤冀後來者之勤恤民隱也，合詞以堤捐歲修禀請，公允之，謹將立案批語，勒石如左：

欽加鹽運使銜候補府署階州直隸州正堂符批：據禀已悉。查北峪河堤，最關緊要。保城池，即所以保民命。近年官來督修，費亦不免濫用。堤脚雖壞，次經該紳等修理，而堤身未潰者幸而免耳，深堪嘉賞。惟歲修甚巨，本地無款可籌，不得不于藥商私抽項下籌出一半。創辦之始，前任朱公籌畫已定。所謂歲修者，原恐堤有損壞，每歲必修，不得存費以待來年。此項銀錢，民固不得妄用，官又不能霍挪。自今每年自九月起，由該紳舉報妥實富商熟識水性工頭，禀官計算，除應支外，以前有無存款，一歲所收若干，盡其所有，估計興工。總期費無虚耗，堤亦永固，以爲定案。

光緒二十四年歲次戊戌季冬之月立

郡人郭維城撰文。廪生龍霖書丹。貢生宗矩培、楊清藻，增生田兆豐，廪生王步雲，監生郝登瀛，從九李潤滋、羅進賢等監刻

籌款藥材行店：永盛店，天成店，長春豐，元順魁，永生泰，恒盛福，興盛福，興盛昌，大順店，同昌店，玉元店

［說明］

據武都區政協文史資料黨派群團委員會《武都文史資料彙編》（上册）録入。

光緒二十四年（一八九八）郭維城撰。

一六一　古洪化縣碑

洞泉野人

大清光緒歲次己亥七月

古洪化縣

洞泉野人勒石

［說明］

碑存武都區安化中學對面村子河邊地頭。碑高一一六厘米，寬六六厘米。

光緒二十五年（一八九九）勒石。

洪化，葉恩沛《階州直隸州續志》載：「洪化故城，在州東北。西魏置縣，屬白水郡，後周廢。即今之安化。」

一六二　重建關帝廟碑記

王執中

（碑額）：永垂不朽

重建關帝廟碑記

州城西門之外，舊有關帝廟。考之廟内殘碑，前明成祖時，郡人錦衣衛苟斌，購基創建。其後，隆慶、萬曆年間，又叠次重建。國朝定鼎以來，康熙、雍正二代，亦時嘗[一]補葺。遐稽古制，誠西關之勝境也。不意道光戊子季夏朔六日，北河暴漲，將堤衝壞，西關一帶，忽成澤國，而此廟竟蕩然無存。數十年來，父老目擊心傷，久欲動工，苦無資財。遲至去歲春，闔關同衆商議興廢舉墜，但工程浩大，一木難支。乃公舉頭目，沿街募化，集腋成裘，鳩工庀材，卜吉開工。仍即舊址，修正殿三楹，倒樓四間，戲臺一座，共費錢六百餘緡。内工兩廊，猶未動手，而闔會已財力俱竭，欲再籌款，萬難措置。幸逢幼履公祖權篆此土，闔關因聯名具稟，懇請將西關各店所抽歲修之款，撥入此廟，以襄善事。賴四行竭力慫慂，蒙批，准如所請。旋出諭貼，以東西關歲修一款，一半歸公，一半歸于廟内，作爲香火之資。自有此款，銖積寸纍，由少成多，而内外諸工，不難次第完竣矣。是舉也，雖有所因，不啻乎創！微公祖之力，幾半塗而廢，卒無以落成。諸首事感戴不忘，特勒諸貞珉，以志永垂不朽云爾。布行：信成公，恒盛福，天益隆，瑞盛聚。

賞戴花翎、候選道調署階州直隸州、特授武威縣正堂大計卓異張廷武

候選知縣、乙酉科舉人王執中敬撰

郡增生杜蔚英沐手書丹

會首督工頭人：羅寶善，郝登瀛，羅秉乾，戴振西

光緒三十年歲次閼□□□□□之月上浣穀旦，□□□鐫字

［説明］

碑存武都西關小學院内。碑高五五厘米，寬一〇一厘米。

光緒三十年（一九〇四）王執中撰。

階州城舊關帝廟，葉恩沛《階州直隸州續志·祠祀》載：「在城南。崇禎間知州王詢建。一在所城門闉内；一在城西門外。明萬曆間，鄉人苟將軍建。一在州署，一在龍山寺下，一在州西八十里角弩峪，州守葉公重修。」今俱圮。

［校記］

［一］嘗，當爲「常」，碑誤。

一六三　重建羅氏家佛殿碑

郭維城

《禮》曰：「士祭其先。」故家之有宗祀，禮也。其宗祠而崇奉羅氏，旁及他神。名爲「家佛殿」者，在《禮》雖無，亦仁孝之流，爲善思者也。州城北有羅氏家佛殿，其偏舍祀晏公。晏公，江河間御水之神。祠在北河褆[一]内，是以祀之，即以江西原籍始遷祖配享焉。嘉慶十七年，其後之人監生士倫、佾禮、萬禄等，增建三楹，祔始遷祖以下三世主位，又擴門垣而大之。道光八年，被水坍塌，僅留正殿一座。同治三年，復燬于

兵燹。有俊秀緒賢者，建屋一間，而未蕆事也。光緒五年，地震傾圮，祇嘉慶間其外孫邢君澍碑記巍然獨存。今其族仁厚長者，尊賢之嗣君景雲，純孝之性成，克纘前光，不忍先澤之終湮也。創始兩楹，奉佛像及晏公，設羅氏歷代木主，其繼述之志，將以次漸舉，悉仍舊觀，以俟賢嗣踵走。墓田祭器，在在舉興，用以丕振羅氏之家聲也，不其懿歟？□于清明之前月，將聚族人修祀事，序昭穆，上懷祖宗之澤，下聯同姓之親，吁！可以風矣。景雲早孤，家貧不能自給，棄學之賈，藹然仁孝。祠成，問記于余，書之用彰厥美云。

乙酉科選拔、辛卯科舉人、大挑知縣同郡郭維城敬撰

藍翎守備升銜前代理階州營把總同郡雷國棟敬書

計開户内官地數目于後：

趙炳于乾隆六年正月十六日，向羅聖典、羅林租去馬嘴石岩坡地六垧，大壓地二垧，大坡里地壹分，上溝里地壹分，劉家山地壹分。仝中人漆玉林、漆濟庵言明，每年承納麥豆官斗壹石弍斗，外收租錢弍串一文。又仲家坪秋地壹垧，所獲租糧以作每年清明祀祖祭祀之費。每年官糧輪流催收完納。

闔族羅焕文，男，國安；羅建章，羅心明，羅云雲；耳孫景雲勒石

大清光緒三十四年五月吉日立，尹興文、尹興武鐫

［**説明**］

碑存武都區城關鎮中山街竹集巷九六號邢澍第八代孫邢果家中。碑高一二七厘米，寬六二厘米。

光緒三十四年（一九〇八）重刻羅氏家佛殿記碑時鐫于該碑碑陰，郭維城撰。郭維城，階州人，光緒乙酉科選拔。

一六四　王夫子大人德教碑

曹建章

大清宣統元年歲次己酉清和上浣穀旦

皇清敕授文林郎、截取知縣、乙酉科舉人建卿甫王夫子大人德教碑

門婿、郡廪生曹建章題額

門人、己丑補行庚子恩正科劉士猷篆額

門生：（以下名略）

［説明］

碑存武都區柏林小學西約一百五十米處馬路邊地頭。碑高一六五厘米，寬九四厘米。宣統元年（一九〇九）立。曹建章題額。

一六五　袁氏先代事略碑記

劉士猷

碑陽

（篆額）：　袁氏先代事略碑記

袁氏先代事略碑

今上御極之秋八月，郡治西五里龜崖之麓，江水湧，古碑出。視之，宋慶元間，郡守袁桂「樂化庵記」也。桂，吾友袁金玉始遷祖。金玉既糾同人舁置萬壽寺。因念袁氏家譜失，此碑没于地下將近千年，不惟子孫不知，郡志亦不載。今一旦湧出，千六百餘年之故事，恍如昨日。斯知歷久不滅，雖簡册猶遜瑱珉也。于是蒐輯自桂以下至于近世先人逸事，凡萬餘言。將泐諸石，俾予爲之點纂。辭不得，乃略爲詮次如此。其辭曰：

袁氏之先弘農，華陰人，漢大將軍紹後也。南北朝時，紹雲孫蒙，自陳留徙華陰。數傳後，子姓顯且多，爲邑望族，自唐迄宋不少衰。慶元元年，有袁桂者，以名進士通判同谷，旋除階州牧，是爲階州袁氏之始。先是，桂居同谷數年，政通人和，百廢俱舉，同谷民悦之，有「指日高遷，毋違我境！」之祝。桂聞而笑曰：「天下寧有是耶？」既而賜紫緋魚袋，權守階州軍州事。詔既下，或謂之曰：「今竟何如？」桂笑頷之。其上下情睦如是。桂臨去，同谷父老攀轅泣請來期。公曰：「是誠不我由！然我詎忍棄汝？後將家于此。」則别無幾時，而不别者期而長矣。」于是父老數百人送公達階境。公既至階，會三月不雨。公即禱于梓橦帝君。越夕，雨如繩澤下尺。邦人大悦，謂爲「隨車雨」。迨季夏，數有譌火暴漲，惟千里焚溺是懼。公一禱于七曲行祠，效如桴鼓。非精誠所集，顧如斯乎？在郡二年，惠政時有。惟北溪之患，城堤屢潰。公既修葺完好，謂郡人曰：「是非人力之所能支，七曲文昌職水府都曹，盍築『英顯祠』爲一方保障耶？」民皆曰：「諾！」鳩工庀材，建祠于龜山之麓，用祀梓橦帝君。又于祠之左修「樂化庵」，以爲衆仙宴集之所。工既成，帝君門下仙官張濟之爲之序，公親跋其後焉。時慶元七年辛酉歲事也。明年，嘉泰改元，公仍回同谷。自公有是舉，北溪不爲患者四十餘年，民賴以安。公生二子，長曰龍，次曰鳳。龍娶天水聶氏女，鳳[二]同谷卞氏，緣公有家焉之志，二女皆不欲東歸，遂居仇池之陽。時金夏方多事，公嘗謂二子曰：「但讀書耕田，世守勤儉，爲國良民足矣。幸勿浮沉宦海，斷送老頭皮！」後終于官，子孫世守是語，不肯出。傳數世至啓祥，生而穎異，嘗讀《貨殖傳》，語人曰：「孰謂富貴不可求，但患無術耳！」既長，學小負販，行輒贏。既聞武都棉業可圖，往屯于郡北五十里之宋川，大權子母，不二十年，富埒王侯。乃自仇池徙居是土，既而丁財兩旺。地以人傳，今之袁家壩所得名也。啓祥既講致富術，故子孫益喜推廣。郡設市肆，鄉置田莊，農商各業，極一時之盛。至嶠，生五子，曰芝、檀、堉、喦、傑，袁氏大枝之所分也。檀、堉俱名諸生；喦、傑入監國學。芝早逝，無嗣，以堉子楷兼承祧後。檀、喦子亦無子，獨楷多男，轉嗣二家。故今之袁氏名分五枝，實莫由知其某出某系者，以互爲人後，譜失莫考也。雖然，自堉而下，子孫螽衍，門第椒繁，家譜雖失，口碑猶在，輩接相傳。當明末國初時，稱明經者二人，曰丙華，曰偉。食廩膳者一人，曰氣正。列膠庠者六人，曰大化，曰安世，曰延年、延鄰，曰江，曰建武。據稱偉善書翰，購得者價擬鷄林。丙華邃《易》，貫串九家之學，以善卜聞。甲申之變，闖逆陷階，郡人有藏鏹者，倥偬間忘表志。寇退，周索莫得。詣公筮之，卜秦詡兆，曰：「金食其墨，而火以貴其藏，值丑，在道之右，南有杵臼，冢土是守，舉之舁之，庶幾其有。」明日，于屋街旁土壅古春下獲之。諸如此類，不可殫述。後先生與大化、安世聞明鼎革，北向泣數日，勸之不食。一夕，俟家人寢俱，自經，郡志漏書，憾哉！江、建武在明季，俱以冠軍列郡庠，與年齡等，時以義氣相尚。先是，偉人卜知明運將終，聞諸父昆弟藉藉議後事，乃集而詢之，曰：「萬一燕都破，將如何？」皆曰：「殉之！」偉人曰：「不可！吾家世受國恩，現四代九人，固云厚矣。但若輩皆未有嗣續，若盡殉之，無補于國，而有害于家，不孝之忠，容何取焉？今日之議，除老夫與大化、安世，不能旋踵！餘皆惟我言是聽，勿爲匹夫匹婦之諒可矣。」于是諸人乃不敢復言。比國朝開科，年齡、建武皆懷才不試。友戚或勸之，但曰：「人各有

志，吾祖

（接碑左側）

有明訓，行將顧此老頭皮。」值歲大祲，人相食。江、建武先與家族富人約，盡出所積穀，先施户族貧民，次鄰友戚里。不給，貨于里之富人。又不給，乃購驢驘數十頭，次第運諸鄰境。以故里之貧民得無恙。袁氏由此名益譟。禀生氣正，堉之曾孫也，性和順，好義急公。其父希哲擁巨資與人，不追悔。氣正繼之，遂有孟嘗風。與里人蒲仲文子善。文子貧而好學，氣正嘗厚遇之，文子不可，曰：「吾非遠于情者，君總不言，吾何可常也！行將效君平談休咎，日得數十或百錢，即可鼓腹而歌，請再勿以爲念！」氣正時因問卜者厚其讎。文子怪之，曰：「是必袁公之教也！」卜人笑曰：「然！」文子曰：「吾不能以日用纍故人。」遂挈其妻子去。氣正留之不得，然終身未嘗有德色，里人因是多二公焉。康熙間，郡守欲割氣正地廣聖廟，氣正慨然與之，不受值。守以其事聞，大憲義之，俾以庠生世襲。男鳴珣，即世科。孫紘，曾孫裔傑即步熊，皆雍乾以來庠生也。嘉慶間，案燬兵燹，得不襲。道光末，學正劉訓導王以氣正九世孫繼富、十世孫丕光襲之。然善繼無人，故至今闕如。今可以承先志者，其惟金玉乎？金玉，氣正十一世孫也。性孝友，家貧，學書不成，棄而爲吏，漸稱小康。篤因果，好濟施，又旁通純景[二]青囊、叢辰、建除之學，簡樸自好，嘗自著書，創家譜，敘祖宗德澤，命曰「世業箕裘」。其所以展孝思者，已可見矣！兹又垂顯刻昭示來許，不謂之孝思得乎？贊曰：

袁自陳分，年經四千。偉人代出，世澤綿綿。雲礽金玉，克念闕先。繼述之善，裕後光前。泐諸片石，億萬斯年。

揀選知縣、辛丑補行庚子恩正科舉人階州高等小學堂教習劉士猷撰
欽賜花翎、在任候補府特授階州直隸州正堂隆泰
賞戴花翎、特授中衛縣調署、階州直隸州正堂張心鏡同鑒定。署理階州直隸州事兼營務處提調即補直隸州正堂譚焯校正
大清宣統二年正月穀旦，藍翎守備銜儘先拔補千總、前署階州營把總雷國棟謹書
宣統三年八月己酉泐立，尹興文、尹興武鎸字

碑右側

袁氏文廟世襲部照文

至聖廟世襲國子監學，録孔爲世襲禮儀事，奉太子少師襲封衍聖公府札。付前事，照得世錯皇朝爵命，專重至聖廟祀，而廟祀尤以禮樂爲先，欽定春秋丁祭。凡有文廟，八籩八豆，舞用六佾。供用人數，例選民間讀書子弟，或世襲蔭生，俱照生員一體優待，舊例有案。恭逢聖駕幸魯至聖廟，祀典益前代。理河南道監察御史趙，江南學院李，前後疏題禮部等衙門議奏，奉旨依議，欽此，欽遵，等因頒行天下在案。今順治貳年拾月拾伍日，階州因州衙修理監禁，占廩生袁氣正空地壹所，長貳拾壹丈伍尺，闊肆丈伍尺。武衙修理箭道，占袁氣正地基壹所，長壹拾貳丈伍尺，闊陸丈肆尺。又順治拾年伍月拾叁日，新建文廟學宫，占袁氣正房基并園圃壹所，令儒學丈明丈尺，周圍占壹百捌拾柒丈伍尺。遂就明堂基址并堂前空地壹所，東至長流水，南至談秀才園牆、樊忠房牆并寺後房牆爲界。餘叁斗陸升叁合大糧未除，以至聖世襲國子監學額，具詳題明禮部會同議奏，

奉旨依議，欽此，欽遵，等因轉行給札。爲此札，付本生袁氣正收執世襲。每逢春秋貳季，赴文廟隨班執事，不得遺誤。該管府廳州縣衙門，以後俱以生員一體優待，編審之際，豁免差徭，里役人等不得妄害。倘有前項等弊，許該生執札赴該管衙門呈稟究處，庶不負皇朝崇隆禮樂而重世襲之至意。須至付札者，右札付廪生兼世襲袁氣正，准此。

康熙肆拾柒年拾貳月拾柒日

札付

候選州判己酉科恩貢生王步雲鵬程氏校勘

碑陰

（隸額）：制我祖行光昭茂緒

州治下北渠袁母王太孺人節孝坊記略

族孫金玉自記

乾隆間，族有袁文學者，配王氏。夫婦均以孝聞。既而文學早世，遺孤曰恒。王氏時年二十一。父母慮其幼，欲嫁之，王氏執不可。家貧，冬夏紡織，上事舅姑，下撫弱子，雖至親，不得見其面者三十有九年。恒既成名，厥孫繼昌、繼先亦讀書有進。戚鄰感其母之苦節，爲之請于甘藩司王文湧題奏，奉旨以「大節顯揚」四字建坊旌表焉。吁！若王氏者，固吾家之光，亦鄉里之榮也。第恐坊有時而坍，則大節終于不顯，金玉特于先代事略碑附記數語，俾潛德幽光，永垂不朽云。

袁氏派行序

粵自黄帝正名百物，凡天下之物皆有專名，飛潛動植，各以其類，而後無混淆之虞。物固如是，人亦宜然。祖孫父子，各以其派，而後無侵複之患。孔子論衛政，曰：「必也正名乎？」其旨微矣。吾鄉袁氏，望族也。自始遷祖桂至中葉氣正，凡十餘世。其譜既失，其行派遂不可考。自氣正至于今刑科典吏金玉，亦十餘世，其間雖有「孔、鳴（或作銘）、紘、生、忠、登、文、繼、丕、金」十字之派，然皆信手占[三]來，毫無義例，不可爲訓也。今年春，袁氏族人有兩「廷棟」者，因互混錢糧，被催租人稟揭。金玉爲確查而講和之，始知「廷棟」與「廷棟」爲祖孫行，糧爲孫之糧，而誤混于祖焉。因思袁氏族繁户巨，行輩有遠至六世者，若非創立宗派，任其各自命名，不惟侄占叔、孫侵祖夢焉。罔知且恐混糧之弊，不祗一「廷棟」已也。金玉乃于清明日，聚族人而約之，皆曰：「諾！」始請于予而立派焉。予念袁氏望出于陳，陳乃舜後。因以「光華欽虞治，功名振舜裔。德政朝廷重，仁風黎庶楊」二十字命之，俾自丕金以後始。又于中堎一户以「上懷祖澤，遠聯同支。顯謨承烈，慶衍螽斯」十六字命之，俾自德保以下始。今金玉將列諸譜，昭示來許，因略述其原起如是。

大清光緒二十五年秋八月，郡貢生邢維屏潘臣氏撰

五門派名：

嶠生五子，曰芝，曰檀，曰堉，曰碞，曰傑。氣正生五子，曰鳴瑄，曰鳴珣，曰鳴瑽，曰鳴瑲，曰鳴瑜。益秀生五子，曰銘傑，曰銘誠，曰銘基，曰銘義，曰銘魁。

芝門：生員袁孔裕，農官袁鳴琯，袁繼信，袁繼順，袁繼生，袁繼蓋，袁丕林，袁丕輝，袁金潤，袁金珋，袁金瑶，監生袁光模，袁銘傑，袁德運

檀門：生員袁孔祥，生員袁鳴瑜，世襲袁銘珣，袁銘瑽，世襲袁紘，文縣守禦袁裔傑，陰陽袁繼志，袁丕庫，袁丕榮，水師袁金瑠，袁金琉，袁金琀，袁金琅，袁金琁，袁金玐，袁金琨，袁金瑚，袁金瓚，龍鳳名山功德主袁金珩，典吏袁金玉，袁金瑶，袁金珹，袁金璜，袁金珀，袁金玬，袁光運，袁光興，袁光照，袁光雨，生員袁銘誠，袁德應，袁鳳祥

堉門：生員袁鳴瑢，袁丕章，袁金玘，袁金瑰。袁金瑝，袁金玥，袁金玥，袁金瑲，袁金琇，袁金瓓，袁金璭，袁金璺，袁銘基，袁德鈐

碞門：袁鳴瑲，袁繼孝，袁繼第，袁繼英，袁繼福，袁丕硃，袁銘義，袁德承

傑門：生員袁鳴瑾，袁丕砎，袁丕磚，袁丕磅，袁丕磁，袁丕礫，袁金瑸，袁金璊，袁金珪，袁金琚，袁金瑠，袁金琉，生員袁銘魁，袁德磘

附泐：

先代事略碑既成，吾子孫歲時流覽，亦可以少展孝思。兹更有記者，祖宗丘墓，散見于各處，如氣正墓在水子山青山廟右一里許，附生鑑清之秋地内，尚有碑記可查。其他如舊城山、接官廳、大莊頭、魏家坡、柏林寺、溝門、扇子溝、門前嘴兒、上張溝里、砟子上等處，均無碑記。誠恐代遠年湮，子孫或如數典之忘，故逐一附此，庶寒食拜埽，不至有鄒曼氏之問云。再始祖「樂化庵碑」，成于大宋嘉泰元年己酉，没于地下，後見

于大清宣統元年己酉，今此碑石，亦得于宣統二年六月己酉。故其立也，即擇用明年八月己酉。嗟乎！祖宗遠矣，己酉成者復于己酉而見，故己酉得者即于己酉而立。是其間殆有莫之爲而爲者？不然，何相遇之奇也？因并附數語，後之覽者，其將有感于斯文。

嗣孫金玉自記先母談孺人行狀

柱臣再書

先母在日，家貧，晝耕夜績，未嘗稍暇。生金玉兄弟姊妹各三。嘗謂父曰：「若輩何時成人，得享安閒耶？」今金玉奉養有資，而母不我而待！嗟乎！此所謂子欲養而親不存，痛哉！

金玉自志。門生李國權子衡氏勷趙瀛洲海珊氏校

［説明］

碑存武都區柏林鄉袁家壩。碑高一七八厘米，寬九一厘米。四面刻字。

此文碑陽、碑左刻于宣統三年（一九一一），劉士猷撰。碑右刻康熙四十七年（一七〇八）賜札，從字體來看，與碑陽、碑左所刻似爲一人，當亦在宣統三年。碑陰既有袁氏後人袁金玉自記之文，又有邢維屏所撰文，時間爲光緒二十五年（一八九九）。今以碑陽所刻時間置于此。

［校記］

［一］「鳳」下當脱一「娶」字。

［二］純景，當作「景純」，謂郭璞也。

［三］占，當作「拈」。

一六六　夫子家訓碑

朱柏廬

夫子家訓

黎明即起，灑掃庭除，要内外整潔；既昏便息，關鎖門户，必親自檢點。一粥一飯，當思來處不易；半絲半縷，恒念物力維艱。宜未雨而綢繆，毋臨渴而掘井。自奉必須儉約，賓客切勿留連。器具質而潔，瓦缶勝金玉；飲食約而精，園疏愈珍羞。勿營華屋，勿謀良田。三姑六婆，實淫盗之媒；婢美妾嬌，非閨房之福。童僕勿用俊美，妻妾切忌豔粧。祖宗雖遠，祭祀不可不誠；子孫雖愚，經書不可不讀。居身務期質樸，教子要有義方。勿貪意外之財，勿飲過量之酒。與肩挑貿易，勿占便宜；見貧苦親鄰，須多温恤。刻薄成家，理無久享；倫常乖舛，立見消亡。兄弟叔侄，須分多潤寡；長幼内外，宜法肅辭嚴。聽婦言，乖骨肉，豈是丈夫；重資財，薄父母，不成人子。嫁女擇佳婿，無索重聘；娶媳求淑女，勿討厚奩。見富貴而生諂容者，最可耻；遇貧窮而作驕態者，賤莫甚。居家戒争訟，訟則終凶；處世戒多言，言多必失。毋恃勢力而凌逼孤寡，毋貪口腹而恣殺生靈。乖僻自是，悔誤必多；頽隳自甘，家道難成。狎暱惡少，久必受其纍；屈志老成，急則可相依。輕聽怨言，安知非人之譖訴，當忍耐三思；因事相争，焉知非我之不是，須平心暗想。施惠勿念，受恩莫忘。凡事當留餘地，得意不宜再往。人有喜慶，不可生妒嫉心；人有禍患，不可生喜幸心。善欲人見，不是真善；惡恐人知，便是大惡。見色而起滛心，報在妻女；匿怨而用暗箭，禍延子孫。家門和順，雖饔飧不繼，亦有餘歡；國課早完，即囊橐無餘，自得至樂。爲官心存君國，讀書志在聖賢。守分安命，順時聽天。爲人若此，庶乎近焉。

［説明］

碑存武都區城關清真寺大殿一樓前臺簷下。碑高一六五厘米，寬七二厘米。清朝時立。夫子指朱柏廬（一六二七—一六九八），清初江南昆山（今屬江蘇）人，名用純，字致一，自號柏廬。明生員，清初居鄉，教授學生，專治程朱理學，提倡知行并進，康熙時，堅辭不應博學鴻詞科，其《治家格言》世稱「朱子家訓」。另有《大學中庸》講義，《愧訥集》等傳世，後人尊稱朱夫子。朱柏廬雖明末清初人，但此文刻録時間應該較晚，姑置于此。又此碑文與世傳家訓略有不同，因世所多見，不俱出校，仍保持原貌。

著録：武都伊斯蘭教協會《武都伊斯蘭教史略》。

一六七　禁免春擡示

佚名

爲出示勒石，永遠示禁事。竊查階州每年于迎春時，州城各行辦高擡社火七十二擡，隨官同赴東效往迎，以壯觀瞻，此向規也。迨後民力不逮，官索不已，各行僅辦一二十擡，餘爲折價，每擡折錢一二數百文不等。而所折之價，事後于城鄉居民，紛紛索派，動以千緡。名爲交官，實爲中飽，習俗已久。本州于癸未春來守是郡，詢悉情僞。查所謂高擡者，以丈餘木桿，縛小兒女于上，飾以彩衣，裝演成劇。時值隆冬，小兒不堪其苦，且索取折價之輩，假公濟私，每因此口角争嚷，滋生事端。噫！迎春何事？勞民傷財若此！爲民上者，何爲以有限之脂膏，飽無窮之欲壑，作無益而害有益耶？正深測[一]然，適戴吏目尚志稱據，各行户以負纍不支，紛紛祈懇求豁免斯役前來。夫階州自兵燹凶荒而後，益以地震，民間異常瘠苦。正思補救無術，矧以區區有益民生之事，而不俯順輿情，爲之示遠裁禁耶？除牌示立案外，合再勒凱示。嗣後有人再于迎春時妄請演高擡社火、滋纍閭閻者，即照違律治罪。事雖細，而所全者大，後來君子當與有同心也。特示。

［説明］

據葉恩沛《階州直隸州續志》録入。

著録：葉恩沛《階州直隸州續志》（曾禮、樊執敬校點本）。

［校記］

［一］涮，似當爲「惻」。

一六八　修兩水河堤示

佚　名

爲出示勒石，曉諭以固堤工而垂久遠事。照得本州，前據兩水里頭人等稟稱，該里向有河堤一道，地土民房皆資保衛。近因山水漲發，損壞堤身，懇請設法補築前來。本州查捐款培修，易于流弊。面諭該頭人等，于本處居民，按地畝之多寡，止準攤夫，不準派錢，令親信家丁監其事。民皆踴躍，越兩月而告竣。然美則美矣，而成功于此日，尤不能不防患于將來。特行刊示曉諭，爲此示，仰居民人等知悉。嗣後，誠恐山水衝損，務宜按照前規，派夫合作，隨時補葺，庶足以資堅固而期久遠。該頭人等，不得置身事外，漠不關心；爾居民等，亦不得違抗不遵，有負本州厚望之至意。毋違！特示。

〔説明〕

據葉恩沛《階州直隸州續志》録入。

一六九　清涼寺産業碑記

佚　名

（碑額）：常□□

凡事有以創始于前，可無以善後？故勒石志事，非徒□詡揚功德，實欲後之人□□繼之，俾其永存也。武邑之東，出郊數武，有清涼寺。其創建不知始于何代，而其後重建整飭年月日時，已經勒諸碑石，班班可考。最可憎者，殿宇雖已輝煌，而産業無有。□□□僧，無資香火□□因趙守榮等，約束數人，同□一心，每□□□納□十文。經營多年，由小及大，始置到郭興明後山裏大条地一塊，東依郭家地，西依古路坡，南依坡，北依□隆地，□□價值一十二千文，糧三升。又置到郭廷朝後山裏坡□□条地一分，東依郭家地□□，西依□□大埈，南依大埈，北依郭家地爲界，價值一十二千文，外酒食錢五百，糧三升。又置秋地，陳君儒司家垻有条地一垰，東依潘家地，西依王家地，南依魏家地，北依王家地爲界，價值六千文，外酒食錢三百，糧一升七合。又置何文奎河邊地□□，東西□依齊家地，南依大河，北依□家地爲界，價值□千文，糧二升九合。凡此數糧，俱記在郭□里郭（中缺）不可傳，敢言功德哉？（中缺）淺見寡聞，不能成文，乃記諸碑，以爲千古不朽云。

郭（中缺）郭邦功（中缺）縣丞郭□宰（下缺）

一會信士：趙守榮，男趙□、趙儒、趙□，李丹梅，男□□榮。李鳳林，男李仁。宗玉璧，男宗□。

住持：福□，弟□□。柳林石匠：朱□刊刻。（中缺）朱成勒石

［説明］

碑存武都區東江鎮趙家坪清凉寺。碑高九六厘米，寬五六厘米。時間不詳，似爲清碑。

一七〇　將軍石

佚　名

將軍石

［説明］

武都陸開華提供拓片。年代不詳。原刻于漢王鎮通往萬象洞的白龍江中一巨石上，後因修橋，巨石被炸，字損毁，幸有拓片存世。

一七一　龍鳳山碑記

佚　名

存目

［説明］

碑存武都區馬街鎮官堆村後宣陽山真武廟。碑高一〇八厘米，寬五二厘米。

似爲清碑，具體時間不詳。

一七二　西亭南樓碑記

佚名

藥王洞勝地也，奈去歲秋雨連綿，殿後北山崩其一角，以故山門蕩然，諸處瓦解。其何以妥（中缺）同心募化，協力興修，行見金身煥彩，素壁生輝，洞門屹立。來爽氣于西山，旗杆雲連；作（中缺），永妥俎豆，偕香積長新，其斯爲武都之大觀矣乎？而登覽者，每以西亭狹隘，咸以不建（中缺）于建樓，難于護持無人耳。適監生郭維屏施東關稻地三塊，額糧斗半。會首齊上達等（中缺）金□置到案家山地三塊，糧一斗，庶足以養僧人、供香火而勤護持矣。因建南樓三間（中缺）初吉，蕆事于清和首夏。結空中之樓閣，錦山屏風；啓天外之窗櫺，江城如畫。凡騷人（中缺）把酒臨風，或登高作賦。登斯樓也，得毋有遥吟俯唱、逸興遄飛者歟！雖然，物之成毀係（中缺）之短［一］垣破壁也。所貴後之君子踵事而增華焉。□斯樓之建，將與（中缺）爲記。

［**説明**］

殘碑存武都城關鎮南山新藥王廟。碑高九四厘米，寬五六厘米。似爲清碑。

［**校記**］

［一］短，當作「斷」。

一七三　藥王洞摩崖

福地洞天

［説明］

據政協隴南市武都區委員會編《武都歷史文化大觀》所載收録。摩崖位于角弓鎮陳家壩仙人崖朝陽洞裏藥王洞右側懸崖洞口上方。

一七四　白雲菩薩洞碑記

佚名

存目

［説明］

據政協隴南市武都區委員會編《武都歷史文化大觀》所載收録。碑位于角弓鎮陳家壩仙人崖朝陽洞裏白雲菩薩洞窟内。

一七五　瑶池宫題記

佚名

瑶池宫

天上人間

〔説明〕

據政協隴南市武都區委員會編《武都歷史文化大觀》所載收録。題記位于角弓鎮陳家壩仙人崖朝陽洞瑶池宫。

一七六　琵琶寺碑

佚名

存目

〔説明〕

據政協隴南市武都區委員會編《武都歷史文化大觀》所載收録。

一七七　柏林寺碑

佚名

（碑額）大清（以下漫漶不清）

〔説明〕

據政協隴南市武都區委員會編《武都歷史文化大觀》所載收録。中云此碑存磨壩鄉磨壩里村柏林寺内，「文革」中遭破壞，除碑面頂端「大清」二字可辨外，其餘字迹漫漶不清。

民國

一七八　劉士猷墓碑

劉元凱

（碑正中）：前清敕封文林郎、晉封奉政大夫、截取知縣［銜］□□□顯考允升□□大人之墓

凱之先，隴□人。始祖長武，于天啓間，以□戎陰平。子啓詳，以明經爲武都廣文侍隴□，遂（中缺）遷焉。擇牛眠□域，載之郭家坪。因（中缺）匪之亂，避于西鄉高家村，以田園所在，乃世居之（中缺）始遷祖于村北苜蓿（中缺）餘（中缺），故族人致祭久之，以途遥漸疏，久之，疏愈甚。後起者竟不知郭家坪之有祖塋也。庚子（中缺）先考登賢書，太守張公以人士矜式之，故敦請主講。後居（中缺）每逢佳節，又携凱輩降谷陟山□覓先人（中缺）餘年而弗得。癸丑正月，復領凱輩尋之郭家坪，于雷（中缺）田中，見二三□塚，往視幢碣，則□□張太君之墓。孫延，元孫鳳，石輿□五世祖也。始知十餘年尋不獲之祖塋（中缺）先考有疾，日臻彌留，顧謂族長（中缺）皇考妣及孺人王氏之墓，皆□□郭家坪（中缺）尋卒。時，凱詣（中缺）［大清同治六年丁］卯生，卒［于民国二年］，年四十七。嗚呼！（下缺）

中華民國（下缺）

［**説明**］

碑存武都區東江鎮郭家坪。碑高九〇厘米，寬四六厘米。

劉世猷生于清同治六年（一八六七），卒于民國二年（一九一三），碑立于一九一三年或稍遲。碑文中言年四十七，則生于丁卯（一八六七）無疑，新編《武都縣志·人物》以爲生于一八六五年，誤。由碑文中「顯考」之稱謂及「又携凱輩」等措辭可知碑文由其子劉元凱所撰。

一七九　龍鳳山真武大殿石獸柱文

石重得

（左石獸柱）：　民國壹拾三年龍鳳山四會仝立

（右石獸柱）：　石匠石重得

［**説明**］

石獸柱存武都區馬街鎮官堆村後宣陽山真武廟大殿前方，爲左右一對。民國十三年（一九二四）石重得刻。

一八〇　靈應宮碑

宗巨培

（篆額）：　靈應宮碑

□贈子安賈老先生大功德主懿行序略

子輿氏云：「仁言不如仁聲之入人深也。」夫仁聲之昭著，在公卿大夫猶易而得之，縉紳先生良難。如先生，竊灑然異焉。先生弱冠知名，以功舉二尹，不求仕進。居恒，急公好義，活族施貧，猶留心寺觀，爲檀越主廢興墜舉無算。培竊謂縉紳之族封植者何限，胡鄉里善人之稱不獲一覯也，豈今異于古所云耶？若之何僅于先生見之？先生其古之人哉？月圓川舊有靈應宫，堂構壯麗，其靈大著。光緒己卯夏，地大震，廟貌傾圮。會首等即欲卜遷，惜少檀越以倡之，不果。先生適因地震，率妻孥家于兹，以身任之，慨然曰：「事苟可以妥神靈，敢不竭力襄事乎？」即捐資十金而開風者。都作蔡郎琴，伴客桓氏，笛中人也。乃經之營之，兩村攻之，凡金木陶污人，咸取决于先生，猶不時指揮奬勵有衆，雖竹頭木屑，無所棄焉。是役之方興也，值觀察葉公來守是邦，先生又道靈爽之異，明德而奠者再藉，非先生而謂公以命世英荀秉鈞重猥以屈大車之威乎？迄于今，賡作廟翼翼，咏既成藐藐。微先生，何以輪奂巍峩、期月蕆事哉！會首等于頌觀察外，竊訪華封軼事，祝先生以三多焉。培與先生爲忘年交，今聞輿人之誦，愈見仁聲之入人深也。不然，天下令聞廣譽之榮，造物不輕予人，何先生若固有之？培不敏不克，肆好其風，以贈先生，姑即習見者道之而已。先生之功，殆將與此廟終古云。

郡貢生宗巨培敬撰。優貢生蘇藴芬書額。清守備銜前署階州營把總雷國棟敬書

大功德主清五品銜候選縣丞賈奠川，仝子武生葆璜、葆琳，貢生葆璠、葆璵

光緒九年遷修廟宇大功德首事人：宗興常，宗于懷，宗興田，宗禮，宗德，趙權，趙廷選，苟明德。陰陽：宗懷珍。泥工：任師。木工：宗懷仁，宗懷智。畫工：李永昌

民國六年創修戲臺大功德主宗殿榮，宗履清。首事人：宗子垣，宗連擂，宗多敏，宗顯榮，宗有魁，宗忠，賈士瀛，李華，宗攀富，宗懷林，宗履章，宗子義，李時唐，趙登俊，苟有德，曹義。陰陽：張崇德。

木工：宗殿義。泥工：羅師。畫工：陳佩琚

中華民國十六年三月。廟主：宗多學。石匠：曹樹青

［説明］

碑存武都區漢王鄉麻池村靈應宫。碑高一三〇厘米，寬七〇厘米。

民國十六年（一九二七）宗巨培撰。

一八一　明故大善知識端竹大士脱化碑記

佚　名

明故大善知識端竹大士脱化碑記

蓋大士乃陝西西安府咸寧縣白良村人氏蘇敬次男，天順七年正月内，本縣石佛寺出家，授禮大恩師喇嘛金敦領占爲師。成化元年四月内，削髮爲僧。番教十五年，雲游階州陳家垻龍興寺住持。應教俗徒閆玉、劉全、董恩恭、王志祥、李恕、李寬、閆成、張文顯、李明興等受戒供齋。時在十六年正月十五日入禪，三月十五日出禪，本月二十五日早，辭别衆，登仙洞崖，日正良時，無病而脱化。二十六日，門徒暫知，衆赴仙境，而僧俗來吊望者千有餘人，三日不絶。惟此，衆士因念仙風之體，勒碑刻銘，萬古不朽云。

信士：趙錫恒，石含秀。住持：曹良弼

首人：蘇含花，董世元，慶治平

中華民國十六年正月下浣仝立

董士俊書丹

［説明］

碑存武都區角弓鄉陳家壩村朝陽洞。碑高五四厘米，寬二九厘米。

民國十六年（一九二七）立。

一八二　董家垻補修道路碑

佚　名

（碑額）：永垂萬古

武都縣縣政府縣長孔渭

武都常備隊大隊長劉

伏以嘗聞者爲補修道路，城東距城六十里董家垻街下龍江提[一]邉以行大道，今歲河水殞失，崩塌倒壞，閉塞上下，不能行走。人民呈請縣長，伏乞電准，賞賜資財，以傳地方首人經理做工，勞力費神，以催民夫，爲武都之要関，商人來往時刻不止，上通甘各縣，常行下屬川，馱背挑三者一不能行，前往二里之遶，上石岩巖巖，下河水挨山，萬無寸步之行走，用請石匠擊石開放，補砌以修，寬餘平垣，以濟行人之□，千萬人來往之不險不難，後永無其患哉！爲新立補修碑記云爾。

百貨局卡長：張治菴。成功首人：董琪發，段芝榮

稽查長：陳本初。鄉約：李維財，趙希稷

菸酒局卡長：　王起雲

民國二十四年小陽月上浣之日立。石匠：　韓文

［説明］

碑存武都區透防鄉董家壩窑窠東側。碑寬四七厘米，高八二厘米。

題目爲編者所加。

［校記］

民國二十四年（一九三五）立。

［一］提，當作「堤」。

一八三　終南山道觀碑

佚名

存目

［説明］

據政協隴南市武都區委員會編《武都歷史文化大觀》所載收録。《武都歷史文化大觀》中云民國二十五年（一九三六）終南山道觀維修，立碑紀念。此碑毁于「文革」時期。

一八四　新修重補諭文略序

陳發恩

（碑額）：永垂萬古

新修重補諭文略序

談福寅一元，楊怌保一元。趙洪□。

嘗聞甘肅武都福津寺，始皇遺之，宗廟嚮之，睹目我感□佛祖慈悲。夏月，雨水暴漲，其聖神如在泥塗，仁不忍之心，朽木朽灰。兹值年豐歲熟，農力閒暇。又奉我遵縣諭令修理務期。衆民罔敢怠違。第念工程浩大，專派民夫，亦有□何首事者，倘會請示，議立緣簿，各處募化，貧者出力，富者出資，不難同力合作。古人臨流救蟻，選女輩之職，重修宗廟捨濟，人心厚報者乎？伏願四方君子，施括量力，由次同我鄉之振濟。祖佛在泥塗之中，仁不待製濾。治隆于上，裕美于下，而非後世不能遺也。自天子修身爲本，其命維新，春秋修其宗廟，燕毛序齒。善哉！一碑爲序。

成功楊懷雲施洋銀貳百六十圓，王門王氏施洋錢壹圓，陳義賢兩元，王興怀施洋銀八元，張連倉兩元。

成工頭人：趙全福、王法德、談永生銀四元，陳奉興、王富德、楊怌武銀三元，雷治清、王智寬、談有明助三元，李文賢、徐進田施洋銀四元。

王萬福兩元，崔玉才兩元，周仲宏兩元，王彩安二元，趙興升二元，談法章二元，李雲清二元，黄現中二元，黄進金二元，趙思明一元，徐秀貞二元，談倉元一元，平娃一元，王大寬一元，趙秀貞潔一元，談彦章一元，莫奠賓二元，莫奠全二元，王彩喜一元，王在元一元，王在法一元，聶芝升一元，李興彦二元，聶學堂一元，劉玉貞一元，石作銀一元，石得成二元，石得武二元，石明珠一元，李文舉一元，楊興富一元，談金銀一元，談進林一元，談金玉二元，李升福二元。

民國二十七年二月十九日功德主王桂蓮沐浴上叩

木匠：趙金州。畫匠：何三元。土泥：王富清。石匠：趙言經

撰書：陳發恩。王大乾助錢十四仟。

衆姓同結善緣□

［説明］

碑存武都區三河鎮宣和村福津寺。碑高八〇厘米，寬四九厘米。

民國二十七年（一九三八）立。

一八五　德義堂碑記

王俊傑

（碑額）：德義堂

粤稽老子乘牛東來，達摩携履西去，可見仙人度世之心，無時不然□□□吾于頂航蔡老師、佛封運全先師有慨矣。先師，四川人氏，奉佛旨來甘二□，度人無量。于民國拾九年，來兹考選賢良，見王富忠先生及二善王桂蓮，性心贊修行，善功浩大。乃命之總領一方佛事，立一堂口，接度原人。復助洋六圓□兹功，恐富忠力

有不足，命之捐金同人。庶幾善與人同，以蒇厥事。兹地母殿，建于民國十五年六月，成于二十七年四月。越七稔，而功成告敬[一]矣。余不没人之善，故勒石以記其事云耳。

鎮恩：　談有明施洋弍元，沈明善弍元，李廷科弍元，石琢銀一元，石得成一元，石明珠一元。

天恩：　李升福施洋弍元，楊聯科弍元，趙思明弍元，張聯倉弍元，陳義賢捌元，王在元三元，王在發弍元。崔玉倉弍元，談金林六元，黄進得伍串，李廷銀一元，楊怌雲四元，杜興海一元，徐懷生一元。

衆生：　徐怌賓施洋四元，楊有秀一元，王定隆弍元，黄進璽一元，談彦章一元，談福雲一元，李萬義弍元，趙怌福十串，聶學堂弍元，王彩喜弍元。趙學旺施洋一元，趙希科一元，李文升一元，安定福弍元，陳法中一元，談金銀一元，王守奇一元，王世明四串，談生會一元，談睿元五元，聶芝雲弍元，王智轉一元。

民國二十七年三月十五日新立碑記。王俊傑撰，趙希稷書。石匠趙言金

[説明]

碑存武都區三河鎮宣和村福津寺。碑高九〇厘米，寬四八厘米。

民國二十七年（一九三八）立。

[校記]

[一] 敬，當爲「竣」。

一八六　德義堂碑記

王俊傑

（碑額）：德義堂

古語云：「山不在高，有仙則靈。」斯言信矣，吾里引恩王君富忠先生同室人桂蓮有見矣。先生生性孝友，少長，看破紅塵，拜師岳公昌義，桂蓮拜師趙修真，牲[一]命双修，身仕佛家。引恩常欲出世高隱，苦無净地。先生門對面有一福慶寺，古剎也。廟宇輝煌，山澤清幽。乃捐金千餘，于寺之西軒，新立地母殿三間。内塑地母金身，西廊净室二間，前面客堂二間。復施沃地八分，種籽三斗之譜，每歲出蓄齋糧數石，以供賓客，待養後學。凡乾坤兩道，有修身奉佛者來兹，先生夫婦盡皆以禮待之。二善桂蓮，天性敏捷，讀經則頑石點頭，道善則天人共悦，不愧□門柱石，鏞中錚錚，鐵中皎皎也。今堂工告落成，屬余爲序以志之。

功德主：女居士王氏同子女富忠桂蓮暨孫王全善，同心想[二]善，將自己田土籌備賠地母；又有堂口，護池[三]小白岩地乙[四]分，糧七合五勺；瑪羅林地二分，楊家坪里地一分，糧五合；花官里秧畦乙分，糧三合，花果地樹木在内；柏林垻地乙分；石路上园子乙分；腰巴地乙分，糧三合。此地土，王門後輩，衹許培補堂口，不准拆毁，不能違命□富貴綿遠，子孫昌盛。如有將此地起心別想，神天發怒，五雷擊身，以是爲序。

李九姑娘弍元，談秀貞四元，趙玉英弍元，趙玉貞拾串，崔玉清一元，楊怄武六元；

王清香拾元，石修成一元，趙金英弍元，趙香娃拾串，楊彩連一元，王興怄拾元；

談志德弍元，劉志德一元，張皈珍三元，安生書五元，石守清一元，楊善祥六元；

談修連一元，徐秀貞三元，趙秀貞一元，李秀連一元。住持趙洪德外督。

董玉清拾元，□尚蓮一元，談義貞拾串，王彩連一元，蔣明善一元，黄進金四元。

民國二十七年三月十五日，新立碑記。王俊傑撰書，趙希稷書。石匠趙言金

［説明］

碑存武都區三河鎮宣和村福津寺。碑高一〇六厘米，寬五〇厘米。

民國二十七年（一九三八）立。

［校記］

［一］牲，當作「性」。

［二］想，當作「向」。

［三］池，當作「持」。

［四］乙，當作「一」，下同。

一八七　開設集市暨置香地碑記

袁錦臣

（碑額）：永垂紀念

集市之規，創始周朝，初而城鎮，繼之鄉市。四民利便，各界交易，善政流行，遍于寰中，矧可與江河同流，日月并步。如我柳林，皇皇大里，歷無集規。幸賴□明山等諸君，撫髀興感，踴躍振奮，同懷□誠相信之臆，共措集腋成裘之念，爰于民國二十五年冬，在官堆下演劇開集。經閱月而集穩固，遐邇咸悉，赴市頓便。又于民國二十八年冬，各隨意願，另出價洋百四十元，將集場置作太乙宫香地。東西□二丈四尺吊，南北四丈九尺寬，每年斗商向宫内交納麥租二斗五升，住持寂慧經□丁糧二合隨租。斯舉也，不惟使鄉村有所補救，而在人民生活上亦有無限資助。且向觀内置地，人有交相運用之便，神有香資奉祀之依，興辟偶然，留芳遥遥。在興諸公不敢邀功沽譽，竊願後之覽者繼之永久，勿替焉爾。

甘肅法政預科畢業袁錦臣撰文。歲在民國二十八年。

開集發起人：（人名略）

置買香地人：（人名略）

［**説明**］

據武都縣地方志編纂委員會《武都縣志》録入。

民國二十八年（一九三九）袁錦臣撰。

一八八　杜老夫子德教碑

佚　名

存目

［**説明**］

據新編《武都縣志·人物》存録。

杜凌雲，字漢卿，武都安化人。光緒二十八年（一九〇二）考中階州儒學附生。一九一九年秋聯絡熱心地方教育人士任國佐、焦樹霖、杜更南等在安化創辦小學，一九二〇年以發起人名義向縣公署提出申請，一九二一年春止式開學，定名爲「武都縣第五區第一高等小學校」，爲今安化第一小學。一九三八年病逝，年五十四歲。

一八九　永興碑

高一涵

民國三十五年五月

永興

高一涵書

［**説明**］

碑存武都區博物館門邊。碑高六五厘米，寬九五厘米，厚一〇厘米。

民國三十五年（一九四六）高一涵書。高一涵（一八八五—一九六八），原名永浩，别名涵盧、夢弼，筆名一涵，安徽六安人。曾留學日本明治大學，攻讀政法，民國五年回國與李大釗同辦《晨報》，爲新文化運動的主將之一，著有《政治學綱要》《歐洲思想政治史》等。民國三十五年任陜甘青監察使，于當年五月來武都視察時留題。

一九〇　别有洞天

高一涵

别有洞天

复高一涵題

［**説明**］

題刻存萬象洞口石岩上，長一三〇厘米，寬五〇厘米。

宕昌縣

北宋

一 岷州新修廣仁禪院記

王欽臣

（篆額）：敕賜岷州廣仁禪院記

岷州新修廣仁禪院記

奉議郎、權發遣陝府西路計度轉運副使公事兼勸農使、輕車都尉、借紫王欽臣撰

奉議郎、充都大經制熙河蘭會路邊防財用司勾當公事、賜緋魚袋周璟書

奉議郎、權通判岷州軍州兼管内勸農事、騎都尉、借緋王彭年篆蓋

王師既開西疆，郡縣皆復，名山大川，悉在封内。惟是人物之未阜，思所以繁庶之理；風俗之未復，求所以變革之道。詩書禮樂之外，蓋有佛氏之道大焉，乃敕數州皆建佛寺。岷州之寺曰「廣仁禪院」。于是，守臣爲之力，哲僧爲之幹，酋豪爲之助，雖經歷纍歲，而數百區之盛若一旦而就。初，前守種侯度爽塏之地于州之西南，背山面川，規可以容數百區之廣，以謂不如是之宏大，則不足稱佛宇之尊。今守張侯謂經營之既久，而恐勸者有惰，日加戒促，以底厥成功。

初，岷州之復也，詔以秦州長道、大潭二縣隸之。長道有僧曰「海淵」，居于漢源之骨谷，其道信于一方，遠近歸慕者衆。州乃迎海淵以主其事。其道勤身以率下，愛人而及物。始至則程其力之所及，必使力勝其事，事足其日。又有藥病咒水之術，老幼争趨，或以輿致，或以馬馱，健者則扶持而至，人大歸信。郡之豪酋曰趙醇忠、包順、包誠，皆施財造像。荆榛薙而宫殿巍然，門扉闢而金人焕然。次則範鐘以鼓其時，藏經以尊其道。徒有常居，客有攸舍，儲峙[一]有廪，涓潔有庖，最其凡四百六十區。其衆瞻之于高山大川、深水巨郭之際，來者趨，過者下，咸曰：「壯哉！吾土之未嘗有也。吾昔之所謂佛居而持其教，知爲口矣。」

岷州，故和政郡，通吐谷渾青海塞，南值白馬氐之地，大山重複以環繞，洮水蕩潏于其中。山川之勝，可以言天下之壯偉。前日之頹垣廢壘，今雉堞樓櫓以衛之；前日之板屋聚落，今棟宇衢巷以列之，又得佛宫塔廟以壯其城邑。凡言皁人物、變風俗者，信無以過此也。西羌之俗，自知佛教，每計其部人之多寡，推擇其可奉佛者使爲之。其誦貝葉傍行之書，雖侏離鴂舌之不可辨，其音琅然，如千丈之水，赴壑而不知止。又有秋冬之間，聚糧不出，安座于廬室之中，曰坐禪。是其心豈無精粹識理者，但世莫知之爾。雖然，其人知佛而不知戒，故妻子具而淫殺不止，口腹縱而葷酣不厭，非中國之教。爲之開示堤防，而導其本心，則其精誠直質，且不知有自也。《傳》曰：「用夏變夷。」信哉其言乎！恭惟聖主之服遠也，不以羈縻怳忽之道待其人，必全以中國法教馭之，□强之□□□大（中缺數字）凌小財，則有甲兵刑罰以威之；擅山澤、専障管，則[二]賦或禄以易之；鳥驚獸駭，則文書期會以係之；閒田沃壤，則置工募土以耕之；晝勞夜勤，則金帛爵命以寵之[三]；争訟不决，則置吏案法以平之；知佛而不知戒，則塔廟尊嚴以示之。日計之不足，歲計之有餘。必世而後，仁盡在于是矣。元豐初，予以市國馬數至其郡，見海淵首其事。其後繼之，則見其功之半。今年，遂自來告其功之畢，請予記其終始。予謂海淵既能信其衆，又能必其成，復能知其終，必以示後，皆非苟且者，乃爲書之。七年八月十四日記。

皇城使持節嘉州諸軍事、嘉州刺史充本州防禦使、知岷州軍州兼管内勸農事、兼管勾洮東公邊安撫司公事、騎都尉、清河縣開國伯、食邑九百户張若納立石

荔非恭刻字

［説明］

據張維《隴右金石録》録入。武都陸開華提供殘碑拓片。

宋神宗元豐七年（一〇八四）王欽臣撰。王欽臣（約一〇三四—約一一〇一），字仲至，應天宋城（今河南商丘）人。幼有志操，以父蔭入官，文彦博薦試學士院，賜進士及第。元豐末，任陝西轉運副使，元祐初，爲工部員外郎，曾奉使于高麗。進太僕少卿，遷秘書少監，領國家藏書、校書之職。不久，改集賢殿修撰、出知和州，徙饒州，提舉太平觀。徽宗立，復待制，知成德軍。卒年六十七。

著録：宣統《甘肅通志》，趙逵夫《宋代西和高僧海淵》（《天水師範學院學報》二〇〇六年第一期）。

［校記］

［一］峙，當作「庤」。

［二］「凌小財，則有甲兵刑罰以威之；擅山澤、專障管，則」一九字據殘拓片補入。

［三］「夜勤，則金帛爵命以寵之」十字據殘拓片補入。

南宋

二　魯班閣摩崖

佚　名

潛而勿用已沉殘，起料[一]階州顧七年[二]。從日初與雲雨士，方縱或躍舍崖間。

南宋紹興二年

〔説明〕

摩崖文字已泐損。據宕昌縣縣志編纂委員會《宕昌縣志》録入。

宋高宗紹興二年（一一三二）題。

〔校記〕

〔一〕料，于義不通，似爲「倒」字之誤識。宋陳師道《宿柴城》詩云：「卧埋塵葉走風烟，齒豁頭童不計年。起倒不供聊應俗，高低莫可知隨緣。」「起倒」爲隨俗俯仰浮沉之意。

〔二〕年，原作「持」，不韵，當作「年」，「年」書作「秊」，蓋因「持」右旁「寺」字形相近而誤釋。

三　重修閣道記

佚　名

存目

［說明］

吴鵬翱《武階備志》載：「重修閣道記，字大二寸，在州西兩河口北三十餘里棧道石岩上，文磨滅不可辨，唯末數行題名云：『從義郎漢源縣尉趙彦于紹興二年十月十二日重修閣道記。』」

四　大莊村碑

佚　名

存目

［說明］

碑位于龐家鄉大莊村，村民杜馬生提供綫索。因年代久遠，字迹已剥落，僅存碑體。

五　石佛崖藏文石刻

佚　名

存目

［說明］

據劉輝《奇山秀水·宕昌》收録。

石佛崖位于宕昌縣賈河鄉嘴上村水泉灣，坐南向北，岩面平整光滑，高約一五〇米。岩壁上雕刻一尊佛像，造像清瘦，佛像下端横向雕刻一行藏文，浮雕，行刀流暢準確。

明

六　天池村摩崖

洪武元年

［説明］

位于官亭鎮天池村後門高山的懸崖上，風化嚴重，僅可辨出「洪武元年」。官亭鎮鎮長任彦平提供綫索，西北師範大學文學院冉耀斌、趙玉龍訪得。

七　梓潼文昌君廟記

佚　名

（碑額）：大明重建梓潼文昌帝君廟記

梓潼文昌君廟記

上御極之十五年夏五月，西戎松疊番壤，南有答牙衆寇險處崖壁，北有秦家等族搆壘林巒，犄角據援，來河相恃，糾合徒黨，掠攘階城，屠剔軍民，逋亡流冗，罪逆滔天。升聞帝于是秋七月，頒命岷州衛軍民指揮馬燁統領精兵，俘馘原惡。戎師一舉，燔祀神靈。水陸并臻，遍于山谷。星羅棊布，直衝盜敓之區；雷震貔飛，獲殄渠魁之首。捐生狐伏，釋作良民。繼以松疊絶隘，溝塹岩穴，築營壯堡，延袤周維四百餘里，險陡悉平，設闢相守。于時振旅犒師，駐于西固城下，采摭土風，撫綏殊族。由是耆頤髫齔頞然，喜而進曰：「闉北之隅十堠餘，有梓潼君廟，自宋至元，雨暘災眚，禱籲鍾鳴，福及民物，迄今益著。爰及兵燹薦罹，僅存遺址。祠植二柏，修圍數仞，蔚然蒼翠，挺森尺表，喬榦屈柯，龍飛虎踞，思若甘棠，忍勿剪伐。是以指揮馬侯，乃淮東六合人也，稔神之靈有裨于國，助我興師，克全討伐，宜當聿獎以□戴依。」遽而募工，斷括墁瓦，飛甍楹桷，昂霄烜暈，丹雘繪像，莊齊□□□□，重巒疊巘，江色浮軒，湍漲廻流，瀲光照牖。東連階壤，西抵戎獵，南控疊松，北通岷郡。逺途相遠，千有餘堠；蜂房相聚，千有餘家。□街□記。王化斯霑，群氓安堵。今年秋，棟宇落成，千户姚富洎幕屬寮衆，僉囑予記。

夫神聖功化，莫善昭彰，衛國佑民，實惟植德，所以人酭厥功，膄斯永績。指揮馬侯，恢廓規制，微顯交孚，亘古耀今，稔兹陳迹。曰：

道本無方，默孚有體。淵魄懸虛，影涵徵沘。緯象厥明，萬靈斯睹。赫彼玄勳，沃豐膏雨。民物爾依，千載崇祀。榱桷遽頹，雨蔽暘熤。奂然輪然，棟翼嵩峙。德政懋敷，城埒如砥。奬神深功，實伊馬氏。笙簧時禴，翕若萃市。永葉天朝，皇圖億紀。

明洪武十六年癸亥秋七月庚申三日甲辰創造

［**說明**］

碑存宕昌縣沙灣鎮上堠子村梓潼文昌帝君廟。碑高一四〇厘米，寬八五厘米。

洪武十六年（一三八三）立。

著録：宕昌縣縣志編纂委員會《宕昌縣志》。

八　董家莊石燈銘

其一

大明永樂十三年正月十九日

其二

大明成化十四年正月十四日

［**説明**］

據《宕昌文史資料》（第一輯）中相關材料録入。

石燈存董家莊高廟内。明永樂十三年爲公元一四一五年，成化十四年爲公元一四七八年。

九　重修西固鄧鄧橋摩崖

佚名

（上缺）督工官朱催人、桑秀、尹里（中缺）男譚二（中缺）十五日岷州人譚九□重修橋（中缺）洞（中缺）石匠。旗手：蔣秀。地方：田園住。木匠：寧秀、應明敬。彦輔記。重修大橋一道。古（中缺），彦輔到此記。宣（中缺）十九日（中缺）工□□張（中缺）日起（下缺）

［**説明**］

摩崖位于宕昌縣鄧鄧橋古迹懸崖遺址處。

刻石年代據「十九日」之上有「宣」字，當是年號第一字。北周武帝宣政不計，宋代以來有宋徽宗宣和（一一一九—一一二五）、北元昭宗宣光（一三七一—一三七八）、明宣宗宣德（一四二六—一四三四）、清溥儀宣統（一九〇九—一九一一）。看其剥落殘損情況，時代應很早。北元爲元朝滅亡之後，已是洪武四年至十一年，故應非是。宋代之可能性較小，今姑置之明宣德年間。

著録：《甘肅省志》。

一〇　故封嘉議大夫都察院右副都御史張公善墓志銘

劉　健

（篆蓋）：　大明誥封嘉議大夫都察院右副都御史張公之墓

故封嘉議大夫都察院右副都御史張公墓志銘

賜進士出身、嘉議大夫、禮部右侍郎兼翰林院學士、知制誥同知經筵事國史總裁、洛陽劉健撰文

賜進士出身、翰林學院侍講學士、奉直大夫、經筵官兼修國史、長沙李東陽篆蓋

徵仕郎、中書舍人、直文淵閣侍經筵官預修國史、永嘉柳楷書丹

弘治元年四月一日，封嘉議大夫、都察院右副都御史張公卒于陝西岷州衛。其子右副都御史錦，時奉命巡撫宣府，乞歸守制。朝廷加恩，特遣官諭祭，且命有司營葬事。錦得命，將以明年三月廿四日，葬公于岷州南寶蓋山，具事狀，請爲葬銘。余與錦遠祖俱徙自河南之太康，嘗敦鄉好，不可辭，乃按狀序而銘之。

公諱善，字伯祥，姓張氏，其先河南太康人。曾祖敬，仕元至參知政事，國初嘗爲湖廣岳州衛指揮，尋以

元舊臣謫戍隴西岷州，遂家焉。祖興。父文信，母陳氏。公蚤失怙，事母極孝養，然性耿介，與人寡合，鄉人會飲多不與，雖冠婚之會也，未嘗久留。無事輒危坐，言不妄發，故鄉敬畏。有争辯者，率造之求直，面折人事非，不以爲忤焉。嘗以卒役屯田，雖貧甚，歲輸未畢，不敢先謀衣食。時屯地廣闊，人競置産，公獨延師訓其子。或譏其迂，公語之曰：「非。但欲其成器，使少知禮義，即不爲非，辱及其先，此不愈于遺之以厚産乎？」成化丙戌秋，胡寇入境，人皆逃避。公言于衆曰：「賊所欲者，利也。今乘間入，得利即去，必不深入。」已而果然。未幾，寇復至，公又言曰：「近邊被掠已盡，必將深入。」遂携家遠避。賊果越境百餘里，大掠。其識遠見過人，多類此。

己丑，錦第進士，得假歸省。公戒之曰：「人之才質高下，固繫乎命；而居官廉貪，則由乎己。爾宜努力，毋負所學。」辛卯，錦授刑部主事，始得俸銀三兩，即寄歸，而失題所從來。公即封還，更賜銀如數以勉之。甲午，以錦貤恩封刑部主事。癸卯，封大理寺丞。丁未，錦升右副都御史，巡撫宣府，遇朝廷上皇太后徽號覃恩，遂進封嘉議大夫、都察院右副都御史。公既雅性耿介，及進秩都憲，愈尊重，簡出入，恒居村落，足迹未嘗及城市。明年三月廿五日，感末疾，知不起，始徙于城居。越六日，衣冠，與親故從容訣别而卒，距其生永樂辛卯二月十二日，享年七十有八。配趙氏，有賢德，先公三十二年卒。子男五：長銘，次鋭，次即錦，次鐸，次鏞。孫男九：濳、淳、淵、瀾、渥、沐、渾、滂、沛。女五，許適岷州衛指揮洪壽子範、羅瑄子鳳，餘尚幼。余雖與錦相厚，而未及識其父，恒以錦之爲人求之，意必一隱德君子。今觀事狀所述，豈惟可以驗余意之不爽；而錦之爲人、立官、行己，卓然可稱，固亦有自矣！是宜有銘，乃爲之銘曰：

張氏之先，顯名搢紳。中更遷謫，克紹有人。挺挺封君，不隨流俗。一語一默，前人芳躅。箕裘之業，都憲是承。發奸滌弊，凜然足稱。先民有言，公侯復始。勒詞貞珉，以昭厥美。

［**説明**］

碑存宕昌縣文化館。碑高六七厘米，寬六七厘米。

弘治二年（一四八九）劉健撰。按：張善墓地今在宕昌縣阿塢鄉麻界村，爲明代磚結構墓，俗稱「張侍郎家墳」。

著録：宕昌縣縣志編纂委員會《宕昌縣志》。

一一　明故通議大夫刑部左侍郎張君墓志銘

李東陽

明故通議大夫刑部左侍郎張君墓志銘

刑部左侍郎張君，諱錦，字尚絅，係出河南太康，籍于岷，游于秦安，卒于華，將葬于秦，皆陝地。蓋張氏居太康已久，自君高祖諱敬仕元爲參知政事，防禦鄜延，在國初以卒戍，故居岷。至君爲五世。君在秦安爲縣學生，岷爲衛學生，其居華以謝病故。其歸岷以治命而葬，則朝廷所命有司所治也。

君舉成化乙酉鄉貢，己丑進士，試政刑部，見稱爲才。有富民坐法當死，權貴請貸不得，則與執政者構君，君欲發其奸乃已。署山東司主事，署員外郎，鞫[一]訊明審，録囚山東，平反甚衆。署郎中事，益精判決，獄無滯囚。會他司失官金，尚書屬君按之，疑主吏，鞫之不承，遣人紿其家，得金示之，遂伏罪。畿郡災，君用廷薦往賑。先條奏便利，至則平糴勸貸，分遣良吏饘丐乞。舉嫁娶，掩骼埋胔；游惰者給牛、種，督之耕。築行唐堤千二百丈以定水患，所活不可勝紀。有邏校誣棗陽、武邑二縣民爲盜，皆據理直之。方山、慶成二王府有大獄，奉命往治，遷大理右寺丞。再奉命治岷、襄二府獄，情罪皆協，累遷右少卿。憲廟知名，鳳陽有重獄，特命之往。今上即祚時，爲都察院右副都御史，巡撫宣府，直枉除弊，兵民畏服，劾罷中官武將之守備不職者。間登陴，望見武帥家假山甚麗，怪之。其家聞之，遂自撤去。邊報猝至，或欲請官軍，適朝廷遣中使就議，公附奏以爲不必遣，竟亦無他。請立萬全左衛龍門所學，置天下武學歲貢額，皆舊所未備也。丁父憂，服闋，巡撫保定諸府，兼督紫荆諸關，未行，遷官。再勘湯陰府獄，有貴臣爲都御史秦公紘所劾，賕以萬數，怙勢求免，公卒正其法。丁繼母憂，服再闋，方復任。未幾，遽疾作。辭俸不許，乃請告，特給驛歸，且令病瘉有司以聞，其爲上所簡任如此。其卒也，特令翰林爲文，遣有司即其家祭之。

公少有異質，生窮邊，無師友，從釋氏學，旋習《老子》。又讀儒書，始盡去舊習，獨冠儒冠，不避嘩笑，攻苦力學，竟以所得取高第。鄉之以儒顯者自公始。其爲人敦孝友，重廉節。早失恃，事父甚謹，撫諸弟無間言。憫窮赴急，或假貸爲賑恤。其在官勤敏强幹，不爲事窘，章奏明暢，動數千百言。久典刑獄，尤精法辟[二]，而能以寬恕將之。服念懇愊，每至驗諸夢寐。歷佐臺省，前後十五年，資望俱積，而不及大拜以没，論者蓋深惜之。然其所自立，亦可謂卓犖不群者矣。所著有《松壑小稿》《宣政録》《張氏宗譜》若干卷，藏于家。公生于某年月日，卒于某年月日，年六十二歲，葬于壬戌某月日，其地曰某山之原。祖諱文信，考諱善，皆贈嘉[三]議大夫、都察院右副都御史。祖妣陳氏，妣趙氏，皆贈淑人。配劉氏，封淑人，有内助。子四：潛，其長也，舉進士，爲户部主事，以學業世其家。孫一，之棨。公以予嘗與試事，相視殊厚，又遣潛受學于予，故潛請予銘，狀則按察副使王應韶所著。應韶守岷，聞其父老言公事甚悉，予參以舊所知，無弗合者，悼而爲之銘。銘曰：

經律并用，中古已然。同功異途，兼之實難。公階賢科，式司邦臬。載參廷平，獨秉憲節。入躋省地，在六卿列。情法并濟，群疑百結。游刃其間，有用無缺。既試之繁，小任之久。爲省爲臺，公所固有。而終弗然，抑又誰咎？少鮮更事，老多怠成。此人之恒，豈惟彼刑？有賢若公，孰虧厥盈？天實爲之，非人弗能。人孰不亡？公有遺名。有論公世，盍征吾銘？

〔説明〕

據《李東陽集》之《文後稿》卷二五收録。

弘治十五年（一五〇二）李東陽撰。按：張錦墓地今在宕昌縣阿塢鄉麻界村，銘文中云「籍于岷」，因今宕昌在明代歸岷縣，故云爾。

〔校記〕

〔一〕鞫，原作「鞠」，以意改。

〔二〕辟，原作「比」，當係借用。法辟，指法令，刑法。

〔三〕嘉，原作「通」，此涉前而誤。張錦父張善封「嘉議大夫、都察院右副都御使」，李東陽嘗爲其篆墓志蓋，且與張錦、張潛父子均有交往，當不至于混同張善、張錦父子封贈，此係銘文流傳中訛誤，當正之。

一二　通北口摩崖

佚　名

大明歲次庚午年，岷州管轄臨江里地名洞冰後通北口尖佛嘴，邊踩人馬艱過。近蒙三司老爺過往，改宕昌地方舊地。地方總甲黄世龍帶領甲人開斬階州□倫。

明嘉靖二十四年

［説明］

摩崖位于宕昌縣甘江頭鄉通北口村西北處的石崖上，文字略有泐損。

嘉靖二十四年（一五四五）刻。

著録：宕昌縣縣志編纂委員會《宕昌縣志》。

一三　朱衣墓碑

大明嘉靖進士朱衣之墓

［説明］

據楊海帆《宕昌史話》收録。《宕昌史話》載：「一九七六年農業學大寨的時候，在宕昌縣何家堡鄉白楊村一處麥場旁邊的土埂上挖出了一塊石碑，碑高約二米，寬約一米，石碑上刻着……」

朱衣，明岷縣（今歸宕昌縣。按：朱衣籍貫有是岷縣還是宕昌的争議，其實是行政區劃沿革所致，岷縣歸甘肅及分出宕昌是後來的變化。）人。明世宗嘉靖間進士，萬曆間曾任兵部主事。

一四　重修玉皇廟碑記

佚　名

石閼［子以南距兩河］口十里許建有玉皇廟，蓋不知其創自何［代也］。余□□□□□□□□□後至公署，翌旦，熏沐上謁尊神。見廟門□□□□□□□□□□□□者半，鐘簴皆不守。余爲之憮然，曰□□□□□□□□□□□翕□□□□□□□□□□□□□□□□□□□祠□倫□□何□以若是耶？遂與守戍楊君謀其□□□□俸拾兩□□□□庀材鳩工，革故鼎新，輝煌聖像□□□□則楊君任其勞耳。落成之日，遐邇軍民靡不□□禱之如□，由是□然詣轅門而告曰：「□□□掌握□□威行神□□也。善心勃發，隆施厚予葺新神祠，俾□□□鄉之萌□□，願翼庇佑焉，皆明公辭之也。願爲□言以記之。」□□曰有是哉？□□□之請乎。夫所謂神堂，君蒿悽愴飛揚浮降，神明在上，塞于至誠，其精□未始不援乎？□人者也。然玉皇［乃］爲□□至尊至靈之神，其□危困也，□□□安□龍飛帝基也。□爲□□□惠，輒禱輒應□□如勝響之捷焉。□□□□□□□□□□爲其□有伐□□□□□巫紛史爲其歌□□□□□□□□□□□□□□而祭祀以□□□惟□庶不負余□。楊君葺治之初心耳。衆皆稽首請如明公之囑，敬禮□神以祭□□□于世世。余不佞，諱承爵字。夫爵別號□□宇河南彰德府臨漳縣人，登萬曆□□□武進士，世襲彰德府指揮同知，歷升今職焉。

萬曆四十年□□□□在壬子春上□吉旦

欽差分轄階西固文縣□□□參將任承爵書

□□西固□□□□□襲指揮同知楊繩武

督工防守千百户：蘇國士，申國忠，韓續，房斗，陳芳，丘震，張顔

督工人役：高汝山，朱尚賢，趙文

住持僧人：楚峰。□

〔**説明**〕

據原隴南地委宣傳部部長、原地區文聯主席文丕謨先生所提供釋文稿録入。

碑存宕昌縣西南兩河口以東北石閼子鄉寨子村。

一五　鄧鄧橋摩崖

佚　名

明崇禎九年，岷江泛濫，江水横溢，鄧鄧橋垮塌，車馬難行。渡水之辛，苦不堪言。爲達津途，蔣秀爲總督工，以旗爲號；董生奎爲木工技師，籌木運石，丈量土地，測定地勢。動員該地民工，復修岷江鄧鄧橋。

明崇禎九年岷州文生□□□記之

〔**説明**〕

摩崖位于宕昌縣鄧鄧橋古迹懸崖遺址處。橋在宕昌縣城南三二公里處官亭鄉花石峽口岷江之上。《岷州志》和《階州志》均記載橋爲鄧艾父子入蜀時造，故名「鄧鄧橋」。

崇禎九年（一六三六）記。

著録：　宕昌縣縣志編纂委員會《宕昌縣志》。

一六　修築理川城碑

千秋永固

［説明］

據理川鎮上街村村民張繼鳴介紹，二十世紀九十年代挖出石碑一塊，上刻「千秋永固」四字，無落款。後被村民抛棄，不知去向。明代曾于此地設岷州千户所，故置于此。

一七　泰山廟碑

佚　名

存目

［説明］

據西北師範大學文學院冉耀斌、趙玉龍所攝照片存目。

碑存理川鎮泰山廟，字迹風化嚴重、漫漶難辨，其歷時必久，故存目于此，待訪得拓片或抄件再補入。

一八　化馬水閣棧道題記

佚　名

天光嵐影

［説明］

據文丕謨《石海覓踪——隴南訪碑記》收録。

摩崖位于化馬鄉棧道孔之旁。《石海覓踪——隴南訪碑記》云：「化馬水閣藏在峽谷低處，站在拔高的公路上，望之，猶如落在萬丈深淵。一排排棧孔，如耀眼的星辰，閃着鋒利的光芒。所謂水閣者，漲水時淹在江中，水落後才看得見它們的玉容。這裏的河床不斷升高，因此，才會有這種水高路低的情景。棧孔之旁曾有題記在壁，曰『天光嵐影』，今日已很難見到了。」據周邊環境推測，此題記必爲刻石；漫漶不清，必歷時久遠，故收録于此。

一九　洞泉摩崖

佚　名

天開一綫

［説明］

據文丕謨《石海覓踪——隴南訪碑記》收録。

摩崖原位于洞泉懸壁巨石上，公路拓寬時被炸毁。《石海覓踪——隴南訪碑記》中云「古道從崖畔凌空而過，多有棧徑擋路。江峽兩岸，碧峰插天，蜿蜒綿亘，江水被夾在山崖間，令人有石破天驚之嘆。洞泉懸壁上有一塊巨石，刻有『天開一綫』四個字，雖經風雨剥蝕，尚還清晰。不料，公路拓寬時炸毁」，故收録。

二〇 江西省都昌縣令升户部主事楊公墓志銘

陳上年

公諱寅旭，［字］□曙，古滇秀山人。祖，明太學生，祖妣伍氏，考氣□□歲進士，未仕。元配周氏生子二，公其長也。因弟任岷驛丞，判袂日久，公［遠］涉適岷以叙伯仲情，未至而雁尾□分、鶺鴒長往矣！子棒岑、少南、安□泣求銘于余……公性至孝，因父疾□□□旦夜慕重□，祝天號泣，割股奉親（下缺）。

賜進士出身鞏昌府推官升兵部主事眷盟陳上年頓首拜撰

［説明］

據西北師範大學文學院冉耀斌、趙玉龍所録宕昌縣圖書館藏《宕昌縣志》稿本收録，稿本係摘録。

墓主楊寅旭明末任江西都昌縣令，赴岷探親途中病故，葬于宕昌縣牛家鄉。

陳上年撰。陳上年，字祺公，順治六年（一六四九）進士。授鞏昌府推官，内遷兵部。順治十六年（一六五九），出爲涇固道。從碑文稱「明太學生」及撰者仕履推斷，立碑當在清順治間。

二一 潘氏墓碑

佚名

誥贈淑人顯妣潘氏之墓

清康熙二十四年立

［説明］

據西北師範大學文學院冉耀斌、趙玉龍所提供照片及《宕昌文史資料》（第一輯）中相關材料對校録入。

清康熙二十四年（一六八五）立，存于大堡子老爺墳。

一二二　候兒壩摩崖

趙　星

大清康熙乙酉刊

天沆永博[一]

山右武鄉趙牧題惠多祥、劉星住刊

［説明］

摩崖位于距化馬鄉石閼子村一華里的岷江南畔崖壁上。

康熙乙酉爲康熙四十四年（一七〇五）。趙牧題。《階州直隷州續志》卷四：「花石關，在兩河口，距西固城五十里，即花石峽也。雙崖對峙，嵌空玲瓏，中爲宕河，對崖石壁上有『天沆永博』四字，筆力遒勁。惜旁小字模糊，不知何時所作也。」蓋當時衹是遠望，今就近拍照，小字大體可以辨識。題字者趙牧，即趙星，「牧」在這裏是對知州的尊稱。蓋下款文字爲惠多祥主持補刻。舟曲縣文化館編《多彩的舟曲文化——舟曲金石録》亦録此石刻，因其地在兩縣交界處（摩崖在宕昌一方），且文字有誤脱。又該書收康熙戊子（一七〇八年）《當方碑》，其末有「信士惠多祥，石匠劉星住」，則二人身份可知。

趙星，祖籍山西武鄉，故署籍貫爲「山右」。而其人隨父生襄陽，爲湖廣貢生。順治十五年（一六五八）任營山縣令（見《營山縣志》）。據康熙《階州志》，康熙初任階州知州。

著録：宕昌縣縣志編纂委員會《宕昌縣志》。

［校記］

［一］博，原作「愽」，「愽」之俗體。

二三　尖佛嘴摩崖

佚　名

龍吟虎嘯

［説明］

康熙年間刻。

著録：宕昌縣縣志編纂委員會《宕昌縣志》。

二四　聖母子孫娘娘長佑碑

楊開運

（碑額）：永佑

恭誄聖母子孫娘娘長佑碑

《易》曰：「大哉乾元，萬物資始。」又曰：「至哉坤元，萬物資生。」我聖母之德，其斯之謂與？今荔川士女秀□不同，□富各別，其感恩無已者，一鄉直如一家也。猗歟休哉！□念一索□索之餘，瓜瓞衍瑞；論長男少男之集，麟趾呈祥。是真乃宜爾子孫之深仁所呵護而成者也。如天之福，終豈忘心！他如聚會女子包氏、李氏以及何氏、馬氏等，莫不各發虔誠，而且不惜資財。金石丹漆之重，輦來牛山；雕龍炙轂之施，工成神力。敬獻三月二十日，聊酬神恩于萬一。母如其不吐，非直爲觀美也，將萬世永賴之福，胥于此不朽矣。是爲序。

石匠：張文炳

會首：李春花，李文華

李氏，李氏，包氏，曹氏，張氏，張氏，宋氏，王氏，張氏，王氏，蔚氏，王氏，周氏，梁氏

道光歲次乙未季春下浣穀旦立

伏邑生員楊開運題書

［**説明**］

碑存宕昌縣理川鄉泰山廟。碑高七三厘米，寬四七厘米。

道光十五年（一八三五）楊開運題。

二五　馬行一墓碑

佚　名

清道光十五年十二月穀旦

敕封明威將軍顯考府君行一馬公之墓

［説明］

據西北師範大學文學院冉耀斌、趙玉龍所提供照片及《宕昌文史資料》（第一輯）中相關材料對校録入。

清道光十五年（一八三五）立，碑存于大堡子老爺墳。按：樹碑人據《宕昌文史資料》（第一輯）記載，應爲馬行一之子馬世臣、馬廣臣、馬蓋臣。冉耀斌據《馬土司家譜》推測明威將軍即馬乾（一七五九—一八三四），字行一，道光十四年十一月十日去世，享年七十六歲。馬乾是自始祖馬珍赴京朝見明太祖朱元璋後，第二個也是最後一個朝見皇帝（嘉慶帝）的宕昌土司。

二六　老爺墳碑帽

佚　名

皇清

［説明］

據西北師範大學文學院冉耀斌、趙玉龍所提供照片及《宕昌文史資料》（第一輯）中相關材料對校録入。

碑存于大堡子老爺墳。

二七　張氏墓碑

佚　名

誥贈淑人顯妣潘氏［之墓］

［**説明**］

據《宕昌文史資料》（第一輯）中相關材料對校録入。

碑存于大堡子老爺墳。

二八　□氏墓碑

佚　名

誥贈淑人顯妣（下缺）

［**説明**］

據西北師範大學文學院冉耀斌、趙玉龍所提供照片及《宕昌文史資料》（第一輯）中相關材料對校録入。

碑存于大堡子老爺墳。

二九　修築理川城碑記

佚　名

存目

［**説明**］

原在宕昌縣理川鎮上街，今不知去向。

著録：陳如平《岷州續志采訪録》。

三〇　重修殺賊橋碑記

楊昌濬

重修殺賊橋碑記

階州西固之境，有[一]所謂[二]殺賊橋者。其創建不知始于何時，蓋書缺有間，此邦之父老亦難言之矣。相傳乾隆間，嘗[三]被大水傾圮，桑滄變遷，遺址不可復得。民念其爲要津也，爰設渡以通行人。而春秋汎漲，病涉者多。蓋上爲白龍江源，下即文邑臨江之所出，溝渠歸匯，流急奔騰，勢則然也。關隴底定以來[四]，百廢具舉，而徒杠輿梁，胥關民事，不及時修復，其曷由履險如夷哉？光緒庚辰夏，湖北李鎮軍志剛，領所部左路後營，會平瓜子溝番亂，遂[五]留戍其地，目擊[六]行旅之苦，慨然以修復是任。相河流，度地勢，爲重建大橋，親督營勇[七]，鳩工庀材，經始于辛巳二月。一時番漢民人，聞而鼓舞，助木者輪囷雨集，助工者畚鍤雲興。越百有六十日而功蕆。其橋長二十一丈有六尺[八]，高五丈一尺[九]，寬丈有四尺。墩石下柱，雁齒上露，重闌憑倚，巍然大觀。橋端并立，扼守關門，環以雉堞、培堤、磯置。公所不惜數千百金以從事，匪惟利溥，而慮以周焉。余嘉其志，而更韙兹勵舉也，因仍舊名，用紀此橋興復之故。亦謂上年平番一役，所以殺賊保民，其功當與此橋同垂不朽耳。于是乎書。

欽差頭品頂戴、會辦新疆善後事宜、護理陝甘總督兼管巡撫事、湘鄉楊昌濬謹撰[一〇]

同知銜留陝補用知縣、孝感余邦穀敬書[一一]

大清光緒七年歲次辛巳九月吉旦。蔣克成鐫石[一二]

［説明］

碑存宕昌縣沙灣鎮二爺廟。碑高一九〇厘米，寬六〇厘米。

光緒七年（一八八一）楊昌濬撰。

殺賊橋，葉恩沛《階州直隸州續志·關梁》載：「在州西一百一十里，跨白龍江。久廢。光緒七年，總兵李志剛重建。兩岸壘石作基陛，節節相次大木，縱横鎮壓，兩邊俱平，相去三丈，以板横次之。橋邊鈎欄嚴飭，上覆以屋，規模壯麗。陝甘護理總督楊昌濬碑記其事。十一年，河漲衝激，州守葉公、總兵張得勝補修。」

著録：葉恩沛《階州直隸州續志》，《階州直隸州續志》（曾禮、樊執敬校點本），《甘肅省志·卷三八·公路交通志》，吴景山《絲綢之路交通碑銘》。

［校記］

［一］有，《階州直隸州續志》作「舊有」。

［二］所謂，《階州直隸州續志》脱。

［三］嘗，《階州直隸州續志》脱。

［四］以來，《階州直隸州續志》誤作「後」。

［五］遂，《階州直隸州續志》脱。

［六］擊，《階州直隸州續志》脱。

［七］親督營勇，葉恩沛《階州直隸州續志》脱。

［八］有六尺，《階州直隸州續志》脱。

［九］一尺，《階州直隸州續志》脱。

［一〇］此句《階州直隸州續志》脱。
［一一］此句《階州直隸州續志》脱。
［一二］此句《階州直隸州續志》脱。

三一　皇清待贈厚庵楊公墓志

陳如平

公諱喜，字厚庵，號荔之，楊家莊［人］。生而純篤孝友，靡侃言。先時公家計不甚裕，耕田樹畜，中年來漸有完聚。象仗鄉之年，值花門之變，險阻艱難，備嘗其苦，而卒以保全基緒，垂裕後昆。性樸且默，與人言皆心聲也。無一毫世俗酬對之態，又篤于□恤之誼。荔近[一]，山居人多瘠苦，每緩急相需，必通有無，以舒其困，薄息而緩追焉。以故，桑梓間咸頌其德。八旬壽辰，遠近制錦帳以志美，稱觴者數百人。及升遐之日，奠吊踵門，復爲錦聯以寄追思，至今口碑滿道，猶嘖嘖稱楊公不衰云。公生于嘉慶七年四月二十五日，没于光緒五年閏三月，春秋八十有一。原配段孺人，生子四，次郭代早逝。長[二]殿科俱長厚，有父風。叔氏没于光緒十一年，而長公磊落多器識。光緒甲申，荔紳舉鄉飲耆賓，以旌其德。孫十一，仲氏子映奎于光緒十一年游于武泮焉。元孫八，俱業儒。嗟乎！作善降祥，立德不朽，非公之盛德稱累，而昌後如此乎？平總角時曾及見公，今濡毫爲志，猶仿佛遇之耳。

例授文林郎吏部棟選試用知縣，住講文明書院，己卯科舉人鄉愚晚陳如平頓首拜撰

天水閆廷棟敬書

四川石工揚大進刻

大清光緒十四年四月吉日

［説明］

以宕昌縣圖書館藏《宕昌縣志》稿本爲底本録入。

清光緒十四年（一八八八）陳如平撰。陳如平，曾編修《岷州續志采訪録》。

［校記］

［一］「近」疑爲「之□」二字誤識。

［二］「長」後當有缺文。

三二一　重修韓院清微宫緣簿序

楊作霖

敝邑東關清微宫，舊有老君神廟，北依象嶺，南望龍泉，東帶黄河，西縈濠水，達人設館，學士研經，日相接踵，常不乏人。時而朗誦高吟，書聲與經聲相和；時而偶坐對語，學術與道術相參。而且朝風暮雨，可借栖遲；夏暍冬冰，兼資茶銘。誠韓院之勝地，爲通路之奇觀。中建有龍聖宫殿，諸神廟堂，福既庇乎一邑，澤兼周乎萬姓。衹以年湮代遠，棟折榱崩，雨灑風飄，檐覆瓦裂，欲修廢而舉墜，奈資乏而財缺，所願人輸尺璧，家饋兼金，同勷盛舉，永結福緣。行見玉宇輝煌，同蒙護佑之庥，金妝巍焕，共被生成之德。是爲序。

例授文林郎、吏部候銓知縣、庚午科經元、邑人楊作霖撰文

例授文林郎、吏部候銓知縣、乙亥科舉人、社人王輔辰敬書

道人：陶宗貴、王宗湖仝募

〔**説明**〕

據宕昌縣縣志編纂委員會《宕昌縣志》録入。

楊作霖撰。時代不明，姑置清末。

民國

三三　劉鍾秀德澤碑銘

魏廷祥

（碑額）：萬古流芳

蓋聞非常之人，必有非常之事；非常之事，必賴非常之人。古往今來，爲其事而成其功、有其名而副其實者，蓋難其人矣。惟我毓堂劉公者，即其選也。原籍隴西，其先世携家屬移居我荔。延至公父，誠篤君子也。吕公見其人大有作爲，因保升五品把總。彼時，公□水承歡，甘旨手奉，其孝親之名，内外無間。公幼習弓矢，頗識詩書，于光緒二年丙子得入武庠。因世事變亂，管帶閭井土勇，禦侮于大東溝，平定後始還。壬午年，監修官場九聖宫并僧房、戲臺、上下倉厰，告厥成功。因而自務舉業，開塾授徒，東南兩路諸生來學甚衆。《詩》曰「舍矢如破」，《禮》曰「射以觀德」，公大得其旨焉。是以門牆中游泮者于于，聯科者纍纍。于十二年議修東岳廟，募捐庀材，先立天齊廟，後立子孫殿，内有廊房、凉亭、鐘樓、戲臺、僧堂、齋舍，前後蘭若，皆公之力也。十四年，得中戊子科第拾七名武舉，所謂天佑神助者如此。越二年庚寅，赴北京會試，竟落孫山。回荔後，見世情多故，仕進之志遂灰矣。廿一年，因狄河不靖，補築荔邑城池，教練荔邑土團。適逢岷縣諭召進城，于營務處管理城防。後委采買軍糧二千石，運交鞏昌。大小事無不竭力匡勷，奎君因保舉儘先拔補千總，任軍門聞其才，召帶馬隊。公因親老就養，决意回家。後奉親没歸殯，又重建下街三聖宫。其時以五十餘年之身，力董匠事，勤勞不倦。□用有成，不惟我一邑首肯，即闔縣紳士，遠邇咸服，各無異言。此其生平之事大彰明較著者，歷歷可考也。他如附近各村來街募化，無不樂爲倡率，以贊其成。若下納廟、雲臺、鷄頭等寺，又復不少。嗚呼！世風不古，治公事如私事者，百無一二。如公之宏達闓爽，質直好義，非有過人之才，而能如是乎？不意民國元年壬子四月十五日，以疾壽終正寢，距生于咸豐元年辛亥年閏八月十一日，享壽六旬有二，殯于城東乙山辛向之祖塋。邑人誼關桑梓，情切桃李，憶其人而思其德，不禁樂爲之頌，因求序于予。予不揣固陋，爲平昔交游，略識梗概，故俚言其始末，勒諸石以垂不朽云。

隴西生員、岷縣候選議員、鄉愚晚魏廷祥拜叙敬書。石匠鄧金山、王喇麻有敬刊

恭頌儘先拔補千總、戊子科武舉劉公諱鍾秀之德澤碑銘

時在民國四年歲次乙卯夏四月望。本街及八堡人等公立

受業武舉：戴邦傑，戴邦棟，黄鳳鳴

首事人：張炳奎，温士魁，朱炳辰

武生：趙登雲，楊映奎，任子俊，權廷禎，賞應選，賞應元，宋周臣，聶忠義，李佛喜，楊生華，後恩瀚，蘇建中，何建中，李春發，楊寶忠，隆大興，權協義，武心炳

［説明］

碑存宕昌縣理川鄉泰山廟。碑高一三〇厘米，寬五六厘米。

民國四年（一九一五）魏廷祥叙。

三四　牛頭寺碑

佚　名

歲次民國三十一年五月十九日立柱上梁建修
外會督工總理傅永和
本會長轄韓吉代元
提工頭人柳過官元
主香頭人韓榮占
倍工頭人韓萬禄
設十方頭人馬建邦、韓海魁
□□□洗、吕昭陽
摧工頭人韓□□
摧工頭人韓杜成
木匠韓銀福□□
木匠韓仁登福
丹青泥水傅永和
門徒曾致文楊起春

火扶馬義榮　石匠付安主玉

本寺主持□馬超邦

三十二年古冬月初六日十月節甲午懺洗功完告後

〔**説明**〕

據冉耀斌、趙玉龍所提供照片及抄件對校録入。

碑立于宕昌縣南陽鎮韓院鄉牛頭寺峰頂。

康　縣

漢

一　漢磚刻文

萬歲不復

［**説明**］

漢代磚刻。出土于康縣平洛鎮團莊，現存康縣文化館。共有兩塊，文字皆同。長三六厘米，寬二八厘米。

二　留題獨石山院

陳述古

留題獨石山院

轉運使尚書郎陳述古

吏役驅[一]驅石火間，偶逢佳景便偷閑。無人會我登臨興，千萬山中獨石山。

嘉祐庚子仲春十八日，縣令宋炤立石并書

［說明］

碑存康縣文化館，略殘，文字尚全。碑高六七厘米，寬四五厘米。康縣博物館館長楊清軍亦提供照片。

宋仁宗嘉祐五年（一〇六〇）宋炤立。

著録：張維《隴右金石録》（題「獨石山詩碣」），吕鍾祥《新纂康縣縣志》（題「獨石山」）。

［校記］

［一］驅，張維《隴右金石録》誤作「馳」。

三　仁濟院賜額牒

佚　名

中書門下牒階州將利縣仁濟院

階州將利縣犀牛江羅漢院

牒奉

敕宜賜「仁濟院」爲額，牒至准敕故牒。

嘉祐七年十二月一日牒。

禮部侍郎參知政事趙，吏部侍郎平章事曾〔一〕

禮部侍郎參知政事歐陽，刑部尚書平章事韓

將利縣帖〔二〕羅漢院，據狀稱：去乾寧六年，□□故右街興聖寺出家，後于天復八年，隨師到階州犀牛鎮。百姓王師德施得空閑土田一段，永爲常住。奉使帖□起省牒准敕，命指揮存留院舍，蒙使州指揮入省帳申奏，管係訖右據狀奉判事，須出給文憑，帖羅漢院僧普明奉指揮住持，灑掃焚修，不得有違者。

顯德三年三月十五日帖

權主簿顏

權縣令馬

右上件院舍自起置相承住持，至大宋癸卯歲嘉祐八年正月二十八日，降到敕黄一道，特賜「仁濟院」爲

額。至癸丑熙寧六年九月八日立石
三班奉職監將利縣税務趙
將仕郎、權將利縣尉兼主簿事王
□州軍事推官、將仕郎、試秘書省校書郎知將利縣事韓

［説明］

以張維《隴右金石録》爲底本録入。《隴右金石録》曰：「在康縣北犀牛寺，今存。」文中所言犀牛江，即西漢水。將利縣，北周改安育縣，治所在今甘肅隴南市武都區。五代唐長興二年（九三一）東移二百餘里，至今康縣西北境。元至元七年（一二七〇）省入階州。

宋神宗熙寧六年（一〇七三）立。

著録：吴鵬翱《武階備志》（題「犀牛寺碑」），黄俊武《康縣志》（題「犀牛寺碑文」）。

［校記］

［一］曾，《武階備志》作「魯」。

［二］帖，《武階備志》作「怗」。

四　憲使黄公題獨石寺

黄　公

憲使黄公題獨石寺

依山臨水好樓臺，日照林扉晝不開。衹少惠休[一]裁麗句，窗中飛出碧雲來。

將利尉兼主簿解安、將利縣令劉晉

元祐辛未四月十五日立石

［説明］

碑存康縣文化館，略殘，文字尚全。碑高六三厘米，寬五七厘米。

宋哲宗元祐六年（一〇九一）立。

按：此詩作者有可能是黄廉。黄廉（一〇三四—一〇九二），字夷仲，洪州分寧人。《全宋詩》卷七二六録其詩八首。黄廉于元祐元年（一〇八六）曾入蜀解決陝蜀茶馬貿易問題，五年又充陝西都轉運使，故稱「憲使」。見《宋史》卷三四七本傳及黄庭堅《山谷别集》卷八《叔父給事行狀》。

著録：張維《隴右金石録》（題「獨石山詩碣」），吕鍾祥《新纂康縣縣志》（題「獨石山」）。

［校記］

［一］休，《新纂康縣縣志》作「施」。

五　普岩禪院碑記

佚名

（上缺）階州治北三百餘里之南坪，山曰馬鞍者舊有禪林一所，稽諸短碑殘碣，額曰：普岩禪院，創自宋嘉祐元年（下缺）

［説明］

呂鍾祥《新纂康縣縣志》卷九：「馬鞍寺，在平洛下四頭，其詳細始末已不可考。院中有一短碣，筆迹模糊不能辨，惟後半幅可辨者上有……」則普岩禪院創建于宋仁宗嘉祐元年（一〇五六），因其殘損嚴重、歷時較長，故置于此。

六　宋代磚碑

大宋國（後缺）

［説明］

據康縣志編纂委員會《康縣志》收録。墓位于平洛鎮田河村。《康縣志》云：「田河村墓群，在平洛鎮瓦舍行政村田河生產合作社（田河村），已發掘一座爲雙人合葬墓。墓内有一塊磚碑，上書『大宋國』等字，爲宋墓。」故收録。

明

七　修椒元溝道路記

佚　名

（碑額）：日　皇帝萬歲　月

蓋聞弘治十四年十月十五日，游方發心釋子續念、佛春等雲游鞏昌府階州迭石里牛頭山椒元溝，道路確磽，用柴火燒石路，往來通行。同發心助力捨財客人，陝西涇陽縣茹王里：杜忠青，杜子玉，杜果，杜蘭，張（中缺），陳可，張秀，張純，黄卜，李萬户，武計宗，王統，劉文；范村里：楊世榮，楊虎，張鋭，張玘，高彦華，孫志得，王傑，高□□，楊計崇，盛委，王意，張文，王□，劉太非，王會，杜本厚，張必成，張四□，石□龍，李志□，董思，李倫，董萬才，鞏良高，吴思奉，李志忠，陳遇，李敏，任文敬，崔隆，吕應富，王旭正，馬彦名，康本申，楊思□，李世榮，楊□□，趙恕，成虎，楊錫，楊必正，趙文，王通，張朝青，任計忠。同工人：智鉉，楊一清，宋明，文子，文修。用工人：張來山，□□□□□趙求良，趙必廉，李□□，趙善，宋乾。

［**説明**］

據康縣文化館雍國鋒所提供拓片録入。拓片長九〇厘米，寬六二厘米。

弘治十四年（一五〇一）立。題目爲編者所加。

八　白馬關觀音祠碑

佚　名

存目

［説明］

吴鵬翱《武階備志》載：「白馬關觀音祠碑。正書。文多闕。萬曆二十四年立。」，故存録。

九　侯世金墓志

存目

［説明］

吕鍾祥《新纂康縣縣志》卷一五載「同谷古城（中略）頃于雞冠山之左家溝得明萬曆間侯世金墓志，始知古同谷縣在同縣壩。昔名同谷縣壩，省一谷字也。今左家溝東北三十里名縣河壩，即古縣治。尚有同谷寺、城隍廟、縣治、學宫諸址。昔有碑記，悉爲居人所毁」，故存録。

一〇　察院明文

佚　名

（碑額）：　察院明文

巡按陝西監察（中缺）示知，一應經商人等（中缺）茶馬販通番捷路（中缺）舊規堵塞，俱許由（中缺）敢有仍前圖便，由（中缺）官兵通，同繼放者（下缺）

［**説明**］

殘碑原存康縣望關鄉政府西北一百米處山埡的石猫梁上，今存康縣花橋村委會。殘碑高九〇厘米，寬七〇厘米。殘碑爲明代路碑。康縣博物館館長楊清軍亦提供照片。

一一　談家寺碑記

佚　名

存目

［**説明**］

吕鍾祥《新纂康縣縣志》卷九載「談家寺……寺院倒塌，神像損壞，尚留斷碑殘碣，刊『大明』年號字樣，可知此廟當創建于明時也」，故存録。

一二　創建菩薩殿碑記

存目

［**説明**］

吕鍾祥《新纂康縣縣志》一五載「關右西天……左有菩薩殿數楹，創自明季。碑碣鐘磬，斑斑可考」，故存録，題名爲編者所加。

清

一三 圓通寺韋陀護法碑記

佚名

存目

〔説明〕

吕鍾祥《新纂康縣縣志》卷九載「圓通寺，在縣西五十里之鞏家集……倒庭有韋陀護法碑記題咏」，柳萬載《重修圓通寺碑記》載圓通寺建于雍正間，故存録。

一四 棲鳳山碑記

佚名

存目

〔説明〕

吕鍾祥《新纂康縣縣志》卷九載「圓通寺，在縣西五十里之鞏家集……山頂絶高處有無量祖師殿一小間，僅能容膝……相傳爲棲鳳山，有碑可考」，柳萬載《重修圓通寺碑記》載圓通寺建于雍正間，其中亦未言及棲鳳山事，故存録。

一五　關聖帝君廟碑記

柳萬載

蓋聞挹朝夕之池者，無以測其淺深；仰蒼蒼之色者，不足知其遠近。況託孤寄命，置之危地而能存；爲國救民，置之死地而能生者哉！是以十八年之盤錯，信義參天；數十載之公忠，精誠貫日。合三分爲一統，舉萬世而永清。大矣哉！明德遠矣，不可諠兮；俎豆萬年，春秋二祀也。兹以武都八户峪，于乾隆四十四年，創修關聖帝君廟貌一堂。迄今歲月遞更，未免風漂雨裂；春秋代序，竟然瓦解土崩。于是楣兹聖帝，聰明是挹，眷言靈宇，載懷興葺。丹刻翬飛，輪奂離立。象設既闢，睟容復安。竹修鳳翥，松老龍蟠。神足游息，壯麗遐觀。德彌大兮，貞石重刊。

［説明］

以吕鍾祥《新纂康縣縣志》爲底本録入。其中説「于乾隆四十四年，創修關聖帝君廟貌一堂。迄今歲月遞更，未免風漂雨裂」云云，則應在乾隆末年至嘉慶初年，當道光三年碑之前。故列于此。

原題下有「歲貢生柳萬載」六字。

著録：黄俊武《康縣志》。

一六　官清民安碑

佚名

（碑帽）：官清民安

署階州直隸州正堂加五級紀録五次慶，所管八旗屯民，至上任後，查照額徵屯糧拖欠七年未完，差里（中缺）堡總雍傑、羅萬通懇恩稟訴，拖欠糧石丁銀，本係積壘甚重（中缺）多于耗費食糧，又以受過四五年賊匪攪害，屯民無力，無奈（中缺）慶大老爺案下，憫念八旗屯民糧草沉重，出示存案。至後完納（中缺）糧錢每斗三文，在各旗佃糧，每斗丁銀三十八文。

嘉慶八年三月初七日定案，出示八旗軍民人等永遠不散采買正（中缺）勒石以圖永遠。日後各項照碑可行。

羅旗：羅邦禮，陳千，王有，龍記雲，龍義廷，羅文利，陳秀德，羅邦學，王正德

桑旗：桑繼先，生員雍天倫，桑庫，雍天武，雍天金，雍滿，雍天成，雍天孝，劉長榮

楊旗：王世相，吕大望，龍煥，王世發，本奇銀，蔣有苟，吕耀隆，吕興隆，王□，蔣□

苟旗：孫世虎，苟有師，苟金□，□□□。李旗：□□□，□□□。姚旗：（下缺）

嘉慶二十五年正月吉日

（碑兩邊石柱楹聯）：

蒙皇恩庶民感慶，被聖澤萬世承休。

［**説明**］

碑存康縣平洛鎮中寨村。碑高一三〇厘米，寬七二厘米。康縣文化館郭應中提供拓片。

嘉慶二十五年（一八二〇）立。

一七　補修關帝廟聖像碑記

佚名

嘗聞諸《易》曰：「聖人以神道設教而天下服。」帝王爲法老以居心而□□□，民□□□以敬天□□□□□□天地造化之迹，蒼生福命之所托也。是一方有一方之神，塑像形，時奉香火，以□□□人事而達天德，理□□□□□□原，自古不易矣。如吾窑坪鎮有□□關聖帝君暨諸神廟，創之前代，相□□雖非□□□□□□□□領客寧之，可福山川人民，爲吾鎮保障，亦爲兹土禦災捍患、默佑庇覆者，蓋世之蒙庥無□焉。奈歷年□□遠，但□聖像多有損傷，黄□鋪廷，不啻金青苔□壁□爲□，不惟于關帝神不安，質諸前人□□□□多戾矣。因而我衆商民矚目悚□，公□發善念，爰請□□□範□□神像補修，仍然勒石于□，□志不朽。是爲文。

大清道光十一年歲次辛卯十二月初八日穀旦敬立

［説明］

據康縣文化館雍國鋒所提供抄件録入。據雍稱，碑原在康縣大南峪鄉窑坪村關帝廟内，今不知去向。

道光十一年（一八三一）立。

一八　修梁家堨道路記

葛中菁

（碑額）：日　月　千年不朽

略邑皆山也，故路崎嶇。而我溝山路之最險者，莫過梁家堹，上有峻嶺數千萬層，下臨深溝幾十丈，行人來往，時懷戰兢。爰同衆讁議，欲修寬大，恐缺工資，惟是募化四方，樂施者亦甚夥。其路下皆屬梁姓地界，左齊杏樹梁，右齊黄土梁，上齊古路下，下齊河心。衹有石姓地在外，地内所護有大樹者，地主采取。倘若別人縱□任意，罰錢三千文，仍補道路。又有隱匿賣放者，一體同罰。恐日久廢却前議，立石以志不朽云。

廩生葛中菁作

領首：石英錢一百文，義興祥號錢弍千文，義成永號錢八百文，領首蔣登高錢五百文，公憶恒號錢五百文，向□荃錢五百文，大有生號錢五百文，公憶德號錢四百文，永興生號錢三百文，公憶生號錢三百文，大有□號錢三百文，生員譚志□錢三百文，侯謙錢三百文，垢國魁錢三百文；

王德錢二百文，育德堂錢二百文，田發祥錢二百文，信興太號錢二百文，大有成號錢二百文，馬□有錢二百文，朱愛琴錢二百文，李萬壽錢二百文，董致中錢二百文，信來玉號錢二百文，魏象錢二百文，孫發財錢二百文，侯現積錢二百文；

陳三前錢一百文，成有錢一百文，舒士俊錢一百文，趙元錢一百文，杜興隆錢一百文，領石庫錢一百文，趙懷德錢一百文，李金錢一百文，楊國傑錢一百文，石英錢一百文，杜顯錢一百文，何敬錢一百文，本秀錢一百文，李能錢一百文，高賢錢一百文；

楊□錢一百文，舒德錢一百文，侯寅錢一百文，侯虞錢一百文，强元錢一百文，馬寶錢一百文。

鄉約萬地，保正楊順，總領尹楨

領首：石□，梁忠，周智，高尚花，龐秀，楊禮，賀金魁，高尚欽，李進榮

總領石中舉書

道光十五年季春月，衆姓人等敬立

［説明］

碑存大南峪鄉何家溝村李家莊社。碑高一二八厘米，寬六五厘米。

道光十五年（一八三五）葛中菁撰。題目爲編者所加。

一九　康縣修路功德碑

佚　名

（上缺）云修□之□□□善修□之，功莫「大焉」。於□階地白馬關，□穿界石山河，□□溝於□百年，洪水橫流，山奔□□，□道難行。會有漲□天秀地，主□君□□募化，衆姓金資修成。王□坦平之路，行人訟□□去，道平之歌，功成勒石，衆姓金鑒。□□□□以爲序。

□後□有文□做□輕□，在石葫□地，主□□修□。

會首張天□錢二百文，□頭□尚位錢□百文，賈□□錢□百文，□笑□錢□百文，□□□錢貳百文，□□□錢貳百文，□登□錢貳百文，□□□錢貳百文，□□文錢貳百文，□孝德錢貳百文，梁景□錢貳百文，陳志遂錢貳百文，□登□錢□□□，趙□行錢□□□，李□奇錢□□□，□□元錢□□□，陳元□錢□□□，□□□錢□□□，□有錢□□□，賈登□錢□□□，□泉貴錢□□□，□□勝錢□□□，□□□錢□□□，白□□錢□□□，馬登□錢□□□，□登□錢□□□，□□風錢□□□，□□元錢□□□，□福□錢□□□，□

登發錢□□□，□廷毅錢□□□，武成□錢□□□，□□□錢□□□，趙□□錢□□□，□□□錢□□□，馬游□錢□□□，馬游□錢□□□，馬登□錢□□□。

（上缺）道光□□年叁月二十□日（下缺）

〔説明〕

據康縣博物館館長楊清軍所提供照片録入。

二〇　五聖宮碑記

佚名

夫天地無私，惟神參贊；鬼神無私，惟人式憑；人能無私，方可對諸天地而無憾，□□鬼神而無疑。若[一]夫煦煦之仁、孑孑之義，神豈享哉？今如衆等，有爲五聖宮而創造者，有爲五聖宮而兼修者，有爲五聖宮而樂施者，有爲五聖宮而代理者，有爲五聖宮而捐資者，其人固自不乏，其名總不可缺。名以實歸，神必佑之。要之，□□之責爲猶重。不總其所入，則必疑之，何況于神；不剖其所出，則神卜之，何況于人。五聖昭彰，誰可假邀福以免爲禍乎？況夫修德獲報，吉人降□，□不如問心爲善，樂施捐資，成美酬人，何須酬己！有其實而後乃有其名，得其名而後乃得其功，功與名并著，人與神共相志不朽云。

咸豐三年歲次癸丑八月中浣，闔會仝立

〔説明〕

碑存康縣文化館。碑高八〇厘米，寬五七厘米。

咸豐三年（一八五三）立。

［校記］

［一］若，原作「茗」。

二一　重修關帝廟碑記

佚　名

嘗聞：「山不在高，有仙則名；水不在深，有龍則靈。」今愈信然。斯邑也而有□關聖帝君以及□［一］神，□□重修□。是邑也之民，授福果果，每况默佑在□□□實沾惠□萬世。然神殿雖已告成，而逢會之時，殿内遭擾，□神受冗煩，人心不安。因而我等衆客商□［二］□諮□度［三］，是究是圖。後設獻殿一座，以及東西廊房二所，用以顯廟貌之巍峨，示□□□之所未及備者也。俯仰之間，皆爲陳迹，後之視今，亦猶今之視昔。□□有作者，或更□□□未可知也。因□石工，再立碑記，以志不朽云。

大清咸豐歲次癸丑年九月十三日□旦敬立

［説明］

據康縣文化館雍國鋒所提供抄件録入。據雍稱，碑原在康縣大南峪鄉窑坪村關帝廟内，今不知去向。

咸豐三年（一八五三）立。題目爲編者據内容所加。

［校記］

［一］□，似當作「諸」。

〔二〕□，似當作「議」。
〔三〕□諮□度，此與下「是究是圖」相對似當作「以諮以度」。

一二二　元帝宫塔雕額

光輝寂静

〔**説明**〕

據康縣志編纂委員會《康縣志》收録。《康縣志》云：「元帝宫，在迷壩鄉對對山……宫前山腰有磚石結構五層塔一座，建于清咸豐五年（一八五五）七月。塔高約七米。一層塔門横額上刻有『光輝寂静』四個字。」塔門横額刻字亦當與建塔同時，爲咸豐五年年。題名爲編者所加。

一二三　唐開庭墓碑

佚　名

清故顯考唐公諱開庭□□老大人之墓

（上缺）人□□者，有榮也，志其生平（中缺）處世，慈惠温恭。休哉！唐翁老大人（中缺）始遷直隸階州安寧里梅子園東小（中缺）世永年□□□□□□考□□，長于金家竹林坎下。覘厥生也，于嘉慶辛酉年正月□□□加年，屈指享壽春光五十五歲。在小河垻□□逝登仙原，卜巽山乾向。溯其爲人，德比珪鐘而翬飛□。而且風規高潔，性量閎深，□友□□□永終譽者，其殆是乎？故命丁糾□〔一〕，勒□□□□□□□其德常□□之□□。故不揣固陋，是（下缺）。

皇清咸豐七年十二月□□□

［説明］

碑存康縣陽壩鎮油房壩行政村新房址合作社。據康縣文化館雍國鋒所提供抄件録入。

咸豐七年（一八五七）立。

［校記］

［一］□，似當作「材」。

二四　唐開庭墓碑楹聯

佚名

德壽同昭

長要模範型千方，自有龍章報九原。

［説明］

石刻楹聯存康縣陽壩鎮油房壩行政村新房址合作社。據康縣文化館雍國鋒所提供抄件録入。

二五　唐開庭墓門外門廳楹聯

佚名

（額）：悠久無疆

脉旺千年盛，穴真萬代興。

（柱内楹聯）：

（額）：蘭桂騰芳

（額）：虎踞龍盤開富有，翬飛鳳舞起人文。

（柱外楹聯）：

（額）：奕禩不朽

清龍繚繞添吉慶，白虎擁扶錫禎祥。

［説明］

石刻楹聯存康縣陽壩鎮油房壩行政村新房址合作社。據康縣文化館雍國鋒所提供抄件録入。

二六　王妃墓碑記

佚名

（上不詳）王妃（下不詳）

［説明］

碑位于太平鄉杜壩村李家埡。據石政傑《康縣史話》收録。

《康縣史話》中云清同治四年（一八六五）太平軍兵敗階州，太平軍女子營先鋒元帥在太平境内與清兵繼續作戰。傳説女帥亦病逝于太平鄉，葬于今杜壩村李家埡，後稱王妃墓。一九九四年被盗，「現僅存一碑，碑文上的『王妃』二字清晰可見」。

故收録。

二七　朱登連墓碑文（一）

佚　名

（碑額）：坤山艮向

（碑正中）：皇清待贈顯考朱公諱登連行一大人之墓

古階州直隸州白馬關分州即補縣正堂世襲騎尉加五級紀録十次□

蓋聞大山已顯，模範傳于千秋；哲人云遥，儀型式于萬代。况明公生前，修己以啓□，□□防尺十之越，與人以□□[一]，□□律度量之衡。厥後□[二]田里，□□□夙夜匪懈，垣墉不憚胼胝之勞；畝□時□勤（中缺）愈恢門庭，宜新□□南國以齊家。遵張公（中缺），本義方以訓子，冀竇氏（中缺）乃不意大德不壽，近四年（中缺）跨鶴西歸。今而仰勤儉之風規，覺卓卓于□□州關也。使不志美于當年，無以昭□□□德。幽芳不施，□□奕禩，奚以爲是？子之報本追遠，爰是勒碑墓門，以篤前列，建碣□門；克昌厥後云爾。是爲序。

孝男：朱榮富，朱榮貴，朱榮福，朱榮禄，朱榮壽。孝孫：雙□子，雙金子，雙□子，雙青子

大清同治八年十月二十九日。石匠劉正寛

［**説明**］

碑存康縣岸門口鎮街道村朱家溝合作社，爲亭式一墓三碑之結構。正中之碑高九四厘米，寛六一厘米；左右兩側之碑皆

高七二厘米，寬五二厘米。此爲正中之碑碑文。

同治八年（一八六九）立。

［校記］

［一］「修己以啓□，□□防尺十之越，與人以□□」，據上下文，似可補爲「修己以啓人，□□防尺十之越，與人以□己」。「十」或當爲「丈」。

［二］□，似當作「歸」。

二八　朱登連墓碑文（二）

佚名

蓋人賦性以來，固貴不愧于天，「亦」不怍于人，以建大功于世者耳。維彼先生，厥有恒性，事親克盡罔極之恩，待弟不失和樂之誼，教子而有義方之訓，使僕不無寬厚之忱。克勤克儉，履中蹈和。不惟隆盛于一家者，而且誘弟之榮貴也。人道克盡，復振家聲，故編年紀月以表其生。乃生于嘉慶二十五年五月十五日辰時，受命于天。

孝胞侄：朱榮升，朱榮光。孫：蒲貴子

［説明］

碑存康縣岸門口鎮街道村朱家溝合作社，爲亭式一墓三碑之結構。此爲左側之碑碑文。

同治八年（一八六九）立。

二九　朱登連墓碑文（三）

佚　名

且立身而睦兒族，和鄉（下缺）

［説明］

碑存康縣岸門口鎮街道村朱家溝合作社，爲亭式一墓三碑之結構。此爲右側之碑碑文。

同治八年（一八六九）立。

三〇　朱登連墓碑楹聯

（墓亭正中之碑兩側楹聯）：

左青龍罩□金井，右白虎圍住玉柱。

（墓亭左右之碑内側楹聯）：

墓前生芝草，塚内現□□。

（墓亭左右之碑外側楹聯）：

祥雲照福地，瑞氣護佳域。

［説明］

石刻楹聯存康縣岸門口鎮街道村朱家溝合作社，爲亭式一墓三碑之結構。此爲碑側楹聯。

同治八年（一八六九）立。

三一　葆翁觀察洪老公祖大人教育保民功德碑

李東華

皇帝御極之十一年，歲在壬申季冬月，洪觀察特委李都閫，督工重修平洛公館。癸酉春正月，即以公館爲義學。延[一]師上館，束脩從州署所領，于里人絲毫無取。令家家子弟讀書明理。又發令貧家子弟，甲乙換讀。里人歌曰：「保我性命，與我衣食，教我子弟，來何暮，來何暮！昔無衣，今有褲！」父老向余而言曰：「階州地處邊陲，平洛距州二百餘里，爲鴞鼠易匿之區。同治建元初，甘肅回逆不靖。迨四年，髮逆陷城後，土匪猖獗日熾。良善偷生，朝不保夕。少年視强暴威武，易入其類，不知讀書爲何事。我公祖之莅階州也，平洛正值回逆往來焚掠，土匪昂首成群。初下車，即以修文偃武、除暴安良爲急務，人皆笑愚。我公祖直任弗顧。翼弱抑强，剪鴞磔鼠，尤慮回逆蹂躪，即選李都閫坐卡太石山防禦，都閫日夜偵探。稍暇，則說禮敦詩，管待勇丁，秋毫無犯。越朞月而烽烟告静，鴞鼠殄滅。特委督工重修公館。不逾月，而房屋十六楹成，繪畫就，上庭、屏風、前門俱壯麗。又置琴棹四、方棹四、木床三、板橙子十六、前門大鐵鎖一。今年春，義學立，前之笑愚者，今且共頌神君。非公祖來，吾肉幾餵豺豕、子弟流爲匪人矣。恩垂百世，澤莫與量。吾儕平民，未能頌揚，願先生爲文以記之。」余謂父老曰：「細聆君言，沉吟俚歌，凡此實心實政，固與日月争光！余穆然于前後聖賢同歸，一揆民之謳歌，不謀自合。寬猛惠義，鄭子産也；惻怛慈祥，漢廉範也；愚不可及，寧武子也。愚即誠，誠則明，故曰至誠如神。無惑乎前笑愚而後頌神也。數賢所長，得一已足，觀察兼之，去聖不遠矣。又况襄治有李都閫，文武才優。夫説禮樂而效《詩》《書》，古良將郤穀則然，都閫有焉。更爲平洛幸，是無用文直書可矣。」父老許：「可！」遂書于碑。

［説明］

以吕鍾祥《新纂康縣縣志》爲底本録入。

原題下有「李東華」三字。清代唯同治皇帝十一年爲壬申，則此碑立于同治十一年（一八七二）。

著録：黄俊武《康縣志》。

［一］延，原作「廷」，爲「延」字之誤識，今正。

三二　關山書院羅星翁别駕德政碑

柳萬年

千古之風化，千古之聖教維之也。聖教不隆，斯風俗日敝，倘不得其人以振興之，而聖教于是乎息。今逢我羅公祖撫莅于兹，未期月，而綱舉目張，百度就範，道德齊禮，萬姓景從。其所以急先務而敦化本者，猶諄諄于學校一事。邑屬創修義學十餘所，署文建修盡美，不惜煩冗，捐金百餘，鳩工庀材，閲數月而告竣。惟特授讀者濟濟，課藝者齗齗。同治癸酉院試，入庠而附佾［一］者不下百奇。倘非敦學校以隆聖教，其何以桃李争妍、人文蔚起也哉！彼都人士，咸相皀祝曰：「思加澤于編氓，先覃恩于多士。猗歟休哉！《菁莪》《棫樸》之雅化，宛然再見于今日。治化之熙，如是焉足矣。」而我公祖且曰：「未也。成人有德，小子有造，髫髦斯士，懸罄致歎。」又籌款四百貫以入息，爲文生春秋兩課試支。庶士子不虞囊空，樂觀國光，共企大成，不屑小就，皆公祖之所鼓勵諸生、培植人材者，非僅爲子弟計曲成實，并爲風化謀久遠也。爰乃鐫石永垂，臚列條款，于萬斯年，昭兹來許。謹列恩案如左：

一、鄉會試盤費。陽垻内補捐津貼錢四百串文，牒明州主，准作安寧、太平二里文生鄉會兩盤費。發岸門口富商朱登科立約領去，每月壹分生息。禮書王芝芳存管，報州立案。舉貢生柳萬年、吴日章、增生王建邦、朱鳳彩經理。逢科前月清算兑銀，帶到省城，照去應試文生名數均散，中式赴會以存錢。全幫非科舉外，分文不許提用。

一、書院莊基。係崔尚德所捐，右以山根，左以出入大路，後以簷渠，前以河心爲界，價錢壹拾貳串文，糧叁合，立捐約粘卷，永作書院莊基，糧錢書院完納。

一、修書院支用。恩主捐錢壹百六十千文，崔尚德捐私學内官錢四十二千五百文。

一、本關、窑坪、關溝、岸門口、兩河口五處義學。每年每學由茶税項下發錢叁拾千文，牒明上憲立案。

一、大堡子義學。除充絡匪胡僞元帥所遺逆産，當借價四百六拾九千零，減讓退所折收錢貳百五十千文，每月一分生息，滿年獲利錢叁拾千文歸發。

一、梅子園義學。罰土棍唐業忠繳當地價錢貳百五十千文，每年租課歸發。

一、白楊灘義學。充辦逆犯張九汀占張席德田地一分，招佃收租歸發。

一、吴家河口義學。籌將集場斗佣撥發。

一、四月又奉上憲扎，捐修蘭省舉院。關屬除易銀一千批解外，餘錢六百千，經關主羅牒請洪州主飭，發成縣隆升典商具領，生息長年一分，計獲利六十千，作書院山長修金，按季備文，派紳持取。長垻捐錢貳百千，亦發隆升典商具領，計獲息錢貳拾千，作該處義學修金，領取同書院照辦。

一、各牌鄉保，不准濫舉匪棍，要紳耆公舉老成面驗後充在鄉，不得擅詞拷磕。凡差役傳案，按限日稟到，不准久押，背地磕索，釀成禍端。亦不准混派口食害民，以下田地、婚姻、賬債、正經等案，不用鎖拿者，百里以内准與差役錢六八百文，百里以外准與差役錢一二千文。凡奸盜命案、擄搶、抗官等匪案，不在此例，又不准捏[二]辦。

同治十三年四月初一日，郡貢生柳萬年、山長增生王建邦頓首拜書

［説明］

以吕鍾祥《新纂康縣縣志》爲底本録入。按：「羅公」名映霄，《新纂康縣縣志》卷二〇載「羅映霄，陝西商州人，清同治十年任白馬關州判，平易近民，謙光接士。下車伊始，首創關山書院及各鄉義學。詳關山書院碑」。

同治十三年（一八七四）柳萬年書。柳萬年（一八一三—一八七九），字朋三，康縣雲臺鎮柳家山人。清咸豐辛酉科歲貢，後爲恩進士。爲人品行端方，平生從教，治學有方，桃李盈門，成績卓著。

著録：黄俊武《康縣志》。

［校記］

［一］佾，當爲「脩」。

［二］捏，《康縣志》作「控」。

三三　皇清待賜玉堂學房碑記

佚　名

吾鄉占武都之東頭，算關屬之大地。烟村密密，桃李盈盈；［青］山則接連聳聳，秀水則左右逢源。宜人文蔚起，秀士如林，何乃文學少進，文人少成？爰推其由，無名師、少學房故也。無名師，則誦讀欠講，文義不通，如何得進？少學房，則勵磨無方，文友難會，如何能成？更兼爲父兄者，不擇名師；既有名師，仍然慢待。爲弟子者，惡習詩書，雖有善者，已入歧途，可慨也！

夫天運循經，［往］而復返，文風將轉。里有忠信者廖金璽等，同心協力于此。溝口之舊學房地[一]，先祖所買，以修學房，相繼子孫讀詩書。而今同議審定，捐資新構學房三間，第宅顯亮，如鶯遷喬；山環水抱，美不勝收。其尤美者鳳屏當户，筆架臨窗，天峰重疊，書案源泉，宛列硯池。學塾之端，應有如此，豈非天然之玉堂穴乎？因偕題曰：玉堂學房。今既告厥成功，勒石垂遠，冀後之君子相繼增修潤色玉堂，固無論矣。但願二三同德訪延明師，致敬其中，嚴訓子弟，啓發憤悱，收見吾鄉兒童，無惟采芹游泮而有望，亦收攀桂登瀛、後起有人而無已。金馬家聲，或合符耳。誠如是，則學房不虚，而玉堂非偕者。儒教振興，斯文在兹；青雲連步，揚名顯親。成爲禮儀之鄉，群推孝悌之里。石藴玉而山輝，水懷珠而川媚。人傑地靈，在此一舉矣。是爲序。

大清光緒六年仲春二十六日穀旦

［説明］

據羅衛東《隴南古今碑銘》爲底本録入，個别文字有所訂正。碑存王壩鄉廖家院。清光緒六年（一八八〇）立。

［校記］

［一］地，原作「坎」，係誤識。

三四　關聖帝君廟序

陳再益

關聖帝君，爲本朝最尊之神，威靈持異，護國救民之功，屈指不可勝數。故上自天子，下至庶人，罔不歲時祭祀，以答神庥。若此處，地處邊隅，頑悍成俗。邇年兵燹之餘，荒歉頻仍，人民救死不贍，焉能事神？故河南有關聖尊神，香火冷落。益適奉憲命，帶勇來築城垣，將蕆厥事，見城内分州治署東邊有隙地，横豎數丈，可以修建廟宇，以妥神靈。用是不惜千金，鳩工庀材，刻期修舉，不數月告成功焉。計正殿捲棚一架，戲樓一座，照壁一面。西偏官廳房屋七間，除招看守廟宇者住過一間外，尚有六間以爲每年致祭時官紳坐立之所，或陝甘兩省會哨各大員及往來官幕經過借宿此内，但不准招惹閒雜人等占居焉。并于廟内修惜字爐一個，製祭器什物皆備。其祭祀費用所出，除由圍牆脚前至南城下以東鋪户應歸廟中收租外，其餘城内鋪户尚有四十餘間，以分州治署照壁之西歸武弁收取月租，照壁之東歸文員收取月租。時，署分州事者西蜀胡公鴻逵，好義輕財，樂成人美，即將文員應得之月租捐入廟内，并行文各衙署存案。嗟乎！人之欲善，誰不如我？胡公誠亦善人也哉！其廟中神像則仍其舊，祇新塑關、周二將，立于兩旁，以爲之輔。思忠孝節義，古人一體，後之視今，亦猶今之視昔。所有出力陣亡將士，無非爲國捐軀，異地招魂，情殊可憫！爰請友人開寫姓名于木牌上，另作忠義祠于廟左供奉，附享血食，并由地方官春秋一例致祭，詢足以勵末俗而示將來也！是舉也，雖曰崇報德功，不憚創修于此日；伏冀式凴靈爽，長綿享祀于千秋。是爲序。

光緒七年歲在辛巳季夏月吉日。頭品頂戴、記名提督、督帶安左營、署階州游擊格洪額巴圖魯陳再益謹撰

〔說明〕

以呂鍾祥《新纂康縣縣志》爲底本録入。

光緒七年（一八八一）陳再益撰。

三五　建修白馬關城垣碑記

楊作舟

建修白馬關城垣碑記

距[一]階州之東二百餘里，有白馬關，馬州[二]別駕分駐之所，原無城。軍興以後，苦于蹂躪，又因地処邊隅，匪徒易起，時慮滋事，官民惴惴，不安置眷口者。若無城，無以衛民。光緒三年，前州刺史石公心田，諱本清，石君本循吏之首，乃陳情稟請爵閣部堂左公奏准，撥款創修城垣，以管帶安左營陳梅村軍門率部承其役，是年四月即肇工焉。但關治狹隘近河，沙礫雜糅，難于施諸板築，遂取材于山，全城胥甃以石，體重質堅，不可猝辦，迨光緒七年十月始蕆厥工。城頁崇二丈，厚一丈五尺，周圍二百八十一丈，炮臺四，門樓二，

計需用匠工、磚石、鐵器、灰料等項，共銀三千餘金。石城告成，民争聚處，誠以有恃而無恐也。庚申秋季，乞假回川。白馬關城，望之若太華削立，登之隅方而凖平。時軍門已兼權階營游篆，復捐資派弁，添設把總署及建修關帝廟、昭忠祠。更籌獲廟前地租，供香火僧用之需，以爲久計。商旅既集，廛市生色，雖斗大一城，居然氣象維新矣。壬午夏，階營來弁，爲言城工竣後，地屢大震，其他城多傾毁，惟關石城毫無髮損，是其可爲金湯也者。請餘記之。嘗聞子輿氏之言：「天時不如地利，地利不如人和。」若徒以城爲足恃，似不足昭後世。然軍門之承是役也，因超距投石之暇而鼓舞之，仕伍不覺其勞，捐資建修廟宇，未派地方分厘之費，徐圖至四年之久，軍民雜居而無擾，雖古之善政無以加[三]此。將謂區區一城，即足以覘提督軍門乎？抑亦于斯城，可徵覘軍門之措施耳。後之任戎行、膺民社者，苟循其念切民依，即下邑偏僻，必爲之經營保障焉。斯城也，豈但凴恃于一隅，并可爲千秋模範。餘是以歷叙始末，樂爲記之。

花翎運同銜甘肅階州直隸州西固州同、壬戌科舉人、劍南華陽楊作舟撰

頭品頂戴記名提督、軍門管帶安左營兼署階州游府格洪額巴圖魯、上湘陳再益率部屬

花翎總兵銜侭先補用副將、楚南長沙張萬勝勒石

光緒捌年拾壹月吉日立

［**説明**］

碑存康縣雲臺鎮白馬關古城門洞内壁。碑高一四〇厘米，寬八二厘米。

光緒八年（一八八二）楊作舟撰。

著録：吕鍾祥《新纂康縣縣志》，黄俊武《康縣志》。

[校記]

[一] 距，吕鍾祥《新纂康縣縣志》誤作「竊」。

[二] 州，《康縣志》原無。

[三] 加，《康縣志》誤作「無」。

三六　重修明月山禪院序

葉沛恩

州北平洛之明月山，舊有禪林一所，不知創于何時。其上爲真武殿，左吕祖閣，中三星殿，右聖母宫，前靈官殿，首關帝廟、山神、土地，最前者爲山門，共計十八楹，棟宇巍峩，金碧掩映，亦巨觀也。相傳附近民遇有水旱妖扎，虔誠禱之，輒有靈應，以故香火之盛，歷有年所焉。自同治中，髮逆陷城，鄉邨多被蹂躪。是廟雖稍損，而古迹猶存。光緒庚申五月，地大震，山崩石墜，垣棟蕩然。民人爲重修之，而力未給也。每于歲時伏腊，來就故址，瞻仰焚香，用答神貺。癸未春，余捧檄來牧此邦。凡[二]遇頽垣殘碑、神像暴露之處，未嘗不惻然動心，咨嗟歎息者久之。然大災甫定，興作浩繁，一切道路橋梁之扼，城垣河堤之要，不得不先爲設法補築，以防民焦。嗣各工以次告竣，振興坍塌等觀，不獨城中各廟焕然一新，即鄉間若宋川，若麻茨溝，不一其地，亦均廟貌復振，動觀瞻焉。獨此廟去城遠，前未之聞，適童二尹樸齋因公過境，約之父老傳聞，願捐資首倡，并商諸同寅，各分鶴俸以資鳩工。事蕆後，會首丐余題額，并爲文以志其事。因喟然歎曰：「《禮》：『爲民禦災捍患，則祀之。』此守土之責也。不意我民樂成善舉，以補余所未逮，是以好善樂施之一事也。」因贅數語，聊志巔末。是爲序。

［説明］

據吕鍾祥《新纂康縣縣志》録入。

光緒九年（一八八三）記。原題下有「階州直隸州葉恩沛」八字。

［校記］

［一］凡，原作「氹」，當涉下而誤。

三七　嚴禁派錢告示碑記

佚名

（碑額）：日　安民清官　月

特授禮縣正堂加三級紀録五次雷，爲出示嚴禁事。據府城後里民孫生元稟稱：小的等居住平落地方，係階、禮、成三交界之地，小的四莊係禮縣，相□屬階民□□，其人莊被階地鄉約傅正學，每逢學差過境，□約向小的莊（中缺）硬要派錢，（中缺）小的等公議□□禮正賦，如何與階（中缺）鄉約（中缺）出示等□□此催孫生元等。既属禮地正賦，無論（中缺）事，自應各分疆界，何得□行苛派，合行出示嚴禁，爲此示，階地鄉約傅正□知悉。自示之後，學差過境，倘在仍前□，禮民孫生元等四莊苛派錢文，□圖□利，假公濟私，定即牒明，責州懲□不貸。各宜凛遵□□□□，特示。

右仰通知。

大頭人：石耀榮，孫生元，馮志真

小頭人：孫生科，孫生秀，孫□教，馮志林，馮志才，石懷金，石懷堂

頭人：高□羊，孫義成，馮石□，馮善德，馮□□，馮茂周，靳開忠，石生花

四莊：孫家壩，石家溝，馮家灣，靳家溝（下缺）

光緒十三年二月十八日。禮縣正堂雷□□。禮地孫家壩與三莊民等勒石

（碑聯）：

水柔石剛石水爛不曾爛[一]，善真惡假惡消善不能消。

〔説明〕

碑存康縣平洛鎮孫家壩村。碑高一二八厘米，寬八一厘米。

光緒十三（一八八七）立。題目爲編者所加。

〔校記〕

〔一〕此句當爲「水柔石剛石爛水不曾爛」，碑誤。

三八　崔氏山莊記

蘇藴芬

關屬山名有傳爲謝家溝者，在關溝西北亂山深處，草木叢茂，居民鮮少，友人崔静庵分眷居之。夫崔氏山居名曰「謝家溝」，初不解意。遇鄉人與語，上年田舍翁謝姓寓焉，山莊得名以此，夫復何疑？予于辛丑歲

之春，移硯講院，與崔翁爲世誼交。每當茶香耳熱，晤設農政，始知有謝家溝，擬一往焉，訪風景于巖阿，尋勝概于泉石，以博游目騁懷之趣。特以舌耕匏繫，不果。聞其名未歷其境，悵悵者久之。本年七夕後，凉風乍至，秋雨初晴，携一童，騎一騾，過北郊，經石澗，至關山下。河流如長虹斜卧，委蛇曲折，清且漣漪。時見人村臨水，茅舍數家。問其名，云是乾水磨壩。巉崖環列，幾疑無路。近視之，有山徑，山口隈隩，路極狹而崎嶇。行不數武，澄波激蕩，秀石清幽，光怪陸離，不可名狀。旁有小溪，莫測其底。童曰：「此深淵也，宜防！」騎從沿邊過，人由樹底間行，巖花馥郁，山柳扶疏，望緑蔭兮横遮。陟石階而直上，一轉盼間，予已至家。虚室峭蘭，妯娌肅雍，童僕往來，樸訥若不能言，望而知爲山中人。至一家太和，惟見供膳修潔，婦人孺子寂無聞聲。雖由静庵戒嚴，非崔翁義方之教人之者深，曷克臻此。明晨，崔生出其家藏斗簡弧編，精筆佳墨，隨意誦讀，書大小楷數十，若忘其至山間者。已而日逾卓午，夕陽在山。升高而俯瞰人家，穜柳爲垣，菽麻被徑，鹿場町畽，禽鳥翱翔。登覽之頃，乘興而來者，興盡而返。時夕饔，静庵多情人，殺鷄爲黍，頗有田家風味。烹春茗于茶瑠，酌新醅于酒榼。山肴野蔌，雜然前陳。静庵告予者曰：「今日之歡，非一手一足之烈、一朝一夕之故也。」予姑應之。崔翁哲嗣如鼎峙，静庵爲仲，叔中卓，卓特出者。當其未至謝家溝也，無輪囷之材可支梁棟，無磈礧之石足奠垣墉。静庵以精明强幹之資，爲裕後光前之計。其治山莊也，聞有大木異石，極數十里而遥，不惜資材[二]，務以必得爲快。光緒十三年興工，迄十五年落成。此三年間，出作入息，日與土工、木工、石工，畚築斧斤中，同勞共苦，何不辭况瘁若斯。而猶冀日用飲食之必適口也，治農圃以備園蔬；幼子童孫之共分甘也，植卉木以供山果。迹其巨細親歷，纖悉靡遺，爲燕翼謀者無微不至。地方父老與夫里間族黨，咸稱之曰能。静庵洵無負鄉評哉！予與静庵交既久，知最深，愧無長物，歷叙山居巔末，令後輩知静庵半生辛苦，不至湮没失傳也。爰筆揮灑而述之，顔曰：「崔氏山莊記」。

［説明］

據吕鍾祥《新纂康縣縣志》録入。

吕鍾祥《新纂康縣縣志》列于所選碑記之序列之中。

光緒十五年（一八八九）記。原題下有「優貢蘇藴芬」五字。

［校記］

［一］材，當爲「財」。

三九　建修東岳天齊廟功告竣碑記

黄汝憲

（碑額）：日　建修　月

（碑正中）：東岳天齊廟功告竣碑記

武都正東，距城二百四十里有名山一座，古名「杏花山」，有壯麗之象焉。迨其後，地因神靈，又名「東岳山」。夫此山者，實大堡子之扃鎖，亦太平里之保障也。此山有廟，由來久矣。以神鐘與娘娘殿考之，覺順、康兩朝，當先有神廟，後有神鐘，故鐘《序》有云：「先有以小鐘，因日久敝壞。迨雍正二年，方鑄此大鐘，以動神人之聽聞。」然此姑勿深論。迨至乾隆、嘉慶、道光三朝，屢加補修三次。降及我光緒十三年間，因代遠年湮，棟梁幾于崩壞，風瀟雨灑，墻瓦多至彫零。四路衆姓人等側目心傷，因各路選學、功德主募化四方，積少成多，以資匠費。因改舊换新，建立正殿三間，前殿神像依舊。三殿告竣，後因娘娘殿尚端方正直，不過聊加補葺而已。今者神功告成。延及光緒二十六冬月間，𢥧[二]殿畢，因同衆商議，將一片慈心勒之金石，欲垂千古不朽。嗟乎！予生也晚，謹述前後所聞者，聊援筆而爲之序。

四川木匠楊明鴻。四川畫匠黄永藻。四川泥水匠張師。本邑瓦匠唐師。

山主廪生黄汝憲撰并書。東路功德主：侯履泰，王克仁。南路功德主：尹能科，周世玉，焦成章。成功頭人：張魁，侯樹美，李尚斌，焦樹明。

焦仲德栽刺柏樹弍根。

尹金隋，尹生姜，王鳳德，尹榮科，楊萬巧，王收，萬進禮，五有文，王登才，王海有，尹金選，黄文忠，王永志，王福，王大彦，宋生唐，吴興順，黄進學，蒲生現，宋克學，張守後，侯金鍔，包金殿，王自堯生員侯履泰施錢八串文，生員朱獻彩施錢二串四百文，朱生玉施錢二串四百文，朱生花施錢二串四百文，王明泰施錢二串四百文，王修花施錢一串二百文，尹連科施錢一串二百文，尹生起施錢一串二百文，尹生海施錢一串二百文，侯鳳彩施錢一串二百文，侯明昌施錢二串四百文，焦德志施錢一串二百文，王登楊施錢一串二百文，王登科施錢一串二百文。住持高元興。

大清光緒二十六年十一月二十四日衆姓人立，石匠尹生翠刻立

［**説明**］

碑存康縣大堡鎮魏子山村杏花山東岳廟内。據康縣文化館郭應中所提供抄件録入。

光緒二十六年（一九〇〇）黄汝憲撰書。

〔校記〕

〔一〕懺，當作「遷」。

四〇　建修告竣衆姓勒石碑記

黄居中

（碑額）：東岳廟

（碑正中）：建修告竣衆姓勒石碑記

東岳泰山者，吾族祖山也。因兵燹後，殿宇毁壞，目不堪睹。某等宗念大德，鳩衆成工，非敢云仰酬先恩，亦以壯吾邑美观云爾。

李廷□施錢二千二百文，高致禄施錢四百文。

東路功德主、甲午科解元黄居中拜撰，施錢六串文。北路山主廩生黄汝憲書，施錢一千文。

北路功德主楊美林施錢一串二百文，山主頭人黄現謀施錢八百文，黄殿成施錢六串文。

卜期術士黄致林施錢一千二百文，山主頭人黄增芳施錢三串二百文，黄金斗施錢二千二百文，黄士俊施錢二千四百文，頭人黄蕊施錢四千二百文，黄□彦施錢一千二百文，黄□□施錢□□文。

楊永生施錢四千文，黄文花施錢七千文，高登□施錢四千文，何致久施錢八百文。

頭人黄鳳□施錢四千二百文，黄鳳山施錢四千二百文，黄進修施錢五串二百文，楊文一千二百文。

黄增弟、黄增甲施錢六串二百文，黄大元施錢四千文，黄克金施錢三千二百文，黄大失施錢四千四百文。

黄克明施錢一千二百文，楊煥文、楊占文施錢四千四百文，李永蕊施錢二千二百文，黄寶珍、黄寶興施錢一千六百文。

黄寶英施錢一千二百文，高進元、黄殿仕施錢二千四百文，黄克榮施錢二串二百文。

黄連升施錢一千二百文，黄萬珍施錢二千四百文，黄德、黄秀施錢二千六百文，黄文施錢一千文。

楊□□施錢一千二百文，楊永祥施錢一千二百文，楊永利施錢一千六百文，黄□俊施錢二串二百文，黄木果施錢一千二百文，黄□□施錢一千二百文，楊（下缺）。

郭殿士、楊金翠錢一千二百文，楊女子錢一千六百文，楊□□一千八百文，楊在林錢一千二百文，□□□錢二百文。

大清光緒二十七年三月二十八日衆姓人刊立，石匠尹生翠敬刻

［説明］

碑存康縣大堡鎮魏子山村杏花山東岳廟内。據康縣文化館郭應中所提供抄件録入。

光緒二十七年（一九〇一）黄居中撰。

四一　重修元通寺碑記

柳萬載

從來功之成也，莫難于創乎其前，而尤莫難于繼乎其後。有繼乎其後者，乃以成創乎其前者之功，亦以見功之一成而不敝。即如武都于大清雍正間建立元通寺于其麓，元通寺落成之會，正鐵佛寺已毁之秋也。因并鐵

佛寺之佛像神鐘，權移置于寺中，以共享其香火。一成而具成，何其盛也！其後兵燹幾經，風雨迭摧，傾圮者幾與邇日之鐵佛寺無以異焉。爰有郡庠生敬德賢，蒿目而傷心，一唱而百和，及其二弟親賢與三弟監生大賢，廢者修，墜者舉，課成十稔，募化一方，而功于是乎告竣。尋勝者莫不歎堂哉、皇哉、成哉、永哉矣！乃時未久，旋爲風雨所飄摇，而棟復幾欲折、榱復幾欲崩焉。有心人能弗感慨係之耶？都人士有鞏履泰、文庠敬涵德、武庠敬邦彦等，復舉善念，續前緣，跋涉幾遍，裘葛幾更，繼志而述事，庀材而鳩工，及其成功，有較前次而尤備者。正殿外，兩廊巍煥，山門宏濶，左鐘右鼓，重見樓臺之高聳焉。而况正殿傍增建僧房二座，山門外仍安土地一尊。畫棟彫梁，鈎心鬥角，亘古爲昭，于今爲烈也。于虖告厥成功，敢言我孔熯矣。俾爾戩穀永見，神其佑之。而今而後，歌祀事之孔明，蹌蹌蹡蹡；願後來之勿替，繼繼承承。將後來之于今，亦猶今之于昔也，豈不懿歟？

［**説明**］

以吕鍾祥《新纂康縣縣志》爲底本録入。

原題下有「歲貢生柳萬載」六字。柳萬載，字雲山，道光辛酉科歲貢。

著録：黄俊武《康縣志》。

四二　崔又若墓志

黄允中

吾嘗博稽流品，微論其琢磨完善之士，指不多屈；即啜糟飲醨之中，求其片長卓著者，亦殊寥寥。關之西鄉有崔公者，生而穎異，齠齡志學，即有騏驥之目，奉侍庭幃，其繼志述事，尤爲群倫類所推。但紛心堂構，因而弛志芹宫，良可慨矣。關屬自同治間，屢經兵燹，俗成强悍，閭里子弟，率皆力矜兩石，目不識丁。公捐地建學，監立書院一所。與廳主羅公日淬月勵，力振斯文。自公監堂後，凡生徒所需者，無不極力經營，以臻完善。羅公開乎草昧，公則贊助文明。而後囂凌之習，轉成弦誦之風；俚野之夫，贊爲文學之士矣。公又樂善好施，在包家坡購地一所，舍作義園，不忍行有胔骼，其澤及枯骨又如此。所以德必食報，次子先年泮宫已步，嫡孫今日雲路争奇，非盛德曷克臻此。不意紅塵息駕，玉樓題名，痛于光緒三十二年八月初七日。公今往矣，聊志顛末以抒高山景仰云耳。又爲之輓歌曰：

夕陽冉冉幾荒坵，柏古松蒼風正遒。閭里而今傳盛事，關山不礪自千秋。

［**説明**］

以吕鍾祥《新纂康縣縣志》爲底本録入。

原題下有「黄允中」三字。黄允中，字傳薪，清歲貢生。

著録：黄俊武《康縣志》。

四三　重修明月山三星殿衆姓功德碑序

劉峻德

蓋聞事有前人爲之而後人述之者，有創自往古而廢之于今者，不有人以振興之，恐前無古而後無今矣。即如我明月山之真武廟，不知昉于何時。歷年多則風雨飄摇，經歲久而牆垣傾頹。我衆雖欲重修，而力未能償所願也。幸有葉公祖者，莅任以來，好善樂施，所過廟宇之損壞者補之，倒塌者修之。于是會内人相傳，同集商議，即刻赴州，在公祖前敬請緣薄，鳩工募化，歲三周而告厥成功。然成工既由于衆，而奉神實賴乎名僧。無如昔之日土地饒多，草木茂盛；今之日土地侵削，草木光潔。非追還土地，永護林木，總有名僧，何以給饔餐而備薪樵乎？乃復集衆商議，懇請于張公祖出示嚴禁，將土地照舊歸還，林木依舊永護，不准人争奪土地，砍伐樹木。今特將地界畫清，刊于碑上，以志永遠不忘。東至何家埡大梁爲界，南至大石頭平過，西至凉水泉端下，北至蓋土石端上。則土地之所産以足僧食，林木足培山景，山自然美麗，僧自敬神明。而神佑多福，雨暘因之，時若神降吉，民物得以康阜矣。

［**說明**］

以吕鍾祥《新纂康縣縣志》爲底本録入。

原題下有「邑庠生劉峻德」六字。

著録：黄俊武《康縣志》。

四四　練功石鎖文

朱殿花

丁酉科武生朱殿花、朱□山置

［**說明**］

石鎖存康縣岸門口鎮街道村朱家溝合作社。石鎖長六七厘米，寬二一厘米。

清代石鎖。

四五　皇清待贈朱公之墓碑

佚名

（墓亭上層楹聯）：

積德垂恩遠，纍仁流澤長。

（墓亭下層）：

（正中之碑楹聯）：

（額）：　佳城毓秀

崇山峻嶺興萬代，　孝子賢孫繼千秋。

（左側之碑楹聯）：

（額）：　德澤不朽

功德培祖宗彌大，　孝思垂天地同流。

（右側之碑楹聯）：

（額）：　孝思維則

松竹罩塚先後盛，　鄰村護邱蘭桂香。

［説明］

碑存康縣岸門口鎮街道村朱家溝合作社。爲上下亭式一墓三碑之結構。碑正文已泐損，作者、時間皆不詳。

四六　石匾文

佚　名

主人自題

職思其居

（下缺）

［説明］

匾存康縣銅錢鄉環路行政村高家嘴合作社。匾長一四一厘米，高六二厘米。康縣文化館郭應中提供照片。時間、作者不詳。

四七　朱鳳翔王氏合葬墓碑

何超林

（碑正中）：

皇清例贈顯考、登仕郎朱公諱鳳翔字桐軒、誥封顯妣幽閒貞静王老宜人二位大人正性、淑性神墓

（上缺）道昌，斯言誠不誣，理勢亦所必然也。余嘗徵之于（中缺）厚正直，因得天府之寵；婦亦淑慎温良，無慚誥封之榮。（中缺）農桑于武都，田連陌阡；作生涯于階鄉，號通漢府。公之治于外也，斯有典而有則。婦之主其内也，更無黨而無偏。上事翁姑，無懈定省之禮；中相夫子，常昭勤儉之風；下教子□，□□義方之訓。兼之和睦宗黨，頻頻與之以澤惠；催使雇工，人人悉沾其慈恩。耕耘無懈，（中缺）時，閨闈堪樹其四德，巾幗完人無過是矣！所謂有是夫，即有是婦以助之，得享（中缺）典隆而億萬斯年也哉！余才拙學疏，聊作短序，以頌其德于千古不朽云爾。（中缺）爰爲之輓曰：雙星散彩墜霞光，同游帝鄉伴玉皇。形與花木而并茂，［神］隨［雲］天以無［疆］[一]。牛山巍巍佳城固，岸水滔滔恩澤長。頌君兒孫多濟濟，［高行］世代［永］流［芳］。

父生于□□□□年九月十三日，卒于□□□□年六月廿六日吉時。

母生于同治□□年正月廿九日，卒于宣統己酉年二月十五日吉時。

孝男朱曦東，室人茍氏、吕氏

胞侄朱曦升、室人吴氏；朱曦清

堂侄朱招財，子朱宗元；朱孝娃，子朱百家保等奉祀

石工羅克存謹造

武都生員愚晚何超林頓首拜撰書

大清宣統元年九月初六日巳時登立

（墓亭頂層楹聯）：

雅範昭宇宙，懿德著慈幃。

（墓亭底層楹聯）：

瑞日祥雲護吉地，環山抱水繞佳域。

［**説明**］

碑存康縣岸門口鎮街道村朱家溝合作社。碑高七五厘米，寬六〇厘米。

宣統元年（一九〇九）何超林撰書。

［**校記**］

［一］神隨雲天以無疆，其中「神」「雲」「疆」三字聯繫上句「形與花木而并茂」中相關字而補。看此詩平仄本是七律，中間兩聯在用詞與平仄上應相對，故從字義及平仄選此三字補入，以利閲讀，特此説明。如發現原刻完整拓片則可據以更正，不以此爲據。下面所補幾字同。

四八　清庠生李公宗棠墓志銘

佚名

天地菁英，蓄久必彰。山川毓秀，積厚流光。麒麟山下，洛水之旁，望之蔚然，長發其祥。有李氏者，世居其鄉，得山水氣，纍代書香。雁行四翼，奮翅翱翔。萬才居長，宗佐培棠。怡怡翕翕，友愛相將。公生三子，本清貞方。公自舞象，知能皆良。聰敏穎悟，迥異庸常。讀書里塾，過目不忘。長果奪錦，身列膠庠。父母已顯，名聲已揚。青雲直上，易于探囊。無志進取，淡名利場。奉親課子，遯迹山莊。課讀得閒，聊事農桑。歷數十載，艱苦備嘗。男婚女嫁，禮教是尚。道尊仁義，品重圭璋。容止大器，家道小康。悠悠歲月，計樂康强。玉樓詔待，莫敢或遑。宣統紀元，哲人云亡；享年五二，遼返西方。邇時一室，號泣慟傷。芝蘭繞膝，桃李門牆。喪葬如禮，墓志其詳。惟老缺里，草木隕黄。水聲山色，掩映蒼茫。牛眠卜吉，窀穸云藏。景穠景秀，畢業學堂。公之德教，至孫發皇。曾孫特出，五世其昌。公之一生，道德文章。生際盛世，葬得其疆。麒麟在藪，洛水登堂。先生之德，山高水長。銘之以此，百世流芳。

［**説明**］

據吕鍾祥《新纂康縣縣志》録入。

據碑文所言爲清宣統元年（一九〇九）撰。

著録：黄俊武《康縣志》。

四九　白馬關警察所長陳恕堂德政碑

佚　名

存目

［説明］

呂鍾祥《新纂康縣縣志》卷二〇載「陳恕堂，字偉如，貴州人。民國十一年任白馬關警察所長。精于警政，尤嫻刑名，凡有勘判，揮毫立就。案牘無一留者。莅任以來，剔奸除弊，盜息民悦。東門外立石頌德焉」，據以收録。

五〇　雲臺山碑記

婁得川

（碑額）：雲臺山碑記

縣東三里許有一山焉，舊名「鐘鼓」，新名「雲臺」。山上有殿宇一院，創建于民國十一年，正殿三大菩薩，右廊三位娘娘，倒庭□□案楊四將軍，有像輝煌，殿宇巍峩，誠吾邑之勝境，實萬姓之福臺也。有求輒應，無感不通。議定每年四月初八日爲逢會酬神之期。會内同志，每人義納會底銀洋壹元，交由經理保管。每元每年以四角生息，放人使用，所得息利，作爲每年辦會之需，以備納有會底者使用。惟恐年久湮没，特將承納會底及助洋立碑人名泐諸于石，以期千古不朽云。
樂施立碑人：婁得川助洋壹元，杜明忠助洋五角，杜含榮助洋五角，李正川助錢五串，李正東助錢三串，杜含春操心座主。
康縣第二科主任婁得川謹撰。高小校畢業李正川拜書。石匠張東秦敬刊。
周治邦，張守禮，馬廷漢，張問義，馮寶賢，李本德，李正川，張正基，婁得川，朱必誠，李崇山，崔正基，王好義，張生義，董生明，張秉心，杜明忠，杜含春，杜含榮，杜含玉，杜占魁，李正榮，李正東，卯玉山；郭林山，何致良，王致道，李根才，王文斗，龐占魁，李忠秀，胡發朋，杜占銀，杜榮，杜康榮，宋德珍，陳義邦，羅振邦，馮興功，黄克成，楊鳳林，宋德忠，王林，杜茂田，邱正邦，周世双，周文德，周世全，李建銀，邱生成，閆正，邱生置，邱興邦，邱生彩，吴仲成，李統山；倪萬亨，李向山，李西山，李玉山，李好山，李峻山，邱銀山，張義文，李景玉，袁永昌，王秀峰，李蒼山，杜茂均，宋彦山，張萬鎰，趙福喜，張克明，牟永壽，李彦林，王廷義，杜含香，杜保仲，焦明玉，王能；杜忠，卯富山，焦存成，王禄，唐東册

中華民國二十三年四月初八日，衆會首仝立

［**説明**］

碑存康縣雲臺鎮鐘鼓寺。碑高九〇厘米，寬五〇厘米。康縣文化館郭應中提供照片。

民國二十三年（一九三四）婁得川撰。

五一　新修高小學校記

呂鍾祥

從來人才之消長，地運之盛衰，大抵謂氣數使然。執是説也，而「人定勝天」適成欺人之語矣。吾意，惟能實心實政、操轉移之權者，氣數之説不得而拘之。康邑高小學校堂舍湫溢，教育前途甚感困難，惜數年來振興乏人。去年，王縣長慨儒，與一師獨立旅三團二營營長龍雲驤，經營地址，謀建築焉。未幾，一換防，一卸任。延至客秋八月，陳縣長學乾與駐康中央軍一師獨立旅三團劉團長超寰，先後同心，以舊日高小校非制，不能容納多數學子，謀于縣署西偏清代把總衙署之遺址，繼續建築。量舊址東西土尺四十丈，南北亦如之，依制計畫。甫興工，陳縣長奉令調署成縣，劉團長督機關槍第一連建築正庭五間，未幾，亦開拔碧口。繼其任者，黔東王克明縣長，下車即以興學爲己任，尤不忍前功盡棄，當即開會，與此邦人士議定工程，尅日進行。越三月而告成。計坐北向南正庭五間，中三間爲大禮堂，其左右各一間爲職員室。禮堂側面左右各六間爲學生住宿室，中間左右二室各三間作教室。下面穿堂七間，中一間作甬道，左二間作圖書室、閲報室、俱樂部，右三間作成績室、會客室、民衆教育館。甬道前，左兩間作校夫及傳達室，右兩間作伙夫、齋伕室。其西邊一段空地作運動場，南邊一段作校園。大門一座，仿西式。揆諸規畫，悉如制落成，整一擴大學校。是役也，經始者王、龍、陳、劉四公，完成者現任王縣長一人，采料督工者，鄉長周治邦、科長黄汝憲、大隊附嚴吟龍也。其版築民役，購木輪材，陶運瓦石，皆有工價，未嘗苦纍一役，苛派一錢，頓成偉觀焉。是豈氣數使然乎？余歷觀其制，不禁有感曰：「凡物之廢也無常，其興也有待，非氣數之所主持。昔之創修武衙署也，其規模不知若何凋大，若何輝煌！是孰興之耶？曾幾何時，片瓦半椽之無存，竟成黍離麥秀之區，是孰廢之耶？前乎公者，皆未計及，即計及之，又屬中道而止。公此一舉，煥然改觀，豈前之人待公而成其美歟？抑公之實心實政，操轉移之權，與氣數争，以明『人定勝天』之説歟？古云『人傑地靈』，于兹益信。公真大有造于康也！康之學子入此校者，如坐春風化雨之中，而公厚望于康之學子異日盡爲成德達材之選，公之願償，公之心安矣！」故記之。

［説明］

據吕鍾祥《新纂康縣縣志》録入。

原題下有「臯蘭吕鍾祥」五字。按：吕鍾祥《新纂康縣縣志》係民國二十五年（一九三六）石印本，可知本篇及《張處士温如墓表》創製下限爲一九三六年，故收録于此。

五二　張處士温如墓表

吕鍾祥

同事張子劭謙來，出其先大父事略，乞余文以表其墓。略曰：先大父，雍氏裔也。昆仲三，大父最幼。讀孔孟書，悟孝友禮，殆性之也。年十五六，下筆頗能文，尤善作篆，藏者珍之。謙曾大父選，元配張氏，張氏未出。卒續配柏氏，亦未育。以先大父承嗣焉。娶異中張氏奠雁，後患痘失明。曾大父母憂琴瑟之不和，而大父善體親，心竟如初。或勸之再娶，大父曰：「張氏失明，重父母之命也。况失明在結褵後，亦吾之命也。因失明而再娶，不義也；再娶而見棄，不仁也。對于父母，均爲之不孝不仁。不義不孝，吾不忍爲！」後連舉。大父子三，長志遠，即謙父，次志泰，三幼殤，大母亦卒。謙父叔幼，賴曾大母撫育之。越年，曾大父將家事全付大父，已則含飴弄孫，以樂晚景。大父凡事先意承志，不敢專力。田暇，習軒岐術。性鯁直疏財，鄉里延醫者，雪夜亦往；貧寒者，代付藥資；在富家亦未取其值。里有爭訟，得大父一言而輒解。迨曾大父母相繼逝世也，喪葬皆如禮，至歸塋日，執紼送者近千人，皆悅其知禮。居喪，不飲酒食肉者三年，其言必戚，其哭必哀。除喪，而癯然不能勝人事者，蓋久而後復，里人稱之。晚年從事老莊，以晚近世道日非，人心日漓，戒謙父叔購田產，以年所得，除衣食賦税及謙教育費外，餘悉存之，以備鄰里問鰥寡孤獨、廢疾嫁娶、喪葬惜字等之用。及至一病不起，囑謙父叔等曰：「吾家固寒微，但無衣食慮。爾等善承先人業，勿妄營謀。當思先正之言『富爲衆怨。賢多財則是損志，愚多財則益過』。吾深望子孫，世讀耕爲第一等人足矣，他非所願也。」言訖而逝。距生于清同治庚申九月八日戌時，卒于民國壬戌十月初三未時，葬于村左趙家灣祖塋，先大母之墓側，壬山丙向。謙謹述。

張處士，康西白操人也。以一布衣終于家，而白操山人至今思之。思其人實思其禮也。禮教之失也久矣，喪禮之失也又久矣。自孔子在魯，魯人不能行三年之喪，其弟子疑以爲問，而他國可知也。孔子歿而後世又可知也。今之人知事親者多矣，或居喪而不哀者有矣。生能事而死能哀，或不知喪禮者有之，或知禮而以謂喪主于哀而已，不必合于禮者有之矣。如處士者，生養死葬及居喪，若不知其承繼且妄，其異姓而能盡孝盡哀，行庶人之禮無憾。殆仲張氏之遺澤，尚未之泯耶！慨自禮教衰微，在上者不以身率下，在下者無所望于其上，其遂廢矣乎？故吾于處士有所取也。嗚呼！孝非一家之行也，移于作事則忠，仁于宗族而睦，交于朋友而信。始于一鄉，推之四海；表之金石，示之後世。而勸考處士之所施，無不可以書也，豈獨俾其子孫之不隕也哉？

［**説明**］

據吕鍾祥《新纂康縣縣志》録入。

原題下有「前人」二字。文中提到張温如逝于民國壬戌，爲民國十一年（一九二二），吕鍾祥《新纂康縣縣志》出版于民國二十五年（一九三六），則知本文作于一九二二至一九三六年間。

五三　李殿臣墓志

佚　名

（碑正中）：故顯考李公諱殿臣廷選行一正性之墓志

蓋聞人生斯世，如葉飄「蓬轉」，修短同空。兹如李公□□所生直里，而遷康屬。思明由于天授，温恭自歸天□，□鄉鄰以偲于朋友。原配蔡氏，剛柔合德，相敬如賓，□□保國爲民，而其佐公成家，言行忠信，意于端方。今卜□□□石不朽云。

生于癸未十月初三日，

卒于丙子十月十二日巳時。

孝弟李殿剛，孝妻崔氏。

中華民國二十七年三月□五日立

（墓碑楹聯）：

（額）：永言孝思

萬載風磨常不朽，千年雨洗永留芳。

［說明］

碑存康縣雲臺鎮陳峽行政村羅家莊合作社。碑高七七厘米，寬四二厘米。康縣文化館郭應中提供照片。

民國二十七年（一九三八）立。

五四　李氏墓碑

佚名

（碑額）：坐坤向艮

（碑正中）：皇清故顯妣諱李慈君行一大人一位正性之墓

且夫墓者，慕也；志者，記也。古云「孝子之至，莫大乎□□」。□母在生之時，持家勤儉，教子義方。憶見母享壽百年，□□期大限難逃，五旬有八，竟赴仙鄉。生身之恩，大報不如（中缺）亡者得安眠于泉下，子孫亦無遺恨矣。是爲記。

生于己卯年七月二十八日。吉時□生。

卒于己亥年腊月二十日。因老□□。

孝男：朱佐清，朱佐臣，朱佐信

侄男：朱佐仲，朱佐升，朱佐孝

孝孫：癸酉子，郭禄子，□□子，龍□子

民國庚辰年三月初四日子時安葬。

［**説明**］

碑存康縣岸門口鎮街道村朱家溝合作社。碑高八六厘米，寬四八厘米。

民國二十九年（一九四〇）立。

五五　七七抗戰陣亡將士紀念碑

王德馨

（柱陽）：

七七抗戰陣亡將士紀念

（柱陰）：

黔資黄平縣王德馨題

中華民國卅年十二月立

左連金、李□舉、李根蟠、曹文秀、雍紹堯、陳國禎同在

〔説明〕

存康縣文化館。高一三八厘米。康縣博物館館長楊清軍亦提供照片。

原本爲康縣雲臺鎮鷹嘴崖上七級石塔之塔頂，爲石柱型，兩面刻字。該塔今已倒塌，石柱移存縣文化館。

民國卅年（一九四一）王德馨題。

五六　寺橋題記

王德馨

古洞流泓

〔説明〕

據康縣志編纂委員會《康縣志》收録。題記在今大堡鎮水洞砭原水洞寺石橋橋側。《康縣志》云：「水洞寺，在今大堡鎮水洞砭。初建于宋代，明萬曆間重修……泉水湧流，浪花朵朵，一座石拱小橋，横卧泉上。一九四二年，康縣縣長王德馨在橋身側題了『古洞流泓』四個大字。」故存録，題名爲編者所加。

五七　寺橋題詩

呂芾林

玲瓏塔影入山深，壓倒靈源何處尋？古洞森森疑虎嘯，流泓隱隱有龍吟。丹成七月仙人藥，曲奏管弦鍾子琴。唯愛一灣澄碧水，且邀明月洗塵心。

〔説明〕

據康縣志編纂委員會《康縣志》收録。題記在今大堡鎮水洞砭原水洞寺石橋橋側。《康縣志》云「水洞寺，在今大堡鎮水洞砭……一九四二年，康縣縣長王德馨在橋身側題了『古洞流泓』四個大字。吕芾林又題詩一首」云云，故存録，題名爲編者所加。

文縣

唐

一　同昌郡驛碑

趙　齊

存目

〔説明〕

張維《隴右金石録》載：「同昌郡驛碑。在文縣西，今佚。」

吴鵬翱《武階備志》卷一七引《輿地碑記目》卷四載：「同昌郡驛碑，毴毱驛在州西四十里，唐天寶四載置，同昌縣主簿趙齊記，有碑。」

二　和太尉墓碑

佚　名

存目

［説明］
張維《隴右金石録》載：「蜀和太尉碑。在文縣大渡壩，今佚。」
吴鵬翱《武階備志》卷一七引《輿地碑記目》卷四載：「和太尉墓碑。墓在今文州城西大渡壩，僞蜀殿中侍御史文墓碑，太尉名文，爲唐興德軍節度使、文州馬步军都虞候，大中五年卒，葬于此。」

三　省倉梁記

佚　名

存　目

［説明］
張維《隴右金石録》載：「省倉梁記。在文縣，今佚。」
吴鵬翱《武階備志》卷一七引《輿地碑記目》卷四載：「省倉梁記，唐咸通三年，文州刺史秦述謨建譙門外。」

四　石笋銘（一）

南　甲

太極之初，有物渾融。乾坤開闢，萬象來鍾。巍峩崔嵬，有石其鋒。先天而璧，造化爲工。散落人間，盤礴蒼穹。烟濛霧瀇，時焉未逢。日月重明，遇我梁公。移置左隅，朝夕友從。忠肝義胆，堅剛與同。前乎千古，莫比其隆。後乎萬世，孰追其踪。天長地久，永克其終。

［説明］

石毀。以江景瑞《文縣志》爲底本録入。

宋仁宗嘉祐元年（一〇五六）記。原題下有「宋嘉祐改元太守梁公門下士南甲題」十五字。

著録：長贇《文縣新志》、張維《隴右金石録》。

五　石笋銘（二）

何彦齊

堅正挺持，久脱砂磧。左右惟命，所守不易。藏鋒斂芒，作鎮西極。

又：

倚天之劍，露穎之錐。湮没既久，拂拭者誰？紫髯將軍，左提右撕。翦滅妖氛，惟石是資。

［**説明**］

石毁。以江景瑞《文縣志》爲底本録入。

宋徽宗崇寧五年（一一〇六）記。原題下有「崇寧五年通判郡事何彦齊記」十二字。

著録：長賨《文縣新志》，張維《隴右金石録》。

六　上清洞題名

佚　名

存目

［**説明**］

張維《隴右金石録》載：「上清洞題名。在文縣北，今佚。」

《階州志》載：「上清洞，在文縣舊所城北四十里石壁上，有大觀間題名，見《明一統志》。」

七　太守魯公安仁觀察祠堂記

何炳文

文州普明禪院記

太守魯公觀察祠堂記

太守魯公觀察[一]牧文之三年，報政有期，邦之軍民樂政。先期半年，分曹[二]請諸臺，投牒借留。未浹日，而朝廷已報除代矣。人咨嗟咏歎，知[三]其不可挽而駐也！于是相率謀爲久其思而不忘者。駐屯軍將任喜等，就普明精舍立生祠，繪公之像以嚴事之，且囑[四]炳文請記其事。炳文爲之言曰：「君子欲有立于斯世，惟不苟而已。不苟則盡心，盡心則盡物，而所立卓爾不磨矣。詹何之于釣，奕秋之于棊，□之于□，羿之于矢，造父之于馭，伯樂之于馬，是皆潛精于中，不以萬物□吾之精。比其成也，實疑于神。此技也，尚不可以苟得。推而上之，及[五]事之大，亦莫不然者。子産之爲國，管仲之制軍，孫吴之談兵，周孔之立教，雖小大詳略之不同，而所謂潛精于中，疑[六]神于外，則未始異也。故凡有苟心者，平居則碌碌亡奇，而久之則湮淪無聞。是雖欲與一技比而不可得，奚暇議其大？文臺居千萬山中，甘僻一隅，犬牙西夷，其地□□，其民樸野。魯公至，不鄙夷之，凡一政一事，必講究根柢，予其同欲而□其同病。□年亢旱，生物將就槁[七]，公乃約食勸分，并慰群望，甘雨即沛。歲大祲，嗣歲之春，民［皆乏］食[八]，公聲[九]于外臺，大發廩以賑之，所活以千計，就食氓沾溉旁郡。雨暘順叙，是秋大穰，民蓄谷支數年，軍民父老以爲未嘗有，而一歸之□太守之德。則其所以致挽留之勤，而嚴奉事之不忘者，豈勢力之所能敺哉？凡以公之所立，一出于不苟，而民之德公，一出于誠感也。雖然，君子之于名，視之爲外物，則是繪事之設，亦公之所不屑也必矣。雖公之所不屑，而亦民之所不能自已，則繪事之存，正以見文民[一〇]久久不忘之思耳。」

公諱安仁，字榮升，雄州人。忠孝□敏，嗜義如飲食，惡不義如惡臭。觀其所欲立，決非苟然者。先是□騁□命公□步軍都虞侯宣州觀察使，伴射兩發皆破的，賜金帶、彤弓，以旌公之鞍馬，賞賚良渥。然則公之持心不苟，已見弧矢之妙，不特立政爲然。自是歸環衛，備股肱，推而及太尚，則有所立者必多，實今日爲之基本云。

紹興戊寅十月□□日。門生、閬州鄉貢進士何炳文撰[一一]。將佐[一二]：張俸，王靖，李真，于萬，李元，薛□，□□，梁仲，呂榮，李卞，郭騰，馮青，賈俊

［**說明**］

碑存文縣文化館。碑高九八厘米，寬一一四厘米。其文略有缺損。以《文縣新志》爲底本録入。

宋高宗紹興二十八年（一一五八）何炳文撰。何炳文，閬州人，貢生。

此碑長賚《文縣新志》題爲「文州太守魯公祠堂記」，張維《隴右金石録》題爲「魯公祠堂記」，皆與原碑有別。此碑實爲一文兩題，先列「文州普明禪院記」，次寫「太守魯公觀察祠堂記」。今在「魯公」之後加入其名，以便檢索。

著録：葉恩沛《階州直隸州續志》，長賚《文縣新志》，張維《隴右金石録》，宣統《甘肅通志》，《甘肅新通志稿・卷九二・藝文志》。

〔校記〕

〔一〕觀察，《隴右金石録》無。

〔二〕曹，《隴右金石録》作「賈」。

〔三〕知，《隴右金石録》作「惜」。

〔四〕囑，《隴右金石録》脱。

〔五〕及，《隴右金石録》作「政」。

〔六〕疑，《隴右金石録》作「凝」。

〔七〕槁，長贇《文縣新志》《隴右金石録》皆作「稿」。

〔八〕「〔皆乏〕食」，原作「□□食」，今以意補。

〔九〕聲，《隴右金石録》作「請」。

〔一〇〕文民，《隴右金石録》作「父母」。

〔一一〕《文縣新志》此文題下有「碑舊植普明禪院院北，廢碑没于水，同治間，邑庠張佶浚河得之，復植文昌宮」等句。

〔一二〕「將佐」以下人名各本皆無。

八　石筍銘（三）

張敬伯

方其操瘠，其質厲芒。赤[一]倚天碧，鳴匣外嗟。鬱抑有此，君相拂拭。

［説明］

石毀。以江景瑞《文縣志》爲底本録入。

宋寧宗慶元四年（一一九八）題。原題下有「宋慶元戊午張敬伯正父」十字。

著録：長贇《文縣新志》，張維《隴右金石録》。

［校記］

［一］赤，《隴右金石録》作「刃」。

九　重修慈霈廟記

揚必復

（篆額）：重修慈霈廟記

文州慈霈廟，占龍女山之上，高峻岌嶪，陟降維艱。原廟在陰平橋南二百步，祈禱詣焉。舊有正殿、殿門、寢宮、宮樓、兩廡。前守叙南廖子材又新作鎮南樓于廟門，未畢，而移守廣，囑曲水令廣漢楊應發成之。既而必復歸自制幕，以倅攝守，繼承朝命，統綰郡章。越數月，雨暘應禱，歲事以登。秋報于祠，顧瞻前後，謂僚屬曰：「門之樓壯麗矣，而寢宮之樓傾側，兩廡尤圮，其内外弗稱，豈所以崇嚴祀、妥神靈乎？」乃捐己俸緡粟，市材會工，葺宮樓而正之，撤兩廡而新之，崇夷甃隘，繪施圬壁。委貢生劉日新、陳迅董其役。經始以四月廿六日，斷手于十月七日。二士來請記之。必復因考前記，此廟重修于紹興丙子，距［二］今七十有五祺矣。則修其所以［三］壞，建其所未備，必復之責也，何以記爲？二士固以請。必復嘗謂：「寒陰暖日、甘雨祥雲，萬物生生而不知其爲天之德，此天之所以爲天也；輔贊天德，陰持默佑，國安民樂而不知其爲神之功，此神之所以爲神也。」恭惟善濟廣應助順顯佑妃，以孝行感格，赫靈前代。我皇宋崇寧間，賜今廟額「靈應昭灼」。封賜便蕃，紀述屢詳。大抵神加慈于文，文倚神爲命，足用飲食，仰父俯子，神之功、天之德也。乃寶慶戊子，寇衝岷岩，越武階，徑至州境。前守致禱之翼日，寇馬自死于石靴隘下，僉若有所睹，亟麾衆退，一境貼然。部使者以朝旨下州，覈其事，已上之祠部，嗣有褒典。鎮南之建，何足以寓昭報？顧神亦豈報之問而施于民者。當斯人驚擾之餘，所望一稔以消百憂。暘方亢，禱而[三]雨；雨方苦，禱即晴。神之曲庇終惠，響答若此，是知神之心主于愛民者也。至若興土木，事營繕，而徵調煩擾者，豈神之心哉？然扶顛易舊，廢于因循，歲月浸尋，風雨弗蔽，又非所以寓神。《易》曰：「節以制度，不傷財，不害民。」《詩》云：「得其時制，百姓悦之。」民悦而不害，則神亦罔怨恫矣。故不委之吏而委之士，工不節其食，材不吝其直，至售瓦甓者坌至，而役徒翕然攻之，不日而成。蓋如私家之興作，官勿與焉。噫嘻！古者先成民而後致力于神，惟循其序之當然；今致力于神而不傷民力，尚亦體夫神之心也。區區之志，概見于此，故述之以紀歲月云。

紹定三年五月重五日，承議郎、權發遣文州軍州兼管内勸農事、充沿邊都巡檢使彈壓軍馬、借紫揚必復記

門生奉議郎、宣差文州曲水縣主管勸農公事楊應發題額

門生承直郎、宣差文州州學教授文敏志

［**説明**］

以孫巘《續纂直隸階州文縣志》爲底本録入。

宋理宗紹定三年（一二三〇）楊必復撰。

著録：長贇《文縣新志》，葉恩沛《階州直隸州續志》，張維《隴右金石録》。

〔校記〕

〔一〕距，《續纂直隸階州文縣志》作「詎」，據《階州直隸州續志》改。

〔二〕以，《文縣新志》、《階州直隸州續志》作「已」。

〔三〕而，《文縣新志》作「即」。

一〇 陀彌院碑記

佚名

（碑額）：陀彌院

（額下）：

日

□□□

阿彌陀佛

本師釋加牟尼佛

普賢菩薩

十方諸佛

月

（正文）：

伏□釋教□□生□師天□□□□□□世出世間，方便第一，□□□□常住不滅□□無價珍、用無盡者，□三身、四知、八解、五□、六通利生。何□謂之三身者？一者法身□□□□□□□。二者應身，即三十相，八十種好，酬昔因□□證。三者化身，經云：「一身復現刹塵身，一一遍禮刹塵佛。」道教云：「儒中庸，老教從道德，初分天地，日月輪轉，金烏分晝夜，花開亦春秋。」儒教云：「孔子曰：『三人行之師，證□天下，保守社稷，秉正有司，分理庶務。』」《金剛經・贊》：「先須志[一]，然後啓請八金剛、四菩薩名號，所在之處，常當擁護。」奉請青除災金剛，奉請辟毒金剛，奉請黄隨求金剛，奉請白凈水金剛，奉請赤聲火金剛，奉請定除災金剛，奉請紫賢金剛，奉請大[二]金剛，奉請金剛眷菩薩，奉請金剛索菩薩，奉請愛菩薩，奉請金剛語菩薩。

（上缺）鄉（中缺）鄉修造（中缺）院主寶印、寶（中缺）原志林福（中缺）福（中缺）聰翻修（中缺）古院（中缺）不康（中缺）能□□惠□王（中缺）錦法（中缺）王（中缺）王春、王秀、王生、王章等（中缺）塑神像，采（下缺）。

文縣承事郎、知縣來。典吏羅（下缺）

鳳翔府石臣周□□，生員（下缺）

大明歲次成化丁未年二月初七日吉辰建立

［**説明**］

碑存文縣橋頭鄉固正村。碑高一一七厘米，寬六〇厘米。文縣文化館羅愚頻提供拓片。

成化二十三年（一四八七）立。

［**校記**］

［一］先須志，《梁朝傅大士夾頌金剛經》下復有「心念凈口業真言」七字。

〔二〕大，《梁朝傅大士夾頌金剛經》下復有「神」字。

一一　重修千户所記

荆　鋭

陝西都司文縣守禦軍民千户所，乃明洪武二十年創設，將以理庶事，防疆圉，當時，干戈甫定，制度粗立。迨歷年既久，土木、甓瓦、垣墉，未免有欹者、朽者、摧者、破者。司軍士者相繼雖嘗漸次增修，而規模卑狹，大率舊貫因仍，政亦如之。弘治庚戌，例當軍政。夏五月，關陝道援例考舉秦州衛高侯諱節原，衛軍政十載，擢有能聲，來掌文南守禦事。策馬至境，越三日，詣所，見其欹朽摧破，俯而歎曰：「公廳尚如此隘陋敝壞，安望其理庶事、表番夷、宣政令而一制度乎？」後政通人和，百穀用登，乃陟景取材陶器，急撤其舊而一新之，搆正堂五間，三崇二隘，棟楹榱桷，輪奐各有制度。左爲吏目廳，右爲軍器庫，後爲退軒堂，東西爲案牘之所，回廊迤邐于間者，凡二十五間。外爲重門三間。經始于癸丑年冬十月，訖工于明年夏六月，不周一歲間，欹者正，破者完，朽者新，摧者固。規模偉壯，棟宇翬飛，而甲于他所，非如昔之隘陋也。非第治所爲然，凡城樓、寨堡、門禁以及徒杠之類，靡不以次而修理之。嗚呼！侯搆是堂，非恣燕安、聳觀瞻而已也。軍士之困苦所當恤也，番夷之外患所當防也，戰士之坐作所當習也，金鼓旗揚所當練也，風俗□□所當厚也，嚚争不道所當辨也，冤抑無告所當察也。盜賊姦宄，不爲無人之虞；薄書期會，不怠公家之務。開誠心，有公道，宗儒術，略煩苛。禮教由是而修明，軍士以之而武勇。奠泰山之安，措盤石之固，悉發揮于是堂之中。不然與不構者等耳，烏在其爲當道之選舉哉？侯廉明剛果，驍勇善射，高出時輩，固不如是之律也，第以示夫後來司軍士者。

［**説明**］

據江景瑞《文縣志》録入。

原題下有「階州學正荆鋭撰」七字。荆鋭，明弘治間任階州學正。

一二　重修文縣儒學記

佚　名

存目

［**説明**］

張維《隴右金石録》載：「重修文縣儒學記。在文縣文廟，今存。按此碑弘治十八年所立，文載縣志，而碑刻漫漶，撰人失考。」

一三　重修儒學記

佚　名

文自先代，或郡或州或邑，國初廢，獨不廢儒學。成化十年復縣，弘[一]治五年，秦州千户高節守禦兹土，謀諸縣尹，徙學縣治以東，營殿、廡、厨、庫、戟門、射圃之類如度。十八年，復改作明倫堂，兩亝[二]增尊經、退省諸堂，卷房、倉舍又咸備。爲二門。儒學門外，東西竪興賢、育才二表。有妒其績者曰：「武臣而修文學，咎爲越職。」高君曰：「嗚乎！孔子之學，文武之道乎！國家一視同仁之化，根源學校，武豈禁書？文豈禁兵？觀國初郡州邑廢，而儒學存之何？蓋學也者，朝廷之學，所以教育朝廷之材；而文武皆朝廷之官，誠不知爲越職也。先代文教不宣，天下釁武，武臣隕首于封陲，而兵民肝腦塗地。今即世守邊疆宴然，食肉策馬，振耀衣冠，兵戈不一試者，非文教浹洽之力耶？夫官病無業，多士會集于此，思天地鍾毓之功，國家興養之仁，宗族鄉表推望之遠，飽業以世用，利濟天下，而學校與有光。是則我公[三]夙夜念念焉者，乃咎無恨！」予聞而義之。乃知聖人道大而光，朝廷化深而溥，是理之在人心，一而無二，此舉見焉。況藏修游息于其中，以文爲業，可付吾道于屑屑也耶？是歲，繼禮王生以書登鄉薦，爲文邑啓科舉子。嗚乎！異哉！文庠從此興矣。謹記。

正德十一年九月十五日[四]

［説明］

以江景瑞《文縣志》爲底本録入。

正德十一年（一五一六）記。

著録：長贇《文縣新志》，葉恩沛《階州直隸州續志》，文縣志編纂委員會《文縣志》。

［校記］

［一］弘，《文縣新志》作「宏」。

［二］亝，即「齋」字。

［三］我公，原作「公我」，《文縣新志》無此二字。當係抄録誤倒，以于義不通而刪之。

［四］「謹記。正德十一年九月十五日」句《文縣新志》原無。

一四　重修文王廟記

黄　淵

聖人應運而出，天[一]之道也。然而患難屈伸，有不可以人力度者。周文爲西伯長，事商王紂。紂殺九侯，鄂侯諫而醢之，西伯聞之竊歎，崇侯虎譖其有叛心，紂怒拘之羑里，即此古文州郡。西伯云：「父有不慈，子不可以不孝；君有不明，臣不可以不忠。豈有君而可叛者乎？」于是蒙大難，從容自如，就其所繫，而先天後天之《易》所由作焉。天牢遺址，規概尚存，第以時久而幾滅。觀察使者常公以按節至，乃惻然歎曰：「《易》者，六經之摠括也。孔子曰：『文王既没，文不在兹乎？』正以伏羲、堯、舜、禹、湯没，而斯道之在文也。當年羑里之拘，天下恨之，後世訾之。殆衆人秉彝之心，獨不知上天之作成斯文也。嗚呼！周公不居東，則《易》之爻不作；孔子不丁亂，則《易》之《繫》不宣。是知前乎帝王之開創，後乎周孔之繼述，非文無以闡明而啓也[二]。屈之者，正伸之；拘之者，正任之也。興邦由多難，而啓聖出殷憂，故賜也每讀《易》至《屯》之六五，未嘗不太息，而且爲古今人慶也。若非厥祠，其如斯文之泯没何？」于是專其責于司牧者，而淵適承乏，即就故址而開拓之。因建修其祠于上，堂與廊廡，焕矣更新，且儼然圖其像。而廡以東，太公位之；廡以西，周公位之。不越陛階，而依然豐鎬之氣象，宛若起三聖而喜起一堂，則天之不欲没我斯文，牖[三]觀察以新其廟貌乎？固知聖人之屈伸，皆天之道也。是爲記。

［**説明**］
以江景瑞《文縣志》爲底本録入。
原題下有「知縣黄淵撰」五字。黄淵，山西舉人，正德元年任文縣令。
著録：長贇《文縣新志》，葛時政《階州志》，張維《隴右金石録》（題「重修文王廟碑」，存目），葉恩沛《階州直隷州續志》。

［**校記**］
［一］天，《文縣新志》、葛時政《階州志》作「人」。
［二］也，《文縣新志》作「佑」。
［三］牖，《文縣新志》《階州志》《階州直隷州續志》皆作「特牖」。

一五　創建玄帝觀碑

佚　名

存目

［**説明**］
張維《隴右金石録》載：「創建玄帝觀碑。在文縣玉虚山，今存。按此碑嘉靖時所立，撰人失考。」

一六　游天池記

王三錫

錫承乏二年，與孟將軍共事一方。居嘗語曰：「天池勝地，不可不一游覽。」予苦簿書未遑。一日，以公出洋湯，將軍走刺曰：「向者之約，今可諾乎？」遂乘便從將軍，曉發甘溪，次五渡，暮達洋湯。明日，由洋湯踰境外十餘里許，峭壁崔嵬，鳥道盤錯，攀援而上，登絶頂，見川原平衍，天宇空闊，松柏翠靄，樓閣厰麗，若不知山之高且峻也。行數百步，一泓混混，乃天池焉。有曲，曲有九灣，附曲一千有八，望無際涯。静影澄碧，錦鱗游泳，盖天鍾之秀，不限于遐裔如此。從池登樓眺遠，淵然而深者，若浮緑綺；悠然而逝者，若施素練。屬目異狀，心凝神釋，與萬物吻合。已而撫景，有感慨池之産非其地也。謂將軍曰：「古今稱奇致者，杭之西湖，岳之洞庭，子瞻有『淡抹濃妝』之句，希文有『先憂後樂』之辭，至今與山川增麗，何者？以越、楚當車轍冠蓋之衝，衆易見而名之無難也。使天池而與二湖并列，吾不知騷人墨客，來往登臨，品題而稱述者凡幾矣！今以斯池産斯地，景雖奇，未可以供常玩；魚雖美，未足以充君庖；泉雖清，未必能宗海岱。蕪泯空山，不亦虚是美湫耶？」將軍把酒長歎，招金人作金，鼓人作鼓，并奏笙簫，恍若鈞天，曰：「物以人重，地以人靈，信有待也，西湖、洞庭，得蘇子、范老而益彰。兹行也，願摛藻揮翰，以記壯游，安知草澤之小景，非杭岳之佳勝歟？天池真良遇哉！」予躍然而作，索酒劇飲，乘興盡酬，詩成言返，不知金烏收榆，玉蟾之掛東皋也。于是記之。

［說明］

以江景瑞《文縣志》爲底本録入。

萬曆五年（一五七七）王三錫撰。王三錫，四川漢州人，由舉人升涿州知州；萬曆四年任文縣令，江景瑞《文縣志·宦迹》有傳。據文中「承乏二年」，知此記寫于萬曆五年。

天池，「在縣北一百三十里，一名天魏湫，合衆山凹爲大壑，水匯其中，不見畔岸。旁有洋湯龍王廟，其神敕載『岐山龍尾溝人，唐進士，任廣昭節度使，避安禄山難，棄家修道，卒于此爲神。禱雨輒應』。宋敕封『洋湯大海平波敏澤龍王』。」（江景瑞《文縣志·山川》）又「天魏湫在縣北三十里。亦名天池湫溢，下流即洋湯水……池有九曲十八彎。據土人云，周圍四十里。『天池澄碧』爲邑八景之一」（長贇《文縣新志》卷一）。

著録：長贇《文縣新志》，葉恩沛《階州直隸州續志》，文縣志編纂委員會《文縣志》。

一七　火燒關棧道摩崖

佚名

萬曆十四年九月内重修奉。巷口本府元功孔丘大立冰凌。

［說明］

存文縣城關鎮關家溝火燒關。

萬曆十四年（一五八六）記。

一八　鄉賢梅溪張公九經墓志節略

范文彦

公諱九經[一]，字子治，號梅溪。先世以討叛功，封户侯得世爵。公父諱仁，一日，詔公及次子九功，諭曰：「吾家雖以武顯，須濟以文，庶家聲之益振乎？」乃遣就外傳，爲舉子業。未幾，父棄世，與弟奉母以居，克盡孝友。嘉靖乙酉，舉于鄉。弟亦舉戊子。時人稱爲二難。歲癸丑，出宰完縣，剔蠹釐奸，興學重農。完民歌曰：「張慈父，來何暮。溺我拯，饑我哺。若大旱，蒙甘澍。」時弟任武安，公馳書云：「吾弟須慎官箴，毋爲波流風靡之態！」弟亦奉教惟謹。無何，以不媚上官，謫[二]山西太原學授，端規肅矩，談經課藝。諸儒頌曰：「程座春風煖，孟門化雨新。滿城桃李秀，次第瑞楓宸。」幸公道不泯，尋晉本府别駕，職司宗禄。出納[三]，錙銖不染，解户暨諸宗無不德之。時弟刺涿州，公又馳書云：「吾弟當衝劇之郡，須勵初心，堅晚節，令天下後世，稱吾弟兄爲清白吏，如大馮小馮可也。」弟奉教益謹，歷官十有三載，宦囊索然。歲乙丑，解綬歸里，日坐蠹魚中，窮理静養，不問家人生事。過匱乏者，隨力賑之；紛争者，善詞寬解之。享年八旬而終。邑侯周公議請祀鄉賢，尋還去，不果。

［**説明**］

以江景瑞《文縣志》爲底本録入。

原題下「知縣范文彦内江人」八字。范文彦，萬曆二十一年（一五九三）任文縣令。

著録：長賨《文縣新志》（題「鄉賢梅溪張公墓道碑」）。

〔校記〕

〔一〕張九經，明嘉靖乙酉科舉人，「初受比直完縣知縣，升山西太原府通判」，江景瑞《文縣志·人物志》有傳。

〔二〕謫，原誤作「摘」。

〔三〕納，《文縣新志》作「紳」。

一九　城隍廟記

王　燿

文在天一陬，萬山環集。其俗半雜氐羌，奉神惟謹，而城隍尤其顯爍者也。廟于弘〔一〕治四年修，于嘉靖七年抵今未有碑。萬曆戊申，邑侯延慶張公諱有德，重葺之，始徵珉記于予。予曰：「神之于人，陰隲搏捖，金湯捍禦，靈應無既，水旱災厲，庇同覆載。國家著爲功令，首令有誓廟之章，群祀有載主之儀，功至大，典至巨也。」然文地狹民疲，辛酸萬狀，煩冤逋賦，往往詣神膚愬，希其陰蔭。予嘗觀俗而有慨焉！天朗宵深，捧香酹酒，望棟宇而歡祝，祈神惠以嬉游。登斯廟也，忻忻色笑，相對怡然。及心悲意愁，催求迫切，呼神明而傾血，叩天地以何門？登斯廟也，臨風泣下，撫膺惘然！蓋憂喜岐于所感，而神威著于無方。今人心如蜮，行如魅，機智牢籠，自謂得意，而神目降鑒，報應桴捷。故恤民隱，凛神休，而四知常畏〔二〕，上之責也；歉幽獨，惕神鑒，而犴圄罔干〔三〕，下之責也。神固隲佑上下，赫奕不替。廟祀祈報，固萬世無斁哉！予既爲記，乃撰詞二章，俾奠者歌之，曰：

拔五銖兮理大埸，時雨暘兮嘉穀康。繫土鼓兮陳焦黃，漣漪明水泛霞觴。神之來兮蘋藻香，玉節繽紛拜舞蹌。

（右迎神）

風瀟瀟兮雲悠悠，駕赤螭兮返帝州。杳杳鸞旌烟樹愁，神之去兮恩惠留。福我文兮萬載千秋。

（右送神）

［説明］

以江景瑞《文縣志》爲底本録入。

萬曆三十六年（一六〇八）撰。原題下有「邑人王燿撰」五字。王燿，萬曆乙酉科舉人。

著録：長贇《文縣新志》，葛時政《階州志》，張維《隴右金石録》（題「重修城隍廟碑」，存目），葉恩沛《階州直隸州續志》。

［校記］

［一］弘，《文縣新志》、《階州志》皆諱作「宏」。

［二］畏，《文縣新志》作「長」。

［三］干，《文縣新志》誤作「于」。

二一〇　重修文王廟碑

王　燿

萬曆[一]丁未，刺史揚公奉命按文，文與階爲屬邑。公至之日，春涵秋肅，文教鴻敷，擁玉節，登文臺，再拜瞻眺，喟然曰：「惟文王至德，天步所幸，周遭宛若，眼如望羊，如王四國。余低徊留之不能去。」俯睠祠宇傾狹，亟給俸新之。令君張公聞而忻然，乃捐俸金，命典史陳君蕆工庀物，度財飭用，瓦甓黝堊，焕然一新。守備温公輸資運木，力襄厥事。邑博王士彦、李如槐以鴻勛昭奕，宜樹琬珉。命門下士王燿爲之文，以信來禩。燿乃稽首揚言，曰：「文王，西夷之人；文，西夷之地。羅讒演義，遺址如昨。炎炎勤勤之操，戛若盈耳；追惟樸棫之化，即江漢虞。芮咸沐彝教化，實過化之鄉。躬造親履，而何世教不昔也？噫！以數千載之寥，荒落之域，而冀兔罝議畔，奚啻鐫舟。然人心有覺，文王我師，振作倡率，在名世君子指道岸啓佑。爾揚公錦官世家，屢膺螭麻，化播天京。歘歷秦隴。張公北平名彦，治行無雙，雅化作人，惠鮮藹布，故上下偕心，克成嚴祠。巋然若臺，靚然若沼，風聲松韵，鏗然雝鼓關歌。文王之神，從四友，駕六飛，或出玉門而游山隈。文之士誕登，道化不待而興。以西夷之聖，化西夷之地，心印默孚，人文丕顯，風行無隧，雨潤無蹊，孰非二公之所造哉？余因之有感焉。余數登天牢之巔，忽忽神往黯然，几然相見于千載之上，拘幽之際，宛如朝露，處之恬然。繫此先天一時之抑，萬古之仰，聖人之不幸，吾道之大幸也。鬱鬱困境，烏能羈豪傑哉？故斯文之統，開于文王，肇于兹地。天下後世，溯道脉則宗文王，詢發源則傳兹地，究表章則稱揚公、張公。文王之祀，與天地無極；二公之功，與文王不泯。温公起迹國均，振翰操戈，依稀伐密之威。陳公夙夜臨保，督率克勤，不負斯託，萬代奇遘，萃于一時，豈容無述世之吏，樸訢喧囂□□旁午？四境之内，張皇無措，奚暇問及于先聖祠宇哉？」楊[二]公諱承楝，四川富順人。張公諱有德，北京延慶人。温公諱玉，陝西三原人。陳公諱九德，浙江瑞安人。

萬曆[三]三十六年戊申八月中秋日撰文

［説明］

據孫巘《續纂直隸階州文縣志》録入。

萬曆三十六年（一六〇八）立。原題下有「明王燿邑人」五字。

［校記］

［一］曆，《續纂直隸階州文縣志》因避諱省，今補。

［二］暘，上文兩出皆作「揚」。

［三］曆，《續纂直隸階州文縣志》因避諱省，今補。

二一　明登仕佐郎馬湖府教授張公孺人劉氏合葬墓志

李可柱

（墓蓋）：明登仕佐郎馬湖府教授張公孺人劉氏合葬墓志

登仕佐郎張先生，歲春病篤，不孝苕居釋衰，經往□□從容寄□以□□，卜兆城東。□公□□持狀，屬銘先生行誼，不孝幸游門下，敢不輟□從事？夫張，固文南世家，元時襲樞密使。明興，始祖嘉封授千户，□□□□千里焉。志復元業，竟罹變弗克遂焉。後永樂詔安（中缺）景弘公□□立墓。景弘生□，是爲先生父。純雅無僞，重道崇儒，聚[一]劉太夫人，性至敦恪，深明義理，□妾子女不□親出，里中人咸曰：「張氏後必有昌者！」時，太公督先生同□自守，業儒明經，并游庠泮。先生性穎慧，治舉子業最專不雜，□念□

務，□分日與聖賢對，屢試□應。禄養奉親。九應棘圍，數不獲時一第。庚寅歲，薦上國□仕武，陟學訓後，一時弟子員胥得端方博雅，緣見重樞要委。握邑篆，一塵不染。三□□□，愛民好士，發奸摘伏，不可勝數。行日，□亦依依，如别慈母，執香泣送。有張公懿□碑頌焉。纍蒙獎薦，几授民牧，司銓者竟以文博諭韓城，又之韓。士翕然化洽，往往取進士，躋頭位，視武庠益盛。繼而教授馬湖，驕□而忘，束儀不索，捐俸給貧，門生陳善等荷恩尤著。諸凡修廉餙化，久任如□仕初，此立功立名，則然非所論于先生生平也。先生坦中潤節，宏深隱厚，其恬淡□紛，□□□伯仲先業。性至孝，事太公阿母，承顔養志，竭力竭心，逝後，哀毀過□，葬祭一如文公。□庶出弟妹，嫁娶[二]身任，一無難色。恤孤賑貧，如鄰王母纍沾濟養。有遠屯人病脚不起，時年荒减食，濟養痊痾，不問姓名。且經術大明，開家塾，教子弟，從游説經者甚衆。長公領鄉書，次公登廩堂，門生以鄉薦者六，以歲薦者二，其優廩游泮者不得枚舉。歸里，日以觀經史、誦古詩，詞賦著作爲事。不修垣屋，不置田産，閑則課孫論文，與繼聘夫人歡飲聚樂耳。及病篤，尤□□□□無惰容，製遺贊，書葬事，□然而逝。若公者，真一方之模準，后人之規範矣。先是，孺人父劉公知先生必亢宗，概然許字孺人。婦慎默簡重，不餙簪珥，縞綺爲□布衣，親農桑，勤織紝，佐先生，孝友惟謹。若孺人者，可謂與先生合德并美者已。先生諱自讓，字本聖，號还素。生嘉靖戊戌年十二月二十二日，卒萬曆庚戌年正月廿六日，享壽七十三。孺人生嘉靖甲辰年五月十七日，享壽五十七，卒萬曆庚子年六月初九日。子二：四傑，中丁酉鄉試，先卒，娶史氏；四知，學生，娶梁氏。女二：一適生員王炬，一適生員王燦。孫男二：麟胤，傑出；鳳胤，知出。孫女二，尚幼。孺人先卒，久殯于庭，玆卜城東之原，啓孺人厝，奉先生合葬焉，禮也。不孝悉知其事，故序而銘之。

銘曰：古城之東，纍纍塋冢。天相吉人，牛眠斧封。如璞外潤，如玉瑩中。白駒皎皎，鴻飛冥冥。陰陽合德，福祉攸鍾。克昌厥後，奕世無窮。

時萬曆三十八年四月二十六日，門下鄉進士□生李可柱稽顙拜撰

［説明］

據隴南師範高等專科學校美術系蔡副全所提供照片録入。

碑存文縣文化館。碑高四八厘米，寬五〇厘米。

萬曆三十八年（一六一〇）李可柱撰。

［校記］

［一］聚，當爲「娶」。

［二］聚，當爲「娶」。

二二一　玄帝金像新鑄記

張　濟

（篆額）：鑄金像碑記

玄帝金像新鑄記

邑北境之山曰「玉虚」，壁立萬仞，直接雲霄，有江南水雲風景。其巔爲玄帝栖泊之處。由來始于何時，因年久而不及考。獨其禦災捍患、戩殺呵護，于人間千古□如旦暮□□武當，并馳名遠邇。軍民虔誠來朝者，

紛紛其間。每歲，會首更換靡常，祇以供香火燈□而已。至□□九年，會首張訓蒙等一十九人，戴麻襲慶，一旦，仝心告□胥，欲□玄帝神像，易土以金。兹盟立，猶虞其費大而役繁，佚邑居士姓張諱化辟、姓王諱宗守者，□襄大（中缺）素日積善爲心，得是舉，忻然願以身許。即偕僧人真祥，相與募而圖之。自萬曆辛亥歲仲夏（中缺）次年壬子孟春而鳩工庀材，告集焉。是時，遍訪金火匠而不得識者。忽以涇邑之楊□爲□□。于是特覓邑生陳諱□者，走□抵家請焉。乃楊氏即偕子岐鳳、岐鳴迤邐而來。筮于季春朔日□□□成。經旬餘，而靈官之像交成。鑄之日，五色雲見者三次。闔邑并會首□□不□之藻繢絢爛，□□□□人眼目，氤氲艶鬱，景色莫能形狀，閃爍一時，造福異代。非其一□□□。噫！是舉邪，盟誓□□，初□□資不給爲慮，不意仗賴神功協□募，甫易寅而厥功落成，猶餘銀百三有五，適有□會，若□等□增設物料，鑄周公、桃花女二像。計經始以迄竣事，始末未周一歲也。且誰謂非神力□□哉！事成，豈可無記邪？自兹以遄，遺像改觀，廟貌巍煥，□□□□□□□旗□焉，□□□瞻拜（中缺）飛廉，時稔歲豐，物遂民安，舞手蹈足，連袂蹁［蹮］，章文□□，億萬□□是□也。（中缺）者，同心協贊，不□□綴，略勒勤□者之姓名于左，以俟後之稽由者。是爲記。

時萬曆壬子歲季春月元旦。文邑會首張濟世九頓謹撰

邑庠韓鵬九頓謹書

文林郎知文縣事北直文安樊效才。典史楊志

欽差守備文縣地方都指揮寧夏解國重

儒學教諭渠士齋。儒學訓導宫良弼

舉人張世熙，張化蒙，王□，楊長春。鄉官蕭籍，張霧，□□，楊□階

守禦所掌印指揮馬繼宫。鄉耆：葉邦政，張□，張□□，李□□（人名略）

［**説明**］

碑存文縣城關鎮玉虚山頂。碑高一四六厘米，寬七八厘米。文縣文化館羅愚頻提供拓片。

萬曆四十年（一六一二）張濟撰。

二一三　明待封選授千户清源謝公墓志銘

蕭　籍

明待封選授千户清源謝公墓志銘

奉直大夫山西澤州知州不才甥蕭籍撰

邑後學生楊榮春書

謝氏清源者，先母胞弟也。丙午冬，余别舅北上。越七年壬子秋，外弟華國應省試，舅偕之往，乘便抵余宦所。余一見輒涕泣不已，蓋一以思吾母，一以悲吾舅鬚鬢霜也。已送歸長安，而華國以是科登賢書。余聞報，不勝私喜，曰：「吾舅老矣，今願遂矣！無憂吾舅矣！」又八年己未，余自晉歸，適吾舅抱恙。余展謁牀下，乃喜謂余曰：「甥歸矣，吾得汝見，幸矣！」嗚呼！胡天弗弔，竟不起，乃于是年十月二十四日仙逝。華國卜于明年庚申正月十一日，將啓先舅母張氏塚而合葬焉。先期持狀，囑余志銘。余且思誄以代泣，又何敢辭？按舅氏上世本湖之桂陽人，以纍世軍功授金。吾左衛正千户，得世其爵。至英宗朝，采兵部議，改

調文縣守禦所。此始祖志遂得肇基于文焉。志生振，振生聰，聰生先外祖恩。放浪瀟灑，厭薄□組，竟不承襲，而祖業自此替也。生男三，清源舅其季也，生而穎異。先外祖最鍾愛之，以爲可振家聲而光門閭。無何，先外祖母張氏見背，得繼母撫育，始能長成。繼母性稍嚴厲，吾舅怡怡但依戀，無異親母。而繼母亦漸允若，里人咸稱爲孝子。長，配先舅母張氏，生華國，甫七齡而逝。吾舅念其賢淑不置，且恐華國罹繼母毒也，矢終身不續。里人咸稱爲義。夫華國幼無所依，吾舅自爲褓抱，且躬操井臼以哺之。稍長，即令就學，不欲曠廢，里人咸稱爲慈父。先祖若妣之喪，貧不能葬，停柩者十餘禩。吾舅曰：「世有子孫而不葬其祖先者乎？安用子孫焉？」于是鬻屋得數錢以營葬，而大事克襄。里人又咸稱爲慈孫。生平不喜短長人，至人有談及人隱微事者，輒拂衣去，永不與語。性好施，子囊中不留一錢，即甚窘迫，亦不鼻息□□。且豪放不羈，時而尋花問柳，時而携搏敲枰，時而搦管拂箋，極人間閒適雅趣，樂□終身，而區區生涯，毫不介意。獨華國青雲事業，則惓惓不釋諸懷。是以華國能承□□，肆業而克有□日。舅且謙□愈下，督華國無異爲諸生時。蓋期以遠大，不欲以小就安也。舅諱希武，字□□，清源其別號也。生嘉靖庚戌九月初三日，迄卒之日，享壽七十。其爲選授千户者，諸當道從華國之請，存先世之名器也。生男一，即華國，諱廷撰，將來事業，尚未可量云。女二，一適劉，一適張，蚤逝。孫男三：長天啓，性聰慧，甫十九而殤，聘張刺史孫女，未娶；次天胤，習舉子業，聘劉監丞女；次天相，幼。女孫一，亦幼。嗚呼！吾舅一生，守清貧，樂隱逸，厚積德，褒寵之榮，于華國有望，善人之報，洵不異矣。

銘：

生無忝貧，没有餘榮。孝慈節義，鍾自天成。振家有子，光裕顯名。家門□□，□□□□。□□□□。□

龍章鳳，誥泉□轟。

時大明萬歷庚申年□春月□□一日，不肖男廷撰，孫天胤、天相，泣血立石

［説明］

據隴南師範高等專科學校美術系蔡副全所提供照片録入。

碑存文縣文化館。碑高四八厘米，寬四九厘米。

萬曆四十八年（一六二〇）蕭籍撰。蕭籍，明萬曆甲午科舉人，初授河南澠池縣知縣，升開封府通判，升山西泽州知州，

江景瑞《文縣志·人物志》有傳。

二四　李位化及夫人合葬墓志

李文憲

大明天啓元年歲次辛酉十二月十七日安塋。孝男李文憲等致□于。

故母邵氏二月初二日吉時生。

明顯父李公位化，九月初一日亥時生。

家母張氏七月初二日生。曰：維天地在世也，乾坤正氣，人壽得長者。忽然我母明月雲籠，非命高升，

黄夢九泉。木報身恩，開竂聲名，已留千載，背背[一]世世，子孫成名。

孝男：李文憲、李文彦、李文學、李文福、李文富

孫男：真祥、□祥

［説明］

據隴南師範高等專科學校美術系蔡副全所提供照片録入。

碑存文縣鐵樓鄉下墩上村。高八〇厘米，寬四四厘米。

天啓元年（一六二一）李文憲立。

［校記］

［一］背背，當爲「輩輩」，碑誤。

二二五　明蕭公時雍暨配孺人謝氏合葬墓志銘

盛以宏

（墓蓋）：明敕贈文林郎河南澠池縣知縣蕭公暨配敕贈孺人謝氏合葬之墓

明敕贈文林郎河南河南[一]府澠池縣知縣蕭公暨配孺人謝氏合（下缺）

賜進士出身、通議大夫、吏部左侍郎兼翰林院侍讀學士詹事府少（中缺）以弘撰

賜進士出身、文林郎、巡按湖廣監察御史（中缺）史記事書

萬曆辛亥，余受命知制誥。余年友獻伍蕭君以令澠奏最，蒙恩贈其父如子官，母爲孺人。直余□敕，閲狀，知年伯翁與年伯母生平行□，可方古人，私心嚮慕者久之。越二年，獻伍君自擢汴州别駕，尋復擢晉澤州。守居三年，乃解官歸。復持狀過余于敝里而請曰：「不肖籍父母見背且有年，未克襄窀穸事，祇希索米長安，弗敢苟也。兹歸，將卜兆枌榆，奉殯柩葬焉，願有銘也。憶昔借代天語，榮施九原，今庶幾有述，亦惟

年丈之所惠之，敢乞一言志不朽。」余謝不敏，然既雅知翁，不可辭。按狀[二]，翁諱時雍，字化一，别號厚泉。先世爲河南汝陽人。元末，諱某者，因避兵燹入秦。占籍鞏昌衛，徙文縣所，自政始也。政生用玉，以明經仕華亭丞。用玉生管。管三子，長伯翁，次時和、時動。翁配孺人謝氏，應襲千户諱恩之女。翁賦性聰慧，八歲能文。弱冠爲邑弟子員，試輒有聲。華亭公宦無長物。及翁之身，家漸陵替，翁處之晏如也。父蚤逝，奉母以居。翁與孺人竭力供蔬水，務得其歡，不以累諸弟。會母疾，百醫弗效。翁與孺人扶掖床褥間，更數月不少間，因自審方奏藥，而母疾遂愈。始知爲子不可不知醫，遂究心岐黄家言，久之，醫日精。某大參以巡方至，偶罹劇病，延翁診之，輒起。大參公檄縣旌焉。翁詣府謁謝。會府尹李公子疾危，群醫束手。聞公至，召視，遂活李子于垂死，李公德之。時，有鄰人因事繫府獄，翁數往視，以是察知獄中多所冤抑，殊爲惻然。乘間白之李公，輒用翁言，詣獄，清釋數十。一時感頌之聲遍街衢，李公愈高其義。尋歸，問病者日填門，而學遂廢。曰：「吾不復挾筴從後生鬬捷，尚俟之後人。」日惟課子，爲諄諄。每夜焚香禱帝，誓不作悖理事，以禍于子孫。暇取《爲善陰隲》書，讀以自勉，且爲諸子解説以誘進，其存心可質天日。里中無賴有犯第，含笑受之，不欲校，其德量有過人者。母卒，一切衣衾棺殮，翁獨以身任；有不給，孺人出簪環以佐，亦不以累諸弟。仲弟殁，所遺子女孤無依，翁與孺人撫如己生。季弟殁，乏嗣，遺弟婦，以禮改適，毫不受資，其篤于倫誼若此。尤精太素脉，能灼人休咎，于數十年之前不謬。且明于知人，凡鄉鄰子弟蒙翁賞鑒，皆以次顯達。先是，文久乏科第，獻伍君在襁褓時，翁即以决科期之，稍長居，恒教以作官道理。人或私誚而妄之，萬曆甲午，果舉于鄉，歷官至刺史，爲時名宦至今，人始服其遠識。夫翁與孺人堪稱雙美。至孺人貞静賢淑，翁之得力内助輔更多焉。翁生于嘉靖丙戌三月初一日，卒于萬曆丙申十月初一日，享壽七十有一。孺人生于嘉靖癸巳二月二十五日，卒于萬曆癸卯七月初六日，壽與翁同。生男三：長圖，邑庠生，婦鄢氏，繼歐氏、劉氏；次策，年十九而夭，未娶；次籍，即獻伍君，婦張氏，贈孺人，繼劉氏、袁氏，贈孺人，繼黨氏。女三：一適高星，一適生員孫藩，一年十二而殤。孫男二：鳴虞，廩生，籍出；賡虞，庠生，圖出。孫女一，適張知州長男增廣生張明璽，籍出。卜以天啓壬戌十一月初十日，葬于鵠飛鄉之元瑞坪，從新食也。嗚呼！隱處蓬藋，至微也，而行誼高于月旦；白首青衿，至困絀[三]也，而寵數錫自天庭，非崇蓄厚植，其能然乎？是宜銘[四]。

銘曰：不豐于殖豐于德，不光于身光于來，哲不居其位居其秩，不耀于顯耀于玄室。嗚呼！□山之陽，魄于斯藏。風氣攸會，于焉徜徉。發祥裕後，奕世輝煌。

時天啓二年十月十九日。不孝男籍暨孫鳴虞、賡虞鐫石

［說明］

碑存文縣文化館。碑高六九厘米，寬七〇厘米。

天啓二年（一六二二）盛以宏撰。

江景瑞《文縣志》所題「敕贈文林郎厚泉蕭公墓志節略」與長賓《文縣新志》所題「厚泉蕭公墓道碑」皆指此碑，惜題目略有不同，且文未録全，今依碑補。碑所指「以宏撰」者，即盛以宏撰也。江景瑞《文縣志》原題下有「尚書盛以宏潼關人」八字。

著録：江景瑞《文縣志》，長賓《文縣新志》。

［校記］

［一］河南，碑衍。

［二］「按狀」之前文字，各本皆無，據碑補。

［三］絀，《文縣新志》無。

［四］「是宜銘」之後文字，各本皆無，據碑補。

二六　厚全蕭公墓道碑

盛以宏

翁諱時雍，字化一，别號厚泉。賦性聰慧，八歲能文，弱冠爲邑弟子員，試輒有聲。先大父華亭公，官無長物。及翁之身，家漸陵[一]替，翁處之晏如也。父早逝，奉母以居，竭力蔬水、務得其歡，不以累諸弟。會母病，百醫罔效，翁扶掖床褥間，更數月，不少間。因自審方藥進之，疾遂愈。始知爲子不可不知醫，遂留心岐黄家言，久之日益精。某大參以巡方至，構劇病，延翁診[二]之，輒起，大參公檄縣旌焉。翁詣府謁謝，會府尹李公其子病危，群醫束手，聞公名，延視，遂活李子于垂死，李公德之。時有鄰人因事繫府獄，數往視，以是察知獄中多有冤抑，殊爲惻然，乘間白之。李公輒詣獄清審，釋放者幾百人。一時感頌之聲遍街衢，李公愈高其誼。尋歸，問病者日填門，而學遂廢，曰：「吾不能挾篋從後生門捷尚，俟之後人。」日惟課子爲諄諄，每夜焚香自誓，必不作悖理事，以禍子孫。間取《爲善陰騭》書讀，以自勉且爲諸子解說，以誘進，其存心可質天日。里中無賴有犯，第含笑受之，不欲校，其德量有過人者。母終，一切衣衾棺殮，翁獨任之。不給，出謝孺人簪珥以佐，亦不以累諸弟。仲弟歿，所遺子女無依，翁撫如己生。季弟歿，乏嗣，遺婦以禮改適，不受酒禮，其篤于倫誼若此。尤精太素脉，能灼人休咎，于數年之間不謬。且明于知人，凡親鄰子弟，蒙翁賞鑒者，皆以次顯達。先是文久乏科第，獻伍君在髫齡時，翁即以決科期。稍長，居恒教以做官道理，人或私誚其妄，萬曆甲午，果舉于鄉，歷官至刺史，爲時名宦，至今人服其遠識。嗚呼！隱處蓬藋，至微也，而行誼高于月旦；白首青衿，至困也，而寵數錫自天庭，非崇蓄厚植，其能然乎？

［説明］

以長賛《文縣新志》爲底本録入。

原題下作「尚書盛以宏」。

［校記］

［一］陵，原作「凌」，以意改。

［二］診，原作「胗」，以意改。

二七　槐峰蕭公圖暨配孺人劉氏合葬墓志銘

蕭　籍

（墓蓋）：明生員槐峰蕭公暨配孺人劉氏合葬之墓

槐峰蕭公暨配孺人劉氏合葬墓志銘

□□□伯兄槐峰之墓也。伯兄諱圖，字嘉謨，槐峰其別號也。余兄□□□仲兄夭折。余少伯兄十六歲。余爲兒嬉戲時，伯兄極加護持，□□即教以作字，口授句讀，已而教以行文。余午十一，携以應府試，□途次騎乘，皆伯兄扶掖上下，是伯兄與余有至愛也。迨余游膠庠，每每以舉業相規勉。晝，余讀，爲余操井臼；夜，余讀，爲余供燈火，是伯兄與余有至教也。伯兄患疫垂危，先君亦倉皇莫知所出。余檢方投劑，輒甦。越數年，余病更危，伯兄百方調理，衣不解帶者逾月，余幸不死，是伯兄與余又有至恩也。撫余男鳴虞，不啻己生，幼而懷抱，長而訓誨，携以往來余任，視昔教愛余者更殷殷厚也。吁嗟！兄弟不睦，多起于兄弟友脱，爲兄者皆如伯兄遇余，世豈復有不弟者耶？獨性踈懶，不甚力學，困絀黌序，垂二十餘禩，不獲一售。余登賢書，曰：「振吾門者有弟矣！」遂祈衣巾，終身不再試。爲人謹厚柔和，度量恢宏，雖甚拂意事，未嘗見之顏色，僮僕有過，不聞厲聲呵譴。里中無少長親踈，皆目爲善人。邑大夫聞名，纍徵耆賓，辭不赴。授以儒官，姑冠佩，以見邑大夫雅意，旋棄置之。治清逸别墅，俟余歸里，爲游樂計。無何嬰疾弗起，于萬曆庚申七月二十七日棄世，距生嘉靖癸丑六月初七日，享年六十有八。哀哉！伯兄生多不辰，始喪，結髮鄢氏無出。繼歐氏生子二，僧保、佛保，母子繼亡。又繼劉氏，頗賢淑，萬曆丁丑五月二十二日生，少伯兄二十五歲，于萬曆丁巳五月二十四日先伯兄卒，享年僅四十有二；生子賡虞，爲邑學生員，娶張刺史次女，尚未嗣，伯兄永訣時，惓惓不置念者，獨此子。然有余在，豈肯負伯兄耶？今卜天啓二年十一月朔十日，與劉氏嫂合葬于先父母之左掖。余志而銘諸壙。

銘曰：有子奚嗟去遠，有侄何慮子獨，有弟兄可瞑目，奉嚴慈而逍遥，佑子孫以厥穀。

天啓二年壬戌十月辛亥中浣之吉

敕階文林郎歷奉直大夫山西澤州知州弟籍頓首撰

不孝男賡虞泣血上石

［説明］

據隴南師範高等專科學校美術系蔡副全所提供照片録入。

碑存文縣文化館。碑高五四厘米，寬五四厘米。

天啓二年（一六二二）蕭籍撰。

二八　明敕贈孺人張氏墓志銘

蕭　籍

（墓蓋）：山西澤州知州蕭籍妻敕贈孺人張氏之墓

明敕贈孺人張氏墓志銘

天啓二年壬戌仲冬朔十日，蕭子籍將葬先父母于鵠飛原之新阡。先内子孺人張氏祔焉。孺人，邑儒官諱□之女，幼喪母，父訓育之。昔余方舞象，先君爲余擇匹，期得佳婦，僉謂無如張可。先君曰：「吾老，期蚤畢婚嫁，此女幼，不能待，乃别搆不就。」韶光荏苒，倏忽余年二十二矣。孺人亦將及笄，始倩蹇修而岳翁字焉。再二年，來歸，是爲萬曆辛卯正月朔二日也。時孺人年方十七，雖幼乏母訓，而閨儀甚閑，事余父母最得歡心，而與余相對如客禮。孺人育自豢養，值余家窘嗇，克自節約，甘苦茹淡，若其素然。居常勸余力學，曰：「翁姑望君成名殊切，若不及時勉勵以慰厥心，何以爲子！」及余領甲午鄉薦，報至，亦不作矜喜態，曰：「翁姑之望，豈止此耶？」余叨舉二載，猶待哺父母。至丙申冬，先君見背，余始營度生計。孺人曰：「君第無輟業，凡事妾自任勞。」躬蚕桑，督耕耘，愈勤劬無怠。至處妯娌待親屬，尤曲盡周詳，人人感念。

癸卯夏，孺人搆疫，甫有起色，而余母病。尋，余亦病。孺人力疾扶杖，侍余母湯藥，忘余并忘其身。無何，后蒼不弔，余母竟逝。時余方不醒人事，但有喉中一息耳。衣衾棺殮，余兄又力不能辦，孺人變衣裙簪珥以具，極周悉。説者云：「若夫知不生矣，曷少省，爲異日子女計？」孺人曰：「吾姑生吾夫，教育甫成，嗚哺未伸，今已矣！此不盡心，更何待？」聽者皆爲流涕。越七日，而余甦，人謂孺人孝所感云。嗚呼！余母之殁，余不及視含殮，方抱恨終天，猶賴孺人盡心，此余所含悲飲泣而感念不忘者也。嗟哉！造物何忌，速奪其算，忽于乙巳秋七月搆疾，至九月十一日遽不□，距生萬曆甲戌十二月初三日，得年僅三十二。嗚呼悲哉！辛亥歲，余以令澠績滿，得贈孺人，可少食其報，然備嘗艱苦，竟不獲携游宦邸，食皇家一粒粟，此又余所飲恨終身、每思及而不勝哽咽者也。孺人生男二：長鳴虞，廩生，婦張氏；次夭。女三：長夭，次適張刺史男增廣生張明璽，次夭。今于其葬也，余涕泣志而録之。倘吾兒鳴虞不忘其母，克自成立，異日再光闡之，孺人庶永不朽焉。

銘曰：玉之毁矣，蘭之萎矣，紫縛錫矣，玄扃賁矣，靈永祐矣，瓜瓞其綿矣。

時天啓二年壬戌小春月廿三日

敕階文林郎歷奉直大夫山西泽州知州夫蕭籍謹撰

不孝男鳴虞泣血鐫石

〔**説明**〕

碑存文縣文化館。碑高五三厘米，寬五三厘米。

天啓二年（一六二二）蕭籍撰。

二九　引水入泮池叙

蕭籍

盈天地間之物，現色呈象，傳聲效動，孰非文乎？水之爲文，尤炳然也。蓋文以蓄入、以氣出者也。今夫水淵然澄、泓然黛者，其蓄也；及其觸石而行，龍飛虹熇[一]，倏忽幻怪，無所不有者，則氣之爲也[二]。故夫紆回曲折，爲文之逶迤；支流派衍，爲文之錯綜。汪洋澎湃，奔騰而不可遏者，爲豪岩之文；瀠洄停[三]毓，淵深而不可測者，爲沉渾之文。映霞漾彩，是爲文錦；迎風興波，是爲文漪。余故曰：「水之爲文，尤炳然也。」且注盂而青蓮生，投杖而蒼龍躍，以二氏靈通，悉資變化，豈其與吾儒無禆？故尼父取其「有本」，孟氏愛其「盈科」，而操觚染翰之家，往往于水有會心焉。吾邑庠襟帶大河，洪濤送聲，是天地自然之文，日與人文相映發也。獨不得涓滴入泮，是爲缺陷爾[四]。萬曆[五]丁酉，邑侯范公采衆議，北接瀑布，東疏澗泉，引水黌宮，以助文波。不數日而混混道上、盈盈池中，即殿廡若爲生色，而多士眉宇亦覺增韵矣。是科，登賢書者三人。僉曰：「水能效靈而善變化也，信然！」嗣後，每科一修復之，自不乏人。今歲甲子，復當大比。而邑侯楊公，東魯人豪也。鍾河濟之精，溯洙泗之源。學深窺海，詞傾倒峽。衡慮則江河善下，操履則寒潭徹底。已可爲多士盂，而方圓隨所注矣。且躬爲課督，耳提口授，不靳衣缽。當是時也，何難破浪飛騰，一瀉千里，而必區區乞靈于涔渧[六]爲哉？乃以故事不可廢也，相率以引水源，而公慨然躬往相度，曰：「古有能開水利者，循良之名昭于青史，然不過滋禾稼、計飽煖，而孰如此之有禆文教乎？是在不佞任之。然崇文好士，人有同心，倘有尚義樂輸者，無妨細流之助成滄海之深，予何敢獨擅焉？」余聞而歎曰：「此明公善與人同之心也。」因述其意而布告之，聞風而響應者，諒有其人矣。多士幸哉！行看月照清流，襲天香于水面；風吹細浪，挹藻景于波心。精神意氣，爽然一新。乘秋風而變化者，寧以一二計耶？則明公作人造士之功，不將與流水俱永乎？余將汲西江之水，磨太行之石，勒硯[七]山之碑，以紀其微。

[說明]

以江景瑞《文縣志》爲底本録入。

原題下有「邑人蕭籍撰」五字。據文中「萬曆丁酉……今歲甲子」句，知甲子爲天啓四年（一六二四）。

著録：長贇《文縣新志》（題「引水入泮池記」），葛時政《直隸階州志》，張維《隴右金石録》（題「引水入泮池碑」），葉恩沛《階州直隸州續志》。

[校記]

[一] 燆，《文縣新志》《隴右金石録》作「矯」。

[二] 之爲也，《隴右金石録》作「爲之」。

[三] 停，《隴右金石録》作「渟」。

[四] 爾，《隴右金石録》無。

[五] 曆，《文縣志》因避諱省，據《文縣新志》《階州直隸州續志》補。

[六] 渧，《隴右金石録》作「蹏」。

[七] 硯，《隴右金石録》作「峴」。

三〇　庠生崑海張公孺人蕭氏合葬墓志銘

佚名

庠生崑海張公孺人蕭氏合葬墓志銘

張公諱明璽，字碧玉，崑海別號也。先家世樞密，鎮吾文。先太父公諱景行，以經述起家，贈承德郎。父奉直大夫□□世□□□廉科，歷仕保德刺史，生丈夫子四人，公居長焉。公生而奇嶷，色粲若玉。咸［謂］之曰：「寧馨英物，應震厥家。」繼而讀父書，日誦千百，識弗□。動定起居，恰中儀則，鄉人異之。息角游庠泮，燁燁有聲。邑父母張公賞識焉，每會藝，首詢之，輒語人曰：「張氏子得三昧，窺二酉，應跨竈計日，遲燕市邸。」公益下帷攻苦讀，不窺園，志鐫改時藝幾萬種，悉朗誦無遺。緣以遘恙，嘗從事刺史公燕晉兩宦邸，寬贖活命，多所祈請，以成父廉。緣考歸籍，弗忍離膝下，千里奔馳，頻爲往還，弗憚勞焉。母氏楊安人，早棄世。遺弟明埰、明墀，幼稚弗立，公稍長，友愛撫恤有姜被風。刺史公□宦，諸凡聘衮炊爨，力任事，且訓課擇友，毋比于匪，二弟俱入膠庠，倬□立焉。接人應事，寧過厚，毋失偷，恂恂手度，渾無貴介色家。崇簡素，雖囊□□縹無，佚僕無棄物衝然，寒素風味。天假以年，取紫攝青優爲耳。病褥幾□，□敕弟曰：「苦苦天生子，既弗第，且弗嗣弗獲，終事吾父，空游世已。當等□□□成吾志。」遂暝聚。孺人蕭氏，乃澤州刺史蕭公諱籍女也，性淑貞嫻，□□□□，事公唯唯，奉命惟謹，凡日用紛蝟事，孺人獨力撐爲，公乃獲專舉。□□□□伴替勸迫，欲成名偶，公試，弗列前，輒爵悶不起。公欲營宅第，孺人□□□□鳳樓事，我代汝治之。凡料林石，董匠役，夙夜勤渠，構成大厦。公□□□□□女中丈夫，儉素革□，妝奩滿篚，釵荊裙布晏如也。侍公有□□□□□□容，僉稱公有佳配，先公一歲卒。生女者三，俱弗壽。公生萬□□□□□□十五日午時殁，崇禎元年二月十二日亥時壽，如顔氏子孺□□□□□□年四月廿七日子時殁，天啓七年五月十三日午時二十□□□□□□□邑東螳□□下。弟映海，□徵余銘，余愧不文，謹按狀以志。銘曰：

胡豐而德，胡促而年。天生匪偶，德侔□□。□□□□，□□□□。龍乘鸞翺，白駒隙影。胥夢花鵑，螳螂岑□。□□□□，□□□□。厥封永奠，億萬弗諼。

時崇禎元年歲次戊辰三月望二日，邑庠廩膳生李碩馥、廩膳生郝衝漢、增廣生楊榮春，弟明埰（下缺）

［**説明**］

碑存文縣文化館。高五三厘米，寬五三厘米。

崇禎元年（一六二八）立。作者不詳。

三一　南直隸常州府通判禄我張公墓志銘

李可榦

（墓蓋）：常州府通判張公墓志

南直隸常州府通判禄我張公墓志銘

明别駕陰平張公，諱四知，字曰士廉，禄我其别號。先是，公父登仕佐郎復庵君爲先君執友，余業師也。首舉公伯兄四傑號位，兩次舉公，凝默奇穎，間左有光，因庭授句讀，俱治書誦史學爲儒，時萬曆之丁酉。位兩公同先兄玉岳并領賢書，尋病卒，公哀毁逾節，邑人憐之。昔吾師復庵君之教諸子也，繩檢甚嚴，雖飲食類盥間，皆有課誦。每端坐竟日，命諸子侍立，即脛痺，無敢跛倚者。公于群從中，天資尤英敏，爲父所奇重。其教幼成，故生平居處，沈沈然無戲詞，無佻舉。少善病，骨露如出衣表。然習舉子業，未嘗厭苦，而文特雅，秀超其輩，雖宿學，自謂弗如也。十八，附邑諸生。二十七，升廩庠，詣省試，凡六逞數奇，竟弗第。五十三，以歲荐入國學，名隆胄監中。尋天啓癸亥，授四川成都府通判，應監松潘衛，里人謂公夙學弘才，屈于科名而伸于仕版，旁喜舞者夥焉。奈何以繼母周夫人訃音，悲鳴涕泣，抵家守制三年。服闋，復授直隸常州府通判。居月餘，時有執常例夜進匭金者，公謝曰：「吾子何賄，賄以佐謾，吾不爲也！」立却去，至剔衙蠹，禁舞文，捐俸資，賑窮乏，昆陵人咸慈父依之。奉例運餉，至順天武清縣小直沽地，倏染恙終。一時，同事諸紳皆哽咽相視，謂：「天不弔仁人，張公胡有此耶？」悲夫！公母劉夫人早亡，事繼母周夫人甚婉順，旦夕無違言，而哀思劉夫人，每語及，泪被面下。時分爨室空，公處之晏如也。人有憐公而私請者，曰：「尊翁宦歸，子利父，人情也，何訥訥若此？」公謝曰：「家君歷宦廣文，囊餘幾何？倘怙心樂與，則子之言得；忤顔以應，則予之心戚矣！」竟弗聽。居恒，事尊長曲謹，即子侄輩，亦不少廢禮，其篤于孝友如此。緣少病，究心岐黄家言，遂精于醫。里中凡以病祈者，即窮甚，必抵其家，胗而藥之，全活頗衆。游泮五十四載，無燥競容，無擰阿色，無虧纍車。雅好局棋，善詩酒，契善良，此所謂吉德也。歲春王正月六日，公令子竭力襄事，啚所以栖公于東郊之陽，乃以通家誼來徵銘墓于予。于是少增損傳文，具生卒歲月、子孫婚姻而歸之。公生曰隆慶丙寅十月二十二日寅時，卒曰崇禎二年三月二十九日戌時，享壽六十有四。聚「二」劉氏、高氏，俱先公卒。繼聚梁氏，義官梁橋女。生子一，曰鳳胤，生員，梁出；聚張氏，早亡；繼聚葉氏，葉挺然女。生女二：長適儒士李碩經，即予堂侄；次字經弟，未聘病亡。孫女一，胤出。續爲之銘。

銘曰：

渥德龐敷，應如鼓桴。懷瑾初售，乃敝于途。有基勿壞，雖枯亦蘇。餘祉不整，麟角鳳雛。天考其祥，地鍾其靈。靈公之藏，洵維久謐。東郊畢如，張公所室。匪宅是卜，維德是吉。

邑學生李可榦撰

時崇禎三年正月初六日，不孝男鳳胤泣血鐫石

石匠張體相

［**説明**］

碑存文縣文化館。碑高五三厘米，寬五四厘米。

崇禎三年（一六三〇）李可榦撰。

三二一　重建玉虚山玄帝廟記

蕭　籍

（篆額）：重建玉虚山玄帝廟記

邑人蕭籍撰文，庠生楊榮春書丹青，蕭鳴虞篆額

夫神，麗天者也，非可以象求也。然[一]神無不有也，隨人心參之而在也。夫不可以象求而可以心參，則烏用[二]此下土之居？即居矣，亦何必改建重新[三]以侈觀？蓋人不可[四]一律齊也。上則有禮制可[五]以繩之，次則有法度以齊[六]之。下凡之人，禮不能諭，法不能禁，惟神可以聳動之。試觀世之交争互搆，必赴神

盟誓而氣始平，畏禍惕災必叩神祈禳而心始安。至盜賊叛逆之流，無理無法極矣，然亦且求助于神，决疑于神，或動以吉凶禍福之説，未必不回心而易慮[七]。是神者[八]，所以扶禮制之窮而[九]補法度之不逮也。夫既藉神以救世，安得不設像以作禮；既有像以作禮，安得不巍峩粧嚴其殿宇，以大觀瞻而生敬畏。吾[一〇]邑城北，有山逶迤而來，突[一一]立群山之間。上有玄[一二]帝廟，屢[一三]著靈驗，能奔走一邑之人，歲時香火不絶。顧廟僅臨岩，氣象不恢；且卑隘[一四]傾圮，不堪妥神。廟後有隙地宏[一五]敞，衆議改建有年矣[一六]。天啓丁卯，黄冠董子身任厥事[一七]，誓堅願力，遍叩諸檀，庀材[一八]鳩工，歲[一九]無虚日。地爲荆杞久，據剗以開之；山土虚薄，築以實之；岩際偃凹，石以甃之。逾年而棟梁，逾年而垣瓦，再逾年而丹碧[二〇]，凡五閲歲而告成矣[二一]。卜[二二]于今年崇禎[二三]四月廿[二四]七日，敬遷金像于新閣。自邑侯而下，余與諸鄉紳博士[二五]暨城中善男子約百餘人咸與焉。先舉事之[二六]，始[二七]余有詩以堅董子，曰：「五雲宫闕自輝煌，刼土空餘棟宇荒。原是布金香火地，可教蝕玉莽蓁[二八]場？開山應有龍遷址，儲精仍來虎瞰倉。告落青詞[二九]焚拜罷，擬看白日現圓光。」是日晨晦，至申則拜遷之際，天色開霽，日光生暈，祥雲冉冉，如纛如蓋。睹者[三〇]僉謂神之顯應，則余所謂「白日現圓光」者不虚矣！考人間宅舍敝久則不吉，一經改造，發福無量，何者？藉地氣之一新也。矧兹神廟，易敝而新，升卑而崇，撤闇而朗，據龍背而昂龍首，左右峰巒蜿蜒，狀若導擁。俯而拱者，金童玉女也；危而怒者，護法伏魔也。面前怪石嶙峋，盤踞者蒼龜巨蛇也。清江環遶則淬劍之池矣；南山屏列則磨劍之砥。神靈得地靈而神愈靈矣[三一]。嘗考《真武紀》云：「神農在位末[三二]年甲午三月三日午時，玄[三三]帝生洞神部。」蓋此時有五穀以養民，有百草以療民，故誕神以陰隲乎民。是神，天實爲天下萬世繼神農而篤[三四]生者也。迄今享飽煖、脱疾病者，頌神農之功不衰。至調陰陽俾[三五]無旱澇之災、驅疫癘得免夭扎之患者，則神功浩[三六]也。無論屢降靈于前代，而楚之太和，尤爲我朝崇重，四方士女持辦香、戴聖號，不遠千里而至者，蓋肩踵相屬也。神固靈于千古者哉[三七]？今日之于吾邑，當更有大慈悲、大護訶、大顯化，以聳動群迷，使解脱衆苦而得安樂矣。然余猶有説焉。士大夫，邑之望也。《語》曰「修之吉，悖之凶」。聖人之靈，固自凛然。然聖之吉凶顯而易見，神之禍福微而難明。總之，報應一理，人自不察耳。此番檀那强半[三八]士大夫，是士大夫尤敬畏神矣。誠于心術隱微之際，默默自勘，可以對聖賢，斯可以質神明。玷[三九]聖教者，未必邀神庥也。冥冥之中，實鑒臨之，神果專爲下凡靈哉？願與諸士大夫共勖[四〇]之，以爲鄉人倡，則此廟之建，有關[四一]于世教大矣！故爲之記。

敕封文林郎文縣知縣蘇世勳，典史吴榮堯

欽差守備文縣地方都指揮焦光祚，千户李天植，指揮陶應龍

儒學教諭朱敏學，訓導崔汝科

鄉紳：劉大猷，謝廷撰，張四術，王敦德，張其光，楊長春

舉人：秦日昌，毛鳳來，任遠

庠生：陶正茂，劉守廉，李可榦，葉士英，尤加功，蕭賡虞

崇禎四年歲次辛未菊月望日立

［**説明**］

碑存文縣檔案局一樓。碑高一四二厘米，寬八一厘米。

崇禎四年（一六三一）蕭籍撰。江景瑞《文縣志》載：「玉虚山，在縣西北一里，盤折而上，上有真武殿在焉。」

著録：江景瑞《文縣志》，長贇《文縣新志》（題「重修玉虚山元帝殿碑記」），葉恩沛《階州直隸州續志》，張維《隴右金石録》（題「重修玄帝觀碑」）。

［校記］

［一］然，《隴右金石録》缺。

［二］烏用，《隴右金石録》作「何藉」。

［三］改建重新，《隴右金石録》作「重建改修」。

［四］可，《隴右金石録》作「可以」。

［五］可，《隴右金石録》缺。

［六］齊，《隴右金石録》作「整」。

［七］「試觀世之……心而易慮」諸句《隴右金石録》缺。

［八］者，《隴右金石録》缺。

［九］而，《隴右金石録》缺。

［一〇］「夫既藉……而生敬畏。吾」諸句《隴右金石録》缺。

［一一］突，《隴右金石録》作「實」。

［一二］玄，《文縣志》因避諱省。

［一三］屢，《隴右金石録》作「其來遠矣，頗」。

［一四］卑隘，《隴右金石録》作「年久」。

［一五］宏，《文縣新志》作「弘」。

［一六］有年矣，《隴右金石録》作「苦無任事」。
［一七］身任厥事，《隴右金石録》作「慨以身肩之」。
［一八］材，《文縣志》作「財」。
［一九］歲，《隴右金石録》作「幾」。
［二〇］「地爲荆杞久……再逾年而丹碧」諸句《隴右金石録》缺。
［二一］矣，《隴右金石録》缺。
［二二］卜，《隴右金石録》前衍「乃」。
［二三］崇禎，《隴右金石録》作「今年崇禎」；禎，《文縣志》因避諱省。
［二四］廿，《隴右金石録》作「二十」。
［二五］鄉紳博士，《隴右金石録》作「紳士」。
［二六］舉事之，《隴右金石録》缺。
［二七］始，《隴右金石録》作「是」。
［二八］蓁，《隴右金石録》作「榛」。
［二九］詞，《文縣志》誤作「祠」。
［三〇］睹者，《隴右金石録》缺。
［三一］「考人間宅舍……神靈得地靈而神愈靈矣」諸句《隴右金石録》缺。
［三二］末，《隴右金石録》作「午」。
［三三］玄，《文縣志》因避諱省；《隴右金石録》作「元」。

〔三四〕篤，《隴右金石録》缺。

〔三五〕俾，《隴右金石録》缺。

〔三六〕浩，《隴右金石録》作「大」。

〔三七〕「無諭屢降靈……神固靈于千古者哉」諸句《隴右金石録》缺。

〔三八〕此番檀那强半，《隴右金石録》作「是擧檀那半出」。

〔三九〕玷，《隴右金石録》作「悖」。

〔四〇〕勖，《隴右金石録》作「勉」。

〔四一〕闕，《隴右金石録》作「禆」。

三三　明敕封文林郎蕭籍墓志銘

蕭　籍

（墓蓋）：明敕封文林郎河南澠池縣知縣歷奉直大夫山西澤州知州蕭公之墓

明敕封文林郎河南澠池縣知縣歷奉直大夫山西澤州知州蕭公墓志銘

崇禎辛巳中秋日，七十四翁烟霞主人蕭籍自撰

此，文邑蕭子之墓也。蕭子名籍，字文徵，別號獻伍。父諱時雍，贈文林郎河南澠池縣知縣。母謝氏，贈孺人，生余兄弟三人。長圖，邑庠生；次策，殤；又次余籍，隆慶戊辰三月二十三日辰時生。方五歲時，有舅氏以解連環爲戲，余旁窺不去。舅氏曰：「汝能解乎？」曰：「能！」遂應手而解。舅氏與先贈公笑曰：

「此子似聰慧可教！」六歲，授以句讀，頗能頌記。乃先贈公或星家言，謂余過紀方可保，以是姑緩于教。至十三，遣就外傳，從柏川先生學。時，先父母每歲春鄉居，秋成乃歸，余飲食倚先王母，王母年八旬餘。余從學中歸，或一時薪水不給，不及食，輒忍饑赴塾。夏月晷長，先生命歸午餐，余明知家無午餐，故歸，片時而往，不令人知其無餐也，其艱苦如此。十七，萬曆甲申，始補邑庠生，爲司理任公鑒賞。二十四，辛卯，始取孺人張氏。甲午，舉于鄉。丙申十月，先贈公見背。先是，有星家謂余中後當不禄。癸卯夏，果染重病，垂絶三日而甦。先慈乃以此時見背，而余且不及視，含歛終天之恨，何日忘之！乙巳秋，張孺人亦逝，其孤苦又如此。頻年遭際不幸，又安望邀南宮之榮哉！丙午，北上謁選，得河南之澠池，居官，無他長，惟潔己愛民一念，始終不敢少變。鄰封大獄，多所駁勘，稍有可出，必不拘成案，而依阿人意，上官頗爲歎服。居澠五載，幸叨恩典，稍慰罔極。忌者中傷，遷開封別駕，澠人立碑建祠，要皆諛我者耳。別駕雖非專治，賴撫臺東明李公極其相愛，各院司道諸當事者無不見信，凡有建白，輒見嘉納，視居澠日更得行其志，而下其澤于民。太康，因民間失火，誣極刑者七人，經勘不下十餘官，十年來，出入訖無定局，余詳得其情，不數言而開釋，此生平最快意一事。署鄢、署杞，一一愛民爲主，活人頗多。在杞尤謬，爲民心所許，行之日，即孺婦皆爲流涕，士民刻有德政録與頌集，亦皆諛我者耳。績滿，升山西澤州知州。澤固劇郡，轄四邑，獄皆余主之，未嘗有周内之慘，自失愛民初心。舊有後堂，書辦恃其密邇，人畏如虎，騙詐無不如意，余爲裁革，而人人稱快。澤多悍宗，余悉繩以法，始帖然不敢肆。孝廉中有不規者，不徇情面，據法申擬，雖直指王公，疏稱法行豪貴，然不免爲宗紳側目。學宫傾圮，極力修葺，工費浩繁，未嘗損民間一粟，勞民間一役。督學吕公記之，鄉紳尚書周公又記之。己未大計，復爲人中傷，以前任開封浮躁降級，遂拂衣歸，絶意仕進矣。日惟怡情山水，或與友人對弈爲樂，人有非禮相侮，概置不問。尤喜讀書，但不求甚解，亦不求記。間以詩文自娱，所著有《邑志》《客枕寱言》《詩文譔》，要皆詼諧鄙俚之談，聊取適意云爾。自檢生平，居官不事逢迎，居家不計生産，居鄉寧人負我、毋我負人。故人謂我愚，誠愚也；人謂我拙，誠拙也；人謂我懶，誠懶也。「愚、拙、懶」三字，足盡一生。于崇禎壬午年十一月十七日申時告終，享壽七十五歲。娶儒官諱榜女張氏，贈孺人；繼徽州劉氏、階州袁氏，贈孺人；再繼階州黨氏。一子鳴虞，廩生，張孺人出；娶張氏，庠生張遇熙女。二孫：長璘，庠生，張氏出，娶王氏，廩生王國彦女；次珣，幼，側何出。一女適知州張世熙男、庠生張明璽，卒。一侄賡虞，增廣生，長兄圖子，娶張氏，知州張世熙女。一侄孫璵，幼，側楊出。遺命啓張孺人壙而合葬焉。素不喜諛墓，恐兒輩求志銘，詞多溢美，徒取地下人揶揄，即以此入壙可也。因爲之銘。

銘曰：

其生也，知榮知辱知夭知壽；其殁也，何榮何辱何夭何壽。一切生前于我何有，我自返其初。兒孫胡爲乎失聲與勞口？

時崇禎癸未年三月二十日，葬于鵠飛鄉元瑞坪新阡。不孝男鳴虞，孫璘、珣，仝泣血鐫石

［説明］

碑存文縣文化館。碑高六二厘米，寬六九厘米。碑文爲死者生前自撰，則文末「于崇禎□□年」至「時告終」之間文字原爲缺文，爲後人所填。

崇禎十六年（一六四三）蕭籍撰。

三四　孝子石溪李公墓志節略

楊　鶴

嗚呼！有明將仕郎石溪李君之墓，余表而出之。曰：李之望出于隴西，其散在天下，則唐詩人所云「仙李蟠根大」者是也。然在隴西者多顯。君貢大學至宜陽簿。初，君父棄，君兄弟大者纔六歲。母張氏，年二十三，與陳婺合志守節，食兄弟，教之有成。陳婺者，姊姒也。君居，恒歎曰：「吾先世太原，以孝友立身，以清白著稱。生吾父，文章名通于京師，不幸疾作，不禄于邸舍。兄弟童童無知。今日視息，吾母[一]予也。夫人有母，噉堇茹荼，親冰雪中數十年，惟藐孤之憐，令當世不聞，庸孤奚爲？且母與陳婺連若璧也。今吾弟婦高未亡者，煢煢倚姑，峙若鼎。我家婦視節義若共汲釜爨，安而行之，世復有奇于此者乎？朝有章，其誰設之？是固吾責。」頃之，會母亡，年八十。君哀悲不息，聊寒炎兩度，杜門不出，語家人曰：「母生于禮中，不可誣葬。祭如文公儀，命爲子孫式。」既除服，以貢詣闕，三陳情殿陛下，特旨敕縣坊表之，一門三節，今《志》載其事。君需次選人，得宜陽，乃曰：「官卑無可爲者，然矢無曠官、無擾民，視可爲爲之。」至縣，職催科，禁奇羨，下甚德之。士或掛吏議，力爲解紛，卒以寡援，合無斌媚，上書自罷去。歸，騎駛而輕，甚快如也。生平剛毅過人，有不善，輒數之，人以此俱聞其過，有古王彦方風。奉先孝栝棬，不肯落人手，散則取贖。事兄讓，與弟温，撫其遺婦子，均儲糈奬成其志，課子孫讀詩書。草堂數椽，蕭然爲歌詞，弈戲其中，世事無所預。年九十，目尚皎然，能作細書，望之亭亭若仙人。没二十餘年而有孫王岳爲武陵令，求武陵人可爲石碣者，或言余。余聞之，曰：「李氏，世多奇耳，周人也。或言堯時爲務成少君，死，人以爲化去。」君九十一，神明不衰，無疾而逝，豈其流耶？母也節，子爲之名，入出孝弟，進退仕隱，何如人也！

［説明］

以江景瑞《文縣志》爲底本録入。

原題下有「都御史楊鶴撰」六字。楊鶴，明時任都御史。

孝子李公，指明嘉靖三十五年貢生李晉，曾任宜陽縣主簿。江景瑞《文縣志·孝行》載：「事孀母以孝聞，及終，哀毀過情，祭葬如禮。三奏闕下，告陳親節，因得旨坊表，邑人共稱爲『孝子』。」

著録：長賚《文縣新志》（題「孝子石溪李公墓道碑」）。

［校記］

［一］母，長賚《文縣新志》作「毋」。

三五　敕階儒林郎新泉李公墓表節略

楊嗣昌

《語》曰：「廉吏可爲，而不可爲也。」其然，其然！今之吏猶饔爲人羹也，啜汁先焉，旁觀者意氣我矣，頡羹故怨。吾觀陰平李君，誠廉士哉！弗庾少，弗羶多，以是終其身弗悔。君諱思忠，字惟臣，號新泉。兒時孑孑，聲稱受槐庵先生學，先生語曰：「子動静有度，他日大器也！」年十八，游邑庠，俄食廩悉升斗，入佐，養不私。先是，君父以家三節言于朝下，所由覈實。君方試，有司高等入，白事慷慨英煒［一］，直指動容，請旌之。選丁丑貢，入棘京師，不第。亡簪于旅人，反復覔，偕行者笑之，曰：「吾親賜也！」竟獲之去。壬午，再罷鄉闈，居郭孺人艱，哀毁過度。服闋當選，久之不赴。人以爲言，君曰：「曩吾母健，吾求名不幸至是，天乎？何忍言！今父遲暮，吾志决矣。」取仕牒藏之左右，就養，躬洗滌溺器。翁年九十一終，猶嗚嗚如失乳兒，聞者流涕。君徐即官，得同知保德州，州有儲，置偏頭關，佐邊事。君往受粟，夜，或篋金致其舍，怪問之，曰：「此商例，千金也。」君曰：「財猶膩，吾不汝索，何汗我哉？」從者曰：「不然，今兩倉會計求事，當路或左右耳目，非是不可，且非獨今日始。」君勃然曰：「我關西人，知四知爾，不知其他！」盡逐之出。明日，榜衢路，痛絶其事。當事咸聞而嘉之，數奬借。君以是益洗滌積習，處冗穢如清泠淵。至聽斷他事，務斟酌疏減，嘗至再四，一時頌之爲佛，聲聞境外。而當路故態，顧不能盡免求多于君。不二年，左遷肅府僚以去，聞命浩然。關之老壯，填門壓限，泣曰：「天不教清官活我耶？」及出，遮道焚香，攀號數十里，人以爲二百年未有事。抵家，教子孫讀書。未幾，長君領鄉薦，君喜，曰：「科名，我乃未得，吾兒得也！」優游，詩酒自娱，終其天年。楊生曰：「余祖四知，稱廉者首焉。余清白吏子孫也，以今溯古，何其遠欤？」李君之系，起家明經，四世咸不達，何也？夫廉者，欿然不自[二]予，天將予之，李之後莫能測也。

［説明］

以江景瑞《文縣志》爲底本録入。

原題下有「參政楊嗣昌撰」六字。楊嗣昌，明時任參政。

著録：長贇《文縣新志》（題「新泉李公墓道碑」）。

〔校記〕

〔一〕燁，《文縣志》因避諱省，據長贇《文縣新志》補。

〔二〕自，《文縣新志》作「白」。

三六　鄉賢節齋王公行狀節略

錢照

公諱繼禮，字行之，別號節齋。自幼厚重敏異，毅然不少委靡。及長，文學過人，尤邃壁經。歲丙子，登鄉薦。正德辛巳，登進士第。嘉靖初，登爰重守令之選，詔一疲敝郡邑，俱以甲科任之。時，直隸阜城縣缺銓曹，時以公往，流寇殘破，黎民逃潰殆盡，邑里蕭條。公履任勞，來安集，凡可以撫綏疲民者，無所不用其心，至忘寢食，甫數月，流移盡歸。仍請于當道，蠲賦發賑，民咸德之。至于興學禮士，撫窮恤孤，抑豪右，清吏弊，亦罔不殫厥慮。當道旌異其政，以才堪煩劇，調蘇州之長熟，俗頗弊惡，又常賦釁數百萬，豪胥富民，并緣爲奸利。入〔一〕膏腴之地，易于濡潤，前令多以是被詿釁。公惟清勤，自誓毫髮不苟，民有犯者，惟知有法耳。凡百弊政，一一釐革，不少撓以私。朞年，澤以大普，大小畏懷。邑解白糧若干萬石，歲屢逋，吏每緣以出入長民者，亦罔究也。公爲立法，徵解視往歲獨完。邑之北地白茅港，適海寇刼殺，勢頗猖獗。公夙夜經理，簡精蓄鋭，豐犒賞，相機宜，不旬日而就擒。事聞上，有銀牌文錦之錫。乙酉春，内召授南京户部主事，時部院諸老謂公之正大剛方而不獲居臺諫以大行其志，甚惜之。丙戌，調兵部車駕司，公聞命北上，行李蕭然。至則清驛弊，督邊乘，靡不周詳慎悉。丁亥，調職方，時當道以公忠直，改四川道監察御史。逋進道，即有團營之差，公尤以整飭威武爲己任，調度糧餉，整肅器械，諸營務秩秩修舉。貴戚有占役科尅及怙勢驕恣者，據例參劾，不少避忌，無不凛凛然畏法惟謹，威令大振，京師肅清。于時，浙江當辛卯鄉試，以浙多才之地，且爲海内名藩，乃以屬公。按其地，試事惟虔。鎖院之夕，焚香誓曰：「天下惟此事最公，少徇私曲，即非以人事君之道矣。」故是榜得人視昔爲盛。至于巡歷所屬，風裁凛然。兵部尚書王海山、掌院王浚川，俱目公爲真[二]御史，奈以忤權貴。壬辰，遷知徽州府事，會朝遣李大常率其徒百數十人，詣齊雲岩修醮事，有假公擾民、憑寵横索者，公悉繩之以法，羽士亦肅然祇畏，相戒不敢犯郡。有汪元龍者，款獄數十年不決，公一言折之，兩争遂息。各屬部至錢糧額外無加，當道疊薦。乙未，擢浙江副使，瀕行，民相與扳附車轍，及隨至武林，不忍去。公抵浙，特拜璽書，巡視海道。時，海東檄傳倭寇之驚，前此稍不戢，貽地方患。公爲嚴防禦之，規厲番船之禁，峻然爲東南一巨防焉。且巡歷海隅，冒風露，歷寒暑，故一時海境肅清，軍民賴以寧謐。戊戌，升本省參政，分守杭、嘉、湖諸路。當道者又薦，書疊上。己亥，升湖廣按察使，其所自許惟曰：「吾享國厚禄，無以圖報，惟殫心竭力清理刑獄，古人所謂『無冤獄者』，是吾職耳。」于是孜孜政理，率漏下數刻，始退食；五鼓輒視事。以故精神消耗，漸致勞疾，以是年八月終于官。夫公幼與兄繼學同居，事文林郎，君以孝聞，自其家食及于朝宁，自爲士爲尹爲御史爲守，以至持憲外臺，凡議論事功，張弛舉措，俱浩然不與世浮沉。揆其抱負，真欲堯舜君民，爲世司直，若古伊尹之任，而弗獲盡施以殁，嗚乎！命乎？越數日，少司空顧東橋公聞之，歎曰：「不意慷慨丈夫如王公而止于是，不重爲斯世惜哉！」

［**説明**］

以江景瑞《文縣志》爲底本録入。

原題下有「僉事錢照撰」五字。

著録：長賛《文縣新志》，葉恩沛《階州直隸州續志》，葛時政《直隸階州志》。

［校記］

［一］入，《文縣志》本作「人」，誤。

［二］真，《直隸階州志》作「正」。

三七　柴門關摩崖

佚名

秦蜀咽喉

［説明］

據張維《隴右金石録》録入。明代摩崖。

三八　飛仙閣摩崖

佚名

飛仙閣

［説明］

據張維《隴右金石録》録入

明代摩崖。

三九　明故顯考武略將軍顏公之柩

佚名

明故顯考武略將軍顏公之柩

［**説明**］

碑存文縣文化館。碑高一〇三厘米，寬一一七厘米。

明代碑刻。

四〇　重修學宮記

李碩馥

古帝王樸棫作人，風醇俗善，良由建學明倫，進群才而樂育之。故魯人治泮，《春秋》褒之，咸以隆文教、崇化源也。邑自西文過化，賡名曰「文」，漢唐宋元，州縣雖殊，學則共之。明成化間，始創立黌頖，歷二百餘年矣。風雨之摇，兵火之革，垣頽甍穿，半就于圮。先是亦有建修之舉，然無賢有司之風力，工役玩愒，勢不能行，無足怪耳！幸我劉使君屠龍手段，吐鳳才華[一]，簡命斯邑，初謁禮殿，即進多士而時課時試，慨然以興學爲己任。于是鳩工庀材，輸資經務，日督其成，而慰勞之，鼓舞之。不日間，孔殿五楹，森然改觀[二]；廡戟户牖，奕奕輝煌矣[三]。魁星、文昌，昔也湫如，今也巍如矣；昔也數椽蔽雨，今也五厦連雲矣[四]。名賢之祠，舊設學外，使君議改建戟門之西。前之陋習既洗[五]，揆之典禮，亦無不宜矣[六]。且也，學衙鞠爲茂草，每一官至，苦無公寓[七]。使君惻然歎曰：「師長露立，諸士何安？」乃爲相原址，闢荆棘，建後宅三楹，西東厨舍各如式。復建廳事三楹[八]，以爲諸弟子[九]執經問難之所。以及西衙，莫不次第而重新之。是前人之所不肯爲者，使君特爲之；後人之所萬不能爲者，使君盡裕爲之矣。是役也，開天成務、盟知大始[一〇]者，燕京甲榜劉公霦仁父母也。輔相裁成、結搆合尖[一一]者，靈武戴君廷講、驪下劉君湛源兩先生也。刊木運材、大壯棟宇[一二]者，生員掌所篆、邑人朱[一三]朝定也。陶運瓦石、栟懞大厦[一四]者，生員楊榮春也。布金輸力、樂觀盛舉[一五]者，紳矣諸公、通邑之士民也。有使君之鈞軸，始獲諸公之拮据；合諸公之勤勷，始成使君之完美。厥績孔徽，厥功神遠矣！宜壽諸貞珉，而永無斁。是爲記。

［説明］

以江景瑞《文縣志》爲底本録入。

順治十五年（一六五八）記。原題下有「順治十五年邑貢李碩馥撰」十一字。

關于學宮的詳細情況，分見江景瑞《文縣志·建置志·學宮》和長贇《文縣新志·營建志·學校》。

著録：長贇《文縣新志》，葛時政《直隸階州志》，葉恩沛《階州直隸州續志》，文縣志編纂委員會《文縣志》。

［校記］

［一］「屠龍手段，吐鳳才華」，《文縣新志》原無。

［二］「五楹，森然改觀」，《文縣新志》原無。

［三］「奕奕輝煌矣」，《文縣新志》原無。

［四］「昔也湫如，今也巍如矣；昔也數椽蔽雨，今也五厦連雲矣」，《文縣新志》原無。

［五］「舊設學外，使君議改建戟門之西。前之陋習既洗」，《文縣新志》原無。

［六］「亦無不宜矣」，《文縣新志》作「悉如度」。

［七］「每一官至，苦無公寓」，《文縣新志》原無。

［八］三楹，《文縣新志》原無。

［九］弟子，《文縣新志》作「生」。

［一〇］盟知大始，《文縣新志》原無。

［一一］結構合尖，《文縣新志》原無。
［一二］大壯棟宇，《文縣新志》原無。
［一三］朱，《文縣新志》作「宋」。
［一四］帡幪大厦，《文縣新志》原無。
［一五］樂觀盛舉，《文縣新志》原無。

四一　重修文王廟記

陶賡起

夫文王廟者，從古羑里而立者也。縣曰「文」者，又因文王得名者也。城之西北文臺山，名曰「羑里」，又曰「天牢」，其下即文王廟在焉。創建之初，不知起自何代。世傳以爲虐紂以文爲極西之地，而設羑里，而文之，囚否，實未考也。在昔殿宇峻巍，喬木森列，丹塗户牖，崇麗垣牆，琉璃寶篆，烟浮鶴巢，風静地僻，幽玄宛然，穆穆天子之容，令人入廟知肅儼，若斯文在兹，是誠千古不可没滅之迹，非若天下淫祠可有可無者也。忽于明之戊寅，竟爲流寇屯扎之所。邑營兵夜襲焚之。是歲，營將李君諱志忠，重葺其廟。未幾，又爲賊火回禄一炬，盡付赤焰，堂廡煨燼，垣墉丘墟，風雨飄灑，法像幾頹。噫嘻！西伯聖人，亦兩罹此劫運耶！荒原野草之中，一像孤存，凡心師文王、夢寐姬公者，莫不惻然動心，興「禾黍離離」之悲。然草野之間，止可謂徒有其心耳！適邑侯劉君諱霦，來牧斯邑，甫下車，謁諸神祠，獨西伯僅存焦土，無一椽一瓦以蔽風雨，遂不勝有奮然興舉之思。捐俸鳩工，不動民間一錢，與孔聖廟一時俱新。立正殿三楹，二門一座，暨周圍垣牆，粧塑其像。不閲月而告成。雖不敢侈言輪奂之美，几楹之盛，亦未始不可以蔽風雨、肅瞻拜，令千百世後如見文王矣。夫以侯之敏于才，勤于事，樂于輸，不難恢崇舊迹，然木植之需，匠作之費，侯輸之矣。工役之用，勢不得不求之民間，誠不忍以屢經兵荒之民，重興此土木也。至于增修壯麗，當更進而俟諸後之良司牧者。因勒之石而記之。

［**説明**］

據江景瑞《文縣志》録入。

順治十五年（一六五八）記。原題下有「順治十五年邑庠陶賡起撰」十一字。

四二　重修陰平橋碑記

吴永謙

欽差整飭洮岷道陝西按察使司副使西蜀内江吴永謙撰

余按《一統志》暨《華陽國記》，見古有陰平橋者，蓋始于始有陰平之日也。秦梁漢柱，不知幾歷廢興于兹矣！予也久識其名，未親其地，及司臬岷山，披閲邑乘，知斯橋爲吾文屬要津，昔蜀而今秦，昔盛而今頽，千百年來，古境陳迹。噫嘻！其將斬耶？思得一肩任[一]巨、創始圖新者，蓋幾難之。忽邑令劉侯有報修之請，尋有告竣之文，臚列詳陳，予因鼓掌曰：「美善哉斯橋！其重新再闢之會乎！盛衰有數，興廢有時，天下事類[二]如是也。」乃奮臂一倡，而輸財者無吝施，輸役者無怠力。于是采深林之木，發江干之石，宊[三]桷欂櫨，各因其材；礐礉碭硌，各適于用。架鯨脊，倚鰲背。服蠹鼂以作砥，亘螭龍以成梁。跨巨岸之洶濤，横絶壁之峭巇。星文虹影，憑險凌虛。逕過百十餘步，車馬駢馳，行旅交錯，畫棟彩欄，複道蔽空。依稀咸陽聯厦，彷佛西豐飛閣，將與漢安車馬、朱雀赤蘭，共復不朽。非特一邑之勝概，實天下之偉觀。是役也，費不過侈，役不終歲，無侯造舟浮河，神鞭驅石，而工以敏成，事以速濟，其可比肩杜預、齊驅李冰矣。若夫俯臨大江，澄泓無際，北接文臺，南倚龍山，帶礪之險，鎖鑰之固，稱雄千古，非云誣也。余，蜀人也；文，古蜀地也。遥望巴江，一帆可通。顧假公餘，按轡陰平。策笻杖，衣鶴氅，偕文人墨士，把酒其上。瞻玉壘之秀氣，看錦江之波瀾。臨風回首，恍動鄉心。至若蒼崖碧峤，霧鎖雲封，水石相激，浪滚濤湧，颷颸乍起，濟湃吼鳴。行人踟躇而怯步，游魚鼓鬣而震驚。令人登斯橋也，不能無擊楫中流、破浪乘風之思焉。更憶昭烈都蜀，武侯設險，爰倚重地，闢兹天塹。曾伯約之議守，果魏將之竊闚。至今三分漢室，頓非劉氏嫡傳。令人登斯橋也，不能無撫今追昔、盛衰存亡之感焉。吁嗟！天下之爲橋者，不少也。即以吾蜀論，若「萬里」「駟馬」，不遇諸葛、相如，則亦蕪没無傳矣。斯橋也，因侯而成，亦因侯而益彰。故特記之，以志并垂。

〔**説明**〕

以江景瑞《文縣志》爲底本録入。

康熙二年（一六六三）吴永謙撰。

著録：長贇《文縣新志》，葉恩沛《階州直隸州續志》，文縣志編纂委員會《文縣志》，《甘肅省志·卷三八·公路交通志》。

〔**校記**〕

〔一〕任，《文縣新志》作「重任」。

［一二］類，《文縣新志》作「數」。

［一三］宲，《階州直隸州續志》作「梓」。

四三　重修文廟碑記

王運泰

（篆額）：重修碑記

重修文廟碑記

至聖先師之廟，歷代以來即重修者難以數計，修者不敢任，以爲功在。視修者，亦何可以功爲□，要皆爲所當爲，盡心本源非役于名而爲之也。文邑□□罹變，城陷逆踞，兵燹焚毁，風雨摧殘，其廟荒陋，不堪搆建。己未冬，邑侯王公來莅是邦，公諱言，字信之，蜀北潼郡人也。下車瞻謁，即愴于懷，雖時加修葺，而軍興旁午，不遑大舉。乙丑，秋雨連綿，正殿將傾。公惻然曰：「于此不修，將委先師于草莽也。忍乎哉！」于是乎材木之伐運，毋措其費也。窑場之開啓，毋省其用也。白灰之燔煉，毋吝其力也。殿廡之修整，毋儉其工也。座閣之創設，毋仍其陋也。彩色之輝煌，毋從其簡也。匠役之糗糧，毋靳其資也。牲醪之犒賞，毋厭其數也。不寧惟是，啓聖宫之修理，毋休其勞而憚其類也。心力物力，悉自己出。起王［一］于丙寅二月朔日，越三月而告竣。諸生成其事，固請立石以傳之。公曰：「何石也歟哉？吾惟盡心于本源，亦爲所當爲而已。吾名也歟哉？石之何其立石也。」余曰：「公不自以爲功，諸生又何可以功爲諛。然亦宜志其時日，俾後之繼起而莅文者，引其于勿替，實亦聖靈之所寵臨。」

時康熙二十五年丙寅仲夏月穀旦

原任□政司都事署文縣典史夏祝聖，原任文縣典史陳良弼

庚子舉人改授文縣教諭池陽王運泰撰文

儒學訓導邠右孟麒徵篆書

文縣典史金陵劉紹化

闔學□衿：

張懋德，羅泰□，蔣玉侯，□應房，張明□，甄自重，周垂德，蔣士顯，張應昂，何奇□，□□□，王□□，劉□□，張脂，張瑾，楊明棟，劉進□，蔡國棟，□瑛，周熙，周之瑾，王□顯，葉寅東，王□，劉世芬，甄自□，蔣懿芬，朱馨，葉逢時，張應甫，駱□□，張良□，張□□，蕭□，郭斐，張應學，張毓□，張炤，王□，王□□；李問喬，張□修，張□□，何之一，張惟珍，張鳴皞，吕生陽，張慶奎，張應麒，梁顯世，蔡□蘇，高其德，□□，□英傑，劉德福，王承前，王世□，□永真，張映薇，李奎□，楊逢春，汪□□，李文明，趙□瑞，張志懿，任作□，□□清，葉□□，□□□，任□□，袁志弘，趙國彝，葉朝東，李廷賢，王芝奎，王世榮，□一鳴，張□聖，劉德澤，周之瑜，張文運，周伯逵，王璩，張□□，杜舟楫，張弘德，蔣懿□，張大德，楊迪□，王顯爵，（人名略）

〔**説明**〕

據武都陸開華所提供拓片録入。拓片長一五二厘米，寬七四厘米。

康熙二十五年（一六八六）王運泰撰。

［校記］

［一］王，當爲「工」。

四四　玉虚山長燈碑記

張宗孔

（篆額）：長燈碑記

玉虚山長燈碑記

余讀釋氏《傳燈籙》，而因名□義。竊謂燈者，取乎明也。心屬火，故象燈焉。火有明滅，心（中缺）者，［輸］膏而使之常明，亦如惕心者，存省而使之不昧。則謂傳有象之燈，即以傳無（中缺）玉虚山峰巒叠翠，峻出雲霄，上建玄帝宫殿，屢現靈異，昔人號爲小武當。先是，宫中□□有長燈，瑩光烱耀，瞻望者恍如（中缺）霄，亦奇觀也。無如世事之順逆無常，而舊修之興廢無定。吾邑二三父老（中缺）田者，慨然訂盟，以爲永久計。輸膏者凡□十年，□懺者已三五次。吾稔知其（中缺）昧也，而彼且曰：「莫爲之前，雖美不彰；莫爲之後，雖盛弗繼。」欲提□無象之燈以（中缺）神聖有象之燈，以□證無象之燈，□如撰以言，以鐫諸石，或可以望諸後人，以傳永久也。（中缺）不經□當□□之久□□焉，勢必如是善之可爲者一時，□之後世效之，理固然也。（中缺）性盡，人悉吟賦焉。□古人之樂有今人者，猶今人之樂有後人哉！或且有謂今者曰：「（中缺）獲福亦宜備述，以示將來。」余曰：「否！吉凶固有影響之理，天理昭彰，爲善必獲無疆之（中缺）□余言□□能悉哉！惟是倣傳燈之意，不吝鐫録，庶燈之相延者久，惕常惺之心永（中缺）積□

遠。爲之者已耀美于前，繼之者復紹美于後，燈燈相續，心心相映，永爲盛事。（中缺）神聖其無靈哉，則盍繹作善降福之嘗？

時康熙戊辰歲季春月朔三日

□筆張乃勳

邑庠雪巖主人張宗孔撰題。邑庠翠峰山人朱福榮書丹。邑庠龍溪散人劉文蔚篆額

長燈會首：張榮顯，常夢周，石可興，黄建忠，李芳春，李三□，劉茂綾，梁勝樞，李續，李繼生，劉居有，楊春，劉□□，□□□，任□璽，張□□，□□才，楊□□

會首：劉三光，張□元，石毓奇，常敦倫，李恒，李甲寅，吴尋嘴，黄玉興，景先聖，張□，劉□塞，楊□保，李斌，李啓□，劉德政，□□□，李三丑，楊亭□（下缺）

［説明］

碑存文縣城關鎮玉虚山頂。碑高一三八厘米，寬六四厘米。文縣文化館羅愚頻提供拓片。

康熙二十七年（一六八八）張宗孔作。

四五　邑侯鄒公禱雨碑記

何帝錫

邑侯鄒公治文之三年，夏四月大旱。公先是有岷山之役，聞之，憂形于色。于路齋沐致禱，雖村坊驛津之神，過必拜祝。五月朔十日，詣縣，則烟雲往來，若欲雨狀，然旋陰旋霽。公未遑就衙，信宿于城隍神之壇

焉。越三日，率僚屬及邑之士庶，陟玉虚之巔，步南山之嶺，終夜數起，不假寐者閲二旬餘。慨然曰：「無庸此稠人爲也！」于是，開屠沽，撤壇壝，約騶從，獨宿于北郊龍神祠中，時則六月朔一日也。是日也，赤焱如焚，魃威愈熾，公閉關減食，祝以三日爲限。邑之父老，環門而請曰：「侯無自苦。文地高山大澤，水旱頻仍。公始至，一禱而應，民乃有秋。又踰年大稔，無疫癘夭扎、繁霜冰雹之患。今雖旱，尚不苦于賦役之煩，而播遷厥居也。敢請抒慮！」公曰：「父老其愛我矣！令聞之：『五日不雨則無麥，十日不雨則無禾。』無麥無禾，無食無天，何令之爲也？其以退諸！」文武僚屬暨紳士歷階而前曰：「公明于天道者，竊聞山澤之氣，蒸爲雲雨。神司之，神不能主之；猶之開倉蠲租，公司之，公不能主之也。今自陝以東以西，何地不赤？何草不黃？公必以一邑而挽回氣數，其如天道何？」公曰：「令[一]何德，斯敢妄干神聽，以冀倖于莫須有之理乎？夫凡民有罪，宜萃于令。令又何敢惜此一身，而不爲萬民請命哉？其無勞諸執事。」于是，祝而泣，泣而拜，自辰至酉，祝不能詞，泣不能聲，拜不能起，雖邑之婦人女子，莫不感激泪下者。忽而烟飛雲踴，大雨霶霈，一日夜，四境之内，優渥霑足。邑人冒雨而謝，且請就衙焉。公曰：「神之靈也，民之福也。令何力之有？抑聞之：『天道變遷，人不可測。』今茲地雷未奮，驕陽未遠，萬一雨而復霽，奈吾民何？且吾不敢以懷安爲也。」默然愈加敬。不移時，谷日隱隱，轟轟列缺之威，震蒲[二]山谷。一雨三日。公始退衙而莅事云。

於戲，異矣！天與人，非有形聲之相接也，而有禱如響，斯豈素行不足以格天，而俯仰稍涉于愧怍者，遂能感應而無違若是哉？孔子曰：「我戰則克，我祭則受福。」言有本也。蓋公之[三]格神者在平日，神之鑒公者在一時。公之格神者，在瓣香禋敬之微；神之鑒公者，在真心實政之大。迹其至正無私，與神合德；坦然無欺，與神合體。而柔而不病于縱，剛而不病于猛，與神合其屈伸。燭隱若神，而行之以恕；摧奸如朽，而感之以信。士奔競而勵之以耻，俗鄙慢而化之以禮。則其威同于雷霆，而德亦符于時雨。以賑荒屯，而邊民蘇矣；以除雜派，而子婦嘻矣；以培學校，而賢書登矣。而且活人命，則輕自縊之條；息詞訟，則斥書寫之名；重編審，則絶供應之費。增[四]塩井之日，舒國課也；賠亡丁之徭，緩民力也；別寡婦之籍，抑强暴也；復興文之橋，廣利濟也；移文昌之位，正祀典也。至于辰日謝客，則泣絶餽遺。而民間柴蔬布帛之微，無不給其求而時其價。即今囊餘清風，而語及于邑之某某寒士，某某窮民，則咨嗟歎息，周恤若不及。此其化俗似文翁，斷獄似廣漢，催科似陽城。而其質行樸心，潛根于至誠之道，烟姿霞韵，復出于風塵之表者，又似看花河陽，雅歌投壺之高致。故自其莅任之初，以至于今日，美不勝録。而撮其大者，寧[五]有一之不可以質諸鬼神乎？蓋聰明正直者，神也；聰明正直者，公也。微公之聰明正直，不能致神之隱；微神之聰明正直，又豈能遂公之德之大哉？後之人過其碑，讀其詞，指其拜跪卧榻之地，曰：「此吾鄉父母祈天禱雨之處也，敢不敬而護之？」亦猶愛姚公者，愛其墟；愛蘇公者，愛其堤也云爾。公諱楷，字端木，號□□，浙之錢塘人。教洽天臺，政成朝城。補授吾邑，行將擢異，霖雨天下矣。具祈雨，丁康熙三十年六月初一日，碑[六]豎于十二月十五日。守戎解公首倡是舉，亦足見公之盛德，不獨感乎于神，其取重于同官者，蓋有素矣。附記于石。

［**説明**］

以江景瑞《文縣志》爲底本録入。

康熙三十年（一六九一）記。原題下有「邑貢何帝錫」五字。何帝錫，康熙十一年拔貢，考邑縣丞，三十九年改授教諭。

著録：長贇《文縣新志》，葛時政《直隸階州志》，葉恩沛《階州直隸州續志》。

［校記］

［一］令，《文縣新志》作「今」。

［二］蒲，《文縣新志》作「滿」。

［三］「竊聞山……蓋公之」，以上六十四句《直隸階州志》皆無。

［四］「費。增」《文縣志》本無，據《文縣新志》補。

［五］寧，《文縣新志》作「豈」。

［六］「日，碑」《文縣志》本無，據《文縣新志》補。

四六　邑侯鄒公建閣碑記

陳協哲

古者祀事之設，蓋將納士民于軌物之中而肅其志，且使對越其下，皆有以知忠孝節義之重、聲名文物之美焉。故圜丘祭天，方澤祭地，以暨五岳、四瀆、社稷、百神之饗，典制有差，方位有别，凡以辨等威、昭度數、定方位、妥神爽也。文昌上應列宿，占主文明，天下郡邑，多祠以祀之。文邑祠于文廟戟門外之左階，非制也。邑侯鄒公議所以遷之，而文邑士大夫始知祠所非宜，乃相彼原隰，審其方向，擇于邑之東郭外平原土壤中，有臺特出，突兀高聳，龍脉蜿蜒。遠而望之，蔚然蒼秀，真巨觀也！且前臨長江，背環群阜，右接縣治，左踞武場，位于巽方。稽之堪輿家，亦稱勝境焉。于是庀材鳩工，建層閣以祠之，而以關夫子配享焉。門楹垣墉，次第畢舉，制度協而靈爽妥，豈真爲游覽飾觀已哉？夫當世之稱良吏者，能于兵刑、錢穀、簿書、期會巨細之務，悉皆瞻舉，有光考成足矣；至于妥神靈，正祀典，培風氣，以興文運，則以爲迂濶而遠于事情也。不則，王事靡盬，遜謝未遑也。不則，動大衆者，民必病；興大役者，財必傷也。何公之不勞民，不傷財，頓使廟貌以新，斯文以振欤？蓋其才德優裕，以實心行實政，故其成之速且易也。今而後，詣斯閣者瞻拜之餘，將有以仰十七世之陰德，遡三分時之忠烈，感奮交集，而善必爲，惡必去，品概文章，蒸蒸丕變焉。建閣之明年庚午，獲鄉薦者有人。癸酉，登副車者又有人。雖感應之説，非公所道，然以數十年不售之文邑，而一旦薦剡蟬繼，又豈偶然哉？從此，人文蔚起，民氣和樂，何莫非公之膏澤蒸被也哉？謹壽貞珉，以志不忘云。

文縣正堂鄒，爲捐置常住地、永奉香火事，照得縣城之巽方，有石山高梯，龍脉蜿蜒，實一邑之文風係焉。本縣莅任之初，即擇地捐俸，創建文昌宫。其工費浩繁，朞年而後告竣。是歲庚午科，張子九如遂獲鄉薦。迨後，癸酉、丙子兩科，李子閔喬、蔣子懿苾相繼皆登賢書。信乎！地之有關于文風，非淺鮮也。但廟既成，無住僧則無以供香火。適張子炤自臯蘭歸，得僧人智延爲住持。然即有住持僧而無常住地，則何以資供養？遂創捐己俸，及學博紳衿，共爲襄事，前後置地土三分，永爲常住，使僧得以力作而食，可永祀香火。第人心不古，將來恐有興廢之事，不得不爲遠慮。因將地土四至地價地糧勒石于後，使住僧無得質賣與人，而人亦不得典買爲業，永爲護持。是所望于後之賢大夫、縉紳先生者，爲甚殷耳！謹識。

一、契買張應衡、張問仁地一大分、一小分，約有三堦。東至張子源地墻，西至古墻脚，南至官路，北至打墻地爲界。地價銀貳拾陸兩，原額秋糧柒斤[一]。

一、契買張子澄地壹分，約有三塆。東至溝，西至打墻脚，南至河邊，北至本宫山脚下爲界。地價銀叁拾兩，原額秋糧壹斗貳升。其地俱在城里次十甲僧人劉大智名下辦納錢糧。

康熙三十七年十月朔日建立

［説明］

以江景瑞《文縣志》爲底本録入。

原題下有「邑博陳協哲」五字。陳協哲，康熙二十九年任文邑教諭，由恩貢升三丹衛教授。

康熙三十七年（一六九八）立。

著録：長贇《文縣新志》，葛時政《直隸階州志》，葉恩沛《階州直隸州續志》。

［校記］

［一］斤，下文作「升」，是。

四七　常住碑記

佚　名

（碑額）：常住碑記

文縣正堂鄒爲捐置常住地永奉香火事，照得縣城之巽方，有石山高聳，龍脉蜿蜒，實一邑之文風係焉。本縣莅任之初，即擇地捐俸，創建文昌宫。其工費浩繁，朞年而後告竣。是歲，庚午科張子九如遂獲鄉薦。迨後癸酉、丙子兩科，李子閔喬，蔣子懿苾，相繼皆登賢書。信乎！地之有關于文風，匪淺鮮也。但廟貌既成，無住僧則無以奉香火。適張子炤自皋蘭歸，得僧人大智，延爲住持。然既有住持僧而無常用住地，則何以資供養？遂創捐己俸，以學博紳衿共爲襄事，前後置買地土叁分，永爲常住，使僧得以力作而食，可以永祀香火。第人心不古，將來恐有興廢之事，不得不爲遠慮。因將地土四至地價、地糧勒石于後，使住僧妄得質賣與人，而人亦不得典買爲業，永遠護持，是所望于後之賢士大夫、縉紳先生者，爲甚分愍耳！謹識。

計開：

一、契買張應衡、張問仁地壹大分、壹小分，約有叁垧，東至張子源地墻，西至古墻脚，南至官路，北至打墻地爲界，地價銀貳拾陸兩，原額秋糧柒升。

一、契買張子澄等地壹分，約有三垧，東至溝，西至墻脚，南至河邊，北至本宮山脚下爲界。地價銀叁拾兩，原額秋糧壹斗貳升，其地俱在在城里次十甲僧人劉大智名下辦納錢糧

時康熙三十七年十月朔日建立

［**説明**］

碑存文縣文化館。碑高一五〇厘米，寬五六厘米。

康熙三十七年（一六九八）立。作者佚名。

四八　聖壽寺常住引

江景瑞

縣治舊城聖壽寺者，朝賀聖誕、供奉龍亭之静地也。予己卯歲莅任，甫始逄[一]，例遵同文武僚屬，瞻拜

聖位，退班之後[二]，不勝惶恐。急進同城之官長[三]而告之曰：「過位思敬，聖訓昭然。况我皇上至德遠施，化隆中外，萬壽無疆之頌，在在方新。奚容踵舊而忘彩飾？」僉曰：「信如斯言[四]！」于是[五]與守戎解公、學博陈公、部主暢公、捕廳趙、左司秦、右司王[六]，隨分捐俸。謹擇良辰[七]命工，敬修聖壽牌位一座，前設香案一，御蓋一，宫燈二，御杖二，龍旗二，龍燈二。告成之日，適三月十八[八]聖誕期也[九]，祝叩之下，肅然如見聖天子之威靈焉！至本寺僧人，向無專責，所以看守不力，今[一〇]與諸公約，各出微資，每年共助[一一]糧三石，四季給發，庶彼[一二]常住得以糊口[一三]，而藉予以賞，亦得[一四]重懲以罰。後之牧[一五]兹土者，依是例而行之，則分天禄以供僧正，勸僧以尊主而巖疆，士庶亦永明惓惓作忠之至意云爾。是爲記。

龍飛康熙三十九年歲次庚辰三月望八日，陝西鞏昌府文縣知縣江景瑞立

［說明］

以江景瑞《文縣志》爲底本録入。

康熙三十九年（一七〇〇）江景瑞記。江景瑞，字慎齋，順天宛平舉人，康熙三十八年任文縣令，長賓《文縣新志》載：「性敏果，事無留滯。莅文十載，勸學課農，纂修邑乘，百廢俱興。升倉廒監督，去，耆老立碑建祠私祀。後因事碑廢，祠以紳衆掩飾得不毁。光緒建元，知縣長賓詢士民，請重置碑東門外。并賦詩以紀事。」

著録：長賓《文縣新志》（題「聖壽寺常住引碑記」）。

［校記］

[一] 甫始逢，《文縣新志》原無。

[二] 之後，《文縣新志》原無。

［三］之官長，《文縣新志》作「文武」。

［四］如斯言，《文縣新志》原無。

［五］于是，《文縣新志》作「爰」。

［六］「學博陈公、部主暢公、捕廳趙、左司秦、右司王」句，《文縣新志》作「暨諸僚吏」。

［七］謹擇良辰，《文縣新志》作「擇吉」。

［八］三月十八，《文縣新志》作「值」。

［九］也，《文縣新志》原無。

［一〇］「所以看守不力，今」句，《文縣新志》作「復」。

［一一］助，《文縣新志》原無。

［一二］彼，《文縣新志》原無。

［一三］以糊口，《文縣新志》作「饍粥于斯」。

［一四］「而藉予以賞，亦得」句，《文縣新志》作「如懈忽將」。

［一五］牧，《文縣新志》作「尹」。

四九　江公創建社學碑記

陳協哲

粵自國學、鄉學而外，首重社學。蓋鄉國學進已成之弟子，責而教之以齊家治國平天下之大道也。若夫明句讀，端蒙養，耳提面命，正其初服，則必自社學始。文邑人士頗好學問，社學闕略，歷久未舉。即前有賢侯，皆有志而不果。己卯歲，公以京畿大儒，來任兹土。會調赴秋闈，繼校武棘，所拔皆名下士，時皆服其藻鑒。事竣車還，舉行鄉飲以尊齒德，註釋聖諭以宣教化；立八坊，設鄉約，以詰奸宄；崇學校，砥廉隅，以彰鼓舞。其勸善懲惡之方，莫不井井有條。越明年，即議建社學。適儒學西側，有生員張子應角者，以其宅輸爲址。于是鳩工庀材，庭舍盈列，集邑之子弟，擇師而訓育之。百年之廢，一日而舉。邑之耆老來觀者，咸歎息曰：「是我輩從未及見者，今幸見之，是真父母云。」噫！竊思今之爲政者，莫不曰：「錢穀報最是急也，薄書叢雜是務也！」言及膠庠，則以爲迂濶而遠于事也。是烏得爲知本務乎哉！夫教學者，爲國蓄楨幹，爲世培風俗，政之要務，孰大于是？故聖人教孝以作忠，教弟以事長，良有以也。日者民風漸醇，人矜名節。若非有以教之，曷克臻此？噫！公之加惠文民者，其利溥矣。異時之繼公而起者，率由勿替興學立教，其皆公之化澤流長歟？《詩》曰：「愷悌君子，遐不作人。」信不誣也。是爲記。

［説明］

以江景瑞《文縣志》爲底本録入。

康熙三十九年（一七〇〇）記。原題下有「邑博陳協哲撰」六字。

著録：長贇《文縣新志》，葛時政《直隸階州志》。

五〇　邑侯江公重修城隍廟碑記

陳協哲

普天之下，郡邑有設，必建城隍廟爲一方保障，澤庇萬民，四時報賽，所以仰答天庥，載在祀典，由來尚矣。文邑自兵燹之[一]後，今幾二十[二]年餘[三]，閭里元氣剥喪，未能復舊[四]。凡寺觀廟院，破垣頽壁，所在皆是。雖有賢侯時加整理，然欲追昔日[五]之比屋[六]殷蕃者，豈一朝一夕之[七]易致哉？值己卯歲，公[八]承特簡來莅兹土。甫下車，謁神廟[九]，見棟宇傾圮，堂廡欹側，謂諸士大夫[一〇]曰：「神，所以福吾民者也，顧[一一]廟貌弗整，將何以肅瞻拜、妥神明乎[一二]？」皆曰：「是宜修葺[一三]。」公曰：「雖然，夫民神之主也，必人和而後神悦。方今百室告匱、民未寧也。是容後圖。」越三年，諸務畢舉，連歲屢登。或間有旱潦，公詣神禱，感捷如響應，雨暘時若，阡陌之觀，咸[一四]熙熙如登春臺。于是乃搆木爍瓦，鳩工庀材，宜因者因之，宜增者增之，殿宇焕然一新[一五]，視前加廓厰焉。又創建樂樓三楹，歲時享獻。門闕爲之崇巍。復建樵[一六]樓，設鐘鼓以壯更漏。凡此者[一七]，皆前人之所欲爲而不能者，一旦從容爲之，次第告成，曾未聞有土木役作之纍者，何也？蓋以爲民之事役民，則亦如民之自爲役，故不勞而悉舉也。夫司牧之官，軍國之大政于是乎寄，里社之寧謐于是乎賴，境内之神祇于是乎享，任綦重矣。且民爲邦本，神爲民主，其大要也。今豐年穰穰[一八]，降福孔殷，神既有以福民，而報享之地，民之所以仰荅乎神者，又烏容已乎哉？是以工成用壽貞珉，而特記曰：公，京都人。爲人直而明，莊以和，淵淵乎時，虔敬天勤民之至意云。

〔説明〕

以江景瑞《文縣志》爲底本録入

康熙四十年（一七〇一）記。原題下有「邑博陳協哲撰」六字。

著録：長賓《文縣新志》，葉恩沛《階州直隸州續志》。

〔校記〕

〔一〕之，《文縣新志》原無。

［二］二十，《文縣新志》作「廿」。

［三］餘，《文縣新志》原無。

［四］未能復舊，《文縣新志》作「未復」。

［五］日，《文縣新志》原無。

［六］比屋，《文縣新志》原無。

［七］一朝一夕之，《文縣新志》原無。

［八］公，《文縣新志》作「江公」。

［九］「甫下車，謁神廟」句，《文縣新志》作「下車謁廟」。

［一〇］諸士大夫，《文縣新志》作「邑人士」。

［一一］「者也，顧」句，《文縣新志》原無。

［一二］乎，《文縣新志》原無。

［一三］葺，《文縣新志》原無。

［一四］咸，《文縣新志》作「感」。

［一五］一新，《文縣新志》原無。

［一六］樵，《文縣新志》作「譙」。

［一七］者，《文縣新志》原無。

［一八］穠穠，當作「穰穰」。

五一　火燒關摩崖

佚名

康熙四十一年孟夏月，重修道路碑記。

［説明］

摩崖位于文縣西北約五公里處的山崖上。

康熙四十一年（一七〇二）記。

著録：《甘肅省志》。

五二　關帝廟常燈碑記

何帝錫

邑城南舊有關帝廟，往時城守者，朔旦瞻拜而已。守戎解公全斌，以武甲科來守兹土，始倡爲帝[一]燈之舉。中軍千總高友德，把總王嗣啓、秦嘉慶，各捐俸以助香燈之資，劇金則朔望有會，展拜則歲時有祭，守宫則汛掃有役，諸旗隊之感而樂輸者，亦附于其後。諸公且慮後之人無以繼之也，將貞之珉，屬予作文以記之。予讀漢史，至帝明燭達旦一事，而知天地之所以常立，日月之所以常明，世道人心之所以萬古而不磨滅者，其恃此乎？再讀[二]《遺曹相書》「日心」「天人」數語，與其秉燭之心相符，而知帝之所以爲神、爲聖、爲義勇、爲武安、爲神威遠鎮者，萬古此一心乎？萬古此一燭乎？雖然，竊有疑千古神聖如堯舜孔子止矣！

《語》云：「堯舜之里，歲不再禋；孔子之廟，邑不重建。」今至都門戚里郡縣、坊肆高山巨津、沽舍漁航家户，而户祝之，香燈不絶。帝何親于天下，後世而戴之如父母？帝何德于天下，後世而祀之多于堯舜孔子？豈以帝之德有賢于堯舜孔子耶？蓋堯舜孔子之德無能名者也；帝之德則正氣充塞、隨地顯應者也。常總其生平而論之，自牛馬既刑，精神頓契，而秉燭之心源已立，下邳之役，直意對曹辭書，反漢名義皎皎可少疵耶？且以孤軍，當江山交急之衝，南北同惡之日，水淹七軍，手擒二將，至使曹瞞畏避。其勇其威，要皆以秉燭之心爲之，以故魏人誘帝而帝不從，吴人請婚而帝不許，語則侃侃也，節則凛凛也，而世之論者猶以絶婚爲非策，予竊謂不然。觀昭烈與吴夫人之事，亦可以知權之心矣。彼其于懿母之命，猶且不遵，兄妹之親，猶且不顧，而何有于婚媾之好？向使不明春秋大義，俯從其請，萬一荆襄之成敗有數，其能免于天下後世之物議耶？謂明燭達旦者，而少滋之議耶。迄于今，蒙遜之鬼不靈，曹權之祀頓斬，彼詭遇權奸、暗竊大寶者，安能分達旦之餘光乎？魏晉而下，名義寢蝕，唐則分其光于顔常山而燭一續，宋則分其光于岳武穆而燭一續，自元至明則分其光于靖難諸君子而燭又一續，要皆心帝之心、秉帝之燭者。不然，梵宫佛刹，常燈之舉，所在多有。吾獨有感于諸公之爲此舉也，將使天下爲忠臣、爲孝子、爲仁人、爲義士，則其心一帝當年秉燭之心也。常燈何爲哉？故立常燈者，聊以代達旦之一燭，使萬古常明爾。

［**説明**］

以孫巘《續纂直隸階州文縣志》爲底本録入。

原題下有「邑拔貢何帝錫」六字。何帝錫，康熙十一年拔貢，考思縣丞，三十九年改授教諭。

著録：江景瑞《文縣志》，長贇《文縣新志》。

［校記］

［一］帝，《文縣新志》作「常」。

［二］讀，孫嶬《續纂直隸階州文縣志》原作「請」，據《文縣新志》改。

五三　重修北山碑記

何宗韓

（篆額）：重修北山碑記

重修北山碑記

北方玄武七宿，坐坎面離。吾邑北山當其正位，昔人祀玄武于其巔大殿（中缺）也。其頂峰祠宇創于有邑之初，前爲玄武正殿，後爲隙地。天啓丁卯，黄冠童子于隙地中（中缺）人，重修正殿，而因陋就簡，部位如故。自是，沿山而下，廟宇傾圮、神位失次者，均未及也。總之，自巔至麓，甓瓦皆已頽壞，神像（中缺）鳳鳴，以儒將才，來守是邦，整練營伍，百廢俱興。目睹橋梁、道路、祠宇頽壞之狀，毅然以修廢舉墜爲己任。一日，士民以修理北山爲請，公（中缺）不安，而官吏軍民何以安也？于是命衆估工計費，約需千金，以三年爲期。公曰：「如是，是終不能修也！」擇期鳩工，躬親督率。邑人感公之誠，踴（中缺）約費三百金。而山之上下，樓臺殿宇，諸佛神聖已備極莊嚴之盛矣。且移玄武像于前殿，吻合舊制，繪束髮像于後殿，以爲寢宫。而靈官神像（中缺）于後更爲達摩西來之像，于前更爲士夫游息之亭，左鐘右鼓，呼吸可通帝座，蓋咫尺之地，儼如蓬萊仙島。極三山十淵之勝。至迤山諸佛（中缺）是，而北山爲靈山矣！山岳有靈，吾邑之士風日益盛，民風日益淳，兵士寧謐，邊陲永靖，風雨調和，水旱不作，則皆我公之大有造于兹土也（中缺）其事，求言于予，予欲後之官斯土者，有感于公之功，而修廢舉墜無替前休，則兹山之盛可久，而公之功德亦與山靈而俱永也。故樂爲之記。

雍正七年己酉孟秋月下浣之吉

賜進士出身、分巡江南鳳廬道轄潁亳泗六等處兼察安慶滁和提刑按察使司僉事、加一級、邑人何宗韓頓首拜撰

［説明］

殘碑現在文縣玉虚山電視轉播塔下。據武都陸開華所提供殘碑拓片録入。拓片長一六三厘米，寬九七厘米。

雍正七年（一七二九）何宗韓撰。何宗韓（一六七八—一七四四），字桐藩，又字對溪，今文縣上丹鄉關爺樓村人。何宗韓自幼喪父，因聰慧好學，十二歲時「試輒冠童子科」。康熙四十七年考中舉人，雍正二年考中進士，被授禮部主事。此後歷任儀制司主事、山西副考官、祭祠司員外郎、刑部福建司郎中、大理寺左少卿等職。

五四　邊地坪摩崖（一）

羅　林

（右小字）：

四川南坪營所属關外八寨：

馬尾山寨，鹽土山寨，草地溝寨，楊家灣寨；

登龍山寨，水田寨，固水溝寨，邪坡寨。

（中榜書大字）：

秦蜀交界

（左小字）：

雍正七年□□二十六日

松潘衛守備羅林刻石

［説明］

摩崖石刻。存文縣石鷄壩邊地坪村。據文縣文化館羅愚頻所提供照片録入。

雍正七年（一七二九）羅林刻。

五五　南崖寺碑記

何宗韓

縣治之南，可數武，盤山而上，不里許，有寺曰南崖寺。寺之制，基[一]僅半畝，依山臨崖。中爲佛殿，左爲護法，右則聖母諸像。前瞰大[二]江，則爲大壬宮[三]。旁有方丈室、香積厨，規制雖小，然而形勝則超絶也。碧巘青嶂，其冠蓋也；急湍澄瀾，其襟帶也；虹橋横亘，其寶筏也；雉堞摩空，其蓮鉢也；烟火雲蒸，其極樂國也；士女林列，其三千大千之衆生也。靈實凴依，衆所賴籍。凡疾病諸厄，叩則輒應，并著宜男之驗，相傳距今，歷有年所矣。歲壬寅，予優游閭里，侍歡慈幃外，更無一事。俯仰之際，大趣洋溢，不覺静習之機，有感通焉者。一夕，夢大士向余言：「梁木摧萎，勢將壓焉，不急爲治理，殆他適矣。」更囑[四]予肩斯任。余曰：「唯，唯！」既覺而異其言，私窃志之。果翌日，同里劉君奔告曰：「適從寺來，瞥見殿梁將傾，災及諸像。葺修之役，匪君誰歸？」予乃恍然于朕兆之靈，竟不敢辭。于是謀之友人，咸踴躍樂從，共約捐資，鳩工庀材，不數月，遂落成。雖無雕鏤之巧，而風雨飄摇之患，庶乎免之。憶予宦游京華，觀察江淮間，經歷洪都名邑，寺院如織，大抵宫牆巍焕，色相莊嚴，聚僧以千百計。鐘鼓之聲，駭聞遐邇。縉紳豪富，以及野婦邨嫗，扶老携幼，男女雜沓。夫且游人術士，販竪市儈[五]，徵逐馳騁。或爲嘯傲地，或爲射利場，雖競趨禱祀，勿虔也。高尚清净者，其能妥侑與否？後歎吾邑之南崖寺，枕山面水，僧徒寥落，閉關岑寂，大有合于西土之遺意。兼以武陵張公，補砌前岩，略加點綴，而斯役遂稱完璧。彼南北雄刹，金碧熒煌，不足羡矣。吾黨之同事者，礱石以待予言。予于歸來之後，亟爲之記，以遂前志。諸同人之與斯役者，并書于左。[六]

［説明］

以孫巘《續纂直隸階州文縣志》爲底本録入。

原題下有「邑進士何宗韓」六字。

著録：長贇《文縣新志》，葉恩沛《階州直隸州續志》。

［校記］

［一］基，《階州直隸州續志》作「墓」。

［二］大，《階州直隸州續志》作「火」。

［三］大壬宮，《階州直隸州續志》作「士大夫官」。

［四］囑，《文縣新志》作「屬」。

［五］儈，《文縣新志》、《階州直隸州續志》皆誤作「僧」。

［六］方志中，原文止于此，人名皆失載。

五六　重修西洞碑記

何渾

夫離隱顯而不居者，元關之奧旨；混色空而一致者，法乘之極歸。是以朗月無踪，照百川而俱澈；洪鐘善受，雖衆叩以皆鳴。既神妙以無方，詎端嚴而有相？然演六通而啓物，證七寶以崇因，則象教之陳，由來遠矣。維觀世音菩薩，陰行方便，周遍圓通，以大慈悲而救苦難。西天竺國，徵種種于如來；南贍部洲，見生生之無盡。疇則沉淪苦海，疇則顛倒迷途，疇則刀兵水火之相尋，疇則疵癘夭札之靡已，疇則瞻依而祝眉壽，疇則摩撫而頌多男。浩蕩乾坤，浮生若寄；蒼茫宇宙，侈願難酬。爰乃慧力宏開，覺途廣啓，扇仁風于沙界，灑法雨于塵寰，固已，世躋[一]春臺、人登彼岸矣！維西巖之妙相，儼南海之慈雲。玉洞幽清，俯柳暗花明之域；珠宮秘邃，當峰回路轉之區。或履困而獲安，金繩不爽；或沉淵而自濟，寶筏非虛。或現夢裏之身，或呈眼前之果。而乃危同九折，險踰七盤。下則魚龍不測之淵，上則猿鶴難攀之壁。于是闔南姚君大典，感年華之既邁，念嗣續之維艱，仰證慈顏，敬陳廣願，欲崇寶閣，永妥[二]法身。時則人以悦來，布金者或負芻之子；工將心競，荷鍤者皆持戟之夫。日異月新，尺積寸纍，經始于乙丑之秋暮，落成于己巳之春初。俯察基垣，不越方丈；仰瞻雄構，式出百尋。飛閣流丹，吐納烟霞之氣；層軒映翠，昭回日月之光。尤可異者，當姚君創造之明年，即令子誕生之初晬。蓮生千葉，果分五百嬰孩；蔗出二株，信徵一雙男女。于是回向者冀其綿遠，信從者同此皈依。於戲！建寶刹于毫端，夙聞妙喻；立化城于險道，定有前因。諸君感大士之靈，善姚君之績，乃集衆志，式表嘉庥。夫雖盛不傳，前人豈無後人之望；歷時加飾，因者不如創者之難。欲徵盛事于將來，遂勒宏功于既往。誰云心花意樹，不隨善士之緣；從此遠水遥山，永頌空王之力。是爲記。

［説明］

以長賫《文縣新志》爲底本録入。

原題下有「邑進士何渾」五字。何渾，何宗韓第三子，乾隆戊午舉人，辛巳恩科進士，廣東存化知縣，精明勤學，孝友篤行。又據文中「經始于乙丑之秋暮，落成于己巳之春初」句知「己巳」爲乾隆十四年（一七四九），則碑當記于此年。

西洞，即西洞棧閣，《文縣新志》載：「在舊城西門外，千總姚大典建。」今已毁。

著録：葉恩沛《階州直隸州續志》。

［校記］

［一］躋，《階州直隸州續志》作「濟」。

［二］妥，《階州直隸州續志》作「安」。

五七　重修盤溪洞碑記

何　渾

邑城之南，有盤溪。蓋其兩山回互，崖斷瀑飛，如蒼龍之屈曲出壑，而倒飲于河，信奇絶矣。此中清閟幽邃，而崖崿參錯，巑岫掩映，適當瀑流之處。崖半有洞，洞故有樓閣橋棧之觀，所以崇象教、彰溪山之美者。飄摇既久，遺構傾摧，碑碣無存，世次不得而考也。乾隆乙丑，北平海公壽以騎都尉守文營，軍令分明，百度維肅。越戊辰五月，嘗會明府陽城曹公恒吉，游南崖之上。喟然曰：「溪之景，勝矣！而名迹將湮，吾欲踵而修之。西則緣微徑而上，入幽溪，臨絶澗；澗，吾跨之以飛虹之橋。過橋而上，爲觀音巑；巑，吾冠之以凌空之閣。由閣而北，下入佛洞；洞，吾覆之以凴虚之樓。過此爲精舍，爲僧厨。倚雲[一]，度石梯，下此而東，以達崖寺。」又曰：「不修當終廢，且孰知吾二人之眷眷于是哉？」曹公感其言，資以棟梁之材。公則經營相度，因故創新，一如所語。蓋歷一歲而成焉。嗟乎！物之廢也無常，其興也有待。昔之創此舉者，寧惟是彰溪山之美已哉？毋亦欲名之賴是永也。而頹廢没滅，遂已如此。今一舉新之，不知前人之待二公而繼其盛與，抑二公之清風逸韵待兹溪而傳與？昔羊叔子登峴山，慨然語其屬，以爲此山常在，而昔人皆已無聞，因自顧而悲傷。而後人勒碑其上，以歌思于無窮。公之爲是役也，工甫竣，而移鎮金泉，曹公亦以行取北徵，不暇刊石以去，于今七年矣。而士民懷之不衰，每嘉時令節，游人之往來于斯者，指其勝，曰：「此二公之所登臨而凴眺者也。」履其處，曰：「此二公之所觴咏而憇息者也。」又惧夫歲月遞遷，而貞珉不立，將使後之惜今，亦猶今之悼昔。因亟徵予言，以紀前績。蓋亦庶幾峴首歌思之遺，故不辭而爲之記。至若明府中州孫公，闔府五凉趙公，更飭[二]金碧，爲增勝概，則皆賢而可述也。邑人之濟斯舉者，例得并書于左。

［説明］

以孫巑《續纂直隸階州文縣志》爲底本録入。

原題下有「邑進士何渾」五字。據文中「乾隆乙丑……越戊辰五月……于今七年矣」句，可推知碑記于乾隆十九年（一七五四）。

著録：長賓《文縣新志》，葉恩沛《階州直隸州續志》。

［校記］

［一］雲，《文縣新志》《階州直隸州續志》皆作「雲棧」。

［二］飭，《文縣新志》作「飾」。

五八　重修文廟碑記

張曾［一］英

先師廟制，前代營建各殊。我朝重道崇儒，斟酌盡善，稱極盛焉！文邑地處邊陲，廟制一遵令典。前任雖隨時補葺，而因陋就簡，歷年未久，已有傾圮之憂。我邑侯孫公，諱巘，字魯詹，號警齋，河南汝陽人也。以壬子鄉薦第一，戊辰成進士，恭膺簡命，出［二］宰兹土。瞻謁之餘［三］，即有重修之意。會以聖駕舊寓佛刹，且方位未正，遂急謀所以創建萬壽宫者。事甫竣，又以年穀弗順，軍務倥偬，欲重修而未之逮也。丙子春，歲豐人和，邊氛告息，于是捐冰俸，鳩工作，塈茨丹雘，焕然并舉。自大成殿外，而崇聖，而兩廡，而魁樓，而鄉賢名宦，以及垣墉户牖，莫不次第成功。經始于二月既望，訖工于五月初旬。一時往來瞻仰者，睹竹苞松茂之勝，鶖鳥革［四］翬飛之觀，咸以爲前此所［五］未有，而快然歎觀止焉。邑中紳士，佩服公德，將勒石以志之，而徵文于余。余告之曰：「天下事有似緩而實急，非識大體者莫能知，即知之亦未必能爲也。曩者萬壽宫之建，非我公拜獻之先資乎？則今日廟貌之新，不徒新廟貌也，人心之新也，風俗之新也。多士誠能争自濯磨，崇禮教，敦名節，處爲良士，出爲純臣，以爲一邑倡，庶公能造士，士不負公，而日新又新者，豈徒廟貌之巍焕也哉？」是爲記。

乾隆二十一年歲在丙子仲夏月穀旦

［説明］

以孫巘《續纂直隸階州文縣志》爲底本録入。

乾隆二十一年（一七五六）記。原題下有「邑貢張曾英撰，陝西同州府學訓導」十四字。

著録：長贇《文縣新志》。

［校記］

［一］曾，《文縣新志》作「曹」。

［二］「諱巘，字魯詹，號警齋，河南汝陽人也，以壬子鄉薦第一，戊辰成進士，恭膺簡命，出」句，《文縣新志》無。

［三］之餘，《文縣新志》作「聖宫」。

［四］革，《文縣新志》誤作「草」。

［五］所，《文縣新志》無。

五九　邑侯孫公重修臨江橋碑記

張爾翮

文之北，距縣百里許，有臨江驛。臨江者，臨白龍江也。水自武都來，東南注，至玉壘關與文之白水合。

而此驛適當冠蓋往來之所，波流衝激，非橋莫濟。此臨江橋之設，由來舊矣。然屢修屢圮，望洋者每須舟師力，故又稱「臨江古渡」云。康熙甲子歲，守戎馬公，乃重建之。後邑侯莅茲[一]士者，若宛平江公，涑水楊公，陽城曹公，率皆因時修葺。第以水太雄，岸太闊，勢不能于洪濤浩森間作中流砥柱。是以成功甚難，而就圮甚易。我明府孫公，以中州巨儒，莅文十有四載，育我父老，撫我子弟，整飭我綱紀。當下車伊始，即整理斯橋。僅十餘稔，而橋梁復圮。因捐清俸，造渡航，曰：「招招舟子，古例可暫循也。」今歲壬午，明府行將解組歸田，因念斯橋而慨然曰：「雖有舟楫，舟之危，何若橋之安也？」乃屬里民而告之，曰：「其鳩工庀材，竭爾經營，以成爾利涉。」民乃小大稽首，曰：「唯，唯，惟命！」于是總理者，分督者，輸材而輸力者，前歌後舞，罔敢告勞。而木商過此者，復捐重資，以襄厥事。起工于季春，觀成于仲夏。長虹特起，如履康莊，一勞永固矣。二里之民，爰礱石以徵予言，曰：「其爲我志公遺愛。」予曰：「惟明府之不負我民也，故于將行未行之時，猶惓惓切濡軌之慮也如此；惟我民之不負明府也，故于未去將去之際，猶勤勤效子來之誠也如此。非明府，何以致我民之義；非我民，亦何以彰明府之仁哉？蓋明府之好仁，與民之好義，是兩得之矣。」明府諱巇，字魯詹，號警齋，壬子解元，戊辰進士，河南汝陽縣人。至木商與里民之董斯役者，亦并志其姓名于後。是爲記。

［**説明**］

以孫巇《續纂直隸階州文縣志》爲底本録入。

乾隆二十七年（一七六二）記。原題下有「邑舉人張爾翮」六字。張爾翮，文縣人，乾隆癸酉科舉人。

臨江橋，《文縣新志》載：「縣北一百里臨江關下，白龍江經此，亦曰『臨江古渡』，爲隴蜀孔道。按：橋梁須九丈，難經久。明末寇焚。康熙間守備馬任遠、邑令江景瑞、孫巘先後重修。久圮設渡。同治十三年，義民雷慶祥稟請階州牧洪公惟善捐資重建，工半資絀，知縣長贇、前令陶模助資竣工，邑人劉健有碑記。」

著録：長贇《文縣新志》，葉恩沛《階州直隸州續志》，文縣志編纂委員會《文縣志》，《甘肅省志·卷三八·公路交通志》。

［校記］

［一］兹，《階州直隸州續志》作「此」。

六〇　大理寺左少卿崇祀鄉賢對溪何公墓道碑

吴省欽

乾隆三十六年冬，崇祀陝西文縣鄉賢，大理寺左少卿何公之[一]叔子渾，以辛巳進士，除廣東從化縣令。將行，介富陽董中允來謁，曰：「先大夫之歿也，有行狀，有墓志，有傳。雖然，嘗乞傳于太僕陳先生兆崙，業許我而未就也。今先生已矣，願以屬吾子。」余惟古人不輕傳人，又國史三品以下例無傳。爲私傳，不若表墓。乃以文塞其請。按公諱宗韓，字桐藩，一字對溪。以廩膳生舉康熙戊子鄉試。雍正甲辰，成進士，授禮部主事。明年，補儀制司主事。又明年，充山西副考官。又明年，遷祠祭司員外郎，除江南分巡鳳廬道按察司僉事，入爲刑部福建司郎中，旋擢大理寺左少卿。予[二]告歸。此公出處崖概也。進士，今釋褐爲主事者，需在部習掌故，第隨人畫諾，無可否。三年後，予真其能者。始判牘時，此格未著，值重修《會典》，自朝會、郊廟、壇壝至鄉會歲科試諸條制，皆公釐請增定。冊庫失金冊一，鑄印局大使逮繫，同官引罪請劾。公抗言：

「舍盗不問，即誅大使，何益？」請會咨提督九門，勒番役緝之，已而果獲盗。堂上官益器重公。有欲舉公牧令以應詔者，大宗伯蔚州李公持不可，曰：「是豈百里才耶？」少宗伯江都唐公，又以公賢能最，召對稱旨，面諭，除分巡鳳廬道僉事。巡道治鳳陽，督關税。税口數十處，官吏都藪爲利，苛覈毛髮。公務持大體，處膏不潤，正羡悉貯之官。又以養廉額未定，首請歲支二千金，而絶所部供餽。朱家口海水决入安河，壞泗、虹田舍。閲月餘，州牧言：「涸出地七千四百頃。」河臣言：「新淤湖田九千三百頃，可起額佐河費。」公將以去就争，而太恭人訃至，詔在任守制，假四月。治喪事竣，莅官，力陳泗民之苦。有重糧，既報淤而又報涸者也；有賠糧，本未涸而報涸者也。夫一地二糧，與無地有糧，民弗堪也。淤則淤，涸則涸，所不用命者，有如水。于是按圖册，審面勢，于安河兩岸，每里封一大墩，以牌記；每户封一小墩，以旗記。得地一千二百七十頃。而向之詭報者，十七八皆烏有。故大學士尹文端公，時撫江蘇，以勘桃、宿淤地，邀公問狀，輒太息以爲賢。然公猶以瀕水地淤涸不常爲念。歸田後，恭遇今天子特免泗、虹淤地錢糧，見邸報，感泣如身受也。嘗奉檄查太平府及泗、滁、和三州逋賦，分民欠、官侵、吏蝕，爲三等以别償免。鳳陽饑，撥賑米未至，發倉粟便宜應之。河南大水，饑民就食江淮間者，日數百千人，公率屬爲粥以食，或留養，或資送，贖其已賣之小口甚夥。資送者日限程四十里，壅滯不得前，乃令倍行者予二日糧，官民便之，所全活無算。六安、亳、潁間故藪盗，公以淮水自豫入潁，至盱眙老子山入洪澤湖，迤邐[三]千餘里，致疏防援，遂創議置哨船，增營汛。其要害，置文武員弁駐之。裁道役[四]及所屬蠹役千餘人，曰：「此盗媒也，驅歸農可矣。」于廬，濬金斗河。于宿，引城北小河與澮、濉二水通；又鑿桃溝燕子口，以洩蕭、徐、永城之水。于英山，請折漕價以甦難運。又言：「虹縣小河淤淺，水發輒成巨浸。疏小河以分洩于淮，疏舊溝以全洩于汴，則虹不受水，而靈璧[五]兼受其利。」事雖格不行，而公之心則已瘁矣。文縣自前明王侍御繼禮以甲科起家，後二百餘年，至公而始賜進士。釋褐甫四載，即歷監司。顧性樸愿，少結納，又任事已鋭，不求合上官。其奉命入覲也，上官特以部民籲留，故爲紓半載限。既官西曹，上垂問淮南治狀，公臚實以對。上顧廷臣曰：「鳳廬號難治，何宗韓在官六年，實心整頓，而人反議其短長，何也？」尋以甘肅普蠲地丁錢糧，率衆表謝。上曰：「陝甘竟無大僚，即何宗韓可用。」遂[六]擢少廷尉。大司馬彭某以事置議，或欲甚其罪。公徐曰：「罪不至甚，甚則不平，入人罪以媚人，不可。」其長卒上之，上弗以爲是。而公屢沐異數。一年中，從耕耤扈駕上陵，侍經筵。又請分州縣寮佐駐要地，請裁各關試用官以清榷政，請罷六曹委署官以重職守，皆得旨允行。人謂上將大用公，會足疾，乞歸。歸而不復起。嗚呼！豈非命歟？公十二歲，試，輒冠童子科。旋喪父，每作文，長慟獻繐帳前。守部日，以太恭人春秋高，家貧，將乞歸侍，而淮南之命下，遣長君歸，爲迎養計，并盡室以行。憚暑，竢佳秋發板輿，而太恭人疾遽作。每語及，銜恤若初喪。足未嘗輕出城市，過其廬，淵然惟吟誦聲。人有不善，惟恐聞于公，爲相語曰：「不畏王公怒，但畏何公知。」王，蓋時宰也。其學以忠恕爲主。著弟子録者，先後數百人，必先以行誼相激厲。乞休後，置義田，廣族葬，焚貸券，倡修文廟及陰平橋。人或以是矜式公，而不知公學問之本，與夫大節所存，爲不可没也。公所著《族譜》若干卷，《敦仁堂集》若干卷。以康熙十七年九月十四日生，乾隆九年五月初三日卒。乾隆十二年十一月初十日葬文臺西北阡。先世常熟人，明洪武初，孟文公始遷秦，八傳而至呈圖，是爲公曾祖。祖道亨，邑諸生。父帝錫，扶風縣教諭。其在太學時，與長洲韓文懿公友善也。母陶太恭人。配歐陽恭人，公計偕後，代公事太恭人以終，有孝稱，後公三年卒。子二：長溥，雍正丙午舉人，終江西臨川縣知縣。次濬，邑庠生。次即渾。女二：一適歲貢生張步青，一適舉人靖遠縣教諭尤玉瑩。孫五：汝楫，汝梁，汝杭，汝枋，汝櫂。曾孫四：烈，烋，熙，焘。予竊按公之遭逢與其行誼，庶可以不朽。惜生晚，不見公。觀從化君之肫然衈然，既葬二十餘年，而不忘其親。嗚呼！其亦足以知公之教矣。文其碑，蓋猶是令甲云爾。

［説明］

以長贇《文縣新志》爲底本録入。

乾隆三十六年（一七七一）吴省欽撰。原題下有「侍讀吴省欽」五字。

著録：葉恩沛《階州直隸州續志》，《甘肅新通志稿》。

［校記］

［一］之，《階州直隸州續志》作「子」。

［二］予，用于此處不合文意，似爲「旋」字之誤，存左半而誤識。

［三］逕，《階州直隸州續志》作「邐」。

［四］役，《階州直隸州續志》作「投」。

［五］璧，《階州直隸州續志》作「壁」。

［六］遂，原作「逐」，蓋「遂」字之誤，今正。

六一　游盤溪洞

尤玉瑩

幾欲飛鳧訪十洲，偶尋雲壑到仙邱。幽蘭披澗霏香霧，怪鳥呼林驚暮秋。閑對寺僧談往迹，大書石壁記新游。晚風漫引松花酌，醉卧禪床塵夢悠。

［説明］

據長贇《文縣新志》收録。

著録：文丕謨《石海覓踪——隴南訪碑記》。盤溪洞，在陰平橋南山麓，見《重修盤溪洞碑記》。由詩中「大書石壁記新游」句及文書所載可知此詩刊于石碑之上。

尤玉瑩，據《文縣新志》卷五「選舉」，爲乾隆辛酉亞元，乾隆辛酉爲乾隆六年（一七四一），其三子尤勤修爲中乾隆甲午科舉，乾隆甲午爲三十九年（一七七四），據此推測此詩當作于乾隆年間。

六二　玄帝廟重修碑記

王琴蘭

治南玄帝廟，創自何人，昉自何時，今皆不可考矣。地幽而勢阻，負郭屏城，枕山面水，側竪盤溪古洞峭壁飛泉間，殿閣山梁，參差隱見，斜帶南崖香刹，而下抵虹橋。復有静江危樓，拔岸聳峙，此則眼前之奇奇也。若夫東映文臺，北拱玉虚，突兀嶙峋，遥而望之，心目具豁。窃憶向時，宫宇左右，其溪聲鳥語、樹色村烟，形勝猶必有過于今者，故先民建廟以妥神。云夫滄海可桑，高岸可谷，斯廟之于兹猶是也。相傳典史王公重修之，第碣斷碑殘，無明文可據。惟守戎馬公，以武進士來撣撫兹土，增其式廓。公本善書，落成，親題諸額，手澤特存焉。後閲七十餘年，而鄉先生馬公踵其事，蓋不忍神之失所依，而前人之功德莫可繼也。爲之厰布金之地，結同善之缘。經始于戊辰之初春，告竣于庚午之上浣。一誠所感，仲子旋生。即今之佾庠漢庸是也。庸繼父之志，述父之事，謀及兄弟，謀及鄰里，咸協力而同心，共修殘而理廢。于其終也，問序于余，余曰：「善哉，善哉！馬公可謂有子哉！然其意余既已知之矣，得毋慮。後之視今，不如今之視昔。因刻石焉。俾爾子孫之念爾勞，亦如爾之念昔先人，是耶非耶？《詩》云：『昭兹來許，繩其祖武。』吾惡知爾之子若孫，不勝言乃祖乃父之成迹，而相繼于無已乎？庶幾無量功德，自此始興。」

邑人王琴蘭撰文。張臨書丹。鐵筆尤大順。監工趙均

會首：田庚，何念忠，米運淮，韓國琮，劉敏，劉文仁，張授訟，張令嗣，米萬禄，張受，王鳳鳴，王和，金思孟，李勤，王仲連，李恭，王成用，王效連，劉浩，劉俊，劉元，馬維明，馬金秀，馬駒，王克士，馬騌、馬漢輔、柴能用、馬漢佐、馬法常，劉富仁，馬作哲，馬漢株，馬毓秀，葉逢泰，馬漢掄，葉逢時，馬漢功，王克富，馬漢林，馬福常，葉逢陽，葉逢奎，馬漢承，馬壽常，王常，高寧，馬得元，鄢鴻彩

領袖：王明用，馬漢庸

嘉慶元年三月吉旦重修碑記

［**説明**］

碑存文縣南崖寺。碑高一七二厘米，寬六五厘米。武都陸開華提供拓片。

嘉慶元年（一七九六）王琴蘭撰。

六三 龍溪洞碑記

張 臨

文邑山水，頗擅靈奇。妙境宏開，咸歸法界。近城之尤著者，南則盤溪，北則龍洞，西則棧閣，而東則龍溪也。溪旁崖半有洞，其形勝實與諸洞相埒。内安大士、三霄諸神。相傳有白衣人，時當夜半，屢經現像。又有白光繞空，變幻起滅，直抵玉虚山麓。昔賢外集八景，「龍潭古洞」實居其一。知斯地實神所凴依者，之著爲妙像者，良非偶也。第創始不知起于何代何人，考邑《志》，僅云：「乾隆十八年，居民建修。因崖洞稍狹，復鑿闢焉。」然憶當年游斯地，觀其上依峻嶺，下瞰洪濤，未常不稱勝境。而地基殊少寬濶，且門屋蓋造，亦率簡陋。嘉慶庚申，藍號擾文。兵燹後，益就荒圮。壬戌歲，庠生張子彩等，共盟善念，力任斯責。諸檀越亦踴躍輸將。因倣西南諸洞形勢，于洞口剗其崀崿，建屋三楹。下臨絶江，壘石作堤。竪以飛閣，中祀鎮江王神像，以及香積、山門、道路，經營所至，勝景忽開。視其規模，雖難比珠宫寶刹，較之昔日，則天工人力，可謂兼至矣。聞是役起工後，每夜，崖前紅光烱爍，如一燈然。望見者咸竭蹶赴工，未常少休。實則晝作夜息，寂無一人。特地光明，頓呈色相，豈非以此爲極樂國，兼以萬善同心而普照乎衆生歟？然則是舉也，不第樓閣增輝，溪山改色，永與西南佳勝遥相掩映；而瞻拜之下，皈心清浄，妙悟頓生，則所謂大開覺路、同登彼岸者，更自有在矣。是爲記。

［説明］

以長贇《文縣新志》爲底本録入。

原題下有「邑貢張臨」四字。據文中「嘉慶庚申……壬戌歲」句，可知此碑記于嘉慶七年（一八〇二）。

著録：葉恩沛《階州直隸州續志》。

六四　重修龍王廟碑記

鄒應升

《易》卦首《乾》，以龍取象。「九二」一爻，以陽剛正中之德，上應「九五」，爲能乘時得位，代天行化，澤被生民，故其象[一]爲「見龍在田」，其占曰「利見大人」。神之以龍王著名也，義蓋準此。考文邑《志》載，神[二]係岐山龍尾溝人。唐進士，任廣[三]節度使；避安禄山難，隱居于縣北之天池，修真得道，卒于此爲神，禱雨輒應。宋敕封「洋湯大海平波敏澤龍王」，以故城鄉皆立廟崇祀，不獨天池已也。丁卯夏杪，升承乏文邑，適浹旬不雨，三農望澤甚殷。因與同城文武紳耆虔誠步禱，越三日，甘澍涵濡，賴以有秋。士民忻忭，僉謂洋湯龍王之靈，其應驗類如此。惟是往來趨叩于殿宇之前，仰瞻榱桷，環顧牆垣，坍塌摧殘，殊非所以妥神靈、奉明禋之道。徘徊躑躅，愀然動容。爰商諸寅好，捐俸修葺。屬孝廉方正韓子琮董其事。而在城士庶，亦皆抒誠佽助。圮者完之，缺者補之，黯者華之，廟貌焕然一新。蓋神靈之赫濯，實式凴之，故不勞而蕆事也。功竣，韓子欲紀其顛末，問序于余。余惟伊古名公巨卿，秉乾坤之正氣，其生也有自來，其歿也有所爲，若申甫自岳降，傅説爲列星，不與草木同朽，而與日月争光者，史傳記之詳矣。如神之遭逢否蹇，遯迹韜光，未獲展布經綸于安逆寇亂之際，而其精忠亮節皭然不滓，凝而爲神，發至德之幽光，能出風雲雷雨，以表其當日護國佑民之忱。參造化，贊幽明，若龍德之由潛而見，利濟萬物。王號巍然，血食千載，俾文邑之父老子弟，歌功頌德于弗替也，固宜。今值欽崇祀典，咸秩無文，天下郡縣無不建立龍王廟祀，巨典煌煌。文邑龍王之神，舊獨推崇洋湯，未奉我朝敕書，不敢直指。然洋湯龍王之神，生隱于文，卒葬于文，神顯于文，靈庇于文。即神靈之孚佑，無乎不之，無乎不在。而文邑之感戴神靈于弗替者，實無時或忘也。于是乎書。

［**說明**］

以長賓《文縣新志》爲底本録入。

原題下有「邑令鄒應升」五字。鄒應升，湖南新化縣人，嘉慶十二年任文縣令，其間捐修龍王廟。

著録：葉恩沛《階州直隸州續志》。

［**校記**］

［一］象，《階州直隸州續志》作「像」。

［二］神，《階州直隸州續志》（曾禮、樊執敬校點本）作「神蹇姓，諱雷寶」。

［三］廣，《階州直隸州續志》（曾禮、樊執敬校點本）作「廣州」。

六五　建修碑記

丁附彭

（碑額）：建修碑記

建修碑記

（上缺）以□其繼也，不成于成之日，必以其所由成，而或心之所至，力不能至焉。力之所至，心（中缺）帝廟舊在城内，春秋朔望，文武合祀。意址邇民居，未免湫隘囂塵。後移修城關，軒豁（中缺）哉皇哉！欲究所昉，而傳聞渺茫矣。稽諸勒銘，明正統歲整飭者，有武略將軍李鑑，其（中缺）張公、殿甲楊公、諸守戎。越至嘉慶戊寅之春，彭攝篆來兹土，莅任，即行參拜。見夫廟（中缺）但□□棁榱題，摧殘脱落，切漸就傾圮，將上雨旁風是懼，心惻而未敢明言，□捐錢十有餘千，先□修□□三間，大工至次年而鳩。集紳士謀□，可稱夙願。商榷間，而報同寅縣令劉侯已散步臨門也。衆欣然稱快，又各捐□俸，□人士共輸資財。閣右，建三聖廟一楹，土地祠一間，鼎新樂樓一座。土木瓦石之費，則施捨之。泉右也（中缺）之欣助也。負戴轉運之勞，則兵丁□□之血汗也。朝暮往來之檢閲，則韓、閆、薛、袁之督理也。（中缺）而工竣。明年春，□行將□委返□，若不將寸忱衆力勒諸貞珉，其如信今傳後何？因念邊域安平，敢邀帝眷。而將兹聖武營伍□□□远神威而丕顯精忠。躋春臺而群占匆樂之喜，涉大川而共用安瀾之庥。居者行者，貨滿千□；左之右之，利增三倍。富國佑民，惟神之賜。我朝萬年□道之□□諸此矣，豈止庇兩城佑一營而已？更冀後之視今，猶今之視昔也。則幸甚。

時道光元年歲次辛巳九月望日，署文營都司、世襲雲騎尉、枹罕丁附彭謹撰，捐錢貳十二千文。共栽柏樹五株。署把總、世襲恩騎尉李鐵書

敕授文林郎、前知文縣事、現任□□□司指揮（中缺）千二百。袁兆祥書丹，五千文。

敕授文林郎、知文林郎知文縣事、河南劉慶□捐錢五千文。

文縣儒學教諭、枹罕郭興□捐錢一千文。

文縣典史、潤蒼上官興雲捐錢一千六百文。總理督工、邑庠□鎬捐錢四千文，閆經捐錢二千文，陳潤捐錢

三十千文。
賜進士第、邵□知縣、邑士周清現捐錢一千文。
敕授世襲雲騎尉、丁附彭慶獻門燈一□。文營經制外委□陽斌錢一千四百文，蔣春錢六百文，閆開泰、馬
奇才，闔營共捐錢二十六千文。□爾羌换防兵丁共捐錢三千六百文。張保成施樂樓地址長三丈寬八尺。
捐資：隆□和八千，閆志傑十千，萬順祥十千；
三合成、新盛合、永和合、□順榮、□□□每人五千；
日升□、祥順生、順信□、隆盛生、德興合、義興□、□□□每人四千；
周廷瑞、劉步青、廣合誠、張爾良、鵠飛鄉、衆紳士每人二千；
劉經□、駱士傑、王偉烈、侯思明、李東□、劉□□每人一千；
袁祓、楊迎東、王得用、王鳳鳴、□□福、□□□各八百六五□；
尤秀、榮順和、劉□萇、王照文、馬其元、彭國選、劉廷□、李□每人四百；
蔣順、劉超源、歐宗周、李恭、何□成每人二百四；
李東培、魏世武、韓□、白彩新、劉培西、恒順秀、劉□□每人二百；
畫匠王興□二千四百，王興魁三千文。木匠：闕秀，米林。泥水匠：劉迎□，□永□，□□□，□得
時。立。

［**説明**］

據武都陸開華所提供拓片録入。拓片長一六三厘米，寬六六厘米。陸開華稱碑原存文縣黨校，今不知去向。

道光元年（一八二一）立，丁附彭撰。

六六　碧峪鎮南幫藥船板主新會塑像小引

蔣玉成

（碑額）：萬古流芳

碧峪鎮南幫藥船板主新會塑像小引

今之竪是碑者，蓋謂其神之來有自，而人之心有所將也。前自乾隆年間（中缺）寺塑有鎮江王爺，彼時神像威靈，平濤利濟，而且崇祀豐隆（中缺）而麒麟寺之香火寂然，神像隳矣。及道光十四年歲次甲午六月□旬天峰（中缺）藥舟貨船常厄，□此船幫主見其險阻，湯湯方割，我等虔誠默禱，許修（中缺）此至誠感神，行險而順，漸漸浪静灘平，詎非神之福我船幫乎？爰□同類（中缺）有餘，存碧口紫雲宫，原欲就麒麟寺置基立廟，奈本地居民不允□造，數年弗克修（中缺）由將享。今歲乙巳仲春，合會一心，迎神像于碧口紫雲宫内，重塑□彩，不數月而功（中缺）昭將來，并以不没人善，以垂不朽。于今遵先王之祀典，有其舉之不可廢也。是爲（下缺）

謹將首事姓名録列：

總領：楊玉龍

會首：楊忠，謝有池，許成蛟，謝位華，向子元，李仲，楊占龍

會首：高良福，曾壽先，許成琦，趙廷賢，李林，楊應泰，劉照，龔壽

藥幫板主：（下缺）

攬載幫板主：（下缺）

空船板主：（下缺）

上水船板主：（下缺）

筏幫朝：（下缺）

大清道光二十五年菊月吉日，□城昆山蔣玉成謹撰并「書」

［説明］

碑原在文縣碧口紫雲宫内，今不知去向。碑高一七四厘米，寬七一厘米。

道光二十五年（一八四五）蔣玉成撰。

著録：《甘肅省志・卷三八・公路交通志》（題「碧口南幫藥船板主新會塑像碑」），吴景山《絲綢之路交通碑銘》（題「文縣碧口南幫藥船板主新會塑像碑」）。

六七　玉皇樓達摩殿碑記

吕文錦

玉虚山嶔崟嵲嶪，秀冠諸峰。蓋造化特闢一靈區，以爲真人栖止之所也。自麓及叡，昔人舊建寺宇于其上。後之人踵事增華，凡蕭寺禪龕，以及諸尊佛樓閣宫殿，罔不備具。且皆金碧騰輝，丹堊焕彩，洵足妥神靈，而迓福祉矣。惟絶頂元[一]帝殿後，有玉皇樓與達摩殿，不知權輿何代。自武陵張公于雍正癸丑年補修後，迄今九十餘載，從未有起而新之者，是以牆垣日就傾頹，神像亦漸漂摇于風雨。衆姓薛君潤、張孝廉等，睹之惻然，因議捐金重修。且以舊制狹隘，神難凴依，于是舍其舊而新是謀。二三同志，無不踴躍從事。經始于暮春，落成于仲夏，凡兩閲月，而規模氣象焕然改觀。屬錦爲記。錦惟以其遍覆言之則爲天，以其主宰言之則爲帝。天也，帝也，其理一也。論其開覺之智，則爲佛；溯其衣鉢之傳，則爲祖。佛也，祖也，其道同也。且也，上帝以好生爲德，則天者，無言之佛也；佛祖以慈悲爲教，則佛祖者，有言之天也。然則玉皇樓與達摩殿之位置，昔人蓋有精義存乎其間，顧可聽其廢而弗舉哉？抑又聞之：「天有一十二樓，佛有祇陀園。」今此樓上出重霄，去天尺五，固無異于九天之瓊樓也；則皇矣上帝，必樂于此臨下有赫矣。殿構浄界，逈隔塵氛，無殊于西天之精舍也；則達摩有靈，亦必樂栖于此，而不至折一葦以潛渡北江，携雙履以歸西土矣。將見群靈畢集，一邑蒙福，今而後喜可知也。是爲記。

［**説明**］

以長賓《文縣新志》爲底本録入。

原題下有「邑貢吕文錦」五字。據文中「自武陵張公于雍正癸丑年補修後，迄今九十餘載」句，可知碑記于道光年間。

著録：葉恩沛《階州直隸州續志》。

［**校記**］

［一］元，《文縣新志》因避諱而改字。《階州直隸州續志》作「玄」。

六八　屏山張公暨德配俱太安人墓表

胡薦夔

公諱臨，字咸貞，屏山其號也。先世以武功襲千户侯，遠而難稽。自高祖元修公，以前明萬曆丙午賢書，仕至四川兵備參議，嗣是以經術顯，代有聞人。公父雲衢翁與伯父天衢翁，先後鄉薦，文章德行，尤稱二難。初，雲翁年踰四旬，猶乏嗣，及公生時，雲翁主講秦州望垣書院，即捐館，父子未及見也。及長，家徒壁立，不能具修脯。乃自發憤，時懷册至蕭寺中，閉門静研。人疑其廢學，及鄉先達見其文，乃驚曰：「烏有不由師教而能爲此者乎？果匠門子也！」既而入庠食餼。事母壽終，乃游長安，肄業關中，會課輒列前茅。縉紳知其品行學問，争掃榻以待。無如屢薦不售，以明經終。卒之，不獲于其身，而獲于其子。道光辛巳，三子九畹舉于鄉。乙酉，次子翕庵選貢，授廣東知縣，公手封李二曲先生《司牧寶鑑》寄之，卒爲清白吏。德配俱太安人，性明敏。翕庵自宦所寄衣冠華麗，寄語責之，曰：「願汝爲好官，勿以禄養爲榮。」夫以公與安人之德之厚如此，宜乎八士挺生。長子培棠，庠員。四子培蕚，五子培筠，俱從九銜。六子培荆，候銓縣丞。七子培芝，鄉飲正賓。八子培槐，恩貢。迄今孫曾林立，書香永繼。余承乏文邑，知公家世，悉痛老成之云亡，謹表崖略，爲來者模。

［説明］

據長贇《文縣新志》録入。

原題下有「邑令胡薦夔」五字。胡薦夔，四川舉人，道光十七年任文縣知縣。墓表當記于其任内。

六九　補修文昌宮碑記

張培蘭

邑東郊將臺之巔，舊有文昌宮，并關帝宫，蓋康熙三十一年，邑侯鄒公所創建也。厥後，雖屢經補葺，而歲久旋就傾圮。今年春，邑人士僉謀重新之。于是相與輸財助資，庀材鳩工，不數月，而廟宇焕然改觀。衆欲勒石以記其事，而屬言于余。竊惟神之所以爲神，與人之所以爲人，一性而已。性者，仁義禮智之良，涵于人心，惺惺不昧，一念而已。是性也，見之于事，爲燦然而有條理，則爲文章；盡之于人倫，毅然而不可奪，則爲節義。不以聖神而有餘，不以凡愚而不足，不因死生爲存亡，不隨形氣爲聚散。顧性無異，而卒所以異者，何哉？以凡人有是性，而恒爲物欲戕之，氣習蔽之，而性始失其性，而人亦遂失其所以爲人。惟聖人者能以剛大之氣，全直方之體，凡所當爲，必蘄自盡其性而後已，故其虚靈浩氣，磅礴洋溢于天壤之間，明則爲人，而幽則爲神。若文昌帝與關聖帝者，其殆盡性之聖人歟？按文昌上應列宿，主持文教，十七世之陰隲，肫肫然惟以濟物利人爲懷。關帝始識漢主于草莽，卒然之遇，即授以肝胆死生之信，卒歷顛沛流離，而終不以易其志，此其文章節義，炳耀古今，孰非至性之流露？故其關于人心風俗者甚巨，遍海内祠祀之。今是役之舉，衆皆踴躍赴工，如營其私，其亦天性之良感，發于不容自已歟？顧予謂廟者，貌也。神之形可以貌貌之，非貌之所能貌也。惟事神者，以二帝之心爲心，凡于君臣父子之大，與夫應事接物之細，不汨[一]其心，不梏[二]其性！善必爲，惡必去，可以質幽獨，斯可對神明，而自求多福之道在是矣。不然，徒以禍福之説，祈靈于二帝，夫豈知二帝之所以爲二帝哉？

〔説明〕

據長贇《文縣新志》録入。

原題下有「邑舉人張培蘭」六字。張培蘭，字九畹，道光辛巳舉人，敦品勵行，工書法，階州正明書院山長，著《獺祭篇》《四書指南》，未梓行，授固原學正，卒于任。

著録：葉恩沛《階州直隸州續志》。

〔校記〕

〔一〕洎，《階州直隸州續志》作「泊」。

〔二〕梏，《階州直隸州續志》作「楛」。

七〇　重修陰平橋記

張培蘭

文邑星分壁貐，地錯參狼。西接秦隴，南鄰巴蜀。層巒叠嶂，未闢于五丁；鳥道羊腸，更危于九折。城之南，舊有陰平橋，鯨波掣電，鰲背連雲。濫觴不計何年，鞭石尚留殘碣。丙午歲，金堤既折，天柱復摧。海南芷塘張明府，軫恤阽危，捐廉倡首。細流不擇，成河海之深；土壤不辭，積泰山之峻。經營三載，計費萬緡。控阨成夷，駕空作實。斫〔一〕礛礴爲礎碣，跨蚴蟉于驚濤。俯瞰長江，認美人之虹影；直登彼岸，似大士之慈航。不須破浪乘宗慤之風，中流擊祖逖之楫，行旅交錯，坦如通衢。公之造福于民，豈小補哉？觀夫危樓聳峙〔二〕，齊鸛雀以摩空；寶刹岧嶤，與鷲峰而頡秀。白水砯崖，濤奔萬馬；蒼峰礙日，勢攫群龍。關鎖之雄，儼然一巖邑焉。若夫垂竿石上，把酒樓頭，長嘯吟風，披襟對月。龍女嶺邊，烟雲黯逶；螳螂峰頂，霞綺璘霦。飛泉瀉琴築之音，霜樹艷珊瑚之色。則斯橋實游觀之勝地已。至于東有玉壘，西距柴關，北枕龍江，南倚太白，延袤千里，周回萬山，處處皆斷壁絶崖，天梯石棧。當其無事，須遠屯驛旅；設有不虞，但焚毁棧道，所謂「一夫當關，萬夫莫開」。縱周亞夫之鼓旗，勢不能從天而下；鄧士載之兵馬，亦何能引絙而飛也。獨惑歷代鼎革之際，寇盗縱横，文邑屢被蹂躪，甚至邱墟社稷，塗炭生靈。當時守土者，何計不出此？豎儒誤而國事，至今日猶罵譙周；文吏不習兵機，千載後追傷劉趙。予每讀史至此，未嘗不痛哭流涕長太息也！方今聖天子玉軫調元，金甌統宇；綿區飲化，匝土歸仁。偃伯于靈臺，櫜兵于武庫，共戴堯天之樂，何懷杞子之憂？然而豳風未雨而綢繆，小毖予懲夫後患，治不忘亂，安不忘危。故因叙橋工，興言及此。蘭才慚墨守，智謝良籌。追思姜伯約請備之謀，輒憤發閻蒼舒無人之歎，留此橋畔，未必非保守陰平之一策焉爾。

〔説明〕

以長贇《文縣新志》爲底本録入。

原題下有「邑舉人張培蘭」六字。

著録：葉恩沛《階州直隸州續志》，《甘肅省志・卷三八・公路交通志》。

〔校記〕

〔一〕斫，《階州直隸州續志》作「斬」。

〔二〕峙，原作「寺」，以意改。

七一　補修城隍廟碑記

張培蘭

余讀《李陽冰記》云：「城隍神，祀典無之，吴粤有爾。」按北齊慕容儼鎮郢城，城中先有神祠，俗號「城隍神」。又按《隋（書）·五行志》：「梁武陵王紀祭城隍神，將烹牛，有赤蛇繞牛口。」紀與儼同時，則唐以前已有之。至直指神爲何人，見于鮑至《南雍州記》，《記》云：「南陽城内，見有蕭相國廟，相傳謂爲城隍神。」《通典》亦引之。然與？否與？莫得而知也。本朝定鼎以來，府州縣均祀城隍神，但廟不再建。獨文邑兩城皆有，其故何與？按《縣志》：「後周置文州，在西園。唐時移于今城西高原上。元改建于原下。明洪武六年，改爲千户所，即今之所城也。」所城，即漢之陰平道，西魏之曲水縣也。縣城則建于明成化六年。然則治有沿革，故神之廟亦有兩與？又以知所城之廟，較縣廟爲古。廟創始于元，洪武七年重修，崇禎七年寇焚，守備宋錦、千户所張士翼復建。至本朝康熙五十一年，守備年英復補修之。以後或增或補，皆有碑碣可稽，不復述。今廟貌雖存，而椽瓦鱗裂，上漏下溼。經制閆公愀然心惻，請商諸本司郭公及闔營諸弁，僉曰：「諾！」因鳩工庀材，起工于今年三月，落成于九月。凡正殿、兩廊及兩掖，一一補葺如新。諸神像亦依法裝飾，光彩焕然。又改修樂樓一座，客房兩間，寢室、齋房各一間。大門内，增建東西廊[一]，共六間。添塑阿旁像四。計用貨泉共六百餘緡。是工也，媲之古人，何多讓焉？夫以神之聰明正直，福善禍淫，其有裨于教化者匪尠。有司土之責者，烏可褻諸？余故備溯其創始之原，以及後之重建補修者，臚列其姓名，所以闡揚既往、照示將來也。至今兹捐資官吏及紳商，俱備勒于左，亦以爲後人勸[二]也。

［説明］

以長贇《文縣新志》爲底本録入。

原題下有「張培蘭」六字。

著録：葉恩沛《階州直隸州續志》。

［校記］

［一］廊，《階州直隸州續志》作「兩廊」。

［二］勸，《階州直隸州續志》作「之勸」。

七二　關帝廟重修碑記

王　權

皇帝御極之四年，加「關聖大帝」封號，佾舞、牲牢、籩豆，咸依中祀。增置廟，不如制者，飭所在籌造。文邑士庶聞之，歡忻趨走，謀拓舊宫，以宏盛典。土瘠財絀，閱二載，始克肇工。八年，廟成，知縣事瀘州張侯率邑紳耆，薦太牢而落之。殿宇邃謐，鏤彩焜煌，登降旋辟，宏綽深嚴。禮成樂奏，觀聽震聳。皤髮蒼顔之叟，岸巾紆帶之士，闐門就瞻者，莫不咨嗟贊頌。既而竊相語曰：「帝君之聲靈焯矣！海隅僻壤，日月所照，罔不繕宫營祠。矧吾邑去蜀裁咫尺，當漢昭烈皇帝時，實爲畿内郡，乃帝君庇蔭所及，作廟昭格，較他邑良易。然舊制樸庳，陳牲薦幣，迫隘無所。今奉部檄，庀財力，拓基增廓，足以備禮儀，將誠敬，兹事煒灼，神人咸嘉。雖然，神道溥而無頗，庸有私于吾土哉？吾儕惟敦善滌惡，仰遵神教，敬迓休祥，庶其禕而。」是歲也，穀稔民和，疫癘不作，姦盜屏息，俗益龐固。初董是役者，歷半載，工材尚缺，張侯復選紳耆等，勸輸督工，周二祺[一]而蕆事。增殿室若干楹，梁桷若干尺。丹艧之漫漶者鮮之，土木之圮損者易之，傾欹者正之，卑狹者擴之。凡用木材若干丈，陶埴之材若干枚。錢以緡計者，一百三十有三；人工以日計者，二百五十有五。其金碧彩繪，則張侯捐資助成。役既竣，衆曰：「不可以無記！」張侯亦命權，謹條次工作之起訖，并撮録衆言，而勒諸麗牲之石。

［説明］

以長贇《文縣新志》爲底本録入。

咸豐八年（一八五八）記。原題下有「邑博王權」四字。王權，伏羌舉人，同治元年任文縣教諭，以博聞稱。

著録：葉恩沛《階州直隸州續志》。

［校記］

［一］祺，《階州直隸州續志》作「祀」。

七三　劉公高氏合葬墓碑

佚名

龍飛咸豐歲次庚申四月乙酉，功完告竣，本月初五日敬立

皇清恩賜九品耆賓劉公諱懷□、孺人高氏行二合葬之墓碑

男劉萬發

孫離巽、震坤、艮兑
曾孫志清，祀
大清咸豐十年歲次庚申四月乙酉日敬立

［説明］
碑存文縣堡子壩鄉下官地劉家祖墳。據文縣馬蓮河村莫義祥所提供抄件録入。
咸豐十年（一八六〇）立。

七四　劉公李氏合葬墓碑

佚名

大清咸豐十年歲次庚申四月乙酉日敬立
清故顯考府君劉公諱懷興、妣孺人李氏行一合葬之墓
男劉正發
孫乾元、坎元
曾孫志誠、志仁、志道、志德，祀

［説明］
碑存文縣堡子壩鄉下官地劉家祖墳。據文縣馬蓮河村莫義祥所提供抄件録入。
咸豐十年（一八六〇）立。

七五　重修大悲閣古龍洞記

劉　健

游之適，大率有二：曠如、奧如而已。其地之凌阻峭，出幽鬱，突兀爽朗，則于曠宜。當山腰，生巖穴，引人入勝，則于奧宜。因其曠，益以層樓飛閣，回環星日，臨瞰風雨，愈以增其曠也。因其奧，益以危棟短椽，鑿石架梁，全乎洞谷，愈以增其奧也。若邑北大悲閣古龍洞者，權輿則贔屭無存，補葺則瑱珉可考。常住寢湮，香火歇絶。復于同治初，無火而閣幾焚，幸劉泰魁、王自新等救之，僅然板一，柱半。惟時烽燧告警，至二年，二子延八坊紳耆，議以重修。鳩工庀材，凡坳窪崖凸之狀，無廢其故。新增齋房、山門，閱三旬而功竣。計費約百金，募者十之五六，而十之三四，不惟出自二子。王之子德兀，相繼督修，尤著勤績。噫，異矣！以多年頹敗古刹，無火幾焚，豈非神靈欲啓二子之善心，首倡[一]而新之與？况閣與洞，文之以曠奧著者也。東望龍溪，白水汪洋[二]，問姜伯約、鄧士載古城，猶有存焉者乎？其南則盤溪飛流，雲烟出没，若隱若見，龍女祠在焉。西則羑里，可想見文王之遺愛，并以弔劉趙二公之忠烈。若北關，如函谷，有明侯忠勇汪興祖墓，草宿而特起，若是其曠也。步洞口，入石門，曲徑通幽，淵深闇寂，猿鶴驚客，蝙蝠畏人，清磬一聲，塵心頓息，若是其奧也。健今年甫强仕，猶憶二十年前游此，盤桓永日，心境雙清，洞然有悟。則斯閣斯洞，曠如奧如，匪獨栖神，兼可益學。使獲騷人韵士，登覽品題，不知其名幾許洞天耶？健初爲閣與洞惜，繼因二子新兹名勝，而轉爲閣與洞幸也。後之游其地者，賞其曠如奧如，亦可以踴躍而興起矣。

［説明］

以長贇《文縣新志》爲底本録入。

同治二年（一八六三）記。原題下有「邑貢劉健」四字。

著録：葉恩沛《階州直隸州續志》。

［校記］

［一］倡，《階州直隸州續志》作「傷」。

［二］洋，《階州直隸州續志》作「滋」。

七六　左公王氏合葬墓碑

佚名

大清同治二年歲次癸亥四月初九日上浣立

皇清待贈誥顯考左公、妣王氏行一三之碑

男左福昌、俊昌、百昌

孫左有國、有名、有邦、有爲、有宗、有仁，仝祀

［説明］

碑存文縣堡子壩鄉羅家咀左家祖墳。據文縣馬蓮河村莫義祥所提供抄件録入。

同治二年（一八六三）立。

七七　邑侯常公新置義園碑記

張清銓

縣治北，義塚與居民墓相鄰，歷年既遠，塚纍纍幾無隙地。數年來，復迭經兵燹，難民蜂擁，城垣疫癘大作，死亡者相枕藉。富者拱木荒郊，貧者暴骨原野，犬豚狐狸，交嘬其肉。邑侯常公見而心惻，欲置義地以瘞之。紳耆等以玉虛山有常住一段，可作義塚。對其地約二垧有奇，公捐廉一百六十緡售焉。立券存檔將此項另爲玉虛山買張姓上城地一分，價九十千，餘七十千典軍城鋪面二間，均有約可稽。地與鋪面，令該住持取租以供香火。是誠澤及枯骨之善政也。故撮其事而勒諸石。

［說明］

據長贇《文縣新志》録入。

同治五年（一八六六）記。原題下有「同治五年邑貢張清銓」九字。

七八　建立大坪山碑記

王一中

吾三鄉有大坪一山，系先人脚上燒烟之所，在昔斧異□代，但見山水常美，迨後招零漁利，今被濯□。細推其故，總由人心不古，以致訟端頗多。道光年間，將地租于客民黃、陳兩家，年限已滿，客民霸地不丟。故兹三鄉禀官□封公批准，協鄉起客。不意客户持强占霸。三鄉復禀，蒙□陶公斷爲三鄉燒烟之區，永不准開壟，今諭等。倘□敕碑垂世，誠恐後出利徒，仍復偷租，因兹三鄉同心立碑，若後有人偷租山地，三鄉將伊抄家誅斃；有事三鄉猶承，誰人循昔俅弊，全家天誅。特碑記，永垂千古爾。

五龍鄉：將國彦，楊順奇，任繼斌，趙奇禄，王士周，任登□，趙萬海，楊龍奇，任繼昌，王登才

鵶子：王喜龍，任繼滿，宋天海，張士恭，張明元，宋子德，王喜元、宋永周，宋天□，宋天□

屯寨鄉：張進元，胡永春，王志强，王逢春，王喜中，王元升，張步雲，張士喜

仝立

同治十二年三月初十日

王一中撰，唐昌燕書

石匠張世貴

［**説明**］

碑存文縣天池鄉鵶子坪村民艾代有家。

同治十二年（一八七三）王一中撰。

七九　劉公莫氏合葬墓碑

佚　名

龍飛同治十三年歲次甲戌四月浣辰

皇清恩誥贈九品耆賓故顯大人劉公、孺人莫氏行一三合葬之墓

男劉乾元、履中

孫劉志明、志傑、志仁、志誠、志道、志德，仝祀

［説明］

碑存文縣堡子壩鄉下官地劉家祖墳。據文縣馬蓮河村莫義祥所提供抄件録入。

同治十三年（一八七四）立。

八〇　重修臨江橋碑記

劉　健

物之廢興者數，人之感通者心，靡事不然，修廢舉墜尤爲最。縣北百里許，有臨江驛，臨白龍江。水自西傾之桓水來，流于武都東南注，至玉壘關與縣之白水合。而此驛介在孔道，一水横隔，渡惟舟楫，此臨江渡之所由設也。然地屬隴南，巴蜀咽喉，每當冠蓋交錯，江水泛漲，雖有舟子，恒深停橈莫渡之憂，此臨江橋之所由建也。橋之創，濫觴不計何年，鞭石尚留殘碣。我朝定鼎以來，先有守戎馬公任遠，重建于康熙甲子歲，越八年而傾圮。邑侯江公景瑞復修理焉。厥後，楊公國瓚、曹公恒吉，互經整理，至孫公巘重修兩次，亦不數年而圮。迄今駕慈航百餘年矣。望洋者三省之衆，驚濤者百萬之民。道光初，王生煐慨然以駕虹爲己任，鑿石費數百金，因洋湯河弗助，工乃止。今有義民雷慶祥，好義，饒于資，毅然重捐而重修焉。然工巨，獨力難搘。爰請州尊洪公賜銜倡捐，并命驛之司厘李經武督其役，階、文、成四民樂輸者千餘，工仍弗竣。適我侯長公，甲戌冬莅任兹土，即捐金錢五十千，前邑侯陶公捐助十金，復示諭城鄉助資而蕆其事。計費二千金有奇，

雷子所獨捐者十之三四。復佐以督工募化之勞，而橋乃成。嗟乎！橋廢于百年之前，而興于百年之後，可以觀數矣；事舉于一人之寡，而應以百千人之衆，可以觀心矣。使雷子詐善以沽名，植私以利己，則人將睊睊嗷嗷，而事不集矣，如數何？噫嘻！若雷子者積數百年陰行之善，洵可謂獨出特立者矣。然不有洪公倡于前，則無以成雷子之美；不有長公、陶公助于後，又奚以遂雷子之心哉？特是一勞永逸者，雷子之心，歷久必敝者，物理之恒。後之君子能繼雷子之心，俾有基而勿壞，雖謂諸公與雷子所建，萬世永存可也。是爲記。

［**説明**］

據長贇《文縣新志》録入。

原題下有「劉健」二字。據文中「道光初……適我侯長公，甲戌冬莅任兹土」句，知碑記于同治十三年（一八七四）。

著録：《甘肅省志》。

八一　重修養濟院記

劉　健

邑之養濟院，閲舊《志》，在縣東門外，明崇禎十一年被寇焚。本朝知縣劉公霦，重修于縣西門外，旋廢。知縣杜公若甫，改建于東郊金山寺後，又廢。約百餘年，至咸豐初，知縣陳公繼仁，重建于北郊龍王廟前。迄今廿[二]餘年，房屋坍朽，不蔽風雨。縣尊長公贇莅任，見而心惻焉！因籌款重修。落成，命健以紀其事。健以爲大聖人志切痌瘝，固當仁施于鰥寡孤獨；賢令尹心深慈愛，亦宜澤及于無告窮民。長公能志陳公之志，猶陳公能志劉、杜二公之志也，然而勵志事小，恤貧恩深。吾謂此四公者，要皆能體聖天子一視同仁、無一人不被其澤、無一夫不得其所之意也。尤望後之莅兹土、撫斯民者，嗣而葺之，弗令鰥寡孤獨有風雨飄摇之歎焉，則幸甚！

［説明］

以長贇《文縣新志》爲底本録入。

同治十三年（一八七四）記。原題下有「劉健」二字。

著録：文縣志編纂委員會《文縣志》。

［校記］

［一］廿，文縣志編纂委員會《文縣志》作「二十」。

八二　邑侯常公遺愛碑記

張清銓

邑侯常公毓坤，字健庵，兩秉文篆，三莅陰平。其捍衛也，國之屏藩；其解懸也，民之父母。憶昔髮逆攻陷階城，文民聞風逃匿山谷。賴常公從容坐鎮，綏民和衆，練勇招團，防堵隘口，雖志可成城，恐寡不敵衆也。爰集銓等而諭之，曰：「近聞達武諸營，屯扎四川邊界，與文接壤，事急矣，曷求救于駱宫保？」遂飭張子奮、蕭子繼先赴蜀請兵，二子不避艱險勞瘁，兩次赴蜀。駱公卹鄰救患，督催諸營來援，分道圍剿，群醜已入釜中矣。而烏合跋扈，恃險憑城，逆命十旬，合圍百戰，始得渠魁獻馘，群凶就戮，恢武都，保陰平，僉歸功于各統領。爾時，輓運之絡繹不絶，糗糧之晨夕接濟，幾忘其爲誰之力。而文之民越兹顯劫，士食舊德，民服先疇，商循族氏，工用高曾，燦乎隱隱，仍各得其所，亦幾忘乎誰之力。然公之施德于文民，固不望報；

文民之受德于公，罔知所報？有不爲祝而轉詛者，猶戴高不知高，履厚不知厚，祁寒暑雨，民猶怨咨，又奚怪乎愚蒙？夫公之心與政，率其本真，與循良吏異志同揆。執法以懲奸宄，不聞濫刑；勸捐以資軍糈，弗思肥己。民好好之，民惡惡之，常公有焉。先是，公初莅文，遭白馬番變。公直抵虎穴，曉以大義，凶頑之性卒弗格，刀矛環立，困蕭寺中二日夜，兩城驚潰，公卒不爲屈，有南番數人送公出。適諸軍麕集，諸番窮餓乞撫。會大憲以檄撤任，公雖去，而文民安枕。及再莅文，髮逆竄據，兵燹迭興，豈天以險難歷試公歟？抑天不厭棄文民，俾公三撫，瘠土易危爲安歟？然棠甫成陰，瓜期又届。文民呼籲，願留公數載，以遂公志。若築城垣以衛老幼，增膏火以育英才，修虹橋以利往來，置義地以瘗枯骨，是銓等禱祝以望者也。銓竊慕公之風節，仰公之才略，有志未逮，僅志其大略，壽諸貞珉，以當文人峴首之思焉。

［説明］

據長贇《文縣新志》録入。

原題下有「張清銓」三字。

清同治間撰。

八三 文令題名記

長贇

官之親民，莫如令舉人三考，貢士謁選，始用爲令行縣事，以休其民體，至重也。士之膺此選者，學古入官，宜若相宜，然多扞格不入，豈盡迂拘？抑亦法使然哉？文爲古郡治，近改隸武階。階，羌番雜處，號稱難治，陰平其尤也。考兩漢制，令非王官，政教責成郡國，守相多以循績著。今令皆天子命，吏于古爲重，而吏治不盡如古，其何故歟？疇昔，綱目疏濶，吏自爲治，故其功易；今法令備具，上下維持，碌碌藉以自守，而關心民瘼者，憚于害，恒不盡其用，故其治難。然畏其難而不自奮，惡在民父母爲必善？其身獲乎上，信于友，肘無掣，民無冤，則政教徐徐可圖，治績班班可考，安在今必異于古所云耶？文令題名，舊無記，自江令迄今垂二百年，文獻闕如，姓名無徵者，堪僂指數。賛不自揆，竊倣魯共王畫先賢故事，易爲題名。溯自順治元年，闕者遺之，祇得八十三人，書其姓氏，并爲之記，勒諸石。嗟呼！此數十君子，或爲鸞翔，或爲蠖屈，或甘爲清白，或流于貪墨，轍雖各異，要皆黄綬銅章，先我而居此者也。其在位歲時久暫，悉纂入新志；或賢或否，亦載在口碑。後之君子，即斯記尋繹而參考之，思齊自省之念，油然以興，當復大有造于斯邑矣。若僅作甲乙簿觀，不獨昧記者之心，亦甚昧乎親民之旨，其不爲魯共所默笑者幾希。

［**說明**］

據長賛《文縣新志》録入。

光緒二年（一八七六）記。原題下有「光緒二年邑令長賛」八字。長賛，鑲黄旗，滿州壬戌舉人，同治十二年（一八七三）始任文縣縣令。

八四　創立捐修龍津義學館穀碑文

田永升

（碑額）：萬古流芳

創立捐修龍津義學館穀碑文

從來天地生材，有大同不無小異；國家造士，思繼往必先開來。溯雅化于隆平，鄉學與國學并重；詳作人于聖世，髦士與吉士同尊。故仁厚可風，非必家喻而户曉；抑英才樂教，自見化美而俗淳也。念文邑出其東門，而質民莫如南土。維兹田家垻，原属石灣鄉。郡係雁門，樂業者已十二世；才無鶚薦，入庠者祇兩三人。思前代之遺言，建鱣堂徒存虚願；奈後人之無力，貽燕翼究属空談。幸有房兄田元有者，樂善爲懷，急公是念。本先貧而後富，常重義而輕財。慮此地簪纓之少，憐他鄉子弟之愚。因結善緣，合謀大衆。度地在龍津橋畔，作工于馬圈門前。趨事赴公，衆不憚鳩工之苦；盡心竭力，伊何偷燕息之安。一心樂施，莫爲之助；三載考績，相與有成。中鳳廟前，宛若竹苞松茂；石龍垻上，居然鳥革翬飛。爰處爰居，舍館定矣；無魚無肉，束脩缺然。復仝衆議，仍捨妻財。贖官地以供先生，施錢一百二十串；積義糧而立齋長，收米三石六十升。上齊椒園，由石坂而炤錢納粒；中有樗樹，自水泉而隨地篤材。立案永千秋，蒙長公註諸册簿；施恩周四境，幸田氏時乃粮糧。一人元良，萬世永賴。人傑地自靈，應有鳳凰池上客；文經武必緯，將多龍虎榜中人。爰褒功以録德，特勒石而垂碑。户長風水田種德，田家垻衆等公捨半山官地，賣價錢壹百二十千文。

齋長武生田春暢、田永清，庠生田永錫，田荆。經理：田中蕙，田毓秀，田中美，田富。督工：田成家，田志道，田積有，田全有，田多種，田逢玉

邑庠生、房弟子、高田永升頓首拜撰。邑庠生、姻眷、晚生、樾軒周祖蔭頓首拜書

大清光緒丙子年孟冬上浣吉日，田家垻闔户衆等公立

〔説明〕

碑存文縣尚德鎮田家壩村。碑高一六〇厘米，寬六五厘米。文縣文化館羅愚頻提供拓片。

光緒二年（一八七六）田永升撰。

八五　重修金山寺碑記

張　鈞

甘省古近天竺，其西北境，輒多名刹梵宫。武始則有普照、莊嚴等寺。姑臧則有大雲、海藏等寺。湟中則有印心、百塔等寺。往往複閣叠樓，畢極壯麗。自天水以南，禪院漸稀。有之，其規制不甚宏敞，以黄冠掛錫者漸稀，而緇流之説法漸遠也。然則文邑之有金山寺，果何昉乎？其創建〔一〕年代，雖無可稽，而枕象嶺，面涪江，儼然爲縣東第一蘭若。我朝康熙、乾隆間，歷有踵修之舉。自邑宰王公國柱重修以還，數十年風雨剥蝕，甎木虧朽，又訛傳爲醫學劉氏家廟，遂無起而爲之補葺者。乙亥秋，邑侯心齋長公，目擊心惻，捐廉飭諭，各輪囊資，共襄厥事。閲周歲，而蘭若丕焕，金碧燦陳。雖規模未極其崇濶，而莊嚴自肅大觀瞻。公之言曰：「吾非藉游觀也，吾非邀福庇也，亦非謀安侑而卜靈爽也。佛即心也，佛地即心地也。吾盡吾心，吾所以敬佛而修佛地也。吾修佛地，吾所以修吾心也。吾敬吾佛，吾所以敬吾心也〔二〕。特吾修吾心，吾敬吾心，亦欲人人各修乃心，各敬乃心也。何也？朔望入廟，歲時拈香，見夫臨之在上者爲佛，不啻有十目之視；質之在旁者爲佛，不啻有十手之指。而仁慈之心油然生，淫佚之念爽然失，由是共勉爲修善之人，且懼入不善之地，此聖人神道設教之微旨，即吾之所以盡心也。」夫公之言如此。竊念心之所在，即佛之所在，佛經所謂

「香花供養，而散其處」者。斗室有佛堂，原不見其小；四境皆佛宇，亦不見其大。何必翡翠毗連，蘭茗密布，而後謂之爲祇[三]園精舍哉？工既竣，邑人欲將重修之由勒諸貞珉，永垂不朽。余特即公之所以盡心者，爲之詳叙如此，奚敢多贅焉。

［説明］

以長賫《文縣新志》爲底本録入。

原題下有「邑博張鈞」四字。張鈞，邑博。據文中「乙亥秋」句，知碑立于光緒二年（一八七六）。

著録：葉恩沛《階州直隸州續志》。

［校記］

［一］建，《階州直隸州續志》作「造」。

［二］也，《階州直隸州續志》無。

［三］祇，《文縣新志》作「祗」。

八六　譚公遺愛碑記

闕　熙

（碑額）：譚公遺愛

（上缺）譚，爲出示裁革事，照得文縣采買兵糧，實爲地方積弊。前□□□□□年，由縣采買壹千二百餘石，發價則每石祇出錢數百文，收糧則每□□□□斗至七八斗不等，當即札飭地方官一概裁免，并禀明爵閤督憲簽核□□□□□憲批飭，即由道曉諭，俾衆周知。等因奉此，除飭縣遵照外，合行出示□□□□示，仰文縣閤屬軍民人等知悉。嗣後采買兵糧永遠裁免，不准再向民間□□〔地〕方官陽奉陰違，借名勒買，許爾等赴道控告，以憑嚴參。切切特示。

右仰通知

光緒六年二月二十三日告示

文邑僻在遐限，□□民貧。舊有采買兵糧一條，每年，閤縣科派，惟西北路居多，但閭里照户分攤□者有定，而差役藉此磕[一]索，飽私囊者無窮，致小民終歲勤勞，人口凍餒，亦懷飲恨□□已耳。且昨歲地震成災，叩上憲委員賑濟，輿聽民艱。蒙道憲譚子民之意，□生之德，轉詳斯苦，奉爵閤督憲左慈惠黎元，概行豁免。道憲譚又頒慈告，沿途張掛，以蘇民生。衆等幸承覆庇，得安耕鑿，慶倉箱之有蓄，樂里胥之絶踪。黄童白叟，莫不軒鼚鼓舞，感各憲之德而有二天之戴也。第恐簡樸爲雨風剥落，愷悌隨日月湮淪，爰集父老，僅勒片石，揄記顛末，以垂不朽云爾。因作頌曰：

弊政相承，户無二餔。忽我譚公，轄臨斯土。檄迅如風，澤流似雨。害革利□，□□□□，借寇有心，思劉莫吐。珍爾寸珉，留芳千古。

闕熙敬跋

庠生：張承烈，趙鑑，杜江，趙步瀛

領袖：王正科，劉體道，王再強，朱喜先；孫登朝，王大順，趙尚仁，李雨順；謝永春，趙克永，杜

得福；王文雄，趙其章，趙禄萬

石匠：唐國福，輿天元

光緒六年冬月穀旦，五鄉衆姓人等仝立

［説明］

碑存文縣天池洋湯廟。據文縣文化館羅愚頻所提供拓片録入。

光緒六年（一八八〇）立。關熙敬跋。

［校記］

［一］磕，當作「苛」。

八七　福場光明寺碑文

佚　名

欽加二品銜甘肅分巡鞏秦階驛，欽加同知銜、知文縣事、隨代加一級湛，爲出示裁革事：照得文縣采買兵糧，實爲地方積弊。前經本道訪聞，每年由采買一千二百餘石，價則每石祇出錢數百文，收糧每石各加五六斗至七八斗不等。當即札飭地方官一概裁免，并無期。

閣督憲鑒在案，憲批飭即由道曉諭，俾衆周知等。因奉此，除飭到遵照外，合行出示裁革，爲此示，仰文縣閤屬軍民人等知悉。後采買兵糧，永遠裁免，不准再向民間需索。倘有地方官陽奉陰違，借名勒買，許爾等赴道控告，依憑嚴參，切切特示。

告示。右仰通知。

光緒六年二月二十三日

［**説明**］

碑存文縣堡子壩鄉福場光明寺。

光緒六年（一八八〇）立。作者佚名。

八八　尚德龍津橋碑記

湛宗和

（碑額）：永垂萬古

［尚德］龍津橋碑記

陰平□□層巒疊嶂之區也，兩山之間，必有一川，賴橋以通往來，王政所謂「徒杠」是也。特川之小者，其達□□自□□川大，則經費必集數千金，經營必需三四年，而尤賴有能孚衆望、任勞苦、秉公正者行肩斯事，圖其始而要其終，然後，可以通觀厥成。嘗見有一橋傾圮頻年，籌議續修，卒至人經數輩，期過百年，而終無告成者，是不僅籌資之難，而得人之難也。文邑本涪水所經之地，來源數百里，洶湧澎湃如萬馬奔騰。繞南城而東下，距二十里有龍津橋，河中怪石蜿蜒，起伏若游龍。然其地背秦隴而面巴蜀，通武都而接摩天，四民往來之要津也。其創始□而難稽。溯自乾隆二年至嘉慶初年，此橋兩次燬于火，一蕩于水，一木朽自傾，皆隨時修復之。而辛未年又燬于火，□人士復集力重修。逮咸豐二年，梁棟漸頽，鄉人以時事艱難，難復舊觀，因陋就簡，架木數株爲土橋，以通往來。其體質低而隘，終非久遠之計。時光緒二年，石灣鄉田紳元有甫善齋者，集雄德、下丹、石灣三鄉紳耆議之曰：「土橋所費雖少，而頻遭水患，屢見勞力耗財，迄無休息，不如籌巨款，求大木，建高橋，覆瓦以庇風雨，爲一勞永逸之計。」鄉人答曰：「善哉！」公舉田紳董事，其籌捐派夫之事，衆紳耆分任之。田紳捐資爲之倡，并偕領袖生員□□□、耆老張冰鏡、李文瑞，親赴南坪購木料，雇匠作，朝夕監修，無間寒暑。三鄉之人義之，皆同心協力，捨資財，運木石，越四年而橋成。適前任鞏秦階道龍來縣，估城工邀往履驗，見此橋高據河濵，格局軒厰，上蓋下蟠，均極廣厚堅固，爲邑中諸橋巨擘。龍憲深喜之，命余撰碑文以記其事。余以丁丑臈月履任，至辛巳臈月卸篆，斯橋之經始落成，皆親見之。竊幸數十年難成橋，竟能奏成一旦夕者，得人故也。今文邑地震、水災，四方杠梁大半廢墜。守斯土者因地瘠時艱，不能悉與之興廢舉墜，心滋愧焉。但願各鄉人士，咸如田紳之果敢任事，并如三鄉人之協力赴公，夫亦何廢之不興，何墜之不舉哉！爰記巔末，以泐諸石，嘉田紳并以勉邑人也。是爲記。

南坪幫辦木料：武生葛雲山，木主朱洪業、楊進財，義捐趙仁質、趙仁濟各施錢幣一千文。

下丹鄉領袖：貢生張孝友、監生王明（中缺），廩生（中缺）、朱□□，庠員楊春焕、□尚□（下缺）

庠生吴世英、□星（中缺）□頭田居中，耆老鄢□，王化龍，杜□□，馬□□

雄德鄉領袖（中缺）督工（中缺）得龍、蒲增海、王守珍、李文炳、翟考洋、張衡□（下缺）

石灣半鄉領袖（中缺）催收捐資（中缺）倉，田□，田積，者□□

欽加鹽運使銜前任鞏秦階道（中缺）南安化縣籍壬戌科舉人龍錫慶□仁皆爲（中缺）

欽加同知銜特授文縣正堂同治壬戌（中缺）人□辰考□，宗室官□教習辛未大挑一等羅湘湛宗和撰文

欽加總鎮銜儘先補用協針鎮文縣（中缺）爲鄉飲介賓保舉六品軍功董事田□有，畫士蒲禧温

調署文縣正堂範希廉□爲□。木匠：田逢□□□登張（中缺）石匠：蘇全福，田興隆，周清舉。土

匠：任中保

大清光緒七年歲次辛巳，下丹、雄德、石灣三鄉公立，邑學生雲山田書魁書

［**説明**］

碑存文縣尚德鄉田家壩。碑高一六五厘米，寬八九厘米。

光緒七年（一八八一）湛宗和記。

著録：《甘肅省志》，吴景山《絲綢之路交通碑銘》。

八九　重修將臺文昌忠義兩宫記

韓樹極

聖人以神道設教，蓋援崇德報功之典，用展夫明禋承祀之誠，即藉護國佑民之思，明示以教孝作忠之意，并非崇象教以邀福庇、飾廟宇以壯觀瞻也。文昌上應列宿，主宰人文，一十七世之陰騭，約之不外孝友，而推之則極于利物利人，與關聖帝精忠大節，立君臣兄弟之極則，雖患難生死而不渝者，其迹殊而道不殊，事異而心無異，均足光史册而耀古今，享俎豆馨香于萬世，故歷代之祀典罔斁，下至窮鄉僻壤，莫不尸祝而祠祀之。我朝祀事聿修，禮數之隆，幾躋二帝于先聖，意至深、典至巨也。文邑舊祀文昌于文廟戟門之左階，康熙三十一年，邑侯鄒公以祠所非宜，乃擇地于東郊將臺上，創層閣以祀文昌。由閣而進，建忠義宫以祀關聖。宫之

左，爲復閣以祀文昌先代，其前則架以虚樓，俯瞰長江。閣之右，爲迴廊以祀關聖先代，其前則覆以重閣，高懸文筆。一切僧寮厨舍罔弗備，櫺垣欄牖罔弗工。方位攸崇，規模斯壯，其足以展明禋承祀之誠者，即可以見教孝作忠之意焉。嗣後屢經補葺，皆有碑碣可考。光緒己卯五月，地震，宫殿摧殘，垣墉傾圮。明府雲翁李公，奉上憲檄，督修文城，工作之暇，偕文人士登臨流覽，見夫神像露立，不足以光祀典，爰請上憲飭發帑金，爲之正其傾頹，易其腐朽，補其摧殘，牆垣之坍塌者築之，基址之奔頹者培之。又于魁樓之旁，添設樂樓一座；大門之外，新築空基一段；移字爐于門之右，改旗竿而使之新。起工于辛巳仲秋，至初冬而蕆事，歷時凡兩閲月，計費約百余金。明府之爲斯役也，蓋欲使邑之人士，心二帝之心，處爲孝子，出爲忠臣，期無負乎二帝，斯無負我皇上，即可以無負上憲與明府重修之美意焉！夫豈徒崇象教以邀福庇、飾廟宇以壯觀瞻哉！是爲記。

［**説明**］

據甘肅省博物館韓博文研究員所提供《祖硯遺墨》複印件録入。

光緒七年（一八八一）韓樹極撰。

九〇　重修文縣城碑記

韓樹極

文邑萬山環合，在《禹貢》「梁州之域」。秦以前地屬氐羌，逮漢開西南夷，置陰平道，歷晉、隋、唐、宋、元、明，爲縣爲郡，則繫以陰平；爲州爲縣，則繫以文。若盧北、武陽、鄧寧、安昌、同昌、武進、昌寧等郡，鄧、鹿、扶等州，長松、曲水、建昌、正西、尚安、萬全、同昌，貼夷、鉗川等縣，或屬廣漢郡、屬武都郡、屬劍南道、屬隴右道，或隸西州路、隸利州路，或隸陝、隸蜀、隸秦、隸階，名目紛如，幾繁然而莫紀。按北周明帝二年，改葭蘆郡，置文州，在今西園，即漢之陰平道。隋初，廢文州，後置陰平郡。唐武德初，復置文州，移治陰平白馬水；德宗建中三年，移州于麻關谷口高原上，今所謂上城是也。宋理宗端平三年，城被元兵殘破，乃移建于原下，仍號文州。前明洪武四年，改置文縣，于是復有縣城；六年，設守禦千户所；二十三年，裁縣歸所，因以原下舊城爲所城；後又裁所歸縣，而城悉仍其舊，此兩城所以并建也。

計自創建至今，已閲數百餘載。明季，雖經重修，但歷年久遠，風雨剥蝕，不無坍塌之處。我朝承平日久，民不知兵。文又僻處邊隅，土瘠民貧，故雖堞廢垣頹，亦不暇加意于修理。邇來兵燹連年，偶有變故，民以城傾難守，輒聞風而逃，城市爲之一空。光緒己卯夏，地震成災，城郭傾頹，不惟樓堞無存，即墻垣亦不蔽内外。庚辰春暮，番匪復乘釁騷動。邑侯湛公以邊報警急，將縣城略加補葺，奈工巨費繁，未遑謀及所城。會龍道憲賑撫來文，極等公懇詳請上憲，籌款修城。幸蒙前爵閣督憲左、護院楊、現督憲譚核准修理，飭發帑金，并檄明府李公，赴文勘估興工。公既至文，乃與諸委員協力同心，經營相度。司貸司泉，擇人授事；督工督役，按日給糧。節浮費，懲曠工，土木大興，廩餼必稱。共需畚築之具若干事，陶埴之器若干枚，金石之工若干名，欂櫨之材若干丈。起工于庚辰仲冬，訖事于癸未仲夏，閲時二載零六月，費金一萬零數千。所城周圍長七百一十丈有奇，身高二丈七尺有奇，面寬二丈五尺有奇；縣城長四百一十丈有奇，高寬與所城同；一切樓堞、馬道、營房、栅門畢備。他如萬壽宫、文廟、文昌宫、武廟以及文武衙署、河堤、棧道，罔不次第修理，焕然改觀。

是役也，民不勞而事集，費不繁而功成。向非各上憲體我皇上保又[一]斯民之心，而爲之固邊防、謀捍衛；暨明府李公與諸委員之和衷共濟、清慎勤勞、始終如一，雖邑人中急公趨事、黽勉不遑，其何以措邊疆于磐石之安、保下邑于金湯之固哉！至于地輿遼濶，羌番之窺伺宜防；山勢崎嶇，隴蜀之屏藩是寄。觀歷代備禦之得失，知軍民防守之疏密。邑乘具存，前車足鑒。是在守土者之綢繆未雨，能思患而預防，庶有備而無患焉！兹當城工告竣，徵極言以紀其事。極才疏學淺，自愧不文，安能鋪張駿烈、揚厲鴻猷？惟念各上憲仰體我皇上保又[二]斯民之心，而預爲保障斯民之計；明府又克體各上憲之心，而爲之披星戴月，三載于兹，庀材鳩工，百廢斯舉，以成其保障斯民之功，所謂「利賴一方，恩周百世」者！微各上憲不至是，亦微明府之力不至是也！是不可以不記。遂撮其崖概而壽之貞珉。

光緒八年

［説明］

據甘肅省博物館韓博文研究員所提供《祖硯遺墨》複印件録入。

光緒八年（一八八二）韓樹極撰。韓樹極，字建五，一字南斗。篤行積學，以諸生終（見《陰平耆舊傳》）。

［校記］

［一］又，當爲「佑」。

［二］又，當爲「佑」。

九一　重修文廟暨學宫碑

韓樹極

聖天子重道崇儒，所爲納民于軌物者，既示以聖賢之典則，復加以師儒之裁成。故自京畿而外，下逮都會郡邑，莫不建文廟以欽崇聖道，建學宫以作育人才。文邑僻處邊陲，廟制一遵令典，學宫即當其右，前人隨時補葺，俱有碑碣可考，兹不贅。光緒己卯夏五月，地震，自大成殿以下，椽瓦鱗裂，梁柱僅存，户牖墻垣，率歸烏有。西廡則隻椽片瓦，蕩無復睹。邑令湛公徇士民請，籌款補修，旋以工巨費繁、措資不易而止。會龍方伯來文賑撫，士民公懇詳請修城。旋蒙爵閣督部堂左、護院楊、督憲譚，前後飭發帑金，檄濟等辦理工程。爰于督修城垣之餘，凡祠廟之有關祀典者，與夫文武衙署，莫不次第畢舉。誠以城池所以衛民，官吏所以治民，神明所以福民，而文廟學宫之設，專主于教民，使民訓習于禮法之中，有以漸生其修德勵行之志，敦倫立品，咸思勉爲善良，固較一切祠廟尤爲要務，不容聽其坍塌而不加修理也。乃爲之庀材鳩工，經營相度，可仍者仍之，可易者易之。新修崇聖祠三楹，西廡五楹。戟門之外，舊爲名宦鄉賢之祠，祠前，東爲魁星樓，西則缺如。今添修文昌樓三楹，以與魁星樓相配，即以樓下作爲官廳。又移欞星門于前，左建忠孝祠，右建節義祠，中爲泮池，前爲照牆，東爲聖域門，西爲賢關門，方位正而規制攸宜。内翳翳其静深，外赫赫以宏厰。視昔之宫牆門户，横阻當街而不免囂塵者，今則崇隆爽塏，如見聖道之高明焉。邃密嚴深，恍同聖德之精粹焉。每春秋享祀時，官紳進退趨蹌，執事有恪，孰不肅然起誠敬之心、毅然切景行之慕乎？學宫則正其傾欹，補其缺漏，撤内宅之卑隘而廣之，易廂房之朽腐而新之。前建客廳三楹，一切齋房厨舍，釐然畢備。其外如明倫堂、居稽堂、忠孝門以及頭門、照壁、周圍墻垣，悉加增飾。經始于辛巳季秋，訖事于壬午季秋。工既竣，爰撮其顛末而勒諸貞珉。非藉以志功也，蓋欲典守宫廟者，仰體聖天子重道崇儒，納民于軌物之意，務端風化之本原，以立士民之表率。行見敦倫立品之儒，愈策夫修德勵行之志，期無負乎師保，斯可以對我皇上，即可以對古聖賢，聖道明而人才蔚起，未必不自是役基之也。是爲記。

［**説明**］

據甘肅省博物館韓博文研究員所提供《祖硯遺墨》複印件録入。

此爲韓樹極代委員李清濟所撰之文。據文中「光緒己卯夏五月……經始于辛巳季秋，訖事于壬午季秋。工既竣，爰撮其顛末而勒諸貞珉。」等句，知立碑時間爲光緒八年（一八八二）。

九二　永垂萬古碑

佚　名

（碑額）：永垂萬古

蓋聞木本水源，陰陽二宅，人皆有之。今我楊姓祖塋，常有無耻之人，偷砍樹木。合户人等公議條規，無楊姓外姓砍伐，若有人拿獲，備出工錢一千文。日後，户内人等紅白筵席、年頭歳節，不准砍伐，勿謂言之不光也。

一禁無論楊姓外姓砍伐，拿住，罸猪一条，經□道場，真祭墳塋。光緒八年十二月廿六日，合户人等立。

［**説明**］

據文縣文化館羅愚頻所提供拓片録入。拓片長九四厘米，寬五五厘米。

光緒八年（一八八二）立。

九三　得勝鄉公議禁約

佚　名

得勝鄉公議禁約，以靖地方，條規開列于後：

一、盜賊宜禁也。近有一等無耻之輩，不顧仰事循畜，一味做賊爲生，且屢誅屢犯。一經拿獲，定要報衆。如遇初犯，把他送官；倘是久犯，房親除結衆等立即處死。

一、合鄉宜息訟也。近有一等混徒，不論自己有理無理，專欲害人之錢文，此等惡俗實屬可恨。一經議後，如有枉狀害人，差役到鄉，衆等每各出錢數十文，不惟不與原告，進城且將官司錢文加于被告，以公懲罰。

一、國課宜有定額也。自古及今，我地方之鹽課，忽上忽下，無一定數。嗣後，每年准予五十文鹽課。無論何人經理，不許增加，即民衆也不得横交，甚有免糧之事。倘後來當約頭之人與公門中人，弊害民下，遵上憲章程，衆等把他揭告。否則，拆他房屋，决不容情。以上各規勒之石碑，傳與後代。倘有違者定罰不貸。

大清光緒九年七月吉日

得勝鄉紳士：王簡，左邦直

鄉老：王進神，王廷迪，左金昌，金鳳珠，金鳳昌，王萬壬

約頭：張廷才，肖士俊，郭海文，郭東，弋炳和，劉進美，弋海金，米文炳，余進陽，王占魁，金鳳鳴，

張進德，尚世全，弋化進，李永林

［説明］

碑存文縣堡子壩鄉。

光緒九年（一八八三）立。作者佚名。

九四　重修陰平橋碑記

韓樹極

文爲古陰平郡，余讀《三國志》至「姜伯約請兵備陰平橋頭」，知陰平之有橋，實始于始有陰平之日。在白水爲第一橋，故不別繫以名，而以郡名名之也。厥後改爲文州，復降爲縣，城郭屢遷，斯橋常留下古迹。邑《志》謂：「橋南崇山曲拱，朝夕重陰，惟日午陰陽平分，浮光照耀，如長橋卧于波心。」其説或有然與？特年湮世遠，不詳創建爲何人；碣斷碑殘，罔識補修于何代。我朝康熙間，邑侯高陽劉公霦，捐俸修理；洮陽觀察吴公永謙，爲文紀事，今載《縣志》。雍正七年，邑侯葛公時政，與守戎張公金榜同建。道光丙午，邑侯張公績，因橋南梁木欹斜，勢將就圮，飭廩生鄢鴻瑞募修，未久即廢。咸豐丙辰，邑侯張公崇本，復飭魏占鰲等修理。不數年間，仍歸傾圮。乃暫作舟楫以通往來。每夏月河水暴漲，輒數日不得一渡。邑人以舟之險不如橋便也，思所以重修之，而工巨費繁，任事既難其人，捐資亦大不易。官斯土者，間有重修之舉，又或亟思籌款，而遽升遷；或甫議興工，而忽然改任。邑人士之欲新斯橋者，遂從此徒託空言。光緒壬午夏，門下士司生致祥揖余言：「陰平橋之廢，垂廿餘年，聞前湛邑侯措資百緡，囑吾師以集事，師如有志，祥竊願效奔走之勞！」余恐其志之未堅，轉詰其設施之方，竊喜所見之大略相同也，乃相與偕往謁營主譚公以謀之。公曰：「有是哉！諸君之先得我心也。微諸君言，吾亦籌兹久矣。斯橋工程浩大，非一二人所能濟，諸君試商可與共事者何人。」極等各舉所知以對。公乃會集諸君子，量能授事，而以副戎陸公二升爲己輔，俾總其成。材木取諸白馬峪，拖運則藉彼鄉夫；梁木購諸岷堡溝，價值則發諸橋工局。督工者爲張君得運、張君孔修。募資者爲汪君應、張君煋，極與族弟維鐘，亦附于後。督夫役者爲閆君鎮，而八坊紳士助之。至錢穀之出入，工役之犒賞，則司生致祥董其事，而副之以任君廷選。肇基于是冬，沿河築堤數百丈，及癸未秋而堤成。南北兩岸馬頭，亦次第悉起。邑之輸財輸力者，罔不踴躍争先，謂數十年未舉之功，可指日觀成也。無何，忽聞公升授階營游府。邑人士既爲公賀，轉恐斯橋之未能卒業也。有欲援借寇故事以留公者，公曰：「無庸！余在階猶在文也。諸公但力致其所得爲，有未及爲者，可俟新任至，余與諸君面囑之，當無不諧。」由是尅期以圖，至十月朔，鰲柱高撐，鼍梁載駕，行人絡繹，如履康莊。適新都戎佘公下車，公率極等往，告以所謀，佘公亦欣然樂任不辭，一切工作，悉仍其舊。明年甲申，復以橋工餘力，補修軍城南門内古城隍廟，并橋南山麓之南崖寺，以成譚公未竟之志，各有碑記，兹不贅已。己酉初，橋工告竣，囑極爲紀事之辭。極維天下事之廢也有數，其興也有時。憶鄢君修是橋時，古橋尚存，南岸馬頭雖偏，而中流有二砥柱，叠木數十排，合北岸馬頭，凡四。遥而望之，如層樓蔽日，飛閣聯雲，畫檻重檐，蟬聯不斷，有池塘倒影之觀。使當年創立石礅，而不截去古柱，將古柱得石礅以爲維持，石礅亦賴古柱以相統攝，雖沙石被水衝刷，礅下難免空虚，而古柱矻[一]立不動，何致橋成僅閲周歲，遽致衝没！嗣後再經修理，不歷久而廢弛，竟若是之速耶！今幸譚公倡于前，佘公繼于後，加以諸君子之同心協力，共襄盛舉，卒能使役無過勞，費無過侈，較前此之重修，事雖半而功已倍，豈果適會其逢與？抑主事者克善所謀、共事者咸稱其職與？極不文，不能揚兩營主之盛德暨諸君子之勤勞，謹即其事之起訖，壽之山卿，庶同事者有所鑒焉。至諸同人之與斯役者，例得書名于右。

光緒十年

［説明］

據甘肅省博物館韓博文研究員所提供《祖硯遺墨》複印件録入。

光緒十年（一八八四）韓樹極撰。

［校記］

［一］矻，似當爲「屹」。

九五　重修城隍廟碑記

韓樹極

城隍神古無可考，《書》《傳》也無明文。《易》言「城復于隍」，知「城」即築土而高者，「隍」即浚土而深者，「神」即捍外衛内、靈爽式憑者也。今天下府州縣之祀城隍，莫詳其所自始。史載「梁武陵王祀城隍神」，意或有所昉歟？聖天子懷柔百神，祈報惟虔，禋祀罔斁。自京畿以至郡邑，罔不建城隍廟，春秋之祀，城隍神實與山川社稷埒。顧廟祀雖遍天下，而州府縣止立一廟，未聞有再建者。獨吾文兩城皆有廟，何與？按宋理宗端平四年，麻關谷高原上文州舊城，被元兵殘破，乃建城于原下。明洪武初，設守禦千户所，遂以是城爲所城，而神亦稱本所城隍。迨後裁所歸縣，復修縣城隍廟，維時所官廢而城隍之祀不廢，于以知所城之廟，較縣城爲更古。由神之庇民者久，故文民信神愈篤也。廟自創建以來，屢經補修，均有碑碣可考。一切經費，雖藉助于紳商，而主其事者惟文營；每朔望謁廟，亦惟營主行其禮，或遂因是訛傳爲「文營家廟」云。光緒己卯夏，地震成災，自正殿而下，不惟榱瓦鱗裂，墻垣烏有，即梁柱亦多欹斜，有將傾之虞。癸未歲，營主都府譚公，博采衆議，重修陰平橋；工作之次，方擬補修斯廟；甲申仲春，忽奉憲委升階營游府任，接事者爲長沙佘公。公乃謀諸新任，商所以重新斯廟者，佘公亦力任不辭。爰與縣主范公，各捐冰俸，以爲衆倡。復募資鳩工庀材，擇期興工，并飭副戎映翁陸公總理其事，而督工者有王君錦、何君文德，諸君和衷共濟，不憚勤勞。經始于甲申暮春，至孟冬而蕆事，時曆八月，費踰百緡。由正殿而十王殿，而浄室，而香積厨，而樂樓，以及東西兩厢與三門照墻，靡不次第修理，焕然一新。又移正殿旁土地祠，改建于樂樓之左厢，其右新添禧神像二尊以配之。方位既正，規模攸崇。工既竣，徵極言以紀事，因爲之叙其顛末如此。捐資衆善暨諸同人與斯役者，俱得書名于後。

[**說明**]

據甘肅省博物館韓博文研究員所提供《祖硯遺墨》複印件録入。

光緒十年（一八八四）韓樹極撰。

九六　重修臨江橋碑記

葉恩沛

《夏令》曰：「十月成梁。」古王者之行政，未有不以利涉爲急務者也，顧必待九月而成徒[一]杠，十月而成輿梁。或就其流之無一定，而其地又非要衝，不妨酌爲歲例，待之秋後耳。若夫扼數省之咽喉，爲往來之要道，路不可以斯須阻，而工尤難以日月計，則其爲務，豈不尤所當急哉？武都郡舊有臨江橋，原係屬邑文縣所轄，南通巴蜀，北接秦隴，誠兩省之要隘，行旅之衝衢。自經震陷，一切傾圮，遂使馳驅者艱于濟渡，負販者阻于跋涉。行役之病，司牧之責也。所知何事，而概委之邑令，隔膜視之乎？癸未仲春，余來守斯土，于興學、勸農外，復念道路、橋梁在在關緊，因倡義捐廉，首修王家壩路。洎巡閲臨江橋，長逾十數丈，雖係文邑所治，而予既爲一郡直刺，即不得畏其難而委之人也。但以舊址坍塌，寸木烏有，玆欲重建，非得七八丈之大木不足勝任。訪之鄰近，未有當其選者。不得已，而搜巖采幹，循錦屏山之南，逾黄鹿壩之谷，凡數百里。由番地轉運巨材，順白龍江而下。自九年秋月經始，迄明年閏五告竣。計用經費千八百餘串，除籌款不敷外，與同寅一律捐廉，墊付蕆事。爰述緣起，勒石以志不朽云。

［説明］

據葉恩沛《階州直隸州續志》録入。

光緒十年（一八八四）葉恩沛記。原題下有「州守葉恩沛」五字。

臨江橋，《階州直隸州續志·關梁》載：「在縣西北一百里臨江關下，白龍江經此，亦曰臨江渡，爲隴蜀孔道。康熙二十三年重建。後知縣江景瑞重修久圮，設渡。同治癸酉，階州州守洪惟善、知縣長贇及前令陶模，捐資重修。光緒五年，地震，陷没。州守葉公捐資重建。由西固番地運大木，順江而下，架梁成橋，横欄竪屋，蓋亦極費經營矣。」

著録：《甘肅省志·卷三八·公路交通志》，葉恩沛《階州直隸州續志》（曾禮、樊執敬校點本）。

［校記］

［一］徒，《階州直隸州續志》（曾禮、樊執敬校點本）誤作「徙」。此用《孟子·離婁下》「歲十一月徒杠成，十二月輿

梁成」文，此處作「九月」「十月」者，一用周曆，一用夏曆。

九七　重修南崖寺碑記

韓樹極

（篆額）：重修南崖寺碑記

重修南崖寺碑記

自軍城南行，踰陰平橋，循山蹊迤邐而上約里余，有南崖寺，舊名「魚籃觀」。南接龍女之峰，北瞻玉虛之巔。西望平原，文州之舊治如昨；東臨傑閣，文臺之古迹猶新。兩城環抱于其前，摩空者成家烟火；一水瀠洄于其下，利濟者百丈虹橋。前人探奇選勝，内建正殿三楹，祀三尊古佛，兩旁列羅漢像，左廊祀護法山神，右廊祀三霄聖母，前殿祀觀音大士。遐瞻遠矚，聳然而峭削者與目謀，浩然而渊湃者與耳謀；曠如奥如，清幽而澹遠者與心謀。洵屬闔邑名區，亦八坊福地也。繼起者踵事增華，置常住，設長燈，建净室以助清修，招羽流以司焚掃，果誰使之然哉？亦地靈者神靈，神靈則人之資其庇蔭者深。故于神所凴依之地，思所以培植而保護之者，有同心也。光緒己卯夏，地震成災，殿宇摧殘。適我營主都府譚公博采衆議，重修陰平虹橋。緣梁木拖運維艱，虔禱于神，果蒙庇佑，擬俟橋工告成，籌款修寺。忽于甲申仲春，升階營游府以去。公乃倡捐冰俸，函寄新任都戎長沙佘公代主其事。佘公亦興廢舉墜，力肩巨任弗辭。因轉飭副戎映翁陸公暨外委王君錦、軍功馬君占元、何君文德、世職族弟維鐘，協力同心，共襄盛舉。而司會計者，有營書任君廷選、門下司生致祥。于是諏吉動衆，土木大興。工作之餘，公復親往相度。見橋南數十武外，舊有祖師殿坍塌多年，惻然動念，方思兩役并興，第恐財絀力殫，兼以看守乏人，不久仍歸頽廢，欲爲久遠之圖。遂出遷徙之計，爰拓寺外空基縱横數丈，新建正殿三楹，移祖師暨左右列侍諸神像而妥侑焉。其舊殿址約一畝，許租人耕種，作爲寺中香火之費。起工于仲夏，訖事于孟冬。工既竣，囑極作文以紀其事。極維吾鄉先賢對溪何公讀書寺中，學問功名爲吾邑冠。其後駸歷中外，出任封圻，入爲卿尹，宦轍所經，口碑與生祠俱永。洎公解組歸田，重新斯寺，一切常住常燈之需，皆公所留貽者，至今，鄉人猶樂道之。極每登臨流覽，得讀公文，因緬想其遺迹。憶極少游秦隴十有餘載，迄今一事無成，輒欲静修斯寺，補讀生平未見之書，藉以滌俗塵而償夙願，其何可得兹。復不揣固陋，濡筆紀事，能無望昔賢而滋愧、對溪山而靦顔耶？惟是歲月侵尋，滄桒屢變，前人所創造者，今人既力承之；今人所善成者，後人宜繼續之。尚望仁人君子，隨時補修，增飾崇麗，庶佘公之樂善不倦與譚公之倡義好施，偕斯寺以并壽云。邑廪生韓樹極撰文。六品軍功劉永崧鎸筆。

欽賜花翎總鎮銜階州營游擊譚應春施錢陸串文。

欽賜花翎同知銜署文縣知縣范廷梁施錢四串文。

欽賜花翎總鎮銜文縣營都司佘忠泰施錢貳串文。

欽賜藍翎儘先千總文縣營把總陸二升監修。

督工：　外委王錦，藍翎世職韓維鐘，軍功馬占元、何文德。

管帳營書：　□永□、□□、任廷選各施錢四百文。

領袖邑監生張孔修篆額，廪生司□祥書丹。

共收外施錢壹捨弍串八百文，共拔會錢肆串壹百文，共收地租錢肆串六百肆捨文，共用橋工局錢捌捨六串文，以上共用錢壹百零六串伍百肆捨文。

現在常住地：祖師廟地壹分，秀石岩地壹分，南山地弍分。

大清光緒捨壹年歲次乙酉伍月中□之吉公立

木工李清儒，畫工任長吉，土工劉樹花

［説明］

碑存文縣南八平。碑高一三二厘米，寬六三厘米。武都陸開華提供拓片。

光緒十一年（一八八五）韓樹極撰。

九八　重修玉虚山壇廟碑記

韓樹極

縣治北有玉虚山，幽通曲徑，接北斗以聯輝；俯視全城，映南屏而作鎮；遥而望之，如弁冕之尊嚴。昔人相陰陽、察形勢，培地脉以壯鴻規，藉山靈以崇象數。自麓至巔，建琳宫紺宇凡十有餘處，分祀諸佛菩薩。金相莊嚴，輝映黄金闕外；玉容整肅，靈依白玉京中。剏始于前明宏[一]治三年，從此增飾崇麗，或益其缺略，或補其摧殘，罔弗託神明之庇，爲闔邑之保障。非徒繪金塗碧，極耳目之觀；畫棟雕梁，侈游覽之勝也。光緒己卯夏，地震成災，闔邑壓斃踰萬餘人，城垣廟宇，官廨民房，傾塌十之六七。玉虚山宫殿崩頽，神像剥落，至山頂爲尤甚。時余友明經田君錫，農政葉君梓，增生李君秬春，外委張君煋，李子繼蓮，王子文燦，糾合八坊首事，公商籌款爲重修計。奈自己卯至乙酉，閲七年餘，地震迄未能止，雖任事有人，而措資不易。丙戊春，門下士翟生榮光，與其尊人鄉飲正賓其吉公，有志修理，爰邀首事諸君會商。余因多方慫恿，且分任督工募化之役，以堅其志。翟君乃鳩工庀材，擇吉于四月朔七日，約會官紳，登峰拜祝。忽見雲蒸霞蔚，異彩繽紛，恍若幢旛寶蓋，掩映峰端，衆皆稽首皈依，歡呼踴躍，僉謂神人悉慶，瑞應匪遥，靈爽攸憑，感通無間也。于是輸財輸力，運水擔漿者，絡繹不絶，如赴家事。而翟生亦不憚勤勞，不惜犒賞，躬親督率，務期工堅料實，足垂久遠，無徒飾夫觀瞻。以故數月之間，自山頂至一天門，焕然一新。計築殿基二十餘丈，其高稱是。除補修玄天祖師外，新建後殿三楹，中祀玉皇大帝，左祀觀音大士，右祀達摩祖師。殿前建東西廊，西廊前爲庫爲厨，東廊前爲出入門户，爲清净禪室。正殿適當中央，繚以圍牆。其上建房三間，中起飛樓一座，鼎鋟魁宿君像以祀之，庶挹北極之餘輝，爲魁光之高照乎？由是而靈官，而三霄，而土地，靈祠式闢，法像聿新。自三官殿而下，若文昌，若關聖，若中殿，若東岳、三清等殿，暨山神、地祇與齊天大聖，并龍宫諸祠，靡不各循舊式，以丕焕新猷。起工于丙戌初夏，落成于仲秋，歷時未屆周期，需費金踰千二十緡。八坊碧鎮共捐錢五百六十八串，翟君倡義私捐錢四百五十二串。工既竣，諸君子礱石以待余言，且曰：「翟君父子之欲舉斯役也，積誠有素，非不能獨力以成兹盛舉也，其遲之久而後發，必俟涓滴之助者，亦欲讓善于衆，而不欲專擅其美耳！加以嗣君經營相度，措置咸宜，卒能使役無過勞，費無過侈，而事以敏成，功以速就，非獨其才力之優裕也，其德量更有過人者，他日蒙神佑而永膺多福，庸有既乎？」余聞其言而韙之，遂撮其顛末而勒之貞珉，以爲後勸。至諸君子之與斯役者，俱得書名于後。

［**説明**］

據甘肅省博物館韓博文研究員所提供《祖硯遺墨》複印件録入。

光緒十二年（一八八六）韓樹極撰。

［校記］

［一］宏，當爲「弘」，因避諱而別。

九九　莫門三代宗祖墓碑

佚　名

嘗思水木之生也，本乎根源；人之生也，本乎先祖。然欲探其本而究其源，則世代之遥，難以詳記，惟舉其大概，略述其由而報本有自矣。粤稽我始祖諱曰林春，夫人侯氏，原係甘肅省階州人氏也。龍飛角音，郡名矩鹿。因崇禎十二年州邑失控，階文混亂，我祖林春逃命到縣，居住上官地土姓家内，安居落業，世代以來，有五房六房者俱多。無奈昔年未能振修墓堂，無迹可考；加之光緒五年五月十二日忽遭地震，墳墓蹋［二］損，愈無可考。我弟兄三人商議，新立遺碑，補修墳墓，俾我後人子孫昌盛，蘭桂峥嶸。是爲序。永垂不朽。

本音莫門三代宗祖左昭、右穆之墓碑

後裔孫莫進財、進蒼、進富

曾孫莫興文、興成、興順、興禮、興花、興榮，仝祀

大清光緒十八年二月十八日申時立

［説明］

碑存文縣堡子壩鄉上官地莫家祖墳。據文縣馬蓮河村莫義祥所提供抄件録入。

光緒十八（一八九二）年立。

［校記］

［一］蹋，當作「塌」。

一〇〇　周有財墓碑記

佚　名

清故顯考府君周公有財、妣孺人戴氏大人之墓碑

蓋聞父母之□也，兒父母四川人氏，昭花所管小地名大瓦溝成長成人。同治九年，荒甚大，兒父走至文縣洋湯河鷂子鄉伍家寨營工做活。光緒四年，買田置地，兒父母修房造屋興。兒父創業垂統，勤儉治家。兒父出入指以活人之路，光明裀以正大之途。兒父功如天大，兒母鞠勞功苦之德，實同昊天同極之恩。兒父三從有制，四德有節。兒父宜年高德劭，壽享千秋。以盡人子之微忱，以表其寸心。孝悌也者爲仁之本，與兒父之功而□，其爲孝□可不盡其心哉！兒父養育之德寫不盡。以是爲序。

孝男周尚、聰祀

光緒二十年十一月望八日立

［説明］

碑存文縣天池鄉伍家莊周念明祖墓地。

光緒二十年（一八九四）立。作者佚名。

一〇一　王正科墓碑記

佚　名

聞慎終者喪盡其禮，追遠者祭盡其誠，垂筆劃文，正所其禮也。祖宗以來，耕讀繼世，勤儉傳家。自見父出生，幼守行大志，睦鄰和里，品重鄉邦，丕振豐隆。美煥造，華屋興，兒垂純絡，置田原興。見父開基有節，教訓讀書，惟見望子青雲，得室成家，常冀後人麟趾呈祥，中年天與人歸，功名遠顯子孫，父之功言不盡意，是以爲序。

皇清嘉贈七品壽官正科

光緒二十六年□月望六日

［説明］

碑存文縣天池鄉鷂子坪村民艾代有家。

光緒二十六（一九〇〇）立。

一〇二　王可奠趙氏墓碑

佚　名

蓋聞木有本，水有源，祖宗功德遠，子孫繼世長。獻先人之在上，祀祖宗之□格。我始祖諱奠可，原籍山東黎陽人氏。大明弘治年間，遷于甘肅文邑洋湯河亂咱崖，□□□□□□遷于馬連河馬兒河垻作買賣，落業世遠□□□□□□□□□富貴發祥□□□□□□子孫繁榮昌盛□□□□□□□觀之實□□□□麻矣。是爲叙。

大清光緒二十八年冬月廿四日，十七世孫王□□□□□立

始祖皇清待贈考王公諱可奠、妣趙氏行一之神位

男鑒帝祀

［説明］

碑存文縣堡子壩鄉馬兒河壩王家祖墳。據文縣馬蓮河村莫義祥所提供抄件録入。

光緒二十八年（一九〇二）立。

一〇三　雲瀑寺碑文

（碑額）永垂萬古

從來神之靈也，必賴人以祀之。人之祀也，必資常住以養之。余鄉有一古洞，近宅一二里之遥，岩路數十丈之高。其路也，崎嶇高聳，往來上下，攀援樹木，若登雲梯也。其水也，浩瀚湧出，迴旋左右，圍繞殿閣如蓮出水也。至于推□岩岸隨灣而下，又似青龍之擺尾矣。余常進洞觀瞻，誠余鄉之仙洞耳。中塑觀音古佛一尊，不知創自何代，造自何人，而救苦濟難其效有如影響者矣。奈[一]多年以來，廟宇荒蕪，香火寂寥，良由于無常住之故耳。予悵望者久之，不禁喟然歎曰：「此何以妥神明而便禱祀乎？」故不揣寒微，時在光緒三十年自施現錢并地價壹百千文整[二]作爲常住，即請道士看守香火。至三十一年幸蒙菩薩默佑，賜余一孫，真乃人有誠心，神有感應，因此同鄉會首商議刊刻碑石，以爲後世香火久遠之計。顧後世仁人君子慎擇［德］[三]

行兼全之人以爲之住持，上以妥祀乎神明，下以福庇乎閭閻。勿得私呑强占，自致罪戾，以負予之寸念也，則幸甚。是爲序。一捨買明摶利石地一分，價錢十千文，民糧四文。

會長：王現璋，李東植，寧三順。舉事：寧生福，金正財。鄉老：金緒祥，王得元，金成，寧佐廷，金至善，李東培，王現琳。演武坪王清佐撰文并刊，童生李大焕敬書。衆姓公立。

大清光緒三十二年丙午歲仲吕月上浣之吉，施主金啓祥，住持王至義。

〔説明〕

據班保林所提供照片録入。

碑存鐵樓鄉石門溝村雲瀑寺。光緒三十二年（一九〇六）立。

〔校記〕

〔一〕奈，原作「乃」。

〔二〕整，原作「正」。

〔三〕德，原碑無，據文義補。

一〇四　歷代宗祖墓碑

佚　名

嘗思木有根、水有源，先祖者，後人之本源也。粤稽我先祖係四川省綿竹縣人氏，不知遷甘肅文邑柏樹坪于何年何代，略知其有六七考。迢其後，子孫人心不一，復又遷移于下關地麻池住居，又將我祖宗埋。我後人雖曰報本追遠，實莫知其先祖之來由，吾輩舉其大慨，亦尋其根生，于是我子孫合户商議立拜堂碑記，永垂千古。

本音歷代宗祖左昭、右穆行一老大人之碑

嗣孫楊美法、美新、美啓，仝立

光緒三十四年八月十九日立

［**説明**］

碑存文縣堡子壩鄉下官地楊家祖墳。據文縣馬蓮河村莫義祥所提供抄件録入。

光緒三十四年（一九〇八）立。

一〇五　重修明倫堂記

劉　健

庠、序、校，皆所以明人倫，亞聖子輿氏言之詳矣。是以帝王御宇，莫不廣厲學宫，首重達道；則夫化民成俗，必由于學。豈欺我哉！然君臣、父子、夫婦、昆弟、朋友之倫何以明？自京師暨郡邑學宫，靡不建明倫堂，以地有專屬，責在司鐸。日夜講貫人倫，明經濟裕，以備朝廷人材之選耳。文邑明倫堂，自康熙間劉侯重修，後兩經補葺于南海張公、司訓李公，迄今四十餘年。椽殘屋漏，堂不肅觀瞻，人奚昭慎重？幸我侯長公下車後，特舉行鄉飲酒禮，睹其荒落，亟籌款，命健等重新之。越閱月，巍然焕然。計費百餘金。鄉飲與入學禮先後成。髦士嘖嘖稱善，父老欣欣色喜，謂我侯之大有造于文民，靡廢不舉，靡利不興，其載于祠宮院宇之顔額，德政彰彰昭人耳目者，無庸贅。即此聿新明倫堂，尤從大本大原起念。健謹記之簡端，爲後之莅兹土者勸，并以爲今日、後來之齊集明倫堂之諸生勸，則堂常新而倫常明，庶不負我侯重建之苦心矣。

［**説明**］

據長賓《文縣新志》録入。

原題下有「劉健」二字。據文中「幸我侯長公下車後……命健等重新之」句，知撰于光緒年間長賓任上。

明倫堂，《文縣新志》載：「明倫堂，順治戊戌劉霖重建。乾隆辛巳知縣孫巘補修，添修居稽堂。道光戊戌教諭李永賴，并堂後正庭、廂房，均經捐修。光緒元年，堂及學門復坍圮，知縣長賓籌款，飭紳士張佶、王沛澤等督修。」今已圮。

一〇六　邊地坪摩崖（二）

佚　名

秦川鎖鑰

大清光緒□□年

［**説明**］

摩崖位于文縣石鷄壩鄉邊地坪村西两千米石山上。據文縣文化館羅愚頻所提供抄件録入。

光緒年間題。

一〇七　武信騎尉王公墓表

長　贇

王得忠，字藎臣，前文營都司睿齋公次子。夙以膽勇著。嘉慶庚申，藍號匪擾文，師旅雲集，募勇敢爲前導。忠以故家子應召而起，廣方伯以次咸壯之。會賊圍西園，密邇城邑，忠恐蔓延，銜帥命赴敵，没于陣。翌日，賊退收屍，猶僵立作拒敵狀。噫，異矣！斯役死者如漂木葉，蔽江而下，然悉闃寂，惟得忠名尚盈人耳，其忠魂毅魄，鐵心石腸，能固結人心如此。余故特表之，以愧後世食君禄、臨難而不能致其身者。

［説明］

據長贇《文縣新志》録入。

據此文原題下有「邑令長贇」四字，知作者爲長贇。

一〇八　玉虚山三元宫新築水藏記

劉　玠

玉虚之巔，水忽出焉，胡昔無而今有也？都人士踵守戎金榜張公之意，而載造焉者也。歷觀宇宙之大，參天之化，贊地之利，自無而有者，所在皆是。以故鑿龍門，决淮泗，江漢滔滔，利濟無方，大者且可爲，詎區區水藏乎？曩者，張公重修玉虚山，儼然武當勝境。元室幽渺，如臨帝子之宫；道院肅清，恍登仙人之館。山寺輝映，諸佛效靈。爰燎之方揚，炊米乏術；缾之已罄，拜井無方。寂寂禪堂，希聲鐘鼓。偶憶凌陰有鑿氷之策，因欲决地爲藏納之謀。會升遷去，弗果，邑父老心焉戚之用悼，歎于厥功之未竟也。爰矢菩提之願，共竭胼胝之勞。未幾，而我有寒泉在山之側，井渫可食，汲引頻通。昔也歎涸澤，今也鑿之深深矣；昔也悲槁壤，今也積之淵淵矣。取之如携，弗殊泌水洋洋；用之不竭，竟等北流括括。闃如蘭若，藉以栖遲；蕞爾禪房，可滋花木。坎對離而水火既濟，龍逢虎而聚會風雲。操斯道也以往，雖躋壽域登仙果，亦無不可也。吾因是而歎天下事之無不可爲也。人而無爲，則有亦終底于亡；人而有爲，雖無亦可臻于有。以人工之勤，補天工之缺，何在不可自我而爲之？世之困厄抑鬱，一籌未展，徒歎大之莫我顧，皆怠荒之咎也。如不然也，蓋取玉虛山之水藏而觀之，是故水藏之記，非記水藏也，將以爲勵也。故爲志。

［**説明**］

據長賫《文縣新志》録入。

原題下有「邑貢劉玠」四字。劉玠，文縣人，清代歲貢生。

一〇九　玉峰韓公暨張安人墓志銘

張　臨

玉峰韓公，余姊倩也。公與姊先後没，葬有日矣。兩甥乞余志墓，余不獲以不文辭。按狀，公諱國琮，字玉峰。父賡清翁，諱獻臣，以太學生起家，孝友篤行，樂善不倦，爲鄉閭所矜式，以子貴，贈承德郎。有子三：長國連，原任平利縣尉；三國瑞，贈徵仕郎；公其次也。公生而聰慧，率踐孝友，偕諸昆玉受學于余。先君子博聞强識，課無輟功。洎冠，入庠，數列優等。鄉先輩咸以大器期之。公亦潛心經史，奮發自勵，雖霜蹶屨蹶，而其志不衰。顧其體清癯，兼患目疾，弗勝勤劬，故功名之願卒未克遂，僅以優增生貢于成均。然于子弟輩，訓讀益嚴，蓋深憾己之未獲光顯其親，而冀後起之克酬其志也。恭逢嘉慶建元，擢公孝廉方正，衆望翕然，咸以爲克副其實。蓋公之爲人，急公好義，樂善務施，家雖履豐，無紈袴習。至其上奉高堂，中睦兄弟，莫不有禮有文。丁郎之孝思，楊氏之友恭，復于公見之，孰謂古今人不相反哉？安人賦性淑柔，克守内則，五十年間，無非無議，聲著閨閣，親鄰類能道之，余不贅。嗚呼！天不憖遺，老成盡謝。憶余向羈青門，不數年間，若伯季二公及吾邑諸先達，俱先後歸道山。今于略陽旅次，復爲公志墓，人琴之感，能無悵然？公有子二：長鋆，增廣生；次鈴，恩貢生。孫五人：秉泰，戊寅科順天舉人，秉淑、秉純，鄉飲正賓，俱鋆出；秉潤，增廣生，秉濬，邑庠生，俱鈴出。曾孫：樹屏，癸丑進士，四川己未鄉試同考官，任清溪彰明縣知縣，秉泰出；樹籓，廩膳生，秉淑出；樹楨，廩膳生，秉純出；樹極，廩膳生，樹模，邑庠生，秉潤出。系以銘曰：

昊天不弔，典型云亡。珠沉玉隱，惟名永彰。誰歟光前，爲表爲坊。誰歟裕後，肯構肯堂。詩書孝弟，積厚流光。奠此幽居，百世其昌。

［**説明**］

據長贇《文縣新志》録入。

原題下有「張臨」二字。張臨，文縣人，歲貢生。

一一〇　新鑄東勝侯廟鐘碑記

張曜樞

余讀縣《志》，邑北五里關，爲東勝侯汪公遇難地。由此而進十數里，有廟祀□□□拜之際，叩而鳴之，用以降神，蓋數百年矣。光緒己卯，地震有聲如雷鳴，駭□□□去，碎而售之，遂絶響焉。今年夏，廟旁居人相與謀議，集資三十餘緡，延冶氏購□□成，仍懸之廟。在事之人欲記其事，倩張子曜樞來丐一言。余維侯之忠勇□□侯之聲威，亦不藉鐘而顯也。當侯未軍文之時，已有破安慶、拔祈黄、敗張士誠、□獲元將、降所部五萬人之功。此侯之聲威一時，威宣遐邇者。《明史》載之，《通志》亦□鼎之銘耶。若兹鐘之鑄，不過藉以宣揚忠烈，而今後，人申侯之功于勿替耳。奚□□于文，葬于文，而人□于幾文，文之人朝夕而朝拜焉。顧瞻左右，虡業維樅，蒲牢□吪之聲，則兹鐘之鑄，又未嘗不足壯侯之聲威也。《記》曰：「君子聞鐘聲則思武□者乎？」余馨香記之。

大清宣統元年七月中浣之吉

〔説明〕

碑存文縣五里關東勝廟内。

宣統元年（一九〇九）張曜樞記。

一一一　恭頌德政碑

佚　名

存目

［説明］

碑在文縣石鷄壩鄉邊地坪村西两千米石山上。文縣文化館羅愚頻提供資料。羅稱碑爲清代年間所刻。

一一二　新修路碑記

佚　名

存目

［説明］

碑位于文縣石鷄壩鄉邊地坪村西两千米石山上。文縣文化館羅愚頻提供資料。羅稱碑爲清代年間所刻。

一一三　明堂碑文序

佚　名

明堂碑文序

夫孝者善繼，人之至也；天之經，地之義，人之行也。故曰始祖一親九族，猶水之有分派，如木之有分枝。故聖人之德，本于人倫；堯舜之道，不外乎親。然我始祖歷來，係屬陜西荆陽縣大槐樹竺市街人氏，自明遷居文縣馬連鄉上官地堡。荷蒙天地蓋載之恩，房房嗣之。同衆户商議，卜兹吉期，修立佳城，聊表寸忱。合户人等，休沾先靈庇佑之恩，再仰後世云。君子勿損福壽。

時故始祖本音王門，歷代高曾遠祖，一派宗親位。

玄孫王安才

仍孫王九有、九銀、九林、九玉，王正興，祀

［**説明**］

碑存文縣堡子壩鄉上官地王家祖墳。據文縣馬蓮河村莫義祥所提供抄件録入。

似爲清碑。

一一四　王安富王氏合葬墓碑

佚　名

蓋聞我慈親之恩，實同天地，昊天罔極，人子欲報，内盡其心，外竭其力，謹身節用以動服勞也。于世二天拋逝，以補無能，故而弟兄商議修心，願我慈親領受庇佑之恩，再仰後世爾。持家孝悌忠信，禮義廉耻，永垂後裔萬古。

清故顯考王公諱安富、妣孺人王氏老大人合葬之墓

孝男王九有、九林，祀。

［説明］

碑存文縣堡子壩鄉上官地王家祖墳。據文縣馬蓮河村莫義祥所提供抄件録入。

似爲清碑。

一一五　誥封故顯妣大宜人陶氏之柩

佚名

誥封故顯妣大宜人陶氏之柩

［説明］

碑存文縣文化館。高九五厘米，寬一一八厘米。

時間不詳。

一一六　石敢當

佚名

石敢當

［説明］

漢白玉石刻。存文縣中廟鄉聯豐村雙龍觀遺址山門石牆中。據文縣檔案局李小安所提供抄件録入。

時間不詳。

一一七　哈西修虹橋碑記

楊鳳彩

（碑額）：永□□□

敬天地，禮神明，由來尚矣。况我□□殿□有□□閣，殿與閣齊輝，□無不應。左連右按，□□有感□。乃以神之靈也，因而節届元宵，掛紅燈而結彩；時臨聖誕，祝萬壽以無休。崎嶇往來間，誠難舉步。兩岸峙立朝拜，日不能通行。于是駕虹橋以壯觀瞻，成複道以接風脉。其間木椽板榻之資，衆庶均拉；供給工人之資，按户灘[一]派。又有好善君子、積德仁人，各出囊金，共襄盛事。噫！合衆人之力、庶民之財，不數月而告峻[二]焉。領袖督工者，不敢起施伐之念；闔鄉努力，未嘗没尺寸之功。爰勒貞珉，以垂久遠。更望後之急公者，相繼補葺焉爾。是爲序。

生員楊鳳彩撰文。庶士王用予書丹，施錢弍百文。管賬王中元施錢四百。地方王受子施錢一百六十文。

兼理總管：王大明、李可祥各施錢壹千六百文。石匠：李乾建。木匠：李文山，王用德。

領袖：王大傑施錢八百文，王映祥、王用傑、吕得祥各施錢四百文，鐵匠陶百成施錢一百六十文，□生汪映蛟施錢八百文，李可玉施錢四百，李美花、顧寧、王用才、吕呈祥各施錢弍百文，王承先、陶榮法、王受玨各施錢一百六十文。鄉老：王大福施錢八百文，王天運施錢五百文，王順、李源各施錢四百文。花户：王玉傑、王大順各施錢五百文，王鳳鳴四百文。信士：孟徐用施錢五百文，趙映祥、劉進美、汪維精、劉進寶、劉三正、劉關娃、王進才以上各施錢弍百四十文，陶貴美、徐文元、席福、吕善娃、吕楊家娃、吕四娃以上各施錢二百文。

張元成、王鳳高、王鳳儀以上各施錢一百六十文。做工花户：慕月元、慕謝來、王四娃、王用勤、王用儉，鞏賢、王步成、王受先、王受宗、王旨□、劉顯章、吕江娃、陶國秉、陶國均、宋王元、汪映奎、王中意、慕跟、楊成、張六娃、王受瓚、陶進美、王廷桂、李□花、李增花、李多花、李可滔、王留用、王三貴、王堂貴、王承成、何能□、□貴、劉正□、王二成、王田保、王尚奎、陶成法、汪二狗、陶鳳祥、陶貴有、劉西番、慕清元、汪接娃、鞏□娃、吕四柱、李楊貴、汪維一、王大法、劉順、劉關子、（中缺）、鞏賜成、鞏閏存、鞏福來、李可則、吕高家（下略）。

（上缺）二月穀旦公立。邑術士李步雲擇吉。

［説明］

現存文縣中寨鄉哈西村中。碑高一一四厘米，寬七二厘米。文縣文化館羅愚頻提供照片。當爲清碑。楊鳳彩撰。碑名爲編者所加。

［一］灘，當爲「攤」。

［二］峻，當爲「竣」。

一一八　甲科顯名

佚　名

（篆額）：甲科顯名

萬曆癸酉科：朱衣，登甲戌進士，任山西按察司副使
萬曆己卯科：曹思聰
萬曆辛卯科：李德，任霸州知州
天啓丁卯科：曹思正，任襄城知縣
康熙丙午科：張象斗

［説明］

據武都陸開華所提供殘碑拓片録入。拓片長三〇厘米，寬六〇厘米。陸稱碑原存文縣文廟，今不知去向。當爲清碑。

一一九　義僕楊福殉難碑

佚　名

（碑正中）：義僕楊福殉難碑

（上缺）秋七月，調合文邑，以其□□。文□隨□任所，日（中缺）也（中缺）有匪徒持□入（中缺）均皆（中缺）也，奈彼蒼不佑（中缺）方（中缺）耳，于乎□矣。（中缺）每一念及，不禁泫然泣下，原□返葬故［里］，而其胞兄（中缺）視，言葬此，使□感其義，因［暫］厝于兹，以安幽靈。夫□一怨□耳，名義所不責（中缺）其一念所及，□□豈□出于（中缺）死年月日，□［勒］諸貞珉，以志（中缺）之悲悼云爾。是爲記。

（上缺）四十三年（下缺）

［**説明**］

據武都陸開華所提供殘碑拓片録入。拓片長一四〇厘米，寬六五厘米。陸稱此碑二十世紀八十年代初曾存文縣公安局，今不知去向。

似爲清碑。作者不詳。

一二一〇　前清待贈顯考吴公諱大方老大人墓志

佚　名

夫碑者，相承相繼而傳之不朽者也。恭惟吴公大方，乃國茂之孫、相喜公之次子也。公孝友足備，忠厚存心，是亦醇謹人也，豈尋常物色之人所可同日語哉？公距命于先皇道光年七月初八日寅時建生，係四川川北順慶府南充縣上西路大木溝吴家灣生長人氏也。孺人何氏，乃越唱公之次女也；孺人生于名門，謹遵姆儀，曲全婦道，不愧巾幗大夫；□隨同公于咸豐七年來文務農，生理荏苒，流光十有餘年，積有錙銖，奈熊羆未占。繼娶任氏，乃任正才公長女也；孺人婦道無忝，扶公興家創業，慶衍三多，克紹箕裘，皆公與孺人纍仁之至。胡天不假年，公不幸殁于光緒丁酉年四月廿六日子時，壽終享年七十歲。乙山辛向，迄今廿餘年也。祀君方園，偶感霜露之降，忽動本源之恩，欲建碑銘功德。碑成，托叙于余，余不敏而受，爲之叙，以銘其志云耳。贊曰：雲山蒼蒼，江水泱泱。吴公之德，山高水長。光前裕後，麟趾呈祥。鐘[一]斯衍慶，瓜瓞綿長。

前清待贈顯考吴公，諱大方老大人墓志

孝男吴方園、賈氏、張氏，孝婿朱榮連，孫吴永和、永順祀

中華民國三年菊月三十日穀旦建立。石師肖春芝

［説明］

碑存文縣堡子壩鄉平溝村吴家祖墳。據文縣馬蓮河村莫義祥所提供抄件録入。

民國三年（一九一四）立。

［校記］

［一］鐘，當作「螽」。

一二一　前清待誥顯妣吴宅任老孺人正性墓志

佚名

淑德昭萬古，儀型著千秋。巾幗真君子，懿範大丈夫。

前清待誥顯妣吴宅任老孺人正性墓志

孝男吴方園，孝婿朱榮連，孫吴永和、永順祀

中華民國三年菊月三十日穀旦建立。石師肖春芝。

［説明］

碑存文縣堡子壩鄉平溝村吴家祖墳。據文縣馬蓮河村莫義祥所提供抄件録入。

民國三年（一九一四）立。

一二二 文縣中寨拐筏岩路碑序

張必價

甘肅文縣知事劉，中華民國二年正月十三日，起功興修黄土鄉拐筏岩路碑序

蓋聞聖王之世，王道平平，王道蕩蕩。《詩》云：「周道如砥，其直如矢。」故修數百年崎嶇之路，造千萬人來往之橋，由來尚已。我鄉之東北有拐筏岩路者，上通洮岷，下適蜀漢，因爲秦蜀之要道，亦爲文南之咽喉。懸崖峭壁，碧岫青嚴[一]。雲横秦嶺，齊鸛雀以摩空；霧鎖岷關，并鷲峰而頡秀。仰觀則猿驚鶴唳之壁，俯瞰則鴨頭[二]魚躍之浪。危同九折，險踰八盤。行旅則裹足而不前，商賈則驚心而怯[三]步。于我心有戚戚焉，而歎古人不先我而爲之開通也。然而《豳風》未雨而綢繆，《小毖》予懲夫後患。登魁雖家稍充裕，而素有志願，爰集我鄉三寨之同仁，委架圓木之君子，捐資倡首。鴻閣非一木所成，狐裘非片腋所製。細流不擇，成河海之深；土壤不辭，積泰山之峻。連造兩載，費計千緍。控阨成之，駕空作□[四]，人馬交錯，行旅駢馳。于斯時也，皤髮蒼顏之叟，峨冠博帶之人，玉芙金蓮之女，莫不有喜色而相告曰：「道平平矣，道蕩蕩矣！」功既竣，原汲西江之水，磨太行之石，勒峴山之碑，以志好善樂施者之勳名，垂同心協力者之芳表于此路，萬古傳于不朽云。是爲序。

前清儒學優行生員國藩張必價撰文。術士李懷密書碑。

（捐資人等姓名略）

民國三年告竣。五年九月二十八日立碑大吉。

［説明］

碑存文縣中寨鄉黄土地行政村東側、中路河東岸之古道旁。碑高一五五厘米，寬九二厘米。

民國五年（一九一六）張必價撰。

著録：《甘肅省志》，吴景山《絲綢之路交通碑銘》（題「文縣中寨拐筏岩修路碑」）。

［校記］

［一］嚴，當作「巖」。

［二］頭，疑誤，此處當爲動詞。

［三］胠，當作「却」。

［四］□，此與上句對文，似當爲「之」。

一一二三　陳琮達墓志銘

韓定山

中華紀元之十年九月十日，吾師陳冕廷先生之仲子子才以疾卒。後兩旬，田君鐸以書抵予曰：「子才死矣，葬有日，其兄琮達没于白匪，至今無耗，曩吾人早斷其不屈以死，徒恐傷吾師之心，未敢爲招魂之祭。今子才又死，鐸爲請于師，欲以衣冠葬，知琮達之生平而習文者惟子，盍爲納幽之文？」予奉書泣曰：「嗟呼！予尚忍銘吾琮達也哉！當白匪之蹂躪武都也，琮達長[一]武都高小學校者甫經年，其春實以書速予爲助，予不果行，遂不獲再與琮達面，以是疚于心，至今猶耿耿也。予尚忍銘吾琮達也哉！雖然，琮達學成而行立，不合于世，萬一未施又不幸而没于匪，非吾銘世孰知者？」銘曰：

君諱蘊章，琮達其字。號曰青松，歲寒有志。父曰毓鎏，實惟吾師。孜孜學古，群目爲痴。
祖單諱善，孝廉高選。至行純篤，人倫冠冕。君未弱冠，學業既成。適當清末，風雨縱横。
吐棄帖括，肆力經濟。共爐而治，東道西藝。既博既約，能誠能明。起視通衢，犖礐難行。
乃曰噫嘻，奚事紛紜。振聾發聵，庶幾吾群。爰鑄心鐘，是震是悚。喚醒英年，滌蕩關隴。
標綱凡三，着眼民生。瀹智集力，夾輔經營。嘗出全力，爲制矩矱。綱舉目張，備極精鑿。
屢從天水，與我相聞。曰予爲龍，汝其爲雲。我以無狀，相與翱翔。咬文嚼字，不能短長。
君旋大悟，曰此非計。不耕不耘，焉得豐歲？韜其芒穎，蘖其牙角。殫精致志，從事教育。
辛壬之間，歸自天水。發硎新試，實惟梓里。風追郭泰，汲引人倫。制仿安定，義事兼陳。
花晨月夕，人方遨游。君擁皋比，神氣益遒。秋霜冬雪，人咸止步。君坐寒氈，兀兀如故。
如弓思張，我嘗君過。如風振木，又嘗君賀。癸丑秋初，君往武都。我不謂然，誚之以詩。
君手指心，曰君勿冤。我此有苦，不可卒言。君揚鞭去，我垂涕歸。南華物論，孰是孰非。
抑人有言，器大成晚。武文比鄰，夫豈云遠。變起倉卒，虎兕出柙。不治微服，遂罹浩劫。
噩耗一傳，有識咸痛。我曹千人，惟君鸞鳳。君果不還，山川減色。銀峪黯淡，玉壘鬱塞。
乙丑君生，甲寅被難。日次七窮，消息永斷。骨不可尋，又無繼嗣。但葬衣冠，以伸哀思。
我聞佛説，浮生夢幻。怨賊毒蛇，明者不戀。物固有成，即復又毁。當其數然，聽之而已。
生非我求，死非我罪。奚擇床席，奚避菹醢。衆人蚩蚩，或相譏刺。豈知君心，早亡巧智。

燕雀調笑，一任呢喃。獨憐玉樹，乃化優曇。世實須才，今復何世？君竟至斯，所關豈細？傳人匪易，况我辭拙。千載旦暮，請待來哲。

［説明］

據文縣韓甦毅提供資料録入。

民國十年（一九二一）韓定山撰。韓定山（一八九三—一九六五），原名瑞麟，字定山，號甦民，晚年以字行，隴南文縣人。早年考入蘭州存古學堂，加入同盟會。辛亥革命後回文縣創辦碧口小學、文縣中學，後任甘肅省立蘭州師範、蘭州大學教師。解放後被聘爲甘肅省文史館館員。著述甚豐，有《長春樓詩草》《長春樓文草》《陰平國考》《蘭州市勝迹概述》《甘肅百家姓》《甘肅自然災害録》《陰平耆舊傳》《修志私議》《彷徨集》《更生集》等。

著録：韓定山著、漆子揚校釋《韓定山詩文校釋》。

［校記］

［一］長，當作「掌」。

一二四　陳子才墓志銘

韓定山

君諱藝章，字子才，吾師冕廷先生之仲子。祖善，清孝廉方正。曾祖際昌，清吏員。吾師樸學至行，爲一邑冠。君承過庭之訓。自其少時，即敦謹誠樸異常兒。年十五，肄業本邑高小，同學數十人，少所接近，獨與予相得甚歡。予一日不見君，則惘惘若有所失，君亦一日舍予不樂也。

君于學敏而速，自常課之外，日必經史數卷，更以其餘暇致力于子集。嘗語予曰：「吾日不午不朝食，月不上不晚餐。危坐讀書，嘗至神爲之昏，目爲之眩，自他人視之，良苦。然吾人所居何世，所抱何才？每念陶士行寸陰分陰之説，未嘗不爲之惕息，敢稍涉暇逸以自棄乎？」

君家纍世以聚書爲務，至吾師而所儲益博，聞有要籍，嘗不憚節食典衣以圖之。以故鑿楹者纍萬卷，君既盡讀其家之所有，又極意搜羅，苟有見聞，不得不止。是以數年之中，于國學已涉其大凡，雖老師宿儒，有所不逮也。

戊申春，升學隴南中學。于是見聞較多，交游較廣，更一意致力于西學，于近人所稱歐西大哲梭柏盧、孟斯賓、達文之所論著，凡已見諸譯籍，可以購致者，靡不運其精思，詳加參究。既乃深致慨于所見不如所聞，于是復從事于内典。嘗于其間遺予書曰：「今之新學，不但耳食者之剿襲一二名詞，以誑惑庸俗，爲可厭也。即其津津樂道之先覺，其所爲書，亦復粗淺無味，非如吾聖人之精深博大，可以質鬼神、待百世也。足下爲學欲用世乎？則孔孟之書，所宜熟讀；欲出世乎？則釋迦之教典，所宜參究。有所慕于彼者，無所得于此，其慎勿爲當世之妄庸矩子所惑也。」嗚呼！君之持論如是，即君之所學可知矣。

辛亥變起，君歸自天水，予歸自皋蘭，見則惟談教典。予時方鋭意以謀人，與君兄琮達等有所擘劃，君不謂然，嘗以爲忘内而憂外，于事無當，屢以安心立命之説相諷喻，既强聒而不聽，則一意修習禪定，不與人交。蓋君自是有出世之心矣。既而予與君兄所謀皆敗，而猥作蒙師以自活。君每過予坐，但笑而不言，與之談真空有無之義，則神氣清明，偶及時局，即大笑吃吃不能止，間或爲謾語以應。予固知其無疾，而世或以爲君病顛矣。

甲寅夏，君兄被虜于白匪，君于是出世之念益堅，嘗欲爲僧于邑之北禪寺，而舉家皆弗聽，强之歸。自是遂不接一人，不閲一書，冬不棉而不言寒，夏不葛而不言熱，與之食或盡數盂，不與亦不索也。初，嘗卧數日不起，後纍月不起，最後乃經年不起。己未冬，一卧整兩年，至今年九月有泄疾，疾三日遂歿。

嗚呼，君果顛以歿耶？抑有託而然耶？蓋華子之忘，逢子之迷，皆世俗之所深相駭怪。不遇孔老，孰知忘之非忘，迷之非迷，君之顛其殆是耶！

初，君與兄琮達皆好學而能文，高視闊步，不屑與時輩爲緣，人之見之者，皆曰陳氏有子矣。及琮達没于白匪，而君復佯狂，則相與咨嗟歎息。至有疑善不可爲而謂天道爲難知者，豈知君之心自有所存。而琮達之不幸，乃社會國家之公憂，非獨陳氏之私悲也哉！

君生于清光緒辛卯年，至歿僅三十有一歲。歿後三月，吾師徇門人之請，葬君并君兄于縣治東郊。田君鐸以書來速銘，予知君較深，誼不當辭，乃爲銘曰：

躅棄凡百，君果迷耶！將有所獨知，而與世殊町畦耶！舉國逐逐，中風狂走。萬怪千奇，敦胨血拇。智者迷陽，獨守純白。清凉有境，孰甘火宅。醒迷一視，壽夭等觀。胡死之惱，而生之歡。君歿是矣，人孰知者。刻羽引商，爲和宜寡。不知何傷，自有千秋。敢勒玄石，昭之九幽。

［**説明**］

據文縣韓甦毅所提供資料録入。

民國十年（一九二一）韓定山撰。

著録：韓定山著、漆子揚校釋《韓定山詩文校釋》。

一二五　康桂山先生墓志銘

韓定山

君諱某，字桂山，先世居贛之某縣，高祖某，官于蜀，卜居西昌，遂爲西昌人。曾祖某，清某職。祖某，清某職。父某，清某職。奕世載德，令問[一]相承，邛蜀右族，推巨擘焉。

某某公生三子，季即公。少讀書，有異稟，顧跅弛自喜，不甘舉子業。及長，經歷彌滿，騎射冠同儕，挾火器行山野，飛鳥無遺影，豺虎無遺聲。里中長老或奇其才，而慮其不羈。有以周孝侯折節事相勖者，君逌爾應之，不之拒，亦不之辨也。

比弱冠，恂恂謹飭，雖湖海元龍，有時弗能自克。至不憚傾家結客，一擲百萬，然事之逾越軌範者，避之若浼，未嘗稍縱其情。居家奉父母以孝，處兄弟以恭，教子侄以禮，閨門之内，雍雍肅肅，見者翕然稱之。

清光緒甲午，番夷蠢動。西昌密邇諒山，警耗頻聞，君首舉團練，保境自安，以其暇擊鄰賊，當者披靡，所向輒有功。事平，君不自列，當事者不加察，賞遂不及，君夷然安之，不以介意也。

伯兄某，嚴毅有威，舉家敬憚之。子敷鎔，供職京曹，久不補外，逋負纍千金，而不敢以告。君察其清苦，自貨其産償之，敷鎔始得以補官隴右。

甲寅歲，敷鎔作令姑臧，君年已六十，匹馬從西昌來，横行塞外兩千餘里。陵青海，絶黄河，燒羊啖酪，志氣不減少年時。其秋以潢池告警，遄返故鄉，冰雪没途，肌膚欲裂，而依然弗顧。導河裴建准孟威軍使，稱君負不羈之才，有貞幹之操，屈才自靖，庶幾嶔崎温克之君子。識者以爲知言。

君配張恭人，相夫有禮，治家有法，生丈夫子幾，女子幾。以某年某月卒于里第，將于某月某日葬于某域。兄子敷鎔，時宰枝陽，某以後進，托在末僚，不以其微賤不文，請爲之志。因節次其行略，且係之以銘曰：

金耳金耳治中譽，語含玉理殊巨朔。由來美璧貴在璞，自珍詎願爲人琢。吁嗟康君何卓犖，材力瑰奇莫能較。不肯與世相矜踔，斂才就範守幽樸。偶然雲霄見鱗角，爲惠鄉國乃玉渥。一朝形魄忽邈邈，遠道聞之肝腸摧。高風從兹難把捉，爲向蒼山截大碞。刊公行實埋大璞，應知入土不能駁。上騰奇采光岳岳，今世不少集枋鶯。恣行胸臆肆刑齷，請以君行激垢濁。

［説明］

據文縣韓甦毅所提供資料録入。

民國年間韓定山撰。

著録：韓定山著、漆子揚校釋《韓定山詩文校釋》。

［校記］

［一］問，通「聞」。

一一二六　蕭獻伍先生墓表

韓定山

嗚呼，當明清鼎革之際，非《易》所謂「天地閉，賢人隱」之時乎？士生期間，進不得展抱負以康時，退乃遁迹荒山，抗箕潁之節，其遇亦足悲矣。復以觸忌于時，後之人諱莫如深，以致幽光久閟，不獲與顧黄諸遺老并傳。如吾邑蕭獻伍先生者，不尤可歎矣乎？

先生名籍，字文徵，獻伍其別號也。先世汝陽人，明初來文，居城南之西園鄉，世有隱德，曾祖用玉，父時雍，尤有聞于時。先生生于隆慶戊辰年，萬曆甲申補邑庠，甲午登賢書，丙午謁選，得澠池令，遷開封府別駕，代篆鄢杞，升山西澤州牧。在官凡十四年，所至有惠政，澠人爲立生祠，杞人爲刊德政輿頌等録，牧澤州，法行豪强，尤爲州民所畏愛。己未，遭權貴中傷，拂衣歸里。于時先生年五十有一，而時事亦駸駸不可問矣。乃絶意仕進，以詩文自娱，散髮林下，凡二十七年而明社屋。清鼎既定，下令剃髮，先生年將八十，眷懷宗國，不肯改易衣冠，嘗被陷入獄而抗節不回。當事者哀其志，弗忍强也。

所爲書有《文縣志》《客枕寱言》《詩文集》等凡數十卷。《縣志》早佚，餘著之存于今者，亦衹十百之一。予嘗取而讀之，其言憂深思遠，有變雅之遺風，其感時撫事、義切諷刺者，皆語重心長。晚明行政之窳敗，往往藉以考見。其盤桓山水酬酢友朋者，雖戔戔小品，而真摯愷惻之氣，時洋溢于字裏行間。蓋先生之所樹立，不獨治行節，概可以上繼古人，即其學問之純，性情之正，亦足以式鄉閭而無愧色。

先生享年甚永，其殁也，相傳在順康之間。顧考其自撰墓志，則云殁于崇禎壬午。蓋上移于懷宗殉國以前，以示不臣于清之意。後之人因而不改，非其實然也。

民國初元，距先生之殁已二百七十餘年，改曆改至[一]，禁忌悉蠲。後八年，其裔孫某某乃刊其遺著。又五年，邑人關熙等，乃呈請入祀鄉賢，斯雖秉彜之好，終古常新，而闡幽發潛，爲事亦良晚矣。墓在鵠飛鄉之北原。

民國十九年，邑人將表先生之行實于墓道，而丐予爲之文。予惟先生家有傳、墓有志，其行誼之大者皆在集。因爲撮其大略，而補叙其所未詳者如此。

於戲！江山磅礴之氣，鬱久則必發，文縣山雄水腴，代有賢豪如先生者，蓋尤靈秀所鍾，足以輝映山川者已。《詩》有之「高山仰止，景行行止」。後之人過先生之墓，溯先生之風，倘亦知所興起乎！繫之以銘曰：

聞之于詩，敬恭桑梓。矧繄先生，矜式閭里。我佩厥德，尤愛厥文。芬芳斐亹，言必盡情。

羑里一辨，炳炳烺烺。苟爲豪傑，何待文王。磊落襟懷，豁然呈露。抗節昔賢，此其初步。

三百餘年，彌著徽烈。有道之碑，見者心折。流連隨會，佇想夷門。睾如宰如，鵠飛之原。

［説明］

據文縣韓甦毅所提供資料録入。

民國十九年（一九三〇）韓定山撰。

著録：韓定山著、漆子揚校釋《韓定山詩文校釋》。

［校記］

［一］至，當作「制」。

一二七　文園碑記

李秉璋

文縣之以文［爲名］，［由］來甚遠。蓋自西魏更易陰平之名稱，而以文［化］氏族之效，順沿而用之千有餘年矣。□□壬午初夏，奉調此邦。下車伊始，見山□而□□□□□等字文□奠定□之初，亦必以萬物設□□清妍之境，有足以□□□□□□□□□鬱而長清明者。然則文縣之□文□□□□□□□□□□□□□□爲政□□而此邦人□□之邊陲□絶□常爲□□□□□□地方□三不肖亦頗有□步□□□□□□□□禍□□□□無□□□□仇池□□□□予□□□文□□□□□□後方□□□我□任所□□□康寧□于推行庶政之中努□□□□□之計越二年□□□次□地方□□□□者，亦已帖然。□□［讀］書之暇，徜徉白水之濱，時聞虹橋西□將臺東□□□□□之□□□□□□□邑凝之坐□之亭□□民□□□□□□餘韵□□及，徒見山高水清而已，是非有以□之明。夫文之所以爲文，不已□然矣。□□是□□□縣城之西南前□水□以觀往化來，□之□後置□□，以廣温故知新之效。在□籃球之場右，列花□之圃于其後。更墾□樹之林，以上接于麻關橋，以爲兩城攬勝□□□□雖向來宏固□□□□境也。□始甲申七月，越二月而落成。地方人士，咸謂不可無名。以示□予名，固以文名□以□□雖□于實相□觀乎天文，以察時變；觀乎人文，以化成天下。固不能無望于是邦賢士，發揮天地至文，以恢宏文縣之所以爲文者，非徒曰溺情風雲月露，斤斤于文風凌駕鄰封焉爾。□予致力烟匪之鏟剿，兩當雒振銘、綿□陳紹武，□能以忠勇爲予助。不者□□天池之役，後先陣亡。嘗欲爲紀念之碑，以其名已在忠烈祠□□□行是園也，成各方□□□□之□□□□□因移以爲園中□□基金以永遠近□□忠烈之意。園址接近□□議員文敏住宅東□一大部□□李氏棉産以公産棉地□□□□訂有合同以資永守□□□物工用□□□之□□萬餘元，皆以捐募而來。□□□□□之弊員警隊□□□指揮工作，克勤克□□當以爲奬勵。予既以文園命名，□□□□之而□貞石，自今以□□斯園□□□□□□我□時□雄彪炳事功以大舒□□□之氣者乎若以爲□□□而□□于□文□□□□□□□□。是爲記。

前兩當縣縣長、□任文縣縣長李秉璋撰文。文縣文獻委員會總幹事張浩然書丹。
清賜進士出身、雲南禄豐縣知縣程天錫校閲。文縣□□□□□隊長雷西傑督工。
前□□□□□縣縣長、文縣臨時參議會參議長張祜周校閲。文縣□□□□隊□□□姚世傑督工。
前甘肅省政府秘書、文縣臨時參議會□□□韓定山校閲。張鼎銘刻字。
中華民國三十四年四月十六日莅文三周年紀念

［説明］

碑存文縣文化館。碑高一六〇厘米，寬六三厘米。據文縣文化館羅愚頻所提供抄件録入。
民國三十四年（一九四五）李秉璋撰。

參考文獻

《南豐集》（宋）曾鞏　會文堂書局　清宣統二年（一九一〇）
《通志·金石略》（宋）鄭樵　中華書局　一九九五年
《隸釋》《隸續》（宋）洪邁　中華書局　二〇〇三年
《漢隸字源》（宋）婁機　臺灣商務印書館　一九八六年
《金石録》（宋）趙明誠　臺灣商務印書館　一九八六年
《石墨鐫華》（明）趙崡　商務印書館　一九三七年
《金石古文》（明）楊慎　崇川葛氏學古齋　清光緒八年（一八八二）
《潛研堂金石文跋尾，續，又續，三續》（清）錢大昕　上海古籍出版社　一九九五年
《寰宇訪碑録》（清）孫星衍　邢澍　上海古籍出版社　一九九五年
《授堂金石跋》（清）武億　中州古籍出版社　一九九三年
《金石録補，續跋》（清）葉奕苞　上海古籍出版社　一九九五年
《古墨齋金石跋》（清）趙紹祖　聚學軒叢書　民國　木刻
《輿地紀勝補闕》（清）岑建功　道光年間刻本
《平津讀碑記，續記，再續，三續》（清）洪頤煊　上海古籍出版社　一九九五年

《金石要例》（清）黄宗羲　臺灣商務印書館　一九八六年
《漢魏六朝唐代志墓金石例》（清）吴鎬　常熟鮑氏刻　清光緒十年（一八八四）
《碑版文廣例》（清）王芑孫　清道光二十一年（一八四一）
《兩漢金石記》（清）翁方綱　上海古籍出版社　一九九五年
《關中金石記》（清）畢沅　上海古籍出版社　一九九五年
《漢石存目》（清）王懿榮　上海書店出版社　一九九四年
《金石萃編》（清）王昶　上海古籍出版社　一九九五年影印本
《語石》（清）葉昌熾　上海古籍出版社　一九九五年
《緣督廬日記》（清）葉昌熾　江蘇古籍出版社　二〇〇二年
《雍州金石記，記餘》（清）朱楓　上海古籍出版社　一九九五年
《庚子消夏記》（清）孫承澤　臺灣商務印書館　一九八六年
《隴右金石録》　甘肅省文獻征集委員會校印　民國三十二年
《隴右金石録補》　甘肅省銀行印刷廠　民國三十七年
《金石書目録》　容媛輯　容庚校　歷史研究所　一九八一年
《校碑隨筆》（民國）方若　上海書店出版社　一九九四年
《史記》（漢）司馬遷　中華書局　一九八二年

《漢書》（漢）班固　中華書局　一九六二年
《後漢書》（南朝宋）范曄　中華書局　一九六五年
《三國志》（晉）陳壽　裴松之注　中華書局　二〇〇六年
《晉書》（唐）房玄齡等　中華書局　一九七四年
《魏書》（北齊）魏收等　中華書局　一九七四年
《周書》（唐）令狐德棻等　中華書局　一九七一年
《北史》（唐）李延壽　中華書局　一九七四年
《隋書》（唐）魏徵　令狐德棻　中華書局　一九七三年
《舊唐書》（後晉）劉昫等 中華書局　一九七五年
《新唐書》（宋）歐陽修　宋祁等　中華書局　一九七五年
《輿地紀勝》（宋）王象之　中華書局　一九九二年
《資治通鑑》（宋）司馬光　（元）胡三省音注　「標點資治通鑑小組」校點　中華書局　一九五六年
《續資治通鑑長編》（宋）李燾　中華書局　一九七九年
《宋史》（元）脱脱等　中華書局　一九七七年
《金史》（元）脱脱等　中華書局　一九七五年
《元史》（明）宋濂等　中華書局　一九七六年

《通典》（唐）杜佑　中華書局　一九九八年
《續通典》　浙江古籍出版社　二〇〇〇年
《清朝通典》　浙江古籍出版社　二〇〇〇年
《文獻通考》（元）馬端臨　中華書局　一九八六年
《續文獻通考》　浙江古籍出版社　二〇〇〇年
《清朝文獻通考》　浙江古籍出版社　二〇〇〇年
《通志》（宋）鄭樵　浙江古籍出版社　二〇〇〇年
《續通志》　浙江古籍出版社　二〇〇〇年
《清朝通志》　浙江古籍出版社　二〇〇〇年
《清朝續文獻通考》　劉錦藻　浙江古籍出版社　二〇〇〇年
《甘肅通志》（清）許容等　臺灣商務印書館一九八六年
《甘肅通志稿》　劉郁芬　甘肅省圖書館　一九六四年
《甘肅省志·公路交通志》　甘肅省地方史志編纂委員會　甘肅省交通史志年鑒編寫委員會　甘肅人民出版社　一九九三年
《金石文字辨異校釋》（清）邢澍著　時建國校釋　甘肅人民出版社　二〇〇〇年
《石刻古文字》　趙超　文物出版社　二〇〇六年

《碑刻文獻學通論》　毛遠明　中華書局　二〇〇九年
《階州志》（明）余新民　萬曆四十四年刻本
《階州志》（清）祖肇慶　康熙二十六年抄本
《武階備志》（清）吳鵬翱　同治十二年洪惟善刻本
《階州直隸州續志》（清）葉恩沛　光緒十二年刊本
《武都縣志》　武都縣地方志編纂委員會　生活·讀書·新知三聯書店　一九九八年
《徽郡志》（明）孟鵬年　嘉靖間抄本
《徽郡志》（明）孟鵬年　《中國方志叢書·華北地方·第三二九號·甘肅省》　臺灣成文出版社有限公司　一九六九年
《徽州志》（清）鄧天棟　康熙二十五年抄本
《徽縣志》（清）張伯魁　嘉慶十四年刊本
《徽縣新志》　董杏林　民國十三年石印本
《徽縣志》　徽縣志編纂委員會　陝西人民出版社　二〇〇三年
《禮縣新志》　（清）王喻善　康熙二十六年抄本

《禮縣志》（清）董興國　雍正六年抄本
《禮縣志略》（清）方嘉發　甘肅省圖書館于一九五八年據乾隆二十一年刻本抄
《禮縣新志》（清）雷文淵　光緒十六年刊本
《禮縣新志》　張津　民國二十二年鉛印本
《禮縣志》　禮縣志編纂委員會　陝西人民出版社　一九九九年

《成縣志》（清）楊注　康熙二十六年抄本
《成縣新志》（清）黄泳　乾隆六年刊本
《成縣新志》（清）李民廷　甘肅省圖書館據成縣圖書館藏本複印
《成縣要覽》　陳琇修　汪作炎　甘肅省圖書館據天津南開大學圖書館藏民國三十七年石印本抄
《成縣志》　成縣地方志編纂委員會　西北大學出版社　一九九四年

《西和縣新志》（清）王殿元　康熙二十六年抄本
《重修西和縣志》（清）邱大英　乾隆三十九年刊本
《重修西和縣新志》　王訪卿　民國九年年稿本
《重修西和縣志》　朱綉梓　民國三十六年稿本
《西和縣志》　西和縣地方志編纂委員會　陝西人民出版社　一九九七年

《兩當縣志》（清）武國棟　康熙二十六年抄本
《兩當縣新志》（清）德俊　道光二十二年刊本
《兩當縣志》（清）德俊　道光二十六年抄本
《兩當縣志》　劉瑞　楊永紅主編　甘肅文藝出版社　二〇〇五年
《新纂康縣縣志》吕鍾祥　民國二十五年石印本
《康縣要覽》　孫述舜　民國三十七年石印本
《康縣志》黄俊武　甘肅人民出版社　一九八九年
《文縣志》　（清）江景瑞　康熙四十一年刻本
《文縣新志》（清）長贇　光緒二年刻本
《陰平國考》　韓定山　民國三十年石印本
《文縣要覽》　李秉璋　民國三十六年石印本
《文縣志》文縣志編纂委員會　甘肅人民出版社　一九九七年
《宕昌縣志》　宕昌縣縣志編纂委員會　甘肅文化出版社　一九九五年

《直隸秦州新志》　（清）費廷珍　乾隆二十九年刊本
《鳳縣志》（清）朱子春　光緒十八年刊本　《中國方志叢書·華北地方·第二八一號·陝西省》　臺灣成文出版社有限公司　一九六九年

《文縣耆舊傳》　韓定山　民國三十六年石印本
《仇池國志》　張維　民國三十八年本
《仇池史料》　張維　民國稿本
《仇池國志》　李祖桓　書目文獻出版社　一九八六年

《一九四九——一九八九十年出土墓志目録》　榮麗華編集　王世民校訂　中華書局　一九九三年
《絲綢之路交通碑銘》吴景山　民族出版社　一九九五年
《中國歷史地圖集》　譚其驤　中國地圖出版社　一九九六年
《出土文物研究》第三輯　中國文物研究所　中華書局　一九九八年
《西狹摩崖石刻群研究》　高天佑　蘭州大學出版社　一九九九年
《禮縣金石集錦》　禮縣博物館、禮縣老年書畫協會　二〇〇〇年
《石海覓踪——隴南訪碑記》　文丕謨　作家出版社　二〇〇四年
《武都伊斯蘭教史略》　武都伊斯蘭教協會　隴南印刷廠　二〇〇五年

《甘肅古代石刻藝術》 唐曉軍 民族出版社 二〇〇七年
《武都歷史文化大觀》 政協隴南市武都區委員會 二〇〇八年
《蘭州碑林收藏甘肅古代碑刻拓片菁華》 李龍文 甘肅人民出版社 二〇一〇年
《隴南五千年》 文丕謨 中國文史出版社 二〇一〇年
《韓定山詩文校釋》 漆子揚校釋 甘肅文化出版社 二〇一一年
《武都歷史文化大觀》續輯 政協隴南市武都區委員會 二〇一一年
《隴南古代碑銘》 羅衛東 中國文史出版社 二〇一三年
《武都史話》 田仁信 甘肅文化出版社 二〇〇六年
《宕昌史話》 楊海帆 甘肅文化出版社 二〇〇六年
《康縣史話》 石政傑 甘肅文化出版社 二〇〇七年
《兩當史話》 成仁才 李興林 甘肅文化出版社 二〇〇七年
《成縣史話》 張 忠 甘肅文化出版社 二〇一一年
《徽縣史話》 劉伯傑 甘肅文化出版社 二〇一一年
《禮縣史話》 陳建榮 甘肅文化出版社 二〇一一年
《文縣史話》 陳 英 甘肅文化出版社 二〇一一年
《西和史話》 袁智慧 甘肅文化出版社 二〇一六年

後記

先父子賢公（名殿舉）在二十世紀三十年代和四十年代先後兩次供職于西和縣民衆教育館（文化館前身）。四十年代初曾收集野外石碑，立于民衆教育館（當時在城隍廟。一九四九年以後該處設公安局，舊石碑多被埋入地下，有的被打破砌在牆下、臺階下）。家中收集的一些拓片也因内容與當時社會意識不合，均被毀掉。我因小時聽父親説過一些碑刻的文獻與書法價值，所以一九六三年八月同高中同學冉守禮、杜俊才上西和、禮縣間的名勝之地香山時，曾抄録了幾篇碑文。幾十年來，我也一直注意隴南一帶石刻文獻的搜集。隴南師範高等專科學校繼續教育學院崔階同志到我處問學，攻讀碩士學位，我建議他以隴南金石研究爲學位論文。從二〇〇五年秋至二〇〇六年春，我先後聯繫校圖書館古籍部等有關部門，由他去複印有關資料，包括各種古今金石專集、金石學著作和隴南各縣各種縣志及階州志等當中所載金石文獻，共複印資料近兩千頁。二〇〇六年夏秋之間又聯繫甘肅省圖書館古籍部、特藏部，窮盡性拍照采録省館所藏各種新舊地方文獻和金石集中隴南的金石文獻，包括張維先生《隴右金石録》《隴右金石録補》等。可以説，對隴南各縣存世的各州志、縣志上全部金石文字及明清重要金石集等均一一加以翻閲。後又同市、縣一些分管文化負責同志的聯繫溝通，在他們的支持下，又進行實地搜尋，拍了一些照片，搜集了一些抄件，做了一些拓片，其間也走訪了各縣一些收集有金石文字的人。從公、私兩方面搜集到一些拓片、照片、抄件；也曾請一些熟人專門到一些地方去照相或抄録。前後麻煩過數十人，有朋友，有學生，還有經人介紹新認識的朋友。

崔階同志二〇〇七年取得碩士學位，學位論文爲《隴南金石的調查與研究》。此後，我們的合作項目仍在進行中。他在離開蘭州以後，還兩次到隴南幾個縣查訪石刻。

本書所收金石文獻有很大一部分爲不見于各種書籍。除由一些專書、方志中複印、照相、抄録而來的和個别熱心者所贈者之外，差不多每一篇都來之不易。有時爲了獲得一篇金石文獻，要費很大精力。但無論怎樣，我們都堅守科學精神，在我們收録範圍之外的東西，絶對不收。有已經獲得的材料，經我們做進一步調查、核實非隴南出土，或刻石摩崖不在今隴南範圍内者，立于一九四九年以後者，均不收録。衹要是非金器銘文、非刻石摩崖（包括部分磚刻），也不收。如我們在一本書上看到「光緒二十二年《王明道先生墓志》及《明太祖高皇帝御製至聖百字贊》，落款爲『明代翰林吴伯崇書』」，前一篇爲墓志，已收録。後一篇的文獻價值更大，它反映了明王朝對伊斯蘭教的尊敬和隴南回民同胞對當時中央王朝的尊崇，反映着民族的和諧。我們看了照片，黑底陽文，似爲新刻。崔階同志找武都清真寺阿訇和年長的先生瞭解，才知是清代末年貢生者寶書先生（字玉堂，回族）從南京的石碑上抄來，于武都刻于堅木，立于寺中。後因動亂藏起，在近年才取出，外以玻璃罩于其上，再立于寺中。因此，此篇之文字與照片，本書均未收。又見到有文獻提到光緒十八年（一八九二）馬應麟撰文的《嘉慶建寺始末》和光緒二十七年（一九〇一）的《重建後寺始末》，經訪問瞭解寺内情况的老先生，知皆是書寫後置于梁上者，故亦未收。所以不衹收集要花功夫，排除也要花去很多精力。儘管本書可能還會存在某些方面的問題，肯定還有缺漏，即今存于世的金石文獻，可能還有未收入者，但我們主觀上已盡了最大的努力。本書收有殘篇，以原文缺失的金石文獻篇名作爲「存目」列入，也是爲了給以後的補充完善搭好框架，爲以後的查找提供綫索。

二〇〇六年以後我以相當一部分精力做此，希望能彌補隴南史料之不足，爲隴南歷史文化的研究提供第一手的資料，奠定一個基礎。關于具體的編纂工作，是由我定出收録範圍、編輯體例，負責解决疑難問題；來自地方志等文獻已爲釋文者，由崔階同志録入，并核對幾種刻本及拓片、照片，查閲有關材料，寫成校記和作者介紹初稿。每一稿成，由我審閲後提出意見，并修改部分釋文、校記、説明等，交崔階處理。二〇一五年以前全部的録入工作、初校工作和作者介紹等説明文字的初稿都是由崔階完成的。一些新編縣志及有關書籍録文中在釋文、標點、立碑年代的斷定方面錯誤較多，有關説明及作者確定、作者介紹也有些問題。據原拓片和清代以前没有標點的州縣志中録文、斷句、標點，也會有一些疑難，我主要解决這方面的一些疑難問題。搜集工作也在不斷進行中，對釋文作者介紹、校記也在不斷完善中。二〇一二年同社會科學文獻出版社聯繫，出版社認爲全書絶大部分爲創新成果，願意接受出版。後因爲不斷發現一些新的金石，一直未能交稿。在此後四年中，我們一直在進行補充與修改的工作，稿本全部堆起來將近一人高。

在十多年中，很多人大力支持我們的的工作。凡是提供了拓片、照片、抄件的，我們都在相關篇目的「説明」中寫明，以不忘他們對完成本書的貢獻。隴南市委、市政府主要領導之外，我們特别感謝以下各位：

隴南市原文聯主席陸開華先生，將其搜集取于二十世紀八九十年代的武都、成縣、宕昌、文縣的拓片共六十三副提供給我們；

原甘肅軍區政治部副主任齊培禮先生、甘肅省博物館黨委書記韓博文研究員托人查找到有關文縣的金石材料後提供給我；甘肅省圖書館館長郭向東研究院爲我們多次在省圖查閲資料提供方便；省地方志辦公室《甘肅史志》原主編陳啓生提供宕昌縣碑碣綫索十幾處，我們專人去尋找，有所收穫；

隴南市文化局局長汪小娟同志幫助我們同有關縣文化部門領導溝通，多方面予以支持；原局長尚志金同志數年前給各縣文化局負責同志打招呼，爲我們調查、搜集有關資料及同個别縣的地方文化界老先生座談提供方便；隴南市委黨校副校長趙琪偉同志爲我介紹了多位市縣文化部門的負責同志，使我們在後期拾遺補漏工作中取得很大方便；甘肅省文史館館員、隴南市人民銀行劉可通提供兩通宋殘碑拓片及幾通明清碑文拓片；武都區市委書記田廣慈同志幫助聯繫武都區博物館，禮縣博物館同志爲我們攝取館藏銅器銘文及有關碑文提供方便；武都區文化局局長劉全恩、博物館館長楊永春、縣志辦公室主任景峭瑒也均提供綫索、給予支持；

徽縣文化館馬存良館長介紹了該縣碑刻的情況，并提供他所拓取的三十多張老舊拓片，讓我們照相，并全程陪同我們在徽縣的訪碑活動；督考局局長、文化局原副局長許占虎同志不僅將他所存有關金石照片全部發給我們，還跑了數百里路去尋找我們當時未能找到的多通殘碑，共提供金石文獻照片二十多幅；縣志辦公室原主任梁曉明、博物館曹鵬雁爲我們提供碑文照片；

西和縣文化館原館長蒲立、館長魚旺泉、縣志辦公室主任袁智慧不但曾領着崔階幾處訪碑，還分别先後多次到一些我們未能到的地方訪碑，爲我們提供了照片或抄件；西和縣四中（在長道）李鳴岐校長和該校幾位教師開車八九十里到縣南部何壩替我們去訪碑、照照片。這當中西北師範大學化學系楊武教授也操心做了不少工作；大柳中學原校長張升學、校長張耀幾次到鳳凰山等地查訪碑文并提供照片；甘肅民族師範學院教師、西北師範大學在讀博士生董穎、西和縣六巷鄉鎮劉寶銀同志專門外出訪碑，提供了拓片和照片；

禮縣博物館趙建牛、馬建營，文物局局長馬世峰等同志也給予大力支持；

兩當縣文化館李鐵宏同志提供幾張拓片和照片，并協助我們在兩當的金石調查；兩當縣縣志辦公室主任曹建國同志幾次搜集我們未能找到的殘碑，提供照片、抄件，有的并寫出釋文；兩當縣第一中學張輝也數次提供照片或釋文及相關資料；

文縣文化館館長羅愚頻同志在我們赴文縣訪碑時介紹全縣碑刻現狀，并先後兩次提供我們未能收集到的文縣金石之拓片、照片共十多幅；

康縣文化館郭應中、雍國鋒二同志提供了部分佚碑之抄件，并全程陪同調查岸門口、雲臺山、白馬關、陽壩等地的碑刻；康縣博物館楊清軍館長積極支持我們的工作，提供相關資料；

成縣縣委宣傳部張忠同志介紹了五仙洞碑詳情，并提供了一些相關資料；隴南師範高等專科學校中文系張世明約人一起到西和西經寺等處訪碑，提供照片；

宕昌縣圖書館館長牛建忠同志讓趙玉龍到圖書館所藏地方文獻中查找材料；縣文廣局局長王勝利、原局長陳昌，縣志辦公室楊海帆，文化館館長吕曉陽等同志給以幫助。任彦平、冉文忠等同志也給以支持和幫助。

還有不少同志，已見相關篇的説明中，不一一列舉。

我以前常給我的博士生和做博士後研究工作的同志説，搞研究往往用百分之十的精力與時間，去完成其中百分之九十的工作内容；而用百分之九十的精力與時間，去完成其中百分之十的工作内容。寫一部書，其中大部分的内容很快可以完成，因爲有很多相關論著可以參考；而體現你開拓、創新的部分，在學術上有所突破的部分，寫出來占的篇幅并不大，却要花很大精力。而這部書的價值就主要體現在所占篇幅并不大的這一部分。我們編這部《隴南金石校録》花的精力最大的是在二〇〇七年以後的查訪之中。往往爲搜集到一篇有人提到但未見載録的原文，或以前未見人提到過的金石文獻，花很大精力。在二〇一六年我們已將本書電子版發給出版社以後，因陳啓生先生提供的關于宕昌碑碣的新綫索，西北師範大學文學院冉耀斌副教授與我的博士生趙玉龍開車去宕昌，到理川、南陽等地尋訪碑碣。前後六天，跑了很多地方，也衹搜集到三通完整碑文，九段殘碑文字及三條存目。

二〇一六年暑假崔階因家中有事，不能離開，博士生趙祥延在我最後定稿及録入新收集材料、協助互校等方面做了大量工作。二〇一三年我的博士生魏代富、碩士生魯小娜等協助我校過部分釋文。在此一并表示感謝。

我很希望有更多的人對隴南金石文獻加以關注、研究和利用，以加深對隴南歷史、文化各方面的研究。二〇〇八年十月，我打電話給我的老同學、隴南師範高等專科學校副校長袁静安，問他認識的人中有没有對成縣的碑刻較關注、瞭解的人，他説他們學校美術系教師蔡副全在研究金石書法，二〇〇七年剛申請了一個省教育廳項目「隴南金石墨迹的整理與研究」。我聽了以後很高興，我一直希望有更多的人從事隴南金石文獻的挖掘整理與研究工作。經袁静安聯繫之後，蔡副全同志要我們將搜集到的先發給他。我即將當時所收集到的金石文獻之釋文全部發給了他。我想這樣對他研讀一些没有標點的地方及俗字異體字很多的拓片總會有好處，也可以給他提供訪碑的綫索。次年三月他增加了十一篇碑文（另有兩篇不屬隴南）和九段殘篇殘句，及十一條存目發回。二〇一二年六月蔡副全同志完成一本書叫《隴南金石研究》請我寫序，我看到他已出了成果很高興，即根據他所提供關于該書的「特色與情况説明」做了介紹。我在序中還説：

《漢書・高惠高居文功臣表》序云：「三人爲衆。」雖然僅僅三人，不算很多，但畢竟在隴南金石的研究上形成一個可以互相討論、溝通的小群體了，在這個領域多少是「成氣候」了。無論如何，我想，隴南金石文獻的整理研究方面是會取得成效的。

當時尚未見到原隴南地委宣傳部部長、原地區文聯主席文丕謨先生的《石海覓踪》，所以説了這樣的話。這是我發自内心的。我們這部《隴南金石校録·前言》最後一部分本爲「隴南金石的書法藝術」，是爲適應一般讀者的閲讀興趣而寫，前些時我將其删去而另寫了「隴南金石中的詩作」以代替之。我想還是大家發揮各自的特長做深入研究爲好，我這個「前言」主要就隴南金石的歷史文獻價值抛磚以引玉。

前曾拜讀文丕謨先生的《石海覓踪》和《隴南五千年》兩部大著，受益匪淺。文先生「文革」中曾同我一起在武都一中工作過一段時間。他從領導崗位上退下來之後一直盡心于隴南文史的研究，成果不斷，令人欽佩！最近才看到隴南市志辦羅衛東同志的《隴南古代詩詞》《隴南古代碑銘》《隴南古代人物》。這三部書選取了具有代表性的作品和代表性的人物加以介紹，讓更多的人瞭解這方面内容，以便進而去研究，是很有意義的。我希望隴南從事政治、經濟、軍事、教育、文學、書法藝術等歷史的研究和地方名人傳記研究的學者，都能充分重視隴南金石文獻，從不同的取向、不同的專業方面，做一些深入細緻的研究，以彌補由于傳世書籍文獻記載的缺漏而形成的隴南歷史的空白，在揭示隴南的輝煌歷史、弘揚隴南優秀文化傳統的方面做出貢獻。

特别感謝隴南市委書記孫雪濤同志和市長陳青同志對我們這個工作持續的關心與支持，也感謝隴南市委宣傳部、市文化局有關同志的關心與支持。

藉此説一説：如有能提供本書未收之隴南金石文獻之拓片、照片、抄件（包括本書衹有存目或所收爲殘文）者，必贈此書或以其他方式表示感謝，并在重刊本中説明。（通信地址：蘭州市西北師範大學文學院，郵編：七三〇〇七〇，電子郵箱：zhaokuifu@163.com。）

趙逵夫

二〇一六年十二月十二日

二〇一七年四月二十五日增補部分内容

西北師範大學古籍整理研究所
隴右文獻叢書

主編 趙逵夫
編纂 趙逵夫 崔階

隴南金石校録

【第三冊】

SSAP
社會科學文獻出版社

【本册目録】

成縣

兩當縣

唐

一　題登真洞

張　果

修成金骨煉歸真，洞鎖遺踪不計春。野草謾隨青嶺秀，閒花長對白雲新。風摇翠篠敲寒玉，水激丹砂走素鱗。自是神仙多變異，肯教踪迹掩紅塵。

［説明］

據《全唐詩》録入。

《全唐詩》卷八六〇收録此詩，前云：「張果，兩當人。先隱中條山，後于鸑鷟山登真洞往來。天后召之不起，明皇以禮致之，肩輿入宮，擢銀青光禄大夫，賜號通玄先生，未幾還山。」張果，即後來道教「八仙」中的「張果老」。詩題「題登真洞」，是後人因其詩題于洞中取此以爲題。「登真洞」之名乃北宋大中祥符元年（一〇〇九）十二月甲子真宗皇帝爲弘揚道教下詔：「天下宮觀陵廟，名在地志、功及生民者，并加崇飾。」鸑鷟山果老洞得以受封爲「登真洞」。題詩洞中，後人刻石俾傳永久。而歲月遷延，風雨剥蝕，有些碑刻又遭到破壞，今已不存。登真洞中尚存一碑，文字模糊無法辨認。

著録：劉瑞、楊永紅主編《兩當縣志》。

北宋

二　觀音堂摩崖

佚　名

咸平元年四月廿三有長安僧，天下行（下缺）。

［説明］

據張維《隴右金石録》、兩當縣志辦公室主任曹建國提供的抄件及照片對校録入。

宋真宗咸平元年（九九八）刻。

《隴右金石録》載：「觀音堂摩崖，在兩當縣北，今存。按此刻在兩當縣北。觀音堂去縣約三十里，峻巖臨流，深竹叢蔚。第一行七字，二行四字。書法絶峭拔。『廿』字下似尚有字，『僧』下文義未盡。當是石有剥削。李龍儒拓以相貽，急爲録之。」

三　［題］張真人洞［一］

劉季孫

鸞鷟山開古洞深，蒼崖老木共陰森。游人看取溪中水，祇此無塵是道心。

□□□□幾春秋，洞［外清波日］夜流。會得□□□□□，□□□□□□□。

［説明］

據兩當縣志辦公室主任曹建國所提供照片及抄件録入。詩碑有拓片存，前已收録。

劉季孫（一〇三三—一〇九二），字景文，父劉平，祥符（今河南開封）人。仕至文思副使。博通史傳，性好異書古文石刻。《全宋詩》收其詩四十餘首，編爲一卷（卷七二三），惜未收此兩首。

［校記］

［一］題，原缺，以意補。

四　魯公題登真洞詩

魯　某

（上缺）魯公題登真洞詩

（上缺）提舉秦鳳等路常平等□

三千行滿未驂鸞，閑卧空山不記年。雲鎖洞門清叩玉，石流甘液泠飛泉。青驢去踏紅塵裏，白鶴來歸玉柱前。試看高真棲隱處，此中疑是蔚藍天。

政和二年十一月旦日

（以下小字漫漶不清。）

［説明］

據兩當縣志辦公室主任曹建國所提供照片及抄件録入。殘碑高六二厘米，寬六〇厘米，厚一五厘米。

宋徽宗政和二年（一一一二）立。

按：此詩作者魯公極有可能是魯百能。《全宋詩》卷一一五〇據《方輿勝覽》收其詩二首，其一《醉仙崖（在天水縣連鳳山）》：「高倚青冥插酒星，山崖誰作醉仙形。從來天地爲衾枕，應笑人間有獨醒。」其二《同慶府》：「山占仇池地，江分白馬氐。潭深龍自蟄，亭迥鳳曾棲。」又雍正《甘肅通志》卷四八「藝文」載魯百能《雞山》：「鷲嶺何年辟，雞巢此地傳。松聲長似雨，巒氣自成煙。夢散疏鐘外，心清古佛前。欲從仙吏隱，結宇共棲禪。」可見，魯百能游歷過天水、西和、成縣，兩當地處成縣與天水之間，喜咏山川的魯百能路過，尋幽探古至登真洞，在情理之中。再從年代上來看，魯百能爲宋神宗元豐八年（一〇八五）進士，距詩碑上刊刻的政和二年二十七年，亦在情理中。

五　游鸑鷟山登真洞二首

宋　京

（篆題）運使少卿留題

游鸑鷟山登真洞二首

成都宋京仲宏

羽客琳房一水垠，蜀程從［此路］中分。山前歲久無丹鳳，洞［裏］□□□□□。

［**説明**］

據兩當縣志辦公室主任曹建國所提供照片及抄件録入。殘碑高三九厘米，寬二五厘米，厚一二厘米。

題言「二首」，今祇存一首，且缺八字。第二首缺。

宋京（一〇七九—一一二四），字仲宏，宋構之子，成都人。劉雋一《〈全宋文〉補正五則》（發表于《中州學刊》二〇一二年第六期）中收録了宋京墓志（即《炎宋陝西轉運副使宋公大卿内志》），爲其子宋芺（光）撰，中云：「先考諱京，字仲宏父……除宗子博士，編修西樞文字，三入文昌爲郎，歷少光禄兼太府卿，以忤貴倅出知邠州，就除陝西轉運副使，權涇原帥。所至有勞績可紀，終身無毫髮瑕玷，孤峻卓立，耻爲諛附，刻意書史，佗無所好，翰墨之精，人所弗及。所著《續春秋》、歌詩、雜文共數十萬言，集而傳家。……宣和六年四月十一日戊午以疾終于長安本司之正寢，享年四十有六。」按：宋京卒于宋徽宗宣和六年（一一二四），故置于此。

南宋

六　宋故崔公墓志銘

時　敏

（篆額）：宋故崔公墓志銘

宋故崔公墓志銘

康州文學時敏撰，進士仇僖朋書丹

公諱熙，字明遠，環州方渠人也。三代不仕，以貿遷爲業。父先娶張氏，早亡；再娶趙氏，别生三男。父尋亦喪。迄熙寧初，公以仲子之故，避居西岐。未久，徙南岐，爲兩當邑書吏。掌刑辟，常哀矜勿喜。克儉起家，有田十頃，屋百間，以給歲用。一朝，顧刀筆曰：「非我志也！」拂袖歸田。他日，母亡于鄉，徒步奔喪，哀毁過甚。暨禮終，諸弟以産業爲分，公獨不取，諸弟疑且畏焉。公語之曰：「吾不遠千里而來，奚利爲念？因感泣而誓，豈以爾輩前日之誤，成吾今日之短。」諸弟愧受。鄉閭服其廉且義也。遂復兩當邑。邑之東有鸑鷟山，一洞嵌深，流水泠然，唐張果先生隱居所也。提刑游師雄建祠洞側，歲遇雨暘，禱之獲應。然洞祠無額，公頗惜之。一日，率衆乞于都天。郭恩聞奏，朝廷嘉其惠，封其洞曰「登真」，祠曰「集休觀」。更數歲，再乞申命先生爲「衝妙真人」。敕誥具在，本觀掌之。真不忘神惠有如此者。

公處田里，悠然自足。以炎宋紹興元年十一月二日卒于家，享年八十有三。是歲十二月甲申卜葬于螺旋崗，以其室周氏祔焉。周，西岐人也，柔惠治内，先公十有七年終，享年六十一，生子谷。别宅李氏，生子牧。牧長而谷季，牧先公九年卒。公不令二子紹吏業，教以詩書；谷雖未顯仕，千里駒也。公性好德義，多藏經史、醫藥、卜筮之書，通其大義。常誡衆曰：「孝養和睦，畏法克家，此其福身之要也。」公春秋高，子孫喜懼，語之曰：「吾雖老，猶可享數歲，汝曹勿慮。」至卒歲，果十餘載。時以兵火亂離而横夭者亦多，公獨以壽終于家。其可驗之術，不誣于人，亦信于身也。蓋棺之日，其子谷以信士仇僖朋所録行狀，請愚爲銘。辭之不獲，乃銘之，曰：

十步之内，必有茂草。博陵崔公，毓粹邊徼。不文而儒，不武而虓。聿來岐鳳，刀筆吏調。一朝翻然，謂非賢操。東皋南畝，分甘枯槁。静念神休，力圖仰報。畏慎勤儉，德義攸好。勿宿怨怒，和睦友孝。故原財産，獨遜諸少。不取一金，器識遠到。知命有術，其驗亦妙。萬此亂離，永終壽考。卜葬高崗，松楸不老。嗚呼賢哉！爲千古道。

［**説明**］

此銘一九九一年春出土于今鳳縣張家窑，現存兩當縣文化館。碑高七〇厘米，寬五〇厘米。兩當縣李躍宏提供拓片。

宋高宗紹興元年（一一三一）時敏撰。

著録：劉瑞、楊永紅主編《兩當縣志》。

七　觀音堂摩崖（二）

佚　名

乾道元年□月初一

屯□開人

□□僧記

［説明］

據兩當縣第一中學教師張輝所提供抄件録入。摩崖在縣城北二十里觀音堂舊址，北宋摩崖石刻上方約半米處。

宋孝宗乾道元年（一一六五）刻。

八　觀音堂摩崖（三）

佚　名

乾道二年（以下漫漶不清）

［説明］

據兩當縣第一中學教師張輝所提供抄件録入。摩崖在縣城北二十里觀音堂舊址，摩崖群最右端。

宋孝宗乾道二年（一一六六）刻。

九　靈應泉記

夏世昌

邑境東南隅，遵谷六七里，地名轡水，有泉曰「靈應」。岡阜東來，西向突立一峰，峭壁巉巖，面列神龕。白楊數樹，森繞其間，大可合抱，如七星然。下有洞穴，水所自出，晝夜不舍，清洌可爱，神實司之，有禱必應，俗傳爲「旱滂泉」，其來遠矣。聞之元豐間，漕使董公文仲修建祠宇，歲久厄于兵火，今獨留題詩刻石[一]焉。厥後，神之靈異見于禱雨祈嗣者，如影響形聲，應之不差，如度量衡石，使人必信。紹興庚午，令尹董公喬年，敬神貺之明驗，閔廟貌之寖[二]隳，始復一新。加以邑民具列其事于臺府，俾聞于朝，期之錫封，以答神庥。後雖不果，然神之所以加惠一方者，則有隆而無替也。乾道己丑，勾龍公師說臨宰是邑，念香火不可不嚴。一夕感神夢，從民之請，命羽衣楚大義領祠事。大義既至，則傾囊橐增葺其所未備。顧規模雖不能盛麗，然殿閣齋館無一闕者。嗣師陳久道繼之，興修之念益勤，抑欲大有以建立也。紹熙四年秋，世昌竊禄來此，得聞神之有功于民，歷歷可考，心雖加敬之，而未嘗身履其所以然者。歲在甲寅三月，偶因官事之暇，挈眷屬，以嗣續之艱乞靈于神。且知一念精誠，以手掬水，神必賜之以奇石；苟惟不虔，則茫無所得。于是祝香洞前，信手一探而得其二三焉。嗣後實諧所願，因以印證乎前聞，而敬且信矣。嗚呼異哉！久道來乞文以爲記，余未能道其詳也。姑以所聞神驗本末之梗概，與參世昌所以蒙神之休者，信然不誣，故記之，以昭示神之靈顯佑助，不可不敬者如此。

〔**說明**〕

以秦武域《兩當縣志》爲底本録入。

宋光宗紹熙五年（一一九四）立。原題下有「宋夏世昌邑令」六字。夏世昌，淇水人，時任邑令。

著録：德俊《兩當縣新志》，張維《隴右金石録》。

〔**校記**〕

〔一〕石，原作「在」，蓋二字模糊形近而誤，今正。

［二］寢，原作「寑」，形近而誤。

一〇　丁焴碑

佚　名

（上缺）［旹］［一］丁焴（下缺）

（上缺）夫開封（下缺）

（上缺）［興］隆之景（下缺）

（上缺）［孫］（下缺）

（上缺）［嘉定］（下缺）

［説明］

據兩當縣志辦公室主任曹建國所提供照片録入。碑名酌擬。韓博文、陳啓生《隴南風物志》之《靈官峽張果老洞》中言：「近年在登真洞附近發現北宋政和二年（一一一二）提舉秦鳳等路，常平等事魯公《題登真洞詩》殘碑，南宋嘉定（一二〇八—一二二四）時殘碑。」所言嘉定時殘碑應即此，似當時尚有其他殘片可看出立碑年代，今搜尋無果。則此碑可能立于宋寧宗嘉定年間。今據以補「嘉定」二字。

丁焴，「焴」亦作「煜」，《玉篇·火部》：「焴，同煜。」階州福津人，南宋寧宗年間文武兼長的抗金名將，官至太常寺丞。

［校記］

［一］旹，僅存下半部，故擬補。旹爲「時」之異體字。

一一 敕賜净巖院砌法堂基階記

釋寂空

比丘寂空伏念：夙叨佛蔭，令預緇流，承先師之基業，受檀越之供養。雖懷慚愧於深心，尚寡殷勤以報德。兹者［適］值年饑歲饉，時歉風［雨］，［僧］固不自揆觸事無能，抽捐自己看轉處所得，身分蠅頭薄利，命工鑿石修葺。受業敕賜净巖院安衆佛地金田，表余誠意，寧辭軀役，豈畏身貧？專爲圓成祖師累年撥土恢棟之基塹，仍以修殖後代萬載成熟步躡之階梯，以此毫福回施一切。仰覬天龍八部，咸益威光；王臣宰輔，俱崇禄位；師僧父母，果滿三祇；信士擅那，行圓六度；法界有情，同成佛果。時當春季大段艱難，米每壹升計錢貳道半，麵每斤計錢叁道，遇此時年，聊記歲月爾。

聖宋紹定二年歲次己丑五月旦日比丘寂空志

本院受業法眷師兄僧照宜賜慧敏大師、前本縣表白寂鑑、寂静，師姪僧應緣、應覺、應正、應禧，師姪孫僧善能，助緣施主衆鞏辰、王宗祐、張世傑、陵伯賢、李勝非、郭益、孫安昌、王嗣祖、孫思明、楊順、楊世忠、孫安道、童行、朱善威、鞏善福、楊善脩、王善用、張善和、張善方

石匠朱德義，男朱孝□

比丘寂空因以作頌銘曰：

時世從教景物殊，一心終不背真如。假使海山渾變異，妙理常存合太虛。

〔説明〕

據兩當縣志辦公室主任曹建國所提供照片録入。

宋理宗紹定二年（一二二九）立。碑存于魚池鄉上灘村。

釋寂空撰。

一二　重修三清閣記

佚　名

以道化感人，易修功行。全真難□□□□，□□道行，舉世造希夷之域。功行未著，玄門鮮了悟之人。惟能全道行于一身之□，以之□□□□□入聖超凡，非得道之士疇克爾哉！嘗攷之仙傳，清河之孤言積行而登仙者□□□□□罕有之，自子房興漢之後，弗顧萬鍾之禄，弃人間事，欲從赤松子游，而託于神仙矣。□□後有丹□術者，本太學書生，遽廢士業，乃學長生之道，得黄帝九鼎丹法，丹成服之□□子王長白日而超昇。

自漢之後，張氏之仙流不絶如縷。至大唐時，有張果者，不知何許人，道〔行〕□□，□名□□□□□□□處非常，或寓恒州之條山，或在趙州之石橋，或隱徽州之鸑鷟，山腰有洞，號曰登真，□□□□，〔乃〕養浩之所。居此歲月甚多，出入往來。晝則剪紙作驢以代步，夜則將紙驢摺于篋笥之中。□□□此印于石上。武后聞之，遣使促召，僞死不赴。後玄宗以禮來聘，肩輿入宫。屏氣不〔言〕□□，□出鐵如意〔將〕齒擊落，以藥傅齦而齒再生。先生之術，可謂奇矣！搛吕洞賓、韓湘、〔李鐵拐、曹國舅、藍采和〕輒〔白日駕鶴〕飛〔升〕之後，蕭條仙境，誰尾紅塵？至宋宣和年間，黄冠孫洞達乃□□□□□人□□□□□□□□此洞以遇異人，每以詩篇自適，不求聞達，施藥濟人。兩蒙宣召，賜號觀妙大師，□□□□。金明昌六年，凝陽董先生，女直人也，偶遇正陽、純陽、海蟾□□師之，曰：「汝前世曾在徽州登真洞修行。」海蟾故賜號曰「凝陽」。此四真之顯迹，其于飛昇，歲月具□□□矣！

粵自坤輿革命，天落聖朝，日彰玄教。歲在辛卯，王旅南征。此洞屢經兵火，堂殿廊廡焚蕩一空，盡爲瓦礫，田野荒凉三十餘年，人烟絶迹，豺虎縱横，聞者莫不盡心。甲辰年冬，秦亭陳侯父子欽承王命而來，創立徽州，焦心勞思，出給家糧，撫綏兵事，愛育黎民，規畫街坊，重修宫觀。不數年間，漸仍舊貫。于辛酉年有党、侯二先［生］□□東來，拜謁□陳侯，曰：「欽聞治境有鸑鷟名山，乃洞天福地，僕等况師盧公真人［臨飛升囑余曰］：『登真境界即前生事也。若我拂袖，歸山之後，汝等有能勉力復開此山，可歸投□□國之父子，必能爲汝等辦此。』」侯撫掌而笑曰：「［盧公真人］亦嘗與予話及，［予］屬意久矣！但公務繁劇，未暇及此。詳子之言，正契予心。□子之力，恐難任責。」二子愀然再拜稽首，復告侯曰：「望公周成，福報無盡。」［陳侯］欒然從其所請，敬承□□，親領駐丁，仍率二生直抵山下，芟除荆棘，斫伐林柯，發見故址，覩真人舊□儼然如昔。侯頓首再拜，不覺手舞足蹈，徑留二三壯丁，支給糇糧，日加修葺。鄉社人民，聞侯之命，朋來輔翼。未幾，□□重建三清寶閣，彩繪諸真，像儀一時復新。吁！易荆榛之地，復聞鐘磬之聲，使洞府之間還見□□□□，若非陳侯始終篤意，經之營之，則真人之古迹亦幾埋没矣！今聖境重修，天休荐至，不特增陳侯之壽筭，日熾而日昌，抑將錫陳侯之子孫，愈榮而愈貴！幸真人陰相之！

中統五年歲次甲子正月吉日重修鸑鷟山登真洞。住持道人元係隴州（中缺）真人門弟子，係秦州天水縣人氏黨德吉立石。侯德吉（中缺）生陳益道，□□□□全真道人陳志玉刊，道童梁□童、□順童，百户李卞，

（上不清）□□□撰。兩當縣令李□，縣□□大海、□□宋顯捨石

（上不清）陳□聰，同知節度使康□□

（上不清）□徽州同知節度使事康□□，□□□□趙添奇

（上不清）觀察使長官元帥陳□□

（上不清）府長官元帥陳禄□建

［説明］

據兩當縣志辦公室主任曹建國所提供照片與抄件録入。

蒙古中統五年（一二六四）正月立。初立于兩當縣鷟鷟山三清閣，現存兩當縣博物館，碑座已佚。該碑首身相連，圓首，下端出榫頭；通高一二〇厘米，寬六五厘米，厚一〇厘米。

著録：《隴右金石録》。

一三　登真洞

王　俞

偶因公事便，仙島亦追游。鷟鷟名猶在，丹砂事已休。雷聲驚石皷，瓊乳洴靈湫。便覺塵凡迥，超然物外儔。

［説明］

以秦武域《兩當縣志》爲底本録入。

王俞，宋代兩當縣令，見秦武域《兩當縣志·志人·職名》。

一四　題立禪林寶塔記叙

佚　名

題立禪林寶塔記叙

維大明國陝西鞏昌府徽州兩當縣重石里天門後川，陽山西域寶峰院，雲平山觀音堂，自唐朝年間，古迹道場，後于景泰五年，開山爲記。後叔性因景泰入山養道，思慕無常，應勉續立佛達願，幾度霜起，不見諸祖。立于山間林下，自慕禪機，修心煉性，光前絶後。問般若，月朗清風，重念古松一十八歲，坐陀歸空而去，如夢一場。乃徒乃孫，發心捨財，依從建立寶塔爲記。伏混沌未分，天地古賢無極于永；森羅萬象，乾坤世界包含之大，日月之正也，無塈之恩也。又依神農軒轅，儒教以窮理性，釋教明心見性，道教（下缺）。

大明弘治十四年己亥月乙未日建

［**説明**］

據兩當縣文化館李躍宏所提供抄件録入。兩當縣志辦公室主任曹建國亦提供照片及説明。

碑記所在之石塔位于雲屏鄉棉老村西溝峽組。石塔共東西兩座，此爲東塔上碑文。石塔由蓮瓣形塔座、鼓形塔身、石圓盤、蓮瓣形承露四角上翹形塔刹壘砌組成，各部分均由石塊雕刻而成。東塔上半部分被毁，僅存下半部。

弘治十四年（一五〇一）建。

一五　雲屏觀音峽棧道摩崖石刻（一）

佚名

正德九年十一月十二日，重修橋，義深引領。王普名揚昇李福元招

［説明］

據兩當縣志辦公室主任曹建國所提供資料録入。

明正德九年（一五一四）鐫。

雲屏在兩當縣南部，當大殿山之東，是省級生態風景區。歷史上是入川的蜀道之一，在屏河沿岸發現不少古棧道遺迹。沿雲屏而上，經過土地峽、觀音峽、西姑峽，人稱「雲屏三峽」，全長一百餘公里，其中壁立千仞、緑峰雄奇。方圓四百多公里，有各種珍稀名貴樹種，飛瀑、古迹、寺院等景觀不少。有多處摩崖石刻。

一六　高縣令生祠碑

田瀾

存目

［説明］

張維《隴右金石録》載：「兩當高縣令生祠碑。在兩當舊學署，今存。」

秦武域乾隆《兩當縣志》載：「明高騰，河南伊陽人，正德乙未來知縣事。……民甚德之，立生祠于儒學之左，兵部職

方主事長安田瀾爲之記。」據兩當縣志編纂委員會《兩當縣志》，高騰任兩當縣令在正德十年（一五一五），十三年（一五一八）離任，則立碑應在正德十二年（一五一七）前後。

一七　創修玄帝廟記

李　某

邑人李撰文

豫東商人王書丹

玄天上帝，北極威靈。于道爲金闕化身，在釋氏號無量壽。按《皇明英烈傳》，我太祖奮迹淮泗，夢許金殿，□今武當山形勢貌像稱峻耀焉。雖隆勳（中缺）史未悉，而天下名山實式憑之遠邇，朝獻實嚮往之神亦尊矣（中缺）武應科、王受、辛□等，每歲如楚武當進香，有感靈異，乃思（中缺）祀。卜置興歸里，陳得其荒山地一段，價俱在契，東至熟地，西至（中缺）李進忠地，前修玉皇閣一楹［中有崇臺，建祖師正殿三楹［（中缺）三楹［門旁鐘樓一楹［兩廂南靈官殿一楹，廚房二楹［北藥師佛殿一楹，外空地并道人李長白□准，荒地俱爲長住。起工于萬曆□□十九年六月，循山涉水，採積土木，時歷數載，人更二傳，良（中缺）僉就朝禮。茲武登山，武登禮，武登川，武登高，康寧□又不（中缺）伶人、賤工效力輸財，成厥美事，亦爲善之一機也。宜碑［以志之］。

天啓元年季春吉旦立石

修廟人武添壽、王氏，男武□□、武□□、武□□，孫武登川、登高，重孫（下缺）

焚香道人（下缺）

［説明］

據兩當縣第一中學教師張輝所提供釋文校録。據張稱，碑殘，碑陰爲《重修祖師廟碑記》（見後）。

天啓元年（一六二一）立。

一八　史衛墓表

康　浩

存目

［説明］

張維《隴右金石録》載：「户部郎中史衛墓表。在兩當縣，今佚。」

《兩當縣志》載：「史衛墓表，嘉靖時康浩所撰。衛字康齋，以舉人歷官知縣、通判，擢户部郎中。」

一九　安居羅侯德政録序

李　達

天下治忽之政，吏治司其半，何也？吏治汙隆，關民生休戚。爲政者惟公與直，庶幾舉之。蓋「公生惠，直生廉」，此《管子》語也。先是「格例」二字湮没才能，英雄因之沮氣者有之。邇來仰見朝廷令甲，破格用人，清華之選，業見之啓事，今而後真才能可彈冠起也。按《漢記》如荀郎陵者，以儒術飭吏治守，官多善狀，而忠言直行，尤爲最著。漢廷命史官籍其名，爲郎陵侯相荀淑。縣令得稱侯相，自郎陵始。是忠直不負令，令亦不負忠直也。

不腆下邑，向來烹鮮者視爲弾丸黑子，可卧而理，舉一切城池錢穀與民間極疲、極弊之處，附爲固然。謂張之恐駭、仍之似無害者，獨不曰「琴瑟不調，取而更張之，乃可理耶」。噫！蓋難言之矣！

乃者邀帝之眷，得借我侯臨莅。甫下車，正值[二]流寇入蜀，萬户皇皇。侯首議築城修武備，腕敝心枯。既傳冦退，即以民生一痛一痌抱爲喘息。門以内，霜雪以勵；門以外，春温以膏。實心實政，神君慈母之頌，在在口碑。邑人士身享寧宇，耳而目之，月而日之，美迹歌咏，彙集成帙，問序于余。余不佞，謝不敏，不可。《詩》云：「民之秉彝，好是懿德。」不佞猶之蒸民也，可無説而處于此？因思平日與侯晤言，談及馬役之疲，侯髮上指，曰：「馬户何居？名曰和募，實勒報也。鄉市等瘠，强弱稍異，奈何于强之漏而弱之勒也！」苦心條陳，剷之始無害。又談及截糧，侯亦忿然曰：「收户視十甲，路人耳！甲有逋，記收何故焉？前法必之代。稍逡廵，譬如玷几，手如蒲槌，髁如折鐲。彼逋者方箕踞意得，甚是惠奸而仇良也，奚忍！」即痛禁，永著爲令。其忠言直行如此。

大率侯爲人識練襟高，精神舉體，守潔故法行，心誠故動物。龍泉之鋒，試之一毛于蕞爾也乎？何有此特其一斑者，轉盼考成，吾儕小民，當不知如何淪浹也。異日卓異飛騰，首膺聖明殊遇，不佞且拭目企之。其復邑人士之索，以此總之，見秉彝之好，有同然也夫。

［説明］

以秦武域《兩當縣志》爲底本録入。

原題下有「明李達御史」五字。李達，時任御史。

著録：德俊《兩當縣新志》。

［校記］

［一］值，《兩當縣新志》作「直」。

二〇　登真洞題詩

馬在田

其一

洞口烟霞五色文，洞深一竇杳難分。桃花亂落澗中水，芝草自生石畔雲。去去白驢何日返，寥寥石鼓幾回聞。誰人傳得長生術，我欲相從一問君。

其二

先生衹説朝元去，一入天台路不還。故竃空餘灰[一]洞在，真丹不與世間傳。春風笑傲鶯花界，雲水逍遥蕩漾天。仙去仙來人不識，江湖朝市總超然。

［校記］

［一］灰，原作「烣」。「烣」本「恢」字異體字，此處誤用爲「灰」字異體。

［説明］

以秦武域《兩當縣志》爲底本録入。

馬在田，明代兩當知縣，見秦武域《兩當縣志·志人·職名》。

二一　［游］果老洞有感

佚　名

□□□□□客流，此心識破百［年愁］。［水波］分派隨明月，石鼓虛［設］□□□。鸑鷟山頭春鳥集，乾□□□□□求。登臺未問丹［房事］，□□□□□□□。

［説明］

據兩當縣志辦公室主任曹建國所提供照片録入。

碑殘，拓片已收録，可參看。

二二　嘉靖摩崖

佚　名

嘉靖年□□□□

［説明］

據兩當縣第一中學教師張輝所提供抄件録入。摩崖在縣城北六十里范家臺子對子石，當太陽前川村。

二三　五絶殘句

佚　名

（上缺）多少千名客，登臨到［日］曛。間（下缺）。

［説明］

據兩當縣志辦公室主任曹建國所提供照片録入。

碑殘，拓片已收録，可參看。

二四　建廟殘碑記

佚　名

承嶺人王志榮謹義恩［起］

爲修，施捨資財，建立善□民居業，恩右有感□。天地神靈永佑，祈保信士子孫平安，户右清秦□。（中缺）福以矣。且以居心施捨（以下漫漶不清）。

（上缺）地山雷神廟□□捨資財錢五十串文整，叩獻。具善功信士人樊［耀］榮、室人湯氏。

石匠唐元貴

（上缺）四月初八日建立。首人（人名漫漶不清）

［説明］

據兩當縣志辦公室主任曹建國所提供照片録入。

碑殘，立碑年份無考。據碑的風化嚴重情況，姑置于明末。

二五　元山净持寺摩崖石刻

佚　名

其一

獨坐泊山静，［野］寓［難］見鳳。獅子來啖犯，了了人間夢。

其二

三十年前古□苔，三十［年］後圓明□。□遁獅子朝天吼。

其三

右看［青］龍界，蒼蒼名山有。野［柳］舞婆娑，松竹老梅［古］。

其四

如來原□郅。西方景近悦，□來□□難。

其五

俗弟子本［邑］生員羅□□，羅□□（後漫漶不清，并有剥落）

因進（下缺）

□□長者劉景耀

［**説明**］

據兩當縣志辦公室主任曹建國所提供照片録入。刻石年份無考。據其風化狀況推測，姑置于此。

元山爲雲屏景區内之地，有一村，名元山村。

清

二六　重修廟學記

李衡星

文廟宸擻，龍興屏樹，文壁天馬，峆岈左右，間古柏蒼翠，若環拱而來揖也。其前故道河，一碧數頃，自泮水而西，曲流瀠洄，肖泗水之佳致。慨自巢巾煽亂，官署民廛付之楚人一炬，僅存廟學一區耳。危立空城，淪入草昧，岌岌乎其傾圮，血食將隳。不得已，遂遷夫子位于堡樓，上無以稱神栖[一]，下無以儲生徒。丁亥臘月，侯來牧是邑，謁神于矮屋，驚顧錯愕，即有修建之舉。時上夫夫爲重地，需材孔亟，借冠[二]者三，未果所願。庚寅之夏四月，獲抵是治，周視廟學，遂集衆僉謀曰：「廟與學，葺治正在今日，過此則西金月畢，不將歸烏有！」先捐俸金數鐶，隨以大義勉諸生，願生徒各將乃心嗣是。日計日謀，不憚其煩；時督時省，不厭其苦。材必取其永久，用必植其堅完。施不拒諸傭作，物不鄙諸細微。前歲四月始事，今四月告成焉。神位几案，肅然畢具；學階露臺，巍乎是崇。丹垣有繚，甬道斯闢，用雖未加乎初，事可聿如乎舊。至踵事而成厥志，其後之君子與諸生，復睹文物威儀，雜然稱曰：「廟學久湮草莽，一旦神明妥矣，聖道崇矣。儕輩苟能蓄其業于有永，大以襄朝廷，廣以隆祀典，久安長治，夫天下將在斯與？是可無傳乎？」轟然礱石，督余記之。余因泚筆書焉。侯姓郎，諱熙化，字太和，遼海廣寧人。士民頌曰：「節義著武都，事業滿隴右。」作史者必書之，余可無志也？第高其修廟學一事，以勒不朽云。時順治八年秋八月[三]。

［**說明**］

以秦武域《兩當縣志》爲底本録入。

順治八年（一六五一）立。原題下有「國朝李衝星」五字。李衝星，富平縣人，時任兩當縣教諭。

著録：德俊《兩當縣新志》。

［**校記**］

［一］栖，《兩當縣新志》作「棲」。

［二］借冠，當作「借寇」。「借寇」乃典故，語出《後漢書·寇恂傳》，乃挽留地方官吏之義。何遜《哭吴興柳惲》詩：「霞區兩借寇，貪泉一舉卮。」

二七　羅公墓碑

蔣大震

存目

［**說明**］

據德俊《兩當縣新志》收録。

順治十一年（一六五四）立。

《兩當縣新志·人物》載：「羅世錦，字煥之，兩當人。天啓壬戌科進士，授臨淄令，調蓬萊。治行卓卓有名，擢監察御史，代巡山右，興利除弊不少。崇禎甲申及難。國朝順治十一年知縣蔣大震爲志其忠，列于墓。」，按：羅世錦卒于明崇禎十七年（一六四四），至清順治十一年（一六五四）兩當知縣蔣大震爲其立碑，可知羅氏遇難後當歸葬故土，故存録。

二八　唐通祖母碑

徐起霖　蔣大震

存目

［説明］

據德俊《兩當縣新志》收録。

《兩當縣新志·名宦》附「流寓」載「唐通，未詳其籍。微時，游于嘉陵江上，遂寄居，葬其祖母。後爲定西侯。徽州牧徐起霖、兩當縣尹蔣大震爲立碑，買置墓」，今存目于此。

二九　黄疙瘩摩崖石刻（一）

佚名

谁知林葉脱秋黄，蛛網影裏相難藏。山前一片風月地，且公從今不漏陽！

嚞本人

［説明］

據兩當縣志辦公室主任曹建國所提供照片及抄件對校録入。

黄疙瘩爲雲屏生態景區的地名，其處亦有一村，名「黄疙瘩村」。參前《雲屏觀音峽棧道摩崖石刻（一）》説明。

嚞音沓，疾言也。

三〇　黄疙瘩摩崖石刻（二）

法船[一]石

李登科，雲喜據，李成。

荒山西至松树嶺，东至青龍頭，南至大路，上至山頂，四至分明，并無粮農，儁囨[二]知音。

【説明】

據兩當縣志辦公室主任曹建國所提供照片及抄件對校録入。

【校記】

[一] 法船，原作「汯舡」，係異體字。

[二] 儁，音「道」，用爲「道」字；囨，音「嚁」，此處用同「咄」，表示用力之聲。

三一　黄疙瘩摩崖石刻（三）

説法[一]臺

【説明】

據兩當縣志辦公室主任曹建國所提供照片録入。

【校記】

[一] 法，原作「汯」，係異體字。

三二　黄疙瘩摩崖石刻（四）

文殊崖

［説明］

據兩當縣志辦公室主任曹建國所提供資料録入。

三三　黄疙瘩摩崖石刻（五）

林葉滿山黄，生死游无常。南北誰住處，东西任他忙［一］。

佛地甚麽人？住［此］宗親知。衆善人作證，永爲同□□。

大清國順治十八年立

［説明］

據兩當縣志辦公室主任曹建國所提供照片及抄件對校録入。

清順治十八年（一六六一）刻石。

［校記］

［一］忙，原作「鋩」，應是「忙」字之誤用，今正之。

三四　黄疙瘩摩崖石刻（六）

朝陽洞

滿山慧水，崖佛金連[一]。滿山滿嶺，滿園仙景。
滿山無踪，慧水無迹。
朝陽洞誰談？且道滿山仙。影落在何處？這裏□□□。

［説明］

據兩當縣志辦公室主任曹建國所提供照片及抄件對校録入。按照片和抄件的格式，「朝陽洞誰談」一句在「崖佛金連（蓮）」之下。懷疑上部四言的三行共六句是一篇，第一行下的一句五言與末尾的三句五言是一篇。四言一篇不押韵，五言四句押覃韵。今加調整。

［校記］

［一］連，應爲「蓮」字之誤。

三五　黄疙瘩摩崖石刻（七）

□黄子慣[一]用這個把柄。甚麽道人（以下漫漶不清）。

［説明］

據兩當縣志辦公室主任曹建國所提供照片及抄件對校録入。

［校記］

［一］慣，原作「貫」，當係借用。

三六　重修董真庵碑記

史生貴

（篆額）：重修碑記

重修董真庵碑記

昔唐柳子厚云：凡物美不自美，因人而彰。愚則□物固有之境，□□□□，天下之［名］勝概多矣，如□、華、嵩、□、五指、雲台諸名山，姑不遑論。□語兩色，若丹穴與仙洞天開，與大夫花園春色之宜書，嘉陵晚渡之樂，琵琶賦晴嵐，龍洞歇□湫，迄今相□不□□，孰非因人而彰厥美也？然此已獻當□榮興□□，雖□攬之西不生其慨，可慨者□。兹董真庵，一境去縣□餘里，峙□東□□□，真人錬汞處也，大不與百華榮形□勝，小不與丹穴諸景齊名，□岔幽谷之中，上有崇峰峻嶺，洞有激湍清流，野芳發而風香，嘉木楊而□□，朝晦夕暝，變態之狀，四時之景，無不可樂。登探者往往以美之弗彰爲嘆焉，然而□□□□貞觀之元年，再□于明成化之末世，其山之鍾□，卒不以□彰厥美爲損也。第流冠興燹後，殿宇□□，□□莫不心切補之，而未遇其人。歲在丙子，有全真羽客曰清澄，其徒曰□李游踏至此，目擊心賞，□面本墻之，會首募□□之□□，其癸□脱各捐資力，不□□而匠事告成。余合二三知友步山□而顔之，如見金闕洞開，高□玉樓□□，錯落□□□□，乃歌曰：水不在深，有龍則靈，山不在高，有仙則名。其友曰：此山之美，今得因人而彰已。余曰：山美之因人而彰者，可寧秋此爲然哉？□此境而抱潛德之幽耑者，可以想見其爲人矣，澄也損□而□曰作歌勒石，以□□于［不］朽，□□□爲文，不□□□。□不揣蜩技，而□爲之記，并作□句以贊之云：

層巒疊嶂四巔連，虎豹蛇龍洞口旋。雨散虹消春留記，鳥飛花放秋波鮮。崖邊古柏生虬秀，坡底牧童吹笛玩[一]。坐卧庵中真樂矣[二]，誠哉仙境異地天[三]。

時康熙三十伍年歲次丙子中秋之月上浣日，武都後學廩膳生員［史生］貴沐浴□□謹識

兩邑□學廩膳生員劉□□沐浴□□謹書

龍門丘祖門下全真道人張□□，徒董一□，任一□，徒孫□□□，道友□真悟，□□□，王□，徒張常智，□來信（以下漫漶不清）鳳縣生員李天植，施□□，□世德，陳立朝，石道，王宗善敬稽首募化

［説明］

斷碑存兩當縣楊店鄉董蜂溝村真人峪。據兩當縣史志辦主任曹建國所提供釋文稿及照片、兩當縣文化館李躍宏所提供贊語抄件對校録入。李稱碑文爲史生貴所撰。據碑文，史生貴爲武都廩生。

康熙三十五年（一六九六）立。

［校記］

［一］玩，原作「笙」，與上兩韵脚不叶。此詩當中兩聯對仗，且各句平仄也完全合于七律的格律。則第六句、第八句句末字俱有誤。「笙」當爲「玩」字之誤。

［二］矣，原作「亦」，據文意改。

［三］地天，原作「天地」，應是同「天地」常見而誤記或誤抄。作「地天」則與上「旋」「鮮」「玩」叶韵。今據改。

三七　邑侯李公德政碑

存目

［説明］

據秦武域《兩當縣志·拾遺》收録。

《兩當縣志·拾遺》載：「李坦之，濟南人。康熙三十七年任，有惠澤，民懷之，立德政碑。」李坦之，康熙三十七年至四十四年（一六九八—一七〇五）任兩當知縣，此德政碑當立于其任内中後期，故存録于此。

著録：德俊《兩當縣新志·名宦》。

三八　重修學宫記

江中楫

先師孔子之廟，自國都以至郡邑，在在俎豆。蓋以禮義相先之地，人心于是乎正，風俗于是乎美，化理雍熙，國運昌明，其成效章章可考已。我皇上首重文教，崇廟祀，親釋奠，隆禮已極，所以裨益人心，挽回風俗，舉一世而甄陶之，斯足觀德化之成也。康熙己卯冬，余承乏兩當，入其邑，城幾如斗，居民數十家，合境内較之，僅以千計，蕭條之狀，不可名言。蓋當凋敝之餘，民多逃散，求所謂歌樂土而爰得我所者，無有已。謁聖廟，堂止三楹，僅設夫子十哲之位，于諸賢則闕而未備，愁焉憂之。謂居民如是，則殷富不可得而問也；學校如是，則弦歌不可得而聞也。欲求補苴，難于速效。頻年以來，一切不便于民者，亟除之。催科無擾，五年之間，户口已增二倍。遂經營夫子廟，設兩廡以安諸賢。前列戟門三間，名宦鄉賢二祠，置丁門之兩側。櫺星門外泮池，以木栅護之，其東別立三楹爲啓聖祠，西三楹爲明倫堂。堂前建二門、大門。始于癸未之夏，于乙酉冬落成。計錢三十二萬有奇，邑紳士共助十三萬。重修[一]一人之力有限，而宏敞其堂、邃深其宇，不能也。夫宮墻之内，以道德爲干盾，以忠信爲甲冑，使諸生入其門，揖讓有禮，進退有方，移孝可作忠，能弟可事長，毋趨于浮，毋長其傲，則人心正而風俗美，詎有外于是與？昔韓文公治潮，潮人始知學，柳子之治柳亦然。余何敢希踪二公，而竭蹶其力，焦勞其心，或庶幾一得之有合也。故記之。後之君子宏敞其堂，邃深其宇，與此邦之人鼓舞而振興之，以無負聖天子作新之化，是則余所深望也夫！時康熙四十四年冬月。

［説明］

以秦武域《兩當縣志》爲底本録入。

康熙四十四年（一七〇五）立。原題下有「江中楫」三字。江中楫，江南新安人，康熙四十四年知縣事，其事迹見德俊《兩當縣新志·名宦》。

著録：德俊《兩當縣新志》。

［校記］

［一］修，原作「傷」，形近而誤。

三九　香泉寺記

史誠直

故道黄花，今名兩當，于縣北得香泉焉，水清而甘，自池中湧出，灌園六百餘畝。池之上，建佛殿三間，右旁有印月軒，前對元武臺，後接西塘嶺，南望文山之巔，北連椒園之水，異景錯出，不可勝叙。是水也，尤長于煮茗，有清心明目之功。池邊古柏森然，亭亭獨秀，池内魴魚數尾，游觀者每暢覽焉。邑之紳士，培以薔薇梅桂等花，又置太湖石于山門之内，真卓然勝境也。夫有形勝之地而不得極勝之文以咏之，殊爲憾事。故邑宰冷公題其門聯曰：「泉脉初開，百里桑麻資德水；神光普照，萬家烟火仰慈燈。」又有「一泓秋水鑑臣心，一泓止水走晴雷」之句，斯文之美，真堪絶調。而予師閤翁教學于此，亦嘗有示諸生之作。嗟乎！有少陵之詩，而無東坡之畫，則猶是天之愛道、地之愛寶而不足以盡其勝也。長歎之餘，方恨無畫，而幸有詩。久之，始悟詩中之有畫。因作是記，并録其詩。

［説明］

據德俊《兩當縣新志》録入。碑文中言「故邑宰冷公題其門聯」云云。據《兩當縣志》，乾隆二十八年（一七六三）有廣東人冷文煒爲兩當知縣，則此記亦當成于乾隆二十八年或稍後。

原題下有「史誠直邑人」五字。史誠直，兩當人，清代貢士。

四〇　新開永利渠記

秦武域

兩當城北里許，有泉曰「香泉」。泉之西南，兩山相讓，中爲溝曰「窑溝」，袤可二三里，流水直東下，與香泉水[一]合。當夏秋際，猛雨時行，水輒肆犇，爲田廬害，乾隆乙酉爲甚。余于丙戌來攝是邦，職當除害興利。因步履其地，集二三父老而語之曰：「此方山圍水澄，木欣花娟，若廬于斯，田于斯，聚族于斯，既安太平之福，復享林泉之美，樂可知矣。且平疇雲連，禾嘉苗良，以視樹藝于木石之泐、收穫于虎豹之口者，歲獨豐若，亦幾忘帝力矣。民之寧，吏之願也。玆胡爲甲第而傾仄勿壯耶？胡爲綉壤而犖确不治耶？若獨安乎不安，而胡爲竟安之耶？今與約，明年其理之。」越丁亥春二月，歡欣子來，畚鍤鱗集，遂開渠以達于河。事蕆，復進父老而勞之曰：「一泓瀠洄，掩暎于垂楊、垂柳間，景既佳，水宅其壑，無任横流，園舍不災。利斯溥，諸父老其有力與？庶寧居矣，可名曰永利渠，願父老之長安也。雖然，居諸無窮[二]，猶願諸[三]父老之利其利耳。若諸父老其志之。」時乾隆强圉大淵獻律中姑洗蓂飛之八日，曲沃秦武域紫峰記，錢塘屠文焯書[四]。

〔説明〕

碑存兩當縣香泉寺。碑高七〇厘米，寬一一一厘米。

乾隆三十二年（一七六七）秦武域撰。秦武域，曲沃人，舉人，乾隆三十一年八月任兩當知縣。

著録：秦武域《兩當縣志》（題「永利渠記」），德俊《兩當縣新志》（題「永利渠記」）。

〔校記〕

[一] 水，《兩當縣志》《兩當縣新志》皆脱。

[二]「願父老之長安也。雖然，居諸無窮」，《兩當縣志》、《兩當縣新志》皆脱。

[三] 諸，《兩當縣志》《兩當縣新志》皆脱。

[四]「時乾隆……屠文焯書」三十一字，《兩當縣志》《兩當縣新志》皆脱。

四一　皆山堂記

秦武域

廣鄉[一]官寺左遍[二]有廢圃，亭已去而泉不來，竹直梅横柳垂，自拔于蔓茨間。四顧隴蜀諸山，帶繞屏張，超睥睨送青而入。余試政之六月，剔穢釃壅[三]，相其舊址，築堂于上。既成，四山環拱而落，因摘《醉翁亭》語以名。夫承天子命，傭宰百里，不思戴星宣化，與民更新，乃務搆造、營觀游，如職何？雖然，永之「新堂」，滁之「豐樂」，扶風之「喜雨」，古之人有行之者，則又何也？蓋造物與人相待者也。其或名都綉壤，山輝川媚，飛亭曲榭，都人士點綴其中，覽不隨意，爰謀改作，視平其巧，視陋其麗，民疲費縻，令獻洲天然面目，總歸烏有。既目荒而志淫，日忘公而私娱，是造物者之爲人纍也。若乃嵐拱澄圍，介在幽僻，白雲時栖，明月相印，雖秀色之撲人，恒鬱結而未申。忽睹一翼然者，可憩屐齒，以延清景，以鬯地靈。佳景既開，民氣和樂，耳目丕新，是人之大有造于造物也，是古人之行也。方今海内寧謐，萬里臣服，奥區野氓，其沐浴雨露也久矣。乃者十日一雨，三農有慶，歡欣鼓舞之象。田廬改觀，而斯堂以築。試觀斲椽而不畫棟，文窗而不綉闥，而山突如，而泉瀏如，而卉木欣如，亦儉亦雅，俗安吏閒，是順造物之樂，而非侈情于其間也。吾知斯地、斯民與斯堂日就于新，共優游于太平之宇矣，是「豐樂」、「喜雨」之流風也。予之築又烏可以已哉？矧夫山椒半隴畝也，春秋曉夕，登于堂，蒼翠萬狀，倏而農謌，倏而樵唱，叱犢犁雨[四]，荷畚拾薪，天時之豐嗇，民事之休苦，觸于目而會于心，則瞻眺流連，職亦在焉。將有得于柳子之楷法者，誰謂不在于皆山之堂！

［說明］

以秦武域《兩當縣志》爲底本録入。

乾隆三十一年（一七六六）秦武域撰。

著録：德俊《兩當縣新志》。

［校記］

［一］鄉，《兩當縣新志》作「香」。

［二］遍，《兩當縣新志》作「偏」，是。

［三］釃壅，當爲「灑塵」。

［四］雨，當爲「田」。

四二　千佛洞碑文

佚名

（碑額大字）永垂萬古

（碑額小字）倒江寺至介：北水渠、東大山嶺、南濫柴堮、西大溝。

［古往］今來，凡爲良因，必勒碑録［名］，非所以要譽而揚其善者也，蓋將以勵世之賢者而動其樂善之心耳。今□□千佛洞左右仙迹照映，下有倒江寺回龍繞抱，二佛洞似若天降杍鐘，迥異尋常山寶，寔是蓬萊洞府。［今］我□樂助，共結良因，兹則神威浩蕩、慈悲普照。刻立碑記，啓發後賢，愈爲勗助其美，洞府神威

更彰，分翰□□□。是爲序。（以下主事及捐款人名略）

大清乾隆五十二年，山主謝□禮、鄧濤□、蔣振□、□友德、□登位，主持道周、雲山仝立

［説明］

據兩當縣志辦公室主任曹建國所提供照片録入。

清乾隆五十二年（一七八七）立。

四三　重修香泉寺記

羅　暲

香泉寺不知昉自何時，雍正三年，傾頽將盡，僅有菩薩一像。衆姓始謀重建，添塑諸尊，至乾隆十年工竣。蓋久廢復興，若斯之難也。乾隆壬午，宋氏捐其近寺地爲香火資。冷邑侯因砌泉爲池，創印月軒及僧舍山門，具有顔題。嗣是相仍日久，風雨侵蝕，未稱瞻禮之敬。今年癸丑首春，少府汪廳尊首議修葺，請于白邑侯，并謀之喬師尊。李副府首捐清俸，使會内人共襄斯舉，遂募捐四十餘金。刻日鳩工，逐一完繕，粧施金碧，粉飾牆垣，無不焕然改觀。實少府公之倡始有以成之也，以崇福地，以繼前休，以壯觀瞻，烏可以不記？

［説明］

據德俊《兩當縣新志》録入。

乾隆五十八年（一七九三）立。原題下有「羅暲邑人」四字。羅暲，乾隆己卯科舉人。香泉寺，《兩當縣新志》載：「在城西北里許，山下出泉，冬温夏凉。康熙二十七年，居民因造觀殿于其上。乾隆二十六年，署知縣冷文煒大加修葺，爲殿三

楹，内坐觀音，而奉鐵佛像于前。鐵佛者，舊在寺前溪旁。相傳古者溪水夜漲，居民聞呼救聲，群起拯之，得一鐵佛立像，如所謂接引佛者。置溪旁，乃取與觀音同奉焉。其泉則自殿中地下引至廊外，磚甃爲方池，復從池下暗引至寺門外，鑿石爲龍口，泉從噴出。居民乃引以灌畦。又于寺内殿旁增修僧房三楹，鐘樓一座，爲一邑勝地焉。乾隆五十八年重修。道光十四年紳民重修。」

四四　青龍寺碑文

佚　名

（碑額）同結善緣

嘗謂修福者，固無事不踴躍而力矣，豈以廟宇爲神聖享祀之區，而有不盹然共賜。覌音寺者乃古迹名刹，有龍蟠虎踞之勢，奇峰峻嶺之形，真神聖持夙之所也。□之浩浩，視聖威之岩岩，不忍坐視。今因貧僧于客歲冬方至其境，睹其形而廟具廢，即□未備，獨力难持，特糾仝众神人等大發鳩工，直椄兩廊，并刻四偈可以賊壯意而□□□□。今以□□仁人長者不吝□□，共勷其事。今以所修萬歲牌是以爲序。住持僧法性□□應焉。鄧光才各謝間華，（後略，均爲捐獻者人名）。

大清嘉慶九年歲次甲子月建

［**説明**］

據兩當縣志辦公室主任曹建國所提供照片、釋文稿及説明對校録入。

碑現存兩當縣雲屏鄉黄崖村張山組青龍寺前，高一三〇厘米，寬七〇厘米，厚一二厘米。

四五　重修城隍廟碑記

韓　堦

兩邑屬《禹貢》雍梁之交，周合梁于雍，爲雍州地。春秋戰國，羌戎所居。秦爲隴西郡地，漢故道縣，屬武都郡，而城隍廟固已有之。歷代以來，且修且圮，不可勝紀。自有明嘉靖年間，殿宇重整，始建鐘鼓二樓。國朝康熙甲午，更爲補葺，輪奐燦如。夫然後對越之下，洞洞屬屬，而心志以肅。奈歲久日深，風雨岌岌以動盪之，而廟貌頽然，或陷或壓，始不足以安神靈。莅斯土者，瞻拜之餘，每爲浩歎。邑之父老僉曰：「傾圮若此，誠兩邑之耻也，是不可以不亟修之！」于是鄉城遠近，紳士商民，踴躍捐輸，奔走恐後。乃選吉日，召工師，登築削平，丹堊漆髹，後殿則崇以麗也，兩廊則宏以敞也，鐘鼓樓則高以整也，戲樓則爽以塏也。由是，向之雀鼠穿突，榱桷蠹腐，蓋瓦級磚之漫涣不鮮者，焕然改觀。既備乃事，孔曼且碩。經始于嘉慶己丑春三月，落成于丁卯冬十月。邑人咸喜，謂宜奉牲勒石，囑予爲記。予謂管蠡之測，不足喻穹蒼之高；爝火之光，不足語日月之明。夫以蕞爾小邑，介在邊陲，攝乎徽山鳳水之間，風尚渾噩，雨暘時若，民無疵癘，而百穀用成何？莫非神明默佑之力，初無俟予之鋪張揚厲爲也？况今聖天子首重明禋之典，自京畿州郡縣衛，大小内外，各安土主，莫不處事，以堂以室，悉饗悉當，故兩邑雖小，而臨保實赫濯焉。《詩》曰：「神之格思，不可度思，矧可射思。」則是舉也，豈僅爲都人士屬耳目、壯觀瞻已哉？抑亦彰善癉惡、樹之風聲、爲人心風俗之防云爾。嘉慶丁卯冬十月吉旦。

〔説明〕

據德俊《兩當縣新志》録入。

嘉慶十二年（一八〇七）立。原題下有「韓堦邑人」四字。韓堦，兩當人，恩貢。

四六　新建廣香書院碑記

周邦倚

嘗考《周禮》鄉、鄙、邑都皆有學，此後世義學、社學、書院所由昉也。而《王制》所載，司徒耆老各分司其事，尚賢以崇德，簡不肖以黜惡，故立有選士、俊士、造士之典，移左、移右、移郊，移遂屏之遠方之文。蓋于教化之中，即寓刑賞之權，亦以見教民之道與治民之術，未可偏廢也。兩當于秦爲故道縣，歷代因革不一。以其爲秦蜀捷地，雖彈丸小邑，名勝爲多，其間人文秀出，杜子美嘗游此地，題咏幾遍。國朝來舉于鄉者，僅二人。余莅任兹土，見其民剽悍尚氣、好訟輕生，欲化其俗而不可得。因思文翁治蜀，大興文教，而民漸歸禮讓。兩當與蜀接壤，風氣殆近之。查邑乘，城北向有書院，爲育才之所，年久傾圮，基址半爲民間侵占。因按圖丈量，清釐其地，捐廉創建，興工于二月十六日，落成于六月二十七日。講堂三楹，左右兩堂、齋房各三間，門廳一所，左右房二，共計十四間。外設厨房，周圍繚以墻垣，横直各十八丈。外豎牌樓門以爲總鍵。正廳坐乾巽兼丙丁向，背倚華林峰，面朝大夫山，四山環繞，青鬟翠黛，薈萃其中，雲烟變幻，朝夕景色無窮，亦足以助文人勝致也。但膏火不充，向有地租約五十千爲書院之費。余以二郎壩場頭升斗歸之經理，每月所出，以爲課期奬賞飯食之需。因欲多設膏火，攝篆日淺，有志未逮，後之君子增益而擴充之，庶乎教養兼備，禮樂之興幾于刑措。此余所以冀望于斯民，而願後之君子相與有成也。是爲記。

［説明］

據德俊《兩當縣新志》録入。

嘉慶十六年（一八一一）立。原題下有「周邦倚邑令」五字。周邦倚，南豐縣人，舉人，嘉慶十五年任兩當縣令。

四七　娘娘廟碑

佚名

（碑額）萬緣同歸

蓋聞善徒人績，福地天將亦□者。張胡溝，原係古道，上通泰鞏，中通鳳邑寶鷄，下衛漢沔，往來絲關之津啓者□。皇上拾一年仲春三月中浣，十六日雷雨暴發，山崩地裂，洪水横行，古道□□，往來行［人］，個個悲傷，人不□□□□□□，士公議，商量躊躇，工程浩大，獨力難成，叩請文武大人，臺前□給印□□。

特授兩當縣正堂加五級宣力□□紀録三次徐□施銀三十兩。

特授兩當縣儒學正堂加一□級李施銀拾兩。

陝西兩當縣城守營經廳加一級陳施銀拾兩。

特授兩當縣督補廳加一級羅施銀拾兩。

督工承領總頭□有信士帥熊華等募化（以下捐錢糧姓名數額略）。

龍飛印承之嘉慶拾陸年

歲［貢］李佩玉，石泉縣人，嘉慶十三年七月任。

［說明］

據兩當縣史志辦主任曹建國所提供抄件及照片（局部）對校録入。

清嘉慶十六年（一八一一）立。碑高一四六厘米，寬七二厘米，厚一一厘米。

四八　重修明倫堂碑記

李佩玉

堂之設，由來久矣。自乾隆戊辰重修後，迄今六十餘載，牆頽瓦解，棟折榱崩。余莅任，即有志復修，以歲歉不果。辛未，國公下車視學，睹其狀，遂指堦前柏曰：「有此樹，以公濟公，則一半工費足矣，詎可令大厦之覆耶？」于是定價出售，嗣以請修聖廟撥項助工，并得紳士樂施。十二月興工，五月落成。其基前移數丈，而文氣更覺團聚。其堂稍減數尺，而體段亦復宏闊。猗歟！庶幾前業克繼，學校之觀瞻亦壯也。後起者誠能隨時補葺，則豈但百年之鞏固已哉？至所有樹價捐資及工料之費悉列于碑陰。

嘉慶壬申上浣

［說明］

據德俊《兩當縣新志》録入。

嘉慶十七年（一八一二）立。原題下有「李佩玉」三字。李佩玉，石泉縣人，歲貢，嘉慶十三年任兩當縣訓導。

四九　兩邑蕭翁墓志

韓　堦

（碑額）皇清

蓋聞木必有本，水必有源，源之遠者流自長，此固一定不易之理也。兄蕭翁昆玉，醇風樸茂，義氣敦篤，友于之情施于家庭，忠孝之實達于上下，以至睦宗族、□□里、禦兵荒、賑貧乏，足然有太古遺風，誠邑中君子哉！伯膺鄉飲仲選，木鐸叔列軍功，其餘功名，指日可期。爰有當道紳君、異域商客，嘉其善、揚其美，贈送匾文，群相慶賀。而蕭氏兄弟因慨然曰：「物本乎天，人本乎祖。彼今日之冠帶以榮我者，原非我等之德，皆我祖宗在天之靈爲之呵護者也，可不亟思所以表彰之乎？」于是星馳縣中囑余爲文。余以伻來，自慚鄙陋，固辭不允，遂爲之志曰：

蕭氏，古之世家也，名公巨卿代不乏人。奈世系云遥，難以枚舉，即間有可陳者，亦苦于無徵而不信。故與其鋪張揚厲，何若質言之爲深切著明耶！今竊憶之，自我朝定鼎之年始居兹土，孝友傳家，忠信待人。其子若孫誦詩讀書、務農講武，祖宗之丘墓左昭右穆，而三代之靈爽實式憑焉！傳之奕葉，如覿面而語也！夫何至有時異勢殊之感、荒烟蔓草之傷哉！是爲志。

曾孫（七人，名略）玄孫（九人，名略）祥耳孫（六人，名略）奇叩石。

嘉慶十九年歲次甲戌冬十月二十七日

史部候銓儒學訓導年家弟韓堦撰

［說明］

碑嵌于金洞鄉火神廟村磚砌碑亭中。碑亭正面雕額「積厚流光」四字。據兩當縣志辦公室主任曹建國提供的抄件及照片對校録入。

清嘉慶十九年（一八一四）韓堦撰。

五〇　重修關帝廟獻殿記

韓　堦

獻殿者，是集義所生者也。義在則情生，情生則義無不舉，蒸蒸向善，非沽名邀譽也。關聖大帝忠義千古，廟堂崇祀，標臣節之大綱，立人倫之正道。我朝神功顯助，驅逆伏魔爲尤著。今雖新建山門，而獻殿頹然，觀瞻不雅。因之衆義勃生，凡心存一忠義者，未嘗不以忠義之聖神爲依歸也。以爲殿宇不修，忠義似未能振也；香火不盛，忠義似未能彰也。在帝君之忠義，殿愈舊愈古；而吾人之忠義，殿不新不安。兹欲補葺，亦惟義所在而已。衆義一舉，工已告竣。《易》曰：「敬義立而德不孤。」其斯之謂歟？是爲記。

歲在嘉慶二十一年五月穀旦

［說明］

據德俊《兩當縣新志》録入。

嘉慶二十一年（一八一六）立。原題下有「韓堦」二字。舊關帝廟，《兩當縣新志·建置志》載：「在西街外，委署西，嘉慶二十一年重修獻殿，左爲龍神祠，右爲火神祠。道光十八年紳民重修。」

五一　雲屏觀音峽棧道摩崖石刻（二）

佚　名

（首題）濟衆

履險若夷

蓋謂後川堡，兩邑有名之境也，天門河上下必由之衢也。奈中有澗谷道，地勢險而深淵多，往來者恒有所阻。吾等不安，約問高菓，□□財□□路，更修木橋，爲得人人而濟，每人而悦。兹者功成告竣，是爲之志名，以垂不朽云。（嚴任王吴，陳熊周唐，林朱韓彭，劉袁向陶，楊李黄戴，杜謝蔣何，歐蒲張閻，馬魏樊羅，蕭章田鄭，曾馮柳蘇，石趙蔡吕鹿文等四十六姓一百二十七人）

嘉慶二十一年九月初八日立

［**説明**］

據兩當縣志辦公室主任曹建國所提供資料録入。

清嘉慶二十一年（一八一六）鐫。

五二　雲屏觀音峽棧道摩崖石刻（三）

佚　名

天下太平

［**説明**］

據兩當縣第一中學張輝所提供釋文收録。

石刻位于雲屏觀音峽棧道摩崖石刻（二）之左，年代不詳，姑置于此。石刻之右刻有一隻鳥，張輝認爲「鳳凰與字組合祥瑞圖寓意太平吉祥」，隴南武都區、西和縣、成縣、康縣、徽縣、宕昌縣均有山名曰「鳳凰」，因此張輝之説可信。

五三　雲屏觀音峽棧道摩崖石刻（四）

王□

移天録。王□

［**説明**］

據兩當縣第一中學張輝所提供釋文收録。

石刻位于雲屏觀音峽棧道摩崖石刻（一）之左，年代不詳，姑置于此。

五四　嘉慶磚刻

韓　堦

大清嘉慶二十二年□修正殿、獻殿，貢生韓□□年，殁年五十七歲。□年動□貢生韓堦志。

［**説明**］

磚雕，現藏兩當縣博物館。據兩當縣志辦公室主任曹建國所提供照片録入。

清嘉慶二十二年（一八一六）韓堦志。

五五　王氏門樓石刻楹聯

佚　名

（門額）：（前）嘉慶己卯（中）耕讀傳家（後）卯月吉日

智水仁山榮吉第，瑶林玉樹焕人文。

（門左右磚牆柱有四字）：壽、貴、福、輝

［説明］

石聯今存兩當縣太陽鄉太陽村王德萬家。兩當縣文化館李躍宏、縣志辦主任曹建國分别提供照片。

嘉慶二十四年（一八一九）刻。

五六　岳仕崇墓志

王克嵩

（碑額）：百代流芳

（碑正中）：皇清待贈謚醇謹裕後岳公諱仕崇老大人一位之墓

墓志

且自兩儀既奠，天地以分，人同天地，三才分明，生死常路。祖籍以來[一]原係湖廣麻城縣，傳于三世者[二]，後適于四川，南江落葉，墳塋葬于祖舍垻。復遷南邑毡帽山，四代人氏，遥至祖公之派情。原吾父岳公諱仕崇，原命生于乾隆庚辰年十一月十二日吉時，係四川北道保寧府巴州中，在城鄉一甲，地名清渠溝瓦窑坪，生長人氏，享壽陽光六十歲，殁于嘉慶二十四年己卯九月二十八日吉時，在于陝西甘肅省隸秦州兩當縣後川堡重石里六甲，地名落葉于放馬坪火地溝口，告終卜葬于龍王廟下首大坪、杆立、辛山乙向兼西[三]分金。葬者佳城，金星開穴，吉地安身。憶父在之日，誨爾諄諄，置業耕讀，示諸子以勤儉爲懷，禮法森嚴，誠教有方，少長咸集，温恭朗秀，閥閲門地[四]，而庭闈之最順，和睦閭里之鄉鄰，數行端莊。不外乎此碑碣，固重于萬古、長存于千秋者矣。以啓後嗣，子孫螢螢[五]，瓜瓞綿綿，考識傳聞于墓志云爾。是爲序。

始祖岳祥禄。監生岳之綏，文進士岳之震，武進士岳之酉，岳之榮。

故伯祖父：岳珠，岳璉，岳瓊，岳珅，岳珩。

故叔祖父：岳龍，岳晏，岳偉，岳胡，岳珍。

孝婿：王學聖。孝孫婿：周見仁，宋江，啓祥。

四川渠巴邑庠生王克嵩撰，邑襟弟王常清書。

故高祖岳永貞，故高祖岳永泰。故曾祖岳俸林，嚴氏。叔曾祖岳桂林，岳儒林。

故祖父岳寬，石氏、楊氏。伯祖父吏員岳廣，劉氏。叔祖父岳玒，劉氏、陳氏；岳玟，陳氏。

故伯祖：生員岳斌，岳典，岳瑄。

故伯祖石琳，蔡氏。故外公陳永柏，馮氏。故姑爺冉琛，岳氏。

故胞伯：岳仕國，趙氏；岳仕明；岳仕華，田氏；岳仕模，周氏；岳仕相；岳仕權；岳仁[六]富，冉氏；拔員岳仕本。胞伯岳仕林，蔡氏。堂伯監員岳仕貴，馬氏；廪生岳舍義。

哀妻岳陳氏。胞姐王岳氏。

胞侄岳忠。長房，龍張；二房，群王；三房，文劉、武何；四房，選；六房，才何、魁、仁龍；八房，臣、星；九房，榜、寅。

蔡氏。

孝堂侄岳忠。長房，琴徐，碧林，鳳，奇、王氏；三房，元、譚氏，華。内主侄劉勝，奇祥。孝男：岳忠泰，劉氏；岳忠洪，張氏；岳忠胤，陳氏；岳忠斗，嚴氏。孝女么女。

孝孫男：岳文榜，岳文緒，岳文榮，岳文玉。

孝侄孫：岳文清，李氏；岳文魁；岳文才，張氏。

孝孫女：長娟，辛娟，桂英，珍秀。

匠師黄順龍、張明同造。

御極嘉皇之二十五年歲在庚辰仲春月中浣吉旦

（護碑亭爲飛簷方亭，其四面亭石柱上皆有楹聯。）

（亭前柱楹聯）：

（額）：萬古佳城

千年俎豆騰龍甲，萬代衣冠起鳳毛。

（亭後石柱楹聯）：

（額）：山明水秀

辛山乙向千年盛，兼酉分金萬載興。

（亭左石柱楹聯）：

亭成先後青雲奮，偈[七]建聯科甲第開。

（亭右石柱楹聯）：

千山聚秀歸遂宗，萬徑分流兆德輝。

〔説明〕

碑存兩當縣廣香院。碑高一六〇厘米，寬九一厘米。

嘉慶二十五年（一八二〇）王克嵩撰。

〔校記〕

［一］以來，二字當衍。

［二］「者」字或爲衍文，或爲「之」之誤而與下「後」連讀。

［三］西，當爲「酉」。「辛山乙向兼酉分金」乃風水學術語。

［四］門地，當作「門第」。
［五］螢螢，當作「縈縈」，喻子孫繁衍不斷。
［六］仁，當作「仕」。
［七］偈，當作「碣」，圓頂石碑，此墓碑形質正爲圓頂。

五七　創修文峰碑記

韓塘

文運之盛衰，雖曰人事，豈非地脉哉？念兩邑自歷代以來，登甲第者亦不乏人。即我朝説輔羅公于順治庚子、康熙癸卯兩中副榜，亦越乾隆癸卯、丙午兩科，羅闇齋先生叔侄相繼爲孝廉。此固由培育之多材，亦未必不發祥于地脉也。嗣後數十餘年，賢士寥落，鼎甲無人。稽之人言，合之輿論，咸謂地靈人傑，有補斯完。于是闔學商議，以補地脉。奪造化之功，轉山色于眉睫；藉人力之巧，立文筆于巽峰。則地脉一補，雖不能獲效于目前，亦庶幾有裨于後學也。况乎文章事業，一縣之風氣攸關，而東南地脉之聳秀，又多士科第之所由。今幸功竣，則爲崔嵬，爲崒嵂，倚天拔地，欣瞻巽位之超特，曰俊士，曰髦士，銀榜金書，快睹文昌之永麗矣。歲次上章執徐昭陽協洽吉旦。

［**説明**］

據德俊《兩當縣新志》録入。

嘉慶二十五年（一八二〇）立。原題下有「韓塘邑人」四字。韓塘，兩當人，恩貢。

五八　修新街文昌樓序

周顯志

巷曰「新街」，别乎東西南北而言之，蓋有望于維新之意焉。前距東城門數武，古有牌坊，額題「月路雲關」，言大而意微，姑不暇深究。第風雨傾頹，至乾隆五十年間，創修文昌樓閣，以祈福佑，以培地脉。由兹巷居之人日衆，亦媲美于大街矣。然街石低昂，行者歎息。于是重修，不日功竣，遂將輸金姓氏泐石焉。是爲序。

［説明］

據德俊《兩當縣新志》録入。據碑文中「至乾隆五十年間」云云，是嘉慶時代人口吻，則碑立于嘉慶年間（一七九六—一八二〇）。

原題下有「周顯志邑人」五字。周顯志，兩當人，清代貢士。

五九　修路碑記

佚名

千秋永垂

（上缺）今有南天門荒□□路道，原係徽兩鳳沔各□鄉鎮紙札□具鐵廠農器之局，俱□立多年（下缺）

［説明］

據兩當縣第一中學張輝所提供抄件録入。

道光二年（一八二二）立。碑現存兩當縣雲屏鄉化坪村上化組泰山與雲屏交界處的南天門下山神廟内。

六〇　重修文昌宫碑記

趙　英

聞之《祀典》曰：「有功于民則祀之。」夫欲祀之以酬其功，則必棟宇之以安其神，修飾之以壯其觀，此固歷代以來崇德報功、立廟致祭之本意也。至若帝君受敕者頻仍，加祭者數次，非其功之浩大，而何以有此獻享也？是故一十七世，布大化于民間；九十七化，著元功于天上。而其所最著者，服藥而亡，奉君命也，忠莫忠于帝君；負水而出，救母生也，孝莫孝于帝君。正宜完宫殿以彰其德，崇閎閈以廣其化，始遂神人之意焉。乃不謂日積月纍，風雨侵淫，壞牆垣，露法相，倒屋脊，成净土，遂令萬丈光芒，竟成斯文掃地。斷絶七曲路，豈徒滅大洞之良規；不開方便門，亦并毁寶籙之成法。即人人有性，不碍真修；而俗眼無知，必須見像。是以因會中之積纍，造寶殿于金方；勸大衆之樂輸，起法身于兑地。壬午興工，甲申告竣。雖賴衆姓之力，實由帝君之靈。爰勒諸石，以見帝君忠孝之功固大，而萬世仰資于無窮也。道光歲次甲申仲夏月敬撰。

［**説明**］

據德俊《兩當縣新志》録入。

道光四年（一八二四）立。原題下有「趙英邑人」四字。趙英，兩當縣人，歲貢生。

六一　重修關帝廟碑記

韓　塘

關聖帝君者，護國裕民，誠當今一大福神也。廟在西街，由來已久。自乾隆三十年間重修，于今七十餘年。載考前模，非不塗金堊綉；奄觀遺迹，幾成圮宇頽垣。况帝君之于聖朝，驅逆伏魔，既屢顯夫神力；而聖朝之于帝君，忠義仁勇，亦迭封以嘉名。春秋祟祀于斯，朔望焚香于斯。即邑之客商里民，求其保佑財源者，亦無不于斯。是帝君廟之在城中，更非在鄉鎮者比也。兼之左厢龍神祠、右厢火神祠，皆爲風雨消蝕，若不及時修理，甚非所以答神庥也。爰集四街會首，并各行中商議，急爲修理。幸喜善男信女，無不皈依。金錢長物，不惜銖兩；百千施捨，福田無問。客商士庶，或捐涓流于巨海，或分升斗于太倉，各種善因，共襄盛業，募化得一千數百餘金。修大殿五間，獻殿五間，寢宫三間。規模視舊日稍濶，雕刻比昔時極細。于丙戌二月興工，丁亥九月告竣。此一舉也，神人胥悦。則自兹以往，有不受福無疆者乎？是爲記。

［説明］

據德俊《兩當縣新志》録入。

道光七年（一八二七）立。原題下有「韓塘邑人」四字。

六二　重修藥王廟碑記

趙　英

竊聞殿宇所以寓神，固宜高其閎閈，崇其垣墉，則神安而人心亦安矣。兩邑之有藥王廟，由來舊矣。中藥王，左配牛王，右馬王。各建奇功于昔年，乃貽妙像于後世。隨時致祭，略展微忱。即《禮》所云「有益于民則祀之」者也。奈世遠年湮，蟲鼠蠹其瓦礫，風雨傷其墻垣。顧兹殿宇，頗患傾頽，于是大啓願思，欲加修葺。因延四街會首，共議重修正殿、獻殿，以答神庥。但地瘠民貧，既非一人之力可就；而零星聚米，必賴大千之功乃成。爰疏短引，廣募善緣，闔邑中官員紳衿并鄉城内外客商、善男信女，共得布施肆百餘金。于戊子八月動工，己丑八月告竣。行見星簷飛翠，一新鐘磬之音；斗拱流霞，大壯郡邑之色。殿宇輝煌，綿亘千載；神形燦著，香火萬年。

［**説明**］

據德俊《兩當縣新志》録入。

道光八年（一八二八）立。原題下有「趙英」二字。

六三　泰山碑記

趙　英

（中鐫大字）皇清國子監太學生李諱昶敬立。

□之積纍□厚□□而不可遏者，時也。因自然之上大化□之□□□，□也。即創□□□□□之守持者，事也。時雖□乎天，而必有得乎天者方能積久，而愈□□則□乎地，而更有資于□者，爲之中立而不朽。至于事之得失利害、吉凶榮辱，惟人有以主之，亦□有因時制宜、依勢作合，方能著百代之宏功而不見其散也。□者昶實不材，讀書十有餘年，上不能有光于祖宗，中不能獲悦于父母，下又不能貽謀于子弟。空思木本水源，依日月之遷流，傍山水之生戕，謂之爲人，可乎哉？然而人［力］不可以勝天，苟能不失天時，不隳地勢，則其中作爲之事，亦大略可知矣。緣昨歲仲冬□監令已近于一周，爲之□天時之善，度地勢之宜，發前龍，依舊□，不增不減、不凋不華，負重陽之氣對少陰之方，西北不滿以金補之，東南不□以風和之。庶乎年愈久而滋快，歲更長而益發，可預爲期之也。至於山甲之向背，祖宗之分派，前□已明，兹不復贅，識者過此，諒不笑其鄙陋云。

（以下小字漫漶不清）

吏部候銓儒學司訓貢生□□趙英撰

道光八年歲次戊子冬十月初一日沐手敬立

［説明］

據兩當縣志辦公室主任曹建國所提供照片及抄件對校收録，個別文字有校改。

清道光八年（一八二八）立。趙英撰。

六四　皇清嚴禁賭博碑

佚名

（碑額）：皇清嚴禁賭博

（上缺）嘗謂：「方以類聚，物以群分。」蓋必居祖所典，乃以相觀而善。昔藍田吕氏，約東鄉里專氏，過失相規，德葉[一]相勸。千古以來，想見（中缺）乃明廷首禁。栗子坪、龍岩溝、觀音堂一帶地方，村墟寥落，每多游匪賭棍，往來其間。而窩賭者喜占便宜，又從而招摇勾引，聚賭者許（中缺）［壞］人心，敗風俗。公同具禁，請于邑侯，賞准出示，照得招場聚賭上千（中缺）縣，莅任以來，屢經密訪嚴禁，盡法究治。兹擳鄉約蘇大珍等公同稟，稱栗子坪、觀音堂一帶尚有外來賭棍，串通地本[二]居民，引誘惡氓窩賭，閣利大（中缺）石，以垂永久等情，前來合再□切，曉諭示禁，爲此示，仰鄉保以及士庶人等知悉。自示之後，爾等□各舉，務以家桑爲先，毋以誘煽賭者爲事，倘有仍以前（中缺）或經約保稟送，或巡差查拿，□將本境窩户以及外來賭棍按律究辦，決不稍寬。再有外來游方僧道并丐乞等衆，不許三五成群，訛占惡討。本縣先以出示曉諭，若不（中缺）許爾鄉保百姓等搏拿送縣，大法懲治，斷不稍事姑容。詎購保如敢串通陷匿，一經發覺，均干重究不貸。各宜凛遵毋違，等因奉此。竊思君子令行于上，小人從□于下（中缺）邑侯杜匪□，全善良，若是其深且遠也。不特日前沐其雅化，即後嗣子孫，亦皆感戴靡涯矣。并集同里，擇日立碑，凡我土著浮居，尚各永遠凛遵，以無負邑侯之至意焉。詎（下缺）。

署兩當縣正堂加三級、紀録五次鄭

特授兩當縣督捕□加一級魯

署兩當營經廳加一級李

蘇大珍出錢伍百文，何貴出錢壹千文，吴正明出錢壹千文，王德萬出錢壹千文，劉正文出錢壹千文，王李出錢壹千文，許大祉出錢八百文，智先隘出錢八百文，王福生出錢六百文，董世魁出錢六百文，張蛟雷出錢三百文，王守富出錢二百文，許岳魁出錢三百文，武生降德美出錢一千文，保（下缺）。

楊□林出錢三百文，邱長榮出錢二百文，張文焕出錢二百文，蔣德坤出錢二百文，張□榮出錢二百文，張百文。

百二十文，張九成出錢一百五十文，石中一出錢一百廿文，劉仲出錢三百文，李考出錢一百文，侯世榮出錢二

廷錫出錢三百文，□有出錢三百文，李正常出錢二百文，胡滿出錢二百文，韋□進出錢二百文，陳永貴出錢一

薛具才各出錢一百文。

　　李天福、楊魁、艾廷貴、何丙一、楊朝元、鄒宗聖、劉文貴、朱大濟、傅重武、陳廷明、王貴、白極安、

史榮華、宋玉秀、楊騰海、蔣正朝、李梅孝各出錢一百文。

皇上道光八年歲次戊子麥秋中浣吉旦

石匠徐東楊

〔説明〕

據兩當縣志辦公室主任曹建國所提供照片及抄件對校録入。

碑存兩當縣廣香院。碑高一六三厘米，寬七八厘米。

道光八年（一八二八）立。

〔校記〕

〔一〕葉，當作「業」。

〔二〕地本，當作「本地」。

六五　修路碑記

（碑額）修路碑記

□□恭□□明明、李三孝仝立

大清道光十一年三月初二日吉日

匠□永士，師□石匠□

［説明］

據兩當縣志辦公室主任曹建國所提供照片及抄件收録。碑立于廣金東河村黑潭子路邊岩石上，高四六厘米，上寬三三厘米，下寬三〇厘米，厚九厘米。

道光十一年（一八三一）立。

六六　募修道路碑記

佚　名

（碑額）萬善同歸

且向之道途平坦，是利如之，安曰二十八過漚。每致路岐之嘆，況當閭里之孔道，尤爲來往之要衝。今竹埡至柿樹垻，上通鞏秦徽兩，下至興漢二府。又至荒草峪路途峽隘，行人難便。衆人謫議後興工補砌，功成浩大，資微難成。因而募化四方善男信女，各捐資財以成勝事，化資不足今使本鎮關帝廟内錢柒千有餘。從此履道周行，咸樂無疆之福，步趋坦適，群欽盖利之仁矣。是爲序。

長生裕號唐有權，復興祥號施興，清泰生號張自明，義順公號韓德榮，三盛合號陳永國，義順公號杜發順，復興正號劉譚福，聚盛鴻號李明草，玉盛合號向國祥，三盛館賀世秀，恒順元號平杜開，以上各出錢壹百廿文。

會首：岳騰福，陳信忠，薛開祥，張鳳鸞，陳永國各出錢壹百文。

王學高，甘道喜，甘國順，周興國，余繼來，周□漢，宋文清，朱文熙，曹德重，徐太祥，何隆，施恩，施秉義，杜金秀，王武川，劉明爵，張全德，李代光，明惠量，徐來達，巫明魅，甄祖品，譚鳳海，陳盛傜，賀玥鳳，馮盛朝，朱德貴，胡元建，黄成萬，甘道海，胡重修，韓景秀（中略）各出錢壹百文。

道光拾壹年歲次辛卯荷月立

［説明］

據兩當縣志辦公室主任曹建國所提供照片及抄件對校收録。

清道光十一年（一八三一）立。碑爲青石質地，碑高一一七厘米，寬六四厘米，厚一四厘米。

六七　重修藥師佛殿碑記

馮映祥

（碑額）皇清

重修藥師佛殿碑記

粵自混沌初闢，三教輔世，而佛于是乎立焉。夫佛者，覺也，覺一切種智而使之悟也。維誕天竺，取號瞿曇，破煩惱而眉若珠火，絶埃壒而眼作青蓮，固至仁而至慈，亦無迹而無滅。佛乃萬世禪林之宗，生民之庥也乎！故我亮池寺在兩邑係鎮南陲，古刹勝境。初名堆金寺，易爲亮池寺，此特聞之父老、傳之高僧，相習相沿，播芳名于千古。迄今因名核實，并無金迹。基[一]且自建廟以來，□有殘篆籀可稽而證。竊意金池之名，毋乃附會其詞，以訛傳訛，未可知也。然而名不虚附，寔奚容誣？若謂悉屬謬悠之談、荒幻之説，詎古人之命名與易名悉談而無謂乎？其言金何也？金者，世之珍也，國之寶也，光輝發越，謂非山之靈瑞所洩耶？其言池何也？池者，沼也，水所聚也，魚之藪也，方塘鑑開，謂非山之精英所結耶？此理之可緣名而推，非事之確而有可據也。

若夫寺之上有山焉，突兀崚嶒，憑空崛起，古樹葱籠而蔽日，喬木聳矗而撐天，洪河當襟而如帶，石龍在足而透爪。他若環列傍圍，松成鱗而足佐觀瞻；風光掩映，槐庇蔭而俱有物色，此所以有名山自有佳景，二者固相爲表裏。抑豈獨騷人詞客把酒臨賦，凡過其境者，未有不停驂駐舫而流連于斯焉！特是殿宇甚潤，連年補葺，惟有藥師佛殿殆將顛覆，危不可支。衆會首等竊念：蒙佛錫祉，被佛陰護，安忍坐視隕越，而不思高閈閎厚牆垣以酬神恩于萬一哉！爰于道光辛卯年，所有本社居民、處士各量力助貲。建功伊始，凡土工、木工、石工、缶工、金工，共耗錢五百有餘。夫而後壯廟貌之巍峨，竭黔黎之悃愊，用是告成于神。夫功成而不銘諸石，豈第前無以彰、後無以鑒哉？思神靈亦笑人寂寂矣！余等何功，敢謂厠名其上，與此山同其不朽？愧滋甚矣！是爲序。

（楊海、張西銘等四十五位捐資者姓名略；工匠七人略）

廩生馮映祥撰書

［大清］道光十一年穀旦衆會首人等敬立

［說明］

據兩當縣志辦公室主任曹建國所提供釋文稿及照片對校録入。亮池寺位于西坡鎮西坡村西上組以北三百二十米處的平臺上。道光十一年（一八三一）立，馮映祥撰文。

［校記］

［一］基，疑爲「甚」字之誤植。

六八　賓興費記

劉　詩

兩邑士風樸茂有餘，文采不足，大抵因科名無聞，末由激勸。科名之少，又因庠多貧士，末由奮興。余官茲土，與邑人議論及此，咸願設立賓興費，以子錢作應舉路資。余嘉其善，屬老成于城鄉集腋。余與同僚捐俸，凡得制錢一百六十千緡，發典生息，自庚寅歲始。癸巳，余復措制錢四十千增之，計實存賓興費錢二百千緡，并詳上游立案，以期永久。自茲以往，有志進取之士，不患跋涉無資，其尚乘時汲古，争自琢磨，以庶幾科名日興，人文蔚起，勿負厚望。是爲記。

［說明］

據德俊《兩當縣新志》録入。

道光十三年（一八三三）立。原題下有「劉詩邑令」四字。劉詩，鍾祥縣人，進士，道光五年二月任兩當知縣。文中所言「癸巳」當爲道光十三年。

六九　重修香泉寺碑記

羅新邦

邑《志》八景，列「花園春色」而無「香泉印月」。及《新志》譜入「窑渠柳浪」，而又以「花園春色」爲古八景之一。然則是地爲風景所[一]萃之區，而益知寺之建立，由來尚矣。相傳古廟一楹，僅奉觀音一像。嗣後雍正三年重修，始廓而爲三，增文殊、普賢兩像，而立[二]銕佛于中，或云即漂[三]海觀音。迨乾隆壬午，邑侯冷公鑿印月池[四]，創[五]印月軒以及僧房等舍[六]，迄今百有餘年矣。其間屢[七]經補葺，至是而木腐瓦裂，傾頽殊甚。都人士瞻拜之餘，往往感慨係之矣。癸巳秋，始[八]議重修，而苦無資費[九]，會内舊貯銀才[一〇]一百三十六兩有零。于是募化于城鄉内外以及本社[一一]，共得布施錢二百三十餘千文。寺内柏樹[一二]四株，售金[一三]四十七緡。越明年甲午夏六月工竣。其基址[一四]、方向，皆仍古昔之舊，惟印月軒[一五]與僧房稍移後數尺耳。然[一六]方向、規模雖準往時，而氣象宏濶，工製精巧，所謂踵事增華、較勝于前此者矣。猗與休哉！用費數百而人不以爲侈，工[一七]役經歲而人不以爲勞，輸財捐金者踴躍恐後[一八]，而人不之吝，豈非是地爲一邑風景所[一九]萃之區，而實[二〇]爲大衆鍾福降祥之事也哉？爰于落成之日，勒石作志，以傳布施家之姓名，而略述寺之繇來于右[二一]。

時大清道光十四年歲次甲午林鐘之月中浣，邑增生羅新邦題并書[二二]。

特授兩當縣正堂加三級、隨帶軍功加二級、紀録五次劉詩捐銀四兩。

特授兩當縣儒學正堂加三級趙秉鉞捐銀一兩二錢。
特授兩當縣右堂軍功議叙加三級、紀録三次龐益公捐銀二兩。
門□卬捐銀一兩，陳邵氏捐銀二兩，許大立捐銀十兩。
世升當、源盛當、監元王德萬、監員徐習智、庠生羅諭各捐銀四兩。□□郭重義、生員史質直、生員邢士奇、監員薛學、生員荆世華各捐銀三兩。
生員史光祖、德盛和、公信益、公信裕、公信興、新興隆各三兩。廪生王齊家二兩五錢。耆賓李遇泰、新興益、增盛福各二兩四錢。
寥增喜、頭快班、二快班、頭狀班、二狀班各二兩四錢。生員王善世、生員陳丕烈、王善士、福德益、李振聲各二兩。
監生羅旭一兩六錢，公信魁一兩五錢，廪生羅新俊一兩四錢，農官王集家、隆春堂、新興盛、信泰店、統盛魁、長生店、李萬隆各一兩二錢。
羅運朝、慕宗仁、倉房、工房、監生寇聚財、吏房、户房、禮房、兵房、刑房各一兩二錢。

［**説明**］

碑存兩當縣香泉寺。碑高八〇厘米，寬一一五厘米。

道光十四年（一八三四）羅新邦撰。

著録：德俊《兩當縣新志》。

［**校記**］

［一］所，《兩當縣新志》誤作「薈」。

［二］立，《兩當縣新志》誤作「薈」。
［三］漂，《兩當縣新志》誤作「湮」。
［四］「邑侯冷公鑿印月池」，《兩當縣新志》誤作「冷邑侯則砌泉爲池」。
［五］創，《兩當縣新志》誤作「建」。
［六］僧房等舍，《兩當縣新志》誤作「僧舍山門」。
［七］間屢，《兩當縣新志》誤作「門樓」。
［八］始，《兩當縣新志》誤作「復」。
［九］資費，《兩當縣新志》誤作「布施」。
［一〇］貯銀才，《兩當縣新志》誤作「存銀」。
［一一］社，《兩當縣新志》誤作「村」。
［一二］柏樹，《兩當縣新志》誤作「有柏」。
［一三］售金，《兩當縣新志》誤作「共售錢」。
［一四］址，《兩當縣新志》脱。
［一五］印月軒，原作「印朋軒」據上文改。
［一六］「方向皆仍古昔之舊，惟印朋軒與僧房稍移後數尺耳，然」，《兩當縣新志》脱。
［一七］工，《兩當縣新志》脱。
［一八］恐後，《兩當縣新志》誤作「争先」。
［一九］所，《兩當縣新志》誤作「薈」。

[二二〇] 實，《兩當縣新志》誤作「兼」。

[二二一]「以傳布施家之姓名，而略述寺之繇來于右」，《兩當縣新志》誤作「以垂不朽」。

[二二二]「時大清道光十四年歲次甲午林鐘之月中浣。邑增生羅新邦題并書」此句以下文段《兩當縣新志》皆脱。

七〇　募修城中街衢及疏通水道引

莫桀新

蓋聞古者至冬乃役。農事既畢，土功其始。此言修城郭、濬溝渠之宜及其時也。況夫平治道途、開通溝瀆爲有司之專責乎？本縣承乏斯邑，下車以來，見城中街衢石塊剥落居多，商賈行旅，礙難行走，皆因東門水渠壅塞所致。每逢久雨，往往浸淫爲災。因與捕廳李維墉悉心計議，使水有所歸，則道勿致壞。值此務閒之際，亟宜籌畫盡善，先疏通而後補砌，爲一勞永固之計。通估工料之費，非百金不可。本縣首倡捐銀拾兩。凡廛居之民，既在兹土，咸食其息，分宜共勷厥功，量力捐資，知必踴躍從事、情所樂輸也。至于興工構料及收資發價等事，并不假與書吏之手，儘着公仝保舉老誠練達一二人作爲董事，晨夕切實監工，幸毋草率。是爲引。

[**説明**]

據德俊《兩當縣新志》録入。

道光十六年（一八三六）立。原題下有「莫桀新」三字。莫桀新，通州人，廩貢生，道光十六年十月任兩當知縣。

著録：《甘肅省志·卷三八·公路交通志》。

七一　重修八蜡廟及祭資生息記

李懷庚

凡祭，有其舉之，莫可廢也。余攝篆廣香，甫下車，即謁拜諸神，爲民祈庥。見所呈儀，單未及八蜡，心竊疑之。閲[一]旬餘，住持以神廟就傾，請修葺之。五月朔，親詣拈香，見廟貌傾斜。詢之，歷年并無祭。凡宰是邑者，或一瞻拜而已。向于每歲三月，間有鄉人醵錢爲賽神事，兩邑莜麥豐登。自賽廢，而屢被蟲傷，近亦少種者。余竊思《祭義》有益于民者皆祭之，考《郊特牲》，蜡之祭，自伊耆氏始。于歲十二月，合聚萬物而索饗之。主先嗇而祭司嗇，饗農及郵表畷禽獸，仁之至、義之盡也。祭坊及水，庸事也。及《周禮·春官·籥章》：「國祭，蜡則歙豳頌，擊土鼓，以息老物。」蓋古之君子，使之必報之，則敬神之禮，豈非務民之義哉？余生平于諸淫祠，概不禮，惟祀典所關，時拳拳不忘也。夫醵錢賽會，誠恐聚賭爲匪，原不准。復乃捐資十千，發商生息，作春祈、秋報費。復鳩工庀材，使廟貌一新，俾神得所依，庶幾其有以庇吾民乎？

［説明］

據德俊《兩當縣新志》録入。

道光十六年（一八三六）立。原題下有「李懷庚邑令」五字。李懷庚，朝邑縣人，進士，道光十六年三月任知縣。

［校記］

［一］閲，當作「嗇」。

七二　陳氏始祖塋碑志

陳廷楨

（碑帽）：慎厥初

陳氏始祖塋碑志

嘗聞莫爲之前，雖名弗彰；莫爲之後，雖美弗傳。第世代久遠，孤立阡磴，即不能曲盡其詳，而世系之大略，庶乎可稽焉。余既失家乘[一]，原係澄縣人氏，不知康熙何年始遷于斯。景仰前徽，貽謀燕翼，永作瓜瓞之兆，因湊其詞曰：「憶昔南來到此邊，培滋灌溉已多年。千秋宗派姑有後，一樹老椿作極先。徽邑莊基親置買，兩當田産自占便。誰知縹緲乘雲去，長傍乙向辛向眠。」是于我皇清待贈曾祖陳考諱綱大人、妣諱魏孺人之墓前，追溯事功，略表數語，令昭然弗替耳。迨相傳至我祖輩，我祖行列爲叔，與我父克承厥志，相繼亦多歷年所。迄于今。挹其芳踪兮獨存故圻，仰諸懿範兮箕裘尚留，幸游泮水兮仲膺耆儔，勒諸石碑兮永垂千秋[二]。是爲序。

玄孫耆賓廷楨、庠生廷寶，率曾孫恭儀、寬、□、俠、信、敏、惠等頓首拜□

道光戊戌年丙辰月穀旦敬立

因時而創，五世其昌。

［**說明**］

碑存兩當縣廣香苑。碑帽高一二九厘米，寬六一厘米；碑高一二九厘米，寬六六厘米；碑座高二三厘米，寬一一七厘米。

道光十八年（一八三八）立。

［校記］

［一］此句與下句意義不相承，當有脱文。

［二］此上四句突變爲頌，與上以散爲主文勢不類，中間疑有脱文。

七三　續捐贈廣香書院山長伙食碑記

德　俊

予查廣香書院，自周公邦倚重建時，籌有地租并二郎壩場規，共計錢一百零二千七百文，歸入書院。備延山長束脩、聘金、節儀及齋長、禮書、院夫工食外，尚餘錢二十四千有奇，當年議作生童獎賞之需。迨山長伙食無出，亦終非久遠之謀。今予復籌捐錢三百千文，詳明上臺立案，發典八釐生息，歲得息錢二十八千八百文，合前項地租所餘，每年共錢五十三千有奇。除山長束脩、聘金、節儀及齋長、禮書、院夫工食仍照舊規支取外，將每年地租所餘及新收息錢酌定應用。規條以垂永久，庶乎教養兼備，則禮樂由是乎興。幾于刑措，以副周公之深爲冀望，若賢材而時出，更予之所樂與觀成者也。竊意山長應延異地高明，隨時訓迪。緣山城苦瘠，出息無多，故于本邑擇其品學素著爲民望者，由齋長及庠生共薦，以爲掌教。辰入酉出，肄業者藉得師資。若有官守者兼視齋課，徒具其名，實廢其實。諸生之用功勤與惰，又豈在異地高明之師哉？《學記》云：「善學者，師逸而功倍，又從而庸之；不善學者，師勤而功半，又從而怨之。」又《進學解》曰：「業精于勤，荒于嬉；行成于思，毁于隨。」由是觀之，山長之督課，固不可不嚴，而諸生之功夫，更不可稍有間斷也。

酌定規條：

一、山長每年脩脯四十千文，節儀六千文，聘金四千文，照舊規支取外，自道光十九年九月十五日起，每月添送山長食錢三千文。

一、官課每月設定奬賞錢一千五百文，生員超等四百文，特等每名三百文，童生上卷每名一百五十文。禮房送給山長轉發，不得短少數目，倘有不敷，官爲補捐。

一、禮房承應月課，催取地租，一切未便，枵腹從事。除舊有筆資八千照舊支領，每年添給四千文以資辦公。

道光十九年九月上澣記

［説明］

據德俊《兩當縣新志》録入。

道光十九年（一八三九）記。原題下有「德俊」二字。德俊，蒙古鑲黄旗人，進士，道光十八年十一月任知縣。

七四　續增賓興費碑記

德　俊

粤稽劉公，念兩邑科名之少，由于庠多貧士，所設賓興費，甚盛舉也。第以二百千文生息若干，每遇科年，人均給錢一千五百文。竊意一勺之水，豈能濟涸轍之魚？故予于今科每人量給錢三千文，雖較已往倍增，然猶恐貧乏之士終裹足不前，無由上進也。予復添湊成三百千，發典生息，三年一科，總計息錢可得八十餘千。議定每科以五十千爲率，照人數之多寡均匀分給，庶幾有志進取者不爲盤費所拘。至于所餘三十餘千，仍存典生息，以備恩科之用并中式後會試之需。則所以爲諸生計者，可謂詳且悉也。自兹以往，各宜努力以圖上進。日就月將，勿鹵莽而滅裂；專心致志，勿有初而鮮終。况有志者事竟成，數年内必有名題雁塔、捷報泥金其人者。斯不負劉公苦心培植，而予之多方諄勸也。諸生共勉旃。

［説明］

據德俊《兩當縣新志》録入。原題下有「德俊」二字。據《兩當縣志》，德俊于道光十八年（一八三八）到任爲兩當知縣。此碑文亦當與《續捐贈廣香書院山長伙食碑記》成于同年，即道光十九年（一八三九）。

七五　重修大夫山奎星閣序

張　坰

大夫山者，邑中之勝地也。曾建奎星高樓于其上，列司禄之真形，安文昌之法座。平臨山色，千重翠黛映斜陽；俯瞰水光，一帶清流凝白練，誠兩邑一大文明象也。然莫爲之後，雖盛弗傳。自嘉慶初年補葺，迄今三十餘年，神像樓板，俱已傾頽，僅留牆壁，觀之實爲不雅。己亥冬，在州歲試，與闔學諸友商議重爲補修，無不首肯意願。遂遍告于四鄉，庶成功于一旦。待擇佳辰，高升畫棟。林烟廓霧，攬無窮之勝景于河山；户咏廬絃，收有象之歌吟于樓閣。從兹人文蔚起，瑞兆重開。不必聚螢千點，豈難窺豹一斑。願有志者共襄厥事。于庚子三月下浣興工，仲夏上旬告厥功成。是爲序。

〔**説明**〕

據德俊《兩當縣新志》録入。

道光二十年（一八四〇）記。原題下有「張坰」二字。張坰，兩當人，貢士。又據文中「自嘉慶初年補葺，迄今三十餘年……于庚子三月下浣興工，仲夏上旬告厥功成」等句，可知「庚子」當爲道光二十年。大夫山，《兩當縣新志》載：「（在縣）東南二里，唐末郡守滿存卜居于此，故名。」

七六　羊頭會規

佚名

（碑額）羊頭會規

〔民〕團商議爲□□地方事[一]□□□□□□□□□難處□，自爲□繩良者多，而人面獸心者正復不少。用是我等各〔備〕酒〔水〕立〔羊頭會〕，商議嚴禁在彼□納□□□木爲人之所有，一□〔一〕□〔至〕一草一木極細小之物，亦□□□所欲用，况明明□工□□□者，〔率〕不革故鼎新，而誘諸積習而難〔改〕哉？其共行之，特禁。

謹將所禁各款開後：

一、賭博□平，例禁所宜痛改。嗣後無論鄉市，不許招留嘓嚕面生之徒，即不通官路，要店并不許歇宿。違者鳴衆罰處。

一、種黨參寔係將本求利之事，况且我境除麥□［苞穀］雜糧外，出産極少。近有無良之流，不自行偷竊，即接買賊贓，假托［興］販黨參之名，并僞稱立查做藥之客，一究其寔，均與偷竊者和同獲利。嗣後前項□弊嚴行禁止，膽敢違者，捉獲查明，鳴團從重罰處。受賄□情者罰同。

一、地主招客，原［求］客務正業，今有類聚宵小，種種不法之事，隨所欲爲而不顧者。嗣後客中□客務必告白地主，違者鳴衆罰處。至客□有［亡］故者，尤不許私行埋葬。

道光丁未二十七年五月初一日合境立

［説明］

據兩當縣第一中學張輝所提供照片録入。碑現存于兩當縣前川一社，寬五六厘米，高一〇〇厘米。

道光二十七年（一八四七）立。

［校記］

［一］「團」上缺一字，應爲「民」字。民團組織，自明末清初已有之，民國之時延續舊習而已。當地成立羊頭會以保地方安定，屬民團職責，故由民團出面立規刻石以公告之。

七七　重修祖師廟碑記

韓文純

兩邑城東（中缺）無量祖師廟，由來已久矣。溯大明萬曆年間（中缺）國朝嘉慶九年重修，道光五年補葺，至咸豐（中缺）□□陰翳，群山拱翠。俯視城郭，平看雲霄，實邑之佳境也。若不重修（中缺）邑募化，即興工于癸丑之春，不意連□造修之，新增鐘鼓樓閣，竟（中缺）少，何以如是之緩哉？然而數次募化，得金五百餘千有奇，既盡用之廟堂，居然美輪而美奂。睹諸神之□殿，亦皆大壯而大觀。夫乃（中缺）志而究之。告厥功成，尤賴余邑□□助力者也。爰勒諸石以志。

大清咸豐八年歲次戊午仲夏吉日邑貢生韓文純撰文，增生孔照□□□

署理兩當縣知縣□右余士穀捐銀□□

特授兩當縣訓導皋蘭秦咏捐銀□□

知縣藍玉章二兩，公信益二十兩，監生張驥十二兩，幕賓喬重倫十兩，公信魁十二兩，荆淳齡十兩，幕賓武棟晃四兩，永盛祥十兩，監生張積倉八兩，門叩黄太和二兩，公信裕七兩四分，拔貢龍殿選八兩，大坪益泰隆五十兩，公信成六兩，監生楊鴻鈞十八兩，源盛當十四兩，世昇當十四兩，昌盛祥、日興魁各六兩，高裕銀五兩三分，□□隆四兩一分，永信合二兩四分，監生宋文換、從九秦啓進各八兩，監生張吉祥七兩，貢生史金五兩，監生何秀四兩，吏科余耀四兩（中缺）廪生李蕊、胡永全、監生史謂、羅諿、老人胡錦堂、永興益司農李殿魁以上七人各二兩，貢生韓文經、貢生蔣兆元、貢生龍懋霖、增生孔昭謙、生員李崇德、道會司楊教倉以上各一兩。

總理會首：貢生韓文經、貢生羅新俊、生員趙裕堂、生員降繩祖

［**説明**］

據兩當縣第一中學教師張輝所提供釋文收録。

咸豐八年（一八五八）韓文純撰文。

七八　募修道路碑

（碑額）永垂萬古

蓋聞天地之間，積善之家，必有餘慶［積不善之家，必有餘殃。有村龍□，所路道蹁嵊，河水謹[一]急，今總領、會首募化功果，修崎嶇之路，造往來善緣，但願家人□□，户户發達，是以爲序。

總領姚同陞、孫學禄、會首陳世坤、李嘉□、方明富、□景元、明大金各出四百□□□，姚□陞、姚榮陞、姚進陞、姚高陞出辦四百，劉紹福、左文太、胡廷貴、孫孝文、池應泰出辦三百文，孫□文、□□□、伍秀林、薛光禄、□藏珠、□子元、□景瑀、□作成、龍廷□、王國成、姚德陞、汪□奇、陳樹明、劉漢富、鄭雲昌、李國富每人各出辦二百文（以下四排人名漫漶不清）。

同治六年歲次丁卯六月□□日

［**説明**］

據兩當縣志辦公室主任曹建國所提供照片及抄件收録。碑立于廣金东河口白石崖下。碑高一二八厘米，寬七一厘米，厚七厘米。

同治六年（一八六七）立。

［**校記**］

［一］謹，當作緊。

七九　重修南天門大埡道路碑文

佚　名

（碑額）永垂千古

嘗聞天地間山川險隘非路道難以通行，自古南天門大埡現有形迹，年今久遠，山林叢野概行朽塌，不能行走，山岩崎嶇，彳亍阻隔，觸目長嘆，獨力難成。舉意同衆，募化四維，上下仁人君子樂施全美，共立勝事。帝君曰：「爲善是福，積德累功。」修崎嶇之路，造來往之橋，慷慨捐資，凑針成斧，萬古不朽，福緣善慶，子孫綿遠，所有金名玉字，列于後序。

張有成、周仁義等八十二人（姓名略）

大清歲次同治玖年九月初六日吉立

［説明］

據兩當縣志辦公室主任曹建國所提供照片、釋文稿、説明及两當縣第一中學張輝所提供釋文對校録入。

碑現存兩當縣雲屏鄉化坪村上化組泰山與雲屏交界處的南天門下山神廟内，高八〇厘米，寬四二厘米，厚五厘米。據曹稱，此山神廟共有三通道路碑，除前收道光二年《修路碑記》外，尚有一通漫漶不清、難以識辨。

同治九年（一八七〇）立。

八〇　西姑庵記事碑記

佚　名

（碑額）萬古不朽

（以上漫漶不清）同結善緣之士［於同治］癸［酉］七月，□□有趙德福、吉芒心，佛洞佛祖靈念，保佑衆信清吉平安，爲神仙位前大也（以下漫漶不清）。

大清同治十三年

［説明］

據兩當縣志辦公室主任曹建國所提供照片及説明對校録入。

碑記所在之石塔位于雲屏鄉棉老村西溝峽組。石塔共兩座，此爲西塔上碑文。石塔由蓮瓣形塔座、鼓形塔身、石圓盤、蓮瓣形承露四角上翹形塔刹壘砌組成，各部分均由石塊雕刻而成。西塔通高二．五米，底部周長二．六米。

同治十三年（一八七四）立。

八一　磚刻一組

□寺在先。

闕里風高，接函關之紫氣；　杏壇□□，□□□［於］諸天。

［説明］

磚刻，現藏兩當縣博物館。據兩當縣志辦公室主任曹建國所提供照片録入。照片已收録，可參看。

編者按：對聯爲趙逵夫將大小、形制、字體大小略同的七個磚塊上文字拼接而成。七塊磚内容分别爲「闕里」「風高」「接函」「關之」「紫氣」「杏壇」「諸天」。應至少尚缺三塊，或更多（以偶數增加）。

成縣

先秦

一　黃渚關文

〔説明〕

成縣黃渚鎮太山村雙崖窑的天然岩洞「大崖洞」外，有幾個古文字題刻之類，字的風格不完全一致，亦不連貫，所録二字，原爲横行，由左到右，第一字似爲「言」字之篆書，然又上穿横之第二筆。第二字似爲「愚」字，不能確定，其時代不明。今姑置之于先秦，録之以引起學者們的關注。其左下有一幅岩畫，一人張口面朝左，肋條暴露，另一人似被抓住，向右傾倒。主體人物右面臂下及二人間下部又有幾個字，不太清晰。

漢

二 西狹漢將題刻

佚名

元和二年，漢將武都太守［山］陰萬□[一]。

［説明］

摩崖題刻，位于西狹中段，東距西狹頌摩崖約一公里處的南側崖壁上。題刻高一〇〇厘米，寬二七厘米。

漢章帝元和二年（八五）題。

［校記］

［一］「太守」之下并缺文四字，前二字應爲籍貫。連下「陰」字看，缺文第一字應爲「山」或「汝」。山陰、汝陰爲縣均爲秦置，前者屬會稽郡，後者屬陳郡。其他第二字爲「陰」字之地名：漢陰縣爲北魏置，江陰縣、江陰郡爲南朝梁置，湯陰爲隋置，江陰州、江陰路爲元置。今姑補「山」字，以便進一步考證，避免讀者誤以「陰」爲姓氏。

三 武都太守李翕西狹頌

仇靖

（篆額）：惠安西表[一]

漢武都太守、漢陽阿陽李君諱翕，字伯都。天姿明敏，敦詩悅禮，膺禄美厚。繼世郎[二]吏，幼而宿衛，弱冠典城。有阿鄭之化，是以三葥符守，致黄龍、嘉禾、木連、甘露之瑞。動順經古，先之以博愛，陳之以德義，示之以好惡[三]。不肅而成，不嚴而治，朝中惟静，威儀抑抑。督郵[四]部職，不出府門，政約[五]令行。强不暴寡，知不詐愚。屬縣趨教[六]，無對會之事。徼外來庭，面縛二千餘人。年穀屢登，倉庾[七]惟億[八]，百姓有蓄，粟麥五錢。郡西狹中道，危難阻峻。緣崖俾閣，兩山壁立，隆崇造雲，下有不測之溪，阨笮[九]促迫，財[一〇]容車騎，進不能濟，息不得駐。數有顛覆霣隧之害[一一]，過者創楚，惴惴其慄。君踐其險，若涉淵冰。歎曰：「《詩》所謂『如集于木，如臨于谷』，斯其殆哉！困其事則爲設備，今不圖之，爲患無已。」敕衡官有秩李瑾、掾仇審，因常繇道徒[一二]，鐉燒破析[一三]，刻臽磪嵬[一四]。減高就卑，平夷正曲，柙致[一五]土石。堅固廣大，可以夜涉。四方老稚[一六]，行人歡悀。民歌德惠，穆如清風。乃刊斯石，曰：

赫赫明后，柔嘉惟則。克長克君，牧守三國。三國清平，咏歌懿德。瑞降豐稔，民以貨[一七]稙。威恩并隆，遠人賓服。鐉山浚瀆，路以安直。繼禹之迹，亦[一八]世賴福。

建寧四年六月十三日壬寅造

時府丞右扶風陳倉吕國字文寶

門下掾下辨李雯字子行

故從事議曹掾下辨李旻字仲齊

故從事主薄下辨李遂字子華

故從[一九]主簿上禄石祥字元祺

五官掾上禄張亢字惠叔
故從事功曹下辨姜納字元嗣
故從事尉曹史武都王尼字孔光
衡官有秩下辨李瑾字瑋甫
從史位下辨仇靖字漢德書文
下辨道長廣漢汁[二〇]邡任詩字幼起
下辨丞安定朝那皇甫彦字子才[二一]

［説明］

摩崖刻石，在成縣抛沙鎮豐泉行政村西狹之南壁。高一四六厘米，寬一五〇厘米。

漢靈帝建寧四年（一七一）仇靖書。據拓片録入。

宣統《甘肅通志》載：「武都太守李翕西狹頌，即天井山摩崖碑，在成縣。」天井山，黄泳《成縣新志》載：「縣西二十里，兩山對峙，一泓中流，昔傳有龍飛出，故曰『龍泓』。漢太守李翕開天井道，民摩崖勒銘。宋曾鞏有頌。明胡纘宗有傳。邑人汪蓮洲詩云：『絶巘有殘碑，歲林尚可考。留連不忍回，薄暮醉荒草』。」

著録：婁機《漢隸字源》，趙明誠《金石録》，洪適《隸釋》，洪適《隸續》，馮琦《經濟類編》，梅鼎祚《東漢文紀》，倪濤《六藝之一録》，岑建功《輿地紀勝補闕》，武億《授堂金石跋》，趙紹祖《古墨齋金石跋》，葉奕苞《金石録補》，翁方綱《蘇齋題跋》，王懿榮《漢石存目》，葉昌熾《語石》，翁方綱《兩漢金石記》，余新民《階州志》，葛時政《直隸階州志》（題「漢武都太守漢陽李翕西狹頌」），黄泳《成縣新志》（題「天井山摩崖碑」），費廷珍《直隸秦州新志》（題「漢武都太守西狹頌」），葉恩沛《階州直隸州續志》（題「漢武都太守李君西狹頌」），吴鵬翱《武階備志》（題「漢武都太守李君西狹頌」），張維《隴右金石録》（題「西狹頌摩崖」），成縣地方志編纂委員會《成縣志》，錢大昕《潛研堂金石文跋尾》，洪頤煊《平津讀碑記》，宣統《甘肅通志》，《甘肅新通志稿・卷九二・藝文志》，《甘肅省志・卷三八・公路交通志》。

［校記］

［一］惠安西表，此四字各本皆無。

［二］郎，《隸釋》作「郘」，《六藝之一録》誤作「廊」。

［三］惡，《六藝之一録》作「惠」。「惠」或作「恵」，「惡」或作「悪」，形近易訛。

［四］郵，《隸釋》《東漢文紀》誤作「邽」，「邽」乃「邦」之異體。

［五］約，《階州直隸州續志》誤作「納」。

［六］教，《隸釋》誤作「教」。

［七］庾，《六藝之一録》《經濟類編》《成縣新志》《階州直隸州續志》《武階備志》皆誤作「庫」。

［八］億，《隴右金石録》作「儀」。

［九］阨笮，《經濟類編》誤作「阸芒」，《隸釋》作「阨苲」，《六藝之一録》《經濟類編》《成縣新志》《階州直隸州續志》《武階備志》皆誤作「阨芒」。

［一〇］財，通「才」「材」。《成縣新志》脱。

［一一］害，《六藝之一録》《東漢文紀》誤作「周」，因摩崖「害」寫作「㝫」，與「周」形近而訛。《成縣新志》誤作「虞」。

［一二］徒，《隴右金石録》作「徙」。

［一三］析，《六藝之一録》《東漢文紀》皆誤作「祈」，《成縣新志》誤作「柝」。
［一四］磪嵬，《成縣新志》誤「磪」爲「摧」，《經濟類編》誤「嵬」爲「崑」。
［一五］致，《成縣新志》脱。
［一六］老稚，《金石録》《隸釋》《六藝之一録》《東漢文紀》《階州直隸州續志》《武階備志》《隴右金石録》皆誤作「无雍」。
［一七］貨，《經濟類編》誤作「値」，因摩崖「貨」作「貨」，與「値」形近而訛。
［一八］亦，《階州直隸州續志》作「奕」。
［一九］從，其後似脱一「事」字。
［二〇］汁，《階州直隸州續志》《武階備志》皆作「叶」。
［二一］「時府丞右扶風……字子才」以上十二句《成縣新志》脱。

四　五瑞圖摩崖

佚　名

（五瑞圖畫像）：

（榜題）：黄龍、白鹿、嘉禾、木連理、甘露降承露人。

（五瑞圖後兩行題記）：

君昔在黽池［一］，修崤嶔之道，德治精通。致黄龍、白鹿之瑞，故圖畫其像。

（五瑞圖下四行題名）：

五官掾上禄上官正字君選
□□□□上禄楊嗣字文明
□□□□下辨李京字長都[二]
记。

［説明］

圖在西狹頌之右，高一六五厘米，寬一〇五厘米。

著録：張維《隴右金石録》，洪適《隸釋》，翁方綱《兩漢金石記》，王昶《金石萃編》，洪頤煊《平津讀碑記》，趙紹祖《古墨齋金石跋》，葉奕苞《金石録補》，馮雲鵬、馮雲鵷《金石索》，王懿榮《漢石存目》，葉昌熾《語石》。

［校記］

［一］黽池，《階州直隸州續志》《武階備志》皆作「蜀地」。

［二］上二行各缺四字，乃是官職名，待考。

附録：漢武都太守漢陽阿陽李翕西狹頌跋

曾鞏

武都太守、漢陽阿陽李翕字伯都，以郡之西狹閣，道通梁、益，緣壁立之山，臨不測之溪，危難阻峻，數有顛覆霣墜之害，乃與功曹史李旻定策，敕衡官掾仇審治東坂，有秩李瑾治西坂，鐉燒大石，改高即平，正曲廣厄。既成，人得夷塗，可以夜涉，乃相與作頌刻石。其文有二，其所議一也。其一立於建寧四年六月十三日壬寅，其一是年六月三十日立也。又稱翕嘗令澠池，治崤嶔之道，有黄龍、白鹿之瑞。其後治武都，又有嘉禾、甘露、木連理之祥。皆圖畫其像，刻石在側。

蓋嘉祐之間，晁仲約質夫爲興州，還京師，得鄐閣頌以遺余，稱析里橋鄐閣，漢武都太守、阿陽李翕字伯都之所建，以去沉没之患。而「翕」字殘缺不可辨得，歐陽永叔《集古録目跋尾》以爲李會，余亦意其然。及熙寧十年，馬城中玉爲轉運判官於江西，出成州，所得此頌以視余，始知其爲李翕也。永叔於學博矣，其於是正文字尤審，然一以其意質之，遂不能無失。則古之人所以闕疑，其可忽歟！

近世士大夫喜藏畫，自晉以來，名能畫者，其筆迹有存於尺帛幅紙，蓋莫知其真僞，往往皆傳而貴之，而漢畫則未有能得之者。及得此圖，所畫龍、鹿、承露人、嘉禾、連理之木，然後漢畫始見於今，又皆出於石刻，可知其非僞也。

漢武帝元鼎六年，以汧隴西南接於巴蜀，爲武都郡，及其後始分而爲興州，爲成州。成州則武都之上禄也。鄐閣立于建寧五年，翕治崤嶔、西狹、鄐閣之道，有益於人，而史不傳。則頌之作，所以備史之闕，是則傳之亦不可以不廣也。

［**説明**］

參見《曾鞏集》，中華書局一九八四年版六八七—六八八頁。曾鞏之文并見于倪濤《六藝之一録》，許客等編《甘肅通志》，黄泳《成縣新志》，葛時政《直隸階州志》（題「漢武都太守西狹頌跋」），《甘肅新通志稿·卷九〇·藝文志》，葉恩沛《階州直隸州續志》（題「西狹頌跋」），張維《隴右金石録》，成縣地方志編纂委員會《成縣志》。

五　武都太守李翕天井道記

佚名

蓋除患蠲難爲惠，鮮能行之。斯道狹阻，有坂危峻，天井臨深之阸，冬雪則凍渝，夏雨滑汏，頓躓傷害。民苦拘駕推排之役，勤勞無已，過者戰戰，以爲大慼。太守漢陽阿陽李君履之，若辟風雨。部西部道橋掾李𨱳，[執][一]鏍鎚西坂天井山。止□入丈四尺。堅無臽潰，安無傾覆。四方賴之，民悅無疆，君德惠也。刊勒紀述，㠯示萬載。

建寧五年四月廿五日己酉訖成。

［說明］

據洪適《隸續》録入。

漢靈帝建寧五年（一七二）記。

著録：岑建功《輿地紀勝補闕》，成縣地方志編纂委員會《成縣志》。

［校記］

［一］據文意，此處所缺當爲「執」字。姑補之以便領會文意。

附録：析里橋郙閣頌

仇靖

（隸額）：析里橋郙閣頌

惟斯析里，處漢之右，溪源漂疾，横柱于道。涉秋霖瀌，盆溢滔涌[一]，濤波[二]滂[三]沛[四]，激揚絶道。漢水逆[五]讓[六]，稽滯商旅，路當二州，經用衿沮。沮[七]縣士民，或給州府，休謁往還，恒失日晷。行理[八]咨嗟，郡縣所苦，斯溪既然，郙閣尤甚。緣[九]崖鑿石，處隱定柱，臨深長淵，三百餘丈。接木相連，號爲萬柱，過[一〇]者栗栗[一一]，載乘[一二]爲下[一三]。常車[一四]迎布，歲數千兩，遭遇隤納，人物俱隋[一五]。沉没洪淵，酷烈爲禍，自古迄今，莫不創楚。

于是，太守漢陽阿[一六]陽李君諱翕[一七]字伯都，以建寧三年二月辛巳到官，思惟惠利，有以綏濟。聞此爲難，其日久矣。嘉念高帝之開石門，元功不朽[一八]，乃俾衡官掾下辨[一九]仇審改解危殆，即便求隱。析里大橋，于今乃造。校致攻[二〇]堅，窮極工巧。雖昔[二一]魯班，亦莫儗象。又醳散關之嶃[二二]漯，從朝陽之平慘，減西□之高閣[二三]，就安寧之石道。禹導江河，以靖四海。經記厥續，艾[二四]康萬里。臣吏紀功[二五]，勒石示後。乃作頌曰：

上帝禹仁[二六]，降茲惠君。克明俊[二七]德，允武允文。躬儉尚約，化流若神。愛氓如子，遐邇平均[二八]。精通皓穹，三納苻銀。所歷垂勳，香風[二九]有鄰。仍致瑞應，豐稔溶臻。居民歡[三〇]樂，行人夷[三一]欣。慕君靡已，乃咏新詩。

惟斯析里[三二]兮，坤[三三]兑之間。高山崔巍兮，水流蕩蕩。地既堉[三四]確兮，與寇[三五]爲鄰。西隴鼎峙兮，東[三六]以析分。或[三七]失緒業兮，至于困貧。危危纍卵兮，聖朝閔憐。髦艾[三八]究□兮，幼□□君。扶危[三九]救傾兮，全育孑[四〇]遺。劬勞曰[四一]稷兮，惟惠勤勤。黄邵朱龔兮，蓋不远人。閆閻充贏[四二]兮，百姓歡欣。僉曰太平兮，文翁復存。

建寧五年二[四三]月十八日癸卯

時衡官掾下辨[四四]仇審字孔信，

從史位下辨仇靖[四五]字漢德爲此[四六]頌，

故吏下辨仇紼字[四七]子長書此頌，

時石師南鄭□□字威明

［説明］

碑原在武都郡沮縣之析里，今地屬陝西省略陽縣，在該縣徐家坪鄉；後略陽縣文物部門將碑南遷略陽縣靈岩寺，致碑體斷裂。原碑高一六四厘米，寬一一六厘米。據成縣地方志編纂委員會《成縣志》録入。因原屬漢代武都，爲研究者探索方便而附録于此。

漢靈帝建寧五年（一七二）造。仇靖撰，仇紼書。

著録：歐陽修《集古録》（題「後漢析里橋郙閣頌」），梅鼎祚《東漢文紀》（題「析里橋郙閣頌」），倪濤《六藝之一録》（題「李翕析里橋郙閣頌」），乾隆間編修《陝西通志》（題「郙閣銘」，作者誤題蔡邕），吴鵬翱《武階備志》，葉恩沛《階州直隸州續志》，洪適《隸釋》，《廣川書跋》，楊慎《丹鉛總録》，顧炎武《金石文字記》，陳奕禧《金石遺文録》，顧藹吉《隸辨》，朱楓《雍州金石記》，吴玉搢《金石存》，翁方綱《兩漢金石記》，王昶《金石萃編》，《甘肅新通志稿》，張維《隴右金石録》，成縣地方志編纂委員會《成縣志》。

［校記］

［一］滔湧，《隸釋》脱，《陝西通志》作「□漏」。

［二］波，《陝西通志》誤作「汲」。

［三］滂，《隸釋》誤作「滴」，《六藝之一録》脱。

［四］沛，《六藝之一録》誤作「渦」，《東漢文紀》誤作「滴」。

［五］逆，《隸釋》《東漢文紀》作「逘」。

［六］讓，《陝西通志》誤作「瀼」。

［七］沮，《隸釋》誤作「濕」。

［八］理，《陝西通志》誤作「旅」。

［九］緣，《陝西通志》誤作「憑」。

［一〇］過，《東漢文紀》誤作「適」。

［一一］栗栗，《陝西通志》誤作「愕啼」。

［一二］乘，《隸釋》誤作「棄」。

［一三］下，《隸釋》、《東漢文紀》皆缺。

［一四］車，《陝西通志》誤作「事」。

［一五］隋，《集古録》作「隋」，注云「一作㔟」，此處「隋」即「墮」之借，皆通，《陝西通志》亦作「隋」。《東漢文紀》、《武階備志》皆誤作「修」。

［一六］阿，《陝西通志》誤作「河」。

［一七］翕，《集古録》《陝西通志》皆誤作「會」。

［一八］功不朽，《陝西通志》誤作「故巧」。

［一九］辨，《六藝之一録》誤作「拜」。

〔二〇〕攻，《東漢文紀》誤作「致」。

〔二一〕昔，《陝西通志》誤作「百」。

〔二二〕嶄，《集古録》誤作「嶄」，《陝西通志》誤作「漸」。

〔二三〕「減西□之高閣」，《集古録》脱「□之」二字，《陝西通志》脱「□之高」三字。

〔二四〕艾，《陝西通志》誤作「殳」。

〔二五〕臣吏紀功，《隸釋》《陝西通志》皆脱。

〔二六〕上帝禹仁，《隸釋》《陝西通志》皆脱。

〔二七〕俊，《陝西通志》作「峻」。

〔二八〕「愛氓如子，遐邇平均」，《隸釋》脱「子遐邇」三字，《陝西通志》作「教民如均」。

〔二九〕香風，《武階備志》誤作「春風」。

〔三〇〕「洊臻。居民歡」，《陝西通志》脱。

〔三一〕夷，《陝西通志》作「怡」。

〔三二〕惟斯析里，《隸釋》脱。

〔三三〕坤，《隸釋》《六藝之一録》《陝西通志》皆誤作「川」，「坤」字碑作「巛」，與「川」易訛。

〔三四〕堉，《陝西通志》誤作「境」，蓋以意改。

〔三五〕與寇，《陝西通志》誤作「□禹」。

〔三六〕「西隴鼎峙兮，東」，《隸釋》脱。

〔三七〕或，《陝西通志》誤作「告」。

[三八] 艾，《東漢文紀》誤作「殳」。

[三九] 君扶危，《隸釋》脱。

[四〇] 孑，《隸釋》脱。

[四一] 曰，《陝西通志》誤作「日」。

[四二]「黄邵朱龔兮，蓋不远人。閭閻充羸」，《陝西通志》誤作「充庶」［「远人。閭閻」，《隸釋》脱。

[四三] 年二，《隸釋》脱。

[四四] 掾下辨，《隸釋》脱。

[四五] 下辨仇靖，《隸釋》脱。

[四六] 此，《隸釋》誤作「屯」，下同。

[四七] 仇紼字，《隸釋》脱。

六　武都太守耿君碑

李　埜

（隸額）：　武都太守耿君表

漢武都太守右扶風茂陵耿君諱勳，字伯瑋。其先本自巨鹿，世有令名。爲漢建功，俾侯三國，卿守將帥，爵位相承[一]，以迄于君。君敦詩説禮，家仍典軍；壓難和戎，武慮慷慨。以得奉貢上計，廷陳惠康安遏之謀。上納其謨，拜節[二]上黨府丞。掌令考績有成，苻茨[三]乃胙。熹平二年三月癸酉到官，奉宣詔書，哀閔垂恩。猛不殘義，寬不宥姦，喜不縱慝，威不戮仁。賞恭罰否，畀奥□流。其于統系，寵存贈亡，篤之至也。歲在癸丑，厥運淫雨，傷害稼穡，率土普議，開倉振贍[四]。身冒炎赫火星之埶，至屬縣巡[五]行窮匱。陟降山谷，經營拔涉[六]，草止露宿，扶活食[七]餐，千有餘人。出奉錢市[八]□□，作[九]衣賜給貧乏。發荒田耕種，賦與[一〇]寡獨王佳、小男楊孝等三百餘户。減省貪吏二百八十人，勸勉趍[一一]時，百姓樂業。老者得終其壽，幼者得以全育，甘棠之愛，不是過矣。又開故道銅官，鑄作器，興利無極。外羌且末[一二]等怖威悔惡，重譯乞降。修治狹道，分子效力。□□如農[一三]，得衆兆之歡心，可謂卬之若明神者已。夫美政不紀，人無述焉，國人僉[一四]歎，刊勒斯石，表示無窮。其辭曰：

泰華惟岳，神曜[一五]吐精。育兹令德，既喆且明。實謂[一六]耿君，天胙顯榮。司牧莅政，布化惟成。柔嘉惟則，穆如清風[一七]。勤卹民隱，振[一八]阨扶傾。匪皇啓處[一九]，東撫西征。赤子遺慈，以活以生。山靈挺寶，匈災乃[二〇]平。愷悌父母，民賴以寧。

熹平三年四月廿日壬戌

西部道橋椽下辨李䣃造

[**説明**]

碑存成縣抛沙鎮豐泉行政村西狹之壁，已泐損。碑高二五一厘米，寬二一〇厘米。

據吴鵬翱《武階備志》爲底本録入。

漢靈帝熹平三年（一七四）李䣃造。

著録：洪適《隸續》，岑建功《輿地紀勝補闕》，翁方綱《兩漢金石記》，錢大昕《潛研堂金石文跋尾》，王昶《金石萃編》，洪頤煊《平津讀碑記》，葉恩沛《階州直隸州續志》，張維《隴右金石録》（題「耿勳碑磨崖」），《甘肅新通志稿·卷九二・藝文志》，方若《校碑隨筆》，成縣地方志編纂委員會《成縣志》。

［校記］

［一］承，《階州直隸州續志》作「拯」。
［二］節，《隸續》《隴右金石録》皆作「郎」。
［三］荚，《隸續》《階州直隸州續志》皆作「英」。
［四］瞻，原作澹，爲瞻之誤。《漢書・溝洫志》：「滿昌、師單等言百姓可哀，上數遣使者處業振贍之。」今據改。
［五］巡，《武階備志》作「逃」。
［六］拔涉，即「跋涉」。
［七］活食，《隸續》作缺文處理。
［八］市，《隸續》作「兩」。
［九］作，《隸續》作「振」。
［一〇］與，《隸續》作缺文處理。
［一一］勉趍，《隴右金石録》作「課趨」。按「趍」當爲「趁」字之誤，全句爲「勤勉趁時」，即勸百姓趁時耕作，勿誤農時。
［一二］末，此字原爲缺文號。按「且□」應爲「且末」。且末，西域古國名，東漢時有東移者。
［一三］□□如農，原作「□如農」，今據《隸續》補一缺文號。缺文似爲「忠懇」。《隴右金石録》作「役大小民」，去原文太遠。
［一四］僉，《隸續》作「命」。

［一五］矐，《隴右金石録》作「曜」。
［一六］謂，《隴右金石録》作「惟」。
［一七］清風，《隴右金石録》作「風清」。
［一八］振，《隴右金石録》作「拯」。
［一九］匪皇啓處，《隸續》作「□皇□□」。
［二〇］災乃，《隸續》作「□字」。

南北朝

七　鳳凰山摩崖

佚　名

漢永平十二年又修經閣。

梁大同九年

［説明］

據張維《隴右金石録》録入。

梁武帝大同九年（五四三）記。

著録：王象之《輿地碑記目》，成縣地方志編纂委員會《成縣志》。

八　楊將軍墓碑

佚　名

存目

［説明］

王象之《輿地碑記目》（卷四）載：「隋楊將軍墓碑。在州西十里。《舊圖經》載：『隋大將軍岩州總管茂陵楊氏墓碑。□祐中，州是庠取以刻文，會得他石，乃再立于將軍墓側。』」

吴鵬翱《武階備志》載：「按：是碑今已無存，成縣西十里拋沙鎮有二塚，俗傳爲氐王楊難敵、楊堅頭墓。或有一爲此墓歟？又墓碑以下多脱誤，容覓善本校正。」

張維《隴右金石録》載：「楊將軍墓碑。在成縣，今佚。」

《甘肅新通志稿》載：「此碑今已無存，成縣西十里拋沙鎮有二塚，俗傳爲氐王楊難敵、楊堅頭墓，或有一爲此墓葬歟？」

唐

九　漢陽太守趙承碑

楊　景

存目

［説明］

張維《隴右金石録》載：「趙承碑，在成縣，今佚。」

吴鵬翱《武階備志》（卷一七）引《輿地碑記目》（卷四）載：「唐漢陽太守趙承碑。秦府法曹楊景撰，開元十二年建。」

一〇　鳳凰山寺題記（一）

佚　名

元和八年六月十五日，敕授成州刺史、開府兼侍御史李叔政到任。其本州殘破已經數載，穀麥不收。又汎水惟沫，管□百姓饑，蝗□便衲襠□。九年，一境春夏大豐，倉禀盈溢。以其年八月八日設清齋□□以答前願，兼□聖像壞者，而報鎊□其寺。自攙搶之後，道路荒穢，藉典□□，綿密廢東久矣。遂功□斫創，□通行□。其月七日，送供到此寺宿住，兩夜晴天，忽雲霧閂暗。遂真心稽告，瞬息之間，雲行霧卷，當時晴明，其應如答其解也。有一蛇出，長十八尺，錦綺文成，從□盤下。有人云［一］此必龍像。□而□□，道場之人悉皆見也。時元和［九年八月］（中缺）開府儀同三司、□持節成州諸□□、成州刺史、充本州守捉使、上（中缺）記之。節度（中缺）開倚（中缺）□檢校（下缺）。

［説明］

題記位于成縣城東南約四公里的鳳凰山大雲寺大殿東側，粘附在天然岩崖上的泥質石灰粉壁之上。題記高五〇厘米，寬七八厘米。

唐憲宗元和九年（八一四）八月題記。

著録：張維《隴右金石録》，成縣地方志編纂委員會《成縣志》，成縣文化局退休幹部張忠《成州春秋》。

鳳凰山，在成縣東南。黄泳《成縣新志》載：「在縣城東南七里。秦始皇西略登鷄山，宮娥有善玉簫者，吹簫引鳳至。漢世又有鳳凰栖其上。山後有龍池，有唐李彦琛修經閣。前有迸璣泉、張果老洞。旁有臺名鳳凰，臺下溪中一石相對若闕。」

［校記］

［一］人云，據《隴右金石録》補。

一一　獅子洞題記（一）

趙　鴻

鹿玉山獅子洞、石室、玉井。

［説明］

據成縣文化局退休幹部張忠《成州春秋》録入。

唐懿宗咸通（八六〇至八七三）中成州刺史趙鴻題。

一二　劉公重修水亭記

佚　名

存目

［説明］

張維《隴右金石録》載：「劉公重修水亭記。在成縣，今佚。」

吴鵬翱《武階備志》（卷一七）引《輿地碑記目》（卷四）載：「唐刺史劉公重修水亭記。大順元年，節度副使劉崇魯建。」

成縣地方志編纂委員會《成縣志》載：「節度副使劉崇魯述，唐昭宗大順元年（八九〇）勒石。」

一三　修經閣碑

馬　汶

存目

［説明］

張維《隴右金石録》載：「修經閣碑。在成縣鳳凰山，今佚。按：梁受唐禪，晉岐吴蜀俱仍稱唐年號，成州是時爲李茂貞所有，彦琛或即其宗人也。《名勝志》謂『鳳凰山有唐公李虎廟』，此碑即在廟内。《舊通志》亦云。」

吴鵬翱《武階備志》（卷一七）引《輿地碑記目》（卷四）載：「唐李彦琛修經閣碑。在鳳山。有唐天復七年，天雄軍指揮使、知成州李彦琛修經閣碑，判官馬汶撰。天復七年即天祐四年，是年二月，唐禪于梁。彦琛稱天復七年，猶稟唐之正朔也，亦可尚也。」

《明一統志》載：「唐成州修經閣記。在成縣東南七里鳳凰山。天復中知成州李彦琛刻碑，判官馬汶撰文。」

成縣地方志編纂委員會《成縣志》載：「修經閣碑，原在鳳凰山，成州判官馬汶撰。天雄軍指揮使知成州李彦琛督工鐫刻，唐哀帝天祐四年（九〇七）勒石。」

一四　迸璣泉題石

哥舒翰

存目

［説明］

張維《隴右金石録》載：「迸璣泉題石。在成縣，今佚。」

王奕雲《天下金石志》載：「唐迸璣泉題石。哥舒翰作，在成縣。」

一五　同谷殘碑

佚名

半存太康（下缺）

王右軍（下缺）
帝極精妙（下缺）
遂亮記之舊（下缺）
是也。其屋宏（下缺）
也。其壁間所（下缺）
子，下及魏晉（下缺）
實護之非（下缺）
今官于同（下缺）
半存以苟（下缺）

［説明］

張維《隴右金石録》載：「同谷殘碑。在成縣，今佚。」

吴鵬翱《武階備志》載：「唐殘碑。今成縣姚五峰氏掘土所得，同得二塊。其一大者工人不識，已埋牆下。五峰至，獲睹此塊，亟舁歸，捫拭得三十餘字，一行『半存太康』，次行『王右軍』，三行『帝極精妙』，四行『遂亮記之舊』，五行『是也其屋宏』，六行『也其壁間所』，七行『子下及魏晉』，八行『實護之非』，九行『今官于同』，十行『半存以苟』。字大一寸六分，筆力雄勁，絶類顔歐。必非宋元以後所爲，惜未睹全豹也。」由所存殘文看，文中多論前代書法。

一六 龍門寺碣

佚名

存目

［説明］

吴鵬翱《武階備志》載：「龍門詩碣。在成縣西府城龍門寺二門，高三尺餘，經一尺二寸。正書『佛頂尊勝陀羅尼經』，字大八分，八面皆滿，多磨滅，不可識。末書『大宋開寶二年歲次己巳正月丙寅朔十八日興建』。」《甘肅新通志稿》載「八卦碑。在西和縣府城里龍門寺，高四尺，寬一尺有二寸，清順治六年出土，宋開寶二年刻石，文字漫漶不易識辨。」

一七 成州學記

佚名

皇帝二十三年，有詔州縣立學館，署講員，以進鄉彦。士不受業，無所就，弘［一］奬教育，必道成而官優。莘莘乎絃［二］誦萬方，與鄒［三］魯俱。倉泉劇州，背山面池，且武圜觀［四］幾稀，斯民變風，良守是賴。于斯之時，長樂馮宗聖假節來舍，拜詔鼞頞，倡謀吏宷，曰：「天子尚文，書軌混并。豪英端居，翹企［五］望明。蔚爲王國光華，猶病夫學不純、教不明如是。兹邦華部羌，守岈之餘，詩禮蘋蘩，藝圃郊黌，曉以新書，亦緣餙之一術。」言颺令孚，下罔弗飭。乃審地勝，式規程，協辰僝工，救築并興[六]。前□鼓篋響臻，羅書笈于東序，盍賓簪于右庠。後筵[七]重廡，列爲齋堂、驛迓。東西爲經師碩生、善友博諭、切約藏修之所[八]。南端子亭有壁池、芹藻、錦鯉[九]、祥鱣、芳[一〇]葩、峭石，亦[一一]游息佳處矣[一二]。饎筈有庖，課稟有儲，泛掃羅護，幹隸肅給。肇謀考成，繫馮君能，蓋其制宏麗[一三]而不侈也。宗聖名彭陽苑，特起海嶠而聞京師，贍辭大策，殿柱[一四]前選；材諝試邊，障而不醜，氏憬勤勤，施爲首善鄉[一五]方，資利長世。予[一六]故于記事宜實。執訊重跰，丐文示後，姑爲捃摭[一七]構之，伐堅琢石[一八]，咨西州君子上學遜敏，發舒翹英，思以稱賢二千石心，以仰副聖天子壽考作人至意[一九]。

明年慶曆[二〇]乙酉閏夏乙巳記

[説明]

以張維《隴右金石録》爲底本録入。

宋仁宗慶曆五年（一〇四五）記。

著録：黄泳《成縣新志》，葉恩沛《階州直隸州續志》，《甘肅新通志稿》，吴鵬翱《武階備志》，成縣地方志編纂委員會《成縣志》。

[校記]

[一] 弘，《武階備志》諱作「宏」。

[二] 紘，《成縣新志》作「弦」。

［三］鄉，《成縣新志》作「齊」。
［四］觀，《成縣新志》作「冠」。
［五］企，據《武階備志》補。
［六］興，《武階備志》作「與」。
［七］筵，《武階備志》作「延」。
［八］「藏修之所」，《成縣新志》無。
［九］「有壁池、芹藻、錦鯉」，《成縣新志》無。
［一〇］芳，《武階備志》無。
［一一］亦，《成縣新志》無。
［一二］矣，《成縣新志》無。
［一三］「蓋其制宏麗」，《成縣新志》作「又佚」。
［一四］柱，《隴右金石録》無，據《武階備志》補。
［一五］嚮，《階州直隸州續志》作「響」。
［一六］予，《武階備志》作「序」。
［一七］摭，《成縣新志》作「經」。
［一八］「伐堅琢石」，《武階備志》作「伐瑑堅石」。
［一九］「以仰副聖天子壽考作人至意」，《成縣新志》作「毋忽」。
［二〇］明年慶曆，《武階備志》作「慶厤」。

一八　西狹題記（一）

呂　蕡

辛卯十二月初四日，同谷令呂蕡游此。

［**説明**］

據成縣縣志辦公室主任武旭斌提供照片校録。

題記位于西狹東口南壁魚竄岩。題記高三二厘米，寬二七厘米。

宋仁宗皇祐三年（一〇五一）題。

一九　留題鳳凰寺

柴元瑾

留題鳳凰寺

大理評［事］柴元瑾

岧嶤高閣迥崖臨，下瞰仇池遠望心。不見明岐[一]嘉瑞鳳，亂山空鎖白雲深。

嘉祐庚子歲仲春清明後十日記

［**説明**］

留題在鳳凰山大雲寺東口南壁。留題高三〇厘米，寬三八厘米。

宋仁宗嘉祐五年（一〇六〇）柴元瑾記。「評」字下一字已毁。據宋代官職，應爲「大理評事」，乃推按刑獄之官。今補「事」字。

據成縣地方志編纂委員會《成縣志》録入。

［校記］

［一］明歧，疑當作「鳴岐」，「鳴岐嘉瑞鳳」化用「鳳鳴岐山」。

二〇　大雲寺題詩

李周

（上缺）著作佐郎知河池縣李周

□□□□穴，空山凝白雲。□□□□日，猶認九苞文。□□□□意，歎歌徒爾云。□□□□暗，蝙蝠自成群。

（再題大雲）[一]寺

□□□□仞，危途轉入盤。□□□□腹，樓殿出雲端。□□□花落，溪風過夏寒。□□□□當，星斗掛欄干。

嘉祐庚子夏六月初三日留題

（上缺）月九日，同谷縣令牛逢原立石

［説明］

碑僅存下半，在大雲寺院内。殘碑高三五厘米，寬六〇厘米。據隴南師範高等專科學校美術系蔡副全所提供抄件録入。

宋仁宗嘉祐五年（一〇六〇）牛逢原立石。

［校記］

［一］缺文以意補。

二一　西狹題記（二）

呂大忠

家府郎中皇祐中爲令兹邑，嘗題名于魚竄岩。小子著作佐郎前郡從事大忠，罷權秦鳳機奏，亦過此，伏讀久之。熙寧庚戌七月十二日。周君阜、張君震、閻君鼎同游。

宋神宗熙寧三年（一〇七〇）題。

［説明］

據成縣縣志辦公室主任武旭斌所提供照片校録。

題記位于西狹東口南壁魚竄岩。題記高三六厘米，寬二二厘米。

二二　大雲寺題記（一）

佚名

元豐三年正月六日□。

［説明］

題記位于大雲寺西門南壁。題記高四〇厘米，寬三〇厘米。

宋神宗元豐三年（一〇八〇）鐫。

二三　鳳凰山寺題記（二）

蔣之奇

辛酉五月二十六日，蔣之奇登大雲寺□。

［說明］

題記在支旗鄉廟灣行政村鳳凰山寺。

宋神宗元豐四年（一〇八一）記。

著録：成縣地方志編纂委員會《成縣志》。

大雲寺，黄泳《成縣新志》載：「縣東南七里，俗名睡佛寺，即杜子美與贊上人相聚處，贈答有詩。」

二四　獅子洞題記（二）

蔣穎叔

蔣穎叔至師子洞。辛酉五月廿六日。

［說明］

題記在鹿玉山獅子洞。題記高五八厘米，寬三三厘米。

宋神宗元豐四年（一〇八一）記。獅子洞，黄泳《成縣新志》載：「在鹿玉山峽，洞中大石如獅盤踞，其脊與尾綴以苔痕，碧色尤肖獅。後有石桌，立如人形。歷代磨崖紀游甚衆。邑人汪蓮洲詩云『吼鷩懸澗舊，毛豎緑苔新。蹲踞洞門裏，歷年不計春』。」

著録：張維《隴右金石録》，成縣地方志編纂委員會《成縣志》。

二五　大雲寺殘碑

紫金山人

幸與□□□□□，□□□□斷青雲梯。□□□□□□句，石壁尤存□□［詩］。□□樓臺參柏梧，山□□□□蓬藜。憲公詩筆動鷩俗，□□□□下玉堤[一]。

元祐三年三月十（下缺）

同谷縣（下缺）

紫金山人（下缺）

［説明］

碑殘，僅存左上角。據隴南師範高等專科學校美術系蔡副全所提供殘文抄件補出各行所缺文字之缺文號并加斷句，亦據上下文意與韻部補出一字。

宋哲宗元祐三年（一〇八八）記。

［校記］

［一］以上各句所補缺文號及斷句，依殘文之句意和詩之格律、末句最後一字之韻部而作，以便大略瞭解碑文之文體與文

意。看來原是一首七律。

二六　鳳凰山寺題記（三）

游師雄

元祐六年正月九日，武功游師雄登鳳凰山寺。

［説明］

題記在鳳凰山大雲寺。

宋哲宗元祐六年（一〇九一）游師雄記。

著録：成縣地方志編纂委員會《成縣志》。

二七　獅子洞題記（三）

游師雄

游師雄景叔嘗觀師子洞、玉井潭。元祐六年正月九日。

［説明］

題記在鹿玉山獅子洞。題記高三〇厘米，寬一五厘米。

宋哲宗元祐六年（一〇九一）記。

二八　仙人崖

游師雄

玉作官簪石作核，道衣褐[一]氅就崖裁。精神似轉靈丹就，氣象如朝玉帝來。兩眼遠視獅子洞，一身遥望鳳凰臺。自從跨鶴歸先去，直到如今不下來。

［説明］

據黄泳《成縣新志》卷二《藝文》録入。該縣志未言爲刻石。元代至元十二年盤溪子《重修北極宫碑》云：「同谷對景南山……仰參雲霄，俯瞰龍峽，遠眺如道士之容，此其所以得名也。轉運游公留題云……」其下即此詩。《成縣新志》中詩題與作者名齊全，故以之爲底本。《成縣新志》所據亦《重修北極宫碑》也。

［校記］

［一］褐，後之傳本有作「鶴」者，誤。

二九　獅子洞題記（四）

劉思道

太守劉思道[一]

倠（下缺）

郡從（下缺）

焉（下缺）
子淵（下缺）
中孚（下缺）
劉識（下缺）
辛未（下缺）

［説明］

題記在鹿玉山獅子洞。題記高一七厘米，寬三五厘米。據隴南師範高等專科學校美術系蔡副全所提供缺文抄件録入。

［校記］

［一］「道」字原缺，據獅子洞題記（五）補。

三〇　獅子洞題記（五）

劉思道

太守劉思道再游，崔珙粹之、楊洙聖石、張微之彦先從焉。元祐六年三月廿六日，珙書，靖意刊。

［説明］

題記在鹿玉山獅子洞。題記高三〇厘米，寬一八厘米。宋哲宗元祐六年（一〇九一）記。

著録：成縣地方志編纂委員會《成縣志》。

三一　獅子洞題記（六）

張延世

乙卯夏旱，祈雨獲應，太守張延世至此展謝，時巡檢曹禄、推官韓周卿、司理劉洎從行，曹牟清奉命題。

五月十四日記

［説明］

題記在鹿玉山獅子洞右壁。題記高七〇厘米，寬六五厘米。

張延世記。從「太守」「巡檢」「推官」等稱謂看似爲宋代摩崖。

三二　西狹題記（三）

劉思道

劉思道守同谷，遍游山水之勝。以元祐癸酉二月十六日到此，命蒲浚從行。

［説明］

題記在成縣抛沙鎮豐泉行政村西狹之南壁。題記高一二〇厘米，寬九六厘米。

宋哲宗元祐八年（一〇九三）記。

著録：張維《隴右金石録》（題「西狹頌後摩崖」），成縣地方志編纂委員會《成縣志》。

三三　成州重建學記

蒲浚

歲在庚午季冬，彭城太守劉公臨治開府。越明年春正月一日，見王于廟，禮也。在衣冠之士，莫不相顧而異，即閭巷共目[一]，亦以爲鮮觀。既而仰視廟貌，丹青晦渝，堂室摧敝。俯首蹙頞，諏詢僚吏，以宫牆如是之不振，又何異鞠爲園蔬者耶？慨然思重建之。而有司以無餘緡對，匠氏以無餘材告。公曰：「出納之吝，法有所守也。安得有慷慨主張吾道者以濟吾志？」會憲使游公行部。公以部刺史按一道，所至以謁王廟爲先，次之燕樂學宫，訓誘善士，存問孤老，籍録孝悌，然後糺察簿領，廉視厩庫。莫不給羡緡以治黌舍，割閑田以爲歲贍。一路之士，率被此賜，成乃居其一焉。先是，彭城公既聞其風，又樂其事，以爲吾學校之興廢，正在此舉矣！既而果副所欲，得錢十七萬，以鳩工庀材；田五百畝，以歲供饘粥。于是公命浚董正其役，而復[二]朱播繼日，親臨督察。酒食、訊勞、土木之費，無毫末侵漁下民，而人樂爲之使。故俾悉增舊址，移治大門于殿前之西。建齋舍于左右序，凡十三間，高明寬敞，大抵可容百餘人。公曰：「吾以是處吾州之豪傑，亦庶幾矣！」面殿建小學兩齋，齋之左右列廪舍，貯蓄積，以俟歲用。殿前之東有御碑亭，高其基四尺餘；碑置廟，頌王詩也。殿立于中，重屋複甍，展庇丈餘，于是可以爲春秋釋菜行禮之地。殿後重建講堂，堂左右建兩庫；堂後置學官位，以爲學者常見、宴語、商角之舍；位之西隅，庖厨在焉。皆告成于九月，實元祐辛未歲也。自殿之外，皆新成者，不侈不陋。邑吏民見而榮之，靡然向風，争欲爲學宫弟子。甚乃閭閻藺茸之賤，識爲善之可貴而知不義之可避，漸摩默化，豈曰小補之哉？由是，學者告圖二公之豐規于殿西之祠堂，千歲之後，不愈于朱邑、桐鄉耶？故諸君一日求浚爲記，浚官于學者也，實與二三子居。然樂此道于其間，不假文學，其誰爲之？故紀其事如前，以無失建置之始末焉。

元祐八年八月十八日

［説明］

以黄泳《成縣新志》爲底本録入。

宋哲宗元祐八年（一〇九三）立。原題下有「宋教授蒲浚」五字。蒲浚，元祐五年任成州教授，重建州學。

著録：葉恩沛《階州直隸州續志》，成縣地方志編纂委員會《成縣志》，張維《隴右金石録》。

［校記］

［一］共目，《階州直隸州續志》無。

［二］復，據文義當是「後」之訛，二字形近，古書常誤。

三四　西狹題記（四）

智詮

元符二年二月，蘭州智詮游此，滔山僧思符仝。

［説明］

題記存成縣抛沙鎮豐泉行政村西狹之南壁。題記高二五厘米，寬二八厘米。

宋哲宗元符二年（一〇九九）記。

著録：成縣地方志編纂委員會《成縣志》。

三五　西狹題記（五）

馬　博

崇寧元年，馬博、王悴造刊。

［説明］

題記在成縣拋沙鎮豐泉行政村西狹之南壁。

宋徽宗崇寧元年（一一〇二）記。

三六　大雲寺題記（二）

佚　名

大觀己丑歲四月。大（下缺）。

［説明］

題記存大雲寺東門外南壁。

宋徽宗大觀三年（一一〇九）題。

三七　濯鳳軒記

晁説之

周内史過曰：「周之興也，鸑鷟鳴于岐山。」以故古岐州今爲府曰鳳翔。然得鳳之一，則鳳過之；得鳳之二，則鳳翔之。自是而西二百里曰鳳州鸑鷟山，則名以大之者。得鳳之三，而鳳集之歟？故其驛曰鳳集驛。又西而百有五十里曰成州鳳凰山，乃以鳳凰之正名名之，則其得鳳之四而鳳春秋下之，得鳳之五而鳳没身居之者。不然，何以又有潭曰鳳凰潭，是其濯羽之所也。若又極乎西，則濯羽弱水矣。然則乾符中，僧休夢于鳳凰山得一峰曰鹿玉山者，乃杜工部賦詩之鳳凰臺也，實有亭亭然。臺之狀可玩焉。元祐中，王仲至侍郎據酈道元注《水經》，以「長舉之鳳凰臺，狀如雙闕，漢有鳳凰降焉」者爲正而僞之臺，并斥乎工部。恐不得以彼漢瑞正吾周儀也。且異時而二地，各以爲名，庸何傷乎！天壤間以鳳凰名臺者尚多矣，何必一之也哉？今成州雖不得居仇池山之勝，而西則鷄頭山，東則鷄幘山，以屬乎鳳凰山，亦國中富乎山者也。鷄幘山或名曰龍堂峽，鳳凰潭或名曰萬丈潭。若大雲潭，杜工部昔日所居之地，新祠而奉之者也，其于守居爲最近。守居清心堂之背、叢竹之面新有軒，乃以濯鳳名之。近式乎工部之所居，遠本乎周内史之所志，則吾州雖小，而裕乎鳳翔而集焉者，居守可無自菲陋而樂斯志也已。

宣和四年壬寅二月二十六日乙卯

具官嵩山晁説之記

［**説明**］

據《四部叢刊續編·嵩山文集》録入。

宋徽宗宣和四年（一一二二）晁説之記。晁説之，字以道，巨鹿人，登元豐五年進士，宣和間，任成州知州。其事迹見葉恩沛《階州直隷州續志·名宦》。

三八　獅子洞題記（七）

晁説之

宣和壬寅清明日，知軍州晁説之，司録事張有德，司刑曹蒲贄，同谷令郭造，巡檢羅世永，尉王世忠。

［説明］

題記在鹿玉山獅子洞。題記高七〇厘米，寬五〇厘米。

宋徽宗宣和四年（一一二二）記。

著録：張維《隴右金石録》（題「獅子洞題名二」），成縣地方志編纂委員會《成縣志》。

三九　杜工部祠堂記

晁説之

自古王侯將相而廟祀者，皆乘時奮厲，冒敗虎狼，死守以身，爲天下臨衝；或巖廊嚬笑，以治易亂，即危而安，其在鼎彝之外，而人有奉焉。否則，賢守令真爲民之父母，斯民謡頌之不足，取其姓以名其子孫，久益不能忘，則一郡之邑祠之。否則，躬德高隱，崇仁篤行，若節娘孝女有功于風俗者，一鄉一社祠之。顧惟老懦士，身屯喪亂，羈旅流寓，呻吟饑寒之餘，數百年之後，即其故廬而祠焉，如吾同谷之于杜工部者，殆未之或有也。嗚呼，盛矣哉！或[一]曰：「名高而得之歟？」曰：「非也。」苟不務[二]實而務名，則當時王維之名出杜之上。蓋有天子宰相之目，且衆方才李白而多之也。

是天寶間人物特盛，有如高適、岑參、孟浩然、雲卿、崔顥、國輔、薛據、儲光羲、綦毋潛、元結、韋應物、王昌齡、常建、陶翰、秦系、嚴維、暢當、閻防、祖咏、皇甫冉、弟曾、張繼、劉（今上御名）虚、王季友、李頎、賀蘭進明、崔署[三]、王灣、張謂、盧象、李嶷之詩，粲然振耀于世，未肯少自屈，而人亦莫敢致[四]之也。非湜、籍輩于韓門比。然有良玉必有善賈，厚矣，韓文公之德吾工部也！自是，而工部嶷嶷絶去一代頡頏不可揉屈之士而岳立矣，然猶惜也，何庸李白之抗邪！昔夫子録秦詩而不録楚詩，蓋秦有周之遺俗，如玉之人在板屋，則傷之也。楚則僭周而王矣，滄浪之水既以濯吾纓，雖濁，忍以濯吾足哉！李則楚也，亦不得與杜并矣，况餘子哉？彼元微之，讒諂小人也，身不知裴度、李宗閔之邪正，尚何有于李杜之優劣也邪？然前乎韓而詩名之重者錢起，後有李商隱、杜牧、張祜，晚惟司空圖，是五子之詩，其源皆出諸杜者也。以故杜之獨尊于大夫學士，其論不易矣。

而在本朝，王元之學白公，楊大年矯之，專尚李義山，歐陽公又矯楊而歸韓門，而梅聖俞則法韋蘇州者也。實自王原叔始勤于工部之數集，定著一書，懸諸日月矣。然孰爲真識者？靡靡徒以名得之歟？唯知其爲人，世濟忠義，遭時艱難，所感者益深，則真識其詩之所以尊，而宜夫數百年之後，即其流寓之地而祠之不忘也。工部之詩，一發諸忠義之誠，雖取以配《國風》之怨、《大雅》之群，可也。或玩其英華而不薦其實，或力索故事之微而自謂有得者，不亦負乎！

祠望鳳凰臺而臨百丈潭，皆公昔日所爲詩賦之所也。公去此而汗漫之游遠矣哉。而此邦之人思公，因石林之虚徐，溪月之澄霽，則尚曰：「公之故廬，今公在是也。」予當北至鄜時，觀公三川之居，愛之矣，而此又其勝也。不知成都浣花之居復又何如哉？信乎居室可以觀士也已！同谷秀才趙惟恭捐地五畝，縣涑水郭慥始立祠，而屬余爲之記，使來者美其山川，而禮其像、思[五]其文[五]。且知公自其十有一世之祖恕予而來，以忠許國矣，則其所感者既遠，人亦遠而莫之能忘，與夫王侯將相之祠，未知果孰傳邪？其像則本之成都之舊云。

宣和五年五月己未

朝請大夫知成州晁説之記并書

［**説明**］

據《四部叢刊續編·嵩山文集》録入。

宋徽宗宣和五年（一一二三）晁説之記并書。

杜工部祠堂，在飛龍峽口，黄泳《成縣新志》載：「水帶山環，霞飛霧落，清麗可人。乾元中子美避難居此，作草亭，有《同谷七歌》及《鳳凰臺》諸詩。後人感其高風，即其址立祠祀之。」

著録：晁説之《景迂生集》。

［**校記**］

［一］或，據《景迂生集》補。

［二］務，《景迂生集》作「矜」。

［三］署，《景迂生集》作「曙」。

［四］致，《景迂生集》作「輕」。

［五］思，原作「忠」，據《景迂生集》改。

四〇　清風軒記

晁説之

成州守居之東隅，有軒曰「清風軒」，疊嶂前後，爲之屏几，清風無時而不來也。嗟夫！國中若此名者數千百處而多也，實其而稱，則惟吾郡也哉！何則？吾郡漢武都郡之所領也，有漢武都太守阿陽李翕伯都建寧四年之碑在魚竅峽，其辭曰：「民歌德惠，穆如清風。」昔人其本諸此而名斯軒歟？它邦安得而與哉？其所謂清風者何在？豈不在太守之德惠乎？且彼爲何時，李侯者乃能恭其職如此；今當何時，爲之守者，苟不能宣布上恩，宜亦媿矣。夫于清風之生，請言其狀，予則不能。然予祖嘗倡而作之矣。屬而和者六人，曰楊大年、劉中山、錢司空、李昌武、薛尚書、張密學，其辭盛行于世，著之《西昆集》。今大夫學士，或不得而聞見，謹因是軒而刊于石，亦古之人藏諸名山之意也。且其唱和墨迹，乃不在吾家，而藏楊氏無錫眷中。今兩浙不幸，盜賊凶殘血變，江水不保，是詩之能存也，未必異日不託此山城深靚，無虞而傳焉。或評諸公之詩，曷爲此郡而作哉？予曰：「天下之清風，一也。風之爲物，非若雲氣，各象其山川人民，所聚積而變，有楚雲秦雲之異也。蓋天下之清德，一也。其來居守者，或鞅掌不給，或湮鬱無聊，或羈旅去國之恨不自勝，一攬諸公之符采，自澄其心思，俄而穆如之風，獵鬢泛襟，而鳳凰之山，亦爲爾歌吉父之誦矣。以御嘉賓，以柔斯民，亦以樂哉！詩凡七首，如上。

宣和五年癸卯五月日戊午，朝請大夫知成州軍州事嵩山晁説之謹記

［説明］

據《四部叢刊續編·嵩山文集》録入。

宋徽宗宣和五年（一一二三）晁説之記并書。此文之前，列有《清風詩十韵七首》（見《四部叢刊續編·嵩山文集·卷一六》），限于篇幅，略去不附。

四一　成州净因院新殿記

晁説之

佛法自西來，至秦鳩摩羅什而大矣。什之弟子，曰生、曰肇、曰融、曰睿，號爲「關中四聖」。其後，通教則廬山遠公，别教則少林達摩，玄教則天台智者，始若變見于什門之外，而卒會歸焉，無二無别，惟南山律師宣公爲能體融之也。

南山上崦天根，下嵫地軸，日月萬象生焉。語其人則宣公是已。其山之迤邐峭崪而西者，是謂成州之諸山，後之人各以名名之，其實南山之列也，不知在禹之山西經爲何山歟？于是乎，襲宣公之遺風，而佛刹高下相望，雖督府會郡不是過也。州治之所，有净因院者，遠莫知其所自起也，而耳目之所及，則佛殿修在唐長興四年。其得今名，在晉天福三年。殿初三間，歲久而圮，若俄頃摧覆者。是院受業比丘廣圓歎曰：「我雖不得與乎雨花之席，而幸生于法華之後，豈不聞『佛種從緣起』乎？吾之次第緣若在此；吾之四衆所緣，緣若在此；則吾佛之增上緣在此。」其易故而新之，增楹三爲五，闢門所鄉之正位，必有以加被我者。此心既運，而語猶未音無。遠邇强弱咸願樂布施者，汲汲競後先也。初曰：「是役也，不三年。若四年則不可，而乃告成于纍月之中。」山有異材，疑若鬼神之守衛而有待者，衆願納諸斧斤，而巖阻溪拒，無可徑術之，繇及其首而舉之若一葉然。先是，此院之東，有大梵寺，制度嶫然，非此院之比，而易爲神霄玉清萬壽宫，則稱有三大像，乃仆卧于它寺寒廡敗席之下，或者因果者慘若疾痛之于躬也。廣圓乃建飾于新殿，恍如此世界外，東方八百萬億净光莊嚴世界，過去諸佛以無相之法身，助今釋伽文佛接導群迷，其感之以開，入者幾何人耶？廣圓先爲衆披草莽，建天寧萬壽寺，績已不資矣，乃復不猒于此，則又難也。説之世奉真如法門，爲此郡守無狀，靡有風教，錙銖夙夜事，惟愧逮此崇新殿嚴故佛，則樂從圓之請以記之，庶幾善善爲邦人之勸也。

宣和五年癸卯十月七日丙戌，朝請大夫知成州賜紫金魚袋嵩山晁説之記并書

〔説明〕

據《四部叢刊續編·嵩山文集》録入。

宋徽宗宣和五年（一一二三）晁説之記并書。

四二　發興閣記

晁説之

唐，成州治上禄縣，同谷尤僻左。杜子美來自三川，謂可託死焉。未幾，土蕃之禍尤熾，子美不得有其居而捨去。予始因子美之故居而祠之。距祠堂而南還十步，有萬丈潭，敕「利澤廟」。惜也，陋甚！白日必待燭入，乃能有見；且礙眉觸帽，使人俯不得仰。又復有可歎者，屋其山之美，正如據要路而蔽賢掩善，忌人出言而寢默之。予因正其神像，南向之位，抗高納明，使青壁之嵯峨硊磥，直上千仞，木章竹個，皆出以效其

峭蒨，若一日來自他方者。而仍舊之三楹，則稱地形而全民力也。廟之東，有地可建小閣，以盡山川之勝；其南，則棧道窈窕，抵鳳凰臺；望西崖以極白沙渡，實杜[一]子美入蜀之道也。時方惡房琯，而并棄杜子美，使終身不復入長安，則此道爲可恨者也。北而水磑，高下相聞，如笙鏞，如鼓鐘，不間晝夜，則邦人安職樂生之具也。遠而崗嶺星耕，隴畝栖糧，則刺史縣令之尤所樂焉者也。四時異態，虎巡鹿守，猿猱騰倚，以植僧居清净之業，蓋有不可勝言者。彼四方游子假借須臾之適，各隨所語。而聞諸遠邇，必得顧凱之、宗處士乃可圖畫，而詩則絶筆于杜子美矣。雖然陶淵明、謝康樂、韋蘇州輩復生焉，則不能自已于斯也。閣今初成，予周覽而惘然自失，不覺誦子美《萬丈潭》之詩曰：「造幽無人境，發興自我輩。」一歎而三致意焉，則以「發興」名其閣。復念此州自竇應初没土蕃後，三置行州，初在泥功山，再徙竇井堡，卒治同谷，得非有待于此閣之建歟！時方（太上御名）亂也，杜子美無以託廬而閱歲。逮今承平之久，疇人子孫，白首俎豆，有終身不入城府者，豈不幸哉！予將投劾東歸，輒記諸壁間以視來者，使知昔人「此日良可惜」之所感而不惜登臨之費云。

宣和六年甲辰三月二十四日壬申

朝請大夫知成州賜紫金魚袋昭德晁説之記并書

［**説明**］

據《四部叢刊續編·嵩山文集》録入。

宋徽宗宣和六年（一一二四）晁説之記并書。

著録：晁説之《景迂生集》。

［校記］

［一］杜，《景迂生集》無。

四三　成州龍池利澤廟碑

晁説之

（篆額）：龍池利澤廟碑

朝請大夫、知成州、賜紫金魚袋、昭德晁説之撰并書

邑子劉戩篆額

成州今治同谷，距所治北十里許[一]，有池，廣可度而深不可測[二]也。蓋廣焉僅踰尋丈，而淵淪窅然，莫有冬夏之異，其深如何[三]？邦人謂神龍是居。方其籲雨粒災而敏速，即無知者亦必曰：「神龍之居也。」彼董父所擾嗜睡而多欲者，安得而有此？面群山之嵯峨[四]，後叢岡之逶迤，木老而竹秀，雲物常異，則旅人過焉，敢不神而式之！然惜也圖史莫之有載。揆觀其遠，方嬴秦時，池名曰「湫」，禮幣行焉，悉投文以詛楚。于時大湫之靈，實與秦共爲無道也。今斯名「池」而不名「湫」，則醜彼功首之國，而不爲之靈也。于是乎王翦、白起不得稱其武，而韓非、李斯輩又安在[五]而智哉？實吾池之蛭螾也歟？或責秦之士賤且拘者，當[六]斯時，果有士歟？今往往有死湫據形勝，徒暴[七]其所謂《詛楚文》者，爲人戲侮[八]之，孰若吾池今日之榮耶？近在唐之中世，驅西兵以禦燕寇，遂棄鳳翔之西于吐蕃[九]，末隸此邦于李茂貞，而西則孟知祥有焉，又宜吾池之無聞焉爾也。説之[一〇]假守無狀，悼無季[一一]以自訟，走祠下，蒙神之貺，默與心會，伏念莫有以爲

神之報，則以菲陋之文略志之。曰：「不爲亂邦而出，德也；知時以翔，智也；不廣其居，儉也；能雲以雨，仁也。顧彼殘守貪令，可以賴是衆美而少寬于刑書，豈不幸甚？若其吏也，競前而不知危，乾没[一二]而不自勉；崇邊幅以侈麗，務爲欺謾；不徒避課，而且求寵，則亦宜神之視而心知愧矣，又亦可懼也哉！」其廟額錫于崇寧二年，新廟之役，則政和五年。逮宣和六年春，説之再薦之文，并刻于碑陰。繫之銘曰：

下民失職頻蒙辜，有仁上帝龍角趨。曰民無辜[一三]吏可誅，其雨澤之不須臾。龍恭帝命舞莫吁，吏論昭格何其愚！種食艱難仁者儲，帝不腹讒[一四]而肥諛。龍昔在秦蟠不舒，蛭起螾斯德何如，我式[一五]銘之莫能譽。

同谷杜柔一刻字[一六]

［説明］

以張維《隴右金石録》爲底本録入。

宋徽宗宣和六年（一一二四）晁説之撰并書。各本多以「成州龍池利澤廟碑」爲名。新編《成縣志》作《成州龍池湫潭廟碑》。與碑文中「今斯名池而不名湫」之言不符。且碑文中明言「廟額賜于崇寧二年」。同年晁説之作《發興閣記》中明言「有萬丈潭」，敕「利澤廟」。

著録：葉恩沛《階州直隸州續志》，黄泳《成縣新志》，吴鵬翱《武階備志》（存目），成縣地方志編纂委員會《成縣志》，宣統《甘肅通志》，《甘肅新通志稿·卷九二·藝文志》。

［校記］

［一］許，《成縣新志》《階州直隸州續志》皆作「而遠」。

［二］測，成縣地方志編纂委員會《成縣志》作「規」。

［三］如何，《成縣新志》《階州直隸州續志》皆倒。
［四］嵯峨，《成縣新志》《階州直隸州續志》皆作「嵳峉」。
［五］在，于此處意義不通，疑「在」爲「任」之形訛，「任而智」與上「稱其武」對文。
［六］當，《成縣新志》《階州直隸州續志》皆作「不知當」。
［七］暴，《階州直隸州續志》作「慕」。
［八］戲侮，《成縣新志》《階州直隸州續志》皆倒。
［九］蕃，《成縣新志》《階州直隸州續志》皆作「番」。
［一〇］説之，《成縣新志》《階州直隸州續志》皆作「説」。
［一一］季，《成縣新志》《階州直隸州續志》皆作「年」。
［一二］没，《成縣新志》作「殁」。
［一三］皐，《階州直隸州續志》作「辜」。
［一四］讒，《階州直隸州續志》作「頭」。
［一五］式，《階州直隸州續志》作「武」。
［一六］「同谷杜柔一刻字」此句各本皆無，據《隴右金石録》按語補。

四四　成州新修大梵寺記

晁説之

昔王通謂：「佛，西方聖人。」温公斥之曰：「聖人豈有方所邪？」蓋大夫學士苟知修正者，必期放諸四海而準也，以所地論聖人可乎？中國之有佛，雖自漢明帝始，而傳毅者果何自以對帝之所夢，豈不前有所聞哉？漢武帝昆明池胡人之對，向《神仙傳》之所載「哀帝元壽元年，受大月氏王使浮圖之書」猶信也。但武帝甘泉宮列霍去病所得休屠王祭天金人，與夫張騫使大夏，聞有身毒之俗，特其名物未闡明，若後來所稱謂去云爾。而議者指此教斷自漢明帝，則淺之其爲言也。今東有五臺山之文殊，西而峨眉山之普賢，南而雁蕩山之羅漢，北而鼓山之羅漢，亦自漢明帝而始邪？惟以不思議境照不思議心者，可與于此若。其精舍以府寺名之，亦非天竺之本名，蓋始出于漢有司梓匠之後，遂同乎府寺而得名焉。初無禍福奇麗之説也，逮梁武帝，自知平生惡德有不可贖者，乃殫竭民力，于土木而適侈心焉，顧豈佛之律哉？宜夫達摩面斥其無功德！而當時廷臣有正直不阿諛者，亦頗知諫争，豈人人皆與達摩同致邪？又何必以達摩爲超絶卓異之論乎？僕觀《洛陽伽藍記》，見元魏而來，王公將相既得意必作寺宇以相尚，否則，若有屈于人者。九州四裔之珍，隨珠和璧、異花恠石畢具矣。無幾何，其人既自抵法，而所謂危樓傑觀者，從而灰燼爲瓦礫，則佛言「因無常者」于是乎著矣。雖然，亦嘗一日有清净士居于兹也，則其惡果復生善因矣。前日灰燼兵戈之餘，往往復出于故地，此佛一事必具三世，而三世該乎九世，以覺世間者。博乎，其大者也！傳毅之言，梁武之作，沿何觀哉？

成州有仁王院，其廢已久，不敢億措其所以廢之之因也，何爲久而未之復興乎？其地污瀦榛莽，更幾姓而不居，有所待邪？屬者故大梵寺僧法銓，念其大梵寺建在唐大中二年，今其寺之賜額荷恩厚不毁也，乃請于州，以仁王之故地，復大梵之舊額。四分律之所不可闕者，謹以創作。僕適知州事，法銓請文以記之。僕念華嚴之先照高山，净名之始坐佛林，般若之從牛出乳，逮乎佛藏之相，楞伽之行，地持之教，必待法華而成焉。維爾法銓，尚其勉諸。

宣和六年甲辰三月二十一日己巳，朝請大夫知成州嵩山晁説之記并書

［説明］

據《四部叢刊續編·嵩山文集》録入。

宋徽宗宣和六年（一一二四）晁説之記并書。

四五　成州題名記

洵　直

存目

［説明］

張維《隴右金石録》載：「成州題名記。在成縣東，今佚。」

《雍夫記》載：「寶井山在成縣東南十里，宋有洵直題名記云『長慶年始遷于寶井山』，即今成縣治。」

成縣地方志編纂委員會《成縣志》載：「成州題名記。在縣東南十里寶井山，唐咸通中徙置州治。石洵直題名記云『長慶年始遷于寶井山』，即此記。又云『城郭之勝，背山而池；風上之盛，襟帶秦隴』。」

四六　獅子洞題記（八）

臺宗孟

巡檢臺宗孟，同谷令孫襄。建炎戊申七月二十五日，雨。

［説明］

題記在鹿玉山獅子洞。題記高四五厘米，寬四〇厘米。

宋高宗建炎二年（一一二八）記。

著録：成縣地方志編纂委員會《成縣志》。

四七　飛龍峽題記

蘇坦

提點刑獄夷門辛彦宗仲文，轉運判官河陽李唐孺安國，河東葛兟唐彦，郡太守丹陽蘇坦公易，建炎三年己酉秋七月十有六[一]日同至。

［説明］

據張維《隴右金石録》録入。

宋高宗建炎三年（一一二九）記。張維《隴右金石録》原題名爲「宋飛龍峽題名一」。

著録：吳鵬翱《武階備志》（題「飛龍峽題名」），葉昌熾《語石》，成縣地方志編纂委員會《成縣志》。

黄泳《成縣新志》載：「飛龍峽有二。一在仇池山下，晉氏楊飛龍據仇池，因名。一在縣之東南七里，河水經流，相傳有龍飛出，故名。峽口有杜甫草堂。杜詩『徘徊虎穴上，面勢龍泓頭』即此。」本題記所指飛龍峽即後者。

［校記］

［一］六，《武階備志》作「八」。

四八　獅子洞題記（九）

郭子卿

三城郭子卿，隴干曲庚，北豳馬焕，以紹興戊午十二月朔日同游鳳山大雲寺。約主僧雲丕覽石堂、師子洞、石井，興盡而返。洋川延福閣梨子通同來［一］。

［説明］

題記在鹿玉山獅子洞。題記高四五厘米，寬五一厘米。

宋高宗紹興八年（一一三八）記。

著録：吳鵬翱《武階備志》（題「獅子洞題名一」），成縣地方志編纂委員會《成縣志》。

四九　鷄頭山下生佛閣記

丁彦師

（篆額）：鷄頭山下生佛閣記

左修職郎前岷州團練判官劉戩篆額

右從政郎前階州知録事參軍丁彦師撰文，男時升書丹

同谷僻在秦隴之一隅，地連全蜀，富于山水。郡城之西南二十里許，一峰屹然獨出，父老相傳爲鷄頭山。舊有羅漢洞，極深邃，不得其底。裏洞之左右有佛像，亦不知始于何時。其中有泉，淵源湛净，活活然流出洞外，聲滿巖谷，水旱不加損益，真斯境之勝絶處也。居民之好事者，亦或時往，以爲游觀之所。唯從義郎趙清臣篤于好善，奉佛尤謹。政和壬辰春，屬以大旱，二麥垂槁，饑歉之患，近在朝夕。君遂同僧□□□率衆詣洞請水，至誠所感，越三日大雨，人人歡喜無量，悉心歸依。比其迎返也，幾數千人。然山巔草莽之間，尊像埋没，風雨剥蝕，歲月滋久。君視之惻然，念念不已。至政和丁酉歲，乃發誓願，捨財出力，建□生佛閣。與僧□慈惠、諶寶□共爲經營，閲數月而工畢。閣成之二年，忽一日，畫父母兄嫂身容，背赴峨嵋山，于普賢示現處，力爲懺悔，且復默禱，願于吾州之鷄頭山以顯靈異。是年七月十四日，設大會于洞前。俄頃，布五色圓光，人所共睹，鷄山佛現，自兹始也。厥後，人益信法，而住持者更五六人，惟善法、義法、證法，用洪雅之徒，前後相繼。僅三十年，次第而普治之，曰殿曰堂，與夫寮舍厨庫之屬，亦略具矣。然非君倡之于始，則安能成此一段事哉？噫！西方之教，行于中華久矣，其大率以孝慈忠信爲本、濟時拯弱爲心，誘人爲善，恐其淪于惡道而不自知也。若究其所以然而不泥于末習，則可謂善學矣。趙氏以孝義著名鄉里，是得佛之心法者，來求記于予，遂爲之書其本末云。

紹興十四年正月二十八日，金臺丁彦師記

敕賜旌表門閭、從義郎趙清臣，長男成州州學正積、次男武翼郎和、次男穆謹□，紹興二十二年十月十五

日謹立石

石匠杜宏刊字

［説明］

據張維《隴右金石録》録入。

張維《隴右金石録》所題原名爲「鷄山生佛閣碑」，據其按語改題名。

宋高宗紹興十四年（一一四四）丁彦師記。鷄山，又名鷄頭山。《成縣新志》載：「在縣西南十五里，奇峰孤聳，直入雲際，狀似鷄首，因名。史稱『秦始皇西略，登鷄頭山，命宫娥吹簫，使長子扶蘇監蒙恬軍』，又『漢武帝過回中，登崆峒，至鷄頭山』，即此。松竹叢茂，蒼翠欲滴。山腰有石，奇巍秀麗，如三臺象，名三臺石。上有佛刹，極頂爲普賢殿，後有睹佛臺。臺左有洞，深邃莫測，歲旱禱雨輒應。宋紹興中，丁彦師碑記其事。明邑進士汪滸有詩云：『五德精靈聚，峨峨聳白雲。千古老毛骨，一卵包乾坤。』」

著録：吴鵬翱《武階備志》（題「鷄山羅漢洞生佛閣記」，存目），成縣地方志編纂委員會《成縣志》。

五〇　獅子洞題記（十）

楊岷傑

楊岷傑率李仲敏、老祖□同游。紹興甲戌三月望日弟師心田、薛□□

［説明］

題記在獅子洞。題記高七〇厘米，寬四五厘米。

宋高宗紹興二十四年（一一五四）題刊。

五一　同谷郡學新繪成都禮殿圖碑

黄　中

（上缺）謹按，益州都督府長史張緒《修府學記》云：「周公禮殿圖，東漢獻帝時建也。」碑陰曰：「賀遂亮撰，縣令顔有意書。實唐高宗永徽之元年也。」

［**説明**］

《成縣新志》載：「同谷郡學新繪成都禮殿圖碑。在縣城學宫内，今佚。」《武階備志》載：「同谷郡學新繪禮殿圖碑。黄中撰，正書，紹興二十八年，文載黄志。」南宋高宗紹興二十八年爲一一五八年。

五二　修成州學碑

王　勳

（上缺）耆舊相傳晉太康中益州刺史張收書。（中缺）匠石者凡三，翌日謁謝，顧謂勳曰：「子與諸生作成斯宫，實壯大宏麗。而民力弗煩，子之功多矣。」勳曰：「此使君與執事生之力，勳何與焉？」皆合詞曰：「非子莫能先之！」乾道三年七月既望，左修職郎知成州學教授唐安王勳記并書。

［**説明**］

據黄泳《成縣新志》録入。黄志原有脱文。前面與「匠石者凡三」之上俱有缺文。

《成縣新志》所載有尾無頭。《武階備志》載：「修成州學碑。王勳撰，正書，乾道三年，文載黄志。」南宋孝宗乾道三年爲一一六七年。

著録：吴鵬翱《武階備志》，張維《隴右金石録》（題「同谷禮殿圖碑」），成縣地方志編纂委員會《成縣志》。

五三　西狹題記（六）

王師雄

郡守王子直遣男師雄觀碑于此。

乾道辛卯仲夏丁亥日記

［説明］

題記在「五瑞圖」西壁。題記高五三厘米，寬六〇厘米。

宋孝宗乾道七年（一一七一）記。

著録：吴鵬翱《武階備志》（題「魚竅峽王師雄等摩崖記」，存目），張維《隴右金石録》（題「西峽題名三」），成縣地方志編纂委員會《成縣志》。

五四　西狹題記（七）

庫彦威

時金人方盜，至兩河及秦隴。成紀在北，同谷在南，每爲戰場。統制王公「一」來守是邦，虜更不敢犯邊。

蘭皋庫彥威書此，備他日之覽焉。

［說明］

題記在「五瑞圖」西壁。

宋孝宗乾道七年（一一七一）記。

著録：張維《隴右金石録》（題「西峽題名二」），成縣地方志編纂委員會《成縣志》。

［校記］

［一］王公，《隴右金石録》以爲「王公」指王彦，誤。

五五　仙人崖甘露頌

王　康

有宋乾道八年，歲在壬辰暮春之月，甘露降于成州仙崖之下，野夫來告，邦人聚觀，咸曰：「太守王公，踰年政成，訟無留庭，盜不警野，治尚寬大，神人以和，雨暘弗愆，年穀屢[一]稔，和氣發育，嘉祥并臻，蛇見于坎宮，瑞露零于仙境，與漢武都守李翕所紀頗同。彼以治險便民，此以至誠格物，不可無述，昭示方來云。」前同谷令晉安王康書之。公名中正，字子直，河州枹罕人。

［說明］

摩崖刻石，在成縣南山仙人崖。摩崖高一六〇厘米，寬一三二厘米。

宋孝宗乾道八年（一一七二）記。摩崖右上側刻圖繪一人托盤承接甘露，題有「承露人、甘露降、初現真象、安泰變像」

等字。「太守王公」即王中正，字子直，河州枹罕（今臨夏）人。其事迹可見武都乾道四年（一一六八）《重修赤沙祥淵廟碑》。

著録：黄泳《成縣新志》，吴鵬翱《武階備志》（題「成州仙人崖摩崖記」，存目），張維《隴右金石録》（題「仙人龕摩崖」），成縣地方志編纂委員會《成縣志》。

[校記]

[一] 屢，原作「婁」。

五六　廣化寺記

蒲舜舉

（篆額）：廣化寺記

西康人勤，生而嗇施。蓋其地磽腴皆可耕，絲身穀腹之外，蜜、紙、枲、漆、竹箭、材章，旁贍内郡。農桑既盡其力，而發貯鬻材、趨時射利、人棄我取、人取我予者，子孫皆修業而息之，廩藏赤仄，至纍世而不發，惟冠昏[一]喪葬許用之。地既饒而習俗[二]如是，雖欲矯揉磨淬，使之急病遜夷，施一錢以濟貧賑乏且不可得，而况奉佛老者乎！雖然，民知敦本，是亦可嘉也。

廣化寺在封[三]泉，距治城二十里[四]。于元豐四年，高氏務成削地[五]捐財以建，門闥雄深，殿廡耽耽，齋庖庫庾，鐘鼓魚螺，無不畢具。而高氏之貲中衰，人皆言曰：「高氏未奉佛也，富且强；既奉佛也，田且荒。佛之因果，豈可信耶？」未幾，務成之侄常擢建炎四年進士第，仕至奉議郎，鄉人始大感悟，知責報于天，固不爽也。寺始于元豐，至隆興初猶未賜額，遇[六]中原亂離，涇僧宗奭懷賜書避亂來此，遂請于太守梅公，願以「廣化」之額補亡[七]。自是，高氏之孫德[八]愈念前功，仍像設諸佛，以增廣之。巍巍輪輪，宏敞焕麗。一日，德[九]來請曰：「吾祖于是寺，念之深矣！而八十七年之後，始有名稱，若有數焉！願託令辭，昭示來世。」顧予非佞佛，姑爲本其土風，申其可言者寵嘉之。使刻示邦人，其有激也。

乾道九年中秋日

左從政郎、成州學教授蒲舜舉記

進士張掄書丹[一〇]

［説明］

以張維《隴右金石録》爲底本録入。

宋孝宗乾道九年（一一七三）蒲舜舉記。蒲舜舉，成州學教授。

著録：黄泳《成縣新志》，吴鵬翱《武階備志》（題「成州廣化寺記」），存目），葉恩沛《階州直隸州續志》，宣統《甘肅通志》，《甘肅新通志稿·卷九二·藝文志》、成縣地方志編纂委員會《成縣志》。

［校記］

［一］昏，《階州直隸州續志》作「婚」，二字古通，此處作「婚」解。

［二］習俗，《階州直隸州續志》倒。

［三］封，《階州直隸州續志》作「豐」。

［四］里，《成縣新志》《階州直隸州續志》皆作「里，即絳帳臺故址」。
［五］削地，《成縣新志》《階州直隸州續志》皆無。
［六］遇，《成縣新志》《階州直隸州續志》皆作「偶」。
［七］亡，《成縣新志》《階州直隸州續志》皆作「亡，且存古迹」。
［八］德，《成縣新志》《階州直隸州續志》皆無。
［九］德，《成縣新志》《階州直隸州續志》皆作「進」。
［一〇］「左從政……張掄書丹」，此兩句《隴右金石録》原無，據《成縣新志》補。

五七　宋拱衛大夫康州刺史田公墓志銘

杜　定

（隸額）：宋拱衛大夫康州刺史田公墓

［宋拱衛大夫康州刺史］田公墓志銘

［大宋淳熙二年］□月乙□，武階太守田侯，以其父拱衛之喪，葬之西康之西十里西山之下。先十月，拱衛之喪至，自荆南侯（中缺）爲定言：「吾父束髪從軍，小大百戰皆雋功。晚爲江湖田里之樂，以壽終。其終也曰：『惟汝克負荷，且吾熙秦人，心懷［故］鄉，死緩葬。不十年必用兵，先恢復者必吾鄉也爾。以一馬負吾骸，埋先塋側，或者美池。吾嘗行關外及漢中，其風土必葬我是間，尚吾鄉也夫。』後果如吾父言，秦隴歸矣，朝廷尊大信退守。不孝子未克葬，逐食荆吴，乃誤恩。乘西邊得赤寸地而兆，天蓋哀念吾

父語也，窀穸有期矣。子爲銘諸幽。」公諱成，字希聖，本渭州人。曾祖廣。祖明。父告，贈從義郎。方王觀文韶拓邊熙河，從義赴狄道，募爲寨户，授田家焉。既而得疾廢，不能從軍，則以其田募人代。家用貧。時年十五，感慨且泣曰：「親老又疾，而産益落，男兒生何爲？」乃白從義，請身從戎馬，得紓貧，復故業。從義念公幼，泣未欲許。數日，公詣皇城使劉仲堅□弓馬自承其業。會朝廷命熙河師姚雄經略河外，梁方平監軍師行。仲堅少公，使居寨守，公奮出自言：「身年固小，膽實過之，且國家方事邊，立功時也，願以死請行。」人皆壯而異之。戰還，仲堅望公身朱殷謂重傷，歎悔。已而挾兩級前報，方平來之信，意如富家兒賂得。雄從戰所核屍驗斬，得實。方平大慚謝，比公秦武陽，奏升兩級。鄉閭驚歎曰：「田氏有子矣！」

宣和末，朝廷以陜右兵平睦州叛賊方臘，公手斬級三十六，進官升朝。金虜之再□也，公從姚古河東遮寇，會古罷南關亦失利。公與辛興宗在隆德府圍中。府陷，公陰結民豪韓京，圖收復。乃以牛車載草，中匿兵，四門齊入，會通衢，縱火取兵，斬虜首之守者，并女真三千餘人，城遂復。然時二帝北狩矣。公悉，悲奮感泣，以兩旗立左右，率熙河兵及陷散數百人，謂曰：「我輩受國厚恩幾二百年，今運中否，能與我勤王者左，歸者右。」左者百餘人。公部出濟南，説群盗高才、王琪、韓温，合衆萬餘，趨應天，奉今太上皇帝登極。賊張遇蹂江東，劉炎世、苗傅陣九江、湖□與戰，賊兵盛據地利，主□已沮怯。公曰：「賊雖衆而無津，若不乘其未定破之，使得順流下，恐驚乘輿，願爲公嘗之。」湖□潮河廣約丈有八，公以□□卒直趨，策馬一躍而渡，賊不覺失聲驚潰，因大捷。光世解佩劍拊公背，贈曰：「今日服公勇矣！」丁進衆十餘萬擾淮甸，公□［奉］命招安之，單騎赴賊營，進驚曰：「公膽何如，敢至此耶？」公喻以國家威靈，向背禍福，賊曰：「可否夜宿公帳中？」公解衣［就寢］，傍若無人，賊大折。翌日，望闕羅拜，以其衆赴行在，而公殿之［後］，凡劫虜者縱去。不數日，縱及半，賊勢益弱，遂決□□。苗傅、劉正彦狂悖滔天，公從韓世忠受命討賊，戰于建州浦城。公先陷陣，遂擒正彦。傳奔亡，數日擒。公身被二十餘創，□□[二]第一。公方面美髯，神奕俊拔，疏財樂施，居官以公廉，自任與人推赤心。早履行陣，少于書，而吏抱牘來，方囁嚅欲言□□情僞，人服其神。每人飲食必加額，祝君父所。嘗事上官，不以知苟言，及或聞其名，必加敬，其恭厚天資也。然□□尚氣，能殺身以明仁。在河東時，姚古有使臣直而呼不至，古怒，杖之。方寒甚，其人求哀曰：「乞減刑。」古誤聽，謂：「斬也！」據驅□斬之，左右無敢言。公獨進，願以身同死，理其冤，遂得釋。蓋後爲龍神衛四厢都指揮，使知荆南王公君瑞也，世至今賢之。□辛興宗也，興宗嗜睡，而側每置燈，公曰：「公身係一軍安危，敵且諜，寧無矢石憂。」興宗頷之，而寢如故。公密以兜牟庇其□，已而流矢中之，興宗大驚，謝，愈相重敬。

紹興辛酉，公以舊忤權臣，恐中以禍，喟然歎曰：「吾老矣，不能用也。」遂求補外。居荆南，幅巾深衣，與田夫野老游。或人勉以置産，笑謝曰：「吾起身行間，荷恩横列三歲，而一子補官，此生業也。苟子孫賢，不失錦裘；不賢，免使以産分争，吾不能爲之作馬牛矣。」間一日，忽呼令侯言：「吾戎馬間垂四十年，誓以身死國，乃今幸死屋宇，稱君恩未報者再三。」次日，奄然而卒，紹興癸酉三月貳十一日也，年六十有八。官拱衛大夫，職康州刺史，食武功開□邑三百户，任鎮江駐扎御前右軍統制，永興路兵馬都鈐轄。娶郭氏，葬其鄉；生世林，從義郎，亦繼公卒。後失□，周氏祔焉。今劉氏生世雄，秉義郎，御前右軍同統制兼知階州；世安，秉義郎，知澧州西牛平寨兼兵馬監。男孫、男女，五人。世林之子閏，修武殿司將闓承節郎。世雄之子閲，尚幼。女與世安之女皆未笄中。嗚呼！年十有□而戰立功，瞑且念報君，不忘忠武矣。銘曰：

烈烈噫公，激孝奮忠。武勇行之，所向爲功。世否□傾，天回地復。神武奠京，中天立極。寇攘既平，孽妖既殲。爰末爰始，公皆與焉。中原撫撫，明聖奮發，忠武如公，□□不作。在我後之，人其似之。

門生從政郎階州州學教授杜定撰。門生文林郎知階州福津縣主管學事、勸農事宋懋書。歲在乙未。刻者任禮、何宗、楊元廣。

［説明］

碑存成縣文化館。碑高一二五厘米，寬八六厘米。

宋孝宗淳熙二年（一一七五）杜定撰。

［校記］

［一］□□：當爲「功勞」或「勇武」二字。

五八　西狹題記（八）

馬義夫

郡守馬義夫，倅吕義甫，率郡文學掾王德潤、客王鼎光、費子淵訪古至此。倅之子效侍行，同谷尉王信之先一日爲除道

淳熙戊戌四月二十日

［説明］

題記在成縣抛沙鎮豐泉行政村西狹之南壁。題記高八五厘米，寬七五厘米。

宋孝宗淳熙五年（一一七八）記。

著録：張維《隴右金石録》（題「西狹題名四」），成縣地方志編纂委員會《成縣志》。

五九　宋太宜人劉氏之墓

田世雄

（隸額：）宋太宜人劉氏之墓

夫人姓劉氏，世居東平，爲大族。年十六，適田族，從皇考刺史族，戎馬戰伐之間，悉預焉。皇考捐館舍，夫人孀居三十年，齊家教子，繼述前烈，弗替弗隳。夫人生三男一女，長曰世雄，武節郎，知金州兼管内安撫，被命改知黎州管内安撫，節制軍馬，御前右軍統制，提舉買馬，以夫人年高，抗疏辭其行，未報，丁夫人憂。次二男，皆未名而夭。女適呼延氏。夫人生于政和壬辰，終于淳熙乙巳八月二十四日，享年七十有四。是年十一月二十三日，葬于西康西山皇考刺史君塋之側，以男世雄，蒙恩纍封大宜人云。

孤哀子世雄泣血書

命孫婿成忠郎、御前馬軍准備將郭傑書額

〔**説明**〕

碑存成縣文化館。碑高一一五厘米，寬八五厘米。

宋孝宗淳熙十二年（一一八五）立。田世雄書。田世雄，字元弼，淳熙間任成州知州。

著録：成縣地方志編纂委員會《成縣志》。

六〇　大雲寺詩碑

卑　牧

郡假守卑牧勉次

提刑大著游山二詩韵

星軺［之］[一]樂樂融融，十里旗穿曉日紅。訪古直尋丹穴外，造幽更指碧潭中。接身幸作卑飛燕，附翼慚非六翮鴻。榮甚載名詩榜上，歸時猶喜□涵空。

鳳臺空雙闕，藤蒼垂翠紳。岩泉藏勝迹，草木麗芳辰。久廢登山屐，誰［能比］[二]古人。皇華因按部，提挈與□□。□共公餘樂，都捐世俗塵。□□□□刻，吟咏泣山神。酌酒□□□，□□簷可巡[三]。

邊烽雖（中缺）整頓乾坤（下缺）。

〔**説明**〕

碑殘，在大雲寺院内。殘碑高五〇厘米，寬八〇厘米。據隴南師範高等專科學校蔡副全所提供抄件録入。

無年月。由「郡假守卑牧」可知作者爲卑牧。卑牧于淳熙十五年有「郡守卑牧」的《獅子洞題記》，淳熙十四年冬又有《西狹題記》，無明確言爲「假郡守」或「郡守」，則此篇應置于《西狹題記》之前，淳熙十四年所作可能性爲大。

［校記］

［一］之，以意補。

［二］缺文「能比」以文意及平仄格律考慮補之。

［三］巡，原作「逃」，從上下文及致誤之原因字形等方面分析，應作「巡」。姑改爲「巡」，以待進一步研究。

六一　西狹題記（九）

卑　牧

漢李翕守西康，黄龍、白鹿、嘉禾、木連同爲一時之瑞。摩崖大刻，至今稱之，後之繼者無聞也。河間卑牧自牧灊分符竹，因暇日，拉前郡倅田世雄元弼，郡别駕成繪素通，策杖跋險涉水來觀。

時淳熙丁未立冬紀

［説明］

題記在成縣抛沙鎮豐泉行政村西狹之南壁。題記高六二厘米，寬四七厘米。

宋孝宗淳熙十四年（一一八七）記。卑牧，淳熙中任成州知州。

著録：吴鵬翱《武階備志》（題「魚竅峽卑牧等摩崖記」，存目），張維《隴石金石録》（題「西狹題名五」），成縣地方志編纂委員會《成縣志》。

六二　獅子洞題記（十一）

卑牧

郡守卑牧、郡别駕成繪拉鳳州推官晁子飛、同谷林循祖來游觀景，迂晁先生題字，拂塵而去。

淳熙戊申仲夏二十二日

［**説明**］

題記在鹿玉山獅子洞。

宋孝宗淳熙十五年（一一八八）記。

著録：張維《隴右金石録》（題「獅子洞題名三」），成縣地方志編纂委員會《成縣志》。

六三　西狹題記（十）

王正嗣

西和前進士王正嗣、馮翊郭英、正嗣侄芝，自峽躡石，沿溪觀「天井」「耿君」二碑至此。因歎：「今日瑞芝産于郡之天水，固不減黄龍、嘉禾之應。良二千石，豈獨專美于漢耶！」

淳熙戊申仲春四日書

［**説明**］

題記在成縣拋沙鎮豐泉行政村西狹之南壁。題記高五〇厘米，寬三五厘米。

宋孝宗淳熙十五年（一一八八）書。

著録：張維《隴右金石録》（題「西狹題名六」），成縣地方志編纂委員會《成縣志》。

六四　何之源墓碑記

王　璋

公生于北宋宣和七年，諱之源，字性成，叔虞之系也。幼聰敏，穎悟不群。年八歲，能屬文，日誦千言。十五道「六經」，爲文超衆。公素純孝，居父喪，杜門簡出，供倦几筵，越三周而已。母李氏，感疾篤甚，公兩剖股肉，母食而愈。逮壽終，喪之如禮服闋。

何氏專精毛鄭詩作，斷文二十卷。歌詩勁出，好爲古風。建造書室，親自教訓鄰里子孫。晚年尤好賓客，無親疏貴賤，禮待如一。尤好急難，遠方寒微造其門者，公解衣吐哺，待之如故，頗有孟嘗風。鄉里之困窮不給者，公常割己之餘，以惠及鄉里。

公卒于南宋孝宗淳熙十六年七月十六日，享年六十四歲。

銘文：

名宦之後，挺生俊英。彬彬其質，赫赫有聲。博學成名，游處之遍。剖肉遺母，孝淑之純。晚節高尚，淵明之心。加禮親契，孟嘗之風。惜公賢明，俄歸冥冥。欲垂不朽，爲部斯銘。

敕授英州文學王璋撰文。三子何仲書。何宗刻石。

紹熙元年冬十一月己酉立，葬于清鄉禄早源家山之陽。

贊曰：

地下八百載，今朝始知情。宋世何之源，剖[一]股奉[二]母親。孝子知多少？何公第一人。當今爲子者，應虔奉老終。

〔説明〕

據成縣趙國正所提供抄件録入。趙所録文似不完整，且「贊」文時間似有誤。據趙介紹，原碑一九六六年出土于成縣支旗鄉北山行政村上河壩生産社，今不知去向。何之源，北宋成州人，其事迹見中華歷史大辭典編委會編《中華歷史大辭典·卷二》，延邊人民出版社二〇〇一年，六六四頁。

宋光宗紹熙元年（一一九〇）王璋撰。

〔校記〕

〔一〕剖，原作「部」，據上文改。

〔二〕奉，原作「俸」。

六五　題王氏園

宇文子震

郊坰［漫步］出塵埃，［世外］幽扉爲我開。異［石］横陳渾柱[一]立，飛流瀑注自天來。桃園圖裏如曾見，靈鷲峰前莫謾猜。增損須憑詩眼巧，好于穩處看樓臺。

右郡守成都宇文子震題王氏園。

［**説明**］

據吴鵬翱《武階備志》録入。

摩崖刻石，原在今成縣縣城東南飛龍峽王氏園崖上，今湮没無存。宇文子震，字子友，成都人。孝宗隆興元年（一一六三）進士，紹興中任成州知州。慶元二年（一一九六）知潼川府（治今四川三台縣）。

著録：成縣地方志編纂委員會《成縣志》。

［**校記**］

［一］柱，原作「住」，以意改。

六六　賦龍峽草堂

宇文子震

燕寢香殘日欲西，來尋陳迹路逶迤。江濤動盪一何壯，石壁崔嵬也自奇。鷄犬便殊塵世事，蛟龍長護老翁詩。草堂欸[一]見垂扁榜，却憶身游濯錦時。

右賦龍峽草堂。

紹熙癸丑□十七日

郡守成都宇文子震題

［**説明**］

碑存成縣子美草堂。碑高六八厘米，寬九五厘米。

宋光宗紹熙四年（一一九三）宇文子震題。

著録：張維《隴右金石録》（題「飛龍峽草堂詩碑」），成縣地方志編纂委員會《成縣志》。

〔校記〕

〔一〕欵，《隴右金石録》作「倏」。

六七　世功保蜀忠德之碑

高文虎

碑陽

（篆額）：皇帝宸翰

（碑陽中）：世功保蜀忠德之碑

（印二）：（篆書）敕命之寶璽；（正書）修政殿書

（碑陽下）：

（上缺）吴之季札，戰國賢人也。身後之名，孔聖揭之，且大書「延陵季子之墓」，乃使萬萬世□□□□□□□□□以至小臣，可謂遭逢聖明之朝者矣。再世碑額，大君發揮，即孔聖之所書，視兩朝之心畫，相去有間。臣之家門，有此榮寵，庶幾季札□天幸歟？臣仰維陛下，無非勉臣以爲臣爲子之大防，責臣以盡忠盡孝之後效。先臣報國一念，屬纊猶言。臣雖凡庸，當懋先志，是□擎跪頓首，勒諸堅珉，式彰上恩，永光□木[一]，寶此棠笏詔于雲仍□□斯□戴皇宋于無極也。

嘉泰三年十月十七日，太尉、昭信軍節度使、興州駐扎、御前諸軍都統制兼知興州諸軍事兼管内勸農營田使、充利州西路安撫使、馬步軍都總管、順政郡開國伯、食邑一千八百户，食實封六百户臣吴曦拜手稽首謹書。

碑陰

（篆額）：世功保蜀忠德之碑

宋故太尉、定江軍節度使、武功郡開國公、食邑六千七百户、食實封二千四百户、致仕纍贈太師衛國公、謚武穆吴公神道碑

中大夫、守中書舍人兼國子祭酒、直學士院兼實録院同修撰，臣高文虎奉敕撰

朝奉大夫、起居舍人兼實録院檢討官、兼權直學士院、賜緋魚袋臣陳宗召奉敕書[二]

慶元三年十二月二十一日，殿前副都指揮使臣曦奏事殿中，泣而言曰：「臣祖父璘，際遇高宗皇帝中興，陳力西陲，賴國威靈，克保全蜀。孝宗皇帝親灑奎翰，賜之『安民保蜀定功同德』之碑。先臣挺，獲事三朝，備宣忠力。歲在辛巳，逆虜渝盟，瓦亭、德順至于治平、東山、鞏城之勳，頻有戰捷。虜卒畏遁，蜀賴以安。而提兵中外，世守西邊者三十餘載，不幸奄棄明世，五年于兹。今隧碑未立，懼無以宣焯前美，敢百拜昧死請上。感懷祖烈，闡繹慈訓。」維時際會之臣，思極褒表，乃顧謂曦曰：「惟汝父爲國勳臣，固當有以旌寵之。」既取禁暴定衆、布德執義之旨，謚曰「武穆」，又親御翰墨，以「世功保蜀忠德」名其碑。而詔臣文虎曰：「汝以西掖直北門，其爲之銘。」臣拜手奉詔。仰維高宗皇帝以明謨赳斷、大略雄材，受命于天，中興復古，總攬文武，信威百夷；四方英豪，以忠義奮，酬功申誓，帶礪山河，如高祖白馬之盟。孝宗皇帝以聖武聰文、

神謀勇智，膺堯之禪，付托得人，內修外攘，志在殄虜；元勳宿將，駕馭有經，激節厲忠，天下風動，如孝宣麒閣之象。太上皇帝以廣淵浚哲、睿德英圖，嗣纘慶基，增光燕翼，上策至治，居安思危，選將訓兵，以飭遠備，植模垂範，砥礪方來，如明帝雲臺之登。公于是時，或以忠勇而建勳，或以智謀而廣略，或以精慮而植蕃。凡所著宣，可傳悠久。故其克敵騁謀，用繼乃父勳勞事業，并耀一時，非世功之大歟？保境籌邊，兵弭民靖，惠愛仁利[三]，洽于坤維，非保蜀之至歟？抗誠厲衷，報國衛上，篤有大節，侈于君親，非忠德之全歟？皇帝當饋以思，拊髀以歎，光灑奎畫，揭之豐碑。以一門父子之功，被兩朝褒表之異，視諸勳門特盛矣！

謹按，太尉、定江軍節度使、纍贈太師、衛國公、謚武穆吴公挺，字仲烈，德順隴干人也。曾大父遂，追封楚國公，纍贈太師。大父扆，追封魯國公，纍贈太師。父璘，太傅、奉國軍節度使、新安郡王，追封信王，贈太師，謚「武順」；妣王氏，吴國夫人；劉氏，慶國夫人。公，信武順王第五子，慶國夫人所生也。王守武階日，生于守舍。始生日，目光炯然，顧瞻如成人。長不好嬉弄，舉止凝重。王奇之曰：「是兒必能紹吾家勳業者。」就學，通《左氏春秋》，至征伐會盟，究極其旨。倜儻尚氣節，有大志，以蔭補忠訓郎。年十七，慨然以功名奮，乃從軍，爲後部准備將。稍遷中軍[四]第一將，提振軍馬。會有詔選發西兵，公奉檄，部送闕下。高宗召對便殿，問西邊形勢、兵力與夫戰守之宜，且及二父勳業，公儀度整華，言論激烈，占對如響。高宗驚喜，顧左右曰：「真名將家兒！」即日超授右武郎，改差浙西路兵馬都監，賜金帶。明年，扈帶禁庭，復以金束帶賜之。公妙年，以材略辯智克世其家，起至遠方，一見寤合，驟膺顯拔，由是名聲益彰，無不羨吴氏人門之盛者。旋以解帶恩，轉右武大夫，特差利州路兵馬鈐轄，以便定省。未幾，易利州東路御前前軍同統制，繼移西路前軍。

紹興三十一年，虜亮渝盟，盛兵渭上，信武順王以四川宣撫使總三路兵討之，將以公攝興州。公固請曰：「所願自試軍前，乘時以建功業。」王壯之，即以爲中軍統制，俾出師經略秦中。初，王師克復秦州，虜大酋合喜孛堇與戰，我叛將張忠彦引兵欲争據之。宣撫司檄公偕知文州向起，深入探賊，至治平寨，遇虜與戰，破之。已而南市城賊來援，戰至暮，未决。公視虜氣惰，語向曰：「是可以奇取也！」乃以裨校領所部牙兵，直據城門，衆皆莫喻，且懼力不敵。公曰：「汝第往無慮，事或不捷，吾與若俱死！」衆感泣，皆殊死戰。公率背嵬騎，盡易黄幟，繞出賊後，乘高衝之。虜嘩曰：「黄旗軍至矣！」皆錯迕驚亂。進兵襲之，遂大敗[之]，横屍蔽野，俘馘甚衆，獲僞宣武將軍安寧，斬阿烏孛堇、蕭千户二級。上功幕府，公推功其下，士益以此多公。宣撫司引嫌亦乞不第賞。朝廷知公異勳，擢榮州刺史，旋拜熙河路經略、安撫使。

三十二年，公被檄同都統制姚仲率東西兩路兵攻德順城。金人左都監擁師由張義堡駐摧沙，會平涼援兵亦至，大酋合喜繼遣萬户背奴孛堇等益精甲來，自[五]鳳翔與之合。賊怙衆自驕，仲營六盤，公獨率兵趨瓦亭。虜望公陳軍肅整，鎧甲戈鋋耀日，氣已奪，號我軍曰「天兵」。公冒矢石，摧鋒陷堅，士皆奮死力。虜窘不支，盡捨騎，操短兵鬥。公麾别將旁出，悉奪其馬，虜大奔潰。我師追北，蹀血三十餘里，斬馘萬計。軍裝器械，委棄山積，及生縛千户耶律九斤孛堇，他戎酋二[六]百三十七人。當是時，虜幾隻輪不返，公威名大震。秦隴捷書聞，上嘉歎再三。虜懲前衄，將益兵求勝，悉趨德順。會信武順王單騎自秦州晝夜疾馳來視師，預據要爲壁，力治夾河戰地，處我師于利而致敵于不利也。遲一日，虜援兵果大至，合城中兵皆集。未明，布滿山谷，彌望不絕。公先以數百騎嘗[七]虜，虜馳之，公[八]不爲動，徐誘虜致所治戰地。賊鼓震天，公率騎士乘利摧堅，莫不一當十，虜折北窮蹙，還走壁。翌日，將出師而虜不敢動。是時，天大風雨雪，虜幸休止而力已窮矣，一夕遁去。時降帥有覘者曰：「吾自從虜百戰，未嘗見如此，吴公可謂神矣！」德順既復，市不易肆，公功尤多。

鞏州圍久不下，公以選行。諸將或曰：「鞏城小而堅，恐有備難下，盍先其易者？」公曰：「人臣趨事赴功，寧擇難易？況去國遠鬥，豈問城之堅脆耶？今日之事，視吾旗所向！」即日，引兵至城下，按視所攻，皆以西北隅陂陀可攻。公曰：「西北雖低而土堅，東南并河多沙礫，善圮，況以少衆分攻堅城，城可得下乎？」諸將皆服，曰：「非所及也！」于是，盡徙攻具，齊集東南隅，公談笑應變，創爲攻具，發奇中巧，自出新意。不二日，樓櫓俱盡，且遣間其酋，酋皆懷猜無固志。有雷千户者飛苛，祈降。夜半，率其徒數十人，見公羅拜，公與語，明示大信，示以不疑。黎明，城破，公入城撫定，人安堵如故，全活不可勝計。虜酋王千户雅不與雷協，以女真千人劫萬户，斬西門而遁。公諜知之，先期設伏，盡殲之城下。以功特除正任團練使，制有曰「陷陣攻城，何止一月而三捷；酬庸錫爵，殆將終歲而九遷」，皆書實也。録瓦亭功，爲郢州防禦使。

六月，孝宗皇帝受内禪，信武順王兼陝西河東路招討宣撫使。王度虜志在德順，自至[九]河池。已而，虜果大至，合完顔悉烈等兵十餘萬，列陣拒我。三日，有酋先引數十[一〇]騎睥睨東山，王遣公領精騎邀擊之。虜棄曳走壁下，耻不勝，復盡鋭索戰。公鏖擊自旦至晡。虜大敗退，入壁自守，不敢輕動。悍酋豁豁萬户領兵自鳳翔來援，既旦，率萬騎猖獗城下，意自溢。公語諸將曰：「戰以氣爲主。虜遠來鋭甚，不持其氣而用之無餘，彼竭我盈，破之必矣！」乃偃旗息鼓，士皆休息。諸將請戰，不答。日既昃，虜氣已惰，令諸軍忽鳴鼓，若將率兵趨其營者。虜大駭，亟走壁。襲擊之，虜又敗。公將以輕兵挑虜戰，以奇兵搗其虚，令列陣城下調虜，虜益閉守。王遣公移軍築堡東山，時雨雪，大寒裂膚，地凍不可施畚插，則燒土而攻之。公躬役，先士卒，連夜堡成而虜兵大合，極力争之，殺傷虜兵幾半。卒不可得，乃遁去。王還秦州，留公與諸將守。虜自失三路形勝，糧道梗艱，雖合喜親提河南、陝西兵，而屢敗屢北，未嘗少得志。又東山據其衝，北嶺實其背，三路糗峙、士馬皆我有。虜日憤恨，盛修攻具，規古轒轀車之制，作大車，下虚上覆，載以四皁輪，内蔽卒五十人，横錯大木，蒙以革，中穴天井，四維植竿，施巨絙爲綱禦矢石，號「憨皮袋」，填隍而進，自謂無以破之。諸將失色，公曰：「是特易與耳！」掄三大木，蒙以銅鐵，名曰「將軍柱」，中道而植之。車至，礙不得前，亟發機石礫之，車中虜皆斃。酋[一二]憤甚，力欲害柱摧毁，百計不能壞。人皆服公智巧。公暴露久，一日，疾頗劇，咸謀以公歸。公聞，矍然起曰：「吾父子受國重恩，日夜思所報，况堅敵在前，死吾分耳！敢爲身謀乎？復有言者斬！」翌日，病良愈，公振軍深入，介西北二虜間。惟與士同甘苦，凡故壤藩民以牛酒饋餫者，悉以食下，而又勞存之不輟，士略無惰志。上以公功績顯異，拜武昌軍承宣使，尋加龍神衛四廂都指揮使、熙河路經略安撫使，依前中軍統制。公春秋二十五歲，戰多纍勳，自致高華，人不以爲幸。朝廷用和議，西師解嚴。

乾道元年，信武順王入覲行在所，安撫司乞以公權知興州。又自奏免熙河路安撫使，詔特升本軍都統制。三年，王西還，以太傅宣威四川。遣公奏事闕廷，孝宗以公久事兵間，多勳勞，撫勞特寵。又問今日所以待虜之策，公敷奏詳悉，志概激切，至漏下十餘刻。大略以爲寓戰于和，益修武備，無忘滅虜。上深然之，即日拜侍衛親軍[一二]都指揮使，節制興州軍馬。中道聞信武順王薨，銜哀星奔，毀頓骨立。詔起復充金州駐扎、御前諸軍都統制知金州、兼均房開達州安撫使、馬步軍都總管。公抗章力辭，優詔不允。時方防秋，公不敢重上憂顧，單騎引道，即之官次，且上章乞終制。未幾，易利州東路總管興元府駐扎，復力伸前請，上從之。服除，召爲左衛上將軍，依前侍衛親軍步軍都指揮使、武昌軍承宣使。初，時相建議置神武中軍，一軍以五千人爲籍，選江上諸軍子弟年十五以上二十以下者，不黥涅，不隸三衙，壹以屬御前。上以公爲都統制統之，公力陳其不可，且謂不當輕變祖宗軍制。上不樂，公曰：「臣不敢愛死，與其他日誤國事，伏鈇鉞，與今日拂聖意均也！」上徐曰：「卿試思之，爲朕條奏。」翌日，入對選德殿，公條具如前，詔寢其事。旋拜主管侍衛步軍司公事。公既深達戎政，乃大剗宿弊。□將分以刊冗蠹，程伎能以區勤惰。嚴揀汰之條，中私占之令，紀明律修，軍中悦服。公燕見從容，嘗力言：「兩淮地勢綿袤，爲備固不一，然備多則兵分，兵分則勢弱，此言兵者流所深講也。宜擇形勢，修城池，儲糗糧，如諸葛亮所立圍守者不過數處，皆以重兵據之，憑藉險阻，撫背扼吭，我固有以制敵。虜萬一送死，攻則不克，越我而南又不敢。我乘其弊，以全力破之，鮮不濟矣。」又密奏軍中事宜不一，上皆嘉納。

八年，武昌謀帥，上以其地爲今重鎮，問公：「欲輟卿以[一三]行，可乎？」公即日奉命，爲維駐扎，公□□□□馳□□，蠹弊百出，剔垢鋤荒，如治步軍司時。凡冒請匄秫，貿易取贏，私置榷酤，一切革去[一四]，發奸摘伏，略無容貸，悉以聞于上。降詔奬諭，有曰：「卿自膺重任，更革宿弊，杜絕私托，竭忠盡誠。」又曰：「其益懋勉，勿恤浮言。」上又軫念西陲，謂：「非公莫可付者。」一日，詔曰：「卿在荆鄂，軍務整肅，廉潔自持，朕甚嘉之。今除卿興州駐扎、御前諸軍統制，依前侍衛親軍都指揮使，其分朕西顧之憂。」又賜公宸翰曰：「卿廉潔自持，臨事不苟，屢爲軍帥，莅政嚴明，已降麻制，除卿定江軍節度使，所以表著公正，率勵四方。」是歲，淳熙改元也。公奉詔感涕，以爲天子知之，可謂明見萬里矣。至武興□□隳弊，十倍武昌，窮日之力，一一釐治之。族屬在籍者，奏徙别路，避親嫌，部曲嘗薄禮于公者，置不復問，人服其公而安之。西邊地控全秦，平原淺卑，風埃千里，實騎兵用長之利。信武順王時，以金繒誘致迭宕諸羌，使之耕牧并塞之田。自是，益置互市于宕昌，故多得奇駿。辛巳之戰，西路騎兵甲天下。自張松典榷牧，始奏絶軍中互市，聽其給撥，故所得多下駟，數輒不充。公歎曰：「馬者，兵之用也，吾寧罷去，不忍一旦誤國重事。」即條奏利害，以謂軍中市馬，行之三十餘年，有騎兵精强之聲，而無歲額侵損之害，不宜更變。今軍□給□非昨時比，祈許歲市匹五百，庶其可振矣。時孝宗鋭精内治，□遠燭微，惟恐弗及，旨從中出，特許市七百匹。西陲騎軍，于是復盛。

簽書樞密院事沈復使蜀，朝廷以公威略謀慮，倚以爲重，命參贊軍事。公曰：「吾以都統制居幕府，得無嫌乎？」累辭不獲命，視事一日即還軍，人以公爲知體，復亦尋罷。始武興所部五軍：合選鋒一軍凡六，就餉分屯，繚繞以千里，壁壘□□□□張，而勢不能綿屬。幕府出奏，報輒期月。又伍籍將校，衆寡不齊，公列其事，乞釐爲一軍，因其將校卒乘，均而析之，使無相遠。自邊頭至武興列五軍，曰踏白，曰摧鋒，曰選鐸[一五]，曰策選鋒，曰游弈。而武興所駐爲前軍，爲中軍。自是而西至巴西，則爲左、右、後軍。各□□屯，上易新號，不費一鏹，不易一兵。□帟族旗，先後相望，轅門號令，朝出而夕達矣。上俞其請，蓋公精思絶人，慮深晝遠，皆所以爲無窮計也。

四年，公入覲，中道除兼知興州，仍趨詣闕。既對，悉以西邊便宜爲上歷言之，如進人才、繩貪墨、繕原堡、除戎器、貿戰馬、廣營田、治強盜、旌死節，凡此之類，纍至百牘。上覽奏嘉歎，無不行者。除利州西路安按使，辭不許。陛辭之日，所以委注之意，尤諄諄也。公洊更重寄，聲望亦重，偉然爲時虎臣。及是，盡領信武順王舊職，人以曹武、惠武、穆王、武康、武恭方之。還武興，益思所以報上者。皂郊堡爲蜀捍蔽，距虜境三里。辛巳間，虜力攻□□□，和好既成，疆吏懼虜，啓□□□弗及，公于暇時，密加營度，爲□□□四萬二千有奇，時補治之。常率戍兵趣成之合水寨，爲堡者三，聲勢相接。又掘地得泉，爲井者十有四，金湯之固，足以瞰秦壤而護蜀門。雖李允則暗拓雄州北城，不是過也。

文州夷數擾塞，多殺掠人民，朝廷時時規畫，然利于互市，不尚□□。夷情□□，畔伏不常。公曰：「蕞爾夷不足顧，□軍惟□□曲水民兵□器甲弓刀，彼習熟其地，且健捷便于捕逐，又其鄉邑自知捍護，夷且戢矣。」又乞增階州踏白軍二百人更戍，從之。公外申威仁，旁□明信，夷守條斂束，毋敢侵境。自是，邊方肅然。靖乂、黑山兩界，人素悍忮，無所臣□□□力□歲小不登，而□□依嘯山谷間，民不得寧者。東□□忠政□□□□□□簡之□，皆擁衆立麾幟，私建官稱。公設方略招捕，皆刺爲勝兵，否則誅之。故環、洮、岷畏公威名，無一人敢盜者。公撙裁用度，大治戎器，治鐵取材，日以富羡，爲之殳矛、戈盾、弓矢、甲冑、韔韣、麾旗，至于鉦鼓、氈裳、毛弁、跗注、鉤膺之屬，而屋料儲□時久，積如丘山。乃度地□畝于東西山之□，兩□深沉，有□□□□□護典，□惟謹，觀者悚然，歎公之志常在乎虜，宿兵以來所創見也。

十年冬，上以公整軍護塞有勞，進公檢校少保，時公子曦以忠謹侍天子左右，至是，令賁宸翰褒諭以告，及金器、香茶□□明□。成州、西和歲大祲[一六]，公□□□□□賑民□檄二州原爲備亟以□□□□□□所能論。請諸朝，詔計司發所在軍儲以濟[一七]。公選擇能吏，指授方策，分道拯救，全活者不資計。

十二年春，丁慶國夫人憂，公委節去位[一八]，護葬同谷。詔起復，上表請終喪。上以近防秋，優詔不允，不得已還軍。每對同僚曰：「挺不幸并[一九]失怙恃，今未死者，一心報國耳！」聞者□□□□□□□□□□□□□□□□略，既行之，未嘗自以爲言，世尤稱其忠悫。蜀有宿師，諸郡士卒廪賜，官糴其三之一，視其費之高下給之，名曰「折估」。于是有潼川、興元府、興、成、西和、閬、綿、劍及其他州，總一十七等之賈是疇，隨所屯地出入，相爲乘除，士亦安之。歲久移屯，而軍□之□，不易其舊，更得高□□□□□□□□□□□□□□□□無所訴。公久知其弊，至是，爲之釐正，裒多益寡，立爲中制。上大悦，令樞府傳旨，有曰：「兹事衆久病之，議者多以爲言而未得其策。今閱來奏，損多益寡，均便酌中，上無費財，下有定數，非憂國恤士，焉能如此？」即降□□□□□，皆得其平。公所施□□□□到□□□□□□□□□□和議久，軍中自一命以上，歲益凋落。乃詔内外諸軍，射射鐵簾，許補轉官資。公曰：「爵禄，勵世之具。今操强中堅，較之冒矢石、争一旦之命，萬不侔。盡室倖路，實能人不可以冒得。」

太上皇帝龍飛，熟公召□如禮□□，降御札曰：「卿世代忠勞，任□□□□□□□□□□□□□□□卒乘，輯睦軍政，邊防，無不修飭，凡所倚重，如古長城。他日功名之會，豈惟勳在王室！亦增前人之光，恨無官酬卿耳！」旋降制授太尉，加井賦真食，遣官賜告。又頒御札，以公忠勞稔聞，克紹家世，雖[二〇]□進□□切□□□□□□□府□□□□□□□□□□□□□□□積不治，公曰：「葺蠹壞，綴斷爛，雖督之無益也。乃大裒工飭材，悉創新之。朝廷方命公下諸郡督治，即上奏分給之，六州無苛擾之煩，而武備以飭，詔以璽書褒寵。公馭軍雖嚴，紀律不可犯，獨察其有□馭□□□□□□□□貧窶□□□□□惻然爲□□□□□□□□□□□□□□降諸軍，時其緩急假貸之，毋得取贏。上從之。

于是富民不敢以重息要士卒矣，軍中賴之。

興爲郡，介嘉陵大江，江納東、北谷二水。紹熙二年秋七月，霖雨，江大溢，湍怒洶湧，合二谷水匯爲一。夜漏半，水注城中。民廬□□□□□□分遣吏□□□拯民，民□□□□□□□□□□□□□□居之。水降，井邑盡壞。公爲置場聚材瓦，賤售以紓民，業定而受其償，貧不能者裨之。未幾，而畢復舊觀。先是，公知水之終爲民害也，作二堤，西捍城，東捍武庫。堤成，復慮水勢洄激，卜順政，又躬溯其源委，築長堤一百三十丈，□□□□□□□自是□□怒□而州□□□□□□□□□□□□□□乎？又民屋廬據山蟻聚，往往葺茅居之，易致火。公始誘民易以陶瓦，又疏其衢巷之隘者，亦無火災。武興之民，家家有公像，飲食必祝焉。公雖居無事日，爲有事之備，每念高祖用蜀以成豐功，先主用之垂成輒敗，□□□□與不□之分也。會有□□□備邊急務，□□□□□□□□□□□□□□□□爲言，詔公同結保明來上結去官，朝廷以命楊輔，而公條奏其事愈悉，朝廷即日施行。今倉廩相望，糗糧備足，蓋自公發之。四年春，公感疾，上章丐辭甚力。至夏，疾寖作，猶治事不少□。疾革，無一言及家□。以六月□□薨于州□之□□□□□□□□□□□□□市。訃聞，天子震悼，特贈少保[一二]，賻銀、絹各千，錢五百萬。薨之前一日，口授幕客草遺表，無非憂國愛君、備邊養民、殄殲戎虜之策。以曦武貴，纍贈太師衛國公。公天資儁異，標望峻整，器度智謀，淵深岳峙，莫□□□□□□于□□□而獨□□□□□□□□□□□□□□□□□□之。英偉俊□[一三]，以文學材術稱者，皆屈己以接之，小官賤吏，與之均禮，平居酬應，端恪少怠。雖席貴顯、據重權，公事有檄他司者，必躬自裁定，著名細如芒，惟謹。先王舊部曲拜于庭者，輒下避之，及犯法，亦誅治無少貸。□□□□□□□□□□□□□□□□□□□

□□□□□州。興利除害，禁暴去苛，捍築堤防[一三]，□省絶糾，率有古賢牧之行。故其紀律精明，號令嚴肅，士有固志，人無怨心，足以宣國威靈。申守備禦者，必言西師。至于固守封陲，申戢寇警，西南萬里，鷄犬相聞，界之□□□□□□□□□□□□□□□□□□□□□□□□□□□□□□□□□□□□□著，久屯德順，虜氣已懾。朝廷既從和議，父子奉詔旋軍，功沮垂成，識者爲之深太息于斯也。孝宗以英謀遠慮，圖回斯世，未嘗一日忘中原。故歲時遣□问，恩光□□□□□□□□□□□□□□□□□□□□□□□□□□□□□□□自以及王，亦以吴氏有子矣。孝宗嘗命郭升問事于王，王因奏：「臣第五子挺忠智可任。」孝宗亦嘗曰：「吴挺是朕千百人中親選出者。」則公之才可見矣。

屬虜守盟，無以究公，□□□□□□□□□□□□□□□□□□□□□□□□□□□□□□□□詔之曰：「□政剗弊，備形奏陳，每歎究心宿慮周□。」又詔之曰：「總戎茲久，罄竭忠勞，師律整暇，軍聲甚振。」又曰：「持己甚廉，治軍有法。」又曰：「莅政嚴明，臨事不苟。」至謂：「自被選□，不負拔擢。」□□□□□□□□□□□□□□□□□□□□□□□□□□□□□□間數千里，而祗惕勤勞，如在軒陛。每入覲上所，孝宗必俾侍禁中，待之如家人。及其去國，常問賚不絶。公亦感勵圖報，職思其憂，知無不言，言無不盡。是以孝宗尤□□□□□□□□□□□□□□□□□□□□□□□□□□□□□□□衣不解帶者纍月。及歸葬，過青泥阪，塗淖陷脛，公扶舁上下，肩足皆胝，路人瞻望欷噓。娶李氏，右武大夫輝之女，令德淑行，爲時閫範，封永嘉郡夫人，追贈衛國夫人，先公二十四年殁。子五人：旴，朝奉郎，直秘閣□□□□□□□□□□□□揮□□□□□緋魚袋□知□州，□已降旨爲□今；次晛，從義郎，閤門祗候；晫，成忠郎。孫男一人，孫女一人。

臣既書其事，竊嘗觀諸《周詩》曰：「王命召虎，來旬來宣；文武受命，召公維翰。無曰予小子，召公是似。」美其子之克紹乃父也。又嘗觀諸《唐雅》曰：「皇曰：咨！翘□□父□□□□□□□□□山，維西平有子，西平有子，惟我有臣。」美其父之能有是子也。嗚呼！中興以來，元勳宿將，威□□風雲而依日月，書竹帛而銘旗常者，前後相望，若乃父子濟美，功業一門，如《周詩》、《唐雅》所云者，唯吴氏耳！昔曦以父資，侍公入覲，孝宗顧謂公曰：「卿子能鞍馬乎？」□□□□□□□□□□□□□敢不閑。即召對便殿，命馳射禁庭，上大喜，遂易武階，拔置環衛。自是，久侍邃近，備承恩渥。今又以材能智略，受知天子，峻列嚴陛，光前文人。三世四朝，提國兵柄，是□吴氏光顯，亦維我國家□□□□□□□□宜（中缺）。銘曰：

皇矣上帝，享宋之仁。二百中天，其命維新。天曆所歸，既作之君。人謀咸贊，又生此臣。如虎嘯風，如龍滃雲。于赫厥宗，帝王有真。明謀雄斷，炎正載炘。總攬文武，掃靖妖氛。全于功業，父子一門。再世保蜀，三世總軍。忠德茂盛，人莫能倫。亦惟吴氏，獨勳而勤。曰武順王，允武日洵。瞻我皇靈，聲震隴岷。王克有嗣，忠勇不群。濟時艱難，父子奮身。自虜背盟，渭上猱[二四]紛。公獨摧堅，六奇迭陳。虜目黄幟，懾退縮逡。我大破之，暴屍如棼。虜憤且耻，挐兵燥瞋。再攻德順，進兵瓦亭。列陳齗齗，霍然警麕。兩兵交鋒，始旦及曛。我又破之，搏[二五]酋斬獯。鞏州之圍，以威東狺[二六]。飛茍夜降，如火自焚。一月三捷，見于褒綸。孝宗受禪，以武濟文。脊[二七]公勳力，有禮有恩。蠢蠢狂虜，意不克馴。來窺東山，囊括而吞。我又破之，蹀血川淪。虜失險要，志挫莫振。大作戰車，如輼如軘[二八]。我以巨木，銅鐵戗憤。犁彼軌塗，輕軼亂奔。虜大駭驚[二九]，曰公如神。我又破之，返無祇輪。虜卒震讋，和議乃申。公時振旅，内外董屯。至太上皇，繼御帝宸。亦惟禮遇，錫問日頻。公以忠義，父訓所薰。勇于爲國，報時君親。扼兵以律，裕士于貧。甘苦必同，糗給必均。惟水之害，民墊是瀕。公獨障之，掣之沉淵。惟歲之饑，民死相因。公獨全之，置之晏忻。民之懷愛，士樂撫循。有備無患，不忘宵晨。宕昌馬政，有駱有駰。皂郊堡禦，有城有闉。雖其兵械，鐵石角筋。其太除戎，蜂午彪分。維[三〇]高宗孝宗，賜見大昕。至太上皇，惟訓之遵。當其造朝，訪問諮詢。公奏方略，有懷必伸。宸翰之光，金玉之珍。三官所賚，寵極縉紳。致位左棘，福禄蓁蓁。遽奪英武，孰問旻旻。皇上踐祚，慨思忠純。緬瞻儀型，流聲垂芬。緊公有子，王亦有孫。方提禁旅，肅于階軒。維公垂烈，世濟父勳。惟公障蜀，保綏厥民。曰忠與德，光于前人。宣猷焯美，被之堅珉。奎畫昭回，光麗三辰。錫以節惠，猶偉[三一]繼彬。公雖既往，英氣凜存。子孝而忠，武文孔贇。訏兹銘詞，鎮彼西坤。荷千萬年，宋德沄沄。

[説明]

碑存成縣北郊石碑行政村之南。碑高四四一厘米，寬二〇〇厘米。

宋寧宗嘉泰三年（一二〇三）立。碑陽之文，尤其吴曦自記之文字多已泐損不能識，故作缺文。所餘文字不多，後世人往往忽略不録。張維《隴右金石録》按語有存，今録以力求完整。碑陰之文字高文虎奉敕撰，也多有毀損，成縣地方志編纂委員會《成縣志》據前人存世拓片補校完整，今據以録入。

著録：葉恩沛《階州直隸州續志》，吴鵬翱《武階備志》，宣統《甘肅通志》，《甘肅新通志稿·卷九一·藝文志》，張維《隴右金石録》，葉昌熾《語石》，成縣地方志編纂委員會《成縣志》。

[校記]

[一] □木，疑當作「厥休」。

［二］「宋故太尉……奉敕書」一百一十一字，《隴右金石録》《武階備志》等無，據拓本補。

［三］仁利，《隴右金石録》作「仁和」，據拓本改。

［四］中軍，《隴右金石録》作「中部」，《武階備志》誤作「中書」，據拓本改。

［五］來自，《隴右金石録》《武階備志》誤作「至」，據拓本改。

［六］二，《宋史·吴挺傳》無。

［七］嘗，當作「當」。

［八］公，《隴右金石録》《武階備志》缺，據拓本補。

［九］自至，原作「至自」，當乙轉。

［一〇］十，《宋史·吴挺傳》作「千」。

［一一］酋，《隴右金石録》《武階備志》作「虜」，據拓本改。

［一二］軍，《宋史》作「步軍」。

［一三］以，《隴右金石録》《武階備志》作「一」，據拓本改。

［一四］革去，《隴右金石録》《武階備志》缺，據拓本補。

［一五］鐸，《宋史·吴挺傳》作「鋒」，上文亦作「鋒」。

［一六］祲，《宋史·吴挺傳》誤作「侵」。

［一七］濟，《隴右金石録》《武階備志》缺，據拓本補。

［一八］位，《隴右金石録》《武階備志》缺，據拓本補。

［一九］并，《隴右金石録》《武階備志》缺，據拓本補。

［二〇］雖，《隴右金石録》《武階備志》缺，據拓本補。
［二一］保，《宋史·吴挺傳》作「師」。
［二二］「英偉俊□」，《隴右金石録》作「其將校有」，《武階備志》作「兵偉俊多」，據拓本改。
［二三］「害禁暴去苛捍築堤防」，《隴右金石録》、《武階備志》缺，據拓本補。
［二四］猱，原作「揉」，以意改。
［二五］搏，疑當作「縛」。
［二六］狺，《隴右金石録》作「信」，據拓本改。
［二七］脊，義不可通，疑當作「脅」。
［二八］軘，上有「規古轒轀車之制」，此承上而言，疑本當作「轀」，漫漶不清，乃以意補作「軘」。
［二九］駭驚，《隴右金石録》作「警駭」，據拓本改。
［三〇］維，諸本俱脱，據拓本補。
［三一］偉，《隴右金石録》作「瑋」，據拓本改。

六八　孚澤廟牒

佚　名

尚書省牒
牒奉
敕宜賜「孚澤廟」爲額，牒至準

敕故牒。嘉定捌年貳月日牒。

簽書樞密院事兼權参知政事鄭正，右丞相正。

（右下側）：

禮部狀准都[一]省批下利州路轉運司狀奏，照對本司，昨于嘉定柒年五月拾壹日，據成州申據同谷縣申備，據本縣鄉官保義郎楊祐興等狀：「伏見本縣五仙山龍神，廣有靈應事迹，乞備申轉運司保奏朝廷頒降廟額，州司保明是實，申乞施行，本司重[二]行勘驗，保明是實。今開具靈應事迹一覆實。得成州同谷縣□□嘉青渠二[三]保，境内有五仙山龍洞一所，靈光瑞露，示現非常，實列仙之居、神龍[四]之宅也。自古以來，鄉村祈禱，凡遇歲霖歲旱，民必祈求，時暘時雨，應如影響。昨[五]自去冬及今春以來，民間祈禱，春乾得雨，秋澇獲晴，稔成豐熟，以助美政，委有功迹顯著，惠利及民，無不感應。乞賜頒降廟額，伏候敕旨。」後批送部勘，當申尚書省。本部尋行下太常寺勘，當依條保奏，取旨加封。本寺照得今來本路轉運司已依條差官體究，覆實保奏了當，應得加封條法。今勘當，乞從建炎叁年正月陸日，已降指揮合行擬封。下項數内一成州同谷縣五仙山龍洞神合先擬賜廟額，合行降敕，伏乞省部備申朝廷[六]取旨加封，賜額施行申[七]部。本部今勘當，欲從太常寺勘當到事理，伏乞朝廷指揮施行，伏候指揮。

五仙山住持僧普敏立石[八]，西江[九]楊德刊[一〇]

［説明］

碑存拋沙鎮西南之五仙山仙洞中。碑高一三〇厘米，寬七五厘米。

宋寧宗嘉定八年（一二一五）牒。

著録：張維《隴右金石録》，成縣地方志編纂委員會《成縣志》。

［一］都，《隴右金石録》缺。

［二］重，《隴右金石録》缺。

［三］二，《隴右金石録》作「一」。

［四］龍，《隴右金石録》作「仙」。

［五］昨，《隴右金石録》作「兼」。

［六］朝廷，《隴右金石録》缺。

［七］申，《隴右金石録》作「由」。

［八］立石，《隴右金石録》缺。

［九］西江，《隴右金石録》作「工匠江」。

［一〇］刊，《隴右金石録》缺。

六九　五仙洞記

趙希迥

（篆額）：五仙洞記

同谷以景名者八，五仙洞其一也。世傳公孫氏五子嘗于此學輕舉之術，往往靈蛇曝日、神魚泳淵。其事雖不經見，然意其林巒扶輿磅礴，必有如楊子雲所謂「山澤之臞者」居之。閏八月，余被檄慮［一］囚武階，因往游焉。愛其雪崖蒼古，烟岩隱翳，翠篠寒松，流泉飛瀑，映帶左右，蕭然若離塵濁。有道者宗辯揖余而言曰：「昔吾晦庵禪師崛起關西，道價甚高，飛錫南游，輒闢禪林之口而奪之氣。茶馬趙公、太守母公深相敬重，有《語録》行于世，游師門者衆矣，而宗鑑實爲上首。異時，五仙洞蔽于榛棘蒼莽中，鹿豕晝游，狐狸夜嗥，蹊術不通，人迹罕至，獨樵叟獵師斧斤罝蔚[二]，時肆蹂踐。自鑑篳路藍縷，以啓山林，爲之室廬，安處徒衆，里人屈仕顔又舉環洞之木章竹個，願助清供，氣象蓊鬱。于是，五仙之勝遂與鷄鳳争雄。繼鑑者曰宗岳、曰宗顯。顯又造觀音像，爲閣三間以覆之。顯既游方，乃命宗辯主掃灑之役。宗辯不量力，營新葺舊，辛勤纍年，始克創塔亭，建重門、丈室、僧寮，粗若備具。且誘化信士，從成都置四大部經歸鎮山門。繇鑑迄今，蓋三十餘年矣。每惟開山之勤，未有紀述，使來者無所考信，願以爲請。」則告之曰：「子之師晦庵，余不得而見之；于鑑也，又無晤言之暫。然嘗讀母[三]、趙二公若銘若贊，則知晦庵之爲高；以其師信其徒，則知鑑之爲賢。自昔佛家者流，草衣木食，宅幽而阻深，蓋欲屏遠囂塵，離諸染着，以學苦空寂滅之道，末世比丘知此者鮮。鑑也侍晦庵巾瓶[四]最久，乃能于戒律陵遲之際，篤志自修，結茅巖洞，不與物接，其胸中所得必有過人者。今子又增而大之，甍棟參差，户牖依約，爐香卷經，絶去俗纍，視前人可謂無負。吾聞善學于師者，不于其迹于其心。談空析妄，設爲問答，剪荒除穢，化爲殊勝，此皆其迹而非其心也。子誠能不忘鑑之勤，與夫子之師所以付屬，盍自其心焉者。求之精進不已，則晦庵一燈之傳，雖與此洞[五]相爲無窮可也。」辯曰：「唯！」遂書之以爲記。時開禧改元南至日也。

宣教郎通判成州軍州事、崇國趙希逥潛父撰并書

朝奉大夫知成州軍州事、嘉定辛槱之明父篆額

信士王府劉深刊

〔説明〕

碑存拋沙鎮西南之五仙山仙洞中。碑高一二九厘米，寬七八厘米。兩面刻字。此文在碑陽。

著録：黄泳《成縣新志》作「五仙洞碑記」，又葉恩沛《階州直隸州續志》，張維《隴右金石録》，成縣地方志編纂委員會《成縣志》。宋寧宗開禧元年（一二〇五）趙希迴撰。趙希迴，字潛父，開禧間任成州判官。

〔校記〕

〔一〕慮，疑碑誤，似當作「虜」。

〔二〕蔚，疑碑誤，似當作「尉」。

〔三〕母，《隴右金石録》作「毋」。

〔四〕「巾瓶」未聞，疑當作「巾櫛」。

〔五〕雖與此洞，《成縣新志》無，據碑補。

七〇　遵奉聖旨住庵文據

任普敏

（隸額）：遵奉聖旨住庵文據

成州

據同谷縣五仙山靈光閣住持董宗辯狀，伏緣五仙山係古迹名山，自來求禱雨暘所在，洞傍建立龍神、觀音廟宇庵舍，衆人請到宗辯住持看管。今來本州坐奉朝旨，指揮許行陳首給據，伏乞判下本案，給據施行者，右契勘，近准提刑使衙牒，准四川安撫制置使司牒。嘉泰二年八月空日。行在尚書刑部符，准檢會案連送。嘉泰二年八月一日，敕中書門下省檢會。嘉泰二年六月十三日，敕節文臣僚札子奏。比年以來，有非給降度牒僧道所爲白衣道者，私相庵舍，乞嚴立約束三省，同奉聖旨，令逐路監司各行下所部州縣，日下多出文榜，曉示道民。私置庵舍，有違條法，自指揮到日，限半月，許令經本州自陳，出給公據，付住庵人收執。如出限不行自陳，出給公據，及再有創置之人，許人告，首支給賞錢壹仟[一]貫，先以官錢代支，却于犯人名下追納，其庵舍産業盡行籍没入官。候出給公據，足日逐州置籍，申監司類具，申尚書省奉敕如右，牒到奉行。牒請遵奉，候出給公據，足日置籍，供申本州，以憑類聚，申尚書省使州除已，遵奉出榜本州并三縣鎮，曉示道民。去後，今據前項狀陳，呈奉知府朝散判給，今出給公據，付五仙洞住持董宗辯收執照用。自今後，不許創置庵舍，許人告，首以憑遵前項，旨揮支給賞錢，其庵舍産業盡行籍没入官，施行。嘉泰二年十一月日，給付董宗辯。

迪功郎、定差成州司法兼簽廳公事丁

文林郎、就差成州知録參事兼檢察倉庫孫

承直郎、通判成州軍州事兼管内勸農營田事趙

朝散大夫、權知成州軍州事兼勸農營田事公邊都巡檢使李

立捨狀人，青渠保税户屈仕顔父子等。今初見保内五仙洞，係州圖所載古迹名山，諸保人户祈禱，常獲感

應。監司至，無不留題；守臣到，得□詩頌。次有鄉村人，各捨己財，修立觀音龍神閣，粧塑尊像。仕顔等遂將本户所佃通判衙職田内摘豁山地一段，係在遶洞，開坐四至，永捨于五仙，用充贍副，圖乞住人久爲看管，無致傷于拆[二]毁。仕顔等先以請□僧岳南回住持，自後，本僧游禮于他處，不住此山。仕顔等鄉村連名邀請到本州報恩寺住持丹長老門人董宗辯，于此掃灑焚獻。及具狀經赴同谷縣，及使州陳告，給到就請住持公牒。約束文榜，如有斫毁林木之人，把拽赴官根治。今開具四至下項：

東至西承宣地及王宅職田地大嶺，西至孟家谷嶺及九般谷大嶺，南至上仙洞大嶺及九般谷源嶺，北至楊家地大嶺爲界。

右仕顔等，今將四至内山地，委是不堪耕種，殊無出産，更不備坐勝合官税，亦無諸般夫役，如有無圖人毁斫林木，令住持人一面作主，恐人無信，故立此捨狀爲憑。紹熙五年四月初八日立。檄贍捨狀文字人屈仕顔，并同男屈友諒，□屈友聞并屈友仲。知見人：屈仕琮、柳楊威。寫捨狀人，趙浩直。

五仙洞住持董宗辯

右伏緣係興州管下長舉縣税户，自乾道八年間，年一十五歲，父母同議，令宗辯參禮丹長老爲師，自後，本師游南到臨安府，不委身化。宗辯在諸山住庵。昨來州西税户屈仕顔及衆人等，舉請宗辯看守五仙山龍神閣一所，令宗辯掃灑焚獻。及屈仕顔捨到遶洞山林地段捨狀，文字粘連，謹具狀上判縣中。太伏乞臺慈判押，令宗辯執照，庶免無圖之人毁斫林木。伏候臺旨。

紹熙五年五月日，住持董宗辯狀

謹具修造會首銜位于後：

僧普晙，屈友諒，屈友聞，屈友仲，楊暉，楊威，楊琪，楊祐，黨仲禧，李信，高昌，潘源，魏元，宋榮霞，樊宗遇，郝生茂，郝宵。

都會首楊惠。

開禧二年歲次丙寅十月一日，住山任普敏記

［說明］

此《遵奉聖旨住庵文據》在《五仙洞記》之碑陰。

宋寧宗開禧二年（一二〇六）任普敏記，後世無傳。武都陸開華提供拓片；成縣張忠提供抄件，據張稱，一九八一年四月三日，他訪碑時首次發現并抄録文字，其後著文發表，公諸于世。

［校記］

［一］仟，原借作「阡」。

［二］拆，原作「坼」，以意改。

七一　飛龍峽題名

郭鎰

章貢郭鎰[一]文重以制幙[二]來城同谷，偕郡守常山李衢[三]子和、丞資中楊約[四]仲博，閲視[五]飛龍峽守關之備，因謁[六]杜少陵祠，觀萬丈潭[七]。紹定[八]三年秋七月乙卯。

［説明］

摩崖刻石，已毁。以張維《隴右金石録》（題「飛龍峽題名二」）爲底本録入。

宋理宗紹定三年（一二三〇）記。

著録：吴鵬翱《武階備志》（題「飛龍峽題名」），成縣地方志編纂委員會《成縣志》。

［校記］

［一］章貢郭鎰，《武階備志》作「京貳郭謚」。

［二］嵮，《武階備志》作「模」。

［三］衝，《武階備志》作「中」。

［四］楊約，《武階備志》缺省爲「□□」。

［五］視，《武階備志》無。

［六］「備，因謁」，《武階備志》缺省爲「□□□」。

［七］觀萬丈潭，《武階備志》缺省爲「□□□□」。

［八］定，《武階備志》作「興」。

七二　《〈郙閣頌〉仿刻》題記

田克仁

漢武都太守李翕修析里郙閣碑，在今沔州西二十里之金堂閣，歲久昏蝕，殆不可讀。克仁開禧間得舊墨本于京口，勘之歐陽公《集古録》、洪氏《隸釋》及郡志所載，亡缺差少。來守是邦，因勒諸靈岩寺之石壁，以永其傳。紹定三年五月既望，臨沂田克仁書。

［説明］

題記存略陽城南靈岩寺「奈河橋」邊原《郙閣頌》仿刻摩崖之右上側。

宋理宗紹定三年（一二三〇）田克仁書。

按，南宋理宗趙昀紹定三年，時任沔州（今略陽）太守田克仁，恐《郙閣頌》摩崖原刻歷久絶迹，便于縣南七里的靈岩寺「奈河橋」邊的石崖上仿照原刻又刻一摩崖，該仿刻西距原刻三十多里。該題記則記述了這一行動過程。田氏《郙閣頌》仿刻之形制、大小和章法布白與原刻基本相似，但字畫光潔，轉折生硬，收筆處多尖利（或爲刻工粗劣所致），時出楷意，古意全無。在仿刻左上角田氏尊重原刻殘缺處有明代略陽知縣申如塤的補刻五十二字。申氏補刻，書法醜陋，字迹庸俗，謬誤極多。翁方綱《兩漢金石記》稱：「以重刻本（田仿刻）諦審之……雖刻手殊拙，然規模粗存。至其後所補（申補刻）上方五十二字者，則益加醜惡，不復成字，且此五十二字者與洪氏所存無一字合。」

七三　玉繩泉題記

李　正

李敦頤敦□□顔知十米[一]演□，端平二年十月二十三日偕至，子正記。

［説明］

摩崖刻石，已毀。以吴鵬翱《武階備志》爲底本録入。

宋理宗端平二年（一二三五）李正記。

著録：成縣地方志編纂委員會《成縣志》。

［校記］

［一］十米，成縣地方志編纂委員會《成縣志》缺省爲「□□」，疑爲「玉泉」二字殘缺。

七四　玉繩泉摩崖題詩

喻　陟

萬丈潭邊萬丈山，山根一竇落飛泉。玉繩自我題巖石，留作人間美事傳。

［説明］

摩崖刻石，原在縣東南之飛龍峽。已毁。黄泳《成縣新志》「宋俞陟詩云」云云。據《成縣新志》録入。按：作者當從《方輿勝覽》卷七〇作「喻陟」，「崖石」同上作「巖石」。

著録：祝穆《方輿勝覽》，張維《隴右金石録》，成縣地方志編纂委員會《成縣志》。

七五　飛龍峽摩崖

佚　名

潭雲崖石

［説明］

摩崖刻石，在杜公祠堂後山腰懸壁。

七六　獅子洞摩崖篆文

佚　名

獅子洞

［説明］

張維《隴右金石録》載：「獅子洞摩崖篆文。在成縣鹿玉山，今存。」

黄泳《成縣新志》載：「獅子洞摩崖。在縣東鹿玉山峽洞中，歷代摩崖紀游甚衆。」

七七　大雲寺摩崖題刻

佚　名

鳳凰

［説明］

摩崖刻石，在大雲寺西門南壁。據隴南師範高等專科學校蔡副全所提供抄件録入。

七八　大雲寺殘石

佚　名

藜□

千峰
洞隱
夕陽

［説明］

殘石在大雲寺院内。據隴南師範高等專科學校蔡副全所提供抄件録入。

七九　大雲寺殘碑（一）

佚名

以一代循良分符（下缺）。
西陲世有顯人安（下缺）。
既便矣彼黄龍（下缺）。
少須之（下缺）。
道之蓋不必（下缺）。
質庫李（下缺）。

［説明］

碑殘，在大雲寺院内。殘碑高三〇厘米，寬二〇厘米。據隴南師範高等專科學校蔡副全所提供抄件録入。

八〇　大雲寺殘碑（二）

佚　名

人游鳳（下缺）。

郡守通泉（下缺）。

突兀插（下缺）。

有此自（下缺）。

忽通（下缺）。

［説明］

碑殘，在大雲寺院内。殘碑高一三厘米，寬二三厘米。據隴南師範高等專科學校蔡副全所提供抄件録入。

八一　大雲寺殘碑（三）

佚　名

心捐捨（下缺）。

佛紀首（下缺）。

欄頭何（下缺）。

酒店王（下缺）。

屠户王俊（下缺）。

張彦（下缺）。

里屠户（下缺）。

衆人各捨净財（下缺）。

釋迦佛施主（下缺）。

質庫鈎立賈公（下缺）。

都料王仲酒店王（下缺）。

户王俊王全税户（下缺）。

共施錢壹伯（下缺）。

［**説明**］

碑殘，在大雲寺院内。殘碑高一三厘米，寬三〇厘米。據隴南師範高等專科學校蔡副全所提供抄件録入。

八二　大雲寺《華嚴經》摩崖

佚名

噠□哩（下缺）。

唵嘛呢噠咪哞（下缺）。

唵嘛呢叭咪哞唵啞哞（下缺）。

大方廣佛華嚴經唵薩臨（下缺）。

南無阿彌陀佛唵部（下缺）。

［説明］

摩崖刻石，位于成縣大雲寺大殿西南轉角處。刻石高一七〇厘米，寬九〇厘米。時間不詳。

八三　大雲寺《尊勝陁羅尼經》殘幢文

佚名

急苦難（下缺）。

信善惡業失正道衆生等（下缺）。

此陀羅尼印，亦爲一切諸天子，故説此陀羅尼印，付囑（下缺）。

畜生、閻羅王界、阿修羅身。夜叉羅刹神布單那羯（下缺）。

生，補處菩薩同會處生，或得大姓婆羅門家生，或得大刹利（下缺）。

提道場最勝之處，皆由贊美此陀羅尼功德。如是天帝，此陀羅尼名爲吉祥（下缺）。

此陀歲尼亦複如是，亦如閻浮檀金明净柔軟，令人喜見，不爲穢惡之所（下缺）。

誦聽聞供養。能如是者，一切惡道［皆得］清净，一切地獄苦惱悉皆消滅。佛告天（下缺）。

塞優婆夷族姓男族姓女于幢等上，或見或與相近，其影映身，或風吹陀羅尼（下缺）。

皆悉不受，亦不爲罪垢染汙。天帝，此等衆生，爲一切諸佛之所授（下缺）。

四衢道造窣堵波，安置陀羅尼，合掌恭敬，旋繞行道，歸依禮拜。天帝，彼人（下缺）。

夜分來詣佛所，到已以種種天衣、妙華、塗香莊嚴供養佛已。繞佛七匝，頂禮佛足（下缺）。

護念之。爾時護世四大天王，繞佛三匝，白佛言：世尊，唯願如來爲我廣説持陀羅尼（下缺）。

圓滿十五日時，持齋誦此陀羅尼，滿其千遍。令短命衆生還得增壽，永離病苦，一切業（下缺）。

佛言，若人遇大惡病，聞此陀羅尼，即得永離一切諸病，亦得消滅應墮惡道，亦得除斷（下缺）。

佛言，若人先造一切極重惡業，遂即命終，乘斯惡業，應墮地獄，或墮畜生閻羅（下缺）。

尼二十一遍，散亡者骨上，即得生天。佛言，若人能日日誦此陀羅尼二十一遍，應消一切世（下缺）。

常與諸佛俱會一處，一切如來恒爲演説微妙之義，一切世尊即受其記，身（下缺）。

燒［衆名］香，右膝著地胡跪，心常念佛，作慕陀羅尼印，屈其頭指，以大母指押合掌（下缺）。

咸共贊言：善哉稀有！真是佛子，即得無障礙［智三昧，得］大菩提心莊嚴三昧（下缺）。

增益壽命。天帝，汝去，將我此陀羅尼授與善［住］天子，滿其七日，汝與善住俱來見我（下缺）。

依法受持一切願滿，應受一切惡道等苦，［即］□得解脱，住菩提道，增壽無量甚大（下缺）。

子將諸天衆，嚴持華鬘、塗香、末香、寶幢、幡蓋、天衣瓔珞，微妙莊嚴，往詣佛所（下缺）。

色臂，摩善住天子頂而爲説法，授菩提記。佛言此經名净除一切惡道，佛頂（下缺）。

使持節成州諸軍事兼成州刺史、侍御史、充本州島捉史上（下缺）。

德并蓋幢亭子（下缺）。

等于成州鳳凰山寺創（中缺）官衙前（下缺）。

［説明］

殘幢存成縣大雲寺。據隴南師範高等專科學校蔡副全所提供抄件録入。作者不詳。無題刻年月。

八四　獅子洞題刻

佚　名

六月二日，打碑來。

［説明］

題刻存獅子洞。題刻高二一厘米，寬一六厘米。

元

八五　重修北極宮碑

盤溪子

（篆額）：重修北極宮碑

重修北極宮記

同谷對景南山，青嶂環列，東顧鳳凰，西接鷄峰，仰參雲霄，俯瞰龍峽，壁立萬仞，遠眺如道士之容，此其所以得名也。轉運游公留題云：「玉作冠簪石作骸，道衣褐氅就崖裁。精神似轉靈丹就，氣象如朝玉帝回。兩眼遠觀獅子洞，一身遥望鳳凰臺。自從跨鶴歸仙去，直到如今不下來。」此詩寫盡奇境。懸崖置屋，有元帝及朱真人并和真人聖像，崖下舊有祥雲觀基，擬欲重修。

大宋乾道壬辰，甘露降于仙崖，龜蛇見于聖境，豈非真游之瑞應耶！自兵燹後，殿閣隤圮，道路荆棘，聖像雖存，香火之奉闕如也。有武信軍蓬溪縣謝先生者，因丙申蜀難，飄泊隴西、臨洮間。見時世未寧，遂捨俗出家，後禮自然子爲師，得通元法。時以濟生渡死爲念，行符設藥，治病救人，無不效者。見大兵經過處，横屍滿路，在在暴骨，動怵惕惻隱之心。自隴西、臨洮諸州，遍巡道隰原野，自負畚插，掩骼埋骸，十有餘年，不知幾千人矣。比至西康州，王老元帥武侯見其積功修行，請住道士崖同陳先生焚獻。不幸陳早歸化，後得順慶何意貞、墊江何正真協力同心，率徒衆櫛風沐雨，自效木石之功，補廢支傾，修建玉皇殿、北極宫祠，厨房倉庫，一一全備。棟宇翬飛，樓閣壯麗，迥出烟霞之表，顯昭仙靈之古迹，真西康之勝境也。邇來有游山薦香者，于崖壁間時聞鐘磬之聲，此地與仇池不遠，無乃亦通于小有洞天者乎？落成，索予爲記。予不文，爰記其始末，爲紀其實，以詔來者，傳諸不朽云[一]！

至元乙亥[二]年秋普慈盤溪子記

（上缺）成州道提點淳静子王□□書丹（下略）

［説明］

碑存成縣城東南道士崖（仙人崖）北壁。碑高二九四厘米，寬一一〇厘米。

元世祖至元十二年（一二七五）盤溪子記。

著録：吴鵬翺《武階備志》（題「重修成州北極宫記」，存目），葉恩沛《階州直隸州續志》，張維《隴右金石録》，成縣地方志編纂委員會《成縣志》。

［校記］

［一］「爲紀其實，以詔來者，傳諸不朽云」句，《隴右金石録》作「以詔來兹云」。

［二］乙亥，《隴右金石録》作「辛亥」。

八六　感應金蓮洞記

劉　森

碑陽

（篆額）：感應金蓮洞記

金蓮之名，提點秦蜀九路道教天樂李真人所命也。鼎新此洞、莊嚴聖像、恢弘道境者，重陽萬壽宮洞觀普濟圓明高真人之門人劉道通、羅道隱也。記者，紀其本末，徽州學校士合陽劉森所作也。森，道通季父也。至元丁丑歲，二道人者，自重陽而來，參訪諸方，道過泥陽，欲別森而往青城修道焉。森曰：「道無方，何必青城？但與塵俗逈隔，幽静之地可也。」乃詢諸居人杜鼎新，言泥陽之南山，行六七里有洞閴寂，誠修真之所，盍往求之。

二人乃陟崗而望。果見屏列諸峰，嵳峩而拱北；帶連雙澗，迂回而朝東。中有一峰，林壑尤美；峰有一洞，端受朝陽。遂披荆棘，覓蹊徑，入洞而觀，外存垣牆數尺，中有「仙洞」二字，多留題者，年既遠而字罕存，僅得一二，乃宋人許居士之所築也。二人喜其幽静之可取，又難其糞壤之堆積，然以修道爲心，固不憚其辛勤。于是備糗糧，具畚鍤，勞筋苦骨。壅塞者開通之，頹壞者修補之，缺者填之，高者平之。凡三閲月，户牖庖湢皆有其所，可以栖真而養静矣。常徘徊于洞之側，相顧而言曰：「此洞雖迫近四山，然地偏路絶，有隔凡之勢；雖混處郊野，然坡峻林深，非可耕之地。内則受日月之輝，焕燦于朝昏；外則藹雲烟之瑞，雰霏于左右。」遂于洞中塑太上聖容、真人二像，以爲修真之所。由是人皆觀像生敬，有疾苦者咸往求救，意謂修真之士，必有拯救之方。而道人存心專于内修，初不尚乎法籙之顯。然彼有所求，豈忍棄之而不救？必依太上流傳，隨其請而施以符法，聽其緣如何耳？故得符愈靈，人愈信，蓋有不期然而然者。初施于鄉境，繼及于鄰郡。雖秦、鞏之外，于于而來者，不憚山水之遠，非一朝一夕矣。或日，粟亭元帥田守節、千户卜光輔、鄉長杜鼎新等，感其玄化，入洞瞻仰，而相謂曰：「此洞實吾鄉之福地也。貴賤老幼有疾苦者，皆賴而安。當粧鑾以答聖恩之萬一。」有請于道人共爲之。二人謂：「修真之道，奚假外飾？」不諾其請。

庚辰冬，回重陽宮以白掌教李真人，真人曰：「道之修成，雖由乎内；道之著顯，亦資于外。宜從其請，使彼此兩利矣。洞既朝東，爲命其名曰金蓮。昔吕祖師之授道也，命王祖師向東而觀，王君曰：『某見東方有七朵金蓮結子。』吕公曰：『即丘、劉、譚、馬、郝、孫、王是也。』命名之義，蓋取諸此。况金者，堅剛不壞之性；蓮者，離垢出塵之物。體此而行，則上契祖師相傳之妙，下成内外修進之功，不亦宜乎？」遂承教而回。先施金彩于太上真人，增塑真武真君、太一救苦天尊及左右侍衛。至元庚辰及癸未歲，蒙天樂真人仍給示榜文以爲外護。己丑載，行院汪公暨本路都道録西嚴馮真人偕訪洞中，重給據以示衆。宣慰田公與共叔府判，慮道人終有四方之志，眷眷攀留道人爲見，田侯舉族敬信，終始不渝。乃喟然歎曰：「吾儕求修内行者，必本于全真，宗師傳性命之訣；求積外功者，必賴乎符法，聖賢顯救治之驗。今二者未有奉香火之所。」于左，創三洞法籙之院；于右，塑五祖七真之像。木工畫士，一時雲集。已備者就加粧飾，未完者從而增修。玉相金容，光輝一洞。庶幾乎爲國有以祈祥，爲民有以祈福矣！既而元帥田君義，睹洞前隙地，有建修樓門之志，得千户卜朝瑛、總領杜永壽及外境衆信，鳩工搆材。天水鍾實，亦捐鏹以助。碧瓦木甍，輝映巖壑。上則像長生大帝爲甫昌，下則列龍虎二君爲護法，井井規模，良可觀矣。大德丙申，田府判之子、元帥守璋，以符法救濟之驗聞于王庭，令旨賜額，特加「感應」，又賜號「道通清静湛然真人」。繼而千户卜朝瑛再奉王命，以護持重立遠門，捨童子出家，以備灑埽。是洞也，經始于丁丑之冬，落成于壬寅之夏，美輪美奂，豈易爲哉？若夫庇祐教門，主持洞宇，皆徽城牧守僚佐之力也。由是觀之，大道之行，豈虚行也哉？且此洞隱乎萬山之間，昔日之墟洞也，今乃廓開道境，號曰金蓮。天真之像森羅，神仙之教流布。救人疾苦，列郡皈依，實聖凡交感之地也。且道人昔日之來，瓢杖化齋，人所不識，今乃爲當途取重，遠近瞻依，甚至王命褒錫，號曰真人。自愚觀之，今之金蓮，樓臺金彩，香燈器用，一一具足，固非昔日之洞。今之道人，雖有洞宇之壯，而不以爲得；雖有王命之錫，而不以自居。糲食麁衣，始終如一，猶當來之貧道人也。然自入洞以來至于今日，修造之費，錢不下數千緡，工不下數十萬。彼何以致之？皆遠近信心之所出也。且貴賤捨財之心，莫非感其符之靈。符之靈，聖賢之陰相也。而聖賢陰相之心，莫非取道人修道之心也。方其入洞之初，求積内行，人有疾而求者，以此修道之心而救之也。以此心對天而天應，行符而符靈，袪邪而邪退，治病而病除，由一誠之所感也。故曰：「誠者，天之道也；思誠者，人之道也。」至誠而不動者，未之有也。不誠，未有能動者也。後之接踵者，以此心行此道，内以修身，外以濟人，則足以動天地感鬼神。内功外行，不日而成也。衆議□森備知本末之由，求字刻石。實迫于親，不容固辭，然豈敢阿之？皆十手十目之所知也。不憚學淺年衰，勉爲記云。時大德壬寅夏，合陽劉森謹記。前成州儒學正陳季篆。成州儒學正張桐孫書。

開山洞主、清虚玄静大師清静湛然真人劉道通。師兄悟玄大師、韜光子羅道隱。鄉長杜鼎新，卜光國、田守之、守琮、守璋、卜朝玘、朝珪、杜永年。蒲忠孝刊。

陝西五路西蜀四川道教提點兼重陽宫事孫德□，前鞏昌路都道録、葆光衝虚真人馮世珍，鞏昌路都道録任□□，明真大師、徽州道正黄□光。

從仕郎、同知徽州兼諸軍奥魯王祐，進義副尉、徽州判官兼諸軍奥魯丁伯顔察兒，徽州管軍元帥田帕木哥，徽州管軍千户卜朝瑛立石。

承務郎、徽州知州兼諸軍奥魯勸農事完顔宗丘赤，敦武校尉、西和州知州兼諸軍奥魯勸農事田□□□，將仕佐郎、同知金洋州兼諸軍奥魯武祐。

功德主：昭勇大將軍、四川等處行樞密院使汪清臣，廣威將軍、四川等處轉運使田守富，忠翊校尉、徽州達魯花赤兼諸軍奥魯勸農事□買的。

都功德主：昭勇大將軍、鞏昌平凉二十□處便宜都總帥兼鞏昌府□汪壽昌。

碑陰

（篆額）：金蓮洞常住記

皇帝聖旨裏□察忽真妃子揑木來大王令旨裏徽州。

據道人劉道通狀告，于至元十四年間，在本州所管地面泥陽南山踏逐到古洞一所，號額「金蓮」。創業焚修，立觀度人，行符救治，經今二十四載。近于大德三年，有本洞前後施主楊仕信、李志明、卜世榮、羅德新、李福成等，所有各家斫占置買荒閒山坡溝谷地土，土木相連，皆係本洞前後左右，遂立捨狀，開具四至，情願捨與金蓮洞，永克常住，助緣福田。道通思忖，得前項所捨地土，雖有各家情願捨狀在手，爲無官司印押公據文憑，恐後别有諸人妄行争奪，今將捨狀抄連在前，告乞詳狀給據施行。事得此行。下據泥陽里正劉文進等狀申，依上前去地頭呼集衆户并及地鄰人等，從實勘當，得楊仕信衆户父子兄弟等除留養贍地土外，情願將金蓮洞周圍生荒山坡溝谷地土，土木相連，不計畝目，委是寫立文字，已行捨施與金蓮洞住持道人劉道通爲主，永克常住。中間别無冒捨侵裹他人地土，亦無違礙得此，文進已取訖，各人重甘執結文狀，保結是實，乞照驗得此。使州相度，既勘當，得前項地土，元立捨狀，兩至明白，并無違礙，出給公憑，付道人劉道通永爲金蓮洞常住所有，公憑合行出給者，今開四至于後：

東至洞對面山後水溝出嶺爲界，東南從小石埈連大山嶺至塌土水溝連洞上第三嶺下古㟙出山爲界，南從古㟙出山分嶺直至南大山嶺後大官道爲界，西南從南嶺後官道順嶺出山正西嶺上小道直至場窠爲界，北從場窠東山嶺直至正東黑石頭下水溝滴水崖對照爲界。

右給公據付道人劉道通收執准此。

押。押。押。押。押。

大德五年五月（印）十六日。

開山立洞玄門法派具列于後：

師兄：塗道寧。門人：何道淵、白正仁、趙泰祥。

徒弟：劉混先、梁混仁、馬混□、楊捨童。

護洞緣化道侶：萬福宫住持茍保真，俗兄劉德溥，保真子安德和，

希玄大師王應龍，明真講師蒲道光，頤真保和大師馬道衝，道判羅志聰，

衝和大師王吉祥，通玄大師南師震，華岩宫住持黎師全，提舉馬善真，

妙嚴宫住持何惠成，真武宫住持何德衝，弘道大師侯濟緣、馬善英，

通玄大師王守真，道正鄭守禎、羅德用、茍乃清、田清瑽、蒲世玹，俗親儒士梁道𢈪。

溥謝諸方檀信。

劉道通，羅道隱等，向來以化飯道人雲游諸方，見此洞幽静，修爲道境，已功成矣。今既立石，豈可懵然無言及諸檀信？且檀信者，上自總府諸衙院遍及諸郡，達魯花赤、管軍元帥、知州、相公、同知、州判、經

歷、知事、守領官都目、令史、典史、諸學士，外而諸方千户、百户、都總領、提控、里正、社長，或軍或民之頭目，遠方近境善男信女，至于講主師德、教授、學正、學録、道録、講師等，莫不捨財以備粧鑾，捨木以備材植，或施工糧，或勞筋骨，凡于此洞結緣者，比比皆是。若將銜銜刻石爲姓名，繁多不可勝記。略致斯言，以代備書。伏望鈞慈、臺慈，咸賜寬量，勿以有名無名而生艱難，蓋此洞實檀信之福田也。

諸天大道衆聖高目下耳，悉知悉見，衆心願望皆得圓滿，豈在有名而有善報耶？所以記末，溥伸懇覆，各希炤亮。

大德六年太歲壬寅七月中元節，金蓮洞劉道通、羅道隱謹復

捨石趙祥，塗桂先，王子忠刊

畫士趙仲富

［**説明**］

碑存店村鄉新村行政村之金蓮洞中。碑高一三二厘米，寬八四厘米。兩面刻字。

碑陽之文元成宗大德六年（一三〇二）劉森撰，碑陰之文同年劉道通、羅道隱撰。

金蓮洞，黄泳《成縣新志》載：「縣東三十里旱麓之下，一名華陽洞，茂林修竹，張三丰養真于此。有詩云：『盧龍復寓金蓮洞，始識人間有洞天。功成名就還居此，了達仙機入太元。』明永樂間，禮部給事中胡濙奉旨訪三丰到此。」

明

八七　金蓮洞題詩

張三丰

大明永樂五年九月九日，敕封真人三伴張盧龍到此留詩一首：

盧龍復遇金蓮洞，别是重來一洞天。功成名遂還居此，了達天機入太玄。

［説明］

此爲重修金蓮洞記碑陽額題。重修金蓮洞記見後。

永樂五年（一四〇七）張三丰撰。按：明世宗于嘉靖四十二年封張三丰爲「飛龍顯化宏仁濟世真君」，當同其號盧龍有關。

八八　重修金蓮洞三元聖像記

樊政德

（篆額）：重修金蓮洞三元聖像記

重修金蓮洞三元聖像記

成縣故官舍人山西聞喜縣樊政德述并書丹篆額

竊□太極□□峨西玉，乾坤定矣。于斯時也，普天之下名山大川、奇峰異洞，莫不有□□□□□之，聞地名曰「泥陽」，有天成名洞曰「金蓮洞」也。考前代，宋人許善人創□□□□□迹，于後愈遠，而人繼緝者鮮矣。天運循環，復及□元朝，當時□□□□□真道人劉道通、羅道隱、塗道寧等，陟適此洞，觀其形勢非常，四圍巍峰□□□壑□深，清泉泛湧，東捧朝山聳峙，誠可爲修真慕道之福域也。然而留心募工，□□樓閣臺榭，繪塑諸神。曩時感聞朝廷，敕賜獎勵。當時名帥官僚士庶人等，莫不協心資功。工成畢竟，更洞名曰「金蓮洞」也，恢宏光顯。既而勒碑見存，鐫文昭彰，備録古昔之事，以貽後世，宛然在目，所可同日語哉？迨我天朝太祖高皇帝，天縱之聖，削平海宇一統，其洞如常而無隳壞矣，此感應之驗也。永樂庚寅，敕禮部尚書胡榮捧香書拜謁，題詩壁記。後復敕使張守恩、監生韓鵬、全真孔潛真亦齋香書拜謁，非靈應奚有此也？今去先師二百餘年之□。逮成化癸卯孟夏，武都郡百户舍人任禮，請本郡官舍道侶何守容，酬設醮□，赴洞□□未安，禱于本郡洞神祇，諸躬焚修。奈其火宅户徭在已，其願未成如此。于斯巖南隙洞昔道人室，可塑三元聖像，承諾之後，果蒙聖庇康寧。自甲辰孟春啓工，拓土伐石坦基，其年在乎饑饉之際，而□離擾攘，□□盈途，捐施己資。感此境檀信張文進、吴廷秀、樊友德、王榮等捐資金銀、幣帛、馬騾，多寡不侔，衆各欣悦，趨事赴功。守容不憚艱險，躬詣鞏昌，募工塑繪前聖□□神，懸塑一堂，粧嚴金彩，焕然一新。期届乙巳孟冬望日功周。所以感天地，格神明，顯靈應，于是雨暘時若，五穀豐登，一境之人，福壽無疆。嗟夫！邁年而知天命乏嗣，五旬二三感生子二；五旬七九復生子二也。時人豈非宣播芳名，信爲神靈□鑒賜，又非陰功□有賜報也，懇至之心之所致也。弘治戊申孟夏，雲游道人李□慶助緣，道侶樊教明睹其曰：「南峰巒亦現隙洞，稱塑三清九皇諸真，一洞金彩周備。」乃因洞崖滴水，風雨摧凘，慮毀聖像，教明用工伐石，文縣旗士林友文施磚砌壘□門，俱爲萬古之□仰。宜勒金石于悠久而不磨，名垂後世于無窮而不泯。囑予爲記，予□淺陋，姑述其□後，覽者裁之。是爲記云耳。

時弘治十一年歲［次］戊午四月十二日，道微子何守容諱庸字守常，男景盛、景安、景永立石。

本洞住持道士□清，三洞法師静真子樊教明，門人樊演濟、何廷真□子童明□。

恩師白太玄□道士□□□。慶陽府寧州刊字匠李宗義鐫石。石匠劉彪、李友學。

［説明］

碑存店村鄉新村行政村之金蓮洞中。碑高一三四厘米，寬八一厘米。

弘治十一年（一四九八）樊政德撰。

八九　新修九皇洞記

崔　觀

（篆額）：新修九皇洞記

新修九皇洞記

鄉貢進士、前四川叙州府儒學教授、階州崔觀撰文

賜進士第、前户部郎中、知徽州事知州、東魯張鸞書丹

成縣署縣事、本縣典史、四川瀘陽趙洪篆額

鞏昌府徽州州治西六十五里，有川曰「泥陽川」。南入于山，過峻嶺，有洞號「金蓮洞」，蓋洞中有金蓮

而因以得名也。且蓮自開闢萬億年之前而生于紅巖之上，瓊莖玖藕，珠蕊玉葩，混然天成，無假雨露霑濡、風日暄暢之工，四時蓓蕾，千載敷榮，是固可謂奇矣。又有翠峰青嶂，曲水澄溪，茂林修竹，排闥環繞，森聳其間，秀異清絶，依稀乎天台、武陵之勝。夫豈下于羅浮、金華、靈鷲者哉！世傳鍾離、洞賓諸仙子嘗爲蓬萊三島別業，亦嘗乘鸞□麟跨鰲而遨游也。

我皇明永樂初，太宗皇帝接至人張三丰于宣政殿，纔數語，忽瞑晦不知所之，即遣禮部尚書胡榮，遍天下名山古洞而旁訪焉。躡迹至此，守洞者報曰：「某年某月某日，有一赤脚道人披氅衣，拽九節杖，昂昂而來，憇半餉，問其姓名，不答，徑去，隨有異香芬馥，經旬不散。」公曰：「此非三丰仙師降臨之時也耶！」賫捧香書，惆悵留題而返。古今方士修真養性于斯地者，一則得夫佳境寂静之資，一則得夫真仙英爽之助，而每精于龍虎水火、吐故納新之術。雖則未能羽化而上升，亦克却老還童、延年益壽。至于龜齡鶴筭而劍解也，視殀殤短折、生滅夜旦之人直蜉蝣耳，豈不大可傷哉！載觀斯洞，幽深弘敞，規模亦遠大矣，歷漢、唐、宋幾千餘年，修而廢，廢而修，往迹雖不可考，遺址尚或可因。迄至于元元貞丙申、大德壬寅間，道士劉道通、羅道隱者，當世偉人也。雲游□尋真于斯，慨然以復古爲己責。乃募資覓工，掄材計料，建奉真之殿，搆飛空之樓。聖賢有像，經典有閣，備豫有門，偃仰有舍，凡爾百具，焕然維新。而又指授生徒，講明道法，斯教爲之一闡矣。自元迄今，又二百有餘歲矣，歲月積久，制度湮微，時无其人，誰與興理？所以□不能而不賴于奮發有爲者。于是陝右道人樊正玄與其子教明者出，而得官僚士庶捨財助緣，于前丹青脱落者繪飾之，于前棟宇傾頽者補葺之。細微曲折，一皆因略致詳、推舊爲新也。至于九皇洞，則規畫創始而增修焉。三清、四帝、二后及諸真尊，俱爲塑像，金容玉體，聖完仙標，凛凛起人敬畏，斧斤斲鑿之功，尤爲精緻。肇端者張文進，叶謀者李明慶，克終者樊教明也。若三道士者，可謂追休先哲而啓迪後進者歟！斯教于是又再闡矣。是役也，經始于弘治戊午，落成于正德丁卯，迺戊午距丁卯，蓋十年也，是歲六月一日，父老吴廷秀、石林、張翱輩謂予嘗修子夏之業，謁予請記。予嘉其事，遂紀其功，而俾良工勒之堅珉，并功德主張文進、樊友德、王榮等若干人芳名附于碑陰，以共悠久，垂于不朽。

大明正德二年歲次丁卯孟秋七月吉旦。上清大洞法師本洞住持静真子樊教明。門人：吕演清，樊演□。

玉陽宫道士：辛玄文，張景通，陳静明。

階州右千户所致仕百户任鐸，軍政百户男任果。成縣致仕主簿武純，致仕縣丞祁鵬，致仕主簿□憲。

欽榮壽官：任禮，汪文聚，王灝。

陰陽訓術：李恭。義官：賀隆，袁志紀，魏亮。

塑匠：車原，車名。石匠：許信，龍志恭，李升，楊受。

畫士：張秀，李玄真。泥水匠：趙安，楊和。

金陵準庵張海鐫，男張效良，侄男張綉，仝立石。

（碑陰功德主姓名略。）

［**説明**］

碑存店村鄉新村行政村之金蓮洞中。碑高一九五厘米，寬八二厘米。兩面刻字。

正德二年（一五〇七）崔觀撰。崔觀，階州人，正德中舉人，爲巴縣教諭，著《學庸補説》，其事迹見葉恩沛《階州直隸州續志》。

張三丰，黄泳《成縣新志》載：「明初遍著靈迹，後養真于縣東三十里金蓮洞中。山明水秀，林茂竹修，洵稱仙境。永樂御極，乃使給事中胡濙訪求于此，時三丰留詩避去，胡濙詩紀其事。今其迹具在，名人題咏甚多。」

著録：成縣地方志編纂委員會《成縣志》。

九〇 訪杜少陵祠

李 昆

正德癸酉六月暇日，與東渠訪杜少陵祠址有述。東渠，吾臺長，燕山李公德方也，時分廵至成縣。

侵晨入龍峽，杳靄足雲霧。巖際餘鑿痕，云是古棧路。遥通劒閣門，斜連白水渡。杜陵有祠宇，疇昔此漂寓。蕭條翳榛莽，摇落傷指顧。兩楹蓋數瓦，垣毁門不具。四壁繪浮屠，訛舛更堪怒。拂蘚讀殘碑，字漫不可句。東渠臺中彦，感此激情愫。創始伊何人？興仆吾可做[一]。抗手進縣令，兹亦豈末務？我當力規畫，爾宜亟舉措。會使道路人，從知古賢慕。予聞重歎息，因之資覺悟。東西走二京，纍纍幾陵墓。况復浮塵踪，誰能側目注？彼美少陵翁，磊落君子度。盛氣排海岳，雅調續韶頀。棄官救房琯，知名通婦孺。嚴武不能殺，陷賊靡所污。平生忠義心，萬里屯邅步。鬱鬱抱悃愊，稍稍見詞賦。光焰萬丈長，寧以華藻故？諸葛顔韓范，比擬固非誤。乃知賢俊迹，百世所公護。我爲歌長辭，聊以效蔬附。徘徊未能去，倏忽烟水暮。

中憲大夫、陝西提刑按察司副使高密李昆承裕書。東岡（印）。

金陵七十三翁張海□

［説明］

碑存成縣子美草堂（嵌入牆内）。碑高四三厘米，寬一〇八厘米。

正德八年（一五一三）李昆題。李昆，字承裕，高密人，時任中憲大夫陝西提刑按察司副使。

著録：黄泳《成縣新志》，成縣地方志編纂委員會《成縣志》。

［校記］

［一］做，原作「作」，與韵不合，當爲「做」字之誤，今正。

九一　程子二箴碑

明世宗

（一）程子視箴

（篆額）：宸翰

程子視箴

心兮本虚，應物無迹。操之有要，視爲之則。蔽交于前，其中則遷。制之于外，以安其内。克己復禮，久而誠矣。

《視》《聽》《言》《動》四箴者，乃宋儒程氏頤之所作也。程氏説，人之生也，其性本善，後被物欲交攻，而此性始有不善。視、聽、言、動，四者或不能中，此乃受病之處。居中而制萬事者心也，心之所接，必由視聽得之；視聽之不明、不聰，則言動皆違天理；然視居其首焉！程氏説：「凡人于視，不無被那諸般物色所蔽，惟中心安之。凡視無不明，勿使外物蕩其中，常使中制于外可也。」《書》云「視遠惟明」即此意也。要操存之在吾心，無有遠邇，視之如一，辨其是非，觀其善惡，以吾心之正爲較察，然後可免于昏亂之失矣。朕惟人皆以視爲明，而人君所視者尤爲要焉。果以此爲，則深爲益也。凡觀其邪正，辨其賢否，不爲奸巧之所惑，庶幾忠與不肖不得并進、用舍不至于倒置矣！嗚呼察之！

（二）程子動箴

（篆額）：宸翰

程子動箴

哲人知幾，誠之于思。志士勵行，守之于爲。順理則裕，從欲惟危。造次克念，戰兢自持。習與性成，聖賢同歸。

哲人是明哲之人，志士是有德行之士。誠是念之實，守是行之篤，理即天理，欲即人欲。程子説：「凡人所動作，便不可輕舉妄動，當審事機可否之如何，天理人欲之所在；思其事之巨細，爲其所當爲，然後動與道合，無有墜失、狂躁之病。戰兢惕勵，如此者惟哲人乃能之，君子可不謹之哉？」朕因而論曰：「凡人所動爲，當求合乎道理，察其當爲與所不當爲，精別而行之可也。而人君之所動爲尤重焉。蓋君者以一身而宰萬事，不可適己之欲。與夫聽信讒佞、輕舉妄動，或持中國之强而好征戰，或盤游無度而殘虐百性，凡此類者不可枚舉。姑説其大者言之，一舉動之間，上違天意，下拂民心，而敗亡之禍隨之，是非可不畏懼也哉！程氏之作箴，其用心也至矣。嗚呼畏之！

斯四箴者，作之在于程頤，以斯四箴而致其君者，乃吾輔臣張璁也。頤之作箴，其見道之如此，而動與禮合，宣朕未之言，君子必知矣。夫今璁以此言而告朕，與夫昔議禮之持正，可謂允蹈之哉！朕罔聞于學焉，特因是而注釋其義，于以嘉璁之忠愛，于以示君子之人。嗚呼！箴之功，宜不在程氏而在于璁也哉！用録此于末云耳。

嘉靖丁亥歲季冬越三日注。

［**説明**］

二碑存成縣文化館。程子視箴碑高九六厘米，寬一四〇厘米；程子動箴碑高一二〇厘米，寬一四六厘米。二碑原埋地下，二〇〇八年「五·一二」地震後，成縣縣政府重建蓮湖公園時，在地下挖出。

嘉靖六年（一五二七）立。按：程子之箴碑，原本有四，即視聽言動四箴碑。張維《隴右金石録》載：「敬一箴及四箴碑，在成縣舊學署，今存。」《成縣新志》載：「敬一箴及視聽言動四箴碑，俱在學宫左側，明嘉靖中所立。」《武階備志》載：「世宗注，共五碑，正書，在尊經閣，嘉靖□□年刻。」

九二　春日謁杜少陵祠

胡明善

少陵栖息地，陳迹寄雲隈。風雨吟龍峽，江山領鳳臺。春明秦樹遠，關黑楚魂來。攬轡瞻祠屋，千秋一歎哀！

嘉靖庚寅正月，兩河胡明善書

［**説明**］

碑在成縣子美草堂（嵌入牆内）。碑高一九〇厘米，寬七五厘米。

明胡明善題。嘉靖庚寅爲嘉靖九年（一五三〇）。

著録：成縣地方志編纂委員會《成縣志》。

九三　過杜子祠

白鎰

過杜子祠

對縣南山秀出岐，少陵遺迹啓生祠。豪吟憫[一]世憂時志，晚景懷鄉去亂思。大雅删餘高獨步，盛唐變後妙難窺。詩家門户知多少，神聖無儔總是師。

嘉靖丁酉仲冬六日

賜進士、奉政大夫、陝西按察司分巡隴右道僉事、前南京刑部郎中太原白鎰書

［**説明**］

碑存成縣子美草堂（嵌入牆内）。碑高六八厘米，寬八四厘米。

嘉靖十六年（一五三七）白鎰書。白鎰，山西太原人，曾知山西束鹿縣知縣，嘉靖間，歷任南京刑部郎中，陝西按察司分巡隴右道僉事。

著録：黄泳《成縣新志》，成縣地方志編纂委員會《成縣志》。

［校記］

［一］憫，《成縣志》誤作「憐」。

九四　劉璜詩八首并跋

劉　璜

戊子鄉進士張朝元書

予奉命司教采邑已數載，縣治來歷，古今□同，予考之審矣。在漢時，爲武都郡太守，則有馬公融之絳帳臺，裴公度之蓮蒲湖。在宋時爲成州，總督則有二吴璘、玠公之保蜀城。唐安禄山之變，少陵杜先生避禍于縣治之南距五里餘，草堂遺迹尤存，碑碣巍然。即今祠宇俱新，春秋有祭，往來士夫詩刻盈祠。邑侯劉公名璜號□航子，江西廬陵萬安名族，歲庚子春三月來任，見諸先輩遺迹感觸，遂答諸詩韵。合属士夫仰觀之餘，謀之于予云：「我侯所作，深究乎先輩事迹之實，可置之于一睹之時耳。」遂備石，請予跋，授刻人，以垂永久。予雖不敏，讀侯詩皆奇崛感激，誠得唐音之正，慕愛不已，雖欲辭之，容得已乎？遂跋以記。

登馬公絳帳臺

古臺春暖長莓苔，此地曾[一]經絳帳開。慷慨登臨人去久，躊躇回首月華來。那云治郡無佳績，却喜傳經得美才。千載斯文誰領會，松聲泉語且徘徊。

又

遺迹飛雲靄，斯文千古名。不堪回首處，明月滿秋林。

玩裴公蓮湖

浮翠亭前湖水幽，狂歌呼酒醉雙眸。穿雲野鶴翔横渚，隔岸漁家繫小舟。夕照當湖花愈艷，晚風吹棹雨初收。挽回世態真無計，領略湖光欲上流。

又

舉酒邀湖月，采蓮弄碧波。賦成金筆寫，詞就雪兒歌。

謁杜公草堂

南山壁[二]立與天通，隱隱草堂雲霧中。憫世昌才詩萬卷，遯時避亂酒千鍾。盛唐三變知奇絶，大雅一删妙化工。雖恨拾遺終寂寞，詩家門户獨高風。

又

古屋傍山麓，苔封斷石書。欲瞻豐采下，月影萬林疏。

觀吴公保蜀城

節鉞曾經保蜀功，故城荒壘草濛濛。英雄萬古勳尤烈，興廢今朝事已終。落葉亂流秋雨後，斷碑常卧夕陽中。阿孫不識經常節，恨使孤忠掃地空。

又

雲日落高木，潺湲水自流。慷慨孤忠地，陰空萬古秋。

時嘉靖歲次庚子季秋望前二日

江西吉安府萬安縣知成縣事劉璜作

四川保寧府閬中縣司儒學事趙翱跋

［説明］

碑存縣城東南飛龍峽少陵草堂中（嵌入牆内）。碑高一四四厘米，寬八〇厘米。

嘉靖十九年（一五四〇）劉璜作。劉璜，江西萬安人，嘉靖二十五年知成縣。

著録：吴鵬翱《武階備志》（詩序爲「玩裴公湖，觀吴公保蜀城，謁少陵祠，馬公絳帳臺」），黄泳《成縣新志》，成縣地方志編纂委員會《成縣志》。

［校記］

［一］曾，碑原作「魯」，當爲「曾」之誤，今正。

［二］壁，原作「璧」，當爲「壁」之誤，今正。

九五　府城里公館記

胡纘宗

惟柱下御史巡按于諸郡縣，諸郡縣乃［一］建御史行臺，參政或參議分守、憲僉分巡于諸郡縣，諸郡縣乃［二］建布政按察分司，蓋行臺、分司皆備以駐節。間有郡縣程［三］不能一日至者，于其中道必建行館，亦備以弭節。然駐節則侍御觀風，參知敷政，憲僉提刑；弭節則侍御采訪，參知、憲僉諮詢，而臺與司不徒建也。隴西屬邑禮、成、西之間，程非一日[四]，每于禮邑府城鎮暫止之，乃或俯[五]郵舍，或就民舍。郵舍陋，民舍褻，上何以莅，下何以承，弗便有年矣。嘉靖甲辰，參知高君白之侍御朱君，乃下禮邑度其處，云：「禮之紙坊可。」乃屬禮邑高君光于其坊建侍御行臺一；于其左右建參知行省一，憲僉行臺一[六]。乙巳之初，高尹發所請贖金若干鎰，鳩工及丁，伐木及石，貿坊中隙地分建之。中建行臺，其堂[七]偉如，其退省堂洞如，其內外左右序翼[八]如，其重門凛如。左建布政分司，其堂、其退省堂、其內外左右序、其門咸如行臺而麗次之。右建按察分司，其堂、其退省堂、其內外左右序、其門嚴肅咸相若。起工于若年首夏[九]，訖工于今歲暮春。不數月，諸行臺館成。而參知君因屬李節推惠酌，諸使節自成臨若坊者，供仍屬成；自西和臨若坊者，供仍屬禮；自平落臨若坊者，供仍屬若驛。蓋坊東七十里爲成，西百有一十里爲西和，南百有十里爲平落，乃著爲規。高尹落成之日[一〇]，乃俱以復于參知高君[一一]、憲僉賈君，咸曰：「可弭節哉！」轉以復于侍御張君，亦曰：「可埋輪哉！」蓋自是，諸侍御君止于其[一二]臺，若少暇也，豈不思所以持綱執憲者務求光明正大而監察之，下吏不歸于正、民不歸于厚哉？豈徒觀美已哉？諸參知君止于其處，抑豈不思所以屏翰者而旬宣之，非公莫秉也；諸憲僉君止于其處，抑豈不思所以貞肅者而訪廉之，非明莫察也。吏不服其貞、民不服其平哉？豈獨止息已哉？高子謙尹禮以禮教，以德化。循良之政[一三]不一，而建是臺之完美其一也。以予于嘉州有一日之雅，屬予記[一四]。予嘉其作之之省，建之之速，原其始末記之碑，俾勒之石以告夫嗣是宰禮者，俾勿隳。

〔**說明**〕

以張維《隴右金石録》爲底本録入。

嘉靖二十三年（一五四四）胡纘宗撰。胡纘宗（一四八〇—一五六〇），字世甫，原字孝思，號可泉，别號鳥鼠山人，秦安縣興國鎮人。曾任四川雙流縣學諭。封南京吏部郎中事員外郎，明經宅俊，初爲儒師，清介甘貧，教誨不怠。死後加贈爲通議大夫都察院右副都御史。

著録：雷文淵《禮縣新志》，張津《禮縣新志》，費廷珍《直隸秦州新志》（題「紙坊建行臺記」），成縣地方志編纂委員會《成縣志》，禮縣志編纂委員會《禮縣志》，禮縣博物館《禮縣金石集錦》。

［校記］

［一］諸郡縣乃，雷文淵《禮縣新志》作「乃」。

［二］諸郡縣乃，雷文淵《禮縣新志》作「乃」。

［三］縣程，雷文淵《禮縣新志》作「縣」。

［四］日，雷文淵《禮縣新志》作「百」。

［五］俯，雷文淵《禮縣新志》作「就」。

［六］「于其左右建參知行省一，憲僉行臺一」句，《隴右金石録》無，據雷文淵《禮縣新志》補。

［七］堂，雷文淵《禮縣新志》作「臺」。

［八］翼，雷文淵《禮縣新志》無。

［九］首夏，雷文淵《禮縣新志》作「首」。

［一〇］日，《隴右金石録》無，句不通，據雷文淵《禮縣新志》補。

［一一］參知高君，雷文淵《禮縣新志》作「參知」。

［一二］于其，雷文淵《禮縣新志》作「于」。

［一三］之政，雷文淵《禮縣新志》作「之」。

［一四］予記，《隴右金石録》無，據雷文淵《禮縣新志》補。

九六　武都太守李伯都傳

胡纘宗

漢李翕字伯都，阿陽人。阿陽今清水，蓋秦地。伯都嘗令澠池，歷三郡，史遺其績。考之澠邑、成郡之碑，乃漢良吏也。是故敦詩説禮，政約令行，經術宣矣。先以博愛，陳以德義，牧育豫矣。不肅而成，不嚴而治，政令孚矣。强不暴寡，知不詐愚，風俗敦矣。屬縣趨教，徼外來廷，遠近悦矣。澠池刻記，武都勒銘，勳績懋矣。西峽通益，殽崟連洛，道路闢矣。中瀞既立，下瀞復立，垂勸審矣。郙閣有圖，峽崖有像，具瞻切矣。年穀屢登，祥瑞疊見，天人協矣。而威儀抑抑，有阿鄭之化焉，殆不愧子産，視史所載文翁六循吏何多讓焉！曾子固云：「頌以補史之闕。」然頌自不泯，史自不彰，蓋采風之令忘于上，而旌淑之風流于下云爾，于伯都何損益焉？歐陽永叔稽古，固以翕爲會，南豐正之，并及其筆畫，而伯都之賢良自垂之永永也。

［説明］

據黄泳《成縣新志》録入。

據原文題下有「明人胡纘宗」五字，知撰者是胡纘宗。《成縣新志》將此文列入碑文之序列。胡纘宗，生于成化十六年（一四八〇），卒于嘉靖三十九年（一五六〇）。此文應作于其晚年，與前文當在同時，姑置此。

九七　成縣五言律一首

楊　賢

成縣五言律一首

遠望山城小，人傳勝迹多。苔封吴將塚，藤覆杜公窩。仙閣曾邀月，仇池不起波。詩成欲酹酒，灑落舞婆娑。

明嘉靖三十二年春三月朔日，按察司洮岷兵備副使山東濟寧臨溪楊賢書

知縣趙廷瑾立

［**説明**］

殘碑存成縣子美草堂（嵌入牆内）。碑高四四厘米，寬六二厘米。

嘉靖三十二年（一五五三）楊賢書。楊賢，山東濟寧人，時任按察司洮岷兵備副使。

趙廷瑾，嘉靖三十二年任成縣知縣。

著録：黄泳《成縣新志》，成縣地方志編纂委員會《成縣志》。

九八　謁杜工部祠七言律一首

楊　賢

謁杜工部祠七言律一首

飛龍峽外鳳臺空，子美祠堂在眼中。俊逸每于詩裏識，拜瞻今始意相通。尋芳敢學游春興，得句忘歸戀我

翁。不是魯狂欲弄斧，願言乞巧度愚蒙。

大明嘉靖三十二年春三月朔日，按察司洮岷兵備副使山東濟寧臨溪楊賢書

知縣趙廷瑾立

［說明］

殘碑存成縣子美草堂（嵌入牆内）。碑高四八厘米，寬六二厘米。

嘉靖三十二年（一五五三）楊賢書。

著録：黄泳《成縣新志》，吴鵬翱《武階備志》（題「謁少陵祠」），成縣地方志編纂委員會《成縣志》。

九九　謁少陵祠

葛之奇

［謁少］陵祠一首

［蕪湖］春谷[一]葛之奇漫稿。

鳳凰臺下飛龍峽，峽口遥望杜老祠。詩句漫留蒼蘚碣，草堂高護碧蘿枝。徐探步月看雲處，想見思家憶弟時。千古風流重山水，令人特地起遐思。

玉泉劉尚禮次韵一首

雲山窈窕涵清界，烟水潺湲繞杜祠。寢殿紛飛新藿葉，吟臺惟有老松枝。獨憐雅調成陳迹，却恨殘碑属幾時。吊古尋幽歸旆脱，亮懷應入夢中思。

嘉靖丁巳季秋廿一日立

［説明］

碑存成縣子美草堂（嵌入牆内）。碑高四六厘米，寬六七厘米。

嘉靖三十六年（一五五七）立。

著録：黄泳《成縣新志》，吴鵬翱《武階備志》（存目），成縣地方志編纂委員會《成縣志》。

［校記］

［一］春谷，古縣名，在安徽繁昌縣西北。其地明屬太平府。不當在古縣名之前加今府名，則所失去二字應爲「蕪湖」二字。今補。

一〇〇　西狹題記（十一）

甄　敬

嘉靖己未年菊月既望，巡按陝西監察御史晉陽龍莊甄敬，同按察司分巡隴右道僉事北海馮惟訥來游。

［説明］

題記在成縣抛沙鎮豐泉行政村西狹之南壁。題記高一一〇厘米，寬三〇厘米。

嘉靖三十八年（一五五九）記。

著録：張維《隴右金石録》（題「甄敬西狹題名」，存目），成縣地方志編纂委員會《成縣志》。

一〇一　閻王砭摩崖

佚　名

存目

［説明］

成縣地方志編纂委員會《成縣志》載：「閻王砭碑。今存宋坪鄉格樓壩村約一公里處之閻王砭。摩崖刻石，長方形，高七四厘米，長一四三厘米。正書，字徑二厘米。明神宗萬曆庚辰八年春季四月十一日造，今多泐損，已難卒讀。」

一〇二　階州同谷縣壩侯世全墓志

佚　名

存目

［説明］

吴鵬翱《武階備志》載：「階州同谷縣壩侯世全墓志。正書。萬曆十六年。」

一〇三　重修廣化寺記

蔣仕郎　張夢貔

碑陽

（篆額）：　重修廣化寺記

重修廣化寺記

邑致仕蔣仕郎、張夢貔撰文

邑庠生員姚九德、許謙書丹

自佛入中國，大抵教人以慈悲爲主。今天下王宫國都以及郡邑村鎮，莫不樹殿尊崇，無非繩人以趨善也。吾邑廣化寺，距城西二十里。負層巒而擁環水，奇峰魁岸，秀山羅列，爲古城州景。概宋元豐，高氏創建寺宇，續加雄麗；後子弟登建炎進士第，鄉人咸謂：「天人相與，不誣也。」不幸遭金虜以火，日寖以微。于今可據而信者，惟古洞泉石而已。迨我明御極二百餘年，頽敝日甚。謁者憐之，悉嘖嘖爲重修計，卒無舉事者。隆慶五年，鄰耆老常環、田付節、周朝相、黄永輩瞿然有志，乃捐己資，隨募四方達士。遂樹殿成像，功甫湊，而諸老皆告逝矣，識者有遺恨焉。至萬曆戊子歲，復有耆老朱豐暨會首楊登、徐達胡、甯槐、韋尚恭、徐添登等，約鄉會若干人，官舍朱大澤、汪蛟，鄰人張菊、馬宰、徐行，俱輸金帛，完天王殿，仍建三門于山之下。雖不能比儗于高氏，而較前稍盛矣。楊子恐失其衆之名，竊冀其激于後，乃竪碑請予記。予曩膺疾居此，益幸身比于石，得酬夙志。故僭言曰：「於嘻！起事動衆，自古稱難，諸子一旦聿成偉績而鼎新之，厥功懋矣！自此一念之善充之，則凡濟饑援苦，扶顛持危，哀老恤孤，孰非是心之推耶？由是世代相傳，必有繼續而感發者，不可謂世無其人也。予聞之，百年之計樹人。今子輩樹功倍形于昔，異日子弟弘青雲之業，裔葉衍蕃綿之慶，是溉其根自將茂其枝，滋其種必能碩其實，誠樹人之本源也。高氏不得專美于前矣。《易》曰：『積善之家必有餘慶。』吾以是知芳名佳譽，今古同聲，陰德寧有極耶？」用是紀諸石，以垂于不朽。

耆老：楊仲斌，周添臣，許世寅，徐添爵。

時萬曆拾陸年歲在戊子夏五日端陽之吉，謹立石。住持僧人圓朗。

會長：朱豐，徐達胡，黄登，楊登，董自高，張信。

會副：郭時節，賈得其，周添叙，喬林，楊選，徐元，徐添魁，黄邦時。

碑陰

（篆額）：記開人數

官舍：朱大治，周□，朱紹。

一會：楊登，賈得琴，徐輅，馬山，周萬其，周添爵，周隨，喬相，韋尚儉，韋尚綱，周冠，寧忠。

一會：徐萬玘，黄邦時，徐萬求，楊仲禄，黄邦通，田真，田宗，楊仕學，雷萬才，王朝福，唐彦豆，任得倉，汪朝用，葛討。

一會：黄登，楊世江，徐添禮，楊木，董自高，李自元，楊仕舉，張文，劉邦得，張得科，王朝舟，童自南，楊朝喜。

一會：朱邦木，朱紹，朱宗，朱胡，張信，朱綬，楊儒，宋績，申堂，申宰，申九科，陳伯什，趙寅。

隨緣施主：

軍：楊仲域，楊世玘，楊朝金，楊朝叙，楊朝春，楊科，楊朝時，黄進忠，許世銀，許世文，許世忠，許世恩，楊現，楊榮，徐子北，安洞吮，安調元，胡□，李恩，李喜，張花，李江，宋芥，賈得化，張應運，胡應道，楊進冠，喬宗□，宋紹□，宋繼堂，李節，張英，苟謨，宋繼纘，宋紹魁，宋紹舟，郭良福，郭厚，郭勝，郭乙元，□□□□□□□□，韋朝江，周添信，周河。

民：周添臣，周萬具，周添遇，周娶，周添海，韋尚王，韋尚平，韋尚景，韋恕，鮑邦要，周應登。

客族：王珊，毛真或，席添明，馬大金，吴□，王萬才，焦廷福，唐頂，楊仕登，王邦叙，趙三喜，鮑尚智，胡萬倉。

徐氏，時節母；嚴氏，添登母；魏氏，登母；陳氏，仕登母；駱氏，勤母。

耆老：周朝玉，宋世隆，尚萬金。

萬曆拾陸年伍月端陽之吉，新立碑記。白水縣石匠馮世欽書刊字。

師徒僧人明鑑，□□。

塑畫士：徐添登，徐添魁。寺院地東至古路，南至官路，西至賈得勤地，北至高嶺。

［説明］

碑在成縣廣化寺。碑高一八〇厘米，寬八五厘米。隴南師範高等專科學校蔡副全提供拓片。

萬曆十六年（一五八八）張夢貔撰。

一〇四　蓮池亭碑記

張樂舜

夫蓮亭者，唐成州刺史裴守真所創建也。裴公治成時，觀斯勝概，遂鑿池引水，建亭其上。環亭種蓮，以供賞玩。每夏月薰風，葉舒圓蓋，花綻長簪。斯時也，聽四起之菱歌，歎荷香之十里，壯溓溪之偉觀，映六郎之粉面。公登亭歡笑，水天一色，群鷗鷺而侶魚蝦，熙熙然殆不覺隴頭間又有一小西湖也。乃歲久景移，池涸亭敝，裴公之蓮殆爲禾黍之區矣。歎心哉！歎心哉！予萬曆己[一]丑來典是縣，詢其遺址，慨然思興。乃與一二父老，引西郊之水，甃南山之石，采木爲棟，砌瓦爲亭。中三楹而前後列複道，種荷其中，外雜花卉。觀者翕然，咸以爲不減裴公之舊。厥工成，而屬予爲記。予惟：「蓮，花之君子也；樂祇君子，民之父母者也。有樂祇君子，而後可玩花中之君子，何者？心相孚也，景相契也。不然，中不虛，無蓮之竅；本不潔，無蓮之白；節不苦，無蓮之味。民不被澤，何如蓮之葉？野有菜色，何如蓮之蕊？子惠不結，何如蓮之房？菱歌四起，反爲怨聲之載道；荷香十里，徒爲穢德之彰聞。即植太華之根，培玉井之種，酒酌碧荷，觴實雪藕，其愧于蓮也亦多矣，又何取于蓮之亭？昔人云：『賢者而後樂此，不賢者雖有此不樂也。』信矣哉！」予高裴公之雅，姑舉遺址而重修之，尤不敢以樂祇君子自待，輒僭爲之記。

［**說明**］

以黃泳《成縣新志》爲底本録入。

萬曆十七年（一五八九）記。原題下有「明邑令張樂舜」六字。張樂舜，河南郟縣人，舉人。

蓮池亭，在裴公湖，《成縣新志·形勝》載：「裴公湖在縣治西隅。唐成州刺史裴守真所創，荷花數畝，桃柳夾岸，中建湖山堂，前後有橋，一曰『雲錦』，一曰『霞漪』，八景之勝者。明萬曆中，知縣張樂舜重建，碑記其事，鼎革時俱圮。國朝知縣胡承福重修于康熙甲戌，乾隆五年知縣黃泳又重修，有碑記。宋李師中詩云『對面好峰橫翠幕，繞城垂柳拂清蓮』即此」。

著録：吴鵬翱《武階備志》（題「成縣蓮池亭記」，存目），葉恩沛《階州直隸州續志》，張維《隴右金石録》（題「蓮池亭碑」），成縣地方志編纂委員會《成縣志》。

〔校記〕

〔一〕曆己，《階州直隸州續志》作「歷巳」。

一〇五　邑侯王公生祠碑

楊多聞

生祠碑者，成士民感慕邑大夫王公之德政而立也。公諱三錫，别號懷邦，晉翼城人。蚤歲鄉薦魁省，後因母老孀居，志欲禄養，赴銓曹受簡命，莅官兹土，時萬曆[一]乙未中秋日也。公天性孝慈，純篤素行，廉明儉約，故下車以來，興學校，勸農桑，奬善勵俗；衣寒士，食饑民，敬老恤孤；捐俸建磨、鑿炭、開荒、導水；財用有節，催科有條；治事必勤，讞獄必慎；百廢咸興，一塵不染。種種德政，即有目者所共睹，有耳者所共聞。至如心思意念，真誠愷悌，有非筆舌之所能盡也者。六年間，刑省化洽，風清俗美，老安少懷，夜無犬吠，民不見吏。庠序服其教，閭閻樂其業，雖古召父杜母不加于此矣。二次紀録，四次褒薦，非過也。今年春，考績上上，擢守乾州，職刺史。報至，百姓愕然相顧，且喜且悲，如窮人無歸之狀。夏四月，公將振五馬行裝，欲之任，士民咸切借寇之願，竟卧轍不得，攀轅不得。乃共攄積忱，擇地城東，飭材鳩工，搆堂繪像以祀之，鐫石勒碑以識之。將謂過其堂，瞻其像，肅然如見公之德容矣；望其碑，觀其紀，儼然如見公之德業矣。《詩》云：「蔽芾甘棠，勿剪勿伐。」又云：「有斐君子，終不可諼兮。」士民之感慕公也亦然。是役也，固記公之德政，垂名于不朽，亦以俟後之君子得有所考信云。

［説明］

以黄泳《成縣新志》爲底本録入。

萬曆二十九年（一六〇一）記。原題下有「邑訓楊多聞」五字。楊多聞，寶鷄人，貢生。據文中「莅官兹土，時蓋萬曆乙未中秋日也……六年間，刑省化洽……」句，可知立碑時間爲萬曆二十九年。王三錫，山西翼城人也，萬曆乙未由舉人任成縣知縣，其事迹見《成縣新志》。

著録：吴鵬翱《武階備志》（題「成縣王公生祠記」，存目），成縣地方志編纂委員會《成縣志》。

［校記］

［一］曆，《成縣新志》諱作「歷」。

一〇六　成縣鷄山洞禱雨靈應記

□□戴

（篆額）：成縣鷄山洞禱雨靈應記

儒學教諭河曲□□戴撰文。訓導鳳翔郭衛民書丹。邑□門生張昌□、喬三善、□子廉仝校。石匠雷進庫。

夫□澤乎□，何處無之？有之而無益于民，謡神也，豈足述哉！邑西南有山曰「鷄頭」，穹窿上際，直入霄漢。《史記》：「黄帝巡狩登此。」蓋古名山也。腰半有龍洞，中有汲，幽杳深澄，冬夏一如，信乎爲神物之所居也！歲遇旱，輒禱之。故考之碑，則靈于宋紹興中；稽之鐘，則靈于我成化前；鐘碑皆爲禱雨有應而造，故非無徵不信者。頃歲夏，兩閲月不雨，苗者將槁，種者未布，百姓嗷嗷載途。

邑侯高公不勝矜聞，爰率衆庶，于六月五日祈禱于南壇可中。素巾服，暴卧于地，不預政事，專心叩顲。越九日，步行于此山，入洞取湫，僕與郭君亦從其後。旁有鄉民爲神所降，傳神意曰：「官與神，陰陽表裏。雨澤愆期，惟神之□，爲官憂勞如此，是□無意于民也，何以香火爲？今日下山，當清途塵，十一日半雨。其優渥霑足，則爲普賢浴蘭時，蓋謂十九日也。」衆皆弗信，郎僕亦以爲幻耳。其後驗之，毫髮不巫。公感而信之，即于二十日，捐俸銀伍兩，金□二千，命匠修繕殿宇，莊嚴聖像，□酬厥靈。甫動，五色霞彩從洞中擁出，凝結不散，遐邇見之，莫不歎公之感神而神之格公也。住持僧來報，□皆□召，西望不勝駭愕，召門□子張夢虬□，勒石銘之，一以彰神之靈，一以志公之德。用□不□云。公諱□，□□其别號也，四川内江人。

萬曆三十五年歲次丁未孟夏穀旦，署巡捕黄渚關巡檢司巡檢李桐、住持僧如立石

［説明］

碑在成縣鷄峰山龍洞口。碑高一一五厘米，寬六五厘米。隴南師範高等專科學校蔡副全提供拓片。

萬曆三十五年（一六〇七）記。

一〇七　重修佛洞寺碑記

余天校

（碑額）：皇圖永固

重修佛洞寺碑記

余閲孔子年號，記三四讀，始知小川鎮東，黄龍潭西，中有一山青且秀，草木生之，百花香透，萬卉點

靄，即天台、武陵不是過。山之下，有緑水波流瀠洄，深濿淺揭，濯纓濯足，而水光接天。山之麓，有古洞高丈餘，其深百尺竿頭更進數步，真洞天福地，天生地設景。古刹雖多，而不足與爲，埒者指不二三屈。洞内，摩崖繪像釋迦坐般若臺，羅列左右兩傍者宛然如活；有禱必應，名「佛洞」，朝參禮□者踵相接。洞外，有方丈沙門杳積之厨，年久屋漏，損壞幾毀。住持僧如雲目擊其敝，當靈飛錫掛錫。僧三秝坐，祈願欲興廢舉墜，□故□新，以壯香洞之偉觀，以便飛掛之秝坐。而獨力難成，邀鄰境檀那檀越者結蓮社，會伊蒲饌，各稱家之有無，酌量布施多寡，募匠重修。時有慷慨任勞不畏難不避嫌者，一會之授□積□仙蜕。

隨緣替充者：譚勤、譚儉、張□義、張珂、張侃、譚九□、張時安。

會首：宜夫朋、譚洛、胡應誥、張鶴、張口、譚九奏、張時有、南朝永、譚灌、張朝用、張涑、張□、王進孝、□□、張九□、南朝珠、宜表、王來詔、王□、張彦青、宜廣。

主持僧如雲。

同心竭力，殫慮趨辦，經之營之，共成盛事。創建新□棚翼佛閣，興金佛殿二四門，猶有衆美哀然，弗屢悉寺，□前大改觀矣。工起于甲辰歲，落成于辛亥春。住持已率衆表懺，又不忍善類之後世無名也，乃立碑□□共成之姓名，托思不朽。余祖述以□□之揚善，亦不肯□人之善，始以□□記者，今刻之石以代口碑之萬一。後世有見聞興起者，將又增益其所未備，充拓其所未周，其改觀當不止此。語曰：「焉知來者之不如今□哉？」

萬曆歲次辛亥□春望日，原任雲南臨安府儒學教授余天校撰文

白水縣石匠樊希能

［説明］

據成縣縣志辦公室主任武旭斌所提供照片校録。

摩崖石刻，在西狹佛洞寺大三角洞右邊，距地面約五米。石刻高一四〇厘米，寬八〇厘米。

萬曆三十九年（一六一一）余天校撰。

一〇八　階州鷄冠山碑

李北臺

存目

［説明］

吴鵬翱《武階備志》載：「階州鷄冠山碑。李北臺撰。正書。萬曆三十九年十月立。」

一〇九　階州鷄冠山碑

佚名

古記：「猴兒攀牛尾，丙丁壬癸水。枯青來進寶，五印在身邊。八牛枉用多，用工尚有□。□□八百秋，若問此間休。休、休、休，長弓掛在腰上頭。」

［説明］

據吴鵬翱《武階備志》録入。

《武階備志》載：「階州鷄冠山碑。亦是年（萬曆三十九年）夏五月立。正書。二碑書乂俱劣。而是碑末段古記，頗似讖文，録之……按：記語奇絶，在可解不可解之間，而無不應驗。噫嘻！是誰倡之，而誰傳之也？」

一一〇　重修杜少陵祠記

管應律

（碑額）：大明

（碑中部）：

春日謁杜少陵祠

廟柏青青又見春，高名千古属詞臣。濤聲漱石吟懷壯，嵐色籠霞道骨真。幽憤斷碑縈客思，清風苔砌展精禋。情深不覺嗟同契，爲薙荒祠啓後人。

（碑下部）：

重修杜少陵祠記[一]

少陵公祠，其來遠矣。仰窺俯瞯，山光水色映帶，恢恢乎[二]大觀也[三]！前[四]代名公咏歌以紀其勝者，雅多奇迹。嗣是，棟宇傾圮，風景依然，謁祠者每愀然發孤嘯焉。我趙侯奉命尹是邑，春日修常祀，登堂拜像，賞鑑殊絶，乃捐俸命工[五]經營之。不日落成，祠焕然一新。事竣，應律等請題紀勝，侯義不容，默倚馬揮一律，灑灑傳神，盛唐之風韵，不是過[六]也。起少陵于九原，其首肯矣。敬勒石以志不朽。若夫政通人和、百廢俱舉，邑人士耳而目之，别有紀焉。侯，三晉世科也，諱相宇，字冠卿，號玉鉉，太原之狼孟人。時[七]萬曆戊午仲春日記。

儒學教諭河曲管應律撰文[八]

儒學訓導漢中安宇校正

典史祈水蕭之奇書丹立石

闔學生員喬三善等同立

［説明］

碑存成縣城東南飛龍峽少陵草堂（嵌入牆内）。碑高一六五厘米，寬七八厘米。

萬曆四十六年（一六一八）管應律撰。管應律，山西貢生，時任教諭。

著録：黄泳《成縣新志》，吴鵬翶《武階備志》（題「重修杜子祠記」，存目），葉恩沛《階州直隸州續志》（題「重修杜工部祠記」），張維《隴右金石録》（僅録文），成縣地方志編纂委員會《成縣志》。

［校記］

［一］重修杜少陵祠記，《成縣志》題「重修杜工部祠記」。

［二］乎，《成縣新志》《階州直隸州續志》《隴右金石録》皆脱。

［三］也，《成縣新志》《階州直隸州續志》《隴右金石録》皆衍作「也哉」。

［四］前，《成縣新志》《階州直隸州續志》《隴右金石録》皆作「歴」。

［五］工，《成縣新志》《階州直隸州續志》《隴右金石録》皆衍作「工以」。

［六］是過，《成縣新志》《階州直隸州續志》《隴右金石録》皆作「過是」。

［七］「侯，三晉世科也，諱相宇，字冠卿，號玉鉉，太原之狼孟人。時」以上二二字《成縣新志》《階州直隸州續志》《隴右金石録》《成縣志》皆脱。

［八］「儒學教授河曲管應律撰文」句以下，《成縣新志》《階州直隸州續志》《隴右金石録》《成縣志》皆脱。

一一一　勸瘞骨説

喻大壯

自西自東，載駸載馳。率彼曠野，哀此流亡。不問何里何鄉，總屬皇圖中生齒；不知誰姓誰名，盡從母腹裏胞胎。有體需裳，有口就食，靈頑縱或異格，嗜欲無不同情。豈料運不逢辰，適際天之杌我！頻年兵燹，到處災傷！拾草子以充腸，并草子而糴不可得；徙他邦而糊口，顧他邦而兇復猶然！生之既無生涯，死去又無死所，或游魂僅存于一息，而乞兒争剥脱其爛衣；或大雪已擁夫半軀，而義犬猶守護其下體，或倒支于岩扃，可稱泉石膏肓；或揠仰于荒郊，豈是沙場醉卧？似山魈而有影，肖榾柮而無枝。孔懷乏兄弟之求，曰歸誰朋友之殯？嗟乎！饑寒醉飽，世界上固多不同命之人；血肉髮膚，一身中豈有不歸土之物？任爾天荒地老，彼雖痛癢無關，睹彼月暴霜零，我則見聞何忍？所望同爲人類，均發佛慈，或説法以勸曉人，或量力而行陰騭；以眼光爲明燭，以口爲方便門。不過一撮土之多，未爲傷惠；即效萬人坑之舉，寧至勞民？君子之庖厨，猶誡于聞聲食肉。聖王之月令，屢切于掩骨埋胔。惻惻此心，蒼蒼可鑒。楊環魏草，非圖有報之施；賈哭鄭圖，聊代無告之訴。仰號大德，俯味小言。

［説明］

據成縣地方志編纂委員會《成縣志》録入。喻大壯，據雍正《四川通志》卷三六載，爲成都府人，天啓年間舉人。

一一二　重修金蓮洞記

牟應瑞

碑陽

重修金蓮洞記

金蓮仙洞，開于邃古之初。昔未有以洞名者，一經劉、羅二君之手，遂爲千聖栖真之所。天樂李真人遍訪天下名洞，撤履至此，見其諸峰攢拱，幽玄古峭，堅剛不壞，離垢出塵，乃命名爲「金蓮洞」。嗣是以後，風飄霧盪，彩像受其蒙□，門宇任其塌圮。往來名流，靡不心嗟口咨。幸而仙靈有感，忽一全真道人張其姓、真慧其號者，自北地而來，酣嗜恬淡，厭薄世棼，藥符濟人，每有效驗。報之以利，絲[一]毫不染，飄飄然物外高士、洞玄真人。泥陽居士張永湖等傾慕其人，旃爲金蓮洞住持。一睹靈光，輒生慈悲，默自祝曰：「道不專于静養，内而修真還性，外而修聖化愚，其理一也。」督同二三道友，資助十方士庶，缺者補之，陷者平之，狼狽者整頓之。前立大門一座，中豎樓閣三間，并塑雷祠、真武、菩薩諸聖。繼而徘徊内殿，謂左有五祖七真，右乏仙班對望，乃于右邊空隙之地，增塑北斗臺位，且也大彰彩色，令壁像一新。若天蓬、天祐、九耀星官，又若關聖帝君、張祖胡老，各出一像，以受朝禮，玉貌金容，焕然森然。繪事甫就，修築繼作，于洞門厚築石牆一道，以爲全洞保障。統計其期，甫三歲，而功遂成矣。斯時也，青衿朱子連袂而游攬[二]，白叟黄童携杖而參謁，俯仰其間，恍恍焉如登瑶池之上，會見玉藕複茅，金蓮重綻，髣髴天際，不復作人世想，猗歟休哉！誠不負先天之開闢，俾劉道君[三]、羅道隱之創造，重光重潤，將永永勿替也。視近日修佛媒利、造塔階名者，不逈若天淵哉！因鐫之于石，以志不朽云。

時崇禎二年十一月十三日，欽□守備文縣都指揮靖虜李良□到□□。

大明崇禎二年歲次己巳孟夏上浣吉日，武都後學生牟應瑞書。安開先□□。

功德施主：階州守禦所百户任惟忠、折桂枝。

庠生：尹樂道、尹先覺、柳迎彩、尹自任、閆名揚、任作□。

恩貢：朱國俊、董漢傑、閆修己、劉修鱗、張師恩。

監生：張師禹、折翰珠、折桂枝、牟化虹。

府掾：倪騰先、張師游、任我正、劉進、王守志。

耆老：張永湖、張悦。仝立石。

碑陰

（碑額）：助緣勒銘

□開列十方軍民施財功德姓名于後：

張永湖，張悦，張永蛟，張協，張□□，張養高，張師孔，張門第，張焞，張應宰，張師孟，張師奎，張應弼，張應秋，張濟，張浩；郭□，張師顔，蔣登科，王濟胡，汪濟衆，王嘉瑞，王嘉景，李連，寇一宗，寇序，寇應良，折騰亨，折騰利，王一吉，王應霞，王應敬，王應思，王應心，付清玉，折邦興，折邦選，折梅枝，石君受，石國□；石國玉，劉從孟，劉光遠，張登霄，任譜，張養德，雲濟，任思恭，任思義，張閔，王旺，尹加位，尹加選，尹志道，尹訪，羅登奎；孫守道，孫守志，穆遇信，張尚志，張榮，任敬，任光志，任光忠，任光儒，任光遠，任讓，任宣，任善，任見，任芳，任向；任相，任免，劉清，黑廷河，黑進元，黑進莊，黑進見，劉起連，劉起通，劉起高，劉起早，劉起亮，劉先第，劉項，馬如龍，王□萬；楊進孝，楊進弟，楊進福，楊進才，楊進連，楊進衡，桼進爵，桼進策；桼偉，周應科，朱喜元，朱喜亨，朱奎，朱宣，馮守道，馮學；安蛟，安宏，安□，安炳，安善，安惠，安恬，安光先，光廷，安敬先，安□先，安位，安所受，安所禄，安所有，他□□；王應成，王應亨，馮瑞，馮會，馮言，馮登雲，白尚文，柳應莊，柳迎良，閆名標，羅承福，莫從貢，莫如美，莫如高，王雲，王如惠；□起亨，林起茂，任自成，王登立，趙添福，王學德，李尚真，姚全，□守秀，冉企，常應科，常應舉，常應福，常治，樊應岡，王雷，王倪，宋守田，吴守節，張師大，王日皞，張師孔，男張奇彩。

女舍施財姓氏：

張永湖，王氏；張應坤，董氏；付邦禮，梁氏；張協，王氏；史榮，郭氏；張拱，□氏；王門，張氏；張師游，柏氏；張師孔，劉氏；張門，劉氏；張門，閆氏；蔣登科，李氏；張門第，劉氏；穆遇信，冉氏；張師孟，劉氏；謝宋，梅氏；張悦，汪氏；張永蛟，喬氏；張愽，張氏；張濟，黑氏；張浩，熊氏；柳自茂，張氏；柳應彩，馬氏；柳應良，楊氏；尹序，李氏；張彩，柳氏；柳門，李氏；

謝彩，喬氏；張尚志，田氏；史應受，張氏；鄭榮，侯氏；□□教，賈氏；王門，趙氏；石門，王氏；安門，他氏；冉門，尹氏。

常住督工道人：張真慧，孫長安，閆長明，殷一亮，孫守□，盧陽春。

畫匠：郭賢，陳江，李金，付閏屋。石匠：朱全，朱擧，張□寬，田昌。仝立。

［說明］

碑存店村鄉新村行政村之金蓮洞中。碑高一〇四厘米，寬七二厘米。

崇禎二年（一六二九）牟應瑞書。

［校記］

［一］絲，原碑作「系」，蓋撰文者書作「糸」，刻録時誤爲「系」，「糸」即「絲」。

［二］攬，當作「覽」。

［三］君，據《感應金蓮洞記》《新修九皇洞記》當作「通」。

一一三　廣化寺建修慈聖宮碑記

喬三統

碑陽

（篆額）：碑記

廣化寺建修慈聖宮碑記

邑貢士喬三統撰文

邑廩生權起孝書丹

天地之大德曰生，生者，母道也。母道立而生育蕃，子輿氏所謂「生則惡可已也？」嗟自崇禎甲戌秋，寇焚毒慘，繼且戎馬驛騷，民流衰亡四野，岌岌生氣，日使憂世者蒿目，景色蕭條，輒扼腕生脉之幾斬。歲在庚辰，烽警稍熄，殘遺遝集，際年頗稔。耆老賈真、禪僧周海慧，率廣生説會諸檀越，建修慈聖宫。告成，徵記泐石，用垂不朽。余揖衆進曰：「此寺稱隴右名刹，其來久矣。初，原非無慈聖宫也，傳昔卜建時，基址遼濶，規模碩廣，大雄殿、觀音閣、慈聖宫、伽藍祠、法堂、鐘樓、僧舍、禪室，種種悉備。昔馬融設教于兹，築絳帳臺，前授生徒，後列女樂，從誨者衆而教化廣，及寺因名焉。」又云：「楊飛龍摩崖紀功于魚竅峽時，曾駐節于此。迄今拭覽碑，吴道子之仙迹猶存，舊柱石之星羅未遷，則知此寺其來久矣。今雖圮塌，規模恍如昨日也。一慈聖宫之建立，安足託哉？雖然，千歲之福地久傾，而一旦恢復于亂離之後，名區勝境，氣象鼎新，不第母道立而生意敦，一方之士女共戴慈恩，亦且滑髮長而胤嗣蕃，四境之軍民永沾聖惠，端在兹矣！端在矣！」斯碑立而使百年後世讀其記，則知此寺創自若何年，壞自若何年，復自若何年。一時禪僧與功德主俱相傳其不朽云。

住持僧人：周海惠。

徒：積廣，積善。

時崇禎歲次庚辰□春□浣立石。石匠：□清泉。

碑陰

（篆額）：廣胤祠

會首：賈真，張應仕時[一]，賈希魁。

會友：生員權瑞，蘇紳，楊化蛟，許可秩，張謹睦，韋厚，陳一恭，賈希鰲，李繼芳，李進孝，李果金，韋律，李弘興，吴進舟，賈希由，陳撫，黄元辰，周洞，許可行，徐收，許可能，權維孝，賈希賢，周應廣，許可畏，張問行，李弘仁。

咸寧縣梓人：胥仲秋，胥明誠。

刻匠：丘邦聚。石匠：彭守德。

［**説明**］

碑存成縣廣化小學後之道子洞前。碑高一一〇厘米，寬八〇厘米。

崇禎十三年（一六四〇）立。

［**校記**］

［一］時，原碑似衍。

一一四　新建上城縣治碑記

謝　鏞

崇禎[一]九年秋七月，鏞奉命起補于成。爾時，仇池兩經寇禍，民殘地荒，城空事廢，官衙焚毁，民舍邱墟，孑遺逃匿山谷，郊圻盡爲荆棘，僅存者上城一塊土、寥寥百餘家而已。鏞受事之日，殺傷殘黎擁馬首泣曰：「成之不臘，不可支矣。賊騎尚未出境，其來叵測，君侯毋以身常試，請居上城避其鋒。」鏞曰：「不然！朝廷設官以爲民也。封疆責重，與民守之，效死勿去，令之職也。若愛其身，不顧其民，是誘君命于草莽，毋乃不可乎！」遂率兒輩家僕數十人，各佩弓刀，居于下城頽垣公廨。時值深秋，悲風怒號，木葉黄落，寒蛩滿砌，愁雲慘澹，惟見陰房鬼火青[二]。鏞此時殫精竭慮、枕戈城頭者數月，招撫流移，食不下咽。七年之間，兵寇頻仍，力保危疆，九里彫殘，始有起色。奈人丁半死鋒鏑，山田多係抛荒，催科日急，敲樸難完。嗟乎！料理殘邑，勢同騎虎，如坐湯池。鏞之譾劣，叨有今日者，實賴社稷之靈！鏞今創建縣衙一所于上城，未嘗擾民間一文一粒，蓋踵宋吴將軍之舊址，效唐杜工部之草堂，雖不能種河陽之花，亦可彈宓子之琴。作者雖勞于一時，而居者實逸于後日。今鏞量移東兖，旦暮且行。當事者慮成爲孤懸之危地，檄催兩當徐令君來署縣事。令君與鏞同譜兄弟，交稱肝膽，其才品雄邁，逾鏞十倍，成得一賢侯，可當數萬甲兵矣[三]。于是與君爲平原十日飲，真千秋快事也！時方季夏，溽暑熱甚，與君登城樓凭欄乘風，具壺觴促膝談心，不覺耳熱把臂。少頃，星光在天，凉月照地，酒酣茶話，吾兩人相視而笑[四]，莫逆于心[五]，不知身在俗吏中也。鏞言殊不文，聊筆之于石。時崇禎[六]十五年蕤賓月也。

［説明］

以黄泳《成縣新志》爲底本録入。

崇禎十五年（一六四二）立。原題下有「明邑令謝鏞」五字。謝鏞，字禹銘，直隸良鄉籍，江南上元人也，崇禎九年，由恩選任成縣知縣，在任修官舍，招流民，埋枯骨，德政頗多。其事迹見葉恩沛《階州直隸州續志・名宦》）。

著録：葉恩沛《階州直隸州續志》，張維《隴右金石録》，成縣地方志編纂委員會《成縣志》。

［校記］

［一］禎，原作「正」，據《階州直隸州續志》《隴右金石録》改。

［二］青，《階州直隸州續志》《成縣志》皆無。

［三］矣，《階州直隸州續志》無。

［四］而笑，《階州直隸州續志》《隴右金石録》皆無。

［五］于心，《階州直隸州續志》《隴右金石録》皆無。

［六］禎，原作「正」，據《階州直隸州續志》《隴右金石録》改。

一一五　邑侯謝公去思德政碑記

李景廉

辛巳之春正月既望，予捧簡書于役肅藩，道出沔略，馬首仇池。晤邑侯青山謝父母，往返投轄，傾倒濶悰，真成快事。蓋侯與予昔同選譜，業訂成均，所稱肝膽而臭味者。二十年離群，一朝聚首，喜可知也。爲予假館受餐，信宿三日。得游飛龍峽、少陵祠諸奇勝。促膝談心，聆侯之言，霏霏似流雲兢爽，眉際都是晉人風味，絶無一點紗帽氣。因示予以仇池諸什，披讀之，若凌千仞而梯五城，雲門之瑟，緱嶺之笙，不足侔矣。然侯之雄才逸韵，慧心俠骨，于天下事無所不習，于書無所不讀，于風雅一道無所不工，臨池絶技，真登右軍堂奥。其水蘖素聲，河清偉望，久津津于海内。不第著循良于碭郡，亦且茂芳猷于仇池，侯蓋人傑也哉！予與侯握別歸篔簹，未嘗不惜侯之才、憐侯之苦。業已逢人説項，爲侯求脱錢穀吏債耳。今年二月，侯以俸深績多，蒙上擢升東兖。蓋謂河工重務，非侯不可。嗟乎！侯以七年勞吏，保守危疆，兩攝徽篆。當群寇狂逞之時，值戎馬倥偬之際，在他人不知何如周章，何如措履，而侯獨處之以從容，臨之以暇豫，談笑退敵，計解徽圍，真有阿家太傅幼度圍碁賭墅之風，非有大過人之才，安能有此經濟乎？至于種種吏治之最者，狀皆具于當事者之上考，予何能悉？惟是侯勞苦功高，先後兩任，歷俸九年，薦剡者八，紀録者三，題咨者二，衡其品望，真救時循卓，濟也津梁，文章政事，特其緒餘耳。異日鴻猷一展，即謀成補浴，繼美東山，亦易易也。况當破格用人之日，使侯得與考選之列，則對策天顔，臺省可立致也。失此機緣，深爲侯惜，區區郡丞，豈侯駐足地耶？吁！侯行矣！侯苦矣！聞侯困守殘邑，拮據萬狀，惟知爲地方、爲百姓，兩袖清風，一囊如洗。七年之間，未嘗遺一力。入春，明家口且旅食于白下，則侯之清心惠問，所謂玉壺注冰雪澄澈到底矣。成紳衿父老被侯之澤，欲攀卧而不得，謳吟愛戴，爲之歌蔽芾，歌勿剪，去思之情，不能自已。以予知侯之深，故索予言以勒之。予又謂峴山龜龍，不如邑人之口，侯之美政，予烏能頌其萬一哉！

［**説明**］

以黄泳《成縣新志》爲底本録入。

崇禎十六年（一六四三）立。據此文原題下有「李景廉」三字，知作者爲李景廉。

著録：成縣地方志編纂委員會《成縣志》。

一一六　西狹題記（十二）

應　某

邑侯應公，命皋蘭山□□劉源正即墨刊石在此。禮房石□紅邑□□□□□□八月之吉。

［**説明**］

題記在成縣抛沙鎮豐泉行政村西狹之南壁。

明崇禎年間題。

清

一一七　重修普賢殿碑記

蘇眉哲

（篆額）：普賢碑記

重修普賢殿碑記

階、成接壤之西南隅，有山曰「鷄頭」，上有普賢寶刹，由來遠矣。《舊志》：「創自唐，踵于宋，而明爲最盛。」考厥遺址，飛棟凌霄，驚疑天半，曾不落人間烟火。每歲聖誕時，見［白］雲繚繞于碧空，祥光閃爍于崖端，遠近士女翹首而聚觀者蓋億萬計，真可謂峨嵋外第一洞天、終南里無二名山也。邇因烽燹告警，附近村落，憑高據險，相率而蹂躪者不可更僕。夫清净之府染以污穢，雖普渡如聖賢口口吐之，遂假以徉狂輩，毁厥像而火厥室，千年古迹，蕩然一墟矣。明明陽示褻瀆之過，而陰啓重新之功，其在斯乎？八關會耆老寧守位，目睹心慘，商諸同會諸賓朋曰：「是殿也，詎隴蜀之勝境，爲階成之具瞻，若廢墜不庀，則山岳無靈，山岳無靈則間氣不鐘。」衆慨然。采木甃石總其事，錙銖以募其貲。不逾年，而寶殿以竣，圍樓環檻，舉可次第成也。二三襄工耆老乞余弁言以志不朽。余何言，則亦言其興廢之由、創替之自，以俟後之有心者，增式廓，加丹堊，結構而綿密之，未必非鑒古證今之一助云。

成縣城守副總兵官胡光升。文林郎知成縣事楊朝進。隨徵官寧尚智。

階州守禦所官蔡國琮。成邑武舉：張冰壺、□羅。

生員：汪嗣宗。成邑恩貢：展大成。

廩膳生員：蘇眉哲丹撰，姚際中篆鐫。

百户官：任龍、王令明、尹先民、郭世鞏。

一會人：張應懷、段剛、趙臣、權養舍、寧守位、趙賢、劉碩德、夏崇德、張經顯、王洪恩、劉光龍、張滿、寧守啓、付弘信、馬斯馴、張應龍、夏德新、白玉、王令顯、姜封齊、李英才、孫毓龍、王扶乾、王臣、周鳳麟、程良佐、張一林、寧學、寧喜、寧鵬、韓奇□、付弘濟、員明、孫承立、寧繼聖、李雄才、付弘現、趙胤昌、石中璞、段一傑、付建商、張大倫、付獻琰、鐘安、李門張氏、段高遴。仝勒石。

督工鄉耆：許魁，姜封齊。

時大周洪化元年歲次己未南呂望日。

僧會：司可祥。住民：楊泰、郭氏。木匠：寧守啓、韓奇口等。塑匠：張文英。泥水匠：王大興。

鐵匠：李繼□。

〔**説明**〕

碑存鷄峰山之普賢殿。碑高八五厘米，寬六〇厘米。

大周洪化元年即清康熙十八年（一六七九）蘇眉哲撰。

一一八　西狹題記（十三）

李甲璧

康熙二十八年己巳二月二十日，成邑原任江南淮安府通判李甲璧，同貢士劉日章、李合璧，廪生武允中、汪蓮洲、陰陽紊姚際中訪古。

［説明］

題記在成縣西狹「五瑞圖」右下角。題記高二八厘米，寬二〇厘米。

康熙二十八（一六八九）記。李甲璧，字玉昆，成縣人，葉恩沛《階州直隸州續志》載：「少倜儻，有才幹。順治戊子選拔。仕江南淮安府通判。正己率物，實心行政，厘奸剔弊，優士恤單，巡監弭盜，俱得其主，賢能爲上游所推重。」

著録：成縣地方志編纂委員會《成縣志》。

一一九　新建官衙碑

盧士鵾

自古民生之聚散，地運之盛衰，大抵皆氣數使然。而惟能以實心實政操轉移之權者，氣數之説不得而拘之。成邑爲古成州地，歷漢、唐以迄宋、元，皆爲州治。迨至有明，改州爲邑，屯田事興，四城之外，多隸階籍。其時，舊治依然，生民猶稱繁庶。厥後，流寇肆氛，官衙民舍焚燬殆盡。數十年來，官斯土者，僅築山堡爲城，人日星零，地無起色，舊治之堂基，久爲禾離麥秀之區矣[一]。説者謂：「氣數如此，莫可如何！」壬申之歲，適公奉帝簡來莅兹土。越有四年，時余亦適有奉鐸成序之報。載道之日，涉大河，逾皋蘭，抵秦隴諸郡，見道路童叟之口咸嘖嘖稱羨曰：「成邑有賢令，廉潔愛民。」當此民食連年維艱之際，獨成民無流離瑣尾之苦者，成邑何緣而得此賢父母也！迨余至成，見公之訓耕織也，能重農也；課文藝也，能愛士也；修理城池，重封疆也；創建魁樓，崇文教也；竪築堤閣，舉廢墜也。他如蔬薪不取于編氓，火耗不擾于里甲，明淡泊之志而凛官守之箴也。公之實政皆本于公之實心，如此，于以仰質天地而俯順百物，其居官寧有遺憾歟？公當百事俱舉之候，尤念官衙爲闔邑風氣所關，向蒙郡臺齊公垂念成邑凋敝已久，轉請各憲批允到縣。公遂慨然捐一己之俸，鳩工庀材，與邑之薦紳先生及能事之諸士子，相度于下城之舊址爲之。正其方向，定其規模，一切工匠之餼廩，皆親出手頒。即版築民役、陶瓦陶磚，悉有工價。初，未嘗苦纍一役、科斂一錢。不一歲之中，焕然成偉觀焉。自是補築城垣，雖亦動勞民力，公復捐橐，時行犒賞，用慰厥勞。總之，以恩施不以威迫，所以庶民子來，如趨父事，用力小而成功速又如此。古所謂經始經營之盛事，可于[二]公載咏之矣。夫以日久凋敝之區，人多諉之氣運，莫可如何者，公獨不聽之氣數，毅然修舉，俾官舍落成，民居城市。以及傾塌城闕，皆次第奮意修復，公殆大有造于成民矣！公之德惠，何可湮没！後之人登斯堂，念遺愛，如坐春風之側，如憩長蔭之下，如涵蓋于天高地厚之中。是公之惠成民，其功在一時；而成之戴公德，其量及百世矣！邑人士以大功告成不可無記，請于公以傳不朽。公曰：「余不佞，忝爲邑父母，即爲地方培生聚于將來，亦止吾盡吾職已耳，碑記何爲？」邑人士終不忍默無一言，請記于余。余姑臧後學，謬握鐸篆，稔知公之實心實政書不勝書，爰因邑人士之請，謹述大概，載筆而記，勒于石。

［説明］

以黄泳《成縣新志》爲底本録入。

康熙三十五年（一六九六）立。原題下有「國朝邑訓盧士鶚」七字。盧士鶚，鎮番人，歲貢。

著録：葉恩沛《階州直隸州續志》，成縣地方志編纂委員會《成縣志》。

［校記］

［一］矣，《階州直隸州續志》無。

［二］于，《階州直隸州續志》作「與」。

一一一〇　創修學宫碑記

劉　瑜

古者辟雍之建，鼉鼓逢逢，奏公矇瞍，一時虡業樅而賁鼓維鏞，誠盛典也。下至魯公鸞旂芹藻之風，小大從邁，馬蹻蹻而音昭昭，可不謂泮水人文之麗乎？然則欲廣教化、敦俗尚、振士氣，其于學宫重有賴矣。今聖天子稽古右文，崇儒重道，巡幸所至，屢詣東魯闕里，釋奠之禮，踰越漢唐；而又頒「萬世師表」之匾額于天下黌宫，且撰《訓飭士子文》以風勵海宇，猗歟休哉！其加意可謂至矣！凡有司之臨涖下土［一］，于學宫之圮者弗修、廢者弗造，甚非所以尊賢聖、勵德造也。瑜承乏成邑，知成向緣兵燹，移縣治于上城，而學宫因之，規模湫隘，奚以垂後？今承平已久，民復舊居，庠序之設，在所急急。瑜爰捐己資，仍于當年久廢之故址，力爲創造。乃高其閈閎，厚其牆垣，而聖殿巍峩，觀瞻悚肅。他若啓聖宫，若兩廡，若明倫堂、鄉賢、名宦及櫺星、泮沼，無不整飭具舉，垣墉而丹雘之，其非飾觀之謂，其謂禮讓相先之地。春夏教以羽籥，秋冬教以詩書，而育諸生于成材，俾之重禮義而敦廉恥也。昔韓昌黎至潮，潮人未知學，公命進士趙德爲之師，其後皆篤于文行，號稱「易治」。然則薰陶士類，鼓鑄群英，洵有望于師儒之董率。而學校不建，化導無由，胡可爲治？且夫欲維風俗，在正人心；欲正人心，在敦士習。成之士習，頗云淳矣，然揚輝振彩、壯上國之觀者，尚無多人。今欲父詔其子，兄勉其弟，群相習于孝弟忠信之行，入事父兄，出事長上，以徵休于國家，非尊崇其地，使之肄其業焉，其心安[二]焉，不見異而遷焉，其何能目擊而心諭、安行而自得也？瑜仰承聖天子雲漢作人之意，欲成人小子，皆有菁莪、棫樸之風，而資事父以事君，資事長以事上。禮陶樂淑之餘，且延及齊民，莫不革薄而從忠，回心而向化。則是庠序之設，雖不敢比于辟雍、魯泮之隆，而于鼓舞士風之意，或猶可希踪于萬一也。經之營之，遹觀厥成，是予之責也夫！是予之責也夫！[三]

［説明］

以黄泳《成縣新志》爲底本録入。

康熙四十七年（一七〇八）記。原題下有「國朝知縣劉瑜」六字。劉瑜，山西安邑人，由例貢升任成縣知縣，其事迹見黄泳《成縣新志·官師》。

著録：葉恩沛《階州直隸州續志》。

［校記］

［一］土，《階州直隸州續志》誤作「士」。

［二］其心安，《階州直隸州續志》作「安其心」。

［三］「是予之責也夫！」句，《階州直隸州續志》無。

一二一　建明倫堂記

曹增彬

皇上御極之五十一年，歲在壬辰。予奉命來牧兹土。夏四月朔有九日，抵任。次晨，謁先師廟。舊例，宰官拜禮畢，隨詣明倫堂，聚廩、增、附、士子掣籤説書，示以首崇文教也。成邑自兵燹後，改斯堂之舊存者，移上城爲大成殿，今故缺焉。是日，于戟門中用蓆蔽而畢其事。嗚呼！斯堂也，其可缺乎哉？昔先王慮百姓不親，五品不遜，乃命司徒而敷教，使人知父子則有親，君臣則有義，夫婦則有别，長幼朋友則有序與信。誠以數者，天地之大經，古今之達道；生［二］民立身之本，人君萬化之源也。故自禹、湯、文、武以來，庠序學校之設，悉以此爲首重。漢唐而後，我朱子猶虞浸晦其旨，特表而出之，題其堂曰「明倫」，以尊其名，以著其義，俾瞻斯堂者，咸曉然于人倫之爲重，而必不可以不明也。夫天下智愚賢不肖之儔衆矣，斷無倫外之人，即無不宜明之人。使人人克明，則人心以醇、風俗以厚。此聖人之教，所由不肅而成，而斯堂之維係乎世道者，豈淺鮮耶？嗚呼！斯堂也，其可缺乎哉？予自下車初，即有創志。奈時甫至，諸凡掣肘。次年春，隨以萬壽恩科奉檄入闈，比事竣而旋，適值農忙，遂不克理。又次年，復以秋闈調省，往返遷延，亦弗暇舉。及乙未歲首，方共謀以創。于是鳩工庀材，經始于春暮，而落成于夏中。約計所費雖三十金有奇，予不過始焉捐俸以爲倡，繼焉不足以爲補，所賴邑中紳士各出己資，各董爾事，以共勷盛美。而奔馳監督，則捕官亦與有力焉。堂成，因勒石志其始末，并將所捐助者題之碑陰，以垂不朽。若夫舉所未舉，修所宜修，次第而增美焉，是所望于後之君子。

［説明］

以黄泳《成縣新志》爲底本録入。

康熙五十五年（一七一六）記。原題下有「國朝知縣曹增彬」七字。曹增彬，字鸞橋，廣西全州人，由舉人任成縣知縣，建修明倫堂，捐置義學田，培養士氣，體恤民艱，成民德之。其事迹見黄泳《成縣新志・官師》。

著録：葉恩沛《階州直隸州續志》。

［校記］

［一］生，《階州直隸州續志》作「爲生」。

一一二二 置義學田記

曹增彬

郡邑之設庠序，所以儲成材。外此，若社學、若義學，又兼以育弟子，蓋不欲成人有德而小子之無造也。縣治有義學，由來久矣，館義學者亦代揀有人，獨膏火之資缺焉無具，予甚惜之。爰捐俸柒兩，置地壹拾伍畝，爲每歲義學師取其租以少助焉。非謂遂有所裨，不過聊爲倡始云爾。其地在城東三里外，名宋家堡，入堡門内，頂上之地悉是，係中興里民宋繼周、紹周所賣者，共糧柒升，該銀玖分陸釐陸毫。即以義學田爲糧，名仍載四甲册内，今現捐完，繼諒有同志。恐歷久無徵，因勒諸石，以爲後之張本。

［説明］

據黄泳《成縣新志》録入。

據文題下有「邑令曹增彬」五字，知作者爲曹增彬。

一二二三　石盤山神廟記

汪　仍

城北三十里，有石盤山，自天嘉、上禄扶輿磅礴而來，三百里盤結于此。翠峰插天，鬱然深秀。山陰有古洞，洞有靈湫焉，其神爲三位仙真妃子。古傳，其能興雲雨，神變化，水下土，蓋成邑靈應湫神也。方俗誠信是禱，爲作廟祀之，若與神呼吸可通者，而神亦若樂與人親也。每旱澇、瘟蝗災祲之事，無不屢禱輒應，捷若影響。好事者或奇其説，謂：「斯神本邑人杜氏一門三女，生而聰慧靈異，後忽并坐寂化，上帝命爲此方之神，靈于兹山。其一家父母、兄弟、姑侄，皆没而爲神。今山麓有杜氏水溝，蓋即其故里也。」然其説荒唐，姑弗深考。猶憶余童子時，歲大旱，嘗從邑中諸父老步禱兹山，陟岡度嶺，直詣古洞。洞口濶可五六楹，上下萬仞壁立。外有修竹萬個，密覆成林。一路奇花異卉，吐秀舒藹，如行山陰道上，令人應接不暇。其洞穿崖蜿蜒而上，深邃不可紀極。禱者燃燈燭引入，見中有洞天，于石上突開三泉，泓然而清。至此，弗敢深入，然已凛乎其不可留也。蓋其地幽遐，名勝逼真，人世仙境，其爲神人所樂栖，理或然耳。夫巫山神女，朝爲行雲，暮爲行雨，率往往爲古今才人話柄，而未必有功于民生。神萃山靈秀麗正淑之氣，果能歲降時雨，以穀我士女于無窮乎？其廟食斯土也固宜。廟址舊在山麓水涯，斯土之人，慮其河水浸齧，久而將圮也，乃于廟左北上，擇其地高塏者，鳩工庀材，不數月，遂成巨觀。工竣，丐文于余以志，故爲誦説神功，而走筆書之。

［說明］

據黄泳《成縣新志》録入。

原題下有「邑人汪仍庚子舉人」八字。汪仍，成縣人，康熙庚子科舉人。

石盤山，《成縣新志·山川》載：「在縣北三十里，岩嵌壁立，雲徑險仄，環山松竹鬱葱，宛然仙境。上有龍湫，其神三女，遇旱禱雨輒應。邑舉人汪仍有記。」

著録：葉恩沛《階州直隸州續志》。

一二四　明封明威將軍始祖張公神道碑

勳　侯

大清雍正二年五月

明封明威將軍始祖張公神道碑

後裔拔貢勳侯立

［說明］

碑存紅川鄉東槐行政村。碑高一二九厘米，寬六八厘米。

雍正二年（一七二四）勳侯立。勳侯，成州人，拔貢。

著録：成縣地方志編纂委員會《成縣志》。

一一五　創修奎樓記

汪于雍

縣治東南隅，傳有聚奎閣，然無迹可考矣。自移治上城，國初，遂于上城之巽地，建奎樓焉。不數年，旋圮。後又議建于飛龍峽山之[一]左翼，不果行。迄今六十餘載，奎無正位。每歲春秋兩仲，設主于戟門，畢乃祀事。雖雲漢光芒昭回于天表者，無土不照，而香火無地，拜瞻無從，則無以栖神，斗何以量才，筆何以點金？何以抒發我性靈、啓佑我斯文乎？殊屬闕典！今錢江吴公來莅兹土，慨然以培植文運爲任[二]。相東南舊址，爲一邑風氣攸關。乃集通庠，議建奎樓，上妥神像，俾禋祀有所憑依。鳩工庀材，取資皆出諸己。樓列三級，制八卦重簷，棟柱窗櫺，無不丹彩精工。經始于雍正十二年，落成于乾隆元年。襟鳳臺而帶龍峽，深叨川岳之毓靈；馳桂籍而踏杏林，實藉斗牛之孕秀。居斯地者，當思何以奮筆花、光斗極，毋徒委諸風氣而自懈于濯磨，庶不負公培植文運之意也。告竣之秋，雍適自北雍歸里，樂其觀成。爰沐手而爲之記。

［説明］

以黄泳《成縣新志》爲底本録入。

乾隆元年（一七三六）記。原題下有「邑人汪于雍乙卯科選拔」十字。汪于雍，成縣人，雍正乙卯科選拔。

奎樓，即奎星閣。本有二，《成縣新志》載：「一在東南隅城上，雍正十三年知縣吴浩建；一在新修文昌祠儀門，上建樓閣祀奎星，乾隆五年知縣黄泳建，祭附文昌。」本碑所記爲前者。

著録：葉恩沛《階州直隷州續志》，成縣地方志編纂委員會《成縣志》。

［校記］

［一］之，《階州直隸州續志》無。

［二］任，《階州直隸州續志》作「己任」。

一二六　城隍廟重修蓮橋引

汪于雍

縣治西數十武，有城隍廟，環廟皆水，盈水皆荷。考其始，唐成州刺史裴公所鑿也。中構湖山，堂前後有橋，一曰「雲錦」，一曰「霞漪」，背接城陰，面挹山翠，鳳臺在左，鷄岫在西。飛絮滿天，皎皎橫塘堆玉屑；落英鋪地，紛紛夾岸染胭脂。荷承雨而弄珠璣，荇牽風而拖翠帶。魚梭織水，錦甲忽西忽東；蝶板翻花，香風時輕時重。菖蒲抽劍，菡萏舞筆，呈于前者，無非造物菁英；蟬琴迭奏，蛙鼓頻鳴，接于耳者，盡是乾坤律吕。玉鑑清而天光照，冰壺朗而雲影浮。清風徐來，不啻洗心三昧；紅塵消去，儼然洞府十洲。故在昔以城隍廟正建于中。夫城隍，守土尊神也，彰善癉惡，捍患禦災。官斯土者，固當敬事神明；生斯地者，疇不仰承覆載，徒知入廟而起敬，忍令神居之荒唐。雖正殿兩廊尚堪肅其香火，而蓮亭花檻幾將部諸水濱，不惟難以妥神，亦非清景（下缺）。

［説明］

據黄泳《成縣新志》録入。

汪于雍撰。因黄泳《成縣新志》印刷有遺漏，本文未録全。

一二七　修理黑峪河道路記

黄　泳

治北三十里黑峪河，上通秦隴，下達縣城，爲山水隩區。其經黄諸關一帶，層巖峭壁，聳翠臨霄，木陰翳而蔽日，石突怒而人立，狐兔萁伏，蛇龍菹藏。舊有小徑，于密林深箐嵯峩亂石中，僅堪托足。然穿幽谷，履巉巖，攀鳥道，臨深淵，豐草遮路，交枝迷途，跋涉負擔者，恒惴惴焉有顛蹶隕墜之虞。且也，路既僻，山用荒，于是虎肆其虐，往往群聚，白晝噬人，爲地方害。戊午秋，余承乏[一]兹土，即聞其地崎嶇，過雲棧，道路以塞，行人多由他途避險至縣。慨然思平治之，恐工費浩繁，獨力之難成也。適居人士某某與余同志，首爲倡助，并請余言募諸商民。遂乃鳩工集衆，燒石剪木，芟刈崇窿[二]，疏鑿險隘。殘缺者補之，斷絶者棧之；以闢以除，既廓既夷。向之暗者朗，險者平，蛇龍遁，狐兔逸，虎迹遠。其有負嵎者，則募强弓毒矢斃之。害之既去，道以大闢，由是而通車馬、便負載，熙熙攘攘，不獨往來貿遷者舍危殆而就安坦，即上下居民，亦得時以物産木植順流而通有無于縣中。夫黑峪一隩區，一旦變而爲樂壤焉[三]，不可謂非道路之修治致之也。工既竣，居人士争執羔酒，以除道驅虎獻功邑宰，余曰：「是衆庶之勤勞與樂輸者之義舉也，夫何力[四]之有！」第天下事待人以成，亦賴人以守。孟子曰：「山徑之蹊間，用之則成路，不用則茅塞。」吾慮夫[五]居人士之復茅塞之也，因爲原其巔末，并捐資者之姓名勒諸石，以勸後人之能繼云。

［**説明**］

以黄泳《成縣新志》爲底本録入。

乾隆五年（一七四〇）記。原題下有「邑令黄泳」四字。黄泳，字宏濟，四川射江舉人，乾隆三年知成縣，其事迹見葉恩沛《階州直隸州續志・名宦》。

著録：葉恩沛《階州直隸州續志》，成縣地方志編纂委員會《成縣志》，《甘肅省志・卷三八・公路交通志》。

〔校記〕

［一］承乏，《階州直隸州續志》作「莅」。

［二］窿，《階州直隸州續志》作「薩」。

［三］焉，《階州直隸州續志》無。

［四］夫何力，《階州直隸州續志》作「余何功」。

［五］夫，《階州直隸州續志》無。

一一八　重修蓮池亭記

黄　泳

成州八景，「裴公蓮湖」實勝且近云。公諱守真，稷山人，唐高宗時知成州。政通人和，乃于治西偏鑿塘引水成湖。湖心建亭，環亭植蓮[一]，夾岸樹桃柳，榜曰「湖山飛閣」。爲橋，前「雲錦」，後「霞漪」。每夏秋間，緑衣漾波，香風滿座，游魚逐萍藻下上。公時集僚屬觴咏其間，極一時勝事。自是以後，時有變遷，境無興廢。凡有事斯土者，咸加培植，藉以游目騁懷。而湖亭之勝，遂自宋、元、明以迄于今。余莅成之明年，邑尉張名光永，來告余曰：「裴公湖勝迹，近在城右。自康熙甲戌，前尹胡公承福重修，歲久就傾，建置殆不可緩。昔蘇長公通判鳳翔，鑿東湖，亭『喜雨』；及知杭州，疏西湖，通六橋，亭『湖心』，成千古韵事。公，蘇之鄉人。今亭之待成，適與公會，繼盛美而鼎新之，是在于公。」余聞其言，自愧塵俗，何敢妄擬前賢？然而殊情逸興，亦復不淺；况修廢舉墜，尤司土者事耶。乃量捐清俸以先，尉更募諸官紳商民而經紀之。于焉度地選材，諏日興工。大致仍乎其舊，而基加廓大，亭益回欄，榱桷楝柱，悉施丹堊彩飾，務使規模氣象，壯麗宏廠。亭沼之美，輝映湖山；游觀之盛，媲美古昔焉。踰年落成，而張尉適去，請記于余。余顔其額曰「肖蘇」，成張意也。至若蓮漪之燦爛，與夫風景亭臺之秀絶，則前人之題咏備矣，余何贅焉？爰即修舉之[二]始末并樂輸之姓字[三]，刊諸石，以冀佳勝之近娱耳目者，遠垂千古云。

〔**説明**〕

以黄泳《成縣新志》爲底本録入。

乾隆五年（一七四〇）記。原題下有「邑令黄泳」四字。

著録：葉恩沛《階州直隸州續志》，成縣地方志編纂委員會《成縣志》。

〔**校記**〕

〔一〕蓮，《階州直隸州續志》作「蓮花」。

〔二〕之，《階州直隸州續志》無。

〔三〕「并樂輸之姓字」，《階州直隸州續志》無。

一二九　西狹題記（十四）

黄沛

乾隆辛酉十月既望，蜀人黄沛、黄瑞鶴同邑人汪于雍、汪于岱因修縣志訪古至此。

［説明］

題記在成縣抛沙鎮豐泉行政村西狹之南壁。

乾隆六年（一七四一）記。

著録：成縣地方志編纂委員會《成縣志》。

一三〇　重修文昌祠記

黄泳

（篆額）：重修文昌祠記

成邑學署左側，傳爲府廳署址。國初，即其地建崇樓，祠文昌，每香火之隆，與弦誦之聲輝映，稱盛事焉。康熙三十年間，祠被回禄，聖像以保護之力獲存，因位置前斗室中，規模狹隘，僅蔽風雨，非所以肅祀事而妥神靈也。戊午秋，余莅成，謁像，即計新之，以諸務倥偬未遑，踰年，傾圮益甚。因念帝君生周宣王時，與吉甫燕以孝友稱，《詩》所云「張仲」是也。後傳栖神吾鄉梓潼，降筆垂訓，司桂籍而掌文衡，感應赫濯，不特廟祀遍郡國，即窮鄉僻壤，無不繪像以事。余居距神廟三百餘里，平時讀《陰騭文》并《化書》，欽靈爽者倍至，則于祠而更新之，尤修廢舉墜之不可緩者。爰乃謀于衆，斷于心，不憚勞費，以義學舊址低窪，乃增高且加廓，移建文昌祠于上，殿以三楹，像加彩飾，并置儀門，爲懸樓，其上奉奎神焉。其義學則改置祠右，仍一十三間，資多士絃誦其間。庀材鳩工之下，期年落成，弘廠壯麗，視昔蓋彬彬乎其加盛已。從兹而地靈人傑，俾都人士家益絃誦，人煥文思，科第嗣禄，蟬聯接武，不可謂非兹祠之修建爲之倡也。顧是役也，協其謀者，學博郭芑；董其事者，縣尉張光永；分其勞者，邑紳士耆民，而余則總其成焉。因勒諸石，以垂永久云。

大清乾隆七年孟夏月望日穀旦

文林郎、知甘肅直隸階州成縣、古益州射洪黄泳撰并書

［説明］

碑存成縣文化館。碑高一四二厘米，寬六二厘米。

乾隆七年（一七四二）黄泳撰并書。舊文昌宫，謝鏞《成縣新志》載：「在儒學大門内東，迤西社學一所，其餘社學散置四鄉。經寇蹂躪，房屋傾圮，有故址存。」

著録：黄泳《成縣新志》，葉恩沛《階州直隸州續志》，成縣地方志編纂委員會《成縣志》。

一三一　邑侯黄公德政去思碑記

楊聖敬

從來上之治民者，政也；而所以治之者，德也。政不本之于德，則政非其政也。民之思上者，思其政也。

而所以思之者，思其政之本于德也。政不本之于德，則思之無可思也。夫誰是政必本之于德，而德常繫人之思者？則我黄公其人乎？侯諱泳，字弘濟，四川射洪人。以康熙辛卯登賢書，乾隆戊午來莅兹上，壬戌歲以計誤候補。前後五年，善政多端，筆難殫述，試即其梗概言之。即如借糴倉儲政也，我侯借領則計口分給，平糴則先時核減，使窮簷得沾實惠。徵收錢糧政也，我侯徵銀則惟正是供，收糧則戒勿取，盈而吏胥不得中飽。勸課士農政也，我侯課士則采芹泮水，勸農則税駕桑田，而秀樸皆承雨露。煮粥救荒政也，我侯粥則旨否親嘗，食則調劑有方，而凶年不遭痢疫。至于驅虎狼而北去渡河，靖萑苻而鼠竊斂迹，種稻田而地興水利，斬荆棘而路闢周行，則又皆以好惡同民之心，而爲興除利弊之舉。他如施藥而歲以百餘金活人，疲癃得復遂其生；讀法而兼以六字歌勸民，漁樵皆樂聞其説。又其大者，梓潼宫舊病湫隘，侯莅任之初，即爲捐俸修理，斯文爲之生色。《同谷志》久無成書，侯卸任之後，猶爲付梓成集，與史并垂不朽。凡此，皆人所當爲而不欲爲、欲爲而不能爲、能爲而不肯爲者也，而侯一一爲之。侯之政何一非侯之德所流露而出者乎？侯之德何一非民之心所維繫而思慕不置者乎？侯于壬戌夏六月十六日解任，旅寓館舍，其于民可以已矣；而民間疾苦時勞顧問，問則極其詳，民于侯亦可以已矣。而鷄酒微物，時來饋獻，見者無不流涕。是則侯之于民也，已别石樓，猶縈召父之夢；既歸東里，還勞衆母之心。民之于侯也，未過峴山，已墮羊公之泪；尚留南國，早護召伯之棠。而在任可知矣，而去後更可知矣。繼自今，侯之政本于德者，即不能枚舉縷陳，亦安可無一言以述其梗概也哉？是爲記。

乾隆八年季春

［說明］

據黄泳《成縣新志》録入。

乾隆八年（一七四三）記。原題下有「邑訓楊聖敬」五字。

一一三二　西狹題記（十五）

宋光明

成邑原任黄公諱泳，字弘濟，偕男備極等，同武都山人生員雷贊化，隴西昌谷墨刻山人傅良玉訪古到此。命即墨張傳至遠播。

乾隆八年六月十六日書，邑人宋光明

［說明］

題記在成縣抛沙鎮豐泉行政村西狹之南壁。題記高四三厘米，寬二〇厘米

乾隆八年（一七四三）宋光明題。

一一三三　西狹題記（十六）

鍾運興

乾隆癸亥夏月，邑學生訪古。鍾運興、喬人龍。

［說明］

題記在成縣抛沙鎮豐泉行政村西狹之南壁。

乾隆八年（一七四三）記。

一三四　西狹題記（十七）

雷贊化

乾隆十九年夏月，打墨刊。武都雷贊化，同谷張弋中，公送人趙居貴。

［說明］

題記在成縣抛沙鎮豐泉行政村西狹之南壁。題記高二二厘米，寬一六厘米

乾隆十九年（一七五四）題。

一三五　皇恩浩蕩碑記

陶萬達

（篆額）：皇恩浩蕩

甘肅直隸階州成縣爲遵旨議奏事。

奉本州信牌，奉洮岷道憲牌，准布政按察司公移，蒙巡撫甘肅部院吴案驗，乾隆二十一年六月二十五日，准户部咨陝西司案呈，户科抄出甘肅巡撫吴□題前事等因，乾隆二十一年二月十三日題。三月二十三日□旨：「該部議奏。欽此。」欽遵于本日抄出到部，該臣等查得甘肅巡撫吴□疏稱：「成縣歸并階、西二所額徵屯糧，因山路崎曲，輸納不便。更兼府徵無支，陳陳相因，窮門堪虞。」經布政司明具奏：□照甘省秦安、徽縣二

邑屯糧，每石折銀六錢五分之例，暫行改徵折色等情。准部議復，行令確查□□如果所貯過多，應行□通，可否撥運鄰邑，并行何改徵折色，妥議。具題到日再議等因，當即轉敕司道會同詳報。去後，兹據布政司明□會同按察司□□洮岷道□□詳據階州直隸州知州勒福呈：「據署成縣知縣陶萬達申稱，伏查成縣地處萬山之中，人烟稀少□□動用糧無錢，現在常社屯糧已積有陸萬二千餘石。每□□舊出易，爲數過多，亦難辦理。如再徵收屯糧，過年加□□□日□。該邑地近川蜀，陰雨潮濕，霉爛之虞，勢不能免。此願變通辦理，如果道路平坦，原可協濟鄰州。唯□成□重山峻嶺四圍環繞，車運不通。距鄰近之階州、西固以及西和、徽、禮等縣，皆相去三四百里之遥□□□徑平通，所費脚力，已過于糧價，而况鳥道羊腸，懸崖峻嶺，□□維艱，是該縣倉糧實難于鄰州撥運。兼查鄰邑倉貯均屬有備，亦無籍成邑之糧，以改徵折色方爲妥便。□□成縣接徵屯糧二千七百六十九石零，應請仰聖恩一視同仁，俯照秦、徽二邑之例，每石折銀陸錢五分，自乾隆二十一年爲始，一律折銀徵收，起解司庫撥□。如此則事例既歸畫一，倉貯無虞霉變，錢糧亦得無虧，官民均有裨益。」余詳請題□□伏□查無異相□以□會同大學士、管陝甘總督□黄合詞具題：等同前來，應如所請，將各該屯應輸額糧二千七百餘石，應其照秦、徽二縣之例，每糧一石折銀錢陸五分，自乾隆二十一年爲始，照數折徵完報；仍將改折銀兩造入地丁奏銷册内，具題查核可也。等因。于乾隆二十一年□月十九日題，本月二十五日奉旨：「依議欽此。」咨院飭司移道行州，轉飭到縣。□此勒石曉喻，以垂永遠。此記。

時乾隆二十一年十月□日

知成縣事陶萬達謹立

典史魯士□

〔説明〕

碑原在南大街食品廠綜合商店院内，後因舊城區拆遷改造而不知去向。碑高一七四厘米，寬一二〇厘米。

乾隆二十一年（一七五六）陶萬達撰。陶萬達，江西人，乾隆二十一年至二十九年任成縣知縣，親民善政，深爲老百姓愛戴，被呼爲「陶青天」。工詩文，精書法。

著録：成縣地方志編纂委員會《成縣志》。

一三六　甸山題詩

陶萬達

橫川有靈山，古石點苔斑。五載僅一訪，留句播人間。

乾隆己卯冬月。邑令陶萬達題

〔説明〕

題詩在紅川東南之甸山，爲行書凡四行，刻一巨石上。此處所刻爲陶萬達《甸山八景》之第七首，原題《石碣凌空》。另七題依次爲《蒼龍疊翠》《天池映月》《天賜神印》《錦屏對峙》《萬松濤聲》《松舞干霄》《古老仙洞》。見黃泳《成縣新志》。

乾隆二十四年（一七五九）陶萬達記。

著録：成縣地方志編纂委員會《成縣志》。

一三七　奎閣講堂公捐地畝記

汪于雍

奎宿有閣，所以培補文運風氣也。奎閣之左，并建三楹，顔曰「秀峰先生講堂」，所以明文運風氣之有賴以培補也。二者固并建以垂久遠。我邑之紳士等共念有創之者、無祀之者，數十年後，終同荒宇丘墟而已。查兹閣落成之日，蒙秀峰陶父母即爲久遠計，出俸金置地四畝有奇，其詳已列記中。是堂也，乃我紳士等建立以報陶父母者，可無地畝與奎閣相始終乎？爰議公請將衙北官街一十二丈，令居民起蓋厘舍，每歲共納税錢二千四百文；又議捐廪庠學田一十五埫，遞年收租糧四石五斗，合與奎閣祭祀、演戲、慶賀外，朔望伏臘燈火之費、奠獻之品，皆出乎此。更儲其餘，以防風雨侵蝕之患，庶幾窗樓焕影，燈燭摇輝，金碧之象常新，文明之光永耀。將見雲漢昭回，天章散爲文彩；斗極高朗，人傑願于地靈。風氣文運于此興，而培補文運風氣者，亦于此并垂以不朽。是爲記。

乙卯選拔汪于雍撰文

丙子舉人袁繼宗書丹

乾隆二十五年歲次庚辰春月

［**説明**］

碑存上城東南隅之奎星樓下。碑高四二厘米，寬九六厘米。

乾隆二十五年（一七六〇）汪于雍撰。

著録：成縣地方志編纂委員會《成縣志》。

一三八　大雅今何在詩并跋

劉塒

大雅今何在？青山舊草堂。數椽間架小，三徑薜蘿荒。夾岸千尋逼，奔流一水狂。仙人開曉洞，鳴鳳翥高岡。潭静鼂魚現，巖深虎豹藏。卜鄰如夙約，結伴近禪房。萍梗依關塞，葵心向廟廊。才名憐太白，開濟憶南陽。豈獨文章焰，還推忠愛長。當時歌橡栗，此日薦羔羊。板屋經風雨，茅檐壓雪霜。年年勤補葺，來往奠椒漿。

工部草堂，在成邑東南飛龍峽口，鳳凰臺西。堂開東向，夾岸石壁千尋。對面有醉仙形懸壁間，衣冠鬚眉略可指似。二水合流出峡，水行石間，岌嶪動盪，勢若飛龍。下爲深潭無底，可釣長魚。昔公由秦入蜀，愛其地，結茅以居，與贊公往來。後人因以祀公，春秋例用特羊云。

東武劉塒識，劉墫書

〔**説明**〕

碑存成縣子美草堂（嵌入牆内）。碑高一四〇厘米，寬八八厘米。

本無題目，取首句爲題。

無刻碑年月，僅署名「東武劉塒識，劉墫書」。時賢多以爲明碑。據清劉光斗《諸城縣續志》載：劉塒，字敬庵，爲劉墉堂兄，雍正十三年舉人，曾知成縣事；劉墫（一七〇七—一七九一），字象山，號松庵，劉墉從兄，乾隆二十五年進士，曾于乾隆三十三年出任陝甘學政。《詩碑》鐫刻年代當是此時。

著録：成縣地方志編纂委員會《成縣志》。

一三九　重修橋梁并菩薩宮記

張秉禮

重修橋梁并菩薩宮記

歷古名區勝境，宏天造設，實因人馨。横川古鎮，東連陜省，西接階岷，北通甘肅，南襟巴蜀，成邑一□□地也。［舊］有橋梁通衢，屢經天水，殘缺不固，行久維艱。菩薩廟□風雨剥削，墻垣毁敗，殊非舊日遺址。本鎮客商以及横地紳衿衆會人等，步武先民，踵事增華，同心許愿，積銖纍錙，竪造橋梁，改修宫殿，鳩工庀材，功程告竣。行見神居赫赫，王道平平，豈惟横邑之幸，亦一合縣之光也。第恐世遠年湮，義舉或遺，爰用勒碑。刻碑以銘不朽。是爲志。

會首：登仕郎張渾，農官張潼，生員張廷璉，監生楊文德。

客會首：王爾泰，張繼堯，雷煜，藺文瑄，盛世强。

貢生張秉禮撰書。生員王世基、張廷玖刻。

乾隆四十一年三月二十日刊

［**説明**］

碑存成縣横川。碑高一七三厘米，寬七三厘米。武都陸開華提供拓片。

乾隆四十一年（一七七六）張秉禮撰。

一四〇　關帝廟香火碑

汪　鳴

存目

〔説明〕

成縣地方志編纂委員會《成縣志》載：「原在東街之關帝廟，今存東大街汽車站院内。長方形，高一．〇五米，寬〇．六二米。題額『香火碑』，字徑七厘米。無題，記關帝廟廟産，凡八行，行書，字徑五厘米，末署『乾隆五十六年歲次辛亥小陽月邑令汪鳴記』，今泐損者十之一。」此碑今不知去向。

一四一　重修飛龍峽棧道碑記

吕　濟

（碑額）：日月

重修飛龍峽棧道碑記

同谷飛龍峽，爲由縣以達略陽、漢、沔要衢。雲棧掛壁，危徑如綫，方之蚕叢魚鳧，何多讓焉。嗣後，掛壁者漸落，如綫者漸隱，即僅求雲棧危徑，亦漸不可得。未嘗不歎開創之難，而繼事之尤非易也。乾隆壬子，邑侯汪公于峽口棧道捐俸，爲諸紳士率，葺而新之，迄今刻石頌德弗衰。而由二棧以至三棧，猶未之及也。嘉慶丙寅，首事諸同人毅然舉事，合邑諸士民亦慨然樂輸，乃鳩工庀材，鑿巉巗，斬荊棘，凡十閱月始告成。計程考工，則起至長峰河，迤邐而上至峽口，而厥功竣焉。計形勢，捨三棧弗修者，材木難也。易其道于衛人山與山人灣者，徑雖迂而固且久也。于二棧則闢而廣之，因舊迹也。于一棧則補之，有所藉而成功甚易，且使汪公手澤庶歷遠常新也。昔險阻今康莊，誠樂事哉！夫以必由道之人而修所必由之道，豈足言功？然往往嗟行路之艱，卒掉臂不顧者，幾若人不必爲由道之人，而道爲不必由之道也，可不謂過乎！弗修者過，則修者功矣。且非獨于此而已，彼掛壁雲棧，如綫危徑，非必天造地設者也，必有人以開之；有人開之，乃無人繼之，是終必天造地設而後可也。夫天造地設之幸既不可邀，而繼事之人又不多見。今幸而舉事有人，人有成功而又弗志之以垂久遠，是上既無以昭古人開創之難，而自以往，後之人雖有同志如今日者，亦無由觀感興起，則不惟無功而反有過。夫居功不可也，居過可乎哉？然則斯舉也，何可以弗志也，于是取而勒諸石。

前任知縣方聯聚。成縣正堂周鼎新。儒學正堂石步瀛。成守司廳楊茂。典史丁學輅。恩貢汪錚。副榜姚嗣雲。

副榜吕濟撰文，施錢五百。武舉賈萬貴施錢三百，主薄張秉義施錢九百，武舉姚萬清施錢三百，廩生吕澄施錢三百，廩生汪鏦施錢一百，武舉汪映星施錢三百，恩貢李逢泰施錢一百。

監生張秉桂施錢一千，廩生□祚昌施錢三百，增生汪取源施錢三百，廩生姚舉施錢三百，增生喬金臺施錢五百，增生張偉業施錢一百，生員秦眷佑施錢五百，生員石應世施錢二千，生員秦應甲施錢二百，生員武鍾靈施錢三百，生員姚懷珍施錢二百，生員汪興隆施錢二百。

生員喬衡錢二百，生員汪澤錢二百，生員李應昌錢二百，鄉總黄密錢一百，生員李泮芹錢一百，生員李廷春錢一百，生員李時炳錢一百，鄉總郭維垣錢二百，鄉總姚德輝錢一百，陰陽學段宏猷錢二伯[一]。

募化督工：汪懷導錢壹千，姚再環錢壹千，黄萬金錢三千，楊福施錢三千，喬泰錢五百文，姚天叙錢一千二百，趙鳳施錢拾千文。

生員喬澍書丹，施錢二千文。趙文明石工，段呈祥鐫。

大清嘉慶十二年歲次丁卯三月上浣吉旦立

【説明】

碑存成縣城東南之飛龍峽峽口南壁之石龕中。碑高一三六厘米，寬六四厘米。

嘉慶十二年（一八〇七）立。吕濟撰。

著録：成縣地方志編纂委員會《成縣志》，《甘肅省志·卷三八·公路交通志》，吴景山《絲綢之路交通碑銘》。

【校記】

［一］伯，當爲「百」。

一四二　重修飛龍峽棧道募化布施人等并布施人等姓名碑

佚名

重修飛龍峽棧道募化布施人等并布施人等姓名碑

客約：潘永固施錢五千，陳有學、和盛魁施錢十千，全成德施錢五千，恒泰生施錢三千。

募化：李芳施錢二千，李芳春施錢二千，和興西施錢二千，李成芳施錢三千，趙掄元施錢二千。

生員李純修施錢一千、施麥一斗，集義當施錢二千，崇盛協施錢二千，協豐合施錢二千，和興□施錢二千，興□恒施錢一千八百，恒盛店施錢一千五百，春和恒施錢一千五百，楊汝錦施錢一千，公盛合施錢一千，永豐德施錢一千，增盛福施錢一千，泰和堂施錢一千，□泰玉施錢一千，義順豐施錢一千，日興隆施錢一千，通盛魁施錢一千，重升德施錢一千，正興玉施錢一千，復興源施錢一千。

客頭：周佑山施錢一千，顏其義施錢一千五百，謝維安施錢一千五百，唐朝榮施錢一千五百，新興合施錢一千，義和合施錢一千，元豐魁施錢一千，義興合施錢一千，兩合店施錢一千，義興亨施錢一千，鄉約李順唐施錢一千，李桐施錢一千。

鄉約高明施錢一千，高德施錢一千。

鄉約趙稠施錢八百，趙懷玉施錢一千，趙琇施錢一千，趙文章施錢一千，趙李氏施錢一千，趙思才施錢一千，周才施錢一千，周全才施錢一千，吕穩國施錢一千，趙遇隆施錢一千，陳大綱施錢一千，潭柏高施錢一千，喬花施錢一千，李自公施錢一千，馬永成施錢一千，楊升施錢一千。

鐸約喬士彩施錢二百。

民快二班：唐超施錢五百，楊文、武興施錢二百，吕義倉施錢二百，楊汝華錢二百，喬福施錢一千，喬貴施錢一千，黄大順施錢一千，淡文生施錢一千。

監生侯際明施錢一千，興盛合施錢一千，房韜施錢一千，房淮施錢一千，淡文魁施錢一千，王喜施錢一千，王安施錢一千，楊安施錢一千，喬德施錢一千，喬清施錢一千，李興珍施錢一千，趙得仁施錢一千，泰生亨施錢九百，和盛堂施錢九百。

呈差杜學庸施銀□兩，衆斗行施錢七百，喬知安施錢八百，趙萬清施錢八百，趙萬國施錢八百。

鄉約陳格儒施錢五百，李自忠施錢六百，劉進福施錢五百，李占斗施錢五百、麥五升，吕義臣施錢六百，李高升施錢六百，喬付施錢六百，舒占明施錢六百，李興隆施錢五百，淡耳珍施錢五百，李得功施錢五百，劉定國施錢五百，趙積善施錢五百，萬鎰璣施錢五百，永成豐施錢五百，鶴算堂施錢五百，復盛合施錢五百，大豐亨施錢五百，和生泰施錢五百，元興合施錢五百，萬鎰珽施錢五百，晉陽永施錢五百，朱廷名施錢五百，趙文正施錢五百，馮守清施錢五百，吕忠國施錢五百，吕定國施錢五百，侯登禄施錢五百，杜有禮施錢五百。陳世英施錢五百，□□懷施錢五百，李孟施錢五百，恒興升施錢五百，徐名如錢四百，陳世隆錢五百，趙時恭錢五百，王懷壐錢五百，淡文舉錢五百，李興愛錢五百，張遇泰錢五百，淡永泰錢五百，趙文明、劉智、柴可興三人共錢五百，趙宗仁錢四百，趙維禮錢四百，周世强錢四百。王好增錢四百，楊名興錢四百，裴天當錢四百，袁章科錢四百，杜賢臣錢四百，雷思壽錢四百，俞國榜錢四百，趙時通錢四百，范金魁錢四百，協成玉錢三百，三成合錢三百，三成玉錢三百，王天祥錢三百，喬乃節錢三百，喬時春錢三百，雙和合錢三百，重升裕錢三百，蔚豐峰錢三百。

嘉慶十二年歲次丁卯季春之日上浣吉日立

〔説明〕

碑存成縣城東南之飛龍峽峽口南壁。碑高一〇〇厘米，寬七〇厘米。

嘉慶十二年（一八〇七）立。

著録：《甘肅省志·卷三八·公路交通志》，吴景山《絲綢之路交通碑銘》。

一四三　飛龍峽摩崖

逍遥子

峽道甚崎哉，□平便結來。我今聊補葺，留與後人培。

丁卯逍遥子題

［**説明**］

題記在成縣城東南之飛龍峽峽口南壁，高三六厘米，寬三〇厘米，右鄰「重修飛龍峽棧道碑記」。

嘉慶十二年（一八〇七）刻。

著録：《甘肅省志・卷三八・公路交通志》。

一四四　張旗存碑

張　恕

文昌（下缺）。

孽海［失］範，首惡無非色欲；□□擾［世］，易犯惟有邪淫。［拔］山蓋世之［才，難免］亡身［破家］；［繡］口錦心之士，因玆［失］節隳名。始于一念之差，遂致百行莫□。何乃淫風日熾，天聖淪亡，以當悲當□之行，久爲得□；而衆恕衆□之事，□不知□。□□□□□左□□□中□□。或貞節，或澍德，可敬可□，乃許誘而使無□行；若□□，若□□，宜□宜□，竟□□而致玷終身。既令妻女含羞，又使子孫蒙垢。嗟！嗟！總因心□氣濁，賢遠佞親；豈□天地難容，神人震怒？或妻女酬償，或子孫受報。絶嗣之墳，無非好色。狂徒妓女之□，盡是貪花浪子。當富則玉樓削籍，當貴則金榜涂名。笞杖徒流大辟，生遭五等之誅；地獄餓鬼畜生，没受三途之苦。從前恩愛，至此成空；昔日風情，而今安在？與其後悔以無□，何若早思而勿犯。謹勸青年烈士、黄卷名流，發覺悟之心，破色□之□。英容□□，不過□□□□□□□，乃□□人縱□如玉如花之貌，當存□□□□之心。未行者宜防失足，既行者急早回頭。更望輾轉流通，□相化

□□使人人共出迷津，齊歸覺路。百惡既除，□□自消；靈臺□□，世榮垂遠矣。

嘉慶十七年歲次壬申孟夏之望

倉泉弟子張恕敬書

（上缺）余姑丈也（中缺）不怠（中缺）請予書石刊印，廣布（中缺）予更嘉其存紀述之志，遂不辭（中缺）之□次日，恕以藏于水雲深處。

山右楊（中缺）俗亭藏板。

〔説明〕

碑存成縣張旗村。碑高三〇厘米，寬七三厘米。武都陸開華提供拓片。

嘉慶十七年（一八一二）張恕書。題目爲編者所加。

一四五　創修祖師廟宇記

郭呈祥

存目

〔説明〕

成縣地方志編纂委員會《成縣志》載：「創修祖師廟宇記，在今紅川鄉甸山達摩洞右壁，摩壁刻石高一·四米，寬一·四〇米。題『創修祖師廟宇記』，正文凡三〇二字，正書，字徑四·五厘米，末署『嘉慶壬申夏五月吉日弟子郭呈祥敬志』。今字迹如初。」

一四六　杜甫草堂後山腰摩崖

佚　名

潭雲厓石

道光四年

［説明］

摩崖在子美草堂後山腰。

道光四年（一八二四）之摩崖。

據成縣地方志編纂委員會《成縣志》録入。

成縣地方志編纂委員會《成縣志》載：「祠堂後有山，飛泉漱石，樹木葱蘢。山腰有清宣宗道光四年（一八二四）之摩崖。」

一四七　三春花柳亂啼鶯

黄文炳

道光五年乙酉春

三春花柳亂啼鶯，古木叢祠傍曲城。一代風騷歸大雅，千秋臣節仰名卿。苔碑蘚磧寒烟護，遠浦遥岑暮靄横。唐室祗今無寸土，草堂終古屬先生。

直隸階州事嘯邨黃文炳敬題

［説明］

殘碑存成縣子美草堂（嵌入牆内）。碑高五〇厘米，寬六七厘米。

道光五年（一八二五）黃文炳題。黃文炳，字嘯邨，江南桐城人，道光四年知階州，其事迹見葉恩沛《階州直隸州續志·名宦》。

著録：成縣地方志編纂委員會《成縣志》。

一四八　重修金蓮洞碑記

趙步衢

（額）：皇清

重修金蓮洞碑記

且修廢者，宜迪前光；重新者，勿忘舊制。宜陽之正南一嶺外，有金蓮洞，誠徽、成之勝景也。石室層層，雜以丹楹而刻桷；竹林娟娟，美于翠柏與蒼松。山水昭環抱之形，堪入圖畫；神靈著森羅之象，足重品題。古致已極清雅矣，而具赫濯之聲靈者，惟靈官惟最焉！有感即通，捷于影響；賞善罰惡，昭若日星。夫以如是之神，而令水浸塵封、減厥英武哉？但歷年久，水淋漉，因之神像消磨，牆屋摧頹，匪特無由壯厥觀，實難以爲福田所也。爰集衆人思重修。輕財樂輸，無需募化之遠；鳩工它[一]材，不憚蹀躞之勞。故自大殿、玉皇樓及諸神室，悉經修理，不二載，而功即告竣。藉非協力同心，能若是之易易與？第見藻彩紛披，光華絢爛。彰五采于金身，星壇玉座，明神賴以憑依；染四入于洞府，金闕瓊樓，士女藉之作福。本自静穆清虚，克垂三丰之妙手；亦具威嚴壯麗，聿徵四民之善心。真所謂地靈者人自傑，必人傑而地倍靈也。嗚呼！後之經營或勝前人，其即此也。廟宇輝煌，威靈顯應，其至理也。若夫代遠年湮，有缺必補，有廢必修，更有望于後之能事者。

成邑儒學廩膳生員趙步衢題并書

總領募化督工儒學武生劉殿章

咸陽畫匠董學詩

重慶石匠劉在順

道光十二年歲次壬辰二月癸卯穀旦。住持李福高

［説明］

碑存店村鄉新村行政村之金蓮洞中。碑高一三四厘米，寬六二厘米。

道光十二年（一八三二）趙步衢題并書。

［校記］

［一］它，當爲「庀」，碑誤。

一四九　重修關帝廟碑記

邑庠生李繩武撰

蓋聞人傑者地亦靈，美前者猶美後，自古然也。同谷之西距縣四十里有保人岩，而其中有關帝廟焉。是廟

也，不知創自何代，始于何人。今觀其地，崇山峻嶺，若龍之蜿蜒而來，而且五仙山以峙其上，黃龍潭以流其下，斯誠天造地設。與天井山、絳帳臺爲成邑之佳景，而神聖之勝境也。然而風雨飄零，廟宇傾頽矣！無以葺之，不幾湮没而不彰乎？故後世不忍古刹湮没，廟宇蕩然無存。于今歲三月間募[二]化布施，興工庀材，未幾而廟宇巍峨、神像改觀，而功告成焉。雖雕梁繪像不敢比美于前代，而補缺塞漏未始無功于勝地也。但歷年久遠，不無零落之患，千百後世奚以常傳而不泯？爰命匠石勒諸瑱珉，庶保人岩之芳名與帝君之廟宇并傳不朽云。

外立捨地執據于左。因爲岩上耕地石打廟宇，衆人于心不安。合張待玉、張待銀弟兄商議，二人情肯意願，對衆捨明：岩上齊梁，岩下齊河，東至黃龍潭梁端上爲界，西至滴水岩爲界，作爲避兵爺廟官所，永不開挖。如若開挖，會首罰羊一隻于關帝廟下。恐後無憑，立此爲據。

木匠：南興寬

畫工：孫正魁

石工：任發旺，陳先貴

施碑人：李發榮

會首：南文玉，陳好賢，張待運，陳好元，單克正，張待玉，南從龍，劉興朋，陳雲，米富，韓振，孫世榮，韓滿

大清道光貳拾壹年歲次辛丑六月穀旦衆姓立

［説明］

據隴南師範高等專科學校中文系張世民所提供照片及抄件對校録入。李繩武撰。清道光二十一年（一八四一）立。現存成縣西狹保人寺（又名關帝庿）。

［校記］

［一］「募」，原作「幕」，以意改。

一五〇　温凉寺殘碑

佚　名

存目

［説明］

成縣地方志編纂委員會《成縣志》載：「温凉寺殘碑，在今大坪鄉長河行政村温凉寺中。有二，一無首尾，有『創自明初于萬曆』等字；一無首，尾之後半塊僅存，署『道光二十四年歲次甲』等字。皆正書，字徑一．五至二厘米。」

一五一　皇清待贈故恩深慈母□妣劉老孺人墓志

佚　名

（碑額）：書孝永賜佳城

（碑正中）：肇清得贈故恩深慈母□妣劉老孺人墓志

蓋聞歲序流暢，日月存焉。佳城永吉，人子常思根本之難；窕[一]穸風寒，兒孫當孝追永之考。因大人生辰蜀地，德孝兼全，□至西泰洲。母素行齋，兼座壽，登仙于先皇。丁亥歲立春下浣瘞玉，卜築佳城。今子孫孤[二]瓞綿綿，意念先母，孫劉[三]之墓志，以垂萬古不朽、永源百代流芳云耳。

孝男：劉富貴。

孝孫：劉萬福。曾孫：劉興禮，劉興仁，劉興智，劉興文。玄孫：顯慶，顯文，顯孝，顯爵。

龍飛咸豐元年仲春嘉平谷旦

挽孫朝品叩

［說明］

據隴南師範高等專科學校蔡副全所提供抄件録入。

咸豐元年（一八五一）立。

［校記］

［一］窕，當作「窀」。

［二］孤，似當爲「瓜」。

［三］劉，似當爲「刻」。

一五二　石泉寺古柏碑記

陳觀清

石泉寺古柏碑記

寺樂樓東北坡下，臨峪河，上有古柏一株，其莖高有一丈六尺，周圍一丈三四尺許，亭亭孤立，冬夏常青，誠此地之一風景也。自咸豐初年，因峪河大水，坡陷而爲埈，樹亦汲汲乎懸于埈邊，朝不保夕。乃延至七年春，里人以寺院傾壞，欲補無資，遂公議出賣于木商，取去價值錢壹佰零八千文，即卜日興工，補修内外。及夏，大水，埈陷二丈餘。鄉老有念千百年樹不忍□但泯滅者，囑余爲記。余曰：「自古惟忠孝節烈及功德勝事，有頌、有傳、有序、有記，兹樹雖千百年，然一草木耳，何以記爲？」鄉老曰：「是也，是誠草木也。然生助風景，没成勝事，即子所云，當亦無愧爲記也。况樹存埈存，樹没埈陷，之□有異乎？」余恍然曰：「嗟！嗟！是誠，是誠矣。是樹雖没，猶有存焉！可矣。」余是以不辭余之陋而爲之記云。

邑廩膳生員陳觀清謹撰

邑後學童生陳書範謹書

總理會首：（人名略）

公議此碑囑住持經守，如有人損壞一字者，罰住持錢二千文，决不寬恕减少。

咸豐七年歲次丁巳十月十七日，會内衆姓公立

［**説明**］

碑存成縣文化館。碑高一五八厘米，寬六〇厘米。

咸豐七年（一八五七）陳觀清撰。陳觀清，成縣人，邑廩膳生。

一五三　重修泥功山雲梯岩全寺全觀略序

趙增寅

存目

［説明］

成縣地方志編纂委員會《成縣志》載：「重修泥功山雲梯岩全寺全觀略序。在今二郎鄉牛心山雲梯崖道觀院中，高一六三厘米，寬八五厘米。碑額有雲龍紋飾，碑文凡一五行，正書，字徑一至一·五厘米。末署『大清光緒八年歲次壬午仲夏之月上浣吉日恩賜明經進士例授修職郎趙增寅謹撰』，左側刻功德主姓名。今無泐損。」

一五四　草堂七言詩四首并跋

李炳麟

家君治成邑三年矣，麟亦需次西安，久疏定省。光緒乙酉冬，奉差赴漢中，繞道省親。適葉公補修同谷草堂徵詩。落成，麟依韵和酬，囑同補壁，聊成一時鴻印云耳。

結屋縣[一]崖深復深，騷壇嵂崒此登臨。芳尊載酒獨懷古，老樹拏雲直到今。大雅迴瀾詩萬卷，飛泉掛壁峽千尋。追思天寶流離日，遥望家書抵萬金。

許身稷契本無妨，地老天荒賸草堂。兵燹飄零懷弟妹，鬼神歌泣有文章。眼中寒畯萬間庇，石上因緣一瓣香。俯仰同時誰伯仲，謫仙旂鼓尚相當。

千秋詩史總無慙，未飲廉泉早勵貪。風雨亂崖自悲壯，乾坤萬象盡包涵。居憐同谷歌傳七，律冠唐人味得三。馮[二]弔黄蒿古城外，衹餘明月映寒潭。

荒祠雲樹自縱横，谷暗風號虎豹驚。入廟馨香千古祀，思君史奏一心誠。東柯流寓天涯感，南國親多舊雨情。何日得瞻嚴僕射，不教知己負平生。

藍翎五品銜陝西候補知縣楚南李炳麟題并書

［説明］

碑存成縣子美草堂（嵌入牆内）。碑高五五厘米，寬九四厘米。

光緒十一年（一八八五）李炳麟題并書。李炳麟，楚南人，藍翎五品銜陝西候補知縣。碑本無題，題目爲編者所加。

著録：成縣地方志編纂委員會《成縣志》。

［校記］

［一］縣，即「懸」也。

［二］馮，即「淜」也。

一五五　重修倉泉書院并考棚序

李　焌

州縣之有書院，所以教育英才也。成邑文風素稱盛，獨書院日就傾頽，師生幾無講習地；又向無考棚，官紳均引以爲咎。光緒癸未夏，余奉簡命來尹是邑，甫下車，即詣書院觀風，生童文藝，多炳蔚可觀，急擬修復書院，并建考棚，苦無資。陳子聰山長與衆紳士曰：「此舉非勸捐不可！現存吴茂亭明府捐銀二百兩，再諭各富户輸助，衆擎猶易舉也。」余曰：「唯！唯！振興文教，實予責也！」即與衆紳士各捐資倡之，請陳山長總其事，并擇材能者任其勞，均敬事。又自備薪水，不動公款分文。未兩年而蕆事。余何幸而獲諸賢之相助成功也！詎非人文蔚起之大機會耶？旋蒙陸漁笙星使暨姚馨圃、葉幼芝兩觀察各書贈匾聯以爲光寵，于此益足千古矣。計成屋四進，曰文昌宫。西面附左文襄公祠，曰至公堂，曰龍門，曰頭門。兩旁爲住房、齋房，東西兩厦爲考棚。其他門壁牆垣，俱修整完密，較前則焕然一新。共捐入錢若干緡，共用去錢若干緡。數月，瞭如指掌，另碑載明。祇惜經費無多，須計久遠，竊有志而未逮焉！謹以俟後之君子。是爲序。

［説明］

據葉恩沛《階州直隸州續志》録入。

光緒十一年（一八八五）立。原題下有「邑令李焌」四字。

一五六　重修石骨寺碑序

佚名

存目

［説明］

成縣地方志編纂委員會《成縣志》載：「重修石骨寺碑序。在今拋沙鎮豐泉行政村石骨合作社。上圓下方，高一·四二米，寬七二厘米，篆額『皇清碑』三字，雲龍紋飾。題爲『重修石骨寺碑序』，文凡十七行，正書，字徑二厘米；末署『光緒十六年歲次庚寅小陽月中旬穀旦立』。原在石骨寺中，今爲村中井臺之石，無甚泐損。」

一五七　西狹題記（十八）

劉世安

光緒丙申三月廿有六日，訪碑至此，廣州劉世安記。福山鹿葆熙、大興馬宏、普寧方景周同觀。時中江李鶱知成縣事，後至者則寶應錢振榮也。刻字人夏松。

［**説明**］

題記在成縣抛沙鎮豐泉行政村西狹之南壁。題記高六〇厘米，寬三八厘米。

光緒二十二年（一八九六）記。

著録：成縣地方志編纂委員會《成縣志》。

一五八　西狹題記（十九）

李鶱

光緒丙申

黄龍見處

李鶱題

［**説明**］

題記在成縣抛沙鎮豐泉行政村西狹之南壁。

光緒二十二年（一八九六）李鷟題。

著録：成縣地方志編纂委員會《成縣志》。

一五九　旗杆石記

佚　名

壽

壬寅清和月立

［説明］

據徽縣督考局局長許占虎所提供照片及説明録入。

清代壬寅年立，以其保存完好，姑置于光緒二十八年（壬寅，一九〇二），今存成縣化垭村。

一六〇　仙人崖題記

岳世英

督學葉昌熾命成縣訓導岳世英訪古于此。

光緒癸卯閏夏記

［説明］

題記在距縣城五公里處南山仙人崖。題記高五四厘米，寬四五厘米。

光緒二十九年（一九〇三）岳世英記。

著録：成縣地方志編纂委員會《成縣志》。

一六一　重修紙坊鎮橋坊序

王運夏

籌渡之策，莫善于橋；以圖橋遠，莫若于坊。是造橋而必修坊焉，乃爲全美矣。紙鎮水從北南，橋界東西，有鎮迄今，民無病涉。然而，旁無欄杆倚手，下有白浪翻波，過斯橋者，不勝有臨深之恐矣。維咸豐初年，前輩工舉，旁築河堤，中砌水壁，上接橋七間，營亭三層，左建江王之廟，右立三官之祠，約費三千金而功始竣。真所謂蜂坊水榭，銅雀依樣，夕霞朝霧，鐵馬丁東，一時傳稱盛焉。無何物盛則衰，理固然也。至同治元年，回民一炬，可憐焦土！則前時之輝煌棟宇，慨然灰冷矣。于今四十餘年，架木爲梁，屢被水漲；以棧爲道，頓遭踣跌。有志濟人者，行看望洋而歎矣！誰無怵惕惻隱之心，豈有河廣莫渡之理？去年國朝之元年，國有自强之政，民有自興之風，農隙而設及于此，鄉鎮同心，遂有斯舉。况紙鎮雖屬西壤，半交成界，而日月往來，成人亦又居多。風傳我邑侯清風惠政，到處甘棠，一經奬賞，鄭重十倍，則鄉城向善，争當輸財仗義，何難集腋爲裘？又斯橋也，古名「豐洛橋」，今易名「復元橋」，蓋謂壞于元年而復興于元年，有一元復始之象焉矣！是爲序。

乾如王運夏題

首事人：生員王運夏，生員包丕顯，鄧世訪，正順合，正順源，元順億，福興西，興順泰，興順昌，順

義祥，曹滿盈，劉盡善，劉存祥，楊榮，李申甲，權近仁，李有德

宣統二年春三月吉日同立

［**説明**］

本序寫在一長七二厘米、寬三六厘米的紅色綢子上。现在村民蘇敬賢家中。

宣統二年（一九一〇）王運夏撰。

著録：成縣地方志編纂委員會《成縣志》，《甘肅省志·卷三八·公路交通志》。

一六二 官店築路碑

佚名

（碑額）：皇清

善意功德

千年古路一時興

歲次丁巳年仲春月碑記

萬人積德過賢人

（捐資人姓名略）

［**説明**］

碑存成縣王磨鄉官店村北官子溝口古道西側。碑高一〇八厘米，寬六九厘米。

立碑時間不詳。

著録：《甘肅省志》，吴景山《絲綢之路交通碑銘》。

一六三　成縣黄渚關士庶爲本縣高大爺升任保厘永恩記

佚名

存目

［説明］

成縣地方志編纂委員會《成縣志》載：「成縣黄渚關士庶爲本縣高大爺升任保厘永恩記，今存黄渚鄉政府後北向之山脊上，高一．四三米，寬八六厘米，爲高某之記功碑。雖不脱諛頌之積習，而叙事之中，時有當日彼方風情之流露。即如『内畜銀礦，國袂以來土人或□以爲利……礦首張應時、郭士舉争奪廠□甚至互相仇殺……』者咸是。昔已泐損，字迹可辨者十之六。」

一六四　重修金蓮洞神像廟宇記

尹懋功

（碑額三位菩薩）

重修金蓮洞神像廟宇碑記

大凡天壤間宜有而不宜無者，前輩開端，後輩增補，先世建造，後世振興。循環繼續，誠盛事也。彼萬里終南，山高水長，惟仙境不可勝數。獨有雞峰層凌畏尊，又有尖山，巍膚聳峻，低昂呼吸，綿延而來，脉結于山環水帶之停，有金蓮洞一所，路道崎嶇，廟宇大雅，前有脩竹屏藩，後有嶺石遮掩，清潔森嚴，亦若别有天地間耳。山不在高，有仙則名，其信然乎！但歷年久遠，屢屢振興，以迄于今。近來損傷至多，要皆功程浩大，非小補塞，豈可緩圖？惟新修瑶池樓、四聖宫，菩薩殿廟貌傾圮，風雨莫蔽，勢不能已。我會内人等重建鼎新，樓閣高明，日月之照臨不爽；神像端肅，山水之聲音更佳。由是諸神宫闕晦暗而换舊，新添隘險而襲故。平原木石畫工庶爲告竣焉。所以然者，鬼神非人實親，惟德是輔，黍稷非馨，明德惟馨。要之有誠斯有神，不媚神而神斯正，人斯福矣。他若向陽伏暑，淫雨凄風，維持調獲，而四季咸若者豈非民和而神降之福乎。其在《詩》曰：「懷柔百神，及河喬嶽。」其在《書》曰：「丁未祀于周廟，越三日，柴望，大告武成。」如謂人邇神遠，恍惚杳冥，置諸不議不論之列者，毋乃矯世戾俗，大不可乎。余不揣固陋，敢即其事而粗略將之。是為序云。

邑儒學生員子敏尹懋功沐手敬撰

邑儒學副庠慕之夏景虞沐手敬書

欽加同知銜特授直隸階州成縣正堂加五級紀録十次王栻載

會首人名（略）

［**說明**］

據隴南師範高等專科學校中文系張世民所提供照片及抄件對校録入。

成縣地方志編纂委員會《成縣志》載：「重修金蓮洞神像廟宇記。高一三四厘米，寬六二厘米。上圓下方，兩面刻字，陽刻碑記，題爲「重修金蓮洞神像廟宇記」。正文凡一一行半，正書，字徑二·四厘米。……無年代。陰刻施主姓名及出身。今字迹如初。」

一六五　古迹玉陽宫碑記

佚名

存目

［説明］

成縣地方志編纂委員會《成縣志》載：「古迹玉陽宫碑記。在今紅川鄉甸山達摩洞下巨石上，摩壁刻石，長方形，高一米，長一·二八米。題額『古迹玉陽宫碑記』，字徑一二—一四厘米。碑文爲正書，字徑二厘米，已泐損難識。」

一六六　鷄峰山靈官峽石刻楹聯

佚名

寺院有塵清風掃，山門無鎖白雲封。

［説明］

據成縣張忠所提供抄件録入。

著録：張忠《成州春秋》。

一六七　抛沙樂樓廟石刻楹聯

佚　名

素志不隨星斗轉，丹心宜與天地同。

［説明］

據成縣張忠所提供《成州春秋》録入。在成縣城西十五里抛沙鎮樂樓廟院内。

一六八　鷄山龍洞石刻

佚　名

桃園仙境

［説明］

據成縣張忠所提供抄件録入。據張忠講，此石位于龍洞石門之上。

一六九　「禪春岩」題刻

佚　名

禪春岩

［説明］

摩崖題刻，在獅子洞斜對面。據隴南師範高等專科學校蔡副全所提供抄件録入。

民國

一七〇　重修金蓮洞碑序文

劉遇英

（碑額）金蓮仙洞

重修金蓮洞碑序文

成邑東三十里，宜陽之下，南入于山，過峻嶺，名曰金蓮洞，蓋洞有金蓮也。前有修竹茂林，二水流而一脉相通；後有五鳳朝山，岩石壘而龍虎相輔；左環高峰寶堡，右嶺并插。三尖洞居中央，四面旋繞，係徽、成兩邑之勝境也。始于宋、元，李、劉、羅三位真人建造諸洞，玉體金像，極其靈矣。上洞太上老君，左真武祖師，右太乙救苦天尊。中洞長生大帝，左七星、送子菩薩，右五祖七真、張三佯尊神，中文昌帝君。玉皇樓青龍、白虎封門，左有關聖帝君殿、娘娘殿、靈官殿、三大士菩薩樓閣，門外山神土地廟。九皇洞，三清四帝、二后，兩廂十大真尊；右四聖宫，藥王、火星、牛王、馬王尊神。瑶池樓，閣中瑶池聖母、左燃燈佛像、右達摩佛像。三官洞，上三官大帝，中楊夫子神位，右洞東嶽神位，右鐘樓一座。八仙洞，上五老尊神，左有八仙，右有十大名醫尊神，洞下歌臺一座。至于大清咸豐已屬重修，迄今代遠年湮，神像污濊，樓閣敗壞，而神之所以默佑生民者，猶然如故也。劉公之恒不忍，仝會商議協力興工報答神恩也。本會人等施財助工，四方虔心，共結善緣，樓閣興振，神保復新，焕然燦然。一則前人之功德繼續，二則會首之誠意昭著，而且新修瑶池樓、四聖宮、菩薩樓。斯時也，四海被其厚澤，八方沐其深恩，有功德于天堂人世者，可勝道哉！自光緒三十四年，兹值民國六年一切告竣，立碑爲記，以垂萬世不朽云。

成邑儒學生員劉遇英撰文，孫柳上林書丹

督工會首：武生張錦堂，黄效忠，劉正倫，武生劉世月，任新禎，楊福堂，樊金有施銀壹百兩。

張金有，楊天錫，劉現唐，任遇泰，牟進孝，武仲吉，張世財，張永新，劉清秀，張聚元，任盡孝，安有財，武志糧，樊殿升，賀俊升，武福成，武應堂，武萬蒼，張巨川，武孝忠，雲山剛，雲先知，武士俊，張世海，欒得玉。木匠張登第，畫匠朱炳章，石匠范瑚，住持張方德。

中華民國六年仲春月上浣日立

〔**説明**〕

據隴南師範高等專科學校中文系張世民所提供照片及抄件對校録入。

民國六年（一九一七）立，劉遇英撰。

成縣地方志編纂委員會《成縣志》載：「重修金蓮洞碑序文，在『重修金蓮洞神像廟宇記』左傍。高一·六〇米，寬七三厘米。上圓下方，兩面刻字。陽額『金蓮仙洞』，正書，字徑五—六·五厘米，水龍紋飾。碑文首行『重修金蓮洞碑序文』，次爲正文，凡十三行，正書，字徑二·三厘米，末署……陰刻施主姓名。今字迹如初。」

一七一　重修温凉寺碑記

佚名

存目

［**説明**］

成縣地方志編纂委員會《成縣志》載：「重修温凉寺碑記。在今大坪鄉長河行政村。上圓下方，高一·三七米，寬五六厘米，題『重修温凉寺碑記』，文凡三四二字，正書，字徑二厘米，末署『民國七年歲次戊午律中仲吕之月一會衆姓人等公立』。現在温凉寺廊上，字迹如初。」

一七二　香水洞題詩

劉朝陛

戊午二月日癸酉，崎嶇馬蹶龍峽口。皤皤三老雪盈顛，拊葛捫蘿石縫走。洞門咫尺不可攀，其道更比登天陡。吁喘汗流到洞中，津津遍體洗宿垢。洞宏數畝容千人，怪石嶙峋無不有。石鼓高盤大十圍，一扣一鳴喜再扣。上復間生古籀文，摩挲難識類蝌蚪。佛老面壁幾千年，世人每憾拜其後。因何不顯古鬚眉，隱示愚氓難援手。神龍今已飛上天，靈迹尚流石上久。石溜噴珠掛洞前，涓滴不溢炊茶臼。若能終老此洞天，直視浮雲如蒼狗。夕陽冉冉至山腰，徘徊欲去猶回首。探幽今日誰伴行，邑紳汪君慕之姚受卿。

知成縣事皖南合肥劉朝陛建候氏題

同行前知陝西澄城縣事邑人汪時慤，委任成縣奉祀員、貢生姚蕊唐書

督工生員：武盡忠，武盡倫，汪永清

石工鄭萬育刊

［**説明**］

摩崖刻石，在陳院鄉西隅武山行政村。

民國七年（一九一八）記。

著録：成縣地方志編纂委員會《成縣志》。

香水洞，黄泳《成縣新志》載：「縣西北二十里，兩山相對，山腰有洞，洞頂有水，飛瀑如珠，下有天然石甕盛之。中有石如龍蟠踞，即府志載『龍石留形者』是。又有如坐獅者，口中出水一點，不溢不涸。又有棱紋交互如羊肚象者，名『羊肚盆』，八景所謂『香洞飛泉』也。邑進士汪滸詩云：『秀氣鍾靈地，飛泉噴異芬。天風吹作雨，爲世灑妖氛。』」

一七三　謁杜工部祠四首

□蘅

歲次壬戌，蘅隨任倉泉，維時年届皇紀之終，尚距其一焉。縣治之東，聞有子美草堂，爲一邑勝景。即欲往游，久而未果。咫尺天涯，常怏怏也。丙寅春，因游覽郊原，縱步而往，遂得登堂而訪陳迹焉。棟宇雲蒸，碑碣棋布，低徊留之不能去云。夫志士懷古，不可無詩，况蘅性耽韵語，且又數載以來欲一至而不能，而一旦得睹遺迹，欣感相尋，有不能自已者。爰作七律以志其事。夫因欣于所遇，感慨亦即係之矣，古人可作其許把臂否耶？

春日遲遲春雨晴，尋芳峽口不知名。波濤可助吟詩壯，草木猶含羈客情。大笑仰天稱後死，論詩撲地拜先生。優游直欲忘歸去，四面灘聲逼我行。

忽然天外別開天，峭壁懸崖到面前。風弄樹聲疑虎嘯，石横水底似龍眠。山真世上無雙品，公是人間第一仙。我欲卜鄰建茅屋，知君嫌俗不嫌顛。

山頭古洞色倉（蒼）黄，危石巉巗大道旁。三峽雲烟迷野樹，［四時畫］［一］景入詩囊。不聞鷄犬吠門外，止請蛟龍護草堂。若遇［明公今尚在］，可憐同是憶君王。□□□□□流，有客亭前物色幽。（下缺）。

［説明］

碑原存子美草堂，今爲私人所藏。據拓片録入。

時間不詳。作者□蘅。其詩前小序言「歲次壬戌，蘅隨任倉泉，維時年届皇紀之終，尚距其一焉」，則應是清亡前後之作。按：一八六二年（同治元年）、一九二二年均爲壬戌年。一八六二自然不合「皇紀之終，尚距其一」之説。一九一一年辛亥革命成功之後，清代紀年即終，然宫廷内尚用之。至一九二四年溥儀被逐出宫，清紀年遂徹底終止。則序中所言則是一九二二年甚明。

［校記］

［一］「四時畫」三字據詩意及平仄擬補。

一七四　西狹題記（二十）

王政直

民國廿九年四月十七日，邵陽王政直抗倭，戰後整訓成縣，單騎至此訪古。

［説明］

題記在成縣抛沙鎮豐泉行政村西狹之南壁。題記高二〇厘米，寬三六厘米。

民國二十九年（一九四〇）記。
著録：成縣地方志編纂委員會《成縣志》。

一七五　西狹題記（二十一）

陶自强

民國三十一年，省黨部委員常德吴正桂、省政府視察蘭州王式軍、縣黨部書記長鎮原夏建寅、縣長祁陽陶自强到此。

［説明］
題記在成縣抛沙鎮豐泉行政村西狹之南壁。題記高四〇厘米，寬四〇厘米。
民國三十一年（一九四二）記。
著録：成縣地方志編纂委員會《成縣志》。

一七六　甸山題詩

陶自强

訪勝探幽興未窮，翻疑身到廣寒宫。太華秋老峰若似，衡岳雲高路可通。玉練千尋飛石間，濤聲萬壑響松風。重來陶令慚前哲，漫亦題詩志雪鴻。
民國三十一年祁陽陶自强

［説明］

題詩在紅川東南之甸山「靈石」上。題詩高五八厘米，寬三〇厘米。

民國三十一年（一九四二）陶自强記。

著録：成縣地方志編纂委員會《成縣志》。

一七七　裴公湖石刻楹聯

陶自强

湖山幾歷滄桑，人世幾經興廢，金戈鐵馬，斷碣殘碑，憑誰問當年事迹？

卉石略加添穎，亭臺略與維修，奎樓烟雨，雲錦霞漪，依然是刺史流風。

［説明］

在成縣蓮湖公園出口處。

民國三十一年（一九四二）陶自强撰。

著録：張忠《成州春秋》。

一七八　清明謁杜工部祠

陶自强

其一

青青古柏覆荒祠，異代相悲動客思。亂髪白頭公去久，衰時赤手我來遲。平生知已推嚴武，結得幽鄰有贊師。橡栗苦愁千載下，衹今怕讀七歌詩。

其二

憂國懷君遺句在，先生心事滿江湖。當年窮谷身何苦，一代詞宗德不孤。已著文章驚妙造，偶逢山水足清娛。草堂終古游人到，廣厦千間問有無。

清明謁杜工部祠，祁陽陶自强

〔説明〕

一九九〇年十月再次整修裴公湖，發現此詩碑已成碎塊。經當時的文化局局長李逢春拼接，恢復全文。見《成縣文史資料選輯》第一輯。今碑存子美草堂，裂補粘合。碑高一七二厘米，寬八〇厘米。詩是七律二首。

一七九　抗戰陣亡將士紀念碑

抗戰陣亡將士紀念碑

中華民國三十二年九月立

〔説明〕

碑文、立碑時間均據隴南市人大楊成傑《民國隴南紀事》中「民族危亡中的隴南兒女」一節。一九五八年拆除古城門時散佚。

一八〇　抗戰陣亡將士英名碑

勿忘國恥，驅逐倭奴

陣亡將士英名（共一百四十六名，缺）

中華民國三十二年九月立

［**説明**］

碑文、立碑時間均據楊成傑《民國隴南紀事》中「民族危亡中的隴南兒女」一節。據成縣同谷畫院院長、甘肅省文史館館員楊立强同志説，其中有其祖父所書寫。碑原在縣城東門外北側，一九五八年拆除古城門時散佚。

徽縣

唐

一　興州江運記

柳宗元

御史大夫嚴公牧于梁五年[一]，嗣天子用[二]周漢進律增秩之典，以親諸侯，謂公有功德理行[三]，就加禮部尚書。是年四月，使中謁者來錫公命，賓僚吏屬，將校卒士，黧老童孺，填溢公門，舞躍[四]歡呼，願建碑紀德[五]，垂億萬祀。公固不許，而相與怨咨，遑遑如不飲[六]食。于是西鄙之人，密以刊山導江之事，願刻巖石。曰：

維梁之西，其蔽曰某山，其守曰興州。興州之西爲戎[七]居，歲備亭障，實以精卒，以道之險隘[八]，兵困于食，守用不固。公患之，曰：「吾嘗爲興州，凡其土人[九]之故，吾能知之。自長舉北[一〇]至于青泥山，又西抵于成州，過栗亭川，踰寶井堡，崖谷峻隘，十里百折，負重而上，若蹈利刃。盛秋水潦，窮冬雨雪，深泥積水，相輔爲害。顛踣騰藉，血流棧道；糗糧芻藁，填谷委山[一一]。牛馬群畜，相枕[一二]物故。餫[一三]夫畢力，守卒[一四]延頸，嗷嗷之聲，其可哀也，若是者綿三百里而餘。自長舉而西，可以導江[一五]而下二百里[一六]而至，昔之人莫得[一七]知也。吾受命于君而育斯人，其可已乎！」乃出軍府之幣，以備器用，即山僦工[一八]。由是轉巨石，仆[一九]大木，焚以炎火[二〇]，沃以[二一]食醯，摧其堅剛，化爲灰燼。畚鍤之下，易甚[二二]朽壤，乃闢乃墾，乃宣乃理，隨山之曲直以休人力，順地之高下以殺湍悍。厥功既成，咸如其素。于是决去壅土，疏導江濤，萬夫呼抃[二三]，莫不如志。雷騰雲奔，百里一瞬，既會既遠，淡爲[二四]安流。烝[二五]徒謳歌，枕卧而至；戍人無虞，專力待寇。

惟我公之功，疇可侔也。而無以酬德，致其大願，又不可得命[二六]。矧公之始來，屬當惡[二七]歲，府庾甚虚，器備甚殫，饉饑[二八]昏札，死徒[二九]充路。賴公節用愛人，克安而生，老窮有養，幼乳以遂，不問不使，咸得其志。公命鼓鑄，庫有利兵；公命屯田，師有餘糧。選徒練旅，有衆孔武；平刑議獄[三〇]，有衆不黷[三一]。增石爲防，膏我稻粱；歲無凶災，家有積倉。傳館是飾，旅忘其歸；杠梁[三二]以成，人不履危。若是者，皆以戍[三三]隙帥士而爲之。不出四人[三四]之力，而百役已[三五]就。且我[三六]西鄙之職官，故[三七]不能具舉。惟公和恒[三八]直方，廉毅信讓，敦尚儒學，揖[三九]損貴位[四〇]，率忠以[四一]仁，以厚其誠。有可以安利于人者，行之堅勇，不俟終日。其興功[四二]濟物，宜如此其大也。

昔之爲國者惟水事爲重，故有障大澤，勤其官而受封國者矣。西門遺利，史起[四三]興歎；白圭壑鄰，孟子不與。公能夷險休勞，以惠萬代，其功烈尤章章焉不可蓋也。是用假辭[四四]謁工[四五]，勒而存之，用永憲于後嗣[四六]。

【**説明**】

以孟鵬年《徽郡志》所載爲底本録入。

原題下有「唐柳宗元」四字。其文又見廖瑩中編《柳河東集》卷二六。柳宗元（七七三—八一九），字子厚，河東郡（今山西運城）人。唐德宗貞元九年中進士，五年後又考取博學宏詞科，先後任集賢殿正字，藍田縣尉和監察御史裏行。唐順宗永貞元年，參加王叔文領導的政治革新運動，失敗後被貶爲紹州刺史、永州司馬、柳州刺史。著名作品有《永州八記》等六百多篇文章，後人輯爲三十卷，名爲《柳河東集》。

文中所言「御史大夫嚴公」，即嚴礪，唐憲宗元和年間（八〇六—八二〇）以山南西道節度使身份守興州。

著録：柳宗元《柳河東集》，童宗説等《柳河東集注》，李昉等編《文苑英華》，茅坤編《唐宋八大家文鈔》，賀復徵編《文章辨體彙選》，《御選古文淵鑒》，《御選唐宋文醇》，乾隆間編修《陝西通志》，張伯魁《徽縣志》，董興林《徽縣新志》（題「江運記」），朱子春《鳳縣志》，《甘肅新通志稿·卷九一·藝文志》，徽縣志編纂委員會《徽縣志》。

校記

［一］《唐宋八大家文鈔》在此句上尚有「點次陸水利害處如掌」九字，單列一行。《陝西通志》在「公」下尚有「礪」字。

［二］用，《柳河東集》《御選古文淵鑒》皆作「舉」。

［三］行，張伯魁《徽縣志》作「刑」。（按：以下所列《徽縣志》均指張伯魁《徽縣志》。）

［四］躍，《徽縣志》作「蹈」。

［五］德，《徽縣志》脱此字。

［六］飲，《文苑英華》作「欲」，注云：「《集》（即《柳河東集》）作飲。」《文苑英華》與《柳河東集》有多處不同，但基本都在注中標出，下不俱書，唯書其未作注者。

［七］戎，《徽縣志》作「寇」。

［八］隘，《徽縣志》作「阻」。

［九］人，《文苑英華》作「地」。
［一〇］北，《徽縣志》脱此字。
［一一］此句下《唐宋八大家文鈔》有「焉」字。
［一二］枕，原作「藉」，與上文「藉」相重，今據《文苑英華》改。
［一三］餫，《陝西通志》《徽縣志》皆作「運」。
［一四］卒，《徽縣志》作「宰」。
［一五］「江」下《文苑英華》復有「江」字。
［一六］百里，《徽縣志》作「日」。
［一七］得，《文苑英華》作「能」，《徽縣志》作「得而」。
［一八］工，原作「功」，據《徽縣志》改。
［一九］仆，原作「樸」，據《徽縣志》改。
［二〇］焚以炎火，《文苑英華》作「縱以焚火」。
［二一］以，《文苑英華》作「之」。
［二二］甚，《文苑英華》作「其」，無注。
［二三］抃，《徽縣志》作「汴」。
［二四］淡，《徽縣志》作「澹」；爲，《文苑英華》作「焉」。
［二五］烝，《徽縣志》作「蒸」。
［二六］命，《徽縣志》作「名」。

〔二七〕惡，《徽縣志》作「歉」。

〔二八〕饉饑，《柳河東集》《文苑英華》《陝西通志》《徽縣志》皆倒。

〔二九〕死徒，《徽縣志》作「徙死」。

〔三〇〕獄，《御選唐宋文醇》誤作「岳」。

〔三一〕黷，《御選古文淵鑒》誤作「續」。

〔三二〕杠梁，《柳河東集》作「虹梁」，注：「一作杠梁。」

〔三三〕戍，《柳河東集》《柳河東集注》《文苑英華》《唐宋八大家文鈔》《文章辨體彙選》《御選古文淵鑒》《御選唐宋文醇》《陝西通志》皆作「戌」，《徽縣志》作「兵」。

〔三四〕人，《文苑英華》《徽縣志》皆作「方」。

〔三五〕已，《徽縣志》作「以」。

〔三六〕我，《柳河東集》作「非我」，注：「一無非字。」

〔三七〕故，《徽縣志》無此字。

〔三八〕恒，《徽縣志》作「垣」。

〔三九〕揖，《文苑英華》《陝西通志》皆作「挹」，《文章辨體彙選》《徽縣志》皆作「抑」。

〔四〇〕位，《徽縣志》作「倖」。

〔四一〕以，《柳河東集》《柳河東集注》《文苑英華》《唐宋八大家文鈔》《文章辨體彙選》《御選古文淵鑒》《御選唐宋文醇》《陝西通志》《徽縣志》皆作「與」。

〔四二〕功，《徽縣志》作「工」。

［四三］史起，《柳河東集》《柳河東集注》皆作「史遷」。按：「西門遺利，史起興歎」事本《吕氏春秋·樂成》，作「史遷」者，以習聞太史公司馬遷而誤。

［四四］《文苑英華》「辭」下多一「焉」字。

［四五］謁工，《徽縣志》作「碣碑」。

［四六］嗣，原作「祀」，據《徽縣志》改。

二　新修白水路記

雷簡夫

（篆額）：新修白水路記

大宋興州新開白水路記

宣德郎、守殿中丞知雅州軍州兼管内橋道勸農事、管勾駐泊及提舉黎州兵甲巡檢賊盗公事、騎都尉借緋雷簡夫撰并書及篆額[一]

至和二年冬，利州路轉運使、主客郎中李虞卿，以蜀道青泥嶺舊路高峻，請開白水路，自鳳州河池驛至興州[二]長舉驛，五十一[三]里有半，以便公私之行。具[四]上未報，即預畫材費，以待其可。明年春，選[五]興[六]州巡轄馬遞鋪殿直喬達，領橋閣并郵兵五百餘人，因山伐木，積于路處，遂籍其人，用訖[七]是役。又請知興州軍州事虞部、員外郎劉拱總護督作，一切仰給，悉令爲具[八]。命簽署興州判官廳公事[九]、太子中舍李良祐[一〇]，權知長舉縣事、順政縣[一一]令商應程度遠近，按視[一二]險易，同督斯衆。知鳳州河池縣事、殿中丞王令圖首建路議，路占[一三]縣地且十五餘里，部屬陝西，即移文令圖通幹其事。至秋七月始可其奏，然八月行者已走新[一四]路矣。十二月，諸功告畢，作閣道[一五]二千三百九間，郵亭、營屋、綱院三百八十三間，減舊路三十三里，廢青泥一驛，除郵兵驛馬一百五十六人騎，歲省驛稟[一六]鋪糧五千石、畜草一萬圍[一七]，放執[一八]事役夫三十餘人。路未成，會李遷東川路。今轉運使、工部郎中、集賢校理田諒至，審其績狀可成，故喜猶已出，事益不懈。于是斯役，實肇于李而遂成于田也。嘉祐二年三月，田以狀上，且曰：「虞卿以至和二年仲春興是役，仲夏移去，其經營建樹之狀，本與令圖同。臣雖承乏，在臣何力？願朝廷旌虞卿、令圖之勞，用勸來者。又拱之總[一九]役應用，良祐[二〇]、應之按視修創，達之采造監領，皆有著效，亦乞升擢。至于軍士、什長而下，并望賜與，以慰遠心。」朝廷議依其請。初，景德元年，嘗通此路。未幾而復廢者，蓋青泥土豪輩唧唧巧語，以疑行路。且驛廢，則客邸、酒壚爲棄物矣，浮食游手安所仰邪？小人居[二一]嘗争半分之利，或睚眦抵死，況坐[二二]要路，無有在我[二三]，遲行人一切之急，射一日十倍之貴[二四]，顧肯默默邪？造作百端，理當然爾。嚮使愚者不怖其誕説，賢者不惑其風聞，則斯路初亦不廢也。大抵蜀道之難，自昔以青泥嶺稱首。一旦避險即安，寬民省[二五]費，斯利害斷然易曉，烏用聽其悠悠之談邪[二六]。而後之人見已成之易，不念始成之難。苟念其難，則斯路永期不廢矣。簡夫之文雖磨崖鏤石，亦恐不足其傳[二七]，附于尚書職方之籍之圖，則將久其傳也。嘉祐二年二月六日記。

前利州路諸州水陸計度轉運使兼本路勸農使、朝奉郎守尚書、主客郎中，上輕車都尉、賜紫金魚袋李虞卿。

利州路諸州水陸計度轉運使兼本路勸農使、朝奉郎守尚書、工部郎中、充集賢校理、輕車都尉、賜緋魚袋借紫田諒[二八]。

〔**説明**〕

碑存大河店鄉王家河行政村白水峽。碑高二八三厘米，寬一八三厘米。

宋仁宗嘉祐二年（一〇五七）雷簡夫撰。雷簡夫（一〇〇一—一〇六七），字太簡，同州郃陽（今陝西合陽）窪雷村人。仁宗慶曆二年（一〇四二），杜衍薦爲校書郎、秦州觀察判官。歷知坊、閬、雅州。嘉祐二年爲辰、澧州安撫使。入爲鹽鐵判官，出知虢、同二州，累遷職方員外郎。卒，年六十四。蘇洵《雷太簡墓銘》、《東都事略》卷四三、《宋史》卷二七八有傳。

著録：乾隆間編修《陝西通志》，孟鵬年《徽郡志》，張伯魁《徽縣志》，董興林《徽縣新志》，朱子春《鳳縣志》（題「白水路記」），張維《隴右金石録》（題「新開白水路記」），《關中金石記》，《金石萃編》，《甘肅新通志稿》，徽縣志編纂委員會《徽縣志》，《甘肅省志·卷三八·公路交通志》，吴景山《絲綢之路交通碑銘》。

［校記］

［一］以上兩句共六十五字，《陝西通志》、《徽郡志》、張伯魁《徽縣志》、《隴右金石録》等皆無，據碑補。

［二］興州，《陝西通志》、《徽郡志》、張伯魁《徽縣志》、《隴右金石録》等皆無，據碑補。

［三］一，《徽郡志》、張伯魁《徽縣志》、《隴右金石録》等皆無，據碑補。

［四］具，《徽郡志》誤作「且」。

［五］選，《陝西通志》《徽郡志》誤作「乃」。

［六］興，《陝西通志》誤作「與」。

［七］訖，《徽郡志》誤作「乞」，《隴右金石録》作「迄」。

［八］具，《陝西通志》《徽郡志》誤作「長」。

［九］廳公事，張伯魁《徽縣志》無。

［一〇〇］祐，《陝西通志》誤作「祜」。

［一一］縣，《陝西通志》無。

［一二］視，《陝西通志》、《徽郡志》、張伯魁《徽縣志》皆誤作「事」。

［一三］占，《陝西通志》誤作「古」。

［一四］新，《陝西通志》、《徽郡志》、張伯魁《徽縣志》皆誤作「斯」。

［一五］道，《陝西通志》無。

［一六］稟，《陝西通志》、《徽郡志》、張伯魁《徽縣志》皆作「廩」。

［一七］圍，《陝西通志》作「束」。

［一八］放執，《陝西通志》作「故」。

［一九］總，《陝西通志》作「督」。

［二〇］祐，《陝西通志》作「祜」。

［二一］居，《陝西通志》下有「常」字。

［二二］坐，《陝西通志》、《徽郡志》、張伯魁《徽縣志》皆誤作「望」。

［二三］我，《陝西通志》、《徽郡志》、張伯魁《徽縣志》皆誤作「家」。

［二四］貴，《陝西通志》作「資」。

［二五］省，《陝西通志》《徽郡志》脱。

［二六］邪，《徽郡志》、張伯魁《徽縣志》皆誤作「耶」。

［二七］傳，《陝西通志》誤作「請」。

［二八］「前利州路……借紫田諒」兩句共八十七字《徽郡志》、張伯魁《徽縣志》皆無，據碑補。

三　敕賜褒功崇孝禪院額

佚　名

（碑額）：敕賜褒功崇孝禪院額

尚書省牒

牒奉

敕宜賜「褒功崇孝禪院」爲額，牒至准

敕故牒。

□□事萬。

［説明］

碑在徽縣伏鎮前進三四隊之間。碑高二〇〇厘米，寬一〇〇厘米。徽縣文化館馬存良提供拓片。

此碑當爲張維《隴右金石録》所言「聖壽院碑」。《隴右金石録》載：「聖壽院碑，在徽縣栗亭鎮，今存。」《徽縣志》載：「聖壽院碑。在徽縣栗亭，宋端拱中建院，熙寧中敕賜寺額，有殘碑額曰『敕賜褒功崇孝之碑』。」據此可斷碑立時間爲宋神宗熙寧年間（一〇六八—一〇七七）。

南宋

四　宋故感義郡太夫人程氏墓志銘并序

胡世將

宋故感義郡太夫人程氏墓志銘并序

寶文閣學士、左朝請大夫、川陝宣撫副使兼營田使、晉防縣開國子、食邑五百户、賜紫金魚袋胡世將撰

右朝請郎、直徽猷閣、權發遣陝西路計度轉運副使公事兼本路勸農使、借紫金魚袋霍□書

左中奉大夫、直秘閣、權永興軍等路提點刑獄公事、建德縣開國男、食邑三百户、借紫金魚袋詹至篆

龍神衛四廂都指揮使、武康軍承宣使、利州路經略安撫使、馬步軍都總管兼知興元軍府事、川陝宣撫使司都統制楊政之母，曰感義郡太夫人程氏，當建炎中金人作難，政方將兵會岐下，虜遽陷陝右諸道，而夫人適在涇原，遂相與隔闊者十載。政問遣人問遺其母曰：「政爲人臣，當死王事。願母自愛，無以政爲憂。」夫人亦間使謂政曰：「爾爲人臣，義當效死，堅爾志，勉爾力，無以吾爲憂！」政帥師佐宣府吴公玠，屢摧大敵，保扞西南六十州，功常第一。紹興九年春，虜講和，歸我河南地，始得迎夫人以歸，亟請于朝，曰：「臣不幸與母氏隔闊十載，所不敢言者，念方將兵扞難，義先國家之急。今賴國威靈，虜講和歸地，臣母子如初，願丐身田里，以盡事親之日。」天子爲之惻然，優詔不許，且念政功高，欲寵異其親，則又詔以小君之貴，特啓今封政與其兄弟竭□□養，彩衣怡愉，日奉顔色，搢紳榮之。十年夏，虜復渝盟，政時自熙河帥徙鎮興元，奉

夫人歸河池私第，而宣撫司趣諸帥會兵甚急。夫人偶病，少間，政以他事白，辭去。夫人曰：「行矣，吾知其爲軍事也，勉之，無輕敵，無妄殺，以卒前功。」政去後數日，聞夫人復病，自軍中一日馳五百里，至則夫人已不起，享年七十有五，實紹興十年六月癸丑也。夫人世爲原州臨涇縣人，幼孝謹專静，長適同郡中武郎楊公諱志，以婦道聞于族里。修武扞邊戰死，夫人年三十九，子孤皆幼，即厲志守義，鞠養其子，而教之甚力，後皆爲成人。常語之曰：「爾忘爾父之死，于我而世莫之知乎？揚名顯親，其在爾矣！」政卒以功名□奮，而修武之義節著聞，由夫人之教也。子男四人：長曰元，承節郎；次曰信，承信郎；次政也；次曰仲，武義大夫，閤門宣贊舍人，行營右護軍右部正將。女四人，皆適士族。孫男八人：庭，秉義郎；庠，成忠郎；廉、廣、度、産、□、序皆幼。孫女六人。諸孤以其月壬申，自懷德軍靈平寨舉修武之喪，與夫人同葬于成州栗亭縣安仁鄉悉羅里。政來請銘，爲之銘曰：

義莫重于君，恩莫隆于親，而夫人之命其子也，曰汝姑盡節于爲臣，卒君事之不廢，又志養之獲伸，孰主張是而使之然也？曰吉凶不僭，在人壽且八十，小君錫號，哀榮終始，天其以此爲忠孝之報乎？

僧海越刊

［**説明**］

據徽縣文化館馬存良所提供拓片録入。拓片長七五厘米，寬八四厘米。

宋高宗紹興十年（一一四〇）胡世將撰。胡世將（一〇八五—一一四二），字承公，常州晋陵（今江蘇常州）人。崇寧五年進士，高宗紹興元年范汝爲起事，胡世將爲福建路撫諭使。還中書舍人，以事出知鎮江府。入爲刑部侍郎，出知洪州，復知鎮江。召爲給事中。尋出爲四川安撫使兼知成都府。九年，宣撫川、陝。十一年致仕，十二年卒，年五十八。工書，嘗集古今石刻，名曰《資古録》。

五　宋忠烈吴公祠記

胡世將

仙人關，古用武之地，北控吐番，東連岐、雍，西通蜀、沔。忠烈吴公玠五世世守于此[一]，以備金虜[二]。西土之人免左袵之苦[三]、得安且樂者，咸公所賜也。厚惠深恩，盍若爲祠以報，不亦可乎？于是建祠三楹，請諸權宣撫使、寶文閣學士胡世將以記。世將曰：

昔東漢張奂破南匈奴，制東羌[四]，襲烏元，降鮮卑，使天下之人不淪于左袵[五]，而漢室以安，未聞郡邑以祠之者；既爲武威太守，百姓以其平均賦歛，訓諭義方，以止殺子之俗，民乃爲奂立生祠。夫安天下之功，孰與安一郡之功？止四夷[六]之殺，孰與止一子之殺？然而天下忘其功，而失其所事；一郡思其德，而恭其所祠。其故何哉？大抵存社稷者，天子有不能忘，故鼎彝之所銘，竹帛之所書，太常之所紀，雲臺之所繪者，皆所以旌其功也。至于德及生靈而民心之所愛慕者，必生立其祠，蓋祠所以慰[七]其私耳[八]。公之生祠，民建于此，是亦武威之祠奂也。

雖然，觀公之功在社稷，則非奂之比也。金人犯陝，時忠烈公[九]以一旅之衆攻百倍之師，所向克敵，公之勇冠三軍。富平之役，議格不行，六路盡陷，忠烈公收散卒，保風（鳳）翔之西和尚原。敵乘勝急攻，謂「可談笑間破也」。是時，軍皆烏合，上下内外不相信。公爲統領，與諸將誓以無忘國家，言出于誠，人人感泣。公知人皆可用，遂與弟璘定計而後戰，敵大敗，不能返，全軍幾陷，獲楊哥孛堇[一〇]。後一年，移屯青野原。明年，敵率瀚海契丹[一一]之師，虜燕、齊、秦、晉[一二]之衆，奮勢直[一三]攻，蜀地大震。忠烈主于內，璘率諸將力戰以却之，而蜀遂以安。暨忠烈公捐館，命璘以都統出兵秦隴，恢復中原。而敵盛兵守秦，璘公親冒矢石，率衆攻之，一日而破。敵復會諸屯，陣于剡家灣，乘高擊下，意氣甚盛。公揮軍渡渭，背水而陣。衆以爲不便，公曰：「非爾所知！」夜潛師畢登，出其不意，敵已驚視。是時五[一四]軍成列，公復令匿其旗幟之物以疑之，敵謂大軍在後，愈亦自失[一五]。既戰，命發弓弩先破其驍鋭，然後以短兵乘之，鏖戰終日，敵不能支，殲夷殆盡。于是虜[一六]屯諸壘者咸狼狽東走。其民亦日望王師之至。公乘勢長驅，勢若破竹。適朝廷[一七]與虜講好，宣撫司檄諸將班師，公遂振旅而還。

嗚呼！自古守蜀，或守于漢中，或守于涪城，皆棄險處內。棄險則易攻，處內則衆搖。所以中原之兵一涉其境而國以喪，未有忠烈公守蜀于咽喉之地，而安之不危[一八]也。至公，則又復以所部出攻大敵而連破之，敵始膽落而心驚矣！夫蜀處吴之上流，猿臂勢也，保蜀所以保吴。自兵興[一九]以來，有功于社稷，孰與公大？天子以節鉞之權賜之，尊禮加寵于公，其于報公至矣。然全蜀之民，離俘虜之震[二〇]，而遂生養之樂，其何以報其德哉？河池與敵接壤，德公尤甚，乃建立生祠，以見其誠。雖然，奂之功德，具于一方有事之初；公之功德，施于天下多事之際。奂雖不可與公儷，公則無媿于奂也。

故爲記，以勒其碑云。

［**說明**］

以孟鵬年《徽郡志》爲底本録入。

宋高宗紹興十二年（一一四二）記。原題下有「宋胡世將學士」六字。

著録：張伯魁《徽縣志》，董興林《徽縣新志》，張維《隴右金石録》（題「忠烈吴公祠記」），《甘肅新通志稿》，梁曉明主編《徽縣志》。

［校記］

［一］「五世世守于此」，《隴右金石録》《徽縣新志》作「守此」。

［二］金虜，張伯魁《徽縣志》、《隴右金石録》作「敵」。

［三］「免左衽之苦」，張伯魁《徽縣志》、《隴右金石録》、《徽縣新志》皆無。

［四］羌，原作「亀」，據《後漢書·張奂傳》顯係「羌」字之誤，今正。

［五］「制東羌，襲烏元，降鮮卑，使天下之人不淪于左衽」，以上一九字張伯魁《徽縣志》、《隴右金石録》、《徽縣新志》皆無。

［六］四夷，張伯魁《徽縣志》、《隴右金石録》作「邊境」。

［七］慰，原作「寓」，據張伯魁《徽縣志》、《隴右金石録》改。

［八］耳，張伯魁《徽縣志》、《隴右金石録》、《徽縣新志》皆作「爾」。

［九］「金人犯陝，時忠烈公」，張伯魁《徽縣志》、《隴右金石録》、《徽縣新志》皆作「當日者」。

［一〇］「獲楊哥孛堇」，張伯魁《徽縣志》、《隴右金石録》、《徽縣新志》皆無。

［一一］契丹，張伯魁《徽縣志》、《隴右金石録》、《徽縣新志》皆無。

［一二］「虜燕、齊、秦、晉」，張伯魁《徽縣志》、《隴右金石録》、《徽縣新志》皆作「虜燕齊、集秦晉」。

［一三］直，張伯魁《徽縣志》、《隴右金石録》、《徽縣新志》皆作「來」。

［一四］五，張伯魁《徽縣志》、《隴右金石録》、《徽縣新志》皆作「武」。

〔一五〕失，原作「笑」，張伯魁《徽縣志》、《隴右金石録》、《徽縣新志》皆作「失」，據上下文應作「失」，今據改。
〔一六〕虜，張伯魁《徽縣志》、《隴右金石録》作「敵」。
〔一七〕朝廷，張伯魁《徽縣志》、《隴右金石録》、《徽縣新志》皆無。
〔一八〕不危，原脱「不」字，與義不通。張伯魁《徽縣志》、《隴右金石録》、《徽縣新志》補「不」字。
〔十九〕兵興，張伯魁《徽縣志》、《隴右金石録》、《徽縣新志》皆作「興兵」。
〔二〇〕「離俘虜之震」，張伯魁《徽縣志》、《隴右金石録》、《徽縣新志》皆無。

六　宋故開府吴公墓志銘

佚　名

（篆額）：宋故開府吴公墓志銘

紹興九年春三月，開府儀同三司吴公以寢疾，奏乞謝事。天子惻然憂之，命四川安撫制置使成都守臣世將，訪善醫治疾，又馳國醫往視。公以六月己巳薨于軍，享年四十有七。七月遺表聞，上震悼，輟朝二日，贈公少師，凡恤典悉加厚。其弟璘，輿諸孤奉喪歸葬于德順軍水洛城北原先塋之次。十一月，上念公之已葬，詔有司賜錢三十萬，擢璘繼神龍衛〔一〕四厢都指揮使，以慰恤其家，恩義備矣。

蓋自天下用兵，乘輿省康吴，會公以偏師起西鄙，奮孤忠，抑大難，保川陝共百十六州，以重上流之勢，屏翰王室，屹如長城。方敵國深侵，叛臣僭竊，道路阻絶，公未嘗得一見天子，獨其精忠上達。聖主明見萬里之外，謂公可屬大事，當方面。凡軍事不從中御，而賞罰付之不疑，以卒成却敵固圉之功者，惟天子之明，而公之忠也。即葬，諸孤以行狀請銘，謹序而銘之。

惟吴氏出泰伯之後，以國爲姓，至季札避位，其子孫家魯衛之間，厥後散處四方。雖譜諜遺逸不可盡考[二]，而起守西河，芮國長沙，漢封廣平，皆本德義，尚忠勇，爲世良將。而公天挺英奇，崛起數千[三]載之後，赫然功名，與之相望迹，其流風餘烈，蓋有自焉。公[四]曾祖諱謙，贈太子太保；妣李氏，永寧郡夫人。祖諱遂，贈太子太傅；妣齊氏，晉寧郡夫人。考諱扆，贈少保；妣劉氏，嘉國夫人。自少保而上，世居德順之隴干，以公貴，追榮三世。公諱玠，字晉卿。少沈毅，有志節，善騎射，知兵法，讀書能通大義。未冠，以良家子隸徑[五]原軍。政和中，夏人犯邊，力戰有功，補進義副尉，稍擢隊將。從討浙西賊方臘，破其衆，擒酋長一人。及擊破河北群盗，纍功轉[六]忠訓郎，權徑原第十將。夏人攻懷德軍，公以百餘騎突擊追北，斬首級百四十有六，轉秉義郎，擢本路第二[七]副將。自是威名益震。

建炎二年，金人内侵已三載矣。春，渡河出大慶[八]關，略秦雍，所過城邑輒下。自[九]鞏州至鳳翔，隴右都護張嚴邀戰失利，敵勢愈張，謀趨涇州。大將曲端拒[一〇]守麻務鎮，命公爲前鋒。公進據青溪嶺逆擊，大破之，敵始有憚公意。轉武義郎、權徑原路兵馬都監兼知德順[一一]軍。冬，以本道軍復華州。師入，命將士無殺略，居民安堵。轉武功大夫、忠州刺史。

三年冬[一二]，蜀賊史斌寇興鳳，據長安，謀爲不軌。公擊斬之，轉右武大夫。四年春，擢徑原路馬步軍副總管。金人謀取環、慶，大將婁室以兵數萬衆，出麻務鎮[一三]，公與戰于彭店原[一四]，士殊死鬬，殺傷過半[一五]，敵懼引去。而曲端劾公違節度，坐降武顯大夫，罷總管。論者不平。未幾，復故官職，改[一六]秦鳳路馬步軍副總管、知鳳翔府兼權永興路[一七]經略安撫司公事。進復長安，轉右武大夫、忠州防御使宣撫處置司。將合五路兵，與金人決戰。公謂宜各守要害，以待其敝[一八]。秋九月，師次富平，都統制會諸將議戰，公又曰：「兵以利動，今地勢不利，何以戰？宜據高阜，先爲不可勝者。」衆曰：「我師數倍，又前葦[一九]澤，非敵騎所宜。」不聽。既而敵驟至，囊土踰淖[二〇]，以薄吾營，軍遂大恐潰，而五路悉陷，巴蜀大震。公獨整衆[二一]保散關之東和尚原，積粟給兵，列柵其上。或謂公：「宜屯漢中，以安[二二]巴蜀。」公曰：「敵不破我，不敢進，堅壁重兵以臨之，彼懼吾躡其後，保蜀之道也。」

明年改元紹興，春三月，敵酋没立果率鋭兵犯我，期必取而後進，公擊敗之。拜忠州防禦使兼帥徑原。夏五月，没立果會烏[二三]魯折合衆數萬，使大將由階成[二四]出散關先至，公與之大戰三日，大敗而去。没立方攻箭筈關，公復遣擊退[二五]，卒不得與二將合。轉明州觀察使。丁嘉國憂，起復，尋兼[二六]陝西諸路都統制。敵自破契丹以來，狃于常勝，至每與公戰輒敗[二七]，不勝其憤。冬十月，元帥四太子者會諸路兵十餘萬，造浮梁跨渭水[二八]，自寶鷄連營三十里，又壘石爲城，夾澗水與官軍對拒。公指授諸將選勁弓弩，號駐隊，番休迭射，矢發如雨，敵[二九]稍却，則以奇兵旁擊。如是者三日，度其困且走，則爲伏[三〇]于神岔[三一]以待其歸。伏發，敵衆大亂，俘騎[三二]將羊哥孛堇及其酋領三百餘人，甲士五[三三]百六十人，屍填坑谷者二十餘里，獲鎧仗數萬計，拜鎮西[三四]節度使。

二年，兼宣撫陝西處置司都統制，節制興、文、龍州。敵久窺蜀，必欲以奇取之。三年春，裒其兵，又盡發五路叛卒，聲言東去，反由商于出漢陰，搗梁洋，金州失守。公亟率麾下倍道疾馳，且調兵利、閬。既至，適與敵遇，使人以黃柑遺。其帥撒離喝驚[三五]曰：「吴公來何速耶？」遂大戰饒風關。凡六日，敵皆[三六]敗，殺傷不可勝計。撒離喝怒斬其千户孛堇數人，以死犯關，出官軍後，公徐[三七]結陣趨西縣，或曰：「蜀危矣！」公曰：「敵去國遠鬬，而死傷大半。吾方全師以制其極，蜀何憂耶？」月餘，敵果退。加檢校少保，充利州路階成鳳節度制置使。四年二月，敵復大入，犯仙人關，公豫爲壘，榜曰「殺[三八]金坪」，嚴兵以待。敵據阜戰，且攻壘，公命將士更射，又出鋭兵擊其左右，戰五日皆捷，敵復遁去。上聞之嘉歎，賜以親札曰：「朕恨不撫卿背也！」是役也，敵决意入蜀，自其元帥以下皆盡室[三九]以來，又以劉豫腹心爲四川招撫使，既不得志，度公終不可倖勝，則還據鳳翔，授甲士屯田，爲久留計，自是不復輕動矣。夏四月，徙鎮定[四〇]國，除川陝宣撫副使。秋七月，録仙人關功，進檢校少師、奉寧軍保静軍節度使。五年春，攻下秦州。六年，兼營田大使，徙鎮保平[四一]靖難軍。公與敵對壘且十載，常患遠餉勞民，屢汰冗員，節浮費，歲益屯田五十萬斛。又調戍兵，命[四二]梁、洋守將治褒城廢堰，廣[四三]溉民田，復業者數萬家，朝廷嘉之，每降璽書褒諭[四四]。七年冬，敵廢劉豫，且益兵衆以爲疑，公策其將去。九年春，和議成，上以其功高，復賜親札進開府，儀同三司，遷四川宣撫使。遣内侍賫誥賜，而公已病甚，扶掖聽命。自以賞過其勞，固辭。優詔不許。時失[四五]地既復，方依公綏附，而疾不可爲矣。天□□□□□終始保蜀，付之安全，若有所待，以是蜀人尤悲而思之。公娶張氏[四六]，封永寧郡夫人。男五：拱右武郎，扶、撝皆承奉郎，擴、揔尚幼。女四人。公能樂善，每觀史，前事可師者，必書而識之左右。用兵本孫吴，而能知其變，務遠大，不求近效，故能保其必勝。御下嚴而有恩，視卒之休戚如己，而同其甘苦，故人樂爲之用。既貴，而自奉之約，不逾平時。至推以予士不少吝，故家無資而至，無宅而居。嗚呼！雖古名將何加焉！

［**説明**］

碑存縣城東北隅吴山。碑高二九六厘米，寬一五八厘米。

碑文已泐損，以張維《隴右金石録》爲底本録入。

宋高宗紹興十二年（一一四二）記。吴玠事迹，張伯魁《徽縣志·名宦》，邱大英《西和縣志·名宦》，黄泳《成縣新志·名宦》，謝鏞《成縣新志·官績》，吴鵬翶《武階備志》，葉恩沛《階州直隸州續志·名宦》等皆有記。

著録：張伯魁《徽縣志》，董興林《徽縣新志》，《甘肅新通志稿》，徽縣志編纂委員會《徽縣志》。

［校記］

［一］神龍衛，《宋史》《中興小紀》《建炎以來繫年要録》皆作「龍神衛」。

［二］此句張伯魁《徽縣志》作「譜諜遺佚遂不可盡考」。

［三］千，張伯魁《徽縣志》作「百千」。

［四］公，張伯魁《徽縣志》作「公之」。

［五］徑，《宋史·吴玠傳》作「涇」。

［六］轉，張伯魁《徽縣志》作「擢」。

［七］二，張伯魁《徽縣志》作「十二」，《建炎以來繫年要録》亦作「十二」，「十」字當衍。

［八］慶，張伯魁《徽縣志》作「散」。按：《宋史》亦作「慶」，作「散」當是習聞「大散關」而誤。

［九］自，張伯魁《徽縣志》作「三月還，自」。

［一〇］拒，張伯魁《徽縣志》作「把」。

［一一］德順，《宋史》作「懷德」。

［一二］三年冬，《宋史·吴玠傳》同，然《宋史·高宗本紀》《建炎以來繫年要録》皆作建炎二年，《建炎》自注：「吴玠殺史斌，趙甡之《遺史》繫之今年四月，明庭傑《功績記》繫三年冬戰青溪、復華州之後，而云金人内侵已三年矣。其實

二年冬也。王綸撰玠碑分此三年作二年。案：三年九月長安已陷，而綸碑乃云：『三年冬，劇賊史斌據長安，謀爲不軌。』實在誤矣。」

［一三］務鎮，張伯魁《徽縣志》作「亭」。

［一四］彭店原，《宋史》作「原店」。

［一五］半，張伯魁《徽縣志》作「當」，殆誤。

［一六］改，張伯魁《徽縣志》無。

［一七］路，張伯魁《徽縣志》作「軍路」。

［一八］敝，張伯魁《徽縣志》作「還」。

［一九］葦，張伯魁《徽縣志》作「臨大」。

［二〇］淖，張伯魁《徽縣志》作「澤」。

［二一］衆，張伯魁《徽縣志》作「旅」。

［二二］安，張伯魁《徽縣志》作「要」。

［二三］烏，張伯魁《徽縣志》作「别將孛」。

［二四］大將由階成，張伯魁《徽縣志》作「將將士」。

［二五］復遣擊退，張伯魁《徽縣志》作「復麾戲下擊追」。

［二六］尋兼，張伯魁《徽縣志》作「亟復」。

［二七］敗，張伯魁《徽縣志》作「北」。

［二八］水，張伯魁《徽縣志》作「東」。

［二九］敵，張伯魁《徽縣志》作「賊」。
［三〇］伏，張伯魁《徽縣志》作「覆」。
［三一］岔，疑當作「坌」。
［三二］騎，張伯魁《徽縣志》作「其」。
［三三］五，張伯魁《徽縣志》作「八」。
［三四］鎮西，張伯魁《徽縣志》作「鎮西軍」。
［三五］驚，張伯魁《徽縣志》作「敵驚」。
［三六］皆，張伯魁《徽縣志》作「大」。
［三七］徐，張伯魁《徽縣志》作「遂」。
［三八］殺，張伯魁《徽縣志》作「勝」。
［三九］室，張伯魁《徽縣志》作「鋭」。
［四〇］定，張伯魁《徽縣志》作「寧」。
［四一］平，張伯魁《徽縣志》作「寧」。
［四二］命，張伯魁《徽縣志》作「令」。
［四三］廣，張伯魁《徽縣志》作「灌」。
［四四］褒諭，張伯魁《徽縣志》作「宸翰」。
［四五］失，張伯魁《徽縣志》作「與」。
［四六］張氏，張伯魁《徽縣志》後有「故侍中耆之後」句。

七　敕付程俊札子碑

佚　名

紹興十三年三月二十一[一]日，大觀[二]尚書省送到禮部，准都督批送下權主管鄜延經略安撫、都總管司公事兼知成州王彦：「奏准。紹興十年三月十三日，敕節文臣寮札子，乞詔諸路州縣長吏，精加博訪，察舉所部内有孝行殊異、實事顯著、卓然爲衆公服者[三]，孝行[四]以名聞，士人固可擢用，民庶亦表其門閭，厚加賜予，以旌表之。」奉聖旨依奏，竊[五]見中憲大夫、康州防禦使、權發遣熙河蘭鞏路兵馬鈐轄、隴右都護、右部同統制程俊，孝于父母，義于兄弟。自幼歲，父母陷于夏國，號泣自致，殆不能活。其後，常捐財數萬，以贖父母。其父母未歸，日夕北嚮號泣祈禱，飲食幾廢。夏人雖夷狄，亦爲感動，遂歸其母邵氏。既歸，程俊日夕侍奉，承順顔色，實爲至孝。又侍族兄恭謹，撫諸弟友愛，奉養之具，必爲温厚。每遇大禮，不奏薦諸子。又收養母邵氏族黨百餘口，服食器用與己一同。緣程俊現統制軍馬，謀略過人，實可録用。今列程俊孝行實迹在前。其程俊有别業現在本州，伏望將程俊特賜擢用，仍祈别賜旌表。本部勘會王彦保奏程俊孝行事迹，伏候朝廷指揮。三月二十一[六]日，奉聖旨賜旌表門閭，奉敕如右，牒到奉行。前批三月二十三日付禮部施行，仍關合屬去處，尋送法案，檢准下項，須至指揮公文。大觀尚書禮部令諸賜旌表門閭者，俱録敕旨，貼付本家。其門臺制度，准式下所屬，訖于所居之前，安綽楔門，左右建立土臺，高一丈二尺，方正，下廣上狹，飾以白，間以赤，仍植以所宜之木。旌表建立牌坊，門閭一家。照會。

［説明］

以張伯魁《徽縣志》所載爲底本録入。

宋高宗紹興十三年（一一四三）立。程俊，張伯魁《徽縣志・孝行》載其事迹。

著録：董興林《徽縣新志》，張維《隴右金石録》（題「程俊札子石刻」），《甘肅新通志稿》，徽縣志編纂委員會《徽縣志》，成縣地方志編纂委員會《成縣志》。

［校記］

［一］一，《隴右金石録》作「三」。

［二］大觀，《隴右金石録》無。

［三］服者，「者」字據《隴右金石録》補。

［四］孝行，《隴右金石録》無。

［五］竊，原作「謁」，據《隴右金石録》改。

［六］一，《隴右金石録》作「三」。

八　宋安公大資宣相生祠碑

白知微

河池，春秋氏羌地也。提封百里，接于梁、洋之境［一］。自漢、唐迄于我朝熙寧，俱仍爲縣，或隸于武都，或隸于鳳州，沿革靡常。紹興初，金虜寇［二］梁、洋，朝論以此邑爲蜀之［三］門户，始制宣撫大司，以塞虜衝，頗得平焉。開禧丙寅，虜復犯邊[四]，西人恐。適丁卯之歲，逆曦不軌，焚蕩[五]其邑，僭稱僞號，謀分虜酉[六]，出梁、洋，欲[七]圖全蜀爲王畿地。而河池爲曦父祖世守之地，入蜀間道，必首汙[八]塗炭之患。人情洶洶，不堪其慘。安公大資宣相倡忠義，誘豪客，排闥誅剪，迅于震霆。上以置宗社磐石之固，下以息士庶擾攘之苦，而吾人生命頼以保活，全蜀仰戴，而區區之誠，莫之以報也。嗚呼！金虜[九]猖獗，逆曦竊據，爲害甚大，微安公宣相削平僭叛，則郡邑爲縻爛魚腹，而庠序之樂、田畝之利，不可得也。夫有及人之德者，不可不崇；有被世之勳者，不可不報。安公勳德格天，恩惠及人。若[一〇]西土之人，何忍忘言？築祠以報，不亦美[一一]乎！僉皆忻諾，遂卜地于仙人關，乃公隨軍轉運駐節之處，且地兼群山羅拱，衆水環遶，草木森鬱，爛若錦綺，真古神仙迹也。乃推鄉英以董其役，爲祠三楹，周以垣牆，門闌之屬，靡不具備，焕然新一方之觀覽，于是爲勝矣。工既落成，父老童稚争奉香火，拜瞻威儀。已而士庶相慶，舉酒而歌之曰：「山如壁兮江秀深，秋錦爛兮仙人踪。祈公福壽兮愈熾榮，大成四海兮慰蒼生。」歌畢，退而銘諸石，以識夫惠利之傳于無窮也。公，廣安人，名丙，字子文，資政殿學士、大中大夫、四川宣撫使。宋嘉定二年三月清明日記。

［説明］

以孟鵬年《徽郡志》所載爲底本録入。

宋寧宗嘉定二年（一二〇九）記。原題下有「宋白知微」四字。安丙，事迹見張伯魁《徽縣志·名宦》。

著録：張伯魁《徽縣志》（題「安丙生祠記」），董興林《徽縣新志》（題「安丙生祠記」），張維《隴右金石録》（題「安公祠堂記」），徽縣志編纂委員會《徽縣志》。

［校記］

［一］「接于梁、洋之境」，張伯魁《徽縣志》、《隴右金石録》作「接梁、洋境」。

[二]「金虜寇」，張伯魁《徽縣志》、《隴右金石録》作「寇侵」。
[三] 之，張伯魁《徽縣志》無。
[四]「虜復犯邊」，張伯魁《徽縣志》、《隴右金石録》作「敵復侵」。
[五] 蕩，張伯魁《徽縣志》作「湯」。
[六] 虜酋，張伯魁《徽縣志》、《隴右金石録》作「精鋭」。
[七] 欲，張伯魁《徽縣志》、《隴右金石録》無。
[八] 汙，張伯魁《徽縣志》、《隴右金石録》作「遭」。
[九] 金虜，張伯魁《徽縣志》、《隴右金石録》作「敵人」。
[一〇] 若，張伯魁《徽縣志》、《隴右金石録》作「吾」。
[一一] 美，張伯魁《徽縣志》、《隴右金石録》作「宜」。

九　吴玠龍山故戰場殘碑

佚　名

（上缺）年春（中缺）又欲以（中缺）忠烈策其（中缺）數十萬田（中缺）輕（中缺）具上（下缺）。

［説明］

殘碑存徽縣虞關鄉龍山行政村。殘碑高七八厘米，寬九四厘米。徽縣文化館馬存良提供拓片。宋碑。正文已泐損難辨。龍山爲當年吴玠與金兵進行戰鬥的遺址。

一〇　仙人關重建宣相安公生祠記

佚名

（篆額）：仙人關重建宣相安公生祠記

［説明］

殘碑存徽縣虞關鄉穆坪村吴王城。殘碑高一二六厘米，寬一一〇厘米。徽縣文化館馬存良提供拓片。宋碑。正文已泐損難辨。就其價值而言，是研究安丙生平的重要實證文獻。按：有的書中將此碑與《宋安公大資宣相生祠碑》混而爲一著録，殆誤。一爲初建時所立，一爲後來重修時所立，應分别著録。

一一　摩崖

唐萬安之院

大宋

［説明］

據徽縣督考局局長、文化局原副局長許占虎所提供照片録入。

一二　宣靈王廟碑

陳季

徽州古河池也，舊爲[一]鳳州屬邑。大元混一，區宇更置郡縣，陞爲徽州。距州之西，層巒之上有古神廟，鳥革[二]翬飛，規模壯觀，前郡守陳侯之所重建也。郡人以爲州主，歲時祭祀盡禮，水旱疾癘必于是禱焉。廟有古碑，記神威靈。蓋金兵寇宋之時，宋逆臣有吴曦者，駐大軍于河池，包藏禍心，謀欲叛宋。曦黨有夢謁于神者，見曦跪奠[三]神前，神答曰：「可行則行，後段付之安丙。」翌日，宣言之。時安丙以隨軍轉運使隸焉。其後吴曦果叛宋附金，安丙謀欲誅之，議未決，因憶前夢，乃晤曦之魄□□爲神所奪也，遂決議誅曦。功成，既□□神之陰相也。于此見神之靈，有在于斯廟也，昭昭矣。神之事迹見于圖經。黄巢之亂，禧宗西幸，至白石鎮，有叟進醪醴。上問其來，曰：「父子谷。」因賜金帛，送至其谷。父子谷，今在鳳州梁泉東北，有廟在焉。蓋彼乃本廟，此則行祠也。宋宣和中，初賜侯爵，曰「中護侯」，曰「中嗣侯」[四]。自時厥後，凡有禱祈，應如影響。敕賜「靈威」廟額，屢薦加封，至于王爵，曰「昭顯孚佑忠應宣靈王」，曰「順惠協濟衍慶嗣利王」，父子并列祀典。夫山谷間不無隱君子，如商山之老，秦之避世者不忘憂國之心，□而進建儲嗣。矧禧宗末年，唐室危矣，豈無隱君子于山谷哉？黄□[五]所臨，假醪醴一奠，其尊君親上之誠，天不没其實，而祀以永存，褒封之榮至于王爵。吁戲！草野不忘君，而效臣子之忠勤，其受報有如此者。百世之下，聞其風者，莫不感慕而興起也。舊時，每歲春月，遠近居民詣廟設祭者，皆以醪醴爲獻。雖禁酤之時，而有司以爲弛其禁，所以示不忘本也。宋末兵興，廟主[六]李再興，負神之封贈誥命一十通，避亂入蜀。暨四川平，再興之子文秀，還至斯廟。皇慶二年，關中□□同知徽州事，謁廟祀，披覽前件封贈誥命，慮其久而忘失，廟無碑志，後世無所考據，乃命立石，書其事實，垂示不朽焉。銘曰：

國有大難，鑾輿播遷。萬里蒙塵，跋涉山川。百寮竄身，偷生苟活。誰念君王，道路饑渴。有隱君子，志不忘君。躬[七]獻醪醴，供致殷勤。蕪蔞豆[八]粥，滹沱麥飯。物薄情厚，拳拳忠戀。厚意必報，錫爵旌忠。千載之下，廟食不窮。西山之阿，莊嚴廟貌。顔曰靈感，禱祈必效。曰雨而雨，曰暘而暘。保佑居民，永底安康。勒名刻石，垂示罔極。俾爾後人，知神勳德。

皇慶二年癸丑六月，徽州儒學陳季撰

［**説明**］

以張維《隴右金石録》所載爲底本録入。

元仁宗皇慶二年（一三一三）陳季撰。

宣靈王廟，張伯魁《徽縣志·廟宇》載：「在城西鳳山上，神本居古鳳州北之父子谷。唐僖宗幸蜀至鳳州，神父子進醪醴，上問其來，曰『居父子谷』。因賜金幣送至其谷，惟有古廟，父子列像其中，乃知爲神也。遂加賜號。河池有廟，行祠也。宋吴曦叛于河池，神著靈異，又加封，敕賜廟額曰『靈感』。宣，神姓也。」

著録：董興林《徽縣新志》，徽縣志編纂委員會《徽縣志》。

［**校記**］

［一］爲，《徽縣新志》作「厝」。

［二］鳥革，《徽縣新志》作「□□」。

〔三〕奠，徽縣志編纂委員會《徽縣志》作「尊」。
〔四〕「中護侯」「中嗣侯」之「中」，《重修宣靈廟碑》皆作「忠」。
〔五〕□，疑當作「巢」。
〔六〕主，《徽縣新志》作「祝」。
〔七〕躬，《徽縣新志》作「功」。
〔八〕豆，《徽縣新志》作「□」。

一三　敢當石文

佚　名

天將君保過□煞。
禳過此煞千年不□。
□能蕭萬年不化功。
□□太上老君急急如律令。

保〔過〕

〔説明〕
據徽縣督考局局長許占虎所提供照片及説明録入。
石刻位于嘉陵江（陳倉道）上嘉陵村，因路難行，故立此石。

明

一四　重修福興寺碑

佚名

存目

［説明］

張維《隴右金石録》載：「重修福興寺碑。在徽縣泥陽川，今存。」

張伯魁《徽縣志》載：「福興寺，即廣福院，西北七十里泥陽川。明永樂初敕建，萬曆間重修，有記。」此碑今已佚。

一五　虞關修路摩崖碑

許清

虞關巡檢許清，字文澄。因見山路數處崎嶇陡峻，往來乘驢策馬，馱輕負重，挨排難行，墜落崖河，傷死者甚多。澄發心令男許琳、許瑛、司吏卜連率領兵牌人等，用工開修，更異坪坦，立石爲銘者矣。

時成化三年歲次丁亥三月吉日就石

［説明］

據徽縣督考局局長許占虎所提供照片録入。

碑存徽縣虞關老街嘉陵江西岸石崖上。呈正方形，邊長一〇〇厘米。

成化三年（一四六七）許清記。

著録：徽縣志編纂委員會《徽縣志》，《甘肅省志》，吴景山《絲綢之路交通碑銘》。

一六　真空寺碑

釋定慎

山境

發心僧人定慎

重廬高殿左右盤，北有道觀普陀岩。錦綉乾坤戲山河，一對金剛存壇前[一]。

古佛岩前聖祥睡，東南西北數里多。日往月來川娑[二]過，五湖[三]四海進相合。

迎龍季山古真空，不是佛境同聚會。空有巒岩獨聖原，魯得留名邽龍角[四]。

道魔。弘治二年正月吉日，石匠張進善造。

[說明]

據徽縣縣志辦公室原主任梁曉明、徽縣博物館曹鵬雁抄件録入。碑寬三七．五厘米，殘高八八厘米。現藏徽縣博物館。明弘治二年（一四八九）立。張維《隴右金石録》載：「徽縣真空寺碑。在徽縣江川口，今存。」張伯魁《徽縣志》載：「真空寺，東北八十里，在江川口北。……明弘治中修。」

[校記]

[一] 壇前存，與前二句不成韵，疑爲「存壇前」之誤。

[二] 川娑，即穿梭。

[三] 湖，原作「胡」，據文意改。

[四] 角字與上不成韵，疑爲「觖」字之誤識。觖，窺瑞切，與「會」同韵。觖，乞求、願望之意。

一七　徽州重修廟學之記

劉　健

（篆額）：徽州重修廟學之記

徽州重修廟學記

賜進士出身、嘉議大夫、禮部右侍郎兼翰林院學士、知制誥同知經筵事、國史總裁、洛陽劉健撰

賜進士出身、資善大夫、户部尚書、侍經筵官、襄城李敏篆額

賜進士出身、通議大夫、□□大理寺致仕□□資政大夫、前都察院左僉都御史、乾陽宋欽書丹

我皇明[一]法古爲治，學校之設，遍于海宇。然而教化之行，人材之出，不能以皆盛，此蓋繫之司作興之責者。何如耳？作興得其人，則[二]雖僻陋之域，可使爲文明之邦。昔之人若文翁者守蜀，蜀地僻陋有蠻夷風。文翁遣其民就學京師，又修學宫于成都，招其子弟爲學官[三]弟子，親飭勵之，由是蜀地大化比齊魯，此可見已。徽去長安西踰千里，即漢河池縣地，屢爲羌戎所居，其士[四]風文化，比之長安近地且有不逮，况四方之郡邑之盛者乎？故學宫宣聖廟，雖建自國初，而迫狹蕪陋，不稱規矩，士大夫咸病之。郟縣劉君濟來知州事，一[五]謁廟之頃，即有作興之意。學宫後有山曰鐘樓，去明倫堂稍[六]遠，于是先即山巔建御書閣，山

之前明倫堂後建講堂，堂之前爲諸生舍十有二楹，以聯屬山脉。既又大[七]取材于山，取瓦甓于陶，取羨餘之財于官、于士民之願助者。遂即明倫堂舊基稍西建堂，堂之前建大成殿，殿之前建東西二廡、戟與靈[八]星二門，以至學之齋舍、厨庫、倉庾、門垣之屬，悉易舊以新，煥然弘[九]麗。經始于成化丁未冬，落成于弘[一〇]治改元秋。一舉事而使神明之奠享有嚴，師生之瞻依得所，此固能急有司之先務矣。而劉君起家河南，鄉薦優等，平居事親以孝稱，親終，廬于墓三年，有紫芝之應，朝廷旌表其門閭，可謂學行兼備矣。以此作興倡導諸生，則于急先務之中，又爲得其本焉。夫學所以明道也，道之講明，雖有待于聖賢之遺言遺訓，而其根源則具于人之一心。天之付畀，人人均齊，道固無往而不在焉。况我皇明之制，凡學校無間偏州下邑，皆有通儒之除授、經籍之頒賜，其所以講明造就之者，又非漢初比。今劉君于徽之諸生，作興倡導，以言以身，誠無怠于初心。吾知徽之士風文化自是將丕振大行，而人材之出彬彬其盛矣。豈但如文翁之于蜀而已哉！劉君于余爲鄉人，間以[一一]天子新即位，入賀京師，過余，道其事，求爲記。余重其人，且政能知所先務，故樂爲之書。然是役也，其一時僚屬有協相之力者，若判官劉俊、廖元孝[一二]、吏目陳大倫，亦不可泯泯無聞，乃并書于後，以告徽之人及繼此而仕者，使有考焉。

大明弘治二年歲次己酉夏五月[一三]

奉訓大夫、知州郯教劉齊立石。儒學學正、洛陽王賢督工。陰陽學典科罗讓。徽□驛丞楊。

從仕朗判官崇慶劉俊、富順寥元孜，訓導□□梓，虞關巡檢劉聰，醫學典科胡□。

將仕郎吏目鄰水陳大倫、郡奚侯志學，火鑽批驗茶引大使□珍，僧正司僧□經□□。

税科局大使盧景春，火鑽考滿大使董憲。

［説明］

碑存徽縣政府院碑亭内，已泐損。碑高二二一厘米，寬一〇八厘米。

弘治二年（一四八九）劉健撰。劉健（一四三三—一五二六），字希賢，號晦庵，河南洛陽人。明朝中期内閣大學士、内閣首輔，先後爲官于英宗、憲宗、孝宗、武宗時期，爲四朝元老。從弘治元年到正德元年，他入閣十九年，其中作爲首輔八年，對明朝中葉弘治、正德兩朝政治産生了較大的影響。

著録：孟鵬年《徽郡志》，張伯魁《徽縣志》，張維《隴右金石録》（題「徽州重修廟學碑」），董興林《徽縣新志》，徽縣志編纂委員會《徽縣志》。

［校記］

［一］我皇明，張伯魁《徽縣志》、《隴右金石録》作「朝廷」。

［二］則，張伯魁《徽縣志》、《隴右金石録》無。

［三］官，張伯魁《徽縣志》、《徽縣新志》作「宫」。

［四］士，《徽郡志》作「土」。

［五］一，《隴右金石録》無。

［六］稍，《徽郡志》作「後」。

［七］大，《隴右金石録》無。

［八］靈，張伯魁《徽縣志》、《隴右金石録》、《徽縣新志》作「欞」。

［九］弘，張伯魁《徽縣志》、《隴右金石録》、《徽縣新志》作「宏」。

［一〇］弘，張伯魁《徽縣志》、《隴右金石録》、《徽縣新志》作「宏」。

[一一] 間以，《隴右金石録》無。
[一二] 廖元孝，《隴右金石録》無。
[一三]「大明弘治二年歲次己酉夏五月」句至尾句，各本皆無。

一八 聖善院石佛碑

佚名

存目

[說明]

張維《隴右金石録》載：「聖善院石佛碑。在徽縣陳家山，今存。」
《徽縣舊志》載：「聖善院，在縣東南三十里陳家山，石佛甚古。明弘治時重修，記云：『唐前古刹。』」此碑今已佚。

一九 記事摩崖

正德十三年□□同記[一]。人人橋□一百。□□□莫。士石匠（下殘）

[說明]

明正德十三年（一五一八）鐫。
據徽縣督考局局長許占虎所提供照片録入。

[校記]

[一] 記，原作「玘」，據文意改。

二〇　按察僉事李公生祠碑

張　潛

（篆額）：李公生祠之記

按察僉事李公生祠碑

賜進士第、□□大夫、山東□□岷山張潛

賜進士第、嘉議大夫、都察院右□都御史成□

賜進士□、□政大夫、四川僉事、前翰林院□□士（下缺）

正德戊辰，巴蜀寇起，滋蔓横肆。至廑制帥徂征，轉戰無寧日。辛未之秋，入關南犯隴右，荼掠徽城而去。明年，燕山李公以按察僉事巡隴右，下車之日，先務撫輯。聞寇且再至，憮然曰：「是惟文教弗率，武備罔奏。昔嬰齊伐莒，莒潰，《春秋》責其忘本忘末[一]。前日之所以蒙禍者，夫猶是也。」即驅[二]至徽州，輯民人，明伍堠，嚴保聚。甫修于内，寇已掠江油至昭化，烽火接境。公施正運奇，定掎[三]鹿之勢。分兵五營，列戍白水江，首尾聯絡。復自度兵寡，多設疑要津之地，度三常山下瞰百里廣。寇將擬[四]之，令指揮尹謨築壘于上。寇果至，洎歸，衆愕然失色，相戒：「無易隴右！」乃退掠略陽。公復提兵金竹壩以蹙之，寇遂奔入巴蜀。蓋自是奪氣，次第就擒，巴蜀之成功，實有以先[五]之。初，寇入掠徽城甚慘。及聞復至，徽之人尤以爲急。公從容經畫，不血一刃，不失一鏃，以安秦隴。遂至于滅寇以定巴蜀，以綏海宇，偉矣哉！徽人獨思前日之急，恃公無恐，至于今是賴，將祠以祀公。公以爲戚然，晉諸吏諭之曰：「是惟吾職，惟吏民宣力，吾無功，其何以祠之？」謂父老曰：「吾所以奉聖天子明命以臨汝者，凡以爲汝也，奚德于汝[六]，而顧欲祠之，無乃不可乎？」揖士大夫曰：「平生所學，慄慄恐負，尚有規箴不逮，若以保民，烏可勤民？」敬辭謝。于是徽人不得以申其志。而制帥御史大夫彭公、張公、巡撫中丞藍公、巡按御史成公、馬公相繼薦公于朝，言：「可屬天下大事。」故典監司巡，期月得代，獨留公以撫輯，再逾期焉。甲戌，晉[七]拜副使，整飭洮、岷邊備。幾六[八]載，資[九]望日以隆。徽人計公當入拜，乃建祠于學宫之次，肖像于堂，以春秋仲月祀公，公不能禁。頃者，御史羅公按徽州，父老遮馬呈狀，言公之功及所以祀公者[一〇]。羅公稱歎曰：「士當如此矣！」父老馳書請記其事于繫牲[一一]之石。嗟夫！公雅度幾見[一二]，輕裘坐嘯于兵革之地；指顧之頃[一三]，挈水火之民措諸袵席之上。度其功業，在西秦，在天下，在史氏[一四]，當大書以詔來裔，奚以祠祀一州爲重哉？然徽人之心不如是，則終以爲歉然也。且徽人之有生，安爾室廬，長爾子孫，咸公之所賜，是公之恩洽于其身、迨于其妻孥、衍于其後葉[一五]之人矣！其心之所感者，宜何如耶？是故其所欲爲者出于自然，有[一六]非形勢之所可奪者。《祀典》曰：「能捍大患則祀之。」兹役也，先王報功之制也，人之所不能忘者也。

大明正德十五年歲次庚辰仲秋月

奉直大夫、知州蠡縣陳□

從仕郎、判官古虞張朝宗

□仕郎、吏目□南袁宗倫

儒學學正、睢州□□錦

□□郟縣□□

［説明］

碑存徽縣政府院碑亭内，已泐損。碑高二四一厘米，寬一二二厘米。

正德十五年（一五二〇）張潛撰。張潛（一四二二—一五二六），字用昭，號東谷，今秦安縣隴城鎮部閣堂村人。明孝宗弘治九年登（一四九六）弘治丙辰進士第，授户部主事擢員外郎，丁艱服除改禮部郎中。後提任直隷廣平府知府，在職五年，郡中稱治。隨後又遷任山東布政使司右參政。因事遭誣，以計典罷，中外惜之。晚年家于華州。代表詩作有《伏羲卦臺》《渭水秋聲》等。

著録：費廷珍《直隷秦州新志》（題「分巡李公祠記」），張伯魁《徽縣志》（題「分巡李公祠記」），董興林《徽縣新志》（題「分巡李公祠記」），《宣統甘肅通志》，張維《隴右金石録》（題「分巡李君祠記」），徽縣志編纂委員會《徽縣志》。

［校記］

［一］忘末，張伯魁《徽縣志》、《隴右金石録》作「輕動」。

［二］驅，張伯魁《徽縣志》、《隴右金石録》作「馳」。

［三］掎，張伯魁《徽縣志》、《隴右金石録》作「犄」。

［四］擬，《隴右金石録》作「據」。

［五］先，張伯魁《徽縣志》、《隴右金石録》作「始」。

［六］汝，張伯魁《徽縣志》、《隴右金石録》作「兹」。

［七］晉，張伯魁《徽縣志》、《隴右金石録》作「遷」。

［八］六，張伯魁《徽縣志》、《隴右金石録》作「五」。

［九］資，張伯魁《徽縣志》、《隴右金石録》脱。

［一〇］「頃者……祀公者」句《徽郡志》脱。

［一一］于繫牲，張伯魁《徽縣志》、《隴右金石録》作「于予，使壽」。

［一二］幾見，張伯魁《徽縣志》、《隴右金石録》脱。

［一三］頃，張伯魁《徽縣志》、《隴右金石録》作「間」。

［一四］史氏，張伯魁《徽縣志》、《隴右金石録》作「萬世」。

［一五］葉，張伯魁《徽縣志》、《隴右金石録》作「裔」。

［一六］有，張伯魁《徽縣志》、《隴右金石録》作「固」。

二一　重修廟學記

唐龍

嘉靖紀元春王正月，龍受天子命視學于關西。夏四月，莅徽州。其學圮矣，憮然興嗟，亟命[一]所司撤而新之。時乏長吏，莫之能舉也。明年，御史鄭維新監督茶税至州，發官帑銀三百有奇，申[二]飭知州白松以經始焉。又明年，御史陳講嗣至，發米百斛有奇，用備餼廩。二君子之意弘[三]矣。松沓沓然莫究厥圖，尋亦見斥。知州朱純代之，勤綜理之責，嚴省試之程。四年春二月，乃用訖于成，輪奐孔飾[四]，覘緒用新，宫牆巖巖，齋廡翼翼。二三子心懌神怡，挾策鼓笥，洋洋而興焉。機至者易導也，德奮者易振也，龍于二三子有厚望矣。二三子游聖人之宫，亦欲聞聖人之道乎？夫聖人之道，文質之謂也。文無體，以質爲體；質無用，以文爲用。無體不立，無用不行，二者備，而聖人之道得矣。雖然，性以習成者也，化以俗著者也，氣以居移者也。是故遐壤僻邑，顓顓職職，厥質儉矣，而或苦于陋；通都麗鎮，交交濟濟，厥文靡矣，而或傷于侈。陋則廢禮，侈則離實，君子胥病焉。夫州西阻秦隴，東扼漢蜀，岡阜層複，林麓蔚薈，是故樸略全而有質焉。且[五]白水經流，通于巴江，接于湘湖，風氣既宣，聲教亦[六]暢，是故聞見著而有文焉。二三子推曲以致全，因似以索真，即近以企遠，于是乎敦彝倫之本，厚性命之原，崇道德之實，必曰聖人之質也。章名物之數，修詩書之訓，陳禮樂之極，必曰聖人之文也。名實以相成，本末以相承，體用以相形，則于聖人之道庶幾乎？聖人曰：「文質彬彬，然後君子。」二三子無憚爲君子，斯可也。抑聞禮者，不忘其初者也。是故大圭不琢，大羹不和，雕篡之文，不如汙樽之制，朱絃之飾，不如土鼓之音，其所由來遠矣。然則與其文而濡如，孰若質而誠若乎？林枚[七]之問尊如太山，子成之説近于君子，皆此意也，二三子盍慎而求之？

嘉靖四年秋七月望日

［**説明**］

以孟鵬年《徽郡志》爲底本録入。

嘉靖四年（一五二五）記。原題下有「蘭溪唐龍，吏部尚書，前提學副使」十三字。唐龍，字虞佐，蘭溪人。受業于同縣章懋，登正德三年進士。除郯城知縣。父喪，服除，征授御史，出按雲南。嘉靖七年改右僉都御史，總督漕運兼巡撫鳳陽諸府。嘉靖十年總督陝西等處。考尚書六年滿，加太子少保。以母老乞歸侍養。久之，用薦起南京刑部尚書，就改吏部。後因嚴嵩事罷官，不久病死。

著録：董興林《徽縣新志》，張維《隴右金石録》（題「徽州修學記」），徽縣志編纂委員會《徽縣志》。

［校記］

［一］命，《隴右金石録》《徽縣新志》作「令」。
［二］申，《隴右金石録》作「爰」。
［三］弘，《隴右金石録》作「宏」。
［四］飾，《隴右金石録》作「飭」。
［五］且，《隴右金石録》作「至于」。
［六］亦，《隴右金石録》《徽縣新志》作「益」。
［七］枚，《隴右金石録》作「放」。

二二　徽州重修廟學記

康　海

（篆額）：徽州重修廟學之記

徽州重修廟學記

徽州，即漢之河池縣。勝國時始改爲州，明興因之，遂爲西方大郡。成化末，郟人劉濟來知是州，廟學、官署皆更建之，而廟學規模，視昔弘［一］遠矣。劉君去四十餘年，廟學復敝。嘉靖丁亥六月丁未，監察御史段君汝礪［二］，與分守參政成君文、分巡僉事司君迪，按歷是地，相顧而歎曰：「興賢育才之地，使之至是，非吾人之咎哉？」即日，發粟具，直付知州朱純氏，量工庸材，因廢拓新，而巡按御史劉君簾適至，協起事焉。

又四月，而功用告成，朱君以書請記于予。予聞之人曰：「學之修復，起[三]于前御史鄭君維新洎陳君講，二君去，工乃中止[四]。故段、劉二君與成、司二君力成之。」是舉也，不愆候以勞民，不循侈而溢費。如此，而諸君子之崇重斯文，其心亦已至矣。豈非西土士大夫之幸邪[五]？昔海自總角以至釋褐，嘗望見當世士君子軌[六]事于斯者，未嘗不以學校之教爲己任。自正德以後，士君子之視學校，分誼睽革，不啻秦越之不相及也。乃今有如是焉，此海二十餘年之未睹[七]也，豈非西土士大夫之幸邪[八]？夫所謂教化者，繫諸學校，而學校之政，則自執事者倡而率之，导而詣之，故肆[九]習有地，儀形有法，然後士彬彬然興起也。夫子之殿庭崩塌圮壞，循謁者再拜而出，若未睹[一〇]見，乃疑忌成俗，州縣提調者，敢遽然以爲己任而作新之邪[一一]！天下之廣，吾不能知。即關中觀之，其廢者已七八，而存者二三耳，段君之言，豈欺我哉？予去歲見段君氣岸闊大，務多長厚，有體裁。不數日，又見劉君往巡是地，其意度思維與群殊也。嘗語人曰：「西方比年多故，乃何幸得兩君子按治其地，民由是而[一二]安枕矣，乃又有是事焉。」彼終日□役于簿書期會之間，來也若縶、去也若脱者，聞兩君子之風，巨[一三]不興感矣乎！朱君能思務所先，不群流俗，固守令之傑然者，均不可無紀以詔後來。于是道其始末，俾之刻石，而又繫之以辭，曰：「夫子之道德，具在方册，徽之多士，其亦因諸君子作新之意，以自新乎？此諸君子之意，而汝多士所以聚而求之者也。于此而不知所用心焉，則亦且以貽諸君子之羞矣。非西土士大夫之所幸，與予之喜談樂道乎是者也。多士尚亦重自勉懋乎哉！」

嘉靖丁亥□十月乙丑

賜進士及第、前翰林院國史修撰、儒林郎、經筵講官武功康海記

［説明］

碑存徽縣政府院碑亭内。碑高二四一厘米，寬一二二厘米。

嘉靖六年（一五二七）康海撰。康海（一四七五—一五四〇），字德涵，號對山、沜東漁父，陝西武功人。弘治十五年狀元，任翰林院修撰。武宗時宦官劉瑾敗，因名列瑾黨而免官。以詩文名列「前七子」之一。所著有詩文集《對山集》、雜劇《中山狼》、散曲集《沜東樂府》等。

著録：孟鵬年《徽郡志》（題「重脩廟學記」），徽縣志編纂委員會《徽縣志》。

［校記］

［一］弘，《徽郡志》諱作「宏」。

［二］礪，《徽郡志》作「勵」。

［三］「復，起」，《徽郡志》脱。

［四］止，《徽郡志》脱。

［五］邪，《徽郡志》作「耶」。

［六］軌，《徽郡志》作「執」。

［七］睹，《徽郡志》作「覩」。

［八］邪，《徽郡志》作「耶」。

［九］肄，當作「肆」，《説文》：「肆，習也。」

［一〇］睹，《徽郡志》作「覩」。

［一一］邪，《徽郡志》作「耶」。

［一二］而，《徽郡志》脱。

［一三］巨，《徽郡志》作「詎」。

一一三　程子二箴

明世宗

（一）程子言箴

（篆額）：宸翰

程子言箴

人心之動，因言以宣。發禁躁妄，内斯静專。矧是樞機，興戎出好。吉凶榮辱，惟其所召。傷易則誕，傷煩則支。己肆物忤，出悖來違。非法不道，欽哉訓辭。

樞機者，譬户之軸、弩之牙也。戎是兵戎，好是喜好。程子之意，説凡人所言必謹，其妄出輕發，如弩之發矢，度而思之，務求其中焉。言易則至于狂誕，言煩不免于支離。非聖賢之法言，不敢道之于口，所以告來世之君子也。朕因而諭之曰：「凡人所言，必求其合諸道理，準之經傳，然後可以爲言也。夫言以文身也。《書》云：「惟口起羞。」《大學》云：「言悖而發者，亦悖而入。」《孝經》云：「非先王之法言不敢道。」斯之謂也。人之于言必加謹焉，而人君之言，尤當謹之。先儒云：「王言如絲，其出如綸；王言如綸，其出如綍。」又君之發號施令皆言也，令出之善，則四海從焉；一或不善，則四海違焉。故凡出一言發一令，皆當合于天理之公，因諸人情之所向背。若或徒用己之聰明，恃其尊大，肆意信口，不論事理之得失，民情之好惡，小則遺當時之患，大則致千百年之禍，可不戒畏之哉？程氏之作箴，其用心也至矣。嗚呼謹之！」

（二）程子動箴

（篆額）：宸翰

程子動箴

哲人知幾，誠之于思。志士勵行，守之于爲。順理則裕，從欲惟危。造次克念，戰兢自持。習與性成，聖賢同歸。

哲人是明哲之人，志士是有德行之士。誠是念之實，守是行之篤。理即天理，欲是人欲。程子說：「凡人所動作，便不可輕舉妄動，當審事機可否之如何，天理人欲之所在；思其事之巨細，爲其所當爲，然後動與道合，無有墜失往躁之病。戰兢惕勵，如此者惟聖人乃能之，君子可不謹之哉！」朕因而論曰：「凡人動爲，當求合乎道理，察其當爲與所不當爲，尤重別而行之可也。而人君之所動尤重焉，蓋君者以一身而宰萬事，不可適己之欲。與夫聽信讒佞，輕舉妄動，或持中國之强而好征戰，或盤游無度而殘虐百姓，凡此類者，不可枚舉。姑說其大者言之，一舉動之間，上違天意，下怫民心，而敗口之禍隨之，是非可不畏懼也哉！程氏之《動箴》，其用心也至矣。嗚呼畏之！

斯四箴者，作之在于程頤。以斯四箴而致其君者，乃吾輔臣張璁也。頤之作箴，其見道之如此，而動與禮合，宣朕未之言，君子必知矣。夫今璁以此言而告朕，與夫昔議禮之持正，可謂允蹈之哉！朕罔聞于學焉，特因是而注釋其義，于以嘉璁之忠愛，于以示君子之人。嗚呼！箴之功，宜不在程氏而在于璁也哉！用録此于末云耳。」

嘉靖丁亥歲季冬越三日

［説明］

二碑存徽縣文化館。程子言箴碑高九五厘米，寬一三四厘米；程子動箴碑高九九厘米，寬一二六厘米。

嘉靖六年（一五二七）立。

二四　啓聖公祠碑

康　海

聖天子以孝道理天下，凡典禮因循大義，疑似者輒釐正之。舊先師廟堂，嘗以顔、曾配享矣。顧其父皆列廡下，數百年來居而弗思，以爲當然。邇以廷議有感聖心，于是詔以啓聖公，建祠廟廷之後，而以顔路、曾皙配夫啓聖公。篤生聖人，删述六經，師表萬世，其有功于彝倫莫重也。凡名位勳伐之臣，莫不推恩以及其先人，况聖人之父乎？顔、曾子居父上，其心固不能[一]自安矣。灌獻雖隆，何以享[二]焉？聖天子推是心以裁正是典，則[三]所以敦厚彝倫、崇禮先師之意[四]，真可以[五]度越百王，三代明辟，但可彷彿而已？于乎休哉！河間周君，作[六]守徽州[七]，克遵皇訓，耑遂落成，以爲絶世之典。當啓後觀，乃使徵文[八]，刻之真[九]石，海竊感焉。夫周君，關西良吏也。政修教舉，吏畏民懷，近所罕睹。况事關名義，我何以辭？于是繫之以辭，曰：

維皇建極，克邁鴻猷。淵衷睿思，何訓弗求。大禮之定，百王啓羞。唐虞比德，况彼商周。漢宋罔稽，世乃效尤。言既不順，名則胡由。是匡是即[一〇]，皇履允迪。益求大顯，疑似靡襲。遂及群典，維正是亟。啓聖之建，名義乃敕。既欣神理，亦示民極。閟宫窿窿，良守所緝。位序既嚴，享祀何忒。皇訓在心，如彼朝日。允言念之，世萬何斁。

［說明］

以孟鵬年《徽郡志》爲底本録入。

嘉靖十年（一五三一）立。原題下有「前人」（康海）二字。

著録：張伯魁《徽縣志》，董興林《徽縣新志》，張維《隴右金石録》（題「啓聖祠記」，存目），徽縣志編纂委員會《徽縣志》。

［校記］

［一］能，張伯魁《徽縣志》、《徽縣新志》無。

［二］享，張伯魁《徽縣志》、《徽縣新志》作「孝」。

［三］則，張伯魁《徽縣志》、《徽縣新志》無。

［四］「禮先師之意」《徽郡志》無，據張伯魁《徽縣志》補。

［五］真可以，張伯魁《徽縣志》、《徽縣新志》作「直可」。

［六］作，《徽縣志》、《徽縣新志》作「三代作」。

［七］徽州，《徽縣志》、《徽縣新志》無。

［八］乃使徽文，《徽郡志》原作「走使徽文」，似與文意不通，據張伯魁《徽縣志》改。

［九］真，當作「貞」。

［一〇］即，當作「飭」。

二五　重修宣靈王廟碑

任　倫

徽之城西，翬翼而昂霄，曰「鳳凰山」。山之跨勝處，有古廟，乃宣靈王祠也。神功昭彰，耿耿不磨，而血食不墜。考之，唐僖宗幸蜀，過鳳州白石，有叟進醪醴麥蘖。上詢所從來，曰：「居父子谷。」問姓名，不對，忽隱。訪至其谷，父子列像崖下。因嘉靈異，封曰「忠護侯」。會風雨大阻，憶子求封，封曰「忠嗣侯」。宋吴曦保河池，叛逆附金。先時，有夢曦謁于神者，見曦跪奠神前，神曰：「可行則行，後段付之安丙。」時，丙以隨漕在魚關，欲誅之，未決。因憶前夢，知曦之魄已爲神所奪矣！踰月而誅。事聞，封神曰「昭顯孚佑忠應宣靈王」，封子曰「順惠協濟衍慶嗣利王」，賜廟額曰「靈感［一一］」，屢賜誥命一十通。按：河池鳳州屬邑，父子谷在鳳州城北，彼蓋本廟，此則行祠也。神之靈異如此，嗚呼！陰陽變化之所爲，有不可得而測者，山川之靈也。宣靈王之神，姓名不傳，實山川之靈，神之莫測也。其所以護國庇民，助順殄逆，救災卹患，雨暘時若，而傳相元化奉天效靈者，莫非變化之所爲，神而明之者也？廟建兹土，時異世殊，顯靈不一，民受其福，誠無涯矣。奈何曆［一二］年既久，棟梁朽蠹，大爲傾廢。前太守周公璋亦嘗捐俸，命會首采備材木，興工以新之，未完而去。時有太守莫公汝高，奉詔遷官，下車謁廟，歎曰：「功將半矣，而未完者何耶？事神莫非吾事，不必勞民傷財，我將成之。」諜于鄉達諸公，乃屬倫爲草疏數百言，募于衆鄉士君子，咸傾所有，翕然樂輸材木以助之。踰月，蓄貯裕如，乃舉有德著[三]老董其事。即日告神命匠，前殿後宫，豐梁隆棟，榱桷連圍，劚而更之，古之枓栱楹柱堅實者不改。别建祠利王祠于左側，其穿廊坊牌、土地祠宇、臺砌堦級、牆墁壁畫，焕然一新，大率復舊製而增益之。又修大門，繚以周垣，俱可以垂久也。始于乙未之春，成于丙申之冬。耆老數輩，承莫公之命，相率請倫書之。予惟興廢理之常也，不有始作，事何以興？不有重修，廢何以新？今日官民協恭，共輸財力，新此廟貌，厥功可謂大矣！是故神自靈而必饗，人敬神而不謾。歲時祭祀，會賽有常，而默贊陰陽，神明如在矣。以之祈平保泰，禳災逐疫，罔不靈驗。樂享無虞，邦人受福，與之相爲悠久也哉。故繫之以辭，曰：

山岳殷充，靈秘攸鍾。精與靈通，神廟難窮。鳳山有宫，赫赫其容。時世殊逢，顯靈效忠。護國庇民，功德繫神。橋梓垂紳，世享精禋。廟宇傾陳，易舊更新。神昭靈貺，爲□□勤。斡[四]旋化機，雨暘時均。禦災捍患，永福斯人。

大明嘉靖十五年夏四月，敕封徵仕郎、進階文林郎、山東登州府推官、徽山古河池逸老任倫□經撰

［説明］

以董興林《徽縣新志》爲底本録入。

嘉靖十五年（一五三六）任倫撰。任倫，徽山人，明弘治間歲貢生，曾任山東登州府推官。

著録：張維《隴右金石録》（題「宣靈王廟碑」，存目），徽縣志編纂委員會《徽縣志》。

［校記］

［一］感，《宣靈王廟碑》作「威」。

[二] 曆，當作「歷」。

[三] 著，當作「者」。

[四] 幹，當作「榦」。

二六　增修徽山書院記

龔守愚

書院之建何沿乎？夷考古之教者[一]，有塾、庠、序、學之異。蓋提封廣者生齒繁，運祚隆者規制備[二]。匡直輔翼，變夷居[三]之風；朋友講習，收麗澤之效。絃歌相聞，非侈觀也；板[四]築相望，非厲民也。故挑達城闕而制[五]興，不[六]鄉校而頌作，推廣聞見，靡不由斯。洪惟興[七]朝，樂育之化，遠紹四代。里社有學，古家塾也；郡邑有學，古州序也；兩京有監，古國學也。惟是黨庠之制若未遑然，是宜孤陋猶失于漸摩[八]，跅弛或逾于繩檢。大雅君子有惻于衷，爰建書院用勗多士，居肆成事，取賢斂材，化原可敦，何必令甲以義起之，其諸古之庠乎？徽之艮維，有山曰鐘樓，岡巒深秀，望之蔚如也。其下有地一區，延袤爽塏，即之豁如也。嘉靖丙申，侍御新野劉公來董茶馬之政，以學舍湫隘，召諸生指示之，曰：「此可以居子矣。」乃發茶課若干緡，屬之知州莫汝高，度地掄材，建堂分[九]號，榜曰「徽山書院」。越明年正月，侍御寧陵胡公巡按至徽，弭節[一〇]山椒，凝睇院壖，猶病弗宏，爰議增拓。維是邊備憲副馬君直卿、分巡僉憲白君應衡，議以克合，乃發公帑銀以兩計者五十，汝高奉以周旋，使吏目劉錫監護厥工。于是居民之密邇者，悉受直[一一]願他徙。乃建前廳五楹，外門三楹，儀門三楹，肅矩範也。門左右各有坊，肇錫嘉名，昭期待也。山之巔建尊經閣，資多識也。閣東偏樹樓懸鐘，警昏惰也。繚以周垣，翼以庖湢。松篁蔽虧，庭除蠲潔，諸士鼓篋而來游，盍簪而相觀，莫不心曠神怡，爭自淬礪。公曰：「古書院有山長，今鄉貢士史衢，皆[一二]州之良也。乃招延之，俾與學正徐行，共秉教鐸。」衢等承命益虔，章程條貫，纚纚就緒，蜚英鼓勇，士有奮心。馬君謂守愚承乏學事，以記見屬。竊惟徽國，文公之在南康也，時方多故，而白鹿之役，若或督之。所謂悉心綱紀，竭蹷[一三]奔趨者，固不誣也。而又爲之賦以諷之，爲之規以警之，徵記于東萊以張之，延講于象山以迪之，何其勤也！乃今侍御搜剔奇勝，申飭綱維，敷賁儒術，勵翼化理，所以作人善俗者，不遺餘力，豈非曠世相感者哉？諸士幾逢會適，心遠地偏，亦知從事文公之學乎？文公之學，其言平淡而無奇，其功積纍而不捷，故好奇趨捷者恒訾焉。然今談白鹿者若周辟雍，談新安者若魯闕里，乃知天下未嘗無鍾期也，諸士尚慎所擇哉！是故觀于深秀而仰高焉，觀于爽塏而致遠焉。矩範必端，德斯久矣；期待必崇，業斯大矣。陟于閣，則思康濟之具，毋以玩愒廢教也；陟于樓，則思叩鳴之益，毋以壑谷敗名也。邃保[一四]進取，精思力踐。庸詎知河池之徽不若新安之徽乎？乃若群居終日，燕朋逆師，慆淫而即安，怙侈而滅義，則是困而不學，待而不興，雖州序亦贅設矣，況黨庠乎？守愚樂觀厥成，且恐無以副盛心也，故既爲侍御公頌，又爲二三子規。

［**說明**］

以孟鵬年《徽郡志》爲底本録入。

嘉靖十六年（一五三七）記。原題下有「清江龔守愚提學副使」九字。龔守愚，清江人，時任提學副使。著有《臨江先哲言行録》二卷。

著録：張伯魁《徽縣志》，董興林《徽縣新志》（題「徽山書院記」），張維《隴右金石録》（題「徽山書院記」），徽縣志編纂委員會《徽縣志》。

［校記］

［一］「夷考古之教者」，張伯魁《徽縣志》、《隴右金石録》、《徽縣新志》作「考古之教育」。

［二］備，張伯魁《徽縣志》作「宏」。《隴右金石録》作「弘」。

［三］夷居，張伯魁《徽縣志》、《隴右金石録》作「樸陋」。

［四］板，張伯魁《徽縣志》、《隴右金石録》作「版」。

［五］制，張伯魁《徽縣志》、《隴右金石録》作「剌」。

［六］不，張伯魁《徽縣志》、《隴右金石録》作「不毁」。

［七］興，原本作「清」，張伯魁《徽縣志》、《隴右金石録》、《徽縣新志》作「興」，據改。

［八］「是宜孤陋猶失于漸摩」句中，是宜，《隴右金石録》作「宜其」；摩，張伯魁《徽縣志》作「磨」。

［九］分，張伯魁《徽縣志》作「封」。

［一〇］節，張伯魁《徽縣志》作「接」。

［一一］直，張伯魁《徽縣志》、《隴右金石録》作「值」。

［一二］皆，張伯魁《徽縣志》、《隴右金石録》無。

［一三］蹙，張伯魁《徽縣志》、《隴右金石録》作「蹶」。

［一四］倸，張伯魁《徽縣志》、《隴右金石録》作「探」。

二七 觀禾亭記

王時雍

凡官之公署，必延袤深邃，然後可以遠塵氛、示崇重也。徽守舊宅，在州治內東北隅，隘陋偏側，與民居[一]相比鄰，不惟難以防奸弊，且民之在外者，雖笑語亦不敢肆焉，上下不便，莫甚于此。迤西正中有空地一區，高明爽塏，通直正堂，自設州來百有餘年，未有建宅于此者。近有貪墨之人，見其閒曠無用也，將東北二至貨于居民，得私值以充囊橐。予視篆之初，見而歎曰：「官之更代不常，地之多寡有數，使官于斯者，人人皆若是焉，再[二]歷數年，則後來者無復[三]容身之地矣，豈理也哉？」乃量民所得地若干，增其值以爲木植磚瓦之費。遂于正堂後建公餘門一座。門內建正己堂五間，左構小房九間，匾曰「仕學」；右構八間，匾曰「工肆」。正己堂後，建燕居堂五間，東西廂房各三[四]間，以爲庖厨奉先之所。又後尚有隙地，南北計十二丈五尺，東西計二十二丈，時種嘉禾蔬菜，以補膳饔之不及，中鑿井以資灌溉。嘗聞柳子曰：「氣煩則慮遠，視壅則志滿。君子必有游觀之處，使之清寧平夷，然後理達而事成。」又于井傍構小亭一區，名曰「觀禾」。夫其德及則信孚，信孚則人和，人和則政多暇。暇則散步于亭，以滌亂慮，以通滯志。或者[五]曰：「禾，農事也。《孟子》曰：『有大人之事，有小人之事。』勞心者奚必爲此？子[六]以爲禾在四郊，不能時出而屢省之。于此而觀其發榮滋長也，則知雨暘時若，秋成可望，而民斯樂矣；見其萎弱柔脆也，則知雨暘愆期，禾或不登，而民斯憂矣！民樂吾從而樂之，民憂吾從而憂之。一游觀之間，而憂樂關心如此。則凡可以安利于民者，行之堅勇，不俟終日。是豈以玩替政、以荒去理者與？此則名亭之意也，此則牧民者雖一息而不敢忘乎民之心也。」或者曰：「然，則宜書之。」因作《觀禾亭記》，刻于石。

［説明］

以《徽縣新志》爲底本録入。

嘉靖十六年（一五三七）記。據徽縣志編纂委員會《徽縣志》所載，王時雍于嘉靖十六年任職，則此碑文所言「予視篆之初」當爲該年。

原題下有「明知州王時雍」六字。王時雍，山西垣曲舉人，歷武城、山陽、華陰知縣，嘉靖間莅徽州，剖決明敏，言無遁情，囹圄空虚，人皆畏服。其事迹見張伯魁《徽縣志·名宦》。

著録：張伯魁《徽縣志》，張維《隴右金石録》，徽縣志編纂委員會《徽縣志》。

［校記］

［一］民居，張伯魁《徽縣志》、《隴右金石録》作「居民」。

［二］再，張伯魁《徽縣志》脱。

［三］「則後來者無復」，張伯魁《徽縣志》、《隴右金石録》作「後來者無」。

［四］三，張伯魁《徽縣志》、《隴右金石録》作「五」。

［五］或者，張伯魁《徽縣志》、《隴右金石録》作「或」。

［六］子，張伯魁《徽縣志》、《隴右金石録》作「予」。

二八　大明萬世重修東岳神祠碑記

任倫

大明萬世重修東岳神祠碑記

徽州古河池也，城南十里許，山巒環峙，聳漢輝空。中有一峰，突然而起。登至絶頂，四顧豁然，郡之溪山形勝舉在其目。而其龍蟠虎踞，擁翠推藍，極一方之選，真福地也。雲烟勝處，古有小祠一楹，肖像東岳神也。道士楊師者，雲游至此，掘地得古銅鐵[一]、敝器斷碑、殘石瓦礫之類，知其祠始于宋元之前，兵燹之廢久矣。遂住持此山，觀其風水殊異，可以興作。乃構小庵，以爲栖身之所；募修殿宇，以爲一方祈禱之瞻。四方人士知師在此，罔不敬慕，悉懷協相之誠。師名崇惠，洞真其號，幹州人也。有道行，嘗游秦、晉、蜀、漢間，而搢紳多與之交，卜居吾徽有年矣。與人言正心誠意而已，至于嗇神顯真之秘，非其人則不言。精潔勤儉，不以絲毫利己，以是鄉士夫、農賈、耋稚皆肅然而敬之。一旦于斯拓地開基，募材裝瓻石[二]，鳩工命匠，人皆翕然助之，而力役濆餉，綿綿相繼，創建玉皇宫、岱岳殿，而廊廡、門庭、文室、厨庫、軒檻悉皆備具。棟宇翬飛，像多而森嚴；藻繪金碧，一新而壯麗。始于正德辛巳之春，成于嘉靖甲午之冬。師乃誠懇再拜，請余文石，以紀歲月。余惟東魯祀興有常，此間有廟，始自何人？蓋青帝司春，有發生萬物之仁。古人立廟之意，無乃假山靈之主，以爲一方之望，欲其祈保、禦災、捍患。而廟貌威嚴，有以管攝人心、普化爲善而已。今師不私己惑人，竭緣惟人是願，而不强爲重興此者，亦無害于義也。余故書之，以告將來云。

嘉靖十七年歲次戊戌正月下浣之吉

敕封徵仕郎、進階文林郎、山東登州府推官、郡人古河池任倫撰

并同奉直大夫、知徽州知事汪時繪，儒學學正楊皋，從仕郎判官李明，訓導王柱，庠生張綬、任希奭謹書

郡人程永周鐫

［説明］

碑存徽縣城南泰山廟内。碑高一五〇厘米，寬七〇厘米。

嘉靖十七年（一五三八）任倫撰。

著録：徽縣志編纂委員會《徽縣志》。

［校記］

［一］此處當脱一字。

［二］此處當衍一字。

二九　題鐘山

任　倫

題鐘山

城中横翠一山雄，疑有吴家馬鬣封。前面數層甍舍壯，當頭孤立古碑豐。何年鐘鼓樓臺廢，今日陵原草樹空。

靈脉幸爲人物萃，文風當代漸興隆。

古池任倫題

徽人張政賢、程永固刻

［説明］

詩存徽縣政府後院之明《徽州重修廟學之記》碑陰。

任倫曾于嘉靖十五年撰《重修宣靈王廟碑》一文，于嘉靖十七年撰《大明萬世重修東岳神祠碑記》一文，據此可知此詩大約寫于嘉靖年間。

三〇　新修巡茶察院行臺記

呂柟

徽州火鑽鎮，舊設批驗所，與秦州駱駝巷、稍子鎮同，後至巡茶劉君俱奏革去。惟火鑽鎮，官雖革而印未繳也。嘉靖戊戌，猶銓注一大使，然而于所無衙，于官無事，如虛銜耳。戊戌之秋，應天沈君中甫奉命巡茶陜西，至火鑽鎮，歎曰：「此地去徽六十里程，去秦二百里程，而茶馬由是通焉，豈可以無官守與公署哉？況虜酋一寇，衆踰十萬。近者吉囊、俺答之種最號精强，而哈喇慎亦黠虜也。不時南侵，牆堵而來，雖有秦、鞏、臨、平、甘、寧、固、靖諸路之兵，然衆寡不敵，又多軟脆，望塵奔遁，莫敢支持，人徒以爲虜强而我弱也。殊不知禦虜在士，奮士在馬，畜馬在茶，行茶在公署。公署不立，而欲茶之行者鮮矣。茶課不足，而欲馬之畜者鮮矣。馬力不齊，而欲士之奮者鮮矣。軍士不奮，外欲攘敵以却虜、内欲安夏以保邦者，未之前聞也。然則火鑽鎮察院行臺之建，豈可少且緩乎？」

君乃先行廣寧、開城、七苑，查見在大小兒、課駒馬萬有四千有零，其倒死、拐逃、被盗者皆備查，其數比之原額率虧損十三焉。如是而茶課猶縮、保寨猶敝、馬之不寖耗以亡者幾希。雖有塞源之心，其如雲錦之群何哉？

爾乃令漢中府歲辦地畝，課茶五十四萬，依期起運。禁茶園、店户盜賣欺隱；而中茶商人領引之後，不得輾轉興販，别務生理，久不完銷，以稽國課。雖山西諸處，各該原籍，亦必監候家屬。

又令洮、河、西寧三道督察三茶馬，官吏于運到茶斤，不得收粗惡者于庫内以易馬，而以甘美之茶給商人。

又令守巡、參將諸官，責各衙門巡捕官即理巡茶。而西戎土番、疊溪、松茂以至西寧、嘉峪諸處私販茶徒，不得肆行潛通番人易其馬。

又令各驛遞衙門于發到擺站瞭哨，茶徒、納工、拘役及貧病者各有所處。

又令甘肅二行太僕寺及陝西都行二司，嚴視官軍馬匹，不得走失瘡倮。而椿朋、地畒、馬價亦皆及時完徵。并禁官馬不得馱載私物，減其糧料。

又令派定空閑牧軍守候，茶馬一到，即時俵領，勿得守至旬月，致馬瘦損，至嚙柱檻。其各苑亦必相水草之宜，而騰駒游牝，各得其所。圉長、群頭皆不得惰偷閑曠，以廢其業。

又令苑馬寺通行分管三路官員，親詣各該監苑，巡視寨堡，務必高牆深塹，堅實完厚，保障地方收斂馬匹，勿致損失。

夫漢茶有招馬之令，番人有市馬之樂，監苑有飼馬之實，寨堡有護馬之所，行之數年，雖騋牝千億，亦可睹也；比物四驪，不啻言矣。徽守刺史王時雍言沈君存心正大，行事嚴明，合省官員皆敬慕之。宜其錫馬，蕃庶强壯，邊圉如此也。行臺正廳三楹，東西厢房共六楹；後廳三楹，東西厢房亦六楹；二門、大門各三楹，若大使之宅第，則行臺之西亦不下一二十楹，器用諸物皆具。是役也，始于嘉靖十八年五月初十日，落成于本年九月二十七日。未幾，沈君已竣事去還朝矣。去行臺之第二年庚子七月，徽人來速記。予遂述其所聞美政一二，以告後來。沈君諱越，中甫其字也，别號鹿村，南京錦衣衛人起家，嘉靖壬辰進士。

［説明］

以孟鵬年《徽郡志》爲底本録入。

嘉靖十九年（一五四〇）記。原題下有「高陵吕柟禮部侍郎」八字。吕柟，高陵人，時任禮部侍郎。據文中「是役也，始于嘉靖十八年五月初十日，落成于本年九月二十七日。……去行臺之第二年庚子七月，徽人來速記」知寫作時間爲嘉靖十九年。

著録：徽縣志編纂委員會《徽縣志》。

三一　重修城郭記

賈士元

居有城郭，古也。《博物志》曰：「禹作城，强者攻，弱者守，敵者戰。」孟軻氏曰：「七里之郭。」《章句》以爲外城。雖然，有司之重務也，亦有司之樞機也！何以故？自昔外户不閉，道不拾遺，比閭樂業，五尺之童莫欺，城郭亦無需資也。然稽世論常，治日少而亂日多，善人少而不善日[一]多。防微扞暴，察出禦入，則城郭豈容于不設耶？雖然，職司保障，志存惠安，若守勿失，則舉制公而操御一，民弗勞而事畢舉，孰善是焉？否則因緣爲奸，黎元罹毒矣。謂非有司之樞機，可乎？寧陽許公釗，以世廕擢京朝官，尋守徽州。視篆之餘，察瘁舉弊，見其城垣卑且圮，喟然曰：「此固有司之責也。子雲箴雍州而治不諱亂，鄧艾入蜀而寄經自兹，是故不可以尋常論也。」乃訏謀協慮，儲材蓄食，既備乃事，且次第其事，不驟不悚[二]，而城咸備。公于職位，可謂敬共矣乎？儒庠生趙宗舜輩、鄉民何世禄請言以紀其原。予曰：「嗟乎！安而思危，治平之軌鑑也；動而莫擾，惠廉之標幟也。是故地重邱陵之險，邦需屏翰之力，澤滅鴻雁之什，野息萑葦之剽，較之勤督捕而詳條約者，非不知職位修而法網密也，然沱流標枝，君子弗與也。矧率履之發，蠏筐之感，絃誦之風，仁讓之興，謂不自茲托[三]始而引伸乎哉？」公之來守是邦也，其性直，其政平，其事簡。直則無奸回以欺民，平則無刻苛以殘民，簡則無紛張以擾民。不欺則民信，不殘則民懷，不擾則民安。由是而之焉，可以宣化洽德矣。猶且汲汲于城郭關禁是務，惟恐滔天起于涓涓之泉，燎垣[四]由于星星之烟，一蹈乎倉皇束手之轍。公于職位，可謂敬共矣乎！使後之繼公者，歲久弗輯[五]，復傾且圮，樓櫓爲丐者之復，垣墉窺室家之好，寧不有負于公乎？公之爲茲役也，州有舊城僅二丈餘，繕完葺牆，高增三分之一。城有板屋一千三百二十七間，創建者過半。上設邏卒，外建月城，又引長峪、峽口二水以環衛焉。城外謂之郭，主客人止旅乃密，各建郭門，規制視城爲三之二，堅緻牢固相稱。遂扁其額，東曰「望重畿輔」，西曰「威鎮羌戎」，南曰「雲聯蜀漢」，北曰「山衡秦鳳」。抱關擊柝，啓閉出入之禁，視制稍嚴密焉。是爲記。嘉靖二十四年孟春日。

［説明］

以張伯魁《徽縣志》爲底本録入。

嘉靖二十四年（一五四五）記。原題下有「明賈士元」四字。賈士元，彭原人，嘉靖十一年進士，時任知府。

著録：董興林《徽縣新志》，張維《隴右金石録》（題「重修徽州城郭記」），徽縣志編纂委員會《徽縣志》。

［校記］

［一］日，《隴右金石録》作「人」。

〔二〕此處「悚」義難通，疑乃「疏」（「疏」寫作「踈」，與「悚」形近）之訛，「疏」借爲「舒」，不驟不疏，猶云不急不緩。

〔三〕托，《隴右金石録》作「託」。

〔四〕垣，《隴右金石録》作「原」。

〔五〕輯，當作「葺」。

三二　郭宜人碑

韓邦奇

慨夫淳風，既□□□□□□□勞，視爲身外蒙垢，偷逸厚誣，性命□□□□□且朝秦庭而暮齊闕，刎簪珥之人，能知□□而完趙璧，斯亦不足尚乎？乃爲郭宜人貞節傳。

宜人姓淡氏，□□□□司員外郎郭君汝能母也。年十七，歸□□□□君，有二子，孟從仁，仲爲員外郎。贈君没□人□及三十而孟從仁繼没。員外郎甫九歲，當歲大□，鄉人□而富者見宜人家貧，又無依倚，數凍餓□□謂其志□奪也。媒問之，宜人痛哭曰：「凍餓死□事耳，吾不死殉者，以遺孤在也，吾豈畏死者？即死可見吾良人于地下矣，媒何以至此哉？」即嚙指，流血淋漓，呼贈君之靈，酬而誓之，以示不式。媒氏歎懼而退。乃力作田績，撫員外郎。當就外傳時命之學，用或不及，鬻田爲資，或解衣爲員外郎購書，而員外郎學遂成，登名正德丙子鄉舉録矣。後員外郎歷州郡至今官，修職有聞者，本激節婦之苦心撫教也。嘉靖改元，有司以宜人貞節事聞，詔表其閭。士大夫高宜人之節，争爲詩及文頌揚之。乙巳，太廟工成禮備，天子推恩臣下。贈君得贈奉直大夫户部貴州司員外郎，宜人亦獲贈云。贊曰：「吾友王端溪曰：『《易》所謂貞夫一者，其在斯人歟？』夫古之制，莫先範女師，女師立而男女正，萬化出矣。淡氏之行，可謂錫類也。」

［**説明**］

以徽縣志編纂委員會《徽縣志》爲底本録入。

嘉靖二十四年（一五四五）記。原題下有「韓邦奇，兵部尚書，前修撰」十字。韓邦奇（一四七九—一五五六）明代官員。字汝節，號苑洛，陝西大荔縣人。正德三年進士，官吏部員外郎，以疏論時政，謫平陽通判。稍遷浙江按察僉事。嘉靖初起山西參議，再乞休去。自後屢起屢罷，終以南京兵部尚書致仕。嘉靖三十四年，因關中大地震，死于非命。韓邦奇文理兼備，精通音律，著述甚富。所撰《志樂》，尤爲世所稱。

三三　重修州堂碑記

高　光

徽，古河池地，元至元間建州，有廳事，末葉兵燹。洪武啓運，郡守金侯創作，規制始備。歷歲既遠，相繼營葺。嘉靖乙巳，汶淮許侯復重修焉。别駕季子于貞、蓮幕陳子朝布狀乞識歲月。侯諱釗，山東寧陽人。歷仕金吾，有績，壬寅遷郡守。政先大體，愛民好士，前後修葺如敬一亭、啓聖祠、殿廡、門垣、蔽城之屋、郛郭之門，歷歷鳳翔賈公記中。惟堂制尚未正，議諸吏民，咸欲新之。乃請于諸當路，諸當路咸報可。侯導勤民，用丕作，越三月而落成矣。堂五楹，割兩夾室爲帑藏，結以堅砥。東爲儀仗庫，西爲贊政廳，各三楹，吏舍左右各十五楹，角門各一楹。南建戒石亭一所，儀門、大門各三楹，外列「申明」「旌善」二亭，高卑廣狹咸中程度。三面惟堂是拱。工作若干，俸資居半，材取諸豫，石取諸山，且掘地得石龜趺一事，若預爲今日設者。吁！殆亦有數存乎其間歟？余嘗登其堂矣，棟宇軒豁，恢乎有容，可以觀仁；横劍利刃，裁成楨幹，各適其宜，可以觀義；高卑大小，亭舍臺宇，悉得其序，而階級整肅，可以觀禮；墨理不亂，可以觀智；方中一定，確乎正向而不踰，可以觀信。堂之時義大矣哉！况政之得失，民之休戚，世之理亂，胥是焉出？是故可以觀德，尤可以敷德；易以虐民，尤易以失民。懼哉！繼自今，守郡者其無愧于是堂哉。

［説明］

以徽縣志編纂委員會《徽縣志》爲底本録入。

嘉靖二十四年（一五四五）記。原題下有「益庵高光禮縣尹今僉事」十字。高光，益庵人，時任禮縣尹、今僉事，官至兵部尚書，前翰林院修撰。

三四　孝友堂記

賈士元

徽山兩溪，孫大夫嘗欲搆起堂宇，署曰「孝友」，祗勵厥躬，佑啓後人。竟以王臣蹇蹇之故，卒莫酬其志。丙辰歲，主悒德，厚茂才，墳典優餘，繼述鼎建。堂成，乃走卒函書，請予記略。予之冢婦，大夫之仲女也，誼契松蘿，爐聯省署，敬用哀陳其概。《書》云：「孝乎惟孝，友于兄弟。」蓋友乃孝之推，未有孝而弗友者，故因心之親，則友其兄，底豫克諧，無二道也。人子之事親，得乎親而順之孝矣。然或鬩牆之憾，起于分荆之求；家人之睽，出于斕斑之□。則手足之傷，玷于崑玉；俯仰之間，有違橋梓。夫豈得爲孝乎？是故孝友克惇，孔子謂其爲政而于孝弟，敬石碏致六順之箴也。大夫堂以「孝友」名，則是曰我善，是叔季未善未也；我能，是子孫未能未也。非所以永孝思而昭嗣服也。噫！嘉哉！尚乎大夫之意乎？君子有穀貽孫子，其此之謂乎？大夫仙游，春秋閲十六載，德厚纘而成之。肯搆肯堂，當無忝于所生。世德作求，夫豈曰墜厥宗乎？以故賢嗣濟濟，咸虚己以聽厥兄，兄亦怡怡以睦和厥弟。不計六駝之分，何虞九世之忍！承顔萱草，昊天暮日，仰思名扁之訓，長少無間然之有。若夫引而伸之，觸而長之，則孝可移于其君，弟可移于其長。由家而國，自齊而治，是又孝而友者之推也。故曰：「事君不忠，非孝也；朋友不信，非孝也。」德厚，曳紫紆朱，猶如拾芥；箴扆補衮，尤當砥礪。則大夫貽穀之遠，而錫類之永，曷既乎考。按《圖史》，徽之泥陽有程俊氏者，□□□父母陷于夏，日事析□，寢食俱廢，夏人聞而感之，歸其母。俊□□□□□□□備養，而又事□恭，□諸弟友贍族衆百餘人。傳之久久，鄉里稱孝友焉。詔書□□閭，大夫孝矣！友矣！大夫之子□□□□□有孫，孫而□子[一]，子子孫孫陟降堂止百世，□□□□爲孫□矣。大夫諱巨鯨，字子魚，登姚淶榜進士，□至□部□□□，雨溪其號云。

［説明］

以徽縣志編纂委員會《徽縣志》爲底本録入。

嘉靖三十五年（一五五六）記。原題下有「彭原賈士元任知府」八字。

［校記］

［一］「大夫之子□□□□□有孫，孫而□子」，據文義，似當作「大夫之子又有子，子而有孫，孫而有子」。

三五 晉元寺碑

佚名

存目

［説明］

張維《隴右金石録》載：「晉元寺碑。在徽縣小河廠，今存。」

董杏林《徽縣新志》載：「晉元寺，在縣南六十里小河廠，一名大岩寺。明隆慶年間建修，殿宇今圮，崖穴斷碑猶存。」

三六 重修禮拜寺記

馬負圖

（額）：皇明

（篆額）：重修禮拜寺記

重修禮拜寺記

进士邡□□

郡庠生（下缺）

郡庠生（下缺）

夫教門之設，其來遠矣。盛于勝國，明興因之。雖不是法象天，祇以敬天祝君□主、修心養性爲事也。我皇朝金陵有三山街寺，長安有花靴巷寺，皆奉命以爲敦禮地也。寺遍寰宇，惟徽未之建也。成化年間，有何楚英、舍容、馬倫、馬聰輩，關陝人也，商販于徽，爲山水之美，遂家焉。以爲禮拜無所，或失在褻陋。□如敬天何？如修心養性何？遂卜吉于東郊三元宫之左，僉施金資，置而創立焉。然歲久易湮，至嘉靖中圮，寺宇復圮。鄉耆馬文禮、金歲、高延美、何清、丁文章、王臣、馬萬江、馬霄相顧歎曰：「清净齋肅之地，使之至是！乃吾儕[一]各地。」即書金□，□工庸材，因廢拓新，宫牆嚴嚴，齋室翼翼，不數月而功用告成。乃請記于予。予曰：「寺之修復如此，而諸子心至矣。故以之敬天，則萬物資始之功可報焉，報天則地可知矣；以之視君，則萬年天子之壽可贊焉，贊君則親可知焉；以資修心養性，則萬境俱融貞可寧焉，寧貞則踐形可知矣。且敦仁尚義，周急軫□，□生助瘞，厚德殷殷。此其興起，而科第縉紳，聲名文物，禮樂衣冠，悉由此出。其數豈偏小焉哉？」遂識其始末以爲記。

時萬曆歲次丙戌孟夏朔月

徽州進士馬負圖撰

掌教：王青，馬并，楊（下缺）馬錫，楊□，馬良，馬廷見（人名略）

［説明］

碑存東關清真寺崇一殿右側。碑高九五厘米，寬七四厘米。

萬曆十四年（一五八六）馬負圖撰。馬負圖，徽州人，進士。

著録：徽縣志編纂委員會《徽縣志》。

［校記］

［一］「乃吾儕」下似有缺文。

三七　鍾公路摩崖

［萬］曆十六年歲在戊子秋八月望日□□

佛　鍾公路

邑民羅文光等、商旅萬事通等三百餘名叩首鐫石

［説明］

明萬曆十六年（一五八八）刻。

據徽縣博物館副館長曹鵬雁《宋代以來青泥古道徽縣段的修路碑刻碑文》（《隴南文史》第七輯）及所提供照片録入。該碑位于大河店鄉王家河村瓦泉自然村「新修白水路記」摩崖東南約五百米處，當地人稱「小石碑」。摩崖中刻「鍾公路」三個陰文大字，字徑六十厘米。曹鵬雁上文中説：「明御史鍾文陸（鍾化民），居官勤厲，遍歷八府，延問百姓疾苦，百姓稱其爲『鍾佛子』。明神宗萬曆十六年（公元一五八八）鍾御史巡按至徽略要道大河店王家河村一帶，見大小石碑間白水路棧道年久失修，行人難走，應百姓請求，帶頭捐資并主持維修舊路，使其再次暢通。徽、略官民于萬曆十七年爲紀念鍾御史捐資主修白水石路，由郭元桂所撰『白水石路記』（『鍾公路記』）辭文，摩崖刻石永作紀念。辭文如下……」所録文與二〇〇三年出版的徽縣志編纂委員會編《徽縣志》附録「碑記類」所收《白水石路記》文字全同。然《徽縣志》之「碑記類」所收似并非全爲碑文。二〇一三年出版的《隴南古代碑銘》所收《白水石路記》文字亦全同。曹鵬雁同志後據其實際勘察，得知《白水石路記》并未刻石。

附録：白水石路記

略陽、徽階之界，地名「大石碑」，一曰「小石碑」。壁立百仞，長可十數里許。其上則鐵石巉岩不可鑿，

其下則溪流湍急不可渡，其路則適當孔道不可斷。唐宋時架木爲橋，久而傾圮，旅人甚苦之。强渡而溺者，更僕未易數。里民謀開路，以通往來、垂久遠，而艱于資費，即有司猶或難之。戊子夏，直指鍾公按部至彼，惻然在念，爰捐金二百，鳩工作路于石壁間。里民感公之德，争先赴役，不期月而告成，輿馬僕卒履若坦途。自下望之，恍然雲霄之上，蓋奇績也。行旅父老自置豐碑，請有司記其事，公檄止之。其略曰：「古人爲其事，隱其名。顧予之所耻者，名也。幸無以名歸我！」弗獲。已乃就石壁勒三大字，其名曰「鍾公路」。今年春，不佞行部歷其地，行旅父老擁道而申前請。予嘗以執事奉公左右，知公最深，義不可辭。因索筆序大都于左，以紀歲月。公號文陸，浙之仁和人，立心操行，以古聖賢爲標準。初令閩之惠安，再令江右樂平，俱有異政。天子拜侍御史，欽取實授爲天下第一。其巡行川陝也，適值地高災祲，多方賑恤，饑者以銀，病者以藥，死者以塚。而又慎激揚，興學校，議禁令，一切不便者，更爲寬大惠利之法，與民宜之。兩省軍民鼓舞，德化翕然，號爲「鐘佛子」。青衿多士，則以「鍾夫子」稱之，至搢紳評公者曰：「古之人！古之人！」兹特其一事云。

萬曆己丑郭元桂記

三八　過白水峽讀摩崖碑一首

張應登

開路磨碑紀至和，于今險易較如何？

水來隴坂尋常見，峰比巫山十二多。一綫天光依峽落，懸崖鳥道側身過。蜀門秦塞元辛苦，何故行人日似梭。

過白水峽讀摩崖碑一首

明萬曆二十一年春，陝西布政司分守隴右道按察司副使兼右參議，前吏、兵、工三科左右給事中内江夢夔

張應登書

屬下徽州知州宋洛刊石

工房吏廖希科監刊

石匠秦大川

［説明］

摩崖題詩存大河店鄉王家河行政村白水峽。高一一〇厘米，寬八九厘米。

萬曆二十一年（一五九三）張應登題。張應登，字玉車，四川省内江縣人，進士出身。明萬曆十三年冬，任彰德府推官（亦稱司理）兼林縣知事，學識較深，爲官清正，執法嚴明。其後任陝西布政司分守隴右道按察司副使兼右參議。

著録：《甘肅省志・卷三八・公路交通志》（題「《新修白水路記》明詩題壁摩崖碑」），吴景山《絲綢之路交通碑銘》（題「徽縣《新修白水路記》明詩題壁摩崖碑」）。

三九　重修城隍廟碑

劉子静

存目

［説明］

張維《隴右金石録》載：「重修城隍廟碑。在徽縣城隍廟，今存。」

《徽縣志》載：「明萬曆二十一年，知州劉子静重修城隍廟，撰記樹碑。」

四〇　新刊修路碑記

佚　名

（上題）：　玄天神路

（碑額）：　新刊修路碑記

鞏昌府徽州坊下等堡人民，見□居物賫店，方圓一郡，□得官路。上自青泥嶺，下至青泥河，土路攤搨，頑石阻隔，往來奔走不便，人人所憂慮者。今衆等集鄉約會，各施各資財糧石，發心修理道路。姓名：

會首：　袁得郎，趙子科，王得寵，郭清，孟添雲，孟□孝，李良知，蘇添軍，馬仁，何信，馬大寅，周尚行，馬根正，陳仲山，王槐，梁基遠，馬彦舟，黄邦林

修路道士：　楊萬寅

修路石匠：　張進朝，李河，張進舟，張英

萬曆辛丑季春三月吉旦完路

［**説明**］

碑存大河店鄉青泥村辛家吊溝村北青泥嶺下。碑高六〇厘米，寬四〇厘米。徽縣文化館馬存良提供拓片。

萬曆二十九年（一六〇一）記。

著録：　徽縣志編纂委員會《徽縣志》，《甘肅省志》，吴景山《絲綢之路交通碑銘》。

四一　重修徽州文廟學宮碑記

張輿

（篆額）：重修徽州文廟學宮碑記

重修徽州文廟學宮□□碑記

今龍飛三十有二年夏六月，聖天子擢環邑長耿先生大人知徽州事，蓋重賢良以重地方云。先生下車，□商雲□□□□□隱隱然有清明□□□，每謁先師聖廟，禮畢，殊不樂于門□弊壞，廊廡頹圮，□後明倫堂、齋房率□□□□□堂後□□敝滋甚，長太息者久之。□□池若□而若盆、若□而若崩，慨然起修葺志，□□妥神靈，育髦□□□□北州治，□□忍傷財而害民也，輒捐俸一百□□事請諸府，府請道，道請按臺，□□如請，且嘉□□首務云。丙午夏□□□州判官□理城池，吏目董治廟學，遂得專□□願。鳩工聚材，期□□□□何吏□值□□□功僅奏□之一二□□□吏請代□□欞星門，戟門、兩廡，鄉賢、名宦祠堂□□堂貳，齋房增移門墻，□□佰□餘，引山泉水流泮□廟學居□□□□詔民無重勞，金無侈費，恂恂然，翊翊然，心計節□□率。于是廢者修，傾者舉，□毀者飾，虧塌者鞏，以密□以彩矣。□然改觀，無復昔日之陋。停役，寒暑雨雪，實歷□百有□□成，則實是□之□月日也。噫嘻！廟貌聿新，堂宇輪奂，金湯之□，且申□□，先生之志不負矣，先生之功弘以裕矣。故于□見崇儒焉，于飾險隘見衛民焉。士培民安，見稱父母焉。《易》曰：「□廟以致享，設險以守國。」《詩》又曰：「樂祇君子，民之父母。」其□□謂歟？先生善政疊疊，誠有如臺史所薦，兹不暇枚舉爾。況行將昌厥後，而吏來木鳳矣。獨不可以風乎哉？不然，神不歆□□□天人之和，州城將奚賴焉。故予小子敢因鄉□郡□父老之請，爲之記，書諸貞珉，用垂不朽云。後之莅兹土者，亦將□□斯文。

先生名熠，别號肖橋，世爲山東歷城人，登□□鄉進士。相協贊而有勞績者，判官衛君民化，山西安邑人；吏目趙君，山西芮城人，樂觀厥成。而書丹者□□正雷君希□，陝西長安人，登戊子鄉進士。篆額者，訓導史君淪，陝西臨洮人。

萬曆丁未歲甲辰月吉日。徽州儒學訓導長安張輿謹撰

將仕佐郎徽州吏目周□恩，虞關巡檢司巡檢董順□，陰陽學陰陽官吴登，醫學醫官高好古，僧正司僧長魏性明

致仕：馬負圖，劉采，馬承叙，陳善，姚際熙

舉人：張紘

監生：□□□，高汝陵，孫賢（人名略）

生員：（人名略）

［説明］

碑存徽縣政府後院碑亭内。碑高二〇三厘米，寬八七厘米。

萬曆三十五年（一六〇七）張輿撰。

四二　竹林寺摩崖

佚　名

重建珠臨寺院□持常住地。信士劉徹捨家垭地一分，東至添河，南至高通嶺，西至腰塄，北至石碑。鄧家

沟地，陽山，山周圍通添河口，黄選、黄楊捨寺棵地，东至添河，南至黄楊地，大石邊對通山，西至腰堺，北至本寺山边黄楊林。四至分明，永遠常住。侍佛，二人田地，碑记。

南無阿彌陀佛。

功德主劉徹，馬氏，□呼。

功德寺主黄選，林范氏，男黄汝政；□劉氏，男黄胜保；□武氏，男黄三娃。

大明國陝西布政鞏昌府徽州邵□□珠臨寺，□□寺。

知州左〔一〕□茶印所〔二〕值僧人常明

崇建寺院僧人師祖明廣師傅、〔明〕能，徒如定、如空，徒性□、性亮

萬曆歲次癸丑年春仲月壬子日書記。住持僧人如禅

〔説明〕

摩崖位于榆树乡火站村。據徽縣督考局局長許占虎所提供照片及簡介、徽縣博物館副館長曹鵬雁所提供照片、釋文及説明録入。

明萬曆四十一年（一六一三）勒石。

〔校記〕

〔一〕知州左，係明神宗萬曆皇帝四十一年至四十三年期間徽州知州左之禎。

〔二〕茶印所，係明代初年在今徽州榆樹火站峪設置的茶馬事務管理所，也稱「批驗茶引所」。

四三　虞關石峽路摩崖

佚　名

南繕部洲，大明國陜西鞏昌府徽州各里不□，見在十八盤無□佛，發願修路□安全，信士劉春等□□□□□□□□報答，自發愛心，領引一方善信人等□□□□□月十四日，見得石峽路小損壞，亟請道□□□□□當日□起修□□□八月初十日功完□馱□□。

修路善人：劉尚清，劉尚知，劉春、男石哇，劉宣，何□，樊氏，王氏（中缺）楊衡，薛世官，康川，康現，康舟，李尚永，劉朝成，楊喬（下缺）

萬曆四十三年八月。石匠：□尚文

［**説明**］

此摩崖位于徽縣虞關東南約五公里處通往十八盤山路東側的一塊巨石上。摩崖高五〇厘米，寬三七厘米。摩崖上繪刻有觀音菩薩坐像一尊。

萬曆四十三年（一六一五）記。

著録：《甘肅省志·卷三八·公路交通志》（題「虞關石峽路摩崖碑」），吴景山《絲綢之路交通碑銘》。

四四　重修廟學記

佚　名

（篆額）：徽州重修廟學碑記

重修廟學記

徽州爲古秦文獻地，其學創于高阜，前□印臺□□□鍾鼓山，城垣羅于左，金水環其右，□□土□，宫墻輝煌，以□青紫甲地，甍連甃接，十方人文之稱最也者。無何沙□□遷，星峰剥落，繕修者未續，其敝也漸甚。己卯春首，公以三晉人傑，科第□家，來守兹郡。下視□□□□□□聚脉以興起斯文。于是鳩工集材，若齋廊，若鍾樓，仍而葺之。若黌門，若□鼓，焕而新之。于櫺栅徙其偏，于殿簷補其□。□□廟竣，間會守道周宗師以按属至，諸生慕其素諳堪輿，呈請詣□□視□□以依託于公，時歲將除。越次年丙辰仲春，即度工糾役，于後山則築墻填坑，以接地脉；于前峰則壘土補□，□□□□；于堂後西道門，則塞其舊，移于戟門外；西階□□道于階右，與東便門馬道相對。又各植樹百株，以助生氣。甫五旬，而□□告成。一時來龍渾全，朝拱圓滿，門墻增美，□逵齊□，燦然輝飾，欝然改觀。諸士子欣躍，請爲文以記撰。不佞亦弗□□惟緣其修學，想見公之修道，蓋學以□□，故修其□□、樓峰，是即公之聲教也；修其門路、欄栅，是迪士以履禮田□也；修其殿宇、齋舍，是迪士以升堂入室也。□日方士□□清修，奮庸達道，在此一舉。矧公之大才善政，德教洋溢，□起爲朝廷當門户，居要路。俾治教□明，以安宗社，以維持世道者，端在是舉撰。慶工竣日久，愧不斐。惟率爲修道，□説鑽記于金筆之貞珉。

萬曆丙辰歲十一月吉旦。儒學學正、上郡□□□頓首謹撰

從仕郎、州判、□□郝可大，將仕郎、吏目、即墨劉養賢。□祭張舉

徽州儒學訓導、枹□馬升龍，虞關巡檢□維翰

生員：李先春，□□□，郭希都，向道立，向道□，鄧師□，□納宫，□□桂，□延芳，黄汝□，許其

述，辛朝宰，李楫，張執敏，蘆十鳳，張益，姚之言，馬惟善，高振古，向道□，□經，郭澄，姚稽古，鄭良□，馬□□，郭□□，郭□□；

張□□，申□□，何其□，朱受福，劉起鳳，蘇學孔，高□古，朱受爵，張綉，張焯，郭□□，王□□，吴大猷，□明，高果，王來召，姚□何，李養棟，□□□，石□玉，任彦□□□□□仞，周懋□，馬驄，任紀□，王□□（人名略）

仝立石

［説明］

碑存徽縣政府後院碑亭内。碑高二〇二厘米，寬九三厘米。

萬曆四十四年（一六一六）立。

四五　鳳凰山宣靈王廟詩碑

劉□□

徽［州衙署］望鳳凰山□柏［樹叢］中有祠廟

西北巃嵸聳［道］[一]觀，中有何真閃碧蘭。聞閬遺遍［留仙］迹，因知顯佑著危壇。千秋［莊］嚴［輝］楚［漢］，［萬丈靈］光繞鳳鸞。遥望青葱撑斗極，岫雲深鎖洞天寒。

橋梓相仍不記年，［憑］空飛搆小逢天。瑶漿聊薦風前酌，神斧遍從夢裏傳。不［與］人間留姓氏，惟容松壑鎖雲烟。祇登我馬終［離去］，敢伏靈威達上玄。

天啓陸年嘉平月，大梁劉□□題。屬下徽州知州施恩典立石。□□□□□

〔説明〕

據徽縣督考局局長許占虎所提供照片録入。

碑存徽縣鳳凰山宣靈王廟内。碑高一九八厘米，寬一〇〇厘米。

天啓六年（一六二六）劉□□題。嘉平月即臘月。鳳凰山在衙署之西，清代在山上建鳳山書院。

〔校記〕

〔一〕此處「道」及下文「留仙」等字，漫漶不清，據上下句意及詩的平仄格律補。

四六　希仁亭記

楊美益

予以開引駐河池頗久，例也。臺之東有隙地，予未至之，先知州葛子構一亭，僅可容膝，亭之前亦不甚深廣，更築牆于外，而中則披棘爲蹊，旁則修竹異卉雜植焉。予嘗啓户而登斯亭也，則見夫群山横亘，若拱若伏；而鐵嶺壁立于其南，崒嵂迥拔，陰晴異狀，尤一方之偉觀。且風和境幽，嘉木森鬱，鳥鳴間關，若會予之意而助其游息之興者。每吏散，輒挾琴册以往，或撫絃，或咏歌，隨吾心之所欲，而竟日以返。蓋對清光而不樂于晝寢，曠欣賞而非苦于岑寂矣。然而不能必其不倦且弛也，倦且弛則意氣弗揚，而神奚以暢？乃立一鵠于數十步之外，取弓矢而射之。夫桑弧蓬矢，射于四方，男子所有事也，故君子于射可以觀德。而弧矢之利以威天下，又談兵者之所不廢，惜予素未之習也。故于其始，求一矢之幾于鵠而弗可得，則思所謂内志正、外體直，持弓矢審固而後可以言中。□□之于心，□□□□之，必循循于數日之間□□□□□□□□□是射也者，不必求諸鵠□□□。故曰：「爲人君者，以爲君鵠；爲人臣者，以爲臣鵠；爲人父者，以爲父鵠；爲人子者，以爲子鵠。要惟□在我而已，□于是兼有□焉。」而亭斯名夫所謂「希仁」者何也？夫子不云乎：「仁者樂山。」而軻氏亦曰：「仁者□□[一]」□□□□□山之在吾目中者可樂也，繼而知夫射者之□可學而能也，然皆仁道也。而予方□□焉□□之□□爲仁□□敢以可樂者，溺于燕□□□□以□□□者，不□□□□力，倘于是而進焉。□于仁□□□幾乎，因以□之于亭，而爲之記。

［説明］

以徽縣志編纂委員會《徽縣志》爲底本録入。

原題下有「受堂楊美益御史」七字。

［校記］

［一］□□，此本《孟子·公孫丑上》，當作「如射」。

四七　紫金洞摩崖

李　昆

龍洞竹雲，仙崖蘿月。

［説明］

張維《隴右金石録》載：「紫金洞摩崖。在徽縣雲烟峽。今存。」

《徽縣續志》載：「紫金洞，在縣北三十里雲烟峽。石壁鐫『龍洞竹雲，仙崖蘿月』八字。明僉事李昆書。」

四八　孫烈婦

郭師游

烈婦者，姓羅氏，貢士孫光先妻也。光先以鄉貢赴京試歸，遭痢疾没于陳倉之邸。訃聞于家，氏悲痛號泣，哭絶于地，家人救蘇曰：「夫死義不可生，吾當自刃以謝吾夫之遠魂。」兄光庭止之，氏曰：「不即死將不死乎哉！」即搬旅櫬歸，撫棺痛絶者凡幾，髡髮毁形，以示必死。兄知志不可奪，乃詐嗔之曰：「世之鬚眉而冠者何限，寧自食傭傭，此豈阿女子所由行業耶？」氏但唯唯致謝，即備治喪事。爲槨二，一爲夫，一且以自從。又爲棺一，示家人曰：「吾死以此殮，無累吾伯氏爲。」家人驚且難之。因竊瞷氏，見藏毒石于衣襟中，衆奪之。氏謂曰：「吾不即死也，吾夫葬期未卜，吾死能瞑目乎？」乃卜葬期于十二月之十日。氏曰：「喪具頗完期，葬前之七日當自盡。」及届期會宗族于柩前，縞衣素練，形若鳩鵠，涕泣嗚咽之聲，宗族無不掩面。祭畢將家財盡分族人，乃徐徐出所，携毒啖之。啖畢，仍拜宗族，已而拜諸妯娌，最後拜兄光庭。謂之曰：「藉吾兄成吾志，吾死後幸勿以事聞當路。」光庭詰之曰：「吾豈以死而易名耶？」命出所治衾若冠于中堂，氏從容寢其上，東向而哭曰：「傷哉吾夫！今日得同游于地下也。」言訖瞑目而逝，時十二月朔之三日，距十日果七日也，氏之死與其言晷刻不爽云。卒年四十有二，合州士庶陳善、阮應節等公舉督察院，沈兵備郭題允旌表。余與氏比鄰，氏之善狀聞見甚悉，聊述略贊之。贊曰：

房氏剔目，彼軀猶存。柳氏投井，慷慨偶形。從容就死，誰復如君？飲毒若飴，以死爲歆。烈肝義膽，摧石裂金。同歸窀穸，永結幽盟。爲連理樹，爲比翼禽。節操凛然，傲彼秋旻。嗚呼！烈矣，千古留馨！

［**説明**］

據徽縣志編纂委員會《徽縣志》録入。

四九　摩崖

供□軍忠首指揮末渥陳

都府□昌二人無一文於

［**説明**］

據徽縣督考局局長許占虎所提供照片録入。文字右側浮雕一人像。

五〇　田地碑記

中任地□西□隴（以下漫漶不清）

□□山□□□爲（以下漫漶不清）

□□□□拾華累（以下漫漶不清）

脬增北（以下漫漶不清）

佛□□田地碑記

［**説明**］

據徽縣督考局局長許占虎所提供照片録入。碑風化嚴重，字迹難辨。

清

五一　江河紀略

楊三辰

歲庚寅，平西兵大舉入川，預爲儲餉計，糧憲董公周歷秦、徽，召買于徽、成二州縣，建置厫倉。由東運者，秦州、清水、秦安三州縣糧貯徽倉。由西運者，伏羌、禮縣、西和三縣糧貯成倉。而秦州、禮店兩衛所，各隨東西路附運以貯，統會而轉運于略。議法甚善。成倉議格未行，惟徽倉告竣。又計運船裝糧餉川，放下挽上，數年間，有觸礁而碎者，有遇湍而沉者，有被横摧走無踪者，有被盗劫焚、人船俱莫可問者。除見在運船一百一十隻，計工料每隻價銀一十兩六錢。議令總運副戎梁公督造五十二號，徽州督造五十八號。余躬歷河干，督船户、商販，奬勤儆惰，以考其成。起天門山下，乃嘉陵江源。絶壁北向，有石門如城門狀，即俗稱鐵門後川云。山之陽，有黑水縣舊迹，四圍多大木，船料于此取辦焉。稍下爲瓦窑溝。轉西爲屯田坪，山麓間土田平衍可耕，有宋三吴將軍屯田舊迹。下爲五隻窑，關峽險隘。又下爲睡佛寺，梵刹壯麗。摺轉再西，始爲丁家堡，有居民數十家，往來祭江登舟處也。向北爲嚴洞灘，灘側山腰一洞，乃嚴姓修以避難者。溯流前進爲合河口，河從北來，驟與江會，兩水合鬭，波濤洶湧。北河上流，徽東之永寧河也，源發于秦。一自新店窑，經百納峽入永寧，是爲中股；一自娘娘壩，經蘭柴廟歸入永寧，是爲左股；一自王家樓透出墨磊山，經高橋下河注于永寧，是爲右股。三水總匯永寧，浸成大河，乃克載空舟。下至合河口，益以嘉陵江水，厥勢雖大，暗石綦多，僅可載半重舟。稍前，河西有水，老官廟舊迹，因名老官灘。南爲渡口，水深而穩，南岸之陰多空隙，可壘窠，鵲鳥密集，是爲老鵲窩。對河北岸爲雷神壜，淵澄水安。靠西南下交田家河口，一源發徽城東長峪溝，由東關偏斜射直西，與北來水合流一處，是謂左河襟；一源發頁水河，并湅青峽口銀杏鋪射直西，與東峪水會，是謂右河襟。迨過石家峽、樓子崖達于田家河，其間流疾多石，至此地平水寬，皆細沙矣，沙黄流濁，爲黄沙灘。行二里許，亂石半埋半露，中央僅一窄溜，澎湃湍激，舟子一步不敢放鬆。至此重載盡卸，人皆岸行，謂之搬灘。其船又一行法，必轉頭向上，用纜扯綴，擦崖徐放，直至對河緩水，從頭再裝前進。沿江西岸名倉頭坪者，坪在山巔，地坦而廣，宋吴將軍曾因坪建倉。對峙于南者，爲雀嘴崖，山峰孤削，形同雀嘴。蜿蜒綿亘爲巾子山，乃州城之照山也，形類巾子，群山仰承，如百體之戴元首；山陰有廢縣名長舉者，遺趾尚存；山巔古迹元帝廟，明禮部尚書胡濙奉使訪張三丰，曾登其上留有題咏；又名鐵山，詳載州志。東爲姚家灣，水頗平，岸多腴地，土著多姚姓，因以名灣。連村有小河，住有顯姓人，因名顯家河。而金竹林灣、許家壜又皆就中錯處之灘場也。洊至剪子渠，水兩岔合來，緊窄多漩灘，惡石當門，復有巨石蹲踞似虎，少疏則船不保。下此爲猴子灘，亂石碁布，狀類群猴，舵師略不加意，舟每閣架致漏。近前名轡灘子，水淺石多，激撞之聲彷彿雷吼。又有雙龍崖，傳昔雙龍鬬于上，土人就石壁刊二龍形以祀。至此，俱舍船從石棚扁磴，扳援捧扭而過。出澗水平，登舟，進爲蒸餅崖，其形孤圓矗聳，狀似蒸籠，其石層層如餅。下爲四方灘，各出細流，有四歸此，故名。西南爲大虞關，明初設駐巡檢，衙舍廨宇猶存，挨關周圍腴田宜綿，計百畝餘，昔爲巡檢贍地，因官缺，居民多侵焉。轉角多山，緊束無路，爲下關門。西岸有山，折旋而上爲羅漢洞，門邊有石，高可數丈，若從洞内掣出者；三寶莊嚴，兩排六尊石像古甚；左右石壁，羅漢小像千計；内舊貯藏經全板，今櫃雖存，板僅十存五六耳。闢門迤下，驚濤微殺，其灘爲泥窩子，多泥少石，舟行坦易。下達鷹嘴窑，窑上山形彎曲下鈎，狀如鷹嘴。過此爲鐵爐灘，近灘山産鐵砂。距數里爲仙人關峽，宋將吴玠、吴璘破敵處也。東巖石壁高潤，排仙人三面，非塑非鑿，眉目鬚髯，踈秀可數，有天然飄動之致。江流迅湍，舟之難行，更無踰于此者。前爲墨磊，石在江心，其色黑如墨，疑堆疑砌，遇有積雨衝突，石輒變更無定；諳水性者因勢巧避，方保無虞，若拘故道，每爲所懼。進爲鸈鴿崖，崖高無際，野鴿依栖，灘水較前易行。傍江石岸有斷碑，知爲長舉故縣舊基。相連爲撥馬灘，昔長舉撥差馬于此地焉。出口山勢稍展，西南半坡有洞、有泉、有聖像，相傳爲藥水龍王，經文列其别號，有疾者禱取其水，飲之即愈，又祈雨取水多應云。靠南山溯洄北向，爲大沙壩，流水積沙。進前則汪洋浩瀚，白水江也。經英佑侯廟前，北會小河口，合流西下。英佑侯，即老官神也。江流漸平，亦漸深，糧船重載，始得大行焉。西經馬蹄灣，下歷罝口，直灌略陽城。右罝口上流，來自西和者，源出嶓冢山，經長道川合岷水，由六港至小川子達罝口；來自階州者，派始白龍江，歷陽岩，合犀牛江直交罝口，總注略陽。又前白水江所稱小河口者，源發徽境西北，一自老白山，經立斗峪、包家峽、伏家鎮，即在河池縣，有碑記，唐杜甫寓，有祠在焉，河泝上下粟亭川，東南山脚註歸徽南之打火店；一自糜渚關，經江洛鎮、鄭家峽、泥陽川，透横川鎮折過山寨坡下，并北來河，總滙而入打火店；兩水既合，流亦甚巨，灘險者舟不可行。

［**説明**］

以張伯魁《徽縣志》爲底本録入。

此文篇幅較長，雖未明言文體爲碑記，但張伯魁《徽縣志》將其列于所選碑記之序列之中。

順治七年（一六五〇）記。原題下有「國朝知州楊三辰」七字。楊三辰，遼東人，恩貢生，順治六年由浮山知縣升任徽州。其事迹見張伯魁《徽縣志·名宦》。

著録：《甘肅新通志稿·卷九一·藝文志》，董興林《徽縣新志》，徽縣志編纂委員會《徽縣志》。

五二　徽州調停驛站碑記

楊三辰

（篆額）：徽州調停驛站碑記

鞏昌府徽州，爲調停站法，以蘇驛苦，以救民生事。照得驛站之設，以通郵符，以重皇華，俾行役勞人有代步之逸，軍機捷報有星馳之便，恩致渥、法甚善也。近年以來，地方多事，差騎旁午最爲難支。况州城之設，僻在萬山，途路險阻，林莽紆迴。西上成縣僅九十里，即爲近差；東送兩當無站，直抵鳳縣爲路二百里；北送秦州三百餘里；南下略陽二百里。寸步是石，到處皆山，其上則如登天，其下則如墜井。一差往回，動輒七八日。其在上差使客，憫念地殘驛苦，無不惻隱爲心、恤馬愛卒者。有苛猴冠虎翼之徒，一見驛卒便使威風，怒罵不已，鎖扣隨之；鞭笞已重，刀背繼之。迨受苦不過，逃匿躲避，仍復怒吼到堂，辱官毆吏，無所不至。及馬騾捧到，不曰鞍屜不整，則曰羸瘦不堪，刁蹬需索，必飽所欲始去。夫以有限站銀填此無厭需索，在昔豐足已云難繼，况州城殘破以後，民俱避居山寨，城市委爲草莽。無歲不有賊兵，無處不經殘燬。凡有養牛喂驢者即称富家，其視騾馬如同麟豸之難求。自本州到任，查得殘落馬騾驢隻，爲數不滿五六匹頭，亦俱脊破蹄穿，前跛後蹩，毫不堪用。續閲闔州士民公[一]同酌議，每里各買馬或騾一匹頭，共買馬騾一十八匹頭。入站走遞，其料豆及馬夫工食，在于原額站銀内易買支給，馬草各堡輸納。官養吏應，已經申詳，守、巡兩道蒙批准如議行繳，前官沉閣[一]未行。

該本州查閲前卷，再四酌議，除原先在驛馬騾并跛踐[二]驢頭變價，買補找足一十二匹頭，仍照前議，每里買備馬騾共一十八匹頭，外有存餘銀兩，不時添補，另買副餘馬騾以防倒斃。又查本州自五年閏四月十二日到任起，與闔州鄉耆悉心籌畫，欲照本州昔在晉中官養官應之法，相與講求料理，月餘而論始定，馬騾方始買補完足。然後細查本州額該站銀八百兩，通盤打算，每一馬騾日食料豆三升，三十匹頭合支九斗，每十日合支九石，每一百日合支九十石，歲計用豆三百餘石。每年正月起，先行酌派莞豆一百石，六月起再派莞豆一百石，至十月間再爲打算，照不敷豆數，另派交兵房備支。每斗俱照時估坐算，正項站銀支銷。喂養馬騾，各里仍招喂馬夫一名，除給正項工食外，仍另幇米麵些須，無使枵腹走遞，俾應募者樂于赴役。後又慮騾馬衆多，不得里甲的當人户着心看守喂養，料豆妨有尅減，水草恐不依時。

今議，上五甲每甲公議一人，仍擇義民一人以總其事，照管十日，交付下五甲照管十日。一甲止搨一日，一里止搨二十日，便已了結一年苦差。又恐路遠，里分一時傳唤不到，于輪應完日，酌定義民小頭後，照里先令原差傳唤到州投遞認保，分給小牌，各于接管先一日到州投認輪挨，下里亦然。其馬草照挨輪里甲隨帶貼補借用。至于過差使客，凡有索難及按、茶兩院，道、府按臨大差，本州悉自出站銀以應之，不令重苦吾民。至殘里濫甲窮民，又時出站銀，令義官存備支用，以完十日之事，決不令其胡亂撥扯。每年俱于六月十五日爲始，遇閏挨該五月十五日爲始，再閏亦然。本州爲此一事調停區畫，心血盡嘔，仍恐與土宜民情未能深契，今行已三年，闔州士民稱便，欲勒之石以垂永久。余他無可言，亦止備舉前事，而撮其要者有如此云。

奉直大夫知徽州事、三韓古榆郡楊三辰。判官李受馨

時站官杜尚禄。兵工房吏書：劉儒，魏化諒，魏霄，朱位午，劉昌，聶昌茂，郭衛國，孫樓，魏紀

儒學學正劉耀。闔學生員：高權，何宷，郭士遴，張聖聰，姚堦，馬廷瑞，李恩獻，周懋功，趙煃，梁招鳳，張琦，曹秀等

一十八里民鄉耆：羅九聚，杜弘訓，白潔，傅作礪，石璽，張鳴鳳，張守學，李芳春，張邦傑，李秀，王尚友，李登榜，唐遇，王喜東，趙林，雒尚節，石欒，童選，豆天才，倪紹先，趙資，年思元，郭大恩，李國棟，楊果，張加實，武應志，蘇秀，吴大禮，李表，任化，劉應春，朱國遇，梁守英，袁本洪，何起□，韓應薦，田禄，丁學，李朝選，王邦才，郭福，李士遠，張前，謝邦猷，戴宗禮，劉灌

大清順治八年正月吉日

［**説明**］

碑存徽縣文化館院内。碑高一二九厘米，寬六五厘米。

順治八年（一六五一）楊三辰撰。

著録：董杏林《徽縣新志》，徽縣志編纂委員會《徽縣志》，《甘肅省志·卷三八·公路交通志》，吴景山《絲綢之路交通碑銘》。

［**校記**］

［一］公，當爲「共」。

［二］閣，當爲「擱」。

［三］踐，當爲「蹇」。

五三　徽州刊奉總督部院白永革十大害碑記

徐起霖

（碑額）：徽州刊奉總督部院白永革十大害碑記

一、（中缺）及［陽］奉陰［違］（中缺）計開見役（中缺）合者自（中缺）萬壽、元旦等禮（中缺）詔等項尤數年一遇（中缺）必將兩縣所置（中缺）登明交□工（中缺）而民（下缺）。

一、義官之害。訪得兩縣工□□各衙門承應爲名（中缺）詐，查明回報。據司（中缺）修葺城垣，及上司衙門（中缺）嚴查除，各衙門不修理（中缺）及過往公署（中缺）欲除民害，先革義官，夫（中缺）費，甘心急公之理，蓋不遇（中缺）派民作工，已吃（中缺）出銀兩平雇覓則爲夫（中缺）當（中缺）分文不敢違禁，盡法（下缺）。

一、書手之害。舊日書手（中缺），康熙元年起，每年每甲出銀六十兩，或長（中缺）書手□有若干，舊日係何人（中缺）明回報。據司稱，書手（中缺）食亦無額派□定之人□□□各里議報，通曉書手者，應充其承造簿籍（中缺）等情，本司以書手雖無工食，其一人（中缺）而一里册籍需用紙張無多，嗣後，各里書手紙張止照所造（中缺）索，查出具官指參，書□□贓治罪。

一、募夫之害。各色夫役，原無經（中缺），每名里下私幫三十餘兩，額設□項作何支□私幫之銀，誰爲救（中缺）輒有夫頭領狀在卷□無里（中缺）弊，但最大害者，無如私幫救弊，刻不容緩，惟有□里清查，仍出示嚴禁（下缺）。

一、牌頭之害。大小官邑，凡係日用，自宜公平賣買。今聞城内仍設牌頭，官司［所］需諸物，俱出民間，騷擾之害甚［大］（中缺），爲何不遵，濫取濫應如故？係何衙門違抗，宣明回報。據司稱，原爲催糧而設，非爲支應取物也。且奉憲禁（中缺）錢糧原□里長，何須又設牌課？其牌頭即□年之别名也，巧立名色，暗取行貸，爲害匪淺。但自縣臺立碑置（中缺）憲禁，倘有□□牌頭等弊，訪出，即行揭報。

一、機兵之害。巡視鹽茶設有機兵，定有額設工食。今聞民間每年幫銀一百二十兩，又出罪銀一十六兩，原設（中缺）近例，杖决罪銀，誰爲收受，查明回報。據司稱，原非經制額設之銀，亦無額設工食。因鹽茶兩院功次最嚴，不得已招募機兵巡緝私販，若無功次，擬罪招呈，相沿已非一日等情。本司以私鹽私茶（中缺）國課，不可嚴加巡緝。但該縣有快手捕役，原爲巡緝盜賊而設也。今舍快手捕役不用，而另立機兵名色，是明爲快（中缺）復用其幫銀等項陋規，盡行禁絶，至于鹽茶私販，該縣嚴督快手捕役多方緝拿，若無功次，應遵憲諭照。

一、鹽引之害。設立鹽引，以裕國通商。今聞每里出鹽引八十張，每張出價八錢，每縣每年應解鹽課若干，原于（中缺），查明回報。據司稱，據咸寧縣稱，每年額引四千八百道，鹽店銷繳不足者，鄉鎮小販量力合繳，解府彙解（中缺）九百道，因無大商，而小販皆背負肩挑，所彙不足以供繳引之數，屢控鹽院批，令小販與里民量力分納，原非（中缺）國課。該縣額引不完，則國課必縮，繳引即所以完國課也。前因兩縣引額難銷，故鹽院批，令量力合繳，蓋令食鹽者（下缺）。

一、紅票之害。各色錢糧，自有糧長催督，如限完納。今聞兩縣［派出］衙役，手執紅票，下鄉騷擾，多［使衙］役是多［放］虎狼［傷害良民］（中缺）回報。據司稱，俱係里長督催，并無差役執票下鄉等情。本司以差役執票，斷無需索之理。但兩縣□稱并未差［衙役］（中缺）［如有］（中缺）扭票以憑重究可也。

一、出陳之害。查出陳易新，雖係通融之術，［民］將不堪，陳米陳豆，强于百姓索换新糧，情已云苦。然或倉本無糧，按里（中缺）價交納，以飽奸腹，此等大弊，民實難□，查明回報。據司稱，咸寧縣并無陳糧，惟長安縣倉糧朽腐，呈詳（中缺）撫憲，允令搭支官役奉食，將奉食銀兩抵還倉糧，原未令該縣易門[一]買出。出陳易新之請，係該縣徑詳（中缺）撫憲允令易换支兵，但雖蒙允，亦如有事不便于民者，不能起而運之，興利除害，兩憲自有□□，無俟本司贅（下缺）。

一、永米之害。永米一石，糧八升，合當日濟貧。今已充餉，恐官吏因緣爲奸（中缺）百姓之（中缺）額徵永米，惟長安縣歲徵永米奉文，估入在城，旗標月餉，每月支給取有旗項并無多徵□□□弊，仍嚴飭（下缺）。

康熙四年四月日。鞏昌府徽州知州徐起霖遵依立石。州判吴英，吏目（下缺）

［説明］

殘碑存徽縣文化館。碑高一〇六厘米，寬八四厘米。

康熙四年（一六六五）徐起霖記。

［校記］

［一］門，當爲「斗」。

五四　徽山試院記

武之亨

徽陽之有書院也，創自明世宗朝。先是，學使者按隴以西，檄諸州邑士子就試南安。既緣幅員遼濶，閱歷弗及，得請臺使者攝其事，然試事猶在南安。及其後，以階、文諸州邑，裹糧躡蹻，跋涉維艱，遂創書院于徽。而臺使者每當試士時，輒持斧至，意誠善也。我朝定鼎，尚仍其舊，迨巡方罷舉，而試士悉歸之學臣。昔之閱歷弗及者，今且戴星不遑矣。南安尚爾[一]，何有于徽？嗣又以諸州邑去南安遠甚，于天水另立試場，以徽、兩、成三州邑附天水，而階、文附南安如故。士益疲，當事者益瘁，蓋數十年來莫之與易也。不佞自前歲躬膺簡擢，提衡兩陝，而鞏郡鄧君與徽牧郭君，以及階、文、兩、成諸君以按徽請，不佞方謂幅員遼濶、閱歷弗及是懼，拒弗許。請之再，弗許。至三，又勿許。客冬，校試南安，則親見階、文州邑士子跋涉千里、裹糧躡蹻而來者之百舍重繭也。且老者杖行、病者輿載以求驗。不佞目擊心傷，因識郭君前此之固請有成見矣。既而郭君以公事至南安，而見請益力，言自天水入漢，道必由徽，去州僅百三十里耳。不佞即爲之首肯，曰：「吾必不惜旬日之功，百里之程，而使諸士子跋涉千里，裹糧躡蹻，歷此不堪之苦矣。使階、文業已至郡，姑令就試，下次仍附徽棚。其徽、兩、成三州邑，則親臨試焉。」郭君喜甚，先馳歸辦試事。不佞于歲暮來是邦，見郭君規畫井井，措置咸宜。即書院一節，自補葺舊存大堂外，其餘如後堂暨號房等，俱捐俸、率屬吏，督率[二]新造，絲毫不擾于民。郭君可謂知政本矣！夫爲政之本，務在教士，而教之善，惟在愛人。郭君兼而行之，毋惑乎循良著績、口碑載道也！獨是不佞前此之弗許者，非好逸也，蓋畏簡書而有所不遑也；後此之亟許者，非好勞也，蓋憫瑣見而有所不忍也。今兹郭君之喜，即不佞之喜，非兩相阿；前此不佞之不喜，即郭君之不喜，亦非兩相左也。不佞與郭君舉屬從公起見，而喜與不喜又無論矣。然則郭君書院之役，基仍舊而更新，事雖因而實創，俾後五州縣士子，得悠游絃誦，以免夫跋涉千里、裹糧躡蹻之勞者，厥功豈淺鮮哉？爰就其事而爲文，勒諸石以詔後世，不佞與郭君有同志者。康熙三十五年歲次丙子春二月記。

［説明］

以張伯魁《徽縣志》爲底本録入。

康熙三十五年（一六九六）記。原題下有「國朝學政武之亨」七字。

著録：董杏林《徽縣新志》，徽縣志編纂委員會《徽縣志》。

［校記］

［一］爾，當爲「邇」。

［二］「率」當涉上字衍。

五五　關聖碑記

陳永祚

（碑額）關聖碑記

奏維大清國陝西鞏昌府秦州人氏見在地名教場壩□住增修碑序

或謂人之盛衰在乎時運，而神□□□于斯而定焉，余曰不然，是論尚不可以（漫漶不清）神聖而繄，何敢以論我大漢關夫子也？蓋大漢關夫子□□素明《春秋》，與孔子契。孔子之道垂訓萬代，而關夫子之忠勇仁義，其所以教天下後世，忠德淺鮮哉？此固不因人之盛衰□爲□違也明甚。後人之仰而慕之、敬而畏之、尊親而愛戴之，是寧必人之因盛而敬、衰而褻耶？矧今日者代代有封、處處有祀！惟兹偏隅□視其廟貌之狹小，然廟貌之狹小，雖無傷于聖人之弘，而于心實有憾焉！□□衆會□□□闢地增修。凡其盡心竭力者，皆出于一心之處。翼日既成，倘之明□，日月者之未必□臨山河也。今不信。（以下人名略）

僧人海濟書

□□陳永祚沐手述

龍飛康熙三十九年四月十六日謹獻

［説明］

據徽縣督考局局長許占虎所提供照片録入。

陳永祚撰。清康熙三十九年（一七〇〇）立。碑額「關聖碑記」四字豎題，左側有一「日」字，右側爲「月」字。

五六　重建杜少陵先生祠堂記

童華祖

今夫人生有聞于當時，歿有傳于後代，世之學者無問乎？識與不識，莫不仰望風徽而思慕不已者，孰有知少陵先生也哉！嘗讀先生年譜，按先生生平，筮仕之日少，遨游之日多，以故足迹遍秦楚。當其隴客秦州也，于徽之城三十里許有栗亭川，結草爲堂，栖遲堰[一]息，遺迹載在邑州志内，以今爲昭明。正德間，侍御史潘公因覲先生于夢中，遂就建祠而崇祀之。萬曆中□□左□葆其芳躅，又爲之重修。迄今越百有餘年，風雨飄摇，歲久剥蝕，唯餘殘壁頽垣，漸成瓦礫場矣！子[二]山陰末學，遭逢盛世，奉命觀察隴右，康熙丁酉冬巡視其地，而見古遺迹墮廢，低徊而不能去。紳士張子思敬等，慨然奮興以期協舉，因相告語曰：「吾儕讀書講道，效法先賢，忍視少陵先生靈爽飄渺松檜間而無憑依乎？」遂修詞以白署牧，詳請各捐己資，以毋忘盛事。余亦捐奉，以助□其落成。復請爲記，余不禁喟然興歎曰：「有是哉！文化之人，人衆且遠也。」少陵先生不産于徽，非官于徽，亦無深澤厚惠及于徽。粤考當日，不過蹴救房琯，出爲華州司功，棄官□秦隴。時往矣，□東柯河間，就地停居數□□而飄梗□□又□□□奇邊矣。何徽之人士思之深、慕之切于千載後？猶同心□□□□□□□□□先生之□文垂後，浸漬人心。觀夫《咏懷古迹》以及《秋興》諸章，而一腔忠愛，再七[三]見于指端□□。千載以下，讀其詩而楷模是式，想其行則高山仰止。以視深厚惠□人，不又更出其右□□□使先生遺迹，不致涸没于荒烟蔓草中，私心竊爲喜焉。因爲之記，刊諸瑱珉，以示永久□□□先生年譜于碑陰，俾後之篤者睹斯碑也而流連慨慕，相繼修葺，則先生之祠不止聿新于今日，是亦予與徽之紳士所共觀望云爾。

康熙五十八年歲次己亥孟夏吉日，陝西按察使司整飭洮岷兼轄隴右等處地方督理茶馬分巡屯田道副使童華祖撰

徽州知州周之良，署徽州事于挺

〔**説明**〕

據徽縣志編纂委員會《徽縣志》録入。童華祖，字禹山，浙江紹興山陰人。由鄉薦中舉，官刑部郎中。康熙四十九年閏七月知遵義府。康熙五十六年任陝西按察使司整飭洮岷兼轄隴右等處地方督理茶馬分巡屯田道副使，奉命巡察隴右，過栗亭訪

杜甫草堂，感其破敗而起重修之舉。
康熙五十八年（一七一九）童華祖撰。

［校記］

［一］堰，當爲「偃」。

［二］子，當爲「予」。

［三］七，疑當作「三」。

五七　少陵先生年譜

張思□

少陵先生年譜

按唐玄宗天寶十年□□辛卯，先生在長安□四十，進《三大禮賦》，玄宗奇之，命侍□集賢院。十四載乙未，授河西尉，不拜，改右衛率府胄曹參軍。肅宗至德元載丙申，即天寶之十七年，安禄山陷京師。八月，先生聞上即位于靈武，自鄜羸服奔行在，遂陷賊中。十月，房琯上疏，請自將兵復兩京，敗績。至德二載丁酉五月，房琯罷。先生在賊中竄歸鳳翔，拜左拾遺，上疏救房琯。上怒，詔三司推問，平章張鎬救之，仍放就列。八月墨制，放還鄜州省妻子。十月，先生扈從上自鳳翔還京。乾元元年戊戌六月，貶房琯爲邠州刺史，出先生爲華州司功。二年己亥七月，□□上棄官西去，度隴客秦州。十二月，入蜀至成都。上元元年庚子，先生□□浣花溪草堂。代宗廣德元年癸卯，先生在梓州。是年，□□京兆功曹，巴州□□云先生在東川。二年甲辰，劍南東西川以廣陵侍郎嚴武爲節度使，而先生遂歸成都。六月，武表先生爲節度參謀、檢校工部員外郎、賜緋魚袋。永泰元年乙巳四月，嚴武卒。先生辭幕府，歸浣花溪草堂。五月，離草堂南下，自秋徂冬，俱在雲安。大曆元年丙午春，先生至夔州，居之。三年戊申正月，去夔出峽，至江陵，歲暮，至岳州。五年庚戌春，先生在潭州，夏，入衡洲，寓居耒陽而卒。

時康熙［五］十八年孟夏上浣谷旦鐫石，栗里山人張思□撰書

仇池山人胡□焕鐫□

□生：袁諮謀，魏楚，耿颺美，馮奮異，劉三顧，郭九同，山儀濤，張策，張篆，張篪，張籓，張箋，魏世榮，王丕業，李嬪，劉之淵，李瓚，李琦，李瑛，李璨，李珍，李珠，郭璋，張養翥，張養翮，高昕，高曉，袁諮度，郭恒，劉進，田瑄，張□，閆制應，魏紹業，閆寬，梁著，閆可造，田大程，李誠

［説明］

碑存徽縣文化館。碑高七五厘米，寬八四厘米。

康熙年間張思□撰。康熙皇帝在位共六十一年，此碑是重建杜少陵先生祠堂時所立甚明，應刻立于同年。故碑文末原「十八年」前缺文補「五」字，以利研究。

五八　杜公祠記

牛運震

栗亭川拾遺祠者，明御史潘公創建，以祀唐詩人杜甫子美者也。昔唐中葉，帝京淩夷，垣城解散。子美亦

不寧厥居，顧乃棄官挈家，蓬行繭步，間關秦隴，崎嶇蜀道。今之栗亭川者，實爲有唐同谷之故界。子美歷秦竄蜀，擾攘艱難，風塵之際，蓋嘗偃處息憩于茲。短衣山雪，亂髮天風，負薪拾橡，號饑呻寒。文士窮愁，莫此爲烈。然而悲慨時事，吟咏孤懷。傷中原板蕩，盜賊縱横，欲歸不得。睠顧宗國，惻戀兄弟，憂在君父，忘身賤貧。《國風》周京之思，《小雅·黄鳥》之歎，千載同聲，其可傷懷永慕者矣！夫古來畸人騷侶，中有不能自已，于人倫世道之隱，于以頓挫四時，激昂風物，既已舒憂而寫鬱矣。後之人覽其作，悲其志，因思追表其遺迹。苟其室廬、壤土、樹木，猶有什一存者，固將寶重愛惜。高望遐思，溯其所以興懷，未嘗不低徊三致意焉。雖壇社而尸祝之，誠非過也。矧如子美之激騷揚雅，出于忠愛貞意之至性，足以起興百代者哉！嘗試周覽斯川之體勢，翠岫回環，平田廣畝，秋沼雙清，沃泉可稻。凡所謂竹、木、薯、蕷之屬，靡不繁衍周布其中，維子美之詩于今可徵也。竊意子美有靈，千載後猶樂思此地。將以星月雲霧之境，妥彼去國喪家之神。俾世之樵牧，咸知尊禮賢者之舊迹，以與東柯、浣花、瀼水諸草堂標韵流徽，不亦輿壤之勝概、人倫之茂軌乎？然則潘公之爲是祠，以存子美于栗亭也，可謂無關世教者哉！乾隆六年，運震攝符是邑，按部之暇，控驂栗亭，穆然子美之高風。兩造堂室，瞻拜遺像，迹其繚垣，置守祠二户，并購田十畝，以供春秋享祀之事。誠以伸余二十年來服膺子美之素，過其旅宇之士，猶將如聆其謦欬焉，謹而志之勿忘也。余終悲夫子美之遺文高節，固不免奔走窮餓，老病以死。而余生晚暮，不得陪子美杖履遨游萬里，藉以發山水之奇迹。又哀子美當日悲歌山谷，未獲有如余者，爲之東道主人，得以脱其厄而艶其奇。嗟乎！詩卷常留，子美安在？生乏簞瓢之供，殁有俎豆之褒。表遺韵于先賢，撫往迹而太息，不可謂非吏有司事也。因勒之于石，以俟後之守土君子得以覽焉。

［説明］

以張伯魁《徽縣志》爲底本録入。

乾隆六年（一七四一）記。原題下有「知縣牛運震」五字。牛運震（一七〇六—一七五八），字階平，山東滋陽人。雍正十一年（一七三三）進士。十三年，舉博學鴻詞，報罷。歷官平番縣，值固原兵變，大掠，運震爲畫策平定。上官異其才，爲忌者所中，免歸。著有《空山堂文集》十二卷，《史論》二十卷，《塞山堂易解》四卷，《春秋傳》十二卷，《金石圖》二卷。

著録：費廷珍《直隸秦州新志》（題「重修杜少陵祠堂記」），董杏林《徽縣新志》，徽縣志編纂委員會《徽縣志》。

五九　徽縣重修文廟記

雷　正

歲辛巳，余權守南安，兼視分巡篆。冬十月，有成之役，取道于徽。徽大令，余同鄉李公兆錦也。時公出，未遇。見署在朱甍碧瓦，掩映于蒼松翠柏間，詢知文廟鼎新，肅衣冠踵謁。何學博浩爲余道其詳曰：廟自郟縣劉公濟經始于明成化丁未之冬，弘治改元秋乃落成。後之踵葺者碑志具載，第簡略者多，且百餘年後頹圮已甚。李公自戊寅下車來，仰體聖天子崇儒重道之雅，首向文教，倡先捐修，擇諸生才幹者若梁生承業、王生宏業等五人董其事。乃鳩工庀材，于大成殿遵式更易椽瓦，其棟宇户牖、臺級欄楯以及兩廡靡不除陋增華、璀璨奪目。戟門則徙端方向，而表里四楹，欞星門則加高尋尺，而夐臨泮池。池舊乏橋，既斜且淺，今規而正之，浚而深之，跨以橋梁，闌梯秩秩。外開渠三百餘步，引鐘山泉以注之。思樂之歌洵可味矣。崇聖祠居鐘山之麓，向也茂草荒坡、樵牧并擾爾，乃增修廓如，筑垣與廟墻相屬。凡廟中籩豆、登鉶、干戚、鐘簴諸器，亦咸整飭如新，視前明劉公之功，偉矣！惟公政和，故民力舒；民力舒，故事畢舉。更如慶祝宮以肅朝賀，明倫堂以振風紀，鳳山書院以課經業，鳳岡吟社以訓風雅，宣靈王廟以祈霖澤民，皆重地要區，或創建或重修，公捐俸廉居多。士庶感而争輸，四載取次就理，峥嵘相望，而兹廟其尤著者，因以記請。余謂之曰：李公真不負守土任者！其家乃余郢中巨族，父子昆弟以名，進士孝廉出典，郡邑所致，胥著循績。稱者謂李氏有治譜焉！此其明證也，徽人士其自今蔚然有起色歟？因書以畀之，俾鐫于麗牲之石。

清乾隆二十六年雷正撰

［**説明**］

據費廷珍《直隸秦州新志·補遺》收録。

清乾隆二十六年（一七六一）立。

六〇　通［蜀］門石匾

通［蜀］門

隆丁亥

［**説明**］

據徽縣督考局局長許占虎所提供照片録入。按：石匾從中間斷裂，「蜀」字殘缺不全。該匾應爲乾隆三十二年（丁亥，一七六七）所鐫刻，姑置于此。

六一　重修聖廟記

黨慎修

辛酉流火，余奉檄司鐸河池。于莅任之翌日，謁禮殿廊，則見廟貌巍峩，地勢飛舞，不禁慇慇嘉歎之。惟是兵燹之後，窮黎猶有環處廡宇中者，睹兹褻慢，于心怏怏。既而屢聞凱奏，窮黎漸次遷移，廟之中乃覺穆清。然而星移物换，垣頹甍穿，半就于圮。歲之冬仲，江左徐公承乏兹土。公以孝廉起家，出宰百里，甫下車，即以文治爲兢兢。當其釋菜之日，上下周覽，意即爲之悽愴。余因從旁慫慂之，竟毅然以修理自任。余曰：「君初膺事，糾徽之士民而告之，公乃倡而率之可。」公曰：「無庸，凡在所需，予取予求，不汝靳惜也。」于是鳩工選材，筮日興工，不三月而落成。昔也湫如，今也焕然；昔也蕩如，今也肅然。誠夫子之宫牆也哉！是役也，費金二百有餘，皆節縮廉俸所爲。于其去也，士民咸感其德，餞于邑，送于郊。今往矣，尤嘖嘖不忘！獨是公自即任以迄謝事，僅六越月耳。乃能識大體而契衆心如是，故亟書，以告後之君子。公諱振鵬，江西安義人。

［説明］

以張伯魁《徽縣志》爲底本録入。

嘉慶七年（一八〇二）記。原題下有「教諭黨慎修」五字。

著録：董杏林《徽縣新志》，徽縣志編纂委員會《徽縣志》。

六二　重修吴王廟記

張伯魁

徽邑城東隅有吴王廟，蓋以祀宋宣撫武安王玠、武順王璘兄弟也。武安本隴干人，能讀書，善孫吴法，行軍素服鄂王。靖康、建炎間，屢敗金兵，而金兵之憚吴，一如憚岳。紹興初，烏珠攻和尚原而退師，撤離喝入仙人關而遠遁。當斯時也，金兵數十萬，微吴氏，宋其無蜀久矣。武安薨，朝議欲廢仙人關，武順執不可。乃與諸將分守山隘，弗撤備。金人屢盟屢叛，秦鳳、隴右諸郡既與而復者三。或謂韓、岳死，金人兵不渡淮，曷故？蓋以隴陜之兵掣其肘耳。夫自宋室南渡，和議成，材武善謀之士，無所用其力。吴氏一門三將守河池，控陜蜀，以爲東南屏蔽，其功業在一方，尤在天下；在一時，尤在千古。有功捍禦，祀以報之，以視山川社稷何緩哉！余來莅河池，見荒烟蔓草中頽宇一楹，陊牆老木，朝夕壓覆是懼。詢諸故老，曰：「吴王廟。」庭之前，芻牧往來，流民環集，慨然憂之。爰于簿書之暇，禁絶芻牧，漸令居此者徙他所。今年丁卯之夏，潔捐薄俸，撤其基而重新之。殿宇三楹，皆碩才良甓。址崇三尺，深廣稱之。貌像肅，丹雘[一]施。庭以外築石道一十三丈有咫，前接臺門，繞以繚垣，虔以榜綽，閲七月而工蕆。落成之日，搜考前聞，得胡世將所爲《忠烈生祠記》。考世將代武安爲河池宣撫，在紹興九年。武順克復隴州（時復商陜十七州）事在紹興十一年。《記》云：「適與敵講好，宣撫使檄諸將班師，公遂振旅而還。」正與《武順本傳》「朝廷以驛書詔班師，世將浩歎而已」之文合。是知生祠立于紹興十一年，記所以紀實也。世將旋發瘍而卒，武順暨子挺守河池，扼金兵，又將四十年。至今廟像有三，挺旁侍，殆後之人增肖其像者也。今縣治地名固鎮，宋開寶五年，遷河池治于此。當日武安與世將駐師河池，即今縣治。《本傳》稱：「西人立廟于仙人關，始謂廟在關，而非在治。」今按《記》云：「河池與敵接壤，德公尤甚，故建立生祠，以見其誠。」審是，則今之廟在治，非即當日之生祠歟？噫！王之廟，年代浸遠，志乘闕略。今廟既新，而復得證明其立廟之始之日。俾河池民人登其殿庭，瞻其廟貌，如見吴氏之忠君却敵，而當日之班師飲恨，恍然如聞其聲焉。嗚呼！豈不神歟？豈不神歟？

［説明］

以張伯魁《徽縣志》爲底本録入。

嘉慶十二年（一八〇七）記。原題下有「知縣張伯魁」五字。張伯魁，海鹽人，以保舉知縣，于嘉慶七年知徽縣事，歷任八載，其事迹見董杏林《徽縣新志·官師》。

吴王廟，即忠烈祠，宋紹興十二年，河池民人爲宣撫吴玠、吴璘建立生祠，胡世將有記。嘉慶十二年知縣張伯魁捐俸創修。

著録：董杏林《徽縣新志》，徽縣志編纂委員會《徽縣志》。

［校記］

［一］臒，當作「臞」。

六三　五賢祠記

張伯魁

忠烈祠歷久荒落。丁卯之冬，余既改而新之。案宋室南渡，河池，宋長城也。紹興間，其與吴氏名并功偕、左右厥力以保全蜀、俾將成恢復之業者，則有宣撫劉子羽、胡世將，節制郭浩、楊政。洎宋之末，則有節制曹友聞守鷄關隘，與宋共存亡者也。曹之墓在栗亭，久已委于榛莽。紹興諸賢，或顯或晦，先後異施，而斯地皆未聞報功之文，是豈乏好古聞賢者闕其閭閻之祭歟？抑或歷久而不傳耶？余度庭中地高朗，特建前堂三楹，敬設龕主于其中，乃題其堂曰「五賢祠」，以追祀之，匪直重明禋之舉，夫天理民彝，固自有不可泯没者。

［説明］

以張伯魁《徽縣志》爲底本録入。

嘉慶十二年（一八〇七）記。原題下有「知縣張伯魁」五字。

五賢祠，據張伯魁《徽縣志》載，嘉慶十二年知縣張伯魁捐俸創修忠烈祠（吴王廟）時，「又于前建五賢祠，祀宋劉子羽、胡世將、郭浩、楊政、曹友聞。」

著録：董杏林《徽縣新志》，徽縣志編纂委員會《徽縣志》。

六四　徽縣紳士良民被難碑

張伯魁

（碑額）：奉旨旌獎

徽縣紳士良民被難碑

大清嘉慶十二年歲次丁卯冬

監生：負輔弼，任家峽門；張奇節，晒經寺；石懷珍，石家莊；王鍾靈，江洛鎮；程克明，高埈坎；胡登科，胡家莊；劉漢柱，江洛鎮腰寨子

生員：母庚，母家峽；蘇鉽，蘇家莊；謝世蕚，謝家莊；郭傑，郭家莊；鄭儒，鄭家莊；楊桂蓝，伏家鎮

民人：馬自顯，銀杏鎮；馬景援，銀杏鎮

特授徽縣正堂加三級軍功紀録三次張伯魁建立

〔説明〕

碑存徽縣文化館。碑高一五二厘米，寬六七厘米。

嘉慶十二年（一八〇七）張伯魁立。

六五　重建崇聖祠明倫堂記

黨慎修

徽邑學宫，居城之東隅，鐘樓山之南，前俯街衢，背負山麓，創建之始莫可考。有明宏〔一〕治年，乃于明倫堂舊基之西建堂，堂之前建大成殿。迄嘉靖初，始有立崇聖祠之詔，遂建祠于明倫堂後之北麓。而其牆宇門垣之制，方之于堂，尚爲卑隘。其先後年月，有劉健、康海記之，刻之珉石。是崇聖祠與大成殿相去遠而執〔二〕不相聯也，蓋界于明倫堂矣。夫學官有朔望宣講之禮，有師儒晉謁之儀。明倫堂何以厠于殿與祠之中？祠乃啓聖神位所栖，反偏在堂後，制固未安。堂之東西無重門，前後爲行人往來，歲月久，則崇聖祠漸列于山

徑道路之旁。邑侯張公來莅，從祀入學，每謂序制未宜，以重建改移爲己任。乃進余既邑紳士而語之曰：「夫子宫牆數仞，美富不可窺。王公常居，必設門以限中外。今至聖廟廡規模閎整矣，崇聖祠釐而二之，豈爲稱哉？若以堂易祠，斯築牆而外蔽之，崇聖也，正以遵國朝會典，建祠于殿廷後之制。庠門正中，即明倫堂舊基也，爽塏平直，正宜建堂于兹。」僉曰：「善！善！前人誠有其議，而未能舉之者。」公乃躊躇數載，丁卯夏，潔捐廉俸，即舊明倫堂撤[三]而營之。厥位面陽，厥材孔良，殿宇門垣，黝堊丹漆，舉以法故。小春之吉，告遷啓聖，配祀神龕于其中焉。崇聖祠功告完，今年戊辰春，建明倫堂于學署。計木石之工，拓閈閎之制，并手偕作，工善吏勤，晨夜展力，訖五月而堂成。落成之日，邑紳士暨諸弟子員，由堂而升者滔滔焉。爲學爲校，釐然秩然；以祠以堂，悉饗悉當。咸謂張侯經營締造，惓惓于斯，所謂鼓舞斯人而人不知者與？余前公一載，秉鐸于兹，佐公治既六年矣。是役也，又爲公督其成，謹叙其改建之端委歲月，刻石于壁。

［說明］

以張伯魁《徽縣志》爲底本録入。

嘉慶十三年（一八〇八）記。原題下有「黨慎修」三字。

著録：董杏林《徽縣新志》，徽縣志編纂委員會《徽縣志》。

［校記］

［一］宏，因避乾隆之諱而改字。

［二］埶，當爲「勢」。

［三］撤，當爲「徹」。

六六　賦吴玠墓碑詩

張伯魁

大清嘉慶十三年秋，知縣張伯魁（浙江海鹽人）因修縣志訪考遺迹，得碑于鐘樓山。讀其文，宋吴忠烈墓志碑也。臨崖將墜，伯魁虔心點禱，及令石工前移四十步，築圍牆，立墓門以識之。敬賦五言一首記于碑陰：

獨立高原上，巋然見一碑。陰風號鬼卒，暮雨隱旌旗。遲我西來日，憐公北伐時。纍朝頌爵賞，枉自數功奇。六百年前墓，艱難百戰身。弟兄溥舊澤，南北倚孤臣。哀角秋聲亂，奇兵地勢屯。宣揚慚德薄，五字欲通神。

［**説明**］

詩存徽縣吴山「吴玠墓碑」之碑陰。

嘉慶十三年（一八〇八）張伯魁記。

六七　重修杜少陵祠堂記

張伯魁

唐杜拾遺祠，在縣城西栗亭川，先爲古同谷縣地。當拾遺處阽危，走巴蜀，于斯休駕焉。人第知殘膏剩馥，沾丐于後人者無窮，而不知其憂深見遠、盱衡天下國家之故，而流連憤發于君父之間者，其心至今如見。

前之人建祠栗亭，尊衣冠，肅俎豆，尸而祝之，茅茨鳥雀，松菊籓籬，非恃有司士者之護持歟！乾隆初，署邑令牛運震大加修葺，迄今又七十年。祠宇傾頹，享祀俱廢，無人過而問之。余拜祠下，觸目興懷。適梁子負棟家于栗亭，爰與謀而新之。昔孟浩然墓庳壞，樊澤節度荆州，符載以牋叩澤曰：「浩然文質傑美，殞落歲久，邱壟頹没，行路慨然。前公欲更築，搢紳士聞風竦動。而今牽耗歲時，誠令好事者乘而爲之，負公夙志矣。」澤乃更爲封壟于鳳林山南。是役也，予非畏好事者也，誠亟以存千秋忠愛之遺云。祠成，咸屬予爲記。按祠之南爲木皮嶺，東望青泥，若俯而即也。南六里許，元觀峽、釣臺皆遺迹也。稍西里許，則舊祠也，明御史潘公夢拾遺始建祠宇，其遺址存焉。今重修祀堂三間，明州牧左公建也；獻宇三楹，國朝觀察童公建也；瞻祠田十畝，前令牛公置也，詳于碑石。久爲民占，今復歸于祠。前有隙地，今爲祠門，其左若右，各增蓋耳房二間，予率衆捐資重修。議始于丁卯之春，落成于己[一]巳之秋也。董斯事者，邑諸生梁子負棟也。予又增置瞻祠田十畝，與牛公所置之十畝，并以屬之梁子，俾司春秋享祀，歲時修葺之事焉。

［**説明**］

以張伯魁《徽縣志》爲底本録入。

嘉慶十四年（一八〇九）記。原題下有「知縣張伯魁」五字。據「議始于丁卯之春，落成于己巳之秋也」知「己巳」爲嘉慶十四年。

著録：董杏林《徽縣新志》，徽縣志編纂委員會《徽縣志》。

［**校記**］

［一］己，原文誤爲「巳」，今改。

六八　重修觀音寺記

徐文賁

徽邑之西，荷池之東，舊有隙地一區，前明觀音大士寺基一區也，時邑僚慶賀亦在于兹。自代遠年湮，廟宇傾圮[一]，其地四面之界于民居者，又多爲所侵没。就中荒烟蔓草，尚有頹垣一楹，堂階舊址隱約存焉。吾友春溪明府，莅任斯邑，創修書院，改建崇聖祠、明倫堂，設三義學，振文教也。築城樓，建倉廒，昭職守也。建忠烈祠以表其墓，修烈女祠以續其祀，動民心而崇祀典也。至于文武各廟，兵燹之後無不修整。公誠無愧于吏治已[二]。嗣經紳士言，始悉此地原委。公曰：「前有舉之，未可廢也。」遂清其地，東西計三十丈，前臨池，後接街，修市房兩層。南北計十丈，即捐廉重建。其寺左右，增建文昌、龍王二廟。焕然翼然，次第而新之。又西南查出官地，東西計八丈，南北計十二丈。南臨官井巷，北即廟基也，皆居民自行修蓋房屋，每年出地基錢二千文，以備三廟香火之需。戊辰冬，余行役詣河池。會公鳩工庀材，躬親督率修理，凡一甎一木之需，絲毫無纍于民。余謂公曰：「事之興廢有時，今之興，能保後之不廢乎？」因囑公購石刊碣，永傳來許。公曰：「此舉不典。今之所建，祇以復其舊，又何必永其傳也！」余曰：「邑之令長，民神之主也。公自莅任以來，百廢俱興，邑之人無不家祀而户祝之矣。此舉廢而復興，而諸神之靈，藉以妥侑，何莫非振飭地方之事。今即鐫石以示居民，俾此地香火歷久不絶，不致如前之埋没蒿萊，皆賢有司之責，亦我輩守土者之職也。」爰慫慂公立石，記載四至畝數，且不揣譾陋，爲文以記之。公亦不忍拂余囑望之深心而允之。因撮其顛末，壽之貞珉，以示闔邑民人，俾獲永其傳也。是爲記。

［說明］

據張伯魁《徽縣志》録入。

清嘉慶間立碑。「春溪明府」指張伯魁，故知立碑當在張任時。原題下有「徐文賁」三字。

著録：董杏林《徽縣新志》。

［校記］

［一］圮，原文誤爲「圯」，今改。

［二］已，當作「也」。

六九　鳳山書院記

陳文駿

考自宋初，有四書院之設。歷代沿之，創建日廣。自我朝文教特隆，郡縣咸建書院，是邑宰有教民之職。士爲四民首，敦士習，即以飭治綱也。徽邑故有書院曰「鳳山」，垂六十餘年。近經兵燹，傾圮殆盡。有舉莫廢，伊誰之責歟？春溪張君名伯魁，浙西學道士也。幼貧好學，殫心于經史百家，名噪京師。洎乎作吏，風雅是尚，競競以教民爲本。辛酉歲，知徽邑事，顧書院圮［二］毁，慨然有興修之志。嘗謂：「武城弦歌教化，不囿于偏隅。徽雖蕞爾邑，詎不足與有爲？」于是捐廉俸，定程規，鳩工庀材，中建講堂三楹，額仍顔曰「敬業」，餘悉依舊規模，重建葺之。工善吏勤，不一年而告竣。至今講貫之地，肄業之所，噲噲焉，殖殖焉。士之執經請業，每低佪而不能去。邑久無科目，歲甲子，有砥行立品如程生顯德，遂舉于鄉。士益争自濯磨，則書院之成效可睹矣！安見以引以翼，不相率而烝烝日上哉？夫張君自莅任兹土，善政善教，難更僕數。後之人本張君學道以教人，則宰有得人之效；本張君學道以爲學，則士皆從政之才，其將大有造于斯邑，是則張君所厚望也。余與春溪故親，弗知其生平有素，且官與接壤，尤耳熟其政教，因樂述其事，以爲多士慶。爰爲記。

［説明］

以張伯魁《徽縣志》爲底本録入。

嘉慶十四年（一八〇九）記。原題下有「陳文駿」三字。

舊鳳山書院，張伯魁《徽縣志·學校》載：「在縣署之西，舊州治之寅賓館，乾隆十四年，知縣杜蔭改建，尋廢。二十六年，知縣李兆錦重修，題曰『鳳山書院』。四十六年，知縣趙同翮又復捐葺，隨修隨廢。一經兵燹，傾圮將盡。嘉慶九年，知縣張伯魁重建。」

著録：董杏林《徽縣新志》，徽縣志編纂委員會《徽縣志》。

［校記］

［一］圮，原文誤爲「圯」，今改。

七〇　遠通吴楚碑

佚　名

（碑額）：遠通吴楚

徽縣乃[二]虞關之通道也，自石家峽至杏樹厓二十餘里，路皆崔嵬險阻可畏。自明以來，雖屢經修□，崎嶇如故，往來負載，莫不寒心。且功力浩大，難以舉動。己巳秋，方左右奮然起念，同心協力，急施□□三內，一旦成功，爰立二碑，以垂不朽云。

領首：

介賓孫思仁，壹兩五錢；李寬有，二錢四；劉建貴，二錢四。

監生辛志學，二兩；田實，五錢；杜世康，二錢；杜世傑，三錢六；廣奎，三錢六；杜□春，本二錢；任德明，三錢六；劉大寶，二錢四；□逞才，二錢；于來，錢二分；于滿倉，錢二分；袁安廷，二錢四，蘇登奎，二錢；李可法，二錢四；武進喜，二錢二；張大士，三錢；呂復興，二錢；魚萬倉，二錢四；朱負能，三錢六。

生員□傑，一錢二。

領首：謝有德，一錢二；杜世章，一錢二；杜奐，一錢二；朱德，一錢二；趙興，一錢二；趙國喜，二錢二；李庫，一錢二；楊收，二錢；琰崇學，一錢二；劉存仁，一錢二；劉一昌，一錢二；劉海，一錢二；劉江，一錢二；劉潤，一錢二；苟成倉，一錢二；苟成庫，一錢二；劉申，一錢二；劉材，一錢二；劉可□，一錢二；劉彥，一錢二；孫德法，一錢；孫德發，一錢；周傑，三錢六；宋義，六錢；孫德公，一錢；楊俊，一錢二；楊桂，一錢；楊□春，一錢二；武進福，一錢二；白滿倉，一錢二；李若，一錢二；孫遷，一錢二；周魯，一錢二；周建名，一錢二；馬仲文，一錢；袁顯廷，一錢二。

□首：楊世夾，一錢二；康銀，二錢；張樂，一錢二；張九全，二錢；張居公，一錢二；朱禮成，一錢二；高清，一錢二；程可興，一錢二；□嶺道，一錢二；朱可忠，一錢二；于德，二錢；吴敬，一錢二；柴茂林，一錢二；于京章，一錢三；于京奎，一錢五；于有，一錢二；于須安，一錢二；張□成，一錢二；姜貢，一錢五；楊重滿，二錢六；何進才，一錢二；王有，一錢五；姜得功，一錢二；王世有，一錢二；王滿，一錢；李梅，一錢二；李茂春，一錢二；宋章，一錢二；逢世義，一錢二；逢世泰，一錢二；李起，一錢二；楊昆，一錢二；張義材，一錢二。

領首：楊興，一錢二；□德材，一錢二；楊奎，一錢二；□峰，一錢二；苟奐章，一錢二；穆貴，一錢二；穆喜，一錢二；崔伯成，一錢；穆忠，一錢；周順，二錢；李進材，一錢二；化□莊，一錢二；王□喜，一錢二；成榮，一錢二；化金朝，二錢四；趙穩科，一錢二；楊喜，一錢二；楊□□，一錢二；石□虎，張□義，一錢二；吴林柴，一錢二。

嘉慶十六年四月吉日立

［**説明**］

碑位于大河店鄉青泥河村南青泥嶺下。碑高一二〇厘米，寬七〇厘米。

嘉慶十六年（一八一一）立。

著録：徽縣志編纂委員會《徽縣志》，《甘肅省志·卷三八·公路交通志》，吴景山《絲綢之路交通碑銘》。

［**校記**］

［一］乃，徽縣志編纂委員會《徽縣志》作「至」。

七一　修路碑記

程濟昶

（碑額）：修路碑記

領首：順成福壹兩弍，世興隆壹兩，義盛合八錢，太和福六錢，新興泰五錢。

監生吴建奇二錢，田自重一錢二，裕仁堂四錢，義豐德弍兩四，義和興弍兩，福益魁五錢，順成德五錢，長发順五錢，仁德堂三錢，豐盛允弍錢，天成路弍錢，永興源弍錢，生春魁弍錢四，永順益弍錢，萬益全五錢，通盛益四錢，萬種益弍錢。

監生楊功一錢弍，興隆世五錢，長發祥弍錢四，存誠益弍錢四，萬順德弍錢四，合盛德弍錢四，通順鈺弍錢四，興盛錫叁錢六，仁和玉弍錢，世春新弍錢四，長生祥叁錢，興隆義五錢。

監生王登榮壹錢六，長興統五錢，全盛錫弍錢四，興順義弍錢四，包茂厚弍錢四，隆盛祥弍錢四；

軍功韋崇先一錢五，世興公三錢六，協力堂弍錢四，世和春弍錢四。

鄉飲李秀一錢弍。

軍功牛自超弍錢四。

領首：楊保一錢弍，楊多能收衆人布錢五錢，武仲文一錢弍，李彩一錢五，周仲魁一錢弍，武旺一錢二，武進存一錢二，焦繼離弍錢，武福一錢弍，閆仲元一錢弍，武仲漢一錢弍，武仲興一錢弍，田開一錢弍，李明一錢弍，大有豐一錢弍，興隆魁一錢弍，興隆慶一錢弍，勤盛興一錢六，興陰江一錢弍，文盛魁一錢弍，焦起霖一錢弍，李書膺四錢，馮奎一錢，石龍先一錢弍，史天位二錢四，石龍奐一錢弍，石寵一錢弍，孫良才一錢五。

生員程濟昶撰書

石匠：汪師，吕一先，張登喜，陳學生

大清嘉慶十六年四月吉日立

［**説明**］

碑存徽縣水陽鄉青泥店子村一村民院中。碑高一一五厘米，寬六〇厘米。

嘉慶十六年（一八一一）程濟昶撰書。

著録：《甘肅省志·卷三八·公路交通志》，吴景山《絲綢之路交通碑銘》。

七二　重修三聖廟碑記

袁利仁

（碑額）：皇清

重修三聖廟碑記

竊查徽縣自乾隆五十年始設專□，以把總守之。舊有三聖廟，歷久傾頽，未及修葺。長安韓（諱名永騰）于辛未歲來守兹汛營中，一切部署律然，百廢俱舉，待兵如兒女，撫養愛恤，澤普恩周，不但于糧餉毫不扣尅；且少有微勞，即加奬賞，以故利仁等舉家感奮。癸酉歲，見斯廟之日就坍塌，思于鼎而新之，惟念力薄難成，不免勸募，乃不兩月間，遠近官商士庶，靡不樂從，共成善舉；尚有不敷，汛官悉將廉俸捐辦。鳩工庀材，不日落成。頓使廟貌崇嚴，怵然起敬；將見神功懋遠，護佑一方。不獨利仁等得邀福庇也。

嘉慶癸酉孟秋月吉旦，徽□外委袁利仁等謹記

領旗萬世福，紅旗劉吉祥，首隊宋有，姚俊，何寅，張選，張履祥，書識姚漢傑，吏員鄧□葉，吏員吳廷選

馬□：趙應賢，劉正榮，李責，高義，楊生魁，杜發財，馬泰，馬德，楊柱，趙應□

步兵：高泗林，趙潤，馬全，朱文春，張剛，馬有邦，楊桂，高桂，楊生榮，袁得榮，呂順，楊福，阮傑，馬恒興

守兵白喜，程興財，向文義，楊興，張敏，向文德，袁福，趙應桂，張緒，田泰，閆旺，馬福成，楊喜，黃逢泰，士頭張大士

［**說明**］

碑存徽縣文化館。碑高九五厘米，寬五三厘米。

嘉慶十八年（一八一三）袁利仁等記。

七三　重修樂樓告竣碑記

陳　均

（篆額）：萬善同歸

重修樂樓告竣碑記

徽邑城南相距十里，山號□倫，廟位東岳，奇石盤旋，蒼松疊翠，與鳳臺名勝遥爲對峙，爲合邑紳士商民祈福之所。靈分山左配西南北中而位乎東，顯應河池，聯華、衡、恒、嵩而名爲泰，司下民之主命，綜萬物之始成。今夏因旱禱神，設壇三日，雨惠半旬，神恩普被，四野沾足，自宜報答，以昭靈貺，因念前修廟中樂樓，因歲歉未及落成，兹沛布甘霖，年豐力贍（中缺）商賈可以共襄是舉，余先捐俸重修以爲諸善士倡，爰募衆信，量力捐輸，越次歲季春告成。是爲序。

署徽縣知縣陳均沐手撰，捐俸拾兩。

徽縣營部司韓永勝捐俸貳兩。

徽縣右堂王臣柱捐俸貳兩。

總領首舉人程顯德沐[一]川，生員周裕，鄉飲李榮，生員魏純，軍功李林，生員程顯祖；

領首：生員程際昶，廪生蔣□□，介賓程□琚，耆賓錢珺，生員周傑，監生辛志學，張演，軍功李選，生員魏鴻綸，監生劉澤遠，軍功宋繼先，廪生張縉，武舉李鳳章，禮生孫珍，監生劉文舉，生員周粲，鄉約周大彩，鄉飲李秀，以上各施銀壹兩貳錢。

鄉約張繼業，監生王超，監生周繼志，監生王康，監生劉灸曾，禮生程□貴，監生程登□，貢元張湖，軍功喬安國，鄉約楊宦，監生劉芳遠，軍功程稭□，張宗南，孫蓮，世祥和，劉廷仁，孫祥，牛自成，劉廷相，監生楊柱，李福祥，監生蔣泰，程人俊，王升，監生李貴元，以上各施銀一兩二錢。

李（中缺）領首軍功（下缺）。

嘉慶二十年歲次乙亥季春月中浣之辰穀旦

［説明］

碑存徽縣泰山廟。碑高一三〇厘米，寬五七厘米。

嘉慶二十年（一八一五）陳均撰。

［校記］

［一］沐，原字誤刻作「沭」。

七四　重修觀音閣碑記

牛自重

重修觀音閣碑記

迎旭觀之有觀音閣也，不知其創自何時，而凡有祈禱，罔不應焉。僉曰：「此徽邑之壯觀，闔社之庇護也！」嘉慶丙子，徽邑紳士有重修聖母宫之舉。余父忝列領首之末，乃于督工之暇，步于其側，見其墻垣毁壞，臺階傾覆，即有香火之緣，實無拜跪之地。睹兹頽廢，于心怏怏，因虔發心願，欲于聖母宫落成之後，力自補葺。無何事不隨心，方思庀工，余父竟染疾焉。于是延及二載，卒不得以遂其願，因以其事囑余。余實不才，當時未及就理。及余失怙之後，每念父囑，不禁潸然。兹于癸未之春，略捐微資，筮日興工，俾前之寂然就圮者，焕然一新。庶幾，神靈之奠享有嚴，而余先君之願亦遂焉。爰于工成之後，勒之于石，以記其事。督工牛自重。

道光三年歲次癸未秋七月吉日，捐修信士牛喜南、牛育南敬刻

［説明］

碑存徽縣城關鎮南河村觀山迎旭觀院内。碑高一〇四厘米，寬五〇厘米。徽縣文化館馬存良提供拓片。

道光三年（一八二三）牛自重刻。

七五　重修廟宇碑記

佚名

（碑額）：萬古不朽

蓋聞天地之間，先慎乎德。游萬物之靈，精華其流，山川舍諸佛。山不在高，有仙則明[一]；水不在深，有龍則靈；廟不在大，有神則巍峩。神通廣大，神靈赫（中缺）化聞向四方。自古以來，前朝後漢、魏、晉、唐、宋、明皇，古有五大名山，青雲脉接，紫（中缺）白鹿之秀，□脉□文落此□境，中華仙地，□爺施捨，□□山厰，西秦所□，甘省直隸鞏昌叨岷道□□南路□□舖泥陽里二甲□支□補洞，自□千載數朝，廟宇（中缺）風露，金容衣甲，神像壞毁，諸公衆人觀像慘心，□□補修，一人獨力（中缺）總領承頭，衆姓會首，虔心□□喜緣功果，募化十方善男信女（中缺）錙銖□□，重裝衣甲。完備磨碑，懸立衆姓名號與碑□□□不朽（下缺）。

（捐資人姓名略。）

大清道光三年歲次癸未季秋（中缺）日穀旦，衆姓會首人等仝立

〔説明〕

碑存徽縣永寧鎮永街村。碑高八八厘米，寬五八厘米。徽縣文化館馬存良提供拓片。道光三年（一八二三）立。

〔校記〕

〔一〕明，當爲「名」。

七六　重修太山廟落成碑志

程顯祖

重修太山廟落成碑志

粵稽神功侔造化，德被群生。自有周分封以來，凡牧民者，建城即爲建祠也。維我徽邑，于前五代時僅以驛棧傳，及有唐統御，始建河池城于栗亭川，大廟亦建于斯。自大宋時，移縣爲州，而城移前川。意者斯廟之建，必于移城時即建焉。第前人未立碑志，後世人無所考。暨大明中，有住持楊老道士，雲游詣山。見上殿僅存旁祠空址，道房絶迹，竟結草爲庵，獨力化修，而神妥廟嚴。邑衆（中缺）與楊公立功德。《志》内云「廟被金兵騷擾，聖像獨存」，始喻斯廟之設，蓋有年矣。第廟居山頂，人迹罕到，累遭風雨之飄，終少（中缺）之士。數百年來，牆損棟折，坍塌之狀，實爲惻心。于道光元年，邑士農等以天旱迎神于城禱祈雨澤，越三日，即沛降甘霖。（中缺）子歡忻鼓舞，公議修理，翕然協力，祇期妥侑神恩，毋令漏漬聖像。遂争輸私囊，集算獲金已得三百之多。又蒙縣主（中缺）父臺各捐俸資，兼闔縣客商士農等，皆不惜床頭之畜，并弗憚力作之勞，拆舊换新，搬瓦運石，整整四年。所建大殿三（中缺）三間，并東西考察祠各三間，山神土地廟各一間，東樓四間，西樓三間，會館三間，齋房一處，連砌神道，合算費金多至（中缺）譜。吁！是豈人力爲之哉！實神恩釁沐，人皆樂輸耳！爰于甲申秋，覓匠鎸石，概勒助金姓氏以垂永遠。第予慮山高風浩，諸（中缺）仰祈仁人君子有損即補，即毋致尊神再遭露處焉。誠爲余等之所厚望也！夫謹志。

道光四年歲次甲申中秋吉辰。監修邑庠生程顯祖沐手敬撰。邑庠生李顯膺沐手謹書。

（人名略。）

［**説明**］

碑存徽縣泰山廟。碑高一三八厘米，寬八七厘米。

道光四年（一八二四）程顯祖撰。程顯祖，邑庠生。

著録：徽縣志編纂委員會《徽縣志》。

七七　迎旭觀補修碑

熙　志

迎旭觀，徽福地也。山之麓，舊建殿宇，供奉玉皇大帝。殿南隅，建地藏王廟，年久經風雨之漂摇，其牆壁瓦棟率多坍塌腐敗，而地藏王廟凋蔽尤甚。特以近年來，邑廟工太煩，艱于募化，是以無人倡修。今歲夏，旱魃肆虐。邑監生楊登魁等領袖都人禱雨于玉皇大帝，幸沐聖恩，即降雨，甘霖連沛。崇朝乃以有□。邑之人歡欣鼓舞，争各輸財以供斯費，除酬神而□□錢數千。衆欲懸額以志神德，而斯會人等謂：「人藉神以全生，神不資人以妥身，于心安矣。且舍有益而作無益，于義不可。今所餘雖不足工費，吾儕何妨輸助以襄盛舉！」爰即鳩工庀材，腐敗者易之，坍塌者整飭之，今喜告竣，囑余爲言以記其事。余意非諸君子居功也，殆□使後之人有亦觀感修凋補蔽，相繩于勿替云。

監生劉澤遠，監生吴廷琦，監生鄧舉，三兩。監生蘇敏發，二兩。監生張緎，監生張璠，周永慶，張朝選，□□□，吴□先，監生楊登魁，生員賀正□，□生□□□，鄉約梁士選，□著，李習膺，齊永太，韋珍，□安，周林，以上十六人各施銀一兩。監生韋懋德，吏員王清泰，以上各施銀二錢。諸生梁友□，彭璋，胡□，柏□□，張得興，楊發，李繼膺，張傑魁，一錢。張義興，張□璽，杜□發，□喜，以上四人各施錢四錢。姚德，陳德，謝玉，嚴師孟，□義，一錢。

□□高熙志題。生員楊登元書。木匠□春太，石匠吴忠貴。

大清道光四年歲次甲申八月既望五日，仝勒石

［**說明**］

碑存徽縣城關鎮南河村觀山迎旭觀院内。碑高五八厘米，寬六三厘米。

道光四年（一八二四）高熙志題。

七八　清真寺修建市房碑記

馬尚德

清真寺建修市房碑記

徽邑東關之有清真寺，前通街衢，後羅蘭坪，創建之始，莫可稽實，至其門牆之俊偉，規模之宏敞，皆前人重爲改觀，而焕然一新也。生其後者，復何遺憾？然亦有所感焉。蓋寺内嘗延聘阿訇傳經立教，以及往來同教、鰥寡孤獨人等，或時有費。以寺内無資，而司教諸位多方祈求，始濟一用，而况諸［年］[二]頻加者哉！甲申春，我秋實楊君目擊心惻，思一資以濟諸用，因謀諸司教者等，僉曰：「善！善！」于是謁行募化，均慨然樂輸。緣費有缺，夫敢我衆以會金是之？遂于舊建齋庭後，續建市房三楹；于西隅之隙地，建市房二楹。雖無濟于大端，亦未必無小補。工竣之日，君恐久而就湮，命余述其原委，碣石以示同志。

三道：馬緒，馬起蛟，哈典，趙映昌。

鄉老：馬典，高仲有。

副鄉老：袁往□，袁國輝，馬仲，馬順國，楊生有，馬紹融，蘇寅，馬起運，丁奉祥，馬履中，趙秀。

壽官：馬金施艮[三]七兩，監生馬騰蛟施艮三兩，馬履正施艮一兩。

脚櫃：生員馬雲龍、馬□漢、馬仲喜、白順良、楊生彩、馬還、楊生才施艮七兩。

牙行：馬永漢、馬廷棟、馬仲奇、馬成漢、趙殿金、馬仲有、馬□漢、馬榮、馬明施艮七兩。

斗行：楊連、鄧□、禮生羅彩霞、馬師融、楊聚金、蔡寅、吴學業、馬法融、吴成業、馬安融、馬圖融、楊秀，以上十二人施艮七兩。

兩壇會首：楊云、馬起鳳、李順才、高□廷、蘇登雲、馬起雲、高具用、楊生成、丁順存艮六兩。

邑學生馬尚德謹志

邑學生蘇捷□敬書

壽官楊五桂□工
鳳翔吴忠貴刊石
大清道光四年歲次甲申小陽之日吉辰立石

［**説明**］

碑存徽縣清真寺。碑高五六厘米，寬七六厘米。
道光四年（一八二四）馬尚德撰。
著録：徽縣志編纂委員會《徽縣志》。

［**校記**］

［一］年，原缺，據上下文意補。
［二］艮，即「銀」，俗體字，猶今「豆腐」之「腐」寫作「付」、「餐館」之「餐」寫作「歺」也。《泰山廟碑》亦有作「艮」者，不俱書。

七九　巖坪募化修路碑

佚　名

（碑額）：同結善緣

蓋聞逢山開路，□水□橋，不惟□以利行人，而且陰德中之第一事也。（中缺）萬□自古采樵者得通□路徑而成（中缺）岩之上（中缺）而可行者□□也。今其地（中缺）四方（中缺）有畏其路崎嶇者□□而返

（中缺）資財，募化四方，齊力争先□□之徒□□□□成□善事自（下缺）。

大清道光四年八月二十八日，衆姓同立

［説明］

碑在徽縣談家莊鄉嚴坪村東南約一公里之石峽路側崖壁上。碑高九二厘米，寬五九厘米。道光四年（一八二四）立。

著録：《甘肅省志·卷三八·公路交通志》。

八〇　嚴坪修補橋梁碑

佚名

蓋聞雖蓋南東之美，仰觀宇宙之大，爲途溪澗之險，跋涉艱難之嶇。上下橋梁朽壞，風雨冒瀆，來往客商，行步艱難。齊心募化，善男信女，捐資相助，幫補糠粧[一]，填溪坪[二]澗，功果成就。堪[三]石立碑，永垂不朽。以是爲序。

修補橋道路人：　梁勝林

皇清道光歲次庚寅十月穀旦立

匠師：　孫漁

會首：　楊世明助錢二千。復興恒、鴻興永、義興合、王星益各出錢一千。二合德、永順蘇各出錢五百。嚴生生、李恭陞各出錢二百四。永懷德、鄧正廷、唐三朝、蔣康廷各出錢弍百四十。梁重鳳一百六十。黄安貴、莫仕賢、周汝富、李忠乾、趙寅各出錢一百二十。盛連有、李萬、蔣唐元、廖仁忠、康有爵、吴再富、胡南壽、唐才興、王洪義、王尚倫各出錢一百十。黄恩連、姚□鏊、李顯秀、□平興各出錢一百廿。何正全、陳玉春、鐘勝有、黄元坤、黄盛□、胡光文、劉朝升各出錢一百。江弘貴、鄧學金、鄧學貴、任正才、李學先、陳正□各出錢八十。廖崇貴、□忠方、王秀□、王□才、楊思俊、周金祥、□通盛各出錢（中缺）楊再華、吴再貴、□德榮、盧子興、楊□合、陶地壽各出錢六十。葉朝富、盛學洪、黄信章各出錢五十。毛尚□、鄧忠成、何志漢各出錢四十。李廷門廿文。

［説明］

碑原存徽縣談家莊鄉嚴坪村大東溝石峽路側，今佚。碑高一〇二厘米，寬五五厘米。

道光十年（一八三〇）立。

著録：《甘肅省志·卷三八·公路交通志》（題「徽縣嚴坪大東溝修補橋路碑」），吴景山《絲綢之路交通碑銘》。

［校記］

［一］糠粧，當爲「康莊」。

［二］坪，當爲「平」。

［三］堪，當爲「刊」。

八一　創修石橋碑記

佚　名

（碑額）：千秋弗朽

創修石橋碑記

蓋聞十月成梁，王政所重，誠以利涉濟行，有賴于斯也。□莊古有橋一座，爲南路一帶及客商往來必由之路。第向係木造成，或爲□□□□，或爲風雨飄摇，不及數年，仍然塌損，雖云□□□□往來之人不苦□□□□□□□□莫過□每觀而心惻之，然旋修旋廢，亦無如何。意□□□木爲石，以圖經久□□莊人□□苦力役之事，尚或可□□，而資財之助，恐其維艱。因于過路前後莊村，以及城内鋪户募化錢文，共襄□□□□盛事，□資□錢，各解□□，得錢四千九百□十文，而工告竣。今記其事于石，□□□自居其功也，特以表輸助諸君子之義于不没云。（下缺）

首創人：周□，周□。刻石：吕世興

大清道光歲次辛卯年子月吉日立

［**説明**］

碑存徽縣水陽鄉大石窑村。碑高九五厘米，寬五五厘米。

道光十一年（一八三一）立。

著録：《甘肅省志》。

八二　白塔寺修補塔序

佚　名

存目

［説明］

碑位于栗川鄉郇家莊白塔寺磚塔壁上。主要記録修補塔的經過和石工、募捐者名録及竣工年月。

道光十二年（一八三二）立。

八三　龍頭水歌碑

佚名

（上缺）［白龍］太子何自顯乎？道光四年，自三月以及前七月，半載□□降甘霖，人民不□□壇，白龍太子顯聖至。又七月朔旬，大雨時行，田苗勃興，義川人等中心悦服（中缺）以占晴課雨，有求即遂，今□□□告成，爰立碑記，以作龍頭水歌以（下缺）。

龍頭水，去無邊，晝夜不息幾許［年］。楊柳風清飄兩岸，行藻交浮轉折［圓］。□□□□［行遠］道，車馬悠悠來名賢。龍頭水，澤不偏，農夫取之灌桑田。濯纓［濯足各自便，行人］渴時飲一邊。爲愛□□□□節，朝朝引馬去□遷。龍頭水，何（中缺）繫晴川，子期知音足千古，伯牙有志在安弦。携［琴］悵望渺然去，波平浪息（中缺）。龍頭水，有原泉，岷山發昧勢浩然。四季風光歲歲［變］，爾與乾坤遞後先。

（中缺）［澄］碧蒼［蒼］萬頃天。

會首：馬□□施錢壹兩六錢，張登甲施錢三兩六錢，王□施錢弍兩四錢，孫登山施錢四錢弍分，嚴自□施錢三錢六分，孫玉施錢弍錢弍分，嚴自聚施錢壹兩六錢，孫燕飛施錢壹錢弍分，張普榮施錢壹兩弍錢，孫登涵施錢四錢弍分。

馬莊施錢八錢，唐朝榜施錢六錢，唐□□壹千文，楊□鍾施錢八錢四分，楊有施錢八錢四分，孫登高施錢四錢四分，任起施錢五錢，楊丕選施錢六錢，嚴自遜施錢五錢，孫登熙施錢四錢弍分，孫登□施錢四錢弍分，唐朝綱施錢六錢。

唐有爵、嚴□、嚴有□、蔣文龍、嚴和、嚴自振、張文、嚴自用、房世德各施錢三錢六分。

孫□（下略）

時道光十五年十二月十六日

［説明］

據徽縣文化館馬存良所提供拓片録入。拓片長一一六厘米，寬六五厘米。

道光十五年（一八三五）立。

八四　聖泉寺記

蔡駟材

□□□□□□之□□侖□群□□□□□□□□□□□□□□□在□□□□□□□□□□北有娘娘與方神□□□□□□建□房與庖房，樂樓與寺相對，□□北□□□□□，想即「聖泉」之所由名也。第□知先□□□不□，因建寺而神顯靈驗，泉□甘美，遂□。寺建于嘉靖十七年，大清道光二十二年□□議重建，會内人□歡欣鼓舞，本年二月起□□□，而土木之□、丹青之奇焕然改觀，較之□□。

會首：申文賢施銀九兩，申永清施銀六兩，雷子魁施銀二十四兩，蘇月賢二兩四錢（以下人名略）。

秦安縣生員蔡騆材題，施銀六錢。

大清道光歲次癸卯仲吕月吉日。木匠宋□□

〔説明〕

據徽縣督考局局長許占虎所提供照片録入。碑名據内容酌擬。

八五　大河小地垻洞溝碑記

佚　名

蓋聞皇上設官以治民，吏役奉官以安民，自古及今不能易也。嘗考徽縣古制，東有永寧河，西有伏家鎮，南有大河店，北有大門鎮。一路設座差兩人，以禁匪類。後來山林開濶，民多稠密，官吏復議每鋪兩個替官理事。近年來貪風日起，衙役多放座差，每人进〔一〕錢三串，頭役肥家潤身，有巡門准詞者一半，挑唆事非者一半，將本分良民習成混徒刁民，以致無情詞訟繁多，其禍不可勝言也。况地壩鋪，其地甚小，其民不多，每年設座差七八人以食民膏，以耗民財，比之别鋪害又甚焉。自青天趙太爺莅任以來，本鋪有公稟張欲復古制，衙役懼其違例不見官。同鋪内公正無私者數十人議定，仍放兩個以禁賭博、逞酒行凶、打架違法、以强欺弱、捏故諸事，倘若與婚姻地界、六畜食田投役理明，與差〔二〕禮錢二百文。恐世遠年湮，人心不古，以勒石永垂不朽。

大清道光歲次乙巳年中秋立

石工劉百玉

［説明］

據徽縣志編纂委員會《徽縣志》録入。

道光二十五年（一八四五）立。

［校記］

［一］迸，當作「進」，「進」俗體作「进」，乃誤爲「迸」。

［二］差，據上，當作「座差」。

八六　嚴坪重修世德橋碑

嚴師陵

（碑額）：萬善同歸

竊思利濟行人，惟在修理橋梁。矧兹河上非橋，則義川龍脉，東西兩不相接。述歷代老人遺言，舊係架木覆土爲橋，不知始自何年，作自何人，且無碑足徵。所可記者，于乾隆四十年間，有介賓孫公印思仁，行時時之方便，作種種之陰功，一人捐資，建修板橋數間，上覆脊瓦，兩旁排槎［一］欄杆，懸匾額名曰「世德橋」。由之則坦然無疑，瞻之則佳境可采，洵義川大観也。貢生程公印珮，爰題《世德橋亭律詩》，至今猶有存而識之者。奈嘉慶十六年六月内，水漲勢甚，惜乎橋亭推淌，遂致擔負馱騎，隔岸相呼，攀藤涉險。幸有同結善緣幾人，不曾數月，微開小路，僅利徒步。迄今數十年，不惟逢秋夏微漲即阻人以莫過，即冬春旱乾，亦氷凍窄險而難通，往來者觸目心驚。念老成典型，不忍湮没，爰集同志，鳩工鑿石，修砌捲橋，功竣立碑。非敢以微事而矜張，特以小善不容没，故垂碑永傳不朽云爾。

會首：壽官楊暢施銀壹拾六兩五錢，孫普施銀叁兩五錢，孫登碑施銀四兩弍錢，孫登庫施銀四兩六錢，武生孫登甲施銀壹拾六兩伍錢，孫登峰施銀弍兩四錢。

生員嚴師陵（字輔之，號華峰）題并書

大清道光二十六年歲次丙午七月中浣之辰敬立。石工周順、郜邦貴

〔**説明**〕

碑存徽縣談家莊鄉嚴坪村嚴敬維家中。碑高八五厘米，寬五一厘米。

道光二十六年（一八四六）嚴師陵撰并書。嚴師陵，字輔之，號華峰，生員。

著録：徽縣志編纂委員會《徽縣志》，《甘肅省志·卷三八·公路交通志》，吴景山《絲綢之路交通碑銘》。

八七　泰山廟碑

嚴師陵

竊思神曰山者何？山静也，謂山立寧静也。曰山者[一]何？泰，安也，謂泰然安静也。泰山而□□□東岳者何？謂職居五岳之首，品列四方之先，而且有以主生氣，有以補龍脉。若兹之東溝口上下一帶，人則星羅棋布，地則水帶山環，是天地之造設乎？亦神靈之阿護乎？舊雖創修泰山聖廟以及菩薩關[二]音諸位配神，然木瓦□壁，年久朽壞坍塌，□□□神靈無所憑依，即風景亦覺淡然無色。地方等目睹心傷，念衆人功果不□湮没，爰集同志鳩工重修，使廟貌巍峩，觀瞻壯嚴，所謂神應故妙，精誠故□，□□□值功果告竣，豈敢矜

張！特以善不可没，故刊石勒碑，永垂不朽云爾。

□□義施銀二十兩零二錢，唐有爵施銀一十五兩五錢，楊有施銀一十兩零五錢，總會首盛連有施銀七兩七錢，楊富施銀四兩八錢，杜爵賢施銀四兩六錢，□康元施銀四兩二錢，張國祥施銀□兩，□□□施艮二兩七錢，□自超施艮二兩二錢，胡光文施艮二兩一錢，胡光宗施艮二兩一錢，胡光才施艮二兩一錢，劉福元施艮二兩，蔣正位、盧世朝各施艮一兩八錢，王世明施艮一兩三錢，楊暢施艮四兩，楊占□施艮三兩六錢，楊占榮施艮一兩二錢，張官蘭施艮一兩七錢，王正品施艮八錢。

麻仲武、陳永順、張美德、馬莊、楊丕建、何其德、楊世明、梁用鳳各施銀一兩二錢，蔣正玉、唐三朝施艮八錢，李禄孝六分，龍龔氏施艮五錢，天再富、盧子興施艮四錢八分，□小元施艮五錢，郭登起施艮四錢，王啓有施艮五錢，唐正國施艮三錢六分，王安貴施艮三錢四分，胡天元、張□□施艮四錢二分。

楊高榮、李世貴、唐德盛、尹有德、徐洪黎、李□、王金殿各施銀二兩二分，世興協、譚道有、唐有壽、胡光有、伍金秀、胡光太、楊正實、鍾明福、義興合、黄世富、復興恒、天順德、鴻順魁、李忠乾、鄧李全各施銀三錢四分。

□合德、閆廷魁、黄文德、日盛祥、林通榜、何其能、周顯□、周顯成、易大仁、□合禄施艮二錢四分，張永玉、莫仕賢、李應貴、侯以順、杜尚倫、杜國順、曹貴、趙寅、陳繼有、唐登榮、胡加榮施艮二錢八分。

正合興、苗翠盛、張九宗、甘文明、吴再貴、劉世發、孫登盛、薛有清各施艮一錢二分。

生員嚴師陵題并書

石工郃邦貴

時道光二十六年歲次丙午仲冬上浣之辰，敬立

［説明］

碑存徽縣泰山廟。碑高一三三厘米，寬六八厘米。

道光二十六年（一八四六）嚴師陵題。

［校記］

［一］曰山者，原字漫漶難識，據文義補。

［二］闕，當作「觀」。

八八　創修鳳山書院記

張顯渠

竊以正人心、善風俗，必先興學校。學校之興，書院爲重。方今聖天子道統承緒，稽古右文，自省會以至各郡、州、縣，莫不有學，即莫不有書院。作人于斯，造士于斯，人心之正，風俗之善，靡不由斯。猗歟！何其盛歟！徽邑舊有書院，地址湫隘，齋舍窄狹，不能容栖多士。歷任邑侯，嘗欲即其規模恢廓而更張之，弗果。壬寅夏，來石邑侯以滇南名孝廉莅任兹土。下車伊始，即以整飭文風爲先務，于書院考課最嚴。數年來，教澤所及，風氣爲之立變。士人素絲附朱邑侯也，而明師奉焉。乙巳暮春之辰，傳集地方紳士于公廨，慨然曰：「徽邑人心淳古，風俗龐厚；山川靈秀所鍾，英傑代出。歷稽往哲，掇巍科、登顯仕、炳耀史册、輝煌邑乘者，纍纍然貝編珠貫。近今科第寥寥，文風漸頹，豈靈秀所鍾、日即于薄歟？亦書院未宏作育之故也。

抑又思縣考之時，向在本署扃試，各童生轉移桌凳，諸多不便。入場後坐位紛淆，不惟文思不凝，亦非所以重斯文而昭大典。合議將舊有書院改作公所，另擇濶大地基，創修書院，兼修縣試考棚，即以捐廉爲首倡。」衆人聞命，唯唯稱善。因閲邑之北街，國初考院舊址，爽塏端直，可修書院，即可舉考棚而并修之。紳士等歡忻鼓舞，量力輸財，客商居民踴躍捐助，四鄉富家大賈，亦皆聞風嚮義，鼓力捐輸。筮日動衆，庀材鳩工，越丙午冬十月而告竣。其書院正中，講堂五楹，兩廊書齋各六間，内齋各三間，院中牌坊一座，與考棚勢相望、氣相接，聯地脉也。其考棚正中點名廨一坐[一]，左旁點名廨一間。居後，左右號房各九間，坐次排列，簷楹高朗，慎關防、示明净也。外面大門一座，二門三間，中有書院院夫房各三間。自外而内，由卑而高，望之深邃，即之周密，加以黝堊丹雘，色澤鮮潔，洵乎人文薈萃之所矣。士子鼓篋肄業，居肆成事，成人有德，小子有造，無不相觀而善。縣考則三年一次，各童生戰勝文場，銜枚賈勇，争先出人頭地，小成後，歲月舒長。地宇静厰、號舍寬濶之中，無非讀書講習之地，書院、考棚又何擇焉？竊嘗聞之，程明道先生知扶講，設庠序，聚邑人子弟教之。朱紫陽夫子知南康軍，修復白鹿書院，教育生徒，立學規俾守之。其爲風俗人心計，用意良深。來石邑侯學程朱之學，即心程朱之心。斯役之舉，所以廣造士作人之化，屬望于徽人士者，固不徒記誦詞藻、趨時爲文而已。徽人士可不自勉哉！爰勒石以志創修之由來。至一切章程地址，别勒瑱珉，以垂不朽。是爲記。道光戊寅，舉人張顯渠撰。

［**説明**］

以董杏林《徽縣新志》爲底本録入。

道光二十六年（一八四六）張顯渠撰。張顯渠，道光戊寅舉人。

著録：徽縣志編纂委員會《徽縣志》。

［校記］

［一］坐，當爲「座」。

八九　楊暢墓志

彭繩祖

禮之祭義，孝思無窮。春露既濡，必有怵惕；秋霜既降，必有悽愴。非寒之謂也，□□心之矣。嗚呼噫嘻！雲山蒼蒼，江水洋洋。父母之德，山高水長。是以當四旬有五之歲，追憶初旬，有□之□，天奪母算，歸于黄泉。無依無恃，何忍何安？二旬有八，尊嚴父丁，母之命□，事仲□□子以□□□重孫之任，古今所恒有也。二弟又嗣伯父，絶禄不終，有子綿□。丁母所生三弟四弟，事父祭母，永不絶絃。吁嗟默默兮，誰謂宗子之衆賢？夫雲且無心以出岫，鳥尚倦飛以知還。言猶在耳，恩豈忘心！猶有寸衷，愾悶而僾見；雖降一等，慤著而愛存。聊作碑記，以報劬勞之恩于不朽云爾。

顯考欽賜壽官楊公諱暢府君、顯妣例贈孺人尹氏慈君、誥贈孺人李氏大人之墓志。

男楊占□、楊占川，孫佑、俶等奉祀。

街泉彭繩武，子□奉。

師兄文林郎舉人彭繩祖教題書

大清道光二十九年歲次己酉清和月中浣之吉。降□□□鰲，孫修、俊、作敬立

〔説明〕

碑存徽縣大河鄉青泥河畔。碑高一二一厘米，寬五三厘米。徽縣文化館馬存良提供拓片。

道光二十九年（一八四九）彭繩祖題。彭繩祖，秦安縣隴城鎮鳳尾村人。自幼聰穎好學，攻讀達旦。寒來暑往，勤學不輟。成就學業後，遂領鄉薦，于清朝咸豐年間登癸丑科進士第，授任河南南召縣知縣。任職期間，體察民情，廉潔從政。愛民禮士，政聲頗著。離任時百姓遮道挽留，攀轅垂涕者以萬計，并敬送「萬民傘」以表志念。

九〇　施捨碑

佚　名

存目

〔説明〕

碑存徽縣文化館。碑高一八〇厘米，寬八三厘米。

道光年間立。碑名爲編者所加。主要刻記捐資者姓名、錢數。

九一　嚴坪石關峽築路碑

嚴師陵

天下事莫爲之前，虽美弗彰；莫爲之後，虽盛不傳。兹山石關峽，路途險峻，古今同慨。自道光二十五年鳩工，打石修砌，寬大丈餘。工竣，尚未立碑，被水衝汲。担負馱騎，仍復如故難行，不爲重修，則前功盡棄，亦甚可惜。今值功竣，并勒諸石，以永垂不朽云爾。

生員嚴師陵施錢壹兩式錢并題書

咸豐叁年七月十五日吉旦立

［**説明**］

碑存徽縣談家莊鄉嚴坪村村民孫芳家中。碑高一一七厘米，寬六一厘米。

咸豐三年（一八五三）嚴師陵題書。

著録：《甘肅省志》，吴景山《絲綢之路交通碑銘》。

九二　登鐵山詩碑

陳鴻章

清光緒辛巳秋，余奉檄權徽。篆見南山多青杠、槲木，可獲山蠶利，民弗知取，詣鄉勸之。事畢，率袁明善、羅文錦兩諸生登鐵山，口占五詩疥壁。

鐵嶺嵯峨高插天，振衣直上五雲邊。飄然空際胸懷闊，細撫青松問夙緣。

峭壁蒼松一徑清，登山猶覺足鞋輕。横披蓁莽舒遊覽，真到峰頭始却行。

四望天涯接混茫，河山百戰感滄桑。將才西北知誰偉？蜀國當年有武鄉。

獨立峰尖天地清，放懷今古世間情。諸生莫訝徘徊久，四海猶聞未息兵。

積雪千山日未斜，遥聞鶏犬有人家。親民却怪河陽尹，不種桑麻衹種花。

宜春陳鴻章題并書

［**説明**］

據徽縣督考局局長許占虎所提供照片及簡介録入。

清光緒七年（一八八一）立。陳鴻章撰。

九三　大河店重修道路德政碑

佚　名

（上缺）

德政碑

大清光緒拾貳年

［**説明**］

碑位于徽縣大河店鄉王家河村附近的白水江北岸崖壁上。碑高八〇厘米，寬二〇厘米。

光緒十二年（一八八六）刻。

著録：《甘肅省志》。

九四　記事石刻

上巳初□月。依石匠本弓。忠信董言立。

□□百□十文，百五十文，石工□百五十文。
錫盛□寶號言
大清光緒十九年五月□□月卅日立
古月十□日吉立

［說明］

據徽縣督考局局長許占虎所提供照片録入。
清光緒十九年（一八九三）鐫。

九五　徽縣大河店修路碑

楊昌濬

（篆額）：皇清
徽縣大河店修路碑

碑一

隴蜀踞天下之脊，山高而水激。徽縣南六十五里曰白水驛，前明設驛丞，今革。其地爲川陝要道。宋至和二年，轉運使李虞卿以青泥嶺舊路險峻，請開白水路，自河池驛至長舉驛，未成而去。河池令王令圖及工部郎中田諒等踵成之，迄于今近千年矣。陵谷變遷，雨雪剥蝕，向之坦途，遂成崎徑。亦固其所地左山而右江，水漲輒阻。山故多石，循山穿石罅以行，羊腸一綫，石滑無以妥足，稍懈即仆，人與馬骨[一]落江，葬于魚腹，行者苦之。每遇淫雨，恒彌月無行人。歲戊寅，來襄西事，有爲余言者，時方治軍勿暇也。己丑春，奉天子命移督關隴。又二年，檄知縣龔炳奎權徽篆，以修路

碑二

屬之。飭總兵易順勝率部勇，偕里夫、石工，舉鉏操畚，鬬山斧石。或穴石實以硝磺屑，引以長綫，火發石裂。于是凸者斬之，窄者展之，凹者補之，曲者直之，土人以爲罕見云。是役也，始辛卯九月，迄癸巳十月，逾兩年之久，乃蕆厥事。委秦州牧張珩勘驗全功，共計程涂五十五里，内修橋梁十四處，其尤險者以照壁岩、四道河、瓦泉山、大石碑等處爲最。昔之狹僅尺許、如循蟻垤者，今可并轡而馳矣。昔之高至數丈、杳入雲際者，今周道如砥矣。昔之惴惴然涉春氷、蹈虎尾者，今且歌于衢、舞于市矣。往者來者，肩其物、負其子者，相屬諸道，慶幸同聲。昔危而今安，行旅之歡呼，固應尒尒。然必守斯土者隨時修補，久而不廢，則安者久

碑三

安矣。任是責者爲龔令炳奎，竟不得睹其成。始終在事者爲易順勝，余嘉其勤，略陽方有路功，遣順勝往助焉。襄是役者，爲哨弁曹松林、劉德貴、鄒漢秋及邑紳吴來聘、李樹模、趙崇德、黄緦中、張景象、張裕惠。共用經費錢五千二百緡有奇，入捐款六千五百緡有奇。以其存者權子母爲歲修資。工成備書，以勒于石。捐資諸人列後。

太子太保頭品頂戴兵部尚書、總督秦隴使者、湘鄉楊昌濬撰

富平樊先珍手鐫
光緒二十年四月日

［説明］

碑原在大河店鄉王家河村洛河東岸大路邊，由三通石碑并列組成，一九八五年移碑于文化館院内，碑座仍留大河店原址。碑一高二九五厘米，寬一一二厘米；碑二高二九九厘米，寬一一一厘米；碑三高二九七厘米，寬一一四厘米。

光緒二十年（一八九四）楊昌濬撰。楊昌濬（一八二六—一八九七），字石泉，號鏡涵，又號壺天老人。同治五年（一八六六），左宗棠督軍前往福建，清庭命楊昌濬爲浙江布政使，負責處理浙江善後事宜。同治九年，楊昌濬任浙江巡撫一職。光緒十一年，升任福建總督。光緒十四年，調補陝甘總督。光緒二十三年，在省城長沙病逝。逝世後，清政府誥贈爲太子太傅。

著録：董杏林《徽縣新志》（題「重修大石碑路記」），徽縣志編纂委員會《徽縣志》（題「重修大石碑路記」），《甘肅省志》，吴景山《絲綢之路交通碑銘》。

［校記］

［一］骨，當作「滑」。

九六　徽縣大河店修路捐資碑

張若金

（碑額）：日　皇清

大石碑修路工竣，宫太保既製記以書其事，守土吏張若金謹録捐資數目枲于左方，以章大君子惠鮮之懃，俾巷舞衢歌者曉然于集事之由，于以樂成功而資觀感，斯固有司之責也。

太子太保頭品頂戴陝甘總督部堂楊扎發銀一千四百兩。

欽命二品頂戴分巡甘肅鞏秦階道丁印體常捐銀五十兩。

欽加二品頂戴鹽運使銜甘肅儘先題奏道徐印錫祺捐銀五十兩。

欽加三品銜特授秦州直隸州正堂張印珩捐銀二百兩。

秦州商民共捐銀一千四百兩。

徽縣百商民共捐錢一千六百六十九千四百文。

徽縣知縣張若金謹識

光緒二十年冬十有二月穀旦勒石

［**説明**］

碑原在大河店鄉王家河村洛河東岸大路邊，一九八五年移于文化館院内，碑座仍留大河店原址。碑高二二七厘米，寬一一一厘米。碑名爲編者所加。徽縣文化館馬存良提供拓片。

光緒二十年（一八九四）張若金撰。

著録：《甘肅省志·卷三八·公路交通志》，吴景山《絲綢之路交通碑銘》。

九七　重修興龍庵碑記

李九香

聞之：「莫爲之前，雖美弗彰；莫爲之後，雖盛弗傳。」如縣南之興龍庵，左連鐵嶺，右映文池，山不高而秀雅，水不深而清潔，勝地名區不是過耳！但其上有古迹，廟宇不知創自何時。乾隆、嘉慶間，疊增舊制。迨其後，年湮世遠，多所損壞。同治年間，有農民李桐、李逢清、仇王璋、生員李俊英竭力募化，欲更增置而大補葺，乃甫成會館一所，而歉并臻，所以有志未遂。其後又有農民李成義、李生蓮繼述前去[一]，樂輸資財，復竭力募化，不辭勞瘁，翻修大殿、聖母宮、戲樓、厨房，興作數年而後列房告竣。于是見其前之頹壞者，而今焕然一新矣；前之卑隘者，而今朗然廣大矣。此雖營謀在人，而神靈之默佑誠非淺矣！宏工巨款，胥難泯没，因勒諸石以志不忘云爾，謹爲序。

邑廪生李九香沐手撰并書

大清光緒二十一年仲秋月上浣之穀旦立

［説明］

據徽縣志編纂委員會《徽縣志》録入。

光緒二十一年（一八九五）李九香撰并書。

［校記］

［一］去，當作「志」。

九八　裁革告示碑

楊永春

（碑額）：皇清

在任候補直隸州署理秦州直隸州徽縣、正堂加五級、紀録□次趙

飭知沕石永遠裁革事。案：據東關廂回漢紳民，生員楊永春，武生馬駿周、劉忠元、賈正川，增生□明德，武生白文焕，軍功毛滿蒼、馬裕國，武生白文炳，附生馬烱如、馬繼茂、韓生魁等先後稟稱，竊生等以鋪司爲害，于二十二年具稟□□，蒙准改納草束，在案。近因轉滋擓擾，本年八月初□日，復聯名稟懇免納，蒙批所稟，亦屬實情，應如懇免其供納，以示體恤。奉批之下，仰見□恩主□□□□普惠群黎之至意。惟所慮者，後來任内恐復前轍，仍行科派，復□□□滋□殃□是生□徒免目前之慮，終貽身後之害也。今再明□□□□施□准，據情詳請各大憲批示，立案，永遠裁革，以廣仁慈而除民□□□等□情前來，當即據情詳請。于光緒二十四年十月初十日，奉陝甘總督部堂陶批。據稟已悉派充鋪司，改供草束。本病民苛政，既□□該縣裁革，准如請，立案，永遠不許復派。可以沕石後來者，不准再有□派，違者，許赴上司衙門控究。現值時局多艱，地方官既不能爲民興利，俾能訪求民隱，爲百姓除一分派纍，即爲百姓留一分元氣也。算一個□□官，該令其勉之。仍候行甘藩□司移行飭遵繳，等因奉此合行，飭爲□仰回漢紳民人等一體周知，查照來文，奉批爲事理，立石永禁□□，毋違此示。

右仰通知。

例授儒林郎、邑儒學附學生員、華堂楊永春沐手敬書

大清光緒二十五年六月十五日刊

［**説明**］

碑存徽縣東關清真寺内。碑高一六七厘米，寬六四厘米。

光緒二十五年（一八九九）楊永春書。題目是編者所加。

九九　重修杜少陵先生祠堂記

王　偶

（碑額）：詩範永垂

重修杜少陵先生祠堂記

竊思恢復古迹誠非易事，不稟官，工不敢動改作，古迹雖復，然改作之常在人焉。□□善始克□迹何□復之有？如栗亭川有杜公祠者，古迹也。始于大明正德，創自□，而興自萬曆，以至道光□十三年（中缺）張□此四賢□祠，繼而重修者，不一而足。□皆□□重修未嘗建移改也。□□□治，光緒年間，□□□□地震動搖，大殿敗壞，捲棚斜側，磚瓦被乞焉。拆毀門窻，□相繼焚燒□□□仨神像焉。□□以□□紳耆人等，□□興工。衆論煩亂，有言仍舊補修，有言移拆下店。俱稟報官亦難（中缺）邑侯羅公（中缺）以□端，而移廟之事終未決其可否也。無奈，會内作主，變古創今，因前邊□易地基，創修大殿，使乞與不□□復含□同新庵□位各顯威靈，□四民都來朝參，既蓋興會前愆，又杜搔擾後患名焉。重修□□□建改□之事在人焉，二不信然乎哉？然大殿既成，固可以安神位；獻殿不修，亦難告厥成功。倘若半塗而廢，人譏有始無終。因此，與衆商議，拆舊捲棚，改作獻殿。恨之寸金何？幸縣主張公過祠，參神捐錢，而又賜印璽。時緣瓦□□之□□□縣主與三行之□也。不意獻殿上架□成，而世道□且荒□□停工五年，而會内布[一]施未動。昨年秋末，□□□以數年所□之地□□錢貳拾餘串，并伏鎮、甸川之募化相幫，□□門窻，動□工完，獻殿始見，廟貌重新，古迹苑在。有始無終之譏，庶幾可免也。夫是祠也，山向坐于午卦，局屬□□。起工于光緒十六年二月，告竣于庚子歲孟夏。落成之日，□□末并以刻輸□□君子姓名，以垂永久云爾。

同知銜前仕徽縣正堂羅佐清捐錢壹拾串文，會首庠生李秀□捐錢捌串文，會首庠生王永清捐錢陸串文，會首何海洋施錢四百文，同知銜現任徽縣正堂張若金捐錢壹拾串文，會首庠生□□□施錢□百文，會首吴士重施錢陸串文，□□銜現任徽縣儒學正堂廖振鑒捐錢壹串文，會首庠生何炳榮捐錢捌串文，會首吕士美施錢四百文，玉諸書院辛卯科舉人□□仁捐錢壹串文，六品銜前徽縣右堂秦少常捐錢壹串文。

董事生員王倜頓首拜撰，捐錢三串貳百文；後學生員楊植沐手敬書，捐錢壹串貳百文。

光緒二十六年歲次庚子秋九月吉日，官商士庶人等，仝立石

［説明］

碑存栗亭草堂故址前杜公井旁。碑高一六〇厘米，寬六八厘米。

光緒二十六年（一九〇〇）王倜撰。

［校記］

［一］布，原作「怖」，以意改。

一〇〇　抽油資諭示碑

佚　名

欽加同知銜署理徽縣正堂（中缺）批立案以垂永遠事，照得（中缺）今日第一大政，本縣屢憲札飭振興

學務在案，但以籌款□□，動多掣肘，每諭紳等集議籌款。丁未初春，旋據學堂教員拔貢生趙俊德校長、貢生段大文、張思銘、吴來聘等稟，稱本城油行滋弊特甚，百姓受虧，懇請由抬買清油行内製天平稱一具，由學堂持平自行經收，每斤抽稱資錢三文，以濟學堂經費，現今本縣批准在案，開辦數目；尚覺民情樂從，旋經本縣稟大憲，俱蒙批准在案，除前經出示曉諭外，合行諭飭爲此諭，學堂校長□□知悉，嗣後學堂事件，務須認真辦理，其各項經費，量入爲出，毋得稍涉浮濫。從此學務可以次第舉行，以仰副我國家興賢育材、各上憲培植士風、本縣振興學堂之至意也。可切切毋違，特諭。

大清光緒丁未仲冬月勒石

［説明］

碑存徽縣文化館。碑高一〇〇厘米，寬六〇厘米。

光绪三十三年（一九〇七）立。

一〇一　地稅殘碑

佚　名

（上缺）論額内額外，俱免起科。河西額内免地，或□折□起（中缺）者不究，人户代納者不究，錢已認地趙甲遺糧者不究（中缺）起科，各認地人户原地糧以前拖欠者不究，人户代納者（中缺）肆名，拾年後折半起科。

（上缺）大□，陸畝；□□，拾伍畝；（中缺）知，三畝；□世安，三拾畝；□□山，拾二畝；曹□□，三拾畝；

孔由漢，貳拾畝；牟□兒，三畝；王道忠，三畝；趙平，三畝；□□，玖畝；□成，陸畝，俱中川里；周□，陸畝；龐長壽，三拾畝，俱地壩里；王康，三畝；胡守禮，拾畝；

王宗禮，三畝；焦仕興，三畝；胡得金，拾捌畝；張克，伍畝；馬彦春，三畝；羅仲德，三畝；于□□，三畝；任大大，陸畝；雷花，□畝，俱義里；張孝，三拾畝，俱興仁里；

楊從德，玖畝；李仁，拾伍畝；魏進科，拾柒畝；杜節，三畝；梁楠，三畝；段萬僧，三畝；姜實，陸畝；邵邦□，玖畝；常尚禮，三畝；趙棟，玖畝；

范毛臺，拾畝；郭明寅，陸畝，俱□下里；李朝義，玖畝；黄進仁，三畝；張林，陸畝；房加謨，陸畝；郭世强，三拾畝，吉朝漢，玖畝；蘇尚欽，三畝；張仲興，陸畝。

（上缺）招墾人户傳予中等□□□□□□不起科：

張德耀，辛朝宰，邵克仁，段綉，高好古（下缺）

［**説明**］

據徽縣文化館馬存良所提供拓片録入。拓片長六五厘米，寬七二厘米。

似爲清碑。碑名爲編者所加。

一〇二 善樂施

佚名

存目

［説明］

碑存徽縣嘉陵鎮田家河村。碑高一三〇厘米，寬六三厘米。徽縣文化館馬存良提供拓片。似爲清碑。主要刻記一百五拾多個捐資者姓名錢數。

一〇三 壽與天同碑

佚名

（碑額）：壽與天同

敕授文林郎、署徽縣正堂加五級、隨帶軍功加二級、紀録十次洪茂（下缺）

欽加六品銜、徽縣正堂加三級、紀録五次、又軍功隨帶加二級于文衡捐（下缺）

敕授修職郎、徽縣儒學、正堂加二級、紀録三次、癸酉科舉人林允中捐（下缺）

敕授武□騎尉、陝西利橋營屬徽縣營司廳加三級、紀録二次周升捐（下缺）

敕授登仕郎、徽縣右堂加三級、紀録五次沈粱淦捐（下缺）

敕授登仕郎、署徽縣右堂加三級、紀録五次劉世範（下缺）

邑增生鄉飲介賓（下缺）

監修紳士：

程顯祖，張顯渠，楊登魁，竇建元，宋廷瓚，賀三多，劉啓宇，張次渠，任健翮，高熙志；

馬得樂，劉芳遠，魏鴻學，劉廷獻，王吉，張思賢，武經，周啓甲，高第，劉學健，張有聲，朱桂蕚；

韋懷德，王康，鎖邦璵，張匯渠，喬安國，張超，劉汝楠，馬尚德，熊得功，張函，蘇時澤

伏家鎮：

石作礪，楊桂馥，張坦，謝萬有，竇興邦，山毅，郭守貞，楊時秀，楊秉信，山竣，郭顯英

東路宜陽：

王明，彭邁祖，王楨，謝仲英，董思順，杜發春，郭仲英，杜道周，苟國賓，冉知簡；

彭耀曾，李祖膺，馬自升，張繩騫，吴廷傑，王增業，徐秉義，王均業，劉萬，周傑

禮房：

田增□，李發榮（下缺）

［**説明**］

據徽縣文化館馬存良所提供拓片録入。拓片長一五〇厘米，寬九四厘米。

據官職名稱，當爲清碑。

一〇四　元觀峽題刻

佚　名

宛在中央

少陵釣臺

［**説明**］

題刻存栗亭南元觀峽河東岸崖壁上，呈「丁」字排列。時間不詳。

一〇五　徽邑殘碑

（上缺）科舉人蒲作新（下缺）

（上缺）徽邑眷姻姪柏鳳（下缺）

（上缺）員眷姻姪門獻璋（下缺）

（上缺）員眷教孫汪采芹（下缺）

（上缺）眷姻姪（下缺）

〔説明〕

據徽縣督考局局長許占虎所提供照片録入。

一〇六　碑記

郭　靖

（上缺）碑記

（上缺）師□以爲□見小在焉。□□山之爲□，人物□成風俗之美，□户之豐饒所由係。□領

（上缺）□山，山北曰樹山，真脉之遠、峰之秀高而且□者，則曰俠山，其間□出□□鎡錤，利用□□

（上缺）□者億萬家。山高土沃，開三科六鰲之瑞；龍秀脉遠，肇一门數第之休。票里□觀□工

（上缺）色□簽憲之風尚攸存，然秀麗雖屬天工，光華還需人爲。憶其山□□□蕩

（上缺）香靄不散，楓□杏林，龍宫之春色常□，不□□瞶

（上缺）前朝，創自唐宋，以上□□應于今日，傳諸江漠而□，斯誠鍾靈毓秀之奥區，廣宜□□

（上缺）□既入風雨，楓□金碧輝煌，竟頹垣而破□，丹青燦爛□蔓草而荒湮，不惟神明之感

（上缺）觀失皇，思□火□不□，非盡天工，□舊趾以更新，可勿人爲。于是□募化，□董理□□

（上缺）善果，爲積德累功之美行，幸也。善男信□既好舍而樂施，喜哉！□□大賈□巨□□

（上缺）［功成］而告竣，□□□□□之留題，木□□重整，□黎之步虗□□□□協□□□

（上缺）所均沾，竊願□□君子□此，爲一邑靈山□□，植而□□之也。是爲記。

（上缺）廣生員郭靖沐手敬撰
（上缺）壽官西□武經沐手敬書（以下漫漶不清）

［説明］

據徽縣督考局局長許占虎所提供照片録入。碑中斷，此爲下半部。

民國

一〇七　記事摩崖

民國十一年員□□魂□敏，工賑□□監修

〔説明〕

據徽縣督考局局長許占虎所提供照片録入。

中華民國十一年（一九二二）鐫。

一〇八　陳志禮墓碑

陝西警備第三旅第二團一營一連，徽縣戰役九月十四日陣亡于周主山

列兵陳志禮烈士之墓

陝西扶風縣東北鄉大蘇村人，年二十歲。

中華民國二十一年十月十日立石

〔説明〕

此碑并以下五通墓碑原存徽縣周主山，現存縣文化館，由縣博物館副館長曹鵬雁提供照片、抄件及相關資料。

民國二十一年（一九三二）立。墓主陳志禮并以下王子玉、王善述、馬建堂、仇得勝、□□華等五位墓主都是陜軍團長

曹潤華的部下。他們由竇雞到徽縣駐防，由于内部矛盾，民國二十一年九月在同陝西警備師長馬青苑的戰鬥中犧牲百餘人。所餘部隊第二年在中共陝西省委特派員劉林圃發動下，由習仲勛、劉林圃、吕劍人、李特生、許天潔等組織領導，利用軍隊換防的機會，行至兩當發動了兩當兵變。兩當兵變發動起來的一個重要原因是該連士兵在軍隊内部鬥争中白白送死的太多。當然，這些陣亡士兵被立碑紀念，與馬青苑于民國二十一年背叛楊虎城投蔣有關。我們由這些墓碑可以看出，兩當兵變的種子在先一年已經種下了。具體可參見曹鵬雁論文《徽縣戰役與兩當兵變》（收入紀念習仲勛同志誕辰一百周年《兩當兵變的重要影響和歷史意義》學術研討會文集，中共甘肅省委黨史研究室編，中共黨史出版社二〇一三年版）。

一〇九　王子玉墓碑

陝西警備第三旅第二團一營一連，徽縣戰役九月十六日陣亡于東嶽山

列兵王子玉烈士之墓

陝西蒲城東鄉石楊村人，年二十歲。

中華民國二十一年十月十日立石

［**説明**］

民國二十一年（一九三二）立。

一一〇　王善述墓碑

陝西警備第三旅第二團一營一連，徽縣戰役九月十六日陣亡于東嶽山

副班長王善述烈士之墓
陝西蒲城東鄉石楊村人，年二十八歲。
中華民國二十一年十月十日立石

［**説明**］

民國二十一年（一九三二）立。

一一一　馬建堂墓碑

陝西警備第三旅第二團一營一連，徽縣戰役九月十六日陣亡于東嶽山
列兵馬建堂烈士之墓
陝西郃縣南鄉史家村人，年二十歲。
中華民國二十一年十月十日立石

［**説明**］

民國二十一年（一九三二）立。

一一二　仇得勝墓碑

陝西警備第三旅第二團一營一連，徽縣戰役九月十六日陣亡于東嶽山
列兵仇得勝烈士之墓

陝西乾縣東鄉高莊人，年十九歲。
中華民國二十一年十月十日立石
［**説明**］
民國二十一年（一九三二）立。

一一三　□□華墓碑

［陝西警備第三旅］新兵營
［列兵］□□華［烈士］之墓
（上缺）年二十九歲。
［中華民國二十一年十月十］日立石
［**説明**］
民國二十一年（一九三二）立。

一一四　徽縣民樂園記

李鐵軍

徽縣民樂園記
我中央軍入駐隴南之翌月，匪氛漸息，民物稍登，擬爲徽人闢一游息之場。戎事之暇，得縣之文廟廢址以作民樂園。其地昔遭兵燹，重以雨蝕風侵，蔓草荒烟，人迹罕至。經營以來，我二團官兵，昕夕不懈，歷時兼月，卒底于成。昔之頹敗零落者，遂爲焕然一新矣。升庭俯仰，古柏交枝，緑陰匝地。光華滿室，彩飛萬國之旗。游人絡繹，陶然忘機。丁丁者，對奕之子聲也；乒乓者，抬球之對壘也。簫歌管弦，怡情悦性。吾于是信有感焉，徽民習尚，雅愛吞雲，莫由振拔。我官兵日事操課，板滯單調，情意索然。今則于休假之候，咸登斯園，共享正當之娛樂，惡習以移，民風以淳，樂也何如，是則斯園之設也，其意深長矣。是爲記。

嶺南李鐵軍題

二二，七，五

［**説明**］

碑存徽縣縣城吴山。碑高一四五厘米，寬六八厘米。徽縣文化館馬存良提供拓片。

民國二十二年（一九三三）李鐵軍題。李鐵軍（一九〇四—二〇〇二），字虞午，廣東梅縣人，國民革命軍中將。黄埔軍校第一期畢業後，參加北伐戰爭，一九三七年，任第一師師長。一九三七年八月，參加淞滬抗戰，在吴淞、寶山、月埔一帶抗擊日軍。一九四七年，國民黨和三青團合併成立新的國民黨第六届中央執行委員會，被選爲中央監察委員會委員。一九四九年，李鐵軍前往臺灣，任「中央」監察委員、「國防部」部員。後定居美國。二〇〇二年病逝。

一一五　虞關義渡記

彭致民

虞關義渡記

徽縣之南有地名曰「虞關」，雖非官道通衢，亦秦隴行商負販必經之要路也。關南濱嘉陵江上流，民國十七年以前設有營業式之船渡，商販行旅雖稱便利，殊感索取渡資之苦。近年來，此種渡船亦廢。時逢春夏，江洪暴發，問津者常興望洋之歎，徒涉者時遭滅頂之慘。地方雖有善士提議倡修，祗因刼後孑遺，無力將助，兼之彼推此延，數年未能實現。二十三年春，致民奉命駐防此地，目擊耳聞，愍焉心惻，慨然倡修義渡。詎工浩費繁，獨立莫支，不得不將□助予。幸我旅長李、團長廖及各同志，當地仁人慷慨樂輸，何儉、何彪二君又竭力協助，鳩工伐木，不日告厥成功。從此行旅無阻，商販稱便。爰勒樂捐諸君姓名，并議簡條于左，以垂永久焉。

楚南彭致民敬撰。

一、此系完全義渡，不許索取行旅客商分文渡資。

一、本渡當有韓尹地名斜坡水□地、荒熟地三十垧，年租概作渡子吃用之費，不得再向附近居民索取糧錢。

一、又當有何宋氏地名大地里熟地二垧，年租由公舉經理人收積放息，將來年久船漏，作爲修補之費。

一、以上所當地土，日後倘地主贖去，須即另當他□□土，永不許移作他用或耗散。

附注：　計當韓尹地□洋六十元，何宋氏十元。

中央陸軍一師一旅旅長李鐵軍十五元，參謀張履余捐五元，二團團長廖昂十元，軍需主任慶□庭五元，二營營長麥宗禹五元，三營營長李幼福五元，五連連長彭致民洋十元，六連連長歐陽德二元，二連連長鄧傑五元。

第四區撥捐□何文傑存款洋二十元，何□儉五元，何文□捐五元，李占魁五元，趙永年五元，齊□五元，何作□三元，王德祥三元，馬玉廷二元。

上坡各莊□共捐洋三十五元，八□四分何□儉、齊成募捐，坡□□□共捐洋一十六元，五□李□魁募捐，上□柱各捐户姓名因限于碑幅，另載對鋪粉壁上。連附吴有才一元，宋周禮捐洋一元，特務長周咸照一元。

中華民國二十三年四月日立

［**説明**］

碑存徽縣虞關中學。碑高一〇九厘米，寬六〇厘米。徽縣文化館馬存良提供拓片。

民國二十三年（一九三四）立。

著録：《甘肅省志·卷三八·公路交通志》，吴景山《絲綢之路交通碑銘》。

一一六　創修杜公祠樂樓并歷述建祠始末碑記

佚　名

縣治西三十里杜公祠爲創修樂樓并歷述建祠始末序

國有靈臺，所以察災祥；神有歌臺，欲以端風化。堯、舜、禹、湯、文、武、成、康之□□良交際，俗美化醇。自周室東遷，王綱覆墜，諸侯放恣，民悖彝倫，《春秋》作而亂賊懼。秦火以後，漢、晉、南北、隋、唐、五季、宋、元、明、清，國運去古愈遠，人道日離益北，經言罔效，優術足興，匪言戲之，勸懲寓焉。雖曰游戲風流物色，而大奸大惡，大忠大節，皆實□備于己，形于外，發于聲，無一不曲盡其形容，以

□□□□成□匹夫匹婦之愚，可以與知焉。其□感之速，無逾于此，雖不足爲治世之常箴，亦可借作救急之妙劑。故公祠堂之前而創修樂舞樓臺，即此意也。縣治西三十里杜公祠，《志》曰「粟亭草堂」。或曰：「公爲誰？」余曰：「唐左拾遺杜工部少陵先生也。」或又問曰：「肇建祠者誰？」余應之曰：「大明正德間御史潘公也。」或曰：「潘公何爲其然也？」余曰：「居！吾語女。潘公命典試文徽，駕臨茲土，夢睹先生于途中，越□日，詢諸土人，有二三黃髮爲言故老傳聞曰：『唐至中葉，窮逆悖亂，帝京凌夷，杜工部少陵先生遂致仕歸隱，度隴客秦，由秦之成適徽，結庵于墩山之側，垂釣在元觀之下。哲人已萎，遺迹猶存，迄今漁人樵牧經其故址，莫不動物是人非之感焉。疇昔之夜，公夢行吟而過車前者，不□是耶非耶？』公曰：『然！』遂厚捐樂施，囑此地紳耆而爲之建祠焉。」至萬曆年，本州牧左君之貞來攝徽事，聞風懷想，情切瞻□，初下車，即拜謁焉。及登公之堂，窺見遺像沉寂，圖繪剥漏濺污；牆垣圮毀，輒被蔓草迷離，睹此墜像殘壁，不禁悠然太息，闇然神傷，遂嗣而葺之，尤增其舊制焉。自明萬曆及清，寒暑代遷，不知幾經歲月，鼠穴雀巢，祇見墉穿瓦解。康熙五十六年丁酉冬，陝西按察使童公華祖兼轄隴右屯田道，出巡郊睹及之，見先生祠堂獻殿，竟成棘園瓦礫場矣，即解囊捐金，徽邑貢生張子思敬董理重修。自此，祠堂獻殿，焕乎□□惟新。乾隆嘉慶年間，邑宰牛公運震，縣正張公伯魁，深慕先生之《秋興》諸題，情忠于臣子之責，□□餘田十畝，以供祭□酒禮之支（中缺）崇隆祀典者，誠不一而足。甚矣，文化之感入人深也！千載之下而有知音焉！至光□五□□也（中缺）生王子肅由前移後，修建祠堂。後有□生何耀祖，庠生□□□同力協作，復修獻殿，尤其損益瓦□，嗣生員（中缺）末學會□□□善士，復置祭殿（中缺）民國二十九年歲次戊辰正人日（下缺）

［説明］

碑存徽縣栗亭鄉杜公村。碑高一六六厘米，寬七八厘米。徽縣文化館馬存良提供拓片。

民國二十九年（一九四〇）立。

一一七　徽縣重修聚點倉庫紀略

魏玉齋

徽縣重修聚點倉庫紀略

建倉積穀，所以備荒兼濟軍需也。古者，郡縣制常平之法，三邊有屯政之宜，饑民戍卒是乎賴。自抗戰軍興，餉糈浩繁。中央于三十年明令徵實。本縣曾建聚點倉庫一所，用藏粟穀。惟以倉卒興工，結構不固，未及二年，遂已罅漏，陳腐寄頓，識者憂之。

三十四年秋，縣長兼處長劉公中仁暨副處長巫劍霞先生先後莅任。鑒于舊倉殘破，薪賦待儲，爰商之地方耆舊，决定重修以爲久計。成立縣倉建修委員會策劃進行，并推程九等董其事。賴有司之悉心揆度，以及各界人士之熱忱贊襄，時未數月，即觀厥成。基跋工堅，兀然矗立，洵壯觀也！

管子曰：「倉廪實而知禮節。」他日既富加教，俾隴南蔚爲盛治，則斯倉具永垂不朽矣！

徽縣縣倉建修委員會主任委員黄程九

委員趙育青

委員魏玉齋謹識

委員吴敬軒
委員劉希祖
中華民國三十五年四月二十二日勒石

［**説明**］

碑原嵌于徽縣北街城隍廟院内東牆壁上，今不知去向。據徽縣縣志辦公室原主任梁曉明所提供抄件録入。

民國三十五年（一九四六）魏玉齋識。

西北師範大學古籍整理研究所
隴右文獻叢書

主編 趙逵夫
編纂 趙逵夫 崔階

隴南金石校録

【第二册】

社會科學文獻出版社

【本册目録】

文　縣……四三七

出土地點不明或民間收藏有銘文的金器……四三八

碑碣摩崖……四四七

禮　縣……四四九

金器銘文

禮縣

商

一　亞父辛鼎

保父辛□

［説明］

一九七四年出土于禮縣城關鎮西山雷王廟遺址。屬商代鼎。現藏禮縣博物館。銘文存鼎腹内壁。其第四字似一象獸形圖像，應是族徽。

著録：禮縣老年書畫協會、禮縣博物館《禮縣金石集錦》，《隴右文博》二〇〇三年第二期。

春秋

二　秦公鼎銘（一）

秦公作寶用鼎

［説明］

出土于禮縣大堡子山秦公墓地。時代：春秋早期。

共六件：

［一］其中一件現藏國家博物館。著録：《收藏家》二〇一〇年第二期，《首陽吉金》一三一至一三四頁。

［二］其中兩件現藏上海博物館。著録：《上海博物館集刊》第七期二五頁圖三、二六頁圖四，《考古與文物》一九九七年第五期八三頁圖三、圖四，《新收殷周青銅器銘文暨器影彙編》一三四〇、一三四一頁，禮縣老年書畫協會、禮縣博物館《禮縣金石集錦》。

［三］另三件，現藏首陽齋。著録：《首陽吉金》。

參見照片一、二。

三　秦公鼎銘（二）

秦公作鑄用鼎

［**說明**］

出土于禮縣大堡子山秦公墓地。時代：春秋早期。

共九件：

［一］其中兩件，現藏上海博物館。著録：《上海博物館集刊》第七期二四頁圖一、圖二，《考古與文物》一九九七年第五期八二頁圖一、圖二，《新收殷周青銅器銘文暨器影彙編》一三三八頁、一三三九頁，禮縣老年書畫協會、禮縣博物館《禮縣金石集錦》。

［二］另七件，現藏甘肅省博物館。著録：《文物》二〇〇〇年第五期七七頁圖四，《新收殷周青銅器銘文暨器影彙編》一三三七頁，禮縣老年書畫協會、禮縣博物館《禮縣金石集錦》。

參見照片三至五。

四　秦公簋銘（一）

秦公作寶簋

［**說明**］

出土于禮縣大堡子山秦公墓地。時代：春秋早期。

兩件，現藏上海博物館。著録：《上海博物館集刊》第七期二十六頁圖六、二十七頁圖七，《考古與文物》一九九七年第五期八三頁圖五、八四頁圖六，《新收殷周青銅器銘文暨器影彙編》一三四三頁、一三四四頁，禮縣老年書畫協會、禮縣博物館《禮縣金石集錦》。

五　秦公簋銘（二）

秦公作鑄用簋

［説明］

出土于禮縣大堡子山秦公墓地。時代：春秋早期。

共七件：

［一］其中一件現藏國家博物館。著録：《收藏家》二〇一〇年第二期。

［二］其中二件，現藏首陽齋。時代：春秋早期。著録：《首陽吉金》。

［三］其中四件，現藏甘肅省博物館。著録：《文物》二〇〇〇年第五期七七頁圖四，《新收殷周青銅器銘文暨器影彙編》一三四二頁。

六　秦公簋銘（三）

（秦公簋器銘）：

秦公曰：丕顯朕皇祖受天命，鼏宅禹賚（迹），十又二公，在帝之社，嚴龏（恭）夤天命，保業厥秦，虩事蠻夏。余雖小子，穆穆帥秉明德，剌剌盄（桓）盄（桓），萬民是敕。

（秦公簋蓋銘）：

咸畜胤士，盄盄（藹藹）文武，鎮（鎮）静不（丕）廷，虔敬朕祀，作𠤳（嘉）宗彝，以昭皇且（祖），其嚴徵遄各（格）。以受屯（純）魯多釐，眉壽無疆，畯（畯）疐才（在）天，高引又（有）慶，竈

（肇）囿四方。宜。

（器刻銘）：

西元器，一斗七升擧（贉），簋。

（蓋刻銘）：

西，一斗七升大半升，蓋。

［**説明**］

出土于禮縣東北部紅河鄉王家東臺。現藏中國歷史博物館。時代：春秋中期偏晚。馮國瑞《天水出土銅器彙考》一書序云：「民國八年，天水西南鄉出土銅器頗多，旋即散佚。今傳世秦公簋至蘭州商肆，置厨中盛殘漿。有賈客以數百金購之，其名乃大著。後爲合肥張氏所得，携往北平。十二年，王静安先生即爲之跋矣，于是擧世皆知。」文中所言張氏即甘肅督軍張廣建。所論即此器。學者們認爲器内銘文爲秦漢間人所補刻。

著録：《殷周金文集成》第八期四三一五頁，《三代吉金文存》第九卷三三頁第二號器，《商周青銅器銘文選》第二卷九二〇頁，禮縣老年書畫協會、禮縣博物館《禮縣金石集錦》，容庚《商周彝器通考》。

按：此簋銘文與北宋慶曆間出土秦公鎛銘文多有重合，然秦公鎛出土情况不詳，故附于此。《秦公鎛銘》：

秦公曰：丕顯朕皇祖受天命，奄有下國，十有二公，丕墜上帝。嚴龔夤天命，保業厥秦，虩事蠻夏。曰余雖小子，穆穆帥秉明德，睿專明刑，虔敬朕祀，以受多福。協和萬民，虔夙夕，剌剌趄趄，萬姓是敕。咸畜百辟胤士，盩盩（藹藹）文武，鎮静不廷，柔燮百邦。于秦執事，作盄龢鐘，厥名曰□邦，其音銑銑雝雝。孔皇以邵格孝享。以受屯魯多釐，眉壽無疆，畯會在天，高弘有慶，福又四方。永寶宜。

七　秦公壺銘

秦公作鑄鐏壺

［説明］

出土于禮縣大堡子山秦公墓地。時代：春秋早期。

共三件：

［一］一件現流失到美國紐約。著録：《中國文物報》（二〇〇四年二月二十七日），《新收殷周青銅器銘文暨器影彙編》一三四六頁，禮縣老年書畫協會、禮縣博物館《禮縣金石集錦》。李朝遠在《倫敦新見秦公壺》一文披露，該器在英國倫敦佳士得（Christie's）拍賣行。

［二］一件現流落不明。著録：《中國文物報》（一九九四年十月三十日），《秦文字集證》一一頁，《新收殷周青銅器銘文暨器影彙編》一三四七頁。

［三］一件現藏臺灣某收藏家處。著録：《中國文物報》（一九九四年十月三十日），《秦文字集證》一一頁，《新收殷周青銅器銘文暨器影彙編》一三四七頁。

八　「公」字戈銘

公

［説明］

出土于禮縣大堡子山。時代：春秋早期。

著録：《隴右文博》二〇〇八年第一期。

九　秦子戈銘（一）

秦子元用

［説明］

出土于禮縣大堡子山秦公墓地。現藏陝西歷史博物館。時代：春秋早期。

著録：《考古與文物》一九八六年第二期，《陝西歷史博物館館刊》第四輯，《容庚先生百年誕辰紀念文集》，《秦文字集證》一七頁，《新收殷周青銅器銘文暨器影彙編》一三四九頁。

一〇　秦子戈銘（二）

秦子作造左辟元用，左右師魼用逸，宜。

［説明］

出土于禮縣大堡子山秦公墓地。現藏澳門珍秦齋。時代：春秋早期。

著録：《考古與文物》二〇〇三年第二期八一頁圖二，《新收殷周青銅器銘文暨器影彙編》一三五〇頁。

一一　秦子鎛銘

秦子乍（作）寶龢

鐘，以其三鎛，

氒（厥）音鍴（端）雝雝（雍雍），秦

子畯（畯）黔才（在）立（位），眉壽萬人（年）無疆。

［説明］

二〇〇四年十月禮縣大堡子山發現。時代：春秋早期。現藏甘肅省文物考古研究所。

著録：《文物》二〇〇八年第十一期圖三一，《中國歷史文物》二〇〇八年第四期圖二。

一二　秦子鐘銘

秦子乍（作）鑄

肈右（有）嘉陵

［説明］

出土于禮縣大堡子山秦公墓地。現藏日本美秀（MIHO）博物館。高四〇厘米。時代：春秋早期。

著録：《天水日報》二〇〇〇年十月九日。

一三　秦子盉銘

秦子乍（作）鑄用盉，其邁（萬）壽，子子孫孫永寶用。

［説明］

出土于禮縣大堡子山秦公墓地。現藏美國。時代：春秋早期。

著録：《古代文明》第五卷，《周秦文明論叢》二〇〇九年第二輯。

一四　秦子簋蓋銘

時。又燮孔嘉，保其宫外。昷龏穆。秉德受命屯魯，義其士女。秦子之光，卲于□四方，子子孫孫，秦子姬甬享。

［説明］

出土于禮縣大堡子山。現藏澳門珍秦齋。

著録：《故宫博物院院刊》二〇〇五年第六期二二頁圖一，《珍秦齋藏金》三〇頁。

一五　秦公鐘銘（一）

秦公作鑄龢鐘

［説明］

出土于禮縣大堡子山秦公墓地。現藏日本美秀（MIHO）博物館。時代：春秋晚期。

著録：《中國戰國時代的靈獸》一一頁。

一六　秦公鐘銘（二）

秦公作龢鐘

［説明］

出土于禮縣大堡子山秦公墓地。現藏日本美秀（MIHO）博物館。高七六・九厘米。時代：春秋晚期。

著録：陳澤《西垂文化研究》八九頁。

一七　秦公鐘銘（三）

秦公作鑄鎛□鐘

［説明］

出土于禮縣大堡子山秦公墓地。現藏上海博物館。時代：春秋晚期。

著録：《上海博物館集刊》第九輯三九頁圖三，《夏商周青銅器研究（東周篇上）》，《新收殷周青銅器銘文暨器影彙編》一三四五頁。該器爲上博一九九八年從法國巴黎征集。

一八　秦公鐘銘（四）

秦公作鑄鎛龢鐘

［説明］

出土于禮縣大堡子山秦公墓地。美國紐約私人收藏。形制、紋飾與上博所藏相同。時代：春秋晚期。

著録：《夏商周青銅器研究（東周篇上）》二一五頁。

一九　戰國右庫工師戈銘

□命□文右庫工師□□冶西工造。

［説明］

一九五七年出土于禮縣紅河鄉同心村。現藏禮縣博物館。屬戰國遺物。

著録：禮縣老年書畫協會、禮縣博物館《禮縣金石集錦》，《甘肅青銅器》一五〇頁。

二〇　戰國五年右庫工師戈銘

五年陽□□命□□司□重□右庫工币（師）殺□叡□。

［説明］

現民間私人收藏。禮縣博物館趙建牛提供照片及相關資料。西北師範大學文學院雷黎明副教授寫定釋文并命名。戈通長約二五厘米，傳出土于禮縣祁山鹽官鎮一帶。

二一　戰國秦圓錢

重一兩十三珠

［説明］

現藏禮縣博物館。銅質，徑三．七厘米。

一二二　西祠器銅豆銘

西祠器□鎑（瓵）重一斤三兩

［説明］

一九九七年出土于禮縣石橋鄉瑶峪村西山。

著録：《隴右文博》二〇〇四年第一期。

二三　天水家馬鼎（一）銘

天水家馬鼎，容三升，并重十九斤。

［説明］

出土于禮縣永興鄉蒙張村。現藏禮縣博物館。

著録：禮縣老年書畫協會、禮縣博物館《禮縣金石集錦》。

二四　天水家馬鼎（二）銘

天水家馬鼎，容三升，并重十斤。

［説明］

出土于禮縣永興鄉文家村。現藏禮縣博物館。

二五　軍司馬印

軍司馬印

［説明］

一九八六出土于禮縣石橋鄉鐵籠山。現藏禮縣博物館。禮縣馬建營提供照片及相關材料。銅印，邊長二·三厘米。

著録：　禮縣老年書畫協會、禮縣博物館《禮縣金石集錦》。

二六　「磨陽侯相」印

磨陽侯相

［**説明**］

此印屬漢魏遺物。失落民間，情况不詳。

著録：　禮縣老年書畫協會、禮縣博物館《禮縣金石集錦》。

二七　「軍假司馬」印

軍假司馬

［**説明**］

此印屬漢魏遺物。失落民間，情况不詳。

著録：　禮縣老年書畫協會、禮縣博物館《禮縣金石集錦》。

二八　「强弩假侯」印

强弩假侯

［**説明**］

此印屬漢魏遺物。失落民間，情况不詳。

著録：　禮縣老年書畫協會、禮縣博物館《禮縣金石集錦》。

二九 「蜀郡」鐵鏟

蜀郡

［説明］

一九九八年鹽官鎮吴宋河村發現，刃呈鉞形，上部兩側有短肩，銎部呈「凹」字形，中部長方口。兩側表面鑄陽文篆書「蜀郡」二字。禮縣馬建營提供照片及相關資料。

三〇 容城侯家鋗

容城侯家鋗

［説明］

現藏禮縣博物館。禮縣博物館趙建牛提供照片及相關資料。口徑三六．五厘米，高一三厘米，重一．五二五千克，銘文在外壁口沿下。

三國魏正元二年（二五五），大臣盧毓因參與平定毌丘儉作亂，封容城侯，置容城侯國。曹魏伐蜀，西城（長道鎮）以南蜀人守之，以北常被魏軍占領。其屬下領兵者當有容城侯國受封之人，故此器存于禮縣。

三一　曹氏鋗

曹氏鋗，容三斗，重六斤十三兩。

［**説明**］

現藏禮縣博物館。趙建牛提供照片及相關資料。口徑二七．四厘米，高一一．七厘米，重一．五八千克，銘文在外腹壁。

三二　香焚寶鼎銘

（鼎身上部正面）：

香焚寶鼎超三界，紙落錢樓上九霄。

（鼎身下部正面）：

西江發主，輔佐天□，□□雨時，國賴［以寧］。鄉民好善，天水趙公，名稱巧匠，藝［技絶倫］。鑿成獸鼎，奉獻龍宫。心香一炷，瑞氣盈空。惟神俯鑒，賜福增崇。千年萬載，無壞無終。

歲次己卯至元五年七月中元。命工獻上。

（鼎身下部背面）：

大吉。

鞏昌□楊真人，牟守中□。

惟願本境發心施主各家安泰。

三界無家誰是親？十方惟有一空林。但隨雲水伴明月，到處名山是主人。

門户興隆而六時中吉祥如意。

□□□□□□德明書

［説明］

殘鼎置禮縣石橋鄉清水溝西江廟。高一六六厘米，寬七八厘米。

本爲焚香化紙的「窖爐」。爐身分兩層，殘缺「頂蓋」。因有「香焚寶鼎超三界，紙落錢樓上九霄」之句而名之。

著録：禮縣老年書畫協會、禮縣博物館《禮縣金石集錦》。文中「至元五年」應爲元順帝至元五年。元世祖忽必烈也曾以「至元」爲年號，但其至元五年非己卯，故祇能是順帝至元五年（一三三九）。

三二三　玉樓寶鼎銘

趙子延

（正面）：

（兩側對聯）：　寶鼎焚香千千載，玉樓遶錢萬萬終。

（正中）：　大元古岷靈祠，西江有感土主。普潤田苗豐登，萬民以祈之濟。

（背面）：

發心主清水河趙子延、趙子圭。王朝至元己卯十月丙戌

［説明］

鼎存石橋鄉清水溝西江廟。通高一二六厘米，直徑五〇厘米。爲圓柱體雙蟠龍石抱柱，頂部爲鉢形，底座爲礎基形。因有「寶鼎焚香千千載，玉樓遶錢萬萬終」之句而名之。

至元五年（一三三九）立。

著録：禮縣老年書畫協會、禮縣博物館《禮縣金石集錦》。

三四　方口寺鐘銘

（上缺）大明弘治三年桂月，陝西省鞏昌秦州紅河里方口寺。

［説明］

據陳建榮主編《禮縣史話》存録。中言「原方口寺院内還有明孝宗弘治年間的八卦大鐵鐘一口，鐘紐處有太極圖，鐘銘文有秦州、禮縣四十八莊頭人姓名」云云。鐘于一九五八年大煉鋼鐵時被毁。

清

三五　鹽官鐵鐘銘

願此鐘聲超三界，鐵圍幽暗悉皆閲[一]。［明］澄清净証园通[二]，一切衆生成正覺。唵伽囉地耶娑婆訶。

［説明］

本爲鹽官鎮原「通明寺」内鐵鐘殘片上銘文。鐵鐘鑄于康熙十三年（一六七四）。今存禮縣鹽官鎮鹽井院内。

著録：禮縣老年書畫協會、禮縣博物館《禮縣金石集錦》。

［校記］

［一］�，原釋作「問」。與「覺」字韵不合。細審原拓片應爲「�」字，今正。

［二］缺文似爲「明」字。「园」爲「圓」字俗寫。

西和縣

春秋

一 「羊侯永用」劍銘

羊侯永用

［**說明**］

出土于長道附近。見于祝中熹、李永寧《甘肅青銅器》第一四七頁。此羊侯應即羌侯，「羊」「羌」通借。

戰國

二　卅四年工師文罍銘

卅四年工師安正十七斤十四兩四斗。

［説明］

出土于西和縣。現藏陝西歷史博物館。

著録：《中國文物報》一九九五年七月九日第三版，《近出殷周金文輯録》附六一，《于省吾教授百年誕辰紀念文集》（吴鎮峰《工師文罍考》，一九九六年），王輝《秦文字集證》四八頁，《新收殷周青銅器銘文暨器影彙編》一三三四頁。

三　秦國銅幣銘文

珠重一兩十三

［説明］

出土于西和縣。現藏私人手中。

著録：楊凱坤主編《隴南收藏》。

四　弩機銘

永壽二年□月書。命詔書鑄鍛，郭工李，史祈相掾靳，牧丞豔，令簡虎賁常，安師伯。

［**説明**］

銀質。東漢永壽二年（一五六）書。現藏西和縣文化館。

著録：西和縣地方志編纂委員會《西和縣志》。

五　「漢歸義羌長」印

漢歸義羌長

［**説明**］

銅印，龜鈕。印面邊長二．二厘米，通高三．四厘米。現藏甘肅省博物館。

著録：陳炳應、盧冬《古代民族》。

魏晉

六　「魏率善氐邑長」印

魏率善氐邑長

［説明］

銅質，駝鈕。現藏甘肅省博物館。印面邊長二·二厘米，通高二·六厘米。

著録：陳炳應、盧冬《古代民族》。

七　「魏歸義氐侯」印

魏歸義氐侯

［説明］

金質。現藏甘肅省博物館，爲國家一級文物。并以下兩方金印一九六〇年至一九六三年先後出土于西高山。

著録：西和縣地方志編纂委員會《西和縣志》。

八　「晉歸義羌侯」印

晉歸義羌侯

［説明］

金質，駝鈕。印面長二·三厘米，通高三厘米。現藏甘肅省博物館，爲國家一級文物。

著録：西和縣地方志編纂委員會《西和縣志》。

九　「晉歸義氏王」印

晉歸義氏王

［説明］

金質。現藏甘肅省博物館，爲國家一級文物。

著録：西和縣地方志編纂委員會《西和縣志》。

明

一〇　青陽寺鐘銘

存目

［説明］

王訪卿《重修西和縣新志》卷六下：「青陽寺古鐘，隆慶三年。」按：隆慶三年爲一五六九年。

一一　佛孔寺鐘銘

存目

［説明］

張維《隴右金石録》載：「佛孔寺鐘，在西和佛孔寺，今存。」

《甘肅新通志稿》載：「西和縣佛孔寺有鐵鐘一，高八尺三寸，圓徑五尺四寸。明萬曆二年鑄。文字多布施者姓名。」

一二　添喜寺鐘銘

大明國陝西鞏昌府西和縣

［説明］

張維《隴右金石録》載：「添喜寺鐘，在西和添喜寺，今存。」

《甘肅新通志稿》載：「西和縣添喜寺鐘，高七尺六寸，圓徑五尺。明崇禎三年鑄。有『大明國陝西鞏昌府西和縣』等字。」

清

一三　城隍廟鐵鼎銘

時和歲稔，仁壽年豐。

［説明］

據朱綉梓《重修西和縣志》録入。鼎已毁。

乾隆十八年（一七五三）鑄。《重修西和縣志》載：「鼎高七尺，足係獸頭形，俗名『撑虎』。鼎身鑄有龍虎獅象等形。鼎口兩耳皆係漢紋。鼎上有蓋，成八面樓閣形，面面有門……門前周圍又有欄杆，其文亦細緻古雅。」

一四　城隍廟鐘銘

周　恒

隍廟之建，大保障也；廟設鳴鐘，肅晨昏也。我西邑，秦時之西垂，漢爲西縣，宋易以州，元仍之，明復改爲縣，遷城于今地。值明方季，屢遭寇變，縣治乃建于山城。至仁皇四十有四年，復移治舊址，隍廟在焉。第以遷變之故，鐘鼓弗備。古昔先民，以明時所鑄之巡河鐘，懸于隍廟，蓋假需耳。歲逢辛巳，福德會總理禮生麻逢春等同會，募化通邑，雕像修轎，鑄鈒鐵竿，製造傘扇，外鑄鳴鐘一口。伏祈神有正響，著鑒觀之赫赫；廟有洪音，彰照臨之濯濯。晨昏肅而祝祀丕應，保障整而警省益周。庶聽則聲徹山川，禱則靈佑士民，未必非人之所同焉感激者也。謹序。

時乾隆二十六年

［説明］

據王訪卿《重修西和縣新志》録入。其「藝文下」云：「清乾隆二十六年鑄，知縣吴憲青監製，生員周恒撰文。」乾隆二十六年爲一七六一年。周恒，邑廪生，曾任義學山長，歷十年。

著録：朱綉梓《重修西和縣志》，西和縣地方志編纂委員會《西和縣志》。

城隍廟，《重修西和縣志·建置志》載：「舊在上城，清知縣楊應昌建。康熙間知縣董貞移建縣城内南街，雍正時署知縣蔣培熙重修。乾隆三十一年，知縣王鳴珂重修，嗣後隨時補修者不一。至光緒二十八年，知縣姚鈞、紳士孫紹德重修。民國三十一年，縣長王漢傑將前殿後宫仍舊存在，其餘各廟均改設民衆教育館，并改修頭門，添修角亭兩座。」從鐘銘可知明末至清前期西和縣治遷移情况。明末爲避寇亂，移建山城。後于康熙四十四年復移回原址。

一五　城隍廟鐵碑記

魚志賢

蓋聞設險以守國，故築鑿城池，斯立隍廟，使居其土者咸荷帡幪，永慶金湯。西和，古秦時之西垂，漢爲西縣，宋爲西和州。迨寶慶之年，元兵攻滅州治。明改曰縣，移治今城，正神皆有祠宇，及明末兵燹之後，悉歸灰燼。隍廟建于山城，至康熙乙酉，復遷舊治。隍廟雖較前改觀，其行象、坐驕[一]、傘扇等項缺落不備，且昔時門有木竿二枝，亦已朽頽。禮生麻逢春等于十年前合會，悉心鑄鈒鐵竿，雕像，製轎，并造傘扇，因功大費艱，久未如願。會逢今歲，政和民安，邑侯吴公樂善捐廉，十三里紳士民屯人等，及客商各會衆姓，共輸資財鐵斤，同成善舉。伏望神像尊嚴，靈丕昭也；木轎渾堅，質乘輅也；傘扇旂帳，壯赫奕也；鐵竿銅磬，永垂久也。爰勒鐵碑，以志其詳。邑人士萬衆一心，其共荷帡幪，永固金湯，直當一日而千古云。謹記。

［說明］

據朱綉梓《重修西和縣志》録入。

乾隆二十六年（一七六一）與廟鐘同時鑄。原題下有「乾隆二十六年鑄，邑廩生魚志賢撰文」十五字。魚志賢，乾隆四十二年丁酉科歲貢生。

《重修西和縣志》載：「高四尺，寬一尺五寸，厚尺許，四面均有字，正面載碑文，兩旁及背面均載人名。」

著録：王訪卿《重修西和縣新志》。

［校記］

［一］驕，當爲「轎」。

兩當縣

漢

一　利蒼之印

利蒼之印

［説明］

據徽縣督考局局長、文化局原副局長許占虎所提供照片及簡介録入。

龜鈕銅印。兩當顯龍出土。印長、寬均爲二·六厘米。

成縣

漢

一　雙魚銅洗銘

宜二千石

［**説明**］

漢代日用器，高一六厘米，徑三三厘米。平底，徑二〇厘米，内底有「宜二千石」四字，隸書，徑二·四厘米至三厘米，字左右有雙魚，首尾交錯。侈口，外腹左右有獸形耳。

著録：成縣地方志編纂委員會《成縣志》。

二　銅棺飾銘

天門

［**説明**］

爲黄銅圓形薄片，徑二七·五厘米。中有「天門」二字，楷書，下有垂拱趺坐者。上部之兩側有雲獸、鳥紋飾。

著録：成縣地方志編纂委員會《成縣志》。

三　銅鏡銘

長宜子孫

［説明］

東漢日用品。半球鈕。内區有篆體銘文「長宜子孫」。外區爲連弧紋。素邊，寬沿。大小二面，圖案銘文相仿佛。一直徑一二．三厘米，一直徑一五．五厘米。

著録：成縣地方志編纂委員會《成縣志》。

四　東漢「規矩」銅鏡（一）銘

（内區）：

子、丑、寅、卯、辰、巳、午、未、申、酉、戌、亥。

（外區）：

尚方作鏡莫大好，上有仙人不知老，渴飲天泉饑食□，浮□天下親四海，壽如金石。

［説明］

現藏成縣文化館。直徑二一厘米，中以圓紐，周飾柿蒂紋；分内、中、外三區。

五　東漢「規矩」銅鏡（二）銘

尚方作竟莫大□，上有仙人不知老，渴飲天泉饑食□，浮□天下。

〔**説明**〕

現藏成縣文化館。形制與東漢「規矩」銅鏡（一）相似而簡單。

六　下辨令印

下辨令印

〔**説明**〕

邊長二·二厘米，材質、鈕制不詳。

著録：《古印集萃》（秦漢魏晉南北朝卷一）。

七　威龍將軍印

威龍將軍

〔**説明**〕

據徽縣督考局局長、文化局原副局長許占虎所提供照片及簡介録入。

羊鈕鎏金銅印。仇池國下辨（今成縣抛沙鎮）出土。印長、寬均爲二·四厘米。

八　舊戲院蟠龍華表楹聯

何紹基

千江有水千江月，

萬里無雲萬里天。

［**説明**］

據成縣張忠所提供抄件録入。

張忠《成州春秋》載：「成州古城西南隅，舊有一座建于明代的會館，會館内原有戲苑，戲苑門前有兩尊鑄著蟠龍的鐵貢杆（華表），貢杆上有清末書法大家何紹基書寫的鎏金楹聯：千江有水千江月，萬里無雲萬里天。」

徽縣

南宋

一　漁關□提領印

漁關□提領印

（印背右陰刻）：

行中書省發

（左陰刻）：

至元五年閏正月監遣官□□□

［説明］

現藏文縣文化館。虞關出土。銅質，正方形，直鈕，邊長五．三厘米，厚一．七厘米。

至元五年（一二六八）製。

明

二　北禪寺鐵鐘銘

（鐘腹上層方格）：

皇圖永固，帝道遐昌，佛日增輝，法輪常轉。

（鐘腹下層方格爲楷書銘文鑄鐘紀年、工匠及捐資人姓名，略。）

［**説明**］

鐘原爲伏家鎮北禪寺之物，一九八三年遷于縣文化館鐘亭内。

鐘鑄造于明成化十六年（一四八〇）。高一四八厘米，口徑一三二厘米，厚一二厘米，重約兩千千克。

《徽縣志》載：「鐘上方置雙龍鈕，二龍首北向，龍嘴及爪緊貼鐘頂而卧，身軀隆起作穿，鐘肩有直徑八．五厘米，圓孔四個，飾蓮花圖案。鐘腹分上下兩層，各分八方格，每相鄰兩格間飾隆起三棱形隔梁……再下飾一繩狀弦紋，跳部有鐘耳八朵，耳上浮鑄纏枝牡丹花紋。」

三　鐵山鑄鐘記

張綬

鐵山在城南四十里，雙峰卓起，時出雲雨，其色似鐵，因以得名。劉子羽謂「蜀口棧道之隘」即此焉。自下而上約十里，路僅容足，步步險絶。懸崖清泉湧出，深可十丈餘。環腹有洞九，石門一。其下爲太平庵、虞關、青泥嶺、嘉陵江，林壑奇峭，我徽一大觀也。峰間舊有玉皇閣、祖師殿，創自宋淳化時。康熙戊辰，有瀛虚道人，年百六歲，從勞山來，棄茅山巔。與其徒道人任永祥募化十方，纍石伐木，大擴舊址，增建聖母、觀音、文昌、藥王各宫。猗歟休哉！道人亦異人哉！越數十年，風雨弗葺，仍就傾圮。道人李元式能踵其事，相繼重修，厥功大矣！今歲夏五月，信士太學生李逢時等，道人趙至善又購炭募鐵，鑄鐘一、醮爐一、牌一。僉曰：「是可以妥山靈而迓神庥也。」事既成，乞余爲記。乃具始末以鑄諸碑，而係之銘，曰：

鐵山巖巖，奠兹徽邑。毓秀鍾靈，文筆拱揖。神所憑依，遐邇波及。億萬斯年，休徵永集。

〔説明〕

以張伯魁《徽縣志》爲底本録入。

原題下有「邑人張綬」四字。張綬，字佩青，乾隆庚子科舉人，其事見張伯魁《徽縣志·人物》。

著録：董杏林《徽縣新志》。

武都區

漢

一　漢荆王璽

荆王之璽

［説明］

據張維《隴右金石録》録入。

《隴右金石録》載：「漢荆王璽。出于武都，今存。」

《甘肅新通志稿》載：「隴中古印隨時出土，皆爲好古者收去。最精者爲金質二印，皆大逾寸，一爲『荆王之璽』，前階州牧黄國琦得之；一爲『羌王之印』，亦階州某士夫所藏……」

二　漢羌王印

羌王之印

［説明］

據張維《隴右金石録》録入。

《隴右金石録》載：「漢羌王印。出于武都，今存。」

《甘肅新通志稿》載：「印金質，大逾寸，文曰『羌王之印』，亦出于武都，某士夫所藏。」

三　軍假侯印

軍假侯印

［**説明**］

據張維《隴右金石録》録入。

《甘肅新通志稿》載：「隴中古印隨時出土，皆爲好古者收去。……余尚有軍假侯印、姓名印，俱私人所有。」

四　漢銅鏡（一）銘

（外圈）：

絜清白而事君，志行歡之弇明。假玄錫之流澤，恐疏遠而日忘。慎美人之窈窕，外承［歡］[一]之可説。慕安順之宜女，願永思而毋絶。

（内圈）：

内清質以昭明，光輝象夫日月，心忽揚而願忠，然雍塞而不泄。

［**説明**］

出土于武都區安化鎮境内，現藏武都區博物館。

東漢銅鏡，圓鈕，内有兩圈銘文，直徑一七厘米。

〔校記〕

〔一〕《楚辭·九章·哀郢》：「外承歡之汋約兮。」據以補「歡」字。

五　漢銅鏡（二）銘

湅冶銅華清而〔光〕[一]，以之爲鏡（因）宜文章，延年益壽而去不羊[二]。與天毋亟[三]，如□日月之光長未央。

〔説明〕

出土于武都區安化鎮境内，現藏武都區博物館。

漢銅鏡，内有一圈銘文，直徑一七厘米。

〔校記〕

〔一〕光，以意補。

〔二〕羊，借作「祥」。

〔三〕亟，古「極」字。

三國

六　蜀漢銅箭銘

盪寇

［**説明**］

據張維《隴右金石録》録入。

蜀後主景耀三年（二六〇）造。今佚。

《隴右金石録》：「按：此器出于武都，俗謂之『諸葛弩』。考武侯以建興三年卒于渭上，至景耀三年，相距二十七年，不得復爲武侯所造，而要爲劉漢遺物，殊可珍貴，出土未久，即不知何往。又武都安化鎮人掘土得一銅箭，長逾咫尺，上有『盪寇』二字，或即爲弩弓所發，疑亦漢物也。」

南北朝

七　四獸銅鏡

尚方乍（作）竟（鏡）真大巧，上有山（仙）人不知老。

［説明］

出土于武都城關鎮境内，現藏武都區博物館。西北師範大學文學院雷黎明副教授寫定釋文。

銅鏡直徑一一厘米。内區飾四獸、鋸齒、水波紋等。

八　隋代十二生肖銅鏡銘文

□□□琴無□。
由東無□□。
□今去□□無□。
□□世□□□。

〔**説明**〕

出土于武都魚龍鎮境内，現藏武都區博物館。西北師範大學文學院雷黎明副教授寫定釋文。
銅鏡正方形，邊長一五厘米。内區飾四神八卦十二生肖。

唐

九　銅鏡銘文

五子登科

［**説明**］

出土于武都龍鳳鄉境内，現藏武都區博物館。

唐代圓形銅鏡，直徑一六厘米。鏡外緣兩道弦紋，内區鑄有亞字型寬頻紋，中心爲鼻鈕，無鈕座。

宋

一〇 「吴興」印

吴興

［說明］

出土于武都琵琶鄉境内，現藏武都區博物館。

宋代圓形銅印，直徑三．二厘米。其上橋狀帶鈕，印面陽文，小篆書風。

一一 清真寺鐘銘

存目

［說明］

據葉恩沛《階州直隸州續志》收録。

《階州直隸州續志》卷一三：「清真寺，在州北六十里安化，宋建。」下注依據爲「本寺鐘」，故收録。

明

一二　福慶寺鐘銘

存目

［説明］

據葉恩沛《階州直隸州續志》收録。

《階州直隸州續志》卷一三：「福慶寺，在州東三十里甘家壩，宋建，明萬曆間重修。」下注依據爲「本寺鐘」，故收録。

一三　包峪寺鐘銘

存目

［説明］

據葉恩沛《階州直隸州續志》收録。

《階州直隸州續志》卷一三：「包峪寺，在州北一百里大水壩，宋建，明萬曆間重修。」下注依據爲「本寺鐘」，故收録。

一四　東岳廟鐘銘

存目

［說明］

據葉恩沛《階州直隸州續志》收録。

《階州直隸州續志》卷一三：「東岳廟，在城東二里，一在城西二里。一在八户峪，明萬曆間重修。」下注依據爲「本寺鐘」，故收録。

一五　朝陽寺鐘銘

存目

［說明］

據葉恩沛《階州直隸州續志》收録。

《階州直隸州續志》卷一三：「朝陽寺，在州北一百里甘泉，明建。」下注依據爲「本寺鐘」，故收録。

一六　花池寺鐘銘

存目

［說明］

據葉恩沛《階州直隸州續志》收録。

《階州直隸州續志》卷一三：「花池寺，在州北七十里，明建。」下注依據爲「本寺鐘」，故收録。

宕昌縣

戰國

一　屬邦買戈銘

十八年屬邦買之造庫綿工奭戈

［説明］

現藏宕昌縣文化館。西北師範大學文學院雷黎明副教授寫定釋文并斷代。他認爲此戈當鑄造于秦孝公十八年（前三四四），今從之。

二 「漢率義羌佰長」印

漢率義羌佰長

［説明］

羊鈕銅印。一九八八年發現于宕昌城關附近。現藏宕昌縣文化館。

著録： 陳啓生《宕昌歷史研究》。

魏晉

三　「魏率善羌君」印

魏率善羌君

［説明］

羊鈕銅印。一九八九年發現于宕昌城關附近。現藏宕昌縣文化館。

著録：陳啓生《宕昌歷史研究》。

四　「魏率善羌仟長」印

魏率善羌仟長

［説明］

駝鈕銅印。印面邊長二·二厘米，通高二·三厘米。宕昌化馬鄉出土。現藏甘肅省博物館。

著録：陳炳應、盧冬《古代民族》。

五　「晉率義羌仟長」印

晉率義羌仟長

〔説明〕

銅印。二〇〇二年發現于宕昌舊城，原在私人手中，今不知去向。

著録：陳啓生《宕昌歷史研究》。

六 「晉率義羌佰長」印

晉率義羌佰長

〔説明〕

銅印。二〇〇二年發現于宕昌賈河鄉七龍村，原在私人手中，今不知去向。

著録：陳啓生《宕昌歷史研究》。

康縣

北宋

一　羅漢院鐘銘

存目

［説明］

吕鍾祥《新纂康縣縣志》卷九：「羅漢院，在犀牛江側，即《通志》所稱『犀牛寺也。周顯德三年牒，宋嘉祐八年敕。熙寧六年泐石』。」下注其依據爲「本寺鐘」，則關于牒、敕及泐石、鑄鐘之時間，均據鐘上之銘文而述。鐘亦應爲熙寧七年（一〇七四）前後所鑄。周顯德三年爲五代後周柴榮顯德三年（九五六），嘉祐八年爲北宋仁宗嘉祐八年（一〇六二）。

以下所列鐘銘存目，待進一步訪尋拓片等有關文獻。

明

二　太平寺鐘銘

存目

［説明］

吕鍾祥《新纂康縣縣志》卷九：「太平寺……不知創于何時，已無佛像，僅有古鐘一口，上刊明洪化字迹。」「洪化」疑爲「洪武」之訛誤，鐘應爲明洪武年間所鑄，上有銘文。

三　旋風山寺鐘銘

存目

［説明］

吕鍾祥《新纂康縣縣志》卷九：「旋風山寺……明萬曆間重修。」下注其依據爲「本寺鐘」，則鐘爲明萬曆間所鑄，上有銘文。

四　核桃院鐘銘、磬銘

存目

［説明］

吕鍾祥《新纂康縣縣志》卷九：「核桃院……今名黑潭寺，明萬曆間建。」下注其依據爲「本寺鐘」，又曰「核桃二字更有神罄可考」，則鐘爲明萬曆年間所鑄，上有銘文；「罄」即磬，據磬可考院名，可見磬亦有銘文，故一并收録。

五　鷄冠山寺鐘銘

存目

［説明］

吕鍾祥《新纂康縣縣志》卷九：「鷄冠山寺……明萬曆間重修。」下注其依據爲「本寺鐘」，則鐘爲明萬曆間所鑄，上有銘文。

六　水洞寺鐘銘

存目

［説明］

吕鍾祥《新纂康縣縣志》卷九：「水洞寺……明萬曆間重修。」下注其依據爲「本寺鐘」，則鐘爲明萬曆間所鑄，上有銘文。

七　朝聖寺鐘銘

存目

［説明］
呂鍾祥《新纂康縣縣志》卷九：「朝聖寺……明建。」下注其依據爲「本寺鐘」，則鐘爲明代所鑄，上有銘文。

八　大興寺鐘銘

存目

［説明］
呂鍾祥《新纂康縣縣志》卷九：「大興寺……明建。」下注其依據爲「本寺鐘」，則鐘爲明代所鑄，上有銘文。

九　觀音寺鐘銘

存目

［説明］
呂鍾祥《新纂康縣縣志》卷九：「觀音寺……明建。」下注其依據爲「本寺鐘」，則鐘爲明代所鑄，上有銘文。

一〇　楓香寺鐘銘

存目

［説明］
呂鍾祥《新纂康縣縣志》卷九：「楓香寺……明萬曆十二年甲申，有盤古、三教無量祖師、龍宮各神由四川來此亭享受

香火，又有古鐘一口。」則鐘爲明代所鑄，上有銘文記其建寺時間等。

一一　慶陽寺鐘銘

存目

［**説明**］

吕鍾祥《新纂康縣縣志》卷九：「寺灣里……現存大鐘一口，能容糧石餘。古爲慶陽寺。」鐘上有銘文，記該寺爲慶陽寺。

一二　菩薩殿鐘銘、磬銘

存目

［**説明**］

吕鍾祥《新纂康縣縣志》卷一五：「闗右西天……左有菩薩殿數楹，創自明季。碑碣鐘磬，斑斑可考。」則鐘、磬上有銘文。

清

一三　東岳山廟鐘銘

存目

［説明］

吕鍾祥《新纂康縣縣志》卷九：「東岳山廟……本山廟鐘係雍正二年鎸鑄」鐘鑄于清雍正二年（一七二四），上有銘文。

一四　向明山廟鐘銘

存目

［説明］

吕鍾祥《新纂康縣縣志》卷二載「向明山在牛頭山東」，下注其依據爲「本山廟鐘」，則鐘上有銘文。

一五　明珠山寺鐘銘

存目

［説明］

吕鍾祥《新纂康縣縣志》卷二載「明珠山在縣南三十五里……山腰有岩洞，洞口約茶碗大。每逢歲荒，立夏節前後有小魚從洞中躍出，一二三日即止，人皆呼爲神魚」，下注其依據爲「本山寺鐘」，則鐘上有銘文。

一六　堡子山寺鐘

存目

［**説明**］

吕鍾祥《新纂康縣縣志》卷二載「堡子山又名中寨山，在縣南三十里」，下注其依據爲「本山廟鐘」，則鐘上有銘文。

文縣

漢

一 銅銑銘

永元十五年造作。

〔**説明**〕

現藏文縣文化館。

敞口型銅盆。漢和帝永元十五年（一〇三）造。口徑三四厘米，腹徑三一厘米，高一五厘米。

出土地點不明或民間收藏有銘文的金器

戰國

一　錯金銘文青銅戈

存目

［**説明**］

現爲隴南某收藏家收藏。據楊凱坤主編《隴南收藏》收録。圖片中器物銘文模糊難辨，存録以供進一步研究。

二　漢青銅勺

存目

［**説明**］

現爲隴南某收藏家收藏。據楊凱坤主編《隴南收藏》收録。圖片中器物銘文模糊難辨，存録以供進一步研究。

三　漢青銅盤

存目

［**説明**］

現爲隴南某收藏家收藏。據楊凱坤主編《隴南收藏》收録。圖片中器物銘文模糊難辨，存録以供進一步研究。

四　漢代青銅銘文鏡

家常貴富

［**説明**］

現爲隴南某收藏家收藏。據楊凱坤主編《隴南收藏》收録。

五　漢代雙圈銘文銅鏡

（内圈銘文）：

見日之光，長毋相忘。

（外圈銘文）：

内清□以昭明，光輝象夫日月，心忽元願忠，然雍塞不泄。

［説明］

現爲隴南某收藏家收藏。據楊凱坤主編《隴南收藏》收録。西北師範大學文學院雷黎明副教授寫定釋文。

六　漢代四乳龍紋銅鏡

存目

［説明］

現爲隴南某收藏家收藏。據楊凱坤主編《隴南收藏》收録。圖片中器物銘文模糊難辨，存録以供進一步研究。

七 「晉歸義羌王」金印

晉歸義羌王

［**説明**］

駝鈕，金質。現藏陝西歷史博物館。通高二．九厘米，印面邊長二．四厘米。

著録：趙曉林《大河光影》（二〇一五年印，内部交流本）。

隋

八　隋代瑞獸銘文銅鏡

光流素月，質禀玄精；澄空鑒水，照迥□清；終古永固；瑩此心靈。

［**説明**］

現爲隴南某收藏家收藏。據楊凱坤主編《隴南收藏》收録。

九 遼代「千秋萬歲」鏡

千秋萬歲

［**説明**］

銅質，圓形。現爲隴南某收藏家收藏。據楊凱坤主編《隴南收藏》收録。

元

一〇　元代雙龍紋銅鏡

至元四年

[**説明**]

銅質，圓形。現爲隴南某收藏家收藏。據楊凱坤主編《隴南收藏》收録。元惠宗至元四年（一三三八）製。

一一　十二生肖之兔首

宣德年制

［**説明**］

銅質，鎏金。現爲隴南某收藏家收藏。據楊凱坤主編《隴南收藏》收録。

清

一二　十二生肖之牛首

乾隆年制

〔**説明**〕

銅質，鎏金。現爲隴南某收藏家收藏。據楊凱坤主編《隴南收藏》收録。

碑碣摩崖

禮縣

魏晉

一　盧萇墓志銘

佚名

魏梁州府中郎盧萇，范陽人也，葬于壬地。毁壞者滅亡，修復者吉昌。
正始元年歲次甲申閏月十九日葬

［**説明**］

出土于禮縣永興鄉永村北山。現藏禮縣博物館。據拓片録入。
魏齊王正始元年（二四〇）磚刻。磚厚四厘米。
著録：禮縣老年書畫協會、禮縣博物館《禮縣金石集錦》。

南北朝

二　薛廣智墓志銘

薛廣智

正光二年歲次辛丑四月戊戌朔廿四日辛酉，蘭倉縣令、漢陽太守故薛廣智銘記

［説明］

出土于禮縣石橋鄉轅門村。現藏禮縣博物館。

北魏孝明帝正光二年（五二一）磚刻，當爲薛廣智病重時預先書寫。磚厚八厘米。

著録：　禮縣老年書畫協會、禮縣博物館《禮縣金石集錦》。

三　周故少師王公仁裕神道碑

李　昉

（碑陽篆額）：周故少師王公神道碑

（碑陽）：

周故通奉大夫、守太子少保、上柱國、太原縣開國伯、食邑七百户、賜紫金魚袋、故太子少師王公神道碑銘并序

門生推忠協謀佐理功臣、金紫光禄大夫、中書侍郎兼工部尚書同中書門下平章事、監修國史、上柱國、隴西郡開國侯、食邑一千一百户、□□封肆佰户李昉撰

雄武軍節度推官、將仕郎、試秘書省校書郎張賀書并篆額[一]

皇宋之啓昌運二十有五年，應運統天、睿文英武、大聖至明廣孝皇帝嗣位之九載，三行郊祀之次月，故贈太子少師、太原王公之孫、秘書郎永錫賫列祖行狀，哀訴于趙郡李昉曰：「伊我王父，世稱哲人，仕歷累朝，官登二品。聳搢紳之重望，留臺閣之懿範。奄忽明代，垂三十年。雖馬鬣之墳，已封于故里；而龜趺之制，未表于長[二]阡。慮陵谷之變更，致聲塵之銷歇。奉先之道，是所闕焉。願實録其芳猷，永垂名于終古！」昉辱蓬丘之見託，感絳帳之舊恩，屬文誠異于好詞，頌德豈宜于多讓。謹稽首抽毫而叙，曰：

王氏之宗，其來遠矣。秉緱山之秀異，如[三]淮水之靈長，或以儒雅稱，或以門閥顯。世濟其美，代不乏賢。挺生我公，鬱爲人瑞。公諱仁裕，字德輦，其先太原人，後世徙家秦隴，今爲天水人也。當童幼之年，失怙恃之愛，兄嫂所鞠，至于成人。唐季亂離，關右斯甚，俎豆之事，蔑無聞焉。既乏師友之規，但以畋游爲事，二十有五，略未知書。因夢開腹浣腸，復睹西江碎石，皆有文字，夢中取而吞之，及覺，心識開悟。因慷慨自勵，請受經于季父。詩書一覽，有如[四]宿習；凡諸義理，洞究玄微；下筆成章，不加點竄。歲餘，著賦二十餘首，甚得體物之妙。繇是鄉里遠近悉推重之。秦帥隴西公繼崇聞之，以書幣之禮，辟爲從事。尋屬王氏僭竊，奄有兩川，隴右封疆，遂成睽隔。公因兹入蜀，連佐大藩。歷僞尚書、禮部郎中、中書舍人、翰林學士。蜀後主衍，好文工詩，偏所親狎，宴游和答，殆無虚日。後主昏湎日甚，政教大隳。公屢陳讜言，頗盡忠節，既割席以難救，竟舁棺而納降。

蜀亡入朝，授雄武軍節度判官。桑梓故里，罇俎上列，歸歟之樂，適我願兮。職罷，歸漢陽别墅，有終焉之志。著《歸山集》五百首以見其志。無何，南梁主帥王公思同，以舊知之故，逼而起之，密奏授興元節度判官，不獲。已而應命，非其志也。洎居守鎬京，復參贊留務。時岐帥潞王據有堅城，將圖義舉，陰遣間使會兵于王公。王公依違之間，可否未決，猶豫[五]方甚，召公謀之。公曰：「事君盡忠，事父盡孝，忠孝之道，奈何棄之？」王公勃然而起曰：「吾其効死于王室矣！」于是戮岐陽之使，馳驛上奏。忠規正論，聞者義之。俄而王師倒戈，奉潞王爲主，王公果死于難，寮吏悉罹其禍。潞王下命軍中，曰：「獲王某者無得殺！」遂生致于麾下。潞王素聞公名，喜見公面，文翰之職，一以委之。公自陳曰：「府主渝盟，臣所贊也。請就鼎鑊，速死爲幸！」詞直色厲。潞王壯之，載以後車，俾隨戎[六]輅。教令詔誥，咸出于手。安慰京邑，先行榜諭，倚馬吮筆，頃刻而成。潞王覽之，大稱厥旨。及即帝位，方將升玉堂之深嚴，備宣室之顧問。旋爲近臣排斥，出爲魏博支使，改汴州觀察判官。數月，徵拜尚書都官郎中，召入翰林，充學士，旌前勞也。晉祚初啓[七]，以本官歸班，稍遷左司郎中[八]。歷左諫議大夫[九]、給事中、左散騎常侍。晉室之季也，權臣用事，朝政多門，既荒歉以相仍，復干戈之莫戢。山河土地，遂强據于諸侯；禮樂征伐，故不出于天子。公痛紀綱之隳紊，抗章疏以指陳，屢扣天閽，極言時事。洪河方潰，非捧土之能堙；大樹既顛，豈一繩之可制？以至胡兵孔熾，晉鼎尋移。懷直道而無所施張，覽遺疏而誠堪歎息[一〇]！

漢高祖順三靈之睠命，救四海之倒懸。大寶才登，中原亟定。有天下之踰月，拜公尚書、户部侍郎，充學士承旨。明年，帶内署之職知貢舉。制下之日，時論翕然，謂俊造孤平將得路矣。舉罷，轉户部尚書，承旨[一一]如故。明年，以疾解職，授兵部尚書[一二]。

周太祖即位，進位太子少保，尊名賢而寵舊德也。以顯德三年七月十九日[一三]寢疾，終于東京寶積坊私第，享年七十有七。輟朝賻贈，悉從優禮，詔贈太子少師。卜其年八月一日，權窆于開封縣持中村。以大宋開寶七[一四]年三月十八日，秘書力護神柩，歸葬于秦州長道縣，祔于先塋，成夙志也。

洋州録事參軍諱約，公之曾祖也。成州軍事判官、贈尚書屯田員外郎諱義甫，公之皇祖也。階州軍事判官、贈太子少傅諱實，公之皇考也。追封河南郡太夫人尤氏，公之皇妣也。弘[一五]農楊氏，公之前夫人也；渤海郡夫人歐陽氏，公之後夫人也，并先公而殁。秦州觀察推官仁温、秦州倉曹參軍仁魯，公之二兄也。成州軍事判官傅珪、秦州長道縣令傅璞，公之二子也。適校書郎黨崇俊、適殿中丞劉湘、適河東薛升，公之三女也。綿州西昌令全禧、秘書郎永錫，公之二孫也。

公秉天地和氣，負文章大名。義信著于交朋，仁孝被于姻族，閨門卒歲無聞垢詈之聲，僮僕終身不知鞭撻之苦，可以見其爲人也。每遇良辰美景，必携生徒，命儔侶，前管絃而後琴筑，左筆硯而右壺觴，怡怡然，陶陶然，曾不以家事爲意。曠達高懷，世無與比，篇章賦咏，尤是所長。行路深閨，靡不諷誦。妙于音律，精于曆象，又不可得而倫[一六]矣。

昔公之掌貢闈也，中進士第者凡二十有三人，時則有故宫師相國王公溥，今左諫議大夫、判度支許公仲宣，大司農李公惲，俱振美名，并升殊級。惟宫師王公，迥高時望，擢處首科，五年之中，位至丞相。小子固陋，亦預搜羅。玉堂冠于詞臣，黄閣陪于元輔。逢時偶聖，何幸會以踰涯；自卯化翼[一七]，豈生成之可報！其餘陟烏臺、登雉省、内游諫署、外佐侯府者，皆一時之名士也。

平生所著《秦亭編》[一八]《錦江集》《入洛記》《歸山集》《南行記》《東南行》《紫泥集》《華夷百題》《西江集》共六百八十五卷。又撰《周易説卦驗》三卷，《轉輪廻紋金鑑銘》二十二樣，詩、賦、圖并行于世。著述之多，流傳之廣，近代已來，樂天而已。

嗚呼！位列三孤，名聞四海。享磻溪之壽考，紹闕里之風猷。高朗令終，可謂全福。然而生逢叔世，莫偶盛時，胸襟空貯于經綸，生靈不受于康濟。非公之遺恨[一九]，乃時之不幸也。

昉門闌發迹，丘岳在身，備位巖廊，詎敢忘于所自；垂文琬琰，理不在于他人。英魂凛凛以何歸，宿[二〇]草離離而永茂！灑涕揮翰，謹作銘云：

猗歟少師，生禀[二一]靈氣。二十有五，方游于藝。浣腸得夢，吞石表異。先聖之書，一覽而記。唐祚衰歇，廣明[二二]播越。四海亂離，九州分裂。禮樂崩壞，文章断絶。若川[二三]無梁，若舟無楫。誰能起之[二四]，惟我少師。鴻筆麗藻，獨步當時。綸言貢籍，是掌是司。搢紳領袖，儒者耆龜。一代雄才，七朝令譽。步驟九流，迴[二五]翔三署。以文駿位，非爲不遇。以德藩身，動有陰助。誠信篤外，温潤積中。行己以正，事君唯忠。廉[二六]讓是敦，禮教是崇。臺閣之内，藹然清風。嗚呼！明時不幸兮，哲人云逝！驚波不返兮，令名誰繼！有踰溪之壽兮，無踰溪之位。德空高于古人兮，功不施乎當世。茫茫長夜兮，古壠玄堂；離離宿草兮，夜月寒霜。任桑田之變海兮，播休問[二七]之無疆！

雍熙三年歲次丙戌七月丁卯朔十六日壬午建立

［說明］

據碑文録入。碑存禮縣石橋鄉斬龍村王仁裕墓前。通高三〇五厘米，碑首高八〇厘米，碑身高二二五厘米，寬一一四厘米，厚三五厘米；碑座埋于地下。

宋太宗雍熙三年（九八六）七月立。李昉撰文，張賀書并篆額。李昉（九二五—九九六）字明遠，漢族，深州饒陽（今河北饒陽縣）五公村人，宋代著名學者。後漢乾祐年間進士。歷仕後漢、後周歸宋，三入翰林。太宗朝拜平章事。至道二年卒，謚文正。著有文集五十卷（《宋史》本傳），又奉敕纂修《太平御覽》《文苑英華》《太平廣記》等書，并行于世。

碑陰記載爲護碑而築小亭之事，嘉靖二十八（一五四八）年刻，見後。

著録：方嘉發《禮縣志略》，雷文淵《禮縣新志》（題「李昉王少保神道碑記」），費廷珍《直隸秦州新志》（題「上柱國王公神道碑」），張津《禮縣新志》，王訪卿《新修西和縣新志》（題「宋李昉上柱國王公神道碑銘」），朱綉梓《重修西和縣志》（題「五代周太子太保王仁裕神道碑」），《隴右金石録》（題「王仁裕神道碑」），《甘肅新通志稿·卷九〇·藝文志》，禮縣志編纂委員會《禮縣志》，禮縣老年書畫協會、禮縣博物館《禮縣金石集錦》。

［校記］

［一］「周故通奉大夫」至「張賀書并篆額」共一百二十八字各縣志正文中皆脱。

［二］長，《隴右金石録》作「新」。

［三］如，《隴右金石録》作「沐」。

［四］有如，《隴右金石録》作「如有」。

［五］豫，原作「與」，據《隴右金石録》改。

［六］戎，《隴右金石録》作「玉」。

［七］啓，《隴右金石録》作「改」，《王仁裕墓志銘》作「啓」。

［八］《舊五代史·晉高祖紀》載天福二年（九三七）六月「乙酉，翰林學士、司封員外郎、知制誥王仁裕改都官郎中」。都官郎中爲王仁裕爲潞王手下時任職。《新五代史·王仁裕傳》亦云潞王時「以都官郎中充翰林學士。晉高祖入立，罷職爲郎中，歷司封左司郎中、諫議大夫」。「罷職爲郎中」即墓志「稍遷左司郎中」之事。又《少帝紀》：天福八年（九四三）三月「癸卯，以……左司郎中王仁裕爲右諫議大夫」。王仁裕以左司郎中擢爲右諫議大夫，則既入晉，晉帝任其爲左司郎中無疑。《舊五代史》誤。

［九］左諫議大夫，《舊五代史·少帝紀》：天福八年（九四三）三月「癸卯，……左司郎中王仁裕爲右諫議大夫」。《少帝紀》：開運元年（九四四）六月「戊辰，以……以右諫議大夫王仁裕爲給事中」。皆云右諫議大夫，當據碑正之。

［一〇］歎息，《隴右金石録》作「嗟歎」。

［一一］旨，據《隴右金石録》補。

［一二］此處云授兵部尚書爲乾祐二年。《舊五代史·漢隱帝紀》乾祐三年（九五〇）四月：「戊子，翰林學士承旨、户

部尚書王仁裕罷職，守兵部尚書。」定爲乾祐三年。蓋因乾祐二年、乾祐三年四月皆有戊子（乾祐二年四月十五日爲戊子，乾祐三年四月二十一日爲戊子）而致誤。

［一三］《舊五代史·世宗紀》顯德三年（九五六）七月：「庚戌，太子太保王仁裕卒。」顯德三年七月庚戌爲七月二十日。蓋王仁裕十九日卒，史官聞之已歷一日，因以所聞之日記之。

［一四］七，《隴右金石録》作「四」。《王仁裕墓志銘》作「七」。

［一五］弘，原作「恒」，據《隴右金石録》改作「弘」。恒農，即弘農，漢代郡名、縣名。漢靈帝避諱改弘農爲恒農。西晉復改爲弘農。

［一六］倫，《隴右金石録》作「論」。

［一七］自卵化翼，《隴右金石録》作「卵化翼飛」。

［一八］編，《隴右金石録》作「篇」。

［一九］恨，《隴右金石録》作「憾」，古通。

［二〇］宿，《隴右金石録》作「夙」。

［二一］禀，雷文淵《禮縣新志》作「秉」。

［二二］明，《隴右金石録》作「名」。

［二三］川，《隴右金石録》、張津《禮縣新志》皆作「水」。

［二四］誰能起之，《隴右金石録》脱。

［二五］迴，漫漶難辨，據《隴右金石録》補。

［二六］廉，《隴右金石録》作「謙」。

［二七］問，《隴右金石録》作「聞」，古通。

四　尊勝陀羅尼經幢

佚　名

存目

［説明］

宋太宗雍熙三年（九八六）建寺時刻立。碑存禮縣博物館。經幢爲八棱柱形，長一三九厘米，棱面一七厘米。全文載刻《陀羅尼經》，二千八百餘字。此幢爲王仁裕之孫王永錫扶護王公靈柩，從河南開封歸葬故里後，于雍熙丙戌三年買地建寺時刻立。經文漶滅不清，無法録存。

五　八棱經幢（《大悲心陀羅尼經》）

經文略。

［説明］

碑在陽山村。其地原屬西和。朱綉梓《重修西和縣志》載：「長道鎮八棱碑。在該鎮荒堡中，碑刻係佛經，年月無考。」今屬禮縣陽坡鄉，在陽山村以西。據禮縣志編纂委員會《禮縣志》第五編第四節「碑刻」載：「幢由頂、身、座三部分組成，缺頂部，身成柱狀，人稱八棱碑。座呈礎狀，刻蓮花圖案。八面有三百多字，内容爲《大悲心陀羅尼經》。此宋真宗大中祥符元年（一〇〇八）建造。相傳爲當地古寺院遺物。」

六　王公神道碑題記

姚　雄

按部過漢陽，恭謁少師祠下。紹聖三年七月十一日知岷州姚雄題，弟起，男友仲侍行。石州軍事推官管勾洮東安撫司文字□鈞同至。

〔**説明**〕

該題記鐫刻于周故少師王公神道碑碑陰，姚雄題于宋哲宗紹聖三年（一〇九六），參見周故少師王公神道碑釋文及説明。

七　宋故祁君墓志銘

孫　操

宋故祁君墓志銘

上禄孫操撰，進士孫天成書，翟戬刊

太原祁君諱瞻，祖考世爲秦州天水人。曾祖諱政，祖諱用明，考諱英，皆治生不仕，門閥賑富，善延賓客，施濟悉能。以此，餘力零替，無聞愧赧。逮君之生，性素剛毅，卓然有識。君當冠年，家力有所不給，或人語曰：「君之先門，賑富久矣；今何牢索，罕無僅存。」君曰：「丈夫生世，不在兹乎？異日復興無難。」遂奮其志，挈家移居于長道。君又能書算，而典律頗通，故爲縣之人吏，其臨事也謹厚，真所謂佐政之吏。歷二十年，遠迩推稱有時。君念疇昔之語，惟恐不立，已而辭歸。經幹資財，質物爲庫，不苟貪其厚息，周急于人。未踰一紀，聚緡繼萬，君之力也。君娶鹵中李氏，而李氏與君同年，合髻爲婚，宜其家室。君以治生之道，貽厥子孫。君乃燕居義所，以惠之博，殊好知己，日隆碁酒，美譽實騰，可以爲嘉。紹聖三年四月十有九日，以寢疾卒于家；是年十月十日，李氏繼卒，享年各六十有三。鄉人見之，無乎不慟，屑涕而弔。男女五人：長男曰抃，先卒于君；次曰宗裕、宗玠，能畢其事。長女適茹永，次之張適，偕[一]豐富之輩。宗裕、宗玠送終之禮，能尚而已。次年正月十有一日，雙窆于漢陽鄉萬家里。宗裕昆季屬余鄉閈，懇求爲銘，自恨不才，奚足以當，辭之固難，以塞勤求爾。銘曰：

君性剛毅，始終無替。義締于人，施不以細。利不苟貪，復興家計。結髻之妻，同德同歲。雙窆之棺，同年同逝。衆皆焦然，嗚呼屑涕。二子忼慨，宗裕宗玠。禮尚送終，不之有懈。福及子孫，勿翦勿敗。貢于窮泉，永無有壞。

［説明］

碑存禮縣博物館。碑高五〇厘米，寬五六厘米。

宋哲宗紹聖四年（一〇九七）孫操撰。

著録：禮縣老年書畫協會、禮縣博物館《禮縣金石集錦》。

［校記］

［一］偕，讀爲「皆」。

八　王仁裕墓志銘

李　昉

周故通議大夫、守太子少保、上柱國、太原縣開國伯、食邑七百户、賜紫金魚袋、贈太子少師王公墓志銘

并序

中散大夫、賫授太常少卿、上柱國、賜紫金魚袋李昉述

公諱仁裕，字德輦，其先太原人，後世徙家秦隴，今爲天水人也。洋州録事參軍諱約，公之大王父也；成州軍事判官，贈尚書屯田員外郎諱義甫，公之王父也。階州軍事判官、贈太子少傅諱實，公之皇考也。追封河南郡太夫人尤氏，公之皇妣也。弘[一]農楊氏，公之前夫人也；纍封渤海郡夫人歐陽氏，公之後夫人也，并先公而殁。秦州觀察推官仁温、秦州倉曹參軍仁魯，公之兄也。成州軍事判官傅珪、秦州長道縣令傅璞，公之子也。綿州西昌令全禧、秘書郎永錫，公之孫也。校書郎黨崇俊、殿中丞劉湘、河東薛繼升[二]，公之婿也。

噫！王氏之宗，其來遠矣！或以門閥顯，或以儒稚稱，代不乏賢，世濟其美。公即少傅第三子也。生屬亂離，幼失怙恃，兄嫂所鞠，至于成人。既無師友之資，但以畋游爲事。二十有五，略未知書。因夢開腹浣腸，復見西江碎石，其上皆有文字，夢中取而吞之，及覺，性遂開悟。因慷慨自勵，請受經于叔父。詩書一覽，有如宿習；凡諸義理，必究精微；下筆成章，不加點竄。歲餘，著賦二十餘首，曲盡體物之妙，由是遠近所重。秦帥隴西公繼崇聞之，自山中辟爲從事。尋屬王氏僭竊，奄有巴邛，土地山河遂成暌隔。公因兹入蜀，連佐大藩。歷禮部郎中、中書舍人、樞密直學士[三]。蜀後主好文工詩，偏所親狎，應制和答，殆無虚日。蜀亡入朝，特授秦州節度判官，即公之鄉里也。良田美宅，適我願兮。罷職，歸漢陽别墅，有終焉之志。著《歸山詩》五百首，以見其意。

無何，興元相國王公思同，以舊知之故，逼而起之。洎居守鎬京，復贊留務。岐帥潞王之啚[四]大舉也，潛使人會兵于王公，王公猶豫未决，召公謀之。公曰：「事君盡忠，事父盡孝，忠孝之道，奈何弃之？」

王公勃然而起曰：「吾其效死矣！」于是戮岐陽之使。俄而王師倒戈，奉潞王爲主。王公果死于難，幕吏悉罹其禍。潞王下令軍中曰：「獲王某者無得殺！」遂生致于麾下。潞王素知公名，喜見公面，公自陳曰：「幕府渝盟，臣所贊也。請就鼎鑊，速死爲幸！」潞王義而捨之，委以文翰之職。詔敕教令，咸出于手。到京爲近臣所排，出爲魏博支使，改汴州觀察判官。數月，召入翰林充學士，旌前勞也。晉祚初啓，以本官都官郎中歸班，稍遷左司郎中，歷諫議大夫、給事中、左散騎常侍。漢祖開基，拜户部侍郎，充學士承旨。明年，帶職知貢舉。制下之日，時論翕然，咸謂其俊造孤平將得路矣。今宮師相國王公溥，觀光待試，負藝求伸。雖組綉之文，名已振矣；而廊廟之器，人未知之。公識王佐之才，有人倫之鑒，擢以殊級，置于首科，五年之中，位至輔相。知人則哲，有如是乎？舉罷，轉户部尚書。明年以疾解職，授兵部尚書。

周祖即位，除太子少保，尊名賢而寵宿德也。以周顯德三年七月十九日寢疾，終于東京實積坊私第，享年七十有七。輟朝賻贈，悉從優禮，贈太子少師。卜其年八月一日，權窆于開封縣持中村。以大宋開寶七年閏十月十七日，歸葬于秦州長道縣漢陽里，遷二夫人合祔焉。

公稟天地和氣，負文章大名。信義著于交朋，仁孝被于姻戚。閨門卒歲無聞訴詈之聲，僮僕終身不知鞭撻之苦，有以知其爲人也。音律曆象，咸盡□□。每遇良辰美景，命儔嘯侶，前管絃而後琴筑，左筆硯而右壺觴，曠然高懷，世無與比。文集百餘卷，并行于世，四方之人，相競傳寫。篇章賦咏，尤是所長，行路深閨，靡不諷誦。

嗚呼！登二品之貴位，享八十之遐齡，官□考終，孰可繼者？然而不秉大政，不康蒸民，于公之才伸展未盡。裔孫永錫，力護神柩，遷復家園。自梁抵秦，□二千里。英魂凜凜，隨逝水以何之；丹旐悠悠，望故鄉而長往。昉預生徒之列，受門館之恩，八花嘗綴于□班，四□復叨于真秩。今居退黜，尚玷清華。食禄明庭，心敢忘于所自；勒文貞石，理不在于他人。援毫而功德難周，抆泪而傷懷莫已。銘曰：

□淮疏派兮，崤山降神。星辰孕秀兮，黼黻摛文。垂搢紳之令範兮，藹臺閣之清芬。□□七朝兮，享年八旬。立誠敦信兮，積善纍仁。誰之德兮，惟我丘門兮少師府君。

□芳圖史兮，播譽閨門。母儀婦禮兮，絶世無倫。道著三從兮，光生六姻。事夫盡柔順之體兮，御下有慈愛之恩。誰之美兮，惟彼弘[五]農與歐陽夫人。

少師之德兮既若彼，夫人之美兮又如此，萬祀千齡令名無已。啓重阡于梁苑之野，遂歸葬于漢陽之里。塵路迢迢，轜車靡靡。嗚呼哀哉！一代之哲人已矣！

孫永錫自汴京扶護九喪，却歸鄉里，盤纏葬禮，買置墓田，一物已□□□力辦，以俟他日粗顯孝心。

孫壻博陵安平人崔起書

（墓志左側刻：）大宋崇寧三年甲申歲四月十八日三代孫進士王□重遷葬祀。

［説明］

碑出土于禮縣石橋鄉斬龍村王仁裕墓地。現存禮縣博物館。正方形，邊長九三厘米，厚三〇厘米。

宋徽宗崇寧三年（一一〇四）三代孫重遷葬祀時立。李昉述。

著録：禮縣老年書畫協會、禮縣博物館《禮縣金石集錦》。

［校記］

［一］弘，原作「恒」。恒農，即弘農，漢代郡名、縣名。漢靈帝避諱改弘農爲恒農。西晉復改爲弘農。

［二］薛繼升，《周故少師王公仁裕神道碑》無「繼」字。

［三］樞密直學士，《周故少師王公仁裕神道碑》作「翰林學士」。

［四］啚，同「圖」。

［五］弘，原作「恒」。參［一］。

九　鹽官鎮重修真武殿記

米居純

鹽官鎮重修真武殿記

鹽官重修真武殿功畢，太守王公光祖，字景先，謂下客米居純曰：「予于乾道乙酉歲捍禦敵人至此，而井邑已皆焚盪，惟于灰燼中瞻見真君容像，巍然而坐，所飾丹青不變而鮮潔，所披之髮不壞而具存，雖龜蛇之形狀亦無所損。予欽仰其靈，已有重修之意，恨力無及，適剖符來此，即計度鳩工。邦人聞之，不約而集，虞者木，陶者瓦，工自獻技，匠自獻巧，富者以財，貧者以力，不日而成，了可作記。」居純辭之不獲，言曰：「嘗聞明有禮樂，幽有鬼神，故子産論臺駘之事，仲尼詳汪芒之守。以祥而稱者，五車踐牧野之雪；以異而言者，二龍流夏庭之漦。神之格思，理存言像之際，而況真君乃金闕應化之身，容像之所在，宜其顯靈之若是。前敵人叛盟[一]，意欲長驅而下蜀，至此而爲官軍所敗，寧知非陰護之所致耶？敢不敬書。」

乾道八年十一月望日

同谷米居純記

李德刊。石匠：尹暉、張子忠。

緣化主職醫魏□[二]

鞏州天慶觀授業道士王□，小師嚴□

雲水道人：員□、李□□

武功大夫、興州駐扎御前右軍統制軍馬、知西和州軍州兼管内勸農事、邊都巡檢使、彈壓軍馬王光祖立石

［説明］

碑嵌于禮縣鹽官鎮舊衛生院正殿南側牆上。碑高一三〇厘米，寬六五厘米。

宋孝宗乾道八年（一一七二）米居純撰。

著録：張維《隴右金石録》（題「重修真武殿記」），《緣督廬日記》，王訪卿《重修西和縣新志》，朱綉梓《重修西和縣志》（題「重建真武祖師廟碑」），禮縣老年書畫協會、禮縣博物館《禮縣金石集錦》。

［校記］

［一］「前」上原有「中」字，《隴右金石録》删，或者「中」上有「□年」二字，缺文爲數字，以表時間，今不能知，故從《隴右金石録》。

［二］「李德刊」至「主職醫魏□」共十七字《隴右金石録》脱。

一〇　大潭皇覺寺留題

唐文炳

大潭皇覺寺留題□□通判、西和州知州事

鴆毒深懷戒宴安，驅馳王事敢辭艱。玉塵不動弍百里，星點驊騮衝曉寒。

石韞玉而山輝，水［含珠］而［川媚］（中缺）輝發。越（中缺）塵馬是間，況（中缺）王事之餘，□□行歌（中缺）揭，得某使深山（中缺）府判中太楊公□墨池矣。（中缺）輿是邦，其（中缺）壹弍，彈□單車出而廣謁士（中缺）萬口一辭（中缺）按臨屬邑（中缺）圖，邑之士民，莫不争睹而（中缺）而戴公之德也，文炳于（中缺）先生爲門下士，豈敢□盛美而（中缺）堅珉以答拜民之公願。

慶元元年捌月弍日，□□□□□奏辟，知西和州大潭縣主管、勸農營田公事兼兵馬監押唐文炳謹刊

［説明］

碑存禮縣太塘鄉街道村。碑高六七厘米，寬六七厘米。

詩爲當時西和州知州所題。詩後之跋文爲唐文炳于宋寧宗慶元元年（一一九五）所寫。知州之名已不清。按：慶元二年《南山妙勝廨院碑》「通判秦州軍州使」爲郭思，知州亦稱。

著録：禮縣老年書畫協會、禮縣博物館《禮縣金石集錦》。

一一　南山妙勝廨院碑

時日祥

（碑額）：大觀敕書

尚書省牒南山妙勝院惠應殿

牒奉

敕宜賜「惠應殿」爲名，牒至准

敕故牒。

中大夫守右丞徐

司空左僕射。

大觀元年九月六日

秦州南山妙勝院，敕額古迹。唐朝貞觀二十三年賜額「昭玄院」「天水湖」。至本朝太祖皇帝登位，于建隆元年將「昭玄院」賜敕皇改「妙勝院」，「天水湖」改「天水池」。其水冬夏無增減。至乾興元年真宗皇帝登位，本院鑄鐘一顆。于元符三年十月二十七日，經略周湻夜夢本院降龍尊者具天水池，特奏朝廷，奉聖旨，每年遇天寧聖節，許度僧一名。至大觀元年，秦鳳路久愆雨澤，經略陶節夫奏，八月十二日降御封香，令側近祈禱于天水池，佛殿焚香。翊日，甘澤滂沛[一]三赤[二]有餘。本州奏朝廷，九月六日，奉聖旨降到，敕皇天水池佛殿，可賜「惠應殿」爲名，蠲免諸般税役。間歲，賜紫衣或師號一道。至宣和元年，經略郭思切見本州冬夕久旱，于惠應殿祈禱有感應，特奏朝廷。宣和三年正月十九日，奉聖旨，將惠應殿係祖宗昌英郡望之地改「法祥殿」，專令「護持天水靈泉無窮」一面給付，中尚書省牒已將敕先次給付訖，請一依前項聖旨，指揮疾速施行，須專指揮右今帖南山「妙勝院」，仰詳此照會。

大觀元年九月□日

給奉議郎簽書節度判官、奉議郎通判秦州軍州使、龍圖閣學士、左忠散大夫、秦州安撫使兼馬步軍都總管使郭思

南山妙勝廨院在天水縣茅城谷，有常住土田。至紹興十四年，有檀信税户王楫同弟王寧，同男王光祖，孫

王燾、王熙等，捨到院基一所，修立妙勝廨院佛殿、法堂、三門、僧堂、厨舍共計三十餘間，内有五百羅漢聖像，當尊慈氏釋迦等聖像。至丙辰正月一日，將本院敕皇碑文再録于妙勝廨院立石。

慶元二年歲次丙辰正月一日辛巳朔

住持主僧善登，前住持院主僧洪□

本院受業僧：善禧、善開、洪修、洪湛、洪滿、洪晟、瑞珍、洪玉立石

進士時日祥書，刊石匠吕全，石匠蓋仲

［説明］

碑存禮縣草壩鄉草壩村。碑高九五厘米，寬五一厘米。

宋寧宗慶元二年（一一九六）立。時日祥書。碑文由兩部分組成，第一部分成于宋徽宗大觀元年（一一〇七），第二部分成于宋寧宗慶元二年。

著録：禮縣老年書畫協會、禮縣博物館《禮縣金石集錦》。

［校記］

［一］沛，碑作「霑」。沛，字或作「霈」，易誤爲「霑」。

［二］赤，疑爲「尺」之誤。

一二一 真武觀碑

佚 名

存目

［説明］

《嘉靖陝西通志》載：「宋真武觀碑，在西和縣北八十里，慶元中建，字剥落。」慶元爲宋寧宗年號（一一九五—一二〇〇）。

張維《隴右金石録》載：「真武觀碑。在西和縣北，今佚。」嘉靖《陝西通志》言在西和縣城北八十里，則應在鹽官鎮，其地今歸禮縣，故移于此。

一三　大潭長道兩縣二八分科後碑

李耆孫

（碑額）：兩縣二八分科後記

大潭長道兩縣二八分科後碑

鄉貢進士縣學諭李耆孫撰并書，□中李德刻

昔夏后氏治洚水，别九州，克成厥功，萬世永賴。史官紀績，孔子定書，以「禹貢」名篇。大禹之功，掀天地，揭日月，巍巍矣！述書者不言功而言過，豈非貢者生民戚休之所係！洪水雖平，貢賦不均，力屈財殫，人之主無日矣！此所以首稱任土作貢，而以「禹貢」名篇，意以爲治洪水，雖曰禹之功，至于［一］上貢，均民賦，尤爲禹功之大也。竊嘗□考其書，地則三地，賦分二等：青、徐之貢，不以責之；荆、揚、梁、雍之賦，□以施之；冀、兖既定，□上中下之等矣。于揚州田厥賦下上上錯，豫州田厥賦錯上中，梁州田厥賦下中三錯。夫民賦一也，約天下于同，可矣。今也乃立九等，民賦輕重上下，參差不齊，又于九等之中，錯雜間出于上下之際，禹何爲□□之倥傯區别哉！蓋地有廣狹之區别，［人］[二]有多寡之不齊，故因其不一而歸之于至一，因其不同而約之于大同，是以唐虞之民，雍熙泰和，樂輸其上。秋，東作西成之功大，南風民財之阜，而爲萬世定法也。

西和和政郡，古岷州，紹興十三年移治白石，取今名。縣三：長道、大潭、祐川。長道爲最，户口繁夥，州治在焉；其次大潭，介于川谷之間；祐川西隷宕昌，尤爲蕞爾。邑舊州，州□百賦，□□□長道八分，大潭二分，祐川在所，不足録焉。自朝廷立市西戎之馬于宕昌，馬政芻秣之重，首事于潭邑。五驛一監，在其境内有臨江、良恭、牛脊。本縣驛麻池□□□□□［長］[三]道止本州一驛，其胥吏于郡者，又皆長道之民，□淫蠹幣，輒□舊坊。遂將馬政芻秣□以二八分，均□□□□□□縣分應副。吾鄉之民，盻盻然役于馬政，困于賦役，訴于州家及監司者凡數載。第應虚文未□古□□□□□守西和之始年，大城李公令大潭之二載，邑民王林、張辛等百餘人，詣郡再申舊例，而長道之民□□□□□爲一辭，牢不可破。王史宕水鑒其職，權衡其民，以爲茶司委馬政之責于州，州□□□之□□□□户口家業商榷之，長道縣户口見管七千户，大潭縣户口見管一千四百户。又長道縣家業錢除倚閣外，實管壹拾玖萬二千五百捌拾貫捌百三十柒文；大潭縣除倚閣外，實管壹拾捌萬三千五百□□□□文。以□分□□，長道七分八厘，大潭二分二厘；以户口計之，則長道十分，大潭一分。而長道又□廣谷大川，□□□□；大潭山高壑深，地皆險峻，絶長補短，長道八分，大潭二分，實爲均一。及將麻池驛分隷長道，則知舊例二八分，深得古之定賦，不同之同，不齊之齊也。州家以其事上諸司，□□□憲史李公判其牒云：「本州既將兩縣户口比較，又將兩縣家業錢皆□□□□厚薄，灼然易見，可謂□密。允當行，下示兩縣人户，從本州所定分數均科，永爲則例，不得妄興詞訴。南山可移，判不可摇。」

自此二八分賦役遂定，而長道之民亦帖然心服。今乃不學古前之爲，邑之士民感守令之遺愛，復還舊賦之均一也，無以報德，繪史君令□之後于□□西□永爲于□縣邱之地。士民王楹，取碑材于山，久□立也。今邑宰唐侯爲政之初，戾止泮宮，都碑石昔日□□□□者乎？爰命予爲之記，仍將州家憲司行移公文，并鏤堅珉，以傳永久。耆孫嘗試以爲通天地□□□□□□□已，鳥長鳬短，水舟陸車，萬有事物之不齊，而會歸于同者，一也。故大禹因九州之貢不同，而成賦□邦，以除四海會同之功。先王之澤猶存，九疇之叙未汨，故憲史守令，因一郡兩邑之異，宜而平賦役，爲均齊之法，亦歸于一而已。今皆位通顯歷臺閣，異時秉均，衡權造化，推一郡兩邑不同之同，而致四海之同；維一郡兩邑不一之一，而致天下之一可也。憲使李公，大政其名，王使君名揆字之厚，李令君格南壽，其去政之十二年，賀刻諸石。

慶元二年正月吉日，秦亭李耆孫謹記，迪功郎、縣學長魏彦國篆額

成忠郎、大潭縣尉李瑋，將仕郎、大潭縣主簿姚榮之，□訓郎、奏辟知西和州、大潭縣主管勸農營田公事、兼兵馬監押唐文炳立石

［**説明**］

碑存禮縣太塘鄉太塘村，即南宋大潭縣署遺址。碑高一二八厘米，寬七四厘米。

宋寧宗慶元二年（一一九六）李耆孫撰并書。

按：據史載，大潭，宋建隆三年置縣，宋末廢爲鎮，曾屬岷州、秦州、西和。原有碑刻三（《鼎勳堂記》《大潭長道兩縣二八分科後碑》《大潭皇覺寺留題碑》），碑文論述南宋都統張威抗金功績和賦税、建廟等事迹。

著録：禮縣志編纂委員會《禮縣志》，禮縣老年書畫協會、禮縣博物館《禮縣金石集錦》。

〔校記〕

〔一〕「有」上缺字，按上下文意，當爲「人」字。今補出。

〔二〕據下文，「道」字上缺字，當爲「長」字，今補出。

一四　嘉定刻石

佚名

丙寅開禧二年十一月二十八日，有金賊侵犯關外四州，至丁卯開禧三年三月十八日復收了。

當戊辰嘉定改元年四月有十九日謹記

〔説明〕

刻石存于禮縣石橋鄉石橋村一塊巨大的自然石上。高五六厘米。

宋寧宗嘉定元年（一二〇八）刻。

著録：禮縣老年書畫協會、禮縣博物館《禮縣金石集錦》。

一五　鼎勳堂記

馬郭憶

（碑額）：鼎勳堂記

吴蜀稱爲唇齒，安危□害之［利］□，吴蜀固則京畿尊安，四海用康；否則聖君賢臣宵旰咨度，□走

□□□，手足無濟，腹心爲之憂勞，不遑寧居。蜀爲□□開係而□□五［郡］[一]，又曰蜀之外户也。然五郡休戚，嘗視西邊，豈非五路之衝，敵兵出入之樞，□饒力强，其利害又非他郡比耶！丙寅調兵，曦賊中變，坐□□凶□出□氏□時，危疑未寧。今□□安公，□護天水，□譽所加，民以輯寧，軺車載臨，邊境休肅，斂不及民，廪粟饒饒。兵□農嬉，蜀犬夜吠。

戊寅之冬，虜復犯邊，武休不守，兵滿梁漢，黠將精騎，直寇三泉。都統張公，設伏出奇，據□遏遁，酋長俘獻，徒旅屍礫[二]，喋血百里，草爲之丹。而［虜］[三]禍方戢，叛卒［又］[四]起，賊□卿長，焚劫郡邑，全蜀動摇，虜焰繼熾，陰□□□，□宣聞命。公提兵復出，賊衆就擒，蜀遂安妥。□帥程公，遄迫帥師[五]，孤□夜遁；完實堡障，梁洋奠安；建麾古岷，仁勇兼濟，三軍□□，百姓便安。

夫有以振之于其始，而無以保之于其終；知所以震讋中外之心，而不知所以培□戰守之本，則暫成而輒廢，方寧而遽擾，可立待也。故邊陲千里，萬口一辭，［皆］[六]曰：「始終吾民，仁厚一心，軍不告乏，民不告病者，安公之德也；力排大難，掃清群凶，夷虜知畏，奸徒帖葸者，張公之德也；鎮肅邊方，□□軍政，兵得其職，民賴以安者，程公之德也。是宜合而祠之，以激方□。」□令□□，築堂皇覺，名之「鼎勳」，民咸謂宜。于是乎記。

安公諱藩，字叔衍，廣安人，隨軍轉運使。

張公諱威，字德遠，天水人，正都統制。

程公諱信，字子忠，鳳□人，副都統制。

嘉定十三年七夕日，迪功郎、宣差西和州大潭縣令、主管勸農營田公事、搜捉餉錢出界兼營兵馬公事總

管、忠勝軍馬郭憶記

［説明］

碑存禮縣太塘鄉太塘村。碑高一三〇厘米，寬八二厘米。

宋寧宗嘉定十三年（一二二〇）馬郭憶記。

著録：禮縣老年書畫協會、禮縣博物館《禮縣金石集錦》。

［校記］

［一］「五」下缺字，據上下文，當爲「郡」字。今補。

［二］磔，原誤識作「隟」，無此字。當作「磔」，今正。

［三］「禍」上缺字，據上下文，當爲「虜」字。今補。

［四］「起」上缺字，據上下文，當爲「又」字。今補。

［五］帥師，原作「師師」，據文意改。

［六］「曰」上缺字，據上下文，當爲「皆」字。今補。

一六　西和州靈濟廟碑記

呂光遠　周公瑛

（碑陽）：

（上缺）紹定二年西和州權授通判呂光遠、團練判官賈子坤等立（下缺）

（碑陰）：

（上缺）西和州大潭縣申文（字多殘缺）進士周公瑛等立石（下缺）

［**説明**］

以邱大英《西和縣志》爲底本録入。

宋理宗紹定二年（一二二九）立。

著録：張維《隴右金石録》（題「西和州靈濟廟碑記」），朱綉梓《重修西和縣志》（題「靈濟廟碑記」），所載與邱大英《西和縣志》稍異。文字多缺，碑亦剥削，僅存下款。大潭縣址在今禮縣大潭。周公瑛，又見于成縣西峽之題壁，曰「西和州鄉貢進士周公瑛」。

一七　雷王廟碑

佚　名

存目

［**説明**］

張維《隴右金石録》載：「雷王廟碑。在禮縣雷王山，今佚。」

雍正《禮縣志》載：「雷王廟碑，在縣南五十里雷王山，《志》載：『雷王保，東晉時人，仕至尚書左僕射，辭官修道，卒于元興三年。咸淳四年，江陵府表請加封王號。今雷王山高有碑記其事。』」

一八　敕賜雍古氏家廟碑

程鉅夫

（碑陽篆額）：敕賜雍古氏家廟碑

（碑陰額）：大元敕賜之碑

大元敕賜雍古氏家廟碑

翰林學士承旨、榮禄大夫、知制誥兼修國史臣程鉅夫奉敕撰[一]

集賢學士、資德大夫臣趙孟頫奉敕書并篆題[二]

先王之制：諸侯廟五，大夫廟[三]三；父爲士，子爲大夫；葬以士，祭以大夫，禮也。是以君子將營宫室，宗廟爲先，祭器爲次，宫室爲後。而宗廟之器苟[四]可銘者，而無不著焉。所以慶、所以勸也，忠孝之道備矣。

今天子稽古右文，一本于禮。河洛之思，羹牆之見，慨然延念先正之臣。克[五]左右，亂四方，其股肱心膂之績，固已彰于彝常，焕乎其足徵矣[六]。乃若國家所以報往而勸來者，猶以爲未居于極也[七]。爰命公卿舉先猷、展故實，而隧章之典行焉。于是陜西行御史臺以侍御史世延父祖[八]勳伐，列上公章。有旨，集博士禮官議。議既上，詔贈故征行大元帥按竺邇爲推忠佐運定遠功臣、太傅、開府儀同三司、上柱國，追封秦國公，謚忠宣；配白氏，秦國夫人。故蒙古漢軍元帥國寶[九]爲推誠佐理宣力功臣、□□太尉、銀青榮禄大夫、上柱國，追封梁國公，謚忠憲[一〇]；配雲氏，梁國夫人。明年，公孫世延入參大政，政以咸熙，天子嘉焉。又贈其曾祖故群牧使[一一]黖公，彰義保節衍慶功臣、資德大夫、御史中丞、上護軍，追封冀郡公，謚忠毅；配韓氏，[追贈]冀郡夫人[一二]。繇是參政之先，三世六代俱蒙加恩。

又明年，參政拜中丞，自中丞遷[一三]右轄，分治雲南。天子顧中丞曰：「非君不可復拜中丞，以乃祖乃父勤勞皇家，宜最[一四]其平生，著之閟祀，庶幾永啓厥後。」爰詔臣鉅夫，文其家廟麗牲之石。臣惟上之下[一五]下郅隆者，恩也；大復古始者，禮也，感激奉詔。謹按，忠宣公雍古氏，雲中世族，幼孤[一六]，育于外氏[一七]，曰术要甲[一八]，因姓舅姓，轉而[一九]爲趙。忠宣智略深長[二〇]，弓馬絶世，未冠，材器已顯，攻城略地，所向無前。扈太祖平河湟，從太宗下岐鳳[二一]，取平凉，慶、原、邠、涇，如風隕籜[二二]。金人[二三]固守關河幾二十載[二四]，一旦忠宣假道擣虚，如天墜地涌，良平之智不及施，賁育之勇無所用，心潰[二五]膽裂，莫之能支。睿宗深所嘉賞，金[二六]繇之遂墟。已而奉律西征，隴右耑定，進兵蜀道，首集階、文，守漢陽，制三邊，納吐蕃[二七]，收後效。成都夔門之戰，江油張掖[二八]之師，皆其功之較然者。多謀尚義，愛[二九]下恤民，所至救殄[三〇]戮，贖俘囚，輯降附，則所惠蓋[三一]廣矣。然則開國之功，不後諸將而略不滿假，退然若無，所謂「勞謙君子」者與！忠憲雖出將家，自幼學問，雍容閒雅，容貌甚都[三二]。蓋忠宣雖[三三]積苦兵間，而敬禮儒生，恒戒軍中無毁文籍，是宜有佳子弟之報。慷慨倜儻，能得人之歡心。勇于當敵，愛恤士卒，有古名將之風焉！重慶、南丹[三四]之戰，皆居軍鋒，或降或殲，無不如志。火都授首，策之彌精，思立奇功，以承先志。乃招屬户[三五]修慶[三六]州，虎視西南，别授元[三七]戎之寄。于是徼外羌渠，畏威款塞，列于王會。初不自以爲功，降羌爵命[三八]返出其上，殷勤遜謝，益簡帝心。君子有終，世濟其美，古之名將，有不能及者矣！竊嘗究觀，成功之臣弗居者百一，而矜以致敗者何多也！若忠宣、忠憲，爲而弗有，有而弗恃，簪組蟬聯、式克宜于令聞，父子祖孫，并受顯服。胙之秦梁，躋之廟祏，將遂[三九]爲百世不遷之祖，非盛[四〇]德，孰濟登兹？嘗聞雲中據西北河山之奥，原野高博，風氣凝厚，炳靈異而生其間者，不出則已，出則必瑰偉絶世之材。若雍古氏之達已數世，而方來者彌昌，其不謂之間氣之鍾與！且家奮[四一]于韜鈐，而中丞服膺詩書，動必以禮，高材姱節，負天下[四二]重望，尊天子之命，考先王之禮，于報本、反始、教孝、移忠之義，蓋惓惓也。詩不云乎：「以似以續。」續古之人，斯可謂能佀[四三]續者矣。揆厥淵委，宜有雄詞；發揚蹈厲，老臣何能。然大君有命，謹摭其大者而系之銘。銘曰：

皇帝御宇，天蓋地函，萬有咸巸。施仁錫類，幽遐開通[四四]，恩明在上。矧兹世勞[四五]，崇功廣業，禮有攸當。惟雍古氏，方叔召虎[四六]，父子相望。楊休纘[四七]慶，光于家邦[四八]，以將以相。桓圭玄[四九]究，爾祖其從，同尊與享。馨香惟德，世世無曠[五〇]，子孝臣忠。刻此貞石，以昭淵猷，以迪永養。

至元丁丑孟秋初吉，孫男奎章閣大學士、翰林學士承旨、銀青榮禄大夫、知制誥兼修國史、中書平章政事、魯國公世延啓建[五一]

［説明］

碑存禮縣城關鎮南關村原趙世延家廟遺址，由碑首、碑身、龜趺三部分組成。碑首高一三〇厘米，寬一三〇厘米，碑身高二二〇厘米，寬一三〇厘米；龜趺前後長二〇〇厘米，左右寬一五〇厘米。

元惠宗至元三年（一三三七）秋建。程鉅夫撰文，趙孟頫書并篆額。程鉅夫（一二四九—一三一八），號雪樓，又號遠齋，建昌（今江西南城）人。宋亡後入大都，留宿衛。元世祖試以筆札，改授應奉翰林文字，累官翰林學士承旨。歷仕四朝，號爲名臣。追封楚國公，謚文憲。有《雪樓集》三十卷。

著録：程鉅夫《雪樓集》（四庫本，題「趙氏家廟碑」），雷文淵《禮縣新志》（題「程鉅夫魯國公家廟碑記」），張津《禮縣新志》（題「程鉅夫魯國公家廟碑記」），《隴右金石録》（題「魯國公家廟碑」），《甘肅新通志稿》，禮縣志編纂委員會《禮縣志》（題「大元敕賜雍古氏家廟碑」），禮縣老年書畫協會、禮縣博物館《禮縣金石集錦》。

〔校記〕

〔一〕開篇之作者、末尾之立碑年代等《雪樓集》皆未著録。「翰林學士承旨、榮禄大夫、知制誥兼修國史臣程鉅夫奉敕撰」句《隴右金石録》脱。

〔二〕「集賢學士、資德大夫臣趙孟頫奉敕書并篆題」句《隴右金石録》脱。

〔三〕廟，《隴右金石録》、雷文淵《禮縣新志》、張津《禮縣新志》皆脱。

〔四〕苟，《隴右金石録》、雷文淵《禮縣新志》、張津《禮縣新志》皆作「局」。

〔五〕克，《隴右金石録》、雷文淵《禮縣新志》、張津《禮縣新志》皆脱。

〔六〕矣，《隴右金石録》、雷文淵《禮縣新志》、張津《禮縣新志》皆脱。

〔七〕居于，《雪樓集》作「底」。

〔八〕侍御史世延父祖，《雪樓集》作「永古特氏父子」。「永古特氏」即「雍古氏」。《雪樓集》所載多與碑文不相合，而多與《元史》相合，蓋後人據《元史》修改。

〔九〕國寶，《隴右金石録》、雷文淵《禮縣新志》、張津《禮縣新志》皆脱。

〔一〇〕「推誠佐理宣力功臣、□□太尉、銀青榮禄大夫、上柱國，追封梁國公，謚忠憲」，《雪樓集》作「推誠佐理功臣、光禄大夫、平章政事、柱國，追封梁國公，謚忠定」。下所出「忠憲」《雪樓集》亦皆作「忠定」，不俱出校。

［一一］故群牧使，《隴右金石録》、雷文淵《禮縣新志》、張津《禮縣新志》皆脱。

［一二］「黖公，彰義保節衍慶功臣、資德大夫、御史中丞、上護軍，追封冀郡公，謚忠毅；配韓氏，□□冀郡夫人」，《雪樓集》作「達袞，彰義保節衍慶功臣、資德大夫、御史中丞、上護軍，追封雲中郡公，謚貞毅；配鄂喇昆氏，雲中郡夫人」。黖公、達袞，音譯問題。

［一三］自中丞遷，《隴右金石録》、雷文淵《禮縣新志》、張津《禮縣新志》皆作「遣」。

［一四］最，讀爲「撮」，《雪樓集》即作「撮」。

［一五］下，《隴右金石録》、雷文淵《禮縣新志》、張津《禮縣新志》皆作「于」。

［一六］「忠宣公雍古氏，雲中世族，幼孤」，《雪樓集》作「永古特氏，雲中世族，武宣公幼孤」。

［一七］氏，《隴右金石録》、雷文淵《禮縣新志》、張津《禮縣新志》皆作「家」。

［一八］术要甲，《雪樓集》作「卓裕勒嘉」，四庫本《元史》作「兆齋」，皆音譯問題。

［一九］而，《禮縣金石集錦》作「乃」。

［二〇］深長，《雪樓集》作「沉雄」。

［二一］下岐鳳，《雪樓集》下尚有「甒强俊」三字。

［二二］攓，《隴右金石録》、雷文淵《禮縣新志》、張津《禮縣新志》皆作「草」。

［二三］金人，《雪樓集》作「金源」。

［二四］載，《隴右金石録》、雷文淵《禮縣新志》、張津《禮縣新志》皆作「年」。

［二五］潰，《隴右金石録》、雷文淵《禮縣新志》、張津《禮縣新志》皆作「碎」。

［二六］金，《雪樓集》作「金源」。
［二七］吐蕃，《隴右金石録》、雷文淵《禮縣新志》、張津《禮縣新志》皆作「蕃土」。
［二八］張掖，《隴右金石録》、雷文淵《禮縣新志》、張津《禮縣新志》皆作「引誘」。
［二九］愛，《雪樓集》作「厚」。
［三〇］殄，《隴右金石録》、雷文淵《禮縣新志》、張津《禮縣新志》皆作「彌」。
［三一］蓋，《隴右金石録》、雷文淵《禮縣新志》、張津《禮縣新志》皆作「益」。
［三二］都，《隴右金石録》、雷文淵《禮縣新志》、張津《禮縣新志》皆作「篤」。
［三三］雖，《隴右金石録》、雷文淵《禮縣新志》、張津《禮縣新志》皆脱。
［三四］南丹，《雪樓集》作「删丹」，見《元史》。
［三五］户，《隴右金石録》、雷文淵《禮縣新志》、張津《禮縣新志》皆作「户口」。
［三六］慶，《雪樓集》誤作「廢」。
［三七］元，《隴右金石録》、雷文淵《禮縣新志》、張津《禮縣新志》皆作「羌」。
［三八］命，《隴右金石録》、雷文淵《禮縣新志》、張津《禮縣新志》皆脱。
［三九］将遂，《隴右金石録》、雷文淵《禮縣新志》、張津《禮縣新志》皆作「將遂」。
［四〇］盛，《隴右金石録》作「甚」。
［四一］奮，《隴右金石録》、雷文淵《禮縣新志》、張津《禮縣新志》皆作「舊」。
［四二］天下，《隴右金石録》、雷文淵《禮縣新志》、張津《禮縣新志》皆作「天下之」。
［四三］侣，《隴右金石録》、雷文淵《禮縣新志》、張津《禮縣新志》皆作「以」。

〔四四〕開通，《雪樓集》作「闓通」，《隴右金石録》、雷文淵《禮縣新志》、張津《禮縣新志》作「開道」。
〔四五〕「矧兹世勞」，《隴右金石録》、雷文淵《禮縣新志》、張津《禮縣新志》皆脱。
〔四六〕方叔召虎，《隴右金石録》、雷文淵《禮縣新志》、張津《禮縣新志》皆作「方才鬱鬱」。
〔四七〕纘，《隴右金石録》、雷文淵《禮縣新志》、張津《禮縣新志》皆作「繼」。
〔四八〕家邦，《隴右金石録》、雷文淵《禮縣新志》、張津《禮縣新志》皆作「邦家」。
〔四九〕玄，《隴右金石録》、雷文淵《禮縣新志》、張津《禮縣新志》皆諱作「元」。
〔五〇〕曠，《隴右金石録》、雷文淵《禮縣新志》、張津《禮縣新志》皆作「雙」。
〔五一〕「至元丁丑」至「魯國公世延啓建」共四十八字《隴右金石録》、雷文淵《禮縣新志》、張津《禮縣新志》皆脱。

一九　大元崖石鎮東岳廟之記

周　夔

碑陽

大元崖石鎮東岳廟之記

奉訓大夫、江南諸道行御史臺都事周夔撰文

亞中大夫、河西隴北道肅政廉訪司副使野峻臺書并篆題

聖人之制祭祀也，法施于民，則祀之；以死勤事，則祀之；以勞定國，則祀之；能禦大災，則祀之；能捍大患，則祀之。唯方岳見諸《虞書》，復見于《周官》。秦漢登封泰山，皆未見徽稱。至唐秩封方曰「東

其來遠矣！獨東岳祠廟遍海宇，誠未合于禮經。由其首冠群岳，方主生生，仁育浹洽，民心之深感之也。岳天齊王」，宋加「天齊仁聖帝」，國朝加「大生天齊仁聖帝」。五岳視三公，四瀆視諸侯，惟天子得而祀之，[元] 崖石，古岷之巨鎮也。先是，天戈西指，金雖亡，北而襄武，西有西戎，南接宋境，皆勍敵焉！丙申，上命秦國忠宣公按竺邇鎮撫三方，開帥閫于西漢陽天嘉川衝要，是鎮爲屬。舊仁東岳靈祠，雨暘災沴，有禱必應，有文實岳府糾察司也。國公思有以住持者，難其人。戊戌，經理川蜀，得昌州天慶觀道士母混先者，道行高潔，以祝祓禦患爲心，喜而納諸祠，命掌其事。唯時母混先承命，焚修甚謹，繼從其祠之前創「集真閣」，以栖九真；複道廊廡，以居列聖；齋庫庖湢，咸集其事。一旦，命其徒慧昭曰：「爾子陵雲，仍天緣地契，行化利物，超乎等輩，宜繼斯焉，勉旃毋忽！」語畢而逝。自爾，慧昭奉命愈勵，夙夜孳孳，心靡適它。復以岳祠居後，莫便禱祀，遂卜築高岡，妥岳靈。自延祐丁巳經始，至治辛酉落成，于是神各有栖，人懷其吉。一日，慧昭踵門跽請紀其始末。予嘉其意。《周書》有曰：「厥考作室，既厎法，厥子乃弗肯堂，矧肯構；厥父災，厥子乃弗肯播，矧肯穫。」今母混先，一方外之士，志謹自持，以祝釐爲務。一承忠宣之命而竭心盡力，始終不渝，遂成其志。其徒嚴慧昭，尤善擴其師之心，成其之所未成，終其之所未終。岳祠一築，遂得其所，捍災禦患，感而遂通，其規其隨，守而不易，可謂善述人之事，善繼人之志也！與夫矧肯構、矧肯穫之可同日而語也！于是乎書。因銘曰：

岱宗磬磬，魯邦是鑑。仁柄生生，海宇思卿。崖石巨鎮，人維至誠。中有祠宇，曰暘曰雨。忠宣維懷，聿求其主。曰母居前，克張其矩。曰嚴居後，克接其武。神赫厥靈，賚我西土。與國同休，永永莫數。

至元五年歲在己卯季秋吉日，本觀住持金欄紫服希文凝妙玄微大師嚴惠昭建

碑陰

本廟主持嚴惠昭，幼年慕道，朝夕誦念《太上清静寶經》，感動天□，□賜神光終身衛護，以刊壁銘，覺後謹識。

無形無象亦無名，長育三才極有情。由恐後人迷清净，深思來者失光明。

老君留下真常道，王母宣傳幾萬京。勸諭諸公勤諷誦，十天擁護自長生。

老君曰：大道无形，生育天地；大道无情，運行日月；大道無名，長養萬物。吾不知其名，强名曰「道」。夫道者，有清有濁，有動有静；天清地濁，天動地静；男清女濁，男動女静。降本流末，而生萬物。清者濁之源；動者静之基。人能常清静，天地悉皆歸。夫人神好清而心擾之，人心好静而欲牽之。常能遣其欲而心自静，澄其心而神自清，自然六欲不生，三毒消滅。所以不能者，爲心未澄、欲未遣也。能遣之者，内觀其心，心无其心；外觀其形，形无其形；遠觀其物，物无其物。三者既悟，唯見于空，觀空亦空，空无所空；所空既无，无无既无；湛然常寂，寂无所寂；欲豈能生，欲既不生，即是真静。真常應物，真常得性，常應常静，常清静矣。如此清静，漸入真道，既入真道，名爲得道，雖名得道，實無所得。爲化衆生，名爲得道，能悟道者，可傳聖道。

老君曰：上士无争，下士好争；上德不德，下德執德。執着之者，不名道德。衆生所以不得真道者，爲有妄心，既有妄心，即驚其神；既驚其神，即著萬物；既著萬物，即生貪求；既生貪求，即是煩惱。煩惱妄想，憂苦身心，便遭濁辱，流浪生死，常沉苦海，永失真道。真常之道，悟者自得，得悟道者，常清静矣。

佩受法籙，弟子嚴惠昭仰體。仙人得真道者，曾誦此經萬遍。感蒙傳授兹者，慇懃無怠，旦夕誦持。上祝

今上皇帝萬歲，太子諸王千春，四海來王，萬民樂業。次冀本郡大小官員高增禄位，十方檀信各保安寧。惟願
觀門昌盛，道教興行，法派永豐，香燈不替，重資先化，已列仙班，稽首歸依無極大道。

世居官僚開座于後：

亞中大夫、西蜀四川道肅政廉訪司事納石國玉
奉政大夫、鞏昌等處都總帥府副總帥納石國珍
武德將軍、同知威茂等處軍民安撫使司事朵立衹
廣威將軍、前西番達魯花赤、禮店文州蒙古漢軍軍民元帥亦輦真
宣武將軍、禮店文州蒙古漢軍西番軍民元帥翔鵾石麟
忠顯校尉、禮店文州蒙古漢軍奥魯軍民千户真卜花
禮店元帥府鎮撫也先
前元帥府鎮撫張文才
漢陽軍民元帥府副元帥曹興
管軍上百户王哈納卜合
進義副尉、本鎮管軍百户何德，副百户盧黑答
千户所知事王德賢
文州上千户所知事張才厚
怯連口長官所達魯花赤阿都衹

怯連口長官李萬家奴，副長官文觀音奴
文州西番萬户府副萬户漆孝諒
安撫使司鎮撫漆孝祈
威茂州付千户漆孝裕
總領韓外家驢、文世昌、鄭張良才；提領范德隆、德遠
護國觀肅正輔真大師、鞏昌等處玄學提點、廣元沔州禮店文州道正江月龐居翊
四王壇衝玄悟道崇文演義大師、前階州道判知閑、彭智隆
關王廟通真悟道大師、前禮店道判提點宗主顧嗣仙
玄妙觀明仁守素大師提點彭以政
明真守素大師提點苟志衝。長道彌羅宫王□信、趙道興
觀音院僧因上座、宗上座。平泉待詔提領史朝傑、彭杲
上師安貞通妙大師嚴德瑞、德琳、德瑄、德璋
法眷：姚惠通，馮得傳，劉德全，德圓，鄧德常，劉道紀，道寧，馮道淳，道應
道童：嚴贇，嚴鑋，嚴和，嚴順
秦州石匠提領李通和
（以下供齋助工舍財共一百四十人姓名略。）
（以下四至地界略。）

［説明］

碑存禮縣崖城鄉街道村九泉山東岳廟遺址。碑高二二一厘米，寬一〇八厘米，由龍首、碑身、龜趺三部分組成。元惠宗至元五年（一三三九）秋建。周夔撰文。

著録：禮縣志編纂委員會《禮縣志》，禮縣老年書畫協會、禮縣博物館《禮縣金石集錦》。

二〇　建西江廟記

張仲舒

古稱天下山河，或從乎兩界，而皆起于鶉首之次。鶉首未分也，居天下西南坤方。自秦隴西南皆坤之維，則《禹貢》所遵之南條也。其山川靈異之氣，鬱爲神明，生爲顯人。《記》稱：「地載神氣，風霆流行。」《詩》稱：「維岳降神，生甫及申。」非虚語也。天地以正氣，自鶉首而南融，方結錯峙，如勇馬奔放而回旋。百里一折，千里一曲，或起或伏，或鬬或觸，或傾或蹋，欲去而不能去，有渤然怒張、浩然不可遏之勢。行如方陣，止如列營，盤如長蛇。其精神所發，焄蒿昭明，有不可揜者。故云爲神明之隩[一]，而五峙壽宫，金馬碧鷄，耿在册史，類皆禦大災，捍大患，蒸雲澍雨，水旱疾疫得禱焉。然特職其幽而顯者，非神之所能爲。及國家撫休明之運，爲祭祀之典，而後天地之氣通。故厲山[二]若山石紐而降世，有其人焉。《傳》曰：「明則有禮樂，幽則有鬼神。」其理潛通，不可誣也。當隴蜀之衝，有水名「西漢」，亦原嶓冢[三]而出，至天水郡曰「西江」，大神居之。其峻極之勢，南騖西折，英靈磅礴，蓄厚不洩，環山爲壑，大江回瀠，潛入于丙穴。有魚神四，游泳其中，時出于江之潯，莫敢忤視。里不稱魚，曰「河神」。網而食者，其人立死，民愈神之。歌舞歲事惟謹，神以福其民，無乾濕夭札[四]之患。既以王爵祀其土主，祠祀至今不懈益嚴。有唐之季年，翰林王公仁裕，實生其間。既弱冠，夢神剖其腸胃，倒西江之水澆之，中沙石皆篆文，勉取而吞之，自是文章渙發。任承旨，位少保，爲世儒宗。嘗知貢舉，其門生則有若王溥、李[五]昉、和凝、范質，其人皆爲將相，佐興運焉。夫當天地清明之期，山川鬼神其與知之，則必爲出偉人，使之彌綸參贊，恢張一時，政化之盛，以表異于天下後[六]世，此理之當然，無足怪者。今翰林承旨趙公世延，秦人也。人物傑立，與王公相望三百年間，嘗以事西江有謁于神也。退而夢一異人，長裾幅巾，援圖來見。視其圖，前西山間有大蛇飛躍而上者，領腹之際，紅頳[七]有光，燦如也。覺而異之。占者曰：「是升騰之象，神告之矣。」既乃由郡牧歷臺省，率再六月一遷。以王公應夢是踐，此豈偶然之故耶！夫自三代以上，神人之理爲一，故其應于夢兆，協于正祥，如《詩》《書》《記》《傳》所載，可信不誣。今公方都顯位，用詩書禮樂，致明主于三代之隆，疇昔之夢，覺有徵矣。而興科舉于百年之廢，實自公始。公知延祐二年貢舉，得人之多，將與王公之事輝映國史。今官雖與王公略相似，而公享奮大一統之朝，秉鈞承明，黼黻文治，蓋王公所不及。况于用才學顯庸，膺不世知遇，爲明時賢臣。方當介圭端揆，大攄其尊主安民之蓄，以文太平。則神人之所望于公者，當何如哉？會聖朝褒秩百祀，公以大神爲請，加封「靈濟惠應文澤王」，廟曰「靈濟廟」。因爲迎享送神樂章遺之，使歲時歌以祀焉。詞曰：

隴山青青兮，□水泠泠[八]，神擁元[九]雲兮，水立四溟。長劍竦天兮，摩撫慧星。左操赤蛇兮，右鞭紫霆。有來肅然兮，文風流鈴。光如匹練兮，下委我庭。戛絲撞鐘[一〇]兮，二八窈婷。蒸惠奠桂兮，有椒其馨。蘭膏發焰兮，氣傍杳冥。神具[一一]醉止兮，厭于羶腥。遭世升平兮，有鼐有扃。神屬心氣兮，品物流行。明爲正神兮，顯號大廷。灼灼神美兮，濯濯漢靈。下練金軸兮，上館遺經。兩儀德一兮，萬彙清甯。惠我關隴兮，歲無蝗螟。報祀春秋兮，何千億齡。

［説明］

據張維《隴右金石録》録入。

元張仲舒撰文。

西江廟，雷文淵《禮縣新志》載：「在南三十里碑樓川，建自唐朝。即王尚書發迹處。元趙世延請旨，敕封『靈濟惠應文澤王』。依鐵籠，臨漢水。前有一潭，莫測深淺，俗名『斗底峪』。天旱禱之立應。」

著録：李修生《全元文》（題「新建西江靈濟廟記」），費廷珍《直隸秦州新志》，雷文淵《禮縣新志》（題「元張仲舒建西江廟記」），張津《禮縣新志》，禮縣志編纂委員會《禮縣志》，禮縣老年書畫協會、禮縣博物館《禮縣金石集錦》。

［校記］

［一］神明之隩，雷文淵《禮縣新志》作「神之明隩」。

［二］厲山，雷文淵《禮縣新志》作「礪出」。

［三］「冢」原誤作「家」，今正。

［四］札，張津《禮縣新志》作「扎」。

［五］李，雷文淵《禮縣新志》作「曾」。

［六］後，雷文淵《禮縣新志》作「萬」。

［七］赬，雷文淵《禮縣新志》作「刻」。《詩·周南·汝墳》：「魴魚赬尾。」毛傳：「赬，赤也。」

［八］水泠泠，「水」上應脱一字。

［九］元，張津《禮縣新志》避諱作「玄」。
［一〇］鐘，雷文淵《禮縣新志》作「撞」。
［一一］具，張津《禮縣新志》作「其」。

二一　西江神祠碑

存目

［**説明**］

雷文淵《禮縣新志》載：「西江神祠，在東北四里赤土山之麓，久廢。有碑。」，故存録。

二二　嚴惠昭墓記

佚名

維大元至正四年，太歲甲申七月戊子朔初四日辛卯，陝西禮店崖石鎮，焚修羽化希文凝妙玄微大師嚴惠昭，謹備錢財萬萬九千九百九十九貫文，就問皇天父、后土母、社稷土一邊，置買到前村墓田北山崗地一處，其地東至青龍，南至朱雀，西至白虎，北至玄武，上至蒼天，下至黄泉，四至分明。即日錢財分付天地神明了。託保人張堅固、李定度；知見人東皇父、西王母；書契人石功曹；證契人金主薄，青蓮單子讀□□。死□天，亡人骨，正安葬，入黄泉。急急一如律令。

［**説明**］

磚刻。出土于禮縣崖城鄉泰山廟。存禮縣博物館。磚邊長二六厘米見方，厚六厘米。

元惠宗至正四年（一三四四）刻。

著録：禮縣老年書畫協會、禮縣博物館《禮縣金石集錦》。

一一三　同知哈石公遺愛記

蒲君美

（篆額）：同知哈石公遺愛記

碑陽

□□□□□□□□□□□□□□□□□

欽惟皇元啓運，王道昭宣。太祖皇帝握乾符而起朔土，應神武以服四方，東蕩西除，南征北討，平定中
原，淹有□□□□□□□□□□□□□□□皇綱，混一華夏，車書同軌，窮荒絶域，罔不來賓。聖聖相承，克
邁乃訓；賢賢間出，代不乏材。惟此禮店，昔隸古岷，實居邊郡，武功戡定。□□□□□□□□□□□□□
□□故贈寧夏王秦國公，昔首充達魯花赤元帥，其後子孫相繼，無替厥職，名揚□□□□□□□□□□□□□
□□朝除倅貳式哈石昭信來任是職，下車之始，訥言敏行，默識心通，聲色無嚴，諳閑大□□□□□□□□□
□□□□□□三思而後啓發，無不中理。憲司已嘗交薦，詳讞辨明，咸得其宜，遠邇漸聞，□□□□□□□□
□□□□□□□止，皆本仁祖義。平明治事，自朝至乎日中昃，不遑暇食，迤邐化成，人民安而□□□□□□
□□□□□□□□□詞不隱，未肯覥顔折節。和睦黨僚，平章百姓。遇旱則齋沐禱祈，甘霖隨懇而□□□□□
□□□□□□□□□□，靡不存心。一日，召司屬僚吏等詣府，謂之曰：吾觀鄰封，建諸皷樓，以爲壯觀，

予□□□□□□□□□□□□□□未有言，惟公獨曰：「罄予薄俸，不敷者化，豈何難哉！」遂命梓人計料，隨時規措，選擇□□□□□□□□□□□□□，朝斯夕期。公暇之後，不旋踵而監臨，計椽木截餘檁柱者，悉命收貯爲薪。又召工□□□□□□□□□□□□□不犯于民，逾月之間，梓事告成。是日，市井行商坐賈，不召而來者衆矣，咸助撐持。□□□□□□□□□□而完也。又暨識石及延賓之館，悉捐己俸。耆老齠鬄見聞者，贊之不已。言未訖，經歷□□□□□□□□□□□□曰：本府同等□□□□□□□伊先父沙藍星吉，昔授承德郎功德使司丞，徽□□□□□□□□□□□□亞中大夫、吐蕃等處宣慰使□元帥，職居二品，其輔國理民之意，然拳拳弗失，猶未□□□□□□□□□□帝師前，爲耳目之侍者，蒙選差押運布施，直隸迤西，極邊深界險阻之際，多負勞苦。回蒙宣政院旌功保奏，初任是職。于任期間，直莅文州，招番部以智，則酋寇數寧而畏懼；親臨百姓，化士民以德，則隱者□□〔以〕□□；□□□□，□□工以禮，則藝匠贔屭以施爲；待用工力，子庶民以慈，則夫役勸功而急作；將圖樣式，支衆技以巧，〔則〕□□□□□之間。事迹功能，未可枚舉。然此禮店蕞爾之地，倅貳交代者數千人矣，如斯浴德澡身，誠鮮有之。□□□□□□欲退辭而閒適，闔郡軍民大彰厥善，難以卧轍□借留。子曷不書本官之始末，刻諸民以示後人。□□□□□□幼讀書，觀三代隆盛之際，有□夔、稷、契、伊、傅、周、召之臣，聰明剛毅，知民疾苦，忠義善政。思伊者，莫過如斯人。本官有古君子之風焉，慣識蒙古漢字，似乎罕有。勉陳梗概，以爲遺愛之萬一云爾。

皇元天授，山岳之寧。大業一總，賢哲挺生。朝多柄用，任以忠貞。惟公哈石，色目苗裔，克邁俊英。年齡既艾，從事于京。語言便利，氣質老誠。黜色不榮，待士謙讓。莅民寬平，理訟正直。察微審情，謗議不怨。詩禮□學，鄭衛不聽。能存實操，不著虚聲。言行卓立，遠邇揚名。

進議校尉、陝西等處提舉司提舉蒲君美撰文

文州千户所提控案牘蘇文書丹

亞中大夫、僉西蜀四川道肅政廉訪司事和尚篆刻

奉元趙信卿刊

至正五年歲在旃蒙作噩十月重光大淵獻朔初九日，署維□和黄道奎星閣，秩官耆老等立石

碑陰

（漢文篆額）：西康郡

（藏文譯文）辛巴察日倉之索根神札西通奇石碑立于木鷄年

碑身

禮店文州蒙古漢軍西番軍民元帥府

達魯花赤

元帥

昭信校尉同知

經歷：張國用

知事：董瑞
提控案牘：左邦用
提控案牘：周德才
照磨：白文羲
提控：邵子和，馬文進，楊文達
令史：王國富，王德明，裴玉，周永禄，杜文甫，黄子福，也先帖木
譯史：普顔帖木
通事：杜永安
知印：吴永興，王巴思卜花
奏差：張景文，劉繼遠，章文烜
典史：楊君玉，楊興，張希文
司獄：王阿都，張鷄兒，趙西番
首領：張小他，楊法保，何六十
鎮撫小哥：左森，□□
吏目：杜鎰。司吏：郭孝義
本帥府前知事：曹天德
將仕郎積石州元帥府知事：張瑄

禮店文州蒙古漢軍奥魯軍民千户所
忠翊校尉達魯花赤：　蒙古卜花
昭信校尉千户：　壽延奴
敦武校尉上副千户：　己速歹
都目：　楊元卿，龍才進，馮衝
知房：　趙榮□，楊世榮
司吏：　湯文美，趙子彪，郭思忠

禮店文州元帥府蒙古軍奥魯所
敦武校尉蒙古奥魯官：　普顏帖木
蒙古奥魯相副官：　楊世安
吏目：　劉世榮，董威，張文德
知房：　苟英，曹國瑞
司吏：　敬政，杜文義，張懷德
禮店文州儒學教授：　郭通誼

禮店等處達魯花赤長官所
達魯花赤：納麻巴
長官：萬家奴
同知：文觀音奴
吏目：王思聰，樊世貴
司吏：趙□，程國用，李君祐
提領：楊子文，杜敏安歹，杜景福，楊春卿，范德遠，脱因，蔣安安，王兀哥祇，張才興，杜文福，馬世玉，楊子皋
從仕郎長安縣尹：趙坦

禮店文州蒙古漢軍一十三翼
蒙古軍總把：車立卜合
進義校尉：敏安臺，補延帖木，的斤，外家奴，杜者立火歹，卜蘭奚，完者
典史：李子信，馬瑞祥
漢軍百户：王哈剌卜花
進義副尉：卜納帖木
進義副尉：馬□，田嗣祖，侯也□□，喬他石卜花，何□□，劉永興，何順，王順，王奴兒，王按□

典史：阮世忠

禮店等處十八處（下缺）

圓融廣惠大師（下缺）

將利縣（下缺）

文扶州西路南路（下缺）

文州西番（下缺）

東寨西（下缺）

文州所（下缺）

階州（下缺）

［**説明**］

殘碑出土于禮縣食品公司院西。存禮縣博物館。碑高一三二厘米，寬七六厘米。

元惠宗至正五年（一三四五）蒲君美撰文。

禮店文州蒙古漢軍奥魯軍民千户所，方嘉發《禮縣志略》載：「禮店文州千户所，在縣東四十里。秦爲天嘉郡，元爲文州，今有故縣。」

著録：禮縣老年書畫協會、禮縣博物館《禮縣金石集錦》。

二四　湫山觀音聖境之碑

牟守中

（篆額）：湫山觀音聖境之碑

（碑陽）：

湫山觀音聖境通濟善惠王碑記

特□希玄□教大師、鞏昌等處玄門知閑真人牟守中撰

大中大夫、黄州路總管兼營内勸農事野峻臺書并篆額

運精□應靈，萬物資生而資始。離爲火，坎爲水，四時或雨而或暘。□風□震發之威，而山澤□□之氣，□□□其故□究其□□□□化之良能，必有□□之主宰。今禮店軍民元帥府封部之内，有湫山者，危峰巍峨，［聳］乎霄漢，空谷藴乎風霆，烟嵐□□□□。□雲向張于湫山。古柏蒼松而蔽野，珍禽奇獸以喧林。中峰之間，山明水秀，天然玉井，俗［間］所傳觀音聖水。碑説□□考，昔唐宋封爲「通濟正佑福安王」，歷五代，更宋金兩朝，約五百餘載。□□□□□然常在。及聖元御極，四海一統，□官□□秦國忠宣公按竺邇，□遇旱災，親率同僚父老，詣山祈請，甘澍無虚。延祐中，命奎章閣大學士、翰林學士承旨、銀青榮禄大夫、知制誥兼修國史、中書平章政事魯國公奏奉聖旨贈封「善惠王」，餘號如舊。陝西路府州縣，邸山□水，□□□□色□不足，深山之中，有杜公□□□□者□□□□，有土居人氏，于中統禊同，率化官民，興修廟宇，塑繪聖

像，時納香火，後爲風雨剥摧，殿堂□漏。□□□□杜文昌、郭□等，翻修完整，祈請如故。自□□孫□□□郭□□父祖之功，慮後淪没，故就山之平原處，行殿之側，永翰刊瓊，以傳不朽。上以明觀音之神化，叙通濟之神功，發□□□克養神人□民，父祖□溯□至末，既録其實，仍續以銘：

皇道含元化育同，觀音遂處顯神通。幽靈鸞母出玄宫，善惠龍騰佐昊穹。禮店湫山王□洪，□□□□碧霄□。□□緑野受時雍，□□紅□□□凶。守正清朝天水公，□風□雨子孫□。明□尚化□□□，□路謳訏德望崇。□□□□□功，□天昭□福日豐。翰□□□□□，□□□□□□□。

大元至正、歲在己丑正月□□□望日刻石

湫山□□□僧□吉祥□□□□□□男□□□□□□□□司大夫趙國璋男□□□、杜如□、孫趙□□

（碑陰）：

亞中大夫、甘肅等處行中書省郎中和尚篆文

禮店文州蒙古漢軍西番軍民元帥府達魯花赤□□納石

懷遠大將軍、禮店文州蒙古漢軍西番軍元帥府元帥翔鴞石麟

前元帥府經歷：張國用。令史：杜鎰

昭信校尉、禮店文州蒙古漢軍西番民千户所千户：壽延奴

脱恩麻聳昌、成都、漢陽等處民匠達魯花赤長官所長官：萬家奴

長官所同知：楊元卿，前同知：杜國琥

吏目：王思聰。司薄：李君祐
蒙古奥魯官：哈三。吏目：王仲源
司吏：成世安。鎮撫所鎮撫：張林
潞州府醫學提領：杜國賢
禮店街施主：總管張榮祖（二十四人名略）
本處善友：杜友文（五十一人名略）
煎茶觀音院：法興（四人名略）
施主：（一百二十人名略）
禮店晉覺寺住持沙門：覺瑞、覺應
寧遠報恩寺住持：圓吉祥
本院住持悟吉祥書
奉元路藥陽縣萬年坊石匠趙信卿刊
本處張金剛奴、劉和尚

〔**説明**〕

碑存禮縣湫山鄉上坪村。由龍首、碑身、碑座三部分組成。碑首高四〇厘米；碑身高一八五厘米，寬七〇厘米。

元惠宗至正九年（一三四九）正月建造。

著録：禮縣志編纂委員會《禮縣志》，禮縣老年書畫協會、禮縣博物館《禮縣金石集錦》。

二五　禮店東山長生觀碑記

牟守中

禮店東山長生觀碑記

三洞講經虛玄妙道知閑真人牟守中撰

大中大夫、興元路總管府達魯花赤兼管本路諸軍奥魯勸農事和尚書

通議大夫[一]、常州路總管兼管本路諸軍奥魯勸農事野峻臺篆

朝請大夫、同知鞏昌路[二]都總帥府事貼本立補花建

竊聞神無方而易無體，至理難言；顯諸用而藏諸仁，隨時發現。粤自乾坤定位，日月著明，風霆動散以宣威，寒暑往來而成歲。若無主宰，孰挈綱維？是知運陰陽者莫過乎百靈，濟國家者岂逾于大道。是以軒轅竪觀，設祭酒以掌三薰[三]；大舜省方，明典儀而修五禮。昭誥蒸民之則，殊分玄教之源。及老子之舜朝，出函關而傳道，丹符萬卷，道德五千，弘揚清净之風，振起仁慈之善。自此，仙山靈洞，霧闕雲宫，遍覆宇以連甍，雖[四]遐荒而接景。今兹禮店，雄鎮西陲，有守土之功臣，膺平章之重職，明馨德教，優庇緇黄，垂範甘棠，贊襄六[五]本。是郡也，東北掖乎秦鞏，西南跨彼階文。漢陽長道之清流，夾滌污染；紅岫湫山之茂麓，兩助禎祥。郡之震方，有川曰「天嘉」。四顧則秀入畫圖，六儀則合乎地理。豈讓梁原之美，優增洪澳之猗。大[六]朝甲辰年間，偶有高士姚大成，本貫西蜀，雲游至此。其人業于儒道，兼治術醫，博覽諸經，尤精二宅。見景留心。罄其所積，買到周卜花地土一區，化其工費，鋭意繕修。上蒙功德主平章恩府高垂隆花，畏景無

加，時沛甘膏，玄田沃足。于是建正殿，塑三清，立行廊，修請位，扁其觀曰「長生」，題其殿曰「三清」。觀乃奂然而可瞻，師則倏然而辭世。其徒姚善能，乃孫姚洞玄，繼志述事，肯構肯堂，卜于殿後，再新基址。啓創岳祠，皇帝主其庭，十王側其廡，七十六司、六曹、九署，像皆完整，告厥成功。官員士庶，祈祝伸愬者摩肩，還願獻香者踵廟。聖之彰靈，神之顯驗，不勝枚數。先于元統甲戌年間，有本府達魯花赤和尚，刻妝行像，以備官民迎請。年例慶誕，設醮箋天。誠勸善之先容，最鄉間之美事。目今弟鞏昌路同知總帥貼本[七]立補花，延請乃兄，共議立碑，光傳不朽。乃遣使來索其記，僕愧淺學，加之昏瞶，又不敢違命，忘其固陋，聊筆實勤云耳。銘曰：

洪帷聃聖，出處莫窮[八]。眷言誰之，變化猶龍。指陳衆妙，重立玄功。萬邦化日，千古清風。身分五像，神具道通。光宅天下，洞觀域中。雍州極廣，禮店最雄。天嘉福地，環拱奇峰。興修玄苑，嚴奉金容。羽人鶴氅，玉磬瓊鐘。朝參三聖，慶祝九重。世臣太宰，巨室華宗。綿綿寵耀，代代昌隆。老氏家風兮德大道，道人行素兮務增崇，彼我是非兮一掃空，死生夜旦兮任化工。

大元歲在辛卯至正十一年三月二十九日天恩上吉

長生觀住持崇德明真大師姚洞玄重修立石

［**説明**］

以張維《隴右金石録》爲底本録入。

元惠宗至正十一年（一三五一）牟守中撰。

著録：禮縣志編纂委員會《禮縣志》，禮縣老年書畫協會、禮縣博物館《禮縣金石集錦》。

［校記］

［一］通議大夫，《隴右金石録》原缺，據《禮縣志》補。
［二］路，《禮縣志》作「等處」。
［三］薰，《禮縣金石集錦》缺爲□。
［四］雖，《禮縣金石集錦》缺爲□。
［五］六，《禮縣志》作「大」。
［六］大，《禮縣志》作「天」。
［七］本，《禮縣志》作「木」。
［八］窮，《禮縣志》作「穹」。

二六　黑池廣濟王廟碑

蒲君美

粤自亘古聖神迭降，王道昭彰，《禹貢》山川以分瀆岳，享國家之祀典，惟出類拔萃之聖神者，在在有之。欽惟我朝，滅金取宋，混一華夏，車書同軌，遐區絶域，罔不來賓。惟此地幸秦國公并入收附，創立帥閫，以「禮店」名焉。昔古岷州屬縣曰「大潭」，俱爲禮店之治，開拓疆土，直抵文扶。此邦二百里之西區，一望森林，山峨水勁，壁立高崗，盤桓而上于絶頂，名曰「岳平」。有湫池廣里之餘，其深未知幾許，旁建祠堂，額曰「靈潭廟」，諺云「黑池」，其來尚矣。惟神塑像儼然，威容赫弈，靈感昭彰。衆逢旱澇，祈雨而雨，祈晹而晹，富而富，壽而壽，凡有所求，無不如願。合里士民，愈宗愈敬，除常例外，歲時致祭。以季春十有三日神之誕辰，及鄰封西和，迎迓祀享不輟；否則見怒，雷雹震響，莫不悚惶。由是四方之民，無論智愚，靡不率從，周流合郡，自春迄秋暮，方歸殿宇，祀以爲常。惟神出處，稽考未能。不委泰定改元甲子，本郡重新整理廟宇，于雷王山所藏蓋國大帝之官誥、族譜及修行得道之本末，索負而歸，方知斯神乃雷王西江之昆季也。今廟之南約三百步，有佛刹，額曰「龍泉寺」，乃神顯化于斯時也。惟神位居廣濟，德播衆區，掌岳瀆之靈司，統乾坤之主宰。褒封徽號，粤自晉宋迤邐而至元朝，封之等差不一。其托化姓氏，雖與雷王西江之神別生分類，原其古昔殊異，宗派之圖朗然，該載實乃同氣連枝之謂也。神之靈貺，未可枚舉。子孫繁夥，善惡殊分，莫大而化，無爲而成，名播遐荒，功標青史。自春及冬，謁廟祀香者，不憚路途之遥，險阻之艱，纍纍而來，未嘗有替。遐邇傾心而奉之，感邀五風十雨，而民乃樂、粒乃登。苟非鞭鸞跨鳳、服玉煉丹之神，其疇[一]乃若是乎？殿宇已周，誠虧碑記。里人敦武校尉達魯花赤阿都祗，乃秦國公之後，生平好事，遜讓尤佳，但有知聞，無不介意。遂竭寸丹，率居民提領蔣世用，洎[二]廟祝羅黑，召采其堅珉，鑿備，載運高崗，托靈神默助，如有喬木之易也，以達廟堂。惟文未撰，求假于予，自愧學疏才淺，誠難措手。遂録神之總聖圖文并歷代加封大帝王侯之號命，勒之于石，繼贅之以銘，曰：

太極既判，兩儀生焉。三才悉備，聖神變遷。各統方位，靈威拳拳。岳瀆之奠，亘古流傳。矧兹廣濟，妙化難量。廟居絶頂，湫匯高崗。祈雨而雨，禱晹而晹。名垂青史，德播遐荒。血食此土，靈妥無疆。轟雷掣電，孰不悚惶。欽承歲時，永以萬禩。各有攸司，豈容怠廢。敬托神庥，天時地利。風雨順時，虔恭不替。

大元至正十六年歲次丙申仲夏庚辰朔

宣授進義校尉、管領陝西等處行補薦房諸色人匠提舉蒲君美撰

［說明］

以張維《隴右金石録》爲底本録入。

元惠宗至正十六年（一三五六）蒲君美撰。

著録：李修生《全元文》（題「黑池德聖忠惠威顯廣濟王神道碑記」），張津《禮縣新志》（題「黑池德聖忠惠威顯廣濟王神道碑記」），禮縣老年書畫協會、禮縣博物館《禮縣金石集錦》。

［校記］

［一］疇，張津《禮縣新志》作「儔」。

［二］洎，張津《禮縣新志》原衍爲「洎洎」。

二七　重修大元之碑

佚　名

（碑首陽）：重修

（碑首陰）：大元之碑

［說明］

碑存石橋鄉清水溝西江廟内，僅存碑首。碑高七二厘米，寬七〇厘米。

著録：禮縣老年書畫協會、禮縣博物館《禮縣金石集錦》。

二八　松樹林石碣

佚　名

存目

［説明］

張維《隴右金石録》載：「松樹林石碣。在禮縣東臺山，今佚。」

《禮縣新志》載：「東臺山老君庵，俗呼爲『松樹林』。明嘉靖四十八年八月夜半，雷雨大作，轟然震響，曉視，得石碣，上有元『大德』年號。」

二九　漢番軍民元帥石麟紀功碑

佚　名

存目

［説明］

張維《隴右金石録》載：「石麟紀功碑。在禮縣赤山，今存。」

《禮縣新志》載：「石吉連，元順帝時以功遷行省右丞相，子麟襲職元帥。赤山前有漢番軍民元帥石麟紀功碑。」

明

三〇　論祭故禮部尚書門克新

楊馬兒

維[一]年歲次丙子九月丙辰初四日己未，皇帝遣司禮監典簿楊馬兒，諭祭于故禮部尚書門克新之靈，曰：大丈夫有志，于壯年不得其位，不得其禄，時也，運也。及至高年，而貴位六卿，居禮曹之首，以年較之，非時也，尚有運存焉。數千里外，絜家前來，志在榮妻子，顯名于天下，食禄于終身。夫何未幾，老疾日侵，久而弗瘳，遽然長往。嗚呼！命也！然死生之道，世人之常，雖時命之不齊，而壽貴已臨身，大丈夫之志，可以無憾矣。爾豈[二]有知，服斯諭祭。

［説明］

以方嘉發《禮縣志略》爲底本録入。

洪武二十九年（一三九六）楊馬兒撰。

著録：雷文淵《禮縣新志》（題「諭祭門尚書文」），費廷珍《直隸秦州新志》（題「明高皇帝祭門克新文」），吴鵬翱《武階備志》（題「禮縣禮部尚書門克新諭祭碑」，存目），張維《隴右金石録》（題「禮縣禮部尚書門克新諭祭碑」，存目），張津《禮縣新志》（題「論祭門尚書文」），禮縣志編纂委員會《禮縣志》。

［校記］

［一］維，雷文淵《禮縣新志》、張津《禮縣新志》皆作「維洪武某」。

［二］豈，雷文淵《禮縣新志》、張津《禮縣新志》皆作「其」。

三一　秦州禮店劃界碑

馬文升

存目

［説明］

據陳建榮主編《禮縣史話》存録。中云「明憲宗成化初年，陝西都御史馬文升巡視禮店時曾來紅河，在寺（按：指方口寺）南柏樹川籌措立縣，規劃縣治未成，上奏朝請割秦州一十九里置禮縣。馬文升撰寫的劃界碑曾立于方口寺伽藍殿」，「文革」中被砸毁。按：《禮縣史話》中又云「明憲宗成化九年，始置禮縣」，則此碑至遲立于成化九年（一四七三）。

三二　祭雍國公墓題

石鈹

人生天地，莫大于忠孝。

［説明］

據禮縣老年書畫協會、禮縣博物館《禮縣金石集錦》録入。

成化廿一年（一四八五）雍國公石吉連後裔石鈹題。石吉連，雷文淵《禮縣新志》載：「爲禮店文州漢番軍民元帥，子孫世襲其職，遂爲禮店所人。父允，官至中書省参政。順帝時西番擾邊，命吉連統兵駐崖城鎮。番族畏服，西邊遂靖。以功遷

至行省右丞相，封秦國公，謚忠穆。子璘，襲職元帥，赤山前有漢番軍民元帥石璘紀功碑。別封雍國公，謚忠宣。」

三三　趙氏壽考墓碑

趙澄

公諱玹，字玉華，乃金時征行大元帥秦國公趙忠宣之苗裔。公娶白氏，封夫人，生十子，曰：國瑶、國英、國寶、國材、國富、國安、國良、國能、國智、國顯，各有子，職現政，題易□舉。國瑶授父爵，生三子：長曰世榮，仲曰世延，季曰世美。世榮仍授世爵；世延授奎章内閣大學士至魯國公，當[一]有家廟記存；世美授武爵。世榮生一子深持，亦授祖爵，生二子：長曰崇，次曰勝，亦授祖爵。至末洪武改元。明年，歸附鞏昌郭僉都督下，降任秦衛禮店前千户所正千户。粤洪武二十年，調任山西蜀州衛正千户。相傳迨孫趙俊現襲厥任。惟勝遺流在兹，出民籍，入白陽里，圖主守祖塋，生三子：曰鵬，曰鴻，曰鶴。鵬娶翟氏、賈氏，未仕。鴻生二子，長籍，次瓊。瓊生二子，長曰仕勇。仕勇生二子，長諱賢；次諱良，良習科舉業，爲儒林巨擘士。璟有三子[二]，長雄，仲海，俱早逝；季佑。海生得保，佑生泰和。鶴生一子，名通；通生一子天助；天助生一子廷階，俱務本世業。鵬未嫡生，嗣生一子三女，子即今外士翁玹[三]也。長女招南京百户陳聚，男義，承趙門籍。義生二子，長英、次福。英有三子[四]曰禄濟，曰禄山；仲女歸于百户馬老爺弟璘，季女歸于百户張老爺弟華。玹翁娶張百户祖姑，生三子，長諱澄，仲諱清，季諱深；生一女歸王門，禮詩家聲，人所敬仰。澄三子，曰廷藝，曰廷林，曰廷卿；清生一子曰廷壁；深生一子曰廷尉。廷卿、廷壁，在儒林俊士員。玹翁永樂壬寅年相，十一月二十戊時生，享壽七十有三，于弘治甲寅年正月二十五日子時善終

夫[六]爲之左右相助以成其美，皆可書也。故記之[七]。

［説明］

以方嘉發《禮縣志略》爲底本録入。

據此文原題下有「翰林侍講李東陽」七字，知作者爲李東陽。李東陽（一四四七—一五一六），字賓之，號西涯，謚文正。祖籍湖廣長沙府茶陵州（今湖南茶陵）人，寄籍京師。明代中後期茶陵詩派的核心人物，詩人、書法家、政治家。天順八年（一四六四）進士，授編修，累遷侍講學士，充東宫講官，弘治八年（一四九五）以禮部侍郎兼文淵閣大學士，直内閣，預機務。有《懷麓堂集》《懷麓堂詩話》《燕對録》。

著録：張維《隴右金石録》、雷文淵《禮縣新志》（題「李東陽門尚書祠堂記」），費廷珍《直隸秦州新志》，張津《禮縣新志》，禮縣志編纂委員會《禮縣志》，禮縣老年書畫協會、禮縣博物館《禮縣金石集錦》。

［校記］

［一］傅君，張維《隴右金石録》、雷文淵《禮縣新志》、張津《禮縣新志》作「傅君鼐」。

［二］在，雷文淵《禮縣新志》、張津《禮縣新志》作「在太祖皇」。

［三］材，雷文淵《禮縣新志》、張津《禮縣新志》作「才」，古字通。

［四］起，方本原作「是」，《隴右金石録》、雷文淵《禮縣新志》、張津《禮縣新志》皆作「起」，據改。

［五］德，雷文淵《禮縣新志》、張津《禮縣新志》作「意」，蓋「德」字寫作「悳」，從而誤爲「意」。

［六］士大夫原作「大夫士」，據《隴右金石録》、雷文淵《禮縣新志》、張津《禮縣新志》改。

［七］故記之，《禮縣志略》原無，據雷文淵《禮縣新志》補。《禮縣志略》文後有「按，尚書門公故里，原在縣南三十里漢陽西山之下里，前有一清河，土人至今名曰『門公河』。洪武時，禮未建縣，原屬秦州。至成化九年，始割秦州十九里置

禮治。故門公雖生長漢陽，而祠堂立于秦州云。」

三五　建龍鱗橋寺文

佚名

惦念一切官僚吏從、文武職員、黎庶鄉閭、𨙸井洲縣村坊民衆。自古及今，人民切古迹閻王[一]，大悲寺院坍塌，地方連年天旱，五穀不成，黎民慌蘇。昨于嘉靖八年己丑歲次正月十五日上元增置吉日，今即此境功德施主杜宗泰、僧人得謹、燒香施主杜景暹，奏集鄉老杜岳、潘惠、劉彦能、陳鑄、潘世金、陳洪、陳倉、潘進、杜宗齊及十方衆信等，重建大悲寺院，更保一郡方境之内，皇王永固，帝道遐齡，障捐獨清泰，家家清吉，户户康泰，子孫輩輩榮昌，家道興隆，二六時吉祥如意。

嘉靖八年歲次己丑正月十五日上元增置吉日一述

選擇術人：　李英

木匠：　師得智。瓦匠：　王虎，牟成，潘惠等

塔石河鄉老：　王德山，王景倉

下會鄉老：　郭德艮

野馬河鄉老：　張廷，苟良等

［**説明**］

此文于一九八九年拆建龍鱗橋寺時發現于舊寺栿子下。

嘉靖八年（一五二九）立。

［校記］

［一］此處不通，疑有缺文。

三六　謁祁山武侯祠

胡明善

卧龍扶漢室，躍馬扼秦原。星落干戈死，山空雲鳥存。昏鴉啼古樹，秋水咽荒村。愁讀《出師表》，凄凄傷我神。

［説明］

碑存祁山武侯祠。

明代詩碑。作者胡明善。胡明善，南直霍丘（今安徽霍邱縣）人，其地古屬六安之兩河，故其《春日謁杜少陵祠》（見成縣部分）署「兩河胡明善」。其于嘉靖八年（一五二九）至嘉靖九年（一五三〇）巡按隴南。《春日謁杜少陵祠》作于嘉靖九年正月，則此詩亦應在此前後。

三七　鹽井碑記

楊　典

天不爱道，地不爱寶，亶乎其然。寶藏之興，固有金玉、錫鐵、銅礦，而濟世猶見鹽之爲物，生民不可一日而乏者。西和治東，古迹漢諸葛祠祁山堡東鹽官鎮，古有鹽井。我大明編户一百五十[一]家，日支水五百斗，月收鹽三百六十五斤有餘。不惟有益于一方之生民，[抑且][二]濟遐方之用運。不意嘉靖十二年十月初九日戊辰，其井響聲如雷，至次日，西南隅塌一角，水涸五日。義官何論并竈户呈其事，知縣魏尚質同諸父老設香案虔禱，其水復出。大巡王公紳少、方伯劉公存學即命秦州同知郎中於光宇督工，散官左宗寬、老人趙奮鼎建如舊。訪父老，究其井之源頭，雖有石碑，因年久碑文脱落大半，命洗滌垢玷，謹尋摸其一二，謂井之源流肇自後周，有異僧志恭，噀水于地，後爲鹹池。至唐貞觀間，尉遲敬德田獵于此，流矢中兔，其兔帶矢之地，遂掘而成井。唐杜甫有詩，具述其所由來故。至宋淳熙元年，開封劉規，掌其出納國税。越兩冬，暴風起于西北隅，井隨地而大壞。規思然莫知所以，呈于有司，調長道、天水、大潭三縣夫役，仍委知長道縣事兼兵馬都監宋珏重建井。功完，水仍涸。公設香案再拜，而井水湧出，誠意感格之速，其井遂成，世世以至于今。其鹽，西南通徽、成、階、文、禮縣、漢中，東通秦隴，凡舟車所至，人力所通，靡遠弗濟。又爲國助，邊儲有所賴，通商貨利無不益。余旁搜博訪，遍考史册，秦之隴西，漢之天水，宋之漢陽，皆此地也。肇啓于此，迄今千載餘矣。諸父老慨然興懷，見舊碑脱落頽壞，恐世後鹽井源流久而失傳，僉立諸□[三]爲記。予乃鎸磨舊碑之迹，摲管一述之云，仍備録事實于碑，後之人永[四]世相傳，庶知其所由來矣。則後之視今，非猶今之視昔也哉！固勒石，以志不朽。

鄉進士知西和縣事楊典撰文

嘉靖丁未正月吉旦立石

〔説明〕

以王殿元《西和縣志》爲底本録入。

嘉靖二十六年（一五四七）楊典撰。

著録：禮縣志編纂委員會《禮縣志》，禮縣老年書畫協會、禮縣博物館《禮縣金石集錦》（題「重修鹽關鎮鹽井碑記」），朱綉梓《重修西和縣志》，西和縣地方志編纂委員會《西和縣志》。

〔校記〕

〔一〕户一百五十，《禮縣金石集錦》作「卒工，阮」。

〔二〕抑且，原缺，《禮縣金石集錦》作「抑凡」，當作「抑且」，「凡」爲「且」之誤識。今補。

〔三〕僉立諸□，《禮縣金石集錦》作「僉諸屠今」，皆不通。疑當作「僉謀立碑」，「諸」即「謀」之訛，「屠」即「碑」之訛，「今」即「立」之訛，皆形近而誤。

〔四〕永，《禮縣金石集錦》作「奕」。

三八　王公神道碑立亭識語

王調元

明嘉靖二十八年己酉仲春朔日，元以公務同徽郡二守東齊壽光李公鏡、西和令山西蒲坂史公資德，過太保王公故里，見公石表爲莓苔剥落，共拭讀之，始知公之名、之學，而慨公之將淪于晦也。次日，僉謀立小亭以覆之，俾勿敝，以永公之譽，亦近厚之道也。使後之過公者，肯相繼爲之。其庶乎前〔賢〕之遺烈，可垂諸不朽云。

文林郎伏羌令西蜀梓潼王調元識

儒學訓導西蜀成都朱輪

典史東魯堂邑李鈿

［説明］

據碑文録入。碑文鐫于《周故少師王公神道碑》碑陰，碑陰額有「王調元識」，記載爲護碑而築小亭之事，嘉靖二十八年（一五四八）刻。參前王公神道碑。

三九　明故張公諱應字君召室人馬氏合葬墓志銘

趙孟乾

明故張公諱應字君召室人馬氏合葬墓志銘

奉直大夫、知山西渾源州事、前太原府通判順齋趙孟乾撰

禮庠儒廪生邑人巨橋周粟書

君召公父禮店所千户、武略將軍張鸞子，母宜人李氏出長子恩，襲祖職；次子思，舉鄉者；公行三。娶鞏昌衛千户馬訓女，出四子一女。長子汝清，娶孟乾長女趙氏，生孫柏，孫女三萬；次子汝湛，娶魏氏；三子汝簾，娶祁氏；四子汝浩。公繼娶錢氏，生子汝洛。公爲人平實無欺，直戇有才。少失父，善事母。天性鯁古，不尚儀文。兄弟族属，踽踽無觸；鄉里親識，磊磊難合。以勤儉致富，以嚴肅教子，克家成立，有父

祖風。晚年進德，大悔争忤，方宜彌壽，以期永年。去歲嘉靖甲子，公偶疾不起，實卒于季冬十有四日也，得年五十有五。室人馬氏，温恭懿順，幽閑充塞，内睦宗族，外和閭里，善事夫子，克慎婦道，人咸重之，先卒于己未季春二十有七日也，得年四十有二。公距生庚午十月十五日，馬氏距生戊寅六月二十有三日。清子卜乙丑仲春十有七日，合父母葬于祖塋，禮請孟乾，狀實以爲之志。予不敏，乃援筆而志厥始末之因，生終之期。曰：嗟嗟張公，壽可宜遐宜齡，天命已足難存。賢配張母，年不称行。有子克勘，殞亦無恨。昔韓昌黎志比平，馬氏未四十年，而哭其父祖孫三世，于人世何如也。今孟乾己未哭張母，癸亥哭女趙氏，甲子哭張公，乙丑哭外孫三萬。未踰時，□哭其翁姑暨女及孫，蓋三世矣。則于人世之感又何如也！乃含泪而爲之銘，曰：

金瓜沅、太平址，護以蒼松邏青士。生不愧兮没不作，壽有光兮夭亦齒。生得同樂死同穴，世稱難得君得爾。百千萬年當不朽，睹者知其爲張氏隱君子。

孤哀子張汝清等跪立石

［**説明**］

碑存禮縣博物館。碑高五九厘米，寬六二厘米。

嘉靖四十四年（一五六五）趙孟乾撰。趙孟乾（一五〇八—一五七六），字健夫，號順齋，禮縣城關鎮大北街人。少年聰穎，長以文名，年方弱冠而入芹泮，嘉清十三年得選貢。後經部銓歷任山西陵川知縣、太原府通判、渾源州知州等。嘉靖四十年致仕，隆慶元年加奉議大夫。

著録：禮縣老年書畫協會、禮縣博物館《禮縣金石集錦》。

四〇　謁祁山武侯祠

徐作霖

祁山讀罷武侯詩，尚想先生六出時。全蜀已安劉社稷，中原本是漢城池。阿瞞北魏無遺塚，諸葛南陽有故祠。正氣于今歸白帝，何須成敗怨姜維。

時萬曆己卯菊月二十二日也。

［**説明**］

碑存祁山武侯祠。

萬曆七年（一五七九）立。徐作霖，明代商丘人，字霖蒼，少有才，爲文奇麗。

四一　登祁山謁武侯祠漫賦三首

鄭國仕

登祁山謁武侯祠，漫賦三首。時萬曆己卯菊月廿三日也。

斜日沉沉古廟幽，武侯禋祀幾千秋。數家瓦舍連殘壘，一派清流遶舊洲。官道徒存流馬迹，佳城猶似卧龍游。老天何事不延漢，五丈原頭星夜流。

秋杪驅車經故祠，仰瞻遺像備凄其。一心惟冀興炎祚，六出那停吞魏師。野岫啼鵑悲壯志，客途游子歎螭碑。行間忽憶三分事，灑泪英雄值運移。

扇羽巾綸風度殊，胸中兵甲邁孫吴。三分定伯明天道，二表出師爲主孤。星殞當年雖負憾，忠留千載有餘模。祁山凛凛存生氣，報德何如祀蜀都。

賜進士第中順大夫、知鞏昌府、前翰林院庶吉士、浙江道監察御史天雄鄭國仕題，禮縣知縣李瑁立石

［**説明**］

碑存祁山堡武侯祠内。碑高一三四厘米，寬六八厘米。

萬曆七年（一五七九）鄭國仕題。鄭國仕（一五四二—一五九九），字允升，號東里，明代大名府魏縣（今安張莊）人。明穆宗隆慶二年中進士，充任翰林院庶吉士，後任御史，兩次按察應天府。歷任多有政績。因性情耿直，得罪權臣，調出京師到鞏昌府知府，八年後任命爲鄖陽巡撫。爲官清廉，雅有惠政，民稱頌之。

著録：王殿元《西和縣新志》，張津《禮縣新志》，禮縣志編纂委員會《禮縣志》，禮縣老年書畫協會、禮縣博物館《禮縣金石集錦》。

四二　游金瓜山詩二首

郭玉衡

勝日偕邑搢紳游金瓜山

曾于畫裏羡登瀛，勝日山游畫裏行。小隊不妨溪壑轉，錦袍偏稱霧雲生。馬馳金勒斗梯上，人到烟岑風袂輕。回首隋唐追往事，弘文草滿牧羊坪。

金瓜靈石

金瓜聞説有靈奇，扳葛盤登不憚危。維石巖巖瞻具爾，峩冠岳岳儼官儀。天機一手猶能轉，地軸千年更不移。把酒支頤頻仰止，個中動静許誰知。

太原玉衡子

［**説明**］

碑存禮縣城關鎮劉溝村水泉邊。碑高九二厘米，寬六一厘米。

萬曆二十八年（一六〇〇）郭玉衡撰。郭玉衡，山西文水人，舉人，其事迹見雷文淵《禮縣新志》。

著録：張津《禮縣新志》，禮縣志編纂委員會《禮縣志》，禮縣老年書畫協會、禮縣博物館《禮縣金石集錦》。

四三　重建橋寺碑記

吴紹業

（篆額）：重建橋寺碑記

重建橋寺碑記

余禮天嘉，雖僻居隴右西南一隅，然山川形勝頗甲于秦屬諸郡，嶓山包其靈，漢水衍其秀。循水而西，至大潭里古渡口，有橋名「龍鱗」者。遐想此橋，按《地志圖》，東接秦隴，西通巴蜀，南透［湖］廣，北界番虜，迤川江衝道。粤自漢、唐、宋、元以暨我明，相沿修理，民不病涉，亘古至今，往來稱便。且八山巍峨，四水呈祥。橋之岸西有古寺一所，名「大臂」，不知創自何許。相傳慈悲河瀆，祈禱靈應，捍患禦災，蔭佑福民，凡往過來續左右居民，莫不曰：「誠勝境處也！不可久湮廢墜。」况此橋徑過一十二間，殿楹五六七座，奈年遠日久，風雨浸敝，塌損阻隔，不便往來，神像暴露，不堪瞻禮。住持道僧吕演儒、李守霧、張真玉、馬真秀等，欲重建勝橋，復葺殿宇，慮工程浩大，獨力難成，遂糾同本處居民潘讓、潘豸、陳列、陳謨、郭仕、苟廣、王其、趙演、趙鋭、杜望登、潘儉、杜世威、楊守坤、王宗第、徐應舉、趙錢、楊進、蔡進孝等欲募四方。至縣，斯時方我侯東晉太原郭玉衡夫子，奉命來宰余禮，甫下車，適見告募簿以重建橋寺，喜曰：「修理橋梁，爲政急務；敬神愛民，居官第一。」于是遂准募緣，印給化簿，願禮邑賢士大夫、客旅軍民人等，隨心助緣，任意施資。富積者輸之材，貧乏者効之力。卜于戊戌運興工，爰及庚子歲落成。是以臨流無難涉之歎，禮像有安妥之喜。勝橋堪比徒杠輿梁，梵宮媲美臺城靈山。一十二間，焕然一新；五六七座，視昔改觀。僧守務等請余文以鐫之碑記，欲垂不朽。余曰：「修理橋梁而人得兼濟，有造七級浮屠之功；葺整寺院而神得栖妥，有同壘塔印經之恩。工程底績，神人胥慶；鱗橋古寺，勝境彌彰。允若兹我侯之治禮，寬嚴并用，情法兼著。方二載，訟理賦平，吏畏民安，余禮称治。今敬神愛民，誠哉！一路福星，神妥民便，信矣！隨車雨露。由是而住持之功果，居民之造福，皆我侯實心實政之所賜。重愛斯民，知所以報神之庇，而昭視其若子若孫于世世也！雖勒碑刻銘，孰曰不允？」故并記之云。

時大明萬曆二十九年三月初三日。先任本省三水縣教諭致仕完天吴紹業撰

生員南軒薛漸裕書，鳳臺周來鳳録

後學薛國贊校輯。諷經弟子吕全召，□□

文林郎知禮縣事東晉郭士衡。舍人：楊存理，楊升，楊心學

術士：王蛟漢，南道吕，王養心，孫天徹，王體□，王守元，桒騰務，魏論，李邦儒，李賀，劉光

典史：孝感胡守承

儒學教諭：張正蒙

禮店所掌印千户：趙復寿

掌印兼屯捕百户：劉邦治；百户：楊師孔

巡捕兼屯局鎮撫：□斗

奉直大夫鄉科致正：趙嘗瀛

知□澤縣事致正：张賀

監生并生員：薛啓

蘇州府檢教：趙孔莅

階州府鴻臚寺序班：趙孔綏

階州同西固城千户：汪敖，劉應武，臣光享

階州廩生：趙孔道

□丞義官：石□，龐仕

本縣□吏：徐行，杜驕

（隨緣功德施主人名略。）

［**説明**］

碑存禮縣龍林橋西。碑高二七九厘米，寬八八厘米。

萬曆二十九年（一六〇一）吴紹業撰。吴紹業，歲貢生，曾任三水縣訓導。

著録：禮縣老年書畫協會、禮縣博物館《禮縣金石集錦》，《甘肅省志·卷三八·公路交通志》。

四四　龍槐詩碑

郭玉衡

龍槐

杯酒斜陽歎古槐，垂垂龍腹藴風雷。可憐寂寞空山裏，霖雨何年遍九垓。

太原玉衡子

萬曆歲次壬寅十一月吉日

［**説明**］

碑存禮縣永興鄉龍槐村龍槐樹旁。碑高七五厘米，寬六二厘米。

萬曆三十年（一六〇二）郭玉衡撰。

著録：禮縣老年書畫協會、禮縣博物館《禮縣金石集錦》。

四五　新建關聖廟碑

岳呈玉

（篆額）：新建關聖廟碑

邑令岳呈玉建關帝廟碑記

儒學教諭劉□□篆。三晉巡司賈□勃勒。謹立[一]。

帝之威靈，炳矣赫矣！堂堂正氣，亘古常新；懔懔英風，迄今如在。奚必以繪圖顯揚詡大哉！惟是當經營之始，倏望廟之東鄙，光芒烱爍，如霏如霧，衆駭而訝[二]之曰：「此中必有珍奇異物，久埋没而欲試者。」厥明，果得一青銅寶刀，重百鈞有奇，恍惚若昔所稱爲[四]偃月刀者。噫嘻！其世所希覯哉！因舉而竪之于殿右，蓋觀者如市焉。一時，搢紳父老、黄童白叟，僉合掌禮贊，競傳爲帝之顯靈也，神物之呵護也。用是捐資鳩工，争先鼓舞。若正殿，若兩廡，若庭與厦，若門與坊，輪奐聿新，樂觀厥成。巍巍乎坐鎮一方，默佑萬姓，端有賴于兹矣。聞戊午秋，霾風淫雨，洪水滔天，洊湃淜渤，忽從西北來，幾陷我城池，甫踰時，而風清日霽，波濤不起，城垣屹立，皆帝之神庥也，微帝而民其魚乎？是帝誠大有[五]造于禮民，而民且忘帝力于何有。嗚呼！帝之忠肝義膽，無地不徧滿，無人不欽承。天嘉何幸，獨鍾靈以至此哉！是廟創于萬曆戊申年七月吉日，完于己酉年春季。忻州趙公倡義于先，古襄劉公、上饒鄭公助成于後，均之爲民祈福之心也。謹并記之，以昭盛事，以垂不朽云。

住持僧真□

時龍飛天啓歲次癸亥季春上浣吉旦

文林郎知禮縣事古登岳呈玉謹撰

邑庠生何光榮謹書

署學事秦州司訓趙綸

（人名略。）

［説明］

碑存禮縣一中院内。碑高一六五厘米，寬五四厘米。

天啓三年（一六二三）岳呈玉撰。岳呈玉，古登人，文林郎，知禮縣事。

著録：方嘉發《禮縣志略》（題「創建關聖帝君碑記」），雷文淵《禮縣新志》（題「岳呈玉建關帝廟碑記」），張津《禮縣新志》，張維《隴右金石録》（題「建修關廟碑」，存目），禮縣老年書畫協會、禮縣博物館《禮縣金石集錦》。

［校記］

［一］「儒學教諭劉□□篆。三晉巡司賈□勃勒。謹立」句各本皆脱。

［二］訝，《禮縣志略》、雷文淵《禮縣新志》、張津《禮縣新志》皆作「異」。

［三］試，《禮縣金石集錦》作「識」。

［四］爲，《禮縣志略》、雷文淵《禮縣新志》皆脱。

［五］大有，雷文淵《禮縣新志》、張津《禮縣新志》皆作「有大」。

四六　重修柏林寺工完記

沈成龍

（碑額）：重建碑記

重修柏林寺工完記

致仕學正邑人沈成龍撰文

儒學生員邑人趙立胤篆額，邑人梁廷揆書丹[一]

柏林寺創建于大宋，寇火于大元。迨及我明，柏盡刹[二]峐，塔存灰迹，然其山河嶠湄[三]，形勝鬱蒼，不失爲古刹瞿曇。第風雨穿剥，莓苔芃翳，工大不敢輕議興作。突有住持僧吕德經者，懇[四]爲化緣，挺衆力而重修。工起于天啓三年之哉生明，而落成于崇禎三年菊月之斗躔初[五]，巍然煒然，一帶風景亦韡韡生色矣。意者佛力默爲之護持也，未可知也。擇于次歲如月望日，大修道場，完懺厥工。印[六]僧吕如清上人同住持問記于成龍子，余訝之曰：「義舉耶！幻舉耶！」以爲義舉，而昌黎伯何至作[七]犯憲宗；以爲幻舉，然漢[八]自明帝以來，演傳經書五千四百八十卷，藏而龕之者，丹砂、黄金、文珉、香木，窮極侈[九]麗，無問賢愚。况白馬、青龍、鷲峰、鴈堂、水晶城、青蓮界，相傳不可泯滅，彼豈盡皆非歟？大抵佛菩薩之普渡大千，無非慈悲一念。如古聖人禹、稷、伊尹，一以天下之溺由己溺之，一以天下之饑由己饑之，一以匹夫匹婦不被堯舜之澤者，如己推而納諸溝中，總是慈悲所爲。吾道浮屠，何有兩操？無奈釋執于空而不知空者，空天下之實；儒執于實而不知實者，實天下之空。李白不云乎：「金繩開覺路，寶筏渡迷川。」在不必空，不必不空；不必實，不必不實。惟妙虛實而超悟之，行將聆梵音而睹天花。一燈燃萬燈，鬼神且服役矣！幸毋爲野狐禪所迷也。可成龍子儒而釋者也，承諸檀越[一〇]、衆比丘之懇請，直掃鐵門限而記之以存云。

時崇禎四年歲次辛未仲春望日吉旦[一一]

文林郎知禮縣事赤城蒲來舉，署捕秦州高橋巡簡饒洪詔

儒學教諭：□安，趙良能。漩水司巡簡[一二]：游宗舜

正副千户：楊材，張拱極。鎮撫：金臺俊

禮店所掌印兼管屯局鎮撫：蔣勵。義官：雍熙，趙國祥

實授百户：劉策世，馬騰龍，嚴然望，楊萬侯

鄉致仕：沈成龍，趙定國，金斗

闔學生員：（人名略）

舍人：（人名略）

［説明］

碑存禮縣石橋鄉石橋村。碑高一二四厘米，寬八八厘米。

崇禎四年（一六三一）沈成龍撰。

著録：雷文淵《禮縣新志》（題「沈成龍重修柏林寺碑記」），張津《禮縣新志》（題「沈成龍重修柏林寺碑記」），張維《隴右金石録》（題「重修柏林寺碑」，存目），禮縣老年書畫協會、禮縣博物館《禮縣金石集錦》。

［校記］

［一］「致仕學正」至「書丹」共二十九字雷文淵《禮縣新志》、張津《禮縣新志》皆無。

［二］刹，《禮縣金石集錦》釋文缺省爲「□」，據雷文淵《禮縣新志》補。

［三］湄，《禮縣金石集錦》釋文缺省爲「□」，據雷文淵《禮縣新志》補，「嶠湄」即「嬌媚」，因上云「山河」，作者有意識地改「嬌」從「山」、改「媚」從「水」。

［四］愬，原碑似爲「慨」，而《禮縣金石集錦》缺省爲「□」，今據拓片補。

［五］初，雷文淵《禮縣新志》、張津《禮縣新志》皆脱。
［六］印，雷文淵《禮縣新志》、張津《禮縣新志》皆作「仰」。
［七］怍，雷文淵《禮縣新志》、張津《禮縣新志》皆作「忤」，義爲上，蓋碑本誤刻。
［八］漢，雷文淵《禮縣新志》、張津《禮縣新志》皆作「何」，誤。此句「然漢自明帝以來」本當作「然自漢明帝以來」，謂漢明帝建白馬寺之事，刻録時「漢」「自」誤乙，雷、張以義不通而妄改作「何」。
［九］侈，雷文淵《禮縣新志》、張津《禮縣新志》皆作「俊」。
［一〇］越，雷文淵《禮縣新志》、張津《禮縣新志》皆脱。
［一一］「時崇禎四年」至「舍人：（人名略）」共一百五十八字雷文淵《禮縣新志》、張津《禮縣新志》皆無。
［一二］簡，同「檢」。

四七　和郭玉衡龍槐詩碑

彭應程

蒼虬幻出老龍槐，掣電奔風驅五雷。幽谷養成鱗角栀，千秋霖雨普埏垓。

戊寅春和郭玉衡老寅翁韵

函關彭應程書

［説明］

碑存禮縣永興鄉龍槐村龍槐樹下。碑高九八厘米，寬五八厘米。

崇禎十一年（一六三八）彭應程書。彭應程，字程玖，河南靈寶人，拔貢，崇禎七年任西和縣令，在任勸課農桑，寇至捍禦。

著録：禮縣老年書畫協會、禮縣博物館《禮縣金石集錦》。

四八　知縣王定國德政碑

佚　名

存目

［説明］

張維《隴右金石録》載：「知縣王定國德政碑。在禮縣城内，今存。按《秦州志》：『王定國，真定人。崇禎末知禮縣，流賊薄城，身運矢石，倡守禦，民感之，爲勒石建祠。』即此碑也。」《禮縣志》載：「明知縣王定國德政碑，在縣城王公祠，崇禎十五年所立。」

四九　圓通妙境聖碑

范登科

（碑額）：日　圓通妙境聖碑　月

大明國陝西鞏昌等處禮邑湫山如來菩薩碑記

蓋聞萬類乾坤之内，天地之中，混沌而慈，坎離以藏，宇宙包含。香山而能顯化，漢朝所感，雲行天下，無有地脉。見得湫山之境，松柏野獸之潭，吾神以寧之處，山明水秀，地傑人賢，威鎮一方，萬民樂業。番漢人等創建殿宇，呼風風至，討雨雨靈，祈晴禱雨，無不感應。日月普燾，夜照幽谷陽春，無有一人而發善心。後遇釋子性通，觀得末劫之世，民遭大苦，各未生死事大，無有進步之門，統領十方番漢檀越，會首張□、楊仲、楊朝友、陳有德（中缺）等，提携五會衆信人等，創設梁皇勝會，祈許遞年四月初八日，恭遇菩薩降誕之期，賀聖報恩。緒之數載，修現世之福田，祈來生之善果，捐兹爲記，恐後虚誆乎衆，懇通議立碑書名。萬化隨影而進步，人人悟毘靈性海，個個入普賢行門。説法，法法無盡；參道，道道無窮。日與[一]，天地之道，陰與陽；立地之道，剛與柔；立人之道，仁與義，大載易也，斯其至矣。

馬塢鎮范登科，因妻趙氏，男黄家保，因爲疾病發心，捨黄金馬一匹。保佑一家平安，吉祥如意，奉神刻石。

崇禎癸未孟夏初八日吉

［**説明**］

碑存禮縣湫山鄉湫山坪園通寺。碑高一七五厘米，寬七六厘米。

崇禎十六年（一六四三）范登科奉刻。

著録：禮縣老年書畫協會、禮縣博物館《禮縣金石集錦》。

［**校記**］

［一］此處應有一「月」字。

五〇　題石吉連墓

張　□

身披虎符備[一]邊險，演武修文浩氣嚴。弓馬騎射時操練，屯田墾闢無事年。西番畏服不侵擾，農夫先疇歌堯天。上信始加爲丞相，敕封秦公世襲官。

御史張□題墓。

［説明］

據禮縣老年書畫協會、禮縣博物館《禮縣金石集錦》録入。

明御史張□題。

［校記］

［一］原作「俻」，蓋「備」之俗體，今正。

五一　重修橋梁記

佚　名

重修橋梁記

大明□祁山堡，昔（中缺）神武孔明宅身之處（中缺）秦（中缺）南達□漢□要地也；□水陽（中缺）水□也，既久則兩岸（中缺）而（中缺）迂則洶湧而（中缺）水（中缺）病涉也。本鎮居人（中缺）四年生

（中缺）而（中缺）年廿（中缺）子扶□拾貳年三月（中缺）石（中缺）土□兩□俱興鵝□仍重見之（中缺）行旅者往焉，田□者（中缺）勝也□□或□可比建于（下缺）。

［**説明**］

殘碑存禮縣祁山村西北潺水溝東側的水渠石牆上。碑高八七厘米，寬五三厘米。

明代殘碑。

著録：《甘肅省志·卷三八·公路交通志》（題「禮縣祁山潺水溝重修橋梁記」）。

五二　重建廣福碑記

鹿永年

（碑額）：重建廣福碑記

復創柏林寺工完碑記

我禮城南漢陽川柏林寺形勝，山水秀湄鬱蒼，□從來古刹，志名一聖景也。創始于大宋，相延于大元，重建于大明，□□新于大清。□是誰之功德也。余厘考其寺之原，是時有一僧明覺，向往南方游歷，至太平四年回壽聖院。此僧有癩疾，遍身膿血，每日乞[一]酒食于街市，夜同一黑犬在城西草市外路上宿。至太平七年，于城西土龕内坐化，其身[二]光潔端嚴，即于烟焰中出五色蝴蝶無數，收舍利萬餘粒，置塔安葬供養，鐫真容于塔内，常放毫光。每遇旱水及人民疾疫，禱無不應，邑人呼爲石像菩薩。其初建殿□，□重□□法堂基上別造地宫，如法安葬，殖舍利。上起磚塔，高廣其骨，如金擊之鏗，上有舍利數千，内有如筭子大者三十餘粒。舊地宫内有一磚，書字九個：「太平出金天塔明主常」。有毫光及紅紫蝴蝶，顔色變現不定，糞下俱是五色石舍利，今不絶□□□塔名「金天」，而寺創柏林矣。久之，風雨頃圮。前有住持吕德經者，募緣衆力而重修之。工起于天啓三年，落成于崇禎三年，碑存□□。至甲戌歲十一月二十六日，偶遭地震奔頽，琳宫寶塔蕩然一空，僅留遺迹，土丘而已。有德經化修，二次被寇侵費[三]，木植無迹，多年無人發心。時值清朝乙丑歲正月朔日，功德主吕科若有金繩寶筏之感，獨發菩提，慨然施捨净財，同住持僧明大禀呈縣主。蘇父母大發慈悲，即給印簿，指奉布施，共作津梁。明大能讀内外教，博通其義，晝夜苦行不寢，執鈴普化十方，新創修大殿五間，巍茂壯麗，聖像輝煌。東廊五間，西廊五間，侖奂俱美。向善首掃大倫等監立山門三間，鐘皷樓、牌坊各一座，□□□期成，功將終止。有寶塔未建，其功浩大，孤力難措，尚未遂吕氏之心也。有後學生胡懋顯，信士王□義、楊廉、姚學同，樂善施修□殿三間，藥師、孔雀樓閣兩座，并僧室已完。邑庠生周觀道捨山川地三塊，百姓姚守傑捨山地一分，馮汝蛟捨川地二埫。錢粮開□，以爲住持之養育焉。總之，施捨不同，而均爲善果之結緣也。乃功德主吕科偕住持明大踵門□□記于永年子。永年遡創始之由及重建之故，而并志吕氏無量之功德也，勒之石以永垂不朽云。

文林郎知禮縣事蘇世科，夫人趙氏。弟蘇世祥。官眷：蘇繼威，蘇繼武，蘇繼文，蘇繼學。信官：牛似鱗，侯國賓。官眷：賈應魁，趙氏

儒學教諭：高而明。功德主：後學胡懋顯

署禮店所千總：王我卿

鄉耆：功德主吕科，□氏；男，吕大俊，杜氏，王氏（人名略）

千百户：（人名略）

貢生：（人名略）

闔學生員：（人名略）

時順治八年歲次辛卯日，邑人拔貢監生鹿永年撰，正一道人張進第書寫

□縣知縣楊□□□（以下人名略）

府吏：（人名略）

承差：（人名略）

［説明］

碑存石橋鄉柏林寺。碑高一一四厘米，寬七八厘米。

順治八年（一六五一）鹿永年撰。

著録：禮縣老年書畫協會、禮縣博物館《禮縣金石集錦》。

［校記］

［一］乞，原字漫漶不清，以意補。

［二］身，原字漫漶不清，以意補。

［三］費，義不通，疑爲「署」或「擾」之形訛。

五三　重修武侯祠碑記

何承都

（篆額）：重修武侯祠碑記

重修祁山武侯廟并建祀田記

壬辰冬[一]，後學[二]承都奉命兩河，巡行天水，道經祁山，謁侯廟，覽形勝。四峰簇擁，兩水環帶，東則關山雄峙，西則五凉上流，蓋秦蜀之要道，而中原之資武也。余小子承都再拜，□視歷年傾圮，遺像儼然，烟火香沉，弔古餘憾，有述必興，存乎其人。或曰：「侯[三]六出斯地，懾司馬之膽，舒炎精之微，俾叡、懿終其身不敢窺巴中半步者，六出之威，有以震[四]壓之也。」或曰：「侯草廬指［畫］三分，吞吴遺恨，伊不能爲者，天也[五]。」余讀杜少陵詩「伯仲伊吕」，然爲伊吕易，爲侯難。伊自還桐，功成身退矣；八十老叟，營[六]邱封矣。侯負孺子，以控魏吴之[七]間，□□祁山五丈原，馳驅身殲。蓋其心以[八]恢復王室爲心，明[九]一日不敢忘漢也[一〇]，猶之[一一]周公不敢離成王也。夫辟穀從赤松子，周旋訶護于捍后孱主，以自全其身名；與食少事煩，鞠躬盡瘁；于强敵弱祚，以自明其忠勤，厥功異，厥心同焉[一二]。《詩》曰：「高山仰止，景行行止。」雖不能至，心竊[一三]向往之。既睇榱桷几筵而重新之，復謀香火祀田而綿構焉。爰爲之記。

順治癸巳春王正月元日[一四]，巡按陝西甘肅監察御史、温陵後學何承都拜書[一五]

文林郎知禮縣事□□□

［說明］

碑存祁山武侯祠内。碑高一七三厘米，寬八七厘米。

順治十年（一六五三）何承都撰并書。何承都，字玉水。順治六年進士，授刑部主事。次年，巡按陝西，疏陳鞏昌營兵侵奪民居，請歸原營興建營房安插。又疏請即營兵定爲戍衛以荒屯，令守兵耕種。凡所奏皆有裨于國計民生。得報，可。以疾卒。

著録：方嘉發《禮縣志略》（題「重修祁山武侯祀田記」），雷文淵《禮縣新志》（題「何承都重修祁山武侯祀田記」），王殿元《西和縣新志》（題「武侯碑記」），張津《禮縣新志》（題「何承都重修祁山武侯祀田記」），禮縣志編纂委員會《禮縣志》（題「重修祁山武侯廟并祀田記」），禮縣老年書畫協會、禮縣博物館《禮縣金石集錦》。

〔校記〕

〔一〕冬，《禮縣志略》、雷文淵《禮縣新志》、張津《禮縣新志》皆衍作「孟冬」。

〔二〕後學，《禮縣志略》、雷文淵《禮縣新志》、張津《禮縣新志》皆脱。

〔三〕「余小子」至「或曰侯」共三十六字《禮縣志略》、雷文淵《禮縣新志》、張津《禮縣新志》皆脱。

〔四〕震，《禮縣志略》、雷文淵《禮縣新志》、張津《禮縣新志》皆脱。

〔五〕「或曰」至「天也」共二十字《禮縣志略》、雷文淵《禮縣新志》、張津《禮縣新志》皆脱。

〔六〕瑩，《禮縣志略》、雷文淵《禮縣新志》、張津《禮縣新志》皆誤作「榮」。

〔七〕之，《禮縣志略》、雷文淵《禮縣新志》、張津《禮縣新志》皆脱。

〔八〕「□□祁山……以」雷文淵《禮縣新志》、張津《禮縣新志》皆作「志」，《禮縣志略》作「矢志」。

〔九〕爲心明，《禮縣志略》、雷文淵《禮縣新志》、張津《禮縣新志》皆脱。

〔一〇〕也，《禮縣志略》、雷文淵《禮縣新志》、張津《禮縣新志》皆脱。

〔一一〕之，《禮縣志略》、雷文淵《禮縣新志》、張津《禮縣新志》皆脱。

〔一二〕「夫辟穀」至「同焉」共四十九字《禮縣志略》、雷文淵《禮縣新志》、張津《禮縣新志》皆脱。

〔一三〕竊，雷文淵《禮縣新志》、張津《禮縣新志》皆脱。

〔一四〕此句以下，雷文淵《禮縣新志》、張津《禮縣新志》皆無。

〔一五〕「順治癸巳春」至「何承都拜書」以上兩句《禮縣志略》誤作「順治九年巡按陝西甘肅御史何承都撰」。

五四　禮縣閭井里草壩修路碑記

佚名

若草垻者，爲禮邑數埛[一]之□，□逞烟火數家，亦有遠致名區之路。惟兹五行山麓，懸崖絶壁，依依環流于下，或□□□漫野，甚阻行人之步，衆等□苦道莊矧久[二]，蒙釋宗德文郭上人以覺慈德導，恤行牽[三]之艱難，念車馬之勞苦，乃□□讁[四]畫而有冠聽避渡[五]之□，斯言□出，確乎群願，輸饋資糧，贊助厥工，□□屬大備之日，□欲興工，□有力不相及□□遂輯緣簿，募[六]化十方，□□莫不響應。日費既贍，工役在倩，自順治己亥季春至辛丑，越三秋工竣。謹修短緒勒石，以重[七]後□云。

督工：馬如蛟（四人名略）。總管：張孝（二人名略）

書記：黄緒，黄綸。助工化主：黄加仲（十五人名略）

文林郎知禮縣事：□陽韓弘崇。典史：俞士俊。岷州衛士官：馬國棟

同緣十方善信：段應廣（四百人名略）

助緣客民：楊廉（四十人名略）

隨緣信女：靖門趙氏（九十人名略）

釋子明祥真海蜀僧書丹

順治十八年歲次辛丑季秋月吉旦立

功德：黄經（五人名略）。石匠：姚義（二十九人名略）

［説明］

據禮縣老年書畫協會、禮縣博物館《禮縣金石集錦》録入。

順治十八年（一六六一）立。

著録：《甘肅省志·卷三八·公路交通志》（題「禮縣上坪草壩築路碑記」）。

［校記］

［一］垧，當爲「埫」之誤。

［二］道莊夠久，義不通，當有誤字。

［三］牽，疑爲「途」之誤，「途」或作「塗」，右上「余」與下「土」疊之，與「牽」形近。

［四］謫，原作「讁」，當誤。

［五］冠聽避渡，義不通，當有誤字。

［六］募，原作「慕」。

［七］重，當爲「垂」之誤，「垂」或作「埀」，與「重」形近。

五五　謁祁山武侯祠

宋　琬

丞相當年六出師，空山伏臘有遺祠。三分帝業瞻烏日，二表臣心躍馬時。風起還疑飛白羽，霞明猶似見朱旗。一從卧龍今千載，魏闕吴宫幾黍離。

［説明］

碑存祁山武侯祠。

清代詩碑。作者宋琬。宋琬（一六一四—一六七四），字玉叔，號荔裳，山東萊陽人。順治四年進士，授户部主事，累遷永平兵僕道、寧紹臺道。著有《安雅堂集》《二鄉亭詞》。

五六　修建雙龍寺及棧道碑

存目

［説明］

雷文淵《禮縣新志》載：「紅石崖山，縣西一百二十里，三面削成，前平如掌，上有石臺，建雙龍寺；下鑿棧道，爲岷禮要衝。」下注云「順治年知縣韓、土司馬創修，有碑」，故存録。

五七　［香山寺］廟山門碑

佚名

□□□十五年歲次丙戌八月仲秋立

［説明］

此碑文爲趙逵夫于一九六三年八月十日與同學冉守禮等游香山時所抄録。碑已斷，上下皆缺，存中部，字迹模糊，碑文主要爲善信功德人姓名。何朝何代所立，文字漫漶不可辨認。考歷代帝王年號，其十五年爲丙戌者，唯遼興宗重熙十五年，然而當時西禮兩縣地歸宋王朝（相當于北宋仁宗慶曆六年，即一〇四六年），不屬于遼。故疑「十五」之前缺一數字。今存香山碑文，除此碑外，最早者爲清咸豐十一年（一八六一）所立《建立香山寺山門碑記》，則此前即使有所修建，時間不會太早。因此，可確定此碑立于清康熙四十五年，此年正爲「丙戌」之年，碑文「十五年」前缺「四」字。趙逵夫此次在香山共抄碑文六通（其一未抄完）。

五八　重修聖泉寺記

羅廷璋

嘗聞名山大澤中有靈憑焉，能吐雲吁雨，以利民濟物者。一方之人，則創以寺，塑以像，供以香火。歲有常祀，爲其有感必應，且以禦災而捍患也。禮邑有聖泉寺者，去城十里許，建自大明洪武間。又神宗時，居人重整新而廟像丕變。亦不知是寺與泉之能利民否，能濟物否。但自余承乏天嘉，三年春，屢遇旱。邑之父老皆從事于祈禱。問土俗，或迎神，或取湫，俱弗之應。余不甘食，不安寢，乃忽忽有所思憶所謂「聖泉」者何？夫泉以「聖」名，則名者實之符也。聖其名，自有實，必能利濟民物，吐雲吁雨。求其實者何昧焉？弗之祈耶？于是擇吉設壇，偕邑士庶，虔心步禱以往，取其水，奉之壇中，不終日而雲行。移時，而雨施既霑且足，其應如響。民皆歸德于余，以爲誠之所感。余曰：「此佛之力也，泉之靈也，民之福也，余何德之與有？」遂以匾顔曰「聖澤中含」。更率父老歸水于泉，以祈佛力之無量，蓋歷有年矣。庚寅歲，主是寺者，因殿宇傾圮，佛像無色，募化一方之善士，補葺殿宇，輝煌佛像，巍然焕然，爲之一新，以觀厥成。乃祈予爲之記，以垂弗朽。余曰：「吾歷海内之名泉衆矣，或以廉稱，或以清著。彼錫山之惠，非不甘矣；靈隱之泠，非不勝矣，止于適口體耳目，與民物無與焉，予所不重，未能有吐雲吁雨以利民濟物若斯泉之盛者。此可見命名之非誣，而聖澤之及人終未有艾也。若夫秋色平分，月光皎潔，不過壯游觀之樂，志風景之佳，亦惡足爲聖泉重？」

［**説明**］

以雷文淵《禮縣新志》爲底本録入。

康熙四十九年（一七一〇）羅廷璋撰。羅廷璋，四川人，康熙四十一年任知縣。

著録：雷文淵《禮縣新志》（題「羅廷璋重修聖泉寺記」），張津《禮縣新志》（題「羅廷璋重修聖泉寺記」）。

五九　建造牛尾關古迹棚梯崖路一座碑引

佚　名

（碑額）：皇帝萬萬歲聳臨西漢

建造牛尾關古迹棚梯崖路一座碑引

伏以天之高也覆我，地之厚也載我，佛聖默默之中佑我。前因今生，何不廣種福田。以四十九年，發心修立棱拔崖路一座。岷通蜀川，普渡諸衆，涇商通行數載矣，□通完。今爲清朝歲歲□後，見居禮邑，地名鍾湯垻，棚梯古路坍[一]塌，萬民嗟歎！今來本□居民善信張贇、賈氏夫婦商議，勠[二]力資財，命功魯班，巧匠修立，功德以完，碑記流名，報人人矣。志以難忘，善念生而應有感，修作來世之因。今生不作福田，來世不得□吉。十方檀那，隨喜慈悲，成就功德，祈祝皇圖[三]永固，帝道遐長。

功德主：張賨，賈氏。孫男：陳顯忠，張氏。張政，張氏；張□，□氏（人名略）

應緣十方善信人等：楊可德，男：楊斌□，楊斌□，楊斌龍，楊斌後。杜國清，男：杜國祥，杜國□。

楊可梁，男：楊斌明。楊斌□，男：楊寶，楊倉。杜國傑，孫：杜大成。杜國琪，男：杜□□，杜□信

（人名略）

時歲康熙伍拾伍年秋月吉旦，張賨立

魯班匠人：吕元映，杜軍貴，朝衣縣，嚴春

書字人：杜國云，楊斌基

〔説明〕

碑存禮縣沙金鄉牛尾關椈梯崖。碑高九七厘米，寬五五厘米。「崖」原作「堐」，「崖」字之俗體，今正。

康熙五十五年（一七一六）立。

著録：禮縣老年書畫協會、禮縣博物館《禮縣金石集錦》，《甘肅省志·卷三八·公路交通志》（題「禮縣牛尾關椈梯堐路記碑」）。

〔校記〕

〔一〕坍，原作「坦」。

〔二〕勠，原作「擄」。

〔三〕吐，原作「圖」。

六〇　趙孟乾墓志銘

周　粟

奉議大夫進四品階山西渾源州知州順齋趙公墓志銘[一]

禮縣學廪膳生員邑人巨橋周粟撰

增廣生員邑人桂庵李應芳書

順齋趙公，禮店所千户安之裔，榮壽宫惠之孫。公之父，邑庠廪膳生，諱經也；公之母張氏，四川井研令泰峰公之女。公諱孟乾，字健夫，别號順齋。少負穎資，長以文名。方弱冠而入芹泮。其父將貢時棄世，母之哀慕悲泣□容一死，雖泰峰勸之弗聽，抑鬱不懈，遂仆不起。［時］公暨二妹俱髫年，痛哭流涕，見者惻然。邑人以公之母比之豆氏，詎不信□。公娶太宜人馬氏，百户玄之次女，天性純篤，克执理道，公嘗曰：「吾父母之逝，幸而有吾；吾今之孤，幸而有汝。」公方□心力學，以壁經屢列上等，六試棘闈不第。□甲午選貢際，斯時二妹成長，公以長妹配東城兵馬副指揮鄭公廷□；以次妹配主簿何公文漢之子宗舜。其諱者，長生二子力田；次亦生二子應選，其先應召，其後俱禮庠廪膳生。公任山西陵川縣正，再任太原府通判，繼任渾源州知州，歷官一十四春，不避勳舊，確守公法，而身價朗朗，芳名燁燁，三晉至今有頌稱焉。因喪厥子，懇求休歸。□臺壽堂楊公，分巡兩川董公，憫公之年富，惜公之才力，留之再四，公遂掛冠西歸。加[二]靖辛酉致仕，陶陶自適，僅十五載。［逮］隆慶改元，進公以四品階，爲奉議大夫。不幸遘疾，于萬曆丙子秋九月二十八日正寢，享壽六十九歲。嗚呼！悲乎！悲乎！公之事足矣。其子先時有三，孟復純娶耆英張君凌雲之女，仲復□定千户王公石泉之女，季復□娶京都張校尉侯之女。三子相繼而亡，俱無嗣續。長女諱二九，適舍人張清，生一子曰柏，娶周氏，四川按察司經歷敬軒公之曾孫。一女曰三萬，配邑庠增生李君應芳之子，皆馬氏所出之後□也。中女双卯，配西和縣上海尹月蟾周公季子宗易，廪膳生也，側室王氏所出也。第四子今復泰隆慶丁卯生也，□□□□□□之女，未娶。少女四卯、五卯，俱側室崔氏出也。四卯許中兵馬指揮王公孫三重之子。五卯尚幼。其□□□□，是年八月十六日歸葬城東新塋，□自述狀杖乘予門曰：「吾父厭世，謹述行略，請公志墓。」予不佞，其何志之能爲？按狀而言，順公之在世，少不忤鄉，長不傲物，居官多仁厚之心，致政絶公門之謁，猶且濟人之饑寒，救人之疾苦，解忿息争，雖元老碩輔豈得□美。粟之先君曾與公家聯姻，予與公有相須之雅，又何生二子與復泰有一日之□，故知公之深者莫若于粟。特叙其世次，復係之以詞云。

銘曰：

表表順公，丰範絶倫。天挺穎邁，文學夙成。當官有要，聖世名臣。功懋晉陽，法正乾坤。論公之業，與物常存。朝不及夕，天喪斯文。生爲柱石，死不愧生。協于□筮，閟此靈魂。泰岳鍾墟，漢江朝宗。公之往□，令門如存。勒石陳詞，□□□□。

［**説明**］

碑出土于禮縣北關小學東院。存禮縣博物館。碑高五四厘米，寬五二厘米。

康熙五十六年（一七一七）周粟撰。

著録：禮縣老年書畫協會、禮縣博物館《禮縣金石集錦》。

［校記］

［一］原碑此題下有文爲：「是年，河水漲溢，逼近原塋，四世孫趙論佐等，因遷葬于此。舊塋去原塋半里許，取脉象形，仍悉本舊塋以爲法焉。時在大清康熙五十六年歲次丁酉八月望五日復爲之志。」

［二］加，當爲嘉。

六一　復建殿捲牌坊碑記

佚名

（碑額）：西湖一脉

復建殿捲牌坊碑記

余天嘉郡南七十里，建一古刹，名曰「龍鱗橋關聖寺廟」。橋梁以通往來。于順治年間，衆信重修，既已告竣，至橋東南首，高險崎嶇，景接下殿。昔大明萬曆壬子歲，有隨魁發心，上建薩祖、關聖、靈官殿，佑一方之福庇者。奈年遠日久，連遭地震兵燹，風雨頽損。于大明庚子歲，有□月□，不忍荒圮，率領衆善，約立燈會，各輸微資，復建樓閣三間、牌坊一座，以備全勝。今功成事就，因虔誠立碑。

時康熙歲次壬寅仲春吉旦

始終善信：□隨魁，□□魁，□福魁，□秋實，馮啓月，李□念，劉完倉，李倫，潘富龍，趙文聚，□丁魁，楊臻春，杜莊，杜前，杜希成，潘文煒，馮新，王進□，田進庫，杜希魁，杜希□，杜希收

來周善信：□文成，□□攻，馮啓明，潘見龍，□□，田進□，王仲月，馮□朋，張榮，王萬，□武魁，

苟汝會
隨會善信：□滕□，何□□，閻正宗，王杜業，信女董氏
隨緣善信：閻登科，趙焕，于莊，田明宇，董希利，張文元，馬汝興，鄧進光，王客，杜希明
總理橋寺兼管上下樓閣社首：□應學，男：月□；應璋刻
木砙石匠：趙興干。守相：趙進
僧人：如琳，性悟。趙養德，李百夫

［説明］

碑存禮縣龍林橋寺側。碑高九四厘米，寬六〇厘米。

康熙六十一年（一七二二）立。

著録：禮縣老年書畫協會、禮縣博物館《禮縣金石集錦》，《甘肅省志·卷三八·公路交通志》（題「龍鱗橋重建牌坊碑記」）。

六二　重修至聖廟記

牛運震

惟天生大聖孔子，經緯制作，與世無極；帝王廟[一]享，典祀匪懈。自京、畿、州、郡、縣、衛，大小内外，莫不虔事[二]，以堂以室，悉饗悉當。禮縣，舊領秦州之一大鎮所也。創縣之初，廟舊在錦屏山之麓。順治中，改卜于縣西，廟[三]嗣復遷于所城東北街素王之宫，乃有定宅。然而廊廡湫隘，榱桷頹侈[四]，殆不足以

安靈揭[五]。歲久日深，風雨岌岌，又動盪之。諸莅斯土者，瞻拜宫牆，每爲浩歎。事惟因陋，人難慮始。自初有廟，迄今七八十年，蓋未有慨然發憤、更鑄新宫以發皇聖教于無量者也。江南程侯，乾隆元年來，既謁，糾禮之搢紳士大夫而謂之曰：「孔子廟在州，與社稷埒。今禮廟若此，余有司及諸大夫之耻也。俱孔子裔屬，有弗[六]聖弗崇，縣何以爲禮？且朝廷尊揚聖教至厚極[七]，禮雖邊邑，安得獨闕廢？」于是禮之紳士吏民人等，咸翕然一辭，樂聞其興也。捐輸金資，勸登工力，采石于鐵峽，選材于岷嶺，鳩工于乾隆四年夏四月，落成于五年春三月。自崇聖祠、大成殿、兩廡、戟門、奎文閣、櫺星門以及名宦、鄉賢祠宇之屬，靡不規制釐整，燦然更新。此皆程侯倡率督勸，而禮邑士大夫趨德慕義，左右[八]效命之力也。予孔子之國人也，生長近先聖里居，甚幸。誦其書、習其車服禮器，甚親且久。窃見大道昌明，至教洋溢天下，邊陬荒遠之邑，皆有孔子廟。誦法孔子，而爲長吏者，皆宜有以虔厥報于本源[九]，而大振其文教。然而簿領秦安，于兹五載，局促職守，病且未能。乃程侯獨能勤思于斯文根本之地，動發財物，爲禮邑焕炳其文德，永永勿替，不亦昌乎！自兹以往，惟爾禮士，仁讓蒸蒸，含真躍采，以講[一〇]進于德行道藝之士，爲盛世禮樂名區，孰非程侯力哉！然亦賴乎禮士大夫砥礪以有成也。余嘗以公赴禮，陪程侯謁于斯廟，瞻其闕廟宇，而爲是言。

乾隆五年三月

牛運震撰[一一]

［説明］

以方嘉發《禮縣志略》爲底本録入。

乾隆五年（一七四〇）牛運震撰。牛運震（一七〇六—一七五八），字階平，山東滋陽人，雍正十一年進士，乾隆初出任甘肅秦安縣令。性好金石，精經術，工文章。著有《空山堂文集》十二卷，《史論》二十卷，《塞山堂易解》四卷，《春秋傳》十二卷，《金石圖》二卷。

著録：雷文淵《禮縣新志》（題「牛運震重修至聖廟記」），費廷珍《直隸秦州新志》，張津《禮縣新志》（題「牛運震重修至聖廟記」），禮縣志編纂委員會《禮縣志》，禮縣老年書畫協會、禮縣博物館《禮縣金石集錦》。

［校記］

［一］廟，雷文淵《禮縣新志》、張津《禮縣新志》皆作「右」。

［二］事，禮縣志編纂委員會《禮縣志》作「祀」。

［三］廟，雷文淵《禮縣新志》無。

［四］侈，雷文淵《禮縣新志》、張津《禮縣新志》皆作「陊」。

［五］揭，雷文淵《禮縣新志》、張津《禮縣新志》皆作「爽」。

［六］弗，雷文淵《禮縣新志》、張津《禮縣新志》皆無。

［七］極，雷文淵《禮縣新志》、張津《禮縣新志》皆作「極隆」。

［八］右，《禮縣志略》誤作「石」。

［九］源，張津《禮縣新志》作「原」。

［一〇］講，張津《禮縣新志》作「獎」。

［一一］「乾隆五年三月牛運震撰」，此據《禮縣金石集錦》補。

六三　杜善神道碑

佚　名

敕贈徵仕郎直隸順天府霸州州判杜公諱善字誠宇神道

乾隆五年歲次庚申六月穀旦

〔説明〕

碑存禮縣湫山鄉下坪村。碑高一二九厘米，寬七一厘米。

乾隆五年（一七四〇）立。

著録：禮縣老年書畫協會、禮縣博物館《禮縣金石集錦》。

六四　重修至聖廟碑記

朱元裕

竊惟庠序學校，三代所以明倫；删定贊修，千古垂[一]爲絶業。理學之淵源不遠，文章之道脉常新。祖述憲章，本神靈之天縱；金聲玉振，合仁智于性成。故我夫子，爲萬世帝王之師。自唐貞觀、開元以來，封號叠加，天下已無無學之區。至我朝，歷聖相傳，心源遥溯，尊崇之典，視昔愈隆。猗歟盛哉！若乃正典禮，興廢墜，責有攸歸，守土者毋容旁貸[二]者也。余辛酉三月調任兹土，恭謁文廟，見其規模宏廠，殿宇崔巍，彩色輝輝，金光燦燦。兩廡之位置咸宜，啓聖之神靈妥侑。櫺星魁閣，俱見維新；名宦鄉賢，無不整肅。

廟[三]貌若此，不知守土者幾費經營矣，是真所以尊聖賢而勵德造也。惟是于何始之，于何終之，未嘗勒石以記其事，不幾使經營締造之苦心泯没無傳也乎？不禁惆悵之久。邊[四]邑之明經潘超者，以《學宫記略》見遺，囑予爲記。隨并考其故志，因知禮邑城治創自成化，建學于古舊城，復遷于縣南之西關。至我朝順治丁酉，説者謂學校重位，置闠闐非宜也。改[五]遷于所城舊址，規制尚未美備。康熙二十一年，西蜀萬諱世偉，以進士官是邑，爲之補建，其局面又覺備具。至康熙五十四年，復漸[六]傾壞，署任徐諱言者，浙之武陵人也，嗣而葺之，迄今二十餘年，漸又摧圮。雖屢請重修，未果。歲戊午，殿甫崩塌，前令程諱鵬遠，江南通州人；儒學郭諱九同，陝西高陵人，互相率先捐俸，集通邑諸紳士，量力捐輸，興工于己未之三月，告成于庚申之六月。盡將舊制之卑隘者擴之，缺略者補之。榱桷崚嶒，居然壯觀；朱丹塗堊，焕乎輝煌，奎光壁耀，聖妥賢安，無不盡善盡美。惟因魁星閣上，彩筆峰頹[七]，文光未透，爲之插頂連雲，氣凌霄漢。又以泮水池中，清流源涸，汲浪無由，爲之疏溝通洫，濡潤英華。將見采芹之子弟三千，衣冠濟濟；折杏之賢豪七十，科第翩翩。人文之盛，基于此矣。余固厚望焉，遂不揣固陋，略叙其事，而爲之記者[八]。

乾隆八年之癸亥歲也[九]

［説明］

以方嘉發《禮縣志略》爲底本録入。

乾隆六年（一七四一）朱元裕撰。朱元裕，浙江人，乾隆六年以歲貢選知禮縣，多善政。

著録：雷文淵《禮縣新志》（題「朱元裕重修至聖廟記」），張津《禮縣新志》（題「朱元裕重修至聖廟碑記」），禮縣志編纂委員會《禮縣志》，禮縣老年書畫協會、禮縣博物館《禮縣金石集錦》。

［校記］

［一］垂，張津《禮縣新志》作「推」。
［二］貸，雷文淵《禮縣新志》、張津《禮縣新志》皆作「代」。
［三］廟，雷文淵《禮縣新志》、張津《禮縣新志》皆作「今廟」。
［四］邊，雷文淵《禮縣新志》、張津《禮縣新志》皆作「適」。
［五］改，雷文淵《禮縣新志》、張津《禮縣新志》皆作「故」。
［六］漸，張津《禮縣新志》作「見」。
［七］頽，當爲「頭」之誤。
［八］者，雷文淵《禮縣新志》、張津《禮縣新志》皆無。
［九］「乾隆八年之癸亥歲也」句，雷文淵《禮縣新志》、張津《禮縣新志》皆無。

六五　創建義學［一］碑記

方嘉發

今上聖神相繼，文德覃敷。自京畿省會以及大小都邑，無不建立學校，以育英才，恩綦渥矣。而禮邑獨［二］缺焉弗有，甚非聖朝作人雅意也。嘉發莅禮之次年秋，幸雨暘時若，而歲序豐登也，民得養矣，亟宜教之。因購地于縣署之西偏，鳩工庀材以築之，不一月而講堂告成。至若諸生房舍，亦將次第興舉焉。夫崇儒重道使人文化成，朝廷之教思也；宣上德意而立學造士，司牧之職任也。嘉發懼忝厥職，而拮據以創學校，諸生敬樂其中，務宜斯征斯邁，以明道希文，自相期待，庶見蔚爲王國之[三]，而無負作人之雅化焉。因顔其堂曰「遜敏」以勗之，用勒諸珉云。

乾隆十一年九月吉日立[四]

〔説明〕

以方嘉發《禮縣志略》爲底本録入。

乾隆十一年（一七四六）立。原題下有「方嘉發」三字。方嘉發（一六七九—一七六三），字爾楊，廣東普寧人。乾隆年間進士。乾隆十年任禮縣知縣。在禮任職八年，繼修縣志，增立義學，政績卓著。

著録：雷文淵《禮縣新志》（題「方嘉發建立義學記」），張津《禮縣新志》（題「方嘉發建立義學記」），禮縣志編纂委員會《禮縣志》（題「建義學記」），禮縣老年書畫協會、禮縣博物館《禮縣金石集錦》。

〔校記〕

[一] 義學，雷文淵《禮縣新志》載：「乾隆十年知縣方嘉發于縣治之西，建立義學一處，于四鄉設義學五，今廢。」

[二] 獨，張津《禮縣新志》無。

[三] 「之」下有缺文，雷文淵《禮縣新志》、張津《禮縣新志》皆補作「之華」。

[四] 「乾隆十一年九月吉日立」句雷文淵《禮縣新志》、張津《禮縣新志》皆無。

六六　禮縣義學記

劉方靄

《書》言：「惟斅學半。」各盡其半，而後相與，以訖于有成，故德成而教尊。聖人之教兼文行，後世流及衰微，而教者率者，一趨于文，其皆沿周末之失與？周初以前，唐虞夏商，文實[一]兼行，如堯文思、舜文明、禹文命、湯懋昭、文王不已、孔子在茲，皆衷乎[二]德行以爲之文。至于析文行而岐之，聖人不能挽而復古，惟爲之區其後先輕重，使教不衰微，學不膚末，以爲人心風俗之防焉已矣。秦州禮縣方嘉發，爲人古質，由廣東進士官斯邑，首創義學，出所學以教多士。諸生之列高等，與夫應童子試而補學官弟子者，率不出其所教，而爲前此所未有。方令色喜，以爲教其有效乎。多士亦從而功之，謂非[三]縣父母之善教不及此焉，以爲感。予謂縣令之可喜，多士之可感，有更大于此、更重于此者，此直斆學中半之半耳！而即于半之半，求半之全，由文趋行，由士及民，由養興教，永圖之，巽入之，漸被之。上焉，身禮教于官師；下焉，風禮治于士民。而禮縣于盛世爲不虚名，吾不知喜與感者，更當何如？其將自茲蒸，而各有以自喻乎？

乾隆十二年丁卯六月書于洮岷道廨[四]

［説明］

以方嘉發《禮縣志略》爲底本録入。

乾隆十二年（一七四七）劉方靄撰。

著録：雷文淵《禮縣新志》（題「劉方靄義學記」），費廷珍《直隸秦州新志》（題「禮縣義學記」），張津《禮縣新志》（題「巡道劉方靄義學記」），禮縣志編纂委員會《禮縣志》，禮縣老年書畫協會、禮縣博物館《禮縣金石集錦》。

［校記］

［一］實，張津《禮縣新志》作「質」。

［二］乎，張津《禮縣新志》作「于」。

［三］非，《禮縣志略》本作「之」，與句意不通，據雷文淵《禮縣新志》改。
［四］「乾隆十二年丁卯六月書于洮岷道廨」句雷文淵《禮縣新志》、張津《禮縣新志》皆無。

六七　謁祁山廟

劉方靄

勝地登臨景色幽，武侯事業震千秋。依山立壁埋芳草，指土爲糧繞緑州。歷數將終逢主暗，興業未捷已仙游。衹今寂寞遺孤廟，帶恨河聲一水流。

漢賊安危志肯岐，氣吞北魏幾興師。祁山誓死忠臣表，名士先聲大將旗。五丈原頭龍虎集，八門陣外馬牛奇。中華定鼎空籌策，魚水蕭條盡瘁時。

［**説明**］

據雷文淵《禮縣新志》收録，作者下鐫「觀察」二字。

著録：張津《禮縣新志》（題「觀察劉方靄謁祁山廟」），禮縣志編纂委員會《禮縣志》，文丕謨《石海覓踪——隴南訪碑記》。

六八　義置文昌香燈碑記

佚名

己巳之夏，闔邑公置地租。是舉也，雖耆庶尚義，而溯其由來，實出于賢侯方父母清廉仁愛之所賜，蓋九月十二乃賢侯誕辰也。闔邑士庶，感侯之教養有成，各出芹儀，爲之躋公堂而介眉壽，在民沐膏咏勤，方以羔酒。微禮不足報德于萬一，而侯約己厚下，衹[一]謂職分宜然，何以費民之分文，雖懇留再三，仍璧[二]辭不受。爰以十五千之數，購田于四平山之下，歲收地租，四時以供文昌大帝香燈[三]之用。向非侯清操性成，軫恤恩厚，烏能有此義舉哉？用是陳其始末，勒諸瑱珉，庶義田與義學永守勿替云。

乾隆十四年五月穀旦立[四]

［説明］

以方嘉發《禮縣志略》爲底本録入。

乾隆十四年（一七四九）立。

著録：雷文淵《禮縣新志》（題「方嘉發供文昌祀田記」），張津《禮縣新志》（題「方嘉發供文昌祀田記」）。

［校記］

［一］衹，雷文淵《禮縣新志》、張津《禮縣新志》皆作「衹」。

［二］璧，雷文淵《禮縣新志》誤作「壁」。

［三］燈，張津《禮縣新志》作「火」。

［四］「乾隆十四年五月穀旦立」句雷文淵《禮縣新志》、張津《禮縣新志》皆無。

六九　高橋碑記

余允昌

（碑額）：高橋碑記

縣城十里許高坡山，乃東路一帶之總會也。糧餉輸移，商賈往來，靡不經由其下。惟西南山水流衝，相沿年久，漸成溝壑，行人皆旋繞山麓，環轉田畔，而農商幾交病矣。歲□□，我邑侯余公深念民艱，遂捐俸倡建此橋。取石以固其底，既防泉源之侵蝕；結椽以蓋其上，不至風雨之飄零。廣逾八尺，順越三尋，不但人得比肩而行，即輻輳亦可方軌而進。《記》曰：「乃命司空，乃期司里。」恒恤跋涉之苦，我公其有此休風與！且是山即禮邑文峰，上舊有文昌觀，尤不可任其根基缺陷，致傷氣脉。自斯橋成而地挺其秀，行見人文蔚起，又豈徒頌「周道坦坦」而已哉！士庶咸願勒石以志公德。故悉其始末書之，是舉始于仲春之朔，告成于季春之望七日。是爲記。

大清乾隆三十一年三月八日立

［説明］

碑存禮縣燕河鄉新田村。碑高九九厘米，寬八八厘米。

乾隆三十一年（一七六五）記。

著録：禮縣志編纂委員會《禮縣志》，禮縣老年書畫協會、禮縣博物館《禮縣金石集錦》，《甘肅省志·卷三八·公路交通志》。

七〇　補修禮縣大北門外關帝廟蓮池游廊記

徐　寅

（篆額）：萬古不磨

補修禮縣大北門外關帝廟蓮池游廊記

邑城北帝君廟，地居爽塏，制極宏敞，爲鸞亭接脉之□，固蘭倉勝境也。□廟前舊有小池，引流牽荇，爲畜魚所，然日久荒圮。

庚戌歲，佐來尉禮邑，思修葺之，而力微未逮。堂臺魏辛亥莅任，百廢具興，每率佐謁廟，輒撫景流連于池旁曠廢之區，三致意焉。爰顧佐曰：「帝君浩然正氣，以孤忠維漢祚，而天下後世無知愚賢不肖，胥人人有一帝君在其意中，不敢不爲善而去惡！小人身受桁楊，而心猶恣肆，及見帝神在上，輒帖然俯首焉。則司牧者，將齊民以刑，何如宣揚帝靈，使入廟而皆知爲善之得耶？顧廟不壯觀，亦何以生人心之感耶？今欲擴而充之，捐俸惟余汝率作興事焉。」佐奉命悉心經畫，喜四境一心，樂輸者衆。于是整廊廡，疏舊池，流引西山，藕來同谷，而漢、鳳、秦、成等客商，遂翕然雲集，更無論我邑士商之拜禱于斯矣。來此趋瞻聖像者，亦豈惟是賞蓮香、依槐蔭、嗽流泉已哉？固以凛浩然之正氣，而無不願爲善去惡，□一念所向風慕義也！帝君之神之有以惕之也。嗟乎！漢之衰，帝君不能救之，而能使千百世後之愚，不□□□其忠，而各嚮往之，則廟貌得弗崇歟！即一池一亭，又烏得而不葺歟？鳩工于壬子春，落成于癸丑夏。迨甲寅，更于戲樓内添建廊廡。凡門楹、旗幟、馬殿、寢宫無不修整，而廟之規模略備，是皆堂臺之捐俸爲之，而佐亦與有榮矣。願後來時而葺之。庶歲歲商賈雲集，物阜民豐，邑之人均相觀于善，而不復爲不善也，皆我邑侯舉修之意也。爰不揣固陋而爲之記。

賜進士出身、禮縣正堂加三級、紀録五次魏鈞捐修

特授秦州直隸州三岔分州署禮縣事徐寅謹撰

禮縣典史加三級王成佐監修，邑庠生王燦敬書

木工：馬從周。泥水匠：馬記

石工：趙聡。瓦匠：文芳

畫工：李盈科。辦差：邱斌

大清乾隆五十九年歲次甲寅桂月吉日立，雲間吴孝刊

〔説明〕

碑原立于禮縣一中院内，今存禮縣招待所院内。碑高一四七厘米，寬八七厘米。

乾隆五十九年（一七九四）徐寅撰。徐寅，浙江錢塘人，副貢，乾隆六十年任縣事。舊關帝廟，原本有二。雷文淵《禮縣新志》載：「一在舊所城西街，舊爲官祭之所，始創無考，康熙戊午知縣高上達重建，乾隆丙戌知縣余允昌重建。」本碑所記之關帝廟，屬「在北關外者，規模宏敞，移春秋之禮于此，創自明神宗戊申年。國朝順治壬辰知縣蘇世科重建；乾隆間知縣魏鈞重修；同治軍興，被賊焚毁；光緒二年知縣陳廷楨商諸軍門陳再益、訓導甘霖涥，會同紳耆捐資重修，後爲後殿三楹，内祀關帝三代」。

著録：禮縣志編纂委員會《禮縣志》，禮縣老年書畫協會、禮縣博物館《禮縣金石集錦》。

七一　建尊經閣記

潘廷鳳

自古學校之設，所以端士習、振文風也。顧士不通經，不足以爲士；文無經濟，不可以爲文。我國家右

文稽古，凡府州[一]縣學宫，莫不建尊經閣，以道揚經術、表章聖訓焉。乾隆乙卯冬，余秉鐸禮邑，瞻拜宫牆，見一切欽頒經史等書，咸置至聖[二]殿中，而獨無尊經閣。噫！此誠缺典也。余謬膺司訓，而于古聖經學之傳，能不思所以尊崇哉？爰集諸生議建，僉曰：「善，惜工多不易爲力。」余曰：「積水成澤，積石成山。天下事畏難者苟安，有志者竟成，何患力之不足也？」于是相其地于明倫堂之前，捐俸築其基，然後告我紳士及邑中父老，無不欣然樂從。隨即購木石、覓匠工而經營之，越半載而始成。成之日，謹將經史子集，庋之閣中。其敢云媲美天渠，荒經蔑古之誚庶幾免歟！諸生來爲余賀，曰：「先生此舉，不惟壯一時之觀瞻，實足端士人之向化、振百世之文風也。」余曰：「是宜[三]爲諸君賀耳，余何與焉！」禮邑二十餘年，久不發科。斯閣工竣之次年，歲在戊午，即有高捷秋闈者，是果理之有感必應耶，抑亦事之會逢其適耶？要之，奉遺經者，必當尊之若神明。斯閣之建，非余之好事，聊[四]以補前人之未逮耳。計興工于嘉慶丙辰七月，落成于丁巳二月。後之君子，或時加補葺，或再擴而充之，俾禮之人文蔚起，蒸蒸日上，余實有厚望焉！

大清嘉慶二年歲次丁巳二月

［説明］

以雷文淵《禮縣新志》爲底本録入。

嘉慶二年（一七九七）潘廷鳳撰。潘廷鳳，咸陽人，優貢生，時任禮縣訓導。

著録：張津《禮縣新志》（題「潘廷鳳尊經閣記」），禮縣志編纂委員會《禮縣志》，禮縣老年書畫協會、禮縣博物館《禮縣金石集錦》。

［校記］

［一］府州，張津《禮縣新志》倒。

［二］至聖，張津《禮縣新志》、《禮縣金石集錦》作「大成」。
［三］宜，張津《禮縣新志》、《禮縣金石集錦》皆無。
［四］聊，張津《禮縣新志》、《禮縣金石集錦》皆無。

七二　建修文昌宮碑記

秦　瑗

（碑額）：永垂

建修文昌宮碑記

國家右文重道，雅化作人，自京、畿、州、郡、縣、衛，莫不有文昌帝君祠廟。嘉慶六年，我[一]皇上復[二]詔示天下，特享帝君[三]以太牢，體制與文武廟[四]符，郁郁乎盛哉！典至巨也！第禮邑向無專祠，有廟在中街奎星樓上，湫隘囂塵，而欲籩[五]豆攸設，禮儀無愆，不能也。故每逢祀期，則當街拜獻，望空成禮，甚非所以妥神靈而昭祀典也。余莅任茲土，每遇祀事，不禁浩然發歎，思欲捐廉購[六]地以作新宮，緣迫于公務匆促，遲之又久。會己巳仲春丁卯[七]之後，集紳士于學宮，籌所以立新宮者，咸欣然樂從。而里民等亦以爲一邑盛舉，文風所關，無不踴躍樂輸。遂于是年三月，卜地擇吉，鳩工庀材，于今年[八]庚午五月落成告竣。自後殿而[九]正殿，而[一〇]儀門，而[一一]頭門，無不犂然悉具，焕然可觀。欣看柏梁既崇，與巒亭以并峙，靈光大起，偕翠峰而齊輝。幸瞻拜之有地，樂文教之日新[一二]。而于[一三]國家右文重道，雅化作人之至意，不無少補。爰撮其始末而爲之記。

特授文林郎知禮縣事知縣、己酉科舉人、粵西秦瑗撰文[一四]

前任禮縣儒學訓導通渭閆懷聖
署任禮縣儒學訓導臯蘭李汝楷
禮縣典史北平馮國才
闔邑軍民士庶仝立
議叙軍功千總庠生白壁監修
大清嘉慶十五年歲次庚午五月廿五日
監生楊志鴻書丹，張鋭、馬魁刊石

［説明］

碑存禮縣招待所院内。碑高一二七厘米，寬七三厘米。

嘉慶十五年（一八一〇）秦瑗撰。秦瑗，廣西陵川人，己酉科舉人，嘉慶十九年任禮縣令，在任慈惠愛民，培植文教，禮人德之。其事迹見雷文淵《禮縣新志》。

著録：雷文淵《禮縣新志》（題「秦瑗建修文昌宫碑記」），張津《禮縣新志》（題「秦瑗建修文昌宫碑記」），禮縣老年書畫協會、禮縣博物館《禮縣金石集錦》。

［校記］

［一］我，張津《禮縣新志》脱。
［二］復，張津《禮縣新志》脱。
［三］帝君，張津《禮縣新志》作「文昌」。

[四] 廟，張津《禮縣新志》脱。
[五] 邁，原作「邊」，據雷文淵《禮縣新志》、張津《禮縣新志》改。
[六] 購，原作「搆」，據雷文淵《禮縣新志》、張津《禮縣新志》改。
[七] 卯，張津《禮縣新志》作「祭」。
[八] 今年，張津《禮縣新志》脱。
[九] 而，張津《禮縣新志》脱。
[一〇] 而，張津《禮縣新志》脱。
[一一] 而，張津《禮縣新志》脱。
[一二] 新，雷文淵《禮縣新志》、張津《禮縣新志》皆作「興」。
[一三] 于，雷文淵《禮縣新志》、張津《禮縣新志》皆作「與」。
[一四] 「特授文林郎」至「馬魁刊石」共一百〇六字雷文淵《禮縣新志》、張津《禮縣新志》皆脱。

七三 建禮興書院記

朱楹

余黔中下士，兩次代庖兹土。見山輝川媚，士秀民勤，每思振興文教，奈歷時無幾，有志未逮，不無歉然。歲[一]丙戌夏，南軒黄明府以鄂渚名士，來綰縣符。甫下車，即以整飭學校爲先。閲書院舊所湫隘卑狹，毅然有更新[二]志。于是捐廉倡率，另購基址，鳩工庀材，次第修舉，不日告成。邑之紳士翕然興誦，曰：「賢哉我侯，不愧言偃文翁之雅化矣！」匾曰「禮興」[三]。夫禮者，邑之所以命名也；無以興之，則人亦闕焉不講矣。玆明府奬蹙而振作之，將士風純而民氣厚，豈復慮城闕佻達之不丕變，而説禮敦詩之不古若哉！抑侯能先務其大，則其忠信慈惠之實政，必有以福禮之士民者，邑之人皆能誦之，毋庸贅述[四]。謹跋。

［説明］

以雷文淵《禮縣新志》爲底本録入。

道光六年（一八二六）朱榰撰。朱榰，貴州龍泉人，乾隆己酉拔貢，道光四年時任禮縣知縣。

著録：張津《禮縣新志》（題「朱榰建禮興書院記」），禮縣志編纂委員會《禮縣志》，禮縣老年書畫協會、禮縣博物館《禮縣金石集錦》。

［校記］

［一］歲，《禮縣金石集錦》作「歲次」。

［二］新，《禮縣金石集錦》作「新之」。

［三］禮興書院，雷文淵《禮縣新志》載：「書院舊曰『天嘉』，在小南街。道光六年知縣黄凱移建于學街，更名『禮興』。」

［四］述，據《禮縣金石集錦》補。

七四　张太宜人墓志銘

佚　名

皇清誥封宜人王母張太宜（下缺）

賜進士及第、榮禄大夫、工部（下缺）

賜進士出身、廣西思恩府知□、前翰林院編修、丁酉科陝西鄉試正考官□□□篆蓋

賜進士出身、通議大夫、分守陝西西寧道、前翰林院編修、國史館總纂善化勞崇光書丹

往歲戊戌，禮縣王生彭齡既乞予，言爲其生慈張宜人六十壽。暨庚子春，復馳書來請曰：「彭齡不孝，遽遭生慈憂，將卜葬事，更乞先生文，銘諸幽世，世感且不朽。」予既諗知宜人之懿行，又哀生之請痛且摯，不□爲之詮次行事，勒諸貞珉，其何以訓女士，以徵信于惇史。按狀：宜人姓張氏，張與王□先，均陝西三原人。王自彭齡高祖遷于禮，張亦乾隆間僑寓于秦。宜人方九歲，父不□□即世，事節母朱孺人，以孝稱。江西建昌府同知、雲南嵩明州知州諱揆一字符□、□□亭王公聞其賢，具禮聘爲副室。于歸，既賦隨其嫡趙宜人事姑太恭人，能先事□□□建昌公官于滇，迎太恭人就養，宜人隨侍中饋，咸得其宜，太恭人視之，愈加禮而□□自持益下，禮益恭，戚黨咸重之。趙宜人生子槐齡，即今任石砫廳司馬者。建昌公□□最幼，讀書偶不成誦，寒夜責令跪户外讀，戒婢僕勿得侍，宜人坐簷側潛伺之，復□□□之讀，讀竟，鷄已唱，始携之同歸寢室。其愛護之過于彭齡。司馬事宜人尤誠敬□□□□人無少異。司馬有女兄幼，亦爲宜人所愛養。宜人卒，趙宜人命之持服如生□□□□事嫡極恭謹，歷數十年如一日，不以年高多疾稍有寬假；而彭齡之事親敬□□□□宜人身教者居多。彭齡九歲時，侍建昌公在都，有訛傳受大杖而斃者，宜人聞□□□□自建昌公卒後，趙宜人暨宜人課兩子□□司馬兄弟彌奮勵學，克有成□□□□□。四川分符大郡，奉趙宜人命，以應得封，典封宜人，而彭齡亦遂膺□□□□□□□爲齋，目漸復明，然血氣素弱。五旬後，丁節母艱，哀毁逾常，體以益癯，□□□□之曰：「吾年長于若，然差健，自今後，若但保攝，無勞心家事。槐齡禄稍豐，若

可□□就養矣。」其相愛若姊妹如此。會司馬以板輿來迎，宜人疾不果往，命彭齡侍趙宜人行。抵蜀，即馳歸，宜人病已劇。不數月，而宜人竟歿矣。宜人生于乾隆己亥年八月十□日亥時，卒于道光己亥年三月初二日寅時，年六十有一。以道光丁未年八月二十□日未時，葬于縣城外西山之麓，亥山巳向。丈夫子一，彭齡，丁酉科予所拔士，即于是秋領鄉薦。女子子二：長適西和貢生王澍藩，次適秦州拔貢生楊孝緒。孫男廷瑋，孫女一；嫡子槐齡，嫡孫廷琦。宜人勤儉恭慎，動循内則，其加惠親族，賙恤里黨，力能爲者，無不爲至。撫嫡一節，尤人所難能者。予嘗考古名儒碩士，其非嫡母生者，如陶長沙公、韓魏公、陳了翁、胡政堂諸賢，其母之教澤不盡傳，即其事嫡若何？待嫡子若何？亦均無從深考而要之。有賢母始有賢子，觀其子之賢而其母之賢益著。今趙宜人願以己子□得者畀宜人，而司馬歡然上之，宜人坦然承之，無絲毫彼此間，世咸頌趙宜人之□，司馬之孝，不知宜人之以禮事，以慈感，德孚于家，而教成于子，其超然于世俗之見，□爲不可及也。夫以宜人之德之宜享上壽，而甫周甲子遽焉怛化，宜彭齡之蠹然自□，痛不欲生。而趙宜人春秋方永，則彭齡之偕其兄答春暉，以抒愛日之誠，而用慰宜人于九原者，正未有艾也。彭齡勉乎哉，乃繫以銘曰：

瞻少室兮[一]，齊尊中峰。兒孫羅列兮，争趨以從。母德彌曜兮，爲世女宗。妥坤靈兮奠幽宫。泰山兮嵱嵸，秦之水兮流且長。若堂若斧兮魂魄以藏，我銘斯阡兮垂諸無疆。

大清道光二十有七年歲次丁未秋八月吉日

不孝男彭齡泣血納石

［**説明**］

碑存禮縣博物館。碑高八五厘米，寬四七厘米。爲一文分刻兩塊碑石的特殊形制。

道光二十七年（一八四七）立。

著録：禮縣老年書畫協會、禮縣博物館《禮縣金石集錦》。

［**校記**］

［一］此處當缺一字。

七五　建立香山寺山門碑記

馮敷榮

香山一峰，峭壁懸崖，古樹怪石，西禮絶勝境也。上有菩薩像，威靈顯應，有叩斯鳴香者，綿綿于兹，幾千秋也。但廟宇屢經重修，亦極整嚴，而寺前獨少山門。辛亥之春，余來朝山，心有所祝，欲成此功，未敢一日去諸懷。幸而果償所願。恰值山門方向大利，因督工飭材，適觀厥成。庶達神思，亦聊補于云爾。是爲序。

發心弟子馮敷榮

大清咸豐十一年四月穀旦

［**説明**］

此碑爲趙逵夫于一九六三年八月十日游香山時所抄録。

咸豐十一年（一八六一）立，馮敷榮撰。

七六　重建黑池龍王廟序

林含華

縣城南，東臺下，舊有黑池龍王廟。靈英赫濯，廟貌崔巍，施雲降雨，農田沾溉，無窮顯化，佑民士庶，祈禱輒應。洎同治二年逆回之變，賊氛猝至，焚毁一空。首事人等目擊心傷，竭力謀構。鳩工庀材，以復垣墉之舊。奈粱燕未安其巢，池魚復罹其禍。四年功竣，五年旋成灰燼。邑人等仰棟宇之荒凉，不忍坐視；思神靈之精爽，何所憑依？因各募緣，集千狐之腋；更捐金量力，成數畝之宫。殫匠石以經營，免神人兮怨恫。迄今雕題畫棟，不改松牖舊規；春社秋祈，仍然輪奂美觀。非敢借人貪天，祇期無貽神羞云云。後有善人作焉，廣求仁粟，繼助義舉，庶神宇常存，獲福靡暨[一]。而吾儕滴滴苦心，亦并垂不朽矣。是爲序。

〔説明〕

據張津《禮縣新志》録入。

原題下有「邑舉人林含華」六字。林含華，同治十二年（一八七三）科貢舉，主講禮縣書院，嗣任階州學正，歸里以老疾終于家。

黑池龍王廟，張津《禮縣新志・寺觀》載：「在縣南三里，祈禱類應。不知創自何時。清同治被賊焚毁，邑人募化重建，工甫峻，又毁。光緒六年復建。」

〔校記〕

［一］暨，當作「塈」。《詩經・邶風・谷風》：「伊余來塈。」《大雅・生民》：「民之攸塈。」毛傳：「塈，息也。」「塈」

本是「休息」之義，據此處文義，作者用爲「止息」。

七七　洞清溝藺家堡碑記

吴建春

且夫洞清溝之神山，有關帝廟一座，由來[一]矣。蓋自大明崇禎八年，流賊大變，民衆無所躲避，乃藉地利之峻極、神聖之威靈，議修堡寨，堡内并堡後三畝盡屬屯田。因堡前一面□路難行，適有横河里五甲民甄秀，合户出賣本甲青山田地一處于堡人藺邦魁等衆，以爲禦賊之方，當日出賣銀五兩，以青山地而未安，補有文約可證。國朝康熙四年，有甄才小分不和，周汝滿反州控告，劉進良中人同州差息和，甄才舍業指明地界：前面石崖通河。仍復銀五兩，匿字錢一千五百文，又有文約可證。于今二百餘年，由太平年遠，無人經守，匿失文契，後代無人得知。又嘉慶四年，反後有薛□閏之父，無安身之地，寄居堡内，將堡内外屯地每年承納租籽□□□□以爲關聖香火之資，猶如先年藺現章之父一樣，承租供神，而伊與現章隱匿文契，及行吞毒。咸豐七年間，薛□閏在徽地暗勾甄斤换兩，偷賣堡前公地一分。又同治七年間，用計設謀，在徽地勾來狗腰子與藺現章，擔糧偷賣，變公爲私。不意容歲，八月内藺現章被回賊傷害，伊子名唤藺發祥，以薛□閏欺辱過度，將文契二次出呈堡頭人等執守。而衆人猶恐日後遺失，故特立碑文，以爲世世子孫永遠爲據，永垂不朽云爾。

本會國賓吴建春敬撰，固城□□□賓楊向時敬書。副長周禄泰，林傑（人名略）

大清飛龍同治十年夏四月穀旦，堡寨頭人周凌霄等（人名略）立

石匠：楊芝有（人名略）

［説明］

據禮縣老年書畫協會、禮縣博物館《禮縣金石集錦》録入。

同治十年（一八七一）吴建春撰。

［校記］

［一］由來，下當脱「遠」「久」表時間一類文字。

七八　重修聖泉寺關帝殿并龍王廟池之碑記

李應紫

禮邑城南十里，有聖泉寺。明洪武時建，重修于萬曆庚申。我朝康熙辛卯間，居人又葺而新之。其靈迹顯應、利民濟物之功，前任羅公撰記，詳哉其言之矣。因《縣志》列八景之一，後人罕讀其碑，特以爲清泉噴月，可壯游觀；而未識濟旱作霖，有功造化也。丁丑四月，余莅任斯土。夏秋之間，雨澤愆期。嘗偕同僚士庶，疊經取水設壇，凡曩謂禱雨之所，靡神不舉，雖資微潤，未獲霑足。余添［二］司民牧，憂心如熏，别求弭旱之計而未得。乃細閲《縣志》，有所謂聖泉者，因思泉以「聖」名，必能灑潤流甘，造福一方，非漸以夜月得名也。遂步謁于寺，拈香取湫，叩仰關聖尊像。俯視旁廊，狹隘殊甚。且因風雨侵蝕，莊嚴法相，半就剥落；紺宇靈泉，亦多圮淤。于拜祝之時，即立重新之願。取湫回，爲壇于城北武廟中，齋禱三日，甘雨淋漓，士民相慶，謂非神之靈不至此，非余之力求于神，亦不至此。余曰：「食其德者，圖其報。神之惠澤覃敷，活我禮人者至矣！我禮人可弗一乃心力，以答神庥乎？」即捐廉首倡，闔邑亦各量力助資，共成斯舉。新建正殿三間，卷棚三間，崇祀聖像。殿後鑿山開洞，黝堊丹漆，移奉舊像于中。其龍王廟池佛殿，各一一依次修補完整。鳩工于丁丑八月，蕆事戊寅四月[二]。從此雕楹粉棟，羨輪奐之重新；雨順風調，定綏豐之屢奏。使異日農事之暇，邑之主伯亞旅，效報賽故事，携壺觴，參龕座，尋復流連景物，挹石上之清泉，弄松間之明月，相與慶時，和而歌歲稔者，皆神之賜也。此固民之樂，亦守土者之幸。

［説明］

據張津《禮縣新志》録入。

光緒四年（一八七八）邑進士李應紫代邑令東瞻泰作。李應紫，號秀峰，同治癸酉科舉人，光緒丙子恩科進士，主講秦州天水書院；壬午簽發奉天，調署鐵嶺知縣，善政宜民，頌聲載道，後卒于任。張津《禮縣新志》有傳。

［校記］

［一］添，當作「忝」。

［二］此句與上句乃對文，「事」下當脱一「于」字。

七九　重修天嘉福地碑記

東瞻泰

重修天嘉福地碑記

蘭倉之北，出郭不數武，有天嘉福地，起建未詳所自。而前元至正，前明天順、隆慶暨我朝乾隆年間，歷有重建碑記，則兹寺之由來已久。聞之土人云，寺内舊有古柏一株，柏前有石缸一口，夜分時聞絲竹聲。每歲上元後一日，少長咸集，相與游覽其間，名曰「游柏缸」，謂游此則終歲可少疾病。此雖土俗，要之，地以「福」名，必神之靈迹顯應，有以造福一方，非祈爲是登臨選勝之區可知也。自罹兵燹，遂成灰燼。旃檀輪奂，僅存片瓦數椽；寶珞莊嚴，盡屬焦頭爛額。余莅任後，問民俗，訪遺址，目擊心惻者久之。適往歲因禱雨之願，募修聖泉寺，得餘資一千有奇。余復捐廉附益之，用是庀材鳩工。計前新建吕祖殿三楹，山神、土地祠各一楹，鐘、鼓樓各一座，山門三楹，照牆一座，并添修無量佛殿暨魯班、財神各祠。内新建聖母宫三楹，學舍、齋房六楹，并補葺大佛、菩薩、韋陀各殿，又照牆一座。基址雖仍舊貫，而規模則又宏敞矣。其外，附近之興福寺，係前尃敷陳公重修，尚有未竣之工，均皆藻繪，一律完整。從此精藍永勝，紺宇重輝，匪徒結净土之緣，聊以培地方之脉云爾。

藍翎知州銜秦州直隸州禮縣知縣古徽東瞻泰撰文

藍翎六品、銜署禮縣典史、補用縣丞吴門陸爲㮕，署禮縣儒學訓導當亭張澍

邑進士李應紫校正，邑拔貢蒙頒賜書丹，澄城連崇德督工

刻字匠張應元，木匠王見吉、劉興基，泥水匠李兆祥

工房王衍傑，畫匠姚進禄、張好禮，住持樊達福

大清光緒肆年歲次戊寅菊月吉日，邑人李自俊敬立

［**説明**］

碑存禮縣一中院内。碑高一一八厘米，寬七五厘米。

光緒四年（一八七八）東瞻泰撰。東瞻泰，陝西澄城人，監生，光緒三年任知縣。天嘉福地，方嘉發《禮縣志略》載：

「天嘉福地，今正覺寺，在縣北門之外鸞亭山之麓，梵刹軒爽，壯麗可睹，上有一泉，天霧則雨。」又雷文淵《禮縣新志》載：「寺有古柏一株，石缸一座。元宵後一日夜分，缸内有絲竹聲，是日，邑人咸集，謂之『游百病』。」

著録：禮縣老年書畫協會、禮縣博物館《禮縣金石集錦》。

八〇　關帝廟碑記

蒲右芝

（篆額）：關帝廟碑記

重修關帝廟大殿、三聖宫、土地祠、獻殿、戲樓；創修文昌閣、奎樓、小捲、山門、鋪面兩間半、前後廊房十間碑記

我鎮舊有關帝廟，國朝以來屢經重建：一建于康熙己酉，再建于道光壬辰，前人碑記之詳矣。相傳自有此廟，人民安堵，時和年豐，誠一鎮之福地也。歷年以來，殿宇森嚴，廟貌如新，固宜萬世永賴者矣。不幸同治二年，回逆叛亂，毁祠滅像，蹂躪傾頽，摧殘之象，誠堪蒿目。自曹軍克復城池，民復故居，睹兹景象，真有滿目蕭然，感極而悲者矣。此而弗修，何以承先志而昭來兹乎！乃以兵戈未息，公事紛繁，人人有踴躍重修之意而未果。延及光緒五年，衆等同心協力，始興工作，至七年，漸次落成。殿宇門廡，黝堊丹青，舉以法。自是鳥革翬飛，巍然焕然。其間規模依舊，崇古制也；易金像爲神牌，遵例典也。此外創增神位三尊，三聖宫增修藥王位，鐘樓頂增修奎星位；近獲買廟側民院一所，增修文昌閣。從此廟貌復新而山門宏敞，更爲壯麗。庶乎靈爽式憑，福沛一鎮；行見物阜民康，人文蔚起，均于是乎卜焉。則斯廟之重修，所關豈淺鮮

哉？爰勒諸石，以垂久遠。是爲記。

邑貢生蒲右芝敬撰

（捐資人名略）

邑貢生魏煜敬書

大清光緒七年歲次辛巳中秋月上浣穀旦

［**説明**］

碑存禮縣鹽官鎮中街關帝廟内。碑高一七六厘米，寬七七厘米。

光緒七年（一八八一）蒲右芝撰。蒲右芝，禮縣人，邑貢生。

著録：禮縣老年書畫協會、禮縣博物館《禮縣金石集錦》。

八一　重建香山菩薩正殿山門鐘樓鑄鐘砌路建立過廳碑記

馮發榮

重建香山菩薩正殿山門鐘樓鑄鐘砌路建立過廳碑記

蓋聞山以仙名，地以靈顯，香山之勝境，實西禮之奥區焉。兹山舊有大慈大悲千手千眼觀世音菩薩正殿，相沿已久。曾傳菩薩于兹，乃功滿成果之處、羽化登仙之宇。溯厥原始詳載金石。始而燒丹白雀寺，繼而梳洗麒麟院，乃遇達摩葦渡，直入香山。斯山也，象具奇觀，形由天造。蜿蜒不知幾千里，高峻不知幾萬丈。野花開于九夏，赤松秀于三冬。實同仇池八盤之號，無殊香山九老之名。結社絶頂，石龍峙其左，石塔峙其右。冰洞峙前，冬消夏涷；石碑峙後，似雕若琢。中峙㴔臺一座，下露地穴，以磚彌掩微隙，則風從中吼，空落透底，名曰「風洞」。况殿角地勢極險，高聳無量，如切如削，上極于天，下達于河。人驚俯視，僉指爲菩薩舍崖其間，足迹髮影，迄今猶有存者。以故巒頭[一]之雲，終日而不斷；石泉之水，當旱而常盈。或采茗葉，忽有而忽無；或見神虎，倏來而倏没。真乃蓬島仙境，鷲嶺福地。凡乞嗣求壽者，屢禱屢驗，其應如響。追思昔之人，創立廟宇，重建匪一。因光緒五年五月地震，廟宇漂摇，路道崩洩。衆公從此商議，如若鎮静平休，僉願竭力募化。由乎近而及之遠，皆悦誠心改作，革其故，鼎其新。自九年正月動功，重建正殿山門鐘樓，砌路建立過廳，至九年六月功竣。功果若是細密，工程如此浩大，而之一一告厥成功者，良由泰山不讓土壤而成大，河海不擇細流而聚深。所以同心經營，已非一日；衆力拮據，于今三年。自始作以至終成，而均莫敢告勞。則知此功之竣，雖人力之所爲，實神靈之所使也。庶幾天行不忒，水旱水澇，其災地道有常，震動早懾其變。于以需普濟之鴻庥，而大顯此山之靈應也云爾。是爲序。

西邑庠生馮發榮沐手敬撰，周象生沐手敬書

西邑督工：吏部侯詮州右堂登仕郎冉登恒、高步月

功德募化主：（人名多，今略）

大清光緒九年歲次癸未季夏月穀旦□□□□□□□立

［**説明**］

碑存西和禮縣之間香山寺。據趙逵夫一九六三年抄件與西和縣袁智慧所提供抄件相校録入。

光緒九年（一八八三）馮發榮撰。

西和縣地方志編纂委員會《西和縣志·第八編·附録》載：「重建香山過廳碑。時間：清光緒。地址：香山。」

著録：王訪卿《重修西和縣新志》。

［校記］

［一］巒頭，疑當作「巒巔」。此文駢散相間，流麗淳雅，若云「巒頭」有毁文勢。「巒」下有「山」字，「頭」「顛」形又相近，易誤。惟不能知爲抄録之誤，亦或爲鐫碑者之誤。

八二　四泒官據

佚名

（碑額）：四泒官據

特授禮縣正堂加三級紀録五次雷，爲陳□元、段双喜勒立石碑嚴禁事。照得紅崖前中後岷里緣有巷花寺一座，崇山竣[一]嶺，茂林修竹，理宜護惜，以壯觀瞻。外神池相連山圩數處，樹木森嚴，乃我邑之神山也。詎本里謝旺德因修廟費用無出，昧衆不知，將神樹擅賣于胡布客一百二十根，竟被伊砍伐極多，毁傷大半。天道不順，雨雹交加。因有三里四派頭人等，具禀呈案，蒙縣主賜恩，親臨驗察，因伊砍伐極多，罰錢三十三串文，以作神廟公用。現據斷明，永不准私賣偷剁，具結完案。今立石碑謹叙。

禮房□師（人名略）。三班（人名略）。頭人（人名略）。瓦匠（人名略）。刻字（人名略）。香老（人名略）。木匠（人名略）。石匠（人名略）。

光緒十五年五月吉日立

〔説明〕

碑存禮縣沙金鄉沙金村。碑高一二二厘米，寬五七厘米。

光緒十五年（一八八九）立。

著録：禮縣老年書畫協會、禮縣博物館《禮縣金石集錦》。

〔校記〕

〔一〕竣，當作「峻」。

八三　祁山武侯祠詩碑

王化南

檢點琴書剩此身，蘭倉曉發正逢春。柳因露重先含别，鳥趁風翔欲送人。幾處桑田驚舊夢，等閒心事付征塵。徘徊我愧無遺愛，但祝皇天雨澤匀。

蘭倉曉發

行行且住思無邊，況值祁山日暮天。駐馬獨來尋往迹，揮戈儔共話當年。三分未定祠空祀，萬竈無踪草自烟。從古傷心惟國耻，鞠躬誰更似侯賢。

祁山晚眺

余解組蘭倉，適值歲試，曾于終場，擬是二題，命諸士同賦。有王生文山製長句，頗近風人之旨，因用其韵，各賦一章。頃文山見過，遂録示之，以博一粲。工拙非所計也。湘鄉王兆鼎書于天水旅邸。

邑侯筠鄰王老夫子，工書尤善詩。邑之人得其書者或多，而詩則鮮有見之者。化南素不解吟，以夫子命勉應七律二首，冀有以教之也。日者化南至州進謁，果出前詩見示，即乞書之長幅，歸而摹諸石。時光緒戊戌夏日也。門生王化南謹識。

［説明］

碑存祁山武侯祠廊東壁。碑高一五八厘米，寬六三厘米。

光緒二十四年（一八九八）王化南識。

著録：禮縣老年書畫協會、禮縣博物館《禮縣金石集錦》。

八四　白衣堂募化文

焦志賢

蓋聞鷲山天半，釋迦種千樹菩提；鹿苑雲中，精舍開萬間蘭若。此金繩寶筏，隨時皆正覺之宗；而法雨慈雲，逐處胥光明之域也。禮邑南月城，舊有白衣古刹。法門清净，拓地不過三五弓；妙相莊嚴，轉輪直通三千界。湧蓮花于座上，境即西湖；濯楊柳于瓶中，春分南海。内有地藏、韋馱各殿。蘭盆説法，解一切苦厄于衆生；慧杵降魔，除諸天魍魎于三昧。法幢逮自當年，象教傳于弈世。洵卅二里之壯觀、數百年之盛舉也。乃者星霜變易，風雨飄摇，殿宇頽然，門廡闃爾。既少布金之主，亦無杖錫之僧。遂令鳥革翬飛，此日難言净土；月容金面，經時頓減祥光。幾乎蛛結網于眉頭，鼠唧[一]書于臍内矣。民等商之同志，願爲協心。惟是九仞有意于爲山，一木難支乎大厦。敬祈善信，懇亟皈依。果其檀越一時，立見旃林再闢。涓流肯助，何須東海洪波；寸壤能分，即是南山正脉。庶幾星簷飛翠，一新鐘磬之音；斗横流霞，長護雲山之氣。渢千聲之貝葉，開十丈之蓮花。境號圓通，登場觀喜。

［説明］

以張津《禮縣新志》爲底本録入。

原題下有「邑進士焦志賢」六字。焦志賢，字少淵，光緒壬辰進士，授户部，逢庚子之變，假歸省母，母卒哀慟成疾；上官以勞加員外郎銜，未幾歸里。此文當爲其歸里後所作。

著録：禮縣志編纂委員會《禮縣志》。

［校記］

［一］啣，疑當爲「嚙」。

八五　蒙頒賜德教碑

梁士選

（篆額）：皇清

敕授修職郎、辛酉科選拔貢生、原任華亭縣教諭、署理海城縣訓導、諱頒賜字芹塘、蒙老夫子大人德教碑［一］

國朝沿前明舊制，恩歲兩貢外，特開選拔科，以搜羅遺才。得人之盛，幾與鄉會試并。顧有高材生而不獲選拔者，未有選拔而非高材生者，而艱苦卓絶，尤以芹塘先生爲之冠。先生姓蒙氏，諱頒賜，芹塘其别號也。

家世儒業，自高曾以來，以正直著聞鄉里。至先生而聰穎絶倫，人遂卜蒙氏之將昌矣！弱冠補博士弟子員，有聲黌序間。越六年，以選拔成貢生。是時，先生甫二十餘歲耳！顧内迫家計，外值兵燹，卒不獲專意于文學，以盡其志。乃囊筆西游，應聘于西固、階州、成縣各幕中。久之，遂漸通刑名家言，下至卜醫之書，靡不涉獵。然時時用以爲應酬，非其所好也。花門肅清後，關隴分闈，學者争相額首，先生亦重理舊業，出而應試，乃文場坎坷，連不得志于有司。爰設帳授徒，專力于講學一事，以作育人才。隴上僻處西陲，文明久遜于東南，自經喪亂後，庠序鞠茂草，荒落日益甚。末學新進，至不識經史爲何物，往往濫邀一衿極，其流弊不止，爲文字之妖，如朱子所云也。先生主講十餘年，乃一切以清真雅正矯之，文風爲之一變。嗚呼！可謂知所本矣。光緒十六年，署理海城訓導。二十二年，部銓華亭教諭。先生垂老忘倦，方鋭意秉鐸，思爲邊城一破其屯蒙，不圖抵任未及旬日而遽逝，識者惜之。今先生没已十年矣，門人恐其久而無傳也，公議樹碣于道，以告來者。并囑文于選，自愧鄙陋，不足仰贊高深，然兩世姻好，知先生者，宜莫選若也。謹追書其大略，其他事迹無關教澤者，概不録云。

受業（人名略）頓首敬立

賜進士出身、誥封奉政大夫、紫陽縣知縣、受業姻愚侄梁士選頓首撰文

賜進士出身、度支部主事、受業姻愚侄焦志賢頓首書丹

欽加同知銜、丁酉科拔貢、侯選州判、受業沈樹藩頓首題額

大清光緒三十四年秋七月吉日

天水趙順魁刻字

［**説明**］

碑存禮縣城關鎮土山村。碑高一六三厘米，寬八三厘米。

光緒三十四年（一九〇八）梁士選撰。梁士選，字萬青，生而卓犖，光緒甲午舉孝廉，乙未捷南宮，授内閣中書，丁酉入都改知縣分發陝西。張津《禮縣新志·人物》有傳。

著録：禮縣志編纂委員會《禮縣志》，禮縣老年書畫協會、禮縣博物館《禮縣金石集錦》。

［**校記**］

［一］此碑名原刻于碑陽正中間。

八六　重修菩薩正殿過廳山門鐘樓砌路布施人姓名

佚　名

重修菩薩正殿過廳山門鐘樓砌路布施人姓名

（人名略）。

大清光緒二十五年并民國元年兩次重修。

［**説明**］

此碑文爲趙逵夫于一九六三年八月十日游香山時所抄録。

民國初年立。

八七　創修香山鼓樓碑記

佚　名

香山寺係古今名山也。憶當年漢代時，西邑稱興林國，古佛悟道白雀，迹著香山。蓋此山上有怪石（下缺）。

［説明］

此碑文爲趙逵夫于一九六三年八月十日游香山時所抄録。

趙逵夫一九六三年八月記：「八月十日，同冉守禮游香山，并約定與杜俊才在香山相會。在等杜之時抄碑文。杜來之後，未能再抄，故此篇未完。」近年託西和三中袁智慧補抄，則碑已不存。不知年代，因而置于清末。

八八　焦志賢墓碑

任承允

焦君紹顏墓碑

君諱志賢，字紹[一]顔，一字少淵，世爲禮縣人。祖某、考某、妣某以君貴封贈如例。君生資聰穎，初授書已見重于師長。祖母嘗謂家人曰：「以吾孫氣概，卜之他時，必成令器。惟恐爲家貧累，或廢讀耳。」乃君于童幼之年，能淬礪于艱難困約之中。年未冠入邑庠，食廩餼，文譽日起。值先大夫講學隴南書院，慨然負笈從游，與三郡英才相馳騁，未或有先之者。光緒乙酉得選拔陸學，使調往省肄業。凡求古知名之士莫不引以爲益友。戊子科以第一人領鄉薦。乙丑禮闈不第，留京師夏課。詩壇酒政、風流文采照映一時。不識君者或疑爲豪華不羈之人，及一接其光儀，則衝懷淵雅，端凝如也。以是朋儕益重之。壬辰登進士第，觀政户部。旋聞贈公訃，星夜馳歸。遥望里門，吞聲慟哭。遇之者無不感動，泣數行下也。卜窀穸，哀禮備至。起復供原職。不數年而有庚子之變，九門不守，兩宫出巡。君倉卒中買一羸馬，負載而出。遇潰兵刼掠，彷[二]徨道側。值同鄉之素識軍官，倚之得達行在。居未幾，請假省母太恭人于里第。侍養年餘，太恭人逝世，其哀禮一如葬贈公者焉。服闋，挈繼室張宜人及胞弟入都爲久官計。弟本邑增生，由議叙得京巡警廳司書。君恃如左右手，驟染疾，甚篤。君禱天願以身代，卒不起。明年張宜人亦殁。摒擋歸兩柩，心力交瘁，由是得喘病。當是時，上官知君，能擢主稿加員外郎銜，異數也。蓋駸駸焉摶扶摇而上矣。生不逢辰，國運陽九。辛亥秋冬間，四海沸騰，萬事隳墮。政改後部案山積，無從交管。君恐有遺墜，獨爲守者月餘。及收替有人，乃得卸責閒居。時甘人宦京者已星飛雲散，允尚留滯都門，同居于古寄園。晝則抵掌追感今昔，每夕陽在山出而沽酒。長安市上，對酒狂歌，以寓黍離麥秀之悲。壬子九月，恐資斧不繼，遂相將踰崤陵、入潼關。槍林炮〔三〕雨中冒險提携，卒得度隴而賦歸來之辭。君歸禮縣後，閉門謝病不復出，雖親友交勸，官紳敦請，不顧也。獨處無偶，書空咄咄，無舒眉時。適族弟某爲人所暗戕，不得主名。侘傺加以痛忿，鬱鬱得心疾以終。

君性静穆修潔，所御衣物若不甚經意，自無塵垢。喜獨居深念，不甚著作。然偶與之論古今人詩文高下，中邊皆徹，評騭反當于專家。善作布帛菽粟之言，懇款娓娓然入人肺腑。凡主邑禮興書院、西和漾原書院及閲秦州課試各卷，持論精確〔四〕，足資激勸，故造就宏多。平居畏涉足公門，然事關地方利害之大則又知無不爲。其措施必合于衆心。其殁也，弔者充閭塞巷。無論識與不識，僉失聲太息曰「里無人矣」。殆君之忠孝友恭，素孚于人，有不言而信者歟？

君殁于乙卯歲十月十日，得壽五十有六。原配孫生子男三、女三，繼配張生女一。葬後之三年，其三子文濟來謁曰：「府君之殁也，世亂家貧，壙志闕如。先生與府君少同學、長同榜，庚子、辛亥又同患難，然則知之深矣，曷表其墓并爲之銘？」余曰：「此後死者之責也，豈忍辭？」銘曰：

金玉之德兮愔愔，江海之深兮淵淵。其處也，如干將莫邪之韜匣兮，不磨而銛〔五〕；其出也，如天馬之行空兮，磊落而騰騫。方奮翼于天地兮，遭國步之迍邅；歸三徑而松菊無色兮，終侘傺以捐其年。倘化鶴而北翥兮，顧城郭而哀鳴問天。嗚呼！慨良友之我遺兮，忍濡筆而表此阡。

〔説明〕

據任承允《桐自生齋文集》收録。

民國七年（一九一八）任承允撰。任承允（一八七一—一九四一），字文卿，號上邽山人，甘肅天水人。光緒二十七年（一九〇一）進士，授内閣中書，後充國史館協修。丁憂歸，先後主講寧羌、振文、秦州、隴南各書院。入都，調禄米倉監督，旋署侍讀。民初返里。著有《秦州直隸州新志續編》、《桐自生齋詩文集》十八卷。此文見文集卷五。

〔校記〕

〔一〕紹，原作「少」，當涉下而誤，今正。
〔二〕彷，原作「傍」。
〔三〕炮，原作「礮」，係異體字。
〔四〕確，原作「碻」，係異體字。
〔五〕銛，原作「恬」，爲手民誤植。

八九　重建清凉寺碑記

喬樹森

（碑額）：佛法增輝

重建清凉寺碑記

清凉寺歷年久矣，至若無量之慈悲福庇我萬姓者，儼若拯斯民于水火而登諸衽席也。疫氣之不染，十方永樂康泰；冰雹之不臨，四時咸慶豐亨。越客歲己未春，綢繆補修，欲增其舊制。不料去年庚申冬，工在半途，忽遭乎地震。悲哉！甘省陷生無數，周察地刼，田廬計傾圮之殘耳。獨幸我佛地，賴神陰護，勿傷生命，房屋却有摧折，廟宇過無[二]崩決。惟本寺神廳之脊，翻陷滿房；戲樓之瓦，顛擠堆簷，較諸他鄉各廟，無大碍傷。噫！□神解免，吾儕下民焉有今日耶？同會感激，欣心向善，欲酬神聖之功化，速令廟宇之復興，力願勤，財願償，乃鼓力而傴僂，踴躍如一心也。更有四方君子，同結善緣。恐大厦將傾，所慮一木之難支；故涓滴肯助，奚讓東海之注潤。今歲辛酉而仲夏之吉，工程告竣，余因援筆，以寄不朽之思。時有乾伯王先生者曰：「神之福也，固所宜載；地之靈也，不可不傳。」余聞其言而善之。觀夫勝狀，山水繞圍，壤接懸石，真閎壯奇偉之處。且此山來葫蘆峪水，流卧牛坪，朝暉夕陰，氣象萬千。想當年，古槐抱月，白鷺巢簷。惜乎景不見于今日，名不虛乎亘古。雖不足爲喬嘉之名觀，實可謂黑峪之福地也。後之視今，亦猶今之視昔。故爲之説而遺之志云。

（人名略。）

前清太學生、考選優等師範生、辦理東區國民學校教員喬樹森鞠躬撰并書

大中華民國拾年夏則月上浣之吉，闔會公立

［**説明**］

碑存禮縣喬川鄉清凉寺。碑高一三五厘米，寬七〇厘米。

民國十年（一九二一）喬樹森撰并書。

著録：禮縣老年書畫協會、禮縣博物館《禮縣金石集錦》。

〔校記〕

〔一〕過無，疑當作「過廡」，謂寺之過廊。

九〇　重修雷王廟碑記

田向榮

（篆額）：重修碑記

（碑上部：兩邊爲神位，中間爲宗譜）：

□□□□捐棚左班神

黄馬小馬爺

紅馬晁將軍

紅馬姬將軍

白馬唐喇嘛

紅馬張將軍

聖氏宗譜

聖四子靈聖威感雄烈宣齊王

聖三子惠明寧順文昌通義王
聖次子嗣德善助翼濟惠靈王
聖長子顯聖昭利嘉應首澤王
聖妹仁威信武齊顯佑元君
聖弟金子山文臺廟顯齊王
聖弟天水縣天靈廟輔澤王
聖母安福啓佑濟惠慶夫人
聖母開聯叔顯慈惠寳光太后
聖父開皇應昊鎮國廣順天王
雷公昭聖顯惠廣德威靈王
聖弟西漢普濟廟溥澤王
聖弟岳平靈潭廟廣濟王
餘子資善顯福惠樂孚應王
餘子靈威宣烈輔國通衛王
餘子濟義廣助協靈崇祐王
聖侄大興殿普德大天帝
昭聖威武英烈顯齊王

常順宣靈廣佑敷澤王
仁文聖武靈濟溥澤王
聖兄乾德廟太皇萬福之殿

捐棚右班神
紅馬魯將軍
紅馬王督司
紅馬薛將軍
紅馬何將軍
黑馬小張爺

（碑中下部）：

重修雷王廟碑記

志也者，記也。事有可傳則記之，功有足録則記之，以至廟宇形勢、山水景物，遐迩采集，有可記者無不記之。久之，記日多，而記者且不記此碑之所由立、志之所由作耳。予學疏才淺，豈敢舞墨弄硯，以貽士林之耻笑哉！舊碑云「雷王乃秦州成紀人也」。自晉元帝太興元年五月十一日誕生，祥雲滿庭，異香馥郁。幼敏慧，悟醫道，貫徹經史，煉丹于長道縣之南，神效莫測。唐明王時，宮中有疾，召至長安，調治立愈，敕封

「雷王」。至咸康元年，舉孝廉，仕歷耀、襄、瀛等州刺史，遞轉升至尚書左僕射、紫金光禄大夫。辭官入道，修行于白石鎮之太皇山，即雷王山。今山上藥臼丹竈，有古槐一株，液出似酒，飲之去病，人謂「雷峰仙酒」。上有青巖洞，洞出霧即雨。又有天聖池，禱雨療疾輒效。元興三年三月八日，功成上升。郡人思其德行，立祠祀之。王自成聖後，禳疾病，禱雨暘，莫不靈應，及勦馘蛟蜃，神功屢顯。宋咸淳四年，江陵府奏進討叛蠻，遣使謁雷王，禱神求助。戰之日，見有神人率天兵盪陣，大顯靈迹。敕封「齊天顯聖崇靈廣福乾元宣烈蓋國大帝」封號。王修于太皇山，曰「雷王坪」，曰「蓮花池」，曰「天聖廟」，曰「敕封古祠」。葬于太華峰，曰「乾明祠」，曰「玉液天宫泉」，曰「聖應」。且斯廟也，前代之作，信而有徵。迨夫皇清乾隆乙巳歲，邑侯莊公，捐廉重建。至咸豐九年，州主陀公，遣使迎湫，甘霖沛降。代代顯迹，屢［經］補葺。不幸去歲黄鐘月朔七日，忽遭地震，雷王廟宇摇落殆盡。于斯時也，神有不安，人亦何能安乎！衆等不忍坐視，通傳十方，舉報四人。時則有若薛君三有，南君自强，田君向榮，馬君化龍，皆廟之左右鄰村人也。爰集同會諸人，鳩工重建，若正殿、捐棚、兩僧舍、地祠、五行廟，若牌坊、鐘戲樓、東西兩廊、厨舍之屬，前中後院，重建者廿五楹矣。今添修者神庭三門，奎光壁耀，輪奂聿新，樂觀厥成。于凡工之勤者獎之，惰者懲之，争先恐後，不數月而告竣焉。回憶向之攲側傾頽，今則端嚴秀麗，聖妥賢安，無不盡善盡美。噫！是非好費邑財也，實屬萬難自委，不得不竭力圖成，而敢自以爲功、自以爲德乎！倘非四方仁人君子慷慨樂善，仗義捐貲，安得廟貌巍峨，兆民以之永賴也？其事其功皆可録也。爰以爲志，永垂不朽云爾。

禮縣正堂周

首事人：　薛三有，南自强，田向榮，馬化龍

廟管：薛入伏。陰陽：南永清。木工：李含章，□忠。畫工：曾長水

募化人：薛積禄，薛儀德，薛盡美，楊自秀，董行，南自俊，南有□，張守正

鐵匠：薛根盛。石匠：張□□

十方頭人：薛大用，薛起士，薛生財。堂侄，薛遵周，薛二陽，薛三啓，薛慶吉，薛映秦，薛文□，薛興勝，薛克昌，薛含哥，薛喜全，薛進丑，薛澍棠，趙□棟，趙得時，□潮海，□慈明，張□俊，張□泰，李春□，林森旺，楊興海，楊毓秀，王步周，王正吉，王思過，王大元，王仁哥，王居成，□連升，□懷義，□自秀，劉報元，劉雙成，劉伏義，丁志尚，田永福，張肇基，丁全斌，丁貴生，丁自秀，趙生桂，王務十，龐懷仁，王和貴，李居成，楊登明，董成財，董佐子，董都信

協辦：弟薛俊傑，兄馬旱龍，弟田至榮，男南□□

書生田向榮沐手撰篆并書

邑西刻字匠李得福

中華民國拾年歲次辛酉季秋之月上浣穀旦，衆姓仝立

［**説明**］

碑存禮縣雷王鄉薛河村雷王廟内。碑高一六五厘米，寬八五厘米。

民國十年（一九二一）田向榮撰篆并書。雷王，方嘉發《禮縣志略》載：「昔成紀人，姓雷名牛，煉丹山上，神效莫測。唐明皇時，宫中有疾，召至長安，調治立愈，賜封雷王。今山上藥臼丹竈尚存。廟前古槐一株，液出類酒味，飲之去病，人謂『雷峰仙酒』。」

著録：禮縣志編纂委員會《禮縣志》，禮縣老年書畫協會、禮縣博物館《禮縣金石集錦》。

九一　重修方口寺碑記

任承允

釋有刹，道有觀，金碧莊嚴，廊榭繚曲，通都大邑之矜名勝者則然。若夫村落之中，牆桷樸古，略備蘭若之制，一龕香火，仙佛雜居。然亦求之人烟茂密、物力豐裕之區乃有之。蓋春秋之祈報，水旱之禱禳，必有其定所，而群情始安。不僅明有人道，幽有鬼神，爲昐蠻所不能已也。况原田百里，坡谷漫衍，使非有丹青結構以點綴其間，何以蓄洩山川之氣、休養人物之和？然則一方福利，形勢所係，豈好事縻費云乎？近來，學者輒議中國事神爲迷信，而又不關宗教，試思宗教家又孰不迷信者？乃獨以責之儒理，抑亦好議論而未之深思焉耳。禮縣横河里之方口寺，去州境楊家寺五里而近，周環莊舍之人供奉久矣。迭經兵燹，風雨剥落飄摇，半歸荒蕪。其父老相聚謀曰：「人非神何庇？神非人何依？况前代所舉，忍使湮廢？」遂相與鳩工庀材，基舊創新。經始于民國六年正月，落成于十年十月。垣院、殿廡、齋寮、經堂，焕然大備。其奉神之栖者一十二間，待人之事者一十二間。凡遠近信善布施錢緡若干。嗚呼！無屈伸之理，則亦無天；有之，則誠感必通。十方三島，近在眉睫；赫然廟貌，民力普存。其庶幾以呵護我井里桑麻者，慈悲天下，則亦與築堂事帝主，以求幾倖[一]之福，名雖殊而理則同焉，迷信云乎哉？首事人、監工人例得備書。

［説明］

據張津《禮縣新志》録入。

民國十年（一九二一）任承允撰。任承允（一八六四—一九四一），字文卿，號上邦山人，甘肅省秦州直隸州人。光緒十四年（一八八八），鄉試中舉。光緒二十年，登進士。同年五月，授内閣中書。中華民國成立後，不再爲官，著有《桐自生齋文集》、《秦州直隸州新志續編》等。

［校記］

［一］幾倖，疑當作「機祥」。

九二　建修鹽關鹽神廟碑記

姚啓飛

建修鹽關鹽神廟碑記

西和鹽關之有鹽井也，自唐以來，迄將千有餘歲矣。明元以上，年代荒遠莫稽。有清中葉，髮捻亂後，鹽井乃歸官有。設局徵課，而關民之煮鹽爲生者，始如農之耕疇納税焉。雖然國家有興替之殊，時代有更遷之變，而井之源泉混混不舍晝夜者，固千百年如一日也！其乾健坤貞之德，雖曰天功未始，非明神有以呵護之也！然訪錫神之廟址，則斷礎殘碑，土花斑駁，不知其幾十百年矣！依稀然不可復識。其建也，何代何人，不得而知之；其廢也，何年何月，亦不得而知之。邑之紳民欲求一瞻仰者，弗可得耳。民國成立，井雖改爲國有，向以邑令兼理。及八年，始置專官長斯局者，年一更易，率皆未能久任。歲壬戌季秋，予由閬莅隴，奉檄來長斯局，迄今二載矣！雖無報最之功，幸無逋逃之負。斯固鹽民之恭順，抑亦神力之護持。今春，關民相念飲和食德，溯及木本水源，以神之無可式憑，殷殷焉將創建神宇爲請，蓋亦崇報之意。予感明神之有應，順合鎮之輿情，爰特恭襄斯舉。而鹽民等尤踴躍輸誠，計效工者二百餘家，歷時六閲月，費紙幣萬餘緡。兹當落成之始，咸喜有所瞻依，并請記于予，以期垂久。予維是役，神人相與，乃獲觀成，然莫爲之後，雖盛弗傳。是則予所望後之從事于斯者，因走筆爲之記。又從而歌曰：

祁山蒼蒼兮，漢水洋洋。維神之靈兮，潛德幽光。從井惠人兮，流澤孔長。自以始兮[一]，廟貌堂皇。神其式憑兮，時格馨香。我爲鹽民祝兮，嘉惠無疆。

海軍部上尉、西和鹽關産鹽徵收局局長古閩侯官姚啓飛敬撰

清例授儒學生員、壬子歲初選衆議院議員子中氏王文權敬書

井夫，夫頭（人名略）

西和鹽官鹽民全體公建，石工陳玉貴

中華民國十三年歲次甲子孟秋之月穀旦公立

［**説明**］

碑存禮縣鹽官鎮鹽神廟院内。碑高一一八厘米，寬六四厘米。

民國十三年（一九二四）姚啓飛撰。

著録：禮縣志編纂委員會《禮縣志》，禮縣老年書畫協會、禮縣博物館《禮縣金石集錦》。

［**校記**］

［一］此處疑脱一字。

九三　敬謁神祠留題

許以粟

山頭故壘鬱崔巍，六出當年逞霸才。廟貌千秋遺碣石，高風景仰幾徘徊。

民國十五年四月八日

禮縣縣長杭縣許以粟題

［説明］

碑存禮縣祁山武侯祠東山牆壁上，係許手書。

民國十五年（一九二六）許以粟題。許以粟（一八八五—一九六七），字忍庵，號琴伯，浙江杭州人。光緒三十一年在日本加入中國同盟會，追隨孫中山參加辛亥革命。爲「城南詩社」的核心人物。擅長書法、金石篆刻。

九四　修建方口古寺戲樓竣工碑記

趙昌業

（篆額）：修建方口古寺戲樓竣工碑記

蓋聞名刹勝觀，供以香火、戲劇，歲有常祀者，爲其有感必應，以祈福而禦災也。吾邑方口寺者，重修于民國，肇造之始，廟貌丕新，公然可觀。惟演戲之址，每季搭臺、賽會、迎神，致諸風雨飄零，日月暴露。不惟無益于邑，且于人神均有所損；即對于寺面形式，常有一簣之缺點。故民國丙寅，公議于寺前廟産地内，從新建樓，乃勸張姓買施三角川地壹埫，換頂寺前廟産之地，爲永久修樓演戲之址。所有廟内香資，必籍于施頂廟産之地，雙方永賴，兩有裨益。丙寅仲冬，鳩工庀材，由各莊籌化布施百元有奇。十方人民做工踴躍，經營不期年，而落成于丁卯夏季。告竣酬神，新臺試舞，魏[一]然煒然。功成一□，風景綴備，韡韡生色。因之神有凴依，人亦便利。以之祈福，則福臨；以之禦災，其災遠矣。尤望四方仁人君子，將來若遇重葺，應乎均負義舉，共樂于斯，爲俾永垂勿替，今當泐諸瑱珉，以志不朽云爾。

趙昌業撰，趙晉輔書

民國歲次丁卯菊月，合邑人等勒石

［説明］

碑存禮縣紅河鄉紅河村。碑高一五八厘米，寬六五厘米。

民國十六年（一九二七）趙昌業撰。

著録：禮縣老年書畫協會、禮縣博物館《禮縣金石集錦》。

［校記］

［一］魏，即巍也。

九五　重建香山丹房并砌路碑記

王明堂

香山仲信頭人議定每月初三日河口下乙集

香山寺者，係古今名勝之山也。意莫爲之前，雖勝莫傳；莫爲之後，雖美不彰。此肇之始，世遠年沿[一]，寺宇寥寥數間，山崖嵯峨，路多崎嶇，險若羊腸。敬神者匍匐而行，咸歎臨淵履冰之危。八蟠山如同九折坡，王陽至此，其畏懼爲何如也。于是山之主持觸目驚心，不忍坐視，集會首商議，募化巨資，興工砌路，階級千層，如登天然。建築丹房，務道者與古石洞達摩面壁之處蓋無以異。寺宇嶄然參天，與之相映。猗歟休哉！誠佛會之勝迹也。又附小香山補葺寺宇、修砌道路工程且已告竣，異地而神則一。余不揣譾陋，僅即其實事而爲之記，以垂久遠云爾。王明堂。

中華民國廿二年歲次癸酉仲夏月穀旦

[説明]

此碑文爲趙逵夫于一九六三年八月十日游香山時所抄録。

民國二十二年（一九三三）立，王明堂撰。

[校記]

[一] 沿，當作「湮」。

九六　隴南修治道里記

馬其昶

甘肅，古雍州地，南界秦蜀之交，山阜盤亘。自來行軍轉粟，運輸艱阻，目爲畏途。左文襄公當咸同間，平關隴，復新疆[一]，用兵塞外，而甘肅之車路通，顧猶未及隴南。民國建立，甘肅獨以較遠免戰禍。于是陸軍中將孔君鎮守隴南，乃鋭意平治道塗，以暢百貨，逸行旅，縱橫四辟，而以天水爲之樞。十年冬，始營西路，自天水西南至羅家堡，歷鹽官鎮、長道鎮，過西和，南至洛峪集；又西南逾麒麟山，至王家楞，長三百里。明年春，營東路，自天水北出雲山集，東歷遠門鎮、白駝石，數折以達清水，北至閻家店，入陝境，有大關山亘馬鹿鎮、固關鎮之間，工尤巨；又東南抵隴，長五百里。是年秋，營南路，自天水南出興隴鎮，東迄娘娘垻；逾八盤山、殷家溝、江洛鎮，東南趨徽；更東經永寧鎮、趙家堡，東抵兩當，長五百餘里。十二年，營北路，自天水西出三十里鋪，至關子鎮；又西北至伏羌而東西分，西經盤安鎮、洛門鎮，至武山二百餘里，因故道加修治；東則由金山鎮至秦安；又東北至蓮花城，復折而東南歷隴城、隴山二鎮，逾張家川以達閻家店，自隴城東，凡所歷鎮各分支與東路會。其東路自雲山集，分而西北行者，歷秦安郭家鎮、碧玉鎮，度冉家川抵通渭，以達定西，長四百餘里，亦北路也。其分自西路者，長道分而西行百里，至于禮、西和；分而東南行三百餘里，亦南路也，歷雪水河、潭土關、石峽關，乃折而東至于成，北達江洛鎮，東達徽，悉與南路會。間皆椎幽鑿險，凡二千八百餘里，用銀十六萬有幾。君一以自詭不顧望時，當地震災變後，廬舍毁，饑饉流亡，死者無算。君輒募役興工作，雜民與卒而部勒之。凡所經畫，雖勞不罷，費雖巨，使甿隸得贍，而又因以成吾之績。蓋道通無阻，非特軍事便也，即人文蔚起，未嘗不資于此焉。是不可不詳述以告示後之人，賡續前勞，以時飭治，毋俾即[二]壞，其亦隴民之幸也與？君名繁錦，字華清，合肥人，卒業于北洋將弁學堂，至今職特授銘威將軍。

［**説明**］

據民國二十五年版《天水縣志》録入。

馬其昶撰文。馬其昶（一八五五—一九三〇），字通伯，晚號抱潤翁，安徽桐城人，清末民初著名作家、學者。民國五年，清史館聘爲總纂，主修儒林、文苑及光宣大臣傳。文集有《抱潤軒文集》《抱潤軒文集續集》《存養詩鈔》《桐城古文集略》等。

著録：《甘肅省志・卷三八・公路交通志》。

［校記］

［一］韁，當作「疆」。

［二］即，當爲「圮」之誤。

九七　南無大慈大悲普賢菩薩墓

佚名

大漢皇帝七年，了道于斯，盟化于今。

南無大慈大悲普賢菩薩墓

民國二十二年孟夏月穀旦

［説明］

此碑文爲趙逵夫于一九六三年八月十日游香山時所抄録。

民國二十二年（一九三三）立。

普賢菩薩來自早期印度佛經，爲「三曼多跋陀羅」的意譯，而佛教徒造出「火燒白雀寺」「香山捨身」之類神話，以神其説。漢代西和北部與禮縣東部屬西縣，西和南部屬武都，而妄人造出「興林國」「西裕國」之説以騙人，至民國二十二年始造此假大空之墓，而今又有人在西和城西鳳山修寺，俱甚無謂。

九八　創建校舍原委叙

馮　憲

創建校舍原委叙

兹于民國十四年，本區紳士廖炯煜，雇鄉兵剩洋貳仟三佰伍十元，議作學校置校址。十七年，輔善壇□洋四百伍十元，俟築上□廟。十八年，紳士賈凌漢，存免款九百零弍元，半息歸校，半公益。以上共計洋叁仟七百零七元。是年冬月興工，二十二年冬月落成。地點在鎮東街，坐南向北，一門左右兩院。上教室□連九楹，東西住室各五楹，中教室過庭五楹，下教室各四楹，校門居中，門内帖中教室，山牆甎飾奎□□面，左右甎門各一，共舍三十二楹。南連操場與□□□相埒。款除建築費，剩洋貳仟陸佰肆拾伍元，存作□基金，每年以生息供校費簿書。輪管二人一年，特泐石紀念云。校長清增貢生馮憲撰并書。

（人名略）

中華民國二十二年黄鐘月穀旦立

［**説明**］

碑存寬川中學内。碑高一二〇厘米，寬六〇厘米。

民國二十二年（一九三三）馮憲撰并書。

著録：禮縣老年書畫協會、禮縣博物館《禮縣金石集錦》。

九九　建修寄骨塔碑記

祁蘊靈

建修寄骨塔碑記

禮雖彈丸之地，山水環抱，城郭完固。雖有風鶴之驚，未罹兵燹之災，居民相安，由來久矣。奈自改革以來，世變滄桑，民遭塗炭。頻驚蒼狗浮雲，屢患紅羊浩刼。杞人之憂，其誰能免！歲在庚午，月維辛巳，□□馬廷賢陡自北來，占據天水，一時之畏威勉從者，凡十三縣。獨邑侯馬公紹棠，强項不屈，練兵防守，夙夜罔懈。該賊聞風震怒，竟派韓、王兩逆軍，帶領賊隊，來攻禮城。鏖戰廿餘日，終未取勝。孰意匪徒奸險，暗用機謀，乃向北城角下埋伏炸藥，至又六月初十黎明，地雷一發，城垣崩裂，該匪蜂擁入城，勢燄難當。而馬公倉皇失措，督戰無力，乃在槍林彈雨之中，亦被其擒，一門殉難，单身遇害，可慨也夫！由是賊兵猖獗，大發殺機，或刀砍，或槍斃，不分老幼男女，約計七千餘人。屍横滿街，風雲爲之變態；血流遍地，草木于焉增悲。惟此情形，見者傷心，聞者酸鼻。幸縣長安瀾，飭差催夫，將滿城無人安厝之屍，盡行抬至西山之麓，啓土開壙，藁葬幾堆。荒僻泉壤，甚非安墳之處。同人等情屬桑梓，不忍坐視，呈請縣長張公錦堂批准改葬，兼撥賑欵壹千元，籌䘏欵二百餘元。復經詹縣長新吾，又籌補欵二百餘元，遂邀堪輿，在此得一吉穴。爰選良辰，移骨遷葬，復建寶塔七層，永奠孤魂十類。更有進者，議定每年六月初十日，誦經追悼，以留紀念。是役也，澤及枯骨，永垂不朽。庶乎以妥以宥，屍骸鍾河岳之靈；爾熾爾昌，瑩裔毓山川之秀。功既竣，劉君寶珊問記于余，余不自揣，因書顛末，而爲之記。

邑廩生祁藴靈謹撰

［**説明**］

據禮縣老年書畫協會、禮縣博物館《禮縣金石集錦》録入。

民國祁藴靈撰。

一〇〇　創修禮縣寄骨塔序

張　標

創修禮縣寄骨塔序

民國十九年夏四月，導河馬廷賢率悍賊數萬，以既破天水餘威，進攻禮縣。時縣長中州馬公紹棠，懔「守土有責，城亡與亡」之訓，集衆死守，相持匝月，賊已束手，忽于六月十日埋藥炸北城，成壑突入，慘殺至數日夜，絶户計廿餘家。時當溽署，屍酸街巷。烏乎傷已！繼任安公瀾，雖督遺黎，收葬西郊，然感經春露而亡馬鬣，情觸秋霜竟乏牛眠。每至更闌，常聞鬼聲啾啾；如遇陰雨，恒見燐火烱烱。是則游魂未安，厲鬼爲妖之所然也。本年春，地方士紳移請准賑款千金，購地建塔，遷埋遺骸。從兹死者得所，生者願遂。佳城永奠，芳躅與西伯媲美；魂歸自天，隆譽共寶塔常春。標忝權縣篆，躬逢義舉，臚陳往事，因以爲序。時民國廿三年夏五月既望。

縣長天水張標撰并書

［說明］

碑存禮縣城關鎮北關村。碑高六四厘米，寬五二厘米。

民國廿三年（一九三四）張標撰并書。張標，民國二十二年任禮縣縣長。

著録：禮縣老年書畫協會、禮縣博物館《禮縣金石集錦》。

一〇一　甘泉學校記

廖元佶

（篆額）：文化甘泉

甘泉學校記

吾國夙稱以農立國，顧橫耜負耒之氓識字者鮮。覘國者每以文盲之多寡，衡民智之高下、國力之羸强，諦矣。近者普及教育之聲甚盛，然以財力、人力所限，終未獲成功。民國十九年，大憝[一]躪隴南，禮縣受禍尤烈。全城被屠時，劉君繼賢避地城西十餘里之石碑下，見村童多失學者，乃詔父老謀興學，屬祁君藴靈度地建基，劉君獨捐貲千餘元。竟其事，凡校室一十七楹，庖厨匽湢，罔不咸備。既開學，衆以距河遠而取汲艱也，復卜地鑿井，得泉甚美，祁藴靈請以「甘泉」名校，衆韙之。郵書不慧記其事，元佶受書而歎曰：「今吾國積弱至斯極，謂非原于教育之不興不可也！使各地有如劉君其人，又何慮民智國力不蒸蒸日上也哉！」乃不辭固陋，濡筆書之，以諗來者。己卯夏四月，桂林廖元佶。

茲將捐資并支付工料銀洋各數目開列于後（人名、錢數略）

農會指導委員林望南篆額，邑人張崇德敬書

督工：陳廷選，陳文秀，丁有財，趙富有，趙玉長，趙世剛，孫見喜，趙石哥，共捐圓木六千四廿十

中華民國貳拾玖年中和月穀旦

［説明］

碑存禮縣城關鎮石碑村。碑高九五厘米，寬四四厘米。

民國二十九年（一九四〇）廖元佶撰。廖元佶，廣西桂林人，前清進士，世代宦游甘肅，民國初年曾任涇縣縣長，一九三一年，爲甘肅省政府主席馬鴻賓的秘書長，協助辦理例行公事，著有《甘肅通志》。

著録：禮縣老年書畫協會、禮縣博物館《禮縣金石集錦》。

［校記］

［一］憨，當作「寇」。

一〇二　禮縣碧玉鄉中心學校落成記

劉繼賢

（篆額）：興學育才

禮縣碧玉鄉中心學校落成記

考古：家有塾，黨有庠，州有序，國有學。歷代建國之道，無一不以化民成俗教學爲先。矧值文化競争、列强覬覦、禦侮圖存時代，普［及教］育，掃除文盲，誠爲當務之急。吾禮自教育革新以還，歷辦學務人員，

雖不乏熱心之輩，然因地處邊陲，交通不便，兼之迭經事變，□□禍結。自清季以迄當時，全縣小學寥寥無幾，以致文化落後，誠爲悲觀。現于抗建前途不無影響。凡有國家、民族和桑梓觀念者，［不無］浩歎。遠澤雖未受過相當教育，但于文化事業素具經營熱腸，緣涉身政途，忝長本區署及縣義倉經理，各任務未克兼顧，不無遺憾。丁丑冬，解組一切政務，得遂設學之願，毅然舉辦。間適逢東野縣長張公及劉繼周局長推廣教育不遺餘力，于下碧玉□□中心小學一處，恨斯地既無原有校址可設，亦無公共處所利用，衹得典租民房，權爲安置。年由地方負擔典金三十元，殊非長久之計。遠澤以勸捐建設學校等情，分呈縣政府、教育局核示，旋奉指令核准商办。張雲翔、裴温如、徐仲英諸君子協助發啓捐册，本人負責勸募并提前輸洋一百元，籍資提倡。繼由劉俊亭先生捐送地基一段，但作校址。幸荷本區人士熱烈贊助，慨解義囊，先後計捐洋二仟二百九十六元，同人等分工合作，李校董登瀛負監修全責，本人負督修任務。當此持續抗戰、節約救國時期，衹求實際，曷敢奢華，□□□□□模修之。興工于戊寅之秋，落成于庚辰之春，計築教室四座一十二間，自習室三十二間，教員室二座六間，夫役室三間，厨房八間，儲藏室四間，厠所二處二間，西式校門一座。所需地址、木料、柴草、食粮等項，除由地方捐贈外，共需洋二仟二百九十六元。現在鳩工庀材，兹獲觀成，他日人文蔚起、蒸蒸日上者，悉賴諸同仁捐資臂助，和衷共濟之功多多矣。是爲記。

前禮縣第四區署區長劉遠澤

禮縣賑務會會長劉繼賢代撰

前陸軍第二十五軍軍佐學校上尉書記楊輔臣書

中華民國三十年八月二十七日立

［説明］

碑存禮縣中壩小學院内。碑高一三三厘米，寬六四厘米。民國三十年（一九四一）劉繼賢代撰。

著録：禮縣老年書畫協會、禮縣博物館《禮縣金石集錦》。

一〇三　重建上中下寺并創修鐘鼓二樓碑記

佚　名

神樓［一］雀峰，群仞覺路之宏開；寺建龍潭，永感迷津之普渡。既謂神靈，赫濯無欲，廟貌巍峨。吾郡有龍潭寶院，乃萬聖降臨之處，爲衆人作福之堂。創建不知爲何代，重建不知有幾次。咸豐初年，改修大殿，重建山門，功懸匾而弗替，人雖往而名留。近至民國年間，有舒、陳二君塑畫神像，革其故而鼎新。廟宇輝煌，會焕□飛之壯麗；古柏青秀，愈增勝境之光華。外觀陽隆，中藴可知。然塑畫齊全，缺少鐘、鼓二樓。故我郡□等，依香山上寺并中寺、下寺，同纂緣譜，［呈］文申説，付縣戳印，募化資財。先將上寺鼓樓彩畫，翻瓦禪舍厨房，成功告竣。又有中寺鐘樓新添樓板，外加小補。至于下寺，有窑爐而無蓋，因鑄銅獅頂蓋，又鑄鐵磬八個，銅火盆三個，上中下寺均位分支。但下寺左立鐘樓石，修鼓樓兼修字庫學舍，砌階立碑，經營不易，今未數載而通觀厥成。將現蓬蓬鼉鼓，玉振金聲，始終條理，無不貫通，神聽和平，人沾吉慶。謹告通坊，同襄善舉，樹立碑碣，以志不朽云爾。

中華民國三十一年歲次壬午春月吉日告竣

〔説明〕
民國三十一年（一九四二）立。
〔校記〕
〔一〕樓，當作「楼」。

一〇四 禮縣縣立初級中學校舍落成記

劉文鬱

（篆額）：捐資興學

禮縣縣立初級中學校舍落成記

禮縣處岷山、秦嶺之間，層巒聳峙，形勢險阻，地瘠民貧，交通梗塞。鼎革以還，迭遭兵燹，歲屢不登，以致萑苻遍地，教育破産，黎庶處水深火熱之中，蓋有年矣。

戊寅冬，縣長鄒公維枚莅縣秉政，目擊心傷，惄然憂之。爰本己饑己溺之懷，立救國救民之志，察民隱，澄積弊，除凶暴，興建設，不數年間，閭閻安堵，元氣漸復，地方頓改舊觀。公于治域數年之後，慨于教育廢弛，民智閉塞，乃增籌教款，廣設學校，以爲百年樹人之計。爲時僅有四載，小學百所告成。公又鑒于校數增加，幹部缺乏，乃就縣城萬壽宮舊址，命文鬱等設縣立中學，以爲造就人才之所，此本校之所由來也。惟原有房屋率多頽廢，欲加修建，苦無的款。經公昭示興學大義，勸導地方熱心人士捐輸三萬餘元，慘澹經營，得免中□□。自民國二十九年八月興工，歷時兩載，學校建築全部完成。校舍幾二百間，校門東向，初進爲傳達室、會客室、校醫室、教員預備室、訓導室、校長辦公室。再進大禮堂，堂西爲圖書館，又西爲厨房；堂東建教室三，環教室而立者爲學生宿舍。再北爲育英樓，折而西爲思飲亭，亭西建教室二；又北爲學生宿舍。出城門爲運動場。全校規模宏敞，風景幽美。從此絃誦不輟，人材輩出，洵公之所賜也。

夫值此抗戰艱苦時期，兵馬倥傯之日，鄒公于百忙中，不廢公，不擾民，興利除弊，使吾邑臻于郅治，又創設本校，以奠定教育基礎。雖曰衆擎有自，然苟非公之誠信感人，又曷克臻此哉！是今日之一木一石，胥公之力；而他日桃李争榮，又何非受公之惠！後之人知斯校成立之不易，宜如何維護，俾公之遺愛永垂不朽，是則區區之所至望也。爰于學舍落成之日而爲之記。

禮縣縣長豫章鄒維枚題額

禮縣縣立初中校長劉文鬱撰文

禮縣教育會會長梁康書丹

（人名略）

中華民國三十一年六月吉日立

［説明］

碑存禮縣第一中學。碑高一七二厘米，寬九二厘米。據禮縣教育局所提供照片、抄件録入。

民國三十一年（一九四二）劉文鬱撰。劉文鬱（一九〇八—一九六〇），字繼周，號覺農，禮縣陽坡鄉墩底村人。一九三六年任禮縣第一高等小學校長，一九三七年十二月任禮縣教育局局長。在任期間，開辦禮縣師資訓練所，創建禮縣中學，進行興學募捐，一九四五年七月劉文鬱當選禮縣參議員。一九四七年任國民黨禮縣黨部書記長。一九五八年十二月因「黨團合併」

問題，西禮法院錯判無期徒刑，一九六〇年病死獄中。

著録：禮縣老年書畫協會、禮縣博物館《禮縣金石集錦》。

一〇五　禮縣忠烈祠記

劉劍白

昔者，余讀《文信國公遺詞》至「孔曰成仁，孟曰取義，讀聖賢書，所學何事，而今而後，庶幾無愧！」未嘗不肅然起敬。而粤稽往史，每當山河板蕩之秋，必有忠烈奮發之士，執干戈，衛社稷，其志其行，與文信國公之陳義，先後輝映，如合符節。蓋自實國魂之所係，涵濡孕育，磅礴流衍，無遠弗逮，無時弗達，藴而爲不撓不屈，發而爲成功成仁，用能維我國基于不墜。余既洞悉此旨，故治禮以來，每欲擷取忠勇事迹，表而出之，藉以振醒國魂，激勵末俗，爰有忠烈祠之設置。

余觀夫禮邑形勢，西控岷漳，南臨階平，峙以嶓冢之山，環以西漢之水，此自古用兵之地，軍家之所必争。諸葛出此以窺中原，吴璘據此以固北圉，征伐之事，無代無之。民國以還，擾攘尤甚，其間仁人志士，爲國捐軀，不絶如縷，而以民國十九年一役爲最烈。先是，我中央政府統一華夏，車書僉同。甘以邊陲，初奉正朔，群雄鼎峙，政軼常規，奸宄之徒，乘機作亂。有馬廷賢者，擁衆數萬，蹂躪隴南，頗陷城邑，附近諸縣，聞風納款。獨吾禮庶民，據城自守，寧死不屈。賊自七月十一日環攻，幾近一月，終以彈盡援絶，于八月四日，城池被陷。賊入城之際，焚燒殺戮，天日爲昏，肝腦塗地，血流漂杵。蓋被殺者，人逾七千；被掠者，財逾百萬。蘭倉故郡，遂成邱墟。余于民國三十一年莅此，距其時已有十三年矣。瘡痍未復，閭閻蕭條，憑弔劫灰，撫循創痛，輒不覺其涕之先泣也！方今四海一家，此事因已成爲陳迹。猶念捍護城池，正氣磅礴，擴而充之，則是以保衛國家，其迹雖殊，其義則一也。

自民國十九年以後，歷時七載，蝦夷構衅，半壁沉淪，我舉國同胞，罔不懔于攘夷之大義爲雪耻之要圖。吾禮雖僻處後方，未罹塗炭，然後氣之所蔚，彌久彌新，用能慷慨從戎，捐軀報國，貢獻于抗戰者綦偉。嘗稽簿籍，禮邑共有人口十七萬，歷年應徵入伍者，達一萬五千餘人，幾及十分之一。離桑梓，别父母，冒寒暑，犯鋒刃，蹈萬死于不顧，以争國家民族之生存，因而裹革沙場者，數百十人于兹矣！今者光明日溥，勝利日臨，我先烈既已捐軀以奠宏基于前，我志士必能接踵以達成功于後。瞻望來日，當更有無限可歌可泣之事實，以光輝簡編，照耀宇宙。觀其前仆後繼之情形，彌足彰正氣之流露，而與十九年守城一役之犧牲。雖範圍有大小之殊，時間有先後之别，然揆其旨趣，如出一轍。余以爲由今追昔，則衛國實守城之擴充；由昔溯今，則守城亦實衛國之典範。有此二事，禮邑正氣，有若日星彪炳，歷千古而常新矣。

抑又言之，人才以激勵而愈出，氣節以表章而愈明。在昔雲臺繪像，凌烟銘勳，均足發後人之景仰，啓步趨之熱忱。余獨懼吾禮仁人志士之湮没而無聞也，思有以垂永久之紀念。而觀夫原有紀念陣亡將士之忠烈祠，則規模不宏；原有紀念屠城一役之寄骨塔，則意義甚隘。因合二者爲一，就城北寄骨塔故址，重加修葺，建祠于前，立塔于後，所有陣亡將士，殉城人民，均歸骨塔中，立主祠内，以崇祭祀。雖或靈烏代謝，漢南之陵谷已非；而精爽依憑，凛烈之忠魂宛在。歌《國殤》之篇，覽「俎豆」之盛，後之人必有聞風而興起者矣。是爲記。

禮縣縣長劉劍白敬撰

禮縣縣黨部書記長張邦彦敬書

中華民國三十二年七月七日立

〔**説明**〕

據禮縣老年書畫協會、禮縣博物館《禮縣金石集錦》録入。

民國三十二年（一九四三）劉劍白撰。劉劍白，湖南湘潭人，民國三十一年任縣長。

西和縣

東漢

一　仇池碑

佚名

存目

［説明］

《方輿勝覽》載：「《後漢書》：『許靖過仇池，樹下有碑，一覽無遺。』杜詩：『讀記憶仇池。』謂此也。」許靖（約一五〇—二二二年），事迹見《三國志》卷三六。《方輿勝覽》引文不見于范曄《後漢書》。三國吴謝承《後漢書》、晉華嶠《後漢書》、晉謝沈《後漢書》、晉袁山松《後漢書》、劉義慶《後漢書》、梁蕭子顯《後漢書》均早已散佚，總之當出于以上六書中之一。張維《隴右金石録》載：「仇池碑。在禮縣仇池山，今佚。」仇池山今屬西和縣，西與禮縣相鄰，而東與成縣相鄰，歷史上曾歸成州管轄。《隴右金石録》以爲在禮縣，誤。

二　新路頌并序

佚名

新路頌并序

□路之墊隘，吞漢郡南陽。衝□蜀北門之陬，控仇池之險。爰自開鑿，十年于兹。阻國之要津，爲人之艱途也。曲磴臨空，連白雲而斜亘；危梁跨道，倚青［天］而高懸。勞駟騎，弊征軒。悽傷路隅，歎息河邊。我太守趙公，委□□勞，上聞天聰，啓乎新路。郵堂清閑，對朱巖以延敞；牧野□□，□□□而傍接。于是詢于黄髮，僉鼓足以蹈之；蠢蠢黎人，皆咏歌以樂之。恭成頌之，咸旌其事。頌曰：

我太守兮化融融，坐甘棠兮易舊風。列郡蒼生［兮］欣然集募，越水登山兮辟新路。時不弊于艱危兮，人不勞于轉輸。冰壺挺操［兮］，霜鏡擬心。刻石雕文兮，□□□□。千秋萬歲兮，奉揚德音！

時開元□□□□□近張乎齊梁。

［**説明**］

摩崖文字存石峽鄉坦途關雙石寺北崖，其文已泐損。碑高六三厘米，寬六〇厘米。今據幾種照片、拓片校録。各書録文錯誤頗多，斷句也多分歧。如「河邊」被釋作「江島」等，此處不一一羅列異文校記。

唐玄宗開元年間（七一三—七四一）刻，是西和迄今發現的最早的一塊摩崖石刻。

著録：西和縣地方志編纂委員會《西和縣志》（題「新路頌摩崖」），《甘肅省志·卷三八·公路交通志》，吴景山《絲綢之路交通碑銘》（題「西和縣新路頌摩崖碑」）。

三　漢源縣令廳壁記

于　邵

周克殷，列爵惟五，實分子男之位。洎秦漢以降，或令或長，雖小有差，其揆一也，皆銅印黑綬[一]，秩六百石。非理道之君，愛民[二]如子，則不能爲官擇人矣。國家坐進此道，至于憂勤，爰增六[三]秩，以勸能者。皇帝觀兵朔方之歲，始以「上禄」改名「漢源」[四]，將復禹舊迹[五]，以從人欲。其山川形勢、土地風俗，近鎬千里，華風不間，多乎哉！蓋小國以聚大國之義也。且夫南牙[六]蜀門，東豁雍峙[七]，西走連磧，北逾大漠，四郊憧憧者，于是乎終[八]。故有獄市之煩，夫億[九]之費，上資[一〇]郡府，下用臨恤，非貞固不足以幹事，非廉慎不足以率人。清净則可乎不擾，忠恕則可乎求瘼。時謂京兆韋子，當公府之選，推而有之，至于今，人易受賜，邑則稱理[一一]，聞之見之，政參乎前。從事雖疲于改易，用舉自多于脱穎[一二]。我則無式[一三]，不其難乎？嗟乎！絆驥已久，及瓜將代。顧此屋壁，何其寂寥[一四]！前芳無開，後進奚睹？記者，史家之流也，亦所以發揮廳事，啓迪人物。又如[一五]韋公授受之始，其或繼之者，從而記之，前後相映，光采洽[一六]人。

乾元三年孟夏之月記[一七]

［説明］

以張維《隴右金石録》爲底本録入。

唐肅宗乾元三年（七六〇）記。原題下有「唐于邵」三字。張維《隴右金石録・唐》載：「按：隋以上禄改倉泉縣，後復爲上禄。而唐初因之，肅宗時始改漢源。《舊書・地理志》失載。或以不久即陷吐蕃，遂致疏漏。得此記，可補其闕。記爲于邵所作，載于《階州續志》。然漢源即晉魏南秦州之地，在今西和縣境，實非舊階州封域。記中『人易受賜』句、『光采洽人』句俱似文有微誤也。」

著録：李昉編《文苑英華》，富大用編《古今事文類聚外集》，董誥編《全唐文》，葉恩沛《階州直隸州續志》，吴鵬翱《武階備志》，成縣地方志編纂委員會《成縣志》。

［校記］

［一］黑綬，《文苑英華》《古今事文類聚外集》《全唐文》皆作「墨綬」，義同。《漢書・百官公卿表上》：「縣令、長，皆秦官，掌治其縣。萬户以上爲令，秩千石至六百石；減萬户爲長，秩五百石至三百石……秩比六百石以上，皆銅印黑綬。」或作「墨綬」，《後漢書・蔡邕傳》：「墨綬長吏，職典理人。」

［二］民，《文苑英華》《古今事文類聚外集》《全唐文》皆作「人」，是。此爲唐碑，當避「民」字。

［三］六，《古今事文類聚外集》作「禄」，蓋聲近而訛。

［四］此句《文苑英華》《古今事文類聚外集》《全唐文》皆作「始上禄縣更名漢源」。

［五］迹，吴鵬翱《武階備志》作「績」，誤。

［六］牙，《文苑英華》《古今事文類聚外集》《全唐文》皆作「呀」，是。「呀」與下句「豁」義同。《上林賦》：「谽呀豁閉。」司馬彪曰：「谽呀，大貌。豁閉，空虚也。」此乃互文見義，「谽呀」、「豁閉」皆大空之貌。《西都賦》：「呀周池而

成淵。」李善注引《字林》：「呀，大空貌。」「呀蜀門」與「呀周池」用法相同。

［七］峙，吴鵬翶《武階備志》作「時」。

［八］終，《古今事文類聚外集》作「終日」，《全唐文》作「終焉」。

［九］夫億，《文苑英華》《古今事文類聚外集》《全唐文》皆作「供億」，是。「供億」即「供給」，古書「供億之費」常連用，無作「夫億」者。蓋後來碑刻漫漶，「供」近于「佚」，録文者臆改爲「夫」。

［一〇］資，《文苑英華》《古今事文類聚外集》《全唐文》皆作『咨』，二字古通。《禮記·緇衣》引《尚書·君雅》：「惟曰怨資。」《釋文》：「資，《尚書》作『咨』。」此處用作「資助」義，蓋以意改。

［一一］此句義難通，則，《文苑英華》云「一作用」。據此論之，「易」或爲「以」之誤刻，古「用」、「以」義同。

［一二］脱穎，《文苑英華》《古今事文類聚外集》《全唐文》皆作「穎脱」。《史記·平原君虞卿列傳》本作「穎脱」，疑録碑者習聞「脱穎」而改之。

［一三］式，《文苑英華》《全唐文》作「貳」，《古今事文類聚外集》作「二」。疑碑原刻作「弍」，《階州直隸州續志》等因誤爲「式」。

［一四］寂寥，吴鵬翶《武階備志》作「寥寂」。

［一五］如，《文苑英華》《全唐文》皆作「知」。

［一六］洽，當爲「恰」之形訛。

［一七］《文苑英華》《古今事文類聚外集》《全唐文》下皆尚有以下文字：「開元中，有柴希言自滏陽縣尉拜，以清白名聞，遷洛水縣令。天寶中，有郭瞻自永康縣尉拜，甚有其事，秩滿游河朔，遇亂未知所適。至德中，有郭伯陽自某官拜，恂恂如也，遷洋州司馬。其餘日月某通名氏失之，不得次于公之列耳。」

四　碧峰插天

佚　名

碧峰插天

恒書

［説明］

據朱綉梓《重修西和縣志》録入。

《重修西和縣志》載：「在縣南五十里之拄腰崖，道旁有石，高三尺餘，上刻『碧峰插天』四大字，左邊有『恒書』二小字。俗傳爲恒陽祖師所書，究屬荒渺，然字迹頗雄壯神奇。」

西和縣地方志編纂委員會《西和縣志》載：「碧峰插天。唐。在石峽鄉坦途村，已毀。」

五　軌級賈道記摩崖

佚　名

存目

［説明］

西和縣地方志編纂委員會《西和縣志》載：「軌級賈道記。地址：十里鄉横嶺山。」縣志列于「碧峰插天」摩崖之後，宋碑之前。今據以列此。

六　禹甸戩穀碑

佚　名

碑額：　禹甸戩穀

［説明］

碑存西和縣石峽鎮八峰崖下，年代不詳，碑文漫漶不清。以其脱落嚴重，經時必久，姑置于此。

按：《詩·小雅·天保》：「天保定爾，俾爾戩穀。」毛《傳》：「戩，福。穀，禄。」

七　八卦碑

存目

［説明］

王訪卿《重修西和縣新志》卷六下附《金石》：「八卦碑，在縣南五十里龍門寺，大宋開寶二年歲次己巳正月丙寅朔建。其碑刻均是某經。」則亦是刻有經書文字。開寶爲北宋太祖年號，開寶二年爲公元九六九年。

八　靈源廟太祖山祈雨大應碑

牛□□

雲峰皆山也，在西和州治之東九鎮之一祁山，而建太祖山靈源廟行祠，會遍諸方，係《禹貢》雍州之域，岷山壤地，接連秦鳳路天水縣。粤自二儀剖判，一氣爲根。化輕清之氣，爲星辰雲霓，以成乎天；積重濁之氣，爲山岳河海，以成乎地。是以名山大川，靈源洞府，萬靈爲之主宰。神祠雲峰，雲烟開散，日光出没，四時朝暮，雨陽明晦，變化之不同，則雖覽之不厭焉。即有智者，亦不能窮其狀也。父老言曰：「若歲旱澇不均，陰陽失序，禱雨得雨，祈晴則晴，人之興訟，曲直固結莫解者，屈者屈而伸者伸，未有尽獲屈而不伸、伸而不屈者矣。至于求嗣息而痊愈痼疾，變凶歲以作豐年，靡不包羅而昭報之，此蓋取其『靈源』一祠。」池水湧渚，郡邑誠祈其神，無感不通，神應之至，如影隨形，如響應声，影響斯答，搏鼓相應。元豐三年，縣祠碑銘。此因暵旱雨澤應祈，有司請焉。疏爵錫號，顯揚神休，宜特封靈源廟。元豐四年，秦鳳路經略安撫使羅拯勘。

余自秦以來，應以雨澤，遍歷秦州管界祠宇，多方祈禱，終無顯應，夏麥無望，民情不安。訪聞天水太祖山，峰巒秀出，太石巖有湫泉一所，滿池盈溢，暵旱不枯涸，水流潺湲，涓涓不絶。及有風穴，透徹山頂，時有霧氣。每遇天旱，遠近之人，多來迎取，屢有感應。齋戒迎湫于四月二日，城州設位，致祭早晚，尚僚属祈禱，當日降雨，至七日方止，約深二尺，膏澤沾足，府州狀申遠近。雖薄夏麥，及今秋禾有望。元豐八年，權知秦州天水縣事牛□□逢吉立石記

〔説明〕

碑存興隆鄉象駝山四龍王廟内。碑高一七四厘米，寬八六厘米。

此碑正文分爲兩段。第一段爲《太祖山靈源廟祈雨大應記》（據文義擬題），其中提到宋元豐四年（一〇八一）羅拯勘廟之事。羅拯（一〇一六—一〇八一），字道濟，祥符（今河南開封）人。登進士第，歷知榮州、秀州，爲江西轉運判官、提點福建刑獄，遷轉運使。神宗熙寧三年爲江淮發運使，六年爲左司郎中，加天章閣待制，九年知永興軍。元豐元年知青州，二年知潁州，三年知秦州，次年卒。

宋神宗元豐八年（一〇八五）天水縣知事牛□□逢吉立碑。

九　盤龍山題記

游師雄

游師雄公鑒陳令元祐四年仲冬初四日同登普明寺。

院主僧志寧摹[一]上。

右丞奉郎知岷州長道縣劉公諒立石

［説明］

據西和縣文化館原館長蒲立所提供照片及抄件對校録入。

碑原在盤龍山西側半山腰平地，現已由文化館移入仇池碑林。

宋哲宗元祐四年（一〇八九）游師雄記。游師雄（一〇三八—一〇九七），武功人，字景叔，英宗治平二年（一〇六五）中進士，授儀州司户參軍。熙寧四年改任德順軍判官、潁州軍事推官。哲宗元祐元年（一〇八六），除宗正寺主簿，遷軍器監丞。五年，爲陝西轉運判官、提點秦鳳路刑獄。七年，除祠部員外郎，加集賢校理，權陝西轉運使。紹聖二年（一〇九五），知邠州，改知河中府。四年卒，年六十。

［校記］

［一］摹，原借作「摸」。

一〇　宋故贈金城郡君李氏墓志銘

黄德裕

（篆蓋）：宋故贈金城郡君李氏墓志銘

宋故贈金城郡君李氏墓志銘

鳳翔府司録參軍黄德裕撰

男集慶軍節度推官、知昌州昌元縣事、武騎尉王嘉禮書

奉議郎、武騎尉、賜緋魚袋俞夷直篆蓋

夫人李氏，其先秦人，父曰士平，觀察使諱士衡之猶女也，享年二十九，以皇祐二年十一月二十日卒，迨今卜葬于白石之西原，實元祐五年八月二十八日也。夫人自少婉淑，父母愛之，慎擇所歸，得今左中散大夫公儀而妻焉。中散公方舉進士未第，安貧處約，而夫人知所以齊之之義，恬不以貴勢累其心，恭儉孝愛，出于天性，順事夫子，仁睦親族，閨門之内穆如也。嗚呼！男正位乎外，女正位乎内，然内外之分雖殊，觀其設施，見于有正，非成德莫能也。夫人之德，著于行事。若是其美，于葬有銘，又奚媿焉！子男嘉禮見□集慶軍節度推官、知昌州昌元縣，女適承議郎通判、蘭州司馬元，封永昌縣君。孫曰介夫。孫女四人。中散公今知鳳翔軍府事，爲國孝成，用是夫人以累封追贈金城郡君。銘曰：

壽夭自天，莫或使然。終始一德，夫人之賢。云何淑懿，而不永年？刻銘幽石，以久其傳。

〔**説明**〕

碑存漢源鎮某個體收藏者家中。西和縣文化館原館長蒲立提供拓片。

宋哲宗元祐五年（一〇九〇）黄德裕撰。

一一　宋故贈和義郡君劉氏墓志銘

黄德裕

（篆蓋）：宋故贈和義郡君劉氏墓志銘

宋故贈和義郡君劉氏墓志銘

鳳翔府司録參軍黄德裕撰

男右宣德郎、知隴州汧源縣王嘉謀書

奉議郎、武騎尉、賜緋魚袋俞夷直篆蓋

和義郡君劉氏，冀人也，觀察留後諱□□[一]長女，左中散大夫、知鳳翔軍府事王公儀之夫人。年三十六，以嘉祐四年六月二十四日疾終［于家］，越元祐五年八月二十八日葬于白石之西原。其子曰嘉謀、嘉猷，今并右宣德郎。女，長適進士黄逵，次適□殿崇班姚宏。孫三人，曰□壽[二]、宗壽[三]。孫女五人。

夫人禀性静專，操行純懿，自父母家歸于夫家，爲婦爲母，皆盡其道；内外宗族，一無間言。中散公始娶李氏，子六人，而二人李氏出也。然夫人同仁均育，無纖豪厚薄，人莫知其異也。蓋懿行如此，亦天所有，雖壽不及永，將欲示來裔而託于不朽，可以無志乎？銘曰：

猗歟夫人，懷貞信兮。作配賢哲，室家宜兮。諸子詵詵，均愛育兮。仰事俯睦，靡或缺兮。謂宜壽考，奄忽逝兮。論撰有銘，光不泯兮。

【説明】

碑存漢源鎮某個體收藏者家中。西和縣文化館蒲立提供拓片。

宋哲宗元祐五年（一〇九〇）黄德裕撰。

【校記】

［一］□□，原字漫漶難辨，據下《宋故左中散大夫王公儀墓志銘》《王公儀神道碑》「工部尚書涣之女」句，似當爲

「渙之」二字。

［二］□壽，據下《宋故左中散大夫王公儀墓志銘》《王公儀神道碑》，當或爲「儔壽」，或爲「壽壽」。

［三］此處云三人，下僅列二人，據下《宋故左中散大夫王公儀墓志銘》《王公儀神道碑》或當爲「知常」，然王公儀尚有知古、知德、知彰等四個孫子，亦或爲其他四孫之一。

一二　宋故左中散大夫王公儀墓志銘

王　森

宋故左中散大夫、知涇州軍事兼管内勸農使、上柱國、清源縣開國男、食邑三百户、賜紫金魚袋王公墓志銘

左朝奉郎、充利州路轉運判官、飛騎尉、借緋王森撰

左朝議大夫、充集賢校理、知梓州軍州事兼管内勸農使、上柱國、借紫馮如晦書

左朝請大夫、充集賢院學士、知陝州軍府事兼管内勸農使、上柱國、賜紫金魚袋李周篆蓋

公諱公儀，字子嚴，岷州長道縣白石人也。曾祖珪，祖維嵩，并不仕，善治産，以財雄于鄉里。父贈司空振，獨以教子爲意。傾竭家［資］，招致四方之逸［一］俊，爲子師友，故公之伯仲六人，德禀義訓，皆顯于時。公，司空之第六子也，幼而聰悟，日誦數百言。方六七歲，以童子被召。既［二］長，失所怙恃，能念先志，力學勤苦。慶曆六年，舉進士中第。始調與簿［三］，邑胥以少年易之。試以隱訟公平可否，吏不敢欺。本府定坊郭等弟久訟不均，監司委公平治，乃能定議。用舉者移河中府河西縣令。本府公庫失陷縑帛，

長吏訊問主庫者，皆曰：「郡僚盡假貸，獨河西王令不預。」遂爲上使所知。公之治河西，聲實顯著，逮今四十餘年，爲民所思。至于膴仕[四]名公，往往叩公治術以爲法。復用舉者改佐著作郎，知鳳翔府岐山縣。建學育材，興民之利，恤民之窮，民極賴之。雖去官日久，猶歌頌忻愛之不已。每子弟過邑，呼曰：「王公之子也！」改秘書丞，移知渝州巴縣。族蠻承秀，屢爲邊患，議事必先武備。及公以單騎會境上，宣諭朝庭恩威，莫不感服。三年無侵擾之患。郡漠有所□子弟者，緣事繫獄，以公與太守素善而疑之，後得太守所出公書，皆解紛之意，于是慚感。縣之大姓杜坐[五]者，擅置官刑，撻僕夫，有至于死。郡胥受賄，不直其訟。復訴于邑。公先擒賊[六]吏，然後白太守而推治之，皆至黥配。豪俠由此斂迹。改太常博士，通判耀州，賜緋衣銀魚。州有白渠，歲起利夫以治之，時民苦期限之迫，往往潛擲瓦礫傷害縣官。公董役，省丁二萬，勞逸均平，民欣然赴功，無敢□動。改屯田員外郎，通判乾州，未行，改都官員外郎。會御史臺直員□審官，以公充選，御筆點中。公之爲推直議論，多所平允。有阿雲者，謀殺其夫，刑部欲從按問減。會公首當詳定，不用按問。大臣臺諫使雖辯爭，終如公議。改職方員外郎、屯田郎中，出知商州。商山素産青銅，可以鑄錢幣，而不可以造農器。自熙寧間，廢而不用，運南銅以代之。公謂：「饒信銅貨雖于輦運，商山地利亦不可棄廢，請如舊。」朝庭從之。改都管[七]郎中，除領南都之御史臺，就移池州，又改職方郎中，知與元[八]。靈□之役，朝庭以大兵聚資陽，供須百出，慎選守臣往之。經書移公資州兼管勾梓夔兩路兵馬司公事。主兵者欲造舟進師，公重惜民力，以舟非西人素習，堅止其議。又其指置有方，供饋不乏，居民無毫髮之擾，不知轉輸之勞。既去，遺愛在，民建碑記德。改朝議大夫兼鈐轄司遂州，賜金紫，封清源縣開國男，食邑三百户。又改中散大夫，知涇州。未行，觀察孫公固薦公宜被監司之選，移公夔州路轉運使。施州幸則殺降邀功，纍効不承。朝庭委公按治，既服其罪，公以其士人，才武可用，且纍有戰功，奏請薄責，幸則止坐貶秩。繼求便郡，移知鳳翔府。岐下素繁劇，尤多獄犴。公敏于遣，庭無留訟，囹圄妻空，盗賊哀息，政譽赫然，光絶前後。改左中散大夫，還朝，除邠州。屬邑炭窑，郡官承例，差人就窑營置，賤買貴賣，大爲侵擾。公下車絶之，價倍減，而人受賜。朞年，除知涇州。公久厭煩勞，喜就安逸，遂告老于朝，命未下而疾作，以元祐八年十二月二十二日終于官舍，享年七十一。

公博學多聞，高才遠識，臨事果敢，有不可奪之節；持身謹畏，有不可擾之清，實任重道遠之士也。然而淹留郡寄，位不足以有爲；□中所蘊，不得盡其施設，見于事業，至此而已。方其爲涇州也，士人相慶，以涇爲養師之地，期公朝夕當盡用矣。遽爾不幸，□爲之痛惜。公先娶李氏，觀察使士衡之猶女，贈金城郡君；次娶劉氏，工部尚書涣之女，贈和義郡君；今娶李氏，中散大人[九]舜卿之女，封隴西郡君。男七人：嘉禮，雄州防禦判官；嘉謀，右通直郎；嘉猷，右宣德郎；嘉錫，太廟齋郎；嘉問、嘉言、嘉瑞皆假承事郎。女四人：長適承議郎司馬元，次適進士黄本道，次適内殿承制姚宏，次適祈州法曹參軍季敏思[一〇]。孫男八人：僖壽、宗壽、知常，五人尚幼[一一]。孫女十一人，長適主薄張濬，餘在室。公之諸子，卜以元祐九年三月十三日葬于白石之西原，從先司空之窀。以森出公門下，知公爲詳，故屬以銘，義不得而辭也。銘曰：

淮源流慶，世有□父。公之伯仲，傑出洮岷。顯顯公才，絶類離倫。施于有政，卓然不群。利興于公，惠浹于民。召伯甘棠，所至懷仁。器博用近，素志難伸。命雖不偶，獨令名存。佳城協卜，安此靈魂。

翟戩刊

〔**説明**〕

碑存漢源鎮某個體收藏者家中。據西和縣文化館蒲立所提供抄件録入。

宋哲宗元祐九年（一〇九四）王森撰。

〔**校記**〕

〔一〕逸，抄件作「邊」，據文意改。

〔二〕既，抄件作「脱」，據文意改。「既」、「脱」二字形近而誤識。

〔三〕簿，抄件作「薄」，據文意當爲「簿」字之誤識。下文《宋故左中散大夫王公儀神道碑》（下簡稱「王公儀神道碑」）言掌握興平縣之版籍，當即簿書之義。今據文意改。

〔四〕膴，「仕」上缺字，據文意補。

〔五〕杜坐，據《王公儀神道碑》似當作「杜生」。

〔六〕賊，據《王公儀神道碑》當作「贓」，「贓」承上「受賄」言之。

〔七〕都管，據《王公儀神道碑》當作「都官」。

〔八〕與元，據《王公儀神道碑》當作「興元」。

〔九〕中散大人，當作「中散大夫」。

〔一〇〕季敏思，《王公儀神道碑》作「李敏思」，當有一誤。

〔一一〕五，原作「三」，按上文言孫男八人，儔壽、宗壽、知常。則尚幼示舉名者五人。「三」與「五」形近，碑文模糊則易誤。且有子多人，孫以有八人爲近情理，故改「三」爲「五」。

一三　廣福塔石刻

俞賁、張惟晟、趙士垺、杜徽之、尹修

第一級塔記

尚書省牒岷州長道縣壽聖院勝相塔，禮部狀准，都省付下，岷州奏據長道縣骨谷鎮壽聖院住持、賜紫僧道永陳狀。患癩疾，遍身膿血，院中不准安下，每日衹于街市求乞酒肉，至晚，同一黑犬［息］城内。坐化，其身光潔端嚴白晳，火化之後，于燄中生紫色蝴蝶無數，舍利萬□像菩薩，于塔内常放毫光，及出蝴蝶如翡子大，亦糞舍利不少。每遇水旱及□□□重移于法堂基上，别造地宫，内有磚一□，上有字九個：「太平出金天塔永明王」。常有毫光及紅紫蝴蝶□□□乞一塔名，州司尋牒通判，按驗到不虚。及熙河蘭岷路第肆將張熙亦到彼□□部勘，當欲依本州所乞事理施行，伏乞指揮□送到熙河蘭岷路經略安撫（中缺）大中大夫右丞鄭，右光禄大夫左丞鄧。紹聖元年。

第二級塔記

送趙使君直弟之官岷州

戍感共孤苦，西岷難與行。荒村銜曉霧，野館聽寒更。霜雪饒窮塞，風沙足古城。黯然空灑涕，臨别若爲情。

又：

執手相看何忍去，紛紛泪落空無數。百歲浮生能幾時，還是三年阻歧路。

趙使君直來榷本鎮酒税，□□練有詩餞行，觀其詞，□遒美意，愛敬篤誠，可尚也。余深嘉之，亦因君直之□遂摹諸石。紹聖二年二月望日，梁臺俞賁謹識。右侍禁監、岷州骨谷鎮酒税倉草場趙士垺立石[一]。

第三級塔記[二]

聞玉像大士者，福智俱圓，空有皆法[三]。常于無相之中現莫窮之境[四]界。于此有情，得度者衆。次重興大塔已來，于惟晟[五]家内數現蝴蝶之像。惟晟[六]與妻男議曰：「菩薩依幾度[七]，接引必度，當來同登[八]虔誠，管修第三級塔。」集斯勝利，上祝皇王萬歲，文武禄位常居，六親棄有漏之因，四類受無生之託[九]。紹聖元年五月一日。信士張惟晟[一〇]。

第四級塔記[一一]

信佛弟子張惟政，伏聞玉像者，始以不二相行，化于彼[一二]人，皆罪業閑[一三]障，莫識其真。及見涅槃，方悟聖人。自後，復現種種蝴蝶相，普化一切有情，遠近信心，歸依甚正[一四]。惟政遂發虔心，特捨浄財，修塔之第四級，願將[一五]布施福德，上祝皇帝萬歲，臣佐千秋。仍願惟政閤家老幼，福德增崇，次及法界衆生同沾此善。時紹聖元年歲次甲戌五月庚午朔六日壬寅[一六]，信佛弟子張惟政記。亡父仁贊，亡母楊氏，妻齊氏，長男恭新，婦舒氏，男敏修，新婦柴氏，男敏忠，孫十三郎，孫税兒。講住識因明倫修塔住持，賜紫沙門道永，勸緣岷州廣仁禪院住持、賜紫神惠大師海淵，右侍禁監、岷州骨谷鎮酒税倉草場趙士垺撰[一七]。

第五級塔記

舒孝忠，自壽聖院永公重新興修興相塔[一八]，發願誓[一九]修塔第五級。未幾施工，不幸逝去，臨終遺言囑于[二〇]長子元禮，將所願修塔早與了[二一]畢。元禮依父之旨[二二]將净財捨于兹院，今工正修完畢，將此功德[二三]。伏願亡考四郎及亡妣梁氏，乘斯妙果，永離惡趣，超升净土，終[二四]願闔家老幼咸康[二五]。紹聖二年歲次乙亥七月十五日志。

施主：孤子舒元禮，妻韓氏，女舒氏，弟元亨、元載、元澤及新婦劉氏、王氏，同緣化共養主沙門悟自，修塔住持、講經律論、賜紫沙門道永，勸緣修塔、賜紫、神惠大師沙門海淵，右侍禁監、岷州骨谷鎮酒稅倉草場趙士埒撰[二六]。

第六級塔記

夫釋[二七]教者，乃空[二八]門澄淡，化通幽[二九]，超之三界之□[三〇]于六塵，所[三一]爲佛教之至理也。今者漢陽北山有聖賢現化[三二]，于今一百廿[三三]餘載。首先顯化爲僧。僧[三四]居此，人皆厭而惡視之，遂擇[三五]地遷化。衆中亦有好事者敬[三六]而焚之，驀然之[三七]中有數色蝴蝶，及其焰[三八]散，觀骨[三九]殖大半變爲舍利。人皆恭禮，葬于此[四〇]山，爲一小浮圖，及將所坐石[四一]鐫爲一羅漢，安置于塔之中。市人常以馨[四二]香而禮待[四三]之。後忽天旱，全無潤澤，遍諸[四四]靈宇，求之無[四五]應。衆中數發心，欲結壇而迎羅漢告雨，遂盡悦之。及迎之于壇，一夕[四六]膏澤溥足，人皆轉而敬[四七]之。自後，衆結緣而興建爲寺，院宇甚麗。後靈感[四八]行沙門住持，市人與主[四九]持僧共欲發心爲大塼浮圖。抄掠市民，聚賭作塼，致滯不成。

後有斯院游禮僧道永，萍踪[五〇]數郡，深封戒法，歸[五一]于是院，葺茅庵[五二]而獨處之。持三[五三]時六念之法，澄性戒行[五四]，不動六賊，静而持念，日夕敷坐而持課，市民衆嘗謁之，皆言行之德行，可爲浮圖之創舉[五五]，衆請爲之。道永遂從而創之，不告衆，擇地而遷之。及開聖骨，便有雷震，白氣現光百里。卜日葬之，夜見數色[五六]蝴蝶，僧尼道俗婦女共禮者數千人[五七]，以葬于别地，修之浮圖。自後，有蝴蝶數十衆[五八]，人皆歸禮，捨之財物，各[五九]占其級數。革因以[六〇]夢，見一僧，形及四尺餘，面光射目，在處居後園，言之：「教化汝夫婦。」入揖人家[六一]，蒼忙欲恭[六二]待之。忽驚覺。次日，又蝴蝶飛于佛前，妻張氏發心，與夫革同議，可輟年費，占修浮圖第六級。今則爲文，以石鐫之，建立于塔，[俾]傳[六三]于後世。銘曰：

佛化生黎，教之敦厚[六四]。現異極高，世中罕有。歸往可[六五]人，施財奔輳。朝廷賜額，浮圖永久。鐫石爲文，萬年不朽。捨賄姓名，列之于後。

發心修塔人梁革，妻張氏，女三娘，孫蕭□，孫十五，建修寶塔第六級。願肯已亡迷識皆獲饒益，眷屬悉保安康[六六]。紹聖二年六月十三日建。金臺杜徽之撰。

緣化修塔沙門悟潤

勸緣修塔住持、賜紫、沙門道永

都勸緣修塔、賜紫、沙門神惠大師海淵

右侍禁監、岷州骨谷鎮酒税倉草場趙士垺

東頭供奉官、岷州大潭長道兩縣巡檢兼巡捉管茶鹽事靳德[六七]

又第六級塔記

階州免解進士尹修撰

粤若龍官[六八]勝事，爰籍有□聖[六九]刹，良因實資衆力，非大檀越其能成乎！故我[七〇]石像菩薩，現靈［驗］[七一]以示塵勞，運神[七二]通以破聾聵，聞者見者，皆起信心，或智或愚，悉以正覺。是以宸極賜名寶構俄峙[七三]，岌岌華址，巍巍巨基[七四]，不有斯人，孰興[七五]盛迹？此王君所以深奉其教[七六]而能成就寶塔者也。然圓明實相[七七]，非相之可觀；故清[七八]静法身，非形之所諭[七九]。即心返照[八〇]，法譚[八一]照然，認境迷聲，去[八二]之遠矣。蓋念修［者］證之果[八三]，積習者佛之因[八四]。慧燈一明，萬惡自破[八五]。［法雨纔布[八六]，群疑已亡。如登高山，起于跬步，跬步[八七]不已，其高可至；如爲植佳[八八]，起于毫毛，毫毛不已，其大可期[八九]。菩提之果[九〇]，并[九一]復如是，積而不倦，何所不到邪[九二]？而謂無修[九三]無證無果無因，改[九四]之自然，亦非[九五]通論。王君[九六]既已學吾聖人之道，而又能遵[九七]［釋］迦之法。佛之與儒[九八]，其名□□□[九九]，而其道未始有迹；其行則異，而其歸未始不同。苟造理以深□□□明[一〇〇]仁義者終[一〇一]身之原，修[一〇二]身是爲我[一〇三]；戒行盡性者悟道之要，悟道是爲禪定[一〇四]。法本不二，人皆自迷，儻得[一〇五]諸心，何有諸方□[一〇六]于邪。

紹聖三年六月十五日志[一〇七]

檀越孤子王天輔，婦王氏，妹六七郎所集，謹上祝皇帝萬歲，重臣千秋，文武官員常居禄位，干戈永息于四境，稼牆豐登于九域。然願亡考大郎、亡妣雷氏，靈識早生于净土，闔門清肅，長幼康寧。

緣化修塔沙門悟潤

勸緣修塔住持、賜紫、沙門道永

都勸緣修塔、賜紫、沙門神惠大師海淵

左侍禁監、岷州骨谷鎮酒稅倉草場趙士埒

東頭供奉官、岷州大潭長道兩縣巡檢兼巡捉管鹽茶公事靳德[一〇八]

〔說明〕

以張維《隴右金石録》爲底本録入。以朱綉梓《重修西和縣志》爲參校。

《隴右金石録》原題爲「勝相塔石刻」，且按語云「此即廣福塔石刻也」；而朱綉梓《重修西和縣志》題「廣福塔石刻」，今以後者爲題。碑共六通，紹聖元年（一〇九四）二通，二年二通，三年一通。第四級塔記無年月，看其次序，應是紹聖二年所立。

〔校記〕

〔一〕以上《第一級塔記》《第二級塔記》文字，《重修西和縣志》原無。

〔二〕《隴右金石録》原無第四級塔記而有第七級塔記，細讀第七級塔記内容，其中有「管修第三級塔」之句，故知其實爲第三級塔記；而《隴右金石録》原所列第三級塔記實爲第四級塔記。張維當初雖據拓本録文，但他也發現順序有所不當，故在按語中有「拓本所編塔記亦似有誤」的説明。

〔三〕法，《重修西和縣志》作「依」。

〔四〕境，《重修西和縣志》作「景」。

〔五〕惟晟，《重修西和縣志》作「唯成」。

〔六〕惟晟，《重修西和縣志》作「唯成」。

［七］幾度，《重修西和縣志》作「几」。
［八］登，《重修西和縣志》作「發」。
［九］託，《重修西和縣志》作「記」。
［一〇］惟晟，《重修西和縣志》作「唯成」
［一一］第四級塔記，原作「第三級」，據《重修西和縣志》改。
［一二］彼，《重修西和縣志》作「後」。
［一三］罪業閑，《重修西和縣志》作「罹業閉」。
［一四］正，《重修西和縣志》作「衆」。
［一五］將，《重修西和縣志》作「收」。
［一六］庚午朔六日壬寅，《重修西和縣志》作「壬寅之朔」。
［一七］「亡父仁贇」至「趙士埒撰」共一〇一字，《隴右金石録》無，據《重修西和縣志》補。
［一八］「永公重新興修興相塔」，《重修西和縣志》作「僧永公重興修勝相磚塔」。
［一九］誓，《重修西和縣志》作「主」。
［二〇］「遺言囑于」，《重修西和縣志》作「遺祝言于」。
［二一］了，《重修西和縣志》作「完」。
［二二］之旨，《重修西和縣志》作「命」。
［二三］「將此功德」，《重修西和縣志》作「□此公德」。
［二四］終，《重修西和縣志》作「然」。

[二五]「老幼咸康」，《重修西和縣志》作「長幼咸安」。
[二六]「妻韓氏」至「趙士埒撰」共八十五字，《隴右金石録》無，據《重修西和縣志》補。
[二七]釋，《重修西和縣志》作「世」。
[二八]空，《重修西和縣志》作「宫」。
[二九]「化通幽」，《重修西和縣志》作「化同幽隱」。
[三〇]三界之□，《重修西和縣志》作「三界」。
[三一]所，《重修西和縣志》作「故」。
[三二]現化，《重修西和縣志》作「現」。
[三三]「一百廿」，《重修西和縣志》作「□□二十」。
[三四]僧，據《重修西和縣志》補。
[三五]擇，《重修西和縣志》作「隨」。
[三六]敬，《重修西和縣志》作「取」。
[三七]之，《重修西和縣志》作「焰」。
[三八]其焰，據《重修西和縣志》補。
[三九]觀骨，據《重修西和縣志》補。
[四〇]此，據《重修西和縣志》補。
[四一]石，據《重修西和縣志》補。
[四二]馨，據《重修西和縣志》補。

〔四三〕待，《重修西和縣志》作「侍」。
〔四四〕諸，《重修西和縣志》作「歷」。
〔四五〕無，《重修西和縣志》作「罔」。
〔四六〕一夕，據《重修西和縣志》補。
〔四七〕而敬，《重修西和縣志》作「收進」。
〔四八〕靈感，《重修西和縣志》作「羽林」。
〔四九〕主，《重修西和縣志》作「衆」。
〔五〇〕踪，《重修西和縣志》作「迹」。
〔五一〕歸，據《重修西和縣志》補。
〔五二〕茅庵，《重修西和縣志》作「芬廖」。
〔五三〕三，《重修西和縣志》作「之」。
〔五四〕戒行，原作「行戒」，據《重修西和縣志》乙轉。
〔五五〕舉，《重修西和縣志》作「主」。
〔五六〕色，據《重修西和縣志》補。
〔五七〕人，據《重修西和縣志》補。
〔五八〕「數十衆」，《重修西和縣志》作「現于數十家」。
〔五九〕各，《重修西和縣志》作「如」。
〔六〇〕以，《重修西和縣志》作「一」。

［六一］「入揖人家」，《重修西和縣志》作「及揖入家」。

［六二］欲恭，《重修西和縣志》作「敬恭而」。

［六三］傳，據《重修西和縣志》補。

［六四］厚，《重修西和縣志》作「後」。

［六五］可，《重修西和縣志》作「方」。

［六六］「妻張氏」至「安康」共四十二字，據《重修西和縣志》補。

［六七］「緣化修塔」至「鹽事靳德」共八十四字，據《重修西和縣志》補。

［六八］官，《重修西和縣志》作「宫」。

［六九］有、聖二字據《重修西和縣志》補。

［七〇］故我，《重修西和縣志》作「我」。

［七一］驗，以意補，《重修西和縣志》作「以」。

［七二］神，《重修西和縣志》作「種」。

［七三］構俄峙，《重修西和縣志》作「購俄寺」。

［七四］「岌岌華址，巍巍巨基」，《重修西和縣志》作「岌岌華北，巍巍北迹」。

［七五］興，《重修西和縣志》作「□」。

［七六］「深奉其教」，《重修西和縣志》作「行奉真教」。

［七七］相，據《重修西和縣志》補。

［七八］故清，《重修西和縣志》作「清」。

［七九］「形之所諭」，《重修西和縣志》作「行之可諭」。
［八〇］照，《重修西和縣志》作「還」。
［八一］譚，《重修西和縣志》作「禮」。
［八二］去，《重修西和縣志》作「失」。
［八三］「修［者］證之果」，《重修西和縣志》作「修爲者證課」。
［八四］佛之因，《重修西和縣志》作「佛因」。
［八五］「慧燈一明，萬惡自破」，《重修西和縣志》作「慧怗一明，萬惡日破」。
［八六］布，《重修西和縣志》作「有」。
［八七］「跬步，跬步」，《重修西和縣志》作「步頃，步頃」。
［八八］「如爲植佳」，《重修西和縣志》作「如植喬木」。
［八九］可期，據《重修西和縣志》補。
［九〇］果，《重修西和縣志》作「種」。
［九一］并，《重修西和縣志》作「亦」。
［九二］邪，《重修西和縣志》作「刊」。
［九三］謂無修，《重修西和縣志》作「謂」。
［九四］改，《重修西和縣志》作「考」。
［九五］非，《重修西和縣志》作「生」。
［九六］王君，據《重修西和縣志》補。

〔九七〕遵，《重修西和縣志》作「仰」。

〔九八〕之與儒，《重修西和縣志》作「者」。

〔九九〕□□□，《重修西和縣志》作「則異」。

〔一〇〇〕「□□□明」，《重修西和縣志》作「求，則」。

〔一〇一〕「仁義者終」，《重修西和縣志》作「仁義者修」。

〔一〇二〕修，據《重修西和縣志》補。

〔一〇三〕我，據《重修西和縣志》補。

〔一〇四〕禪定，《重修西和縣志》作「造理」。

〔一〇五〕儻得，《重修西和縣志》作「得」。

〔一〇六〕諸方□，《重修西和縣志》作「諸」。

〔一〇七〕志，《重修西和縣志》作「記」。

〔一〇八〕「擅越孤子」至「靳德」共一百七十一字，據《重修西和縣志》補。

一四　宋故左中散大夫王公儀神道碑

王　森

（篆額）：宋故左中散大夫王公儀神道碑

宋故左中散大夫、知涇州軍州事兼管内勸農使、上柱國、清源縣開國男、食邑三百户、賜紫金魚袋王公神道碑銘并序

員外郎、提舉利州路常平等事、飛騎尉借緋王森撰[一]

朝奉大夫、都大管勾成都府利州陜西等路茶事兼提舉陜西等路買馬公事權管勾秦鳳路經略安撫使、總管司并秦州公事、上輕車都尉借紫宋構書

朝奉大夫、充寳文閣待制、涇原路經略安撫使兼馬步軍都總管兼知渭州軍州事及管内勸農使、上柱國、壽張縣開國男、食邑三百[二]户、賜紫金魚袋吕大忠篆額[三]

天下之達道五：君臣、父子、夫婦、昆弟、朋友是也。天下之達德三：智、仁、勇是也。道之達者，常由之路也。德之達者，所以行之之具也。智足以知之，非仁無以守也；仁足以守之，非勇不能行也。是三者，蓋常相須而成，則不惑不憂，而至于無懼，雖任之有輕重，行之有近遠，然各資其道，以盡其分。故載于《中庸》而謂之「達德」，《中庸》鮮克久矣，蓋未之見也。今見于王公，其資盡公[四]而近于達德者歟[五]？

公世爲[六]岷州長道白石人，生天聖元年二月十五日己酉，曾祖珪，祖維嵩，皆以令善稱鄉里，蓋君子之富也。父振，尤能傾資待士以教諸子，故諸子相繼而仕于朝，遂纍封官至司空，而列三公之貴，人以爲能知義方者矣[七]。公即司空公之第六子也，幼而穎秀，不爲戲弄，長而嚴整，望之峭直。曾未齠齓，以童子舉被召。幼失怙恃，傑然自立。又中慶曆[八]六年詞科。調官之[九]初，掌京兆府興平縣之版籍，府吏以公尚[一〇]少而易之。嘗試以隱訟，公即與奪無滯也。府郭之民生産之厚薄，貧富之次第，久不能□□□□[一一]，公定之，遂得大均之法。有婦人者[一二]，死而不明，幾[一三]欲掩瘞，而公視其髮，親以手捏而得巨釘。人服其神明，而死者可[一四]無憾。蓋始見其明辨不惑，勤恤物隱[一五]，而無勢利之憚也。自兹入仕，沛發[一六]所藴，故所至有能名，而薦者亦交于公上矣。移河中之河西令。河西[一七]居府城下，庫[一八]有縑帛之失陷者，長吏訊主庫吏，則

曰：「府僚上下均有貸數，獨河西令不預焉。」衆雖忌，而上官嘉之，其清節又始見于河西也。不惟心服于人，名公亦多叩其所以爲治之術用。梅公摯七人薦，改著作佐郎，知鳳翔府之岐山縣。三府之縣皆繁邑也，五陵豪俠之風，習染猶在。由公以束吏愛民之故，不勞而政平訟理，民到于今思之。其後子弟[一九]有過其邑者，亦歡呼喜[二〇]曰：「王公之子也！」猶周人之思，愛及甘棠。古人曰：「况其子乎！」正[二一]謂是矣[二二]。其得民如此。遷秘書丞，就知渝州巴縣。蠻族屢爲邊患之地[二三]，舊每議事，必嚴武備。公至，則一以常禮會于境上，宣諭朝廷恩信，夷心感服。縣多大姓，有杜生者，擅置官刑，笞撻僕隸至死，而郡胥受賄，不直其訟。川陝風俗，大率貧細無赴愬之地。公先擒贓吏，然後白守而推治之，豪右斂迹。非不畏强禦，不克至是。遷太常博士，通判耀州，賜緋衣銀魚。州有白渠[二四]，歲起利夫以治之，且盗水争競[二五]，或擲瓦礫以害邑官，或至殺傷以起大獄。公董役其衆，省丁萬計，而後無水訟。英宗皇帝入繼大統，舊勞于外，作其即位，庶政勵精，遂用公爲御史推直官，委決留獄，多稱明允。加屯田都官，皆外郎也。神廟登極，再加職方員外郎，遷屯田郎中[二六]。謀殺從按問，自阿雲謀夫始，會公首[二七]當詳定，則曰：「法無許從之文[二八]。」出知商州，州居山，百貨叢委。往時爲吏者，或多牟[二九]漁于下，且圭田無藝，公則一切蠲減之，官吏亦縮手不敢取。自邑至郡，皆興學校。轉都官郎中，求領南都之御史臺，改除知池州，轉職方郎[三〇]中，知興元府。會瀘南用師，慎選守臣[三一]，乃以公知資州兼梓夔兩路兵馬事。止造舟之役，以惜[三二]民力。供饋不乏，而下不知擾。去有遺愛，咸願建碑以紀在民之德。

先是，兵馬事委武臣，以公之至，乃復帶知遂州，遷朝議大夫，賜佩服金紫，封清源縣開國男，食邑三百室。今上即位，加中散大夫，除知涇州。用大臣薦，改除夔[三三]路轉運使。施州幸則殺降，纍劾不就，詔公按之。得其情，復疏以有邊功，乞薄其罪，朝廷從之。繼請便郡，得鳳翔府，剸撥繁劇，庭無留訟。加左中散大夫、上柱國。還朝，除知邠州。未朞，移知涇州。方議置帥，遽以告老聞。命未下，而以元祐八年十二月二十二日甲子終于官舍，享年七十一[三四]。用[三五]九年三月十三日甲申，葬于白石之西原，從先司空之兆禮也。先娶李氏，觀察使士衡之猶子，贈金城郡君[三六]。次娶劉氏，工部尚書涣之子，贈和義郡君[三七]。次娶李氏，中散大夫舜卿之子，今封隴西郡君。男子七人：嘉禮，雄州防御[三八]判官；嘉謀[三九]，通直郎；嘉猷，宣德郎；嘉錫，太廟齋郎；嘉問、嘉言、嘉瑞，皆假承事郎。女子四人：長適承議郎司馬元，次適進士黄本道，次適内殿承制姚宏，次適蘄州法曹李敏思。孫男八人，儔假承務郎，燾[四〇]壽、宗壽、知常，五尚幼。孫女十人，長適主簿張濬，餘皆在室。惟王氏，世爲王者子孫之後，其[四一]姓最著，散之天下，而公家世以資高于西方。惟西方之强[四二]，禀金氣之義，人多尚武，而公家伯仲以文顯于朝廷，非積行之後，何以蕃衍盛大？至公而顯耀門户，如此其光，實公識明而濟之以學，性厚而充之以仁，忠于國而孝于家，利于人而愛于物；其持身也以儉，其行己也以恭，其勤足以幹事，其清足以厲[四三]俗。見義可爲也，則有不奪之志；臨事而懼也，則有不懈之心。然[四四]且不兢[四五]不絿，孤直少與，雖服賜三易，勳業燦然，莫非按資循格，而恬無躐[四六]等之榮，故盤桓郡寄，一爲[四七]路使而已。復請麾無力，小任重之，虞有器博近用之歎，此又樂天知命、難進易退之高風也。所以夙夜在公，施設注措[四八]者，詎可一二爲公道？亦見于志銘者，此不復書。

初，公爲商州，方朝廷患天下之事，承平歲久，有偏而不起之處，主上[四九]慨然思欲振起而鼎新之。乃尊用儒術，曠然大變，首差役之議，推散斂之術，使者相望，交于道路，責在郡縣，專奉新法。公于是時，不比不異，救偏補弊，歸于中道而已。森亦方以屬邑主簿事公，而屢委之以數邑之法，故一薦之又薦之，實受知于門下者爲最厚。暨公捐涇州之館舍，其諸孤以書抵余，曰：「先子平生事業，君知之爲詳，不孝無以答昊天，願假忱詞以垂不朽。」余既復書以慰，且勉之曰：「古人有[五〇]云：『孝子之親歿，當求仁者之粟以祀之。』夫祀時思也，尚求粟于仁者，况顯揚先烈，刻之堅石，不求諸當世[五一]聞人，則何以昭示前烈、取信後世？重爲先府君羞，敢以固辭。」又書，見諉，且遣其昆弟以來，曰：「當世前古，固有名聞之士，載于論撰，然聞諸《禮》曰：『無善而稱之，是誣也。』伊[五二]欲昭示先烈，取信後世，莫若[五三]無愧于泉下，則當求知者以紀其實。故《禮》又曰：『有善而不知，不明也；知而不傳，不仁也[五四]。』今以雄州防御[五五]推官郭拱狀其行事，編次本末，不敢以片言隻字厚誣我先子。且于格得之君，盍許我乎？」義不獲避，則應之曰：「諾。」遂序其本事，表于隧而銘之曰：「有宋達德君子王公諱公儀字子嚴之碑。」銘曰：

惟西方之鎮兮，其山曰岷。惟少皡之氣兮，是爲蕭辰。惟金神則義兮，俗尚多[五六]武。惟王氏之子孫兮，家聲富文。惟司空之教兮，能大其後。惟上柱之生兮，克材以秀。第循良之效兮，著見于有勇之仁。無懸歎之聲兮，有愷悌之在民。我政兮如神，我澤兮如春。道之遠兮任之宜重，器之博兮止于近用。爲上以德兮，爲下以恩。不在其身兮，或在子孫。岷之山兮，峻極于天。岷之水兮，淵泉如淵。豐碑道傍兮，聊紀歲年。天淵可平兮，名不愧乎永傳！

紹聖三年歲次丙子五月庚寅朔十二日辛丑建

天水王厚鐫石

［**説明**］

碑存西和縣仇池碑林。碑高二三〇厘米，寬一一四厘米。

宋哲宗紹聖三年（一〇九六）王森撰。

著録：邱大英《西和縣志》（題「王公儀神道碑」），張維《隴右金石録》（題「王公儀神道碑」），《金石萃編》，《甘肅新通志稿》，王訪卿《重修西和縣新志》，朱綉梓《重修西和縣志》，西和縣地方志編纂委員會《西和縣志》。

〔校記〕

〔一〕以上兩句，邱大英《西和縣志》載正文後。

〔二〕百，《隴右金石録》作「千」。

〔三〕額，《隴右金石録》作「蓋」。

〔四〕其資盡公，《隴右金石録》作「其資德盡分」。按：此處當作「資道盡分」，即承上「各資其道，以盡其分」言之，下「近于達德」則承「《中庸》而謂之『達德』」而來。蓋碑本有誤，而張維以意改之，惟稱「資德」稍有不足。

〔五〕「天下之達道五」至「達德者歟」共一百八十一字，邱大英《西和縣志》脱。

〔六〕世爲，邱大英《西和縣志》脱。

〔七〕「人以爲能知義方者矣」句邱大英《西和縣志》脱。

〔八〕曆，邱大英《西和縣志》諱作「歷」。

〔九〕之，邱大英《西和縣志》脱。

〔一〇〕尚，《隴右金石録》脱。

〔一一〕□□□□，邱大英《西和縣志》作「鼇」。

〔一二〕者，邱大英《西和縣志》《隴右金石録》皆脱。

〔一三〕幾，邱大英《西和縣志》脱，《隴右金石録》作「凡」。

［一四］可，邱大英《西和縣志》脱。

［一五］「勤恤物隱」，邱大英《西和縣志》脱。

［一六］發，邱大英《西和縣志》誤作「拔」。

［一七］河西，《隴右金石録》脱。

［一八］庫，《隴右金石録》脱。

［一九］弟，《西和縣志》等皆作「舍」，形近而訛。

［二〇］呼喜，《隴右金石録》作「喜呼」。

［二一］正，《隴右金石録》作「其」。

［二二］「古人曰……謂是矣」十二字，邱大英《西和縣志》、朱綉梓《重修西和縣志》皆脱。

［二三］之地，邱大英《西和縣志》《隴右金石録》皆脱。

［二四］渠，邱大英《西和縣志》作「築」。

［二五］此處義不相承，疑當作「有盜水争競者」，「有」誤刻爲「且」，而又脱「者」字。

［二六］自「英宗皇帝」至「屯田郎中」所叙王公儀歷任官職，與上《王公儀墓志銘》所載不同。

［二七］首，《隴右金石録》作「常」。

［二八］「謀殺從」至「從之文」共三十二字，邱大英《西和縣志》脱。

［二九］牟，邱大英《西和縣志》誤作「年」。

［三〇］郎，邱大英《西和縣志》誤作「即」。

［三一］臣，原作「城」，據《隴右金石録》改。

［三二］惜，《隴右金石録》作「息」。

［三三］夔，邱大英《西和縣志》作「夔州」。

［三四］一，邱大英《西和縣志》脱。

［三五］用，《隴右金石録》脱。

［三六］君，邱大英《西和縣志》脱。

［三七］義，原作「議」。北宋「和議」之地名，有和義縣，《王公儀墓志銘》也作「和義」，今據改。君，邱大英《西和縣志》脱。

［三八］御，當爲「禦」，碑誤。

［三九］謀，邱大英《西和縣志》《隴右金石録》皆作「謨」。

［四〇］參《王公儀墓志銘》，「燾」當爲「儔」之誤。

［四一］「惟王氏，世爲王者子孫之後，其」共十二字，邱大英《西和縣志》誤作「王氏世」。

［四二］「惟西方之强」，邱大英《西和縣志》誤作「西方」。

［四三］厲，邱大英《西和縣志》作「礪」。

［四四］「見義可爲」至「懈之心。然」共二十七字，邱大英《西和縣志》脱。

［四五］兢，當作「競」。

［四六］躐，《隴右金石録》作「獵」。

［四七］一爲，邱大英《西和縣志》作「爲一」。

［四八］注措，邱大英《西和縣志》作「措注」。

［四九］主上，邱大英《西和縣志》作「上主」。
［五〇］有，《隴右金石録》脱。
［五一］世，邱大英《西和縣志》《隴右金石録》皆作「時」。
［五二］伊，邱大英《西和縣志》脱。
［五三］莫若，邱大英《西和縣志》脱。
［五四］「故《禮》又」至「不仁也」共二十六字，邱大英《西和縣志》脱。
［五五］御，《隴右金石録》作「禦」。
［五六］尚多，《隴右金石録》作「多尚」。

一五　宋故西京左藏庫副使飛騎尉致仕張公從墓志銘

吴　陟

宋故西京左藏庫副使飛騎尉致仕張公墓志銘
鄉貢進士吴陟撰
岷州大潭縣尉解侁篆蓋
前洋州興道縣主簿王采書［一］

張之爲姓尚矣！漢太傅良，晉司空華以降，勳賢軒冕，歷代不乏。至［二］五季之亂，遷于［三］四方，世系雖不可考，凡同姓者皆其後也。公諱從，字伯通，世爲平涼人，因從宦［四］，遂［五］居于岷之白石。曾祖懷德，祖顯，父文政，皆守道不仕。公慨然有自立志〔六〕，隨觀文王公托〔七〕熙河，以武勇纍立戰功，得登仕路，遷供備庫副使〔八〕飛騎尉致仕。今上即位，轉西京左藏庫副使。初任岷州指使，遷邠州管界巡檢，皆職事脩舉而未嘗曠敗。又監岷州白石鎮，次管勾熙州北關堡，遷通遠軍寧遠寨主〔九〕，皆帥府〔一〇〕以才。奏辟所至，爲能吏而皆有成績。公之未仕也，逼〔一一〕于困窮，因以事纍而遠逃，能〔一二〕捨其少妻而肩負其老母，竄于嶺表。暨歸，得居仕〔一三〕籍，而復求舊室與之偕老，此人之所難也。常家山討蕩番賊〔一四〕，有〔一五〕熟户爲鬼章脅從者，諸將皆欲誅之，獨公言其非辜，所活者〔一六〕三百餘人，此公之所積也〔一七〕。又授蜀州兵馬都監，年未及于懸車，告老弗往，優游自得，樂乎〔一八〕田里者數年。日飲市肆，酣歌往來，真希夷華胥之人也。凡營造佛事，脩設齋供，拯濟貧乏，皆先于〔一九〕衆人，由是得譽于鄉閭，而以爲榮也。父纍贈左監門衛將軍，母宿氏纍贈蓬萊縣太君，妻王氏封宜禄縣君。一子誠〔二〇〕，先公而卒。孫男一人天經〔二一〕，以公致仕，補充三班差使。孫女一人，許適右〔二二〕班殿直姚友仲。公元符三年十一月二十二日疾終于〔二三〕白石之私第，享年六十有九。死之日，一鎮之人無老幼皆號于前，其得人也如此。以當年十二月初四日葬于白石之南原，其孫見託，追撰銘〔二四〕于墓石。陟亦居白石有年矣，聆公之事甚熟，故作斯文，無隱情、無愧辭焉〔二五〕。銘曰：

張氏之先，隱德不仕。惟公之全〔二六〕，自奮其志。負母逃難，復合〔二七〕妻子。有功于時，積德于己。壯〔二八〕享爵禄，老安田里。人之所難，公服其事。白石南原，垂百〔二九〕千〔三〇〕祀。

僧法會刊〔三一〕

〔説明〕

碑原在漢源鎮南郊。今存西和縣隍城碑林。碑高六七厘米，寬六七厘米。

宋哲宗元符三年（一一〇〇）吴陟撰。吴陟，鄉貢進士。張從，其事迹見朱綉梓《重修西和縣志·耆舊志》。

著録：張維《隴右金石録》（題「張從墓志銘」），王訪卿《重修西和縣新志》，朱綉梓《重修西和縣志》，西和縣地方志編纂委員會《西和縣志》（題「張從墓志文」）。

［校記］

［一］「鄉貢進士」至「王采書」共三十字，《隴右金石録》《重修西和縣志》皆脱。

［二］至，《重修西和縣志》脱。

［三］于，《隴右金石録》脱。

［四］宦，《隴右金石録》作「官」，《重修西和縣志》誤作「寧」。

［五］遂，《重修西和縣志》誤作「遠」。

［六］志，《隴右金石録》作「之志」。

［七］托，《隴右金石録》作「抵」。

［八］使，《隴右金石録》脱。

［九］寨主，《隴右金石録》脱。

［一〇］府，《隴右金石録》脱。

［一一］逼，《隴右金石録》作「過」。

［一二］能，《隴右金石録》作「能而」。

［一三］仕，《隴右金石録》作「士」。

［一四］討蕩番賊，《隴右金石録》脱。

［一五］有，《隴右金石録》脱。

［一六］者，《隴右金石録》作「有」。

［一七］此處意有缺，疑當作「此公德之所積也」。

［一八］乎，《隴右金石録》《重修西和縣志》皆作「于」。

［一九］于，《重修西和縣志》脱。

［二〇］誠，《隴右金石録》作「諱」。

［二一］人天經，《隴右金石録》缺省爲「□□□」。

［二二］適右，《隴右金石録》作「通各」。

［二三］于，《隴右金石録》脱。

［二四］銘，《隴右金石録》脱。

［二五］焉，《重修西和縣志》脱。

［二六］全，《隴右金石録》作「生」。

［二七］合，《隴右金石録》作「捨」。

［二八］壯，《隴右金石録》作「仕」。

［二九］百，《隴右金石録》作「芳」。

［三〇］千，《重修西和縣志》作「年」。

［三一］「僧法會刊」句《隴右金石録》《重修西和縣志》皆脱。

一六　宋故奉議郎王公嘉問墓志銘

任　澤

（篆蓋）：宋故奉議郎王公墓志銘

宋故奉議郎王公墓志銘

朝奉郎、提點筠州妙真官任澤撰

承議郎、權發成都府提點刑獄公事高景山書

朝散大夫直秘閣權發遣河北路轉運副使李昌孺篆蓋

學不可已也久矣。古之學者，爲道而已。孟子論道之序，自可欲之善，以極于不可知之神；而孔子始于志學，卒至于踪[一]心。而後世之俗學則不然。蓋所祈向者，弗在是也。苟獲其欲，則向之所習皆在所棄，豈特力不足而後止者耶？吾鄉有人焉，姓王氏，諱嘉問，字義之，世爲岷之白石人。曾祖維嵩，隱不仕。祖振，纍贈司空。父公儀，故任中散大夫，纍贈開府儀同三司。方公少時，余嘗與之游。其容嚴以和，其氣純以正，其言不苟，雖終日與之語，未始及勢利也。夷考其行，信能踐其言者。蓋所志者大，所養者深，若不可以窺其涯。余竊畏之，知其所欲造者。嗚呼惜哉！公性孝義，讀書未嘗少怠，尤喜韓愈。所爲文辭，余嘗謂之曰「學孟子謂成，猶足勝韓文公」。悚然以余爲知焉。用開府公陰，補假承事郎。既冠，試于利路計司，中選。棄職官，授劍州陰平縣尉，以邑事簡，便于學，不爲恣任介意，清白恪勤。部使者家彬聞而嘉之，又以其善奉行常平法令，奏公興州軍事推官，俾兼是職。任内就試，擢進士第。嘗校藝學生，其爲策問文致優，長學司付諸郡教官以爲式焉。用者改宣德郎，遷奉議郎，知成都府。新繁巨邑，號爲難治，公臨之有方，民方信服。以大觀四年八月四日感疾，終于官舍，享年三十七。娶唐氏，朝散郎爲之女。男二人，知古、知德，皆知務學。女三人并幼。以政和七年八月五日葬白石西原先壠之次。知古哀懇請銘，余方强欲爲君銘也。銘曰：

其材未隆，孰誘其衷？其志未就，孰奪其壽？無際無分，莫圖莫究。强爲之銘，以信爾後。

［説明］

碑存漢源鎮某個體收藏者家中。據西和縣文化館蒲立所提供抄件録入。

宋徽宗政和七年（一一一七）銘。

［校記］

［一］踪，此語本《論語·爲政》，當爲「從」。

一七　宋故康國太夫人李氏墓志銘

任　澤

（篆蓋）：宋故康國太夫人李氏墓志銘

宋故康國太夫人李氏墓志銘

朝奉郎、提點筠川妙真宫任澤撰

承議郎、權發遣成都府路提點刑獄公事高景山書

朝散大夫、直秘閣權發遣可比路轉運副使李昌孺篆蓋

開府儀同三司王公諱公儀之夫人李氏，諱昉丞相之孫，中散大夫諱舜卿之長女，以開府公及公之子纍封康國太夫人。世家深州饒陽縣。夫人仁厚純誠，和而有禮，静而有法。方兒女幼時，悉苦瘡瘍，夫人憂甚，嚙中指瀝血食之，瘡瘍皆愈焉。内外姻親，遇之以愛，無不得其歡心自居。開府公喪，遂專家政。其飲食衣服，凡養生之具，與夫訓子孫、却使令，事無巨細，皆有條理。雖相限之裔，弗侈弗驕。故于白石私第，以居處則僻左，以奉養則若寒素者，夫人安焉。蓋其心漠然，不知富貴之在我□。其行于家，稱于宗族，傳于鄉黨，使凡爲婦爲母、是則是效者如此。開府公致身顯貴時，始終惟以清白傳家，夫人有助焉。嗚呼賢哉！政和七年五月初四日以疾薨于寢，享年六十有九。越八月初五日葬于白石西原祖塋，以祔開府公之墓焉。子八人，雄州防禦判官嘉禮，朝請大夫嘉謀，老直大夫嘉猷，朝奉郎嘉錫，奉議郎嘉問，宣教郎嘉言，宣教郎嘉瑞，通仕郎知山[一]。女四人，長適承議郎司馬元，次適俊士黄安道，次適武功大夫康州防禦使姚宏，次適俊士□刻[二]。孫男燾壽已下共十九人，孫女二十九人；重孫良翰已下十人，重孫女十人。夫人諸[三]子請澤以銘，澤，里人也，義不敢辭。銘曰：

猗嗟夫人！淑德始終。言[四]有爾家，厥處隆隆。以愛以嗇，閨門之則。□介用休，封大國□。富貴不驕，則維其常。大人□然，若出寒鄉。既壽而□，已焉易傷。有銘幽室，貽後無疆。

［**説明**］

碑存漢源鎮某個體收藏者之家中。據西和縣文化館蒲立所提供抄件録入。

宋徽宗政和七年（一一一七）任澤撰。

［校記］

［一］知山非王公儀與夫人李氏之子，而是其孫。此李氏墓志銘曰「子八人」，末爲「知山」，然其上七人名之第一字皆爲「嘉」，則據家譜爲「嘉」字輩，不當第八子改用「知」字領頭。按下篇《王知彰妻宋故李氏墓志銘》，其夫名知彰，又上篇《王公墓志銘》，公儀之子嘉問有子二人名「知古」「知德」。則公儀之孫爲「知」字輩明矣。又上《王公儀墓志銘》《王公儀神道碑》皆云王公儀有子七人，則「知山」乃誤入。

［二］俊士□刻，《王公儀墓志銘》作「蘄州法曹参軍季敏思」，《王公儀神道碑》作「蘄州法曹李敏思」，此處可能抄録時有誤。

［三］諸，原本作「請」。當爲「諸」字之誤，據文意改。

［四］言，疑當作「宜」，即《詩經》「宜爾室家」之化用。

一八　王知彰妻宋故李氏墓志銘

佚　名

故李氏墓銘

岷州白石進士王知彰妻李氏，故熙河蘭廓等路經略使劉公諱法之外孫也。父武功大夫諱孝先，爲秦鳳路第三將，愛其女，遴選厥配。聞故少師王公諱公儀有孫、大夫公諱嘉謀有子賢者也，遂歸之，是爲知彰。知彰侍父，大夫守邛州，門下士有楊畬者，州人也，知彰告予畬曰：「哀哉余妻！孝予舅姑，和睦娣姒，天弗與齡，年二十以疾卒，實宣和二年九月二十二日也。今以五年八月二十八日葬于白石西原［之］祖塋，敢請銘焉。」

固辭不獲，銘曰：（以下漫漶不清）。

［説明］

碑存漢源鎮某個體收藏者家中。據西和縣文化館蒲立所提供抄件録入。

宋徽宗宣和五年（一一二三）銘。

一九　興唐寺題名

張浮休

存目

［説明］

張維《隴右金石録》載：「文同任師張浮休題名。在西和興唐寺，今佚。按：興唐寺今無考，蓋亦隴蜀通道與，可蜀人故有題名于此。」

《輿地碑記目》卷四載：「文同任師張浮休留題，在興唐寺。」

南宋

二〇　仇池碑記

佚名

自兩儀肇判，混氣既分，融而爲川瀆，結而爲山崗。禹别九州，奠高山大川，積石、龍門、彭蠡、震澤、砥柱、析[一]城、太華、衡山之名著，故名山大川，載于記籍，班班可考。

仇池福地，本名維[二]山，《開山》謂[三]之仇夷。上有池，古號「仇池」。當戰國時，漢白馬氏所居。晉係胡羌，唐籍成州，逮我宋朝隸同谷。背蜀面秦，以其峭絶險固，襟武都，帶西康，相結茅儲粟，以爲形勝鎮戎之地。觀其上土下石，屹然特起，界于蒼、洛二[四]谷之間，有首有尾，其形如龜，丹岩四面，壁立萬仞。天然樓櫓，二十四隘；路若羊腸，三十六盤。周圍九千四十步，高七里有奇。東西二門，泉九十九，地百頃。農夫野老，耕耘其間。雲舒霧慘，常震[五]山腰，朝暉夕陰，氣象萬千。當其上，群谷環翠，流泉交灌，集而成池，廣蔭數畝，此世傳仇池之盛。且神魚聞于上古，麒麟瑞于近世，有長江窮谷以爲襟帶，有群峰翠麓以爲黼藻。雖無[六]瓊臺珠閣、流水桃花，其雄峻之狀，壯麗之觀，即四明、天台、青城、崆峒亦未過此。非輕世傲物、餐霞茹芝者，似莫能宅之。宜少陵咏送老之詩[七]，坡仙懷請往之夢[八]。由是此山增重；小有天一點空明，始聞天下。名公巨卿，冠蓋相望，争訪古人陳迹。然一山之中，古廟獨存，榜曰「晉楊將軍」，惜無碑碣，莫可稽考，咸以爲闕典[九]。紹興五禩，曹公居賢官于此，廟宇圮壞，公爲鼎新，復起白雲亭，重構[一〇]

招提，繪杜蘇二老[一一]像，刻詩于琬琰，昭示將來，遂成好事，翹楚者属予以紀之。

予嘗探討往牒，觀《通鑑》于漢晉南北諸史，參考仇池歷代事迹，見公始末。乃知公姓楊，諱難敵。稱氏王、諱茂搜者，乃公之考。右賢王諱堅頭者，乃公之弟。晉元帝永昌元年，趙王[一二]劉曜親征仇池，公拒之弗勝，遂退保仇池。會軍痢疫，曜亦寢疾，懼公躡其[一三]後，乃遣[一四]使説公，封公持節侍中，假黄鉞，都督秦梁二州隴上諸軍、武都王。大寧咸和間，執田崧，擒李雄[一五]，抗衡前越，控制後蜀，鼎峙三國，雄霸一隅，一時英傑也。至咸和九年卒，其嗣立。厥後，穆帝永和三年，楊初拜仇池公。曰國、曰安、曰世、曰盛，皆繼爲仇池公。南北之際，如玄[一六]、如難當、如保熾、文德以降，家世其地，不可縷舉。然楊氏之業，惟難敵始大，則此廟宇，或爲難敵建乎？

予跧伏于下，身歷目擊，親見其詳，數其實以紀之。并取唐宋二公詩，以爲仇池光華，冀千百年後，考信于今者，亦猶今之考信于古也歟！

宋紹興甲寅上巳日，忠訓郎曹居賢立石

［**説明**］

以邱大英《西和縣志》爲底本録入。

宋高宗紹興四年（一一三四）曹居賢立石。舊題「曹居賢作」，然文中曰「曹公居賢居于此」，則非居賢自撰甚明。

著録：葉恩沛《階州直隸州續志》，黄泳《成縣新志》，宣統《甘肅新志》，《甘肅新通志稿》，张維《隴右金石録》，王訪卿《重修西和縣志》，朱綉梓《重修西和縣志》，西和縣地方志編纂委員會《西和縣志》。

［**校記**］

［一一］析，黄泳《成縣新志》作「柝」。

［一］維，《階州直隸州續志》、黄泳《成縣新志》、《隴右金石録》皆作「圍」。
［三］謂，原作「爲」，據《隴右金石録》改「謂」。
［四］二，原作「一」，據《階州直隸州續志》、黄泳《成縣新志》、《隴右金石録》、《重修西和縣志》改。
［五］震，疑爲「集」之形訛。
［六］雖無，「無」字原脱，今據《階州直隸州續志》、黄泳《成縣新志》、《隴右金石録》補「無」字。
［七］之詩，《重修西和縣志》脱。
［八］之夢，《重修西和縣志》脱。
［九］典，《重修西和縣志》誤作「點」。
［一〇］構，原作「搆」，據《重修西和縣志》改。
［一一］二老：「二」下原有「大」字，據《重修西和縣志》删。
［一二］王，《階州直隸州續志》、黄泳《成縣新志》皆作「主」。
［一三］躡，原作「攝」，據《隴右金石録》改。「其」原作「亦」，形近而誤（「其」或作亓）。今以義改。
［一四］遺，原作「遺」，形近而誤。據黄泳《成縣新志》、《隴右金石録》、《重修西和縣志》改。
［一五］雄，《隴右金石録》作「稚」，《階州直隸州續志》、黄泳《成縣新志》皆誤作「椎」。
［一六］玄，因諱而改作「元」，今改回。

二一　靖共堂碑記

米居一

西和僑治白石鎮，□□□□□□□□□□□□爲忠烈[一]公用武之地，故廟食于此。而忠烈公之弟、今都統制利州西路安撫使吴公之像繪于廊廡之下，塵昏雨剥，殆不堪視。一日，百姓王玘、杜壽等周覽蹙額，相與鳩工，别建一室，繪公之像，請郡文學米居一作記。居一曰：

昔東漢張奂破南匈奴，制東羌[二]，襲元□[三]，税鮮卑，使天下之民不淪于左衽，而漢室以安，未聞郡邑有祠者。暨[四]爲武威太守，百姓以其平均賦税，訓諭義方，以止殺子之俗，民乃爲奂生立其祠。夫安天下之功，孰與于安一州之功？止四夷之殺，孰與于止養子之殺？然而天下忘其功而失其所事，一州志其德而恭其所祠，其故何哉？大抵功存社稷者，天子有不能忘，故鼎彝之所銘，竹帛之所書，太常之所紀，雲臺之所繪，皆所以旌其功也。至于德及生靈而民心之所愛慕者，必生立其祠，蓋斯民所以寓其私耳。公之生祠，民建于此，是亦武威之祠奂也。雖然，公之功存社稷，則非奂之比也。金人犯陜，服[五]公之兄忠烈公，以一旅之衆攻百倍之師，所向克敵，公之勇當□冠軍[六]也。富平之役，忠烈公議格不行，六路盡陷。忠烈公收散卒，保鳳翔之西和尚原。敵乘勝急攻，公以談笑間破。是時，軍皆烏合，上下内外有不相信。公爲統領，與諸將誓以無忘國家，言出于誠，人人感泣。公知人皆可用，遂與忠烈公定計而戰，敵大敗不能返，全軍幾陷，獲楊哥孛堇。後一年，移屯清［野］原。明年，敵率瀚海契丹之師，虜燕齊秦晉之衆，奮勢直攻，蜀地大震。忠烈公主于内，公率諸將力戰以却之，而蜀遂以安。暨忠烈[七]捐館舍，公以都統出兵秦隴，遂欲恢復中原。而敵盛兵守秦，公親冒矢石，率衆攻之，一日而破。敵復會諸屯，陳于剡家灣，乘高擊下，意氣甚盛。公麾軍渡渭，背水而陳，衆以謂不便，公曰：「非乃所知！」夜潛師畢登，出其不意。敵已警[八]視。是時，五軍成列，公復令匿其旗幟之二以誘之，敵謂大軍在後，愈亦自失。既戰，命勁弓强弩先破其驍鋭，然後以短兵乘之，鏖戰終日，敵不能支，殲敵殆盡。于是虜屯諸壘者咸狼狽東走，其民亦曰：「望王師之至。」[九]公乘勝長驅，勢如破竹。適朝廷與虜講好，宣撫司檄公班師，公遂整旅而還。嗚呼！自古守蜀，或守于漢中，或守于涪城，皆棄險處内。夫棄險則易攻，處内則衆摇，所以中原之兵一涉其境而國于喪，未有忠烈公守蜀于咽喉之地，而安之于壘卵之危也。至公，則又復以所部出攻大敵而連破之，敵始膽落而心讋也。夫蜀處吴之上流，猿臂勢也，保蜀所以保吴。自兵興以來，有功于社稷，孰與公大？天子以節鉞之權、師保之尊加寵于公，其于報功[一〇]，至矣。然全蜀之民，離俘虜之虐，而遂生養之樂，其何以報公之德哉？西和與敵壤接，德公尤甚，乃建立生祠，以見其誠。雖然，奐之功德見于一方有事之初，公之功德施于天下多事之際，奐雖不可與公儷，至百姓生立其祠，蓋實同也。故居一以奐論公，而銘其堂曰「靖共」，惟「靖」則謀足以成功，惟「共」則忠足以事上。《詩》曰：「靖共爾位，好是正直。」居一于公亦云。

紹興十九年九月初一日謹記

［**説明**］

以朱繡梓《重修西和縣志》爲底本録入。

宋高宗紹興十九年（一一四九）米居一記。

著録：西和縣地方志編纂委員會《西和縣志》。

［**校記**］

［一］烈，原作「節」，據徽縣《宋忠烈吴公祠記》及本篇下文「服公之兄忠烈公」改作「烈」。下同。

［二］羌，以意補。徽縣碑刻有《宋忠烈吴公祠記》（《全唐文》收録，題作《忠烈吴公祠記》），除開頭結尾外，大部分内容一樣。本文校録用此二文互校。

〔三〕元□，當爲「烏元」。
〔四〕暨，當作「既」。
〔五〕服，爲「時」之訛。
〔六〕□冠軍，當爲「冠三軍」。
〔七〕此處當脱一「公」字。
〔八〕警，當作「驚」。
〔九〕此句當作「其民亦日望王師之至」。
〔一〇〕功，當作「公」。

二二 德政堂記

何轍〔一〕

竊聞欲政速行，莫先以身率之；欲民達服，莫切以碑記之。德者，本也，苟能躬行其德以化民，則民被其澤而禔其福，〔莫不愛戴〕〔二〕立社祠以報其德，刻琬琰以頌其功，如周之召伯，晉之羊祜者焉。西和古之創〔三〕郡。聖天子總核名實，親察賢否。紹興乙亥春，以中衛大夫、泉州觀察使、階成鳳西和兵馬都鈐轄御前左軍統制軍馬邵公，知西和州軍事兼管内勸農。邵公諱俊，躬受簡命，來牧斯民。旌旆西引，下車視事，廉能公正，練達治體，而善政及民，斑斑可考也。其寬以容衆，仁以愛人，不屑屑于刑威，惟以德禮化民焉耳。旦夕惕勵，苦詢民瘼。苟有所利，則因而興之；苟有所害，則革而除之。民有冤訟，則聽斷如神，其明决有如此者。雨暘順序，百穀用成，其氣和協應有如此者。躬詣壟畝，集諸父老，勸以力穡務農，其敦本有如此者。郡民白氏孝善于家，爵而未舉，聞諸朝廷旌之，其彰善有如此者。鋤擊凶頑，而盜不入境，路不拾遺，其痺惡有如此者。民有梗化，諭以禮義，勸以孝悌，而民率其化有如此者。夏麥熟，將獲，夜夢異人告曰：「天將大雷，雨以風。」公速令民收刈，方卒其事，後果如之，而愛民之心交感神明有如此者。冬秋春夏不易，故寒谷生禾，其動化群物有如此者。推數事，則公爲政惠，其先之實效可見矣。于時，士飲其仁風，農樂其耕桑，工悦其技藝，賈安其市肆。所以庶民愛之如父母，敬之如神明。其仁恩固結之深，匪一朝夕也，以視古之循良，何異哉？四民相率欲立祠勒石，以紀功德，而告于成忠郎、就差西和州長道、大潭兩縣巡檢皇甫謦保，節善郎、定差西和州長道縣酒税大中[四]。二人承命而來，因民心以倡之，創祠堂于祖師殿之東序。于是采石鳩工，經之營之，不逾月而成。爲堂三楹，廊廡門庭無有不具。繪像于中，明窗净几，蔽以風簷，飾以丹青，金壁輝煌，起人瞻仰。事竣，皇、魏二公，命余筆之以垂不朽。余不文，敬摭其實以書云。

〔説明〕

以王殿元《西和縣志》爲底本録入。

原題下有「宋紹興二十六年西和州學長何轍撰」十五字。宋高宗紹興二十六年爲一一五六年。

著録：朱綉梓《重修西和縣志》，西和縣地方志編纂委員會《西和縣志》。

〔校記〕

〔一〕何轍，西和縣地方志編纂委員會《西和縣志》作「何徹」，「徹」爲「轍」之誤。

〔二〕此四字原爲缺文，西和縣地方志編纂委員會《西和縣志》作「貴不愛戴」，「貴」當爲「莫」之誤。今據以補。

［三］創，西和縣地方志編纂委員會《西和縣志》作「巨」。
［四］大中，據下文「皇、魏二公」，此處當作「魏大中」。

二三　宋故楊公進墓銘

呂茂宗

（篆額）：宋故楊公墓銘

西方之氣，勁禀金行，儲孕精秀，必曰間生。公之炳靈，爲國虎臣，箕裘之業，束髮從戎。公諱進，字德修，鞏州安西人也。勇鋭果敢，智略過人。于建炎間，因討叛羌，始立奇功。至紹興初，敵國侵凌，九州鼎沸。公喟然歎曰：「君憂臣辱，君辱臣死。」愕然憤志，竭節勤王。内持剛毅之心，外盡孤忠之節。迎鋒破敵，百戰于京畿；效死疆場，必争于熙鞏。豈謂胡騎長駈，秦陝復陷。公徊徨四顧，勢孤難立，遂爾亡家，一身報國。于是神贊元戎，十年控扼，聚忠義于大潭，爲四川之屏禦。戰守無停，艱危萬狀，公實樂爲，方圖不世之功，欲復山河之固。奈何敵國請和，忠誠難盡。官至武翼大夫，職任御前正將，屯駐于武興，地名曰芝渠。公閲練有術，紀綱有法，革除姦弊，悦懌軍心，不擾不役，不諂不佞，端然正直，盡循公道，雖有謗議，皆出人之私心，確然不顧，理自歸正。公素有伯樂之鑒，屢被檄于宕昌，收買進馬千百之數，無一不當，人孰可繼！每遇休暇，常語客曰：「當國步艱危之際，務在軍飽民蘇，此何難耶？削官吏之貪淫，去士兵之僥倖，和氣一同，歡聲四布，此乃天下安平之基也。」美哉是言！求之古人，誠無愧矣。公享年五十有四，厥疾是作，危卒不起，左右失聲，長星西墜。大宋己卯仲秋二十有二日薨于寢。父清，贈武經郎。母王氏，贈孺人。妻馮氏，封安人。男五人，長曰宗説，次曰宗顔、宗亮、宗奭、宗良。女三人，幼，皆未婚。是年季冬十二月二十三日癸酉，葬于西和州長道縣地名祁家平新卜之塋。諸子哀乞其銘，義不當辭，爲之銘曰：

精忠貫日，高義格天。德惟存憮，險阻是先。十年控扼，智勇誰肩？紀綱有法，閲練之專。剛柔相濟，畏愛兼全。公明賞罰，無讜無偏。廉勤守節，人皆曰賢。其功赫赫，彝鼎争傳。英氣一收，河岳凄然。烟雲黯黯，愁鎖原泉。

忝戚吕茂宗謹撰并書

石匠李淵刊

［説明］

據西和縣文化館胡詢之提供抄件録入。碑高七五厘米，寬四九厘米。

據文中言楊進爲「大宋己卯仲秋二十有二日」亡，「是年季冬十二月二十三日」葬，北宋、南宋算上，宋亡之一年祥興元年，也即元世祖至元元年，共六個己卯年，但文中言及「至紹興初」，楊進勤王奮戰，并言「十年控扼，聚衆于大潭」，則此己卯當爲宋高宗紹興二十九年（一一五八）。吕茂宗撰并書。

二四　修路記摩崖

佚　名

存目

［説明］

西和縣地方志編纂委員會《西和縣志》載：「修路記。時間：宋紹興。地址：六巷鄉上六巷柱腰峽。一九八九年修路時毀。」

二五　仁愛堂碑記

米居純

夫世不難，無以見天下之功；人不危，無以見成天下之德。□□□□□□□□截要津，功序社稷而德在生靈，天下之人被其德，賴其功者□□□□□□□內外翕然，勢不可遏。夫豈非出其中心之誠也哉？隴干李公仁愛士卒，□□□□瓜將代。民之在軍者相與築室，繪公之像于凝禧院。又裹糧□□□□□□□□集，登青天，陟孤雲，捫參歷井，越重險而至。囑余曰：「子同谷人，與公□□□□□□□爲我紀之。」居純曰：「噫！民之慕公，可謂出乎中心之誠也！」雖然二三□□□□□□□勳烈自艱難以來五典，大邦地據要害，如長城巨防，使敵國不敢□□□□□□□兩屬，非待邊民也。而德之及民，則邊鄙爲最，二三子曰：「非此之謂□□□□□□□」靖康之亂，又擇保甲驍鋭者別號一軍曰「忠勇」。當太平之久，民不知兵□□□□□□例以我曹爲市人，弱不能戰，名雖爲軍，實執厮役。嗟夫！若以謂軍則□□□□□□以爲民則民隸軍籍，有所不恤，終歲長役，田業荒蕪，舉家阻饑□□□□□□□者，而公下車之後，一歲之役，迄無一人，農隙之講，無非武事□□□□□□□以任干戈，公之德也，我何以忘之？居約思之，古者寓兵于農□□□□□□□以治農，後世兵農兩分，治兵者不知養民，養民者不知治兵爾□□□□□□□□通三代之制、司馬之法，故能寬爾之力使治農，嚴爾之事使□□□□□□□有事則效其能，公之德可勝既乎？傳曰：「仁愛士卒而士卒樂□□□□□□居純曰唯。今西和忠勇號爲精鋭，其訓習有法，蓋出于御前後」□□□□□□□領本州忠勇軍王中正，中正亦純誠人也，勇而有謀，素爲山西□□□□□□日記。前書右奉議郎知巴州難江事王管學、後書訓練管隊官張淵、于晟等立。

［**説明**］

據王訪卿《重修西和縣新志》録入。《重修西和縣新志·藝文下》云：「此碑嵌東岳廟之牆陰，字多殘缺，原缺下半截，文既不完，年月亦缺，但即官銜考之，其爲宋碑無疑。」新修《西和縣志》于《石刻》表中標爲乾道。宋孝宗乾道年爲一一六五至一一七三年。

米居純撰。

二六　楊氏墓志銘

存目

［**説明**］

據《西和縣志（一九九六—二〇一三）》「石刻」表，立碑時間：宋寧宗慶元六年（一二〇〇）。碑原在洛峪鄉馬河村，已佚。

二七　長道鎮盤龍山殘碑

趙伯禽

（上缺）巡檢使新知安慶府趙伯禽撰并書

（上缺）儒學教授于撰仲隸蓋

□景勝地雄、丹飛鼎躍，其號雖缺，要皆棲真□□□□□□□［可］謂之洞天宜矣！長道，古秦邑也，粤自□□□□□□□長道實爲縣治，其舊址則今鎮焉。山川土田□□□□□□□子遇之，且親傳其書，于是長年練氣，清虚超□□□□□□異駿，［與］一前知預占，若合符契。嘗拓邑之東□□□□□□□地今有百餘年，其處翬飛輪復，仙廬道館，恍［若仙境］□□□□而□□敕書，蓋徽宗皇帝之□□□□□□□夫聖壤之樂，四［方安定，庶］民融洽，同歸壽域。初觀地爲□□□□□□□□記九積有□□樂石□刊，莫具其實廣□□□□□□□□□工又半于□□規模□□輒用無仙門□□□□□□□□□環珮鏘如，進□不戒，□□風馬雲車□幼（中缺）□眺睚睥睨，終身不□，顧肯捐有用之貲，而［成此］□□□□□詞，將使學道之士，倚步座梵以歌之，其詞曰：「□□□□□□□兮。霓裳羽衣，音奏全兮。九羅散碧，凝瑞［氣］兮。□□□□□□□兮。屹峙棟宇，輝凋椽兮。别真琳館，尊居焉兮。□□□□□□□兮，苗稼愈茂，糧莠蠲兮。禱旱封□，神乃痊兮。□□□□□□□兮。想招放鶴，鹿皮仙兮。即斯來生，相同旋兮。□□□□增光躔兮，士民稽首，恭且虔兮，百拜長誦，黄［庭卷兮］。」

［西和］州團練判官張考揚

［西和］州團練推官董積立石

邑進士蘇湘，孫鼎聖

［**説明**］

據西和縣史志辦主任袁智慧、長道鎮村民王力及長道鎮大柳小學教師張升學、長道小學副校長劉屲子、張耀、陳小紅先後提供的抄件對校録入。

碑殘，立于南宋中期。知安慶府趙伯禽撰。趙伯禽，宋太祖七世孫，祖令衿知泉州。父子晝，嚴倅令（《康熙衢州府志》卷二〇「世科表」）。

二八　重建白雀寺正殿碑

佚　名

正殿湫隘，不稱兩廊，于嘉定癸酉鳩工重修（下缺）

文林郎差充西和州團練判官（下缺）

［**説明**］

據朱綉梓《重修西和縣志》録入。

《重修西和縣志》載：「白雀寺半截碑。此碑于清宣統三年重修寺院時從荒土中掘出，僅存半截，惟殘文内有『正殿湫隘，不稱兩廊，于嘉定癸酉鳩工重修』語，又有『文林郎差充西和州團練判官』等字，此亦宋碑也。記其文雖闕名，然以官銜考之，亦似記后土祠之吕光遠耶？姑記之，亦考古之證焉。」

西和縣地方志編纂委員會《西和縣志》載：「西峪鄉白雀寺殘碑。時間：宋嘉定。地址：白雀寺中院。碑殘。」按：嘉定癸酉爲宋寧宗嘉定六年（一二一三）。

二九　宋故教授郡博王公師顔墓志銘

趙　崇

宋故教授郡博王公墓志銘

州學録趙崇撰

吾州有宿儒王公，師顔其名，仲晞其字，通經博學，誠慤端方，有古君子風，爲□□□□袖。嘉定甲戌五月二十有七卒，其孤卜以其年六月初十日葬于西谷乾山祖塋之次，徒跣哀號，請銘于予。予獲于職事，義不可辭，輒叙其大概。

公世家白石，曾祖載，祖玘，父林，皆潛德弗仕。公少穎悟，讀書三過輒背誦。長，從鄉先生薛興宗游，工駢儷，月書季孜，褎然稱首，薛器之。弱冠，孤。昆弟三，公最幼，孝以事母，義以友兄。繼服母喪，兄弟同居三十年無間言。益自淬勵，學業□掇。慶元乙卯鄉選，酬素志也。太守王牒諱伯禽，知公文行俱優，處以庠正屬。開禧俶擾，避寇入關。會王師恢復，都統李公好義，任公爲裨贊。師出捷奏，論功定賞，大行臺以文學借補，攝職學官。學宫遭兵燼化爲瓦礫，公喟然歎曰：「吾道不幸如此，其忍坐視！」乃力請于州，洎勸率鄉士，先創大成殿于戎馬未寧之際，識者尚其不忘其本也。大行臺出經界，令長道邑，管十二社，分官任職，公得白石一都。躬親履畝，輕重無偏。次赴行臺禀議，知公才幹，又畀經量興元。西縣一邑，謂儒者通世務，公有之。罷局，極加優異，復畀領袖郡士。公益喜曰：「學宫未備，幸李史君錡篤意修葺，予當領斯職、董斯役，以成宿願也。」今樓殿峥嶸，廊廡綿亘，突兀一區，不日而就，固出太守規劃之方，亦公監督之力也。平生安分樂道，有田僅足伏臘，未嘗一介取與于人。惟開館授徒，常屨滿户外，作成士類尤多。性梗介，深嫉諛佞。親朋故舊有爲公卿者，饋問不通，况踵其門乎！惜夫時不我逢，學不我用，故名不顯著于世，行不博聞于人，而終老于寒窗短檠之下，獨爲士友所記，可哀也！已娶許氏，男浩，業進士；女適進士徐嘉猷。享年六十有三。因係之銘。銘曰：

里有宿儒，學問造詣。書破萬卷，名滿一世。由義居仁，有德無位。視古君子，摩肩接袂。

侄進士王溥書丹

［説明］

據西和縣文化館蒲立提供的抄本、館長魚旺泉提供的拓片對校録入。拓片長九一厘米、寬四八厘米。

宋寧宗嘉定七年（一二一四）趙崇撰。

三〇　西和州築城記

尚震午

關表西州，襟帶秦隴，實全蜀之保障，而西和最爲要衝。郡初號岷，治隴西，自□□□□密邇[一]敵境，移治白石鎮，改曰西和。朝廷以道德爲藩[二]，不專恃險也。皇帝御天下二十有七年，詔工部侍郎南海崔公開制閫于益昌。時軍威[三]積壞，以威則忿[四]而憾，以恩則横而肆。公清忠直，方身爲律[五]，□待[六]下以信，不嚴而肅，朝夕惟固圉是咨是講[七]，睠言此邦。開禧丁卯，邊釁一開，流徙者屢頃[八]，嘗曰[九]：「城以域民[一〇]，綿二十里，形勢散漫，工役苟簡，民無固心。」于是按圖度勢，縮脆就堅，苟利吾蜀，毋憚厥費。規摹既定，以授利州路副都統制質侯俊，且俾郡家叶濟其事。質侯奉教令，悦以使人趨役忘勞，震午被檄攝守，亟成厥終。倚山爲墉，臨谷爲塹，地環十里，不隘不羸[一一]，爲堡三、戰臺二、城門十八、樓櫓四十二、井泉七十八。控扼得要，進取退守，其勢順利。是役也，爲[一二]緡錢□十餘萬，皆出制閫役兵，以工計凡八十萬有奇。既成，即高堡築堂，顔曰「威遠」，爲異時運籌制勝之地。且繪公像于其間，以聳具瞻。北望祁山，烟雲吞吐，崗巒起伏，武侯之遺烈可想也。西望熙洮，聯亘湟中，營平經理之規，猶有存者。東望長安，慨然感歎，「卷三秦以定天下，漢所由興乎？」將士父老進而言曰：「築斯城，將以固吾州也；固吾州，將以固吾蜀也，斯城恃險以固耶！」余應曰：「然，天固蜀以險，公固蜀以德。親君子，遠小人，則士心固；除横斂，寬苛役，則民心固；明賞罰，戢掊克，則軍心固。内培元氣，外壯天險，五年用蜀，蜀安且固，其有德于蜀遠矣。□□履[一三]德之基，常德之固，公主一爲德，常久不已，則築斯城也，其所履之形見者耶？」軍民合辭曰：「□成績乃鑱蒼珉，昭千萬世。」公名與之，字正子。

嘉定十七年二月既望，門生承議郎通判[一四]□□府事兼四川制置司主管機宜文字、權西和州事尚震午記并書

門生從議郎權□□□御前諸軍副都統制司職事質俊立石

〔説明〕

以張維《隴右金石録》爲底本録入。

宋寧宗嘉定十七年（一二二四）尚震午記并書。

著録：邱大英《西和縣志》（題「移治白石鎮碑記」），《宣統甘肅通志》，《甘肅新通志稿》，王訪卿《重修西和縣新志》（題「移治白石鎮碑記」），朱綉梓《重修西和縣志》（題「改修白石鎮城碑記」），西和縣地方志編纂委員會《西和縣志》。

〔校記〕

〔一〕邇，邱大英《西和縣志》作「□」。

〔二〕爲藩，邱大英《西和縣志》作「爲」。

〔三〕威，邱大英《西和縣志》作「律」。
〔四〕以威則忿，邱大英《西和縣志》作「以武則盆」。
〔五〕律，邱大英《西和縣志》作「準」。
〔六〕□待，邱大英《西和縣志》作「待」。
〔七〕是咨是講，邱大英《西和縣志》作「是講」。
〔八〕頃，據邱大英《西和縣志》補。
〔九〕嘗曰，邱大英《西和縣志》作「嘗」。
〔一〇〕域民，邱大英《西和縣志》作「民」。
〔一一〕羸，邱大英《西和縣志》作「羸」。
〔一二〕爲，據邱大英《西和縣志》補。
〔一三〕□□履，《重修西和縣志》作「且夫履」，邱大英《西和縣志》作「履」。
〔一四〕判，邱大英《西和縣志》作「□□」。

三一　移建后土祠碑記

呂光遠

督統何公領印之三日，遍謁諸神祠。及至下城，土牆三方，土階數尺，土臺一所，乃后土祠也。蓋西和舊治自開禧丙寅以來，屢遭兵火，官寺民居，非焚即毁，殆無復存，祠宇故有未建立者。督統何公乃于中臺新立是祠。在禮，天子祭天地，故漢武有曰：「今親郊上帝而后土無祀，則禮不答也。」遂用祠官寬舒等議，立后土祠汾陰脽上，爲五壇，壇一黄犢，牢具已祠盡瘞。是歲得寶鼎祠旁。其後，地祇見光集于靈壇，神光三燭，造形詔旨，豈非神祇靈應？貺施昭然，無不響答。自古禮既廢，今郡縣間有后土祠者，而道家者流則列之于九皇，謂不可以葷祭，失之遠矣。且人之身，日履乎地，凡百日用皆于是乎出，是豈無有司之者而可不知其所本乎？今公之建是祠，以謂所創新城，纍年動土，不無觸犯，所以卜地立祠，不惟少答祇靈覆存之賜，又使軍民有所依仰，以爲闔郡祈福之地。嗚呼！可謂知所本矣。予觀新城經三大帥始克壯雄圖，公所謂克成厥終者。築高浚深，蓋無虚月。夏則未曉而役，日中而罷；秋則既晡而役，日夕而罷。皆親督視，無少懈怠，顧乃知其所本。新廟奕奕，面勢寬敞，棟宇宏偉，甍桷飛騰，陳設具嚴，俾州人士儼恪敬恭，肅其心目，以祈福厘。告成之日，有旨升副司爲正司，除右武衛大將軍兼西和防御使，咸曰：「休哉！精意昭格，貺施響答如此！」何公名進，太□人。□關險阻，忠孝激烈，屢立戰功，擢任邊面，抗禦韃虜，保護全蜀，聖眷愈隆，績用有成，當益封典，故予樂爲之書，使萬世之下，瞻仰斯城斯廟，以無忘何公之功。

紹定二年九月既望，文林郎銜差充西和州州學教授吕光遠謹記

［**説明**］

據朱繡梓《重修西和縣志》録入。

宋理宗紹定二年（一二二九）吕光遠記。

著録：王訪卿《重修西和縣新志》。

后土祠即土地祠，《重修西和縣志・建制志》載：「南宋時后土祠在下城（即今治之北段），紹定二年督統何進移建于中堡」「此碑今在城隍廟内，碑砥石猶在中堡。」

三二一　祁山神廟碑

郭　恩

存目

［説明］

張維《隴右金石録》載：「祁山神廟碑。在西和屏風峽，今佚。」

《西和縣志》載：「祁山神廟記。在縣北四十里屏風峽，宋郭恩撰文，以屏風爲祁山也。」按：此與有諸葛亮祠的祁山爲兩回事。此爲諸葛亮「六出祁山」之祁山，有武侯祠者本名「祁山堡」，後人爲紀念諸葛亮功業，在山上建祠。

三二二　純禧觀記

佚　名

（碑額）純禧觀記

［朝］散郎□□西和州［知］州兼管内勸農營田事（下缺）

從政郎、宣善西和州（下缺）

王屋、青城、九［宫］向西諸山，載之《列仙傳記》，均以洞天福地［聞名于世］（中缺）□道□□兹高久達士□。至言闌□頤神永效華封人（中缺）。國朝佛以大潭□岷，紹興初，岷徙治白石鎮，爲西和州（中缺）□茂□潤，蜿蜒廣衍，草木蕃殖。由老［君］駕青［牛］車出關，而［西］（中缺）□之□盛于陜隴。

逮元豐間，有苟隱君［者］，少爲人□（中缺）山大石□，如白蟾蜍。［嘗］謂人曰：此玉蟾洞天，後當爲集福（中缺）□□化，隱君之言果驗，鄉來迎請。純禧賜名（中缺）□□□鎮之父老瞻之仰之，朝暮贊慶，涵（中缺）□田。紹興庚戌鎮居蘇氏合族（中缺）□籍存□九，［土］木之工十倍于（中缺）［輝］映，［金］像偉然，壽冠釦以（中缺）來下是可尚也。今之（中缺）□善利無窮之騰（中缺）□風□泠茂（中缺）錦囊有（中缺）玉蟾（下缺）

［**説明**］

殘碑。據西和縣長道鎮大柳小學教師張升學所提供照片，西和縣史志辦主任袁智慧、長道鎮村民王力及長道小學副校長劉乢子、張耀先後提供的抄件對校録入。

具體時間不詳，據職官、文中「國朝」「逮元豐間」及「紹興庚戌」可知爲南宋碑。

元

三四　太祖山靈源廟行祠記

趙文德

（碑額）：敕封

太祖山靈源廟行祠記

漢陽軍民元帥府儒學教授趙文德撰

神天之造化，惟能陰隲于下民，纍朝加號，德澤素裕，爵勳夙著，功加于時，澤潤生靈。弭其水旱扎瘥之災，祈其雨露豐穰之慶。距縣南百里，山高且峻，名曰太祖山，山巖聳秀，突屼峑峩，下瞰數州，歷歷可辨，勢如飛墜，徑似螺盤𨓏屈，繩引梯進，一跬十憩，然後躋巔龍泉虎巖，喬木掩映，涯際無窮，濟時景福。興雲致雨，不違農時，記其始末，靈異悉出，焉可枚舉。乾道廟石，塵昏雨剥，磨滅摧殘，無復可稽，世代欽崇。稱秩元祀，咸秩無文，仍頒廟額，繪飾儀像，亘古亘今，立會不一。西、成、階、鳳、秦、隴無不建立祠所，在處有焉。至治壬戌，剪創興工，復舊如初。廟貌巍巍，威靈堂堂。信圭赤舄，鷩冕球旒，侍徒偉偉，介冑徐徐，金碧炫燿，黝堊并臒，靡所不備。榱檞簷楹，門闥階阤，焕然鼎新，可以爲一方懇禱之地。雨于此祈，晴于此禱，福于此求，災于此弭，古之經始落成者，亦猶今之經始落成者。古之視今，亦猶今之視古。其詩曰：「神之格思，不可度思，矧可射思。」夫微之顯誠之不可揜如此。夫《傳》亦云：「能捍大旱則祀之，能禦大災則祀之。」凡有靈迹于世，有天下者所以報其功、旌其德也。神功監德，縣廟碑銘，班班可考，愚奚庸贅，乃録其實，勒諸琬琰，以傳不朽。其辭曰：

渾淪初分先兩儀，主判天神與地祇。峻山豐嶂顯湫池，瀅不盈兮旱不虧。天水太祖廟稀奇，曰雨曰暘拯災危。遠肅邇安咨寵綏，雷風迫薄射坎離。歲稔年豐免百罹，靈迹申聞加號碑。公侯伯子男繩熙，東作西城勒敷災。春祈秋雨來致祠，影響戒声感應時。山川靈享惟在兹，民物和平誠噫嘻。五風十雨勿衍期，否泰交居總維持。元豐乾道日孜孜，至治壬戌逐狐貍。鳩工須材復舊基，煥然奪目碧琉璃。四時蒸嘗歲月彌，萬古千秋景貺熹。

大元至正十年歲次庚寅九月癸丑朔二十六日吉時立石。吏目周□寶

進儀校尉、西和州判官普顏貼木兒

忠勇校尉同知西和州事王謹宗

奉訓大夫西和州達魯花赤兼管本州諸軍奧魯勸農事

象峰增廣生員文叙、王揆一恭閲校補

邑王精一、王賡南恭録敬書

督工：王治貴，葉興禄，吴殿相，王萬兩

生員王布化、馬昭德同協辦重建

石匠孟未平

大清宣統二年歲次庚戌季夏之月穀旦敬立

［**説明**］

此碑文刊興隆鄉象駝山《太祖靈源廟行祠記》之下部，爲元惠宗至正十年（一三五〇）頌靈源廟詞，趙文德撰。末爲清宣統二年（一九一〇）重立碑之事。蓋廟有重修，碑有重立，清人總三時之文而勒于一碑。今從正文最早時間，乃置于此。

著録：朱綉梓《重修西和縣志》，西和縣地方志編纂委員會《西和縣志》（題「太祖山靈源廟行祠記」）。

三五　太皇山齊天顯聖崇寧廣福乾元宣烈蓋國大夫帝本末之記

佚　名

齊天顯聖崇寧廣福乾元宣烈蓋國大夫帝本末之記

古岷本羌地，禹貢雍州之城，沿革廢置不同。宋南渡後，爲金人割處，是爲極邊。已而講和。宋以白石鎮爲州治，改曰西和，建我皇元，奄有天下，命昔寧夏王，洎秦國武宣公，來鎮西陲，塞其要衝，控禦三邊，駐禮店天嘉川，建帥府。南四十里，有山曰雷王池，曰天聖廟，曰乾德古祠。南嶺其存，而大帝之徽號功用，詳見前代典誥，兹不復贅。泰定改元甲子，（二）［至］正有三日，羽衣龐復泰夜夢白衣神人，示以西蔡兩鎮之間，卜最高峰，俾建宫祠。既覺，一依所命，闢地宫基，偶得太帝之仙骨，歷千餘載，全無腐朽之狀，焕然有金光之色，及一石碑三石券，皆書神之父子出處本末，修煉升化之要，山川墳像之奇異，歷歷有地，方知乃山名曰太華峰，曰乾明祠，曰玉液天宫泉，曰聖應。于是羽人勸率鄉邦，創建祠陛，俾奉香火，已將仙骨并原獲石券，復瘞故地，塑像于上，以爲洞宮。不幸羽人早逝，歷有其年。

至正丙申季秋一日，禮店長官所，長官及家奴，同廟側耆老趙思敬、宋文明、宋文才洎廟主龐國用等，捧其江陵府所得官誥，示予來請代筆，其芳獻□，曰：「雷王帝君福，哺育澤民，自晉迄今，殆一千餘載矣。時代迭更，未嘗顯著。當今□□聖明御運，道泰時亨，神以時而彰靈，境因人而顯勝，千載而下，未知若何。覺觀太華，即爲群山之祖，萬峰之宗，誠神靈之王地也，乃雷君煉丹之所，薦骨之處。惟神位居天府，德播寰區，管岳瀆之靈祠，統乾坤之主宰，豐天下之家邦。誕聰明之子嗣，名標青史。德被遐荒，君何爲我書其一二刻諸堅珉，藏之幽堂，使後之行者，亦猶今之獲古。聞神之拔萃，挺奕之異靈。仗山川之秀麗，不亦可乎？」予辭未已，勉應曰「諾」。惟神之父子，出處本末。晉人以書其實，略以今之聞者撮取梗概，聊具其萬一焉。敕誥朗然具載，曩自紹定四年，值兵變，更有本州太守馬安甫與廟主張立，同閭里人，賫捧大天帝官誥神軴，旗幡先牌，隨陣流落至江陵府。豈收其年代幾千載矣。幸神之靈保，乃敕黃綾誥，洎宗枝圖本尚存，于後得之，乃大天帝系上界開皇應昊，鎮國天王之子，朝托胎于秦州城東雷仲華家。其室高氏，夢吞金像，覺而有娠，至晉元帝永興元年五月十一日卯時誕于中廳，祥雲覆州，異香馥郁，神彩秀美。中岳隆王，自幼而敏慧，長而忠孝。甫十歲，行藥拯疾，文武兼通。咸康元年，受爵耀州刺史，以忠德惠民，肅廉正直，感天賜符牒書理陽間，夜整陰司，兼管水族之類，着斯仙趣，迄邐轉升，品級至尚書左僕射開府儀同三司金紫光禄大夫。授一年相，辭朝而歸游習，擇可像之地，遂至古岷白石鎮嵓洞之中，隱居修道，不噉烟火食，化地爲泉，涌金漿玉液，日飲三盃，無飢渴惱。

至元年三月八日夜，果滿功成，遇上天真符使者，手執金盤，捧天符牒，皆玉龍篆文云：「上皇敕命，賜汝爲恨天左卿，主鎮江河淮濟，海瀆川原，提調各山洞府社稷靈祇，都統天上天下三界陰兵，判風雷雨澤事，今汝始鎮金仙，授元黄顯濟真人之位，漸漬妥靈于此。」至隋文帝開皇八年三月初八日夜，于山頂上陰雲四合，風雨晦冥，雷電相擊，遍山奔吼，曉則以泄湫于峰，現白牛白馬之像。自兹以往，靈感愈彰，現神兵而蕩南蠻，顯真靈而扶帝祚，剿馘蛟蜃，其異在者，不可勝數。凡朝代間遇旱，禱則獲霖，澇則張賜晴霽。歷古今，薦加恩寵徽號褒一十四字之封，若匪斯神極靈至聖，輔□□國庇民，全于忠孝者，其儔能若是乎。

定邊大將軍西番達魯花赤禮店文州蒙古漢軍軍民元帥麟、禮店千户所都督

明威將軍、禮店文州蒙古漢軍西番軍民元帥府大陸花赤普顔塔石脱思麻成都鞏昌路漢陽禮店等處長官高岱

昭勇大將軍、鞏昌等處都總帥府副達魯花赤紬璘敦武校尉、陝西等處提舉

朝講大夫、鞏昌等處都總帥府事帖木里花原各郎同禮店文州蒙古漢軍西番軍民元帥

嘉獻大夫、陝西等處侍尚書省理問司禮店文州蒙古軍把總

太皇山羽士各分山勢供一十八處

開天聖烈明皇顯應仁惠普德崇里大天地

聖侄大興殿

聖妹仁威信武齊顯祐元居

紹聖威武英烈顯齊王

聖弟金子山文臺廟

崇順宣靈廣祐敷澤王

聖弟天水縣天靈廟

雷母安福啓祐濟惠慶夫人

聖母開聯叔顯慈惠寶光太后

聖母開皇應昊鎮國廣順天王

雷翁紹聖顯惠廣德威靈王

聖兄乾德廟太皇萬福之殿

齊天顯聖崇寧廣福乾元宣烈蓋國大天帝

聖帝西江普濟廟

仁文聖武靈濟溥澤王

聖帝岳平靈澤廟

德聖靈澤忠惠威顯廣濟王

雷翁 一聖子顯喲昭利嘉應首澤王

二聖子嗣德善助冀濟惠靈王

三聖子惠明寧順文昌通義王

四聖子靈聖威感雄烈齊王

余子資善顯福惠樂孚應王

余子靈威宣烈輔國通衛王

余子濟美廣助協靈崇祐王
敕受禮店元帥府經 阿都赤
將社郎元帥府知事 傅仲義
提控案牘王國富 前照磨楊彦璋
令史薛惟德 成世安 高知書 范世安 龍才祥
禮店千户所千户周同壽都目趙榮
蒙古奥魯所相副官 黑迪里楊世富
敦武校尉陜西提舉 王景曾
敕受蒙古軍總把蒙京花
奉訓大夫西和州達魯花赤 山童
承事郎同知西和州事普顔帖木兒
將仕郎西和州判官 黑閭
省除吏目李詢吏陳才富趙顒 吴國贄彭禄
從仕郎前蒲城縣尹杜瑛
漢陽軍民元帥府達魯花赤徹立帖木
元帥卜花 同知韓國卿
副元帥四家奴提控案牘吕欽杜元傑

經歷利吉府吏張懷知　宋世興
敦武校尉西和蒙古千户桑奇達思
副千户畢文志裴百户趙忠良譚丑狗羅黑臺
西和凝禧院涌法主羽士　張玄妙
西峪觀音院德和尚　他石帖木　蒲五十　景德能　許千羅　杜才文
蔡峪觀音院顔講主　德徽　蒲保奴　景德昌　王德能　唐世□
時大元至正十六歲在丙申十月孟冬十八日甲子天赦
上吉日廟主　龐國用　等立石
王仲源
蒲君美
李元臣
普延帖木
供備財糧　趙忠敬　李懷勇
干完信士　宋文明　宋文才
昌講師　龐可明　何英師　蒲秦良　景良同　畢世安　唐世禄
禮店施主　文勝　楊義隨　潘鐸　蒲□延　張君寶　任世珍　元弟
西峪施主　黄可安　蒲五十

蒲保奴　景德昌

蔡峪施主　牟世顯　牟黑黑　蒲八兒　岑潤奴　朱文義　李文富　李文貴　劉世德　李國英　袁保兒　朱文玉　黄阿先卜荅　孫伯禄　王銑　□世信　李國珍　李保兒　李顛　蒲牛兒

（此下四十八人略）

崔百户兄弟廿千　杜怯世由　廖文富（此下十四人略）

漢陽吴家泉副總把龐嬭安什千户　楊世合

龐世祥　張三文　龐永義　龐□□　張鳥兒　張也先女

運工人龐國義　龐狗兒　李世先都

景□奴　□師

龐永才

同緣楊受

安厨楊都　任阿□

［**説明**］

元惠宗至正十六年（一三五六）造。

據西和縣文化館蒲立提供的碑文抄件與照片録入，據西和一中郭輝提供的抄件校正個别文字，補充部分人名。

三六　宋陳公忠節記

李　熙

夫人臣事君之道，在于竭其忠。遇事變而捐生全節者，忠之至也。然死生攸系甚大，所以能殺身授命以全忠者幾希。宋之時，有陳公諱寅者，理宗擢守西和知州事。政教黎元，得人心怙冒之休概。寶慶丁亥，元人大入，郡邑望烟塵而破膽偃服。兵薄西和城，公意受宋符、食宋禄、爲宋臣、守宋業，豈可忍心亡宋、棄土地而幸免耶？乃率軍民晝夜苦戰竭智，因力不能支，城遂陷。公謂妻杜氏曰：「若速自爲計，避兵鋒！」杜氏厲聲曰：「安有生同君禄而死不共王事者？」即飲藥自殺。二子及婦俱死。公斂而焚之，自亦仗劍而死。子姓賓客同死者二十八人。陳氏一門，忠義節烈如此，所以令譽芳聲永垂竹帛。寶慶以來，年將三百，陝右巡按監察御史李公鸞、藩司參議王公徽暨予同事西和縣，即宋制西和州之故都也。因談及陳公至忠高節之風，證諸《志》，得其始末之詳，相與揚羡曰：「死者不可復生，自舍生而取義者甚難，化洽于妻而同死節義者尤難，子姓同節義而死者爲尤極難，化及賓客同節義而死者尤極難也。陳公能爲人之所不能爲若是，宜建祠以表其忠節，爲人臣之黽鑑。」舊令尹劉公翔，典史董公鎰，遂豎忠節碑，構祠塑像，繪飾完善。新令尹任公恕請記其實，鐫諸碑，觀者得有考證，亦可以垂諸永久而不磨耳。

弘治五年歲在壬子五月吉旦

鞏昌府通判李熙撰

［説明］

以王殿元《西和縣新志》爲底本録入。

弘治五年（一四九二）李熙撰。李熙，時任鞏昌府通判。由萬曆十一年的《忠節祠碑記》中「以故正德初年，知縣事者創建一祠」看，立此碑時陳賈二公尚未建祠，應是立于陳公墓前。墓在縣城北崆峒山下，至二十世紀五十年代初仍名「陳公墳」。後改爲烈士陵園。正德（一五〇六—一五二一）爲明武宗年號。

著録：朱綉梓《重修西和縣志》，西和縣地方志編纂委員會《西和縣志》。

三七　御注范浚心箴碑

朱厚熜

存目

［説明］

朱綉梓《重修西和縣志》卷一二「藝文志下」：「明嘉靖御注范浚《心箴》碑。在文廟碑亭，明嘉靖辛亥歲刻。」嘉靖辛亥，嘉靖三十年（一五五一）。

三八　御注程子四箴碑

朱厚熜

存目

〔説明〕
朱綉梓《重修西和縣志》卷一二「藝文志下」：「明嘉靖御注程子《四箴》碑。在文廟碑亭，明嘉靖辛亥歲刻。」

三九　御注敬一箴碑并序

朱厚熜

存目

〔説明〕
朱綉梓《重修西和縣志》卷一二「藝文志下」：「明嘉靖御注敬一箴碑并序。在文廟大成門之東。」

四〇　重慶寺古碑

僧圓果

（碑額）：佛性元寶

〔説明〕
據王訪卿《重修西和縣新志》録入。其「藝文下」云：「重慶寺古碑。在東鄉上六巷河槐樹溝禪定山，明嘉靖三十九年僧圓果立，民國九年修廟時掘出。碑額係『佛性元寶』四字。碑文殘缺，未載。」
西和縣地方志編纂委員會《西和縣志》載：「重慶寺碑。時間：明嘉靖。僧圓果撰寫。地址：六巷鄉上六巷。碑殘。」

四一　重修郡路摩崖

王邦宇

（上缺）見在六巷居住。河中心大方石堵水，郡路通行不得。自給資財，請石匠打調修路，萬古通行。

大明國萬曆十三年四月吉日修造，石匠鄧邦余。

［説明］

摩崖，在六巷鄉上六巷拄腰崖，與南宋摩崖同時同地發現。一九八九年修路時毁。

據西和縣地方志編纂委員會《西和縣志》録入。上部有缺文。

萬曆十三年（一五八五）造。

四二　忠節祠碑記

成昌□

建立宋陳、賈二公祠，所以表忠節也。考其原委，此地宋時爲西和州。郡牧是州者陳公，諱寅；佐是州者賈公，諱子坤。于時元人攻城，勢衆難支，二公誓不降敵，以死自任。厥後城陷而二公死，其子媳賓客，在陳公二十有八人，在賈公十有二人，亦同慷慨就死。故史鑑叙之曰：「紹定三年，元人入西和。知州陳公乘城拒守，力不能支，遂陷。寅顧妻杜氏，令避兵鋒。杜氏厲聲曰：『安有生同君禄而死不共王事者？』即飲藥自殺。寅亦伏劍而死。」特叙陳公，賈在其中矣。若陳、賈者，其天地之正氣乎！杜氏者，其女中之堯舜乎！子媳賓客，其從容就義之士乎！一時殉難，千載留芳。迨及我明，改郡爲縣，按《祭法》：「以死從事而祀之。」二公之忠節，固昭于宇宙，使無祠以祀，何以安忠魂而風世教也？以故正德初年，知縣事者創建一祠。然規制猶狹，而祀典未成也。至嘉靖癸未，署縣事者病其隘而無祀也，詳曰當道，題奉欽依，頒以公價，大興土木，從而恢擴壯麗之，又儼然設像，而祀典并錫矣。惟賈公之像未備，而與難之衆無像也。自癸未迄今，又輪一甲，而祠復傾圮矣。萬曆丁亥歲，予奉命來知西和，入祠瞻拜，敬仰忠靈，知爲古今之間值也。然祠宇之傾圮，守土者與有責焉。補葺方萌，偶聞訃而去，將以補葺之責望諸人矣。及壬辰歲，予以補任，復來茲邑，目睹祠宇益形廢墜，中心惻然者久之，遂謀諸鄉大夫、耆老及弟子員，咸謂「祠可修矣」。即請于撫臺劉公，守巡曾公，俱蒙批准，乃卜吉鳩工，次第舉事。以蓮幕陳君邦美□□之，以省醫官陳尚榮、葉桂□□□少捐俸金而不敢輒動帑財，微用民力而不敢擾及大衆。幸而人心樂助，衆力咸趨。甫及三月，而祠制改觀者，二公之靈有以感之也。由是配賈公之像于同堂，益與難之徒于同室。又廣詢博訪，得陳公之墓于崆峒山之原，復立石焉，以杜不侵之計。如此之爲，敬爲二公樹不朽，而余心之惻然者，亦庶幾少慰矣。夫後之考忠節者，觀之鑑史而知其故，瞻之祠像而仰其容，鑑之墳墓而信其實，所以風天下後世之忠節者，豈淺尠哉！故倣古爲之説，曰：

岷山蒼蒼，漢水洋洋。二公忠節，山高水長。

［**説明**］

據朱綉梓《重修西和縣志》録入。

著録王訪卿《重修西和縣新志》。

據此文原題下有「明知縣成昌□」六字，知作者爲成昌□。由碑文中「至嘉靖癸未，署縣事者病其隘而無祀也，詳曰當道，題奉欽依，頒以公價，大興土木，從而恢擴壯麗之，又儼然設像，而祀典并錫矣。惟賈公之像未備，而與難之衆無像也。」知祠之擴修在嘉靖二年（癸未，一五二三）。又據文中「及壬辰歲，予以補任，復來茲邑，目睹祠宇益形廢墜，中心惻然者久之，遂謀諸鄉大夫、耆老及弟子員，咸謂『祠可修矣』」及「乃卜吉鳩工，次第舉事」等語，知碑記于萬曆二十年（一五九二）。

四三　佛孔寺碑記

袁　熾

（碑額）：碑記

奉陝西鞏昌府西和縣地方打虎垻佛孔寺，古刹寺院，年久坍損，有長者員外王誥發心重［修］，化俗僧陳萬喜、張氏、王氏，引領合會善男善女，捨工價米麵，開打石洞一座，塑莊聖像，以皁[一]豎立碑記。

開名諱于後：

鞏昌府，西和縣。佛孔寺，古刹院。坍損壞，重發願。開石洞，別改换。再生世，重想見。

會首：張萬景，李氏；張孟元，王氏、楊氏；張應新，朱氏；張孟其，杜氏；張進宗，楊氏；張應江，雷氏；張孟春，楊氏；田尚青，劉氏；李氏，男，張子强；王氏，男，張子□；李氏，男，張子莊；趙氏，男，張守梅；張氏，男，張子收。張講，張訓，楊光其，魏林。引領人：陳萬喜，張氏，王氏等

時大明萬曆三十九年十月十五日袁餞記

［説明］

碑存西和縣馬元鄉佛孔寺。據邵曙、盧釗抄件與照片對照録入。

萬曆三十九年（一六一一）袁餞記。

［校記］

［一］卑，疑爲衍文。

四四　武當山發願碑記

佚　名

（碑額）：　武當山老爺案下

大明國陝西鞏昌府（中缺）爲首，張謂因進香發心，□石禆爲記。

計開香長：　戴忠，妻□氏，男戴尚義，媳郭氏。

張謂，妻劉氏，男福壽兒。

張声增，妻褚氏，男根子、二□。

郭自安，妻□氏，吉。

齊仲，妻□氏，男□□。

趙覚，妻馮氏，男曹狗、二哇。

趙養政，妻趙氏，男劉哇、□□。

楊泰，妻鄭氏，男買哇、二哇。

馬進禄，妻□［氏］，男紀壽、二壽。

孟養氣，妻□氏。

孟養浩，妻□［氏］。

萬曆肆拾叁年六月吉日（中缺）張部。

［説明］

殘碑。據西和縣張升學提供的照片録入。

萬曆四十三年（一六一五）立。今據殘存内容，定爲《武當山發願碑記》。

四五　重建常安功德寺碑記

佚名

（碑額）：重興常安（下缺）

重建常安功德寺碑記

西和，古岷屬地，由漢而來，載諸縣志（中缺）國朝洪武□陝西平，改州爲縣，間多勝境，［純］禧等院，尤其較著者也。西江壩常安寺（中缺）遺迹舊矣。王□□□，山河頓異，□齋□□，玄壇成（中缺）。穆□世檀越，誰結禪林福果？幸我時邑致仕上海丞周公攀桂，陰陽訓術官任（中缺）疇，何（中缺）何友節，何友禄等大惠願，始因故址構寶剎于山麓阪，有玉皇（中缺）完棡（中缺）賽實□辰拜人（中缺）天子御寓之戊午春，信人任問禮、何魁等謀于衆（中缺）義舉，遂鐲□工，勰力通□，不數月而告峻，丹堊塑壂，稱極精良，第見規制爽塏，東宇□□以除□□，收五百年□墜。一旦鼎新，豈惟上帝高真如來大士，衆靈妥降□所，即人之間登臨者，恍覺迥殊，亦必有飄然凌雲□□□□焉。是後（中缺）也。殿閣□□神，莊嚴聳動，□□壯觀哉？而今而後功德無量。□□不朽，礱貞瑁而筆盛美，固其宜已。余不佞，請殷詎，謹述寺（中缺）于首盟（中缺）者，爲記如前云爾。

時萬曆四十有六年秋八月吉旦

縣人前南□□馬指揮使蒲衍澤齋□首撰

前文林郎知西和縣事、今陞山西□燕京東安郭繼墉

監生周贊□，其妻何氏、樊氏。生員周姬慶，剡文光，社學□□：陳光炳，孫宗機，仝書

一會：何魁，任問禮，楊□舉，何弟，何登學，何登魁，何應强，趙□□，周之□，馬來，何仕，何禮，藺登，何友亮，蕭行，張宗順，張選，張聚，何俊，侯應舉。

一會：何友安，魯棟，何邦進，何友□，何論，何由，魯萬寶，魯萬財，趙拜清，趙諫，胡中桂，胡冉，何利，彭乾，田喜，田茂，崔朝成，何胤，鄭邦清，鄭邦福，强世勇，强世清，强世愛，鄭邦明，□文興。

一會：崔文道，胡友川，田時成，崔□，胡應相，□□，寧來亨，寧進元，李舉，喬一亮，喬一□，任國棟，何□□，任國禎，祁嵩，魯萬良，何領，王應忠、王氏，王□倉，何應典。

任國□，任國胤，何白毛，魯萬忠，何寅，楊向，李□□，李尚貞，喬招納，何邦增。

任辛園，任禧壽，何友保，何維新，保維輝，何三娃，張維先，張紹春，崔岳享，張采。何合，胡希科，張穩，白尚功，謝光都，謝光玉，何文學，何文表。何許，盧寬，張交□，張志爵，何堯，劉受，趙明，何芳，王貞學，何嘉善（下缺）。

［説明］

殘碑上下兩塊，存何壩鎮常安寺。殘碑寬八五厘米，高分别爲六五厘米、五〇厘米。據西和縣袁智慧提供的照片録入。

萬曆四十六年（一六一八）立。作者佚名。

四六　千佛岩碑

崔仁　童代

存目

［説明］

張維《隴右金石録》載：「西和千佛岩碑。在西和縣南，今存。」

王殿元《西和縣志》載：「千佛岩，在縣南五十里，有明時碑，萬曆時所立。」

西和縣地方志編纂委員會《西和縣志》載：「千佛洞碑。時間：明萬曆。崔仁、童代撰寫。地址：十里鄉青羊峽。」

四七　透明碑

張孟元

存目

［說明］
朱綉梓《重修西和縣志》載：「透明碑。在縣東五十里佛孔寺，碑高二尺餘，光明透亮如鏡，對面山石樹木歷歷可鑒，人共呼爲『透明碑』。碑文系刻建廟巔末，康熙年立。」此時間有誤。
西和縣地方志編纂委員會《西和縣志》載：「透明碑。時間：明萬曆。張孟元撰寫。地址：馬元鄉佛孔寺。」

四八　關聖帝君碑記叙

王之俊

伏以浩浩穹蒼，每普濟于黎民；［冗］冗下民，恒求媚于天心。既受四恩，當報萬一。曷不觀賴神社以報［恩］，藉福禍以建廟，必神而主之。試思關聖帝君，概曰漢時三分天下，桃園同盟，友如芝蘭，信以金言，午夜秉燭，赤心忠義，凛凛節操，乃古今之一人耳，［豈］淺鮮云乎哉。近時，敕封「三界伏魔大帝」「神威遠鎮天尊」。乃乾坤之正氣、萬古之英雄。昭昭顯［聖］，赫赫威靈，内以保國鎮家，祐乎蒼生，外以除凶□黨，捍乎夷□。遐想無刼不賴于□浴、有生□誠于大造者也。由是，功德主選施地一處，修建廟宇。兹衆會人等各發虔誠，俱舍貲財，勒碑刻名，實乃以彰神靈之威風，亦且播名于後存。故曰：「人起善念，惟神祐之。」

時皇明天啓元祺夏五月拾叁日吉旦，書撰王之俊

［說明］
碑存西和縣六巷鄉上巷村。碑高一二五厘米，寬七〇厘米。據西和文化館劉峰提供的抄件録入。

天啓元年（一六二一）王之俊撰。

四九　雲華山修路碑

佚　名

（碑額）：雲華山修路碑

謹具大明國陝西道鞏昌府秦禮縣府城碑樓二里，民地名稍峪河，居仕奉修聖，應祈福，發心修路。定立碑記。信士石邦登，□人張氏□□修理

大聖雲華山祖師聖路□脩，申繳立碑，擁祐吉祥如意。

□□修路姓名：

石邦登，石邦財，石邦人，吕朝倉，吕家，王合曾，吕錡，王科，石星，石泰，石論，郭邦壽，石勉，吕天恩，石守魁，石秀，石塵宿，吕義，吕安，吕鶴，吕國定，吕名，石勤，吕秋，石邦□，吕邦寅，吕柏，吕邦府，楊有，張連，石語，石本，□□，吕信，李河，吕□

萬曆四十二年三月朔日起修。石匠吕進，吕有孫，登魁

天啓元年三月十九日復修，冬月□□

功德主：石邦登，張氏，吕氏。男：石本□，石本□。孫男：石丁良。

［**説明**］

碑存西和縣雲華山，漫漶不清。據西北師範大學物電學院教師豆福全提供的拓片和西和縣吕强抄件録入。

天啓元年（一六二一）復修立碑。

五〇　鳳凰仙山補修聖母地師金像碑記

精樂子

（碑額）：百世流傳

鳳凰仙山補修聖母地師金像碑記

鳳凰仙山者，西禮之勝境也。發源起終南之巔，分肢別派，連綿而西向者，千有多里；結頂自老人之峰，層現叠出，宛轉而東朝者，萬有餘壑。左帶塔嶺〔一〕，右環漢水〔二〕，後應龍崗，前朝鼉嘴。層巒聳翠，上出重霄；飛閣流丹，下繞清溪。而且松柏兮蒼翠映秀，梧桐兮茂豫挺生，樹木兮蔭翳，花菓兮連亘。廟貌巍峩，靈應赫顯。創造伊始，相傳起自西漢；德威昭彰，宏恩丕顯隴南。代遠年沿，重建之功纍興；風銷日鑠，補葺之舉頻仍。近因庚申仲冬，地震非常，廟宇神像，無復完全。爾時壇教盛行，闔壇士庶，鳩工并集，不數年間，焕然維新。甫十有餘年，聖母地師像貌傷損，丹青零落。環山善男信女募化各鄉，復裝金身，再整玉容，由是像貌輝煌，靈感普應。乙亥暮春，厥功告竣，爰勒青珉，刻志實事云爾。

化主：張獨氏、張苟氏、張沈氏、張張氏、張楊氏、張王氏。

三畫匠、木匠，共工錢叁拾元；土，共化洋弍拾叁元；磨，共化洋弍拾肆元。共使費肆拾元有零。

楊張氏、王吕氏、馬趙氏、楊孫氏、大寨子、王家山、馬家山，共化洋捌元；王趙氏、楊家山、大柳樹，共化洋拾叁元；李楊氏族施洋壹元。

張石氏、禄趙氏、沈王氏、史王氏，施洋弍元。碑工：陳玉貴。鹽鎮共化洋捌元五角。

畫工：王一元。木工：張黄林。

弟子精樂子撰并書

天啓歲次乙亥年三月下浣穀旦敬立

［説明］

碑存大柳鄉鳳凰山。碑高七〇厘米，寬三九厘米。

精樂子撰并書。立碑時間，碑末署作「天啓歲次乙亥」，然而天啓無乙亥年，衹有癸亥年即一六二三年，「乙亥」爲崇禎八年。按之碑文，言「庚申仲冬，地震非常」，故有重修之事，「不數年間，煥然維新」。下又曰「甫十有餘年，聖母地師像貌傷損，丹青零落」。天啓以前之庚申爲光宗泰昌元年，即一六二〇年。

著録：西和縣地方志編纂委員會《西和縣志》（題「百世流傳」）。

［校記］

［一］「左帶塔嶺」，《西和縣志》録作「右帶塔嶺」。因古人論大方位言左右是以人面南時左右言之，下文言「後應龍崗」一句可證。此龍崗即盤龍山，正在其北也。今正。

［二］「右環漢水」，《西和縣志》録作「左環漢水」，誤，説見上，今正。

五一　耿氏三節烈碑

佚　名

存目

〔説明〕

朱綉梓《重修西和縣志》載：「耿氏三節烈碑。明崇禎八年立。」

五二　皇明義士薛庠生神道碑

佚　名

皇明義士薛庠生神道碑

儒林正氣

〔説明〕

據朱綉梓《重修西和縣志》所載録入。其載曰：「皇明義士薛庠生神道碑，在今薛集寨大路旁，明崇禎年巡方使立，文曰『儒林正氣』。」

清

五三　御製曉示生員條教卧碑

清世祖福臨

朝廷建立學校，選取生員，免其丁糧，厚以廪膳，設學院、學道、學官以教之。各衙門官以禮相待，全要養成賢才，以供朝廷之用；諸生皆當上報國恩，下立人品，所有條教開列于後：

一、生員之家，父母賢智者子當受教，父母愚魯或有非爲者，子既讀書明理，當再三懇告，使父母不陷于危亡。

一、生員立志當學爲忠臣清官，書史所載忠清事迹務須互相講究。凡利國愛民之事更宜留心。

一、生員居心忠厚正直，讀書方有實用，出仕必作良吏。若心術邪刻，讀書必無成就，爲官必取禍患。行害人之事者往往自殺其身，常以思省。

一、生員不可干求官長，交接勢要，希圖進身。若果行善德全，上天知之必加以福。

一、生員當愛身忍性。凡有司官衙門，不可輕入。即有切己之事，止許家人代告，不許干預他人詞訟，他人亦不許牽連生員作證。

一、爲學當尊敬先生，若講究皆須誠心聽受，如有未明，從容再問，勿妄行辨難；爲師者亦當盡心教訓，勿致怠惰。

一、軍民一切利病，不許生員上書陳言。如有一言建白，以違制論黜革治罪。

清順治九年

［説明］

據王訪卿《重修西和縣新志》卷四「署宅」附録録入。

順治九年（一六五二）立。

五四　邑侯楊公德政碑

劉宏猷　麻尚儉　等

存目

［説明］

邱大英《西和縣志》載：「《邑侯楊公德政碑》，國朝順治十一年九月，教諭劉宏猷、貢生麻尚儉等撰文立石。碑上載空處補鐫副將、守備、知州、經歷等官。知州周淳新，邑人呈即係其祖，有神主，内亟可憑。按府志及縣志稿，選舉、仕宦内俱未載，存考。」

五五　重修老爺殿聖像碑記

佚　名

（碑額）：日　月　玄帝聖境

長道鎮王來興，［妻］安氏，男，王□魁，豆氏。

承無量老爺殿内聖像（下缺）。

大清康熙四年五月望日立。

西禮上縣長道鎮約立，本□□鳳凰仙山（下缺）。

會首：曹光顯，何氏。貢生張弘□，賈氏。張如載，楊氏。王一位，趙氏。趙碩才，楊氏。李登榮，張氏（下缺）。

領會道人：王常清（下缺）。

［説明］

據西和縣博物館姬天泉提供的殘碑拓片録入。

康熙四年（一六六五）立，在長道鎮鳳凰山。其文泐損，内容主要介紹捐修玄帝觀信士姓名。

五六　新建白木觀音堂記

王鼎鉉

新建白木觀音堂記

常安寺白木有觀音堂也，自王明經諱秉極者因避□□居□郡依大士，而大士靈應如響。當兵燹旁午之際，有尋□救苦之（中缺）錫嘉祉，遂矢心創立白衣觀音堂。乃與士著杜得鼇、剛希禄，何（中缺）汪邑侯蠲金給簿募緣，于佛旁建觀音堂一座，塑大士像［供］奉乎（中缺）慈悲，□屬予記之。予謂：「［奉］大士于佛旁者何？」説者曰：「如來分尊，菩薩（中缺）如來欲廣行其教，令衆庶易以皈依，故大士□□菩薩權□同，是佛性（中缺）佛法，是當與佛同奉也！」□□厥堂，遂覩全概□。入其寺，則南海□花（中缺）不共相掩映于□□也哉？是役也，［興工］于庚申秋九月，落成于壬戌春三月。因土人之請，遂次其事以告來者。

時大清康熙二十一年歲次壬戌春三月穀旦。

時文林郎知西和縣事黄海汪棻。

典史張綸紳□□。

邑貢生王鼎鉉謹撰。

邑□生□秉樞謹書。

貢監：張廷弼，□□，生員何□□，張登朝，（下缺）。

董事會首：杜得論，剛希禄，何鼈龍，何國□，（中缺），魯國泰，何騰壁，張思（下缺）。

一會同修：

何啓龍、胡氏，杜得聲、馬氏，何養民、胡氏，張思義、何氏，何□□、楊氏，郭漢民，張氏，何瑞甯、祝氏（下缺）。

胡國展、郭氏，王秉樞、高氏，何維卿、王氏，何國正、胡氏，張氏、男李楝梁，□氏、男郭松林，何（下缺）。

路氏、男何騰壁，何□龍、楊氏，陳氏、男李弘爵，何啓明、□氏，□國泰、何氏，郭□□、任氏，何啓鳳、王氏，（下缺）。

李國彦、謝氏，剛希禄、刬氏，□□卿、王氏，何海龍、杜氏，李□理、魯氏，何瑞花、□氏，李弘□、胡氏，（下缺）。

同緣善姓：

張應淮，李安然，何君明，魯□□，楊□□，楊景芳，劉邦福，金存寬，王□□，（下缺）。

何騰龍，王秉巽，門文輝，何英，□□□，李弘爵，張守□，李栖鳳，何□英，潘應□，馬進才，（以下缺略）。

［説明］

碑存何壩鎮常安寺。寬六九厘米，高一一〇厘米。西和縣袁智慧提供照片。

康熙二十一年（一六八二）王鼎鉉撰。王鼎鉉，時爲西和縣縣訓導。

五七　復修發境寺碑記

佚名

碑陽

伏維以層巒[一]聳翠，窮邊崖之縈回[二]；彩徹雲霄，列岡巒之體勢。來由[三]洪武建設，及後民俗丕變，竟成荆棘矣。我朝定鼎以來[四]，復經修葺，雖宇廊成靈，丹艧[五]未施。于是臣道與[六]一二三父老，慨肰[七]起修，化衆補葺，竊卜焉□。謫奉子孫娘娘老爺懺殿之候[八]，建碑垂紘[九]千載，使後之瞻拜[一〇]者睹森嚴而善心生，風規所及，不亦遠乎[一一]。

玄門弟子、化主：陳守常，趙太玄，劉一明，趙鐸。
承像人：張守智，楊氏；幼女，小哇。
承像人：劉爾英，張氏（人名略）。
承緣人：王鳳魁，許邦瑩，許天十，許國瑞，許成金，許世金，（人名略）。
禮縣文章年志麟慶叩，生庚二旬有八。
時大清康熙歲次戊辰孟夏之月吉日[一]。

碑陰

（碑陰額）：子孫聖母
（人名略）。木匠：王邦俊，白聚，白志。
時二十七年四月初八日建碑。

［説明］

碑存石堡鄉五臺山。據西和縣石堡鄉許效效提供的抄件録入。碑高八四厘米，寬四八厘米。
康熙二十七年（一六八八）立。
著録：西和縣地方志編纂委員會《西和縣志·文選輯存》（題「復建五臺山法鏡寺碑立叩獻」）。

［校記］

［一］「伏維以層巒」，《西和縣志》誤將「伏維」二字作作者名，且脱「以層巒」等字。

［二］「窮邊崖之縈回」，《西和縣志》誤作「峰，島屿之縈回」。
［三］由，《西和縣志》作「時」。
［四］「我朝定鼎以來」，《西和縣志》誤作「我□□朝定鼎以來」。
［五］頀，《西和縣志》作「□」。
［六］與，《西和縣志》誤作「長」。
［七］朕，實爲「然」，《西和縣志》作「□」。
［八］「謫奉子孫娘娘老爺懺殿之候」，當爲「適逢子孫娘娘老爺迁殿之候」，《西和縣志》無「適」。
［九］垂絃，《西和縣志》作「□□」。
［一〇］拜，《西和縣志》誤作「年」。
［一一］乎，《西和縣志》誤作「千」。
［一二］此句及以上各項人名及碑陰文字，《西和縣志》皆略。

五八　御製訓飭士子文碑

國家建立學校，原以興行教化，作育人材，典至渥也。朕臨馭以來，隆重師儒，加意庠序，近復慎簡學使，釐剔弊端，務期風教修明，賢才蔚起。庶幾棫樸作人之意，乃比來士習未端，儒效罕著。雖因内外臣工奉行未能盡善，亦因爾諸生積錮已久，猝難改易之故也。兹特親製訓言，再加警飭，爾諸生其敬聽之。從來學者先立品行，次及文學、學術、事功，原委有叙。爾諸生幼聞庭訓，長列宫墻，朝夕誦讀，寧無講究？必也躬修實踐，砥礪廉隅。敦孝順以事親，秉忠貞以立志。窮經考義，勿雜荒誕之談；取友親師，悉化驕盈之氣。

文章歸于淳雅，勿事浮華；軌度式于規繩，最防蕩軼。子衿佻達，自昔所譏，苟行止有虧，雖讀書何益？若夫宅心弗淑，行己多愆，或蜚語流言，脅制官長；或隱糧包訟，出入公門；或唆撥奸猾，欺孤凌弱；或招呼朋類，結社要盟，乃如之人，民教不容，鄉黨弗齒，縱倖逃褫撲，濫竊章縫，返之于衷，能無愧乎？况乎鄉會科名，乃掄才大典，關係尤巨。士子果有真才實學，何嘗困不逢年。顧乃標榜虚名，暗通聲氣，夤緣詭遇，罔顧身家；又或改竄鄉貫，希圖進取。嚻凌騰沸，網利營私，種種弊情，深可痛恨。且夫士子出身之始，尤貴以正。若兹厥初拜獻，便已作奸犯科，則異時敗檢踰閑，何所不至？又安望其秉公持正，爲國家宣猷樹績？膺後先疏附之選哉！朕用嘉惠爾等，故不禁反復惓惓。兹訓言頒到，爾等其體朕心，恪遵明訓，一切痛加改省，争自濯磨，積行勤學，以圖上進。國家三年登造，束帛弓旌，不特爾身有榮，即爾祖父亦增光寵矣！逢時得志，寧俟他求哉？若仍視爲具文，玩愒弗儆，毁方躍冶，暴棄自甘，則是爾等冥頑無知，終不率教也。既負栽培，復干咎戾，王章具在，朕亦不能爲爾等寬矣！自兹以往，内而國學外而直省鄉校，凡學臣師長皆有司鐸之責者，并宜傳集諸生多方董勸，以副朕懷；否則職業勿修，咎亦難追，勿謂朕言之不預也，爾多士尚敬聽之哉！

［**説明**］

據王訪卿《重修西和縣新志》卷四「署宅」附録録入。

康熙四十一年（一七〇二）立。

西和縣地方志編纂委員會《西和縣志》載：「御製訓飭士子文碑。時間：清順治。地址：文廟大成門之西。已佚。」

著録朱綉梓《重修西和縣志》，而時間誤作「順治」，蓋與當時所傳《曉示生員條教卧碑》相混。朱綉梓先生未見前一碑。

五九　移建文廟碑

董　貞

自三代以來，泮水好音，辟雍鍾鼓，莫不首隆夫學校。後世因之，以爲建學所以明倫，崇儒所以重道，于是尊孔子而配夫七十子之徒，俾郡縣皆樹學。凡歷代儒先[一]之闡聖教、扶道統者，并得與焉。又設爲司鐸及進取博士弟子員，以使之揖讓進退于其間，詩書在堂，俎豆在側，彬彬乎禮樂之隆，凡以云教也。今天下承平日久，文治光昭，聖天子崇儒重道，龍章鳳篆，表揭闕里，頒行天下，訓飭士子，宇内皆蒸蒸向學。獨西邑，屢遭兵燹之餘，農不安其生，士不樂其業，所稱博士弟子者僅属虚名。而學宫湫隘簡陋，荒頹不堪，尤非所以崇儒重道之至意也。歲甲申，余從衆志，披荆刈草，既遷署于舊墟，因次及于文廟，而博士弟子等鳩資庀材，共襄厥[二]事。堂之卑者高之，廡之隘者廓之，宇之未備者增置之，而規模始覺其可觀。夫既作泮宫，于以見德心之克廣，而薪槱棫樸，亦髦士之攸宜也。飾廟貌而鼎新之，圜橋觀聽，行[三]見南金象齒之琛出焉，豈徒爲一時侈其修舉云乎哉？工既竣，爰刻石而識之，并列以諸弟子之名，使知夫廟之所以得成者，其來有自，固非余一人之力也。

［**説明**］

以邱大英《西和縣志》爲底本録入。

著録：朱綉梓《重修西和縣志》，王訪卿《重修西和縣新志》。

原題下有「邑令董貞（海寧）」六字。董貞，浙江海寧人，由康熙丁卯副榜教習，康熙四十三年（一七〇四）任知縣，補葺城垣，安集民居，鼎新文廟，創立義學，士民德之。其事迹見邱大英《西和縣志·名宦》。

［校記］

［一］儒先，朱綉梓《重修西和縣志》作「先儒」。

［二］厥，朱綉梓《重修西和縣志》作「闕」。

［三］行，朱綉梓《重修西和縣志》無。

六〇　法禁寺碑記

方　煜

法禁寺碑記

西邑西北境，號曰「石堡鎮古郡」。五臺山，北依聳峰，儼然崆峒形勢；西南澗[一]流，直接[二]漢水淵源。猗歟[三]休哉！何風之景也！昔有諸聖廟貌，創之先代，迄今有百十餘載[四]，不意損壞。于是，修[五]真弟子趙先同[六]連鄉善信人等，閲歷其際[七]，目擊心傷，不忍失前人之遺志，而竟聽其倒置。□特約領愛生，各輪微[八]資，積少成多，補葺宮殿，聖像輝煌。一舉而衆喜，共襄效力，相與[九]有成。今則厥功告竣，丕振重新，誠十方朝山、焚香、作善之福祉也。先等特援筆刻石，遂傳不朽云。

修真弟子：陳守常。首會弟子：趙元先，室人，梁氏；男，監生趙大任，次男趙大造。

承像人：蘇世榮。

木匠：白生平。塑匠：焦必成。鐵匠：齊加良。石匠：寧百福，劉大成，聶世友。泥水匠：趙大宗。

皇清康熙歲次丁亥年仲吕梅月穀旦

書生：方煜薰沐獻文；蘇世鳳薰沐書刻

［説明］

碑存石堡鄉五臺山。據西和縣石堡鄉許效效提供的抄件録入。碑高一二五厘米，寬七〇厘米。

康熙四十六年（一七〇七）立。

著録：西和縣地方志編纂委員會《西和縣志》。

［校記］

［一］潤，《西和縣志》作「潤」。

［二］接，《西和縣志》作「注」。

［三］猗歟，《西和縣志》作「倚欹」。

［四］「迄今有百十餘載」，《西和縣志》作「訖經有□千餘載」。

［五］修，抄件作「儲」，《西和縣志》作「諸」，當是「修」之誤。「修」或作「脩」，誤作「儲」。

［六］同，《西和縣志》作「倚」。

［七］際，《西和縣志》作「隕」。

［八］微，《西和縣志》作「物」。

［九］與，《西和縣志》缺。

六一　陰陽山石刻

佚　名

存目

［說明］

王訪卿《重修西和縣志》卷六下：「陰陽山天然石刻，清康熙己丑年九月僧人積玉刊。」康熙己丑年爲康熙四十八年（一七〇九）。

六二　凝禧寺碑記

蕭涵馨

西和舊城有凝禧寺，在鳳凰山下。自明季以來，多歷年所矣。屢遭兵燹，廟像傾頽。原任知縣李□□勸捐興修，多方輔相，俾傾者立，頽者復。成未幾，而以□□去矣。迄今五十餘載，廟像挺興，再睹太平之象。恭逢賜進士第文林郎知西和縣事加一級藍來牧。藍莅任伊始，百度維新，一切民神事，無不畢舉。人民安堵，衆神妥侑，于是地方百姓喁喁然有樂化之風，洵盛事也。西和雖地勢彈丸，而善男信女捐助興修，務傾囊而止。大佛殿、三官殿、青陽觀，皆次第整理。至于城隍廟、泰生簷，功德雖不滿百，亦未始無小補焉。嗣是而建興梁，鋪道路，爲生民利濟，爲闔邑祈福，真有以悦服神人矣。于是以未立之碑，記前人之功，志今人之誠，勒之瑱石，以彰不朽。後之觀者，有不睹斯文而興感者乎！是爲記。

［説明］

據王訪卿《重修西和縣新志》録入。其「藝文下」于文前説明云：「原任知縣李□□重修，康熙五十七年賜進士第知西和縣事藍啓延立石，丙子科舉人、署西河縣訓導蕭涵馨撰文。」又末附説明云：「末載原任知縣李□□，捕廳王□□，典史朱□□，鳳翔訓導范九疇，候選州同盧文□。」

原題下有「邑訓導蕭涵馨撰」七字。蕭涵馨，丙子科舉人，授隴西縣教諭，調署西和訓導。西和知縣藍于康熙五十七年（一七一八）任職。凝禧寺，《重修西和縣志》載：「在縣城内西後街，明永樂時建，寺後有佛洞二，古槐一，在未建寺以前即有。」

六三　宋西和州知州陳襄節公暨推官賈公神道碑

馮念祖

宋西和州知州襄節陳公，諱寅，寶謨閣待制諱咸之子也。寶慶三年冬，蒙古兵十萬入州境。公散資財、結忠義，委身苦戰，力竭而援不至，顧其夫人杜氏曰：「若速自爲計！」夫人曰：「安有生同君禄、没不共王事者！」仰藥死，三子及婦俱殉母旁。公斂而焚之，乃朝服登戰樓，望闕再拜，曰：「臣力守孤城，爲蜀藩籬計，城之不存，死有餘責。」遂伏劍死，賓客從死者二十有八人。事聞，詔特進朝議大夫、右文殿修撰，加贈文華閣侍制，謚襄節，立廟祀之。墓在崆峒山之北原，一門忠義，附葬墓旁。同時有推官賈公諱子坤、字伯厚者，潼川懷安軍人，嘉定十三年進士也，與州守誓死守城，城將陷，公乃與其家十二人死之；墓在崆峒山之南原，闔門忠節亦葬墓旁，謚贈無考。

嗚呼！寶慶之初，史彌遠用事，三凶佐之，朝政不可問矣，邊庭之事何暇計乎！陳、賈二公，爵位不至通顯，獨能奮其義勇，殉難危城，卒無一應，當時，土崩瓦解之勢尚忍言哉？歷數前古，運當衰晚。貪位固寵之徒，子女玉帛，富比王侯。邊鄙之臣，冒鋒鏑，運餽餉，死亡不暇，吏議隨之。慈父孝子之義憤不得而知也，孤臣節婦之哭聲不得而聞也。然清寧之所以常奠，日月之所以常明，山河之所以常流當時者，惟此浩然忠義之氣充塞宇宙。若陳若賈，其尊卑不在官階，榮辱不在禍福，存没不在死生。數百年來，爲臣盡忠，爲婦盡節，爲子盡孝，爲朋友盡義，人綱人紀賴以不墜，英爽之氣千載如生，二公之與同時殉難者，真可謂不死矣！余任禮邑，常留意此方之忠孝節義，有志闡揚而文獻無徵，每爲三歎。西和署令奚君訥如，與余同里同官又同志，悼前此州守與其推官之孤忠大節，祠宇傾圮，墓碣不存，懼其久而烟没失傳也，索余文以表彰之。嘻！是余之素志也，敬書此以應其請。

康熙五十九年立石

［説明］

據朱綉梓《重修西和縣志》録入。

著録：王訪卿《重修西和縣新志》。

康熙五十九年（一七二〇）立。原題下有「禮縣知事馮念祖撰」八字。馮念祖，浙江人，舉人，康熙五十九年知禮縣事。陳寅，邱大英《西和縣志·名宦》有詳載。

六四　新修山路碑記

佚名

（篆額之上正書）：西和縣撰碑

（篆額）：千古留名

新修山路記

肇自五行結散以來，此地一山，林木森森。古人開徑，止容人足，號「十八盤山」。匍匐上下，多樵子流也。崇慶寺僧海玉留心久矣。自修寺造橋後，力將興工，奈數終而止。其徒寂金不忘師言，大化十方，平治大道，人馬可并。費一鎰□銀，用五百工，不月而成。遍告善人，皆曰勒石可銘。今從衆志，故乞余言以志之。

（以下人名略。）

康熙六十一年九月（下缺）

［**説明**］

碑本在六巷鄉上六巷拄腰崖，一九八九年修路時毁。殘碑兩方，存王臺村兩村民家。碑高九二厘米，寬六七厘米。

康熙六十一年（一七二二）立。

著録：王訪卿《重修西和縣新志》，西和縣地方志編纂委員會《西和縣志》（題「鑿修石路碑記」），《甘肅省志·卷三八·公路交通志》（題「西和新修山路記碑」），吴景山《絲綢之路交通碑銘》（題「西和縣新修山路記碑」）。

六五　迴龍寺碑

□楠廳

存目

［**説明**］

西和縣地方志編纂委員會《西和縣志》載：「迴龍寺碑。時間：清康熙。□楠廳撰寫。地址：蒿林鄉趙溝村。」

六六　新建白衣觀音堂記

張弘鉉

存目

［**説明**］

西和縣地方志編纂委員會《西和縣志》載：「新建白衣觀音堂記。時間：清康熙。張弘鉉撰寫。地址：何壩鎮何壩村。」

六七　重建五臺山發境寺碑文

劉繼章

碑陽

重建五臺山發境寺碑文

古［往］今來[一]，忠臣孝子，烈女節婦，無不記之于文[二]，載之于策，以使後之[三]慕風者，聞之莫不興起。吾以爲多積陰功、廣種福田者，亦宜勒之于石，書之于匾，以使後之向[四]善者，視之咸爲則效。郡城之[五]南廿餘里許，有山名曰「五臺」。觀其形峨然，視其狀巍然，所[六]謂别是人間、真堪入畫者是耶。□命昔之人曾[七]建梵宇于其上，代遠年湮，莫核所自，但相傳爲「發境[八]寺」云。中所構造，雖無層樓，雖無高閣，其殿亦非一所。無奈年遠日久，風雨摧殘，遂致椽[九]瓦敗壞，垣墉傾圮。至康熙丁亥年，倘非修真趙先念古迹之不易而重建，必杳然無踪。自重建後，多歷年所，椽瓦[一〇]仍然敗壞，垣墉仍然傾圮。有趙大造、張榮宗等，爰發[一一]洪願，矢志重修，約同志共圖盛舉，許至三年以完功。今已三年，願將施財之大衆，皆勒之于石，俾後之人[一二]咸曰：「某年某月某人，重建之于其先；某年某月某人，補修之于其後。倘有崩頽，亦復如是。」則西邑之勝境，永垂萬世矣。噫！人人皆有如是之善念，聖神豈無默佑之福祉乎？故筆之于石，以俟將來之好善者。

新任知縣杜啓運。原任知縣賈澤造。

恩貢生王錫爵。監生趙友。客商高。

生員張翃逢，生員王永盛，張文珍，趙之普，蘇世鳳，劉源，禮生楊克昌，樊是顔，賀龍，張承先。

禮泉縣：王奇生（人名略）。臨潼縣：吴國考，許永財。咸寧縣：（人名略）。成縣：成永康（人名略）。渭南縣：寧世俊，許良卿。

主：趙大造，郭配金。蘇世静，楊盛，王和（人名略）。

造碑石匠：寧大成，寧大德。木匠：白生彩，何生龍，白成福，白珍。泥水匠：趙養志，柏子奉。

十方首會善信人等：

張官坡會首：張成（七人名略）。

馬家崖會首：王瑞（六人名略）。

郭家莊會首：郭士成（七人名略）。

崔家溝會首：陳起聖（七人名略）。[一三]

雍正三年四月初八穀旦

碑陰

（碑額）：同結良緣

各地會首：

水磨川：（二十人名略）。張家河：（十三人名略）。高家山：（六人名略）。徐家山：（五人名略）。劉家山：（五人名略）。宋家山：（九人名略）。劉家莊：（三人名略）。祁家莊：（六人名略）。湯家莊：（十三人名略）。藥王家：（十四人名略）。石堡鎮：（三十一人名略）。蘇家團莊：（十人名略）。大小杜家：（二十人名略）。史劉二莊：（十人名略）。龍王山：（二十五人名略）。深溝兒：（十四人名略）。馬家溝：（十八人名略）。王家寺：（六人名略）。馬袍泉：（十二人名略）。

畫匠：焦必成，岳奉高

住持僧：普林，普成

伏羌縣庠生劉繼章題并書

雍正三年四月初八穀旦

［**説明**］

碑存石堡鄉五臺山。據西和縣石堡鄉許效效提供的抄件録入。

雍正三年（一七二五）劉繼章撰。

著録：西和縣地方志編纂委員會《西和縣志》。録碑文正面部分，且缺後部分，見校記。

[校記]

[一]古[往]今來，原作「古今來」，《西和縣志》作「古今來□」。
[二]于文，《西和縣志》作「□史」。
[三]之，《西和縣志》無。
[四]之向，《西和縣志》無。
[五]之，《西和縣志》無。
[六]所，《西和縣志》無。
[七]曾，《西和縣志》作「會」。
[八]發境，《西和縣志》作「法鏡」。
[九]椽，《西和縣志》作「檐」。
[一〇]椽瓦，《西和縣志》作「廊廡」。
[一一]發，《西和縣志》作「法」。
[一二]後之人，《西和縣志》作「侈認」。
[一三]「生員張翅逢」以下至此，《西和縣志》無。

六八　耿氏三節烈墓表

馬履忠

嘗思立身潔行，就義如飴，士君子之所難也。顧履常則易，處變則難。若不幸而遭危難之際，能全持其節操，正氣凜若冰霜，磅礴千古，刃可蹈而身不可屈，誰知出耿氏之名姝？一女二婦，誓勵同心，白璧恐玷，捐軀是甘，是更所難也。有明甲戌之變，邑令耿諱桂芳之長男婦王氏，次男婦嚴氏，及幼女五姐，城破，懼爲賊所辱，同時縊死。明日，賊首摇天動見之，亦爲之歎息。時人嘉美其節，憫而葬之。今墓無考，惟断碑在縣署街南，傾仆道旁。庚戌桂月，與二三修士討論三節烈事迹，訪追前踪，而無如三節烈之壟墓無存，是可悲也。辛亥春，遂捐資議遷，卜葬于厲壇之旁，隨立碑表而志之，無非仰體聖天子褒善崇貞、不湮没節烈之至意。兹三女者，以中閫而秉剛健之氣，之死靡他。人爲其處之難，彼視其捐之易，使後之儌幸苟免者，睹此碑也，其亦可鑑也夫。

雍正九年

[**說明**]

據朱綉梓《重修西和縣志》録入。

著録：王訪卿《重修西和縣新志》。

雍正九年（一七三一）立。原題下有「邑令馬履忠撰」六字。馬履忠，山西汾陽人，例貢，雍正八年任知縣，到任散綿給機，教民織紝，創修學宫。其事迹見邱大英《西和縣志·名宦》。

六九　鳳凰山碑記

佚名

（碑額）：鳳凰山碑記

伏維南贍部洲
大清國陝西鞏昌府秦州禮縣不分軍民人等在于鳳凰山，與上帝祝筵，斂衆造碑，開列于後。會首：楊建棋，李元白，郭求清，張佐乾，楊榮，馬天斗，張遇極，張仕聖，張居榮，張贇朝。
生員：張宣，王爾璋，楊白棟，楊廷桂，梁進福，楊廷楹，楊廷標。造碑刊字匠人：朱琰，朱環
雍正九年三月吉日立。住持僧人張宿

［說明］

碑存西和縣長道鄉鳳凰山。碑高四〇厘米，寬二七厘米。
雍正九年（一七三一）立。

七〇　上帝聖誕廟會碑

佚名

（碑額）玉皇玄穹上帝聖誕期
大清國陝西直隷秦州禮縣名峰平原間，感錫純嘏，謹洽野樂於。
會首：張鰲。謹同：楊永芳、楊培棟、張遇極、李元白、張悦義、郭永清、楊榮、禄義、張嗣聖、王爾章、戴爾秀、楊廷楹、楊廷棋、何超雲、梁進福、張居寅、馬天斗
生員：張宣、楊廷標、張奇鳳、張門周氏、張贇朝
僧人普祥、清雲

畫工楊丕勳

時維雍正拾壹年三月吉旦謹建

［説明］

碑存西和縣長道鄉鳳凰山。西和縣文化館姬天泉提供碑拓片，西和縣張升學提供照片。

雍正十一年（一七三三）建。

七一　鳳凰山香會碑記

王佐相

（碑額）：靈山感應

鳳凰仙山諸聖，承衆發心長香起會，每年懺會三元、三品、三官寶殿。

會首：楊廷機，張嗣聖，張治邦，楊育，禄寧，楊廷枹，楊廷楫，馬天極，楊郊棟，孟門王氏

謹同：郭永清，楊板寅，楊廷楝，張會魁，李元白，戴爾秀，張元忠，張門閆氏、周氏，戴吾妄，張朋翼，張贊朝，豆之美，張遇極，梁進福，張奇鳳，楊榮，馬天斗，梁進朝，楊廷棋，文君寵，張元亨，楊廷柱，文君輔，張定元，僧人普祥，徒通□，道清雲

書字人：王佐相。山人：楊朝書，楊朝楷

雍正拾二年一月拾伍日碑記

［説明］

碑存西和縣長道鄉鳳凰山。西和縣文化館姬天泉提供碑拓片，西和縣張升學提供照片。

雍正十二年（一七三四）王佐相書。

七二　恭祝上帝華誕碑記

佚　名

窃思凡愚之忱，即山川五祀之神，亦□□以酬答。矧兹玄穹之德，夫何由而酬答乎？爰于正月朔九，乃上帝華誕之辰，約衆恭祝，豈敢謂報聖恩乎？聊以伸愚忱于萬一耳。

會首：王爾璋，禄義

謹同：楊永芳，楊廷極，馬天斗

生員：張宣，楊榮，戴爾秀，張居寅

嗣聖：張贊彩，梁進福，張奇鳳，馬天貴，張門王氏，楊培棟，馬天極，張贊朝，郭永清

碑匠：楊丕勳，楊元勳，男楊朝楷，户楊子

歲次乙卯年正月吉日碑記

［説明］

碑存西和縣長道鄉鳳凰山。碑名爲編者所加。西和縣文化館姬天泉提供碑拓片，西和縣張升學提供照片。

本碑所録如「馬天斗」「郭永清」等人名，在立于雍正九年的《鳳凰山碑記》中亦有記載，因雍正九年爲辛亥年，則知此

碑中「歲次乙卯年」當爲雍正十三年（一七三五）。

七三　花園寺募捐碑記

佚名

（碑額）：皇圖鞏固

《易》曰：「作善必招福慶，作惡終有禍殃。」如兹花園寺，正先民創造之福祉也，則後人可不恭奉而敬守之乎？第招僧不久，弗□□□□香火者，大抵無養膳之故。竊思養膳非田地無由出。生當誤科，寺内一旦動念，遂興二三□□□□□商議，募化十方，置地數垧，固爲長住永選之資，（中缺）懸牌立碑，亦作萬世修福之基。

楊□□□□土人捨地二段，陳三睿一錢，陳三用二錢，唱七錢。

領衆生員陳緒貴諱衆周（中缺），陳國昌二分，陳夏三錢，陳三才三錢，陳包哥一錢；

化主陳國進，周□□□□，陳都八錢，陳國祚三錢，陳三知七錢，朱大廷一分二錢；

化主陳廷僚，喬□□□□，陳國幹一分七錢，陳國正三錢，陳三明八錢，陳能士一分一錢；

華州客吕明綱施銀壹兩，豆□□□□，陳國運八錢，陳國全一錢，陳三省二錢；

韓城客張臣銀一分，豆□□□□，陳國範二分四錢，邵彩七錢，陳三緒八錢；

王作棟銀一分，白□□□□，陳篤一分六錢，李金魁四錢，楊天機五錢；

解鐘元銀一分，喬主（中缺），陳國宰貳分四錢，陳三讓三分，康（下缺）；

解本泗銀一分，喬灟（中缺），陳國林一分八錢，陳三元三分二錢，丁忠孝三錢；

李安蔡銀五分，王顯（中缺），陳國法一分二錢，陳圪士二分，陳繼週二分；
魚至霄銀五錢，王丕（中缺），陳國忠二分，陳三寅一分六錢，陳繼先五分；
張贊文一分五錢，陽（中缺），陳國宣一分二錢，陳廷美貳分四錢，陳輝先六錢；
張盤銘一分五錢，任道（中缺），陳宗一分，陳三春一分，陳永長四錢；
豆成章一分五錢，陳複相（中缺），陳國連五錢，陳三思五錢，陳跟雙三錢；
喬廷獻一分三錢，張複（中缺），陳賢四錢，陳三弘八錢，陳跟□四錢；
王天盛一分三錢，陳大任（中缺），楊大成三錢，陳三起七錢，菩薩七錢；
大清歲次乾隆四年仲秋（下缺）
刊字人朱瑅筆
住持僧廣解和尚

［説明］
殘碑存大柳鄉花園寺。據陳溝小學陳海生提供的照片與抄件對照録入。
乾隆四年（一七三九）立。作者佚名。題目爲編者所加。

七四　同結良緣碑

佚　名

（碑額）：同結良緣

鳳凰仙山約立路燈會規。衆性會首：楊玉高，孫□，謝力强，雷氏，楊忠，包氏。謹同楊美南，包天□，包天章，包天命，魏天祥，包金升，包金元，包和，包金盛，包天申，張兆夫，包世守，包世得，包金昌，雷起雲，包天必，張開泰，包世增，王福元，楊玉□，楊守春，許上，楊祥鳳，張世全，王順元，包□，楊林鳳，張開琮，包天金，許魁。

誦經弟子：張開琛，楊玉陽，包天命，包中，張鳴鳳，張開紹，張開宣，王宜元，許上。施手：包中，馬氏男。

大清乾隆七年四月初八日立

［説明］

碑存西和縣長道鄉鳳凰山。碑高四六厘米，寬三〇厘米。

乾隆七年（一七四二）立。

七五　捐建董公祠堂序

劉殿英

甘棠遺愛，峴山留思，人心之厚，疇昔然矣。抑亦實有足深感慕者，因惓惓而難已。是以建祠祭祀，歷久不渝，數十百年，流徽彌永，匪云報也，凡以愛慕出于心之所誠然耳。西和彈丸之區，自宋以後，州治傾頹，城池荒廢。前明改爲縣治，季代亦屢遭兵燹。國[一]初以來，吴逆再撓，民鮮完居，凡邑署學宮等地，類皆毁裂湫隘，并乏善模者也。康熙甲申歲，董公來宰吾邑。初下車，篙[二]目時艱，竭瘁招徠，葺補城垣，安集民居。邑官署舊在山堡，月吉讀法，秋稔輸將，來往未便。同衆謀遷之舊墟，捐資庀工，經始于下車之年，而落成于乙酉之冬。堂廡室庫，焕然壯觀。既乃修葺學宮，鳩材堊黝，飾廟貌而鼎新之，塗垐丹雘，遠異舊規。公餘之暇，訓課士子，澤以詩書。在邑治之義學，顔曰「樂英堂」；在鹽鎮之義學，顔曰「聽絃堂」。城之地屬官地，即今處鹽鎮之學，係捐俸錢買許氏地數丈，止構數楹，今圮。公勞心焦思，教養兼[三]勤，其留意于人心風俗者匪淺。嗣後，百度具興，林總鼓舞，溯厥源由，公之功居多矣。迨其殁也，家無長物，以捐俸虧缺貽纍。雍正六年，恩免賠補，竟以資囊空匱未能歸葬。乾隆壬申，始安厝于西邑鳳崗之陽。迄[四]今七十餘載，子孫寄寓。凡我士庶，雖生也晚，觸目感懷，慨流風之如昨，儼[五]善政之猶存。爰呼同志，議擇善地，立慈祠[六]，設祭田，思垂永久于不替。公，浙江杭州府海寧縣人也，由康熙丁卯科副舉銓受西和。按先世宦籍汴京，南宋遷臨安，後復遷海寧，遂爲世籍。今宦殁，寄葬邑城之西，并志之，以表俎豆馨香、昭甘棠峴山之愛慕云。

［**説明**］

以邱大英《西和縣志》爲底本録入。

乾隆十九年（一七五四）立。原題下有「邑廩生劉殿英」六字。劉殿英，戊午科歲貢生。

著録：朱綉梓《重修西和縣志》。

［**校記**］

［一］國，《重修西和縣志》作「逮國」。

［二］篙，當作「蒿」。

［三］兼，疑當作「廉」。

［四］迄，《重修西和縣志》無。

［五］儼，《重修西和縣志》作「緬」。

［六］慈祠，《重修西和縣志》作「祠堂」。

七六　薩真人墓表

王鳴珂

薩真人墓

［說明］

碑存趙五鄉張河村薩爺殿山門外。

乾隆十九年（一七五四）知縣王鳴珂立。王鳴珂，直隸定州人，拔貢，乾隆二十九年任知縣，在任建上禄書院，修廟宇。其事迹見邱大英《西和縣志·名宦》及朱綉梓《重修西和縣志·名宦傳》。

著録：朱綉梓《重修西和縣志》。

薩真人，當爲北宋末年著名道士薩守堅。參趙逵夫《薩真人墓與薩守堅》一文（《中國道教》二〇〇六年第四期，《西和文史資料第三輯》）。

七七　鳳凰山信士姓名碑

趙廷月

奏維大清國陝西直隸秦州禮縣占所人氏，見在地名鳳凰山，上下方□，各門居住，（缺約五字）佛，設供誦經，禮縣□酬盟緣願保安。信士會首楊連，張才，楊試能，李如梁，蘇應禄，賀身文，郭聚家，王可智，張孝，楊帝宣，張宿，楊試强，文尚知，趙緒，梁加藻，梁加彩，張布，趙復仲，文自科，馬朋，楊同春，楊必宣，黄重用，楊試賢，馬如麟（以下三百六十八人名略）。

住持李師

乾隆二十一年四月初八吉日立牌。書字人趙廷月，做碑人楊朝佐

［**説明**］

碑存西和縣長道鄉鳳凰山。碑名爲編者所加。西和縣文化館姬天泉提供碑拓片，西和縣張升學提供照片。

乾隆二十一年（一七五六）立。趙廷月書。

七八　皇清誥命贈節孝王氏孺人之墓志

方□□

乾隆□十五年三月，賜進士、敕授文林郎、知禮縣事方□□志：王氏，朱□之妻。夫殁，年二十有八。一子炳，年十一。彼時翁年老，家道寒微，王氏堅志守節，憑針指以盡孝，恭受節以育孤兒。此時年過古稀，有孫有曾，即庶□賢。子旌以匾額，儒李、郭、捕衙魯各贈以匾□。

乾隆二十五年二月六日與夫同穴合材，集其志。

［**説明**］

據西和縣地方志編纂委員會《西和縣志》録入。

乾隆二十五年（一七六〇）方□□志。

七九　毓龍泉石刻詩并序

王之栻　王鳴珂　謝　瓆

雲霧山畔曠衍之間，有龍神廟三楹。前有泉水一泓，周回數武，不溢不涸，北流成渠，達于漢水。舊傳此地無泉，突于平地湧出，有見龍之祥，土人因之立廟。每禱祀于此，不獨禱雨必應，災祲亦藉祛除。歲時村邨社鼓，童叟必集，咸踴躍歡呼曰「我家小二龍王」云云。吁！是亦異矣！既曰「龍王」，豈非神耶？抑其龍耶？胡爲「小二」稱之耶？曰「小」曰「二」，又何親暱乃爾？詢之土人，笑而莫解，云：「高曾以來，傳説如是，相與『小二』之非一世矣。亦不知泉所緣起，始于何年。」噫！土人無知，有傳聞而無記載，奈之何哉！余自中山就養西和縣署，時時來游，感此靈異，亦勿能深考。第因土人之請，名其泉曰「毓龍」，并綴小詩，刻石以俟後之覽者，或能深考其異云。

龍自何來胡住此？忽于平地湧流泉。雲垂天末澗如海，霧繞山根曲似川。泉氣連空昏暮雨，雷聲起澗隱湍淵。方壺弱水地靈傑，山是三山龍是仙。

西畦老人王之栻中山[一]

前題

巡省何勞課問頻，龍潭深護萬家春。作霖用沛田疇足，禱祝同呼位次尊。祇有風雲呈變態，難憑父老證前因。嘉名一自題泉石，水光山色兩并新。

邑令王鳴珂

前題記事二絶

其一

雲霧山頭雲霧起，霎時散作靈雨止。村邨擊鼓報龍神，處處兒童皆歡喜。

其二

聽罷兒童擊壤歌，魚龍鼓翅興婆娑。大書特書石上字，付與山靈總不磨。

赤巖道人謝瓆

前題再賦唱歌

西和城南路迤邐，雲霧蒼蒼山色紫。山下出泉泉有龍，變化不知所終始。有時龍在天之上，靈雨崇朝千萬里。有時龍在淵之下，縮同尺澤之鯢耳。泉兮龍之宫，龍兮泉所止，年年農事報有秋，使君駐馬頻來此。爲歎泉靈與龍靈，何堪民瘼任爾爾，從來典籍多闕文，丹書三字補經史。

乾隆三十二年仲春

［**説明**］

據朱綉梓《重修西和縣志》録入。

乾隆二十九年（一七六四）立。

著録：王訪卿《重修西和縣新志》載王之栻第一首。

［**校記**］

［一］「中山」二字據王訪卿《重修西和縣志》補。中山爲王之栻字。

八〇　黄江隱君子海如盧先生墓表

何廷楠

余于丙子閏月任西和令，聞黄江盧海如先生有古君子高風，心儀之而未見其人。時先生隱居于黄江者蓋三十[一]餘年矣。戊寅，余以憂去。又六年癸未，余從保定罷官，念仇池昔游，有終焉之意，且與先生卜鄰，可以共數晨夕。抵西和，而先生中子可材、孫師道已素冠縓緣而見。嗚呼！九京如可[二]作也，先生其今人也歟哉？其古人也！

他日，先生妹婿董君保赤，袖其祭先生文，介諸孤謁余曰：「先生安窀穸有日矣，而墓表闕如，敢借一言以爲地下光。」余因讀董君之文，知先生秉性剛方，褆躬嚴正，居家以孝友聞，交游以直諒著，睦姻任恤之風，已宛乎可接。若其高超絶俗，獨樂其志，蕭然于富貴利禄之外者，豈可于今人求之耶？先生真可以傳矣！爰詮次董君之文，歸其子若孫，書諸碑，俾後世有所考焉。

盧之先自四岳也，至秦，盧公以醫名世。唐開元中，有進士多遜者。凡數十傳，而爲武鄉縣尹。公宦游至西和，樂其風物醇美，因卜居焉，是爲西和始祖。武鄉公生瞻曾，爲四川名山縣少尹，父子皆著茂績。名山公生經邦，亦以醫世其官。經邦生賞，爲河南丁家口廵檢。賞生增廣[三]，生希舜。希舜生邑庠自勵。自勵生文鈺，號美章，即先生父也，以邑庠援[四]例授州同；娶藺孺人，舉丈夫。子三，長即先生。先生生而聰穎，神清骨秀。少[五]小時，步履唯諾，儼然如成人。稍長，出就外傅。每讀書，見古之志潔行芳者，輒流連不已，慨然曰：「古人亦人耳，寧不可以[六]方軌耶！」是時，美章公方盛年[七]，以計然術走四方，性復豪邁，喜結交，家中食指以數百計，而座上之客常滿，自絲麻、粟菽、醯醢、酒漿，以至賓朋餚饌皆取辦。藺孺人積勞成疾，先生日夜侍湯藥，躬搔抑，目不交睫者一月餘。母殁，骨已立矣。美章公憂之曰：「而即痛母，獨不念而父乎？以毁滅性，何居？」乃强起，發憤讀書。二十二，補弟子員。旋升上舍，考授縣丞。痛母早世，庶弟清幼，曲體美章公愛憐少子之心，携持出入，跬步不離。鷄窗雪案，讀書聲達户外，過者咸曰：「此盧氏伯仲壎箎乎？」後，清亦成名。既老，事先生如嚴師，而先生固怡怡也。且移孺慕之誠以愛諸母，幾忘其爲適室子。美章公勇以義，鄉里有貧者、病者、喪事而不能治者、急難者，咸走告美章公，先生悉承順而厝注之。人人德美章公，猶德先生，而先生意方落落，施予而不名，急難而不責償也。美章公晚年故豪于酒，朋從招邀，每爲長夜飲。日夕矣，先生始則倚門，繼則倚閭，旋且伺候于主者之門。美章公嘗醉歸，顧先生曰：「噫！若未從乃翁飲，何以自某氏之門掖我來耶？」相視而笑。美章公疾，醫禱百計，傾家資無少吝。及捐館，先生哀痛悲號，三年一日。免服後，需次已及，賀者填門，先生獨泫然曰：「古人且不以三公易一日養，今禄不逮親，何以仕爲？吾將于黄江麓營菟裘老焉！」構精舍數椽，圖書之外無長物。嘯歌自得之餘，日督其幼子，且耕且讀。閒則與田夫野老課晴問雨于桑陰柘影間，幅巾瀟灑，超然塵表，見者疑其爲神仙中人。歲甲申春二月，先生夢楹前三日，令其子孫舁而歸故居正寢，命家人子婦羅拜床前。提訓畢，遍召族黨故舊、姻婭戚連，一一作别，端坐而逝，殆又委順而達化者歟！

余之重來西和也，先生墓草既宿，而鄉里後進嘖嘖稱述先生者，與董君同出一口，則知董君之文非阿所好云。羅浮鶴巢子曰：「俗末而漓，競艷浮華，賢者猶不免，富貴利達之溺人也甚矣！先生以屢世簪纓，席履豐厚，苟出而圖仕，安知其不早據要津耶？顧乃塵視軒冕，韜光匿迹于寬閑寂寞之濵者四十餘年，以視世之患得患失者，其胸次爲何如哉！」計先生隱居後，余始以選拔登進士科，爲禄養計，足迹幾遍天下，今垂老一令，猶以崛强罷休，回憶少壯時，勞勞于關河雨雪，逐逐于簿[八]書鞅掌間，無論先生孝友德義、訓俗型方者，余不敢望。即求一日如先生優游林泉、讀書樂志，亦不可得。猶幸以浮萍踪迹，重過先生故里，揚扢先生之流風餘韵，而轉恨昔日宰斯土時，未獲躬造先生之廬，親挹先生之聲音笑貌，以髣髴其一二，俯仰今昔，則又不禁含毫邈然而低徊欲絶矣。

按：公諱濤，號海如，生于康熙壬戌，殁于乾隆甲申，壽八十有三。元配李孺人，先公殁。生子五：長可相，貢生；次可柱，廪生，李孺人出，俱先公殁。次可材，庠生；次可桓、可楨，側室姚孺人出。女二人：一適周門，係李孺人出；一適李門，係側室姚孺人出。孫師德、師道，廪生；師慎，庠生，可相出。師道出嗣可柱。次師孺，庠生，可材出。次師古、師先，可桓出。曾孫起蕙、起蘭，師德出。乾隆二十九年十二月初七日，卜葬于麥衣川，乙山辛向。乃係之以銘，銘曰：

黯黯幽宫，丸丸松柏。哲人終古，既安且佶。不于其身，于其子孫。食報厥德，仇池曷竭，吴岳曷極。君子之高，君子之潔，發其潛光，刻銘于石。

乾隆二十九年邑令何廷楠撰文[九]

[**説明**]

以邱大英《西和縣志》爲底本録入。

著録：朱綉梓《重修西和縣志》，王訪卿《重修西和縣新志》。

乾隆二十九年（一七六四）立。原題下有「邑令何廷楠（南海）」七字。何廷楠，廣東連平州人，進士，乾隆二十一年任知縣，延師課士，創設義學，振作士風。其從保定去職後，不忘仇池舊游，又至西和。而再至之時，盧海如先生已逝，因應董保赤之請，作此文。其事迹見邱大英《西和縣志·名宦》及朱綉梓《重修西和縣志·名宦傳》。

［校記］

［一］三十，《重修西和縣志》作「卅」。

［二］可，原作「何」。「可」「何」雖通假，然「九京如可作」乃習語，樓鑰《詩來次韵》：「九京如可作，與子共南轅。」許綸《過相臺》：「魏國九京如可作，錦衣能復故鄉留。」則以作「可」爲上，今改。

［三］廣，《重修西和縣志》無。

［四］援，《重修西和縣志》作「爰」。

［五］少，《重修西和縣志》無。

［六］以，《重修西和縣志》無。

［七］方盛年，《重修西和縣志》無。

［八］簿，《重修西和縣志》作「薄」。

［九］「乾隆二十九年邑令何廷楠撰文」句原無，據《重修西和縣志》補。

八一　晒經寺重建碑記

佚名

（碑額）：重建碑記

河池西隅，晒經遺址，以白雲爲藩籬，碧山爲屏風，或白崖爲□□，谷接三江，而九龍□□，古今來一佳景也。

我先世剪除荆棘，披垦草萊，驅虎豹以潛形，逐蛇龍而遁迹。采于山英可茹，釣于水鮮可食。歷唐以來，創爲釋迦寶殿。窃以道傳西域，誠運兩儀之精；位參三教，妙宣五行之化。我等量晴課雨，飲和食德，白馬之遺，雖未湮滅，或之歇迹猶存。蓋不以爲游觀憩息之所，而直之以爲祥靈呵護之所也。既而行者不戒，牆垣傾頽，梵宫之鐘磬委爲瓦礫矣，禅林之遺迹其猶有存焉者乎？此雖歷年之久，抑亦人事之失也。嗚呼！晒經寺之由建千餘年矣，不有作者，雖爲弓[一]治；不有遠者，雖守箕裘。乾隆戊子秋，我鄉人戮力同心，群效匡扶，四方君子，咸切觀仰。爰是復築牆垣，重修棟宇。俾古迹延而長□，廟貌缺而復振。異日者民康物阜，望風迓祥，咸于是有願焉。是爲序。

直隸秦州禮縣西河士庶軍民人等

功德主：馬珍（人名略）

乾隆三十三年仲秋月吉日立

［説明］

碑存西和縣晒經鄉晒經寺。碑高一三三厘米，寬六七厘米。據隴南師範高等專科學校張世民提供的抄件録入。

乾隆三十三年（一七六八）立。

［校記］

［一］弓，當爲「弘」，因避諱缺省。

八二　董公祠堂記

趙維元

宇宙間人物事迹，有閲世而輒忘者，有歷久而愈思者。思之忘之，何以故？譬[一]如優孟衣冠，初視之亦燦[二]然可觀，而遇目而[三]謝。裘帶風流，臻臻[四]楚楚，異代猶景仰之，蓋有真意貫乎其間，非同襲飾而已也。前邑侯董公，于康熙甲申歲來宰吾西和，歷今七[五]十年矣。任西事亦僅三載，吾西人迨[六]慕不忘，實有見公之政令事迹，撫我西人真且摯也。西[七]，蕞爾小邑，自明季以乞[八]國初，屢遭兵燹，規模百度，類皆頹墮。公下車，招徠安集，勞心養教，大遠于俗吏文飾之習。遷官署，葺城垣，邑人月吉讀法，賦税輸將，均歸便易。至于人心風俗，尤公所重，留意鼎新文廟，創建義學，課士子，澤詩書，誠不遺餘力焉。計公謝世已一周甲子，今裔嗣僑居吾西，修然寒士，唯[九]世守詩書舊澤，廉吏風規[一〇]，愾想如見，則公當日之經營撫字，真父母吾民，教養備至者也。甲午歲，邑人士思報德，創建祠宇一區，爲春秋私祀所，爰請命[一一]于今邑侯邱公，謀所以垂久遠。公曰：「諸君身列膠庠，未及見前侯典型，猶思美報，因公之餘韵流長，亦足見邑人心風俗之厚。而公之功，培植于學校者最重，盍請命于學先生。」邑人士詣學[一二]述公言，儒學陳先生欣然曰：「前侯德不可諼，邑人士此舉甚盛事，當爲諸君共籌度之。」于是集資經理，臚列規條[一三]，爰推學先生爲冠冕，歲修祀事云。

祭田附：

南七里鋪川地二份，共計五垧，計糧五升，歲收市斗夏糧租一石。北二十里鋪崔家溝門口川地一段，山地四段，共計一十五垧，計糧九升六合六勺，歲收市斗夏糧租二石。南五里鋪山坪地共三份，共計八垧，計糧七升，歲收市斗夏糧租一石二斗。

［**説明**］

以邱大英《西和縣志》爲底本録入。

著録：王訪卿《重修西和縣新志》。

乾隆三十九年（一七七四）立。原題下有「邑廩生趙維元」六字。趙維元，乾隆四十二年恩貢生，候詮教諭。

著録：朱綉梓《重修西和縣志》（題「董公祠堂落成記」）。

［校記］

［一］譬，原作「辟」，據《重修西和縣志》改。

［二］燦，《重修西和縣志》作「粲」。

［三］而，當作「則」。

［四］臻臻，《重修西和縣志》作「臻臻」。

［五］七，原作「乞」，《重修西和縣志》作「七」，是，今改。康熙甲申年爲公元一七〇四年，立碑時間爲一七七四年，正好七十年。

［六］追，《重修西和縣志》作「追」。

［七］西，《重修西和縣志》作「西和」。

［八］乞，《重修西和縣志》作「迄」。

［九］唯，《重修西和縣志》作「爲」。

［一〇］「規」字據《重修西和縣志》補。

［一一］命，《重修西和縣志》作「令」。

［一二］學，《重修西和縣志》無。

［一三］規條，《重修西和縣志》作「條規」。

八三　王兑山先生教澤碑記

任尚蕙

恭維我皇上御極之五十有五年八旬大慶，薄海内外，悉主悉臣，遐邇咸熙。稽諸傳紀所載，允属亘古未有。乃頒覃恩，綸音衆[一]沛，臣民踴躍歡騰，靡不群沐普濡。而我友王子諱元德、字聞升、號兑山先生者，因蒙賜恩貢進士焉。先生，吾邑西鄉人也，聞乃祖宗前恪守耕[二]讀，祖敦善積行，邑中人竟傳「王佛爺」云。迄厥考諱國潘、字定山太老先生，視先世篤雅過之，舉鄉飲賓，生平憐貧救急，寬厚超人。太孺人任，勤儉正内，佐理開家，育三男：長曰元貴，字錫山，醇茂温恭，尤爲超異，乾隆己巳歲，與余同年爲博士弟子員；季元佐，丁酉選貢，候銓教諭，與余同出陜甘督學稽老師門下；先生即其仲也。生而聰穎，詳究簾洛關閒[三]之學，爲文灑灑千言，操紙筆立就，而清越昌明，戛然獨步。誨人時[四]亹亹不倦，務絶難澀陋習。以故游其門者，元掄[五]、蘭倉、水南，濟濟多英俊士。所謂學問根柢，師友淵源，真有大過人者乎！至其爲人大概，則開嗣乃祖乃父風，與其伯兄年弟曁從弟子侄輩，互以嫺睦寬厚，是勵是持，一切解携之際，難色清色，頓爾胥融。議論風旨，浩浩落落，不假修飾，要[六]無驕縱溪刻意，此謂忠厚長者也。余年五十有五，游庠序，登甲午鄉榜。丁未，成進士，旋沐皇恩，欽授兵部武庫清吏司主事。數十年間，足迹幾遍宇内，所遇自村里族黨及大邑通都，凡碩彦巨儒，固爲所在多有，其間豈無測蠡矜能、雕蟲謬技輩，不爲學者罕。長宗之難于人，偶有所濟，而意象真有堪狀者，况萬萬不逮此，聞先生之行，其亦可以稍愧矣。余既乞假旋歸，歲初，曾欲北上供職，緣囊空未决，近僅伏諭席[七]于秦州天水書院。適先生門人楊子偉春以書來，欲以高風勒諸貞珉，冀余叙述而表章之。余覽之，躍然曰：「是吾志也！」固陋奚辭，願先生與諸年誼等，終始懋慎，俾爾前人德望，永傳勿替，可以常蒙聖朝雨露，處出必有濟于民，其爲吾鄉後生小子之所矜式，不以大也夫，抑亦遠也夫！

進士丁未出爲奉□大夫兵部武庫清吏司主事，年家眷教弟邑人任尚蕙震山氏頓首拜撰

吏士部候銓教諭丙午恩貢生年家眷教弟邑人趙維元丙屯氏頓留畄拜書[八]

乾隆五十五年庚戌小陽月上浣之吉

［説明］

以朱綉梓《重修西和縣志》爲底本録入。

著録：王訪卿《重修西和縣新志》，西和縣地方志編纂委員會《西和縣志》，題作「王夫子教澤碑」。

乾隆五十五年（一七九〇）立。原題下有「邑進士任尚蕙（蘭臺）」八字。任尚蕙，字震山，縣東青上坡人，乾隆丁未進士，授兵部武庫清吏司主事，其事迹見《重修西和縣志·耆舊志·群材》。

［校記］

［一］衆，西和縣地方志編纂委員會《西和縣志》作「象」。

［二］耕，《西和縣志》作「科」。

［三］閒，《西和縣志》作「閩」。

［四］時，《西和縣志》作「射」。

［五］元揄，《西和縣志》作「無論」。

［六］要，《西和縣志》作「更」。

［七］伏諭席，《西和縣志》作「優諭度」。

［八］上二句據《西和縣志》補。

八四　差務章程碑

周宅仁

（篆額）：永垂千古

特調鞏昌府西和縣正堂加三級紀録五次周，爲嚴除拉馬支差之積弊，定立章程以甦民困事。照得西邑路通蜀漢，每遇差務，額馬不敷，勢不得不在民間雇覔。奈日久弊生，多有蠹役藉差舞弊，不論居民行旅，有馬即拉，或需少拉多，受錢賣放，騷擾欺凌，種種不法。本縣莅任以來，訪察周知，何忍御蠹噬我窘黎？阻塞商旅，殊堪痛恨，已將滋弊各役查閲重治。兹據闔邑紳士議定章程禀請，凡遇差務，各里屯自行承辦，永不假手胥役，實屬無誤于公，有便于民，允稱善舉。除將逐條詳核批准遵行外，用泐貞珉，劃一辦理，以垂久遠。

一、辦馬照差務大小定馬匹多少。以百匹爲式，或用馬多，依百匹之式加，或用馬少，亦依百匹之式減，以此類加類減，按里户計輪流支辦，軍需大差不得在計日輪流之限。

一、軍需大差，闔縣照糧均辦，有馬出馬，無馬幫塾脚價。或本名應出馬二匹而養馬一匹者，即塾幫一匹脚價雇馬；或本名下應出一匹而養馬二匹者，收幫雇一匹脚價；全無馬者應出馬幾匹，即照應出馬數塾幫脚價，分給多馬之户。其用馬若干，内出砝総，發兵房登號，票照各本里，里總催辦，限日齊集應點，如有遲延，催辦不齊者，嚴責里催。

一、無論大差流差，支馬一匹，每站給脚價三百文，大差給錢一百，流差官民給價三百文。如閑喂一日，流差給夫馬工料錢一百文，大差給錢三十文，以驗齊日爲始。

一、里總辦馬，非本縣應支者，無内出硃絡，不得支辦。或有過境人等用馬，每匹每站即自出脚價錢三百文，不在里民幫雇之列。

一、馬匹支應尋常流差，各里公辦，着里總支理，候硃絡發兵房號，至各里里總支辦。日期按里分大小補石多少，按一年之三百六十日挨次輪流至支差日。里總一人在城伺候，日給盤費錢五十文。

計十三里攤派日期[一]：

和政里二十三日，岐山里四十日，通遠里三十二日，西和里五十九日，古岷里三十日，鹽官里三十九日，木門里二十六日，保子里一十日，鞏昌衛一十三日，文山所二十七日，岷州衛一十六日，西固所二十二日，階州屯二十三日。

邑侯周公諱宅仁，□居廣（中缺）乾隆戊子科舉人。

儒學正堂（下缺）。

西安□富（下缺）。

督捕廳右堂加（下缺）。

秦州營經制（下缺）。

生員（人名略）。

龍飛大清嘉慶二年歲次丁巳六月穀旦，闔邑士庶公立。廟管劉□統

［説明］

碑存西和縣隍城碑林。碑高一六七厘米，寬一二一厘米。

王訪卿《重修西和縣新志·記第十三·實業·差徭》中云：「乾隆朝金川事起，羽檄星馳，于是覓僱不及，始用强拉，强拉既久，而買放弊生。此弊一生，而民滋擾矣。嘉慶二年閤邑紳士議章程稟請，凡遇差務各里屯自行承辦，永不假手胥役。按照里分大小酌定月差多寡，各里又自編札子以爲派差、派賬準的。行之數，頗稱公便。」

嘉慶二年（一七九七）立。周宅仁撰。周宅仁，四川綿州安縣人，舉人，嘉慶八年任知縣，其事迹見朱綉梓《重修西和縣志·民政志·名宦傳》。題目爲編者據史載而加。《重修西和縣志·卷一一·藝文志上》載：「差務章程碑。章程碑有三，均在城隍廟。一係嘉慶二年知縣周宅仁立，一係嘉慶十四年知縣張秩立，一係同治十年知縣長賚立。」

［校記］

［一］「計十三里攤派日期」以下，《重修西和縣新志》無。

著録：王訪卿《重修西和縣新志》。

八五　重建文昌宫碑記

鄒魯純

嘉慶六年十二月，奉旨春秋祭享文昌帝君，與關帝同典禮。有司量加修葺，并起後殿龕座以祭先代，典至重也。西和舊有文昌宫，在學宫南，創自前邑侯王公鳴珂，因公項銀建立，僅容瞻拜。適奉新命，陳設進退，規模甚隘，又原無殿，無所容祭。邑侯汶江周公慨然思增建之，謂前典史余公與余曰：「汝二人可共襄厥事。」于是捐俸，庀材鳩工，興役增建門牖，創立前堂。經始于七年八月中旬，落成于十月初。丹雘黝堊，焕然改觀。又進余與魚生璋、趙生步嶠、徐生振翔、張生殿選等曰：「今歲暮矣，明春，可廓學中隙地建立後殿。爲克終厥事，募財效力，當亦爾等所樂爲也。」諸生應曰：「唯！唯！」相與募化，以助土木瓦石之資，而典史曹公董其事尤力。始于八年三月，至五月告竣。既成，邑侯屬余爲記，刻石以志其顛末。蓋上以奉揚聖天子之休命，而前不没王公之美，并以示後者于無窮也。獨念邑自賊匪竄擾，以公當數年兵燹之後，諸事叢集，而汲汲不憚勞，不告瘁，其所望于兹邑以培植之者甚厚，而公之詒穀于子孫者，其與爲無窮也夫。

［**説明**］

據朱綉梓《重修西和縣志》録入。

原題下有「邑訓導鄒魯純撰」七字。鄒魯純，時爲西和縣訓導。又據文中「嘉慶六年……始于八年三月，至五月告竣。」句，知碑記作于嘉慶八年（一八〇三）。文昌宫，今圮，《重修西和縣志》載：「清乾隆二十六年知縣吴憲青建。嘉慶六年入祀，八年加祀先代，知縣周宅仁建祠。咸豐八年，每歲二月初三日加祭一次。光緒三十二年，知縣陳兆康重修過廳。民國初年廢祀典。」

著録：王訪卿《重修西和縣新志》。

八六　建修吕祖廟碑記

周宅仁

歷古以來，名仙夥矣，而崇祀者絶少。惟純陽吕祖之祀，所在多有，非以其靈迹特著，爲人感慕而不已哉？然亦民間私祀，而未入祀。嘉慶十年中，淮堤奔決，我皇上憫民昏墊，派員修堵，幸得呂祖陰助，迅速成功。河督奉聞，敕建宇于清江浦，加封尊號，春秋致祭，以答仙靈。凡民間之私祀者，聽其供奉，而呂祖始入祀典矣。聞之《禮》：「能捍大旱、禦大災者則祀之。」今呂祖默助淮功，勷相國家，安輯人民，正所謂捍旱、禦災者也，其祀之也固宜。余莅任西和十有一載，其間之賊氛滋害，旱魃爲虐，迄無寧歲，民不堪命，恨無術以拯之。竊思仙迹遍天下，苟有災患，當無不大顯其靈、爲民捍禦者。緣恪遵功令，捐俸建廟。卜于城北東岳廟内之隙地，敬立三楹，肖像其中，應時祭享，而邑民亦得以答其誠敬，庶仙靈昭彰于西，遇有災患，其必爲西邑之捍禦，知不爽也。是役也，鳩工庀材，土木、甎瓦、灰石、丹雘、塑繪之費，需金若干，而生員張守泰、進泰之父張掄元，願捐資百金，武舉蘇遇泰亦捐金五兩，以襄其事，余喜而允之。于嘉慶十一年九月動工，天寒而止，次年四月告成。雖非宏厰壯麗，亦足以妥仙靈而有餘矣。爰叙其創始之由，乃知斯廟之建，所以上承聖意而下念民虞，非徒爲矜奇好異，以奉若乎仙道也。是爲記。

［**説明**］

據王訪卿《重修西和縣新志》録入。其「藝文下」録文前説明云：「碑在該廟之南墻，清嘉慶十二年三月十三日邑令汶江周宅仁立并撰文。」碑原題下有「邑令周宅仁撰」六字。碑文中云：「于嘉慶十一年九月動工，天寒而止，次年四月告成。」知碑記于嘉慶十二年（一八〇六）。

著録：朱綉梓《重修西和縣志》。

八七　王元佐碑記

張　秩

皇清誥封修郎、丁酉貢科選拔貢生王公諱元佐字贊工大人碑記

嘉慶四年，在己未寅[一]之初，川匪張漢朝寇入西和。選貢生遂率鄉勇，于白草山截堵盤道坡前，力戰劫[二]賊。隈以大掄不繼，賊又蜂擁而來，被執，不屈遇害。爾時，凉邑紳士聚議稟主，轉詳道府，因設祭于文廟之鄉昭忠祠，各賜矜哀匾文。至庚申春，生員楊偉春、楊茂春、胞侄王正修、陳紹禄復秉文申報制臺松。越甲子歲，始奉旨立「昭忠祠」于鞏昌府之北天第一門。至丙寅冬，又有賞祭銀兩，隨死鄉勇四十餘人，各有賞賜。爰爲創修祠堂于本土，各便亨[三]祀于四時。磨碑立石，應永垂于不朽夫！是爲序。

著甘肅省布政使司按察使加十級、記録十次廣厚贊曰：

感懷義烈。

分巡甘肅省鞏秦階道候補浙江按察使加五級、紀録七次玉錕、特授鞏昌府候補州北道加五級、紀録五次又隨帶軍功加三級朱爾漢贊曰：

見危授命。

賜進士出身、伏羌縣知縣加三級、紀録三次、黔南田均晉弔文一十八韵：

志士志常堅，勇士力不屈。是惟秉正氣，苟免非所屑。緊維古和州，有士錚錚鐵。當其總角時，迥與常人別。敦倫崇孝友，立品希賢哲。意不在温飽，豈肯厭糠粃。一朝膺里選，掇藻向天闕。雖云遏翼歸，志行要芳

潔。歲逢己未春，寇至在一瞥。君急集鄉兵，白草力堵截。義憤震乾坤，賊餒奔山岜。如何鉛丸盡，頓教槍礮歇。際此賊復來，壓卵勢莫遏。君衆于焉潰，君弓遂以折。不辱孤獨身，莫門常山舌。被槍凡十餘，白壤膏紅泥。心期保鄉閭，死獨罹慘烈。天地無終窮，如君不磨滅。

特調西和縣知縣加三級、記録四次汶江周宅仁贊曰：

捨生取義。

弔文三十韵：

邑有一志士，屋立城之西。秉耒耕隴畝，詩書課兒題。非公不肯至，見賢輒思齊。剛建而中正，卓卓淩雲梯。四年春正月，賊寇猖如猊。徽成已罹害，團集在山溪。時維廿二日，群寇忽噬臍。紛紛數千黨，横行竟喊嘶。急切倡鄉勇，奮不顧子妻。雄心鬭虓虎，怒氣壯虹霓。帥領千餘人，誓心掃鯨鯢。疾去白草山，剛與賊相躋。轟擊震崖谷，妖氛頗沮睽。惜寡不敵衆，陣敗人散澌。身被十餘鎗，猶自忿訶詆。從此喪其元，賊鋒孰敢披。殺掠遍四境，殘暴如虎兕。無村不荼毒，無人不慘凄。援兵雖來到，長城已壞兮。可憐忠義字，致命血塗泥。我心痛且恨，東風爲凄凄。含泪上其事，勿令英魂啼。上言爲社稷，下言爲蒸黎。聖皇重節烈，必自加旌題。應與巡遠并，名留萬古稽。綸音曾荐拔，廷試較高低。祇未遇伯樂，歸來暫幽栖。今朝薄雲日，方知是駃騠。吾今寫哀章，約略見端倪。用愧貪生輩，覆甕似醯鷄。

授西和縣正堂加知州銜加三級記録四次張秩。

陣亡鄉勇：趙法先，趙述先，趙珩，羅正得，翟能，張奉修，鄭建祥，鄭喜澤，姬有娃，姜過，姜從，姜起，馬亨，馬晁兒，馬金安，趙仁人，趙統，趙五兩，姬興莊，羅映華，馬自堪，席樹，席一業，趙得用，姜運輝，姬存，任艮生，任田生，强義，强志振，强志良，吴安篤，趙正招；强晨，鄭興荓，王進江，劉正美，麻綬綸，馮大業，馮興娃，馬正才。

龍飛嘉慶十四年己巳戊辰之月吉日立石

石工齊正西

［説明］

碑存姜席鄉馮溝村。據西和縣文化館蒲立提供的抄件録入。

朱綉梓《重修西和縣志》僅録周宅仁與田均晉之詩，未録碑文，今補全。作者張秩，湖南人，進士，時任西和知縣。嘉慶十四年（一八〇九）立。《重修西和縣志·耆舊志·忠節》載：「王烈士，名元佐，字贊工，清乾隆丁酉拔貢，縣西鄉馮家溝人。嘉慶四年正月，川匪張漢朝寇西和，元佐集合鄉勇禦賊于白草山，力戰却之。因火藥不繼，賊復擁至，力屈被執遇害，鄉勇死者四十餘人。邑紳上其事于道府，各賜矜哀詩文。庚申春，生員楊偉春赴漢中報制軍。越甲子歲，奉旨入祀鞏昌府昭忠祠（在鞏昌府北天第一門内）。丙寅冬，又奉賞祭銀，同死鄉勇亦各獲賞賜，且于本土建修祠堂，歲時致祭，并祀本縣忠義祠。」

［校記］

［一］寅，據下文「歲逢己未春」，「寅」當作「春」。

［二］劫，當作「却」，蓋碑本作「卻」之俗字「却」，抄録時誤爲「劫」。

［三］亨，讀作「享」，未知本字作「享」，亦或抄録時致誤。

八八　重修東岳廟碑記

張　秩

北關有斯廟，不知昉于何年。相傳大殿舊在今之二門地，乾隆丁丑歲，前令更諸爽塏爲今殿。癸丑，踵增兩廊，皆草草無筆記。《易·説卦》曰：「坎爲憂，爲病。」北属坎方，昔人于此建東岳大帝廟，使居民歲時禱賽有常所，意良美也，乃未幾而圮矣。捕廳郝君糾邑庠徐生等，謀所以興復之。而官斯土者，大都躬勵廉隅，雖欲踴躍從善，而槖乏泉刀。苟非合併衆力，其何以濟？爰設簿分募，積微塵銖兩以成什佰，塗殿角，刻簷牙，作其鱗之，而俾一時獻豆捧觴、傴僂趨叩者，咸欣欣有所瞻仰然。且貌神立祝，按簿刻石，以斯相傳于久遠，豈不懿哉？夫興廢所時有也，峤爲谷，谷爲陵，無論平臺曲沼，轉眼成榛莽。即在杜老旅居，志在飛龍，今已片瓦無存，伊誰過而問焉者？斯廟興而廢，廢而興，歷幾兵燹而巍然獨存，是殆冥冥者有以相持于勿壞。而鳥鼠之剥啄，風雨之飄摇，以時修治而不令其一敗而揞，則又在人不在神矣。若夫神號「東岳」，《博物志》謂「爲天帝孫」，主召人魂魄，古所稱神符是也。至云「東岳注生籍，南岳注死籍」，此固世俗所傳，漫無可考者。余喜斯廟之更新，而衆擎之，深賴有碑也，于是乎記，且爲之頌曰：

崧高惟岳，四方之極。自天降康，作廟翼翼。是尋是尺，如翬如飛。介爾景福，德音莫違。既飲旨酒，亦有肥羜。維石巖巖，昭兹來許。

［**説明**］

據王訪卿《重修西和縣新志》録入。其「藝文下」録文前説明云：「碑嵌該廟牌坊之墻右，清嘉慶十四年七月邑令楚南張秩撰文。」

原題下有「邑令張秩撰」五字。張秩時任西和知縣。

著録：朱綉梓《重修西和縣新志》。

八九　吕祖入祀典碑

張　秩

《祭法》云：「以勞定國則祀之，能捍大患、禦大災則祀之。」而仙不與焉。夫天災流行，何時蔑有？苟其利在社稷民生，無貴賤皆得列入祀典。即如閩[一]所傳天妃，一莆田女子耳，而有請必答，祠祀幾遍澤國。矧純陽吕仙，常舉進士不第，其靈迹乃時時見于他説，顧安可以烟霞侣而外之？今天下河防爲患，耗内府金錢不減疇昔。乙丑冬，奉部咨以仙有保障淮屬功，敕建廟于清江浦，春秋崇祀，各省士民咸令一體供奉。我西邑距淮較遠，而城東一水，不時奔薄城下。癸亥秋，異漲决堤，城崩數十丈，民之不爲魚者亦幸矣！修築後，祀仙以祠，遂獲安堵無恙。則此數年來邑城鞏如金湯，悉仙之靈，爲氣凌霄[二]。拯世爲心兮丹瓢，仙之來兮靈旗飄。朗吟兮洞庭渚，降靈兮清江浦。有粢在豆兮有殽在俎。立廟水南兮鬱崔嵬，蛟龍避兮鼋鼉回。堤不使崩潰兮浪不使喧虺。薦潢汙兮庶幾歆，庶幾歆兮福孔偕。

［説明］

據王訪卿《重修西和縣新志》録入。其録文前説明云：「碑嵌東岳廟牌坊之墻陰。清嘉慶十四年七月邑令楚南張秩立并撰文。」

原題下有「邑令張秩撰」五字。

［校記］

［一］閩，原作「閔」，以意改。

［二］此處疑有缺文，「爲氣凌霄」與上意義不相承。且下文頌詞，按行文習慣，亦缺少「贊曰」「銘曰」之類。

九〇　章程碑記

張秩　蔡某　胡某

（碑額）：日　月　章程碑記

特加知州銜西和縣正堂加五級紀録五次張，照得西邑路［通］[一]蜀漢，差務繁多，昔年士民每受拉馬之害。自前縣周令莅任，深悉其弊，准士民公議，民幫民辦，刊立石碑，垂爲久遠。本縣下車以來，見各里每遇差使，公支公辦，既不誤公，又不纍民，洵属善舉。今士民又請刊石，即□藩府二憲訊明利弊，照舊辦理，示文刊刻，以爲西邑官民遵守之□，永垂不朽云。

欽命甘肅等處承宣布政使司布政使、加五級隨帶軍功，加二級紀録二次蔡，爲曉諭事：照得馬日遞，州縣供支差務均有額，該號馬不得絲毫派纍閭閻，致于例議。西和縣地處偏避[二]，額馬無多，遇有川楚差使過境，號馬不敷，不得不向農民雇覓，以免遺誤。前任各員辦理不善，任聽胥役人等藉端滋擾，用少拉多，得錢賣放，種種弊竇，擾纍閭閻，殊堪痛恨。嘉慶［二年］[三]軍興以後，該縣司令准照十二里公議，按里分大小派定日期，均匀攤支，每馬每站官給雇價大錢三百文，既不誤公，又不纍民，官民兩便。嗣後軍□告峻，差務無多，當經行命該縣仍用號馬支差，不得拉雇民馬，致妨耕作，曾經飭禁在案。玆據該縣士庶徐振鵬等公［議］：「遇有差務，需［要］軍馬多寡，難以預定，設遇號馬不敷，勢難壓前侯。距城郭遠之民，遇有差使，得以安居無事；而附近城郭者，則［疲］于奔命。若不稍爲變通，士民等廢時失業，何所底止？」等情隨批。據鞏昌府胡守詳報□□闔縣士庶面詢是否可行，該士庶等俱各欣然樂從。除批飭照議辦理外，但恐該縣奉行不善，假手胥役里總人等藉端舞弊，不可不防其漸。合行出示曉諭，爲此示，仰該縣官吏士庶人等知悉。自示之後，凡有差役過境，由該里民等按照里分大小分定日期及需用馬匹多寡，自行供□□日赴縣領價。倘有胥役人等從中攙越攬辦，因事苛索，及有侵□官價情事，直許該士民等徑赴本司衙門呈告，以憑按律定治不貸。凛遵毋［忽］。［特］示[四]。

特授甘肅鞏昌府正堂加三級紀録五次胡，爲申□雇用民馬章程以免差擾事：照得西邑地處偏避[五]，額設馹馬無多，遇有差使□□□用馬，而不肖胥役遂致從中舞弊，用以拉多受錢賣放，行旅視爲畏途，里民更失農業。嗣于嘉慶二年，該縣周令察知此情，後士庶公議，設立□差章程，按該縣十二里地方大小輪替支差，官爲給價，業經十載，官無誤差，民免滋擾，立法頗善。嘉慶十年有木門里一處，里總催頭派差不公，以致該里民李際春、白玉林呈蒙藩憲批准，革除月差名目，免致擾衆閭閻。而徐振翱、趙步嶠等，又以久定章程，一經更改，恐仍啓差役遇差强拉需索之弊，覆呈藩憲轅門，懇請照舊支應。奉批，本府提審妥議，堂訊之下，據徐振翱等俱明移弊，李際春、白玉林亦願具結，仍循其舊，不敢再行訴訟。具見急公，自應免其革除月差，但恐該縣辦差家人以及衙役人等，日久玩生，誠不免有藉差纍民之事，應先嚴行飭禁。除詳藩憲法外，合即出示曉諭。爲此示，仰西和縣各里士庶人等知悉。嗣後但有差使需用馬匹，爾等□知日期，即將應出之馬送縣備供，毋許縣署家人私出硃綹，亦不准差役雇提。里總人等均當從公妥辦，毋許擾數外□占多□。自示之後，倘有再蹈前轍、仍行擾纍者，許李際春、徐振翱等赴縣稟官究治。爾里民亦各遵照支差，均無抗違，致誤公務，并干□處，凛遵毋忽。特示。

和政里二十三日，岐山里四十日，通遠里三十一日，西和里五十九日，古岷里三十日，鹽官里三十九日，木門里二十六日，保子里一十日，鞏昌衛十三日，文山所二十七日，岷州衛十六日，西固所二十二日，階州屯二十三日。

大清嘉慶十四年歲次己巳仲□之月。邑貢生趙維元書丹。

西和縣正堂知州銜張秩。典史郝瓊。

儒學正堂李珣。外委雒登第（下缺）。

紳士：□璋，崔菁英，李可正，盧師聖（下缺）。

闔邑里民：（人名略）

［**説明**］

碑存西和縣隍城碑林。碑高一七五厘米，寬一一八厘米。

《重修西和縣新志·記第十三·實業·差徭》中云：「至嘉慶十年，因木門里里總催頭派差不公，以致該里民李際、白玉林呈控藩憲，批准革除月差名目，免滋擾累閭閻，而徐振翔、趙步嶠等人又以久定章程、一經更改，恐仍啓差役遇差强拉需索之弊，復呈藩憲懇請照舊支應。奉批本府提審妥議。堂審畢，會仍循其舊，免其革除月差，轉詳藩憲存案，并出示曉諭，不許里總人等數外多派等因，亦立有章程碑。」即説明立此碑之原委。

嘉慶十四年（一八〇九）張秩撰。
著録：王訪卿《重修西和縣新志》。

［校記］
［一］通，原字漫漶不清，前周宅仁《差務章程碑》有「照得西邑路通蜀漢」句，據補之。
［二］避，當作「僻」。
［三］二年，原字漫漶不清，此段叙《差務章程碑》之事，據補之。
［四］「忽，特」二字漫漶不清，下有「凛遵毋忽，特示」句，據補之。
［五］避，當作「僻」。

九一　邑侯張大老爺創建西和奎星閣頌并叙

徐振翱

邑侯張大老爺創建西和奎星閣頌并叙

城西有山水一道，經出東門，地師謂「水破天心」，宜建奎閣于邊中，使離者合，斷者聯，于風脉有裨。官師士民，曩者韙其説，而日久未之行也。自我侯莅任，毅然肩之，以爲凡有裨于地方者，雖勞費何害，是在有志者竟成耳。于是積勺儲腋，甫匝年，而厥功告竣，巍乎壯哉！于是乃爲之頌曰：

西流直東，城爲兩撅［一］。造化之窮，誰補其缺？任事無疑，維侯明決。惠媲漁頡［二］。略扶一牽，奚煩周折。傑閣告成，民□不［三］悦。覃福今時，佑啓來兹。上禄康阜，已標其基。水南桂録，預兆其幾。風移俗變，實侯之貽。一心所運，□□無私。無私之澤，云何□□。無私之德，殊窮思議。漢流不終，岷峙不墜。勒于貞珉，永垂奕世。

生員：徐振翺、趙維翰、劉廷賢恭頌

嘉慶歲次庚午年壬午月端午日立

［説明］

碑存西和縣城東關。據西和縣文化館蒲立提供的抄件録入。

嘉慶十五年（一八一〇）立。

［校記］

［一］撅，當爲「橛」，《創建奎星閣碑記》「若劃城爲兩橛然」。

［二］此處當缺四字。

［三］不，疑當作「丕」，此句蓋説奎星閣建成，民衆乃大悦。

九二　創建奎星閣碑記

張　秩

創建奎星閣碑記

史傳趙宋乾德間，五星聚奎而天下文明。蓋奎爲文星，後之祀之者，則稱曰「文章主」云。邑西城外，山水一道直流出東門，若劃城爲兩橛然。形家謂水破天心，宜建閣于中以聯絡之。而邑人士則云，曩歲任主政曾建奎閣于城南，其後登賢書捷南宮皆以是。年來科第歇絶，斯役尤宜急毋緩。于時董事徐生等募資鳩工，始嘉慶十四年六月，迄十五年五月，凡一年告成。閣三層，下爲往來通衢，上祀奎星，中之南面祀文昌，北面祀壯侯。嘗考文昌上位天樞，躋三階而排太乙。他書又載：「蜀之梓潼，有神曰『北郭生』，職貢舉，司禄事。」要之即文昌也。其祀壯侯者，則道家所稱，侯嘗受帝命監試闈事，與文昌典桂籍相左右，以故士之膺鄉舉里選以文進身者，咸并祀焉。將見天文焕于上，人文蔚于下，兩帝君運其神于中，邑之攀桂宴杏者，纍纍若星之貫珠，猗歟盛哉！余乃于拜奠之餘，揚觶而言曰：「不觀夫學乎？學貴立志，勵厥始也；學貴有繼，圖厥成也。天下之以逡巡而隳學者，豈少也哉？事當可爲，其始未嘗不欲爲而，既而因循，又既而以爲此非吾事，可俟之將來，而于是退諉之情生矣。」斯役也，固數十年所欲興而未及興者也，即今爲之，而或以資費不給，頹然中止，姑從容焉，留此一簣以待後之繼此者，夫亦孰得而非之？而乃奮焉、勉焉，不憚拮据卒瘏，以相與有成焉。則當仁之不讓，見義之必爲，董事諸君子實有之。是爲記。

嘉慶十五年歲次庚午壬午月戊午日

加知州銜甘肅鞏昌府西和縣知縣、陝西戊辰科鄉試同考官、楚南張秩撰文

署西和縣知縣劉賓

調補迪化□綏來縣典史、前西和縣典史郝璿

選授西和縣典史秦振基

秦州□□防守西和汛經制外委雒登第

［説明］

碑存西和縣隍城碑林。碑高一二五厘米，寬七二厘米。

嘉慶十五年（一八一〇）張秩撰。奎星樓，《重修西和縣志》曰：「以每日有晨鐘暮鼓之聲，故又名鐘鼓樓。清嘉慶十五年知縣張秩建。平地築臺高二丈，東西闊三丈五尺，南北闊二丈七尺，中開空洞以通南北，西南兩街之水皆在臺下暗流。臺上築樓二層，高約三丈，自臺脚以至樓臺頂，共高在五丈以上，其規模亦云巨矣。兼以暮鼓晨鐘，發人猛醒，故昔人題其樓曰『聲聞四達』。登樓四望，眼界頓開。今人又題其樓曰『山川在望』，民國以來又改稱『明耻樓』，究之名稱雖異，而樓臺猶是樓臺也。」

著録：王訪卿《重修西和縣新志》，朱綉梓《重修西和縣志》。

九三　盤龍洞摩崖詩并序

張　秩

俗傳龍洞山有小二龍王神湫，作雲降雨，無求不應，余嘗心志之。今夏，旱太甚，而迎小二龍神于邑龍神祠中而禱雨，竊計三日不雨，當詣洞乞湫。忽爾天雲晦合，洎晚雨，越日，則大雨傾晝夜，所有地皆滂霈，溝澮悉盈。嘻！異哉！雨即霽，率在城官士送神反張旗溝故祠。祠外，一泓清澈，前令題曰「毓龍泉」，自爲詩歌記之。今方欲次韵，而同游適有觀湫之請。土人携榼爲導，踰越崇崗，兩拘廬舍而已。抵洞前，洞門三進，湫在最深處，涓涓不竭，有石龍盤于空際，蜿蜒如生，因更名爲「盤龍洞」。或曰：「是洞也，窈而深，濶其有容，殆隱者之所盤旋。」余頷之，乃與同人分賦，就摩崖而刻云。

其一[一]

吾愛風流謝康樂，招賓來訪惠山泉。乾坤開闢餘靈穴，人代蒼茫一逝川。霧裏燃燈龍閃閃，林前叩石鼓淵淵[二]。和州不見荷花爛，孤負華陽百日仙。

其二[三]

桑林禱旱不辭頻，呼沛如膏處處春。花藉地靈容更麗，鳥知人樂語相親。浮生未醒巖前夢，俗體誰參水裏因。斜日一鞭歸去好，牧童牛背曲詩新。（東原張秩）

其三[四]

雲静山空塵不起，鳴鉦忽報神來止。村巫諺語假神傳，能使村人若狂喜。

其四

醉擊金樽信口歌，風前竹自舞婆娑。怪他聱叟無題字，空向丹梯把石磨。（秦振基）

其五

提壺高叫人迤邐，日上烟巒氣滃滃。（雒登第）

嶔崎盡處別有天，撑空壁立何代始？（徐振翱）

泉流脉脉上有臺，挹之真堪潤塵里。（周克敬）

渥田已折兆龜背，村邑欲割垂龍耳。（張秩）

積薪未爇俄傾盆，其旂茷茷俟[五]戾止。（秦振基）

匍匐入門子虵沙，石陰石陽誰新此？（雒登第）

自然茶竈連雲樽，雄談醉後忘汝爾。（徐振翱）

君不見築間猶有没字碑，雄與濡墨顛長史。（周克敬）

其六

白雲深處行邐邐，古松瓊瑶綫範紫。滎乳滴霍無古今，泉流晝夜絶終始。（張秩）

不見丹崖兩三楹，孰憐去地幾千里？向隨村稚鼓迎龍，廟門方起雷過耳。如金擊雹如吼風，迄今魂夢少寧至。傅巖作降三日霖，未能免俗復來此。此間貞山山有靈，巫言每日聊爾爾。仇池咫尺魚通神，好結茅屋板闔史。（徐振聲）

嘉慶十五年

［**説明**］

磨崖存趙五鄉盤龍村。

嘉慶十五年（一八一〇）刻。據題刻知作者爲縣令張秩等人。據序中言張秩率僚紳取湫于此，歸途大雨，喜與諸僚紳唱酬，即于洞口天然石摩崖而刻詩。

著録：王訪卿《重修西和縣新志》，朱綉梓《重修西和縣志》。

［**校記**］

［一］「其一」等序號爲編者所加，下同。

［二］原詩本句下有「洞前懸石叩之金鼓聲」九字。

［三］詩「其二」用毓龍泉王鳴珂舊韵。

［四］詩「其三」「其四」「其五」「其六」皆用毓龍泉謝瓆舊韵。

［五］「茷茷」原作「筏筏」，乃「茷茷」之訛字。《詩經·魯頌·泮水》：「魯侯戾止，言觀其旂。其旂茷茷，鸞聲噦噦。」今據改。侯，《西和縣志》校點本、《重修西和縣志》作「候」，誤同上，今亦據改。

九四　盤龍古洞石匾石聯

王鳴珂

（石匾）：靈比朝那

（石聯）：温泉嫌波冷；飛雲惜風涼。

嘉慶十五年王鳴珂題

［説明］

據朱綉梓《重修西和縣志》録入。

嘉慶十五年（一八一〇）西和縣令王鳴珂題。

九五　龍洞

張　秩

龍洞

［説明］

據朱綉梓《重修西和縣志》録入。

西和令張秩題。《重修西和縣志》載：「里道見山脉，龍洞山山腰有洞……洞外有天然碑及石匾石聯……邑令張秩名其洞曰『龍洞』。」

九六　皇清例贈修職郎候銓儒學訓導東翁周老先生墓志銘

徐振聲

先生姓周氏，諱森，字堆木，號東園，行一。生于乾隆十有四年。世居西和，夙爲望族。雍正歲進士諱文蔚，字子燮[一]，先生曾祖考也。讀書尋樂，有東園書齋，極幽厰。祖考諱鈞，庠生。考諱化深，字澤遠，其行揭于耋德，齊眉叙□。先生幼慧，秀徹風神。志學年餘，即補博士弟子員，食廪餼。再入鄉闈，不第，遂置舉子業，談道咏徒，以終其身。少司馬任公重其文，命子就學，嘗歎曰：「以堆木之才，竟不克博取人間富若貴，立事功，天阨之也！」然風月灑落，善啓後人，講學之餘，賦新韵，會良朋，着象局，飛羽觴，嘯傲東園，而前人之名花佳樹，琴亭魚池，悉爲流香而焕彩，則又非天之阨之也。先生隆凖豐頤，魁梧奇偉，而談笑詼諧，交多忘形，尤善忘年。嘉慶初，已明經服政年矣。聲謁陪盞如舊，從游其後，詩草對聯多笑付聲書，爽然豁心目焉，惜成集者未梓耳。道光元年冬，子能延診脉，先生舉觶進聲曰：「詩文已矣，棋不着矣，酒尚可，勿辭，醉將不起。奠時必不如與對斟也。」相視而笑。果于次年正月而終，壽七旬有四。子四人：長早亡，承其重者名延祚；仲廉能，廪生；叔廉正，武庠生；季廉法。次孫四：延祺、延祜俱業儒，延祀、延禧尚幼。緣從俗，尚堪輿説也，故卜于四年四月十六日，安厝先人之兆。銘曰：

嶓綿漢發，秀毓靈鍾。碑鷄獄鼠，綉虎雕龍。不貪燒尾，不效點頭。詞林放浪，麯部夷猶。梅松盤錯，菊竹風流。手澤口澤，忘憂解憂。記與能作，文也可修。山川鬱鬱，氣韵悠悠。

邑庠膳生、眷教弟徐振聲頓首拜撰文
邑庠生、眷教晚生王世昌頓首拜書丹
邑庠膳生、眷教生董光龍頓首拜填諱
受業門人、從弟庠生□村頓首拜篆蓋
西和汎提營姻弟吴居瀛頓首拜鐫石

［説明］

碑于一九九五年十月在漢源鎮曹莊村被發現，現存西和縣隍城碑林。碑高四八厘米，寬七三厘米。

道光四年（一八二四）徐振聲撰。

著録：西和縣地方志編纂委員會《西和縣志》。

［校記］

［一］墓主周森之曾祖周文蔚見乾隆《西和縣志》卷三《國朝貢生》部分，《鄉賢》部分有簡歷，言「没年九十有三」，未言爲進士。修縣志時距其去世不久，不會有誤。此言「雍正歲進士」，當係傳説有誤。

九七　張美墓道碑

王正中

（碑正中）：皇清恩賜耆老、九品頂戴、故顯考張公諱美字太樸大人墓道碑考之上古《衡岳和碑》，志禹績也，故至今千餘年間，猶得□□□其軼事。至祖宗之遭迹，其爲子孫所當記憶者亦然。况及數世後，甚且有犯祖諱、而不知問諸墓、而墓失所在者矣。爰于歲次丁亥，翁孫重坤欲爲其父立碑，爲墓志，此誠子孫份内事也。夫翁間幼年離母，壯年去父，身寡兄弟，零丁孤立。故少則略讀詩書，稍長即經理農桑。迨及年方壯盛，容貌魁偉，行止端厚，兼以和睦鄉鄰，昌大門户，胥爲閭右[一]所敬服。至晚年，而翁□耆之職[二]，孫食廩餼之榮，子孫繩、瓜綿衍[三]，是亦忠厚開家明驗。其里中人所曾爲制錦以祝者，即余亦每一想其爲人，輒低徊留之。翁亨[四]年七旬有七，原命戊辰相，生于乾隆十二年十月二十三日，終于道光四年甲申七月二十七日。今值闋服之歲，孫廩生遷璧、遷玉等囑余爲文，以勒諸石。余即其孫師，亦即親翁之内親也。爰不揣固陋，因特書其生平并其姓字，以弁其首。

鞏昌府西和縣儒學廩膳生員水南年家眷姻弟王正中字心略頓首拜叙并書

賢璉儒智寶賢，開適堅兵進郭

孝男等：（人名略）

龍飛道光七年夏五月吉日立

泥工董喜花頓首拜。石工剡萬卜

［**説明**］

碑存西和縣姜席鄉馮溝村。據西和縣文化館蒲立提供的抄件録入。

道光七年（一八二七）立。

〔校記〕

〔一〕閣右，疑當作「闔邑」。

〔二〕此句與下句對文，則「翁」「耆」之間當有兩字缺文。

〔三〕此處若作三字句，則文勢由舒緩突轉峭利，似不當如此。疑本作「子孫繩繩，瓜瓞綿衍」，未知原碑作此亦或抄録時有脱漏。

〔四〕亨，讀爲「享」，未知原碑作此亦或抄録時有誤。

九八　直隸秦州禮縣□峪里四甲民爲修墳園以垂永遠補修廢墜碑記

俞慎獨

（碑額）流芳萬代

直隸秦州禮縣□峪里四甲民爲修墳園以垂永遠補修廢墜碑記

蓋聞根深葉茂、源遠流長之義類，而知凡于□□□□祥焉。由祖□□積功□□，然後□□□□□世澤于無窮，故雅頌史傳賢揚美盛，未有不侈言先世之盛烈，以及其流澤之長也。若我張門，□□十族，金鑑千秋，魚陽□□，江左清才，西銘爲理學之宗，南軒負公輔之望。憶我祖，自鼻祖歷代以來，耕讀傳家，惟期堂構之長肯，孝友自持，恒欲箕裘之乘紹，事業彪炳于宇宙，德聲□播于党庠，創業垂統，「貽厥孫謀、以燕翼子」者，蓋非一朝一夕矣。遐哉，祖德輝前允後弗可□已，以故培植深而發祥益長，子姓蕃衍，耕而食，鑿而飲，有志者事乎詩書，有才者從乎貨殖，共願家道愈昌，事爲超卓，以光大其門庭，顯揚其祖宗。但不知務本，何能爲也？有子曰：「君子務本，本立道生。」祖宗乃身之本，爲人而能敬祖宗，是所以培其本也。竊念我祖之墳塋，論其地則平原壙野，論其□則連莊近村，合族之六□畜，踐踏墦塚，孫等往來，心俱惻然，情皆含酸，不思庇護，何可以爲子？亦何可以爲孫也？因此，欲興墳園之功。但我孫等力尚微薄，存其心未能舉其事，定其謀未能竟諸行，此所謂「無財不可以爲悦」者也。迨其後，生齒益繁，踐踏愈甚。孫等過之，「其顙有泚，睨而不視」可棄者。孫等安居樂業，光陰微加豐亨，實□祖之德澤□流而衍焉者也。語曰：「一年之計莫如樹穀，百年之計莫如樹德。」樹穀者豐盈，樹德者裕後，我祖其有焉。故修築之事，得之固聽不計焉。有財可以爲悦，孫等何獨不然哉？所以，自道光癸未年，通衆謫議，請人修築。公舉頭人諱志旺、諱倫元、諱履元、諱□，經之營之，竭力辦理焉。夫工役既興，即其□宜給，□其□以資費用者，此□之力也。力厚者多供，有力者次之，即力薄者亦莫不勉而從供焉。黽勉同心，未及數月，功已告竣矣。持等而算，共錢一百二十千文，是非耀耳目之觀，實欲報先靈美德于萬一，盡後昆之情于毫末也。所可慮者人之情□而勉者能□□□不急乎？作于前者，安必後之丕承乎？自此，歷年久遠，既興之垣塘，或崩頽，或損壞，既以懈怠，不事修補，不惟前功盡棄，而我祖之德其將何以報之哉？更欲刻列石碑以遺後世，興葺廢墜之舉，庶後之人覩已成之功，不忍坐視其敗壞也。不幸頭人志旺自本年殞生□綬已數年矣。又不幸頭人履元自十一年亦繼而亡，更延及于今二春矣。孫等亦思後之不繼前猷□勞亦何爲哉？于是于今歲本月内，集合衆志，同心齊力，公舉頭人，不憚星月之勞，辦理石碑□□。以後如有崩頽損壞之處，仍復通衆照力樂供，急爲修補，庶不□□□□先靈之心，□于孫之心亦慰矣。是爲記。

頭人：張篤，張尚同，張重，張本，張曙，張堪，張元，張大德。

立碑頭人：張好，張魁，張榮，張恒祥，張銅，張利，張琢，張永泰，張謙益，張恒佳。

閤族：張尚寬，張志會，張志東，張明元，張虎，張猷，張池，張注，張□，張福，張賨，張□，張雨，張滿，張炳，張貞，張俊，張明，張榜，張安，張成，張旭，張魁，張恒□，張禮恭，張正功，張大興，張恒通，張興財，張恒禎，張恒時，張大康，張恒□，張建功，張德正，張茂海，張茂江，張旺兒，張全才，張永祥，張恒德，張順娃，張□□，張丁旺，張興旺。

西邑增生俞慎獨撰書

鐫石：張廷□，張永益，族内

道光歲次癸巳姑洗月穀旦立

［**説明**］

碑存西和縣晒經鄉青崖溝門村。其清代曾歸禮縣。據甘肅民族師範學院董潁提供的照片録入。

道光十三年（一八三三）俞慎獨撰。

著録：西和縣地方志編纂委員會《西和縣志》（題「流芳百世碑」，據碑額題，「百世」爲「萬代」之訛誤）。

九九　重修奎文閣碑記

魏玉峰

文廟之東南隅，舊有奎文閣，徐生振翔，周生廉能，因其傾圮而重新之。既竣，將修祀典，請余爲記，并叙文廟顛末。余曰：「文廟之工大矣，越三載而始成，可謂久矣。當此初，雖倡率自余，而諸紳耆各分其勞，獨始終不懈者，惟徐振翔之力居多。今此以後，徐生復偕周生，身任其責，二生可謂善行克敦，余亦竊幸其能得人也。」常見一鄉之人，凡遇有功德于民者，猶必欲立廟以祀之，況奎文閣爲文教攸關者乎！則因舊制而重新之，聿修祀典也固宜然，吾于是有感矣。方今聖世，文運昌明，文風丕振。西邑之士子，潛修者概不乏人。行見文藻日新，和其聲以鳴國家之盛，又安知觀天者不復歎五星之聚奎乎？是爲記。

道光十九年

［**説明**］

據王訪卿《重修西和縣新志》録入。其録文前説明云：「碑嵌今奎文閣東墻，清道光十九年立石。知縣潁陽進士魏玉峰作記。」

道光十九年（一八三九）立。原題下有「邑令魏玉峰撰」六字。魏玉峰，陝西富平人，進士，道光十七年任知縣，其事迹見《重修西和縣志·民政志·名宦傳》。《重修西和縣志》載：「（奎文閣）在宫牆外東南隅，清乾隆二十九年知縣王鳴珂建，道光十九年知縣魏玉峰重修。民國十一年，奉祀官王訪卿移建于東城脚下，築臺一丈五尺，上建閣二層，較之舊閣規模高大。」奎文閣，二十世紀五十年代中期拆除。

著録：朱綉梓《重修西和縣志》。

一〇〇　創建水南書院碑記

魏玉峰

憶自乙未季夏，余初莅任西邑，即與各紳士倡修文廟。工竣後，始議添置地基，修理書院，爲培植士風計。命徐生振翶、周生廉能協力經營，而書院之前半規模已大備矣，惜其中講堂未設，而肄業各舍亦無多也。己亥春，余方籌款建修，適于是年六月卸事，深以此志未遂爲憾。庚子二月，奉扎仍莅本任，邑人咸有喜色，以爲書院必待余而後成也。余曰：「不然。當其初，余不來西，必有先我而任其事者，迨離任後，余不復來，亦當有繼我而成其功者，豈得曰待余云乎？」顧余既重來西邑，又安能自辭其責，不爲西之士風計哉？于是籌備閒款，仍命徐生振翶與余生尚德同心經理，而講堂各舍遂成。其生員余尚志等鳩工，另修書舍數間，亦落成焉。是徐生與余生伯仲大有裨于書院，正不徒余之志克遂已也。然余于此竊有望焉。西邑地雖偏僻，豈無靈秀所鍾？士極樸醇，自爾進修罔懈，他時擢巍科，登顯仕，固國家之禎，亦稽古之力也。是爲記。

［**説明**］

據王訪卿《重修西和縣新志》爲底本録入。其《書院學院之廢置》之附録部分録文前云：「清知縣頻陽魏玉峰創建水南書院。」録文後又續録知縣滇南王裕謙《水南書院膏火義學脩金記》，知事南昌蔡如蘇《新建漾原書院及義學各脩規》，今按時之先後分列于後。

原題下有「（頻陽）魏玉峰撰」六字。碑文中有「乙未季夏，余初莅西邑……己亥春……庚子二月，奉扎仍莅本任」等句，知碑記于道光二十年（一八四〇）。

著録：朱繡梓《重修西和縣志》。

一〇一　九龍山碑記

佚　名

嘗聞：「山不在高，有仙則名；水不在深，有龍則靈。」（下缺）。

星拱，是天鍾秀，不限于□□也。夫美不□美（下缺）。
湍修竹，□湮没于空□□是（下缺）。
□始無迹，□□□天啓元年重修（下缺）。
得而益彰。迨後來□造治鐘鼓者（下缺）。
□言考之。若夫□□□□拜掃（下缺）。
以來，□□山崗，損傷樹木，又（下缺）。
十八莊（中缺）志之于碑，以（中缺）不朽云。
大清道光歲次壬寅夏五月（下缺）

［**説明**］

碑存西和縣馬元鄉九龍山。隴南師範高等專科學校張世民提供碑照片。
道光二十二年（一八四二）立。題目爲編者所加。

一〇二　重建長安寺佛殿序記

郭永波

（碑額）重建大佛殿記

竊聞長安寺由來舊矣，渺不知創始何人，肇基何代。自今論之，立斯寺者，寧非爲邀福免禍、永祈護佑歟？蓋緣上欲表我佛之盛德，故□崇山峻嶺以像性情之貞静，下以啓斯人之善心，因使秉燭焚香以伸寸衷之微忱。憶其時，巍然成功，焕然可觀，寺名遂播于遐邇矣。逮其後日月迭爲升恒，寒暑［交］相往來，風雨飄零而墻木損，雪霜歷降而磚瓦壞，前人之功績，亦岌岌乎其漸泯矣！寺内若□觀音堂、關帝廟工程微而補葺尚易，費用少而成功無難，故有人焉，起而修之，以致神靈之妥佑。惟兹佛殿，自康熙年問整修，迄今百有餘歲而補葺無間，墻宇漸損，甚有負于肇基雅意，況又至道光十五年五月間暴雨驟降，洪水波濤至山門，至韋陀廟盡淹没于無迹，而佛殿之損折更有甚焉。斯時，近寺民人誰弗目睹心惻，而動期好善之念乎？無如工程非淺，監理尤難，而敢于整修者之終無人焉。復［逾］數年而棟折榱崩，幾乎□神龕之莫保，而香烟之難繼矣。有藺美、劉繼榮等數人千思萬慮，不忍［坐］視傾毁，因相與計議曰：從來佛寺之創造，皆由善心之感激。既有爲之前而□已彰，倘莫爲之□□盛何傳？［我］等宜各隨力捐貲，并兼募化以重建焉，遠可光前人之美意，近堪裕後人之福澤，幸也□□而人乎，人乎而心齊，遂議定于辛丑歲五月起工，極力理辦，至癸卯年而功乃略成，因而作兹□□□刻于石，豈敢自有其善乎？惟願後之人與我等同志睹此碑序，嗣而葺之，庶兹寺之常存于不泯也，□爲幸焉。

大清道光二十三年歲次癸卯秋八月穀旦立

［**説明**］

原碑在河壩鎮河壩村，袁智慧提供照片。西和縣長道中學李鳴岐、李富貴、孫二各、楊永軍提供抄件，對照録入。

道光二十三年（一八四三）立。

一〇三　邑侯桂公德政碑記

佚名

賜進士出身、知西和縣事桂公，名楙，字桐生，號德山，籍隸蒙古鑲白旗。其父敬占吉公，諱恒，嘉慶己巳科進士，分發四川服官，多歷年所，德洋[一]恩普，口碑載道。其後開藩浙粵，玉壘錦江，群欣福曜，□城溟海，咸仰德星，至今彼都人士猶常咏覆載也。公年未弱冠，名噪成均。道光壬辰，舉于鄉。乙未，成進士，補授兹邑，甲辰春，莅任。視事之初，即以親民爲己任，土俗人民，無不洞悉。凡興利剔害事宜，皆盡心竭力以爲之。家其邑而子其民，勤慎端慤；聚所好而除所惡，慈惠廉明。《詩》曰：「樂衹君子，民之父母。」《易》曰：「勞謙君子，萬民服也。」公之謂矣。公甫下車，知有刁健之徒，騷擾地方，即嚴加懲治，强悍頓息，而平民遂安堵無虞矣。首重農桑之事，經營調劑，俾盡力田畝，豐稔頻仍，而田野遂咸歌太平矣。夫弭盗爲安民之原，公巡察緝捕，宵小自是斂迹矣。聚賭爲身家之纍，公密訪嚴究，俗習隨日遷善矣。市廛酌有常經，較准斗稱以一之，凡貿易貨物，不容以僞雜真、采取奸利，而詐虞之風泯矣。奢儉攸關世道，躬行節儉以率之，凡日用飲食，教以去華黜靡，一歸質樸，而禮義之俗可興矣。公之宰治也，清心寡欲，内外嚴肅，左右不敢少有招摇，胥吏不得弄其弊竇。凡所措施，大小緩急，率皆以民有爲者，循良之猷無事者，閭閻之福矣。公之理訟也，忠信明决，剖断周詳，頑者不得肆其狡猾，富者無由用其請託。每折一獄，是非曲直無不判决，循成者尚未抵家，頌德者聲已載道矣。書院舊具規模，膏火之費闕然，公多方籌備，兼捐廉俸以振興之。每月課士，導之以修行立品，擇其秀且良者從優奬勵，而文藝次之，士習蒸蒸日上矣。一至查辦開墾，公躬親勘驗，仔細丈量，以勞心而兼勞力之苦，冒雨衝風，飯糲茹藿，不憚辛勤，俾通邑地畝既無漏税之弊，又無加賦之纍。且也[二]。公査壟數月，車馬僕從書役諸費俱係自備，所莅鄉區毫不侵擾。間有以鷄黍敬者，必從厚以償之。斯真上則克裕國課，下則無妨民生矣。斯邑土瘠民貧，公之來此，入不敷出，挹[三]家資以賠墊之。而恬淡自若，服飾器用不務華飾，一切誤心志，玩耳目，非其情之所近，惟性耽書史。公之暇，即課諸生詩文，如不稱意，則振筆即書一二篇以爲楷模。于人則和平樂易，雖少忤意旨，亦含容之不校。而公生明，廉生式，醇正剛方之慨，又凛凛不可犯焉。以此見公之明志致遠，爲兹邑興養主教、振弊扶衰、無疆凝休者，殆天授，非人所及也。夫公之以仁心而行仁政，本經術以爲經濟。龍驤高步，奚啻百里之才；而皛舄初騫，已愜群黎之望。仰沐膏澤之優渥，因知報負之不凡。行將分符，著保釐鴻猷，勳垂竹帛，達節布撫□□業，望重鼎彝[四]。兹邑之措施興舉，特小試其端耳。士民感恩戴德，愧無以報，擬效芹獻之私，而公一概辭，弗受之，豈容勒石刻銘以記其德之盛也？雖然，上有子惠之施，統窮簷而丕冒；下無表彰之迹，鐫貞珉以不朽。迨世遠年湮，而兹邑之飲和食德，或反莫名其所自矣！固有所不忍者，爰據實績，撰蕪詞，載碑銘，以垂後于勿替云。

道光二十五年

［**説明**］

以朱綉梓《重修西和縣志》爲底本録入。

道光二十五年（一八四五）立。

著録：王訪卿《重修西和縣新志》（題「桂公德政碑」）。

［校記］

［一］洋，疑當作「揚」。

［二］且也，句不通，當作「者也」，從上連讀。

［三］挹，當作「捐」。

［四］此處當有缺文，「勳垂竹帛」「望重鼎彝」相對，則此處當爲對文，然字數不對稱。

一〇四　壽字碑

佚名

存目

［説明］

西和縣地方志編纂委員會《西和縣志》載：「壽字碑。時間：清道光。地址：馬元鄉九龍山。」九龍山也叫「青龍山」，在周溝村。

一〇五　莊基界碑

頡丕儒

（碑額）：蓋國龍王

是碑也，此先祖業于前者，子孫尤當承緒于後也。建修碑記，以待後世之分明相提，而計之曰：官家溝大地灣梁爲界，爛泥灣梁爲界，黑灣里高嘴大梁爲界，小凹兒大梁高嘴爲界，黄廿稍灣大梁爲界，正家灣大梁爲界，苦瓜灣大梁爲界，潦樹灣大梁爲界，紅多老嘴大梁爲界，王家莊窠上已大梁爲界，大板凹河梁爲界，磨凹河高嘴爲界，花兒山上劍之坪大梁爲界，孫家溝馬曹渠上梁爲界，滴水崖後灣里三臺崖大梁高嘴爲界，磨子凹河大梁爲界，野豬物大梁爲界，坡石板溝和尚安大梁爲界，王家灣大梁高嘴爲界，柳樹灣、鹿場灣、曹家坡、梁蜂兒崖、大坡上、史家垻、史家陡坡、上垻里、黑溝、野鵲歌崖、鷄字崖、仁義溝、桃兒樹灣、姚門坡、令家崖、王家灣、水泉溝、水泉坡、麻體灣、白崖大梁爲界，野狐眼大梁爲界，老教溝、上大梁高嘴爲界，樺樹坡、香村崖、龍關崖、老教溝、朱化家溝、正家山上、馬勺灣、大羅家山、小羅家山、以灣里上梁、大山梁爲界。孫家溝、謝家灣、王家山、水泉坡、廟兒莊、主青羊鎮、下溝路上莊基一處，上溝路上莊基一處，王家溝門莊基一處，盧家溝門中街路下莊基一處。莊基土地晰晰。此不能混于彼，彼不能混于此，或遠或近，世世子孫見此碑焉清晰者，亦觀此碑而分明矣。

當年催頭：王安、王桂齡、王興財、王世寳，仝謹修

石匠湖北師蘭府利川縣李文斗建造

大清咸豐元年歲次辛亥伍月二十肆日仝立，頡丕儒題并書

［**説明**］

據西和十里鄉前門村中王山陳君正提供抄件及董穎提供照片對照録入。題目爲編者所加。

咸豐元年（一八五一）頡丕儒題。

一〇六　重修陳賈二公墓碑

黄松年

蓋聞圖一時之榮華者，譬如草木朝開而暮落；立千秋之名教者，譬如日星炳古而爍今。忠臣烈士率皆行其心之所安，非有意欲表白于後人也；而後人不能不表白之，夫亦天理常存而人心不泯已。道光庚戌，予莅西和，同城諸寅好訪遺迹，于城北崆峒山而得宋忠臣陳、賈二公墓，邀予往觀之。見夫一抔之土，榛莽荒蕪，相爲諮嗟歎息者久之，此吾儕發于不容已之心。其二公之英靈牖之乎？抑二公之氣節激之耶？爰稽其事。宋紹定初，陳公諱寅，以書生知西和州。賈公諱广坤，以進士爲西和推官。時値北兵猖獗，散貲財以結義勇，自執旗鼓，激勵將士，進必戰，退必守，其謀保此城者，謂爲蜀藩籬也。無如功主招忌，衆寡莫敵，援兵不至，孤城失守。二公之從容就義，分的應耳。乃闔門診男女及諸賓客同殉難焉。苟非二公之平日信義有以感化之，何以視死如歸不約而同若此耶？嗟乎！城存俱存，城亡俱亡，利害不能動，威武不能屈，如二公者可謂始終不負國者也。後人傳聽之，後人不傳亦聽之，蓋無暇計及此矣。而朝廷則賜謚立廟，褒其忠也。而士民則修墓建祠，欽其義也。而前邑令奚士恂等豎碑勒銘，慕其節也。迄于今千有餘載，青山尚在，白骨何存？而觸于目者尤感于心！商之邑中諸紳民，莫不踴躍捐囊以襄厥舉。是可知後人之樂于表白之，非二公之待後人以表白也！後人從即不表白之，而二公之節義自彪炳于千秋。二公即不欲後人表白之，而後人之心思自感乎于無暨無他。二公盡天理之當然者也，後人盡人心之自然者也，兩不相侔而適相屬也。是爲序。

清咸豐元年知縣黄松年立

［說明］

據王訪卿《西和縣新志》録入。王云：「碑在今北三里鋪，俗名三里碑。」今佚。

咸豐元年（一八五一）黄松年立。

一〇七　東岳廟聯句

張秩等

時重修告成，知縣張秩、典史郝壇同紳士徐振聲等飲宴于此，因聯句而勒諸石端：

廟作伊何代，筵開此一壺。（張秩）

竹枝排露款，茶餅截雲腴。（郝壇）

刻桷光重焕，燔柴典特殊。（張維翰[一]）

碑荒争識字，吕脊尚分符。（馬泰）

指日趨歸塞（郝公舊游關外，今奉文調綏來典史。），臨風翰憶吴。（徐振聲）

祇應長抱璞，猥向暗投珠。（郝壇）

鄉信廻峰雁，行踪繞殿梟。（張秩）

毒滛悲弄笛，沉濫耻吹竽。（張維翰）

每集諸文士，旁招舊酒徒。（馬泰）

納凉陳野果，乘興薙庭蕪。（徐振聲）

皎潔泉兼讓[二]，寬閑谷若愚。（郝壇）
瞻天敞帷幕，藉地布氍毹。（張秩）
晷迅能醮燭，歡交漸解繻。（張維翰）
善諧饒曼倩，雄辯是淳于。（徐振聲）
却苦拈題僻，誰憐琢句臞。（馬泰）
幽情甘擲版，遠志欲彎弧。（張維翰）
吏隱今三載，仙游昔五湖。（徐振聲）
憩棠嘉樹在，值柳薄陰敷。（馬泰）
安得鞭騏驥，相逢買湛盧。（張秩）
山靈休見誚，帝座可通呼。（郝壇）
往復承撮命，殷勤奉步趨。（徐振聲）
披衣制荷芰，附石長葛蒲。（張維翰）
喜對梁家案，期尋卓氏壚。（馬泰）
粉飄看蝶戲，沫濕念魚濡。（郝壇）
塵界翻棋局，浮生任轆轤。（張秩）
莫嫌貧季子，肯學富陶朱。（馬泰）
卧病驚腰減，書空費手摹。（徐振聲）

華名懸北斗，韶景失東隅。（郝壇）
最怕啼猿狖，難堪聽鷓鴣。（張秩）
七賢狂重咏，九老醉時圖。（張維翰）
轉瞬韓收扇，愁言杖取梧。（振聲母病，時新愈。）
釋經師夏勝，羈宦愧秋胡。（郝壇）
渺矣秦敵缶（余離陝邊五載。），依然宋守株。（張秩）
恨深牽絡緯，巧盡乞蜘蛛。（馬泰）
爾自仍爲爾，吾猶未忘吾。（張維翰）
傳成標獨行，論定著潛夫。（張秩）
雅會終當涣，良辰且共濡。（郝壇）
仰觀新奕奕，競竭樂喁喁。（馬泰）
嶺表多紅豆，霄澄散白榆。（張維翰）
明朝玉關去，還認爪泥無。（徐振聲）

［**説明**］

據王訪卿《西和縣新志》録入。

咸豐元年（一八五一）黄松年立。

［校記］

［一］張維翰，原文誤作「趙維翰」，據下文改。

［二］兼讓，似當作「謙讓」。

一〇八　趙振教澤碑

佚　名

（碑聯）：

蘇湖遺教

箕尾已歸受經，曾資北面。

山淵共仰瓣香，敬祝南豐。

（正文）：

皇清考授增生員、貤贈徵仕郎曾祖考老大人神碑

門生（人名略）。

［説明］

據西和縣石堡鄉人、蘭州肺科醫院大夫許效效提供的抄件録入。

趙振字鷺于，號兑山。乾隆十一年八月初三生，咸豐四年二月十六日逝。教澤碑建于清咸豐五年（一八五五），已毁。石匾、聯并弟子所刻。

一〇九　王家山界碑

佚名

存目

［説明］

西和縣地方志編纂委員會《西和縣志》載：「王家山界碑。時間：清咸豐。地址：十里鄉前門村。」

一一〇　水南書院膏火義學脩金記

王裕謙

同治甲子四月初吉，余捧檄權篆水南，急武備也。下車初，假署書院，與諸生籌策之餘，訪及書院膏火闕如，義學修金久廢，余曰：「嘻！是創設者之遺憾也，惜今兹無暇爲昔人成之耳！」冬十月，大軍剿除鹽鎮逆回。乙丑五月，武都粤匪亦殲滅平復。適總統軍務廉訪林公籌捐兵餉于水南，正額之外，長餘錢叁百柒拾緡，余因捐廉俸，成四百緡。數請于廉訪，發之商人，權諸子母，按年一分二厘生息，以十月核算，計得息錢四十八緡。于關帝廟、文昌宮設義學兩處，每季送修金錢四緡，歲用錢二十三〔二〕緡，僅餘錢一十六緡，作書院生童膏火之需。至山長修金無出，生童膏火仍然欠缺，擬捐廉俸以補之。乃于是歲八月，觀風于水南書院，俾講武後依然負笈而來。蓋兵氣銷日月之光，人文起風雲之會，不第爲水南之人士慶之矣。後之君子與余同志，行見繼長增高，廓其規模，宏乃栽培，多士濟濟，蔚爲國楨，余之所厚望，亦即昔人之所厚望也。姑爲記。

［説明］

以朱綉梓《重修西和縣志》爲底本録入。

同治四年（一八六五）王裕謙記。原題下有「知縣滇南五裕謙」七字。

［校記］

［一］二十三，當作「三十二」。每季用錢四緡，一年用十六緡，兩處義學每年用錢三十二緡。碑記云每年得利息四十八緡，扣除年費，正餘錢十六緡，如此方與「餘錢一十六緡」相合。

一一一　皇清故劉公并陳孺人大人墓志銘

段兑選

皇清故劉公并陳孺人大人墓志銘

竊聞禄閣校書，藜焰照十行之簡；立都種樹，桃花賦千植之詩。今劉公者，其苗裔興而未可知也。然劉公一生爲人行事，若令湮没不彰，則公之子孫常增隱痛矣！公諱建興，字子業，原籍四川省順慶府大竹縣人也。國初前[一]于陝西漢中南鄭縣水南壩五郎口雙山方。迨後宣宗時，公方來西邑，居住于邑東鄉上六巷楊柳樹壩，系文三所楊旗里。耕讀貿易，兼内陳孺人之助，而家道始興焉。公一生，孝友根于性成，内外無慚；持己安乎本分，遐邇共欽。公同胞三人，公居長位，仲叔安于桑梓，公獨寄于山林，似有隱逸之志焉。公生子三人，長曰佑財，次佑癸、佑德。長君繼其志，毫不妄爲，人咸謂有父風焉。公生于乾隆三十四年八月十八日戌時，卒于道光二十八年四月十一日戌時。塋坐坤向艮，辛未辛丑分金，公柩葬于新塋，與孺人合葬焉，次子、三子亦同塋而序葬焉。庚午之夏，公孫自厚乞屬辭于余，余惜未見其人，略印[二]聞者以志之，曰「孝友傳」。秀萃龍口峻嶺，耕讀啓業；腴函魚洞神溝，段福成刻。

邑生員年家眷晚段兑選志并書

龍飛大清同治九年歲次庚午榴月初九吉日

男佑財、孫自厚沐手敬立

［**説明**］

碑存六巷鄉王臺村。

同治九年（一八七〇）段兑選撰。

著録：西和縣地方志編纂委員會《西和縣志》。

［**校記**］

［一］前，當作「遷」。

［二］印，當作「印」，借爲「仰」，依仗之義。

一一二　差務章程碑

長　贇

調署西和縣正堂兼辦摇運事務加五級紀録五次長爲呈請出示曉諭事，按照本縣前經會同委員，訊詳上九里民王席珍等上控縣役快皂班等呑賣兵差等情一案，復經王席珍等呈，蒙府憲親提復訊，斷令嗣後差徭，一切概如本縣等照章詳章斷案，遵行等因錫回下縣，并蒙府憲取結出示，一面轉詳，爵督憲左準，發告示，節經曉諭，一體遵照。各在案兹據該里士民等以尊斷認差苦樂已均，懇請本縣出示曉諭，俾垂永久。等情前來俱見。吾民好義急公，時艱共濟之義，自應俯如所請，以給輿情合行。嗣後凡遇一切差徭，務宜遵照督府憲告示情形，永遠遵行。同均苦樂，以副列憲；一視同仁，□□告誡至意，庶幾上迓天河，下清流弊，本縣將有厚望，馬各宜凛遵毋違，特示欽差大臣太子太保都察院右都御史總督陝甘等處地方兼管巡撫事一等恪靖伯加一騎都尉左爲出示曉諭：事據西和縣民王席珍等公呈□木保等里滚差避徭，及三班呑賣兵差等情，兹據鞏昌府李查辦，復詳核奪批准照舊，均差復立章程，胥役不準包支嗣後，如有刁生匪民，并蠹役違章情事，許該縣士庶人等，徑赴本省衙門呈告，照律訓究，嚴辦不宥，各宜凛遵毋忽，特示。欽加道銜代理反訴鞏昌府事浙江候府正堂李爲出示曉諭，以均苦樂事照得，西和縣地方向分十三里，嘉慶初年因差用民馬，曾由地方官紳等從公議定章程，凡有差事均由十三里地方按照大小公平攤派，嗣又以里總，派差不公，經里民禀控前藩憲飭由前府查照舊章，出示飭令，永遠遵辦，在案相沿日久，迄無異言，迨至鹽官木門保子西固所階下旗藉，端抗公差，務不行緣俾該縣里減差增糧，木門等里應辦公事，仍不肯承應。因其向歸班役，孫步斗等承催，王席珍等以其同爲黎庶，而其他九里依舊供差，有加無已，遂以快皂役等呑賣兵差，因之上控本府。前奉爵督憲飭委查，派當即委員前往，會同該地方官傳集各里紳耆共同酌議，從新照依十三里半地方，公平攤派。除前咎不議外，均責令自同治十一年正月初一日起，一體承認辦理，不得稍有推諉。由該縣取結禀，復到府當由本府親提兩造，當堂訊明。所有鹽木保等四里半公差，仍責令胥役等照章催辦，其他上九里公差即由王席珍等照章催辦，均不準互相致誤公差。該民等均各悦服，當即取結定案，詳明爵督憲在案。茲復據王席珍等以正二三月九里又于鹽木保等里墊運軍糧數萬，請飭追償等情前來除飭。西和縣責令胥役人等趕緊催辦，照章補足外合，再出示曉諭爲此示。仰西和縣各里士庶人等知悉，嗣後凡有差務，即照依新派章程各里均匀攤辦，永爲定章，以重公差而均苦樂，倘有違誤，定即提案就辦，不能姑宥，各宜凛遵毋違，特示。

同治十一年

［**説明**］

據王訪卿《重修西和縣新志·記第十三·實業》録入。

章程碑本有三，已經録入二，此當爲朱綉梓《重修西和縣志》所謂「係同治十年知縣長贇立」者。

西和縣地方志編纂委員會《西和縣志》載：「差務章程碑。時間：清同治十年。文存碑佚。」

一一三　洛峪集築立堡寨碑記

徐錦芳

嘗謂兵燹之劫，人人不欲其有，而人人不能保其無。不能保其無，其所恃者安在？曰：「有備無患！」念吾民承太平之福二百餘年以已，干戈不動，而堡寨亦不必修。但世無以久安長治之理。

洛峪集地雖彈丸，安知賊匪猖獗不加害哉？自同治二年，逆回作亂，迄今忽來忽去，至不可測。最險者，六年十二月夜間，賊匪竊窺堡寨，幸得天意不忍。一方生命殆哉，岌岌乎危而得安。因系天時有在，實亦地利之功居多云。斯邑有堡，舊在西山，合邑人因其山勢平小，或不可禦敵，遠近相度，更諸東岳泰山之巔。及至逆回之亂，又見其堡寨狹隘，未能容衆，其買張大謀地一分，種籽三斗，帶原糧五合，買價大錢玖仟文；又買張萬升南城脚一處，原糧一合，買價大錢一仟五百文。公議于每年逢燈戲會，内出銀子錢四拾文，天池下每年納堡糧錢二十文。堡内又修東岳神廟，以祈保護一方，無非爲身家性命起見。是舉也，共買竹節炮二位，抬炮四位，大炮五位。此項需費，當時挨門均攤。今幸否極泰來，合堡人恐其後相傳日久，湮没無考，因勒之石，以垂久遠。噫！干戈扰攘，伊誰願有此事？伊誰能禁其來？建立斯記，亦欲後世之人尊其前規，更加防備，以同保一邑之細民，以其樂聖天子修文偃武、國家盛事之聖意云爾。是爲序。

旗頭：（二十三人名略）。工：李登萬，馬揚清。

督工：馬潤，吴□現。

總旗：張萬有。□修，王兆祥。

大清歲次壬申同治十一年八月一日穀旦謹立。渭源縣武生張石述敬書。邑廪生徐錦芳沐浴敬題。

〔**説明**〕

碑存西和縣洛峪鎮洛峪村東岳泰山廟内。據西和縣袁智慧提供抄件和董穎、劉文孝提供照片對照録入。

同治十一年（一八七二）徐錦芳題。

一一四　劉隨善殉節碑

趙復瑩

恭頌爲殉節經□侯

旌表義烈故劉公彭城罨，諱隨善，字從吉。戊辰年十二月十六日起，冒死擊賊捍衆，有同志感戴，建立銘碑。

蓋聞仁人志士，殺身成仁；而孝友忠臣，捨生取義。自來扶植綱常，表正風俗，未有不褒其忠人，而［彰］其義節者也。况我國朝，掃滅賊霧，優崇忠義，凡殉節者，諭鄉里呈報，加意謚獎，矧其犯險衛衆，而今湮没而不彰也耶！如劉公者，平昔余未素諳，閴[一]其年逾六旬，老當益壯，生而正直，未嘗學問，勇且知方，不□大義。自遭兵燹以來，玆邑時被搶擾。惟公組練槍法，每逢寇至，倡衆攻捶，輒傷其賊，數年幸平無事，［一］方俱全離險，曰：「劉公保護之力！」當壬申二月廿日，賊衆剽掠，□聞鼓噪，號衆截禦，袒右人何翅數十。誰知賊勢倡狂，畏怯[二]者悉皆奔北，獨公挺身向前，烈矣哉！見危授命，志同奎石[三]而不渝，勇矣哉！視死如歸，身蹈鋒刃而莫避，似此慷慨，誰不飲泣！即于殉節之日，具報于縣令，蒙□恩准奉。是以闔鄉國人，感激不忘，願勒石碣，永垂不朽。嗟呼！捐軀殉節，古今至奇。我西邑，明末流賊之變，薛某庠生殉節；本朝白蓮之亂，王拔貢殉節。由公觀之，匹夫而抱義氣，臨難而毋苟免，公□與之爲三歟□！遂不辭謭陋，據實以叙，但知置免，野人堪備于城□遠，而田夫徵賊，不乏義烈之行，于以立綱紀而振頹風也，我一鄉之望哉！是爲序云。

侍教弟禮邑庠生趙復瑩拜

皇清待贈顯孝劉府君神位

壬戌科舉人署西和縣事、昌吉縣知縣長贇謹識

吏部侯金訓尋、儒學正堂、邑貢生、年家眷弟秀發王生育拜訣

國子監太舉生、眷友孫趙法雄頓首拜

大清同治年次甲戌年清汨吉日穀旦，劉起漢沫年敬書

（對聯）：

秉一時正直文德，立千秋不朽之名。

［**説明**］

碑存西和縣河口鄉劉家溝。

同治十三年（一八七四）趙復瑩撰。按：作者應爲邑人趙復瑩，有的書中將作者定爲知縣長賛，殆誤，當爲知縣批准，而非撰寫。

著録：西和縣地方志編纂委員會《西和縣志》（題「河口鄉劉家溝劉彭城碑文」）。

［**校記**］

［一］闃，當作「聞」。

［二］怯，原作「袪」，係形近而誤。

［三］「奎石」未聞，疑當作「圭石」。

一一五　趙潤石教澤碑

佚　名

（碑聯）：

品端學邃
論語承家傳後進，豐碑樹道仰先生。
（正文）：
皇清考授恩貢生例授修職郎、例贈徵仕郎侯銓教諭顯祖考大人神碑
門人（人名略）仝拜
［**説明**］
據西和縣石堡鄉許效效提供的抄件録入。
光緒二年（一八七六）立。

一一六　鳳凰仙山會器碑銘

包尚德

（碑額）：鳳凰仙山會器碑銘

蓋聞先王制器，以備民用，誠以器有不足，人所宜憾，况夫□□大會器用，豈可少哉？爰稽名山碑記各樣等物，俱有定數。厥後□損傷，概無增補。第自我朝同治元年，會規器具，亦非無□不□，逆回蜂起，神願難酬遂。迄光緒建元，廢墜十有三年，士庶［皆］曰：「太平有象，會可作矣。會首人等，厥惟辦哉！」于是同心協力，興會事。至光緒二年，依然照規恭辦，按期告峻。有人曰：「會中有餘費，其將誰與？」説者曰：「否！否！今會中器不足用，其將以之前會餘用，并補其器焉可耳。」維時元二年間，會首同集名山，

十二人翕然一詞，莫不樂從。自此，若桌凳，若鍋碗，若籠床等［物］，一切大有增補矣。竊思是舉也，事雖細微，情可則□□□□碑記其事，則流傳勿替之美意，湮没弗彰，是又一憾也。□□弟張生字子莊者，以事序囑余。余曰：「事無大小，可志則志。」

舊存大鍋二扣，小鍋一扣，籠床三付，板桌大小八張，板凳大小七條，案板二付，盆二個，蒲攬二個，鐵凳一個，大碗二十六個。新增大鍋一扣，籠床一付，大碗一十八個，板桌三張，板凳大小一十。

元年會首：張映海，張元，包富卯，楊迎轉，文吉求張。二年會首：庠生張正學，禄滿倉，王廷玉，王邦傑，□啓明，許必達，楊發魁。

禮邑石工趙全禄、陳俱全沐手敬刻。木工：張永清、包發敬。

蘭蒼郡庠生子高包尚德沐手敬序并□

大清光緒三年歲次丁丑四月穀旦

［**説明**］

碑存大柳鄉鳳凰山。碑高七〇厘米，寬四三厘米。西和縣文化館姬天泉提供拓片。

光緒三年（一八七七）包尚德序。

一一七　高皇太子廟重建碑序

王林桂

重建碑序

蓋西邑之東，有廟兒凹，距縣城四十里，山峰聳翠，松竹幽深，其間有高皇太子之神。其廟基也，雖在山陬僻壤之中，然東達徽、成，西逮鞏、秦，實通[一]往來之大道，誠爲有感之神靈。不言本方人民，供祀有效；及過境商賈，祈禱遂通。雖斯廟之創造，無年考迹，而傳聞之高祀，迄今不替。自乾隆戊子及嘉慶、道光，歷經補葺。值至咸豐己未年，重建山門，築夫牆垣，未及告竣，叠遇兵荒。適逢光緒三年，欣遇太平，信士等同心虔誠，竭力捐資，統爲告竣。俾廟貌更新，供祀如故。將見求名利、延嗣裔、禦災患、遠邪祟者，無求不應耳。特勒碑記，永垂不朽云爾。

功德主：（人名略）。

龍飛大清光緒三年歲次丁丑季春月。水南王林桂撰。張傑書。謹立。

［說明］

碑存西和縣晒經鄉廟兒凹高皇廟。據西和縣文化館蒲立提供的抄件和甘肅省民族師範學院董穎、洛峪鎮劉文孝提供的拓片對照録入。

光緒三年（一八七七）立。

［校記］

［一］「通」，據抄件。拓片上此字不清，似非「通」字。

一一八　建寺捐款功德碑

（碑額已風化失去）

（上缺）寺善士姓名開列于左：

□□□六千，□花池三千，楊登科二千二百，馬耀全二千二百，冉仲耕二千，張克武一千五百，張文選一千二百，馬興録一千二百，蕭起明一千二百，尹廣林一千二百，杜萬全一千二百，張學德一千二百，劉福堂一千二百，黄萬福一千二百，黄生魁一千二百，王殿英一千二百，王好俊一千二百，高林翠一千二百，李芝朝一千二百，任支倉一千二百（以上爲第一排，共五排，每排人數相當。第二、第三排亦一人一千二百，第四、第五排各一千。第三排至第五排從左上向右下斷裂、右下缺口較大。今不一一開列。）

［説明］

碑在西和縣八峰崖石窟，據西和縣文化館原館長蒲立提供的抄件與照片録入。文中捐款的數目「二千」「一千」應指麻錢。麻錢使用時間很長。參照光緒四年《重修八府岩吉祥寺碑廟宇姓名》的格式、捐款數等，應是清代之碑。

一一九　重修八府岩吉祥寺碑序

佚　名

（碑額）衆會首

嘗聞莫作之前，雖美不彰；莫爲之後，雖善弗繼。憶西固所有八府岩吉祥寺，不知創于何代。考自大明嘉靖年間，寺垮重建，名曰「八峰」，名曰「八佛」，石碑、金鐘猶有存者。及至大清，士民相傳有江南道鄭真人，募化八府之善資，移寺建修于岩，因名「八府岩」。寺之稱名不一，而爲善之心則一。今者年湮日久，廟貌亦非輝煌。更有成邑僧邀請合境會首，同心協力。好善樂施，無量福德。功果告竣，以志不朽云。

王□相二千　楊朝舉二千　黃生彩二千　王發祥二千　寧廷彥一千二百　王萬邦一千二百　王忝一千六百　王生魁一千一百　寧朝舉一千　杜萬功一千　呂璉六千四百　高世庫四千　張起堂五千　靳世榮四千　房瑞朝四千　寧萬魁四千　寇生福四千八百　寇克儉三千六百　陳文輝三千六百　李生莊二千四百　李彥和二千四百　趙起泰二千四百　李希傑二千四百（下略）

大清光緒四年冬月十九日立

［説明］

碑存西和縣石峽鎮八峰岩吉祥寺。碑高八九厘米，寬六一厘米。據西和文化館蒲立提供的照片與抄件、劉峰提供抄件録入。所録祇是一排人名及捐錢數，人名共七排。第一、二排所捐數額大體相當，第三、四、五排都是一千多，第七排皆一千。每排人數相當。

光緒四年（一八七八）立。

一二〇　重修朝陽觀碑記

田坊齡

且夫盈而虛者，天時之轉運；剥而復者，氣數之循還。自古在昔，凡事皆然，今于朝陽觀有明徵焉。昔我西邑城東，舊有此觀也，正尊真武祖師殿。殿後有三清宮，殿旁觀音庵，殿左靈官廟，殿右聖母宮，殿前關聖帝君樓。由宋及今，多歷年所，神威赫濯，廟貌輝煌，洵足壯一邑之大觀，而爲萬世之勝境。孰意同治二年冬，發逆圍城，將此廟宇拆毀殆盡。雖其時一片之荒凉，非舊而萬代之感化。由新及届，會朞荒烟蔓草之中，進香火者仍復紛紜。惟神像暴露，衆心不安。于是設法籌款，于同治六年，每逢盛會佳節，俱各隨緣布施後先，漸積子母借息，數年以來，已有四百餘串。首事人等遂于同治十二年夏月，擇吉興工。第次一舉，工程浩大，存積無多，復會同人于鄉城遐邇，又祈隨心喜布，連前之錢共有二千餘串，以致鴻工告竣，焕然一新。當斯時也，遠矚高瞻，復睹昔年之盛，際斯境也，善男信女，重沐此日之庥，於戲盛矣！神安其位，固賴人心之誠；而民遂其生，實獲神恩之福。神與人固一方之所維係以相成者也。猶期承承繼繼，各秉虔誠。後有作者，溯厥源流，始知神之感應不爽，而斯觀之得以永垂不朽也。是爲之序。

光緒六年庚辰仲夏，儒學訓導臯蘭田堃齡撰

知西和縣事奉天韓永泰閲，邑廪生徐錦文書丹

［**説明**］

據王訪卿《重修西和縣新志》録入。

光緒六年（一八八〇）田堃齡撰。

一二一　九龍山重修廟宇碑記

佚　名

（碑額）：千秋勝境

蓋聞開于先者繼于後，此先後續緒之常道，實承先啓後之良法也。我九龍仙山諸佛廟宇，創建雖未詳稽，重建却有證據。有天啓年間，重整像廟，後建鐘鼓以宣揚，立戲會以報答，屢有增修之功。所以暴雨無災，蒙

神護庇不[一]及此。及至回［匪］作亂，托佛默佑，少擾我鄉，雖由作善降，實則神靈有感，因而我會内人，世寧無疆之福矣。不幸去歲五月十二地震，摇損神像，崩裂碑堂，廟宇、戲樓均各損傷。我等目睹心驚，集人商議，公舉頭領。翻廟宇而换大脊，堪配當年之盛績；沐神像而描牆壁，以照晚近之光華。補修戲樓，建造山門以炫耀；改换帳房，移立碑堂以旌揚。因功竣而志美，鐫石碑以垂後云爾。

大清光緒六年歲次執徐上章小陽月上浣功竣志

［説明］

據西和縣地方志編纂委員會《西和縣志》録入，原題「千秋勝境」。

光緒六年（一八八〇）立。九龍山在馬元鄉。

［校記］

［一］「不」上疑脱「乃」「方」一類承接性文字。

一二二 重建佛孔寺碑記

王化翔

（碑額）：飛龍

重建佛孔寺碑記

昔者廬山既闢，振殿飛來；漢觀初開，王梁自下。凡由神異，無籍經營。然而龍宫象塔，非屬天成；白馬青鴛，皆緣人力。此古寺之踪迹，悉先民之創建也。若佛孔寺者，泉名海眼，恍記蠡測；山號天柱，旋訝手劈。味美堪婉玉女洞，峰奇争妍仙人堂。况宫殿之巍峩兮，遠望而知其光明峻偉；象貌之森嚴兮，近瞻而見其赫聲濯靈。靈鷲至矣，蓬萊至焉。奈先遭兵燹之害，又遇地震之災，竟使梵宫縹緲，肖在虚無，蓮座依稀，界乎空有。今日者重建，易以起功，無財難以爲。嗚呼！掘進九軔不及泉，功虧一簣不成山。因思孤掌難鳴，衆志方可成歲；峰絲不綫，集服始能成裘。所以善男輸盡璧，信士饋兼金，而圖厥始者，亦克成厥終焉。［豈］不懿歟？

廪生王化翔虔題。增生趙協桂恭書。

化主：增生王化鵬，增生王化南，生員秦秉乾，生員王步青，生員王之桓。廪生趙維鼎，生員趙維發，生員趙步陞。

引領總□：趙之海，蒲交用，趙生長（下缺）。

功德主：張問化，王繼述，鮑生理（下缺）。

化主：胡俊，吴朝海，趙興義（下缺）。

功□□：王保成，鮑全，蒲萬祥，鄭芳，趙有才，趙生槐，胡義，蒲建俊（下缺）。

木泥工：王思成，鮑明元，石任，趙茂林，趙鵬（下缺）。

功德主：胡成家，王明善，秦争花，趙生成。畫工：王□堂，苟□。石匠：胡鳳鳴，鄧槐。

蒲具才，王吉，米忠，鮑金元，玄流，周隨意，周文秀。富好禮。石匠王輔朝。

趙三元，趙生甲，豆善。誦經：鮑俊，鮑惠元，敬收家，王升堂，趙之庠，趙清清。

大清光緒六年歲在上章執徐促衡月中浣穀旦立

［**説明**］

碑存西和縣馬元鄉佛孔寺。據隴南師範高等專科學校中文系張世民提供的碑文照片録入。

光緒六年（一八八〇）立。題目爲編者所加。

一一三　新建常安寺碑志

佚名

新建常安寺碑志

□□世事不能有常而無變，人工自可易舊而圖新（中缺）洵足爲一邑之禍事地。不意同治三年間，回匪作亂（中缺）神亦幾□不存，一環寺老人目睹心傷，即有志恢復舊□，無如（中缺）至光緒元年間，驛火漸熄（下缺）。

大清光緒八年歲次壬午夏四月穀旦立

［**説明**］

碑存何壩鎮常安寺。寬六八厘米，高一二〇厘米。西和縣袁智慧提供照片。

光緒八年（一八八二）立。作者佚名。

一一四　鳳凰山戲臺石聯

趙元鶴

光緒丙戌年桃月

樓閣睹成，畫棟雕楹新結構；管絃重理，金聲玉振入賡颺。

嗚九趙元鶴敬書

［**説明**］

碑存西和縣長道鄉鳳凰山。據西和縣張升學提供的碑照片録入。

光緒十二年（一八八六）趙元鶴書。

一二二五　重修青龍仙山聖宮寶殿碑

佚　名

蓋聞鞏昌府直隸州玉皇閣古察院，四境（下缺）唐太以來[一]，至隆慶、康熙、乾隆，嘉慶癸亥歲，重修青龍仙山聖宮寶殿。至道光癸卯，乃補修。神□地靈，人沐神庥，蓋自古福地也。無如（中缺）已傾矣，木已壞矣，梵宫縹緲，尚在虚無（中缺）酸心，望之者無不悲傷，所以衆信謫議，仍移居而□地改新焉，重修□□□，廬山□闢，□殿飛來，漢觀初開，玉梁自下（中缺）龍宫□□，匪屬天成；白馬青□，皆緣人力。是以□孤捐有地之金，大士捨□□之財，工倘流蓮于慧覺，定奔走于勝因者也，夫玉皇□者，亘古以來，歷今□□，山接五雲後峰。盤龍藏龕，勢如將軍之大坐，丹鳳朝陽；溪流□□，形似獅象之把門，□□奇□。□則奇巍巍，古佛□拜，山則崇焉；□則□巍巍，菩薩朝乘，纓羅傘定。玉璽當朝，衆姓善男信女，勿惜五家之財，同種三生之福，則寶殿時支一木，衆信方可成城，庶幾萬□□于一源，千祥集于衆姓，神有默佑，人亦獲福者也。催□下世，特立碑示。

主修功德主：周隨意，周文俊，鮑生理，王萬善，富好禮，楊兆林，周雲秀。

□緣化主：周文俊，鮑生理，鮑金元，鮑知元，王萬善，楊兆林，王德發。
□化主：富好禮，周文祥，周萬利，鮑知元，鮑富寶。
化主功頭：王明，富德，楊遇林，□□保，周良娃，周榮高，周興。
功頭：周□俊，鮑穩，王可祥，王萬庫，馬魁，富理，楊彩。
官功：袁萬善，周久元。木、鐵匠：鮑明元，周明禮，鮑珍元。石匠：胡茂户，富忠意。術士：周雲秀，富好元。
畫匠：周隨意，沈金□。功表弟子：王興邦，周雲秀，富好通，鮑泮，鮑月□，周國勳，富□□，周□璽。
龍飛歲次光緒十三年冬月中浣吉日告竣

［**説明**］

碑存西和縣馬元鄉周溝青龍山。隴南師範高等專科學校張世民提供碑照片。

光緒十三年（一八八七）立。題目爲編者所加。

［**校記**］

［一］碑上「唐太以來」四字大體清楚，而意思難以理解，是否「太」字下缺「宗」字，指唐太宗以來，不可知。

一二一六　岷郡山薩祖殿司存鳳凰堡地租儲支廟費以公濟公碑志

王仁育

岷郡山薩祖殿司存鳳凰堡地租儲支廟費以公濟公碑志

蓋治亂安危變遷，關乎天運；而因革損益調濟，在于人爲。大抵自公來者，莫不當自公用也。邑西有跨鳳連城，遺址尚存，嚴防外侮，實係縣城之保障。自同治初年，兵燹突起，凡城内城外鄰近于兹者，咸願此處建立堡寨。所以城内主土户捐資，公置魚何二姓田畝；城外鄉村同力，公築周圍垣牆。工既竣，按財力多寡，公派地基，乘屋避難，事得無恙。至光緒年來，漸次平休，房屋拆遷，地曠□萊。公等目擊心怵，與其荒蕪爲無用之域，莫若典租成有益之事。就中斟酌，將每歲租價，交于岷山會首收存，以備工費。嗚乎！民和者，神必降福，以公濟公，其斯之謂歟？然而天命靡常，難得無虞，即或不測，仍照同治初年城内城外各占各居。至于田畝租數等項，開列在後。爰陳巔末，俾勒于石，以垂永遠爲鑑云。

鳳凰山開列堡地畝數壹拾三垧，每年典租耕種。内除軍器錢五百文，所存軍器捲炮、抬炮壹拾肆個，何氏存守。城内捐資置地户名另有簿注。堡外壕溝，周圍濶五尺。城外做工，名不及備載，僅刊鄉村：大水溝，馮家莊，何家下磨，黄家山，馮家窑，黄家磨，東山陽陰坡，趙家莊，山里鋪，孟家磨，趙家斜坡，五里鋪，花園里。

每年租折錢按市價收納。

邑貢生王仁育沐手敬撰

涇州訓導任培文，何榮貴，張慧，庠生黄士俊參閲

邑庠生張鳳儀沐手敬書。生員周善繼總理。郡增廣生員曹嘉儒協辦

趙運郡，楊廷秀，吕榮章，蘆生發，王風朝。闔邑士庶公立

何靈鐫石

大清光緒十四年歲次戊子冬月上浣之吉

［説明］

碑存西和縣岷郡山薩真人祠偏殿廊沿西牆上。據西和縣政協黄英提供的抄件録入。光緒十四年（一八八八）王仁育撰。王仁育，光緒二十年甲午科貢生。

一二七　戲樓山門鐘樓布施房碑序

田上

戲樓山門鐘樓布施房碑序

（上缺）者舉之，斯爲盛事。而廟宇尤屬善舉。今邑南河家壩，有一寺一觀（中缺）由來舊矣，洵屬一邑之勝地，萬民之福堂也。不意同治二年，回匪擾（中缺）觀，神像幾成煨燼，演戲神樓盡成焦土。延及同治十二年，世事略平（中缺）座一院，功□告峻[一]。玉帝闕三間，戲樓一座，工程浩大，暫未動（中缺）裕民財。今于光緒十三年丁亥春月，幸賴邑李發榮、何懷仁、何穎書（中缺）張牛貴（中缺）傾圮，因復倡率建修，爰集同志，共［勸］善舉，即訂緣簿，捐貲□，鳩工庇材，監□重建。帝闕新塑，實像修造，戲樓建修，鐘樓新造，布施房（中缺）節藻棁，而廟貌一新，樓闕巍然可觀。是于次年己丑冬月告厥成功。雖因人（中缺）亦賴神力爲之默（中缺），爰不揣讉陋，以志一時之盛事也。是爲序。

大清光緒十五年歲次己丑冬十一月穀旦謹立

邑增生田上謹撰，張守貞沐手謹書

理□：李發榮，何懷仁，張守貞，何穎書（中缺）□□□，强永平，田功，胡勤□，李忠義（中缺）魚萬□，盧萬□，何成□（下缺）

拾捌莊□□：何尚魁，何仕祥，何自成，郭峰偉，郭峰□（中缺）杜萬全，張萬英，馬克學，李興發，楊萬鍾，王忠貴，李天朝，李□朝（中缺）馬萬高，李忠貞，李士朝，藺福成，楊□□，楊轉運，李福貴，胡得□（中缺）胡德祥，趙仁，張□，强生禄，强彦田，强建富，强世清，何萬□，胡三面，王□聲（中缺）劉生貴，劉長業，蘆松茂，李鳳朝，何海發，劉秦魏，楊鳳儀，王以勤，藺向義，藺萬璋，張大賢，王思忠，魚得泉，張天禄

木匠：何廷棟，蘆轉運，何壬寅。泥水匠：何清連，何五家娃。鐵匠：鄧映祥，何石□。石匠：何琳。畫匠：陳璽，葛遇春，南□□

住持：何教□

［説明］

碑存何壩鎮常安寺。寬八九厘米，高一二〇厘米。西和縣袁智慧提供照片。

光緒十五年（一八八九）田上撰。

［校記］

［一］峻，當作竣。

一一八　邑侯陳公德政碑記

鐵文謨

邑侯陳公名闓，字悦庵，號邗上，揚州甘泉縣人也。其先歷仕浙江，後選補甘肅。初任安化縣，繼署岷

州。公之遺愛清風，凡鄰封接壤，莫不頌聲載道，遐邇共聞矣。及自莅任西和以來，凡有造于西邑者，無不次第舉行之。公甫下車，正值學差過境，按臨階州，所有支應宿站，仍是率由舊章。公念切民瘼，細察其間情形。凡屬用馱騾，盡屬民幫民支，統計往返，多需時日，有妨農業，誠以西和宿尖過多。公不憚神思，直言稟請各大憲，准將禮縣屬之石峽關宿站，撥歸禮縣迎送支應，蒙准在案。自以往，我西邑之民永受無疆之福，僉謂出自恩公父臺之苦心，立此百年不朽之鴻功。《詩》曰：「樂衹君子，民之父母。」《易》曰：「勞謙君子，萬民服也。」公之謂歟？謹勒石刻銘以垂不朽，所有章程告示刻列于背。

光緒十七年二月

［説明］

據王訪卿《重修西和縣新志》録入。

光緒十七年（一八九一）立。原題下有「邑舉人鐵文謨（斗華）」八字。鐵文謨，字斗華，西和縣石堡人，原籍直隸順天府大興縣人，其事迹見《重修西和縣志·耆舊志上·群材》。陳闓，以鹽提舉爲西和知縣，光緒十六年到任。《重修西和縣志·民政志》載：「值學使過境，案臨階州。公查悉西和所支宿尖站過多，一切供應實爲浩繁，且所需夫馬又夥，當農事匆忙之日，支往返需時之差，妨礙農作，影響實甚。乃請于各大憲，著將禮縣所屬石峽關之宿站撥歸禮縣支應，以減輕西民負擔。當蒙允准在案，士民感激，爲立德政碑記。其年冬，又捐資整修文廟。次年春將謀建奎星閣于城東，臺基已築，而調遷命下，邑人無不惜之。公長厚樂易，有仁賢風，好詩工書，每興酣以往，或對簡吟哦，或執筆揮灑，趣味盎然，自謂樂不可支。」

著録：朱綉梓《重修西和縣志》。

一二九　學差站率章程

正堂陳爲出示曉諭，永行遵辦。事照得本署縣于閏二月下車伊始，即查得學憲每次按臨階州所有禮縣屬之，石峽關一宿站何得歸我西和代辦？宿站事小，惟夫馬馱騾禮縣一概不管，則我西和一邑未免受累無窮，似此偏枯不足以昭公允，況學差過境又在春二三月居多。正是春耕緊要之時，本署縣忝宰斯土，豈能緘默無言，任爾百姓受此永遠之累？于心實有不安，不得不爲爾百姓一伸苦況，代求于各大憲之前，查照舊章，甚爲平允，大凡學憲自秦州而來，由秦預備夫馬馱騾送至鹽官，由西和預備夫馬馱騾接至鹽關送至禮縣，屬之石峽關交卸，由禮縣預備自石峽關送至成縣之小川驛交卸，如由階州而返，由禮縣預備夫馬馱騾接至石峽關，送至西和城，由西和預備自縣城送至秦州三十里鋪交卸，所有石峽關一宿站歸還禮縣，自辦從此各備夫馬，各辦各差，劃清界限，以舒民累等情。經本縣通稟，各大憲在案。兹奉府憲周檄轉奉道憲，丁牌開準，藩憲張咨案，蒙督憲楊批，如詳辦理等因奉此除勒石永行遵辦外，合行出示曉諭，爲此示仰合縣民屯十三里，里總催頭并四鄉花户人等，一體知悉。嗣後如遇學差過境，所需夫馬馱騾來自鹽官接起，送至石峽關交卸，返自西和縣城，接起送至秦州三十里鋪交卸，從此各辦各差，較前來往路少二百八十里，即省四日程途，則各里催頭人等，即照此少二百八十里之攤派，不得仍照前攤，以仰體各大憲并本署縣爲民除累之至意焉。倘有不肖里總催甲差役，仍前攤派，許陳指名稟究，絶不稍寬，凛遵毋違，特示。

［**説明**］

據王訪卿《重修西和縣新志》録入。

光緒十七年（一八九一）立。

一三〇　皇清例贈庠生馮老夫子大人德教碑

牟守和

（碑額）：善誘多方

皇清例贈庠生馮老夫子大人德教碑

特授西和縣儒學正堂牟守和爲恭頌

大鐸教老先生印發榮，甫春華，號文海大人德教

蓋聞德必有鄰，教宜無類，是德教之益人大矣。想其設教以來，不謀己之身家，不期己之功名，不論諸生之智愚，不問束脩之有無，先生之德可謂厚矣。衹知指畫口陳，舌幾焦而不倦，耳提面命，唇幾敝而不恤，先生之教可謂勞矣。數十年，玆地之文人蔚起，文風漸開，德教之溢，洵乎爲當時門人之模範、後世學者之典型耳。

大文元馮老大人甫春華

龍飛大清光緒十七年歲次辛卯仲夏月上浣穀旦

受業門生（五十三人名略）

弟（十四人名略）；侄（二十四人名略）；孫（十七人名略）公立

敬題敬書：馬廷賢，李茂春，曹廣巽

［説明］
碑存西和縣洛峪鎮段家村馮氏家門口。碑高一三九厘米，寬六八厘米。
據西和縣袁智慧、段文藝所提供抄件和董穎、劉文孝提供的拓片對照録入。
光緒十七年（一八九一）牟守和撰。

一三一　曹老夫子大人德教碑

佚名

（碑額）：教澤恒新
大恩師曹老夫子大人德教碑
受業：（共四十五人，人名略）
門生：（共三十五人，人名略）
大清光緒十七年歲在重光單閼柔兆□□月穀旦

［説明］
清光緒十七年（一八九一）立。據袁智慧提供的照片録入。

一三二　重建西和鐘鼓樓碑記

佚名

重建西和鐘鼓樓碑記

竊謂地方之創建鼓樓，以爲興盛氣之由來也。余西邑中街，向有鼓樓一座，内供奎星、關帝、文昌。溯昔人創建之始，固有深意于其間。不謂歷時久遠，風雨飄零，椽瓦拆壞，不堪目睹，甚無有人起而修之者。光緒辛卯歲，我西邑蔡侯，印蘇如[一]，字南坡，江西南昌人也，莅任兹土。甫下車，凡事之墜者無不舉，廢者無不興。睹兹鼓樓景況，不禁目擊心慘，慨然有更新之念，首集紳士以修之。其所需工料等費，先倡行以捐俸，其所不敷，廣爲募化，得以集腋成裘。即于癸巳歲興工重建，内又供靈官、火神以妥神靈，德被全境，其所以樹後人瞻仰之則，亦不負昔人創建之心，從此輪奂重輝，廣造功德，以無量他年人文。

（鐘鼓樓前後門匾額分别爲：凱歌、拱辰）。

〔説明〕

碑存西和縣城東關。據西和縣文化館蒲立提供的抄件録入。

光緒十七年（一八九一）立。

〔校記〕

〔一〕印蘇如，同「諱蘇如」，言印上所刻之名也，即大名也。下文作者爲蔡如蘇，即此人，疑當作「印如蘇」。

一三三　皇清例授修職郎恩師儷中翁王老夫子德教碑

賈錫圭

恭頌直隸秦州徽邑北鄉儷中翁王老夫子德教序

（碑額）道範益彰

蓋聞太上有立德，其次有立功，其次有立言，此之謂不朽。若余恩師王老夫子謂非不朽之人，俾余不忘之詣［教］[一]。先生生于道光甲午二月望六日，卒于光緒戊子三月廿九日。嗟乎！西河感卜氏之教，心切立祠；圯橋受黄公[二]之傳，意誠祀石。况余與夫子，依然師弟，能勿虔舉微衷，略報德誨于萬一也乎？于是在衆生繩墨火[三]欽，思碣石以頌崧生，而錫圭，美富曾窺，乃操觚以當華祝，偶持布鼓，豈敢過門，幸度金針。常承依仗，剔盡浮詞，用陳實事。謹按我夫子之禀川岳之靈暉，内凝和順；含珪璋而挺曜，外發英華。神茂初學，業隆弱冠，實喬[四]山之彦，亦河池之望也。惜乎！衹以匪回擾亂，遂致不能聯捷登仕，籍膺民社，良可歎已。然而聲價自有定價，功名何必爲名，豈必御定甲乙，始信文章之富；即此善誘博約，已知道德之宏。養北海之魚龍，室如芝蘭；聚南郭之生徒，門多桃李。坐春風，沐化雨，追隨多泮池之英；玩麗澤，效他山，往來皆黌宫之彦。彬彬乎！槐幾成市，杏亦名壇。朱紫陽鹿洞遺風，于斯未墜；楊伯起鱣堂集慶，當自此升。爰爲之祝曰：大哉夫子，道德克全，純懿淑靈，受之自天。舉凡經史，罔非洞然。式如金玉，人是神仙。善誘善導，如山如淵。恩同九我，富納百川。教子以義，接人以虔。克樹雅範，于萬斯年。爰刊片石，永垂綿延云爾。

受業門生

廪生賈錫圭敬撰

生員馬兆祥　生員馬自明敬參

生員馬科選敬閲

生員馬中元

生員馬錫躬篆盖

侄生員王重、馬自强，馬自中
生員張駿敬書
武生張彦
親友門徒
同邑廩生張映川
同邑廩生柏廷槐
禮邑監生童士英
西邑廩生王化鵬
同邑廩生李增華
禮邑生員童作正，李培，鄭彦，李取士，馬四平，楊增芳，馬尚高，趙興全，張輯五
畫工張成動
泥工趙篤
石工馬田芸
胞弟王定邦
侄王復嗣
侄王堂
堂侄王地

侄王基
胞侄王堅
降服子王入泮
男王入闈　仝頓首拜
龍飛大清光緒十七年歲在重光單閼終執徐月下旬穀旦立

［說明］

西和縣地方志編纂委員會《西和縣志》載：「王老夫子德教碑。時間：清光緒。地址：馬元鄉化坪村。」
光緒十七年（一八九一）立。
西和縣文化館館長魚旺泉提供照片多張、抄件及拓片，相校録入。

［校記］

［一］「教」字上半部分剥落，結合下半部分，當爲「孝」字。
［二］「公」字誤作「么」，以文意改。
［三］「火」字當爲「久」字，存疑。
［四］「鳶」爲「鳳」之異體字。

一三四　新建漾源書院碑記

蔡如蘇

夫事之創始，猶泉之始發也。本基既立，必將愈久愈盛，如浩瀚之有可瞻焉，則非獨文教爲然，即文教亦何莫不然[一]。自余選授斯土，承大難削平之後，百廢之宜興者不一，惟書院尤爲急務。邑治舊有水南書院，年湮代遠，圮毀不堪，坐誦既無宇廬，膏火又缺款項，禮等餼羊，名存實失，欲人文蔚起，難矣。予也目擊情殷，力圖整頓，爰竭棉[二]力，倡捐清俸五百緡。繼有杜紳正澤者，聞風慕義，出資五千串。于是邑人士争勸義舉，各視家道之殷實，定出資之高下，彌月之間，共得青蚨萬有三千六百七十串零二百文。甲午春，擇城西行臺廢址，庀材鳩工，經營諏吉，内而講堂，外而齋舍，層層接搆。又于講堂迤北，用價另購民間隙地，建一小院，以爲憩息之所，勢甚聯絡。越孟秋後，而工告成，規模輪奐，焕然一新。合計大小七十二間，即以「漾源」二字顔額書院，蓋取四達不悖之意也。閒嘗考諸典籍，漾水發源于邑東嶓冢山下，縈迂洄護，百折而東，滚滚不舍，大有奔騰氣象。以此命名，所謂秀靈畢集，俾有志之士肆業其中，行見茹古涵今，追踪賢聖，卓成鴻儒，洋洋乎發爲大觀也，豈僅掇巍科、登顯仕、濟濟盈盈、爲邦邑光耶？棟宇工竣，餘資八千三百餘串，發商生息，以爲源遠流長之計。延師修脯既有資，月課膏火亦無絀，取之不竭，用之無窮，從此培植得所，雖西邑褊小，而士氣蒸蒸日上，亦足與通都大邑相頡頏。後之覽者，當有互相砥礪，感予言之不謬也夫。是爲記。

［説明］

據朱綉梓《重修西和縣志》録入。

光緒十八年（一八九二）立。原題下有「（南昌）蔡如蘇撰」六字。蔡如蘇，江西南昌縣附貢，家本豪于資，因思宦達，乃捐納爲令，部放西和，其事迹見《重修西和縣志·民政志·名宦傳》。

［校記］

［一］此爲遞進句式，兩「文教」必有一誤。

［二］棉，當作「綿」。

一三五　漾源書院出入款項碑記

佚　名

入款：

一、存發交當商資本錢八千三百三十四串文，按月一分行息，每年應入息錢一千串文。

出款：

一、山長束脩錢二百串，火食錢六十串，聘敬錢六串，三節節敬共錢一十八串，一歲共需錢二百八十四串。

一、生員超等正課五分，每月官課一次，每分獎錢一串二百文。堂課二次，每分獎錢三百。一歲共需錢九十串文。

一、特等副課五分，每月官課一次，每分獎錢六百文。堂課二次，每分獎錢二百文。一歲共需錢五十串。

一、童生上取正課五分，每月官課一次，每分獎錢八百文。堂課二次，每分獎錢三百文。一歲共需錢七十串。

一、中取副課五分，每月官課一次，每分獎錢四百文。堂課二次，每分獎錢三［一］百文。一歲共需錢四十串。

一、住院肄業（生員十四，童生十名），每月給膏火錢八百文，由官送考。不住院者不給。一歲共需錢一百九十二串。
一、監院每年薪水二十串，儒學兼攝。
一、齋長一名，每年薪水錢二十串文，在貢生、廪生内擇派，期年更换。
一、院夫一名，年工錢二十串。
一、官堂課每月用紅各卷約二百本，一歲共需錢一十六串。
一、鄉試費，每届發省平銀四十兩，帶省分散。
一、會試公車費，每名發省平銀四十兩（舉人到縣具領，拔貢優貢照給）。
查鄉、會二款，本城内外向有官地賃民修房，每年約收錢五十串之譜。又北鄉古岷里馬家新莊義田三十一畝，種户馬俊昌等應交租糧二石，又曹大升應交租糧六斗五升，二共每年收租糧二石六斗五升，約易錢一十二三串之譜。以上兩款即提作會試經費，由官經收存儲，遇鄉、會試年發給，以免動支生息款項。以後文風日盛，會試人多則不敷用，仍在生息赢餘項下提補，合併發明[二]。
一、城鄉設立義學五處，每歲給塾師束脩錢三十串，共計一歲需錢一百五十串。
一、經管書院義學錢紳士二人，每名薪俸錢八串，一共需錢一十六串。
一、每年正月，准城鄉紳士公同在書院，將滿年出入錢文賬項會算一次，支酒飯錢四串文。
查以上各款，除鄉、會試另提款項發給不計外，每年共出錢九百六十二串[三]，以一年當商生息錢一千串開支，尚應存錢三十八串，責成經管紳士存儲，無論何項，不得挪用，以將來積有成數，准其酌量推廣課試。
所有當商應交息錢，按季送縣，紳士具領，按照應發各款分給，地方官從中稽查。年終，紳士會算總賬後，造具出入賬目，除開支外，餘錢若干，計存何處，詳細開摺，呈官查閲存案，以免日後生弊。
一、書院山長每年擇聘品端學邃名師主講，不限定本地鄰縣，均可敦請。
一、書院官課，准定每月初三日在院局試，以每年二月爲始，十一月底止，共計十次。
一、書院堂課，每月十三、二十三日，一月兩次，外加經策雜藝三次。
一、官堂等課，遇閏增加，如常月例。
一、生童逢堂課一次不到，將本月官課應得獎資扣半，二次不到全扣。官課不到，將住院肄業生童本月應給膏火扣除，以期惕勵。
一、書院錢賬擇派公正紳士經理，二年爲期更换，如有侵挪算弊，由官查明，革换撤究。
一、義學塾師，每年由地方官考定方准充當，隨時考其勤惰，以定去留，免至奉行故事，經費虚糜。
一、所捐城鄉各款，除修建書院所費不計外，餘錢八千三百三十四串，一并發商生息，無論何事，不能動用。

以碑爲戒。

［説明］

據王訪卿《重修西和縣新志》録入。

光緒年間刻。

著録：朱綉梓《重修西和縣志》。

［校記］

［一］三，當作「二」，以上各項數字累計爲二百文，若爲三百文，則一歲需錢五十串。

［二］發明，《重修西和縣志》作「登明」。

［三］九百六十二串，《重修西和縣志》同。以上各款項相加爲九百七十二串，則裏面數字尚有錯誤處，當在監院、齋長、院夫其中一處。

一三六　趙利鎡教澤碑

佚　名

（碑聯）：

韙儁磨英

世仰東曦如杞梓，我聞北學得菁華。

（正文）：

皇清例授徵仕郎、侯銓教諭、乙酉科選拔貢大人神碑

門生（人名略）叩

光緒十九年三月

［**説明**］

據西和縣石堡鄉許效效提供的抄件録入。

光緒十九年（一八九三）立。

一三七　恭頌劉老夫子懿行建崇文堡序

佚　名

恭頌劉老夫子懿行建崇文堡序

皇清例贈修職郎候銓□□歲貢生劉老夫子諱兆麟，字玉書，生而聰穎，勤學好問，且其賦性剛方，禔躬正直，居家以孝友聞，交游以直□□（中缺）之餘，且耕且讀。適國家承平，同治十二年□□蜚聲泮璧，次一年甲戌，食餼廩生。是時，劉老夫子（中缺）家務蓄積漸儲，抵父館，學規謹嚴，□□問業，里中童冠□以成□者二十一人。縣北有德教碑，是其以□德發□幽光者，謂亦一鄉之□□耶！教化興，謀及□□，乃相地勢，倚原爲堡，規模既定□。光緒二十二年八月吉興工，□治之時，□□□□，人力難施。不意十月十六日，雨如盆傾，一日一夜，□潤（中缺）子嘗臨（中缺）益增勞瘁，命生等奮志□工，不三閲月而工竣。□□一丈二尺，□三丈□□，□□有四十丈，南（中缺）炮樓五間，隨□炮八（中缺）麻池壩。記□内有巷□（中缺）安不忘危之至意乎？次年戊戌中秋，老夫子（中缺）將逝矣。不數日（中缺）老夫子（中缺）光緒二十四年九月十三日□亥，享壽五旬有六。十月初三日癸未，葬于□□□堂，甲山庚向。□□□□□李氏生三男一女。男與生等思欲報之，而無以報之（中缺）永垂不朽。生（中缺）老夫子教澤殷勤，思慮遠大，鄉里人士莫不欽服，非生一人之□私□好也，因不揣譾陋而爲之序。

增生銘盤，銘鈺，銘□

廩生銘琴，附生銘璽，銘□

督工學生：（人名略）

龍飛大清光緒二十五年歲次己亥八月上浣穀旦敬立

［**說明**］

碑存西和麻池壩。寬六八厘米，高一三八厘米。

光緒二十五年（一八九九）立。

一三八　鳳凰山觀音殿碑銘

佚　名

鳳凰仙山觀音菩薩各殿諸佛一切等神駕前碑銘

蓋以神恩浩蕩，聖德洋溢，救苦救難□□所獲□靈，敢不酬報萬一。因而虔誠□□，略表存心云爾。

大清光緒貳拾伍年歲次己亥四月初八日□□。

［**說明**］

清光緒二十五年（一八九九）立。

一三九　修職郎劉兆麟德教碑

佚　名

（缺碑額）

恭頌皇清例贈修職郎歲貢生劉老夫子諱兆麟字玉書大人德教碑

男：廪生劉銘琴，附生劉銘璽。

姪：附生劉銘盤，劉銘鈺。

門下學生：

劉□□，劉銘□，王元□，劉銘□，王南化；附生□□□，附生王□□，附生劉兆□，附生劉善述，附生薑□□；

廪生劉銘□，附生杜□南，附生王□□，附生金華國，附生楊仲運，附生王純一，附生劉希孔，廪生劉家騎；

附生王清昌，附生吴□□，附生王炳南，附生王如綰，附生王平一。

龍飛大清光緒二十七年歲在辛丑（中缺）穀旦敬立。

［**説明**］

碑存西和麻池壩。寬八九厘米，高一七八厘米。

光緒二十七年（一九〇一）立。作者佚名。題目爲編者所加。

一四〇　邑侯姚公德政碑記

邑舉人趙元鶴鳴九

自海禁開而華夷交涉，天運艱而荒歉頻仍。朝署抱恫瘝之仁而籌款，動需巨費；閭閻勤輸將之義而薄植，難免傷痍。故莅任者恒多掣肘，籌策者輒用撫膺。而欲于事勢窘蹙之秋，機務衝繁之會，便民而不至病國，裕國而不至妨民，卒能使上下交通、公私兼濟者，其惟我經猷素裕之姚公乎！公諱鈞，字鴻軒，係安徽安慶府桐城望族，仕籍久著于寰區；藺省奉公，治績早重于列郡。光緒戊戌春，承恩朝右，握篆水南。下車伊始，惠顧農商，栽培學校。政惟率常一勤慎，而民蘇無窮之困；供取惟正一清廉，而民受無限之恩。數年來，士庶安業，風俗醇良，腹鼓騰歡，口碑載道，揆諸與聚勿施，歌功頌德之休又何讓焉？乃公猶謙遜碩膚，竊慮溢美；而民已歡欣鼓舞，刻即勒銘。以爲公之德化，非可以言語形容也，而泐諸片石，要以爲德音之永傳勿替云。

光緒二十九年巳月上浣

［説明］

據王訪卿《重修西和縣新志》録入。

光緒二十九年（一九〇三）記。趙元鶴，字鳴九，西和長道趙家灣人，清光緒二十三年丁酉科舉人。邑令何積祐有《趙元鶴傳》，文載朱繡梓《重修西和縣志·耆舊志上》。姚鈞，安徽桐城監生，光緒二十四年到任，其事迹見《重修西和縣志·民政志·名宦傳》。

著録：朱繡梓《重修西和縣志》。

一四一　重建常安寺大佛殿山門序

佚　名

（碑額）：千秋不朽

重建常安寺大佛殿山門序

蓋聞常安寺□一觀一寺，亘古相傳，由來舊矣。□不知肇基何年，創造何時（中缺）香山而起脉。火焚白雀□□□而暫宿風□□地名（中缺）重修佛殿，建立山門，興是學者，豈不念革故鼎新（中缺）勞衆以傷財，而故爲是勞瘁哉？抑知有其舉之莫敢廢（中缺）内，烟火久虚，風雨漂摇，更兼代遠年湮，不能有備而無患（中缺）傷，有故創之前而美已彰，倘莫爲之後而盛何傳？幸（中缺）發善念，公議整修，不忍座視坍塌。捐資以募化（中缺）力理辦，至癸卯年而功竣。因而作作□于文，謹刻于石。監理是工者何敢自有（中缺）乎？惟是整而修之，近可光前人之美意，遠堪裕後人之福澤也（中缺）心，不惟神靈有妥侑而賴以安（下缺）。

光緒二十九年歲次（下缺）

［説明］

據袁智慧提供的照片録入。

碑存何壩鎮常安寺。寬八〇厘米，高一五五厘米。

光緒二十九年（一九〇三）立。作者佚名。

一四二　劉邦魁神道碑

馬中元

（碑額）仁親爲寶

禮邑南鄉家志先考德行序

蓋聞繼志述事，先王之盛德常昭，非所以爲後世之觀法、人事之儀則耶？今有青崖溝門前武生劉映槐欲銘先考之大德，請余以述其事。余不辭譾陋，願竭俚語敷陳。憶先生立身以來，性情純誠，語言不妄，奈命途蹇蹇，時慮風雨之漂，家道蕭條，不辭泥塗之苦。未幾，而青年失伴，嬰兒無恃，殊覺内顧之多憂，而先生不怨不尤，不忮不求，真可謂素位而行者也。迨其後，克勤克儉，家道漸覺豐盈，攻文攻武，門第亦增光輝。尤幸者，德積螽羽，子振振而孫繩繩；仁存麟趾，富陳陳而倉盈盈。信乎，天之報施有德固不爽也！先生生于道光七年十二月望九日，卒于光緒二十七年六月廿四日。厥後不忍沿没弗彰，余情屬知己，雖未能特表其確詳，亦可以略叙其大概，遂振筆直書，爰刊金石，永垂不朽云爾。

例贈先考府君諱邦魁字星垣劉老大人之神道碑。

慈母張氏，繼母李氏、張氏。

祖塋鄭家山，坐癸向丁。

生員張鵬舉同恭。泥工趙箇，畫工閆多三，石工張自清。

徽邑生員品三馬中元撰并書

光緒叁拾年歲次甲辰姑洗月望一日，男：武生劉映槐；孫：引來、引盛、隨哥、隨盛、隨善，奉祀

［**説明**］

碑存西和縣晒經鄉青崖溝門村。據甘肅省民族師範學院教師董穎提供的照片録入。

光緒三十年（一九〇四）馬中元撰。

一四三　佛孔寺碑記

王化鵬

□夫神賴人新，而人遂得沐神庥，是廟貌貔貅峨，神威赫靈，神與人二而一者也。余邑佛孔寺碑記，嘉定創建，然隆慶年并無人迹也，有碑記，不知何人創建，雖喜無徵，欲考明元，何□□□□□□太宗始，非惜先人無以傳之，故于後有千萬年碑記最重。今我朝大清及光緒年間，代有修整。惟今功大，撰碑文叙其事。自明至今，累見神明，所以沐浴諸神靈，塑粧青龍，土地及各廟佛殿重新改换，皆有功程。關帝廟因洪水淹没神像，邑人無不酸目，念昔日忠扶未遞，恨鼎足之乾坤，在今日義德國危，拯億兆于水火。固請用楊師畫工，工□塑神□□六位，新修山門，一舉兩得，領衆□人，勤勞省試十幾月，大功成就。觀庶民攻之，歡悦如子趨父事。頭人未嘗□□□由來亦不□□□不吐，不侮鰥寡，不畏强禦，其□及乎？爰作歌曰：　祖師正北，天靈感□。□年，石魚騰空，氣□□□旁邊石門，夜月照通明大羅仙古碑，韞翠玉菩薩南海泉鐘鼓，玉皇側響徹，細雨□真神威之靈（中缺）所以神因人新，而人共沐神庥也。爰刻諸石，以志萬億不朽云。

邑考授修職郎、廪生王化鵬沐手撰

邑增廣生員、春山王化南沐手閲。誦經：　趙緒堯，趙守清，鮑泮林，苟懷珍。

邑例授承德郎、從（下缺）九品，芳弟王錫德，喬恒言。

邑例授登仕郎、京學監元（下缺）鮑潔沐手虔書。李繩武，趙靖清。

引生：鮑清潔。
領修：王珍。
化主：趙緒元，鮑錫舉，趙廷輔。
功德主：蒲芳。功德主：胡緒，王廷賢，胡滿，趙四元，趙好學。管工：宗典魁。
化主：王美玉，蒲迎義，王穆，王生堂，胡百守，王彩，趙廷獻，王廷東，趙四熊，胡進田，王奎，鄭樹清。
總管工頭：鮑清潔，鮑錫舉，趙廷獻，石滿，張作□。
工頭：王田，趙進前，胡十良，鮑桂林，蒲彥，劉見喜，王庶花，蒲戒，趙大樓，趙學，趙正北，趙明，趙廷助，趙艱。
木匠：王成，趙進前，郭隨户，趙明。
泥水：趙茂林。畫工：楊生學。□工：張鴻起。石匠：趙海生。膳夫：王韋。住持：李永成。
置辦：趙遠□，石滿，趙正北，王廷獻。
光緒叁拾四年黄鐘□□□中旬吉日穀旦謹立

〔**説明**〕

碑存西和縣馬元鄉佛孔寺。西和縣文化館蒲立提供碑照片。

光緒三十四年（一九〇八）立。

一四四　九龍山重建廟碑

徐上章

存目

［説明］

西和縣地方志編纂委員會《西和縣志》載：「九龍山重建廟碑。時間：清光緒。徐上章撰寫。地址：馬元鄉九龍山。」

一四五　啓飛將來碑

王重

（碑額）：啓飛將來

瘋癲者，一身之災也，乃以一身之災，廣爲一方之災。智者竭心思，愚者勤手足，或以爲偶然之數，或以爲無妄之災，愚獨以爲不然。蓋此山之所係甚重也，綿亘數十里，秀拔聳翠，宛在中央，諸峰之羅列者，有川赴星拱之勢，是以秀氣鍾毓，説禮樂而敦詩書者，亘古恒數十人，前任縣主卓亭王公過而美之。一旦摧殘若此，神豈無意于其間哉？明紀，闖[一]賊犯順[二]，蜀帥曹變，蛟逐于西禮山中，此地已爲兵燹之場，今日賴尊神默佑，□以此災消刀兵之災焉，未可知也。四海洶洶，百姓無主，或將有鄭俠之圖，董生之告，神固□□，民和年豐，以此災消水旱之災焉，未可知也。再者護國［拔］[三]民、相生相養者數百年，神固責成于清時之人，以立萬年不拔之基，故假手于瘋子，亦未可知也。至□本山四境各有界石，草木同沾甘露之春，鳥獸亦覆慈雲之内，樵者獵者各秉良心，以宜禁絶，楊姓情願立碑以旌其過。若或有箕子之狂，孫臏之魔，不可藉此爲口寔。嗟呼！名山聚氣數百年，佛力覆庇［幾］萬家。四民之傑出者，莫非此山之靈氣？藉揚氏之石，以發衆人之天良，各宜懔遵。虔誠謹志。

引領督工：廪生馬西翰，馬應蓮，張殿達，張自新敬隸歲貢生張映川敬参，生員王重敬撰，生員馬中元敬書，石工張鴻美敬刊，住持楊生高，□□好。

大清宣統元年歲次己酉桃月廿日發心，癸丑功竣。信士楊可通率男楊户占虔叩。

［説明］

碑存西和縣馬元鄉九龍山。據隴南師範高等專科學校中文系張世民提供的照片、馬高峰提供的抄件録入，并據西和縣文化館館長魚旺泉提供拓片校補。

宣統元年（一九〇九）立。

［校記］

［一］「闖」旁小字鐫「李」字。

［二］「順」，或爲「擾」字之訛。

［三］「拔」字中心剥落，以其四周筆劃痕迹度之，當爲此字。

一四六　建修敕封英顯普澤孚佑土主四府龍王大殿過廳以及山門并東西兩厦碑記

文　叙　王揆一

建修敕封英顯普澤孚佑土主四府龍王大殿過廳以及山門并東西兩厦碑記

聞之：「山以形名，形異者名自異；山以勢稱，勢奇者稱亦奇。」余境此山，昔名「太祖」，今稱「象駝」，稱名殊絶，其來有自。睹斯山也，崔嵬突起，頂分三臺，上有聖母之鳳閣；峰巒環抱，路列兩道，下有龍神之寶殿。岐水也，來自東南，襟帶之險可羨；寶泉也，出自西北，清流之池堪賞。石岩懸絶，禽鳥樂其栖止；巒峰叠翠，草木羡其峥嶸；連城高峻，人民幸其避難。望日暉兮星辰燦爛，覽天陰兮雲霧密鎖。異形奇勢，勿爲贅述，龍聖居此，有感斯應。潦焉祈其晴，銀漢因時而明；旱焉禱其雨，甘澍應候而降。求子求孫，速獲蘭桂之發；占疾占痾，永蒙瘳愈之庥。是神之精靈可徵乎山之奇異，山之奇異亦足以顯乎神之精靈也。但歷年久遠，門牆痛其頽損，房屋惜其狹小。爰率信士捐資辦理，增地築臺，廣修殿廳。爲之披綉闥，俯雕甍，勢凌雲霄；建高甍，刻巨稱，形列岡巒。廟貌之整嚴，豈以壯觀瞻？要以妥神靈也！幸而工程告竣，特立碑志，余援筆書之，以耀後世而垂無窮也耶。是爲序。

讓買王斌、王仁歌修廟地基一所，價二十五串五百文，銀糧地主戲錢折完納。施捨土人：王通太。

邑象峰增廣生員文叙、王揆一敬撰。邑王丕謨敬書。

共合工七千零二十八個。

共合布施錢捌佰玖拾伍串捌百零捌拾文。

共總費錢玖佰玖拾叁串零柒拾伍文。

光緒三十一梅月興工，宣統二年荷月工竣立。

造主：武生王大烈。□理：馬進財，王治純，王治貴。耆賓：王全子。

功德主：王治貴。督工：生員王布化，吴殿相，馬昭德，武生王大用，葉興禄，武生王振業；□生陳秉聰，王重大，王萬兩，崔步章，王仁，張福德，生員王守一，牟貞魁，生員王善述，錢萬柏，生員王純一，鄧邦彦；牟百祥，王宿太，黨繼清，王廷太，馬積德，王寬舒，張茂德。從九王耀南，王富善，王祥宇，季忠義；生員王廷□，陳□□，王俊傑（下缺）。

大清宣統二年歲次庚戌季夏月穀旦敬立。石工孟永平。

［説明］

碑存西和縣興隆鄉下廟村。碑高一三〇厘米，寬六五厘米。據西和文化館劉峰提供的抄件録入。

宣統二年（一九一〇）文叙撰。

一四七　晒經寺修建碑記

佚　名

晒經寺修建碑記

自古創當寧之大業，建宇宙之大功，雖曰天命，抑亦人事也。憶我晒經寺，自大清後數十年間，上下殿宇，牆垣毁壞；東西兩廊，瓦片凋零。香臺不聞仙梵語，壞牆時有子規啼。不意宣統二年，否去泰來，困極而亨。我會人等，同心協力，實有莫之爲而爲、莫之致而致者。先立上下殿，次造東西廊，後又修大佛殿、老母殿。其中彩繪塑像，難以盡齊；數簷殿宇，約略可傳。等號竣之日，作叙勒石，以志不朽。因作詩曰：「晨鐘暮鼓寺前鳴，四八來朝編[一]衆生。感應自從雲外賞，香臺豈是世中情。」又作詩曰：「梵鐘[二]時響，啓迪愚氓。祈風禱雨[三]，澤潤田桑。焚香男女，降福無疆。保佑厥土，于以四方。」金母殿歷山老母，上龍聖母，五方才老母，又有八大真人、四大天王神位。三清道主，玉皇上帝，南斗北斗，三官大帝，真武主師，又有靈官主師神位。三尊古佛殿三位菩薩，地藏菩薩，又有十殿閻君、韋陀護法神位。敕封協天大帝關聖帝君，又有太白金星、藥王、文昌帝君、火地真君、牛王菩薩、馬王帝君神位。九天衛房、聖母元君、捷南土地、堪廟土地神位。

閻庚寅施地兩分，山黄灣地一分，白岩山根底下地一分。

功德：馬九福。

頭人：馬懷義，韓雨生，馬席珍，馬三喜，張重歌，唐仲魁，馬三喜，沈傑。

化主：閻驥、馬效前、馬效力、黄生明立。

［説明］

碑存西和縣晒經鄉晒經村。碑高一三七厘米，寬七三厘米。據西和縣文化館蒲立提供的抄件録入。

宣統二年（一九一〇）立。

［校記］

［一］编，似應爲「騙衆生」，作「编」字意思不通，且與平仄不合。

［二］鐘，原作「釧」。

［三］雨，原作「兩」，以意改。

一四八　「神」碑

佚　名

神

東坡曰：　武威□□□□逢癸未閏仲夏諸處求聖感自□□□□□聖王真容本林請至□□□來看，端午至初六日□□更日甘凉一池（下缺）年。

［説明］

據王訪卿《重修西和縣新志》録入。

《重修西和縣新志》載：「在東鄉四龍王廟南山之陰石崖窩里。距地丈餘，形如仰墻，上邊一大『神』字，下小字『東坡曰』云云等字。土人相傳爲石裂露出，而不記年月。碑有一『年』字，而上下不辨，亦無從考究，姑俟之。」

著録：　朱綉梓《重修西和縣志》。

一四九　鳳凰山朝陽觀碑記

佚　名

（上缺）里之人（中缺）修復新焉，□□山有驗（中缺）神通（中缺）喟歎（中缺）重聖（中缺）從始至今，而萬代相繼（下缺）。

［説明］

殘碑存西和縣鳳凰山。西和縣博物館姬天泉提供拓片。

其文字泐損難辨，似爲清代所刻。内容介紹捐修朝陽觀信士姓名。

一五〇　朝山進香會碑

佚　名

（碑額）：鳳凰仙山

西禮長道鎮朝山進香一會

不分軍民士庶人等叩。

統鎮會首：　王進□，□氏。魏元倉，石氏（下缺）。

［説明］

據西和縣文化館姬天泉提供的拓片録入。

主要介紹鳳凰山朝山進香會軍民士庶人等姓名。年代不詳，姑置清末。

一五一　石雕對聯

佚　名

木本水源流長葉茂

［説明］

存西和縣洛峪鎮墓前，年代不詳，姑置清末。

一五二　邑侯蔣公紀念碑記

邑舉人趙元鶴

邑侯蔣公諱康，字公度，江蘇武進人也，以名孝廉現宰官身。曩宰會寧，調中衛，循聲善政，嘖嘖人口，一時有「江右夷吾」之稱。民國共和，公適以服闋歸，原省長官器之，以元年九月捧檄來宰吾邑。下車之始，一以敦崇孝弟爲治，穩健進行爲宗。規復巡警，振飾學校，振興農商，勵行烟禁，以及捐設宣講閱報所，革陋規，懲衙蠹，事所當行，無勿舉也。而其折獄明允，尤能以片言解紛，使人心服，往往有感泣下堂而去者。嘗密緝民間大猾置之獄，而良懦以安，故不替而頌聲作，無不稱爲賢父母焉。然論其常，則循良之政所共知也；論其變，則幹濟之才未易窺也。今年夏四月，豫匪白狼由陝竄甘，遍擾西南十餘縣，所至殘破。逼近我邑南北西三鄉，距離僅數十里。烽火夜驚，人民恐怖，既乏抵抗之力，又無防禦之具。我公焦思運籌，乃首捐俸，修城濬濠，放婦女于鄉，留丁壯于城，督紳商，集民團八百餘人，日夕登陴防守。當事之急，困守孤城則求援無路，接近戰綫則警報頻仍。公惟勗民以忠義，示人以鎮静。密聞東鄉有逃匪數人藏匿者，率警役親往捕之，戮一人，而四境宵小咸竄伏。洎匪警漸遠，而甘西各軍連營駐縣，毅陸各軍接軫過境，事勢倉皇，人心摇動。公則外示雍容，内藴機變，供支奔走，務得歡心。其間調和主客之猜疑，防弭軍民之衝突，隨機因應，煞費經營，蓋心力于此交瘁矣。乃至一匝月而頭白，五越宿而失眠，嗽繼以血，肌肉盡脱。噫！吾属生全，伊誰之力歟？當干戈俶擾之秋，而士不廢學，商不易市，農不輟耕，民不流亡，熙熙皞皞，一如承平之時，非我公德足感人，才足濟變，其易致此安全耶？今公將去，民不能忘，爰勒石以紀功，永銘恩于勿替。庶幾憩召伯之棠，咸懷其澤；撫韓公之樹，如見其人。此則我合邑人民心理所同然，其旦夕還我使君乎！是爲記。

民國三年冬月

［説明］

據王訪卿《重修西和縣新志》録入。

民國三年（一九一四）立。

著録：朱綉梓《重修西和縣志》。

一五三　徐子升先生德教碑

王訪卿

粤稽我師家乘，殆世以仕宦顯者也。其先世居江右，始祖韜爲唐侍御史、金紫光禄大夫。歷五季宋元，代有顯官。大明初，魏國公達功業尤爲卓著。至二十五世孫汝陽，以隆慶戊辰進士歷任陝西左右方伯，遂家焉，自此南徐西徐之分。再傳，而卜居秦安，其子又分住西和。居秦安者有世節公，爲方伯之次孫，以大清順治丁酉舉人任江西石城縣令。住西和者有上公，爲方伯元孫，以明經選陝西渭南縣分訓，誥封知縣。上公子有經，以拔貢仕福建大田縣知縣，是爲我師高祖。其弟有綬，復以貢生任清澗縣訓導。由此觀之，殆世以仕宦相承者也，豈僅教以承先云乎哉？然而門第之盛，悉緣教澤之深，自上公倫敦力學，一時桃李滿門，已開教讀之始。

至我太老夫子諱炤者，以明經進士懷才不仕，隱居教授，其弟子幾遍西禮。大老師歲貢生諱錦芳者繼之，學徒濟濟，名士多出其門。我師子升夫子承太師之遺教，啓迪維殷；步兄傳之後程，訓誨不倦。其所以懃懃懇懇、漸摩成就者，惟恐先澤之弗承也。嘗語及門曰：「吾家極盛難繼，惟有教以承先耳。」以故培就滿門桃李，不敢自居，紹得纍世薪傳，衹繩祖武。至其規行矩步，以經師而兼人師，閉門斂踪，居近市而不履市，尤足爲士林之模範、學校之儀型焉。爰付貞珉，以志教之源淵，顏其額曰「教以承先」，尚夫子之志乎哉！夫子諱錦堂，字子升，太老師之第三子也，以貢生教授桑梓。清帝退位，抑鬱以歿，時年七十有五。子二：長宗遠，以清附生現充初小學校教員，蓋猶父業也；次定遠，改實業。孫八人，曾孫一，俱業儒。於戲！承先志者，夫子；承夫子者，又將繩繩濟濟焉。夫天降下民，作師與作君并重，使後世而復爲顯宦焉。固我師先澤之厚也，使後世而長此教讀焉，亦師教之綿延弗替者也。是爲記。

［説明］

據朱綉梓《重修西和縣志》録入。

原題下有「邑拔貢王訪卿」六字。王訪卿，宣統元年乙酉制科拔貢，舉孝廉方正，曾任文廟奉祀官、模範國民學校校長。據文中「清帝退位，抑鬱以歿」之語，則當逝于一九一三年前後。碑亦立于一九一三年前後。

一五四　重修東堤碑記

王訪卿

東城之外不數武，有東河焉，沿城居民稠密。在昔有河堤一道，居民賴以無虞。自清同治五年孟秋堤始裂，逮光緒初而堤大壞，自此河水爲患不一，而皆不若民國四年六月初九之爲甚也。是夜，大雨傾盆，河水陡漲，東城以外房貨蕩然一空。斯時，縣長爲合肥孔慶荃，聞變，冒雨登垣，亟令拯援難民入城。次早，親查被災户口，散給錢糧，于是被災者已免流離矣。孔公則以爲河堤不修，終屬亡羊補牢，非未雨綢繆之道也。爰集紳商，估工程，籌經費，首捐鶴俸八十萬錢，其蓮幕岳陽廖君恒亦念切民依，不惜潤筆餘資，助錢七萬，而邑之巨紳大商咸願傾囊相助，先後共計捐錢二千一十二緡。于五年夏曆三月十五興工，至六月杪工竣。是役也，名雖重修，功實創始，統計築堤長四百八十丈，計種楊柳四千餘株，共需工一萬六千五，需錢一千九百八十竿，閲時僅三月有餘，何其速也！蓋築堤捍患，本以佚道使民，属在紳民，自當踴躍。况公軫念民隱，群議公買公雇，每日計工授錢外，又捐給湯餅，其體恤周至如此，有不樂子來而快日成者乎？當工之未興也，公相度河勢，熟察堤形，以爲舊堤之壞由于河身沙障，水欹斜堤側。以故是工之興，專以掏沙培堤爲宗旨，令河身益低，堤勢益高，則水自歸局，不至旁溢矣。而又夾堤樹木，俾盤根錯節結爲一塊，非熟于治河三策者不至此。特是此河之患，有識者皆爲太息。前令張公紹文嘗有志未逮，豈工之興亦待其人耶？至孔公識明行果，捐廉宣導，遂使數十年廢址一旦復興，行見十餘年後，楊柳依依，堤與河永，召伯之棠，鄭伯之渠，孔公其兼有焉。即名之曰「孔公堤」，亦誰曰不宜？我邑不能泯其德焉，乃爲之記。

［**説明**］

據朱繡梓《重修西和縣志》録入。

原題下有「邑孝廉拔貢王訪卿撰」九字。立碑時間據文中言民國四年水患「東城以外房貨蕩然一空」之語，及「五年夏曆三月十五日興工，至六月杪工竣」及下文詳述工程情況，則碑立于民國五年（一九一六）秋。東堤，王訪卿《重修西和縣新志·記》第四《河堤》載：「西和舊有東堤一道，其始建年月無考。民國五年，縣長孔慶荃偕同紳士劉啓榮等籌錢兩千餘串，築復之。七年知事孫耀章開浚南堤，與東堤接成拐尺形。十三年知事許慕衡籌錢四千餘串委邑紳閻誼、孫可象、劉鐸等創修北堤。」東堤復修年代，據碑文言在民國五年（一九一六）。

著録：王訪卿《重修西和縣新志》。

一五五　鳳凰仙山碑記

佚　名

（碑額）：萬代流芳

鳳凰仙山碑記

重瓦聖母宮兼補修内外牆壁募化碑

西禮之東有鳳凰山焉，聖境也。而其中殿宇輝煌，神像莊嚴，靈應不爽。環山黎庶，悉荷幈幪。亘古以來，舊制新規，崢嶸叠出，勒石刻木，巨細悉存。近代而後，重建屢興，補葺頻仍。無如山高峰峻，風銷日灼，雨濕雪殘，不十數年間，椽木之蠹朽堪虞，牆垣[一]之傾頽難支。丙丁之歲，陰雨更甚，而聖母之宮立見傾圮，磚零瓦落，傾漏殆遍。漸至神像塵蒙，丹青泥污。附近居民不忍坐視，于是一人發心而倡始，庶士舉念而協力。重瓦聖母殿三簡[二]，重粉神臺内外牆壁，藉衆姓之資力，成十方之善舉。庶幾三聖之金身得以妥而以侑，而［萬］民之感戴亦有幹而有年。兹值善願告竣，爰以付之片石。至于宏功浩業，以俟夫仁人君子焉，不才等有厚望也夫，有深幸也夫。

發心弟子：馬德昌，羅道

泥水匠：王發祥，李蒲子

中華民國柒年歲次戊午九月下浣立

［説明］

碑存西和縣長道鄉鳳凰山。碑高七〇厘米，寬三八厘米。據西和縣文化館姬天泉提供的拓片録入。

民國七年（一九一八）立。

［校記］

［一］坦，當爲「垣」。

［二］簡，當爲「間」。

一五六　創建凌霄閣碑記

朱綉梓

環邑皆山也。而迴龍一峰，地處適中，尤爲群峰所環拱。且形勢東峙西顧，巋然獨尊，明旦之氣時起于峰頭，望氣者預知爲皇天監臨之所也。而登其峰者僉曰：「此山最高，呼吸之間，即通乎凌霄帝座矣。」前清光緒三十有三年丁未春正月，邑人舉辦上九會，即在此山之廟院内撃棚結彩，暫作慶祝之所，而建閣之念初萌。越翌年戊申，慶祝者亦如之。偶值風雪飄零，以致棚濕彩解，燭滅香銷，既無以妥神庥，又難垂久遠，而建閣之議始興。第工程浩大，非巨金不克蒧事。行將募集巨款，奈衆志不齊，議遂中止。而上九會之慶祝，固有歲罔或間者也。

夫事有就事而成者，亦有因事而成者。邑有《渡迷船》善書四卷，膾炙當時人口，士競傳寫，遐邇借求。樂善諸君子久欲集款鋟梓，以公諸世。登高一呼，山鳴谷應，一時解囊慨助、量力布施者，不惟本邑，鄰縣亦然，不逾年，而腋集之資得三千緡有奇。先以一千二百緡交商孳息，子母相權，及善卷告成，綜計餘款并子母相權者尚存一千六百緡。董事者因相聚而謀曰：「以公來者，應以公用，建閣之議久矣，今藉此餘款再圖募化，創建凌霄閣，是一舉而兩善集也。」衆曰：「善！」而建閣之謀始成。遂于民國元年，庀材鳩工，于焉經始，庶民子來，布施雲集，歷二年而閣成。即以位帝天，復以藏善卷，則此閣之作，豈僅石渠天禄并壽齊名已哉？復爲之移修樂樓，新建天門，補築地址，添修兩廓。又于閣之西南隅，新建吕祖廟、關帝廟各三楹，天門外新建土地祠一處。凡朝陽觀舊有廊殿，皆翻修重繪，焕然一新。是役也，前後七閱寒暑，用款四千六百緡，經始于民國壬子之春，落成于戊午之冬。玉宇瓊樓，聯翻上下；紫殿回廊，環列左右。而此閣適當中心地點，且其規模宏闊，高聳雲霄，入天門必翹其首，始能睹其全形。登其閣，則滿城炊烟悉在眼底。好風時來，捲市聲隱隱自炊烟中出，更于雨餘雪後開眼遠眺，見全境山川一覽無餘。位帝天于此閣，而上九慶祝，歷久弗替，其眷顧諒必有獨隆者矣。同人等以余與督是工，囑爲紀其顛末，爰筆之貞珉，以垂久遠。更冀後之君子，救弊補偏，維持保護，俾此閣之永固，得與此山并壽也，是又余一瓣心香，默爲吾西和民屯十三里内，過此以往，萬代千齡之樂善好施者禱。

民國八年

［**説明**］

據朱綉梓《重修西和縣志》録入。

民國八年（一九一九）立。據此文原題下有「邑俊士朱綉梓」六字，知作者爲朱綉梓。凌霄閣，《重修西和縣志》載：「在縣城對面觀山上，民國元年縣長余澤溥督同邑紳孫紹統、王殿烈等建。閣起二層，上下皆三楹，四面落簷，寬五丈，高四丈許。登閣遠眺，山川悉在眼底，側耳静聽，市聲隨風卷來，亦勝境也。」

一五七　大公正申老大人碑志

申庭現

大公正申老大人碑志刻列于後：

蓋念至公無私、守正不阿而常懷濟衆之心者，天下能有幾人哉？維申門顯先考諱庭順，適足以當之。憶先考之在生也，耕耘貿易，家道于頗豐；才德出衆，素行人共仰。而文德垂後裔者，所生二男，長德俊，次德福。至女與孫，各有其稱。若是者，不皆公平服衆文驗哉？不料民國五年，税契苛民，實所不忍，團練紛起，有誰濟衆？獨我先考。本公憐民，而乃天生不幸，被讒喪生。不惟兒等心血難幹，列郡大衆亦難忘情。故于民國八年夏月間，大衆商議，將我先考之正直爲人，公平處世，勒諸貞珉，常留天地，而願爲之鳴其迹、彰其美，而欲以信世而行後也。是爲序。

（立碑人名略）

申庭現敬撰

民國八年九月十二日立

［説明］

碑存喜集鄉申家洞村。

民國八年（一九一九）申庭現撰。申庭現與墓主申庭順同輩，而文中稱「先考」，蓋申庭現爲代撰。

著録：西和縣地方志編纂委員會《西和縣志》（題「申庭順碑文」）。

一五八　禁烟記事碑

祁藴靈

（碑額）：民國

禁烟記事碑

禮縣南百八十里有仇池山者，崖雄踞虎，峽擁飛龍，萬峭摩天，一流絶地。《通志》載其山四面陡絶，棱角外向，自成城郭樓櫓之狀，周圍廿餘里，上有沃田百頃，水泉十九，見咏于唐杜工部《秦州雜詩》中。山外則天橋一，天門二，□□羊腸仄徑，回環三十六盤，始達絶頂。信乎一夫當關，萬夫莫開，世外桃源不是過也。相傳周時有仇維道人，煉丹于此，士人遂以仇名。自是以來，代有竊據。周之白馬氐羌，漢之楊駒、隗囂，晉之楊難敵，明之武大定，率皆占據此山，負隅自固，圍巢竄迹，虎穴磨牙。前清中葉有成縣民汪士鏞者，奉院旬道林公檄，委爲辦理南路團練，寄居此山，後以睚眦[一]爲山民朋毆斃，焚尸滅迹，迄今垂五十年矣。父老談時，猶爲色變。改革以來，梗化如昔，新稅未聞交納，烟禁視若弁髦。惟其地之民梟，道有五陽之畏，以故官斯土者，鮮不大度容之，羔袖狐裘，百紕純一一駁。誰與雪此耻者。今邑侯劉公聞之，慨然引爲己責。劉公朝英，字藩莊，皖淝名士，故爵師壯肅公之文孫也。恢豪磊落，有祖父風。客冬，下車伊始，即爲吾禮邑籌辦要政，理冤抑，寬賦斂，鋤强暴，勸農興學，百廢俱舉，未旬月而神君之頌遍于邑中。凡有誥誡，邑民群奉之唯謹，無敢違者。公念年來大政所，闔關莫重于烟禁，而禮縣藏［煙］之所，又莫著于仇池。乃詔鄉耆入山而視之，□□曰：「咄，某不敢往！」又使□□□之役，愕然對如前。公曰：「然則仇池獨□□吾民乎？審吾民何至是！」無已，今自觀之，衆皆沮公不可。適道□□員龐君觀澍至，與公之趨石峽關，并招□□□□同行，闔之人僉爲公危，敦勸以徒衆從。乃率石鎮民□□□縣警六役差數人詰旦前往。行至八［峰］崖，有礮聲，公異之。抵養馬城，聲愈劇。公憤然曰：「此真亂民□□□創之，何以懲後！」乃以所部分爲二支，一由上馬頭蛇緣而上，一自中灣口鶴銜而入。臨行時，公猶□□□□不擊石，汝勿開槍。爲成言□□未已，而山際裂石之聲猛如霹靂，川谷爲之動摇。又礮聲隆隆，霹靂□□□督團警奮勇前進，披□□入，氣不稍却。自午抵亥，凡六時，始逶迤達山頂，萬籟突息，而亂民已鼠［竄］。［時連夜］陰雨，入曉始霽。縱覽山勢而平于掌，川野如膏，四野則峻壁林立，下臨天池，實稱天險。公與同人□□□□□惟是生際清平，何援可恃，愚民無識，竟以此爲藏身之固，乃敢搪突功令，觸迕刑威，不亦憒[二]乎？□□□□日蕩，除烟禁秽，懲治首惡，餘皆寬宥。并擬于此興學校，設警察，以牖愚昧。□□之後，雨露隨之，謂非□□□□抱、視民如傷者，其孰能與此？昔公祖壯肅公撫臺灣時，因其地險，以禦外侮，又革侏儷之俗，進□□□□其聲威震乎寰宇。公履險若夷，殆其天性因之，促頑民爲恭順，闢險阻爲康莊，造福生民，未有紀□□□□□懿，不其然歟？然由此而躋崇階，專方而揆文奮武，定如視德。仇池之役，其旂常之嵩矢乎？蘊靈［于］

□□□〔當〕日之所見者，書之于石，以爲紀念，并告方來。時己未四月十九日也。

特獎三等金色章委□禮□□□所所長兼縣行政公署勷助員、邑前廩生、經武祁藴靈撰并書

大中華民國八年歲次己未八月吉日立

〔**説明**〕

碑存西和縣隍城碑林。碑高一七一厘米，寬九八厘米。

民國八年（一九一九）祁藴靈撰。

〔**校記**〕

〔一〕眦，原作「晀」，據上下文意改。

〔二〕憒，原作「慎」，據上下文意改。

一五九　萬仞宫牆

何積祜

萬仞宫牆

〔**説明**〕

據朱綉梓《重修西和縣志》録入。

民國西和縣長何積祜手書。原在文廟。《重修西和縣志》載：「民國十年，縣長何積祜、奉祀官王訪卿整修并新修西廡神牌，補修宫牆，牆外裝置『萬仞宫牆』四字。」

一六〇　簡章及列憲批示碑

按督省憲批何知事詳云，查民國肇造，各項差徭概經豁蠲，即軍隊開拔所需車馬，亦由地方官覓雇，取具作正開銷，該縣仍有此苦民之差，民力幾何，何堪當此重任？即應一律豁免，由需騾人完全給價等因。又批許知事詳云，查縣苦民之政，無過官流兩差，前知事請革流差于縣，該知事請革官差于後，賢有司後先輝映閭閻，深堪嘉許，準如請，勒石立碑，以垂久遠，并擬辦法呈核等因。其辦法條目：

一、奉列憲明令妥定辦法章程，由用騾人按里公平給價，不得再就地方攤派，以省負擔。

一、由地方組織差騾代雇處，專任覓雇差騾，領發脚價等事。

一、遇有軍事及各項大差，仍由十三里均平派雇，惟脚價則有，普通營章仍不得攤派各里。

一、代雇處以縣長爲監督，另擇承辦一人，以資覓雇，每月各酌給薪工錢若干，并酌給該處公費錢若干，以資辦公。

一、代雇處應需經費，即由來往運貨脚騾，仿照學捐每頭抽收錢一半。

一、無論何項公務，應由縣署出條到所，標明騾數及起止地點，方能照雇。否作無效。

一、凡脚價概由代雇處在城按站領清，儘數轉發脚夫，以杜中途虧短之弊。

一、凡脚差騾，無論運物騎人，每站定行價錢一串伍百文，間喂一日發坐價錢一半，遇脚價騰貴時，按時酌定。

一、凡用騾頭須就素營運脚者，如係窮民馱糞耕田之疲駑，不得强拉，免滋擾累。

一、凡縣署需用差騾，必需運到所止之地，餘以運至旁縣疆界爲止，以資限制。

一、此次革除差務，已經何、許兩縣長先免迎送作則，以身以後不得逢迎阿附，自啓弊端，違則各界□請長官究辦。

一、本簡章如有未盡事宜，得臨時公議修正，然須報列憲批定，方生效力。

一、代雇處辦事細則另由該處議定之。

［説明］

據王訪卿《重修西和縣新志》録入。然該志未列入所附「金石」之中。據其中「勒石立碑，以垂久遠」句，是當時刻于石碑無疑。又文中開頭云「按督省憲批何知事詳云」之語，此民國時之碑文。民國時西和知事姓「何」者，唯民國十年在任之何積祜，則此碑立于民國十年（一九二一）。何積祜，字翼雲，號韶華館主，湖南道州（今湖南道縣）人，爲前清舉人。清代著名書法家何紹基之孫。一九一六年前後曾任四川督都陳宧的秘書。陳第二次討袁時，何曾參與討袁檄文的起草。一九二〇年孔繁錦任隴南鎮守使，聘之爲參謀長。不久辭職，改任西和知事。

一六一　邑侯何公去思碑記

王訪卿

《語》云：「君子使天下陰受其賜。」夫賜而曰「陰受」，必有不求人知而人亦莫之知者。此其賜乃爲真賜，非等于釣譽沽名。《老子》所謂「上德不德」，《孟子》所謂「王民皞皞」，胥是道也。竊嘗持此意以衡晚近，蓋千不得一焉，玆竟于邑宰何公見之。公名積祜，字翼雲，道州望族也。其曾祖文安公爲清宰相，有聲于時。公以癸卯孝廉入求實學，出參戎幕，多歷年所。既于辛酉孟春來莅斯邑，下車伊始，一以勤求民隱、革除弊竇爲懷。其事功之彪炳可見者，如請改派差爲代雇，減免萬姓負擔，案定鄉約七名，驅逐兆民蚊蠹等弊，修城以捍外患，補葺縣治東堤、築復鹽鎮南堤以禦水災。更且儲基本以備修《縣志》，使文獻足徵；撥公款以補修孔廟，俾瞻拜永尊，是皆彰彰在人耳目者。至其受賜不既而民無能名者，如今春民方鮮食，救死不贍，而上峰需款甚急，公寧忤上令，不忍驅民溝壑，遷延以至穀熟，其全活人民殆不可以數計。往歲，軍隊過境，需索供支，官紳幾疲于奔命。公以德威素著，過軍悉聽其指揮，無復犒軍牛酒之費，而市不止，耘不變，若不形其有過軍者。甚且城外駐軍，城内尚然不曉，其維持治安又豈可以言宣？至于津貼署内人員家丁，使不侵漁下民，約束吏役，鄉約里催，不令騷擾滋事，卒致獄平訟稀，盜賊斂迹。年來四境安謐，如復睹太平景象，是皆我公之賜而不可以事業名者。他如崇節儉以省靡費，講仁讓以息紛争，尤能節財于無形，息事于未然，殆所謂「陰受其賜」者歟？在公則上德不德，謙而又謙，每對紳耆，輒謂毫無建樹，在民則不曰「仙吏」，必曰「歷來未有」，咸欲久于其任，永荷帡幪。奈公思親綦切，既白駒之難縶；而民攀轅不及，悵赤手之難挽。衆姓無能爲之力焉！乃勒石以留紀念云爾。

民國十四年

［説明］

據朱綉梓《重修西和縣志》録入。

民國十四年（一九二五）立。原題下有「邑拔貢王訪卿」六字。

一六二　移建奎文閣碑記

王訪卿

天下事有其始之，必有終也，非其終之無以成始，此其意嘗于移建奎文閣見之。西邑文廟前，舊有奎文閣，前令王公鳴珂及邑紳兵部主政任君尚蕙創建于清乾隆三十年間，其爲文風計，亦孔厚矣。惟地址逼近禮門，形家以爲有碍眼界，且置水泉于後，于象爲背硯池。光緒十六年，陳公闓來任是邦，卜地于東城之脚，面朝水泉，既開眼界，又添硯池。揆度既定，用石灰多許築固基址，將以來春大興土木，以瓜代而遂寢。訪時從師受讀，目擊其事，心焉惜之，然陳公實有以作始矣。訪既入泮修舉子業，不遑他計。選拔後，適值國體改華，不干仕進，乃欲成前令未逮之志，往説某邑宰而無以應。民國十紀，何公積祐以故宰相文毅公之曾孫出宰我邑，慨撥公款蘭平銀百兩，并本城各界捐制錢數百串，始敢動工築臺。十一年春，用磚包裹，然工巨款微，時虞不繼。是年夏，前訓導張公鎬撥秦票錢四百緡，而磚工粗就。木架亦立，然無以覆瓦，無以掛椽，猶半途也。十二年秋，許知事慕衡及四鄉團總籌錢千餘串，而瓦始覆矣，椽始掛矣。然無以畫棟，無以覆磚，猶不足壯觀瞻。十三年，邑人隆德縣知事閆君樹公捐銀洋五十元，邑令鄧公榮光籌錢三千貫，新任孔公慶荃捐老錢一百串，而始畫棟覆磚，得以壯觀瞻而妥神靈。是何公爲前矛，張公、許公爲中權，閆公、鄧公爲後勁，邑紳學商或募化、或督工、或捐木料，相與度長短、契高下，實皆左右而羽翼之，要悉有以臂助也。而訪居其間，得以安閒無事以成初志者，皆諸官紳之力也。向使陳公不作始，則無以成終；何公以下不成終，則無以成始。謂非有其始之必有其終也，非其終之無以成始乎？是役，凡四閲春秋而工成，其間修理萬仞宫牆，翻瓦文昌宫、大成殿以及東西廡、更衣亭等，其費皆包裹于此，需款約逾萬餘緡，雖曰工巨，亦由錢法一變，百物昂貴，徒然勞民傷財。訪萬啄莫辭，但願此後莘莘學子眼界宏開，覽盡全球形勢；脚跟踏實，做出富强事業。并且筆酣墨飽，作來行世文章，上以繩陳公作始之意，下不負何公及諸官紳成終之心，則訪側名碑末，有榮施多多矣。是爲記。

〔**説明**〕

據朱綉梓《重修西和縣志》録入。

民國十七年（一九二八）立。原題下有「邑拔貢王訪卿撰」七字。

一六三　修建八府岩吉祥寺碑記

佚　名

蓋聞有爲于前者，尤貴善繼于後也。憶八府岩吉祥寺，松長山尖，廟掛岩邊，不知創建于何朝，興于何代。自嘉靖以至宣統，屢次補葺廟宇，增添神像，焕乎其可觀矣。不料民國九年，時移世易，冬月地震，廟宇有壞，神像有損。因而會内仁人君子心切不忍，募化十方資財，建興山門，振修廟宇。維石巖巖，帝堯之彩眉堪寓；岩穴巍巍，伏羲之卦圖可藏。神思浩蕩，四方之人源源而來；山青水秀，萬獸之迹洋洋而聚。甚而寺有神筮，吉凶可卜備，其卦傳，其義可傳焉云爾。

功德主

杜進元施錢五十仟文。王發起施錢四十仟文　王俊生一十八仟文　成起德施銀洋一個錢五仟。吴明福施銀洋一個錢一仟。高現章施錢五百文。王自明洋元一個錢十仟文。高彥施錢二十六仟文。成全德施錢三仟，銀洋一個。主持覺姓施錢洋一個文。

民國十五年孟夏月吉日立

［説明］

碑存西和縣石峽鎮八峰岩吉祥寺。碑高八五厘米，寬五三厘米。據西和文化館原館長蒲立所提供照片及劉峰所提供抄件互校録入。

民國十五年（一九二六）孟夏吉日立。人名共四排，第二排以後較密。略第二、第三、第四排人名共三十二人。

一六四　八府岩吉祥寺重建廟宇功德碑

佚　名

（碑額）會首

八府岩吉祥寺重建廟宇姓名開列于後：

功德主（人名及捐款數額略，共七排，每排十九人。）

中華民國十五年孟夏月吉日立敬書人成天德

［説明］

據西和縣文化館原館長蒲立所提供照片及抄件録入。

民國十五年（一九二六）立。第一人捐錢數額原未刻，第二人兩千二百，大部分一千。

一六五　清待贈先考王府君大人之神位

楊子幹　楊　健

（碑正中）：清待贈先考王府君大人之神位

人生天地間，立萬世無疆之功，成千古不磨之業者，其人不多也，也不多聞也。王公爲人，考其行爲，核其事端，庶幾近焉。公諱昌和，字守謙，號明凡，原籍禮縣南鄉王家河壩里民。先考諱元；妣王氏，生公昆弟；次諱昌成，公居長焉。持齋一世，公當束髮受讀時，清静身心，□□□衆人。及其壯也，身入佛門，參悟道，以佛事爲己任。不欲獨善其身，總期兼善天下。割愛學道，捨血肉，承領佛令，引度衆人。雲游全甘州府縣，夜宿曉行，開堂教數十餘處，纍受饑寒苦；登山渡水，闡教三十餘年，不［辭］跋涉之勞。唤醒愚迷，同歸教路；提携世人，共登慈航。爲男衆生作規模，爲女賢良作典型。方已化雨時行，如坐春風，而三千行滿，八百功圓，金簡書名，玉樓赴詔，飄飄乎羽化登仙矣。公生于咸豐庚申五月初四日吉時，卒于民國十九年九月二十七日寅時。歸空普照堂及門諸子，思念大恩未報，大德未酬，不忍没其道範懿行，欲勒銘以垂久遠，乃持狀丐余爲文。余固不文，義不容辭，遂將平日所見所聞者，略具大概，以爲之序云。

中國紅十字會四川理事長義之校閲

甘肅省原蘭州中學畢業學員楊子幹、楊健頓首敬拜撰

西和縣立小學肄業學生王恒、負守宣敬書

門生：楊昌德，郭明福，趙昌運，負自宣（等一百六十人名略）

中華民國十五年歲次丙子端午上浣

［說明］

碑存西和縣姜席鄉馮溝村。據西和縣文化館蒲立所提供抄件録入。

民國十五年（一九二六）立。

一六六　廟兒凹碑記

盧自遇

存目

［說明］

西和縣地方志編纂委員會《西和縣志》載：「廟兒凹碑記。時間：民國十五年。盧自遇撰寫。地址：晒經鄉廟兒梁。」

一六七　重建中峰山牛馬二王廟碑記

蒲　芳

存目

［說明］

西和縣地方志編纂委員會《西和縣志》載：「重建中峰山牛馬二王廟碑記。時間：民國十七年。蒲芳撰寫。地址：馬元鄉周溝村。」

一六八　重修九龍山諸聖廟宇碑記

祁藴靈

（碑額）萬壽無疆

龍山爲秦隴名勝，自古建祠立廟，以爲禱祀之場。特代遠年湮，創造之初，不知來歷。考其碑碣，有明天啓元年重建，前清康熙、乾隆、道光及光緒、宣統屢被坍塌，迭經補葺，雖廟貌增新，蓋仍舊貫耳。民國九年冬，忽遭地震，陵谷異常。除土地祠無恙外，凡各廟宇無不損壞，椽爲之崩，瓦爲之解，垣爲之頹。既巍巍金像亦多爲之傾圮，真有耳不忍聞、目不忍睹之狀。凡我同人，惄焉傷之，皆欲鳩工庀材，重新建造，奈時局多變，措置維艱，延至十一年春始行動工。于是向山之勢、因地之宜，移魁文閣于地四之位，遷水神廟于天一之方；添鐘樓一座，修客堂六間；樂樓則依舊安基，山門則重新改造。祖師殿壁立千仞，上出重霄；聖母宫棟起三楹，下臨叠嶂。靈官廟則面朝西天，望之而瑶池不遠；菩薩閣則指向東極，居之而紫氣頻來。土地祠雖未變動而神像重塑，洋洋在上，愈見聲靈之赫濯。其他如山之道路，昔之曲折蜿蜒者，今則由魁樓下直達山門，開闢寬闊，砌以石階，連步可登。是役也，雖曰重建，無異創修。良由首事諸君，各秉虔誠，勞心勞力；暨十方人等同結善緣，共襄盛舉，捐資效力，踴躍争先。不數載而次第落成，行見廟貌輝煌，較當年更爲壯麗，神光照耀，睹法相益見莊嚴，説者謂輪奂增美，規模宏廠，匪特壯觀瞻，實足妥神靈。余謂神所憑依固在廟，尤在德，左氏之言，其明證矣！願十方士庶，樂善不倦，明德惟馨，庶幾感召天和，永邀神眷，家家免無妄之災，户户享平安之福，使異日農事之暇，邑之父老子弟效報賽故事，携壺觴，參龕座，尋復流連景物，挹石上之清泉，弄松間之明月，相與慶時和而歌歲稔者，皆神之賜也，豈不懿歟？是爲記。

委任禮縣勸學所所長清廩生空五祁藴靈敬撰

徽縣清文庠生惠文張駿敬閲

優生輔丞李佐堂捐銀拾圓敬書

發起人：德軒李自樹捐銀五圓，宜卿張義勝捐銀叁圓，林軒張儒捐銀貳圓

居士張百信施捨南溝里唐家溝地一分、籽一斗，平路里地一分、籽二斗，銀洞堪地一分，中溝門地一分，銀洞溝地一份，木萁灘地一分。

石工馬洞捐銀三十圓敬鐫

住持鮮安定捐銀拾貳圓

中華民國十八年歲次己巳秋月穀旦　公泐

［説明］

據西和縣文化館館長魚旺泉所提供拓片録入。著録：西和縣地方志編纂委員會《西和縣志》，文不全。

民國十八年（一九二九）祁藴靈撰。九龍山在馬元鄉。

一六九　重建廟兒凹碑

祁藴靈

存目

［説明］
西和縣地方志編纂委員會《西和縣志》載：「重建廟兒凹碑。時間：民國十八年。祁蘊靈撰寫。地址：晒經鄉廟兒梁。」

一七〇　龍興寺碑

呂向離

（碑額）：龍興寺

嘗謂塔山之陽、塔水之北，有寺焉，名曰龍興寺。夫寺也，代遠年延，牌匾散遺，前此之創造莫于考稽耳。溯自道光年間，翻瓦補修，而廟貌亦新。及同治回匪傷損，而已卯更遭地震，神像毁其多半，脊獸尚無一存。當此時也，地方人等觸目驚心，徒付之嗟歎而已。遲至民國四年，生員呂向離與族孫呂調陽，約會十方頭人，商議動工。而本會二十莊，家家意願，人人悦服。幸喜神道顯揚之時，否極泰來之候，卜吉冬月，建造過廳，而次年連修兩廊，三年又造大殿。利［一］年累造，尚未告竣。幸逢奇緣，大開皇壇，菩薩領旨，薩祖幫船，壇名「四箴」，堂號「博約」。整過六載，成書四卷，入壇者五六百人，有執事者二三十名，費盡仙佛之苦心，勞其諸子之量力，方成化迷，慈航普度，入門修道者，六七十人耳。乩筆叙出，大唐德宗元年，創建大佛殿，前造關帝閣。薩祖來住寺，修身一紀多。募化十方境，添修焕然新。靈官指玄奥，岷郡了道成。自後知祖德，塑像在寺中。民國添四帝，薩祖可居中。增添藥王、財神、牛馬王、火神、三官、香山佛。大劫臨頭時，顯應妙無窮。家家蒙護佑，代代莫忘恩。不料繳旨後，調陽因病終。聖功未成就，壇長呂發榮，與合壇諸子，及各莊頭人，重添布施，努力告竣。實千古之大緣，非偶然耳。乃爲之磨石立碑，以志仙佛垂教之苦衷，十方沐恩非淺，而神人大功，并垂不朽云爾。是爲序。

督工：吕調陽。壇長：吕發榮。生員吕向離，武生吕秉虔，武生石映蘭。募化：符得意，楊清花。

乩鸞：吕葉林，吕封齊，吕葉賓。録生：左國楝，郭安世，吕芝茂，武生馬駿德。

募化：石大賢，何統后，吕素毅，符鍾奇，豆步功，邵清選，郭啓賢。

監修：吕錫鎣，吕存林，吕右明。講生吕統會，吕步瀅，石化明，石永生。

疏文生：豆三汲，吕賦颺，吕得和，吕佐文，吕央榮，張順意，后清秀。

香火生：吕天時，吕得好，吕稍子，吕丑子，吕統齊，吕鏤元，吕貞固。

各莊頭人：吕幹子，吕忠發，后振基，后中盛，后進田，吕登第，吕盡美（人名略）。

水工：吕全喜，李桂花。泥工：吕央林，吕孝子，吕建榮。畫工：閆居正，左順子。

后佑祖，吕慢子，吕得祥，敬叩。

瓦工：何江魚。碑工：潘禄彦。住持：蕭永清。

中華民國十九年歲次庚午清和月中浣

生員吕向離敬撰。術士公齋吕封齊沐手敬書。謹叩。

〔**説明**〕

碑存稍峪鄉龍興寺。碑高一二八厘米，寬四八厘米。據西和文化館劉峰所提供抄件録入。西和縣文化館姬天泉提供拓片，西和縣政協黄英提供抄件。

民國十九年（一九三〇）吕向離撰。

［校記］

［一］利，當作「歷」。

一七一　鐵索橋碑

李友桃

（碑額）：鐵索橋

（上缺）行比天（中缺）禮之南江底河，有鐵橋一道，極其峻潤。此橋始于明□幸有□公□□□者□惠民之□□，欲建鐵橋以固其永遠。特□□□難支厦，集腋以成裘，遂邀衆募化，□□□□信乎神人濟□□□而功竣矣。迨至康熙年間，河水大（中缺）起應元（中缺）功苦，不忍斯橋之廢墜，偕同何僧三（中缺）如□不（中缺）九年六月初四，巨水滔天，仍復催折其地（中缺）都西北（中缺）郡此也，對□□□心傷彼也，臨流而悵望。特慮工程浩大，獨力（中缺）兩河頭人共護□禀兩縣恩主，并經憲臺大人同施無涯之福，各方募化，庶後不日（中缺）前後，善士之善功不忍湮没，特志之于碑，以垂其永遠不朽耳。是爲序。

百貨局張老總

蔚克莊，韓起敬，□現忠，□秀池，蔚□□，趙彦□，趙占海，杜德銀，杜元恒，張起德，蔚秀武，蔚世林，蔚忠臣，蔚錫□，□□□，蔚□□，蔚乘元，劉□昌，蔚□□，蔚□□，蔚□□，蔚德林，蔚德善，蔚禮全，何永進，王生壽，蔚秀□，王生祥，王漢智，王貴成，周世林，張雄進，王殿彩，王永岐，蔚好明，蔚好

周，□□□，□□□，蔚萬□，馬起德，郭志德，馬現峻，蔚全統

鐵匠：郭宗儉，郭茂盛

主持：□師

鑿碑匠功：魯好峻，楊萬秀

大中華民國二十一年歲次壬申仲春之月吉日□衆公立。禮邑生員李友桃并書

［説明］

據袁智慧所提供照片録入。

碑存西和縣隍城碑林，碑高一〇四厘米，寬五七厘米。

中華民國二十一年（一九三二）立。李友桃書。

著録：《甘肅省志·卷三八·公路交通志》，吴景山《絲綢之路交通碑銘》。

一七二　繼成象龜寺序碑

劉銘鑊

（碑室横額）：萬代瞻仰

添神添像功烈不爽，宜民宜人靈應丕昭。

（碑額）：劭聖

繼成象龜寺序

蓋聞事之先敗而後成，曰「失之東隅，收之桑榆」；事將成而終止，曰「爲山九仞，功虧一簣」。象龜之功所少者，僅一簣之土耳。然而創之于前，尤當垂之于後。君子創業垂統，爲可繼也。若夫成功，則天也。當此時局維艱之秋，人心散涣之際，幸有人特出其間，以維持調護之，如有作賓興、督工王尊璽者，會集十方衆人，同協捐資。二十一年壬申之二月間，動土興工。迨至秋月中元，請來乩士重開便壇。神人努力，暗中指點。後建菩薩殿一座，前畫過庭、牌坊、鐘樓、鼓樓，一并補葺修築牆垣，建立山門一座，不閲三載，前後左右，告厥成功。斯亦督工者之幸，全賴群真救世之苦辛也。余不敏，復以是爲序也云爾。

清授廪生候考貢生修職郎鼎三劉銘鑊敬撰

便壇領袖王過齊。乩鸞生：李緝熙。謄録生：季殿勳。

龍門弟子李宗孝。雜務生：季中義。

盧悟理子柄權。

經理：崔琇瀅，崔岳嵩，楊三元，楊文義，王懷堂，王丕訓，王三令，王治家，季生元，季中魁，劉文炳，劉瑛。

工頭募化：余脱子，余顯英，張憲德，張昌清，王燕功，王定國，王守志，王貫三，牟胡義，牟興立，馬通達，馬善述；牟治業，牟克順，張團莊，張瑷，王予道，王士連，王和尚，王丕謀，陳見林，陳文俊，吴國棟，吴仲魁；牟近德，牟自禄，張中林，張立魁，王降子，王看春，王妥子，王肇基，黨福順，黨恩壽，崔魯子，崔茂海；牟馬石，牟世榮，季富德，季禮義，王長錢，王乘龍，王清賢，王體賢，錢鳳鳴，錢興發，陳遠，陳步忠；李太平，李焕章，趙繼榮，趙子因，王種玉，王占良，王之明，王朝中，魏鳳岐，魏維武，趙啓予，趙福至；李鋭，李毓秀，維鑊，劉守音，劉寶善，劉明德，劉繼責，李永固，李胡海，葉志元，葉金土；苟錢良，朱悟善，居存德，侯樹堂，宋憲文，黨自昌。

畫工：趙海清，王禄子。木工：崔彦祖，崔跨子。泥工：李生茂，李芝茂。王作禮，楊中秀，董茂功，馮起□，余朝□，余登□，劉秉□，馬□□，鞏□□，馬松□，馬世榮，牟嘗。

民國二十叁年歲次甲戌孟夏吉日公立。石工黨富善。

［**説明**］

碑存西和縣興隆鄉象龜寺。碑高一二六厘米，寬五二厘米。西和縣文化館姬天泉提供照片。

民國二十三年（一九三四）立。劉銘鑊撰。

一七三　重建象龜寺序碑

王廷幹

（碑室横額）：千秋爲烈

（碑額）群真

重建象龜寺序

事同封禪遠紹乎秦皇漢武，功堪勒石近記夫中華民國。

大凡事之必有究竟者，亦必有原委。西邑之東有象龜焉，溯其原淵，其所由來者，世遠年湮，非一朝一夕之故也。迄今廟宇傾頹，神像凋零，而群真列聖無所歸宿，十方人民，耳聞之而心驚，目睹之而色變，蕭條之狀，已属達于極點，特無人以救正之，斯傾者常傾矣。然而獨立難持，一木焉能支大厦？不意民國四年乙卯三月之朔，有督工王治貴，乩士劉銘琴與馬昭德，同心同德，會十方，大開寶壇，教化愚氓，人人同心，建修廟堂。雙方并進，經始之時，世風猶古，人力精鋭，募化者募化，興工者興工，不閲三載，始建大殿一座，左廊有三官，右廊有三霄，中建正殿五間，三聖八仙列坐，其次韋陀護法，倒坐一處。東建藥王、牛王、馬王、三聖宫，西建靈官、天君殿。兩耳又設城隍、土地祠，韓仙陸公位，過庭、牌坊、鐘樓、鼓樓一併建立。奈工大費多，資財不繼，于是調人募化四方。西、禮、徽、成、武都、陰平、鞏昌，全省所屬，無處不到。募化數年，幾已落成。無何世事荒亂，土匪撓境，募化帳簿，概皆失遺，匾額木梆，無所標名。王尊璽，當成功勒石之際，不忍湮没，遂叙于壁後，不没善舉。又地面狹隘，安置殊難妥當。幸有邑人靳錫盛、孫中合，各施地方一處，周圍濶大，舉措得宜，樹木掩映，焕然維新。工程浩大，時局維艱，兼之督工繼亡，遂致半途中止，未能告厥成功。斯亦天數之有定，人亦無可如何者。余不敏，特以吾所親見者，姑以是爲序也云爾。生員王廷幹敬撰。

兼善壇。乩鸞：劉兆釓，劉銘鑑，劉銘璽，劉銘盤，劉銘護。姜迎渭，王善述，王純一，王守一，王揆一，王精一，王庭潤。

謄録：劉銘佐、劉銘鐘。

滋長：；陳衆聰。

經理：馬向德，馬負圖，王治家，王進靈，王作賓，王萬兩，崔鳳高，崔步章。

工頭募化：（人名略）。

民國二十三年歲次甲戌孟夏吉日公立。李殿勳敬書

［説明］

碑存西和縣興隆鄉象龜寺。碑高一二六厘米，寬五二厘米。西和縣文化館姬天泉提供照片。

民國二十三年（一九三四）王廷幹撰。

一七四　重修義士薛庠生神道碑

盧繼善

義士薛公，諱國禎，字興寰，邑庠生也。以其殺身成仁、舍生取義，故曰「義士」。當明代崇禎八年，流寇攻城，矢石如雨，公率鄉勇衝鋒守護，奮勇血戰，迥出尋常。城將陷，衆皆奔逸無留，獨公挺身格鬥，罵賊不屈，卒蹈白刃，濺碧血，毅然自刎于西門巷口，其勇烈爲何如哉！巡方使嘉其誼行，爲之建坊立碑，題曰「儒林正氣」，并祀忠義祠以慰忠魂，復經邑令王樂宇作詩以弔之，其勳績乃愈彰而愈顯矣。嗟夫！享厚禄，被榮寵，冠胄服甲，素號守禦之士，一旦臨敵，其勇不能戰、智不能守、忠不能死、棄城而逃、厚顏以生者，視公之死，其榮辱之差實天壤之别！不然，人人皆有死，獨公之皦皦者，何也？假使公全其首領，老于牖下，終其天年，人僅以庠生目耳，安能于數百載後屈其豪傑之流扼腕碑側而激發其義氣？此公之所以有關于世道人心者也。惜乎城内牌坊爲洪楊亂卒拆毁，忠義祠牌位被馬廷賢變兵焚燒，兹所存者，僅薛旗寨墓前一

碑。但其文短事略，不無往來人士莫知其詳之感。是以縣長馬公、各界人士及薛氏子孫，恐其英名湮没，爲之倡率捐資，重新立石，藉以表揚前烈，激勵後人。是爲之記。民國二十六年。

［**説明**］

據朱綉梓《重修西和縣志》録入。

民國二十六年（一九三七）立。原題下有「邑高級小學校長盧繼善」十字。盧繼善，洛陽軍官學校畢業，時任西和縣高級小學校長。

一七五　晒經寺重建碑記

佚　名

（碑額）：重建碑記

天水之□河池（中缺）發源出脉，起陜（中缺）爲居民水□疾疫祈禱之（中缺）碑記可考。纍代建修□繁（中缺）因名曰「晒經寺」。東望三江，西倚九（中缺）有龍洞穴，而石其門□。遠近生民，□□□□□頹垣，荒凉不堪，惟有鐘磬、石洞、香爐耳。于光緒十八年□修□下殿六間，將□有尊神齊□木牌，以便時泰[一]香火。□宣統民國，增修兩廊十間，塑各位神像數十尊。□欲竣功，時當變遷，民多流離，兼之復遭□擾。至此，欲修無資，欲罷不能，衹得集衆妥議，移修龍神祠帳房鼓樓僧舍，□缺者補之，失次者序之，庶几靈□有憑，神威丕著，將見□雲遠引□能致千祥之疊，若雲興惠雨，□敷□克邀百神之臻，如雨集也哉。是爲序。

民國二十九年十月初六日

〔説明〕

碑存西和縣晒經鄉晒經寺。據隴南師範高等專科學校張世民所提供抄件録入。民國二十九（一九四〇）立。

〔校記〕

〔一〕泰，當作「奉」。

一七六　抗日陣亡將士紀念碑

抗日陣亡將士紀念碑

中華民國三十年九月

〔説明〕

碑原在西和縣城東門外河堤上，其西側河堤爲蘆葦塘，曾有少量蓮花。碑座爲青磚砌成，碑文刻在長條形石板上，約一丈多高，碑文大字爲當時縣長李桓所書。石碑用青磚箍起，頂部爲圓形。李桓，湖南新寧縣人。民國二十九年（一九四〇）到任，民國三十一年元月離任。碑文據趙逵夫記憶，并由原西和縣政協主席趙繼士向黄睿先生（生于一九二八年）核實。中華民國三十年（一九四一）立。

一七七　開銅礦記摩崖

許用海

存目

［説明］

西和縣地方志編纂委員會《西和縣志》載：「開銅礦記摩崖。時間：民國三十年。許用海撰寫。地址：蒿林鄉范家山。」

一七八　八府岩重建廟宇碑

佚　名

（碑額衆會首）

（上缺）初，脉散落八方，郡名八峰，又名八府岩，不知創于何朝而（中缺）巍巍，福地蕩蕩。高明莫爲之前，雖美弗彰；莫爲（中缺）寺古迹聖景之地。維石巖巖，帝堯之彩峰高嶺，極（中缺）山岩如坐，山路（中缺）左右松柏蒼翠，溝蔭水清，其音赫赫。掩映中有寺佛，洞□□石。夫遠望其（中缺）昔年大德之人建修廟宇，山間又造山門。不料民國十九年孟秋月内，天降甘霖（中缺）［山］門崩頽，而我境有德之士不忍坐視，袖手旁觀，競動善念，以□大衆，廿□年募化（中缺）期會，衆首同心協力，以成其功。卅年重興山門，功完告竣，神恩浩蕩，四方人民源源而［來］（中缺）碑志千秋不替云爾。

功德主

黄忠義施洋二元

王生俊施洋五元

成起德施洋十元

高　卷施洋二元
吴世元施［洋］□元
王恩□［施洋］□元
吴明福［施洋］□元
高□□［施洋］□元
杜進舉［施洋］□元
成恩德［施洋］二元
杜進元施洋□元
住寺何本增（以下捐款人及數額略）
中華民國三十年季秋菊月（下缺）

［**説明**］

據西和縣文化館原館長蒲立所提供照片録入。
中華民國三十年（一九四一）立。碑斷爲三塊，碑文中「八府岩」即今「八峰崖」。經修復後存西和石峽鎮八峰崖。

一七九　整修民衆教育館碑記

王漢傑

余于民國三十有一年春由天水調宰西和，覺斯邑雖小而民風醇樸，山川雄秀，且不在交通綫，私竊喜之。所憾者教育落後，社會迷信極深，一般人談修學校均有難色，談建廟宇争先恐後。如白水鄉之白雀寺，西江鄉之香山寺，興國鄉之象軀寺，漾源鄉之雲霧山，鹽官鎮之太平山，縣城南之岷郡山，城東山之朝陽觀，城内之關帝廟、青陽觀、凝禧寺，均煞費經營，富麗堂皇。迷信團體如歸根門、清净門、普渡門、大道門、三寶門、同善社、西華堂，各立門户，争收徒衆，扶乩誦經，邪説惑人，每角落皆有活動。縣城隍廟亦宏偉，隍爺陳公諱寅，係宋時西和州知州。紹定年間，蒙兵南犯，陳公力守，卒以援絶，舉家與城殉。宋以忠烈飭立廟，原以彰有功而崇民族英雄也。乃地方人士不明斯義，竟藉之求福求神，呼爲福神爺，其香火之盛，更爲全縣各寺觀冠，尤其不三不四之神像，亦塑置于中而并祀之，殊有貶民族英雄陳公成功成仁之偉大價值與精神。縣立民衆教育館附設廟内東南隅，雖有年所，簡陋非常，不識者或視館中人爲廟内之住持。余下車後，睹此狀頗惋惜。詳察西和民衆每年消耗于敬神資財，與愚夫愚婦被教主騙去之金錢，無慮百餘萬。當此科學昌明、全國努力抗戰之際，此種迷信風氣殊不應有，于是一面下令禁止上述迷信團體活動，一面令各鄉鎮，凡廟宇可改建學校者，悉改建之。隍廟除陳公寢宫、正殿照留，其餘各像概毁，改建禮堂、閲報室、圖書室各一，陳列室、六角亭、耳樓各二。并新修館門，門前照牆改繪民國地圖。院内設運動器具。殘牆舊屋盡行刷新，標語漫畫到處製掛。陳腐晦暗之迷信廟宇，一變而爲現代化之社教場所。爰于館門題一聯，曰：「社教樹宏規，是福地更爲勝地；群衆得樂育，願吾民共作新民。」此蓋説明余整修斯館之微意。陳公正殿暨横匾，上書「宋忠烈侯陳公之宫」，兩楹書「吾本忠烈侯，凡不忠不烈者，吾門休進；我非福神爺，有求福求神者，我堂勿登。」此蓋發揚陳公之忠烈，以端信仰而轉移惡風也。陳公有知，當不責余爲蠻幹。數十年後，西和人文蔚起，一般人或不至如今日之衆口嘵嘵，罵余欺神滅相，有似顛狂。斯值整修，館長劉宗漢設計監工，備著勤勞，教育科長劉丕烈，督學宋振聲，技士潘惠民，指導員何汝玉，水南鎮中心學校及夫子廟小學員生均多臂助，特附志。

［説明］

據朱綉梓《重修西和縣志》録入。

民國三十一年（一九四二）立。原題下有「静寧王漢傑撰」六字。王漢傑，静寧人，民國三十一年任縣長。